张家界年鉴

（2020）

张家界市地方志编纂室　编

方志出版社
Publishing House of Local Records

图书在版编目（CIP）数据

张家界年鉴.2020/张家界市地方志编纂室编.——北京：方志出版社，2020.10

ISBN 978-7-5144-4559-6

Ⅰ.①张… Ⅱ.①张… Ⅲ.①张家界-2020-年鉴 Ⅳ.①Z526.43

中国版本图书馆CIP数据核字（2020）第202274号

张家界年鉴（2020）

编　　者：张家界市地方志编纂室
责任编辑：齐　笑

出 版 者：方志出版社
地址　北京市朝阳区潘家园东里9号（国家方志馆4层）
邮编　100021
网址　http://www.zgfzcb.cn
发　　行：方志出版社图书经销中心
电话（010）67110500
经　　销：各地新华书店
印　　刷：长沙沐阳印刷有限公司
排　　版：张家界新天印务有限公司

开　　本：889×1194　1/16
印　　张：28.25
字　　数：1152千字
版　　次：2020年10月第1版　2020年10月第1次印刷
印　　数：001～500册

ISBN 978-7-5144-4559-6　定价：280.00元

编 辑 说 明

一、《张家界年鉴》系统记述年度内张家界市自然、政治、经济、文化、社会等方面情况，1989年创刊，2019年开始每年出版一卷。

二、《张家界年鉴》以马克思列宁主义、毛泽东思想、邓小平理论、“三个代表”重要思想、科学发展观、习近平新时代中国特色社会主义思想为指导，坚持辩证唯物主义和历史唯物主义的立场、观点和方法。

三、《张家界年鉴》2020卷从2019年张家界市经济社会发展和改革开放的实际出发，实事求是地进行编辑，注重反映地方特色和年度特点，突出经济社会发展和改革开放的新情况。全书共38个类目，依次是：特载、专题、大事记、张家界概况、中国共产党张家界市委员会、张家界市人民代表大会、张家界市人民政府、中国人民政治协商会议张家界市委员会、中共张家界市纪委·张家界市监察委员会、民主党派、人民团体、军事、法治、综合监督管理、农业·林业·水利、工业、城乡建设与管理、生态环境保护、交通·邮政·通信、国内贸易、对外及对中国港澳台地区经济贸易、旅游产业、财政·税务、金融·银行·保险、民营经济、科学技术和科技服务、社会科学、教育、文化事业、新闻·出版·广电、文学艺术、卫生健康、体育、社会生活、区县概况、人物、附录、索引。

四、《张家界年鉴》所载稿件，均由各地各单位撰稿人提供，并经供稿单位领导审核。主要经济指标中的地区生产总值、工农业总产值一般按当年价格计算，其增减百分比则按可比价格和可比口径计算。因统计口径和统计制度变化，部分数据不尽一致。

五、《张家界年鉴》采取类目、分目、条目的编辑体例，以字体、字号等版式设计区别不同层次。

六、为方便读者查阅，《张家界年鉴》配备目录和索引双重检索系统。

七、《张家界年鉴》公益宣传性彩色专版的文字和图片由撰稿单位自愿提供，《统计示意图》由张家界市统计局提供文字，年鉴编辑部负责编辑。

八、为尽量保持资料完整性，本卷年鉴“人物”类目中一般收录国家、省、市三级有影响力的年度人物。重点收录省级及以上（含省级）劳动模范、优秀共产党员、先进生产（工作）者、道德模范等。人物以简介（小传）形式记述，市级人物仅列表概括其生年、籍贯、政治面貌、学历、职业。

《张家界年鉴(2020)》编辑委员会

《张家界年鉴(2020)》编辑部

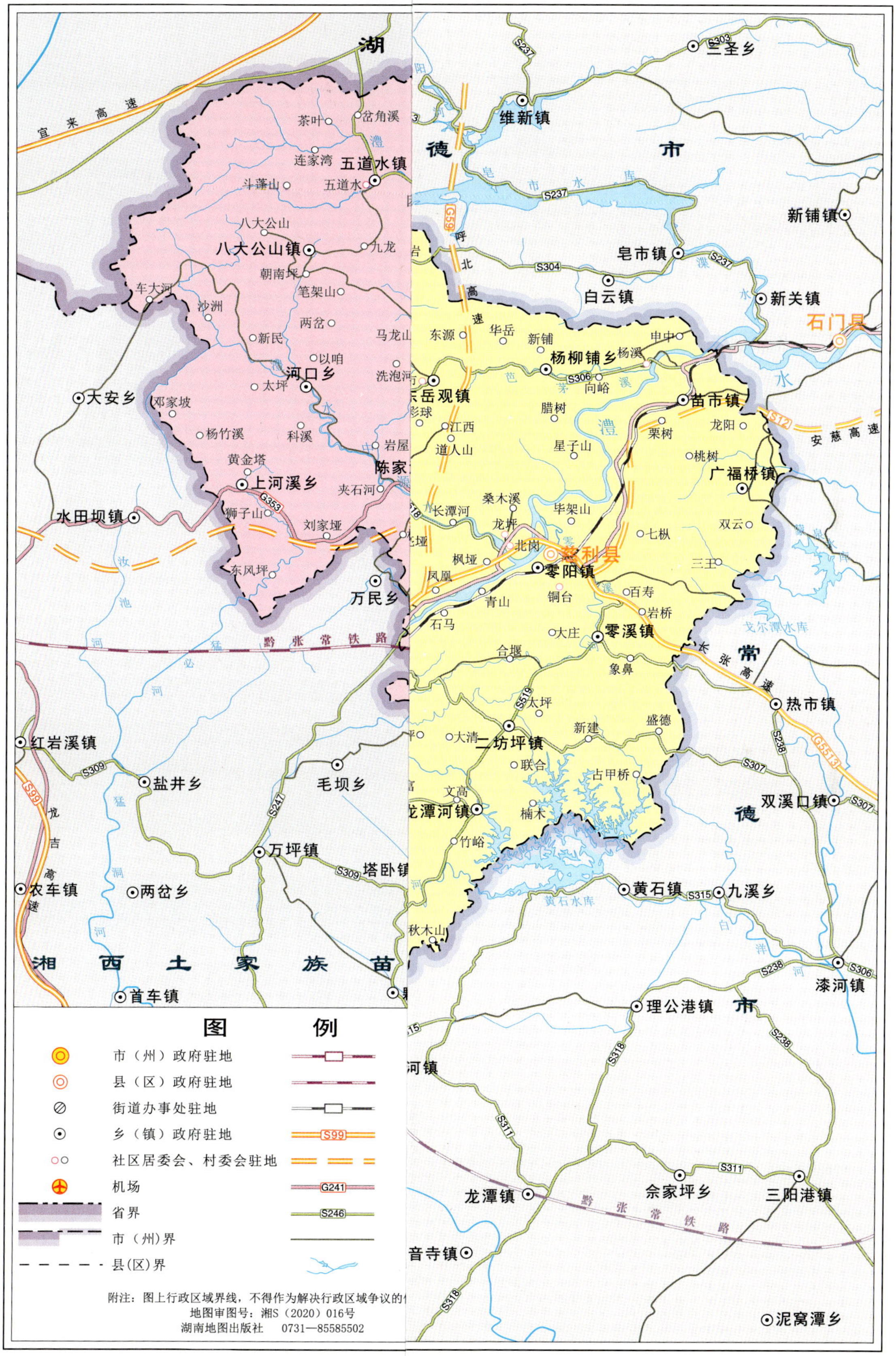
湖
宜来高速
茶叶
岔角溪
连家湾
五道水镇
斗篷山
五道水
八大公山
八大公山镇
九龙
朝南坪
笔架山
车大河
沙洲
两岔
新民
马龙山
以咱
河口乡
洗泡河
太坪
邓家坡
大安乡
杨竹溪
科溪
岩屋
黄金塔
陈家
上河溪乡
夹石河
水田坝镇
狮子山
刘家垭
东风坪
万民乡
黔张常铁路
红岩溪镇
盐井乡
毛坝乡
万坪镇
塔卧镇
农车镇
两岔乡
龙吉高速
湘西土家族苗
首车镇
维新镇
三圣乡
德
市
皂市水库
新铺镇
呼北高速
皂市镇
白云镇
新关镇
石门县
东源
华岳
新铺
杨柳铺乡
杨溪
中山
东岳观镇
向峪
苗市镇
彭球
江西
腊树
龙阳
道人山
星子山
栗树
桃树
广福桥镇
桑木溪
长潭河
毕架山
龙坪
七枞
双云
北岗
慈利县
枫垭
零阳镇
三王
凤凰
青山
铜台
百寿
岩桥
石马
大庄
零溪镇
合堰
象鼻
常
安慈高速
戈尔潭水库
张高速
热市镇
太坪
大清
二坊坪镇
新建
盛德
联合
古甲桥
文高
龙潭河镇
楠木
双溪口镇
竹峪
黄石镇
九溪乡
黄石水库
秋木山
漆河镇
理公港镇
市
龙潭镇
佘家坪乡
三阳港镇
音寺镇
泥窝潭乡
图例
市（州）政府驻地
县（区）政府驻地
街道办事处驻地
乡（镇）政府驻地
社区居委会、村委会驻地
机场
省界
市（州)界
县(区)界
附注：图上行政区域界线，不得作为解决行政区域争议的依
地图审图号：湘S（2020）016号
湖南地图出版社 0731—85585502

数字張家界

综合

地区生产总值	552.1 亿元
第一产业	69.5 亿元
第二产业	81.4 亿元
第三产业	401.3 亿元
三次产业结构比	12.6:14.7:72.7

农业

农林牧渔业	72.2 亿元
农业	47.5 亿元
林业	7.5 亿元
牧业	12.1 亿元
渔业	2.4 亿元
粮食种植面积	126.4 千公顷
棉花种植面积	0.8 千公顷
糖料种植面积	0.2 千公顷
油料种植面积	45.1 千公顷
蔬菜种植面积	37.7 千公顷
烟叶种植面积	6.4 千公顷
国家级及省级农产品加工龙头企业	24 家
农产品加工企业销售收入	102.4 亿元
农民专业合作社	2040 个
休闲农业经营主体	762 个
家庭农场	1364 个
农业机械总动力	118.0 万千瓦
三品一标农产品认证	86 个
绿色食品	78 个
有机食品	5 个
农产品地理标志	3 个
省级现代农业产业园区	24 个
市级现代农业产业园区	32 个
稻田综合种养	0.8 万亩
土地托管面积	49.8 万亩
秸秆还田面积	159.7 万亩
名优特水产品养殖	0.7 万亩
出栏生猪	71.8 万头
出栏牛	4.7 万头
出栏羊	29.9 万头
年末存栏生猪	45.4 万头

工业和建筑业

大米产量	4.7 万吨
饲料产量	7.0 万吨
精制食用植物油产量	0.4 万吨
水泥产量	590.4 万吨
规模以上工业企业利润	6.6 亿元
国有企业	0.02 亿元
股份制企业	6.5 亿元
外商及港澳台投资企业	0.1 亿元
资质以上总承包和专业承包建筑业企业总产值	39.5 亿元
房屋建筑施工面积	549.5 万平方米
房屋建筑竣工面积	19.5 万平方米

固定资产投资

施工项目个数	394 个
投产项目个数	231 个
商品房销售面积	152.4 万平方米
商品房销售额	97.0 亿元

国内贸易和物价

社会消费品零售总额	253.6 亿元
城镇消费品零售总额	185.6 亿元
乡村消费品零售总额	68.0 亿元
批发业	48.4 亿元
零售业	145.5 亿元
住宿业	23.2 亿元
餐饮业	36.4 亿元

对外经济

外贸进出口总额	10.7 亿元
出口总额	10.4 亿元
实际使用外商直接投资	1.5 亿美元
对外承包工程和劳务合作营业额	1837 万美元

交通、邮电和旅游

公路通车里程	9057.4 公里
高速公路通车里程	162.7 公里
铁路营业里程	214 公里
年末民用汽车保有量	17.1 万辆
私人汽车保有量	15.8 万辆
客货运输换算周转量	50.1 亿吨公里
公路货物周转量	44.8 亿吨公里
水运货物周转量	2.0 亿吨公里
公路旅客周转量	32.8 亿人公里
水运旅客周转量	0.03 亿人公里
电信业务总量(2015 年不变价)	115.7 亿元
邮政业务总量(2010 年不变价)	2.9 亿元
年末固定电话用户	10.1 万户
年末移动电话用户	161.3 万户
年末互联网宽带用户	51.7 万户
旅游等级区(点)	23 家
AAAA 级及以上	12 家

全年接待国内游客	7912.3 万人次
入境游客	137.0 万人次
旅游总收入	905.6 亿元

财政、金融和保险

一般公共预算收入	65.4 亿元
地方财政收入	37.7 亿元
上划中央“两税”	13.2 亿元
上划中央所得税	9.4 亿元
税收收入	25.6 亿元
非税收入	12.1 亿元
一般公共预算支出	188.0 亿元
民生支出	146.0 亿元
金融机构本外币各项存款余额	869.6 亿元
住户存款余额	544.3 亿元
非金融企业存款余额	147.0 亿元
本外币各项贷款余额	780.9 亿元
住户贷款余额	315.1 亿元
非金融企业及机关团体贷款	465.7 亿元
保险机构原保险保费收入	28.2 亿元
财产险保费收入	9.8 亿元
人身险保费收入	18.4 亿元
原保险赔付支出	7.5 亿元
财产险赔付支出	4.7 亿元
人身险赔付支出	2.8 亿元

教育和科学技术

普通高中毕业生	8222 人
中等职业教育毕业生	3719 人
初中学校毕业生	18271 人
普通小学毕业生	18477 人
在园幼儿	47959 人
各类民办学校	695 所
民办学校在校学生	37437 人
发放普通高中国家助学金	1638.5 万元
落实义务教育保障资金	20732 万元
发放中职国家助学金	1717.2 万元
资助中职学生	17172 人次
落实中职免学费资金	3167.3 万元
资助中职学生	24502 人次
登记科技成果	31 项
签订技术合同	52 项
技术合同成交金额	1.82 亿元
专利申请量	1055 件
发明专利申请量	361 件
授权专利	444 件
大专院校、工矿企业专利申请量	65 件、203 件
大专院校、工矿企业专利授权量	6 件、13 件
全市检验检测机构	40 家
法定计量检定机构	3 家
特种设备	7059 台
强制检定计量器具	5.0 万台件
重点工业产品质量监督抽查	612 批次
发放食品生产许可证	57 张

文化、卫生和体育

全市艺术表演团体	2 个
群众艺术馆、文化馆	5 个
公共图书馆	4 个
博物馆、纪念馆	6 个
放映农村公益电影	18156 场
有线电视用户	4.1 万户
国家级非物质文化遗产保护目录	4 个
省级非物质文化遗产保护目录	16 个
档案馆	5 个
开放各类档案	10.1 万卷
卫生机构	1284 个
卫生技术人员	10299 人
执业医师和执业助理医师	4213 人
注册护士	4235 人
疾病预防控制中心	5 个
卫生技术人员	227 人
卫生监督所(中心)	5 个
卫生技术人员	68 人
医院拥有床位	6693 张
乡镇卫生院	74 个
拥有床位	2565 张
卫生技术人员	2025 人
拥有体育馆	3 座
参加体育锻炼人数	67.7 万人
建成农民体育健身工程行政村	862 个

人口、人民生活和社会保障

常住人口	154.9 万人
城镇人口	78.2 万人
乡村人口	76.7 万人
男性	78.9 万人
女性	76.0 万人
出生人口	1.6 万人
死亡人口	1.1 万人
居民人均可支配收入	18026 元
城镇居民人均可支配收入	26811 元
农村居民人均可支配收入	10480 元
城镇居民人均消费支出	20289 元
农村居民人均消费支出	11847 元

2019年9月10日下午，张家界市召开“不忘初心、牢记使命”主题教育工作会议　（张 潘 摄）

2019年12月24日上午，市委七届八次全体会议暨市委经济工作会议召开　（张 潘 摄）

2019年10月21日上午，市委书记、市人大常委会主任虢正贵就PPP项目建设和政府债务风险防范化解工作进行调研

（邵 颖 摄）

2019年 11月 15日，市委书记、市人大常委会主任虢正贵在贫困户闫振娥家中，与她同劳动、同做同吃一顿饭

（张 潘 摄）

2019年8月14日至15日，市委书记、市人大常委会主任虢正贵调研督导涉大鲵国家级自然保护区水电站整治等情况

（张 潘 摄）

2020年1月6日上午，市第七届人民代表大会第四次会议开幕　(市人大提供)

2019年5月7日，市委副书记、市长刘革安主持召开创建国家卫生城市暨城市管理工作推进会　(庹兴亮　摄)

2019年12月27日，市人民政府召开七届六次全体会议

（市政府办提供）

2019年 5月 22日，市委副书记、市长刘革安深入市中心城区部分巷道、小区就创建国家卫生城市工作进行调研

（庹兴亮 摄）

2019年9月17日，市委副书记、市长刘革安深入永定区部分建筑工地、社区、市场，就国家卫生城市创建工作进行调研

（庹兴亮 摄）

2019年1月15日至17日，中国人民政治协商会议张家界市第七届委员会第三次会议召开　（鄢渊　摄）

2019年3月29日，武陵山片区政协主席联席会第四次会议召开　（向梦　摄）

2019年7月10日，市政协主席汪业元视察张家界绿航果业有限公司桑植县兴旺塔种植基地　（胡蛟　摄）

2019年9月17日，市政协系统“同心共筑中国梦”首届职工运动会在杨家溪体育公园举行　（覃少波　摄）

2019年2月13日，中国共产党张家界市第七届纪律检查委员会第四次全体会议召开　（张 潘 摄）

2019年5月23日，时任市委常委、市纪委书记、市监委主任的袁美南主持召开全市扶贫领域腐败和作风问题专项治理第一次联系会议　（谢 航 摄）

2019年7月4日，市纪委监委召开大鲵国家级自然保护区水电项目整改专项监督检查工作推进会

（谢 航 摄）

2019年9月5日至6日，市纪委监委举办全市纪检监察系统培训班

（谢 航 摄）

2019年10月22日，武陵源区纪委监委干部参观张家界市警示教育基地　（刘 觅 摄）

2019年8月20日，省委常委、省委统战部部长黄兰香听取张家界市委书记、市人大常委会主任虢正贵，市委常委、市委统战部部长田华玉就张家界市经济社会发展和统战工作的情况汇报
（湖南省委统战部办公室　提供）

2019年9月17日，张家界市统一战线庆祝新中国成立70周年主题宣传活动启动仪式在市委大院举行，党外各领域代表人士与各区县委统战部、市直统战系统各单位500多人参加仪式
（张家界市委统战部　提供）

2019年1月23日，张家界军分区党委五届五次全体（扩大）会议召开　（张正球　摄）

2019年4月1日，张家界市全民国防教育委员会第十次全体（扩大）会议召开　（张正球　摄）

2019年9月10日，张家界航院隆重举行2019年新兵入伍欢送仪式

（张正球 摄）

2019年10月29日，张家界市与知名企业对接座谈会在益阳市召开，邀请了30多名湘商代表参加

（市工商联提供）

2019年4月2日，市工商联第六届四次执委会议召开

（市工商联提供）

2019年7月4日，市住房公积金管理中心与不动产登记中心召开“一件事一次办”协调会　（于　骏　摄）

环卫工人在官黎路对公交站台进行清扫保洁　（聂晓文　摄）

2019年12月18日，中国电信张家界分公司与张家界邮政管理局、张家界快递行业协会签署战略合作协议 （市电信公司提供提供）

2019年7月4日，省委副书记乌兰调研供销社综合改革工作 （汪 俊 摄）

2019年9月28日，张家界丰泽公用保税仓正式启用　　（周　杰　摄）

2019年10月28日，韩国首尔航线首航成功　　（乔伯林 摄）

2019年10月18日，市委副书记、市长刘革安主持召开张家界市全面加快供销合作社综合改革推进会　（廖秋萍　摄）

2019年5月，市委副书记、市长刘革安参观张家界智慧城市云计算大数据中心　（刘兰咛　摄）

2019年12月6日，2019第三届中国·张家界国际旅游诗歌节朗诵会在张家界举行　　（胡峻瑜　摄）

2019年5月11日，武陵山区扶贫文艺精品展及学术研讨会在张家界举行　　（周国强　摄）

2019年12月6日，2019第三届中国·张家界国际旅游诗歌节开幕式暨中国（张家界）诗歌自媒体联盟成立授牌仪式在张家界举行 （李 琴 摄）

2019年12月31日，张家界市卫生健康委荣获2019年全国新时代健康科普作品征集大赛优秀组织奖 （谭小林 摄）

2019年4月25日至26日，中央网信办和应急管理部组织新华社、《人民日报》等13家主流新闻媒体深入张家界市消防支队开展“追梦火焰蓝”网络主题宣传活动

（吴杰 摄）

2019年8月11日，一辆液化天然气槽罐车在G353桑植县陈家河镇夹石河村路段一急弯处发生侧翻，消防救援人员历时30小时成功排除险情

（陈自辉 摄）

2019年2月22日，3名上海籍徒步爱好者在天门山遇险，图为消防救援人员正在冰雪覆盖的山崖上通过绳索下降实施救援

（吴杰 摄）

目　录

特　载

市委七届八次全体会议暨市委经济工作会议工作报告　2
张家界市人民代表大会常务委员会工作报告　7
政府工作报告　11
中国人民政治协商会议张家界市委员会常务委员会工作报告　18

专　题

中共张家界市委关于开展“不忘初心、牢记使命”主题教育的实施意见　22
在全市“不忘初心、牢记使命”主题教育工作会议上的讲话　26
张家界市“不忘初心、牢记使命”主题教育特色亮点工作总结　30
在全市“不忘初心、牢记使命”主题教育总结会议上的讲话　34

大事记

1月　39
2月　40
3月　40
4月　41
5月　42
6月　43
7月　43
8月　44
9月　44
10月　46
11月　46
12月　47

张家界概况

地理　50
位置面积　50
地形地貌　50
气候　50
资源　50
土地资源　50
矿产资源　51
水利资源　51
水文资源　51
生物资源　51
旅游资源　51
政区　51
行政区划现状　51
行政区划调整　51
乡镇行政区划变更　51
行政区划界线管理　51
人口·民族·宗教　52
人口总量　52
城乡人口　52
年龄结构　52
性别结构　52
人口流动　52
生育水平　52
城镇化水平　53
城镇非私营单位从业人员　53
城镇非私营单位在岗职工年平均工资　53
世居少数民族　53
宗教信仰概况　53
经济社会发展　53
概况　53
经济体制改革　54
经济发展情况　54
社会体制改革　55
固定资产投资　55
规模工业综合能源消费　55
对外开放　55
概况　55
招商引资　55
进出口贸易　56
精神文明建设　56
概况　56
张家界市创建湖南省文明城市工作考评汇报会　57
张家界市新时代文明实践中心建设工作推进会　57
张家界市新时代文明实践中心建设工作推进暨现

场交流会 57
出台《张家界市文明行为促进条例》 57
生态文明建设 58
概况 58
发布《张家界国家生态文明建设示范市规划(2018~2025年)》 58
生态环境工作机制建设 58
绿色生态经济发展 58
生态文明体制改革 59
生态环境问题整改 59
法治宣传 59
全面小康社会建设 60
概况 60
全面深化改革 60
概况 60
农业农村改革 60
生态文明体制改革 60
文化体制改革 60
旅游综合改革 60
司法体制改革 60
党的建设改革 61
纪检体制改革 61
张家界市组织机构及负责人名单 62

中国共产党张家界市委员会

市委重要会议、文件 70
张家界市深化机构改革动员大会 70
张家界市委议军会议 70
中共张家界市第七届纪律检查委员会第四次全体会议 70
张家界市委政法工作会议 71
张家界市委农村工作会议 71
张家界:"四会合一" 全面部署党委办公室、组织、宣传、统战工作 71
张家界市传达学习全国两会精神 72
中共张家界市委外事工作委员会2019年第一次全体会议 72
中共张家界市委财经委员会第一次会议 72
2019年度中共张家界市委人才工作领导小组第一次会议 73
张家界市委扶贫工作会议 73
张家界市委全面依法治市委员会第一次会议 74
中共张家界市委审计委员会第一次会议 74
张家界市召开巡视整改暨集中整治形式主义官僚主义工作推进会 74
张家界市委统一战线工作领导小组2019年第一次全体会议 75
张家界市公安工作会议 75
张家界市2019年上半年全市经济形势分析会议 75
中国共产党张家界市第七届委员会第七次全体会议 76
中共张家界市委退役军人事务工作领导小组第一次会议 76
张家界市委经济工作务虚会 77
市委重要文件 77
办公室工作 78
概况 78
中共张家界市委办公室被评为"2019年度全省党委督查工作先进单位" 79
组织工作 79
概况 79
统筹推进全市机构改革 79
健全干部人事制度体系 79
建立五类书记清单 80
推动省委"1+5"文件落细落实 80
规范城市基层组织建设 80
结合政治巡察开展基层党建专项检查 80
"智慧党建"建成投入使用 80
推进人才行动计划 80
宣传工作 80
概况 80
全市区县及市直行业系统党工委书记抓基层党建暨意识形态工作述职评议会议 81
全市2019年文化科技卫生"三下乡"集中示范活动 81
2019年张家界春节联欢晚会 81
2019张家界元宵灯会 82
全市创建省文明城市(城区、县城)迎检调度会 82
张家界市自媒体协会成立 82
蔡振红调研张家界宣传工作 82
张家界互联网+平台"智慧张家界"上线 82
"行绝版山水 知大庸古城" 2019"书香张家界 全民诵读"全民阅读活动暨市城区自助图书馆开馆仪式 82
全市新闻工作者自律宣誓暨"记者走基层·助力脱贫攻坚"主题采访活动 82
张家界市舆情应对和舆论引导培训班 82
虎牙直播张家界节目 82
"我行我宿"网络名人探访张家界主题采访活动 82
全市新时代党员群众讲习所骨干讲习员培训班 83
张家界千古情景区开门迎客 83
全市新时代文明实践中心建设工作推进会 83
黄龙音乐季峰林音乐盛典 83
张家界市庆祝新中国成立70周年"壮丽七十年讴歌新时代"暨"我和我的祖国——湖南百万职工同声唱"歌咏大赛 83
张盈富勇夺2019"学习强国"挑战赛第一名 83
"《我和我的祖国》歌词诞生地张家界"系列宣传 83
全市"学习强国·学习达人"知识抢答赛总决赛 83
"大美看中国·聚焦张家界"全国摄影大赛 83
张家界市第三届美术书法摄影艺术作品双年展 83
张家界市新闻战线庆祝第二十个记者节暨"不忘初心·绿水青山行"主题采访活动 84
一森一世2019腾讯区域文旅总编辑张家界武陵源行活动 84
2019湖南红色旅游文化节暨桑植民歌节 84
全市学习贯彻中共十九届四中全会精神宣讲报告会 84
张家界市区县级融媒体中心建设现场推进会暨全市新闻例会 84

第三届张家界国际旅游诗歌节 84
第五届张家界市道德模范表彰大会 84
张家界获评"湖南省文明城市" 84
张家界市新时代文明实践中心建设工作推进暨现场交流会 85
统一战线工作 85
概况 85
张家界市组织党外代表人士开展暑期谈心活动 85
张家界市启动侨情调查工作 85
黄兰香听取张家界市统战工作情况汇报 85
张家界市统一战线庆祝新中国成立70周年主题宣传活动启动 86
机构编制工作 86
概况 86
全国机构编制部门第二期信息化专项培训班推介张家界经验 86
台湾工作 86
概况 86
对台文化交流 87
对台经济联络 87
政策研究工作 87
概况 87
调查研究 87
文稿服务 87
全面深化改革 87
财经绩效 87
小康工作调度 87
市委刊物编印 88
网络安全和信息化工作 88
概况 88
网络舆论引导 88
网络综合治理 88
网络舆情管控 88
机关党建工作 88
概况 88
党建工作 89
意识形态工作 89
市直机关(党委)党组书记述职评议会 89
巡察工作 89
概况 89
项目建设专项巡察 89
立行立改 89
健全机制 89
队伍建设 89
老干部工作 89
概况 89
开展新中国成立70周年系列庆祝活动 90
老干部志愿服务活动 90
关心下一代工作 90
保密工作 90
概况 90
保密检查监督 91
党校工作 91
概况 91
党校教学培训 91
党校科研咨询 91
"三校合一"工作 91
党史研究工作 92
概况 92
张家界英烈谱 92
修订《中国共产党张家界历史(1921–1949)》(第一卷) 92
接待工作 92
概况 92
张家界市外宾接待工作获联合国第八任秘书长潘基文高度好评 92
在全省党办接待系统中获省工作经验交流推介 92

张家界市人民代表大会

综 述 94
概况 94
重要会议 94
市七届人大三次会议 94
市七届人大常委会第十七次会议 95
市七届人大常委会第十八次会议 95
市七届人大常委会第十九次会议 95
市七届人大常委会第二十次会议 95
市七届人大常委会第二十一次会议 96
市七届人大常委会第二十二次会议 96
市七届人大常委会第二十三次会议 96
市七届人大常委会第二十四次会议 96
市七届人大常委会第二十五次会议 97
人大监督 97
概况 97
经济运行监督 97
财政预算监督 97
民生保障监督 97
司法监督 97
代表工作 98
概况 98
完善代表联络机制 98
发挥代表主体作用 98
提升代表履职能力 98
突出代表建议办理实效 98

张家界市人民政府

重要会议 100
市政府全体会议 100
市政府常务会议 100
市政府专题会议 102

重要活动 106
调研重点项目建设 106
调研脱贫攻坚工作 107
走访慰问 107
出席重要活动 107
调研教育工作 108
检查安全生产工作 108
调研国家卫生城市创建工作 108
公务会见 108
调研旅游工作 109
商业洽谈 109
调研市政项目 109
调研经济发展 109
国家电网调研 110
调研扫黑除恶专项斗争和公安工作 110
调研中央生态环境保护督察“回头看”反馈问题整改工作 110
赴西安市大唐西市集团考察对接 110
调研铁路、公路、航空货运情况 110
调研地质灾害防治工作 110
调研涉湖南张家界大鲵国家级自然保护区水电站整改工作 110
调研农村产业发展和乡村振兴战略实施情况 110
市人民政府领导班子集体活动 110
调研违建别墅问题清查整治 110
重要规章、文件 110
市政府文件 110
办公室工作 110
概况 110
参谋服务 110
信息工作 111
统筹协调 111
热线服务 111
机构改革 111
行政审批工作 111
简政放权 111
一件事一次办 111
电子政务工作 111
政府网站建设与管理 111
政务信息资源交换共享 112
电子政务技术服务 112
智慧城市建设 112
综合调研工作 112
概况 112
机构改革 112
政务服务工作 113
概况 113
政务服务体系建设 113
“一件事一次办”改革 113
政务服务大厅管理 113
“互联网+政务服务”一体化平台 113
监督监管机制建设 113
民族工作 113
概况 113
张家界市民族宗教机构改革 114
张家界市1个集体、3名个人获“全国民族团结进步模范集体”和“模范个人” 114
张家界市9名“全国民族团结进步模范个人”荣获“庆祝中华人民共和国成立70周年”纪念章 114
宗教工作 114
概况 114
市委理论学习中心组专题授课辅导 115
市宗教团体换届选举 115
宗教团体开展慈善公益活动 115
外事、侨务工作·港澳工作 115
外事工作概况 115
外事机构改革 116
外事工作机制 116
全市涉外工作会议 116
全市外事工作座谈会 116
丝绸之路友好城市协作体2019年(张家界)年会 116
外交部湖南全球推介活动展示精彩张家界 116
重大外事接待活动 117
港澳侨务工作概况 117
侨务工作机构改革 117
张家界市侨联工作概况 118
出台全市侨联改革方案 118
妥善处理市华侨投资服务中心遗留问题 118
2019“寻根之旅”夏令营——湖南张家界营活动 118
张家界市第四次归侨侨眷代表大会 118
民政工作 119
概况 119
殡葬改革工作 119
打击整治非法社会组织专项行动 119
地名管理 119
精神障碍社区康复服务 119
临时救助 119
社会工作职业水平考试 119
社会救助兜底保障工作 119
社会组织党建工作 119
社会组织登记工作 119
社会组织监督管理 119
社会组织精准扶贫 119
社会组织信息化建设 120
生活无着流浪乞讨人员救助管理 120
乡镇(街道)社会工作服务站建设 120
特困人员救助供养 120
社工专业服务 120
人力资源和社会保障 120
概况 120
稳就业工作 120
创业带动就业 120
重点群体就业 120
公共就业服务 121

职业培训 121
养老保险 121
工伤保险 121
失业保险 121
社保降费 121
社会保险经办服务 121
人才队伍建设 121
事业单位人事管理 121
劳动关系 122
人社扶贫 122
退役军人事务管理 122
概况 122
评选模范与表彰先进 122
移交安置工作 123
就业创业工作 123
军休服务管理工作 123
拥军优抚工作 123
机关事务管理 123
概况 123
办公用房清理整改和调配 123
市直单位公务用车改革 123
节约型机关建设 123
国有资产体制改革 124
后勤服务保障 124
信访工作 124
概况 124
开展“人民满意窗口”创建活动 125
扶贫开发工作 125
概况 125
深度贫困地区脱贫攻坚 126
凝聚脱贫攻坚合力 126
突出党建引领,激发群众内生动力 126
探索创新扶贫开发 126
张家界市派驻村帮扶工作队管理办公室 126
移民工作 127
概况 127
移民后期扶持 127
移民资金监管 128
平安库区建设 128

中国人民政治协商会议张家界市委员会

综述 130
概况 130
全市政协系统首届职工运动会 130
重要会议 131
市政协第七届委员会第三次会议 131
市政协第七届常委会第十二次会议 131
市政协第七届常委会第十三次会议 131
市政协第七届常委会第十四次会议 131
市政协第七届常委会第十五次会议 131
市政协第七届常委会第十六次会议 131
市政协第七届常委会第十七次会议 131
调研协商 131
改善人居环境推动乡村振兴课题调研协商 131
推进张家界市健康扶贫政策的落实课题调研协商 132
加强澧水源头地区环境保护课题调研协商 132
运用信息化手段提高宗教事务治理能力课题调研协商 132
民主监督 132
澧水源头生态环境保护监督 132
健康扶贫政策落实情况监督 133
推进民营经济发展政策落实与完善课题界别协商和民主监督 133
提案督办及民主评议评价工作 133
参政议政 134
概况 134
提案工作 134

中共张家界市纪委·张家界市监察委员会

概况 136
中共张家界市纪律检查委员会张家界市监察委员会被授予湖南省2018届省文明单位 137
袁美南被评为全省担当作为优秀干部 137

民主党派

概况 139
中国民主同盟张家界市委员会 139
中国民主促进会张家界市委员会 140
中国农工民主党张家界市委员会 141
致公党张家界市委会 142
九三学社张家界市委员会 143

人民团体

工会 145
概况 145
开展以劳动竞赛为主的各类竞赛活动 145
劳模精神和工匠精神 145
城市困难职工解困脱困工作 145
维护职工合法权益 146
工会改革创新 146
工会组织建设 146
推动重点工程建设 146
共青团 146
概况 146
纪念“五四运动”100周年 147
基层团干部培训班 147
张家界青年宣讲故事汇 147
青年抖音大赛 147

中国少年先锋队张家界市第一次代表大会 147

妇联 148

概况 148

张家界市妇联纪念“三八”国际妇女节暨六届五次执委(扩大)会议 148

张家界市第七次妇女代表大会 149

举办张家界市首届民营女企业家发展论坛 149

举行“美家美妇”暨妇女“两癌”免费检查启动仪式 149

开展2019年度女性安康保险活动 149

2019年张家界市妇女儿童工作委员会成员(扩大)会议 149

张家界市儿童之家建设工作推进会 149

张家界市妇女儿童发展规划2018年度监测评估 149

张家界市人大常委会调研张家界市妇女儿童发展规划实施情况 149

全市女性健康知识讲座和义诊活动 149

“儿童青少年预防近视科普妈妈行”活动 149

两新组织妇建工作有力推进 150

组建“三八红旗手”志愿巡讲队 150

举办“我和我的祖国”家国情怀故事汇活动 150

实施“美家美妇”行动 150

开展“书香进万家·家庭读好书”活动 150

2019年张家界市“家国情怀·最美家庭”电视报告会 150

开展家庭教育问题、典型案例征集活动 150

音乐之声我要上学 150

开展“温暖微行动·彩虹行”公益活动 150

推荐先进女性典型 150

工商联 150

张家界市工商业联合会 150

“万企帮万村”精准扶贫行动 151

市工商联六届四次执委会议 151

市工商联系统庆祝新中国成立70周年文艺汇演 151

军　事

中国人民解放军张家界军分区 154

概况 154

军分区党委五届五次全体(扩大)会议 154

军分区党委五届六次全体(扩大)会议 155

精准扶贫 155

开展“条令条例学习月”活动 155

民兵调整改革部署推进会 155

国防动员潜力统计调查任务部署会 155

张家界市全民国防教育委员会第十次全体(扩大)会议 155

民兵骨干轮训 155

开展“不忘初心、牢记使命”和“传承红色基因、担当强军重任”主题教育 155

群众性练兵比武活动 155

全市征兵工作推进 156

学生军训 156

安全大检查 156

开展“百日安全活动”活动 156

年度军事训练考核 156

中国人民武装警察部队张家界支队 156

概况 156

参加武警部队2019年度军事训练开训动员大会 156

重温忠诚卫士誓词仪式 156

开展“牢记训词、践行使命”专题教育学习活动 157

党委一届二次全体(扩大)会议 157

召开2018年度表彰大会 157

元宵节安保 157

70周年大庆安保 157

2019年群众性练兵比武军事体育竞赛 157

“魔鬼周”极限训练主题绘画摄影展 157

2019年度建制班比武竞赛 157

参加张家界市“践行新使命、忠诚保大庆”实兵演练暨誓师大会 157

2019指挥员大比武 157

夏秋季士兵退役仪式 157

武警张家界支队召开“不忘初心、牢记使命”主题教育工作会议 157

“武警春蕾计划”捐款活动 157

人民防空 157

概况 157

全市人防工作、党风廉政建设暨开训动员会 158

人防专业队伍训练 158

张家界市人防知识竞赛活动 158

法　治

政法委及综治 160

概况 160

中央扫黑除恶专项斗争第16督导组第五小组督导张家市扫黑除恶专项斗争工作 161

李殿勋调研张家界政法工作 161

张家界市平安建设领导小组及办公室 161

平安创建活动 161

扫黑除恶 161

政治引领 161

深挖打击 161

督导整改 161

强基固本 162

健全机制 162

法治政府建设 162

法治宣传(普法依法治理) 162

律师工作 162

法考工作 162

规范性文件合法性审查和备案工作 162

行政复议和行政应诉工作 163

依法行政指导和监督工作 163

参与扫黑除恶 163

公安 163
概况 163
维护政治安全 163
维护社会稳定 163
维护公共安全 164
夯实基层基础 164
科技强警 164
推进公安改革 164
推进政治建设 164
检察 165
概况 165
服务发展 165
法治建设 165
四大检察 165
检察改革 166
自我监督 166
司法行政 166
概况 166
司法行政机构改革 166
社区矫正 167
张家界监狱 167
法院 167
概况 167
刑事审判 167
民商事审判 167
行政审判工作 168
立案信访工作 168
审判执行工作 168
司法体制改革 168
智慧法院建设 168
主动接受监督 168
仲裁 168
人民调解 168
公共法律服务工作 169

综合监督管理

综述 171
优化经济发展环境 171
绿色发展 171
物流产业 171
信用建设 171
对口支援 172
国有资产监督管理 172
概况 172
国有企业改革 172
国资布局结构调整 172
重点项目建设 172
国资监督管理 172
自然资源管理 173
概况 173
用地保障 173
自然资源保护 173
服务重点项目建设 173
耕地占补平衡 173
城乡建设用地增减挂钩 173
采矿权出让 173
不动产登记 173
城乡居民合作建房 173
全国第三次国土调查 173
“多测合一” 173
矿业秩序整顿 174
地质灾害防治 174
问题楼盘处置 174
机构改革 174
依法行政 174
公共资源交易 174
概况 174
服务经济发展 174
重大交易活动 174
优化营商环境 174
电子化平台建设 174
审计监督 175
概况 175
审计管理体制改革 175
履行监督职责 175
深化审计成果运用 175
推进审计创新 175
价格管理 175
概况 175
价费专项检查 176
居民消费价格 176
社会消费品 176
应急管理 177
概况 177
机构改革 177
安全监管执法 178
安全宣教培训 178
安全生产督查督办 178
消防工作 178
概况 178
执勤战备 178
火灾防控 178
消防基础建设 179
成立山岳救援队 179
“追梦火焰蓝”主题宣传 179
“2·22”天门山救援 179
“8·11”桑植 LNG 罐车侧翻 179
市场监督管理 179
商事制度改革 179
企业信用监管 179

市场专项整治 180
消费者权益保护 180
发展广告产业 180
助力三大攻坚战 180
市场监管法治建设 180
市场监管信息化建设 180
标准化监管 180
特种设备安全监管 181
实施质量强市 181
商品质量安全监管 181
食品安全监管 181
食品生产监管 182
小作坊整治 182
食品流通销售监管 182
餐饮监管专项整治 183
“护苗”行动 183
联合整治行动 183
药品生产监管 183
药品流通监管 184
医疗器械监管 184
化妆品监管 184
抽检监测 184
湖南康尔佳生物医药科技有限公司 184
张家界锦华药业 185
张家界市新纪元石化有限公司 185
张家界旅游集团股份有限公司观光电车分公司 185
张家界新泰天然气有限责任公司 185
湖南张家界天门山旅游股份有限公司 185
海关工作 186
概况 186
强化综合监管 186
检验检疫 186
服务张家界发展 186
进境指定监管场地通过预验收 186
张家界丰泽公用保税仓启用 186
边检工作 186
概况 186
政治建警 186
口岸管控 187
服务改革 187
队伍建设 187
统计工作 187
概况 187
依法统计 187
统计服务 187
第四次全国经济普查 188

农业·林业·水利

农业总类 190
概况 190
乡村振兴 190
农村改厕 191
农村人居环境整治 191
农业行政综合执法 191
土肥管理 191
农产品质量安全监管 191
二品一标认证 191
植物检疫 191
高标准农田建设 191
职业农民 191
国营农场 192
种植业 192
概况 192
高档优质稻生产 192
特色旱粮生产 192
稻油水旱轮作试点 192
蔬菜生产 192
水果生产 192
茶叶生产 192
优势特色作物 192
自然灾害应对与抗灾减损 193
推广应用绿色农业实用技术 193
种植大户 193
农业科技研究 193
概况 193
苎麻试验示范 193
张家界特色茶资源开发与利用 193
“张家界青钱柳茶”产业 193
张家界农作物种质资源保护 194
畜牧水产业 194
机构改革 194
畜牧渔业生产 194
大鲵特色产业发展 194
张家界黑猪 194
动物疫病防控 194
非洲猪瘟防控 195
定点屠宰管理 195
畜禽水产品质量安全 195
养殖业污染治理 195
渔政管理 195
农村经营服务管理 195
土地确权颁证 195
土地经营权流转和土地承包纠纷调解 195
集体产权改革 195
集体经济发展 195
新型经营主体培育 195
农民维权监管 195
农业机械化 196
概况 196
农机社会化服务 196

农机推广培训 196
农机购置补贴 196
农机安全生产 196
农业产业化 196
概况 196
产业发展 196
品牌创建 196
林业 196
概况 196
国土绿化 196
林业资源管理 197
生态惠民 197
野生动植物管理 197
森林公安 197
自然保护地管理 197
举办第十九届中国湖南张家界国际森林保护节 197
水利 197
概况 197
水利规划 197
防汛抗旱 197
水利工程项目建设 198
农村安全饮水 198
农田灌溉水有效利用系统测算分析 198
灌区续建配套与改造 198
水资源管理 198
水土保持 199
河道管理 199
水政管理 200
农村水电 200

工　业

总类 202
工业经济运行概况 202
工业经济平稳发展 202
企业创新转型 202
工业项目建设 202
旅游商品发展 202
工业节能与综合利用 203
淘汰落后产能 203
煤炭工业 203
煤矿安全监察 203
煤矿、非煤矿山、工贸和危化领域安全执法 203
电力工业 203
概况 203
国网张家界供电公司 203
电网建设 204
优化电力服务 204
电力安全生产 204
烟叶生产管理 204
概况 204
烟叶高质量发展论坛 205
装备工业 205
概况 205
行业管理 205
工业设计中心认定 205
装备制造企业宣传 205
电子信息产业 205
概况 205
电子信息制造业企业发展现状 205
纺织工业 205
概况 205
项目建设 205
食品工业 205
概况 205
诚信体系建设 206
食品工业项目建设 206
医药工业 206
概况 206
产业链建设 206
医药工业项目建设 206
轻工业 206
概况 206
轻工业项目建设 206
建材工业 206
概况 206
建材工业项目建设 206
转型升级 206
华新水泥(桑植)有限公司 206
张家界占生塑胶制品有限公司 207
湖南畅想农业科技有限公司 207
张家界福安家木业有限公司 207
张家界市新瑞生物饲料有限公司 207
园区经济 207
概况 207
张家界高新区 208
慈利县工业集中区 208
桑植县工业园区 211

城乡建设与管理

总类 214
概况 214
城市建设 214
概况 214
建筑市场 214
市政项目 214
问题楼盘办证 214
房屋管理 214
老旧小区改造 214
两供一治 214

招投标管理 215
信息化建设 215
打非治违 215
村镇建设 215
概况 215
特色小镇 215
危房改造 215
乡镇污水处理 215
农村建房 216
世界自然遗产与风景名胜区管理 216
概况 216
机构改革 216
城乡规划 216
概况 216
规划宣传 216
职责融合 216
规划编制 216
规划审批 216
规划管理 217
规划执法 217
勘察设计 217
概况 217
勘察设计审批制度改革 217
行业发展 217
建筑业监管 218
概况 218
质量安全监管 218
农民工工资管理 218
建筑工地创卫工作 218
张家界好地建筑安装工程有限责任公司 218
张家界永定建安实业有限责任公司 218
湖南鑫成建设有限责任公司 218
住房保障 219
概况 219
棚户区改造 219
公租房管理 219
限价商品房管控 219
房地产业 219
概况 219
张家界湘浙房地产开发有限公司 219
张家界昊天房地产开发有限责任公司 219
张家界瑞海置业发展有限公司 219
张家界中建信和置业有限公司 219
建筑节能与科技 220
绿色建筑 220
装配式建筑 220
城市管理 220
概况 220
环境卫生 220
专项整治 220
市政设施维护 221
绿化美化亮化 221
住房公积金管理 221
概况 221
业务指标 221
风险防控 221
政策调控 222
服务优化 222

生态环境保护

总类 224
概况 224
张家界市生态环境保护委员会 2019 年第一次会议 224
2019 年张家界市生态环境保护暨党风廉政建设工作会议 224
生态环境机构监测监察执法垂直管理制度改革 224
自然生态保护 225
概况 225
“绿盾 2019” 自然保护地强化监督 225
生态保护红线监管 225
生态保护修复 225
土壤生态管理 225
概况 225
持续夯实基础 226
加强源头预防 226
改善枧潭桥超标状况 226
完成畜禽养殖禁养区排查与调整 226
推进化肥农药减量增效行动 226
农用地分类管理 227
大气环境管理 227
概况 227
产业及能源结构调整及工业废气污染防治 227
城市扬尘污染治理 227
移动源污染防治 228
水环境管理 228
概况 228
集中治理工业集聚区水污染 228
乡镇“千吨万人”饮用水水源地划分和环境问题排查 228
环境质量监测 229
概况 229
环境空气监测 229
水环境监测 229
声环境监测 229
生态环境准入管理 229
概况 229
环境影响评价 229
张家界市环评工作“放管服”改革 230
“三线一单”编制 230
生态环境保护执法 230
概况 230
执法能力建设 230

饮用水水源保护区突发环境事件应急演练 231
处置“7·1”张桑高速教字垭服务区混合废油泄露事件 231
固体废物、辐射安全管理 231

交通·邮政·通信

总类 233
概况 233
交通建设投资 233
交通“三大攻坚战” 233
重点领域改革 233
交通行业治理 233
交通安全生产 233
全市交通运输工作会议 234
刘革安主持召开项目建设专题调度会 234
加快推进高速公路ETC应用工作 234
推进“四好农村路”建设 234
铁路交通 234
概况 234
黔张常铁路正式运营 234
公路交通 235
公路治超工作 235
教温公路(一期)基本建成 235
杨通公路全面建成通车 235
普通国省道交通标志调整工程完工 235
加快实施农村公路安防工程 235
规范和加强道路旅客运输企业安全管理 235
出租汽车行业创“三优”竞赛暨出租车市场营运秩序专项整治总结表彰大会 235
开展“两客”车辆智能监管平台建设 236
虢正贵检查指导道路运输安全工作 236
张家界市公共交通发展有限公司 236
张家界市汽车运输有限责任公司 236
张家界南方运输有限责任公司 236
张家界路桥建设有限责任公司 237
民用航空 237
概况 237
开通柬埔寨暹粒—张家界航线 237
开通呼和浩特—张家界—长沙航线 237
开通杭州—张家界—丽江航线 237
开通青岛—扬州—张家界航线 237
开通郑州—张家界—桂林 237
开通张家界—大阪 237
开通张家界—大邱航线 237
开通张家界—马尼拉航线 237
开通张家界—清州航线 238
开通张家界—务安航线 238
开通长沙—张家界—毕节航线 238
开通张家界—无锡航线 238
开通张家界—首尔航线 238
开通南宁—张家界—韩国务安航线 238
水路交通 238
建设港口和船舶污染物接收转运处置设施 238
水上交通安全形势持续稳定 238
邮政 238
概况 238
全市邮政管理工作会议 238
湖南省邮政管理局局长朱汉荣调研农村投递“最后一公里”和“快递下乡”情况 238
市邮政管理局联合公安部门共同保障70周年大庆期间寄递渠道安全 238
全市寄递渠道安全管理工作交流会 238
市交通运输局联合市邮政管理局调研寄递企业“双11”旺季安全保障工作 238
邮政业加强与电信合作 239
邮政业服务民生 239
中国邮政集团有限公司张家界市分公司 239
方志鹏到张家界调研 240
电商扶贫 240
主题邮局 240
邮件处理中心正式投入运行 240
2019湖南红色旅游文化节红色文化旅游惠民卡 240
电信 240
概况 240
中国电信四川、广东分公司考察团到慈利参观交流“雪亮乡村”建设 240
张家界本地电视台成功接入湖南IPTV平台 240
湖南省副省长、省公安厅党委书记、厅长许显辉赴张家界调研治安防控体系建设工作 241
张家界分公司加速推进快递跨业战略合作 241
中国电信慈利分公司助力“雪亮乡村”建设 241
移动 241
概况 241
5G建设及应用 241
网络及服务质量优化 241
黔张常铁路网络保障 241
“智慧党建”平台建设 241
“天门清风”微信服务平台建设 242
联通 242
概况 242
张家界联通助推企业信息化建设 242
助力全市中小企业“上云上平台” 242
张家界市分公司与深圳万顺叫车签署战略合作协议 242
张家界联通做好网络安全保障工作 242
无线电管理 243
概况 243
站台审批 243
频率监测 243
备案管理 243
监督检查 243

考试保障 243
频率占用费征收 243
无线电宣传工作 243

国内贸易

总类 245
概况 245
消费促进贡献加大 245
电子商务企业发展 245
市场体系建设 245
石油销售 245
中国石油湖南张家界销售分公司 245
中国石化湖南石油分公司 245
供销合作 246
概况 246
供销合作社综合改革工作 246
“三大体系”建设 246
社有资产管理 247
监事会机构建设 247
项目合作和建设 247
粮油流通 247
概况 247
粮食产销 247
粮油产业 247
粮食储备 247
概况 247
夯实“两个确保” 248
烟草专卖 248
概况 248
烟草专卖管理 248
卷烟经营 248
烟叶产销 248
烟基建设 248
盐业 248
概况 248
盐业市场秩序维护 248

对外及对中国港澳台地区经济贸易

综述 250
概况 250
口岸开放 250
对外及对中国港澳台地区经济贸易 250
概况 250
主要贸易伙伴进出口继续保持增长 250
外资及对中国港澳台地区资利用 254
概况 254
对外及对中国港澳台地区经济技术合作 254
概况 254

旅游产业

总类 256
概况 256
张家界市文化旅游广电体育局挂牌成立 256
全域旅游发展 256
乡村旅游与旅游扶贫 256
红色旅游 256
旅游区(点)建设 256
旅游项目建设 256
旅游产品供给 256
张家界武陵源风景名胜区 256
湖南张家界天门山景区 257
张家界东线旅游开发有限公司 257
张家界茅岩河旅游开发股份有限公 司 257
张家界天门狐仙文化旅游产业有限 公司 257
魅力文旅发展有限公司 257
旅游市场开发 257
概况 257
2019 年第 17 届亚洲捷兔慢跑会 257
2019 年湖南红色旅游文化节暨桑植民歌节 258
丝绸之路友好城市协作体 2019 年(张家界)年会 258
旅游行业管理 258
概况 258
文化旅游市场综合治理 258
“铁腕治旅”2019 年夏季行动动员大会 258
张家界民宿旅游主题年活动 258
张家界中国旅行社股份有限公司 258
张家界光明国际旅行社有限公司 258
张家界国际大酒店有限公司 258
张家界湘投阳光酒店有限公司 259

财政·税务

财政 261
概况 261
工作调研 261
预算国库管理 262
民生保障 262
防范化解重大风险 262
税务 263
概况 263
税费收入 263
减税降费 263
税制改革 263
依法治税 263
征收管理 263
税费服务 264
推进“一票制”改革 264

打造“天门智慧”工程 264
张家界市税务局获“2019 年度全省税务系统绩效管理先进单位” 264

金融·银行·保险

总类 266
金融概况 266
银行业 266
银行业发展概况 266
银行监管工作 266
人行张家界中心支行 267
中国农业发展银行张家界市分行 267
中国工商银行股份有限公司张家界分行 268
中国农业银行股份有限公司张家界分行 268
中国银行股份有限公司张家界分行 269
中国建设银行股份有限公司张家界市分行 270
中国邮政储蓄银行张家界市分行 271
湖南省农村信用社联合社张家界办事处 271
华融湘江银行张家界分行 271
长沙银行股份有限公司张家界分行 272
交通银行张家界分行 272
保险业 273
概况 273
吉祥人寿保险股份有限公司张家界中心支公司 273
中国人民财产保险保险股份有限公司张家界市分公司 273
中国人寿保险股份有限公司张家界分公司 274
中国平安财产保险股份有限公司张家界中心支公司 275
平安人寿张家界中心支公司 275

民营经济

总类 278
市场主体总量较快增长 278
民营企业和中小企业服务 279
个体私营经济 280
私营企业登记管理 280
个体工商户 280
农民专业合作社 280
事中事后监管 281
产业导向 281

科学技术和科技服务

总类 283
概况 283
科技体制改革 283
科技服务 283
科技活动 283
科技监督管理 283
科技普及推广 283
科技项目管理 283
工业科技 284
概况 284
张家界鸿燕新材料科技发展有限公司 284
农业科技 285
概况 285
张家界久瑞生物科技有限公司 285
张家界茅岩莓有限公司 285
社会发展科技 286
助力节能减排、污染防治建设 286
科技合作交流 286
学术交流与科普活动 286
概况 286
“全国科技工作者日”活动 286
湖南省科普大篷车助力精准扶贫慈利行活动暨张家界市 2019 年全国科普日活动 286
青少年科技教育活动 287
“名校+名城”研究生实践育人基地 287
企业科协组织建设 287
知识产权 287
概况 287
品牌建设 287
地理标志运用促进工作 287
知识产权宣传 287
气象服务 288
概况 288
决策气象服务 288
公共气象服务 288
农业气象服务 288
人工影响天气 288
气候影响评价 288
防震减灾 289
概况 289
应急值守处突 290

社会科学

总类 292
概况 292
社科普及 292
概况 292
社科普及基地 292
张家界市家庭教育学会 292
社科研究 292
概况 292
张家界市税务学会 292
张家界市炎黄文化研究会 292
张家界市档案学会 292

张家界市中共党史学会 292
学术交流 292
概况 292
张家界市教育学会 293
张家界市心理学会 293
张家界市云梦山鬼谷文化研究会 293
张家界市崇山文化研究院 293
学会管理 293
概况 293
学会建设 293
概况 293
张家界市场监督管理学会 293
市钱币学会 293
张家界市国学教育研究会 293
张家界市白族文化研究会 293
张家界市品轩文旅研究院 293

教 育

总类 295
概况 295
市直学校 295
教育督导 295
教师队伍建设 295
语言文字 295
学生资助 296
规划财务工作 296
芙蓉学校项目 296
消除义务教育大班额 296
规划建设项目 296
学前教育 296
概况 296
普及普惠 297
园本教研 297
幼师培训 297
幼儿教育研究 297
中小学教育 297
概况 297
中小学德育 297
义务教育均衡发展 298
争先创优 298
中考改革 298
高中教育 298
综合实践课程 298
课后服务 298
特殊教育 299
概况 299
市特殊教育学校 299
市特校整体搬迁项目 299
职业与成人教育 299
概况 299
职业教育培训 299
改善办学条件 299
职业教育成果 299
职成教扶贫 300
张家界市高级技工学校技工教育概况 300
筹建湖南旅游技师学院工作 300
张家界市高级技工学校综合楼建设项目二期工程建设 300
张家界市高级技工学校文明创建工作 300
张家界市高级技工学校技能大赛成绩 300
张家界市高级技工学校社会培训工作 300
张家界市高级技工学校招生就业工作 300
民办教育 300
概况 300
民办教育扶持 301
民办教育管理 301
民办学校党建 301
高等教育 301
吉首大学张家界校区办学概况 301
吉首大学张家界校区软件工程专业入选首批国家级一流本科专业建设点 301
吉首大学张家界校区重点工程项目—实训大楼 301
吉首大学张家界学院 301
张家界航空工业职业技术学院 302
卫生艺术与国防教育 303
艺术教育 303
卫生与健康 303
国防教育 303
学校安全工作 303
概况 303
安全监控机制 303
安全预防教育 303
安全专项治理 303
师资培训工作 303
概况 303
双名工程 304
教师职务评审 304
教师培训 304
教师工作坊 304
大中专毕业生就业 304
概况 304
毕业生档案管理 304
就业指导与帮扶 304
就业咨询服务 304
教育科学研究 304
概况 304
教育课题研究 304
校本课程研究 305
课堂教学研究 305
科技体育运动会 305
教育技术装备和教育信息化 305

概况 305
队伍建设 305
网络安全 305
创新应用 306
网络扶贫 306
教育技术装备和教育信息化工作 306
教育基金会 306
概况 306
项目运作 306
基金管理 306
招生考试工作 307
概况 307
考试与高校录取 307
普通高中学业水平考试 307
成人高校招生考试 307
高等教育自学考试 307
研究生招生考试 307
社会考试 307

文化事业

总类 309
文化工作概况 309
“五馆一院一中心”项目 309
2019 年元宵灯会 309
2019 年“欢乐潇湘·美丽张家界”大型群众文艺会演 310
中国演出行业协会旅游演艺分会成立大会 310
文物·考古 310
概况 310
张家界市博物馆送展进校园活动 310
图书馆 310
概况 310
24 小时自助图书馆 310
大庸古城 2019“书香张家界 全民诵读”全民阅读活动启动暨市城区自助图书馆开馆仪式 310
“书香张家界”全民阅读推广活动 310
档案工作 311
概况 311
地方志工作 311
概况 311
确保“一年一鉴”目标如期实现 311
促进方志事业发展 311
加强队伍建设 311
建设张家界市地情专家库 312
张家界史志研究微信公众号试运行 312
图书发行与销售 312
概况 312
实体门店建设 312
线上平台建设 312
政治读物发行 312
“课前到书”保障工作 312
三农服务 312

新闻·出版·广电

总类 314
概况 314
新闻·出版 314
概况 314
2019 年“扫黄打非”工作推进会 315
报刊 315
概况 315
张家界日报社 315
湖南日报社张家界分社 316
广播·电视·电影 316
概况 316
张家界市广播电视台 317
广电服务能力提升 318
电影产业 318

文学艺术

总类 321
概况 321
张家界市文联四届四五次全委(扩大)会议暨2019 年工作会 321
协会换届 321
推荐发展会员 321
文艺扶贫 321
“深入生活 扎根人民”为主题的百名文艺家走进慈利采风 321
文学·文艺评论 322
第三届国际旅游诗歌节 322
刘晓平散文集《一路风景》研讨会 322
文学激励 322
作协活动 322
文学精品力作 322
文艺平台建设 322
书法·美术·摄影 322
“翰墨礼赞、盛世中华”庆祝中华人民共和国成立七十周年张家界市书法展 322
“不忘初心 牢记使命”第三届张家界市美术书法摄影艺术作品双年展 322
李军声砂石画百米长卷“山魂”作品展 322
中国·张家界首届世界遗产摄影大展 323
《峰林叠翠》亮相外交部蓝色大厅 323
张家界市被评为摄影发现中国十大景观 323
摄协活动 323
摄影奖项 323
音乐·舞蹈 323

为梦高歌·张家界三大男高音2019年新年演唱会 323
新中国成立70周年歌咏比赛 323
音乐创作成果 323
舞协活动 323
民间文艺·收藏 324
慈善拍卖 324
影视·校园文联 324
青春校园纪录片《伊甸园》首映仪式 324
第二届精准扶贫微电影大赛颁奖晚会 324
校园公益捐赠 324
公益支教 324
助力校园文化 324

卫生健康

总类 326
概况 326
张家界市卫生健康委员会成立 326
张家界市卫生健康委获评新时代健康科普作品征集大赛优秀组织奖 326
张家界市卫生事业发展数据 326
医疗卫生体制改革 326
概况 326
推进公立医院综合改革 326
推进分级诊疗制度建设 326
推进药品供应保障制度建设 326
推进城乡一体化改革 327
公共卫生和卫生应急 327
概况 327
免疫规划 327
结核病防治 327
艾滋病防治 327
卫生监测 327
重性精神病救治救助 327
医疗服务能力建设 327
概况 327
提升心血管疾病诊治能力 328
住院医师规范化培训 328
市人民医院提升医疗服务供给和质量 328
全面加强基层卫生健康人才培养 329
张家界爱尔眼科医院打造眼科品牌 329
吉首大学张家界学院附属医院 329
张家界大众医院着力建设诚信民营医院 329
医疗服务质量管理 329
概况 329
医疗质量督查巡查 330
病原微生物实验室管理 330
聚焦就医感受精准整治行风 330
中医药事业 330
概况 330
创新中医医疗资源城(县)乡一体化改革模式 330
计划生育 330
概况 330
张家界市人口和计划生育数据及动态分析 330
计划生育协会工作彰显特色 330
基层卫生 331
概况 331
健康扶贫 331
全科医生配备 331
家庭医生签约服务 331
基层服务能力建设 331
妇幼保健 331
概况 331
母婴安全管理 331
防治出生缺陷 331
落实重点民生实事 332
卫生计生综合监督 332
概况 332
行业监管 332
卫计专项整治 332
卫计执法项调研 332
卫计执法服务改革 332
医保工作 333
概况 333
待遇保障 333
医保扶贫 333
医保改革 333
价格和招采 333
医保管理服务 333
医保基金监管 333
血站工作 334
概况 334
无偿献血活动 334
血站管理 334
血站服务年建设 334

体　育

总类 336
概况 336
体育产业 336
竞技体育 336
2019年中国小篮球联赛(张家界赛区 336
全国二青会激流回旋比赛和皮艇球比赛 336
2019年“姚基金希望小学篮球季” 336
2019全国U21青年男子篮球锦标赛第二阶段决赛 336
张家界市第六届运动会 336
群众体育 337
社会体育指导员建设 337
2019年“健康中国湖南行,走红军走过的路,徒步穿

越大湘西”活动(慈利站)　337
第二届环天门山国际自行车邀请赛　337
武陵源成功举办张家界黄石寨高空扁带对抗赛　337
首届世界旅游城市(张家界)桥牌公开赛　337
2019“薪火传承中国健康跑”　337
2019 潇湘 100 第三届张家界天门山国际越野赛　337
湖南省首届社区趣味运动会张家界排位赛　337
2019 全民健身挑战日,健康湖南动起来(张家界站)活动　337
武陵源举办全国新年登高健身大会(湖南主会场)暨全国户外休闲健身大会　337
学校体育　337
概况　337
学校体育教育　337
体育设施　338
体育赛事　338

社会生活

人民生活　340
居民收入　340
城乡居民消费　340
各区县居民收入　340
婚姻·家庭　340
婚姻登记　340
“美家美妇”行动　340
“书香进万家·家庭读好书”活动　341
2019 年张家界市“家国情怀·最美家庭”电视报告会　341
家庭教育问题、典型案例征集活动　341
妇女·儿童·老人　341
“美家美妇”暨妇女“两癌”免费检查启动仪式　341
2019 年度女性安康保险活动　341
2019 年张家界市妇女儿童工作委员会成员(扩大)会议　341
张家界市儿童之家建设工作推进会　341
张家界市妇女儿童发展规划 2018 年度监测评估　341
张家界市人大常委会调研张家界市妇女儿童发展规划实施情况　341
全市女性健康知识讲座和义诊活动　341
“儿童青少年预防近视科普妈妈行”活动　342
两新组织妇建工作有力推进　342
儿童福利工作　342
老年人优待　342
出台关爱农村留守老年人关爱服务工作的意见　342
敬老月活动　342
居家和社区养老服务试点示范工作　342
农村养老服务体系建设　343
养老服务　343
养老院服务质量建设专项行动　343
福利救济　343
残疾人脱贫攻坚　343
残疾人民生和基础保障　344
慈善救助　344
最低生活保障　344
福利彩票社会公益责任　344
福利彩票销售管理　344
红十字会　344
概况　344
张家界市公务员队伍中第一个造血干细胞捐献者——宋爱华　345

区县概况

永定区　347
概述　347
开展“不忘初心、牢记使命”主题教育　348
全域旅游　348
脱贫摘帽　349
重大风险化解　349
污染防治　349
新型工业　349
现代农业　349
项目建设　349
征地拆迁　349
营商环境招商引资　349
创卫工作　350
乡村振兴　350
城市管理　350
教育发展　350
医疗卫生服务　350
民生事业　350
社会综合治理　350
改革创新　350
天门山翼装飞行世锦赛　350
举办国际森林保护节　351
茅岩河镇成功申报国家农业产业强镇　351
武陵源区　351
概述　351
武陵源神奇美景惊艳央视 2019 春晚　352
深化机构改革动员大会召开　352
武陵源核心景区对 14 岁以下儿童实行免票　352
张家界防震减灾科普馆开馆　352
入榜“2019 中国最美县域榜单”　352
武陵源与天涯海角牵手打造爱情旅游胜地　352
张家界千古情景区在武陵源区开门迎客　352
《武陵源兵战地名故事》举行新书首发式　353
武陵源国际生态休闲小镇项目成功签约　353
2019 黄龙音乐季完美收官武陵源　353
举行庆祝新中国成立 70 周年歌咏大赛　353
“张家界·武陵源号”高铁列车开行　353

张家界"魅力湘西"被授予中国驰名商标 354
获评国家首批全域旅游示范区 354
《武陵源年鉴(2018)》荣获第六届全省地方志优秀成果(年鉴类)一等奖 354
张家界魅力湘西景区获评国家 AAA 级旅游景区 354
2019 中国张家界亚洲捷兔慢跑活动在武陵源开启 354
2020 年全国新年登高健身大会在武陵源举行 354
获全省"社会治安综合治理先进县市区" 355
全域旅游发展惠民项目获评 2019 年度中国民生示范工程奖 355
慈利县 355
概况 355
危房存量"清零"获国务院通报表扬 356
慈利县被评为全省河长制真抓实干先进县 356
罗潭村入选全国乡村旅游重点村名录 357
化解义务教育大班额 357
新增 3 家省级农民林业专业合作社示范社和省级林下经济示范基地 357
30 家消费维权服务站挂牌 358
慈利县 16 个村级土地利用规划编制获备案 358
慈利县人才公寓启用 358
慈利县粮食产量再次突破 30 万吨 358
市委常委到慈利开展"集体调研集中解难"活动 358
省委第二巡视组向慈利县委反馈巡视情况 359
慈利县首届电商创业达人大赛 359
慈利县召开深化机构改革动员会 359
慈利县启动第三次国土调查工作 359
"千企帮千村"项目公开遴选 10 家企业入选 359
慈利县首次成功发行企业专项债券 8 亿元 360
慈利 13 家新组建和调整优化机构集中挂牌 360
慈利县林业信息化建设获评"全国十佳" 360
慈利县抢救性发掘宋元时期出土文物 12 件 360
"走红军走过的路·徒步穿越大湘西" 首站(湖南慈利站)活动 360
慈利县涉大鲵自然保护区水电站整治工作指挥部第一次会议 360
湖南省人民政府批复慈利县脱贫摘帽 361
卓粤荣立二等功 361
自然资源部督导慈利县卫片执法工作 361
慈利县全面推进 "一件事一次办"改革 361
国家考核组到慈利考核松材线虫病防治工作 361
钟佳君接受张家界市纪委监委纪律审查和监察调查 361
首届慈利全域旅游节活动 361
双中村应急救援行动 362
"我和我的祖国"系列群众文艺汇演小戏小品大赛 362
慈利县第八届运动会 362
国家应急管理部调研组到慈利调研防汛抗旱工作 362
广福桥镇"10·25"安全生产事故 362
"慈利杜仲"农产品地理标志通过省级审定 362
"硒有慈利"首届石缝柑橘采摘节开幕 362
慈利县新时代文明实践中心成立 363
第一届文化和旅游协会成立 363
慈利县赋予乡镇经济社会管理权限推进会 363
张家界冰雪世界室内滑雪馆开馆 363
社会阶层人士联合会成立 363
慈利县新殡仪馆及生态墓区投资项目签约 363
慈利县"不忘初心、牢记使命"主题教育 363
桑植县 364
概述 364
深度贫困县脱贫摘帽 365
黔张常高铁正式开通运营 365
政府债务风险防控 365
生态环境 365
全域旅游 365
现代农业 366
新型工业提质发展 366
现代服务业加快发展 366
重点项目推进 366
城市功能完善 366
基础设施建设 366
教育发展 366
社会事业 366
社会大局和谐稳定 366

人　物

2019 年度国家及省级五一劳动奖章获得者 368
聂贤丽 368
刘少文 368
谭新民 368
第七届湖南省道德模范提名奖获得者 368
姜玉忠 368
2019 年度湖南省三八红旗手 368
梁英杰 368
杨仙娥 369
龙　芳 369
贺晓英 369
2019 年度湖南省最美妇联人 369
孟　荔 369
张　娟 369
蹇玉萍 369
湖南省政府特殊津贴获得者 370
雷明盛 370
龚美慧 370
湖南省邮政公司优秀共产党员 370
尹定峰 370
新时代湖南好少年 370
杨宇坤 370
杜炫桦 370
李沛轩 370
陈孟箫 370

第五届张家界市道德模范 371
周海燕 371
李景军 371
陈 铭 371
向明松 371
郭彩莲 371
阙冬梅 371
文定国 372
申圣春 372
谭小周 372
吴愈满 372
文年友 372
其他新闻人物 372
王 波 372
胡金平 373
李高兴 373
谷彩虹 373
金珍标 373
2019年度“湖南省优秀少先队员”一览表 374
2019年度“湖南省优秀少先队辅导员”一览表 374
2019年度张家界市优秀共产党员和优秀党务工作者一览表 375
2019年度张家界市劳动模范和先进工作者一览表 376

附 录

张家界市2019年国民经济和社会发展统计公报 378
张家界市爱国卫生条例 384
张家界市文明行为促进条例 387
张家界市房地产开发项目配建公共服务设施规定 390
张家界市民宿(客栈)、社会饭店管理办法(试行) 392
张家界市城乡居民合作建房管理办法(试 行) 395

索 引

Contents

Featured

Specific subject

Memorabilia

Briefing of Zhangjiajie

Geography 50
Resources 50
Administrative district 51
Population · ethnicity · religion 52
Economic and social development 53
Opening to the outside world 55
Construction of spiritual civilization 56
Construction of ecological civilization 58
Building a well-off society in an all-round way 60
Comprehensively deepening reform 60
List of organizations and responsible persons in Zhangjiajie City 62

Zhangjiajie Municipal Committee of the Communist Party of China

Important meetings and documents of the municipal Party Committee 70
Office work 78
Organization work 79
Propaganda work 80
United front work 85
Organization establishment work 86
Taiwan work 86
Policy research work 87
Network security and information work 88
Party building work in government organs 88
Inspection work 89
Work for veteran cadres 89
Confidentiality work 90
Party school work 91
Party history research work 92
Reception work 92

Zhangjiajie Municipal People´s Congress

Summary 94
Important meeting 94
NPC supervision 97
Representative work 98

Zhangjiajie Municipal People´s Government

Important meeting 100
Important events 106
Important regulations and documents 110
Office work 110
Administrative approval work 111
E-government work 111
Comprehensive research work 112
Government service work 113
Ethnic work 113
Religious work 114
Foreign affairs, overseas Chinese affairs work ·Hong Kong and Macao work 115
Civil affairs work 119
Human resources and social security 120
Veterans Affairs Administration 122
Administration of government affairs 123
Complaint letter and visit 124
Poverty alleviation and development work 125
Immigration work 127

Zhangjiajie Municipal Committee of the Chinese People´s Political Consultative Conference

Summary 130
Important meeting 131
Research and consultation 131
Democratic supervision 132
Participating in and discussing state affairs 134

Zhangjiajie Municipal Commission for Discipline Inspection · Zhangjiajie Municipal Commission for Supervision

Democratic parties

People´s organization

Labour Union 145
Communist Youth League 146
Women´s Federation 148
Federation of Industry and Commerce 150

Military affairs

Zhangjiajie Military Division of the Chinese People´s Liberation Army 154
Zhangjiajie Detachment of the Chinese People´s Armed Police Force 156
Civil air defense 157

Rule of law

Political and Legal Commission and comprehensive governance 160
The construction of a law-based government 162
Public security 163
Prosecution 165
Judicial administration 166
Court 167
Arbitration 168

Comprehensive supervision and management

Summary 171
State-owned assets supervision and management 172
Natural resource management 173
Public resource transaction 174
Audit supervision 175
Price management 175
Emergency management 177
Fire fighting work 178
Market supervision and management 179
Customs work 186
Frontier inspection work 186
Statistical work 187

Agriculture · Forestry · Water Conservancy

General category of agriculture 190
Crop farming 192
Agricultural technology research 193
Livestock and aquaculture 194
Rural business service management 195
Agriculture mechanization 196
Agricultural industrialization 196
Forestry 196
Water Conservancy 197

Industry

General category 202
Coal industry 203
Electric power industry 203
Tobacco production management 204
Equipment industry 205
Electronic information industry 205
Textile industry 205
Food industry 205
Pharmaceutical industry 206
Light industry 206
Building materials industry 206
Park-district economy 207

Urban and rural construction and management

General category 214
Urban construction 214
Village and town construction 215
Management of world natural heritage and scenic areas 216
Urban and rural planning 216
Survey and design 217
Construction industry supervision 218
Housing security 219
Real estate 219
Building energy efficiency and technology 220
City management 220
Housing provident fund management 221

Ecological environment protection

General category 224
Natural ecological protection 225
Soil ecological management 225
Atmospheric environmental management 227
Water environment management 228

Environmental quality monitoring 229
Ecological environment access management 229
Ecological environmental protection law enforcement 230

Transportation · Post · Communication

General category 233
Railway traffic 234
Highway traffic 235
Civil aviation 237
Waterway traffic 238
Post 238
Telecom 240
Mobile 241
Unicom 242
Radio management 243

Domestic trade

General category 245
Petroleum marketing 245
Supply and marketing cooperation 246
Grain and oil circulation 247
Grain reserves 247
Tobacco monopoly 248
Salt industry 248

Foreign and economic trade with Hong Kong, Macao and Taiwan

Summary 250
Foreign and economic trade with Hong Kong, Macao and Taiwan 250
Foreign capital and capital utilization in Hong Kong, Macao and Taiwan 254
Economic and technological cooperation with foreign countries and with China's Hong Kong, Macao and Taiwan region 254

Tourism Industry

General category 256
Tourist area (spot) construction 256
Tourism market development 257
Tourism industry management 258

Finance · Taxation

Finance 261
Taxation 263

Finance · Bank · Insurance

General category 266
Banking 266
Insurance industry 273

Private Economy

General category 278
Self–employed private economy 280

Science and technology and scientific and technological services

General category 283
Industrial science and technology 284
Agricultural science and technology 285
Social development science and technology 286
Academic exchange and popular science activities 286
Intellectual property right 287
Meteorological services 288
Earthquake prevention and disaster reduction 289

Social sciences

General category 292
Popularization of social sciences 292
Social science research 292
Academic exchange 292
Academy management 293
Academy construction 293

Education

General category 295
Planning financial work 296
Preschool education 296
Primary and secondary school education 297
Special education 299
Vocational and adult education 299
Private education 300
Higher education 301
Health art and national defense education 303
School safety work 303
Teacher training work 303
Employment of college and technical secondary school graduates 304
Educational science research 304
Educational technology equipment and

educational informatization 305
Education Foundation 306
Enrollment examination work 307

Cultural undertakings

General category 309
Cultural relics · archaeology 310
Library 310
Archives work 311
Local history work 311
Book distribution and sales 312

News · publishing · radio and television

General category 314
News · publishing 314
Newspapers and periodicals 315
Radio · TV · Movie 316

Literature and Art

General category 321
Literature · literary criticism 322
Calligraphy · fine arts · photography 322
Music · dance 323
Folk literature · art collection 324
Film and television · campus federation of literary and art circles 324

Health

General category 326
Medical and health system reform 326
Public health and health emergency 327
Medical service capacity building 327
Medical service quality management 329
Traditional Chinese medicine field 330
Family planning 330
Grassroots health 331
Maternal and child health care 331
Comprehensive supervision of health and family planning 332
Medical insurance work 333
Blood station work 334

Sports

General category 336
Competitive sports 336
Mass sports 337
School physical education 337

Civil life

People´s life 340
Marriage · family 340
Women · children · elderly 341
Welfare and relief 343
Red Cross Society 344

Briefing of districts and counties

Yongding District 347
Wulingyuan District 351
Cili County 355
Sangzhi County 364

Characters

National and provincial May 1st labor medal winners in 2019 368
Winner of 7th Hunan moral model nomination award 368
March 8 red flag bearer of Hunan Province in 2019 368
The most beautiful women of Women Federation of Hunan Province in 2019 369
Special allowance recipients of Hunan Provincial Government 370
Outstanding communist party member of Hunan Post Company 370
Hunan good youth in the new era 370
The fifth Zhangjiajie moral model 371
Other news figures 372
List of "excellent young pioneers of Hunan Province" in 2019 374
List of "excellent young pioneers counselors of Hunan Province" in 2019 374
List of outstanding Party members and outstanding Party workers in Zhangjiajie in 2019 375
List of model workers and advanced workers in Zhangjiajie in 2019 376

Appendix

Indexes

特载

张家界年鉴(2020)

市委七届八次全体会议暨市委经济工作会议工作报告

中共张家界市委书记 虢正贵

(2019 年 12 月 24 日)

现在,我受市委常委会委托,向全会作工作报告。

今年以来,市委常委会在以习近平同志为核心的党中央坚强领导下,坚持以习近平新时代中国特色社会主义思想为指导,认真贯彻党的十九大和十九届二中、三中、四中全会精神,以及省委十一届七次、八次、九次全会精神,坚持稳中求进工作总基调,统筹推进"五位一体"总体布局,协调推进"四个全面"战略布局,深入实施省委创新引领开放崛起战略和市委对标提质旅游强市战略,扎实做好"六稳"工作,着力推动经济社会高质量发展,巩固和拓展山清水秀的自然生态、风清气正的政治生态和安定和谐的社会生态,推动全市各项工作迈出新步伐、取得新成效。

市委常委会坚持观大势、谋大局、抓大事,牢牢把握工作主动权,加强统筹协调,坚定不移办好张家界自己的事,团结带领全市干部群众凝心聚力、奋力拼搏、开拓进取,突出抓好一批事关全局的大事要事,推动重大决策部署、重大活动任务落地见效。我们紧扣庆祝新中国成立 70 周年这条主线,全力做好大庆安保维稳各项工作,精心开展"壮丽 70 年·奋斗新时代"主题宣传,举办张家界成就系列新闻发布会、"壮丽 70 年·讴歌新时代"歌咏大赛等系列宣传纪念庆祝活动,组织观看 70 周年庆祝大会和阅兵仪式,唱响礼赞新中国、奋斗新时代的主旋律,广泛激发全市干部群众的爱国热情、奋斗激情。我们以迎接脱贫攻坚国省大考、中央扫黑除恶专项斗争下沉督导、中央环保督察及"回头看"和省级环保督察反馈意见整改、省委巡视反馈问题整改、集中整治形式主义官僚主义、省委政治建设考察等为契机,坚持补短板、强弱项、守底线,逐一整改存在的突出问题,有力促进政治生态、经济生态、自然生态、社会生态同步净化。我们坚定实施省委创新引领开放崛起战略和市委对标提质旅游强市战略,召开市委七届七次全会,出台《关于加强基层建设推动进一步融入中部地区崛起的若干意见》,全面加强基层建设,制定融入中部地区崛起具体措施,进一步丰富高质量发展的内涵和外延。我们认真贯彻中央"六稳"决策部署,召开市委财经委员会、区县委书记区县长经济工作座谈会、经济工作务虚会等专门研究和部署调度,引导各级各部门紧盯年度目标任务不放,着力防范政府债务风险,千方百计扩大有效投资、深挖需求潜力、加强税收征管、稳定财税收入,主要经济指标稳中有进、稳中向好。我们坚决打赢打好大鲵国家级自然保护区水电项目整改这场硬仗,召开 9 次领导小组会议,认真落实省委决策部署和家毫书记讲话指示批示精神,坚持担当主责、不等不靠、一抓到底,与中央部委、省委省政府、省直部门、央企省企紧密对接,做实做细群众工作,把从严监督问责贯穿于整改全过程,牢牢守住"四条工作底线",积极为全国全省小水电整治探出路子。整改方案明确关停退出的 86 座水电站已全部停止发电,经认定只具备纯发电功能的 42 座水电站大坝已拆除 36 座,24 座水电站验收销号,完成 2019 年时间节点任务;经"后评估"确定需 2020 年拆除的 4 座大坝已拆除 2 座。

总体来看,面对复杂的外部环境、严峻的经济下行压力,我们牢牢把握改革发展稳定大局,着力推动中央、省委各项决策部署落地,取得了一定成绩。这些成绩的取得,主要得益于"四个良好格局"的形成、巩固和发展。一是思想理念大转变的良好格局。我们深入践行新发展理念,更加注重促提升、补短板、强弱项,守住风险底线,推动各方面各领域均衡、协调发展;更加注重量力而行、尽力而为,突出办好人民群众看得见、摸得着、得实惠的实事;更加注重打基础、利长远,坚持以产业比实力、以项目论英雄,谋划和打造了"多园一区"的产业布局;更加注重 "旅游+"融合发展,推动一二三产业向深度融合迈进。二是治理效能大提高的良好格局。我们坚持不断探索和改进治理方式,注重党委政府统筹推进与发挥全社会合力紧密结合,动员方方面面力量开展"六城同创",用张家界的文明景象彰显湖南的形象;注重靶向聚焦,精准发力,着力抓好"微建设"、做好"微治理"、开展"微服务",扎实推进城市社区、小区和农村治理, 切实解决人民群众的操心事烦心事揪心事;注重加强生态文明建设,共抓大保护,不搞大开发,大鲵国家级自然保护区水电项目整改、武陵源核心景区移民搬迁成效明显。三是开放水平大提升的良好格局。我们坚持用好国际国内两个市场、两种资源,加快促进内外联动,在国际市场开拓上,积极融入"一带一路"建设,从"走出去"开展单一旅游宣传促销到"走出去、引进来"并重,举办国际会议会展、建设丝路驿站、开展友城交流等丰富多彩的活动,"地上最高绝景"美誉度、影响力不断扩大;在国内经济交流上,抢抓国家长江经济带、中部地区崛起等战略机遇,认真落实"五大开放行动",对接新丝路、对接 500 强、对接自贸区、对接湘商会、对接北上广,有计划、多频次开展大型招商活动, 加强与沿海发达地区和知名企业的互动合作,我们的"朋友圈"越来越大、"关系网"越来越广。四是政治生态大优化的良好格局。我们始终加强和完善党的领导,坚持党政同责、齐抓共管,建立健全市委对重大工作领导的体制机制，加强对各领域各方面工作的领导，充分发挥市委总揽全局、协调各方的作用；我们坚持驰而不息改“四风”正作风，保持反腐败斗争压倒性态势，以身边的事教育身边的人，推动党风政风民风进一步好转、党群干群关系进一步融洽；我们突出问题导向，增强斗争精神，坚决打破狭隘地域观念，充分凝聚“做张家界人、爱张家界市、为张家界做贡献”的磅礴力量。这些实践中形成的宝贵经验，来之不易、弥足珍贵，在今后的工作中，全市上下必须团结一心、真抓实干，共同维护好、巩固好、发展好。

一年来，市委常委会主要抓了以下九个方面工作：

一、着力推动习近平新时代中国特色社会主义思想往深里走、往心里走、往实里走

市委常委会认为，政治上的坚定源于理论上的清醒，理论学习的深度决定政治站位的高度，必须坚持不懈抓好理论武装。

我们突出思想建党、理论强党，始终把学习贯彻习近平新时代中国特色社会主义思想作为首要政治任务，自觉带着信仰、带着忠诚、带着感情、带着使命，学深悟透习近平总书记提出的一系列重要思想、重要观点、重大战略、重大判断和重大举措。召开市委常委会议33次，坚持“每月一次、上下同题”扎实开展12次市委理论学习中心组集中学习，深入学习《习近平谈治国理政第二卷》《习近平新时代中国特色社会主义思想学习纲要》《习近平关于“不忘初心、牢记使命”重要论述选编》等重要理论著作，扎实开展习近平总书记对湖南工作重要指示精神落实情况“回头看”，组织编印和学习《习近平生态文明思想论述摘编》，就习近平总书记关于打好三大攻坚战、全国“两会”期间重要讲话、推动中部地区崛起等内容做到第一时间传达学习、第一时间研究贯彻。市委常委带头在《张家界日报》发表学习体会文章，推动64堂“精品讲习课”下乡获省委宣传部表扬，加强“学习强国”平台使用推广，切实推动习近平新时代中国特色社会主义思想“飞入寻常百姓家”。深入学习宣传贯彻党的十九届四中全会精神，举办省委宣讲团宣讲报告会，组织市委宣讲团深入区县和市直单位开展集中宣讲，及时传达学习省委十一届七次、八次、九次全会精神，认真研究贯彻落实意见。

二、大力推动经济高质量发展

市委常委会认为，实现国家治理体系和治理能力现代化，落实到经济工作上就是要把党领导经济工作的制度优势转化为治理效能，坚持基本经济制度，坚持发展不动摇，走出一条符合张家界实际的高质量发展之路。

我们切实加强对经济工作的领导，定期分析研判经济形势，牢牢掌握发展主动权，着力促进“六稳”工作，明确加强重大基础设施建设、产业项目、环保设施、脱贫攻坚、乡村振兴等领域建设稳住有效投资，落实减税降费政策，加强财税工作，防止跑冒滴漏，提高财税收入质量，主要经济指标基本实现预期目标。预计全市地区生产总值、固定资产投资、规模工业增加值、社会消费品零售总额、地方一般公共预算收入分别增长7.7%、11%、8%、10.5%、7%。

我们牢牢扭住项目建设“牛鼻子”，扎实开展产业项目建设年、招商引资项目攻坚年活动，召开产业项目建设现场观摩会，铺排重点项目142个，125个实施项目110个开(复)工，预计完成投资260亿元，张吉怀高铁、安慈高速等10个纳入省考核的重大项目加快建设，黔张常铁路建成通车，冰雪世界试营业，一批市级重点产业项目进展顺利。主动对接全省“五大开放”行动，健全完善招商引资工作机制，成立市招商引资委员会、执委会以及4个驻外招商联络处，积极参加“中非经贸论坛”“粤港澳大湾区投资贸易洽谈周”“北京世界园艺博览会”“2019湖南与央企对接合作大会”等重大活动，在长沙成功举办产业项目集中签约活动，东方希望集团、正大集团、世茂集团等500强企业落户张家界，截至目前，全市共签约项目48个、总金额达904.2亿元，已履约项目34个，开工建设16个。

我们着力推动全域旅游优质发展，加快创建国家全域旅游示范区，支持大峡谷创建国家AAAAA级景区，西线旅游蓬勃发展，武陵源区成功创建国家全域旅游示范区。加快推进文旅产业发展，丝路风情街、桃花溪谷等文旅项目稳步推进，张家界千古情来势很好，魅力湘西成为全省首个荣获“中国驰名商标”的文旅演艺品牌，与天门狐仙同时入选首批旅游演出类“国家文化旅游重点项目名录”、均成为“国家文化产业示范基地”。加大旅游宣传营销力度，举办国际乡村音乐周、黄龙音乐季、第17届亚洲捷兔慢跑活动、第19届国际森保节等活动，进一步扩大知名度和影响力。持续开展“铁腕治旅”专项整治，查处涉旅案件172起，停业整顿19家，大力营造优质、规范的旅游市场环境。预计全年接待游客增长20%，实现旅游总收入增长25%。

我们持续深化供给侧结构性改革，推动“旅游+”跨界融合发展，统筹规划建设丝路荷花国际文化旅游产业园、枫香岗影视文化产业园、生态绿色产品深度提取产业园、空铁产业经济园，积极创建国家级高新区，努力打造“多园一区”现代化产业体系。完成远大住工、华米新粮等14个工业项目建设，预计今年新增入规企业25家。完善电子商务体系，梅尼商贸、绿航果业等6家企业入选“2019年湖南省零售百强企业”，“吃住行游购娱”传统服务业提质升级，现代物流、现代金融、展览节会等新业态新模式发展迅速。

我们统筹推进城乡协调发展，加快国际精品旅游城市建设，完成城镇棚户区改造任务，扎实推进农贸市场、老旧小区等提质升级，推进“智慧城市”建设，不断增强城市旅游综合服务功能，成功创建省级文明城市，国家卫生城市正在接受国家评估验收，排名中国城市品牌影响力(地级市)百强第53位。加快实施乡村振兴战略，切实加强农村水电路等基础设施建设，以五大优势农产品“3+2+N”三年行动计划为抓手，强力推动“六大强农”行动，着力提升大鲵、茶叶、蔬菜、水果、中药材五大特色产业质量和效益。积极完善乡村治理体系，持续开展农村人居环境整治、村庄清洁行动、美丽庭院创建和厕所革命，深入整治农村“大棚

房”“空心房”，扎实推进高标准农田建设，打造美丽乡村、美丽庭院、美丽田园。坚持非洲猪瘟防控与发展生猪生产两手抓，稳定猪肉市场供应。

三、全力以赴打好三大攻坚战

市委常委会认为，三大攻坚战既是政治战也是经济战，要在落实既有部署、巩固已有成果的基础上，咬定青山不放松、不达目的不罢休，一战接着一战打，务求取得更大更实战果。

我们认真落实防范化解重大风险政治责任，举办全市县处级以上主要领导坚持底线思维着力防范化解重大风险、领导干部安全生产应急管理等培训班，就应对政治、意识形态、经济、社会等领域风险作出部署。重点防控政府债务风险，认真落实规范政府举债融资行为防范和化解债务风险“十条措施”，积极争取专项债券支持，扎实推进平台公司整合转型，对政府债务、隐形债务、关注类债务实行分类管理，守住“三保”底线，全市隐性债务化解进度可达年度目标任务的143.4%，市、区县政府债务风险整体可控。

我们一手抓脱贫成果巩固，一手抓桑植县脱贫摘帽，对3个已摘帽区县落实“四个不摘”要求，促进脱贫攻坚与实施乡村振兴战略相衔接；聚焦“两不愁三保障”，全面实行市级领导联乡包村，36名市领导分别联系23个乡镇和38个深度贫困村，引导组织53家企业和商会参与支持桑植县脱贫攻坚，向最后贫困堡垒发起总攻。开展“户帮户亲帮亲，互助脱贫奔小康”行动。大力推进产业扶贫、教育扶贫和健康扶贫，农村危房改造、易地扶贫搬迁、农村安全饮水等建设任务顺利推进，今年有望脱贫24449人，38个贫困村出列，实现全市整体脱贫摘帽。

我们切实践行“绿水青山就是金山银山”理念，深入贯彻习近平生态文明思想，坚持生态优先、绿色发展，大力建设生态绿色张家界，统筹推进碧水守护、蓝天保卫、净土攻坚、大地增绿、城乡洁净“五大行动”，开展自然保护区、饮用水源等重点领域环境风险排查，切实抓好中央环保督察及“回头看”、省级环保督察反馈意见整改，深入推进违建别墅整治，着力解决人民群众反映强烈的环保问题，不断巩固环境空气质量达标城市成效，蓝天白云、鸟语花香、鱼翔浅底的景象成为常态，市中心城区空气质量优良率达94%，荣获2019年“美丽山水城市”称号。

四、推进全面深化改革、扩大对外开放

市委常委会认为，全面深化改革只有进行时、没有完成时，越是面对严峻复杂的外部环境和经济下行压力，越要毫不动摇坚持改革开放，加大推进市场化改革和高水平开放力度。

我们加强对全面深化改革的统筹规划，召开5次市委深改委会议，审议通过68个重大改革方案和制度文件，52大项96小项重点改革任务全面铺开、有序推进。坚持和完善党的领导制度体系，对标中央、省委要求，强化市委议事协调机构职能作用，切实完善改革责任落实机制、工作推进机制和激励约束机制。统筹推进经济、农业农村、生态、文化、司法等9大领域改革，完成党政机构改革，深化纪检监察体制、“放管服”等改革，落实公务员职务与职级并行制度，公布115项“一件事一次办”事项，市本级“最多跑一次”公开承诺事项达94%。完善区县绩效评估制度，优化市直单位绩效考核。扎实开展优化营商环境执行年活动，落实推动民营经济高质量发展若干政策意见。

我们持续扩大对外开放，成功承办丝绸之路友好城市协作体2019年(张家界)年会等国际性会议，在外交部蓝厅向全球推介张家界，组织参加德国柏林、俄罗斯莫斯科、泰国、韩国等国际旅游展会，开通“仙境张家界”英文网站，境外客源市场达到133个国家和地区，国际友好城市达到5对，丝路驿站达到13个，新增10个意向性国际友好城市、总数达到27个，公共保税仓建成使用，国际国内航线达到54条，1~11月出入境航班、出入境人次分别增长118.6%、102%，预计荷花国际机场今年旅客吞吐量可达290万人次，今年入境游客增幅超过200%，在全国排名第二，仅次于深圳，刷新历史纪录，展现出“国际张”的风范。

五、积极发展社会主义民主政治

市委常委会认为，发展社会主义民主政治必须聚焦到保障人民当家做主上来，不断推进社会主义民主政治制度化、规范化、程序化，充分发挥中国特色社会主义政治制度的优越性。市委常委会定期听取市人大常委会、市政府、市政协、市中级人民法院、市人民检察院党组工作汇报，支持和保证同级国家机关和其他组织依法依章程履行职能、开展工作、发挥作用。

我们坚持和完善人民代表大会制度，支持市人大及其常委会依法履行立法、监督、决定、任免等职权，开展地方人大设立常委会40周年纪念活动，依法进行人事任免，审议决定缔结国际友好城市等重大事项，认真制定或修改本级地方性法规，深入开展水污染防治法、饮用水水源保护条例等执法检查，办结代表建议、批评和意见167件，人大工作法治化、规范化水平不断提高。

我们注重发挥社会主义协商民主的重要作用，支持市政协围绕团结和民主两大主题履行政治协商、民主监督、参政议政职能，举行庆祝人民政协成立70周年系列活动，主导召开武陵山片区政协主席联席会澧水流域生态保护课题组第三次会议，推动“澧水源头地区环境保护”“推进民营经济发展政策落实与完善”等5个联动协作课题成果转化，办结委员提案121件，充分发挥了专门协商机构作用。

我们巩固和发展爱国统一战线，组织开展“礼赞壮丽七十年·共画最美同心圆”统一战线庆祝新中国成立70周年主题宣传，持续开展“不忘合作初心，继续携手前进”等活动，支持各民主党派和人民团体发挥优势、开展工作，自觉接受并配合致公党湖南省委对张家界市开展脱贫攻坚民主监督，支持各民主党派市委、无党派人士开展专项监督。加强民族宗教、外事、对台等工作，完成妇联、侨联换届

准备工作，充分发挥工青妇等群团组织作用。

六、切实加强宣传思想文化工作

市委常委会认为，决胜全面建成小康社会、加快建成国内外知名旅游胜地，必须落实落细宣传思想文化工作“举旗帜、聚民心、育新人、兴文化、展形象”使命任务，为全市高质量发展提供理论支持、舆论支持和道德滋养。

我们认真落实意识形态工作责任制，专题研究意识形态工作，开展区县和市直行业系统党（工）委书记落实意识形态工作责任制述职评议，加强意识形态工作专项巡察及日常督查，推动各级党委（党组）落实主体责任。在全省率先成立自媒体协会，率先发布自媒体行业自律公约，各区县成立融媒体中心，强化舆情管控，推进“净网”“清朗”等专项整治，依法关停“张家界大庸妹儿”微信账号，依法查处145家问题网站。

我们坚持团结稳定鼓劲、正面宣传为主，策划推出“在习近平新时代中国特色社会主义思想指引下——新时代新作为新篇章” 系列报道、“壮丽70年·奋斗新时代”和“《我和我的祖国》歌词诞生地张家界”等系列宣传。培育和践行社会主义核心价值观，大力宣传《新时代公民道德建设实施纲要》，在全省精神文明建设及“五个一工程”表彰会上作了典型发言，在全省率先整体推进新时代文明实践中心建设，制定出台《我市文明行为促进条例》，评选和表彰第五届市道德模范，深化学习宣传贺晓英、谷国生等全国先进模范活动。大力发展文化事业和文化产业，组建张家界爱乐乐团，举办国际旅游诗歌节、元宵灯会等节会活动，持续打造“苏木绰”文化新名片，《魅力湘西》赴尼泊尔开展2019年“欢乐春节”文化展演艺术交流活动，推动我市多姿多彩的民俗文化走出去。

七、保障改善民生和维护社会稳定

市委常委会认为，践行以人民为中心的发展思想，必须坚持尽力而为、量力而行，切实解决人民群众所急所忧所盼的紧迫问题，让全市人民群众的获得感幸福感安全感更加充实、更有保障、更可持续。

我们用心用情保障和改善民生，持续加大民生投入，全力办好民生实事，研究部署化解大班额、加强农村义务教育、社保降费、乡村教师队伍建设、治理拖欠农民工工资问题等工作，预计全年城乡居民人均可支配收入分别增长8.1%、10.4%；1~11月全市民生支出达112.6亿元，占财政总支出的78%。大力实施就业优先战略，扎实做好高校毕业生、农村转移劳动力、退役军人等重点群体的就业工作，新增城镇就业10036人，超额完成省定任务。织密社会保障安全网，社保体系日趋完善，企业养老金实现“十五连调”，机关企事业单位第四年“同步连调”。大力发展教育、科技、文化、体育、卫生等社会事业，实施健康张家界行动，积极开展全民健身、全民阅读、送戏下乡等活动，公共文化服务体系建设扎实推进。

我们坚决扛起“促一方发展、保一方平安”的政治责任，全面贯彻总体国家安全观，深入开展反渗透、反间谍、反恐怖、反邪教斗争，切实维护国家政治安全。强化保安全、护稳定各项措施，扎实做好涉众性经济案件处置等工作，确保社会大局稳定。以中央扫黑除恶督导组反馈及“回头看”反馈问题整改为抓手，深化扫黑除恶专项斗争，截至目前，全市共打掉黑恶势力犯罪团伙29个、破获案件232起，查处涉黑涉恶腐败和“保护伞”案件39件39人。积极推进社会治理创新，优化网格化管理体制，落实“一村一辅警”和“城市快警”改革，扎实开展“七五”普法宣传教育，加强公共法律服务体系建设，深入推进信访矛盾化解攻坚，平安张家界建设迈上更高水平。坚决落实安全生产责任，切实提升应急处突能力，深入开展旅游、交通、消防等重点行业领域“大排查大整治大管控”行动，全市安全生产形势总体稳定可控。落实“四个最严”要求，保障人民群众舌尖上的安全。

八、扎实开展“不忘初心、牢记使命”主题教育

市委常委会认为，不忘初心、牢记使命是加强党的建设的永恒课题，是党员、干部的终身课题，必须以高度的政治责任感抓好主题教育。

在省委第七巡回指导组精心指导下，市委常委会狠抓思想认识到位、检视问题到位、整改落实到位、组织领导到位，示范带动全市各级党组织和广大党员干部“守初心、担使命，找差距、抓落实”，注重坚持标准要求，注重分级分类指导，注重解决实际问题，推动全市主题教育取得良好成效。市委常委会议成员赴桑植红二方面军长征出发地接受革命传统教育，精心打造“张家界红色故事汇”宣讲品牌，《马桑树儿搭灯台》等2个故事入选潇湘红色故事专题宣讲题材，“红色故事进景区”做法被央视《新闻直播间》专题报道。坚持从理论学习抓起，从党性淬炼严起，举办为期一周的市委主题教育读书班，分专题开展3次市委理论学习中心组学习研讨，组织开展多轮理论知识测试，张家界市桑植县细砂坪学校教师张盈富在2019“学习强国”挑战赛中荣获全国第1名。认真开展问题检视，坚持一张问题清单管到底，结合“四个对照”带头开展问题检视，逐条逐项推动问题整改。坚持小切口、准发力，围绕发展所需、改革所急、群众所盼，深入开展“四不两直”、暗访式、体验式调研，市委常委形成13份调研报告并积极推动成果转化，提出了一系列实招硬招。坚持抓紧抓牢八个方面专项整治，把三大攻坚战、产业项目建设、铁腕治旅、窗口服务等方面存在的突出问题纳入整治范围，制定专项整治方案191个，强力整治问题2287个，全面开展“理旧事解难事办实事”集中攻坚行动，专项整治做法在全省交流。强化主体责任，组建巡回指导组开展巡回指导和分类指导。

九、坚定不移推进全面从严治党向纵深发展

市委常委会认为，全面从严治党事关人心向背和事业

兴衰成败，必须按照新时代党的建设新要求，坚决扛起管党治党政治责任，以刀刃向内、刮骨疗毒的勇气进行自我革命。

我们突出抓好党的政治建设这个根本性建设，出台加强党的政治建设实施意见及政治建设考察实施细则，深入开展政治建设考察，建立完善地方和部门政治生态档案动态管理系统，对1072名在职市管干部和98家副处级以上单位建立政治生态档案，严肃查处违反政治纪律和政治规矩案件14件14人。严格落实党内重大事项请示报告制度，向省委请示报告重大事项60件。切实加强省委巡视反馈问题整改，细化制定122项整改措施，落实“一单四制”，严格按照时间节点要求完成整改任务，做到了事事有回应、件件有着落，受到省纪委省监委、省委巡视办、省委巡视组肯定。坚持新时期好干部标准，树立“三个用起来”选人用人导向，加强干部和人才队伍培养，今年来研究干部调整6批次591人次，选派市直机关和基层优秀年轻干部双向交流任职18名，社会反响很好。采取有效措施激励干部担当作为，评选表彰54名担当作为优秀干部，为46名党员干部澄清正名。树立大抓基层的鲜明导向，以争创“五化”支部为契机，持续深化“三联四建”“服务全域旅游创三优”竞赛等活动，组织2.5万名机关党员干部到小区、社区“双报到”，切实加强软弱涣散村(社区)党组织整顿。

我们认真贯彻中央八项规定精神，持续正风肃纪，以治理违规收送红包礼金为重点，撤销廉政账户，对公职人员违规收受红包礼金实行一律先免职后处理，持续深化国家公职人员参与赌博违规打牌、违规借贷以及利用领导干部职权或职务上的影响“提篮子”谋取私利等行为专项治理。带头反对形式主义官僚主义，开展“集体调研、集中解难”活动，下发集中整治形式主义官僚主义突出问题十条措施，统筹规范“责任状”和“一票否决”事项，推动“基层减负年”各项要求落到实处，截至目前，以市委市政府名义召开的全市性会议、下发的规范性文件分别下降22%、35.5%，市级层面督查检查考核事项减少83.8%。统筹推进纪检监察体制改革，深化派驻机构改革，推进监察职能向基层延伸。召开书记专题会议听取七届市委六轮、七轮、八轮、九轮巡察情况汇报，发挥巡察“利剑”作用。坚持惩治腐败不手软，聚焦“关键少数”和重点岗位，重点查处国有企业经营、司法、水利等领域的腐败案件，今年来共立案644件，党纪政务处分435人。以向××案、邓××案、张××案为镜鉴，召开全市领导干部专题警示教育大会，以案明纪、以案说法、以案促改，推动全市政治生态持续净化。

一年来，市委常委会认真履行党管武装职责，高度重视国防动员和后备力量建设，深化国防教育，拓展国防动员工作领域。

一年来，市委常委会坚持不懈加强自身建设，常委会议成员带头旗帜鲜明讲政治，增强“四个意识”、坚定“四个自信”、做到“两个维护”，践行“五个过硬”，提高“八大本领”。严肃认真开好年度民主生活会、省委巡视整改专题民主生活会，把汲取向力力案、邓大渊案、张功敏案深刻教训列入主题教育专题民主生活会内容。严格落实民主集中制、“三重一大”事项集体决策等制度，完善市委常委会议议事决策制度，坚持议题不成熟不上会、讨论不充分不决策。市委常委带头发扬“一线工作法”，采取“四不两直”开展调研，带头解决群众反映强烈的问题。全面履行“一岗双责”，对打领导旗号办事的，带头做到不信、不见、不理、不办并主动报告，树立了清廉自律的良好形象。

以上报告的是今年以来市委常委会的主要工作。这些工作的推进和各项成绩的取得，是以习近平同志为核心的党中央坚强领导和省委正确领导的结果，是全市上下砥砺奋斗的结果，是各级党组织和广大党员干部担当尽责的结果。各位市委委员在各自岗位上胸怀大局、敬业奉献、扎实工作，对市委常委会的工作给予了大力支持。在此，我代表市委常委会，向同志们表示衷心感谢！同时，请同志们对常委会的工作多提意见和建议，我们将认真听取、积极改进。

张家界市人民代表大会常务委员会工作报告

——2020年1月7日在张家界市第七届人民代表大会第四次会议上

市人大常委会主任　虢正贵

各位代表：

我受市人大常委会的委托，向大会报告工作，请予审议。

2019年的主要工作

2019年是中华人民共和国成立70周年，也是地方人大设立常委会40周年。一年来，市人大常委会坚持以习近平新时代中国特色社会主义思想为指导，深入贯彻落实党的十九大和十九届二中、三中、四中全会精神，在市委的正确领导下，牢记初心使命，大力实施省委创新引领开放崛起战略、市委对标提质旅游强市战略和“11567”总体思路，坚持党的领导、人民当家作主和依法治国有机统一，认真履行宪法和法律赋予的职权，圆满完成了各项工作任务，推动了全市经济社会和人大工作高质量发展。

一、始终坚持党的领导

市人大常委会坚守党领导下的政治机关定位，始终做到将党的主张和人民意志有机统一，把坚持党的领导贯穿于人大工作的各方面和全过程。

坚定正确政治方向。自觉用习近平新时代中国特色社会主义思想武装头脑，增强“四个意识”、坚定“四个自信”、做到“两个维护”。坚持以习近平总书记关于坚持和完善人民代表大会制度的重要思想指导工作实践，认真贯彻落实党中央关于加强和改进地方人大工作和建设的决策部署，坚持重要工作、重大事项及时主动向市委请示报告，确保人大工作正确的政治方向。

服务市委中心工作。坚持围绕中心、服务大局，在三大攻坚战、重点项目建设、招商引资、创建国家卫生城市等方面积极发挥人大作用，推动了市委重大决策部署贯彻落实。

把握正确舆论导向。认真落实意识形态工作责任制，充分发挥党报党刊、人大网站、微信公众号宣传主阵地作用，结合地方人大设立常委会40周年纪念活动，大力宣传人民代表大会制度和人大工作，推出纪念地方人大设立常委会40周年特刊，宣传人大代表先进典型，传播人大声音，讲好人大故事。

二、发挥立法引领作用

市人大常委会不断完善“党委领导、人大主导、政府依托、各方参与”的立法机制，坚持问题导向，突出立法质量，充分发挥立法引领作用，较好解决了相关领域的突出问题。

筑牢立法基础。为规范地方立法活动，提高立法质量，维护社会主义法制统一，发挥立法的引领和推动作用，制定张家界市人民代表大会及其常务委员会制定地方性法规条例，提交本次大会审议表决。条例的制定，为张家界市地方立法提供了制度保障。

突出立法重点。为推动创建全国卫生城市，适时启动张家界市爱国卫生条例立法工作，2019年2月，条例经市七届人大常委会第十九次会议表决全票通过，并获省人大常委会批准实施。为提升社会文明程度，推进国内外知名旅游胜地建设，制定张家界市文明行为促进条例，将于今年3月1日起正式实施。

推动备案审查。认真开展规范性文件备案审查工作，健全和完善备案审查工作制度，细化备案审查工作流程，实施规范性文件备案审查工作向常委会专项报告制度，推动了备案审查工作的规范化、制度化、程序化。全年共接收、审查规范性文件39件，为改革发展创造了良好的法治环境。

三、坚持正确有效监督

市人大常委会围绕全市工作大局，坚持以人民为中心，依法对“一府一委两院”行使监督权，提升了监督实效。

深化经济运行监督。听取和审议2019年上半年国民经济和社会发展计划执行情况、2019年市本级政府性投资重点项目计划安排情况的报告，对年度重点项目安排提出了切合实际的意见建议。开展政府债务情况专题调研，针对张家界市当前政府债务风险基本可控，但防范和化解工作仍然复杂艰巨的现状，要求市政府严控新增债务、推动平台转型。开展国有资产管理情况监督，听取和审议全市国有资产管理情况、市属企业国有资产管理情况报告，督促市政府提交了国有企业资产管理的“明白账”。

强化财政预算监督。充分利用预算联网监督平台，实时关注财政预算执行情况，听取和审议2019年上半年预算执行情况报告，提出完成年度预算任务的意见建议。审议和批准张家界市2019年财政预算调整和2018年度全市及市本级财政决算情况的报告，预算执行的刚性约束力进一步加强。听取和审议2018年预算执行和其他财政收支情况的审计工作报告，督促审计部门加大对中央、省委和市委决策部署落实情况、预算绩效、重点民生资金和项目的审计力度。听取市财政局、市民政局、市环卫处审计发现问题整改专项情况报告，着力推进“屡审屡犯”等突出问题的解决，审计问题整改率逐年提高。

加强民生保障监督。听取和审议中央和省级生态环保督察问题整改落实情况的报告，要求市政府健全生态环境建设和治理长效机制，统筹推进环保督察问题整改。开展水污染防治法和湖南省饮用水水源保护条例实施情况的执法检查，向市政府交办“饮用水源保护区日常监管不到位”等23个问题，目前，已完成或基本完成整改12个，达到时序进度10个。听取和审议湖南省武陵源世界自然遗产保护条例贯彻实施情况的报告、全市农村人居环境整治工作情况的报告，开展全市自然保护区工作情况专题调研，为生态文明建设和可持续发展提供了保障。开展教育法实施情况执法检查，着力推动解决教育经费投入不足、教育设施规划执行不严和配建滞后、教师队伍结构不优及待遇偏低等问题。听取和审议妇女儿童发展规划（2016~2020年）贯彻实施情况的报告，促进了全市妇女儿童事业的发展。开展归侨侨眷权益保护法和实施办法执法检查，促进了归侨侨眷有关优惠政策的落实，保障了归侨侨眷合法权益。听取和审议城乡规划法贯彻执行情况的报告，城乡规划管理科学化、规范化、法治化水平进一步提升。

有力推进司法监督。听取和审议全市法院、检察院贯彻实施行政诉讼法和行政检察监督工作情况报告，针对在行政诉讼过程中出现的庭审“告官不见官”“出庭不出声”、不执行生效裁判文书、不回复司法检察建议和法检机关不敢动真碰硬等问题，向“一府两院”交办了审议意见。为解决法院执行难问题，开展全市法院执行工作情况专题调研，提出改进法院执行工作的意见建议。听取市人民检察院“两法衔接”工作情况报告，通过督促严格执法和公正司法，有效解决了以罚代刑、有罪不究、渎职违纪等问题。

力求监督取得实效。加强跟踪问效，持续关注河长制工作，督促水电项目整改、畜禽养殖污染整治、河道保洁、非法捕捞等突出问题的全面整改。督促落实产业扶贫工作审议意见，推动了全市4万多建档立卡贫困户发展扶贫产业。市人大常委会还听取审议食品安全法执法检查、全市村庄规划编制“全覆盖”工作等9个审议意见研究处理情况的报告，保证审议意见贯彻落实，推动相关工作取得了实效。

四、依法行使决定权和任免权

市人大常委会围绕经济社会发展中的重大事项，依法作出决议决定。为抢抓“新3年棚改计划”政策机遇，及时审议批准2019年度张家界市城区棚户区改造项目计划，并纳入国民经济和社会发展年度计划。为加强景区建设管理，批准了武陵源世界自然遗产地和武陵源风景名胜区索张公路(标志门至水绕四门段)维修改造项目。为争创国家生态文明建设示范市，打造“美丽张家界、绿色张家界、和谐张家界”，批准了《张家界国家生态文明建设示范城市规划(2018~2025年)》。为扩大对外开放，提高张家界国际知名度，拓展客源地市场，听取和审议张家界市与菲律宾卡罗奥坎市、泰国芭提雅市、奥地利莫尔比施市、罗马尼亚比斯特里察市建立友好城市关系的议案，依法作出了批准议案的决定。

市人大常委会坚持党管干部原则，严格法律程序，依法任免101名国家机关工作人员，包括任命52人，免职49人；决定接受辞职6人。充分发挥国家工作人员带头学法、模范守法的引领作用，对提请市人大常委会任命的国家工作人员，组织任前法律知识考试、向宪法宣誓，进一步增强了国家工作人员的法律素养和法治意识。

五、全面加强代表工作

市人大常委会始终注重与人民群众的密切联系，加强机制平台建设，提升代表履职能力，有效发挥了代表参政议政作用。

着力完善代表联络机制。深化“三联”工作机制，主任会议成员联系人大常委会委员、人大常委会委员联系人大代表、人大代表联系群众的常态化、长效化机制不断完善。有序推进村、社区代表联系群众平台建设，充分发挥平台联系群众的作用。全市14个街道57个社区均完善了代表联络站，参照社区平台建设标准，完成了65个村的平台建设，组织各级代表在代表联络站或代表工作室联系群众，打通了联系服务群众“最后一公里”。

充分发挥代表主体作用。切实加强代表履职管理，制定出台加强张家界市人大代表履职管理的意见，为更好地规范代表履职、发挥代表作用提供了制度保障。组织十三届全国人大代表张家界小组和张家界市选举产生的省十三届人大代表开展代表活动，积极协调有关部门支持配合国省代表会前调研工作，形成了较高质量的建议38件，通过建议的有效办理，助力张家界市经济社会发展，特别是张官高速选定A线走向，为张家界市的生态保护和经济发展提供了保障。畅通代表知政知情渠道，及时通报有关情况，先后邀请40名市人大代表列席常委会会议，协调115名代表参加各专委会及市直有关单位组织的各类活动，组织42名代表旁听市中级人民法院庭审。

切实提升代表履职能力。不断拓展培训形式，注重培训实效。在浙江大学举办市七届人大代表小组负责人培训班，各区县人大常委会也分别组织各种层次的代表学习培训，进一步提高了代表的政治站位、增强了代表的业务能力、提升了代表的综合素质。为增强闭会期间代表活动的针对性和实效性，围绕全市工作大局，拟定《张家界市“旅游+”发展现状》等51个调研课题，指导代表小组深入基层认真调研。为激励代表积极履职，对14位优秀市人大代表履职情况进行了集中宣传推介，展示了人大代表履职尽责的新风采，形成了代表履职创先争优的良好氛围。

注重代表建议办理实效。市七届人大三次会议以来，市人大代表提出建议、批评和意见167件，市人大常委会将“加快办理不动产权证的建议”等4件确定为重点建议。制定代表建议督办方案，由市人大常委会副主任带队督办，确保了建议办理扎实有效。市政府及相关部门高度重视代表建议，采取有力措施，有效解决了市中心城区楼盘办证、食品安全等事关群众利益的突出问题。建议办理见面率、办结率达100%，满意率达98.8%。对2018年度代表建议及办理工作先进单位、先进个人和优秀代表建议进行了评议表彰。

六、切实加强自身建设

市人大常委会深入开展“不忘初心、牢记使命”主题教育，切实加强了政治建设、履职能力建设和机关服务能力建设。

深入开展"不忘初心、牢记使命"主题教育。牢牢把握主题教育的总体要求和目标任务，坚持"四个贯穿始终"，将学习教育作为主题教育的基础，举办主题教育读书班，组织三次专题学习研讨，开展革命传统教育、形势政策教育、先进典型教育和警示教育，切实增强了学习实效。举办全市人大系统"不忘初心、牢记使命"演讲朗诵比赛。围绕市委工作部署和新时代人大工作新要求，确定11个调研课题，深入基层开展调研活动，形成了一批高质量的调研成果。聚焦党的政治建设、思想建设、作风建设存在的突出问题，召开班子成员对照党章党规找差距专题会议，采取书面征求意见、召开座谈会等方式，充分听取各方面意见和建议，严格按要求召开主题教育专题民主生活会。坚持将整改落实贯穿全过程，突出抓好检视问题整改。

不断提升履职水平。深化学习型机关创建成果，坚持党组中心组学习制度，狠抓学习强国、红星云等平台学习，强化学习效果。通过组织外出培训、举办专题讲座等途径，强化履职能力培训，筑牢履职基础。深入开展调查研究，加强法律素养和专业能力建设，提高了市人大常委会会议审议质量。

加强市人大常委会机关建设。深化党支部"五化"建设，确保党内政治生活正常化。深入推进党风廉政建设，认真履行管党治党主体责任，支持市纪委市监委驻市人大常委会机关纪检监察组履行监督职责。认真开展脱贫攻坚驻村和结对帮扶，深入实地帮助解决困难和问题，密切了干群关系。高度重视"六城同创"、综治维稳、扫黑除恶、安全生产等工作，努力创建平安单位。接待群众来信来访452批1468人次，市人大常委会领导带头接访113批178人次，积极为群众排忧解难，解决了一些实际困难和问题。

同时，市人大常委会切实加强县乡人大工作的联系指导，组织召开全市人大工作座谈会，成功举办全市人大系统第二届职工运动会。各区县人大工作亮点纷呈，永定区创新代表工作，高标准建设人大代表活动室，以代表小组为单位，紧盯人民群众普遍关心的民生问题，督促政府及相关部门严格执法、依法行政；武陵源区充分发挥各级人大代表作用，倾听民声、传达民意、调处纠纷，让代表在党委政府中心工作中发挥积极作用；慈利县全面提高乡镇人代会质量、推行乡镇重大民生项目人大代表票决制、人大代表向选区选民述职等经验在全省推广；桑植县持续推进"五联五争五个一"主题活动和"助力脱贫攻坚、人大代表在行动"联组活动，代表主体作用得到了充分发挥。

市人大常委会还加强对外交往及国际友城议会的交流，接待了韩国国会议员访问团以及首尔市芦原区议会、河东郡议会访问团的交流访问。

各位代表！以上成绩的取得，是以习近平同志为核心的党中央坚强领导的结果，是省委、市委正确领导的结果，是全体市人大代表履职尽责、扎实工作的结果，是市"一府一委两院"和各县区人大常委会密切配合、团结协作的结果，是全市人民充分信任、大力支持的结果。在此，我谨代表市人大常委会向大家表示崇高的敬意和衷心的感谢！

回顾过去一年，我们清醒地认识到，市人大常委会的工作还存在一些问题和不足，一是市本级地方性法规的贯彻实施有待进一步加强；二是监督刚性仍显不足，监督实效有待进一步提升；三是代表履职服务和管理有待进一步规范；四是理论研究和新闻宣传力度有待进一步加大；五是对县乡人大工作的联系指导有待进一步强化，等等。对这些问题，我们将采取务实措施，认真加以解决。

2020年工作总体安排

2020年是具有里程碑意义的一年，是全面建成小康社会和"十三五"规划的收官之年，要实现第一个百年奋斗目标，为"十四五"发展和实现第二个百年奋斗目标打下良好基础，做好今年的工作至关重要。市人大常委会工作的总体思路是：以习近平新时代中国特色社会主义思想为指导，深入贯彻党的十九大和十九届二中、三中、四中全会精神，全面贯彻中央、省委和市委经济工作会议精神，大力实施省委创新引领开放崛起战略、市委对标提质旅游强市战略和"11567"总体思路，推动市委各项决策部署和中心工作贯彻落实，认真履行宪法和法律赋予的各项职权，密切同人民群众的联系，为张家界市经济社会高质量发展凝聚人民智慧、贡献人大力量。

一、深入贯彻党的十九届四中全会精神。党的十九届四中全会审议通过了《中共中央关于坚持和完善中国特色社会主义制度、推进国家治理体系和治理能力现代化若干重大问题的决定》，充分肯定了我们党治理国家取得的历史性成就，全面总结了我国国家制度和国家治理体系的显著优势，明确了加强和完善国家治理必须坚持的基本原则以及总体目标、工作要求，为坚定制度自信、实现伟大梦想提供了根本遵循、指明了明确方向。全会明确提出要坚持和完善人民代表大会制度，对新时代人大工作和建设提出了新的更高要求。我们要把深入学习贯彻十九届四中全会精神作为当前和今后一段时期首要的政治任务，深刻领会精神实质，认真贯彻落实。要不断坚持和完善人民代表大会制度，认真履行法定职责，充分发挥代表作用，努力推动人大工作高质量发展。要提高地方立法水平，加强法律监督和工作监督，保障宪法和法律有效实施，始终维护国家法制统一，实现良法善治，不断提升地方治理现代化水平。

二、坚持党的全面领导。不断强化理论武装，切实以习近平新时代中国特色社会主义思想武装头脑，深入贯彻落实习近平总书记关于坚持和完善人民代表大会制度的重要思想，坚决维护习近平总书记党中央的核心、全党的核心地位，坚决维护党中央权威和集中统一领导。坚持市委对人大工作的全面领导，自觉向市委报告重大事项，紧紧围绕市委中心工作履行职权，坚决落实党管干部原则，确保党委推荐的人选通过法定程序成为国家机关领导人员。坚持在市委的领导下，依法讨论决定经济、社会、民生等领域重大事项。

三、主动服务中心工作。围绕党中央、省委的决策部署和市委中心工作依法开展正确监督，推动重大工作部署落细落实。围绕贯彻落实新发展理念，加强经济运行和财政监督，听取和审议计划、预算执行、重点项目、审计工作等报告。听取和审议“一件事一次办”改革情况报告，开展“减税降费”政策落实情况专题调研，推动政府“放管服”改革，为民营和中小微企业发展营造良好环境。助力国际精品旅游城市建设，听取审议城乡规划法等法律法规实施情况报告。开展对外交往和国际友好城市工作情况调研，扩大对外开放，不断提升张家界的国际知名度和影响力。

四、努力提升立法质量。坚持市委对立法工作的领导，充分发挥市人大常委会组成人员、市人大代表、基层立法联系点的作用，认真实施张家界市人民代表大会及其常务委员会制定地方性法规条例，推进科学立法、民主立法、依法立法，严格立法程序，确保立法质量，为推动地方治理提供法制保障。科学制定2021~2025年立法规划，制定张家界市农村居民住房建设管理条例，加强农村居民建房管理，建设美丽乡村。开展张家界市古树名木保护管理条例等前期立法调研，为以后的立法工作打下良好的基础。

五、切实增强监督实效。综合运用多种监督方式，适时开展专题询问，加强问效追责，力求监督实效。加强法律法规实施监督，开展气象法及实施办法、残疾人保障法及实施办法、张家界市扬尘污染防治条例等法律法规实施情况的执法检查，推动法律法规实施。加强规范性文件备案审查工作，维护国家法制统一。推动司法为民和公正司法，听取和审议市人民检察院公益诉讼工作情况的报告，维护国家和人民群众合法利益。推动监察法全面有效实施，依法有序开展对监察机关的监督。听取审议医保基金监管工作情况报告，推动市政府打击欺诈骗取医保基金的不法行为，确保基金安全。继续听取和审议教育法、湖南省武陵源世界自然遗产保护条例贯彻实施情况、中央和省级环保督察、农村人居环境整治等审议意见的贯彻落实情况，持续督促问题整改。

六、充分发挥代表作用。完善代表履职服务和管理制度，尊重代表主体地位、充分发挥代表作用，支持和保障代表依法履职。加强代表思想政治教育和专题培训，提高代表履职水平。进一步完善“三联”工作机制，建立主任会议成员联系代表小组、市人大代表中的市级领导带头参加小组活动机制，发挥好代表小组组长的作用，评比表彰一批履职优秀的代表小组。继续推进代表联系群众平台建设，加强代表履职宣传、展现代表履职风采。加大代表建议督办力度，提高办理质量和效果。

七、全面加强自身建设。建立完善“不忘初心、牢记使命”主题教育长效机制，把主题教育成果转化为推动人大工作和建设的不竭动力。加强市人大常委会政治建设，提高组成人员的理论水平和政治能力。注重组成人员学习培训，提升决策能力和履职水平。深化机关党建工作，强化党风廉政建设，锻造忠诚干净担当的人大干部队伍，提高机关服务保障能力，不断推动人大工作高质量发展。

各位代表！新的一年，面对新的形势和任务，我们重任在肩。我们要坚持以习近平新时代中国特色社会主义思想为指导，在党中央的坚强领导和省委、市委的正确领导下，不断坚持和完善人民代表大会制度，主动担当、依法履职、开拓创新，为决胜全面建成小康社会、加快建成国内外知名旅游胜地做出新的更大的贡献！

政府工作报告

——2020年1月6日在张家界市第七届人民代表大会第四次会议上

张家界市人民政府市长 刘革安

各位代表：

现在，我代表市人民政府向大会报告工作，请予审议，并请各位政协委员及其他列席人员提出意见。

一、2019年工作回顾

2019年是新中国成立70周年，是张家界市发展极不平凡的一年。一年来，我们坚持以习近平新时代中国特色社会主义思想为指导，在省委省政府和市委的坚强领导下，大力实施“对标提质、旅游强市”战略和“11567”总体思路，扎实做好“六稳”工作，着力推动高质量发展，经受了经济下行压力持续加大、多重困难层层叠加的严峻考验，保持了经济社会持续健康发展。这一年，全市经济发展迈出坚实步伐。经济运行总体平稳、稳中有进、进中趋优，地区生产总值增长7.7%(预计数，下同)，固定资产投资增长11%，社会消费品零售总额增长10.5%，地方一般公共预算收入增长8.76%，均高于全省平均水平；规模工业增加值增长8%，为近五年最好水平；城乡居民人均可支配收入分别增长8.1%和10.4%。这一年，发展动能加速集聚。黔张常铁路建成运营，张家界市正式迈入高铁时代；接待入境游客137.04万人次(新统计口径)，增长178.65%，增速居全国第二位；一批“三类500强”企业成功引进，产业发展后劲增强。这一年，张家界品牌效应不断彰显。一批国际性节会赛事成功举办，荣获“中国美丽山水城市”“中国绿色发展优秀城市”“湖南省文明城市”称号，居中国城市品牌评价(地级市)百强榜第53位，张家界知名度、美誉度、影响力不断扩大。这一年，全市发展氛围更加浓厚。成功举办庆祝中华人民共和国成立70周年系列活动，扎实开展“不忘初心、牢记使命”主题教育，“理旧事解难事办实事”集中攻坚行动取得实效，全市上下凝心聚力、共克时艰，汇聚了“万众一心加油干，越是艰险越向前”的强大合力。

(一)全域旅游发展取得新成效。预计全年接待游客8162.09万人次，实现旅游总收入990.85亿元(新统计口径)，分别增长20.09%、28.38%，继续保持高基数上的高增长。旅游产品供给更加丰富。张家界千古情、冰雪世界建成营业，茅岩河水上运动、百年育英红色教育基地等西线旅游项目对外开放，民宿旅游走在全国前列。武陵源获评首批国家全域旅游示范区，桑植被评为全国最佳红色旅游目的地，魅力湘西成为全省首个荣获“中国驰名商标”的文旅演艺品牌。旅游国际市场深度拓展。成功举办丝绸之路友好城市协作体年会、第19届中国湖南张家界国际森林保护节、亚洲捷兔慢跑大赛、湖南红色旅游文化节暨桑植民歌节、黄龙音乐季等重大节会赛事，新建丝路驿站10个，境外客源市场达到133个国家和地区，实现旅游外汇收入7.57亿美元，增长209.74%，增速居全省第一位。旅游发展环境持续优化。发票门票“一票制”、旅游佣金“公对公”、导游归社改革成效明显。“智慧旅游”加快建设。“铁腕治旅”持续深化，停业整顿旅行社19家，游客满意率达到97%以上，张家界名片更加靓丽。

(二)产业转型升级取得新进展。扎实推进“产业项目建设年”，完成“52151行动计划”投资110.1亿元、全省“五个100”重大产业项目投资26.4亿元，分别占年度计划的118.8%、134.3%。工业稳中向好。创建国家级高新区工作有序推进，植物提取产业园启动建设，园区规模工业增加值占全部规模工业增加值比重达到55.1%，提高5.1个百分点。规模工业总产值、销售产值分别增长10%、9%，工业投资、工业技改投资、高新技术产业投资分别增长12%、20%、18%，新增科技型中小企业59家、高新技术企业22家。农业稳定增长。农业增加值增长3.4%。“五大农业特色产业”质效提升，新增农业特色产业省级品牌17个。优势农产品发展“3+2+N”三年行动计划加快推进，大鲵养殖达到320万尾，莓茶、杜仲、葛根种植面积分别达到0.492万公顷、1.51万公顷、0.53万，蜜蜂养殖达到11.14万箱。烟叶生产达到0.36万公顷。政策性粮食大清查工作高标准完成。现代服务业加快发展。大湘西中药材交易市场基本建成。武陵山电商物流园加快建设，电子商务交易总额达75亿元，增长15%。金融机构各项贷款余额增长17.87%、存贷比89.34%，均居全省第三位。公路客运量和旅客周转量分别增长21.29%、15.01%，均居全省第一位。项目支撑作用明显。实施市重点项目125个，完成投资260亿元，占年度目标任务的130%。争取债券资金21.67亿元。报批建设用地428.1公顷，增长255%。杨家界大道、丰泽国际保税仓等项目建成，张吉怀铁路、安慈高速公路、大庸古城、盛世武陵源等项目加快推进。

(三)三大攻坚战取得新战果。坚持把打好三大攻坚战作为推动高质量发展的重中之重，精准发力、善作善成。防范化解重大风险有力有序。大力实施风险缓释措施，牢牢兜住财政“三保”底线，平台公司清理整合至9家，市本级综合债务率大幅下降，区县债务风险平稳可控。非法集资风险排查、P2P平台整治等工作取得实效。精准脱贫成效明显。举全市之力支持桑植打赢脱贫攻坚战,36名市级领导联系桑植38个深度贫困村,市财政安排4000万元支持桑植精准扶贫。全市整合财政涉农资金11.18亿元,投入产业扶贫2.79亿元,实现38个贫困村出列、24444名贫困人口脱贫,贫困发生率下降至0.4%。污染防治强力推进。狠抓中央、省生态环境保护督察反馈问题整改,扎实推进大鲵自然保护区水电项目整治,86个水电站关停退出,拆除大坝39座。污染防治"夏季攻势"成效明显,河长制全面推进,全市禁养区应退养的养殖场全部清零,大鲵自然保护区入河排污口整改全部销号,城市黑臭水体整治任务全面完成,大鲵自然保护区内网箱养殖全面取缔。武陵源核心景区天子山、袁家界移民搬迁基本完成,武陵源世界自然遗产保护顺利通过第43届世界遗产大会审议。自然保护地整合优化国家试点工作稳步推进。建成省级生态文明建设示范乡镇12个、示范村30个。城市空气质量排名全省第二。

(四)城乡发展呈现新面貌。"六城同创"扎实推进,城市精细化建设管理水平不断提升。城乡规划体系不断健全。成立国土空间规划委员会,全面启动国土空间总体规划编制,出台实施乡村振兴战略规划,城乡规划管控明显加强。城市功能加快完善。张家界综合客运枢纽基本建成,宁邦国际广场加快建设。大庸桥立交桥、天问路建成通车,大粟坡、回龙观二期郊野公园建成开放,月亮湾中西路、茅溪河大桥、红壁岩大桥、"两供一治"等项目统筹推进。新建、提质改造旅游厕所121座。完成棚户区改造6091户。智慧城市建设取得阶段性成效。慈利县新城区建设加快推进。桑植高铁站建成使用,高铁新区建设成效初显。乡村振兴扎实推进。打好乡村振兴首仗,实现行政村生活垃圾治理全覆盖,改造农村卫生厕所6437户,拆除"大棚房"2.89万平方米。完成自然村通水泥路431千米、农村公路窄路加宽311千米、耕地复垦0.119万公顷,提前完成"十三五"农网改造升级任务。创建省级美丽乡村示范村7个。

(五)改革开放迈出新步伐。各项改革稳步推进。政府机构改革全面完成。"一件事一次办"改革持续深化,新增市场主体1.67万户。农村集体产权制度改革经验全省推广,城乡居民合作建房省级试点有效推进。市本级与永定区财税体制改革全面完成。第四次经济普查工作圆满完成。国企、文化、司法、供销等领域改革取得实效。开放水平显著提升。成立招商引资委员会和执委会,发挥市招商项目落地办作用,深入开展"招商引资项目攻坚年"活动,签约重大项目59个,合同引资956.21亿元,履约项目44个,引进世茂、北京文投等"三类500强"企业和行业领军企业15家。外贸进出口和利用外资分别增长37.2%、12.5%。国际国内航线达到54条,航空旅客吞吐量达到287.09万人次,其中口岸出入境航班架次和人次分别增长80.71%、100.97%,位居中部省份同类口岸第一。民营经济活力显现。出台推动民营经济高质量发展的若干意见,实施"小新星"企业帮扶培育三年行动计划,培育认定"小新星"企业100家。实现"个转企"509户、"小升规"151家。开展金融支持民营和小微企业区县行活动,实现签约金额232亿元。加入省再担保体系,市担保集团在保余额9.76亿元。落实减税降费政策,新增减税5.5亿元。

(六)民生社会事业交出新答卷。30件省市重点民生实事全面完成,财政民生支出占比达77.33%。民生保障不断加强。新增城镇就业1万余人、农村劳动力转移就业1.3万余人、失业人员再就业2024人。创新城乡居民基本养老保险费征缴模式,征缴率居全省第一。普遍提高城乡低保、残疾人"两项补贴"标准,保障特殊困难群体基本生活。企业职工基本养老金实现"十五连调"。社会事业全面进步。实施市中心城市中小学幼儿园建设三年行动计划,成功申报芙蓉学校4所,澧兰中学、桑植芙蓉学校、桑植金海实验学校等一批学校建成开学,消除义务教育大班额402个,在全省率先完成化解任务。中小学生校内课后服务改革试点经验全省推广。教育教学质量稳步提升,高考成绩再创新高。吉首大学张家界学院转设取得实质性进展。"健康张家界"建设加快推进,在全省率先全面启动医疗卫生城乡一体化改革,消除行政村卫生室"空白村"311个。市人民医院新院建成使用。人口出生缺陷发生率进一步降低,爱国卫生运动深入开展,创建国家卫生城市通过省级考核,正在接受国家评估验收。黄金塔、宏力市场和7个乡镇农贸市场建成使用,新峰、中商、大庸桥等市场改造基本完成。"一宫四中心"主体建成。成功举办首届世界旅游城市桥牌公开赛、全国第二届青年运动会皮划艇激流回旋赛、市六运会等重大赛事活动。退役军人事务和双拥工作扎实开展。民族团结进步创建工作卓有成效,红二方面军长征出发地纪念馆被授予全国民族团结进步教育基地。社会治理成效明显。坚持和发展新时代"枫桥经验","一村一辅警""城市快警"建设加快推进,信访工作全面加强。扫黑除恶专项斗争纵深推进,打掉黑恶势力犯罪团伙29个,破获案件232起。全国禁毒示范城市创建工作进展顺利。食品药品安全得到有效保障。落实安全生产责任,提升应急处突能力,开展旅游、交通、消防等重点行业领域"大排查大管控大整治"活动,安全生产形势总体平稳。

(七)政府治理能力得到新提升。深入开展"不忘初心、牢记使命"主题教育活动,突出问题整改,着力理旧事解难事办实事,狠抓31个开发楼盘遗留问题处置,已办理不动产首次登记2969户,清理土地出让金、城市配套费等历史欠款2.87亿元。出台加强政府执行力建设九条规定,完善投融资、重点项目考核等制度,行政效能不断提升。严格执行市人大及其常委会的决议决定,主动接受人大法律监督和工作监督、政协民主监督、社会各界监督,办理人大代表建议161件、政协提案128件。审计监督作用不断增强。深入推进党风廉政建设,加强警示教育,突出以案明纪、以案说法、以案促改,"打牌子""提篮子"等问题得到有效整治。

一年来,国防和后备力量建设、人防、民族宗教、统计、住房公积金、档案、史志、地震、通信、电力、烟草、气象、水文、工会、共青团、妇联等各项事业和工作都取得了明显成效。

各位代表!"看似寻常最奇崛,成如容易却艰辛"。2019年我们遇到的困难比预料的要大,取得的成绩比预想的要好。这些成绩的取得,是习近平新时代中国特色社会主义思想科学指引的结果，是省委省政府和市委正确领导的结果，是市人大市政协和社会各界关心支持的结果，是全市上下团结拼搏的结果。在此，我代表市人民政府，向全市各族人民，向人大代表、政协委员，向各民主党派、工商联、无党派人士和人民团体，向驻张部队、武警官兵、政法干警和消防指战员，向离退休老同志，向关心支持张家界发展的海内外朋友，表示衷心的感谢！

我们也清醒看到，全市经济社会发展还面临着不少困难和问题：一是产业结构单一，聚集度不高，创新能力不强，经济质量效益亟待提高；二是风险隐患不容忽视，政府财力弱小，包袱沉重，生产安全、生态环境安全、金融安全、社会稳定的隐患较多，防控风险压力较大；三是民生领域还有不少短板，教育、卫生、文化等领域欠账较多，猪肉价格上涨影响民生，基本公共服务还存在薄弱环节；四是政府治理能力有待提高，行政审批、行政执法、公共资源交易、国企国资监管等领域的制度机制还需进一步完善，营商环境有待进一步改善；五是部分干部思想观念、工作作风、工作能力还不适应新时代发展的要求，抓落实的本领和能力有待进一步加强。对于这些问题，我们将高度重视，努力加以解决。

二、2020 年工作安排

今年是全面建成小康社会和“十三五”规划收官之年，是第一个百年奋斗目标实现之年，做好今年工作十分重要。

综观发展大势，张家界市发展既面临严峻挑战，也面临难得的发展机遇。从面临的挑战看，世界经济增长持续放缓，全球动荡源和风险点显著增多。我国正处在转变发展方式、优化经济结构、转换增长动力的攻关期，经济下行压力加大，高质量发展的要求越来越高，地区间的竞争越来越激烈。张家界市基础差、底子薄的基本市情没有改变，减税降费、水电项目整治、景区门票降价等多重压力叠加，补短强基、加快发展的任务繁重，正处于爬坡过坎的攻坚期。从发展的机遇看，我国经济健康发展的基本面没有改变，支撑高质量发展的要素条件没有改变，长期向好的总体势头没有改变，深入推进长江经济带、中部崛起、乡村振兴战略蕴含的机遇没有改变。张家界市旅游发展势头强劲，张家界的知名度影响力不断扩大；绿色发展空间巨大，生态优势不断凸显；区域立体交通优势逐步显现，一批有品质的企业引进落户，产业发展后劲增强，张家界市又处于发展动能聚集期。我们要胸怀“中华民族伟大复兴的战略全局”和“世界百年未有之大变局”两个大局，立足张家界发展新方位，坚定必胜信心，抢抓发展机遇，战胜风险挑战，不断开创高质量发展新局面。

做好今年工作，必须坚持稳中求进工作总基调。统筹做好稳就业、稳金融、稳外贸、稳外资、稳投资、稳预期各项工作，坚定不移深化供给侧结构性改革，培育新的经济增长点，扎实推动经济高质量发展。必须全面贯彻新发展理念。坚持创新、协调、绿色、开放、共享五大发展理念，推动经济实现量的增长和质的提升，努力建设国际一线旅游目的地、国家全域旅游示范市、国家旅游经济高质量发展示范区、国家生态文明建设示范区、区域性旅游交通枢纽城市、武陵山片区口岸开放门户。必须紧扣全面建成小康社会目标。大力实施“全面小康决胜年”攻坚行动，完成脱贫攻坚硬任务，有效保障和改善民生特别是困难群众基本生活，推动城乡安全饮水、基层公共服务、社会保障、农村危房改造、通村通组道路、义务教育“六个全覆盖”。必须着力提升政府治理体系和治理能力现代化水平。坚持固根基、扬优势、补短板、强弱项，推动政府制度体系不断完善、治理能力不断提升，确保实现第一个百年奋斗目标，奋力开启全面建设社会主义现代化新征程。

今年政府工作的总体要求是：以习近平新时代中国特色社会主义思想为指导，全面贯彻党的十九大和十九届二中、三中、四中全会精神，认真贯彻落实中央、省委、市委经济工作会议精神，坚持稳中求进工作总基调，坚持新发展理念，坚持以供给侧结构性改革为主线，坚持以改革开放为动力，以“全面小康决胜年”为抓手，深入实施省委创新引领开放崛起战略、市委对标提质旅游强市战略和“11567”总体思路，着力推动高质量发展，坚决打赢三大攻坚战，全面做好“六稳”工作，统筹推进稳增长、促改革、调结构、惠民生、防风险、保稳定，确保全面建成小康社会和“十三五”规划圆满收官。

今年主要预期目标是：地区生产总值增长 7.8%左右；旅游接待人次增长 15%、旅游总收入增长 23%；规模工业增加值增长 8%；固定资产投资增长 12%；社会消费品零售总额增长 10.5%；地方一般公共预算收入增长 6%；城乡居民人均可支配收入分别增长 8.5%、10.5%；居民消费价格涨幅控制在 4%以内；城镇调查失业率控制在 5%以内；人口自然增长率、安全生产、节能减排等完成省定目标。

完成全年目标任务，要重点抓好以下工作：

（一）扎实推动旅游业高质量发展。坚持把旅游业作为立市之基、兴市之本，努力创建国家全域旅游示范市和旅游经济高质量发展国家示范区。大力发展全域旅游。按照“三星拱月、月照三星”总体布局、“双核三极多点”产业布局，加快建设天门山旅游经济带，持续推进张家界大峡谷 AAAAA 级景区创建，推动建设长征国家文化公园，加快西线旅游配套设施建设，着力增加西线旅游游客量。支持永定、慈利创建国家全域旅游示范区。提质武陵源核心景区。突出武陵源核心景区的引领地位，巩固“区局合一”改革成果，激发景区发展活力。抓好武陵源核心景区提质升级，积极推动环景区北线公路建设，持续推进精品景区、特色城镇、美丽乡村“三位一体”全域旅游示范区建设，加快建成武陵源国际旅游休闲度假区。推进旅游供给侧结构性改革。坚持以游客为中心，以市场为导向，加快形成类型丰富、满足游客需求的旅游产品，推动旅游产业链条纵深拓展。抓好峰林峡谷、武陵民俗、沅澧山水精品线路建设。建成开放张家界千古情二期、大庸古城。推动“旅游+”，提质发展观光度假、康养休闲、民俗体验、体育运动、红色文化等旅游产品，加快建设自驾车房车旅游营地、研学旅行基地、中医药健康旅游基地，积极创建“体育+旅游共建示范城市”。推进旅游品牌国际化。坚持以国际化的视野谋划和推动旅游产业的发展,积极参与国际旅游合作,努力提升张家界国际影响力。坚持以外促内,创新营销手段,组织开展“体验度假年”主题活动,大力开拓国际航线,做实做好“丝路驿站”,拓展东南亚,开拓欧美市场,拓展中国港澳台地区市场,改善客源结构,形成多元化的境内外客源市场格局。推进管理服务标准化。加强“智慧旅游”建设,完善旅游大数据、公共服务、商务服务、旅游监管功能。推进民宿标准化管理,开展星级民宿评定,探索具有张家界特色、国内领先的民宿旅游之路。规范导游归社,完善导游薪酬机制。持续推进“铁腕治旅”,重拳整治追客赶客、强制消费等旅游领域乱象。

(二)加快发展新型工业。以园区为重点,以“320”工业项目为支撑,以“三抓三促”为抓手,做大工业总量,优化产业结构。积极创建国家级高新区。打造“135”工程升级版,加强园区配套设施建设,探索建立低效用地企业退出机制,提升园区承载能力和单位面积产出水平。引导企业走“专精特新”之路,积极开展技术改造、产品创新和品牌创建,支持企业做大做强。推动张家界高新区和慈利、桑植工业集中区联动发展,实现园区规模工业增加值增长10%以上。大力推进植物提取产业园建设。力争年内投资5亿元,实施厂房主体建设和污水管网等基础设施配套建设,推进久瑞生物搬迁,建设清华启迪植物分子应用研究中心, 加快引进一批国内外知名企业,致力建设产业链条健全、产学研结合紧密、科技创新要素活跃的专业园区,打造新的工业经济增长极。着力培育特色产业。推进旅游商品生产、农产品精深加工、生物医药等特色产业建设,加快培育一批上下游配套企业,着力建链补链强链。引进培育信息与高端装备制造等新兴产业链。努力营造工业补短氛围。正确处理新型工业与旅游业、与生态环境保护的关系,大力发展与生态环境保护相适应的新型工业,着力抓园区、抓平台、抓品牌,抓龙头企业引进培养,抓产业链资金链服务链配套完善,创新金融服务实体经济的方式方法,探索建立园区产业发展基金,完善“政银保担投”金融服务链条,积极开展标准地、承诺制、容缺预审、先建后验等改革,促进企业和项目快速落地,下大力气抓好工业补短各项工作。

(三)致力发展现代服务业。以提高供给质量为核心,实施服务业高质量发展三年行动计划,积极争取国家服务业综合改革试点,全面提升现代服务业发展水平。大力发展新兴产业。加快发展现代物流,以航空口岸、高铁站场、工业园区、火车站汽车站为骨架和依托,重点推进荷花空港物流园、沙堤高铁物流园等项目建设,加快推进城乡冷链物流体系建设。大力发展电子商务,构建和完善“一园区四中心”+“村级电子商务综合服务站”发展体系。大力发展会议会展经济,打造地方会展品牌。大力发展现代金融,推进普惠金融创新,加快资本市场建设,实施企业上市“破零倍增”计划,积极引进金融机构。加快大数据、云计算、区块链、5G等新一代信息技术应用。力争在引进企业区域性总部上实现突破。建立健全市场体系。全面推进旅游商品、汽车贸易、酒店用品、中药材等专业市场建设,持续推进农产品批发市场建设,新改建一批农贸市场,重点建设张家界农副产品交易中心、义乌国际商贸城二期、旅游商品产业园。优化社会服务供给。推进药王谷中医药健康旅游产业园建设,加快建设市养老服务中心,完善与居家社区机构相协调、医养康养相结合的养老服务体系。适应群众多样化服务需求,增加家政、物业等生活服务有效供给。

(四)深入实施乡村振兴战略。坚持以农业农村优先发展为总方针,以“产业兴旺、生态宜居、乡风文明、治理有效、生活富裕”为总要求,以实施乡村振兴战略为总抓手,以“农业强、农村美、农民富”为总目标,完善生产、产业、经营、治理四大体系,走出一条富有张家界特色的乡村振兴之路。改善人居环境。强化村庄规划管理,推进“多规合一”,深入实施农村人居环境整治三年行动计划。着力治房、治厕、治水、治墓、治垃圾、治面源污染,严格规范农民建房,严厉整治违章建筑,加快农村危房改造,做好农村生活垃圾、生活污水、空心房等整治工作,大力推进农村厕所革命,建立农业绿色生产体系,严控农业面源污染,加强沿路、沿水、沿景区环境整治,打造车窗外的旅游风景线。强化产业支撑。坚持以工促农、以商活农、以旅带农、科技强农和规模兴农,大力发展“五大农业特色产业”,继续实施优势农产品发展“3+2+N”行动计划,积极创建国家级特色优势农产品示范区。建立大鲵资源保护与综合利用国家工程研究中心, 筹建中国大鲵城、大鲵主题公园,统一莓茶、葛根行业标准,积极引进行业领军企业。加强区域公用品牌建设,扩大张家界大鲵、张家界莓茶、硒有慈利、桑植白茶品牌影响力。巩固粮油生产,确保粮食生产稳定在12.667万公顷。规范粮食和物资储备。强化非洲猪瘟疫情防控,做好生猪稳产保供工作。强化乡村治理。健全自治、法治、德治相结合的乡村治理体系,培养造就一支懂农业、爱农村、爱农民的“三农”工作队伍。推进农村移风易俗,扎实开展新时代文明实践活动,实施乡风文明培育行动,推进殡葬改革,引导农民“除陋习、树新风”。力促农旅融合。加快要素流通,推进城镇基础设施、公共服务向农村延伸, 创建一批休闲农业与乡村旅游示范村、示范农庄,打造茅岩河、协合、三官寺、刘家坪等产业融合小镇,培育壮大乡村振兴主体力量, 努力把乡村建设成为宜居宜游的田园、乡愁乡味的故园、创新创业的乐园。

(五)坚决打好打赢三大攻坚战。三大攻坚战是全面小康必经的关口,必须尽锐出战、务求全胜。确保实现脱贫攻坚目标任务。把贫困人口全部脱贫作为必须完成的底线任务,集中力量打好歼灭战。巩固脱贫成果,加快补齐“两不愁三保障”和饮水安全短板,及时将因病、因灾等返贫人口纳入重点帮扶。统筹贫困村和非贫困村的基础设施建设、公共服务覆盖。提升脱贫质量,严格落实“四个不摘”要求,配合做好国家脱贫攻坚普查,确保脱贫成果得到人民认可、经得起历史检验。着力推动脱贫攻坚与乡村振兴有效衔接,探索解决相对贫困问题的长效机制。确保实现污染防治攻坚战阶段性目标。深入开展碧水守护、蓝天保卫、净土攻坚、大地增绿、城乡洁净“五大行动”,完成污染防治攻坚战三年行动计划任务。扎实推进中央、省级生态环境保护督察交办问题整改,坚决打赢大鲵自然保护区水电项目整治这场硬仗,统筹做好大坝拆除、职工安置、资产核销、债务处置、生态修复工作。全面落实河长制，突出抓好澧水等流域综合治理。加强松材线虫等森林病虫害防治。巩固国家森林城市、国家环境空气质量达标城市创建成果，努力创建国家生态文明建设示范区。确保不发生重大风险。按照"坚决控、重点防、着力还、加速转、确保化"的原则，用好债务风险缓释政策，加快专项债券项目库建设，千方百计降低综合债务率，确保政府债务风险可控。加大防范和处置非法集资工作力度，持续开展互联网金融风险专项整治。

（六）强力推进项目建设。继续开展"产业项目建设年""招商引资项目攻坚年"活动，以项目建设提升城市品质、改善民生、促进发展。加强项目谋划。主动跟进政策走向，充分挖掘资源禀赋，及时谋划包装项目，建立涵盖产业发展、基础设施、民生工程等领域的项目库，力争更多项目进入国家和省"十四五"规划笼子。引导资金投向供需共同受益、具有乘数效应的优质旅游、民生建设、基础设施短板等领域，促进产业和消费"双升级"。加快项目建设。实施重点项目141个，完成年度计划投资220亿元。力争安慈高速公路慈利段建成通车，加快张吉怀铁路建设，推动桑龙、炉慈高速公路年内开工，启动张家界荷花国际机场配套项目建设。推动67个重大产业项目尽快落地建设，达产见效。推进20个重大民生和社会项目建设，真正把实事办好、好事办实。大力实施防灾减灾救灾、公共服务、农村公路安全防护等工程，加快九渡溪大桥等项目建设。强化项目服务。着力破解资金、土地、审批等难题，提高项目履约率、开工率、资金到位率、投产率。狠抓项目建设环境整治，严厉打击敲诈勒索、阻工扰工等违法行为。依法依规征地拆迁，保障项目建设用地需要。

（七）着力建设国际精品旅游城市。坚持以人的城镇化为核心，着力建设畅达、休闲、生态、智慧、文明"五城一体"的国际精品旅游城市。突出规划引领作用。完成国土空间总体规划编制，建立完善市级国土空间规划体系。做好"三线一单"划定工作，强化城乡规划管理。大力建设空铁新城。加快建设机场周边临空产业区、荷花枫香岗且住岗美丽文创产业区、沙堤高铁核心产业区，发展智慧旅游、绿色康养、美丽文创、商贸会展、口岸经济、现代物流"六大产业"，力争一年成势、三年成型、五年成城。加快产城融合步伐。推进丝路荷花国际文化旅游产业园、宁邦国际广场、枫香岗国际影视文化小镇等产业项目建设，积极培育体验消费、网络消费等消费新热点，申报创建国家文化和旅游消费试点城市，积极创建国家级夜间文旅消费集聚区。支持慈利撤县设市，提升慈利县新城区、桑植高铁新区的承载力和吸引力。坚持因城施策，推进房地产平稳健康发展。提升城市建管水平。优先推进智慧城市建设。开工建设智慧城市指挥中心、丝路大道、枫香岗大道、澄潭大桥、大湘西天然气管道、垃圾焚烧发电等项目，建成开明路、月亮湾中西路、红壁岩大桥、茅溪河大桥，建好一批小公园、小游园、城市"家装"，推进大庸桥公园改扩建、樟树角公园二期、且住岗滨水公园建设。规范土地一级市场开发。加快城镇棚户区、老旧小区改造，完善"一老一小"配套服务设施。以"六城同创"为总抓手，做靓东西出口、做美滨水环线、做精城市街区，持续开展市容市貌综合整治，推进生活垃圾分类试点。坚持铁腕控违拆违，实现违法建设零增长。不断厚植城市内涵。巩固湖南省文明城市创建成果，梳理城市文脉，加强城市特色风貌营造和历史文化保护，支持市博物馆创建国家二级博物馆，完善城市书吧等文化服务体系，启动"五馆一院一中心"建设，举办元宵灯会等节会活动，放大旅游演艺品牌效应，继续推动文化"走出去"，讲好张家界故事、彰显张家界魅力。

（八）锐意推进各项改革。聚焦重点领域和关键环节，推动各项改革落地见效。着力推进以供给侧结构性改革为主线的市场化改革。巩固"三去一降一补"成果。持续深化国企国资改革，发展混合所有制经济，优化国有资本布局结构。加快推进平台公司市场化转型，深入推进劳动、人事、分配三项制度改革，建立现代企业制度。大力推进农村集体产权制度改革，加快供销合作社综合改革。深化财税体制改革，实施提升税收占比三年行动计划。坚持和完善统筹城乡的民生保障制度。健全保障农民工工资支付长效机制。深化教育领域综合改革，构建服务全民终身学习的教育体系。全面推进医疗卫生城乡一体化改革，深化医保支付方式改革，建立重特大疾病特困医疗救助制度。健全统筹城乡、可持续的基本养老保险制度。完善和落实社会救助和保障标准与物价上涨挂钩联动机制。坚持和完善共建共治共享的社会治理制度。畅通和规范群众诉求表达、利益协调、权益保障通道，完善"三调联动""诉访分离"机制。推动扫黑除恶专项斗争常态化长效化，构建问题联治、工作联动、平安联创的工作机制。推行社区网格化服务管理，创新互联网时代群众工作机制。健全完善公共法律服务体系。坚持和完善文化创新发展机制。落实意识形态工作责任制，大力弘扬社会主义核心价值观。完善城乡公共文化服务体系。建立健全网络综合治理体系，营造清朗的网络空间。坚持和完善生态文明制度。实行最严格的生态环境保护制度，推进生态绿色张家界建设"先导工程"三年行动计划。健全国土空间规划和用途统筹协调管控制度，完善主体功能区制度，继续抓好自然保护地整合优化国家试点。加强生态环境行政执法与刑事司法衔接，实行生态环境损害责任终身追究制。

（九）着力推进开放强市。坚持以开放促发展、促创新，不断提升开放发展水平。推动开放型经济发展。发挥丝绸之路友好城市协作体轮值主席城市作用，促进开放融通，扩大交流合作。全面推进"五大对接"行动，力争引进"三类500强"企业4家以上。拓展口岸平台功能，发挥保税仓作用，发展离境退税业务，探索建设保税物流中心，完善口岸安全联合防控机制，推进国际贸易单一窗口应用。大力优化营商环境。落实《优化营商环境条例》，开展"优化营商环境集中整治年"活动，着力提高营商环境指数。推进"放管服"改革，推动"互联网+政务服务"一体化平台全覆盖。围绕清零即挂地、摘牌即开工、交房即交证、领照即开业，深化"一件事一次办"改革，提高行政审批效率。支持民营企业发展壮大。落实中共中央国务院支持民营企业改革发展28条政策措施和张家界市20条举措，实现"个转企"360

户以上、"小升规"50 家以上,培育认定"小新星"企业 100 家以上。激发"双创"活力,健全产学研合作体系,引进培养高层次创新团队和人才,提高创新创业水平。加强政银企对接合作,完善信贷投放保障措施,缓解融资难题。弘扬企业家精神,保护企业家合法权益,坚持洽谈企业和落户企业、外地企业和本地企业一视同仁,充分激发民营企业发展活力。

(十)有效保障和改善民生。做好保基本、普惠性、基础性、兜底性民生工作,办好一批民生实事,让人民群众的获得感更充实、幸福感更真实、安全感更踏实。促进更加充分更高质量就业。深入推进就业服务和职业技能提升行动,做好高校毕业生、退役军人、农民工等群体就业,托底帮扶就业困难人员,确保零就业家庭动态清零,实现新增城镇就业 1 万人、农村劳动力转移就业 1.3 万人、创业带动就业 7000 人。办好人民满意的教育。坚持教育优先,统筹各类教育协调发展。建成永定区沙堤芙蓉学校、慈利县芙蓉学校、张家界金海中学、张家界雨露学校、慈利县银澧学校、桑植金海学校二期等重点项目。全面消除义务教育大班额,启动消除普通高中大班额。深化学前教育改革,大幅提升普惠性幼儿园覆盖率。稳步推进新高考综合改革,完善职业教育、继续教育统筹协调发展机制,积极申报筹建湖南旅游技师学院,加快推进吉首大学张家界学院转设工作。大力发展卫生健康、文化体育事业。加强基层医疗卫生财力保障和服务能力建设,提高家庭医生签约服务水平。实施全面两孩政策,打造生育健康全程服务链。开展爱国卫生运动,力争成功创建国家卫生城市。推进老年医疗机构建设,启动安宁疗护试点。加强疾病疫病防控。做好全国第七次人口普查工作。开展文化惠民活动,加强文化遗产保护和传承,支持少数民族特色村寨建设。加快贺龙体育馆建设,大力开展群众性体育活动,以全民健康促进全面小康社会建设。提高社会保障能力。实现城乡居民基本养老保险、基本医疗保险和最低生活保障应保尽保,调整提高退休人员基本养老金待遇,提高城乡居民基础养老金标准,稳步提高农村低保、特困人员救助、残疾人"两项补贴"标准。强化医保基金征缴管理,积极推进基本医疗保险市级统筹。加强农村"三留守"人员关爱服务。加强和创新社会治理。推进安全生产责任制巡查工作,深入开展"大排查大管控大整治"行动,集中整治道路交通、危险化学品等行业顽瘴痼疾,确保安全形势稳定向好。加强应急管理体系建设,提升应急救援能力。积极创建全国道路交通文明畅通示范城市、食品安全示范城市、民族团结进步示范城市、禁毒示范城市。落实食品药品安全"四个最严"要求,确保人民群众吃得安全、用得放心。开展信访矛盾化解攻坚。依法加强宗教事务管理。健全退役军人工作体系和保障制度,落实军人军属待遇保障政策,开展新一轮"双拥"创建活动。纵深推进扫黑除恶专项斗争,依法严厉打击违法犯罪行为,让公平正义的阳光温暖百姓心田。

三、建设新时代人民满意的服务型政府

全面建成小康社会,完成"十三五"规划目标任务,必须提升政府治理体系和治理能力现代化水平。

(一)坚持忠诚为政。坚持以习近平新时代中国特色社会主义思想武装头脑、指导实践,增强"四个意识"、坚定"四个自信"、做到"两个维护",把不忘初心、牢记使命作为加强政府系统党的建设的永恒课题,作为全体党员、干部的终生课题,坚持不懈锤炼忠诚干净担当的政治品格。坚持党对一切工作的领导,坚决贯彻中央、省委、市委决策部署,严守政治纪律、政治规矩,把党的领导落实到政府工作的各个领域、各个环节。

(二)坚持为民理政。坚持以人民为中心的发展思想,做到为人民服务、对人民负责、受人民监督。巩固"不忘初心、牢记使命"主题教育成果,深入推进"理旧事解难事办实事"集中攻坚行动,继续抓好开发楼盘历史遗留问题处置,着力解决群众的操心事烦心事揪心事,不断增强人民群众的获得感、幸福感、安全感。

(三)坚持依法行政。维护宪法法律权威,在法治轨道上推动政府工作。认真落实市人大及其常委会决议决定,办理人大代表建议和政协提案,接受人大法律监督和工作监督、政协民主监督、社会监督。更好发挥审计监督作用。健全依法统计工作机制。深化行政执法体制改革,完善行政执法事项清单管理和责任追究制度,严格规范公正文明执法。健全法律顾问、公示听证、决策咨询、专家论证、合法性审查等制度。

(四)坚持高效施政。加强经济社会发展重大问题研究,高标准编制"十四五"规划。巩固政府机构改革成果,完善相互支持、密切配合、信息共享的部门联动机制。推进数字政府建设,严格落实政府执行力建设九条规定,完善担当作为激励机制,形成干事创业的浓厚氛围。加强政府系统公职人员的思想淬炼、政治历练、实践锻炼、专业训练,提高抓经济工作、社会管理、公共服务的能力和水平。以舍我其谁的责任感、只争朝夕的紧迫感、不负人民的使命感,推进政府各项工作,力戒形式主义、官僚主义,以实干换实绩、以实绩保实效,确保各项工作经得起实践、人民和历史的检验。

(五)坚持廉洁从政。认真履行全面从严治党主体责任,深入推进政府系统党风廉政建设,落实中央八项规定精神。坚持勤俭节约,切实以政府的紧日子换来老百姓的好日子。强化公共权力、公共资金、公共资产、公共资源、公共工程监管,持续整治群众身边的腐败和作风问题,严惩扶贫民生领域腐败、涉黑腐败及保护伞,确保党和人民赋予的权力用来为人民谋幸福。

各位代表!全面脱贫的历史性时刻即将到来,全面建成小康社会的梦想即将实现,我们将成为历史的见证者、创造者、推动者。让我们更加紧密地团结在以习近平同志为核心的党中央周围,在市委的坚强领导下,不忘初心、牢记使命,戮力同心、锐意进取,只争朝夕、不负韶华,为圆满收官"十三五"、决胜全面建成小康社会、加快建成国内外知名旅游胜地而努力奋斗!

《政府工作报告》名词解释

1.“三类500强”企业：是指世界500强企业、中国500强企业和中国民营500强企业。

2.关于旅游指标统计口径：2019年以前，张家界市采用老统计口径测算；自2019年开始，根据国家和省里要求采用新统计口径测算。老统计口径数据采集：将全市所有景区景点、旅游娱乐设施的人数和收入相加，测算出全市接待人次数和旅游总收入。新统计口径数据采集：一是根据文旅部旅游统计系统内每月酒店上报的入住情况，获取全市入境游客人次数、住宿单位月平均出租率；二是在湖南省旅游抽样调查系统内获取全市游客平均停留天数、一日游游客占比、过夜游客占比、国内过夜游客人均天消费、一日游游客人均天消费五个指标；三是根据湖南省住宿单位普查系统获取全市床位总数。根据三个方面数据，按照《湖南省旅游统计调查制度》规定的旅游统计计算方法，测算旅游总人次数和旅游总收入。按老统计口径，预计2019年全市接待游客9800万人次、实现旅游总收入930亿元，分别增长15.1%、23.03%。按新统计口径，预计2019年全市接待游客8162.09万人次、实现旅游总收入990.85亿元，分别增长20.09%、28.38%。

3.优势农产品发展“3+2+N”三年行动计划：“3”指大鲵、莓茶、杜仲三大优势农产品，“2”指葛根、蜂蜜两大特色农产品，“N”指其他农产品。

4.“小新星”企业帮扶培育三年行动计划：坚持政府引导与企业主导相结合、政策支持与自主创新相结合，力争到2021年培育认定“小新星”企业300家。“小新星”企业申报主要条件：上年主营业务收入达200万元及以上的住宿、餐饮业；上年主营业务收入达500万元及以上的居民服务、修理和其他服务业，文化、体育和娱乐业；上年主营业务收入达1000万元及以上的交通运输、仓储和邮政业，信息传输、软件和信息技术服务业，租赁和商务服务业，科学研究和技术服务业，水利、生态环境和公共设施管理业，教育、卫生和社会工作行业，物业管理、房地产中介服务、自有房地产经营活动和其他房地产业；上年主营业务收入达2000万元及以上的工业和批发业。

5.“一件事一次办”：“一件事”是指企业群众需办理的一个“事项”，既可以是单独的“一件事情”，也可以是需到多个部门办理或多件相关的“事”“一揽子事”，经过梳理整合、流程再造后，变成企业群众眼中或窗口统一办理的“一件事”；“一次办”是指一次告知、一次表单、一次联办、一次办好，线上“一次登录、一网通办”，线下“只进一扇门、最多跑一次”，逐步实现从部门审批一个事项向服务企业群众“一件事”转变，从每个部门“最多跑一次”向“一件事”“最多跑一次”转变，从企业群众眼前的“一件事”“一次办”向任何“一件事”“一次办”转变。

6.“一园区四中心”+“村级电子商务综合服务站”发展体系：“一园区”是指市电子商务产业园区，“四中心”是指两区两县(县域)电子商务综合服务运营中心，“村级电子商务综合服务站”是指在全市1016个村居建立电子商务综合服务站。

7.“五馆一院一中心”：是指市图书馆、市美术馆、市科技馆、市规划馆、市文化馆、市大剧院、市广播电视演艺中心。

中国人民政治协商会议张家界市委员会
常务委员会工作报告

——在政协张家界市第七届委员会第四次会议上　汪业元

(2020年1月5日)

各位委员、同志们：

我受政协张家界市第七届委员会常务委员会委托，向大会报告工作，请予审议，并请列席会议的同志提出意见。

一、2019年工作回顾

2019年，是新中国和人民政协成立70周年。一年来，在市委正确领导下，市政协始终坚持人民政协性质定位，积极履职尽责，在凝心聚力、共同推动全市经济社会发展中发挥了重要作用。

(一)自觉坚持党的全面领导。深入学习贯彻党的十九大精神和习近平总书记关于加强和改进人民政协工作的重要思想，把坚持党对人民政协的全面领导摆在首位，始终做到在市委领导下开展工作，一切重要活动围绕市委部署的中心任务进行，一切重要安排在广泛征求意见基础上报市委审批后实施，一切重大事项向市委请示、报告。宣讲中共十九届四中全会精神、习近平总书记在中央政协工作会议暨庆祝中国人民政治协商会议成立70周年大会上的重要讲话精神，加强思想政治引领，广泛凝聚共识，引导委员增强“四个意识”、坚定“四个自信”、做到“两个维护”。不断强化政协党组的主体责任，发挥党组“把方向、管大局、保落实”作用。

(二)充分发挥专门协商机构作用。坚持人民政协为人民，聚焦保障和改善民生，广泛开展调研协商监督。市委、市政府、市政协共同确定2019年“2+3+2N+2”调研协商监督课题，组织开展2项专题议政性常委会议协商和专题协商、3项界别协商、广泛的提案办理协商、广泛的对口协商、2项专题民主监督。重点开展了加强澧水源头地区环境保护、推进张家界市健康扶贫政策落实、推进民营经济发展政策落实与完善、改善人居环境推动乡村振兴、运用信息化手段提高宗教事务治理能力5个省、市、县政协“三级联动”课题的调研协商监督工作。召开主席会11次、常委会6次，根据需要邀请有关市领导、相关职能部门负责同志就有关重大事项进行协商。市委、市人大常委会、市政府对市政协委员的意见和建议高度重视，推动了相关问题的解决。

(三)广泛凝聚共识。充分运用界别、委员活动组、专委会等组织形式，开展学习教育、履职活动。坚持和完善新型政党制度，积极为民主党派和无党派人士在政协更好发挥作用创造条件。打造委员大会发言品牌，全会前组织政协各参加单位和委员深入调研，全会后认真做好建议转化工作。2019年，市委书记、市人大常委会主任虢正贵对12份委员大会发言作出批示，市政府、市政协将其中6份作为年度重点提案，着力解决城区交通拥堵、营商环境等一系列重大问题。举行庆祝新中国、人民政协成立70周年系列活动，讲好中国故事，传播奋进精神，凝聚发展能量。

(四)主动服务全市经济社会发展。紧紧围绕“对标提质，旅游强市”战略及“11567”总体发展思路，重点聚焦“三大攻坚战”，充分发挥政治协商、民主监督优势，服务全市经济社会发展大局。认真落实市委交办的一系列重点工作任务，市政协班子成员联系“双联”项目47个、企业10个，帮扶贫困村62个并负责指导协调桑植县2个乡镇的脱贫攻坚工作，包保“创卫”街道2个，还承担了招商引资、信访、涉大鲵自然保护区水电站整治、服务旅游创“三优”企业党建、联系“三联四建”社区等具体工作，帮助解决了一些实际问题。1072名省、市、县(区)政协委员参与精准扶贫“三个一”行动，结对帮扶2500多个困难家庭。广大政协委员在各自岗位上积极工作、努力奉献，部分委员参与了助学助教、救助孤残、尊老爱幼、文明劝导、关爱抗战老兵等社会公益志愿服务行动，展现了新时代政协委员勤勉为民、服务社会的精神风采。

(五)务实开展联络联谊活动。经市委批准，组织参加了武陵山片区政协主席联席会在恩施州召开的第四次会议，围绕“绿色发展”主题进行交流探讨，推动形成武陵山片区坚持生态优先、绿色发展的共识。主导武陵山片区政协主席联席会澧水流域生态保护课题组在鹤峰县走马镇召开第三次会议，全力助推流域生态文明建设，以最坚定的决心、最过硬的措施保护澧水源头和流域生态，守护好一江碧水。由张家界市倡议并经会议协商达成共识的“泛源头”理念，丰富了流域源头的内涵和外延，对动员流域全体人民共同参与流域生态环境保护有积极意义。组织老委员咨询团成员赴韶山、平江、洪湖实地调研，就湘鄂西、湘鄂川黔苏区振兴发表咨询意见。

(六)切实加强自身建设。在市委的重视和关怀下，市政协机构在本轮机构改革中得到完善，增强了我们加强自身建设的压力和动力。我们把政治建设放在首位，不断改进工作作风，着力整治形式主义和官僚主义，严格执行中央“八项规定”精神，认真落实省委巡视组对市政协反馈问题的整改,举一反三、防微杜渐,主动开展重大事项检视评估。开展业务培训,加强委员履职能力建设。建立委员履职考核评价办法,强化对委员履职的指导督促。扎实开展"不忘初心、牢记使命"主题教育,认真查找市政协党组、机关党组和机关党员领导干部存在的差距与不足,形成问题清单和整改方案。汲取向力力、邓大渊、张功敏案深刻教训,以案促改。

过去一年,我们取得了一些成绩,但与新时代人民政协的新使命相比,与市委和全市人民的期望相比,还存在不小差距。一是对人民政协制度的思想认识有待进一步提高。二是工作制度机制有待进一步完善。三是思想政治引领、广泛凝聚共识有待进一步加强。四是委员履职主动性、创造性有待进一步发挥。在今后的工作中,我们要进一步坚持问题导向、目标导向、结果导向,抓重点、补短板、强弱项,促进问题整改。

二、认真贯彻落实中央政协工作会议精神

2019年9月20日,习近平总书记在中央政协工作会议暨庆祝中国人民政治协商会议成立70周年大会上发表重要讲话。随后,中共中央发布《关于新时代加强和改进人民政协工作的意见》(中发〔2019〕40号)。以党中央名义召开政协工作会议,在党的历史、人民政协历史上都是第一次,充分体现了以习近平同志为核心的党中央对人民政协事业的高度重视,对在新时代更好发挥人民政协制度优势的殷切期待,为推动人民政协事业发展提供了根本遵循。我们要把中央政协工作会议精神同党的十九届四中全会精神贯通起来,认真贯彻落实。

(一)发挥人民政协专门协商机构作用。人民政协是专门协商机构,这既是对政协的性质定位,也是对政协的工作定位,是新时代赋予人民政协职能定位的新内涵,进一步回答了"人民政协是什么"的问题。我们要改变"职能模糊、责任虚化"的状况,发挥人民政协集协商、监督、参与、合作于一体的优势,突出"专"的特色、提升"专"的质量、体现"专"的水平,在协商中促进广泛团结、推进多党合作、实践人民民主。

(二)加强思想政治引领、广泛凝聚共识。中央意见指出:"把凝聚共识作为政协重要职能"。这是新时代对政协职能的丰富和拓展,进一步回答了"人民政协干什么"的问题。我们要改变凝聚共识相对薄弱的状况,通过有效工作,使人民政协成为坚持和加强党对各项工作领导的重要阵地,用党的创新理论团结引领各族各界人士的重要平台,在共同思想政治基础上化解矛盾和凝聚共识的重要渠道,汇聚起各族人民大团结的力量。

(三)强化委员责任担当。习总书记强调:"政协委员作为各党派团体和各族各界代表人士,由各方面郑重协商产生,代表各界群众参与国事、履行职责。这是荣誉,更是责任。广大政协委员要坚持为国履职、为民尽责的情怀,把事业放在心上,把责任扛在肩上,认真履行委员职责。"这些谆谆教诲,切中要害、语重心长,进一步回答了"人民政协谁来干"的问题。我们要改变"年委员、季常委"的状况,提升"懂政协、会协商、善议政"的能力素养,秉承"守纪律、讲规矩、重品行"的行为准则,奋力谱写新时代政协委员履职尽责新篇章。

(四)健全人民政协工作制度。人民政协制度是中国特色社会主义制度的重要组成部分。我们要抓住制度建设这个"牛鼻子",以宪法和相关政策为依据,建立健全以政协章程为基础,以协商制度为主干,覆盖政协党的建设、履职工作、组织管理、内部运行等制度,形成权责清晰、程序规范、关系顺畅、运行有效的制度体系,进一步解决好"人民政协怎么干"的问题。我们要改变工作制度不健全的状况,当好人民政协制度的参与者、实践者、推动者。

三、2020年工作安排

2020年是打赢脱贫攻坚战、决胜全面建成小康社会和"十三五"规划的收官之年。我们要始终坚持党对政协工作的全面领导,准确把握人民政协性质定位,把坚持和发展中国特色社会主义作为巩固共同思想政治基础的主轴,把服务实现"两个一百年"奋斗目标作为主线,把加强思想政治引领、广泛凝聚共识作为中心环节,坚持团结和民主两大主题,提高政治协商、民主监督、参政议政水平,更好凝聚共识,为促进张家界市经济社会又好又快发展贡献力量。

(一)深入学习党的创新理论。深入学习贯彻中共十九届四中全会、习近平总书记在中央政协工作会议暨庆祝中国人民政治协商会议成立70周年大会上的重要讲话、《中共中央关于新时代加强和改进人民政协工作的意见》、全国"两会"、省委政协工作会议精神,进一步加强思想政治引领、广泛凝聚共识。在全会期间组织学习培训,加强市政协党组理论学习中心组、主席会议、常委会议集中学习,建立委员活动组、联络组学习座谈制度。积极探索"互联网+学习"方式,以政协云二期上线为契机,运用"学习强国""政协云"等网络平台加强学习。

(二)充分发挥专门协商机构作用。围绕编制"十四五"规划、同省政协课题联动,进行调研协商监督。围绕落实社会保障兜底扶贫政策、建立解决农村相对贫困的长效机制,开展专题议政性常委会议协商。围绕建立和完善民营企业合法权益维权平台,更好发展乡村民宿、培育乡村发展新动能,市域内其他流域生态环境保护经验对澧水流域生态环境保护的启示等课题,开展界别协商。进一步加强委员提案工作,把提案的征集与办理作为委员履职尽责的重要载体和基本形式,开展广泛的提案办理协商,打造提案办理品牌。运用协商方法,在落实市委交办的各项工作任务时,开展广泛的对口协商。久久为功,持续实施澧水源头生态环境保护民主监督"三年行动计划",打造澧水干流源头地区环境保护民主监督品牌;针对专题议政性常委会协商课题调研中发现的问题,开展专项民主监督。

(三)不断强化"双向发力"。把建言资政和凝聚共识双向发力贯穿政协工作的全过程。以调研协商监督课题为纽带,畅通民意有序表达渠道,积极建言献策,不断扩大同心

圆。加强政协系统党的建设,建立委员活动组、联络组功能型党支部,实现党的组织对党员委员全覆盖、党的工作对政协委员全覆盖,把凝聚共识融入日常履职活动之中,春风化雨、约定俗成、习以为常,达到理顺情绪、解疑释惑、协调关系、化解矛盾的目的,不断巩固全社会共同思想政治基础,坚守中国特色社会主义这个圆心,切实做到“两个维护”。

(四)努力服务全市工作大局。紧紧围绕张家界市“对标提质,旅游强市”战略及“11567”总体发展思路,聚焦市委市政府着力推动高质量发展、坚决打赢三大攻坚战、全面做好“六稳”工作、统筹推进稳增长促改革调结构惠民生防风险保稳定等重点任务,开展工作,履行职能,发挥作用。坚决承担市委交办的“两个帮扶”、“双联”、“三联四建”等具体任务,运用协商方法,狠抓工作落实。持续组织开展省政协部署的各级政协委员“双助”行动,引导广大政协委员立足本职,积极工作,努力奉献。

(五)广泛开展联络联谊。着眼互学互鉴、共建共享,促进区域发展大团结、大联合,打造助力区域联动发展品牌。突出武陵山片区政协主席联席会第五次会议“红色文化”主题,深度开展湘鄂西、湘鄂川黔革命根据地课题调研,深入挖掘红色文化资源,服务发展精品红色旅游。共同保护澧水母亲河,继续组织开展武陵山片区政协主席联席会澧水流域生态保护课题组活动,助推澧水流域生态环境不断改善。积极参与渝鄂湘黔四省市政协助推武陵山片区脱贫攻坚合作。组织开展市政协老委员咨询团有关联谊活动。

(六)进一步提高履职水平。切实加强对广大政协委员的理论武装和政治引领,不断增强“四个意识”、坚定“四个自信”、做到“两个维护”。加强政协基本理论、政协发展历史、“政协云”运用等业务学习培训,提高政治把握能力、调查研究能力、联系群众能力、合作共事能力。完善常委、委员履职考核,引导委员按照“懂政协、会协商、善议政,守纪律、讲规矩、重品行”要求提升素质。加强政协工作制度化、规范化、程序化建设,持续开展文明机关创建,提升服务委员水平,打造机关文化品牌。

2020年是市政协成立30周年。为了致敬历史、启迪未来,经市委同意,我们将编纂《张家界市政协志》;建设市政协陈列室;组织开展“不忘初心、牢记使命,我与人民政协”主题征文、市政协成立30年来有影响力重要提案评选、市政协成立30年来有影响力履职活动评选三项活动,辑录成《张家界市政协文史资料》。敬请全市政协系统历届政协委员和政协工作者、社会各界人士踊跃参与。

各位委员、同志们,长风破浪会有时,直挂云帆济沧海。让我们在习近平新时代中国特色社会主义思想指引和市委的正确领导下,不忘初心、牢记使命,厘清新时代人民政协是什么、干什么、怎么干、谁来干等重大问题,担当起促进人民政协制度更加成熟更加定型的参与者、实践者、推动者的责任,努力干出新时代人民政协的新样子!

专题

中共张家界市委关于开展“不忘初心、牢记使命”主题教育的实施意见

(2019年9月9日)

根据习近平总书记在“不忘初心、牢记使命”主题教育工作会议上的重要讲话精神和中央、省委关于主题教育的指导意见及实施方案,张家界市主题教育从2019年9月开始,11月底基本结束。参加单位主要是:市、区县机关及其直属单位和企事业单位,乡镇、街道和村、社区,非公有制经济组织、社会组织和其他基层组织。现结合张家界市实际,提出如下实施意见。

一、充分认识开展主题教育的重大意义

开展“不忘初心、牢记使命”主题教育,是以习近平同志为核心的党中央统揽伟大斗争、伟大工程、伟大事业、伟大梦想作出的重大部署,是坚持和加强党的全面领导、努力把我们党建设得更加坚强有力的重大举措,是弘扬传承革命精神、激励广大党员干部不忘初心、牢记使命、接续奋斗的重要实践,是张家界市进一步融入中部地区崛起,推动经济社会高质量发展的重大契机。

不忘初心、牢记使命,是加强党的建设的永恒课题,是全体党员干部的终身课题。组织开展好主题教育,对于强化党的创新理论武装、推动习近平新时代中国特色社会主义思想和中央、省委决策部署在张家界落地见效,对于推进党的自我革命向基层延伸、保持和发展党的先进性纯洁性,对于着力解决群众最关心最现实的利益问题、保持党同人民群众的血肉联系,具有十分重要的意义。全市各级党组织和广大党员干部要充分认识开展主题教育的重要性和紧迫性,切实把思想和行动统一到中央决策和省委、市委部署上来,积极主动、严肃认真地参加主题教育。

二、准确把握总体要求

全市各级党组织和广大党员干部要认真学习贯彻习近平总书记重要指示批示精神,中央决策和省委、市委部署,切实增强“四个意识”、坚定“四个自信”、做到“两个维护”,全面把握守初心、担使命,找差距、抓落实的总要求,坚持抓思想认识到位、检视问题到位、整改落实到位、组织领导到位,充分借鉴运用省里第一批主题教育成功经验,以彻底的自我革命精神解决违背初心和使命的各种问题,努力实现理论学习有收获、思想政治受洗礼、干事创业敢担当、为民服务解难题、清正廉洁作表率的目标。

主题教育要把深入学习贯彻习近平新时代中国特色社会主义思想作为根本任务。要突出问题导向,既着力解决党员干部自身存在的问题特别是思想根子问题,又着力解决群众操心事、揪心事、烦心事,以为民谋利、为民尽责的实际成效取信于民。要以县处级以上领导干部为重点,先学先改、即知即改,示范带动广大党员干部的学习教育。要坚持开门搞教育,听群众意见、让群众评判,增强群众获得感幸福感安全感。要把主题教育与庆祝新中国成立70周年结合起来,引导广大党员干部不忘历史、不忘初心,勇于战胜各种艰难险阻、风险挑战,为张家界深入实施省委“创新引领开放崛起”战略、市委“对标提质旅游强市”战略和“11567”总体思路,夺取新时代中国特色社会主义新胜利努力奋斗。

这次主题教育不划阶段、不分环节,要把学习教育、调查研究、检视问题、整改落实贯穿主题教育全过程,领导干部要发挥示范带头作用,确保思想意志统一、行动步调一致。市委常委会及其成员要模范带头,为全市各级领导干部作出榜样,从一开始就把查找和解决问题牢牢抓在手上,力戒形式主义、官僚主义,推动“基层减负年”落地见效。

三、突出抓好县处级以上领导班子和领导干部主题教育

市级机关及其直属单位和企事业单位领导班子,区县党委、人大、政府、政协领导班子,要按照中央主题教育领导小组《关于抓好第一批主题教育学习教育、调查研究、检视问题、整改落实工作的通知》(教组发〔2019〕4号)要求,抓好四项重点措施落实,确保取得实效。乡镇、街道,区县直机关、企事业单位等领导班子参照实施。

1.把学习教育贯穿全过程。坚持认真学原著悟原理,推动学习贯彻习近平新时代中国特色社会主义思想往深里走、往心里走、往实里走。注重思想发动。各地各部门各单位要及时学习贯彻中央、省委和市委精神,对主题教育作出动员部署,统一思想认识、提升政治站位,激发领导班子和党员领导干部学习教育的内生动力。明确学习内容。要深入学习党的十九大报告和党章,组织党员领导干部通读《习近平关于“不忘初心、牢记使命”重要论述选编》,认真学习《习近平新时代中国特色社会主义思想学习纲要》,深入学习习近平总书记在“不忘初心、牢记使命”主题教育工作会议、中央政治局第十五次集体学习、中央和国家机关党的建设工作会议和在内蒙古考察并指导主题教育时的重要讲话,学习习近平总书记关于湖南工作的重要指示

批示精神,认真学习党史和新中国史。组织学习讨论。坚持个人自学和集中学习相结合,9月中旬集中安排一周时间,采取理论学习中心组学习、办读书班、召开党委(党组)会等方式组织集中学习。分"明初心、守初心,坚定理想信念""担使命、履职责,矢志为民服务""改作风、勇担当,带头真抓实干"等专题每月开展一次学习研讨,不对写读书笔记、心得体会等提出硬性要求。创新学习方式。充分挖掘整合张家界市红色资源,组织开展红色故事会等革命传统教育,大力弘扬"长征精神""隐姓埋名为国奉献"的奋斗精神等,通过宣讲红色故事、举办先进典型报告会、选编攻坚克难典型案例等,把革命传统教育、形势政策教育、先进典型教育和警示教育贯通起来。增强学习实效,运用个别访谈、随机抽查、理论测试、实践运用等方法促进学习,确保学得进、记得住、信得过、用得上。

2.把调查研究贯穿全过程。坚持问题导向,着眼解决实际问题,深入基层察民情、解难题,推动中央、省委和市委决策部署落实落地。明确调研重点。各级领导班子要立足职能职责和当前正在做的事情,主动认领问题,围绕贯彻落实党中央决策部署和习近平总书记重要指示批示精神,围绕解决本地本部门本单位存在的突出问题和群众反映强烈的热点难点问题,围绕解决党的建设面临的紧迫问题,围绕坚决打好三大攻坚战、应对和化解各种风险挑战,结合张家界市实际开展调研。改进调研方法。主要采取"四不两直"方式,真正摸清情况,把症结分析透,研究提出解决问题、改进工作的办法举措。改进调研作风。要轻车简从,不搞层层陪同,不增加基层负担。强化成果运用。调研结束后,领导班子成员要梳理调研情况,交流调研成果,把调研成果转化为政策举措和解决问题的具体行动。各地各部门各单位可评选推介一批优秀调研报告转化为政策措施成果的典型案例。讲好专题党课。领导班子成员要在学习调研基础上讲好专题党课,主要负责同志带头讲,其他班子成员到分管领域或基层单位讲。讲党课要突出针对性,结合初心使命和调研成果,讲学习体会收获,讲运用习近平新时代中国特色社会主义思想指导实践、推动工作存在的差距和改进工作的思路措施。

3.把检视问题贯穿全过程。检视问题要采取自己找、群众提、集体议、上级点等方式,认真查摆自身不足,查找工作短板,深刻检视剖析。广泛听取意见。结合调查研究,围绕解决群众最关心最现实的利益问题,采取个别访谈、调研座谈、实地走访、发放征求意见表等方式,充分听取工作服务对象、基层党员群众对领导班子、领导干部存在突出问题的反映,对改进作风、改进工作的意见和建议。上级党组织要结合巡察工作、政治建设考察、基层党建调研、生态环保督查、脱贫攻坚督查、扫黑除恶督查及回头看、2018年度民主生活会和组织生活会等情况,对下级单位领导班子和班子成员提出意见。找准突出问题。重点查找是否存在理论学习不认真,"学得浅""学得散",敷衍应付、学用脱节,热衷喊新口号、行动上老一套;政治信仰不坚定,对党不忠诚,"两个维护"停留在口头上,政绩观出现偏差,功利主义思想严重,拉帮结派、搞团团伙伙,甚至充当黑恶势力的"保护伞""代言人";工作作风不扎实,干事创业精神不振,不担当、不作为,搞形式主义、官僚主义;宗旨观念不牢固,群众感情淡漠,不愿、不会做群众工作,为民服务不上心、不尽力,甚至与民争利、执法不公、假公济私、损害群众利益等突出问题。认真检视反思。党员领导干部要认真学习《中国共产党党内重要法规汇编》,逐段逐句学习党章、准则、条例,对照检视分析,以刀刃向内的自我革命精神,坚持把自己摆进去、把工作摆进去、把职责摆进去,实事求是检视自身差距,把问题找实、把根源找深,明确努力方向和改进措施,切实把问题解决好。各级领导班子要安排专门时间,召开对照党章党规找差距专题会议,聚焦政治建设、思想建设、作风建设存在的突出问题进行检视反思。检视剖析要一条一条列出问题,见人见事见思想,不搞官样文章。

4.把整改落实贯穿全过程。从一开始就改起来,对查找出来的问题立行立改,按照主题教育期间整改到位、长期坚持和建章立制,分类作出安排、抓好整改。抓实专项整治,把专项整治贯穿主题教育始终,重点抓好中央明确8个方面的突出问题专项整治,根据职责分工制定工作方案,成立工作专班,采取项目化方式,以小切口、实措施、准发力逐项推进专项整治,对需上下联动整治的问题,要主动对接上级部门,加强前后衔接、上下贯通,整体推进问题解决。同时,结合张家界市实际,聚焦政治建设、脱贫攻坚、基层党建、张家界大鲵国家级自然保护区水电站整治、防范化解重大风险、产业项目、铁腕治旅、窗口服务等突出问题开展整治。整改落实实行一把手负责制,确保逐项整改到位。上级机关要作出表率,并加强对下级机关整改的督促检查。专项整治情况要以适当方式向党员干部群众进行通报,对专项整治中发现的违纪违法问题要严肃处置。

5.实行清单化管理、一体化推进。主题教育期间,认真对照中央、省委和市委关于主题教育相关要求,采取"四单四制"(学习清单、调研清单、问题清单、整改清单,责任制、分类制、交办制、销号制)方式推动四项重点措施落实到位,坚持把学和做结合起来、查和改贯通起来,推动学习教育、调查研究、检视问题、整改落实有机融合、贯穿始终。学习清单要围绕中央批准的学习材料和省委、市委编印的资料,列出学习计划和每月学习重点,引导党员干部原原本本学、及时跟进学、融会贯通学、联系实际学,防止学习内容泛化。调研清单要以领导班子为单位,着眼查找自身问题和解决实际问题,立足职能职责和当前正在做的事情,列出调研选题、时间、地点,防止出现"挤车""扎堆"现象。领导班子成员要在学习调研基础上讲好专题党课。检视清单要贯彻习近平总书记提出的"四个对照""四个找一找"要求,系统梳理学习研讨、检视反思、调查研究、上级反馈、广泛听取意见等查找的问题,形成清单,并从思想、政治、作风、能力、廉政方面特别是从主观上、思想上进行剖析。整改清单要列出整改任务、责任主体、整改措施和时限要求,及时分类交办、逐项对账销号。主题教育结束前,县处级以上领导班子要召开专题民主生活会。

四、立足实际抓好基层党支部主题教育

对县处级以上领导干部及参照实施的领导班子以外的村(社区)、两新组织,中小学校、卫生院等单位的党员,要以党支部为单位,结合“两学一做”常态化制度化,依托“三会一课”、主题党日等开展主题教育,重点抓好学习教育和检视整改。

1.抓实学习教育。教育引导党员在原有学习基础上取得新进步,加深对习近平新时代中国特色社会主义思想和党中央大政方针的理解。明确学习重点。原原本本通读《习近平关于“不忘初心、牢记使命”论述摘编》等学习资料,重点组织学习习近平新时代中国特色社会主义思想和中央、省委、市委关于开展主题教育的部署要求。丰富学习形式。组织党员以个人自学为主,精心抓好集中学习,市里举办示范班,各级各领域党组织分类组织对党支部书记开展1次轮训,利用“智慧党建平台”、参照冬春训等模式对党员进行集中培训。运用“学习强国”“红星云”等已有的党员教育管理平台,以及微宣讲、微信公众号、微视频、案例教育等载体,增强主题教育的吸引力和感染力。主题教育期间,每个支部每月至少安排1次主题党日活动,党支部书记要讲1次专题党课,或者向所在支部党员报告1次个人学习体会;通过召开党员大会、支委会、党小组会等引导党员交流学习体会,相互启发提高。

2.认真检视反思。教育引导党员以刀刃向内的自我革命精神,广泛听取意见,认真检视反思。对照标准查不足。组织党员对照党章规定的党员条件和义务权利,对照《中国共产党廉洁自律准则》《关于新形势下党内政治生活的若干准则》《中国共产党纪律处分条例》,对照群众提出的意见建议等,查找党员意识、担当作为、服务群众、遵守纪律、作用发挥等方面的差距和不足,一条一条列出问题。敞开心扉找问题。党员要以积极主动的态度,深入听取群众意见,采取群众提、上级点、互相谈等多种方式征求意见建议,有针对性地检视问题。深刻反省思原因。党支部要结合“三会一课”,召开专题会议,组织党员学习、对照党章、准则、条例,自我检视问题,自我整改提高。党员要结合查找的问题,认真查摆原因、找准症结、明确改进方向和措施,为组织生活会做好准备。

3.推动问题整改。教育引导党员立行立改、真抓真改、实抓实改。聚焦重点促整改。引导督促党支部和党员边学边查边改,把查找出来的问题逐项整改到位。突出抓好群众反映强烈、主题教育期间能够解决的问题的整改,深入开展扶贫领域腐败和作风不实、损害群众利益、充当黄赌毒和黑恶势力“保护伞”、民生服务窗口服务不优等方面突出问题整治。结合专项整治,首先把软弱涣散党支部整顿好,深入推进党支部“五化”建设和城市小区党支部建设,打牢组织基础。推动整改见行动。通过党员先锋岗、党员责任区,设岗定责、承诺践诺等,推动党员立足岗位、履职尽责,组织党员结合自身实际至少参加1次志愿服务,为身边群众至少办1件实事好事等,以实际行动践行初心和使命。科学评估促实效。采取调研座谈、谈心谈话、实地查验、群众测评等方式进行效果评估,对效果好的予以表扬,对敷衍应付的严肃批评,予以纠正。

主题教育结束前,各党支部要以“不忘初心、牢记使命”为主题召开一次专题组织生活会,开展民主评议党员。党员领导干部要以普通党员身份参加所在党支部的组织生活会。

五、强化分级分类指导

主题教育涉及的单位和人员范围广、类型多、数量大,情况复杂,要坚持从实际出发,针对不同层级、不同领域、不同对象特点,强化分级分类指导,精准施策,保证学习教育全覆盖,增强主题教育实效。

1.分类把握主题教育着力点。市、区县要围绕做好稳增长、促改革、调结构、惠民生、防风险、保稳定等工作,推动解决本地改革发展稳定突出问题、党的建设面临紧迫问题、群众和企业急难愁盼问题等开展主题教育。市、区县及其直属单位要聚焦精神不振、能力不足、作风不实等问题检视整改。乡镇、街道和村、社区要围绕乡村振兴、脱贫攻坚、基层治理、服务群众、扫黑除恶等找差距、抓落实,重点解决贯彻落实中央、省委、市委决策部署和服务群众“最后一公里”问题,既积极发展优秀青年人才入党,又着力防止和解决违规违纪发展党员问题,发挥党员先锋模范作用,增强党组织政治功能、提升组织力。国有企业和园区要把贯彻新发展理念、推动转型升级、加强党的建设等作为主题教育着力点。非公有制经济组织和社会组织主要是下大力气把党员组织起来、把党的工作开展起来、把职工群众凝聚起来,可采取小型、灵活、分散的方式开展主题教育。窗口单位、服务行业要把增强服务意识、提高服务水平、提升群众满意度等作为主题教育着力点,广泛征求工作对象、服务对象的意见建议,全面查找本系统本行业突出问题,着力解决服务群众不上心、不用力、不到位,甚至损害群众利益等问题,切实纠正行业不正之风。

2.注重发挥行业系统主管部门指导作用。在市委主题教育领导小组领导下,市委文化旅游广电体育工委、市委卫健工委、市委教育工委、市国资委党委和市委两新工委(两新组织综合党委)、张家界经开区党工委等,要负责指导本行业系统的主题教育。

3.坚持党员全覆盖。做好思想发动,把每名党员都纳入党的一个组织参加主题教育。对未落实工作单位的大中专毕业生党员,可在居住地、户籍所在地、人才服务机构党组织等参加主题教育。对外出流动党员,可在流入地党组织参加主题教育,有关情况向流出地党组织报告。对年老体弱党员,可采取送学上门等方式组织参加学习教育。运用“学习强国”和“红星云”网上党支部等载体,把线上与线下教育结合起来,确保学习教育全覆盖、无遗漏。

六、加强组织领导

全市各级党组织一定要站在政治和全局的高度,切实履行职责，精心谋划部署，狠抓工作落实，确保主题教育取得实效。

1.压实领导责任。市委对全市主题教育负总责。各级党委(党组)要成立主题教育领导小组及其办公室，具体抓好组织实施。纪检、组织、宣传等有关部门要密切配合，形成工作合力。乡镇、街道党(工)委要负责组织村、社区等基层组织和党员的主题教育。各级党组织书记要带头学、带头改、带头抓，切实担负起第一责任人责任。班子成员要履行好“一岗双责”。领导机关、领导干部要抓好自身教育，作出表率，防止只抓下级、不抓自身。

2.加强督促指导。市委向区县、市直机关和企事业单位派出指导组，各区县委向乡镇(街道)、区县直机关和企事业单位派出指导组。村、社区等基层组织，可由上级党组织派出主题教育指导员，驻村(社区)“第一书记”、党建指导员可以明确为主题教育指导员。指导组要坚持原则，从严从实加强督促指导，及时发现和解决问题，推动中央、省委和市委精神落地见效。督促指导工作要注意听取群众评价，坚持过程评估与结果评估相结合，对主题教育开展情况、采取措施和取得成效进行定量定性评估。

3.坚持统筹推进。县处级以上领导班子和领导干部要结合本地本部门本单位实际，把主题教育同做好当前改革发展稳定各项任务结合起来，同完成本地本部门本单位的中心工作结合起来，防止“两张皮”。基层党支部要把主题教育同乡村振兴、脱贫攻坚、基层治理、服务群众、扫黑除恶等工作结合起来，促进基层各项工作落到实处。到红色教育基地接受革命传统教育坚持就近就便原则。要把开展主题教育同市委“三个用起来”用人导向结合起来，及时选拔使用忠诚干净担当的好干部。注重健全制度，把主题教育中形成的好经验好做法用制度形式运用好、坚持好。

4.强化宣传引导。要加强正面宣传和舆论引导，充分运用主流媒体和新兴媒体，采取新闻报道、言论评论、典型宣传、专题专访等形式，深入宣传习近平总书记关于主题教育的重要讲话和重要指示批示精神，深入宣传中央精神和省委、市委部署要求，及时反映主题教育进展情况和实际成效，总结推广好经验好做法。注意选树宣传先进典型，及时发现和表扬一批群众身边的党员先进事迹，用身边事教育身边人。

附件：市委“不忘初心、牢记使命”主题教育领导小组成员名单

(此件发至乡镇)

附件

市委“不忘初心、牢记使命”主题教育领导小组成员名单

组　长：虢正贵

副组长：刘革安　刘绍建　袁美南　艾可知　郭天保

成　员：陈　军　张子龙　田杰胜　黄卫红　陈　旗　李　立　钟法友　张国纲　刘坤明　王学军　沈刻明　龙维务　邓　剑　莫海宏　兰智平　王德光　向　洁　杨年喜

办公室主任：艾可知(兼)

办公室常务副主任：王学军

在全市“不忘初心、牢记使命”主题教育工作会议上的讲话

虢正贵

(2019年9月10日)

同志们:

今天会议的主要任务是,深入学习贯彻中央“不忘初心、牢记使命”主题教育工作会议及中央、省委第一批总结暨第二批部署会议精神,特别是习近平总书记重要讲话精神,对全市开展主题教育进行全面动员部署。为抓好这次主题教育,省委派来了以陈书山为组长、刘丹为副组长的省委第七巡回指导组。首先,让我们以热烈的掌声向书山组长、刘丹副组长和指导组各位领导来张指导工作表示诚挚欢迎和衷心感谢!等会,书山组长还将作重要讲话,我们要深入学习领会、认真贯彻落实。

5月31日,中央召开主题教育工作会议,习近平总书记站在统揽伟大斗争、伟大工程、伟大事业、伟大梦想战略高度,深刻阐明了开展主题教育的重大意义、目标要求和重点措施,对如何开展好主题教育提出明确要求,为我们开展主题教育指明了前进方向、提供了根本遵循。9月7日、9月9日,中央和省委分别召开第一批总结暨第二批部署会议,明确第二批主题教育的总体要求和重点任务,我们要深刻学习领会、抓好贯彻落实、确保取得实效。下面,我讲五点意见:

一、提高政治站位,充分认识开展主题教育的重大意义

党的十八大以来,习近平总书记反复强调“中国共产党人的初心和使命,就是为中国人民谋幸福,为中华民族谋复兴”。在中央主题教育工作会议上,总书记用“四个迫切需要”精辟论述了开展主题教育的极端重要性。我们要提高政治站位、深化思想认识,深刻理解和把握开展主题教育的重大意义,切实增强开展主题教育的思想自觉、政治自觉和行动自觉。

第一,开展主题教育是坚持用习近平新时代中国特色社会主义思想武装头脑的政治需要。“没有正确的政治观点,就等于没有灵魂。”对马克思主义的信仰,对社会主义和共产主义的信念,始终是共产党人的政治灵魂,是共产党人经受住任何考验的精神支柱。习近平新时代中国特色社会主义思想作为当代中国马克思主义、21世纪马克思主义,是我们做好一切工作的根本遵循,是党员干部改造主观世界和客观世界的思想武器。党的十八大以来,中央先后部署开展党的群众路线教育实践活动、“三严三实”专题教育、推进“两学一做”学习教育常态化制度化,在用习近平新时代中国特色社会主义思想武装全党、推动工作方面取得了重大成效。但是,一些党员干部在理论学习上同党中央要求相比仍有不小差距,存在学习不深不透、不联系思想和工作实际、精神空虚、信念动摇等问题。开展主题教育,就是要坚持思想建党、理论强党,教育引导全市广大党员干部深学笃用习近平新时代中国特色社会主义思想,筑牢信仰之基、补足精神之钙、把稳思想之舵。

第二,开展主题教育是推进新时代党的建设的永恒课题。“办好中国的事情,关键在党。”党的领导,是中国特色社会主义最本质的特征和最大优势,是党和国家的根本所在、命脉所在。党的十八大以来,以习近平同志为核心的党中央以坚定决心、顽强意志、空前力度推进全面从严治党,形成反腐败压倒性态势,推动党风政风明显好转,唤醒了广大党员干部的初心和使命。但也要看到,我们党面临的“四大考验”长期而复杂,面临的“四种危险”尖锐而严峻,党内存在的思想不纯、政治不纯、组织不纯、作风不纯等突出问题尚未得到根本解决,全面从严治党永远在路上。我们有的党员干部存在政治信仰不坚定、对党不忠诚、表态多落实少、功利主义思想严重、不守规矩不知敬畏、拉帮结派搞“圈子文化”等问题。开展主题教育,就是要认真贯彻新时代党的建设总要求,勇于直面问题,坚决同一切影响党的先进性、弱化党的纯洁性的问题做斗争,努力把全市各级党组织建设得更加坚强有力。

第三,开展主题教育是保持党密切联系群众的内在要求。密切联系群众是党的最大政治优势,脱离群众是党执政的最大危险。开展主题教育,是保持党同人民群众血肉联系的迫切需要。这种“迫切需要”,是因为党来自于人民、根植于人民,同人民风雨同舟、血脉相通,离开了人民,我们就会一事无成;是因为无论何时何地、无论何种条件,党的一切工作都要致力于实现好、维护好、发展好最广大人民的根本利益。从张家界市来看,有的党员干部对党的群众路线落实不到位、不深入,为民服务不上心、不尽力,群众感情、公仆意识淡漠,对群众呼声置若罔闻;有的不怕群众不满意,就怕领导不注意,对上吹吹拍拍,对下吆五喝六,等等。这些问题的存在,说到底都是脱离实际、脱离群众的突出表现。开展主题教育,就是要教育引导全市广大党员干部自觉践行党的根本宗旨,真正把群众观点和群众路线深深植根于思想中、具体落实到行动上,不断增强人民群众对党的信任和信心。

第四,开展主题教育是实现新时代历史使命的重要保障。党的十九大立足新的历史方位,提出了“两个一百年”奋斗目标。这是新时代我们党最重要最现实的使命担当。现在,我们比历史上任何时期都更接近、更有信心和能力

实现这个奋斗目标。但要看到,完成新时代党的历史使命,绝不是轻轻松松、敲锣打鼓就能实现的,前进道路上还有很多风险挑战。从张家界市来看,三大攻坚战每一战都很繁重艰巨,面临的改革发展稳定任务之重、矛盾风险挑战之多前所未有。面对新的使命任务,一些党员干部精神懈怠、不思进取,有的抓工作不讲实效,不下功夫解决存在的矛盾和问题;有的精力不集中,工作疲沓、落实不力,做事总比别人慢一拍;有的拈轻怕重、安于现状,不愿吃苦出力;有的缺乏斗争精神,遇到矛盾问题不敢抓、不敢管,选择做"老好人";有的不善为、乱作为,做事情、干工作马虎、应付,等等。开展主题教育,就是要教育引导全市广大党员干部以更加昂扬的精神状态、更加强烈的责任担当,肩负起新时代党的历史使命,团结带领全市人民把对美好生活的向往变成美好现实。

二、领会精神要义,准确把握主题教育的总体目标要求

主题教育怎么抓,习近平总书记提出了明确要求,中央《指导意见》、省委《实施方案》和市委《实施意见》也都作了规定。我们要深刻领会精神要义,准确把握主题教育的目标要求。

第一,要准确把握主题教育的总要求。主题教育总要求是"守初心、担使命,找差距、抓落实"。我们要全面把握、对标对表、整体推进,切实将其贯穿主题教育全过程。要坚定信念守初心。牢记全心全意为人民服务的根本宗旨,以坚定的理想信念坚守初心,以真挚的人民情怀滋养初心,以牢固的公仆意识践行初心,时刻不忘人民对美好生活的向往就是我们的奋斗目标,时刻不忘我们党来自人民、植根人民,时刻不忘人民是共产党人的衣食父母、共产党人是人民的勤务员,永远不能脱离群众、轻视群众、漠视群众疾苦。要奋发有为担使命。牢记我们肩负的实现中华民族伟大复兴的历史使命,勇于担当负责,积极主动作为,时刻保持斗争精神,敢于直面风险挑战,勇于战胜前进道路上的一切艰难险阻,在实践历练中增长经验智慧,在经风雨、见世面中锤炼政治品格。要对标对表找差距。对照习近平新时代中国特色社会主义思想和党中央决策部署,对照党章党规,对照人民群众新期待,对照先进典型、身边榜样,查找在增强"四个意识"、坚定"四个自信"、做到"两个维护"方面的差距,查找守纪律、讲规矩方面的差距,查找依靠群众、为了群众、服务群众方面的差距,查找思想觉悟、能力素养、道德修养、作风形象方面的差距,明确整改方向和措施。要苦干实干抓落实。把习近平新时代中国特色社会主义思想转化为推进全市改革发展稳定和党的建设各项工作的实际行动,把初心使命变成党员干部锐意进取、开拓创新的精气神和埋头苦干、真抓实干的自觉行动,力戒形式主义、官僚主义、功利主义,推动中央、省委决策部署在张家界落地生根,推动解决群众反映强烈的突出问题,不断增强人民群众的获得感幸福感安全感。各级党组织要按照这个总要求,教育引导党员干部在学习教育、检视问题中悟初心、守初心,在整改落实、解决问题中找差距、勇作为,在履行职责、完成任务中抓落实、担使命。

第二,要准确把握主题教育的任务目标。主题教育的根本任务是深入学习贯彻习近平新时代中国特色社会主义思想,锤炼忠诚干净担当的政治品格,团结带领广大人民为实现伟大梦想共同奋斗。具体目标是理论学习有收获、思想政治受洗礼、干事创业敢担当、为民服务解难题、清正廉洁作表率。这一目标任务,体现了党对新时代党员干部思想、政治、作风、能力、廉政方面的基本要求。理论学习有收获。重点要教育引导广大党员干部在原有学习基础上取得新进步,加深对习近平新时代中国特色社会主义思想和中央大政方针的理解,学深悟透、融会贯通,增强贯彻落实的自觉性和坚定性,提高运用党的创新理论指导实践、推动工作的能力。思想政治受洗礼。重点要教育引导广大党员干部坚定对马克思主义的信仰、对中国特色社会主义的信念,传承红色基因,增强"四个意识"、坚定"四个自信"、做到"两个维护",自觉在思想上政治上行动上同以习近平同志为核心的党中央保持高度一致,始终忠诚于党、忠诚于人民、忠诚于马克思主义。干事创业敢担当。重点要教育引导广大党员干部以强烈的政治责任感和历史使命感,保持只争朝夕、奋发有为的奋斗姿态和越是艰险越向前的斗争精神,以钉钉子精神抓好工作落实,坚决摒弃一切明哲保身、得过且过、敷衍塞责、懒政怠政等消极行为。为民服务解难题。重点要教育引导广大党员干部坚守人民立场,树牢以人民为中心的发展理念,增进同人民群众的感情,自觉同人民想在一起、干在一起,着力解决群众的操心事、揪心事、烦心事,以为民谋利、为民尽责的实际成效取信于民。清正廉洁作表率。重点要教育引导广大党员干部保持为民务实清廉的政治本色,正确处理公私、义利、是非、情法、亲清、俭奢、苦乐、得失的关系,自觉同特权思想和特权现象做斗争,坚决预防和反对腐败。

第三,要准确把握主题教育的鲜明特点和要求。第二批主题教育涉及的单位和人员范围广、类型多、数量大,情况多样复杂,离群众更近、群众期待更高。9月7日,王沪宁在中央"不忘初心、牢记使命"主题教育第一批总结暨第二批部署会议上指出,第二批主题教育中可能存在着"六个担心",即担心基层事务性工作多,可能会降低标准要求;担心主题教育自选动作过多,增加基层负担;担心做样子、走过场、搞虚把式;担心把主题教育当成筐,什么都往里面装;担心关门搞教育,群众不买账;担心上下左右一个样,缺少针对性。对这些可能存在的问题,我们从一开始就要重视起来,防患于未然。做到全面覆盖。中央要求,要采取适当的办法和措施,把每一名党员都纳入到一个党组织参加主题教育,做到党员对象全覆盖,确保学习教育无遗漏。坚持一体推进。这次主题教育明确不划阶段、不分环节,从一开始就学起来、查起来、改起来,坚持边学边研边查边改,所有工作举措都贯彻始终、一抓到底。突出群众满意标准。坚持开门搞教育,更加注重"面对面""背靠背"听取群众意见,确保每项工作都让群众参与、受群众监督、请群众评判。力戒形式主义、官僚主义。主题教育不搞表面文章,不搞文山会海,不搞层层加码,更不简单地以发多少文

件、编多少简报、建多少台账、记多少笔记、写多少材料来评价主题教育成效。而是,强调要静下来、坐下来,原原本本学原著悟原理,切切实实查问题解难题,身入心入做好事办实事。

三、推进四项措施,重点抓好县处级以上领导班子和领导干部主题教育

中央《指导意见》、省委《实施方案》明确,县处级以上领导班子和领导干部要抓好学习教育、调查研究、检视问题、整改落实四项重点措施落实,乡镇、街道、区县直机关等领导班子参照实施。

第一,要把学习教育贯穿始终。推进理论学习常态化制度化,坚持融入日常、抓在经常。引导党员领导干部以自学为主,对照市委学习清单,认认真真学原著悟原理,深刻学习领会习近平新时代中国特色社会主义思想核心要义和实践要求,转化为做好工作的思路举措和科学方法。要对照市委《实施意见》,结合实际集中安排一周时间,采取党委(党组)理论学习中心组学习、举办读书班、开展专题研讨等形式,运用革命传统教育、形势政策教育、先进典型教育和警示教育等抓手,抓好集中学习,发挥领学促学作用。市委各指导组要运用个别访谈、随机抽查、理论测试、实践运用等方法促进学习,检验效果。

第二,要把调查研究贯穿始终。要按照中央“四个围绕”要求,立足职能职责和当前正在做的事情,聚焦重点问题和群众反映强烈的突出问题开展调查研究,推动中央、省委和市委决策部署落地生根。目前,张家界市正在全力推进全面建成小康社会补短板、打好三大攻坚战、深化供给侧结构性改革、贯彻中央“六稳”部署,实施省委创新引领开放崛起战略、市委对标提质旅游强市战略和“11567”总体思路,开展“招商引资项目攻坚年”“产业项目建设年”活动,着力保障改善民生等工作,迫切需要通过调查研究察实情、出实招、求实效。开展调查研究,一定要真调查、真研究,让调查研究真正成为解决问题的“金钥匙”。要防止扎堆调研、“作秀式”调研,采取“四不两直”方式,把情况摸清楚,把症结分析透,提出解决问题、改进工作的办法举措,推动调研成果转化为解决问题的具体行动和政策措施。全市要评选推介一批优秀调研报告转化为政策措施成果的典型案例。领导班子成员要在学习调研基础上,讲好专题党课。讲党课要突出针对性,防止泛泛而谈、照抄照搬、不着边际等问题。

第三,要把检视问题贯穿始终。采取自己找、群众提、集体议、上级点等方式,全面检视思想、工作、作风、能力等方面存在的问题,切实把问题找准找实、把根源剖透挖深,使努力方向和改进措施更加有的放矢。要以刀刃向内的自我革命精神,坚持把自己摆进去、把工作摆进去、把职责摆进去,重点查找是否存在理论学习不认真,政治信仰不坚定,政绩观出现偏差,工作作风不扎实,搞形式主义、官僚主义,损害群众利益等突出问题。上级党组织要结合巡视巡察、政治建设考察、基层党建调研、生态环保督察、脱贫攻坚督查巡查、扫黑除恶督查及回头看、2018 年度民主生活会和组织生活会等情况,对下级单位提出意见。要一条一条列出问题,见人见事见思想,防止大而化之、隔靴搔痒,避重就轻、避实就虚,防止以上级指出的问题代替自身查找的问题、以班子问题代替个人问题、以他人问题代替自身问题、以工作业务问题代替思想政治问题、以旧问题代替新问题。

第四,要把整改落实贯穿始终。对学习教育、调查研究、检视问题中发现的问题以及群众反映强烈的问题,要列出清单、制定措施,立查立改、即知即改,防止虎头蛇尾、久拖不决,防止搞纸上整改、虚假整改,做到问题不解决不松劲、解决不彻底不放手、群众不认可不罢休。要抓实专项整治, 以中央明确的 8 个方面突出问题专项整治为重点,采取项目化方式,以小切口、实措施、准发力逐项推进并贯穿始终。各级各部门要结合实际,聚焦政治建设、脱贫攻坚、大鲵国家级自然保护区水电项目整治、防范化解重大风险、营商环境、安全生产和社会维稳、产业项目建设、铁腕治旅、窗口服务等突出问题开展整治。整改落实实行一把手负责制,确保逐项整改到位。领导机关、领导干部要主动认领问题、带头抓好整改,不能搞“上面害病、下面吃药”,不能以简单问责基层干部代替整改责任落实。专项整治情况要以适当方式进行通报,对发现的违纪违法问题要严肃处置。最近,习近平总书记在中央党校中青年干部学习班上发表重要讲话,意义重大,影响深远。总书记的讲话不仅是对广大中青年干部说的,也是对全党各级干部提出的要求,广大党员干部都要发扬斗争精神,做敢于斗争、善于斗争的战士。各级领导干部要带头发扬敢于斗争、善于斗争精神,在专项整治中把进一步发扬斗争精神作为推动主题教育,检视存在问题,体现整治成效的重要检验。

各级党委(党组)要在主题教育结束前召开专题民主生活会,按照“四个对照”和“四个找一找”要求,运用学习调研成果,针对检视反思的问题,联系整改落实情况,认真开展批评和自我批评。自我批评要见人见事见思想,相互批评要真点问题,达到红脸出汗、排毒治病的效果。

四、突出两个重点,做实做细基层党支部学习教育和检视整改

对县处级以上领导干部和参照实施的领导班子之外的党员参加主题教育,要以党支部为单位,结合“两学一做”学习教育常态化制度化,依托“三会一课”、主题党日等进行。

第一,要抓好学习教育。组织党员以个人自学为主,原原本本通读《习近平关于“不忘初心、牢记使命”论述摘编》等学习资料,领悟初心使命,增强党的意识,坚定理想信念。精心组织集中学习,对党支部书记进行 1 次轮训,党支部书记要讲 1 次专题党课或向所在支部报告 1 次学习体会。通过召开党员大会、支委会、党小组会等,交流学习体会、相互启发提高。运用“学习强国”“红星云”等已有的党员教育管理平台,以及微宣讲、微信公众号、微视频、案例

教育等载体，增强主题教育的吸引力和感染力。

第二，要认真检视整改。组织党员对照党章规定的党员条件和义务权利，对照《中国共产党廉洁自律准则》《关于新形势下党内政治生活的若干准则》《中国共产党纪律处分条例》，对照群众提出的意见建议等，查找党员意识、担当作为、服务群众、遵守纪律、作用发挥等方面的差距和不足，一条一条列出问题，一项一项整改到位。通过党员先锋岗、党员责任区，设岗定责、承诺践诺等，组织党员立足岗位、履职尽责。通过主题党日，组织党员结合自身实际参加1次志愿服务、为身边群众至少办1件实事好事等，以实际行动践行初心和使命。结合专项整治，首先把软弱涣散党支部整顿好，深入推进党支部"五化"建设、城市住宅小区党支部建设，着力整治扶贫领域腐败和作风不实、损害群众利益、充当黄赌毒和黑恶势力"保护伞"、民生服务窗口服务不优等突出问题。督促指导要采取调研座谈、谈心谈话、实地查验、群众测评等方式进行效果评估，对效果好的予以表扬，对敷衍应付的要严肃批评、予以纠正。

主题教育结束前，党支部要以"不忘初心、牢记使命"为主题召开专题组织生活会，开展民主评议党员，党员领导干部要以普通党员的身份参加。

五、加强组织领导，确保主题教育高标准高质量扎实开展

这次主题教育时间紧、任务重、要求高，各级党委(党组)要高度重视，切实增强责任感和紧迫感，把组织开展主题教育作为一项重大政治任务，精心组织、周密安排、扎实推进。

第一，要压实领导责任，强化责任落实。全市主题教育在市委常委会领导下开展，市委已成立领导小组，由我任组长。领导小组成员单位要发挥职能作用，密切协作、齐抓共管。各级党委(党组)要按照中央、省委和市委要求，抓紧成立相应的领导机构和工作机构，结合实际细化实施方案和具体举措。各级党委(党组)要把主体责任扛起来，主要负责同志要担负起、落实好第一责任人责任，班子成员要认真履行"一岗双责"，加强对分管和所联系领域的指导督促。要发挥行业系统主管部门对本行业本系统的指导作用。领导机关、领导干部要示范带头，先学一步、深学一点，先改起来、改实一点，同时担负好领导、指导责任，抓好所属单位党组织的主题教育。对开展主题教育消极对待、敷衍应付的，要严肃批评；对走形变样、问题严重的，要给予组织处理。

第二，要加强督促指导，确保质量效果。市委决定派出13个指导组，对区县和市直副处级以上单位进行督促指导。指导组要从严从实加强督促指导，及时发现和解决苗头性倾向性潜在性问题，对不符合中央、省委和市委要求的，要大胆批评、坚决纠正，发现不足、发现问题、传导压力、推动整改，真正起到严督实导的作用。要加强分级分类指导，区县重点要围绕推动解决本地区改革发展稳定突出问题、党的建设面临紧迫问题、群众和企业急难愁盼问题等开展主题教育；市、区县直属单位重点要聚焦精神不振、能力不足、作风不实等问题检视整改；乡镇、街道和村、社区重点要围绕乡村振兴、脱贫攻坚、基层治理、服务群众、扫黑除恶等找差距、抓落实，切实解决贯彻落实中央、省委、市委决策部署和服务群众"最后一公里"问题；学校要紧紧围绕为党育人、为国育才，紧扣立德树人根本任务、健全全员全过程全方位育人的体制机制等开展主题教育；国有企业和园区重点要把贯彻新发展理念、推动转型升级、加强党的建设等作为主题教育着力点；非公有制经济组织和社会组织重点要下大力气把党员组织起来、把党的工作开展起来、把职工群众凝聚起来；窗口单位、服务行业重点要把增强服务意识、提高服务水平、提升群众满意度等作为主题教育着力点，着力解决服务群众不上心、不用力、不到位，甚至损害群众利益等问题。要依靠党委(党组)开展工作，到位不越位、指导不包办。要坚持过程评估与结果评估相结合，在主题教育即将结束时，对主题教育开展情况、采取措施和取得成效进行定量定性评估。

第三，要加强宣传引导，营造浓厚氛围。要注重发挥宣传舆论引导作用，充分宣传阐释开展主题教育的重大意义、总体要求和目标任务，精准解读主题教育各项要求，切实把党员干部思想和行动统一到中央精神上来。要加强对主题教育进展成效的宣传，结合庆祝新中国成立70周年，集中选树一批党员干部身边可信可学的先进人物，推广一批可复制可普及的好经验。张家界是湘鄂西(湘鄂边)、湘鄂川黔革命根据地的策源地和中心区域，是一片有着光荣革命传统的红色热土，先后有20多万人参加革命，其中红军2万多人，到新民主主义革命胜利时，有6万多张家界优秀儿女为民族独立、人民解放事业英勇献身，我们要深入挖掘、赓续传承红色革命精神，认真学习、广泛宣传。同时，要深刻剖析反面典型，以案例明法纪、促整改，真正让党员干部受教育、得警醒、知敬畏。

第四，要注重统筹结合，做到知行合一。要坚持两手抓两促进，把开展主题教育同贯彻落实习近平新时代中国特色社会主义思想和党的十九大精神结合起来，同贯彻落实习近平总书记对湖南工作的重要指示批示和中央、省委、市委的决策部署结合起来，同做好稳增长、促改革、调结构、惠民生、防风险、保稳定各项工作结合起来，同完成本地区本部门的重点任务结合起来。要注重知行合一、学以致用，推动理论学习与中心工作相融合、两促进，引导广大党员干部提高运用科学理论解决实际问题的能力，更好地履职尽责、担当作为，决不能出现学归学、做归做的"两张皮"现象。

需要强调的是，一些单位根据工作需要，可能会组织党员干部到红色基地参观学习、接受教育，要按照就近就便的原则开展，原则上不去市外，以市内参观学习为主。

同志们，开展"不忘初心、牢记使命"主题教育意义重大、正当其时。让我们紧密团结在以习近平同志为核心的党中央周围，在省委正确领导和省委第七巡回指导组的精心指导下，扎实做好主题教育各项工作，不忘初心再出发，牢记使命勇担当，团结带领全市各族人民为决胜全面建成小康社会、加快建设国内外知名旅游胜地而努力奋斗。

张家界市“不忘初心、牢记使命”主题教育特色亮点工作总结

张家界市委主题教育办

(2019年12月5日)

自9月10日“不忘初心、牢记使命”主题教育启动以来，张家界市坚决贯彻落实习近平总书记在主题教育工作会议上的重要讲话精神和省委安排部署，在省委第七巡回指导组的精心指导下，紧紧围绕守初心、担使命，找差距、抓落实总要求，将学习教育、调查研究、检视反思、整改落实贯穿始终，按照清单化管理、一体化推进的总体思路，切实做到抓思想认识到位、抓检视问题到位、抓整改落实到位、抓组织领导到位，以优良作风推动主题教育往深里走、往心里走、往实里走，让人民群众切实感受到主题教育带来的新变化新成效。

一、坚持超前谋划、不等不靠，做好“三个准备”

(一)做好思想准备。市委常委会第一时间传达学习习近平总书记在中央主题教育工作会议上的重要讲话精神，安排市委组织部开展前期筹备工作，及时收集编印了《“不忘初心、牢记使命”资料汇编》3套，印发给市委主题教育办相关筹建人员进行集中学习和个人自学。7月30日、8月12日、9月3日，市委常委会3次专题研究主题教育工作，及时学习传达中央和省委关于主题教育工作精神，听取主题教育工作筹备情况，研究成立领导小组、组建办公机构及审议相关文件等具体工作。

(二)做好组织准备。张家界市参照省里模式，成立市委主题教育领导小组，由市委书记虢正贵任组长，17个成员单位主要负责人为成员；组建了主题教育办公室及其内设机构，进一步明确工作职责，为开展主题教育提供组织保证。组织主题教育办全体工作人员系统学习《习近平新时代中国特色社会主义思想学习纲要》和中央、省委关于主题教育文件资料，结合张家界市实际，起草了全市主题教育实施意见、市委常委会实施方案、市委常委会开展革命传统教育方案等13个文件方案，为正式启动主题教育做好准备。

(三)做好工作准备。按照省委专项整治不等不靠、即知即改的要求，8月12日，市委常委会对全市专项整治工作进行了专题研究和全面部署；8月13日、8月30日，市委常委、组织部部长艾可知，市委常委、纪委书记、监察委主任袁美南先后主持召开全市主题教育专项整治工作任务交办会和推进会，明确市纪委监委、市委办、市委组织部、市委政法委作为牵头单位，分别制定八个方面整治方案，明确工作责任和目标要求。9月6日，市委常委会全体成员到桑植县刘家坪红二方面军长征出发地纪念馆接受革命传统教育，各常委根据职能职责，采取暗访体验与解决问题相结合的方式，深入基层调研解决实际问题，全市主题教育正式开局。虢正贵书记以切实加强生态环境保护，推进农村人居环境整治为切入点深入社区、乡镇污水处理厂开展暗访调研。9月10日，张家界市召开主题教育工作会议，全面铺开主题教育工作。

二、坚持边学边悟、走深走实，抓思想认识到位

(一)认真组织个人自学。突出学习重点，明确把党章、十九大报告、《习近平关于“不忘初心、牢记使命”重要论述选编》等纳入学习清单，细化分解到月。及时完善学习清单，第一时间将学习贯彻十九届四中全会精神、开展向黄文秀同志学习活动等纳入主题教育重要内容。各级党组织和党员干部集中收看国庆阅兵等系列节目，认真学习习近平总书记在庆祝中华人民共和国成立70周年大会上的重要讲话；参观“伟大历程 辉煌成就——庆祝中华人民共和国成立70周年大型成就展”网上展馆，跟进学习党史新中国史、党的十九届四中全会精神，全市党员干部群众爱党、爱国热情空前高涨。充分运用“学习强国”“红星云”在线学习、创新开展“微党课”“微宣讲”学习教育，组织“学习强国·学习达人”知识抢答赛，全市上下学习氛围浓厚。9月24日，张家界市桑植县细砂坪学校教师张盈富在北京举行的2019“学习强国”挑战赛中荣获全国第一，成为全国学习标兵。各基层党组织针对部分老党员的学习困难，组建党员志愿者“送学小分队”，开展主题教育“上门送学”活动，确保理论学习“不缺课”“不掉队”。永定区精心编排阳戏桥段，用通俗易懂、贴近生活实际的形式向党员、群众送学。慈利县依托“智慧党建”平台使学习教育覆盖所有乡村和机关单位，县委书记、组织部部长走进网络讲专题党课。

(二)深入开展学习研讨。9月14日至9月20日，市委举办主题教育读书班(扩大)进行集中封闭式学习。市委常委会已示范完成3个专题研讨，各区县和市直单位也结合实际，以读书班、学习周、党委(党组)会等形式进行集中学习和专题研讨，区县和市直单位共举办读书班2072期、中心组学习2678次，11.9万人次参加集中学习。10月10日，运用全市“智慧党建”视频会议系统，对2396名基层党组织书记进行了理论学习和业务培训，实现了基层党组织书记培训全覆盖。全市已组织基层党组织书记轮训8750人次，培训党员87992人次。坚持以考促学，全市统一组织800名县处级以上领导干部开展理论测试，得满分的有

348人，90分以下仅25人，平均得分97.47分。认真抓好十九届四中全会精神学习传达。11月4日，市委常委会集中学习传达了中国共产党第十九届中央委员会第四次全体会议公报精神。11月27日，市委理论学习中心组第十二次集中学习就习近平总书记在党的十九届四中全会上的重要讲话精神再次进行集中学习。11月20日，市委出台全市学习宣传贯彻十九届四中全会精神实施方案，组成市委宣讲团扎实开展进机关、进企业、进社区、进农村、进学校、进网站、进景区宣传宣讲活动，全力推动全会精神在张家界深入人心、家喻户晓。

（三）广泛组织红色宣讲。充分利用丰富的红色资源，系统整理推出《一张入党登记表》《十块银圆》等6个红色小故事，组建张家界青年红色宣讲团，大力开展红色故事宣讲进机关、进社区、进学校、进企业、进景区、进网络“六进”活动，开展宣讲60余场次，2万余人次接受教育。国庆“黄金周”期间，全市22个景点、2000余名宣讲员和导游深入开展红色故事宣讲活动，社会反响强烈；10月7日和10日央视新闻频道、湖南日报进行了专题报道。

三、坚持调查研究、深挖根源，抓检视问题到位

（一）积极主动征求意见。坚持开门搞教育，围绕解决群众最关心最现实的利益问题，结合自身和工作中存在的问题和不足，充分听取服务对象、党员群众对领导班子、领导干部存在突出问题的反映，对改进作风、改进工作的意见和建议，采取个别访谈、座谈会、设置意见箱、新媒体留言等方式，征求意见建议42720条。10月23日，市委专题召开主题教育检视问题征求意见座谈会，邀请10个市直单位、4个区县主要负责人和3名老同志以及部分“两代表一委员”，共征集意见建议117条，列入问题清单，迅速研究整改。

（二）切实抓好调查研究。市委常委会成员带头以“四不两直”方式，采用暗访、体验、访谈等方式深入开展调研，找到小切口、找准发力点，真正摸清情况，分析症结，解决问题。市委书记虢正贵先后就农村环境整治、大鲵国家级自然保护区水电项目整治、农村“空巢老人”关爱机制、城区老旧小区物业管理4个课题，深入到乡镇村组、水电站一线、城区老旧小区、农村空巢老人家中、乡镇敬老院等地，实地开展调研；市委副书记、市长刘革安深入各区县、景区景点、项目实地、脱贫攻坚一线调研；市委常委、组织部部长艾可知夜访鑫成君泰小区，市委常委、宣传部部长郭天保以普通游客身份暗访西线旅游景区，其他市级领导也以各种形式深入调研。各级党员领导干部立足职能职责和当前正在做的事情，深入分管领域、重点项目、服务窗口、田间地头扎实开展调研。9名市委常委围绕13个方面开展调研，形成13份调研成果。10月29日，市委召开主题教育调研成果交流会，推动主题教育持续深化、取得实效。全市各级党组织结合本部门实际工作，精选调研课题4909个，已形成调研报告4830篇。

（三）全面查摆检视认领问题。围绕巡视巡察整改、政治建设考察、生态环保督察、脱贫攻坚督查、扫黑除恶督查及回头看、民主生活会等方面检视问题。市委召开对照党章党规找差距专题工作会议，并对照省委书记杜家毫指出的“十一种不守规矩表现”和市委书记虢正贵在读书班上提出的“十个有没有”检视问题，常委会成员自我检视问题158个。全市各级党组织共查摆问题56510个，其中市委常委会成员对照认领问题53个，推动各级党员领导干部知重负重、攻坚克难，勇于担当作为。

（四）坚持边调研边解决问题。以调研推动工作落实、提升工作质量，切实解决群众关心的热点难点问题。市卫健委简化肺结核特殊病种审批程序，改审批制为备案制；武陵源区解决游客排队时间长、厕所蹲位紧张、停车车位少等方面问题59个；全市排查旅游安全隐患210个，95%的隐患问题已整改落实。通过调研全面掌握各方面情况，全市结合调研讲专题党课5903场。其中，虢正贵书记分别在读书班、联系的基层党组织等讲专题党课3次。及时将调研成果转化为各级各部门解决问题的具体措施，张家界市在主题教育中推进党建引领小区治理，全市24732名党员到小区报到，建立小区党支部120个，推动小区治理由乱到治，鑫城君泰、世纪花园、东岳·新外滩等一批小区正向文明家园转变。张家界市解决旅游产品质量参差不齐、义务教育大班额等群众揪心事工作经验，先后7次被省委主题教育简报推介。

四、坚持破解难题、从严从实，抓整改落实到位

（一）不折不扣推进专项整治。始终把专项整治作为主题教育的重要抓手，坚持问题导向、目标导向、效果导向，推动专项整治扎实开展。落实责任抓整改，市委切实担负整改主体责任。10月14日，张家界市召开专项整治工作调度会，进一步明确4名常委4个单位牵头抓、51家单位具体抓。市委创新“一单四制”措施，通过梳理汇总问题清单，落实交办制、台账制、销号制、通报制工作方法，分类施策制定整改措施3295条，层层压实责任。市纪委监委、市委办公室、市委组织部、市委政法委4家牵头单位将整治任务进一步分解、细化、量化，定目标、定措施、定时限，做到一体推进。结合实际抓整改，在中央明确的8个方面突出问题专项整治基础上，结合张家界市实际，把脱贫攻坚、大鲵国家级自然保护区水电项目整治、防范化解重大风险、优化营商环境、安全生产和社会维稳、产业项目建设、铁腕治旅、窗口服务等方面存在的突出问题纳入专项整治范围，细化专项整治方案191个，查摆专项整治重点问题2415个，提高专项整治针对性。市纪委监委完善“线上公开+线下监督”工作模式，优化“互联网+监督”平台相关投诉举报和处置流程，按时公布村级财务收支情况，1016个村级组织结账率高达99.94%，居全省第一。桑植县聚焦扶贫领域腐败和作风问题，脱贫攻坚“清零”行动排查出13976个问题，整改率达到98%。注重实效抓整改，出台集中整治形式主义官僚主义“五张清单”“九个不得”及“十项规定”，全市督查考核事项减少80%以上，清理“责任状”37

项。发现违反中央八项规定精神突出问题16个,纪律处分9人,组织处理23人,通报曝光典型案件9起。发现扶贫方面腐败及作风问题线索986条,给予党纪政务处分213人,移送司法机关13人,追缴违纪违法资金1731万元,退还群众768万元。实施“五项行动”专项整治不担当不作为问题,重新启用受处分后仍然敢担当、敢作为干部的典型案例在全省推介,乡镇党政正职与市直单位干部交流18人得到省委组织部高度肯定。提拔重用担当作为、实绩突出干部20名,组织处理不担当、不作为干部7人,提醒、函询、诫勉43人。择优通报表扬54名先进典型,选树12名事迹突出典型进行集中宣传。调整不合格不胜任村干部119人,116个软弱涣散党组织已整顿提升61个。集中打伞破网、打财断血,打掉黑恶势力犯罪团伙27个,破获案件215起,抓获刑拘涉案人员382人,查处涉黑涉恶腐败和“保护伞”案件34件34人,社会治安进一步好转。11月11日,张家界市作为3个市州之一在全省专项整治工作会议上作经验交流。

(二)群策群力攻克难关难题。不断强化以人民为中心的发展思想,积极回应群众关切,认真解决群众关心的难点痛点问题,将主题教育的成效写在群众的笑脸上。一是加快推动大鲵保护区水电项目整改。认真落实省委部署要求和家毫书记指示批示精神,严格按照整改方案明确的时间节点推进项目整改。全市86个关停退出水电站已全部停止发电,对认定纯发电功能的42个水电站大坝已拆除30座,销号验收14座,对具备防洪、灌溉、饮用水源等民生功能的44个水电站大坝已完成后评估“回头看”。其中,桑植县停止发电30座,拆除大坝16座,销号验收11座。二是深入推进“铁腕治旅”。持续重拳整顿旅游市场秩序,开展执法行动20余次,联合办案308件,处罚旅行社12家、抓获犯罪嫌疑人318名,实现旅游安全生产零事故,涉旅投诉同比下降12.7%。“十一”黄金周期间,全市共接待游客343.05万人次,同比增长18.12%,实现旅游收入25.86亿元,同比增长23.71%,张家界旅游美誉度、满意度不断提升。武陵源区创建“2615”旅游服务体系,1137名机关党员到景区报到,分批次、分时间段开展服务,旅游服务质量不断优化。三是全面开展“理旧事解难事办实事”集中攻坚行动。聚焦群众最急最忧最盼的紧迫问题,大力实施历史遗留问题“清零”行动,紧盯“问题楼盘”、广茂园二期违建、贺龙体育中心等群众反映强烈的问题,明确市领导牵头领办。专门成立“处遗办”解决历史遗留问题,完成“问题楼盘”不动产登记1.2万户;全市化解义务教育大班额348个,消除超额人数1976人,超额完成省定年度任务,排全省第1位,2020年将全部消除“大班额”;全市共设置村卫生室844个,主题教育启动之时存在的119个村卫生室“空白村”全部消除,广大农村群众享受到了安全、有效、方便的基本医疗卫生服务和均等化的基本公共卫生服务,实现了群众“小病不出村”的目标。四是大力开展“最多跑一次”和“一件事一次办”改革。坚持便民利民原则,提升政务服务水平,落实市本级政务服务“最多跑一次”和“一件事一次办”承诺事项达94%。张家界市武陵源区文化旅游局、桑植县政务服务中心2个单位在全省基层党组织主题教育工作座谈会上作交流发言。

(三)有力有序加强基层建设。出台实施《关于加强基层建设推动进一步融入中部地区崛起的若干意见》《关于贯彻落实省委、市委加强基层建设若干意见和省委5个配套实施方案责任分工的通知》《关于在“不忘初心、牢记使命”主题教育全过程中始终聚焦基层党建的指导意见》,推动主题教育与基层党建深度融合。认真落实“三会一课”、主题党日、组织生活会、民主评议党员等制度,持续推动城市社区“三联四建”、农村“四培四带”和服务全域旅游“创三优”等党建品牌常态化长效化,加强软弱涣散党组织整顿,切实发挥基层党组织战斗堡垒作用。

五、坚持统筹推进、以上率下,抓组织领导到位

(一)压实领导责任。主题教育启动前,市委书记虢正贵先后5次听取主题教育工作汇报,提出工作要求,并对相关文件方案进行审阅;市委常委会多次专题研究主题教育工作,明确“关键少数”领导责任、具体职能部门职责,成立市委主题教育领导小组,从纪检、组织、宣传等相关部门及各区县抽调40余名干部组建办公室及各工作小组,实行集中办公。同时,各区县、市直单位对应成立专门机构,负责本地本单位主题教育工作,全市上下联动、一体推进。主题教育启动以来,各级党组织书记带头学、带头改、带头抓,各级党员领导干部抓好自身教育,作出表率。

(二)加强督促指导。市委向4个区县和135个市直单位派出13个指导组,各区县委向乡镇(街道)、区县直单位派出39个指导组,组长主要从党务工作经验丰富、责任心强、敢于担当的正处级(正科级)干部中选派。坚持分类指导,做到党员全覆盖,把每名党员都纳入一个党组织参加主题教育;坚持从实际出发,对区县、乡镇、村(社区)、国有企业、园区、窗口单位和服务行业有针对性分门别类进行指导,全面查找突出问题,列出问题清单,着力解决服务群众不上心、不用力、不到位,甚至损害群众利益等问题。建立周提示制度,结合上级要求和市委主题教育重点任务安排,将主题教育工作任务铺排到天,坚持每周定期发布工作提示,目前共发布13期,确保主题教育上下联动、步调一致。

(三)强化宣传引导。全市主要媒体在重要版面统一开设了“不忘初心、牢记使命”专题专栏,每天刊发全市在主题教育开展过程中关于学习教育、调查研究、检视问题、整改落实情况的新闻报道。截至目前,全市各媒体(含区县)共发稿共发稿456篇(条),其中央媒上稿32篇,省级报刊媒体上稿275条,刊发《刀刃向内直面问题 深学细照真抓实干》、《以理论滋养初心?以理论引领使命》、《答好“十问”真刀真枪解决问题》3篇社论,结合专项整治八个方面问题组织刊发6篇评论员文章,并推出3期理论学习专版。做好先进典型宣传。结合新中国成立70周年等重要时间节点,张家界市将镜头笔墨更多地向乡镇、街道、村、社区、两新组织等基层党组织和普通党员干部群众聚焦,《张家界英烈谱》

《半生夙愿，只为再回党的怀抱——抗美援朝战斗英雄金珍标六十余载铁心向党的追寻历程》等重点报道引发大众热议。聚焦基层干部群众，报道了决不让群众打第二个电话的基层好干部李成云；讲述了12年如一日，累计清扫景区台阶超1700万级的保洁员刘红娥和身处一线，始终对基层工作保有热情的好干部谷国生的故事以及开展国庆期间依然坚守岗位的张家界奋斗者群体的系列报道，通过用身边事教育身边人，号召全市党员干部真正践行初心使命，起到了激励党员干部"比学赶超"的积极作用。

通过深入开展主题教育，全市各级党员干部进一步深化了对习近平新时代中国特色社会主义思想的政治认同、思想认同和情感认同，进一步坚定了为中国人民谋幸福、为中华民族谋复兴的初心和使命，进一步焕发了践行新时代新使命新担当的精气神，并转化为攻坚克难、干事创业的强大动力和实际行动，做到学思用贯通、知信行合一，推动解决了一大批发展所需、改革所急、稳定所忧、群众所盼的热点难点堵点问题，人民群众的幸福感、获得感和满意度不断提升。

在全市“不忘初心、牢记使命”主题教育总结会议上的讲话

虢 正 贵

(2020 年 1 月 10 日)

同志们:

今天会议的主要任务是:深入学习贯彻习近平总书记在“不忘初心、牢记使命”主题教育总结大会上的重要讲话精神,以及省委主题教育总结会议精神,客观总结张家界市主题教育工作成效,明确下一步努力方向,巩固拓展主题教育成果,推动全面从严治党向纵深发展。等会,书山组长还将代表省委指导组发表讲话,我们要认真学习领会,抓好贯彻落实。下面,我先讲五个方面的意见。

一、深入贯彻中央主题教育总结大会和省委总结会议精神

(一)要深刻领会、精准把握中央“不忘初心、牢记使命”主题教育总结大会精神。1 月 8 日,习近平总书记在“不忘初心、牢记使命”主题教育总结大会上发表重要讲话强调,我们党要始终得到人民拥护和支持,书写中华民族千秋伟业,必须始终牢记初心和使命,坚决清除一切弱化党的先进性、损害党的纯洁性的因素,坚决割除一切滋生在党的肌体上的毒瘤,坚决防范一切违背初心和使命、动摇党的根基的危险。全党要以这次主题教育为新的起点,不断深化党的自我革命,持续推动全党不忘初心、牢记使命。习近平总书记的重要讲话精神,主要体现在“六个显著成效”“六个新经验”和“六个必须”方面。

“6 个显著成效”就是:一是各级党组织和广大党员、干部深入学习实践习近平新时代中国特色社会主义思想,提高了知信行合一能力。二是各级党组织和广大党员、干部思想政治受到洗礼和锤炼,增强了守初心、担使命的思想自觉和行动自觉。三是各级党组织和广大党员、干部干事创业、担当作为的精气神得到提振,推动了改革发展稳定各项工作。四是各级党组织和广大党员、干部积极解决群众最急最忧最盼的问题,强化了宗旨意识和为民情怀。五是各级党组织和广大党员、干部深入进行清正廉洁教育,涵养了风清气正的政治生态。六是各级党组织和广大党员、干部重点抓突出问题专项整治,消除了一些可能动摇党的根基、阻碍党的事业的因素。

“6 个新经验”就是:一是聚焦主题、紧扣主线,学习教育、调查研究、检视问题、整改落实紧紧围绕主题、主线、总要求展开,克服学做脱节问题,确保了党内集中教育不走神。二是以上率下、示范带动,以“关键少数”示范带动“绝大多数”,精心组织谋划、推动落实责任,做到了一贯到底、落实落地。三是有机融合、一体推进,把学和做结合起来、查和改贯通起来,边学边研边查边改,提高了主题教育质量,提升了党内集中教育的整体成效。四是紧盯问题、精准整改,逐条逐项推进落实,做到问题不解决不松劲、解决不彻底不放手、群众不认可不罢休,确保取得的成果经得起实践、人民、历史检验。五是严督实导、内外用力,加强政策研究指导,分级分类推进,压紧压实责任,坚持敞开大门,请群众参与、监督、评判。六是力戒虚功、务求实效,把反对形式主义、官僚主义作为突出要求,把主题教育同落实“基层减负年”的各项要求结合起来,把基层干部干事创业的手脚从形式主义的束缚中解脱出来,把工作做扎实、做到位。

“6 个必须”就是:一是不忘初心、牢记使命,必须作为加强党的建设的永恒课题和全体党员、干部的终身课题常抓不懈。二是不忘初心、牢记使命,必须用马克思主义中国化最新成果统一思想、统一意志、统一行动。三是不忘初心、牢记使命,必须以正视问题的勇气和刀刃向内的自觉不断推进党的自我革命。四是不忘初心、牢记使命,必须发扬斗争精神,勇于担当作为。五是不忘初心、牢记使命,必须完善和发展党内制度,形成长效机制。六是不忘初心、牢记使命,必须坚持领导机关和领导干部带头。

习近平总书记的重要讲话精神,立意高远、思想深邃、内涵丰富,从新时代党和国家事业发展的全局和战略高度,充分肯定了“不忘初心、牢记使命”主题教育取得的主要成效,对巩固拓展主题教育成果、不断深化党的自我革命、持续推动全党不忘初心和使命作出了全面部署,提出了明确要求。我们要切实增强“四个意识”、坚定“四个自信”、做到“两个维护”,认真学习领会,切实用以武装头脑、指导实践、推动工作。

(二)要深刻领会、精准把握省委“不忘初心、牢记使命”主题教育总结会议精神。1 月 9 日,省委家毫书记在“不忘初心、牢记使命”主题教育总结会议上作了讲话,主要体现在以下三个方面。

一是全省主题教育扎实有序开展,取得了一系列重要成果。主要表现为“5 个更加”:广大党员干部学习贯彻党的创新理论更加坚定;广大党员干部守初心担使命的思想行动更加自觉;广大党员干部担当作为、干事创业的精气神更加振奋;群众反映强烈的突出问题得到更加有效解决;以守初心、担使命为重点的制度机制更加完善。

二是认真总结主题教育中探索积累的经验做法,切实转化为推动全面从严治党的思路举措。主要包括“6 个坚持、6 个贯穿始终”:坚持对标看齐、提高站位,把坚决做到“两个维护”贯穿始终;坚持思想引领、以知促行,把加强理论武装贯穿始终;坚持清单管理、一体推进,把四项重点措施贯穿始终;坚持问题导向、从严从实,把强化自我革命精

神贯穿始终;坚持统筹协调、分类指导,把精准精细工作要求贯穿始终;坚持依靠群众、广开言路,把开门搞教育贯穿始终。

三是扎实推动不忘初心、牢记使命形成常态长效,把党的自我革命不断引向深入。提出了"5个始终":始终把不忘初心、牢记使命作为必修课常修课;始终以强化理论武装筑牢不忘初心、牢记使命的思想根基;始终坚持在党的伟大自我革命中砥砺初心使命;始终以敢于斗争、担当作为践行初心使命;始终加强和完善党内制度建设、推动不忘初心牢记使命常态长效。

同时家毫书记还特别强调:这次主题教育整改落实取得了显著成效,但人民群众最担心的是我们"刀枪入库""马放南山",担心问题卷土重来不能得到有效解决。要牢固树立持续整改、长期整改的思想,对基本完成整改的,进一步坚持、巩固和提升;对整改不够彻底的,要继续督导,该回炉的回炉、该返工的返工;对尚未整改的,要查明原因、跟踪问效,进一步明确责任、措施和时限,做到不达目的决不收兵。我们要认真落实家毫书记讲话要求,不断把整改落实引向深入、不断把主题教育成效引向深入。

二、客观盘点张家界市主题教育取得的显著成效

自去年9月进行第二批主题教育以来,张家界市坚决贯彻落实习近平总书记在主题教育工作会议上的重要讲话精神和党中央、省委各项安排部署,在省委第七巡回指导组精心指导下,紧紧围绕"守初心、担使命,找差距、抓落实"的总要求,切实做到思想认识到位、检视问题到位、整改落实到位、组织领导到位,推动主题教育取得了实实在在的成效,广大党员干部经受了一场严肃深刻的党性洗礼,全市人民群众普遍表示认可和满意。省委领导傅奎、王少峰、李殿勋对张家界市在主题教育中深入抓好专项整治、基层治理及调研施策、推动发展等工作均给予了高度评价,2次在全省主题教育交流座谈会上作典型发言,是我省唯一受中央新闻联播专题报道推介的市州。

一是学习贯彻习近平新时代中国特色社会主义思想进一步走深走心走实。全市党员干部努力在学懂弄通做实上下功夫,采取集中学习和个人自学相结合、线上学习与线下学习相结合、理论学习与实践检验相结合等灵活多样的学习教育方式,切实加深对习近平新时代中国特色社会主义思想重大意义、科学体系、丰富内涵、实践要求的理解,切实增强政治认同、思想认同、情感认同。全市800名县处级以上领导干部主题教育理论测试、省委主题教育办随机闭卷测试平均得分均超过97分,桑植县张盈富荣获2019"学习强国"挑战赛全国第一。

二是党员干部党性、作风进一步受到深刻洗礼和锤炼。全市党员干部坚持"四个对照",结合省委家毫书记指出的不守政治纪律政治规矩"十一种表现及危害"和我在市委读书班同大家交流的守初心担使命"十个有没有"之问,以及巡视巡察整改、政治建设考察、生态环保督察"回头看"、脱贫攻坚督查等内容,坚持"三个摆进去",深刻检视剖析问题,高质量召开专题民主生活会和组织生活会,在增强"四个意识"、坚定"四个自信"、做到"两个维护"上认识更加深刻、行动更加自觉,在讲政治、守规矩、顾大局上认识更加深刻、行动更加自觉,在坚定坚决贯彻落实中央、省委重要决策部署上认识更加深刻、行动更加自觉。

三是群众最急最忧最盼的紧迫问题进一步得到解决。全市党员干部进一步强化宗旨意识,树牢以人民为中心的发展思想,积极回应群众关切,从群众最期盼的事情做起,全面开展"理旧事解难事办实事"集中攻坚行动,推进"最多跑一次"改革和"一件事一次办",大力开展服务全域旅游"创三优"活动,抓好抓细抓实"问题楼盘"、公交出行、城区学位、老旧小区管理、农村医疗、关爱留守老人等民生"关键小事",强力推进扫黑除恶专项斗争和"铁腕治旅",开展旅游、交通、消防等重点行业领域"大排查大整治大管控"活动,群众的获得感幸福感安全感不断提升。

四是干事创业、担当作为的精气神进一步激发和凝聚。全市党员干部把开展主题教育同贯彻落实习近平总书记重要指示批示精神和党中央、省委、市委决策部署结合起来,坚持主题教育与中心工作两手抓、两促进,精心组织开展庆祝新中国成立70周年系列活动,统筹抓好迎接脱贫攻坚国省大考、中央环保督察"回头看"和省委巡视反馈问题整改等重要工作,众志成城推进"六城同创",荣获2019年"美丽山水城市""2019绿色发展优秀城市"和"湖南省文明城市"称号,创国卫顺利迎接国家专家暗访,进一步增强了只争朝夕、奋发有为的干劲,强化了越是艰险越向前的斗争精神,展现了干事创业、砥砺奋进的精神面貌。

五是风清气正、山清水秀的政治生态进一步巩固和拓展。全市党员干部认真接受爱国主义教育、革命传统教育和党风廉政教育,结合向力力案、邓大渊案、张功敏案深入开展以案明纪、以案促改,认真落实省委《关于坚决抵制和严肃查处利用领导干部名义"打牌子"办事的规定》,深入开展扶贫领域腐败和作风问题专项治理,全面推行落实党风廉政建设主体责任提醒卡、市管干部"八小时以外"监督、地方和部门政治生态档案动态管理"三项机制",持续整治庸懒散奢等作风顽疾,教育和监督广大党员干部随时打扫思想灰尘,守住精神高地,充分凝聚"做张家界人、爱张家界市、为张家界做贡献"的磅礴力量。

在肯定成绩的同时,也要清醒地看到,对标中央、省委要求,对照广大人民群众的新期盼,我们仍有提升空间、仍需努力改进。主要表现在:"四风"问题树倒根存,形式主义、官僚主义新表现新变种仍需警惕;解决全市改革发展短板瓶颈的思路举措还需强化;少数党员干部的宗旨意识、群众观点、群众立场还不够牢固,联系实际不够紧密,指导实践的能力有待提高;个别单位检视问题、整改落实的力度不够大,离全面解决问题还有一定差距,等等。这些都是我们今后要努力解决,加以改正的方面。

三、认真总结张家界市主题教育取得的宝贵经验

习近平总书记在总结大会上提炼的"6个新经验",既

是对主题教育本身的科学总结,更为建立“不忘初心、牢记使命”制度机制、推进全面从严治党提供了方向指引。家毫书记结合我省工作实际也提炼了“6点经验”。这些经验我们都要认真学习、长期坚持。同时张家界市在主题教育的实践中,也探索形成了一些好做法和好经验。

一是突出思想引领,把加强理论武装贯穿主题教育始终。各级党组织领导班子及成员始终聚焦主题、主线和总要求,牢牢把握学习贯彻习近平新时代中国特色社会主义思想这一根本任务,坚持把教育的经常性和集中性贯通起来,自觉带着信仰、带着忠诚、带着感情、带着使命,第一时间传达学习、研究贯彻习近平总书记提出的一系列重要思想、重要观点、重大战略,使思想、能力、行动全面紧跟党的创新理论、紧跟党中央各项决策部署要求、紧跟新时代新形势新任务和全市改革发展稳定各项事业需要,确保主题教育和全市各项工作始终沿着正确的方向前进。

二是突出重点对象,把发挥“关键少数”作用贯穿主题教育始终。市委常委会把抓好主题教育作为重大政治任务,压紧压实主体责任,市委常委会议成员带头开展主题教育,加强对分管部门单位的具体指导,示范带动各级领导班子带头学、带头查、带头改,发挥“头雁效应”,形成了一级抓一级、层层抓落实的工作格局。各级领导干部坚持学在前、改在前、做在前,带头学习谈体会、带头调研找问题、带头检视深剖析、带头整改抓落实、带头开展批评与自我批评,体现了高度的政治觉悟和强烈的政治责任,作出了表率、树立了标杆。

三是突出清单管理,把四项重点措施贯穿主题教育始终。在落实省委建立学习清单、调研清单、问题清单、整改清单要求的基础上,我们结合实际,配套建立责任制、分类制、交办制、销号制,使“四单四制”成为四项重点措施统筹推进、相互衔接、一体落实的有效抓手。全市各级党组织不折不扣落实“规定动作”,结合实际开展“自选动作”,把学和做结合起来、把查和改贯通起来,做到了主题教育与中心工作紧密结合、同向发力。

四是突出精准精细,把分级分类指导贯穿主题教育始终。市委高标准组建主题教育办,选派精干力量层层派出指导组和指导员开展分级分类指导,坚持一切从实际出发,力戒形式主义、官僚主义,结合上级要求和主题教育重点任务,以及全市不同层级、不同领域、不同对象的特色,精细安排、精准施策,让标尺刻度更精准、板子矫正更有效,既确保了主题教育上下联动、步调一致,又体现了张家界特色、增强了实效。

五是突出问题导向,把整改落实“两个百分之百”目标贯穿主题教育始终。各级党组织紧扣“两个百分之百”目标,坚持“改”字当头、真改实改,确保改彻底、改到位。广大党员干部坚持“三个摆进去”,直面问题和矛盾,既解决工作问题又解决思想问题,既解决班子问题又解决个人问题,既解决新问题又回应老问题,切实把守初心、担使命落实在一丝不苟抓落实、锲而不舍搞整改上,交出了一份高质量的整改答卷。全市查摆专项整治问题2502个,制定整改措施4910条,整改完成率98.2%,其中向群众承诺的780个问题全部整改到位,有力促进政治生态、经济生态、自然生态、社会生态同步净化。

六是突出开门抓教育,把坚持以人民为中心贯穿主题教育始终。第二批主题教育在群众“家门口”开展,群众看得最清楚、感受最真切。市委常委会坚持开门抓教育,在全市主题教育启动之初就深入基层开展调研、查找问题,听取群众意见。全市各级党组织通过深入调研、设立意见箱、发放征求意见表、召开座谈会、开通民生热线、微信平台等方式拓展听取意见的广度和深度,切实把群众的真实意见收集上来,自觉接受群众监督,把主题教育全过程置于群众监督之下,避免了自说自话、自弹自唱。同时,通过新闻发布、通报、公示等形式,及时公布整改落实和专项整治情况,让群众看到问题改没改、怎么改的、改得怎么样,引导群众帮助党员干部找准问题、抓好整改,形成良性互动,有效防止了“雨过地皮湿”。

四、深刻把握张家界市主题教育收获的重要启示

实践表明,张家界市主题教育达到了预期目的,全市党员干部深受教育和启发,也为我们进一步落实全面从严治党要求、加强和改进党的建设带来了重要启示。

我们深刻体会到,初心使命是共产党人奋斗前行的根本动力。党的初心和使命是党的性质宗旨、理想信念、奋斗目标的集中体现。我们必须以科学的思想理论筑牢初心、以坚定的理想信念坚守初心,把不忘初心、牢记使命真正当作一辈子的事情,不断解决好从哪里来、到哪里去、为什么人、担什么责的问题,永葆共产党人的政治本色。

我们深刻体会到,指导思想是一个马克思主义政党的精神旗帜。习近平新时代中国特色社会主义思想是当代中国马克思主义、21世纪马克思主义,是指引党和人民战胜一切艰难险阻的强大思想武器。我们必须始终坚持思想建党、理论强党,坚持不懈用习近平新时代中国特色社会主义思想武装全党,在学懂弄通做实上持续下功夫,筑牢信仰之基、补足精神之钙、把稳思想之舵。

我们深刻体会到,党的政治建设是党的根本性建设。旗帜鲜明讲政治、注重政治建党是马克思主义政党建设的鲜明特质。我们必须坚持把党的政治建设摆在首位,从政治上洞察各种违背党的初心和使命、动摇党的根基的危险,以党的政治建设为统领抓好党的各方面建设,教育引导党员干部提高政治站位和政治觉悟,不断增强“四个意识”、坚定“四个自信”、做到“两个维护”。

我们深刻体会到,人民立场是党的根本政治立场。我们党来自于人民,为人民而生,因人民而兴。我们必须坚持以人民为中心的发展思想,把实现好、维护好、发展好最广大人民根本利益作为出发点和落脚点,切实做好知民情、解民忧、纾民怨、暖民心的事情,用看得见的变化回应广大人民群众对美好生活的向往。

我们深刻体会到,勇于自我革命是党最鲜明的政治品格。在进行社会革命的同时不断进行自我革命,是我们党区别于其他政党的显著标志,也是我们党不断取得成功的

关键所在。我们必须坚持和加强党的集中统一领导和解决党内问题相统一、守正和创新相统一、严管和厚爱相统一、组织推动和个人主动相统一，不断自我净化、自我完善、自我革新、自我提高，始终保持党的先进性和纯洁性。

五、切实明确张家界市主题教育下步努力方向

不忘初心、牢记使命是加强党的建设的永恒课题，是全体党员、干部的终身课题。要深入学习贯彻党的十九届四中全会精神，认真贯彻落实中央、省委各项决策部署，坚持问题和目标导向，持续深入整改落实，不断推动主题教育成果常态化长效化，不断推动张家界市全面从严管党治党再上新台阶。

（一）坚持以“不忘初心、牢记使命”为永恒课题推动党的自身建设。全市各级党组织要运用主题教育中好的经验做法，坚持学研结合、查改贯通，用好批评和自我批评这个锐利武器，教育引导广大党员干部经常进行思想政治体检，不断叩问初心、守护初心，不断坚守使命、担当使命，始终做到初心如磐、使命在肩；要以党的创新理论滋养初心、引领使命，从党的非凡历史中找寻初心、激励使命，在严肃党内政治生活中锤炼初心、体悟使命，把初心和使命变成锐意进取、开拓创新的精气神和埋头苦干、真抓实干的原动力。

（二）坚持以马克思主义中国化最新成果统一思想、统一意志、统一行动。全市各级党组织要把学习贯彻党的创新理论作为思想武装的重中之重，同学习马克思主义基本原理贯通起来，同学习党史、新中国史、改革开放史、社会主义发展史结合起来，同新时代我们进行伟大斗争、建设伟大工程、推进伟大事业、实现伟大梦想的丰富实践联系起来，在学懂弄通做实上下功夫，在解放思想中统一思想，在深化认识中提高认识，切实增强贯彻落实的思想自觉和行动自觉。

（三）坚持以刀刃向内、自我革命的勇气持续推进问题整改落实。全市各级党组织要全面梳理习近平总书记重要讲话、重要指示批示精神，聚焦八个专项整治和党中央、省委、市委正在做的事情，跟进查找问题，深刻反思根源，立足实际制定贯彻措施，不折不扣抓好落实。要紧扣改革发展稳定工作面临的各项困难，聚焦仍然存在的形式主义官僚主义突出问题，紧扣提升基层治理效能的短板弱项，以作为促进作为、以担当带动担当，一道难关一道难关的迈过、一个堡垒一个堡垒的攻克，以自身建设的全面过硬促进服务人民群众水平的全面提升、全面进步。

（四）坚持以管根本、利长远、重实效的机制深化巩固主题教育成果。党的十九届四中全会提出建立不忘初心、牢记使命的制度。全市各级党组织要坚持系统思维、辩证思维、底线思维，立足“当下改”与“长久立”，研究建立不忘初心、牢记使命的制度，形成学习贯彻习近平新时代中国特色社会主义思想、贯彻落实习近平总书记重要指示批示精神和巩固专项整治成果、联系服务群众等方面的长效机制，不断推动张家界市治理体系与治理能力现代化。要注重实事求是、分类施策，领导机关重在加强顶层设计、健全制度机制，并带头抓好执行；基层党组织重在抓好落实，将好的经验做法融入“三会一课”、组织生活会、主题党日等制度，引导党员严格遵守、自觉践行，确保党的各项制度在基层落地见效。

（五）坚持以强烈的责任担当和斗争精神推动党的重大决策部署在张家界市落地生根。全市各级党组织必须时刻保持警醒，增强斗争精神，领导机关和领导干部必须作表率、打头阵，越是形势严峻复杂越要保持定力、一往无前，越是任务艰巨繁重越要奋勇当先、实干担当；广大党员干部要在经风雨、见世面中长才干、壮筋骨，练就担当作为的硬脊梁、铁肩膀、真本事，在有效应对重大挑战、抵御重大风险、克服重大阻力、解决重大矛盾中冲锋在前、建功立业。

同志们，“不忘初心、牢记使命”是永恒的课题，是一辈子的事情。让我们紧密团结在以习近平同志为核心的党中央周围，以主题教育为新的起点，坚守初心、不改本色，勇担使命、砥砺前行，为决胜全面建成小康社会、加快建成国内外知名旅游胜地，谱写富饶美丽幸福新湖南的张家界篇章而不懈奋斗！

大事记

1月

2日，市委书记、市人大常委会主任虢正贵深入市直单位、社区、建筑工地，就基层党组织建设、农民工工资支付和民生事业发展等情况进行调研。

是日，市委书记、市人大常委会主任虢正贵会见南粤基金董事长林涛一行。

是日，市委副书记、市长刘革安主持召开规划设计方案汇报会，听取丝路荷花项目、天门山先导区的控规、设计等情况。

3日，张家界市深化机构改革动员大会召开，市委书记、市人大常委会主任虢正贵出席会议并讲话，市委副书记、市长刘革安主持会议并讲话，市委副书记刘绍建介绍机构改革主要内容。

是日，张家界市2019年入境旅游座谈会召开，总结部署境外旅游市场营销与开拓工作。

是日，市委副书记、市长刘革安对土委会拟研究的相关项目进行现场查看和调研并主持召开张家界市土地管理委员会2019年第一次会议，审议有关项目和地块的挂牌出让方案。

7日，市委副书记、市长刘革安深入国网张家界供电公司，就张家界市电网供电能力提升“三年行动计划”进行专题调研并召开汇报会。市领导李传荣参加会议。

9日，省政协副主席、致公党省委主委胡旭晟率相关专家学者在张家界市召开致公党省委参与张家界市脱贫攻坚民主监督情况通报会。

12日，市委书记、市人大常委会主任虢正贵就张家界大鲵国家级自然保护区水电站整改工作进行调研，并组织召开张家界大鲵国家级自然保护区水电站整改工作专题会。

是日，圣湘生物精准帮扶大峡谷村健康与教育项目启动仪式在慈利县三官寺土家族乡大峡谷村举行，市委副书记、市长刘革安，湖南圣湘生物科技有限公司董事长戴立忠等出席启动仪式。

13日，市委副书记、市长刘革安深入市城区，详细了解城市公厕建设、货运停车场选址等工作。

14日，市委召开区县和市直行业系统党(工)委书记抓基层党建暨落实意识形态工作责任制述职评议会议。市委书记、市人大常委会主任虢正贵现场点评。

15日，张家界市政协七届三次会议在市委礼堂开幕。

是日，张家界市第七届人民代表大会第三次会议召开各代表团负责人和区县党员负责干部会议。市委书记、市人大常委会主任虢正贵出席会议并讲话，市人大常委会党组书记、常务副主任余怀民主持会议。

是日，张家界市第七届人民代表大会第三次会议召开代表、列席人员和工作人员中的中共党员会议。市委书记、市人大常委会主任虢正贵出席会议并讲话，市人大常委会党组书记、常务副主任余怀民主持会议。

是日，市委书记、市人大常委会主任虢正贵主持召开张家界市第七届人民代表大会第三次会议召开预备会议。

是日，市委书记、市人大常委会主任虢正贵主持召开张家界市七届人大三次会议第一次主席团会议。

16日，张家界市第七届人民代表大会第三次会议在市人大会堂开幕。市委书记、市人大常委会主任、大会主席团常务主席虢正贵主持并宣布大会开幕。市委副书记、市长刘革安代表市人民政府向大会作《政府工作报告》。

是日，市委书记、市人大常委会主任虢正贵主持召开张家界市七届人大三次会议主席团第二次会议。

17日，中国人民政治协商会议张家界市第七届委员会第三次会议在市委礼堂闭幕。

是日，张家界市七届人大三次会议在市人大会堂举行第二次全体会议。市人大常委会党组书记、常务副主任余怀民向大会作工作报告。壮晓阳、赵荣分别作市中级人民法院工作报告和市人民检察院工作报告。

是日，市委书记、市人大常委会主任虢正贵主持召开张家界市七届人大三次会议临时党组和主席团常务主席会议。

是日，市委书记、市人大常委会主任虢正贵主持召开张家界市七届人大三次会议主席团第三次会议。

是日，市委书记、市人大常委会主任虢正贵，市委副书记、市长刘革安分别参加市七届人大三次会议的相关代表团并与代表们围绕《政府工作报告》进行讨论。

18日，市委书记、市人大常委会主任虢正贵主持召开张家界市七届人大三次会议主席团第四次会议。

是日，市委书记、市人大常委会主任、大会主席团常务主席虢正贵主持召开市七届人大三次会议举行第三次全体会议。

是日，市七届人大三次会议闭幕。市人大常委会党组书记、常务副主任余怀民主持。大会采取举手表决的方式，通过市七届人大三次会议关于市人民政府工作报告、计划、预算、环境保护工作报告和市人大常委会、市中级人民法院、市人民检察院7个报告的决议。

20日，市委书记、市人大常委会主任虢正贵主持召开书记专题会议，听取七届市委第五轮巡察、扫黑除恶专项巡察综合情况汇报。

21日，张家界丝路荷花国际文化旅游城项目推进专题会召开，研究项目规划方案和2019年建设计划。

23日，市委书记、市人大常委会主任虢正贵和市委副书记、市长刘革安会见泛华集团董事长杨天举一行，双方就进一步加强合作事宜进行交流洽谈。

24日，张家界市召开机构改革干部调整集体谈话会议，宣布全市机构改革人事任免决定，进行任前廉政教育谈话。市委书记、市人大常委会主任虢正贵作讲话，市委副书记、市长刘革安主持会议。

是日，市委副书记、市长刘革安主持

召开张家界综合客运枢纽项目调度会。

2月

1日,市委副书记、市长刘革安深入市智慧旅游调度中心、张家界中心汽车站、张家界火车站等地,检查和调研春节假期旅游接待工作,看望慰问节日期间坚守在旅游接待一线的工作人员。

11日,市委副书记、市长刘革安主持召开张家界市招商引资项目执行委员会2019年度第一次全体会议,审议招商引资有关文件。

12日,市委常委深入武陵源区开展"集体调研 集中解难"活动,以景区提质升级、旅游产业项目建设、管理体制改革为重点现场办公,统筹调研武陵源区2019年开局工作。

13日,中共张家界市第七届纪律检查委员会第四次全体会议召开,市委书记、市人大常委会主任虢正贵出席会议并讲话,市委副书记、市长刘革安主持上午会议,市委副书记刘绍建宣读《关于全市2018年度党风廉政建设情况的通报》,市委常委、市纪委书记、市监察委员会主任袁美南作工作报告。

18日,市委常委深入永定区开展"集体调研 集中解难"活动,针对永定区交通基础设施建设、项目建设调规及用地保障、土地出让收入分配、征地拆迁政策、义务教育规划、城市管理经费、张家界莓茶产业发展等问题深入调研、现场办公,统筹调研永定区2019年开局工作。

20日,市委常委深入桑植县开展"集体调研 集中解难"活动暨支持桑植县打赢脱贫摘帽攻坚战现场办公会,针对桑植县改善基础设施、精准务实推进脱贫攻坚、景区经营税收、旅游产业发展等方面问题,深入调研、现场办公,统筹调研桑植县2019年开局工作。

21日,市委常委深入慈利县开展"集体调研 集中解难"活动,以撤县设市、镇改街道及景区提质升级、工业集中区体制改革为重点,统筹调研慈利县2019年开局工作。

22日,市委书记、市人大常委会主任虢正贵主持召开黔张常铁路张家界站综合客运枢纽规划及设计方案情况汇报会。

23日,市委副书记、市长刘革安深入慈利县,就安慈高速公路慈利段建设情况进行调研。

25日,省委书记、省人大常委会主任杜家毫到张家界市武陵源区、慈利县,现场调度张家界大鲵国家级自然保护区生态环境问题整改工作并主持召开座谈会,要求坚持生态优先、绿色发展,把精细化管理、人性化服务的理念贯穿城市建设发展全过程,把工作重心从"硬化、绿化"等硬件建设转到"美化、净化"等软件提升上来,更加注重细节管理,提升城市品质,朝着打造现代旅游城市的目标加快迈进,要求结合实施乡村振兴战略和美丽乡村建设,进一步加强农村村民住宅规划建设管理,加大污水和垃圾治理力度,让民俗风貌更好地融入山水风光,要求发扬斗争精神,保持昂扬的精神状态,着力打好三大攻坚战,大力支持民营经济,发展旅游等现代服务业,努力实现高质量发展。省委常委、省委秘书长谢建辉参加调研。

26日,省委第二巡视组巡视张家界市情况反馈会召开,省纪委常委、省监委委员王前良出席反馈会议,传达省委书记、省人大常委会主任杜家毫关于巡视工作的重要讲话精神,对抓好巡视整改工作提出要求。省委第二巡视组组长张正代表巡视组反馈巡视情况。市委书记、市人大常委会主任虢正贵主持反馈会议并作表态讲话。省委第二巡视组副组长陆波出席会议。

是日,市委书记、市人大常委会主任虢正贵会见韩国驻武汉总领事金永瑾一行,双方就旅游发展及安全等问题进行深度交流。

28日,市委书记、市人大常委会主任虢正贵主持召开市七届人大常委会第十九次会议。会议审议通过市人大常委会2019年工作要点、市人民政府关于2019年市本级政府性投资重点项目计划安排情况的报告的审议意见。表决通过市人大常委会关于市人民政府《关于提请审议张家界市与泰国芭提雅市建立友好城市关系的议案》的决定、《关于提请审议2019年张家界市城区棚户区改造项目并纳入国民经济和社会发展计划的议案》的决定、《关于提请审议武陵源世界自然遗产地和武陵源风景名胜区索张公路(标志门至水绕四门段)维修改造项目的议案》的决定、《张家界市爱国卫生条例》。表决通过张家界市第七届人民代表大会常务委员会代表资格审查委员会委员补充名单,任命曾超群为市人民政府副市长。

3月

1日,张家界举行全市县处级主要领导干部坚持底线思维着力防范化解重大风险专题研讨班。市委书记、市人大常委会主任虢正贵传达省部级、全省市厅级主要领导干部坚持底线思维着力防范化解重大风险专题研讨班精神并讲话,市委副书记刘绍建作总结讲话。

是日,张家界市政府与长沙海关签订合作备忘录,共同推进张家界市开放型经济发展。市委书记、市人大常委会主任虢正贵,长沙海关关长、党组书记唐赟峰,市委常委、市委秘书长单铸飞,市政协副主席王光明见证签约,副市长李传荣,长沙海关副关长姜奎代表双方签约。

2日,张家界市委政法工作会议召开。市委书记、市人大常委会主任虢正贵出席会议并讲话。市委常委、市委政法委书记刘桦作工作报告,市委常委、市委秘书长单铸飞主持会议。

是日,张家界市委农村工作会议召开。市委书记、市人大常委会主任虢正贵出席会议并讲话。市委副书记刘绍建作农业农村工作报告;市委常委、市委秘书长单铸飞主持会议;副市长尚生龙解读《中共张家界市委张家界市人民政府关于加快推进五大农业特色产业的实施意见》《中共张家界市委办公室张家界市人民政府办公室关于印发〈张家界市优势农产品发展“3+2+N”三年行动计划（2019~2021 年）〉的通知》和《中共张家界市委办公室张家界市人民政府办公室关于印发〈张家界市农村人居环境整治 2019 年实施方案〉的通知》文件。

3 日，市委书记、市人大常委会主任虢正贵与山东天尊建设集团董事长林龙明一行举行项目合作洽谈，双方就进一步加强合作、实现共赢进行深入交流。市领导单铸飞参加。

是日，市委书记、市人大常委会主任虢正贵主持召开会议，调度大鲵自然保护区小水电项目整改工作。市领导单铸飞、尚生龙、李培其参加会议。

4 日，市委书记、市人大常委会主任虢正贵召开全市招商引资委员会 2019 年度第 1 次（扩大）会议，分析当前张家界市招商引资工作形势，审议招商引资相关行动草案，研究部署下一步工作。

是日，市委书记、市人大常委会主任虢正贵主持召开中共张家界市委常委会 2019 年第 5 次会议暨市扶贫开发领导小组 2019 年第 1 次会议，传达习近平总书记关于脱贫攻坚专项巡视重要指示精神，学习汪洋、胡春华在脱贫攻坚专项巡视整改工作电视电话会议上的讲话精神，传达学习习近平总书记在中央党校中青年干部培训开班式上的重要讲话精神，传达学习中央、省相关会议和文件精神等。

5 日，市委书记、市人大常委会主任虢正贵主持召开中共张家界市委旅游工作委员会 2019 年第一次全体会议，通报近期工作开展情况，分析当前形势，研究部署下一阶段旅游工作。

11 日，市委书记、市人大常委会主任虢正贵率市直相关部门，先后赴省水利厅、省生态环境厅汇报张家界生态环境保护工作、涉大鲵保护区水电站整改工作。

14 日，张家界市以“四会合一”形式，全面部署全市党委办公室、组织、宣传、统战工作。市委书记、市人大常委会主任虢正贵出席会议并讲话，市委副书记刘绍建主持会议，艾可知、单铸飞、田华玉、郭天保同志分别作工作报告。

15 日，市委书记、市人大常委会主任虢正贵主持召开中共张家界市委常委会 2019 年第 6 次会议暨张家界大鲵自然保护区水电站整治工作领导小组 2019 年第 2 次会议。

20 日，市委书记、市人大常委会主任虢正贵主持召开张家界大鲵自然保护区水电站整治工作领导小组 2019 年第 3 次会议。

27 日，市委书记、市人大常委会主任、市委外事工作委员会主任虢正贵主持召开中共张家界市委外事工作委员会 2019 年第一次全体会议。会议学习习近平新时代中国特色社会主义外交思想，传达《关于新时代加强党对地方外事工作集中统一领导统筹做好湖南外事工作的意见》《关于严格执行 2019 年度厅（局）级党政领导干部因公出国计划的通知》《外交部湖南全球推介活动第一次筹备工作会议纪要》等文件精神，审议并原则通过《市委外事工作委员会工作规则》《市委外事工作委员会办公室工作细则》《市委外事工作委员会 2019 年工作要点》等，听取丝绸之路友好城市协作体 2019 年（张家界）年会筹备情况汇报。

28 日，市委书记、市人大常委会主任、市委全面深化改革委员会主任虢正贵主持召开中共张家界市委全面深化改革委员会第一次会议。会议传达学习中央全面深化改革委员会第六次、第七次会议和省委全面深化改革委员会第一次会议精神，听取 2018 年度市委全面深化改革工作情况汇报，各专项小组书面汇报本领域 2018 年度工作情况，会议审议并原则通过《中共张家界市委全面深化改革委员会工作规则》《中共张家界市委全面深化改革委员会专项小组工作规则》《中共张家界市委全面深化改革委员会办公室细则》《中共张家界市委全面深化改革委员会专项小组成员建议名单》《张家界市委全面深化改革工作有关规则和程序》《张家界市 2019 年全面深化改革重点改革任务清单》《关于推进安全生产领域改革发展的实施细则》《创新社会救助机制实施意见》《殡葬改革三年行动方案》《张家界市侨联深化改革方案》。

29 日，市委书记、市人大常委会主任、市委财经委员会主任虢正贵主持召开中共张家界市委财经委员会第一次会议。会议传达学习中央财经委员会第一次、第二次、第三次会议和省委财经委员会第一次会议精神，审议并原则通过《中共张家界市委财经委员会工作规则》《中共张家界市委财经委员会办公室工作细则》，听取一季度经济形势研判、减税降费对张家界市的影响及应对措施、降低社保缴费比例对张家界市的影响及应对措施、张家界市金融形势分析的汇报。

4 月

12 日，市委书记、市人大常委会主任虢正贵率团参加 2019 湖南——粤港澳大湾区投资贸易洽谈周活动。

17 日，市委、市政府在深圳市举办对接恳谈会，市委书记、市人大常委会主任虢正贵与 30 多位粤港澳大湾区知名商协会、企业代表同商发展大计，共谋合作良机。

18 日，市委书记、市人大常委会主任虢正贵在深圳成功举办张家界国际精品旅游城市招商推介会暨重大项目签约仪式。就招商引资和项目推介等情况，接受中央人民广播电台、中新社、《广州日报》《羊城晚报》《深圳特区报》《湖南日报》、广东卫视、深圳电视台、香港商报等媒体联合采访。

19 日，中央扫黑除恶第 16 督导组督导张家界市工作汇报会召开。中央扫黑除恶第 16 督导组第 5 督导小组组长卢波、副组长马楠出席。市委书记、市人大常委会主任虢正贵汇报全市扫黑除恶专项斗争工作情况，市委副书记、市长刘革安主持会议。

23 日,市委书记、市人大常委会主任虢正贵主持召开市委全面深化改革委员会第二次会议。

24 日,市委书记、市人大常委会主任虢正贵会见深圳市海梁科技有限公司联合创始人、副总裁,阿尔法巴人工智能(深圳)有限公司董事长罗剑一行。

是日,市委书记、市人大常委会主任虢正贵主持召开 2019 年度市委人才工作领导小组第一次会议。会议听取全市人才工作情况汇报;审议并原则通过《张家界市人才引进实施办法》《中共张家界市委人才工作领导小组工作规则》《中共张家界市委人才工作领导小组成员单位主要职责》《张家界市 2019 年人才工作要点》。

26 日,市委副书记、市长刘革安会见日本北海道乙部町议会议长大坂裕康,双方就进一步加强和推进两地之间的交流与合作进行亲切交谈。

29 日,市委书记、市人大常委会主任虢正贵会见浦湘生物能源股份有限公司董事长戴道国一行,就生活垃圾深度综合处理项目推进工作进行深入交流。

是日,市委书记、市人大常委会主任虢正贵出席市文化旅游工作暨“铁腕治旅”推进会并讲话,首次以文化和旅游融合发展为主题,对全市文旅融合发展进行再研究、再铺排、再推进。市委副书记刘绍建主持会议,副市长欧阳斌作工作报告。

30 日,市委副书记、市长刘革安出席张家界市中心城区遗留问题楼盘首批集中颁证仪式活动,现场为市民代表颁发不动产权证。

5月

1 日,市委书记、市人大常委会主任虢正贵出席市委推进桑植县脱贫摘帽大会并讲话。市委副书记刘绍建主持会议,市领导郭钰、尚生龙、刘卫兵参加会议。

6 日,市委书记、市人大常委会主任虢正贵一行赴北京考察北京辉煌集团、五洲传播中心。市领导单铸飞、郭天保参加考察。

7 日,市委书记、市人大常委会主任虢正贵会见澳门特区检察院检察长叶迅生一行,双方就检察工作开展情况进行交流。最高人民检察院国际合作局副厅级检察员龙梅,湖南省人民检察院党组成员、副检察长朱必达,市领导单铸飞、赵荣参加会见。

9 日,市委副书记、市长刘革安率领旅游促销交流团走进曼谷,举办“仙境张家界,惊艳全世界”中国张家界文化旅游推介会。泰国国家旅游局、曼谷前政府官员、中国国家文旅部驻曼谷办事处、南航驻曼谷办事处、东航驻曼谷办事处、泰国出境旅游协会、泰华旅游公会、泰国 TNN 电视台、曼谷商报、泰国 Travel Man 网、泰国中华网、中泰旅行网和逾 100 家旅游供应商的负责人或代表参加推介会。

10 日,市委书记、市人大常委会主任虢正贵会见湖南出版集团党委委员、湖南红网新媒体集团党委书记、董事长舒斌一行。

是日,市委书记、市人大常委会主任虢正贵会见香港新华商会会长、世茂张家界项目考察团负责人蔡荣展一行。

是日,市委副书记、市长刘革安带领张家界旅游促销与友好访问团,到泰国芭提雅市进行友好访问,并与芭提雅市签署友好合作协议书,明确两市将加强开展在旅游、文化、人才和经贸投资等领域的交流合作。春武里府行政组织副主席涅瓦·彭卢肯、湖南省委副书记乌兰见证签约。

11 日,中国文学艺术基金会、吉首大学张家界学院共同主办的武陵山区扶贫文艺精品展暨学术研讨会在张家界市举行,市委书记、市人大常委会主任虢正贵出席开幕式并致辞。吉首大学党委书记、校长白晋湘,

13 日,市委书记、市人大常委会主任虢正贵主持召开市委网络安全和信息化委员会第一次会议。

15 日,市委书记、市人大常委会主任虢正贵主持召开市委审计委员会第一次会议并讲话。

18 日,市委书记、市人大常委会主任虢正贵出席张家界航空工业职业技术学院建校四十周年庆典活动并致辞,张家界航空职院党委书记姜玉平主持大会。

是日,市委副书记、市长刘革安深入到古庸路和丝路荷花国际文化旅游城项目的建设现场等重点项目建设和工业企业发展情况进行调研。

22 日,市委书记、市人大常委会主任虢正贵深入黔张常铁路张家界西站和桑植站,实地调研项目建设进展情况。

是日,市委副书记、市长刘革安会见韩国首尔市观光体育局局长朱容台一行,双方就加强和推进两地之间的交流与合作进行亲切交谈。

23 日,市委书记、市人大常委会主任虢正贵会见长沙银行党委副书记、行长赵小中一行,双方就加强政银合作,发挥金融服务实体经济、推动张家界高质量发展等进行深入交流。

是日,市委副书记、市长刘革安主持召开 2019 全市电子商务发展与产业深度融合座谈会。

27 日,市委书记、市人大常委会主任虢正贵会见中国光大国际有限公司行政总裁王天义一行,双方就加深了解互信、开展务实合作进行坦诚友好交流。

是日,市委副书记、市长刘革安前往陕西省西安市大唐西市集团进行考察对接,双方就丝路荷花国际文化旅游产业园项目规划建设进行深入交流。

28 日,市委书记、市人大常委会主任虢正贵会见到张家界考察的中国科学院院士唐本忠、瑞典皇家科学院院长 Dan Larhammar 学者考察团一行。

是日,市委副书记、市长刘革安出席第二届全国青年运动会皮划艇激流回旋决赛开赛仪式,国家体育总局青少年体育司司长王立伟宣布开赛。湖南省体育局局长李舜,中国皮划艇协

会执行主任万红军，湖南省体育局副局长熊倪及市领导朱用文、欧阳斌等出席开赛式。

是日，市委副书记、市长刘革安与大连万达商业管理集团总裁助理发展中心华南区总经理沈景琰一行举行洽谈，双方就进一步加强合作、实现共赢达成共识。

30日，市委书记、市人大常委会主任虢正贵会见湖南日报社党组书记、社长孔和平一行。

6月

3日，市委副书记、市长刘革安主持召开市投融资决策委员会2019年第一次会议，听取市经投集团2019年投融资情况及有关项目的情况汇报，审议并原则通过2019年度投融资计划。

4日，市委副书记、市长刘革安主持召开市生态环境保护委员会2019年第一次会议，听取全市生态环境保护工作情况汇报，审议2019年张家界市生态环境保护工作要点、农业农村污染治理攻坚战实施方案等。

5日，市委书记、市人大常委会主任虢正贵会见台南市电脑商业同业公会考察团黄正义一行。

12日，市委书记、市人大常委会主任虢正贵陪同贺龙之女、贺龙体育基金会主席贺晓明，原中央纪委委员、财政部原党组成员、纪检组组长贺邦靖一行到考察民宿客栈业发展情况。

13日，市委副书记、市长刘革安主持召开全市"52151"行动计划暨其他营利性服务业发展推进会议，梳理难题，研究对策，培育壮大产业，助推经济高质量发展。

是日，市委副书记、市长刘革安与新城控股集团股份有限公司副总裁汪娟一行开展洽谈，深入对接合作事宜。

17日，市委副书记、市长刘革安主持召开张家界市高速公路网规划编制汇报会。

21日，市委副书记、市长刘革安会见纵横文旅(上海)实业发展有限公司执行董事、总裁邓跃一行。

28日，市委书记、市人大常委会主任虢正贵率队在长沙市开展招商引资考察洽谈活动。

7月

1日，张家界市召开庆祝中国共产党成立98周年表彰暨"不忘初心、牢记使命"主题教育座谈会。市委书记、市人大常委会主任虢正贵出席会议并讲话，市委副书记刘绍建主持会议，市委常委、市委组织部部长艾可知宣读表彰决定并就"不忘初心、牢记使命"主题教育前期准备工作提要求。

是日，市委副书记、市长刘革安就张家界市铁路、公路、航空货运情况进行调研，并就全市物流产业发展召开座谈会。

2日，市委副书记、市长刘革安会见华侨城资本投资管理有限公司总经理林育德带领的深圳华侨城考察团，双方围绕文旅融合、项目合作等举行洽谈。

3日，张家界大鲵国家级自然保护区水电项目整改工作推进会召开。市委书记、市人大常委会主任虢正贵出席会议并讲话，市委副书记、市长刘革安主持会议。

4日，市委统一战线工作领导小组2019年第一次全体会议召开。市委书记、市委统一战线工作领导小组组长虢正贵出席会议并讲话，

是日，市委书记、市人大常委会主任虢正贵会见韩国首尔市芦原区议会议长李庚哲一行。

7日，市委副书记、市长刘革安带队分赴天尊建设集团、北京辉煌逸达实业集团进行考察对接，并与对方负责人开展座谈，就进一步加强合作、实现共赢进行深入交流。

9日，市委书记、市人大常委会主任、市招商引资委员会主任虢正贵在上海，与全国政协常委、中国侨商联合会会长、香港世茂集团董事局主席许荣茂洽谈推进项目，深度对接加快高端旅游业、现代服务业项目落地合作。

11日，市委书记、市人大常委会主任、市委全面深化改革委员会主任虢正贵主持召开市委全面深化改革委员会第三次会议，传达学习中央全面深化改革委员会第八次会议精神省委全面深化改革委员会第三次会议精神，研究部署促进全市社会民生重点产业高质量发展工作，审议并原则通过《张家界市新时代文明实践中心建设工作方案(审议稿)》《张家界市进一步加强食品药品监管体系建设的实施意见(审议稿)》《市委市政府关于推动民营经济高质量发展的若干意见（审议稿)》《张家界市残疾儿童康复救助制度实施细则(审议稿)》；讨论《张家界市招商引资产业发展规划（2019~2023年)(审议稿)》。

12日，市区党校合并工作调度会召开。市领导刘绍建、艾可知、曾超群参加会议。

22日，市委副书记、市长刘革安主持召开张家界市智慧城市建设专题会议，调度智慧城市运营指挥调度中心及综治中心建设情况。

26日，2019年全市产业项目集中开工投产仪式在张家界高新区举行。市委书记、市人大常委会主任虢正贵宣布项目开工投产，市委副书记、市长刘革安讲话。市领导汪业元、余怀民、曾超群、李传荣出席集中开工投产仪式。

是日，市委书记、市人大常委会主任虢正贵会见世茂集团董事局董事许莉莉一行，双方就加快推进世茂滨江张家界文化主题小镇项目进行亲切交谈。市领导欧阳斌参加会见。

29~30日，张家界市庆祝新中国成立70周年"壮丽七十年·讴歌新时代"暨"我和我的祖国——湖南百万职工同声唱"歌咏大赛激情开唱。41支市直机关单位参赛队伍近5000人用嘹亮歌声唱出喜悦心情，同心祝福祖国繁荣富强。市领导虢正贵、刘革安、袁美南、单铸

飞、郭天保、李传荣、邹菊芳、谢振华、尚生龙、李培其、彭红参加演唱并参加闭幕式及为获奖单位颁奖。

31 日，中国共产党张家界市第七届委员会第七次全体会议召开。全会深入学习贯彻习近平总书记关于加强基层建设的重要论述和推动中部地区崛起重要讲话精神，以及党中央关于促进中部地区崛起的决策部署，认真贯彻落实省委十一届八次全体会议精神，听取市委常委会工作报告，审议通过《中共张家界市委关于加强基层建设推动进一步融入中部地区崛起的若干意见》。市委书记、市人大常委会主任虢正贵代表市委常委会作工作报告并讲话，市委副书记、市长刘革安就《中共张家界市委关于加强基层建设推动进一步融入中部地区崛起的若干意见》的起草情况向全会作说明。全会按照党章规定，采取举手表决的方式，审议通过关于同意赵荣辞去市委委员的决定，通过关于递补彭发勇为市委委员的决定。审议通过《中共张家界市委关于加强基层建设推动进一步融入中部地区崛起的若干意见》。

8 月

1 日，张家界市人民政府召开七届四次全会，落实省委十一届八次全会、省政府第四次全会和市委七届七次全会精神，分析上半年经济发展形势，研究部署下半年各项工作。市委副书记、市长刘革安出席会议并讲话，市委常委、常务副市长曾超群主持会议。

5 日，张家界 2019 年重大文旅产业招商引资项目集中签约仪式在长沙举行，与恒大、世贸、万达等“500 强”企业和北京文投集团、泛华集团等 15 家企业正式签约，总签约金额 597.1 亿元。其中，正式合同项目 11 个，签约金额 543.9 亿元，框架协议 4 个，签约金额 53.2 亿元。湖南省人民政府副省长吴桂英出席签约仪式并讲话，市委书记、市人大常委会主任虢正贵致辞，省文化和旅游厅党组书记禹新荣、省发改委副主任蒋天海、省商务厅副厅长王庭恺及市领导刘革安、汪业元、单铸飞、郭天保、陈红日、欧阳斌、王光明参加。

是日，张家界市 2019 年重大文旅产业招商引资项目集中签约仪式前，省人民政府副省长吴桂英会见北京文投、泛华、世茂、万达、恒大等签约企业代表。省文化和旅游厅党组书记禹新荣、省发改委副主任蒋天海、省商务厅副厅长王庭恺。

是日，市委书记、市人大常委会主任虢正贵，市委副书记、市长刘革安分别会见参加张家界市 2019 年重大文旅产业招商引资项目集中签约仪式的恒大香港实业公司兼湖南公司董事长赖立新一行，就恒大在张投资项目情况进行深入交流。

6 日，张家界市人民政府召开专题会议，听取城市开发边界划定和生态保护红线评估工作进展情况。市委副书记、市长刘革安参加并讲话。

12 日，市委书记、市人大常委会主任虢正贵主持召开张家界市健康产业新城概念规划座谈会，听取张家界市健康产业新城概念规划汇报，研究有关事项。

22 日，张家界市召开市国土空间规划委员会 2019 年第一次全体委员会议暨市国土空间总体规划编制工作领导小组第一次会议，审议张家界市国土空间总体规划(2019~2035 年)编制工作方案、张家界市城市综合交通体系规划等。市委书记、市人大常委会主任、市规委会主任虢正贵主持会议，市领导刘革安、汪业元、余怀民、曾超群参加会议。

23 日，张家界市政府与国网湖南电力签订战略合作协议，共同推进“三型两网”建设，助推张家界经济社会高质量发展。市委书记、市人大常委会主任虢正贵、国网湖南电力董事长孟庆强出席签约仪式。市委副书记、市长刘革安主持签约仪式。市委常委、市委秘书长单铸飞参加。签约仪式上，副市长李传荣代表市政府在协议书上签字。签约仪式前，虢正贵会见孟庆强一行。

是日，张家界旅游集团股份有限公司(以下简称张旅集团)与陈晓红院士团队签约，双方拟联合申报组建“张家界市院士专家联合创新中心”，助力张家界市经济社会高质量发展。市领导虢正贵、刘革安、艾可知、单铸飞、田华玉、曾超群参加见证。签约揭牌仪式结束后，还会见来访的中国工程院工程管理学部胡文瑞、孙永福等十多位院士专家，双方就张家界市生态绿色发展、大交通改善等话题进行沟通交流。

28 日，市委书记、市人大常委会主任虢正贵会见智慧眼科技股份有限公司董事长邱建华一行。

9 月

2 日，市委副书记、市长刘革安主持召开旅游民宿客栈标准化管理工作专题会议，专题研究旅游民宿标准化管理工作，进一步规范旅游民宿经营行为，提升旅游民宿服务品质。

3 日，市委书记、市人大常委会主任虢正贵主持召开全市防范化解政府债务风险工作座谈会。

4 日，市委副书记、市长刘革安主持召开会议，专题研究常德市三明市政建设有限公司不服市市场监督管理局行政处罚决定的行政复议案。

5 日，首届世界旅游城市（张家界）桥牌公开赛正式开赛，中国桥牌协会主席刘晓江出席并宣布开赛。中国围棋协会副主席聂卫平，国家体育总局棋牌运动管理中心桥牌部主任、中国桥牌协会副秘书长王艳楠，省体育局党组书记、局长李舜出席开赛仪式，市委书记、市人大常委会主任虢正贵出席并致辞。

6 日，第十三届全国人大代表、省人大代表张家界小组围绕《湖南省武陵源世界自然遗产保护条例》实施情况开展专题调研。十三届全国人大常委会委员、全国人大民族委员会委员、中国社会科学院世界宗教研究所原所长卓新平，市委书记、市人大常委会主任虢正贵参加，市委副书记、市长刘革安及童路雯、向伟艺等全国人大代表，省人大常委会委员、省人大民族华侨外事委员会委员、致公党湖南省委专职副主委向佐谊，市人大常委会党组书记、常务副主任余怀民，市委常委、组织部部长艾可知等省人大代表参加调研。

9日，市委副书记、市长刘革安带队深入永定区，就天门山景区索道沿线环境修复工程和文津学校项目进行调研并召开座谈会，调度和推进项目建设。

10日，张家界市“践行新使命、忠诚保大庆”实兵演练暨新中国成立70周年誓师大会在市民广场举行。

是日，张家界市“不忘初心、牢记使命”主题教育工作会议召开，对在全市开展主题教育进行动员部署。省委第七巡回指导组组长陈书山及市委书记、市人大常委会主任虢正贵分别讲话，市委副书记、市长刘革安主持。

11日，市委书记、市人大常委会主任虢正贵在北京会见全国政协委员、中国侨联副主席朱奕龙，湘籍留美博士、美国阿肯斯通公司中国首席代表侯中成一行。市领导刘绍建、李传荣参加。

是日，市委书记、市人大常委会虢正贵在北京拜访中国铁路集团公司副总经理、党组成员黄民，中国铁路集团公司副总工程师兼发展和改革部主任黄殿辉。

是日，市委副书记、市长刘革安主持召开张家界市投融资决策委员会2019年第二次会议，听取张家界综合客运枢纽、市工人文化宫、市国家综合档案馆及“五馆一院一中心”项目有关情况汇报，审议通过《张家界市投融资决策委员会工作规则》《建设项目预期收益与融资平衡方案编制指导意见》。

12日，市委书记、市人大常委会主任虢正贵在北京会见北京南洋投资控股公司执行总裁甘志国、环球嘉年华总策划师王祥龙一行。

15日，市委副书记、市长刘革安会见湖南异地商会联合会顾问万建华一行。

17日，“礼赞壮丽七十年·共画最美同心圆”为主题的全市统一战线庆祝新中国成立70周年主题宣传活动启动，市委书记、市人大常委会主任虢正贵出席并讲话。

是日，市委副书记、市长刘革安主持召开会议，专题审查张家界世茂和中德零碳科技园项目规划方案。

18日，市委书记、市人大常委会主任虢正贵会见甘肃省湖南商会名誉会长蹇宗银一行。市领导单铸飞、欧阳斌参加。

是日，市委副书记、市长刘革安会见中国联通湖南分公司总经理谭明一行，双方就进一步深化市企合作进行深入交流。

20日，市委书记、市人大常委会主任虢正贵会见金利丰金融集团有限公司主席朱沃裕一行。

21日，市委书记、市人大常委会主任虢正贵会见来张家界洽谈合作事宜的空中商学院执行主席、空中商学院企业家俱乐部总裁于金龙一行。

23日，张家界市庆祝新中国成立70周年“壮丽七十年·讴歌新时代”歌咏大赛总决赛暨颁奖典礼举行，市委书记、市人大常委会主任虢正贵出席并讲话。

27日，2019年度张家界市“最美退役军人”表彰暨座谈会召开。会前，市委书记、市人大常委会主任虢正贵会见“最美退役军人”，同大家亲切交流并合影留念。

是日，市委书记、市人大常委会主任虢正贵会见湖南省烟草专卖局（公司）党组书记、局长、总经理樊剑峰一行。

是日，市委书记、市人大常委会主任虢正贵会见中国石化湖南石油分公司总经理黄河一行。

是日，张家界市人民政府与中国石化湖南石油分公司、中国铁塔湖南省分公司签署战略合作协议，市委书记、市人大常委会主任虢正贵，市委副书记、市长刘革安，中国石化湖南石油分公司总经理黄河，中国铁塔湖南省分公司党委书记、总经理刘春鸣见证签约。

是日，市委副书记、市长刘革安会见中国铁塔湖南省分公司党委书记、总经理刘春鸣一行，双方就信息化和智慧城市建设进行交流。

28日，张家界丰泽公用保税仓正式启用。十二届全国政协副主席马培华，中国国际经济交流中心副理事长、重庆市人民政府原市长黄奇帆，中国服务贸易协会会长、中科院院士周成虎，湖南省政协副主席戴道晋，湖南省政协办公厅副巡视员彭敬如，湖南省商务厅副巡视员甘学良及市领导虢正贵、刘革安、欧阳斌、王光明、李文化参加。

是日，第十届中国服务贸易年会在张家界举行，十二届全国政协副主席马培华以《中国服务的开放观、发展观和全球观》为题，中国国际经济交流中心副理事长、重庆市人民政府原市长黄奇帆以《“十四五”时期，服务业发展研判》为题作主旨演讲。中国服务贸易协会会长、中科院院士周成虎，湖南省政协副主席、党组副书记戴道晋，张家界市委书记、市人大常委会主任虢正贵分别致辞。国家税务总局原副局长许善达，原国家人口计生委党组成员、巡视组组长席小平，国务院参事室特约研究员、中国保健协会理事长秦小明，湖南省政协办公厅副巡视员彭敬如，湖南省商务厅副巡视员甘学良，张家界市领导刘革安、欧阳斌、王光明、李文化参加开幕论坛。中国国际贸易促进委员会原副会长张伟主持开幕论坛。

是日，市委副书记、市长刘革安会见北京辉煌集团董事局主席王申一行，双方围绕丝路荷花国际文化旅游产业园项目建设进行交流洽谈。

29日，张家界丝路荷花国际文化旅游产业园丝路风情街举行开工仪式。市委书记、市人大常委会主任虢正贵出席并宣布开工，市委副书记、市长刘革安致辞。中国国际贸易促进委员会原副会长张伟，丝绸之路国际总商会主席、大唐西市集团董事局主席吕建中，北京辉煌集团董事局主席王申及市领导单铸飞、曾超群、欧阳斌、李培其、李文化参加开工仪式。

30日，张家界市委全面深化改革

委员会召开第四次会议，传达学习中央全面深化改革委员会第九次、第十次会议及省委全面深化改革委员会第四次会议精神，审议《关于落实农业农村优先发展要求做好“三农”工作的实施意见(审议稿)》《张家界市乡村振兴规划(2018~2022年)(审议稿)》《张家界市城乡居民合作建房管理办法(试行)(审议稿)》《张家界市生态环境机构监测监察执法垂直管理制度改革工作方案(审议稿)》。市委书记、市人大常委会主任、市委全面深化改革委员会主任虢正贵主持会议并讲话。

是日，市委书记、市人大常委会主任虢正贵会见来访的久瑞生物科技有限公司董事长赵国峰一行，交流探讨植物提取产业合作项目。

10月

11日，中央马克思主义理论研究与建设工程咨询委员会委员、中国中共党史学会常务副会长、中央党史研究室原副主任龙新民一行到张家界考察调研。市领导虢正贵、单铸飞、刘卫兵陪同调研。

14日，市委副书记、市长刘革安带队深入中国娃娃鱼馆和沙堤旅游商品产业园，实地调研大鲵产业项目建设，并就项目建设和大鲵产业发展进行座谈。市领导尚生龙参加。

16日，市委书记、市人大常委会主任虢正贵会见到张家界访问的博鳌亚洲论坛理事长、联合国第八任秘书长潘基文，博鳌亚洲论坛副理事长、十二届全国政协副主席周小川，博鳌亚洲论坛理事会秘书长李保东等嘉宾一行。参加会见的还有：美国前商务部长卡洛斯·古铁雷斯、意大利前总理罗马诺·普罗迪、泰国前副总理素拉杰·沙田泰、瑞安集团主席罗康瑞、沙特基础工业公司东北亚地区副总裁李雷等。省政协党组副书记、副主席戴道晋及市领导汪业元、余怀民、单铸飞、欧阳斌参加。

18日，张家界市召开全面加快供销合作社综合改革推进会，市委副书记、市长刘革安，湖南省供销合作总社副巡视员程念贵及市领导尚生龙参加会议。

21日，市委书记、市人大常委会主任虢正贵就PPP项目建设和政府债务风险防范化解工作进行调研并主持召开座谈会。

是日，市委书记、市人大常委会主任虢正贵会见参加张家界市温州商会成立大会的嘉宾代表温州市人大常委会党组副书记、副主任仇杨均一行。

22日，市委副书记、市长刘革安会见到张家界考察的阿里巴巴集团华中区总经理钱猛一行，双方围绕数字产业、智慧城市等进行交流和沟通。

23日，市委副书记、市长刘革安深入北大邦学校拟选址地及西溪坪街道中心完小、丽景小学建设现场，调研化解义务教育大班额及学校建设情况并召开座谈会。

24日，市委书记、市人大常委会主任虢正贵会见中国大唐集团公司湖南分公司总经理、党委书记刘智辉一行。

25日，2019第十九届湖南张家界国际森林保护节举行。国家林业和草原局国有林场和种苗管理司司长程红，湖南省副省长陈文浩，湖南省林业局党组书记、局长胡长清，张家界市委书记、市人大常委会主任虢正贵参加开幕式，张家界市委副书记、市长刘革安主持开幕式。湖南省人民政府副秘书长黎咸兴，湖南省水利厅副厅长杨诗君，湖南省林业局总工程师桂小杰以及市领导单铸飞、郭钰、向锦云、李培其、邓师煌参加开幕式。

是日，市委书记、市人大常委会主任虢正贵会见北京影响力文化发展有限公司董事长金光明一行。市领导单铸飞参加会见。

是日，2019第十九届湖南张家界国际森林保护节森林旅游和康养产业发展高峰论坛举行。国家林业和草原局国有林场和种苗管理司司长程红，湖南省林业局党组书记、局长胡长清，市委副书记、市长刘革安参加论坛。

26日，张家界市安全生产工作紧急会议召开。市委书记、市人大常委会主任虢正贵出席并讲话。市委常委、市人民政府常务副市长曾超群主持会议。会上，慈利县通报“10·25”吊车绳索断裂致人死亡事故情况，市应急局通报“10·25”事故调查初步情况，并对下步安全生产工作提出意见。

是日，雨花区·桑植县“携手奔小康”桑植白茶推介会签约仪式上，桑植的湘丰桑植白茶、西莲茶业、万宝山茶业、林丰茶业、福康茶业与哈拉尔茗香茶庄、齐齐哈尔福齐鹤茶庄、牡丹江飘香茶庄、沈阳花香醉人、洛阳陆羽茶庄、长沙市雨花区益润茶业商行、湖南炎轩商贸有限公司、长沙市雨花区素位茶庄等11家公司共签单5500万元。省人民政府副省长隋忠诚，省政府副秘书长欧阳煌，省农业农村厅党组副书记、副厅长陈冬贵，省农业农村厅副厅长兰定国出席推介会。市委副书记、市长刘革安致辞，市领导尚生龙参加推介会。

28日，张家界市第六届运动会在桑植开幕。市委书记、市人大常委会主任虢正贵宣布开幕，省体育局副局长苏健全致辞，市委副书记、市长刘革安致开幕词，市六运会组委会主任、副市长欧阳斌主持开幕式。

29日，张家界世茂云城项目奠基仪式举行，世茂集团正式落户张家界市。市委书记、市人大常委会主任虢正贵出席仪式并宣布项目开工，市委副书记、市长刘革安出席仪式并致辞。

是日，市委副书记、市长刘革安主持召开张家界高铁新区产业发展规划汇报会，专题研究张家界高铁新区产业发展规划。

30~31日，市委副书记、市长刘革安带队深入上海，与均和集团、红星美凯龙、东方希望等500强企业对接，推动优高端旅游业、现代服务业、现代农业项目落户张家界。

11月

5日，市委书记、市人大常委会主

任虢正贵带队前往上海，就招商引资和项目洽谈进行考察。

6日，市委书记、市人大常委会主任虢正贵会见湖南建工集团党委书记、董事长叶新平一行。

7日，2019第17届亚洲捷兔慢跑会红裙跑在张家界开跑。红裙跑结束后，市委书记、市人大常委会主任虢正贵会见印尼捷兔会总主席林启安一行。

是日，2019第17届亚洲捷兔慢跑会红裙跑活动在张家界市民广场举行。市委副书记、市长刘革安宣布开跑并领跑，印尼捷兔会总主席林启安参加活动并致辞。

8日，2019第17届亚洲捷兔慢跑会开幕式举行，市委书记、市人大常委会主任虢正贵参加并宣布活动开幕。湖南省文化和旅游厅厅长陈献春，印尼捷兔会总主席林启安。

9日，省委常委、省人民政府常务副省长谢建辉在长沙主持召开会议，专题研究张家界大鲵国家级自然保护区水电站整治工作。

是日，2019年第九届海峡两岸旅游观光研讨会暨民宿旅游发展高峰论坛在张家界开幕。湖南省文化和旅游厅厅长陈献春，市委书记、市人大常委会主任虢正贵，北京第二外国语学院校长计金标，吉首大学校长廖志坤，台湾高雄餐旅大学校长林玥秀，湖南省委台湾工作办公室副主任黎里溪分别致辞。副市长欧阳斌主持开幕式。

10日，中国演出行业协会旅游演艺分会成立大会在张家界举行。文化和旅游部党组成员王晓峰致辞，市委书记、市人大常委会主任虢正贵致欢迎词。文化和旅游部产业发展司司长高政、湖南省文化和旅游厅厅长陈献春、湖南省文化和旅游厅副厅长肖凌之、市人民政府副市长欧阳斌、中国演出行业协会会长朱克宁参加成立大会。

13日，市委书记、市人大常委会主任虢正贵会见来访的韩国河东郡议长慎在范一行，双方就加强和推进两地之间的交流合作进行交谈。

19日，2019湖南红色旅游文化节暨桑植民歌节在桑植县中国工农红军第二方面军长征出发地刘家坪开幕，湖南省委常委、省军区政委冯毅宣布2019年湖南红色文化旅游节暨桑植民歌节开幕。湖南省人民政府副省长吴桂英讲话。湖南省委宣传部副部长、湖南省文化和旅游厅党组书记禹新荣，市委书记、市人大常委会主任虢正贵，文化和旅游部资源开发司副司长石艳杰在开幕式上致辞。市政协副主席、桑植县委书记刘卫兵致欢迎辞。开幕式由市委副书记、市长刘革安主持。中国国防金融研究会秘书长、少将孔红彬，省文化和旅游厅副厅长郭固权，江西省文化和旅游厅副厅长郎道先。

20日，市委书记、市人大常委会主任虢正贵会见长沙银行总行党委书记、董事长朱玉国一行。

21日，市委书记、市人大常委会主任虢正贵会见华侨城集团战略规划部总经理汪文进带领的考察团一行。

是日，市委副书记、市长刘革安会见中国供销集团党委书记、董事长侯顺利一行，双方围绕农业现代化、冷链物流等领域进行洽谈。

是日，市委副书记、市长刘革安会见五矿二十三冶建设集团有限公司党委副书记、总经理吴建国一行，双方围绕城市建设与开发等进行深入交流。

22日，市委副书记、市长刘革安会见深圳华侨城集团战略规划部总经理汪文进一行，双方围绕文旅融合发展等进行洽谈。

23日，市委副书记、市长刘革安会见韩国国会议员李元旭带领的“IEF2019湖南·马栏山国际数字娱乐嘉年华”韩国访问团，双方就加强和推进两地之间的交流合作进行交谈。

28日，市委书记、市人大常委会主任虢正贵会见北京平安快轿科技有限公司董事长付友忠，双方就合作相关事宜进行深入交流。

是日，市委副书记、市长刘革安主持召开吉首大学张家界学院转设工作会议。

29日，市委书记、市委退役军人事务工作领导小组组长虢正贵主持召开中共张家界市委退役军人事务工作领导小组第一次会议，深入学习习近平总书记关于退役军人工作的重要论述，听取市退役军人事务工作情况汇报，审议《中共张家界市委退役军人事务工作领导小组工作规则（暂行）(审议稿)》《中共张家界市委退役军人事务工作领导小组办公室工作规则（暂行）(审议稿)》，研究2019年度市本级退役军人和随调随军家属安置方案。

12月

3日，市委书记、市人大常委会主任虢正贵主持召开市“五馆一院一中心”工作汇报会。

是日，市委书记、市人大常委会主任虢正贵会见北京中电兴发科技有限公司董事长瞿洪桂一行。

4日，市委副书记、市长刘革安会见祥源控股集团有限责任公司董事长俞发祥一行，双方围绕旅游发展、文旅融合等进行交流。

8日，市委书记、市人大常委会主任虢正贵会见新松机器人投资有限公司总裁郝占岗一行，市领导欧阳斌参加。

是日，市委副书记、市长刘革安会见韩国河东郡副郡守朴琴锡一行，双方就进一步深化合作、密切交往进行交流。

9日，市委书记、市人大常委会主任虢正贵一行会见参加丝绸之路友好城市协作体张家界年会的友好城市代表。

是日，丝绸之路友好城市协作体2019年(张家界)年会在张家界市召开。省人民政府副省长何报翔，全国人大代表、丝绸之路国际总商会主席吕建中等出席会议并致辞。市委书记、市人大常委会主任虢正贵宣布年会开幕，市委副书记、市长、丝绸之路友好城市协作体首任轮值主席刘革安主持开幕式。

是日,张家界市国际友好城市座谈会举行。市委书记、市人大常委会主任虢正贵主持会议,市委副书记、市长刘革安作主旨发言。

10~11日,市委经济工作务虚会召开。市委书记、市人大常委会主任虢正贵主持会议并讲话,会议邀请省统计局核算处专家作当前经济形势和统一核算改革专题辅导。

11日,市委副书记、市长刘革安会见摩尔多瓦共和国新阿内尼市市长亚历山大·马塔林、布里切尼市市长戈罗金斯基·维塔利、奥克尼察市副市长阿塔玛尼克·维克多一行,就加强交流合作、促进沟通往来进行交流。

12日,国铁集团副总经理王同军到黔张常铁路张家界西站、桑植站,就项目建设情况进行调研。广铁集团党委书记、董事长武勇,沪昆客专湖南分公司党委书记、总经理孔文亚,省政府副秘书长张志军,市领导虢正贵、刘革安、李传荣参加。

是日,市委书记、市人大常委会主任虢正贵会见中南控股集团董事兼中南汉堃投资公司总裁张晓军一行,双方就合作事宜进行深入交流。市领导单铸飞、欧阳斌参加。

13日,张家界爱乐乐团汇报演出交响音乐会在长沙音乐厅举行。湖南省委常委、省委宣传部部长张宏森出席,省委宣传部常务副部长蒋祖烜等省、厅领导观看演出。市委书记、市人大常委会主任虢正贵出席并致辞,市委副书记、市长刘革安主持。市领导单铸飞、郭天保、欧阳斌一同观看。

18日,全省精神文明建设工作表彰大会上,张家界市获评2018届湖南省文明城市,省委书记杜家毫颁奖,市委书记、市人大常委会主任、市文明委主任虢正贵上台领奖并作经验发言。

21~22日,市委书记、市人大常委会主任虢正贵赴北京考察项目,精准对接洽谈项目合作。市领导单铸飞、欧阳斌参加。

26日,黔张常铁路开通运营仪式在张家界举行。省委书记、省人大常委会主任杜家毫宣布黔张常铁路正式开通运营。省委副书记、省长许达哲出席并讲话。中国铁路集团有限公司党组成员、副总经理郭竹学致辞,张家界市委书记、市人大常委会主任虢正贵代表沿线市州发言。开通运营仪式由省委常委、常务副省长谢建辉主持。省领导张剑飞、叶红专、陈飞,以及广铁集团和常德、张家界、湘西州主要负责人出席。市领导刘革安、汪业元、胡丘陵、艾可知、单铸飞、曾超群、李传荣参加。

是日,黔张常铁路建设总结表彰会召开,对在黔张常铁路张家界段建设过程中涌现的一批先进单位、先进个人和荣誉市民进行表彰鼓励。市委书记、市人大常委会主任虢正贵出席表彰大会并讲话,市委副书记、市长刘革安主持大会仪式。

27日,张家界市第七次妇女代表大会开幕。省妇联党组书记、主席姜欣到会祝贺,市委书记、市人大常委会主任虢正贵出席开幕式并讲话。

是日,张家界市第四次归侨侨眷代表大会召开。省侨联党组书记、副主席黄芳,市委副书记、市长刘革安出席开幕式并讲话。

是日,张家界市人民政府召开七届六次全体会议,审议《政府工作报告(全会审议稿)》,安排部署岁末年初工作。市委副书记、市长刘革安出席会议,市委常委、常务副市长曾超群主持会议。

张家界概况

地　理

【位置面积】　张家界市位于湖南西北部，距省会长沙398千米，它的地理位置坐标是：北纬28°52′至29°48′，东经109°40′至111°20′。东与常德市的石门县与桃源县交界，南与沅陵县毗连，西和永顺县、龙山县接壤，北和湖北省的鹤峰县和宣恩县为邻，总面积9533平方千米，东西最长167千米，南北最宽96千米。　　（赵　琳）

【地形地貌】　张家界市地貌构造复杂，主要有山地、岩溶、丘陵、岗地和平原等，山地面积占总面积的76%，其中最具特色的是石英砂岩峰林地貌，为世界罕见。城市地势西北高，沿澧水向东南倾斜。武陵山脉自贵州云雾山分支，入张家界市后又分成三支山系贯穿城市全境。张家界市境内山峦重叠，地表起伏很大，最高点海拔1890.4米，最低点海拔75米。市境地貌以山地为主，地势西北高，沿澧水倾斜，中部沿澧水两岸呈北东向缓低，南部山地向沅水递降。

张家界以其得天独厚的旅游资源闻名于世。中国第一个国家级森林公园张家界和天子山、索溪峪两个自然保护区组成的武陵源风景区面积达369平方千米，区内以世界罕见的石英砂岩峰林峡谷地貌为主体，集桂林之秀、黄山之奇、华山之险、泰山之雄于一体，藏桥、洞、湖、瀑于一身，有“扩大的盆景、缩小的仙山”之美称。

（谷忠秋）

【气候】　2019年，张家界市气温整体偏高，降水偏少，日照偏少，极端气候事件频发。

气温。全市年平均气温为17.3℃，较常年偏高0.3℃，各县(区)年平均气温桑植县16.8℃，永定区17.8℃，慈利17.2℃。与常年相比，桑植偏高0.4℃，永定偏高0.6℃，慈利偏低0.2℃。年极端最高气温39.4℃，出现在8月17日(永定)；年极端最低气温-2.5℃，出现在1月1日(慈利)。

降水。全市年平均降水量为1031.4毫米，较常年偏少351.0毫米，各县(区)年降水量分别是桑植县1124.3毫米，永定区1030.9毫米，慈利939.0毫米，与常年相比，桑植偏少293.9毫米，永定偏少314.7毫米，慈利偏少444.4毫米。国家气象站年最大日降水量为66.8毫米，出现在7月23日(桑植)。国家气象站共出现暴雨5站次，较历年偏少8.3站次，大暴雨0站次，较常年偏少2.4站次。

日照。全市年平均日照为1248.2小时，较常年偏少44.2小时。全市各县(区)日照时数桑植1117.9小时，永定1278.3小时，慈利1348.6小时，与常年相比，桑植、永定、慈利分别偏少8.4小时、90.1小时、34.1小时。

主要天气气候事件。2019年，张家界主要天气气候事件有低温雨雪冰冻、罕见持续低温阴雨寡照、暴雨、雷雨大风、冰雹、雷电、5月低温、连阴雨、夏季高温热害、伏秋连旱、寒潮及大风、霜冻、雾、霾等。

冬季低温雨雪冰冻天气过程。年内全市共出现三次低温雨雪冰冻天气过程，1月1~3日，张家界市延续2018年12月27日开始出现的低温雨雪冰冻天气过程，各区县还残留有积雪并有冰冻，最低气温-2.5℃(慈利站，1月1日)。2019年2月8~10日，张家界市最低气温降幅3℃~5℃，过程最低气温-1.3℃(慈利)，并有电线结冰，出现轻度冰冻。2019年2月17~18日，张家界市最低气温降幅3℃左右，过程最低气温-0.8℃(慈利)，桑植、慈利出现电线结冰，轻度冰冻。

春季五月低温。受冷空气和降雨影响，5月上旬和中旬出现两段“五月低温”天气。5月上旬，张家界市平均气温18.4℃，较常年偏低2.3℃，较上年偏低2.6℃，位居1958年有气象资料以来历史同期第14低值。桑植5月1~9日出现持续9天日平均气温12℃~20℃的中度“五月低温”天气，张家界、慈利5月5~9日出现持续5天日平均气温15℃~20℃的轻度“五月低温”天气。5月12~16日，张家界全市出现持续5天日平均气温16℃~20℃的轻度“五月低温”天气。

夏季高温热害。年内张家界市平均高温日数41.7天，较常年偏多20.9天，7~8月张家界市出现两段不同程度的高温热浪天气过程。8月11~25日，桑植、张家界、慈利3县(区)出现持续11~15天的中度高温热浪天气，过程极端最高气温达39.4℃(8月17日，张家界)。桑植、张家界的高温最长持续时间分别为13天、18天，达到极端高温事件标准。

伏秋连旱。2019年干旱天数桑植、张家界、慈利分别为64天、70天、77天。干旱形势西部轻、东部重，整体较上年严重。受伏秋连旱影响，江河、水库水位持续偏低，人畜饮水困难，森林火险等级高。

罕见持续低温阴雨寡照。2018/2019年冬季，受持续活跃的冷空气和暖湿气流共同影响，张家界市平均日照时数创历史同期新低，降水日数创历史同期新高，气温明显偏低，遭遇低温阴雨寡照天气长达86天，过程持续时间为1958年有气象记录以来的极值。日照时数创历史同期新低。

局地强对流。年内张家界市各县(区)共出现2次冰雹、20站次大风，受灾较重。4月8日21时至4月9日1时，桑植洪家关乡的杆塔村打鼓泉村、廖家村镇、桥自湾镇、陈家河镇、武陵源索溪峪街道等地出现冰雹，此次冰雹过程最大直径30毫米。7月30日16时05~10分，武陵源景区出现短时小冰雹。　　（梁　可　陈孟琼）

资　源

【土地资源】　根据全国第三次国土调查统计，2019年末全市土地总面积953387.11公顷，占全国土地总面积的0.09%，占全省土地总面积的4.5%。按照土地利用现状一级分类：农用地903406.07公顷，占土地总面积的94.76%；建设用地35886.12公顷，占土地总面积的3.76%；未利用地14094.92公顷，占土地总面积的1.48%。按照权属性质分类：国有土地面积49130.64公顷，占土地总面积的5.15%，集体土地面积904256.47公顷，占土地总面积的94.85%。2019年末耕地保有量为11923.43公顷，其中水田77940.71公顷，旱地41289.72公顷，划定基本农田89969.4公顷。

【矿产资源】 截至2019年底，全市发现矿产50种,其中能源矿产2种,金属矿产8种,非金属矿产17种,水气矿产1种。已探明储量的矿产资源32种,分布矿产地有333处，其中大型矿床12处,中型矿床34处,主要有煤、铁、镍钼、铝土、石灰岩、硅石、铝、大理石、磷矿、矿泉水等,镍钼矿、铝土矿、铁矿储量分别居全省第1位、第2位、第4位。开发利用的矿产以建筑石料岩、饰面用灰岩、铁矿、石煤等矿种为主。2019年末全市矿产储量规模总量25083.1万吨，矿产储量估算价值198.26亿元。 (谷忠秋)

【水利资源】 张家界市多年平均降水量为1532毫米,多年平均水资源总量为86.21亿立方米，其中地表水资源量为86.21亿立方米，地下水资源量为18.22亿立方米（地下水非重复量为18.22亿立方米）。全市水力资源理论蕴藏量为168万千瓦，可开发总量为145.35万千瓦。全市水资源总量居全省第12位,人均占有地表水资源量5072立方米,人均水资源占有量为全国人均的2倍多。

2019年，张家界市降水量为1209.52毫米,水资源总量73.87亿立方米,属偏枯年份。各行业用水总量为5.12亿立方米，其中农业用水3.3547亿立方米、工业用水0.5385亿立方米、城镇生活用水0.4023亿立方米(其中服务业0.3144亿立方米)、生态环境用水0.1423亿立方米；农田灌溉水有效利用系数为0.5482；重要江河湖泊水功能区水质达标率为100%。

(雷国文　吴飞武)

【水文资源】 张家界市位于湖南省西北部，地处云贵高原隆起与洞庭湖沉降区结合部,介于东经109°40′至111°20′、北纬28°52′至29°48′之间,东接石门、桃源县,南邻沅陵县,西接永顺、龙山县,北抵湖北省的鹤峰、宣恩县。市界东西最长167千米,南北最宽96千米。全市总面积9517平方千米,占全省面积的4.5%。其中水面面积214平方千米,占全市面积的2.25%。市境水系主要有澧水和沅水。澧水发源于湘西州龙山县大安乡翻身村,经桑植、永定到慈利流入常德石门县。市境内支流密布,5千米以上溪河有212条，水资源极为丰富。

2019年全市年平均降水量1209.5毫米,较上年偏少24.60%,较多年平均偏少21.08%。属偏枯水年。地表水资源量73.88亿立方米，比上年偏少19.10%，较多年平均偏少14.60%，地下水资源量14.86亿立方米,水资源总量73.88亿立方米。

(田胜中)

【生物资源】 截至2019年底,张家界市内有木本植物106科320属850种,脊椎动物146种。其中有国家级保护植物56种,国家级保护动物40种。珍奇树种有银杏、珙桐、红豆杉、樱花等;名贵药材有灵芝、天麻、何首乌、杜仲等;珍稀动物有大鲵、苏门羚、云豹、猕猴、灵猫等。 张家界市森林资源丰富,全市有林业用地面积67.47公顷,占71%。森林覆盖率达64.61%,名列全省第一。 (谷忠秋)

【旅游资源】 截至2019年底,张家界市是生态功能区，全市森林覆盖率达70.98%,武陵源森林覆盖率达85.28%,核心景区空气负氧离子含量丰富,部分区域的负氧离子含量高达10万个/每立方厘米，全市有4个国家和1个省级森林公园、1个国家级自然保护区和7个自然保护区、27个保护小区,整个自然保护区面积达7.11万公顷，占全市总面积的10%。张家界地貌、喀斯特地貌、丹霞地貌和丘陵地貌如一幅幅风格迥异的山水画卷，美轮美奂。张家界市是澧水发源地,澧水贯穿全境，最大支流为娄江，版图横跨沅、澧两大水系,地下水资源富足。利用水资源开发1湖（宝峰湖)、2家温泉、3条漂流等旅游区。张家界市是宗教圣地,有普光禅寺、五雷山、紫霞观、天门山寺等宗教朝觐圣地，普光禅寺是儒佛道三教合一的明代寺院，比北京的故宫还早建7年（故宫建成于明永乐十八年,即公元1420年),比湖北武当山金殿早建3年（武当山金殿建成于明永乐十四年,即公元1416年),比四川峨眉山仙峰寺与报国寺早建100多年，此外还有云朝山寺、宝峰寺、观音寺(观音圣境)、三官寺、四十八寨(星德山)等宗教资源价值不菲。张家界市是革命老区，红二方面军长征出发地,是贺龙元帅的故乡,是湘鄂西、湘鄂边和湘鄂川黔革命根据的策源地和中心区域，中华苏维埃湘鄂川黔革命根据地政府曾设于现在的市城区,这里先后有近10万人参加红军,2万多人为革命捐躯，现在的四个区县均为国家一级革命老区。张家界市是民族地区,有土家族、白族、苗族等46个少数民族，少数民族人口占总人口的75.28%。 有非物质文化遗产10大类730多项。有武陵源旅游区、天门山旅游区、张家界大峡谷旅游区和红岩岭户外运动公园等各类景区景点300多个,景城之间、景区之间的车程均不超过1个小时。有国家等级旅游区23家，包括AAAAA级景区2家、AAAA级景区10家、AAA级景区11家,其中武陵源风景区217.4平方千米石英砂岩峰林世界绝版，被世界地貌组织命名为“张家界地貌”,先后摘获中国首批世界自然遗产、全球首批世界地质公园、世界“张家界地貌”命名地、中国第一个国家森林公园、国家首批5A级旅游区、全国文明风景区“六张烫金名片”,是湖南省开放的窗口、迎宾的客厅、美丽的名片和旅游的龙头。

(田洪曼)

政　区

【行政区划现状】 2019年,张家界市设二区二县,共4个县级行政区划;14个街道（其中6个没有行政区划代码)、34个镇、30个乡（含民族乡12个),共78个乡镇级行政区划。

(陈会丽)

【行政区划调整】 2019年，张家界市没有县(市、区)行政区划调整情况。

(陈会丽)

【乡镇行政区划变更】 2019年，张家界市没有乡镇行政区划变更情况。

(陈会丽)

【行政区划界线管理】 2019年，张家界市牵头完成“张怀线”市级界线第四轮

联合检查工作，联检总里程140.3千米。同时督促指导区县完成“慈武线”、“永桑线”县级界线联合检查工作。（陈会丽）

表1　2019年张家界市行政区划统计一览表(一)

序号	区县名称	街道（个）	镇（个）	乡（个）	民族乡（个）	乡镇总数
1	永定区	10（其中4个没有行政区划代码）	7	7	0	14
2	武陵源区	4（其中2个没有行政区划代码）	0	2	0	2
3	慈利县	0	15	3	7	25
4	桑植县	0	12	6	5	23

（陈会丽）

表2　2019年张家界市行政区划统计一览表(二)

序号	永定区	永定、崇文、南庄坪、大庸桥、西溪坪、官黎坪、后坪、阳湖坪、枫香岗、沙堤10个街道（其中后坪、阳湖坪、枫香岗、沙堤街道没有行政区划代码）；王家坪、教字垭、茅岩河、新桥、尹家溪、天门山、沅古坪7个镇；桥头、谢家垭、四都坪、合作桥、罗塔坪、罗水、三家馆7个乡
1	武陵源区	军地坪、锣鼓塔、索溪峪、天子山4个街道（其中索溪峪、天子山街道没有行政区划代码）；协和、中湖2个乡
2	慈利县	零阳、岩泊渡、溪口、东岳观、通津铺、杉木桥、象市、江垭、苗市、高桥、广福桥、三合、零溪、二坊坪、龙潭河15个镇；南山坪、洞溪、杨柳铺3个乡；高峰、金岩、阳和、三官寺、许家坊、赵家岗、甘堰7个土家族乡
3	桑植县	瑞塔铺、澧源、利福塔、廖家村、龙潭坪、五道水、人潮溪、官地坪、陈家河、八大公山、凉水口、桥自湾12个镇；竹叶坪、空壳树、上洞街、河口、上河溪、沙塔坪6个乡；走马坪、刘家坪、洪家关、芙蓉桥、马合口5个白族乡

（陈会丽）

表3　张家界市行政区划一览表(2019年12月31日)

序号	区、县	街　道	乡　镇			
			镇	乡	民族乡	小计
1	永定区	10（其中4个没有行政区划代码）	7	7	0	14
2	武陵源区	4（其中2个没有行政区划代码）	0	2	0	2
3	慈利县		15	3	7	25
4	桑植县		12	6	5	23
5	合计	14（其中6个没有行政区划代码）	34	18	12	64

（陈会丽）

人口·民族·宗教

【人口总量】　2019年末，全市常住人口154.92万人，较上年增长1.13万人，增长率0.73%。其中城镇人口78.21万人，常住人口城镇化率50.48%，比上年增长1.28个百分点；乡村人口76.71万人，占比49.52%。（刘晋嘉）

【城乡人口】　2019年末，张家界市常住人口中，居住在城镇的人口487848人，城镇化率28.80%，比上年末提高1.07个百分点；居住在乡村的人口1205919人，占71.2%，比上年末降低1.07个百分点。（唐汇龙）

【年龄结构】　2019年末，全市0~14岁人口26.1万人，占比16.85%，比重较上年下降1.15个百分点；15~64岁人口104.77万人，占比67.63%，比重较上年上升0.63个百分点；65岁以上人口24.04万人，占比15.52%，比重较上年上升0.52个百分点。

【性别结构】　2019年末，全市女性常住人口76.04万人，比上年增加0.42万人，男性常住人口78.88万人，比上年增加0.71万人，女性、男性性别比为100:103.73。（刘晋嘉）

【人口流动】　2019年末，张家界市常住人口中，流动人口89275人，较2018年增加3458人，增幅4.03%；市辖区流动人口数71012人，增幅4.03%。省内流入人口3839人，省外流入人口1826人；省内迁出人口4077人，省外迁出人口3711人。（唐汇龙）

【生育水平】　2019年末，全年全市人口出生率9.54‰，比上年下降0.97个

千分点；人口死亡率 6.63‰，比上年下降 0.25 个千分点；人口自然增长率 2.93‰。（刘晋嘉）

【城镇化水平】 城镇化率为 28.80%，与 2018 年度城镇化率相比，提高 1.07 个百分点。（唐汇龙）

【城镇非私营单位从业人员】 2019 年末，全市城镇非私营单位从业人员 98876 人，增长 16.96%。其中，国有经济单位 57836 人，增长 15.45%；集体经济单位 3304 人，增长 28.26%；其他经济单位 37736 人，增长 18.44%。分行业看，教育业 18561 人，增长 75.67%；卫生和社会工作 9793 人，增长 29.59%；水利、环境和公共设施管理业 3990 人，增长 44.51%。（刘晋嘉）

【城镇非私营单位在岗职工年平均工资】 2019 年，全市城镇非私营单位在岗职工年平均工资 72258 元，增长 1.16%。其中，国有经济单位 82414 元，增长 4.61%；集体经济单位 58152 元，增长 8.63%；其他经济单位 56267 元，下降 5.49%。分行业看，水利、环境和公共设施管理业 62163 元，增长 31.33%；制造业 51195 元，增长 22.76%；交通运输、仓储和邮政业 76714 元，增长 10.65%。（刘晋嘉）

【世居少数民族】 张家界是少数民族聚居区，全市 1693767 人常住人口中有少数民族 1278870 人，占总人口的 74.5%。有少数民族种类 43 个，占全国少数民族种类的 78%。其中全市少数民族中排名相对靠前的分别有：土家族 1126885 人，占少数民族人口数的 88.11%；白族 119371 人，占少数民族人口数的 9.33%；苗族 31046 人，占少数民族人口数的 2.42%；回族 1568 人，占少数民族人口数的 0.12%，其他少数民族 37261 人，占少数民族人口数的 2.901%。（梅志刚）

【宗教信仰概况】 张家界市是湖南省宗教工作重点市州之一，永定区、慈利县为全省宗教工作重点区县。全市共有 5 个大教信仰群众 7.62 万余人，有认定备案教职人员 139 人，爱国宗教团体 8 个，依法登记开放的宗教活动场所 63 处，其中天门山寺、普光禅寺、五雷山道观、紫霞观、张家界基督教福音堂为省级重点宗教活动场所。（褚宏祺）

经济社会发展

【概况】 2019 年，张家界市地区生产总值 552.1 亿元，同比增长 7.6%。其中，一、二、三产业增加值为 69.46 亿元、81.36 亿元和 401.28 亿元，分别增长 3.4%、6.7%和 8.5%，对经济增长的贡献率分别为 5.2%、13.9%和 80.9%。按常住人口计算，人均 GDP 为 35767 元，增长%。产业结构由上年同期的 10.2:17.7:72.1 优化为 12.6:14.7:72.7。

抓产业。省“五个 100”产业项目完成投资 25.7 亿元，完成年计划任务的 138.9%。张家界市“52151”项目，50 个重大产业项目、20 个科技创新项目、10 个重大产品创新项目分别完成 108.09 亿元、2.62 亿元、2.48 亿元，完成年计划任务的 123.3%、103%、101%。工业投资、工业技术改造投资、高新技术产业投资分别增长 25%、32.5%和 44.8%。农业稳定增长。“五大农业特色产业”质效提升，优势农产品发展“3+2+N”三年行动计划加快推进。全市粮食种植面积 13.982 万公顷，总产量 61.9 万吨；种植稻谷 5.33 万公顷，总产量 35 万吨左右。现代服务业加快发展。接待旅游总人数 8049.3 万人次，增长 16.4%，高于全省平均水平 6 个百分点；实现旅游总收入 905.59 亿元，增长 23.6%，高于全省平均水平 8 个百分点。公路客运量和旅客周转量分别增长 18%、12.8%；航空起落架次增长 24.2%，其中口岸出入境航班架次增长 80.6%。

稳内需。全社会固定资产投资增长 7.8%，其中非国有投资增长 45.1%、民间投资增长 33.6%。黔张常铁路建成通车，张家界千古情、冰雪大世界开门营业，全市 139 个重点项目完成投资 260.97 亿元，完成年计划任务的 130.5%。社会消费品零售总额增长 10.2%，成功举办第十九届国际森林保护节、民俗旅游文化活动月、湖南省红色旅游文化节等展会活动，以及翼装飞行世锦赛、“天路”自行车挑战赛、第 17 届亚洲捷兔慢跑会等精彩赛事。

三、防风险。平台公司清理整合至 9 家，市本级综合债务率大幅下降，区县债务风险平稳可控。精准脱贫成效明显。全市整合财政涉农资金 11.18 亿元，投入产业扶贫 2.79 亿元，实现 38 个贫困村出列、24444 名贫困人口脱贫，贫困发生率下降至 0.4%。污染防治强力推进。加大大鲵自然保护区水电项目整治，关停退出 86 座水电站，拆除大坝 39 座。武陵源世界自然遗产保护顺利通过第 43 届世界遗产大会审议。城市空气质量排名全省第二。

促改革。“一件事一次办”推进顺利，公布 115 个“一件事一次办”事项目录清单，公布套餐数量居全省第五。工程建设项目审批制度改革与全省同步，招投标领域专项整治成效明显。张家界市建立的投资项目中介服务超市规范中介服务工作走在全省前列。企业登记注册便利化，申报材料减负 40%，办理时限压缩至 3 个工作日以内。

优环境。调整市优化经济发展环境领导小组成员，改由市委书记任第一组长、市长任组长，5 名市委常委和 1 名副市长任副组长。开展为期 4 个月的营商环境专项整治，查处通报 27 件典型案件。在全省率先开通张家界优化营商环境微信公众号。率先在省内将联合惩戒信用核验服务嵌入全市 734 项行政审批和服务事项中。张家界市城市信用状况逐月提升，2019 年 12 月份在全国 261 个地级市中排第 87 位。

扩招商。成立 4 个驻外招商联络处，引进东方希望集团、正大集团、世茂集团等“500 强”企业。全年参加国、省洽谈活动 5 次，举办重大招商推介活动 5 次，签约招商项目 59 个，已履约项目 44 个，开工 22 个。外贸进出口总额增长 41%；实际利用内外资增长 18.8%、12.2%。

惠民生。新增城镇就业人员 10240 人、农村劳动力转移就业 13041 人，城镇登记失业率 2.88%。城镇居民人均可支配收入增长 8%、农民人均可支配收入增长 9.6%。改造 103 个 1281

栋146.7万平方米老旧小区，中心城区人均绿地面积9.64平方米。易地扶贫搬迁34589人、危房改造3100户。全市化解大班额402个，位列全省第一；资助贫困学生100394人7286.15万元。全市共建立医联体37个，覆盖70余家基层医疗单位；311个行政村的卫生室已配备到位。（张 奎）

【经济体制改革】2019年，张家界市统筹完成13大项24小项经济体制改革任务。

一、深入推进简政放权。推动“网上办、马上办、一次办、就近办”，“互联网+政务服务”一体化平台迭代升级，实现向乡村和微信端延伸，张家界政务通微信公众号上线。市本级行政审批事项进一步精简，基本完成全市行政权力事项梳理，各类行政权力事项实施清单同步发布，永定区开展事权下沉服务试点工作。商事制度改革持续发力，扎实推进“证照分离”、“多证合一”、“证照联办”等系列改革，实现37证合一，全市企业开办时间压缩至3个工作日内。2019年，各项申请材料减少28.5%，办理环节合计减少72.6%，办理时限合计减少50.1%，跑动次数合计减少73.4%；永定区在省政府组织召开的全省“一件事一次办”改革现场推进会上做书面交流；《湖南日报》报道题为“张家界：一件事一件办，办到群众心坎上”的市市场监管局商事制度改革成果。

二、大力推行放管结合。进一步规范公共资源交易项目进场交易行为，坚持应进必进，做到“平台之外无交易”。建立推进公共资源配置领域政府信息公开制度。社会信用信息共享交换平台不断优化，升级联合奖惩系统、信用承诺系统等功能。在2019年全国301个地级市(含地州盟)城市信用状况监测排名中名列87位，较上年同期上升129位。加强政务诚信建设，制定加强政务诚信建设的实施方案。

三、着力提升优化服务。推行“多规合一”改革，正式启动张家界市国土空间规划、专项规划编制工作。建立“多规合一”协同审批平台，优化工程建设项目策划生成流程。

四、推进国企国资和混合所有制改革。改革国有企业薪酬决定机制，出台监管企业工资总额管理办法。完成铁路、机场2家企业“三供一业”分离移交改革。推进市自来水公司现代化制度改革。完成市路桥公司事企分离改革。完成市路灯管理所事企分离改革。

五、大力推进产业融合发展。深入推进旅游跨界融合，印发“旅游+”融合发展实施意见，加快推进旅游与农业、水利、林业、体育、商业等融合发展。出台全市文旅产业园的建设方案，加快旅游与文化产业融合，催生旅游新业态。

六、深化园区体制机制改革。完善全市产业园综合考评机制，制定市园区产业发展专项资金管理办法。建立工业集中区联动发展体制机制，出台联动发展实施方案。

七、健全振兴实体经济的支持政策和机制。加快推进新型工业化进程，制定推进新型工业高质量发展的若干措施。建立支持民营经济发展机制，制定推动民营经济高质量发展的若干意见的通知，制定20条政策措施。健全招商引资项目支持政策和激励机制，制定招商引资奖励办法、招商引资项目攻坚年活动实施方案及配套措施。2019年，全市民间投资实现同比33.6%的高速增长，湖南频道的“营商环境看市州”专栏报道张家界印发《关于关于推动民营经济高质量发展的若干意见》，就推动民营经济高质量发展问题打出具有战略意义的“张家界20条”组合拳的改革内容。

八、深化机构和行政体制改革。全面完成市县党政机构、人大政协机构改革和社会团体改革。完成社会组织改革阶段性工作任务。完成乡镇（街道）机构改革、综合行政执法改革和事业单位改革。（刘孟璇）

【经济发展情况】 2019年，张家界市地区生产总值552.1亿元，同比增长7.6%，与全省增速持平。分产业看，第一产业增加值69.46亿元，增长3.4%；第二产业增加值81.36亿元，增长6.7%；第三产业增加值401.28亿元，增长8.5%。

农业。全年农林牧渔业实现增加值72.2亿元，比上年增长3.6%。其中，农业增加值47.5亿元，比上年增长3.7%；林业增加值7.5亿元，增长3.8%；牧业增加值12.1亿元，增长2%；渔业增加值2.4亿元，增长1.8%。

工业和建筑业。全年工业增加值41.9亿元，增长7.5%。规模以上工业增加值增长8.0%，省级及以上产业园区工业增加值增长9.5%，高技术制造业增加值增长14%。规模以上工业主要产品产量增长60.4%，比上年提高12.1个百分点。全年建筑业增加值39.5亿元，增长5.8%。房屋建筑施工面积549.5万平方米，增长28%。

第三产业。《张家界市全域旅游促进条例》正式实施，接待旅游总人数8049.3万人次，增长16.4%，高于全省平均水平6个百分点；实现旅游总收入905.59亿元，增长23.6%，高于全省平均水平8个百分点。武陵源风景区、天门山先导区、张家界大峡谷3家省级服务业示范集聚区效应凸现，文化演艺饮誉中外，高端盛会频聚张家界，带动信息软件、商贸物流、体育赛事等服务业蓬勃发展。

投资。固定资产投资增长7.8%。分经济类型看，国有投资下降38.5%，非国有投资增长45.1%。分投资方向看，工业投资增长0.6%，民生投资增长360.7%，基础设施投资增长27.6%，工业技改投资增长6.4%，生态投资下降32.6%，高新技术产业投资下降33.0%。全年房地产开发投资比上年增长22.7%，全年商品房施工面积、销售面积分别增长28%、42%。

消费。全社会消费品零售总额为253.56亿元，增长10.2%。按经营地分，城镇消费品零售总额185.56亿元，增长10.5%；乡村消费品零售总额68亿元，增长9.5%。分行业看，批发业、零售业、住宿业、餐饮业分别增长10%、10.3%、10.6%、9.8%。

收入。全年一般公共预算收入65.37亿元，增长8%；地方财政收入37.69亿元，增长8.8%；税收收入25.57亿元，增长10%。全体居民人均可支配收入18026元，增长9.5%；其中城镇居民人均可支配收入26811元，增长8%；农村居民人居可支配收入10480元，增长9.6%。（张奎）

【社会体制改革】 2019年，张家界市统筹完成8大项16小项社会体制改革任务。

一、深化医药卫生体制改革。健全基层公共医疗服务体系，推进医疗卫生城(县)乡一体化改革,在慈利县开展试点,形成可复制的经验后推广。建立公立医疗机构医疗服务价格动态调整机制。制定市城(县)乡医疗集团按人头打包付费工作的指导意见。建立药物耗材供应保障新机制。完成薪酬制度改革，进一步完善基层医疗卫生机构绩效工资。

二、深化教育体制改革。健全教育保障体系,提升保障能力,制定市城区中心小学幼儿园三年 (2019~2021年)建设规划,力争通过三年努力,在市中心城市建设52所中小学幼儿园,新增义务教育标准学位20090个。

三、健全社会保障体系。创新社会救济机制，制定创新社会救助机制的实施意见。依托区县、乡镇(街道)服务大厅的民政窗口建立社会救助统一受理平台,完善“一门受理、协同办理”机制，并修订统一规范的窗口服务标准、内容、流程。

四、深化殡葬体制改革。健全殡葬公共服务和责任体制,完善监管机制,制定全面深化殡葬改革三年 (2019~2021年)行动实施方案,建立多部门联席会议制度。

五、健全食品药品安全监管体系。建立统一权威、覆盖全过程的监管制度，在全省率先出台加强食品药品监管体系建设实施意见。

六、深化安全生产领域改革。制定推进安全生产领域改革发展实施细则。

七、完善城市管理机制。建立城市精细化管理长效机制，制定城市精细化管理实施方案及系列配套措施。制定城市容貌管理规定和生活垃圾分类管理办法。整治城市管理和交通秩序，制定解决城市拥堵三年行动计划(2019~2021)。

八、健全房地产规范管理长效机制。健全商品房预售监督体系,制定商品房预售资金监督管理办法和“交房即交证”实施办法。探索解决市中心城区开发楼盘办证遗留问题，制定处理中心城区开发楼盘办证遗留问题实施细则。截止2019年底,市中心城区31个历史遗留问题楼盘已解决18个楼盘办证症结，正按市政府会议纪要进行不动产权登记。已有27个楼盘完成土地、房屋实测;20个楼盘取得规划核实意见书 (函);24个楼盘取得房屋质量监督报告;19个楼盘取得消防合格意见书。 (刘孟璇)

【固定资产投资】2019年，全市固定资产投资（不含农户）比上年增长7.8%。其中民间投资增长33.6%。分经济类型看,国有投资下降38.5%,非国有投资增长45.1%。分投资方向看,工业投资增长0.6%，民生投资增长360.7%,基础设施投资增长27.6%,工业技改投资增长6.4%,生态投资下降32.6%，高新技术产业投资下降33.0%。分地区看，永定区投资增长4.9%,武陵源区投资增长13.0%,慈利县投资增长12.9%，桑植县投资增长16.1%。

全年施工项目个数394个，比上年下降25.0%。其中,本年新开工项目185个,下降50.5%。本年投产项目个数231个,增长35.1%。项目投资本年国家预算资金下降62.6%，国内贷款下降2.0%,自筹资金增长40.9%。固定资产计划总投资增长27.1%。

全年房地产开发投资比上年增长22.7%。其中，商品住宅投资增长61.0%。商品房销售面积152.4万平方米,增长42.1%。商品房销售额97.0亿元，增长59.5%。其中，住宅销售额78.9亿元,增长70.0%。年末商品房屋待售面积8.5万平方米，下降11.7%，比上年末减少1.2万平方米。

投资结构调整明显。2019年,全市固定资产投资总量增长7.8%。受防范化解政府债务、政府性投资新开工项目不足等因素影响，项目投资下降10.1%;持续推进“52151”行动计划,产业项目建设加快实施,成效明显。按经济类型看,国有投资下降38.5%,非国有投资增长45.1%，民间投资增长33.6%,产业投资增长24.3%;按投资方向看,工业投资增长0.6%,民生投资增长360.7%,基础设施投资增长27.6%,工业技改投资增长6.4%,生态投资下降32.6%，高新技术产业投资下降33.0%。分产业看,第一产业投资下降42.3%；第二产业投资下降10.8%;第三产业投资增长10.7%。 (张建华)

【规模工业综合能源消费】 2019年，张家界市全社会用电量28.40亿千瓦时,同比增长6.17%。其中工业用电量6.93亿千瓦时,同比下降4.46%。三次产业中,第一产业用电量0.07亿千瓦时,同比增长6.37%;第二产业用电量7.89亿千瓦时,同比下降3.79%;第三产业用电量9.56亿千瓦时,同比增长9.93%。其中信息传输、软件和信息技术服务业增长14.86%,批发和零售业增长13.39%,公共服务及管理组织增长7.34%。城乡居民生活用电量10.88亿千瓦时,同比增长11.17%。其中城镇居民用电量5.17亿千瓦时,同比增长11.00%;乡村居民用电量5.71亿千瓦时,同比增长11.32%。分区县看,永定区全社会用电量增长6.95%，增速最快,其余区县均有不同程度增长。其中工业用电方面，武陵源区工业用电量增长5.44%,其他区县均下降。

(胡 岗)

对外开放

【概况】 2019年,全市商务系统全面实施“创新引领、开放崛起”战略,紧紧抓住机遇,加大招商力度,扩大对外贸易,优化营商环境和市场准入方式,使张家界市形成全方位开放的新格局。全市全年实现内联引资81.39亿元人民币,同比增长18.79%;共签约重大项目65个，合同引资978.2亿元,已履约项目52个,引进世茂集团、东方希望集团等三类500强企业、行业领军企业?15家。全市全年张家界市累计进出口总额106784万元,同比增长46.7%。其中出口103634万元，增长52.1%;进口3150万元,下降32.6%。

【招商引资】 2019年,张家界市开展招商引资项目攻坚年活动，招商引资实现多个创新。一是开全省之先河。成立张家界市招商引资委员会和招商引资项目执行委员会,由书记、市长分别任主任,相继出台《张家界市招商引资奖励办法(试行)》(张政办发〔2019〕14号)、《张家界市2019年招商引资项目攻坚年活动实施方案》(张招委发〔2019〕4号)、《关于开展招商引资项目攻坚“六个一”服务帮促活动的通知》(张招委办发〔2019〕2号)、《张家界市驻外招商联络处管理办法(试行)》(张招委办发〔2019〕4号)等重要文件。全年召开市招委会会议2次,市执委会会议7次。二是创建市之首创。首次成立张家界市驻粤港澳大湾区、驻长三角地区、驻北京、驻长沙4个驻外招商联络处。每个联络处由主任、副主任、招商专员组成,负责本区域招商引资工作。三是多举措招商。一是节会招商。先后组织举办“张家界国际精品旅游城市招商推介会暨重大项目签约仪式”、“张家界市与粤港澳大湾区知名商协会、企业对接恳谈会”、“张家界市生物医药产业暨特色农产品推介会”等市级专场活动。首次在长沙举行重大文旅产业招商引资项目集中签约仪式。二是驻点招商。各驻外招商联络处先后带领阿里巴巴集团、东方希望集团、新松集团、湘江高新区、平安快轿公司等客商到张家界市考察,前往上海均和集团、红星美凯龙集团、腾讯公司等叩门招商。三是亲情招商。组团参加张家界市2019年招商推介会暨广东省湖南张家界商会2018年年会,先后指导成立长沙市张家界商会和浙江省张家界商会两个张家界市异地商会,并在会上进行招商引资推介。四是招商成效显著。全年完成内联引资81.39亿元,同比增长18.79%,签约重大项目65个,合同引资额978.2亿元,引进世茂集团、东方希望集团等三类500强企业、行业领军企业15家。履约项目52个,履约率80%,开工项目31个。 (周雪原)

【进出口贸易】 2019年,张家界市累计进出口总额106784万元,同比增长46.7%。其中出口103634万元,增长52.1%;进口3150万元,下降32.6%。

一、一般贸易为主要进出口方式且增长较快。一般贸易进出口106014万元,增长50.7%,占张家界市进出口总额的99.28%,同比增加2.6个百分点。加工贸易进出口总额641万元,下降71.4%,占比0.6%。

二、传统贸易伙伴保持增长,“一带一路”沿线市场开拓有力。东盟为最大贸易伙伴,对东盟双边贸易额24293万元,同比增长28.9%;对“一带一路”沿线国家贸易50740万元,同比增长67.5%;对中东地区贸易额15110万元,增长138.5%;对非洲贸易额15863万元,增长210.6%。

三、民营企业为主导。民营企业进出口总额100106万元,增长52.8%,占张家界市进出口总量93.75%;“三资”企业进出口额6676万元,下降7.9%,占张家界市进出口总量6.25%。

四、机电产品、高新技术产品和传统劳动密集型产品出口增长较快。出口机产品45651万元,同比增长61.1%,占张家界市出口总值的44.58%;高新技术产品出口2773万元,增长50.5%,占比2.71%;服装类出口16838万元,增长240.5%,旅行用品出口4194万元,增长51.2%,鞋类体育运动用品出口3492万元,增长4.5%,塑料制品及玩具出口6202万元,增长70.8%。 (蔚建新)

精神文明建设

【概况】 2019年,张家界市精神文明建设工作坚持以习近平新时代中国特色社会主义思想为指导,以培育和践行社会主义核心价值观为根本,紧紧围绕市委、市政府工作大局,着力加强公民思想道德建设,着力深化群众性精神文明创建活动,着力提高公民文明素质和文明程度,全市精神文明建设各项工作取得新进展新突破。

一、推进社会主义核心价值观建设。切实强化教育引导、实践养成和制度保障。办好用好张家界文明网、“文明张家界”公众号,在报纸杂志、广播电视、网络媒体等舆论阵地及市城区主要路段路口、公共场所、工地围挡、电子显示屏等重要部位广泛制发核心价值观公益广告。深化开展清明、端午等“我们的节日”群众性活动。开展全市首批社会主义核心价值观建设示范点评选活动,建成农村、街道社区、机关单位、学校、企业、公园(广场)等6类示范点13个。开展第五届张家界市道德模范评选活动,表彰周海燕等道德模范及提名奖22名。姜玉忠获评第七届省道德模范提名奖。持续开展“我推荐我评议身边好人”活动,慈利县退休教师张家秀入选“中国好人榜”,19人(组)入选“湖南好人榜”。评选表彰一批“最美退役军人”“优秀无偿献血志愿者”等最美人物、身边好人。持续推动文明旅游、文明交通行动。抓好武陵源区旅游行业诚信等级评定工作。完成《张家界市文明行为促进条例》地方性立法。

二、推进新时代文明实践中心建设。着力建体系、搭平台,建队伍、办活动,在抓好武陵源区全国、全省试点建设工作基础上,全市整体推进新时代文明实践中心建设。经市委深改委会议审议,出台《张家界市新时代文明实践中心建设工作方案》。7月24日、12月31日分别在武源区、永定区召开建设工作推进暨现场交流会,区(县)全覆盖建成新时代文明实践中心(所、站)1099个。组织慈利县剧作家蔡上矢创作文明实践乡土教材《新时代村民四字歌》,印发5万余册。组织开展新时代文明实践系列先进评选活动,评选表彰永定区沅古坪镇等20个先进实践所(站)、李新寿等20名优秀宣讲员、武陵源区军地坪街道“文明银行”等20个精品文明实践项目,培育“文化夜市”“四点半学校”“屋场会”“两山币”等一批接地气、受欢迎的文明实践活动,以文化人、成风化俗。

三、深化群众性精神文明创建活动。坚持重在日常、创建为民,抓紧抓实群众性精神文明创建活动。以创建湖南省文明城市为统揽,协调推进“六城同创”,城市创建活动持续深化。张家界市获评2018届省文明城市,永定区、武陵源区、慈利县分别获评2018届省文明城区(县城)。开展全市十佳优秀村规民约评选活动,推进文明节俭操办婚丧喜庆事宜工作,开展“户帮户亲帮亲 互助脱贫奔小康”活动,落实中央向贫困地区贫困户捐赠电视机3065台,争取市级财政“以奖代投”资金25万元激励2018届市文明村镇,不断深化乡风文明建设。修订完善《张家界市文明单位测评细则(2019~2020年版)》;指导市直机关工委开展首届市直机关文明单位创建活动，评选2019届市直机关文明(标兵)单位18个；复查2016届、2018届各级文明村镇、文明单位、文明校园、文明家庭150余个。已申报2019年省文明社区(小区)、文明窗口单位、文明风景旅游区、文明集市、文明餐饮示范店等18个。

四、加强未成年人思想道德建设。围绕立德树人的根本任务，着力培育担当民族复兴大任的时代新人。加强文明校园创建和动态管理，着力弘扬良好校风、学风，把道德建设贯穿教育教学全过程。全面加强乡村学校少年宫的建管用，新建乡村少年宫6所。开展“春风”、“春雷”等系列净化社会文化环境、净化校园环境行动，为未成年人健康成长营造良好的社会环境。组织开展“传承红色基因·向国旗敬礼”“童心向党”“珍爱生命·快乐成长”“闪光的足迹·我在爱国主义教育基地等你”“扣好人生第一粒扣子”等系列未成年人主题教育实践活动，持续开展“非遗进校园”活动，开展贫困儿童、留守儿童帮扶活动。组织开展“新时代好少年”学习宣传活动，杨宇坤、杜炫桦、陈孟箫、李沛轩4名学生获评“新时代湖南好少年”。

五、推动志愿服务制度化。全市有湖南志愿服务网注册志愿服务组织560多个，志愿者27.7万多人，2019年开展各类志愿服务活动1万多次。切实加强市志愿服务总站建设，集中展示28个志愿服务组织，搭建沟通互鉴、项目对接交流平台；推进公共设施志愿服务站(点)全覆盖。重点扶持张家界市爱盟公益协会等12个社会志愿服务组织。集中开展“一袋血·两份爱”、“致敬行善者”“焕新乐园”、关爱抗战老兵、“黄手环”行动等“学雷锋月”系列活动，常态化开展“文明交通劝导、文明行为引导、文明旅游督导”志愿服务活动，组织开展爱心送考、千名青年志愿者服务“十一”旅游黄金周、绿色卫士行动、“认领微心愿，争当圆梦人”等志愿服务。永定区紫云社区获评全国最美志愿服务社区，周海燕、龚少雄、宋爱华、李景军、朱锦伍、庹霞6人和永定区崇文街道办事处南正社区、张家界市永定区西溪坪街道渡口社区、慈利县爱心十帮一公益慈善会、桑植10帮1“希望之星”关爱贫困留守儿童夏令营4个组织获评湖南省学雷锋志愿服务先进典型。

【张家界市创建湖南省文明城市工作考评汇报会】 2019年3月15日，张家界市创建湖南省文明城市工作考评汇报会在永定区举行。省委宣传部副部长、省文明办主任刘进能出席会议并讲话，市委副书记刘绍建，市委常委、市委宣传部部长郭天保，市人大常委会副主任、武陵源区委书记朱用文，市政协副主席周芳参加，副市长欧阳斌主持。会议充分肯定张家界市文明城市创建工作。会议指出，要围绕崇德向善、文化厚重、和谐宜居的目标，进一步深化创建工作，打造好湖南的窗口、中国的窗口。会议强调，文明创建永远在路上，张家界市要继续巩固创建成果，要向更高层次文明城市迈进，要综合运用法律、制度等手段常态长效推进创建，把张家界市世界知名旅游目的地品牌擦得更亮。

【张家界市新时代文明实践中心建设工作推进会】 2019年7月24日，张家界市新时代文明实践中心建设工作推进会在武陵源区举行，张家界市整体推进新时代文明实践中心建设工作全面启动。市委常委、市委宣传部部长郭天保出席会议并讲话，市人大常委会副主任、武陵源区委书记朱用文主持会议。会议指出，武陵源区作为全省13个省级新时代文明实践中心建设试点区县之一，自2019年2月27日全面启动试点工作以来，探索创新，为全市推进新时代文明实践中心建设创造经验，提供指引。会议强调，要从巩固党的执政基础和群众基础的高度，从满足群众美好生活新期待的角度，从加大推动张家界高质量发展的维度，全力抓好新时代文明实践中心建设工作的落实。会议要求，要加快建立组织体系、搭建活动平台、推进志愿服务，开展好学习实践科学理论、宣传宣讲党的政策、培育践行主流价值、丰富活跃文化生活、持续推进移风易俗等工作，打造融思想引领、道德教化、文化传承、实践文明等于一体的基层综合平台和实践基地。

【张家界市新时代文明实践中心建设工作推进暨现场交流会】 2019年12月31日，张家界市新时代文明实践中心建设工作推进暨现场交流会在永定区举行。市委常委、市委宣传部部长郭天保出席会议并讲话，副市长邹菊芳主持会议，副市长欧阳斌宣读《关于表彰2019年新时代文明实践系列先进的通报》。会议学习传达12月11日在宁乡市召开的全省建设新时代文明实践中心试点工作推进会精神，回顾全市整体推进新时代文明实践中心建设工作。会议要求，各地各部门必须提高政治站位，增强思想自觉、政治自觉和行动自觉，切实把思想和行动统一到中央决策和省委、市委的工作部署上来。会议强调，要把握重点、守正创新，推动中心建设高质量发展。要强化理论武装，推动党的创新理论在落地生根；要加强基层思想政治工作，使思想政治教育更立体、更鲜活；要深化社会主义核心价值观建设，推动落细落小落实；要深化志愿服务，以实际行动书写新时代的雷锋故事。会议表彰永定区沅古坪镇等20个先进实践所(站)、李新寿等20名优秀宣讲员、武陵源区军地坪街道“文明银行”等20个精品文明实践项目。

【出台《张家界市文明行为促进条例》】 2019年4月，市文明办组织开展全市文明行为问卷大调查，5月10日市形成条例草案，6月21日召开《条例(草案)》听证会，6月25日市人民政府第62次常务会议讨论通过条例草案并提交市人大常委会审议。6月28日和8月30日，市人大常委会对条例草案分别进行两次审议，并组织实地调研和座谈会，反复征求各层次意见，前往青岛市、威海市进行立法考察学习。10月23日，市人大常委会第二十三次会议对条例草案进行第三次审议全票通过，经11月28日湖南省第十三届人民代表大会常务委员会第十四次会议批准，《条例》自2020年3月1日起施行。

《条例》是张家界市第一部综合性文明行为的地方性法规，分为总则、公民文明行为规范、旅游文明行为规范、保障与促进、法律责任、附则六章，共五十一条。主要针对4个方面问题开展立法,即公民文明行为规范、旅游文明行为规范、公民文明行为规范中规范基本文明行为,明确倡导和鼓励的文明行为,以及重点整治的不文明行为。《条例》是我国首次将旅游纳入文明行为范畴立法的地方性法规。为张家界市深化文明创建,持续提升市民文明素质和社会文明程度,推动张家界国内外知名旅游胜地建设提供有力法治保障。 (本栏撰稿 谷湘辉)

生态文明建设

【概况】 2019年4月30日,张家界市七届人大常委会第二十次会议审议通过《张家界国家生态文明建设示范市规划(2018~2025年)》。2019年7月4日,张家界市生态环境保护委员会办公室印发《张家界国家生态文明建设示范市2019年度创建工作方案》。2019年11月20日,张家界市生态环境保护委员会印发《张家界市创建生态文明建设示范市实施方案》。2019年11月29日,张家界市人民政府向省生态环境厅申请省级生态文明建设示范市创建考核验收。

2019年,张家界市坚持以习近平新时代中国特色社会主义思想和习近平生态文明思想为指导,牢固树立“绿水青山就是金山银山”理念,紧紧围绕生态制度、生态环境、生态空间、生态经济、生态生活、生态文化六大方面,通过大力实施生态绿色张家界建设“先导工程”三年行动计划,扎实开展“碧水守护、蓝天保卫、净土攻坚、大地增绿、城乡洁净”五大行动,深入推进污染防治攻坚战和农村人居环境整治,着力推动省级生态文明建设示范市35项创建指标和国家生态文明建设示范市34项创建指标达标建设,全面提升全市生态文明水平,着力打造生态绿色张家界。全市累计建成国家级生态村镇9个,省级生态村镇172个,市级生态村912个,市级生态文明建设示范乡镇24个,市级生态文明建设示范村51个。武陵源区建成“第二批国家生态文明建设示范区”,永定区和武陵源区建成“首批省级生态文明建设示范区”。张家界入选“2019美丽山水城市”。 (王礼发)

【发布《张家界国家生态文明建设示范市规划(2018—2025年)》】 2019年4月30日,市七届人大常委会第二十次会议审议通过《张家界国家生态文明建设示范市规划(2018~2025年)》。《张家界国家生态文明建设示范市规划(2018~2025年)》分为“基础背景”“规划总则”“完善生态制度,建设和谐张家界”“保护生态环境,建设最美张家界”“优化生态空间,建设山水张家界”“发展生态经济,建设绿色张家界”“践行生态生活,建设宜居张家界”“弘扬生态文化,建设魅力张家界”“重点工程及效益分析”保障措施十个章节。规划基准年为2017年,规划期限为2018~2025年。规划近期为2018~2020年,为全面启动和重点攻关阶段;规划中远期为2021~2025年,为巩固提升和深化拓展阶段。规划总体目标:形成产权清晰、多元参与、激励约束并重、系统完整的生态文明制度体系;生态环境质量和国家重点生态功能区的服务功能持续提升;生态空间格局优化,能源资源节约利用,城乡布局合理;生态经济规模进一步壮大,产业充满活力,旅游发展后劲十足。人居生活环境大幅改善,城乡基础设施建设均衡,公众生活方式绿色简约,实现天蓝、地绿、水清、气净,人与自然和谐共生;生态文化大力弘扬,湘西特色文化品牌彰显,人人、事事、处处、时时崇尚生态文明的社会氛围呈现,成为碧水蓝天、青山净土、绿色低碳、和谐宜居、湘西风韵的“美丽张家界”。规划近期目标(2018年~2020年):2019年成功创建湖南省生态文明建设示范市,2020年成功创建国家生态文明建设示范市。规划中远期目标(2021年~2025年):2021年~2022年为巩固提升阶段,2023年~2025年为深化拓展阶段。生态文明体制机制改革进一步完善,形成系统完整、高效健全的生态文明制度体系。围绕省级生态文明建设示范市35项考核指标和国家生态文明建设示范市36项考核指标,加强生态制度、生态环境、生态空间、生态经济、生态生活和生态文化建设,提出重点工程项目44项,并明确项目建设年限和牵头单位。 (王礼发)

【生态环境工作机制建设】 2019年,张家界市建立完善生态环境工作机制。一是强化生态环境保护责任落实。出台《张家界市贯彻落实(湖南省环境保护工作责任规定(试行))实施细则》《张家界市环境问题(事件)责任追究办法(试行)》《张家界市党政领导干部生态环境损害责任追究实施办法(试行)》,明确政府及其职能部门、企事业单位和其他生产经营者、公民和其他社会机构环境保护责任,形成环境保护全社会参与机制,构建环境保护“党政同责、一岗双责、失职追责”的完整责任链条。二是完善生态文明建设机制。建立市县(区)人代会环境保护工作报告制度,市人大常委会每年开展生态环境保护专项视察,市政协每年组织生态环境保护课题调研。加快推进生态环境保护地方立法,出台《张家界市城镇绿化条例》《张家界市扬尘污染防治条例》《张家界市八大公山国家级自然保护区条例》。全面推行河长制,建成覆盖全流域的四级河长体系。划定并严守生态保护红线,全市划定生态保护红线面积2951.64平方千米,占国土空间30.98%。三是加大生态创建资金投入。将环境保护投入作为预算保障和财政支出的重点,提高环境保护支出比重。区县国家重点生态功能区转移支付资金用于污染防治不低于30%,用于生态环境保护不低于50%;对纳入年度生态文明创建的乡镇和村分别给予5万元和3万元的启动资金;按人均不少于30元的标准保障农村生活垃圾治理专项经费。市级财政每年预算安排800万元,采取“以奖代投、以奖代补”方式支持生态创建。引入市场机制,采取EPC、PPP模式推进城镇生活污水处理和城乡生活垃圾治理。 (王礼发)

【绿色生态经济发展】 2019年,张家界市突出旅游带动,推进产业融合,三次产业结构比为12.6:14.7:72.7。一是大力发展绿色农业。全市“三品一标”农产品认证有效数86个,其中绿色食品78个,有机食品5个,农产品地理标志3个。省级现代农业产业园区24个,市级现代农业产业园区32个。二是大力发展新型工业。全市规模以上工业增加值增长8.0%,省级及以上产业园区工业增加值增长9.5%,高技术制造业增加值增长14%,高加工度工业增加值下降12.6%。三是大力发展生态旅游业。突出生态环境、自然山水、历史文化保护和开发,坚持重点景区和项目带动,加快国家全域旅游示范区建设,推进旅游业转型升级、提质增效,全省旅游龙头作用进一步凸显。2019年全市接待国内游客7912.3万人次,比上年增长15.2%;入境游客137.0万人次,增长178.7%;旅游总收入905.6亿元,增长23.6%。(王礼发)

【生态文明体制改革】 2019年,张家界市委布置生态文明体制改革任务共4大项,6小项任务。6小项任务中,全面完成任务的4项,完成阶段性任务的2项。一是健全生态文明建设机制。深入推进生态文明示范市创建。2019年4月30日正式发布《张家界国家生态文明建设示范市规划(2018~2025年)》,并通过省生态环境厅审查和市人大常委会审议,省级生态文明建设示范市创建35项指标基本达标,已向省生态环境厅申请验收。张家界市空气质量稳定达到国家二类标准,综合排名全省第二名;全市所有地表水监测断面保持Ⅱ类水质,县级以上饮用水水质达标率为100%;污染防治攻坚战被评为全省优秀等次。各区县积极推进生态文明示范创建。区县出台《张家界市永定区国家生态文明建设示范区创建工作实施方案(张定生态办〔2019〕23号)》,《张家界市武陵源区"绿水青山就是金山银山"实践创新基地建设实施方案》(张武政办〔2019〕42号)、《慈利县生态文明建设示范县2019年度创建工作方案(慈生环委发〔2019〕8号)》等文件,全市共创建市级生态文明建设示范乡镇12个,市级生态文明建设示范村30,武陵源区成功创建国家级生态文明建设示范区,永定区成功创建省级生态文明建设示范区。二是健全生态环保信息公开机制。市生态环境局在严格落实《关于做好环保政务信息公开工作的通知》(张环函〔2016〕98号)的基础上,制定下发《关于规范和加强例行新闻发布工作的通知》(张环函〔2019〕15号)、《关于做好生态环境政府信息公开工作的通知》(张环函〔2019〕89号),全年共召开新闻发布会3期,通过"双微"发布各类信息2042条,及时通报生态环境工作开展情况。三是创建自然保护地管理体制机制。形成《张家界市自然保护地整合优化方案(送审稿)》。按照该《方案》,全市24个自然保护地将整合优化成为9个,整合率达59.1%。通过整合优化,张家界市自然保护地长期存在的相关重叠,区划不合理等问题将得到有效解决。作为全省、全国自然保护地整合优化的试点,张家界市的做法得到省林业局的认可,并为其他地州市自然保护地的整合优化及体制机制改革提供范本。四是健全生态环保监管机制。"三线一单"编制工作稳步推进。2019年5月27日,张家界市"三线一单"编制项目竞争性谈判中标结果公示,正式确定项目技术团队。2019年8月14日,李培其副市长主持召开长江经济带战略环评张家界市"三线一单"编制成果审查会,征求各市直单位及区县人民政府的意见。技术团队在对反馈意见进行充分吸收的基础上,于2019年9月至10月对《长江经济带战略环境评价张家界市"三线一单"文本(送审稿)》进行修改完善。2019年11月26日,湖南省生态环境厅召开省级"三线一单"成果发布前最后一次市州技术对接会,待省级成果发布后张家界市可正式发布。强力推进秸秆禁烧工作。严格落实市人民政府出台的《关于露天禁烧秸秆的通告》(张政通〔2017〕89号)精神,严格控制秸秆禁烧,积极派出工作组对秸秆禁烧工作进行巡查,组织专业技术小组宣传农作物秸秆的禁烧相关精神、推广秸秆综合利用技术,秸秆露天焚烧得到有效遏制,秸秆综合利用率达到84%。(吕佳骋)

【生态环境问题整改】 2019年,张家界市开展污染防治攻坚战"夏季攻势"、中央环保督察及"回头看"和省级环保督察反馈意见整改。2019年"夏季攻势"涉张家界市6大类242项具体任务全面完成。中央环保督察和"回头看"交办的158件信访件办结156件,反馈的14个问题已整改完成11个;涉大鲵自然保护区88座水电站,已停止发电86座,拆除大坝39座,整改销号水电站30座;八大公山国家级自然保护区内5座水电站已全部完成整改销号。省级环保督察交办问题252件已办结249件,办结率为98.81%。开展"绿盾2019"自然保护地专项行动。纳入2019年污染防治攻坚战"夏季攻势"清单的83个问题,完成销号55个。(吕佳骋)

【法治宣传】 2019年,张家界市印发《张家界市生态环境局关于规范和加强例行新闻发布工作的通知》,并于3月、6月、10月分别进行三次新闻发布会。

开展6·5环境日系列宣传活动。2019年6月5日,举办"美丽中国,我是行动者"环保知识进校园活动。在澧滨小学现场安排第48个"世界环境日"签名仪式活动,举行中小学生环保知识演讲比赛、书画展、环保手工制作、作文比赛等各项活动。活动由张家界市生态环境局、永定区人民政府主办,张家界市生态环境局永定区分局、张家界市永定区教育局协办,张家界澧滨小学承办。城区各中小学学生参与。5月26日,举办环保文化艺术节。活动由吉首大学张家界学院主办、张家界市生态环境局协办,张家界学院理工农学部承办,活动包括环保时装设计大赛、环保涂鸦大赛及环保知识竞赛。6月2日,举办"美丽中国我是行动者"守护好一江碧水"主题活动启动仪式。

宣传环保战线的优秀人物先进事迹。对邱帅取得省生态环境厅组织的监测比武取得第一名成绩进行广泛宣传。

组建绿色卫士张家界大队。以绿色卫士为牵头人,开展系列活动。分别组织参与城乡清洁行动6次,1000余人次参加;开展环保知识进社区活动3次,发放宣传资料3000余份;开展送环保知识下乡2次,发放宣传资料2000余份;开展环保知识进校园2次。

(邱克明)

全面小康社会建设

【概况】 2019年,市全面小康办进一步理清区县主体责任、市直配合责任,全力抓好督促指导、监测指标、调度数据、补齐短板、突破弱项等工作。

一、指标监测。组织四个区县认真分析2018年省对区县全面小康监测考评结果,查找经济发展类指标特别是开放型、创新类经济指标短板影响原因,制定年度指标监测分解责任方案。2019年度永定区、武陵源区、慈利县、桑植县实现程度在三类区县中分别排名36、42、37、41位,提升幅度分别排名20、26、29、31位。

二、重点攻坚。10月24日召开市委财经委员会第三次会议暨全面建成小康社会工作推进会,专题研究部署全面小康工作,理清区县主体责任和市直配合责任,制定落实短板指标提升方案,全力抓好督促指导、指标监测、数据调度和补短板等工作。牵头组织四个区县制定短板指标攻坚方案,明确责任领导和责任单位,挂图作战,倒排工期,全力突破难点重点,力争全年考评取得好的成效。

三、业务培训。10月11日召开2019年度全市全面建成小康社会推进工作培训会,23个市直责任单位分管领导和联络员参加培训,市全面小康办吴红仪、张万鋆、尚军荣、王雯雯4位同志分别授课,进一步理清指标体系和工作责任,督促区县抓好工作落实。 (本栏撰稿 肖 洒)

全面深化改革

【概况】 2019年,张家界市扎实推进经济、农业农村、生态、文化、司法、社会、党建、纪检、旅游等9大领域52大项96子项改革事项,已完成80项,因政策性强需待省里出台文件后再推进的9项,因整治形式主义需要不再重复行文取消出台文件的3项,因推进难度大、经分管市领导同意拟列入2020年改革任务的4项。全年出台重大改革方案、制度文件75个,各项改革任务扎实有序推进,较好地实现年度预期目标,被省委改革办评为"2019年度全省改革试点工作优秀等次"。

【农业农村改革】 深化农村土地制度改革。农村集体产权制度改革经验全省推广。完成农村土地承包经营权确权登记颁证工作,率先在区县建立农村土地承包仲裁委员会和农村承包土地流转交易中心。稳步推进农村集体产权制度改革,全市4个区县、79个乡镇(街道)、1016个村居(社区)的农村集体资产清产核资任务基本完成。

深化农产品供给侧结构性改革。加大农产品品牌体系建设力度,全市"三品一标"认证企业数达到28个,认证产品达67个,形成"硒有慈利""张家界大鲵""桑植白茶""张家界莓茶"武陵源"葛根"等为主的特色农业产业新格局。

健全农业产业发展激励机制。出台加快推进五大农业特色产业、优势农产品发展三年行动计划及奖励扶持办法。建立健全农产品质量安全监管机制,实施食用农产品合格证管理制度,在较大种植基地和机关、学校食堂、超市等重点区域得到较好推行。健全精准扶贫长效机制。制定打好打赢桑植县脱贫攻坚战意见和巩固脱贫成果促进稳定脱贫的意见,建立市级领导联系指导扶贫工作责任机制,为巩固脱贫成效和桑植县整体脱贫摘帽提供有力支持。

扎实推进城乡居民合作建房改革省级试点。选择永定区西溪坪街道办事处杨家溪村等16个村开展城乡居民合作建房改革试点,正在有序推进。

【生态文明体制改革】 进一步健全生态环保信息公开机制,实行生态环保信息强制性公开制度。深入推进生态文明示范市创建,编制出台《张家界国家生态文明建设示范市规划》,巩固国家环境空气质量达标城市成效,市中心城市环境空气质量优良率达94%,排名全省第二,获"2019年美丽山水城市""2019绿色发展优秀城市",永定区成功创建省级生态文明示范区。完善党委政府生态环保责任体系,建立生态环境分区管控体系。建立农村环境专项治理机制,禁止焚烧秸秆,大气污染治理力度加大。着力构建以国家公园为主体、自然保护区为基础、各类自然公园为补充的自然保护地管理体系。

【文化体制改革】 深入推进新媒体融合改革,在全省率先成立市级自媒体协会,两区两县融媒体中心全部挂牌成立,并推出系列喜闻乐见的融媒体产品服务基层群众。健全公共文化服务体系,制定加快文化创新体系建设的实施意见和鼓励支持影视拍摄工作的扶持办法,出台新闻发布工作管理规定,建立新闻发言人队伍。大力推进社会主义核心价值观建设试点,全面推进新时代文明实践中心(所、站)建设,打通服务群众、教育群众"最后一公里",获评湖南省文明城市。

【旅游综合改革】 开展旅游企业发票门票"一票制""全域旅游公对公"结算改革。17家电子发票正式上线使用,电子发票使用面达61%。23家企业安装"全域旅游数据网关",39家旅游团队购物场所完成政府购买服务的电子收银系统安装,酒店行业搭建税收管理分析模型,有力加强旅游市场治理。

旅游诚信体系建设快速推进。制定旅游行业诚信管理方案,加快推进旅行社信用等级管理建设,规范导游人员诚信服务准则,有效提升服务质量和游客满意度。

旅游标准化特色化管理体制机制建设不断完善。对旅行社实行量化积分制管理,选定张家界海外国际旅行社作为旅游标准化试点企业。

旅游供给侧结构性改革深入推进,张家界千古情、冰雪世界建成营业,茅岩河水上运动、百年育英红色教育基地对外开放,民宿旅游走在全国前列。

重点景区提质升级帮扶机制加快建立。加大全域旅游示范区创建和扶持,桑植县被评为全国最佳红色旅游目的地,武陵源区入列首批国家全域旅游示范区。

【司法体制改革】 有序推进司法人员分类管理、司法责任制、司法职业保障等基础性改革。公益诉讼保障机制不断健全，支持检察机关依法开展公益诉讼，履行检察监督职能，全年全市共受理公益诉讼线索196件，立案178件，发出诉前检察建议167件，提起诉讼7件，诉讼请求获法院全部支持，为全市旅游发展保驾护航。知识产权审判领域改革有效推进，制定加强知识产权审判领域改革创新若干问题的实施方案，成立知识产权审判专业团队，营造公平透明、激励创新的法治化市场竞争环境。外流涉毒人员管控“四三工作法”获全省公安系统重点改革项目奖。加强基层治理体系和治理能力现代化探索，在全市总结推介基层治理慈利“象市模式”。

【党的建设改革】 聚焦政治建设、小区党建、人才引进、激励作为和基层党建等重点改革任务，出台《张家界市领导班子和领导干部政治建设考察实施细则(试行)》《关于集中推进城市居民小区党支部建设的意见》《关于突出干事创业导向进一步激励广大干部新时代新担当新作为的实施意见》《关于加强基层建设推动进一步融入中部地区崛起的若干意见》，进一步提高管党治党水平。深化干部人事制度改革，不断完善选人用人机制，制定人才引进实施办法和防止干部“带病提拔”暂行办法。

【纪检体制改革】 深化纪律检查体制改革，强化上级纪委对下级纪委的领导，明确“四个监督”协作配合机制，有力提升监督实效。深化监察体制改革，以永定区为试点，探索推进监察职能向基层延伸，建立全市区乡一体化监督体系。深化派驻机构改革，赋予派驻机构监察权，进一步提升“派”的权威。健全党员干部改进工作作风长效机制，加强日常监督制度建设，注重抓早抓小、防微杜渐，各级纪检监察机关运用监督执纪“四种形态”处理的结构更加合理。全年立案644件，党纪政务处分435人。

（本栏撰稿　宋文艺）

张家界市组织机构及负责人名单

（以2019年12月31日在职为准）

中国共产党张家界市委员会

书　　记　虢正贵
副 书 记　刘革安　刘绍建
常　　委　袁美南　刘　桦　艾可知
　　　　　单铸飞　田华玉　郭天保
　　　　　郭　钰　曾超群
秘 书 长　单铸飞
副秘书长　张子龙　文军华　佘　芳
　　　　　宋维胜　姚红岩　王福民
　　　　　屈　辉

张家界市人民代表大会常务委员会

主　　任　虢正贵
党组书记、副主任　胡丘陵
党组副书记、副主任　陈红日
副 主 任　羿宝明
党组成员、副主任　吕　毅　朱用文
　　　　　向锦云
党组成员、秘书长　曾癸银
副秘书长　卓志高　全金平

张家界市人民政府

党组书记、市长　刘革安
党组副书记、常务副市长　曾超群
党组成员、副市长　李传荣
　　　　　邹菊芳　欧阳斌
　　　　　谢振华　尚生龙
副　市　长　李培其
党组成员、秘书长　沈刻明
副 秘 书 长　刘德祥　李　凌
　　　　　秦平武　王兆业
　　　　　黄爱新　马仲夏
　　　　　侯铁夫

中国人民政治协商会议张家界市委员会

党组书记、主　席　汪业元
党组副书记　田华玉
党组副书记、副主席　彭　红
副主席　覃仕斌　张元次　周　芳
党组成员、副主席　褚新年
副主席　王光明
党组成员、副主席　邓师煌　刘卫兵
党组成员、秘书长　周双全
副秘书长　石继丽　杨　煜

张家界军分区

党委第一书记　虢正贵
党委副书记、司令员　郭　钰
党委书记、政委　罗　明
纪委书记、副司令员　吴广生
党委常委、政治工作处主任　吴中书
党委常委、战备建设处处长　戴林广

中国共产党张家界市纪律检查委员会 张家界市监察委员会

书记、主任　袁美南
副书记、副主任　陈　军　刘小平
　　　　　周珍云
常委、秘书长　张小庆
常委、委员　黄章宪　邢祖元
常　　委　罗湘平
委　　员　李　庄　周绪新
办公室(调研法规室)主任　张志勇
组织部部长　刘险峰
宣传部部长　张交通
党风政风监督室主任　张四海
信访室主任　谭贤竹
案件监督管理室主任　杨兆军
案件审理室主任　欧阳新
第一监督检查室主任　周黎明
第二监督检查室主任　于金武
第三监督检查室主任　杨仙宝
第四监督检查室主任　刘晓东
第五审查调查室主任　鄢四海
第六审查调查室主任　肖　鹰
第七审查调查室主任　向　钊
纪检监察干部监督室主任　肖启宇

张家界市中级人民法院

党组书记、院长　壮晓阳
党组副书记、副院长　彭建民　郭攻玉
党组成员、市纪委监委派驻市中级人民法院纪检监察组组长　黄昌金
党组成员、副院长　伍少杰
副 院 长　吴媛春
党组成员、执行局局长　甄建棠
党组成员、政治部主任　高忠志
审判委员会专职委员　段智敏　周　洁
司法警察支队队长(高配副处级)　罗　中
司法警察支队政委(高配副处级)　符敏感
立案信访局局长(高配副处级)　汪　坚

张家界市人民检察院

党组书记、检察长　罗树中
党组副书记、副检察长　刘有仁
　　　　　邢国锋
党组成员、政治部主任　鲁礼平
党组成员、市纪委监委驻市检察院纪检监察组组长　郁大成
副检察长　覃遵福
党组成员、副检察长　周先勇
检委会专职委员　于祖胜
副处级检察员　刘声备
法警支队支队长　赵愈建
检察委员会委员　赵　明
法警支队政委　王邦兆

市委机构

市委办公室[加挂市政府外事办公室、市政府港澳事务办公室、市委台湾工作办公室、市政府台湾事务办公室、市档案局;对外使用市委机要局(市国家密码管理局)名称]

主　任　单铸飞
常务副主任　张子龙
副主任　文军华(兼)　佘　芳(兼)
　　　　宋维胜(兼)　屈　辉
　　　　吴辉军　熊海清

市纪委监委派驻市委办公室纪检监察组

组 组 长　刘政忠
市委督查专员　向建云　郝慧敏

脱贫攻坚督办专员、脱贫攻坚指挥部副指挥长,干部驻村帮扶工作领导小组副组长　杨敬初

市委组织部(加挂市委非公有制经济组织和社会组织工作委员会、市公务员局牌子)
部　长　艾可知
常务副部长　田杰胜
副部长、市公务员局局长　陈叶峰
副部长兼市委非公有制经济组织和社会组织工作委员会书记　王学军
副部长　王德光(兼)　郑昭峰
市纪委监委派驻市委组织部纪检监察组
组　长　王远孟
原副部长　杨克刚
市委非公有制经济组织和社会组织工作委员会专职副书记　聂和俊
基层党建工作领导小组办公室主任　杨兴平
党员教育中心主任　张金华(高配副处级)
市委宣传部[加挂市人民政府新闻办公室、市新闻出版局(市版权局)、市文明办牌子]
部　长　郭天保
常务副部长、市新闻出版局(市版权局)局长(兼)　黄卫红
副部长、市人民政府新闻办公室主任(兼)卢晓珊
副部长　刘明成　赵富生
市纪委监委派驻市委宣传部纪检监察组组长　谷小兵
市委统一战线工作部(加挂市人民政府侨务办公室牌子)
部　长　田华玉
常务副部长、市人民政府侨务办公室主任(兼)　陈生健
副部长　高志军
市纪委监委派驻市委统战部纪检监察组组长　徐　薇
市委政法委员会
书　记　刘　桦
常务副书记　陈　旗
副书记　程建国　王祥军　田　垒
市纪委监委派驻市委政法委员会纪检监察组组长　李　毅
政治部主任　胡冠青
政法委委员　向志刚　陈宏勇
市委政策研究室(加挂市委全面深化改革委员会办公室、市委财经委员会办公室)
主　任　李　立
副主任　吴红仪　刘志明
全面深化改革委员会办公室
专职副主任　张湘辉

市委网络安全和信息化委员会办公室(加挂市互联网信息办公室牌子)
主　任　张世炎
副主任　李海军　欧小芳
市委机构编制委员会办公室(对外使用市事业单位登记管理局名称)
主　任　汤敬波
副主任　杨英虎　龚国政　周恒姣
市直属机关工作委员会
书　记　单铸飞
常务副书记　钟法友
副书记　朱国辉
纪工委书记　周叙胜
市委巡察工作领导小组办公室
主　任　郑朝霞
副主任　汤　程　罗爱民
市委巡察组
一组组长　曹　波　副组长　张　钧
二组组长　田　敏　副组长　汪晓娓
三组组长　刘三阳　副组长　李　湘
市委老干部局
局　长　李雪清
副局长　谭国贵　黎艳林
市委保密委员会办公室(加挂市国家保密局牌子)
主任(局长)　李瑞武
副主任　朱义道

市人大专委和常委会办事(工作)机构

办公室(加挂信访办公室牌子)
机关党组书记、主任　曾癸银
机关党组成员、副主任　卓志高(兼)　全金平(兼)
专职副主任　田党民
机关党组成员、市纪委监委派驻市人大机关纪检监察组组长　彭艾菲
选举任免联络工作委员会
机关党组成员、主任　陈立新
副主任　肖国翔
研究室
机关党组成员、主任　郝　超
副主任　吴　军
民族华侨外事委员会
机关党组成员、主任委员　张　炎
副主任委员　万凌冰
监察和司法委员会
机关党组成员、主任委员　彭法开
副主任委员　全心爱

法制委员会(法制工作委员会)
机关党组成员、主任委员(主任)　杨小雨
副主任委员(副主任)　代碧忠
财政经济委员会(预算工作委员会)
机关党组成员、主任委员　窦宏瑜
副主任委员(副主任)　瞿大学　李　奎
教育科学文化卫生委员会
机关党组成员、主任委员　邢　川
副主任委员　钟　标
环境与资源保护委员会
机关党组成员、主任委员　贾宏图
副主任委员　林世凯
农业与农村委员会
机关党组成员、主任委员　任振珍
副主任委员　杨　芳
社会建设委员会
主任委员　柴　蒙
副主任委员　谢晚琴

政府工作部门

市人民政府办公室(加挂市行政审批服务局牌子)
党组书记、主任、市行政审批服务局局长　沈刻明
党组成员、副主任　刘德祥
党组成员　李　凌　秦平武　王兆业　黄爱新
党组成员、副主任(兼)马仲夏
党组成员　侯铁夫
党组成员、市纪委监委派驻市人民政府办公室纪检监察组组长　康锋辉
党组成员、副主任　张国伟
督查专员、督查室主任　李志益
督查专员　袁和平
市发展和改革委员会(市粮食和物资储备局牌子)
党组书记、主任、市粮食和物资储备局局长(兼)　龙维务
党组副书记、副主任　王　胜
党组成员、副主任　钟高宏　贾　涛
党组成员、市纪委监委派驻市发展和改革委员会纪检监察组组长　余湘峰
党组成员、市优化经济发展环境领导小组办公室主任　胡绵蛟
市文化旅游广电体育局(市委旅游工作委员会办公室、对外使用市文物局名称)
党工委书记、局长　邓　剑
党工委副书记、副局长　邓少兵
党工委委员　欧阳小平　汪　涌

党工委委员、副局长　严　军　杨家进
李慈忠　曾韦栋　唐　炅　屈云海
副局长　朱　芳
党工委委员、总工程师　钟　毅
党工委委员、市纪委监委派驻市文化旅游广电体育局纪检监察组组长　邓家友

市教育局(市委教育工作领导小组秘书组)

党工委书记、局长　兰智平
党工委委员、副局长　陈初赞
王育杰　彭　彧
党工委委员、市纪委监委派驻市教育局纪检监察组组长　杨关胜
党工委委员、副局长　姚国军
党工委委员、主任督学　谭辉武

市科学技术局

党组书记、局　长　卓　湛
副局长　薛绍祥
党组成员、副局长　严　晖　赵　波

市工业和信息化局

党组书记、局　长　杨余茂
党组成员、副局长　吴　新　全民政
张立秋　黎　艳
党组成员、总经济师　邹家永
党组成员　向润月

市民族宗教事务局

党组书记、局　长　李　林
副局长　万开虎
党组成员、副局长　陈智勇　侯全胜

市公安局

党委书记、局　长　谢振华
党委副书记、副局长(排第一)黄　翔
党委委员、副局长　谷剑英　孙　泽
刘　余
党委委员、市纪委监委派驻市公安局纪检监察组组长　唐　翔
党委委员、政治部主任　彭齐星
后勤装备部主任　邹　惠
警令部主任　朱建平
人口与出入境管理支队支队长　黄胜利
国内安全保卫支队支队长　李宝恩
国内安全保卫支队政委　朱德玮
经济犯罪侦查支队支队长　王　祥
经济犯罪侦查支队政委　褚庆胜
刑事侦查支队支队长　袁志红
刑事侦查支队政委　张九伍
禁毒支队支队长　鲁　昕
禁毒支队政委　张德雄
监所管理支队支队长　谷梅山
治安管理支队支队长　李雄林
治安管理支队政委　贺图强

市民政局

党组书记、局长　彭发勇
党组成员、副局长　瞿　山　王胜勋
杨登胜
党组成员　熊　炜

市司法局(市委全面依法治市委员会办公室)

党组书记、局长　向志刚
党组成员、副局长　汪席军　李焕德
田振华　王章勇　杨梦君
党组成员　姜小华
党组成员、政治部主任　张热忱

市财政局

党组书记、局长　莫海宏
党组副书记、副局长　刘国辉
党组成员、副局长　李洲池　刘金山
党组成员、市纪委监委派驻市财政局纪检监察组组长　谷承春
党组成员、副局长　王振华
党组成员　黄宗成
总会计师　龙　帆

市人力资源和社会保障局

党组书记、局长　王德光
党组成员、副局长　谢　雄　刘奇志
周美荣　范本树　罗兴林
党组成员　胡家彬

市自然资源和规划局

党组书记　王章钊
局　长　赵　旭
党组成员、副局长　周则荣　曹永国
杨再宝　赵　林
党组成员　朱　洪
总工程师　卢玖辉
总规划师　杜　锋

市生态环境局

党组书记、局长　朱敷建
党组副书记、副局长　周泽猛
党组成员、副局长　李　芳　彭汉寿
胡家齐
总工程师　董清富

市住房和城乡建设局

党组书记、局长　全锦程
党组成员、副局长　喻灿斌　罗名军
谢碧清　余卫东
党组成员、市纪委监委派驻市住房和城乡建设局纪检监察组组长　张文瑜
党组成员、总工程师　吴献军
市建筑市场执法监察支队支队长　符启化

市城市管理和综合执法局

党组书记、局长　王章祥
党组成员、副局长　陈　辉　陈　俊
党组成员、副局长、市城市管理行政执法支队支队长　宋登双
总工程师　伍良斌

市交通运输局

党组书记、局长　吴扬琼
党组副书记、副局长　庹友明
党组成员、副局长　邱先利　钟军民
向才文　张金华
党组成员、总工程师　毛忠欣
党组成员、市纪委监委派驻市交通运输局纪检监察组组长　尚　平

市农业农村局(市委农村工作领导小组办公室)

党组书记、局长、市委农村工作领导小组办公室主任(兼)　陈光明
党组成员、副局长　罗仁华
于雅维　李本周
党组成员、市委农村工作领导小组办公室专职副主任　杨政洪
党组成员、总农艺师　熊玉双
党组成员、市纪委监委派驻市农业农村局纪检监察组组长　田江波
农林水工会主席　王寅章

市水利局

党组书记、局长　胡圣虎
党组成员、副局长　唐　林　江　南
宁家繁
党组成员、总工程师　周金升

市商务局(加挂市人民政府口岸办公室牌子)

党组书记　蒋高翔
局　长　王光明
党组成员、副局长　易中军　谷翔鸿
周　高　熊四清
党组成员、市人民政府口岸办公室主任　朱　睿

市卫生健康委员会

党工委书记、主任　王江华
党工委副书记、副主任　王焕友
副　主　任　张　赟
党工委委员、副主任　刘祥斌　钟吉波
向辉标
党工委委员、市纪委监委派驻市卫生健康委员会纪检监察组组长　杨成刚

市审计局(市委审计委员会办公室)

党组书记、局长　向　洁
党组成员、副局长　叶晓明　高　智
刘　阳
市委审计委员会办公室专职副主任
胡家玉
总审计师　何爱国

市退役军人事务局
党组书记、局长　郭铁军
党组副书记、副局长　樊孝清
党组成员、副局长　童先平
市应急管理局(加挂市防汛抗旱指挥部办公室牌子)
党组书记、局长、市防汛抗旱指挥部主任(兼)　毛志刚
党组副书记、副局长　张子武
党组成员、副局长　毛祖保　龙上敏　黎盛法
党组成员、总工程师　黄拥军
党组成员、政治部主任　全精华
市人民政府国有资产监督管理委员会
党委书记、主任　杨年喜
党委副书记、副主任　吴志平
党委委员、副主任　罗军辉
副主任　谷学军
市林业局
党组书记、局长　覃遵江
党组成员、副局长　胡松柏　李发声　杨文胜
党组成员、总工程师　尹志坚
市森林公安局局长　张世健
市森林公安局政委　李良成
市市场监督管理局(加挂市知识产权局牌子)
党组副书记、局　长　阙道文
党组书记　李步群
党组副书记、副局长　彭　波
党组成员、副局长　吴　海　贾祖平　田　烨　鲁礼安　李朝晖
党组成员　李成友
党组成员、市纪委监委派驻市市场监督管理局纪检监察组组长　石东庸
党组成员、总工程师　陈　铭
市统计局
党组书记、局长　舒洪波
党组成员、总统计师　张万鋆
党组成员、副局长　姚　红　符长元
市机关事务管理局
党组书记、局长　阳益欣
党组成员、副局长　杨文娣　吴贤政
市人民政府研究室(加挂市人民政府金融工作办公室牌子)
党组书记、主任　李宗胜
党组成员、副主任　董　波　王建新
市人民防空办公室
党组书记、主任　彭　冲
党组成员、副主任　邢祖凡　肖梅花
市信访局
党组书记、局长　李耕田
党组成员、副局长　尚金秀　屈国辉
市扶贫开发办公室
党组书记、主　任　谷文涛
党组成员、副主任　袁宏卫　赵和荣　刘　勇　向左权
市医疗保障局
党组书记、局长　周远莽
党组成员、副局长　全士琪　王小飞

市政协专委和办事机构

办公室
机关党组书记、主任　周双全
机关党组成员、副主任　石继丽(兼)　杨　煜(兼)
机关党组成员、市纪委监委派驻市政协机关纪检监察组组长　胡　蛟
专职副主任　卓从进
研究室
机关党组成员、主任　谷若本
委员学习联络委员会
机关党组成员、主任　潘远忠
副主任　欧芳艳
提案委员会
主　任　陈艳静
副主任　向延初
经济科技和外事委员会
机关党组成员、主任　刘才林
副主任　毛星星
农业和农村委员会
机关党组成员、主任　张建国
副主任　唐度量
人口资源环境委员会
机关党组成员、主任　龚小进
副主任　罗振坤
文教卫体和文史委员会
机关党组成员、主任　向凤毛
副主任　谢高菲
社会法制和民族宗教委员会
机关党组成员、主任　杨秀林

民主党派

民盟张家界市委
主　委　李培其
专职副主委　粟芬芳
九三学社张家界市委
主　委　雷明盛
专职副主委、秘书长　王雅晖
农工民主党张家界市委
主　委　覃仕斌
专职副主委　郭金玲
致公党张家界市委
专职副主委、秘书长　高欢云
民主促进会张家界市委
主　委　周　芳
专职副主委、秘书长　卓　亚

社会团体

市总工会
主　席　陈红日
党组书记、副主席　姚晓丽(常务)
党组成员、经审委主任　庹兴顺
党组成员、副主席　吴江涛　张宏波
市直机关工会主席　杨鲜桦
共青团张家界市委
党组书记、书记　吴俞萍
党组成员、副书记　李　巍　柴伶俐
市妇女联合会
党组书记、主席　彭川晋
党组成员、副主席　李　宁　刘焕云
市科学技术协会
党组书记　张　冲
主　席　覃仕斌
党组成员、副主席　杨业勤
党组成员、秘书长　李奇满
市归国华侨联合会
党组书记　曹无害
党组成员、副主席　吴盛章
市社会科学界联合会
党组书记、主席　孙　鹏
党组成员、副主席　刘俐欣
市文学艺术界联合会
党组书记、主席　覃文乐
党组成员、副主席　彭　义
党组成员、专职委员　杨次洪
市工商业联合会(总商会)
主席(会长)　张元次
党组书记、副主席、副会长　陈桂花
党组成员、副主席、副会长　王作阳
市红十字会
会　长　田　边
市残疾人联合会
主　席　尚生龙
党组书记、理事长　覃新君
党组成员　朱　军　刘刚生

副理事长　伍　琴
中国国际贸易促进会张家界市支会
党组书记　李永祥
会　　长　李文化
党组成员、副会长　杜　杰
党组成员　向伯夏
市计划生育协会
会　长　陈红日
副会长(兼)　张　赟
专职副会长、秘书长　涂　鹏

政府部门内下设副处级机构

张家界监狱
第一政委　向志刚
党委书记、监狱长　刘定昂
党委副书记、政委　谢新友
党委委员、副监狱长　徐翠娥　马　刚
党委委员、政治处主任　胡　强
党委委员　刘文化
市公安局交通警察支队
党委书记、支队长　全际平
党委副书记、政委　卓尚君
市公安局巡特警支队
支 队 长　龙正义
政　　委　向绪柏

市县副处级以上事业单位

市委党校(市行政学院、市社会主义学院)
校(院)长　刘绍建
常务副校(院)长　刘坤明
副校(院)长　张武斌　何文海
郑兴元
市社会主义学院副院长　周　芳
教育长　肖忠义
组织人事处主任　李　芳
教务处主任　但成业
学历教育处主任　卓德红
行政事务处主任　邓昌和
机关党委书记　佘军建
政治教研部主任　瞿孝军
经济教研部主任　田开春
市旅游经济研究所所长　戴　海
市委党史研究室(加挂市地方志编纂室牌子)
主　任　张国纲
副主任　李德友　张海峰
张家界日报社
党委书记、社长、总编辑　侯泽勇
党委委员、副社长　全　伟
党委委员、副总编辑　周和平　朱诏臣
卓志华
党委委员、社委会委员　包昌辉
市接待服务中心
主　任　张潇岳
副主任　钟雁初　谷忠学
市档案馆
馆　长　张双莲
副馆长　宋维和　田种玉
市专用通信局
局　长　李建丽
市广播电视台
党委书记、台长、总编辑　蔡昌顺
党委副书记、副台长　刘庆尧
党委委员、副台长　褚宏伟　李文锋
罗元宏
党委委员　安　宁　卢佰军
党委委员、总工程师　田　辉
党委委员、副总编辑　胡亦平
市政务服务中心
党组书记、主任　杨力鹏
党组成员、副主任　田　勇　钟明初
党组成员　谷晓彬
市公共资源交易中心
党组书记　黎开业
主　　任　谢军山
党组成员、副主任　李建军　王　维
市政府发展研究中心(加挂市大数据中心牌子)
党组书记、主任　田发臣
党组成员、副主任　周志强　杨晓文
市住房公积金管理中心
党组书记、主任　贺军梁
党组成员、副主任　王先明　周斌武
唐　洁
市供销合作社联合社
党组书记、理事会主任　宋晓波
党组成员、监事会主任　马忠全
党组成员、监事会副主任　张祥云
胡方华　李昌靖
张家界高新技术产业开发区管理委员会
党工委第一书记　祝云武
党工委书记　曹　飞
党工委副书记、管委会主任　向　罡
党工委委员、管委会副主任　王宏权
周晓军　欧汶标
党工委委员、纪工委书记　覃智勇
市政府驻北京联络处
主　任　朱爱民
副主任　覃涵仪　李　平
市政府驻长沙办事处
主　任　盛立新
副主任　谢章勋　田胜勇
市政府烟叶生产管理办公室
党支部书记、副主任　雷　凯
主　任　谷　琼
市政府办机关事务管理中心
主　任　郭　平
市重点建设项目事务中心
党支部书记、副主任　朱星春
市文化市场综合行政执法支队
党支部书记　佘高平
支 队 长　侯春艳
市广播电视微波总站
党支部书记、副站长　朱建兵
站　长　李美菊
市文化旅游事务中心
党支部书记、副主任　梁冠珍
主　任　全洁琼
市广播电视大学(市社区大学)
党 委 书 记　廖世健
党委副书记、校长　张银平
党委委员、副校长　彭兴顺　周永晟
卓　韧
市民族中学(湖南师大附中张家界实验学校)
党总支书记、校长　刘经让
市教育考试院
党支部书记、副院长　刘仁军
院　长　杨竹清
市师资培训中心
党支部书记　向子金
主　　任　刘协平
市国库集中支付核算中心
党支部书记、副主任　唐智俊
市财政事务中心
主　任　陈建民
市高级技工学校
党委书记　欧阳仁德
党委副书记、校长　游红军
党委委员、副校长　李宏枚　张明华
伍大国
党委委员、联合工会主席　罗　坤
党委委员、纪委书记　张海燕
市就业服务中心
主　任　刘光田
市社会保险服务中心
主　任　吴仁军
市工伤保险服务中心
党支部书记　黄生柏

主　　任　申迎香
市自然资源事务中心
党委书记、主任　雷　鸣
党委委员、副主任　肖志坚
市国土资源执法监察支队
支队长　郭景飞
市土地储备中心
主　任　王　斌
市不动产登记中心
主　任　唐生忠
市生态环境保护综合行政执法支队
党支部书记　覃　锋
支 队 长　　余宗巧
市政府房屋征收与补偿管理办公室
主　任　满延安
市住房保障和房产市场服务中心
主　任　符文林
市环境卫生管理处
党支部书记、主任　向平华
市城市管理综合行政执法支队
支　队　长　宋登双
市交通运输综合行政执法支队
党支部书记、支队长　唐　雄
市公路建设养护中心
党委书记、主任　高宏标
党委委员、副主任　皮运成　李克峰
　　　　　　　　　张正麒　朱光明
党委委员　石俊亮
市道路运输服务中心
主　任　　陈兴旺
市交通建设质量安全监督站
党支部书记　寇　泓
站　　长　王振斌
市水运事务中心(加挂市船舶检验中心牌子)
党支部书记　张　明
主　　任　覃　军
市畜牧水产事务中心
党支部书记、副主任　刘　英
主　任　陈海涛
市农机事务中心
党支部书记、副主任　郑　平
主　任　周　宇
市农村经营服务站
站　长　钟家权
市农科教办公室
党支部书记　孙　炜
主　任　　冯建华
市农业科学技术研究所
党支部书记、所长　何春林
市库区移民事务中心
党支部书记　聂立群
市水旱灾害防御事务中心
党支部书记、主任　黄　卫
张家界灌区管理局
局　长　刘协周
市投资促进事务中心
党支部书记、副主任　丁碧月
主　任　郁双菊
市人民医院
党委书记　卓名云
院　　长　姚媛贞
党委副书记、副院长　唐　华
副 院 长　雷明盛
党委委员、总会计师　刘阳春
党委委员、副院长　袁卫群
党委委员、纪委书记　黄　红
党委委员、联合工会主席　赖贵生
党委委员　孙　玲　陈　明
市第二人民医院
党委书记　孙　玲
院　长　陈　明
市妇幼保健计划生育服务中心(市妇幼保健院)
主任(院长)　彭　旭
市卫生计生综合监督执法局
党支部书记　杨　辉
局　长　向晓燕
市疾病预防控制中心
党支部副书记、主任　林　麒
市地震局
局　长　秦　健
市市场监管综合行政执法支队
党支部书记　刘维毅
支　队　长　简碧海
市食品药品检验所
所　长　毛国华
市城市社会经济调查队
党支部书记、副队长　郭金洲
市企业调查队
党支部书记、副队长　杨德发
队　长　陈　平
市医疗保障事务中心
党支部书记、副主任　杨贵月
主　任　熊广员
市自来水有限责任公司
党总支书记、董事长　许　玻
党总支副书记、总经理　陈彦冰
市交通建设投资集团有限公司
党委书记、董事长　　刘少龙
党委副书记、总经理　张进成
党委副书记、副总经理　周珍生
党委委员、监事会主席　冯　亮
副总经理　杨永清
党委委员、副总经理　陈生洋　廖基楚
党委委员、纪委书记　赵　飞
市经济发展投资集团有限公司
党委书记、董事长　赵文胜
党委副书记、总经理　王章利
党委委员、监事会主席　刘世星
党委委员、纪委书记　田元清
党委委员、副总经理　谷占亚　杨成华
党委委员、副总经理、工会主席　赵　辉
张家界旅游集团股份有限公司
党委书记　袁祖荣
党委副书记、董事长　戴名清
党委委员、总裁　　陈　琛
党委委员、纪委书记　杨流爱
党委委员、监事会主席　万自锋
副总裁　刘美云
党委委员、副总裁　覃鸿飞
市融资担保集团有限公司
党委书记、董事长　张坚持
党委副书记、总经理　王朝群
党委委员、监事会主席、纪检组长
　　　　　　　　　李雄彬
党委委员、副总经理　杨力辉
湖南张家界经济开发区开发建设有限公司
董事长　　张德寅
总经理　　谭建国
监事会主席　李　振
副总经理　陈　晴　田学文　王　炜

中共永定区委员会

书　记　祝云武
副书记　朱法栋　程　漫
常　委　曹　飞　龚朝明　安守金
　　　　吴文斌　苏　振　龚　颜
　　　　向　鑫　王　磊　向慈庸
区人大常委会
主　任　全有军
副主任　孙林贤　漆辉玉　张辉文
　　　　杨建军　孙仁健
区人民政府
区　长　朱法栋
副区长　龚朝明　刘海林　钟　湘
　　　　龚建梅　甄如辉　谷佶晖
　　　　张宏华
政协永定区委员会
主　席　欧湘云

副主席　杨双英　郑　丽　覃正锋
　　　　龚志华
永定区人武部
部　长　安守金
政　委　张觉先
副部长　陈　君
永定区人民法院
院　长　彭　军
永定区人民检察院
检察长　褚晓军
永定区公安分局
局　长　谷佶晖
政　委　潘　勇(高配副处级)
张家界市中医医院
党委书记　庹兴国
院　长　侯启年
湖南天门山国家森林公园管理处
党支部书记、主任　周世建

中共武陵源区委员会

书　记　朱用文
副书记　郑小胡　白　波　向绪杰
常　委　谢贵湘　侯　毅　毛善猛
　　　　张德献　屈　辉　谢模强
　　　　王兴树　陈贤德
区人大常委会
主　任　许忠亮
副主任　阳　艳　彭玉周　万齐坤
　　　　胡金堂　戴云峰
区人民政府
区　长　郑小胡
副区长　侯　毅　李湘耀
　　　　杨　勇　秦进廷　李　红
　　　　陈家法(挂职)　欧春霞
　　　　唐汇民　刘训奇(挂职)
政协武陵源区委员会
主　席　余开平
副主席　杨春云　张　瑛　唐国贵
　　　　胡弥弥　戴一清
武陵源区人武部
部　长　毛善猛
政　委　陈　军
副部长　赵　云
武陵源区人民法院
院　长　梅中才
武陵源区人民检察院
检察长　李　澧
武陵源公安分局
局　长　欧春霞
政　委　唐承海(高配副处级)
武陵区风景名胜区和国家森林公园管理局
党委书记　　　　朱用文
党委副书记、局长　郑小胡
党委副书记、常务副局长　向绪杰
党委委员、副局长　刘先宇　秦进延
　　　　　　　　　宋伯胜　朱法林
总工程师　张　雁
党委委员、纪委书记　王兴树

中共慈利县委员会

书　记　邱初开
副书记　高靖生　朱超雄
常　委　屈春林　秦永辉　吴清英
　　　　戴必欣　覃业成　欧兵波
　　　　曾鹤鹏　李　勇
县人大常委会
主　任　赵群策
副主任　唐熙照　戴建军
　　　　于世雄　朱庆霖　朱经伟
县人民政府
县　长　高靖生
副县长　戴必欣　李新龙
　　　　满金华　王大云
　　　　成勇翔(挂职)
　　　　谭本伦　邹　辉
政协慈利县委员会
主　席　吴淑元
副主席　周克平　卓耀楚　万　剑
　　　　周　毅
慈利县人武部
部　长　曾鹤鹏
政　委　杜乃华
副部长　王登超
慈利县人民法院
院　长　屈　平
慈利县人民检察院
检察长　许朝晖
慈利县公安分局
局　长　邹　辉
政　委　龙军平(高配副处级)
慈利工业集中区管理委员会
党工委书记　李晓阳
主　任　孙明建

中共桑植县委员会

书　记　刘卫兵
副书记　赵云海　熊卫国
常　委　肖运谋　杨绍武　陈　瑞
　　　　程持恒　彭发斌　肖卫君
　　　　谷忠涛　张仁华
县人大常委会
主　任　皮运舰
副主任　张东林　王　云
　　　　王　军　韦先娥　彭　英
县人民政府
县　长　赵云海
副县长　杨绍武　　　　王远刚
　　　　袁宏卫(挂职)　唐湘桥
　　　　谷　威(挂职)　王茂蓉
　　　　陈荣昌　　　　钟照寰
　　　　张　帆(挂职)　杨昌顺
政协桑植县委员会
主　席　熊正元
副主席　钟建国　阙玉英
　　　　幸电安　佘　平　王建群
桑植县人武部
部　长　龚武兵
政　委　肖卫君
副部长　钟小辉
桑植县人民法院
院　长　覃恩赐
桑植县人民检察院
检察长　谭红亮
桑植县公安分局
局　长　唐湘桥
政　委　吴　勇（高配副处级）
湖南八大公山国家级自然保护区管理处
主　任　蔡双林
贺龙纪念馆
馆　长　黄　清

中国共产党张家界市委员会

市委重要会议、文件

【张家界市深化机构改革动员大会】1月3日上午，张家界市深化机构改革动员大会召开，标志着全市机构改革工作正式进入全面实施阶段。会议强调，要对照上级部署、对标改革要求、对表时间节点，坚决完成机构改革各项任务，加快推进张家界高质量发展，以机构改革焕发出的新活力推动各项事业再上新台阶、再创新辉煌。市委副书记、市长刘革安主持会议并讲话，市委副书记刘绍建介绍机构改革主要内容。

根据省委、省政府批准的《张家界市机构改革方案》，本轮机构改革后，市本级共设置党政机构47个，其中党委机构13个，政府工作部门34个。

会议指出，深化党和国家机构改革，是党中央作出的重大战略决策。中共十八大以来，习近平总书记多次就深化党和国家机构改革作出重要论述，提出一系列新理念新思想新战略。我们要从加强党的长期执政能力建设、推进治理体系和治理能力现代化、为各项事业发展提供有效机构职能体系和制度保障的高度统一思想、凝聚共识，自觉把这次深化机构改革作为牢固树立“四个意识”、坚决做到“两个维护”的具体行动抓紧抓好。必须坚持加强党的全面领导，必须贯彻以人民为中心的发展思想，必须把握优化协同高效，必须突出统筹兼顾、协调联动。

会议要求，要做好“三定”工作，周密部署，紧盯时间节点，精准推进市本级党政机构改革；要抓紧谋划、精心组织，做好预案，规范推进县乡机构改革；要明确目标任务、加强协同联动、完善配套政策，深入推进事业单位改革；要统筹推进人大政协机构改革、群团组织改革、综合行政执法改革；要切实增强机构编制刚性约束，强化党对机构编制工作的集中统一领导，完善机构编制管理制度，推进机构编制管理科学化规范化建设，加大机构编制违纪违法行为查处力度。

会议强调，机构改革是一项系统工程，政治性、政策性、原则性和时效性强，全市各级各部门一定要增强紧迫感责任感，强化组织领导，通过压实各方主体责任，确保工作平稳过渡，增强思想舆论引导，加强干部队伍建设，严肃各项纪律要求，突出巡视问题整改等举措，确保机构改革各项任务如期圆满完成。

【张家界市委议军会议】1月8日上午，湖南省张家界市委书记、张家界军分区党委第一书记虢正贵主持召开市委议军会议，学习贯彻习近平强军思想，听取区县人武部党委第一书记党管武装工作述职汇报；听取张家界军分区年度工作情况汇报。

会议指出，张家界军分区党委深入贯彻习近平强军思想，紧紧围绕有效履行新职能新使命，主动探索实践，全面建设保持稳健发展态势，战备训练、征兵工作、调整改革、国防教育等所取得的成绩可圈可点，并积极参与脱贫攻坚、“三联四建”“六城同创”和双拥模范城创建等工作，党管武装工作的社会效益不断彰显。各区县党管武装制度得到落实，在武装工作经费保障、基层武装工作阵地建设、转业和随军家属安置等工作上倾情用力，国防后备力量建设和经济社会发展互促共进、协调推进的良好局面基本形成。

就贯彻落实习近平强军思想，加强新时代党管武装工作，推动全市国防动员和后备力量建设开创新局面，会议强调，要提高政治站位，着力强化党管武装的政治责任。加强党管武装，是职责所系、现实所需，各级党委、政府尤其是第一书记，深刻认识加强党管武装工作是践行“两个维护”的政治责任，是应对安全挑战的迫切要求，是推进强军兴武的客观需要，是职能定位的实践要求，以强烈的使命担当肩负起党管武装的时代重任，满腔热忱支持国防和军队建设改革。

会议指出，要适应时代要求，不断提升党管武装的质量效益。要切实强化领导责任，切实履行核心职能，切实加大支持力度。

【中共张家界市第七届纪律检查委员会第四次全体会议】2月13日，中共湖南省张家界市第七届纪律检查委员会第四次全体会议召开，市委书记、市人大常委会主任虢正贵出席会议并讲话，市委副书记、市长刘革安主持上午会议，市委副书记刘绍建宣读《关于全市2018年度党风廉政建设情况的通报》，市委常委、市纪委书记、市监察委员会主任袁美南作工作报告。

会议指出，全市各级党组织要把思想和行动统一到习近平总书记重要讲话精神上来，统一到中央和省委的部署要求上来，主动担当作为，敢于斗争、善于斗争，不松劲、不停歇，以永远在路上的坚韧和执着认真履职尽责，扎实推进全面从严治党，巩固发展反腐败斗争压倒性胜利。

会议要求，要全面提升“四个自我”能力，永葆党的先进性纯洁性。要始终旗帜鲜明讲政治，要始终坚持以人民为中心的发展思想，要始终保持敢于斗争的精神，要始终突出抓住关键少数，要始终落实全面从严治党要求。要清醒认识反腐败斗争形势依然严峻复杂，不断增强全面从严治党的紧迫感责任感使命感。要心存忧患、时刻警醒，坚持“四个自我”和斗争精神，以刮骨疗毒的毅力和决心，认真查找、剖析问题原因，拿出过硬措施切实加以解决。

会议表示，2019年，我们要坚持以习近平新时代中国特色社会主义思想为指导，全面落实新时代党的建设总要求，保持全面从严治党不停歇、不松劲，以更大的气魄、更大的力度、更实的举措把全面从严治党推向深入。要突出把党的政治建设摆在首位，巩固发展风清气正的政治生态；要持之以恒落实中央八项规定精神，坚决整治形式主义、官僚主义；要坚持“标本兼治”，巩固发展反腐败斗争压倒性胜利；要层层压紧压实责任，织密扎牢监督之网；要严肃整治群众身边不正之风和腐败问题，让人民群众切实感受到正风反腐的显著变化。

会议强调，纪检监察机关是党和国家监督专责机关，肩负着党和人民重托，必须牢记和践行“打铁必须自身硬”的政治要求。各驻在部门和综合监督单位，要全力支持派驻机构开展工作，自觉主动接受监督，认真履行好党风廉政建设的主体责任。各级党委要加强领导，大力支持纪检监察机关履行职责，关心爱护纪检监察干部，为他们开展工作创造有利条件、当好坚强后盾。

【张家界市委政法工作会议】 3月2日，张家界市委政法工作会议召开。会议强调，要毫不动摇坚持党对政法工作的绝对领导，牢牢把握稳定压倒一切的总要求，坚定维护政治安全、社会安定、人民安宁，为全市高质量发展保驾护航。

市委常委、市委政法委书记刘桦作工作报告，市委常委、市委秘书长单铸飞主持会议，市级领导郭钰、朱用文、谢振华、刘卫兵、壮晓阳、赵荣参加会议。

会议指出，过去的一年，在市委坚强领导下，全市政法战线积极作为，政法工作卓有成效，维护政治安全、社会安定、人民安宁，促进全市经济社会持续健康发展。这其中凝聚着政法干警的智慧和汗水，市委向全市广大政法干警表示诚挚的慰问和崇高的敬意。

新时代，政法工作面临着新形势新挑战。会议要求，全市各级政法机关要保持清醒头脑，冷静分析在推动政法工作中存在的问题，深学笃用习近平总书记关于新时代政法工作的重要论述，深刻把握中央和省委政法工作会议精神，旗帜鲜明把政治建设摆在首位，切实加强党对政法工作的绝对领导，牢牢聚焦重点任务，立足“稳”这个大局，认真履职，真抓实干，坚定不移地维护国家政治安全，坚定不移地确保社会大局稳定，坚定不移地促进社会公平正义，坚定不移地保障人民安居乐业，为全市高质量发展保驾护航，奋力开创新时代全市政法工作新局面。

会议强调，政法队伍要政治过硬、业务过硬、责任过硬、纪律过硬、作风过硬，要加强队伍建设，打造一支忠诚干净担当的政法队伍。政法队伍是和平年代奉献最多、牺牲最大的队伍，要对这支特殊的队伍给予特殊的关爱，千方百计帮助解决政法干警的实际困难，为政法机关履行职能创造良好环境，让他们全身心投入到工作中来，切实担负起祖国和人民赋予的神圣职责，以更加高昂的精神和斗志加倍努力工作，以优异成绩迎接新中国成立70周年。

【张家界市委农村工作会议】 3月2日，张家界市委农村工作会议召开。会议强调，坚持农业农村优先发展总方针，以加强党对“三农”工作的领导为保障，对标全面建成小康社会“三农”工作必须完成的硬任务，抓重点、补短板、强基础，坚决打赢脱贫攻坚战。市委副书记刘绍建作农业农村工作报告；市委常委、市委秘书长单铸飞主持会议；副市长尚生龙解读《中共张家界市委张家界市人民政府关于加快推进五大农业特色产业的实施意见》《中共张家界市委办公室张家界市人民政府办公室关于印发〈张家界市优势农产品发展“3+2+N”三年行动计划(2019~2021年)〉的通知》和《中共张家界市委办公室张家界市人民政府办公室关于印发〈张家界市农村人居环境整治2019年实施方案〉的通知》等文件。市领导汪业元、余怀民、朱用文、刘卫兵参加会议。

会议指出，要站在战略全局高度，充分认识到：“三农”问题始终关系党和国家事业发展的全局，必须把思想和行动统一到中央、省委决策部署上来；全面建成小康社会最艰巨最繁重的任务仍然在农业农村，必须集中力量攻坚；党的惠农政策红利持续释放，必须用足用好农业农村发展面临的重大机遇。切实增强做好“三农”工作的政治责任感和历史使命感。

会议要求，要对表全面建成小康社会，全面完成“三农”工作各项硬任务。补齐短板弱项，打赢脱贫攻坚决胜战；不断提质增效，加快特色产业培育；推进产业融合，努力拓展经营市场；强化环境整治，推进美丽乡村建设；立足生态环保，推动农村绿色发展；夯实农业基础，补齐补足发展短板；创新治理体系，打造和谐有序善治乡村；健全体制机制，深化农村综合改革。

会议强调，要坚持农业农村优先发展总方针，切实加强党对“三农”工作的领导。把五级书记抓乡村振兴的责任落实好，把优先考虑“三农”干部配备、优先满足“三农”发展要素配置、优先保障“三农”资金投入、优先安排农村公共服务的“四个优先”的政策要求贯彻好，大力培养懂农业、爱农村、爱农民的“三农”工作队伍，把农民的主体作用充分发挥好，把做好“三农”工作的原则和方法掌握好。锐意进取、攻坚克难、扎实工作，为决胜全面建成小康社会、推进乡村全面振兴做出新的贡献，以优异成绩庆祝新中国成立70周年。

【张家界:“四会合一”全面部署党委办公室、组织、宣传、统战工作】 3月14日，张家界市以“四会合一”形式，全面部署全市党委办公室、组织、宣传、统战工作。市委书记虢正贵出席会议并讲话，市委副书记刘绍建主持会议。

中共中央办公厅近日发出《关于解决形式主义突出问题为基层减负的通知》，明确2019年作为“基层减负年”。省委制定实施《关于大力提倡求真务实真抓实干集中整治形式主义和官僚主义的意见》文件，大力提倡求真务实、真抓实干，集中整治形式主义、官僚主义。为此，市委采取“四会合一”形式，全面部署党委办公室、组织、宣传、统战工作。

会议指出，习近平总书记关于党委部门工作系列重要论述，是习近平新时代中国特色社会主义思想的重要组成部分，是做好新时期党委办公室、组织、宣传、统战工作的根本遵循和行动指南，要领会核心要义，把握精神实质，切实融会贯通于党委部门的各项实践之中。

会议强调，要深入学习贯彻习近平总书记关于党委部门工作系列重要论述，把思想和行动统一到习近平总书记关于党委部门工作的重要论述精神上来，统一到中央、省委的部署要求上来，统一到新时期新形势上来，始终坚持正确政治方向；要全面提升党委部门工作规范化精细化制度化水平，党委办公室工作要突出在狠抓政治督查、深抓调查研究、细抓统筹协调、严抓规范运行上下功夫，组织工作要突出在加强党的政治建设、加强基层党建、加强高素质专业化干部队伍建设、加强人才工作上下功夫，宣传工作要突出着力推动习近平新时代中国特色社会主义思想落地生根、着力为推动张家界高质量发展凝心聚力、着力推进“六城同创”、着力推动文化事业和文化产业高质量发展上下功夫，统战工作要突出在注重开展凝聚共识工作，共同绘就团结奋斗最大同心圆；注重推进党外代表人士队伍建设，巩固多党合作的政治基础；注重加强民族宗教领域团结和谐，铸牢中华民族共同体意识；注重促进非公经济“两个健康”，推动构建亲清新型政商关系等“四个注重”上下功夫，努力开创各项工作新局面。要切实加强党的领导，认真把握新形势下的党委办公室、组织、宣传、统战工作的新要求、新目标、新任务，坚持政治引领，全面加强党的领导；聚焦中心工作，自觉融入大局服务大局；转变工作作风，带头反对形式主义官僚主义；强化担当作为，以钉钉子的精神一项一项工作抓落实，把党委部门机关作为具体运用“三个区分开来”和“三个用起来”导向的“试验田”，让一批混时度日、玩虚弄假的领导干部退位让贤，让一批勇于作为、真抓实干的干部脱颖而出，让主动担当、崇尚实干成为党委工作部门的风向标。

【张家界市传达学习全国两会精神】 3月19日上午，张家界市召开会议传达学习十三届全国人大二次会议、全国政协十三届二次会议精神和省委贯彻落实全国两会精神要求。市委书记虢正贵主持会议并讲话，全国人大代表、市委副书记、市长刘革安传达十三届全国人大二次会议精神，市政协主席汪业元传达全国政协十三届二次会议精神。

会议强调，要提高政治站位，切实把思想和行动统一到习近平总书记重要讲话精神和全国两会精神上来，统一到中央、省委和市委的决策部署要求上来，增强发展的信心决心，强化各项措施，认真抓好全国两会精神的学习贯彻落实。精心组织、创新形式，迅速掀起全市传达学习贯彻全国两会精神的热潮，要精心组织学、广泛深入学、结合实际学。要强化责任、狠抓落实，确保全国两会精神在张家界落地落实。坚决打赢打好三大攻坚战，全面落实防范化解政府债务各项措施，确保风险整体可控。举全市之力推进桑植县精准脱贫攻坚，开展好“户帮户，亲帮亲，互助脱贫奔小康”活动，坚决攻克贫困最后堡垒，力争年内全市整体摘帽，决战决胜脱贫攻坚。要坚持走以生态优先、绿色发展为导向的高质量发展的新路，保持定力，不动摇、不松劲、不开口子，切实抓好大鲵自然保护区水电站等问题整治工作，大力推动生态绿色张家界建设，坚决打好污染防治攻坚战。要抓产业提质升级，牢牢守住安全稳定底线，持续保障和改善民生，要以党的政治建设为统领推进党的各项建设，始终保持惩治腐败的高压态势，紧盯重大项目、重点领域、关键岗位，对存在腐败问题的，发现一起坚决查处一起，让人民群众切实感受到正风反腐的显著变化。

【中共张家界市委外事工作委员会2019年第一次全体会议】 3月27日下午，张家界市委书记、市委外事工作委员会主任虢正贵主持召开中共张家界市委外事工作委员会2019年第一次全体会议。会议强调，要深入学习贯彻习近平新时代中国特色社会主义外交思想，加强统筹谋划，增强风险意识，努力推动张家界市外事工作上台阶、出特色。

会议学习习近平新时代中国特色社会主义外交思想，传达《关于新时代加强党对地方外事工作集中统一领导统筹做好湖南外事工作的意见》《关于严格执行2019年度厅(局)级党政领导干部因公出国计划的通知》《外交部湖南全球推介活动第一次筹备工作会议纪要》等，审议并原则通过《市委外事工作委员会工作规则》《市委外事工作委员会办公室工作细则》《市委外事工作委员会2019年工作要点》等，听取丝绸之路友好城市协作体2019年(张家界)年会筹备情况汇报。

会议指出，过去的一年，张家界市外事工作认真落实党和国家对外方针政策、省委外事工作领导小组部署要求，坚持围绕中心、服务大局，对外展示美丽张家界形象，为促进全市经济社会高质量发展作出积极努力、取得良好成果。

会议要求，2019年是张家界市外事领域全面深化改革，完善体制机制，积极扩大开放的重要年份。我们要深入学习贯彻习近平新时代中国特色社会主义外交思想，切实加强党对地方外事工作的集中统一领导，把党管外事原则贯穿于外事工作全过程、各方面，以“外事为民”作为外事工作的重要支点，严格执行外事工作纪律。要加强外事工作统筹谋划，积极打造对外交流合作平台，做好外事服务和外宾接待，全力防范化解政治风险。要认真做好今年外事工作，把在张家界召开的国际性会议举办好，推动国际友好城市建立，积极参与国际活动，加强体制机制改革、外事法规体系建设和外事管理，不断提高外事工作水平。

会议强调，市委外事办的内设机构改革要在会后尽快实施，高速运转，相关部门要积极支持外事工作，共商共建，推动外事办事机制不断完善，提升水平。区县委外事工作委员会要和市委外事工作委员会保持高度一致，保证机构、人员、经费落实到位，加强体制机制和人员队伍建设，积极有效地完成年度外事工作任务。

【中共张家界市委财经委员会第一次会议】 3月29日上午，张家界市委书记、市委财经委员会主任虢正贵主持召开中共张家界市委财经委员会第一次会议。会议强调，深入学习贯彻习近平新时代中国特色社会主义经济思想，切实加强党对经济工作的集中统一领导，着力强化责任担当，形成齐心协力抓落实、促发展的工作格局，以更加务实有效的举措推动经济高质量发展。

市领导刘革安、刘绍建、单铸飞、李传荣、欧阳斌、尚生龙、李培其参加会议。

会议传达学习中央财经委员会第一次、第二次、第三次会议和省委财经委员会第一次会议精神，审议并原则通过《中共张家界市委财经委员会工作规则》《中共张家界市委财经委员会办公室工作细则》，听取一季度经济形势研判、减税降费对张家界市的影响及应对措施、降低社保缴费比例对张家界市的影响及应对措施、张家界市金融形势分析的汇报。

会议指出，新组建市委财经委员

会，是落实党和国家机构改革决策部署的重要举措，也是强化市委对经济工作领导的重要制度安排，更是加快推动张家界市经济高质量发展的重要保证。要统一思想，切实提高政治站位，认真学习领会习近平新时代中国特色社会主义经济思想，深刻理解加强党对经济工作的集中统一领导是社会主义市场经济的本质特征、是防范抵御重大风险的根本保证、是实现国家治理体系和治理能力现代化的现实需要，不断强化抓落实的政治责任，让党中央、省委各项经济决策部署在张家界落地生根。要着力增强战略思维、辩证思维、创新思维、法治思维、底线思维，增强经济工作的专业知识、专业素养、专业能力，进一步提升领导财经工作的能力和水平，为推动张家界市经济高质量发展提供坚实的保障和支撑。

会议要求，要着力增强责任意识，强化责任担当。市委财经委要发挥牵头抓总的作用，主动担起全市财经工作总体谋划、统筹协调、整体推进和督促落实等职责；委员会组成人员要加强学习，多提战略性、前瞻性意见和建议，多研究解决问题的措施和办法；市委财经办要努力为市委决策提供优质高效服务，当好“研究员”“参谋官”“协调人”“督查者”；各级各部门要各司其职、协同配合、加强联动，形成上下“一盘棋”、合力唱好“一台戏”的工作格局。

会议强调，要紧紧围绕高质量发展主题，一心一意谋发展，聚精会神搞建设，坚持稳中求进工作总基调，坚持新发展理念，全力推动产业发展，加快推进项目建设，坚决打赢打好“三大攻坚战”，统筹推进城乡协调发展，坚持办实事惠民生保稳定，深入推进改革开放，真正做到稳就业、稳金融、稳外贸、稳外资、稳投资、稳预期，确保一季度经济实现“开门红”，让张家界发展得更好、更协调、更健康。

【2019 年度中共张家界市委人才工作领导小组第一次会议】 4 月 24 日上午，张家界市委书记虢正贵主持召开 2019 年度中共张家界市委人才工作领导小组第一次会议。市领导艾可知、田华玉、曾超群、邹菊芳参加会议。

会议听取全市人才工作情况汇报；永定区、慈利县委人才工作领导小组及市农业农村局、张家界高新区进行人才工作专项述职；审议并原则通过《张家界市人才引进实施办法》《中共张家界市委人才工作领导小组工作规则》《中共张家界市委人才工作领导小组成员单位主要职责》《张家界市 2019 年人才工作要点》。

就如何做好 2019 年人才工作，会议要求，要深入学习贯彻习近平总书记关于人才工作的重要论述，进一步提高政治站位、凝聚思想共识，确立人才引领发展战略地位，深化人才发展体制机制改革，着力集聚爱国奉献优秀人才。要聚焦全面推进张家界人才行动计划，进一步强化责任担当、不断开拓创新。明确人才发展总体目标定位，推进张家界人才行动计划，是做好新时代张家界市人才工作的重要抓手，加快建成全域旅游人才高地，是新时代张家界市人才工作的目标定位。大力实施八大人才发展工程，全面推进张家界人才行动计划，重中之重是要以全面实施科技人才贫困村“覆盖”工程、企业人才“提质”工程、教育人才“双名”工程、医疗卫生人才“名医”工程、旅游人才“优化”工程、“旅游+”产业人才“引领”工程、重点项目人才发展“助力”工程、招商人才“聚智”工程为牵引，统筹抓好各类人才队伍建设，要深化科技人才扶贫，促脱贫攻坚和乡村振兴，要实施一批重点人才工程，统筹发展各类人才，要深化旅游人才队伍建设，助推全域旅游发展。持续深化五项体制机制改革，张家界人才行动计划中提出的深化人才管理体制、人才引进制度、人才创新创业机制、人才评价激励机制、人才工作组织领导机制等 5 个体制机制改革措施既是全面落实中央、省委有关深化改革的要求，又结合张家界市人才发展的实际情况，同时，为实施八大重点工程提供体制机制保障，要深化人才引进机制改革，精准高效引进人才，要深化人才创新创业机制改革，激发人才“双创”活力，要深化人才评价激励机制改革，为人才松绑增动力。

会议指出，党管人才是我国人才制度的政治优势，既是新时代坚定实施人才强国战略的根本保证，也是从中央到各级地方党委高度重视人才的体现，还是加速形成人才优先发展战略布局和推进优秀人才集聚的重要保障。要强化组织领导，层层压实责任，提升保障水平，加快推动党管人才工作高质量发展，进一步狠抓工作落实、开创新局面，奋力谱写新时代张家界人才发展新篇章。

【张家界市委扶贫工作会议】 5 月 8 日下午，张家界市委扶贫工作会议召开，总结成绩、鼓舞斗志，分析形势、明确任务，全面安排部署今年全市脱贫攻坚工作，动员以决战决胜之势攻下贫困最后堡垒，如期打赢脱贫攻坚战。市委书记虢正贵出席会议并讲话；市委副书记、市长刘革安主持会议；市委副书记刘绍建宣读《关于进一步压实责任 改进作风 强力整治脱贫攻坚领域突出问题的通知(整征求意见稿)》；副市长尚生龙宣读《中共张家界市委办公室张家界市人民政府办公室关于 2018 年度全市脱贫攻坚先进集体和先进个人的通报》；6 个先进集体和个人作典型发言。

2018 年，张家界以脱贫攻坚统揽全市经济社会发展，深入开展脱贫攻坚作风建设年活动，共减贫 6.47 万人、180 个贫困村出列，永定区和慈利县实现摘帽，贫困发生率下降至 2.17%，在脱贫力度、广度和深度上都达到新的水平，脱贫攻坚取得决定性进展和阶段性胜利。

2019 年是张家界市打赢脱贫攻坚战的决战之年，工作目标任务包括全面完成全年脱贫摘帽任务和全面巩固脱贫攻坚成果。即实现桑植县脱贫摘帽，38 个贫困村出列，脱贫 24830 人；巩固已摘帽的“两区一县”、已出列的 320 个贫困村和已脱贫的建档立卡贫困人口的脱贫成果，相关扶贫政策保持稳定，继续加大工作力度，高度重视解决“两不愁三保障”突出问题，切实提高脱贫质量。

会议指出，现在距离全面完成脱贫攻坚目标任务只剩下不到两年时间，也是张家界市脱贫攻坚战的最后冲刺时期，正是最吃劲的时候。全市各级各部门要深刻领会习近平总书记要求，始终保持一鼓作气、顽强作战的信心决心，突出问题导向，始终坚持分类施策、精准攻坚的工作策略，在政治站位上对标看齐、把准方向，在解决“两不愁三保障”突出问题上统筹推进、综合发力，在桑植县脱贫摘帽上举全市之力团结奋战、攻坚克难，在巩固脱贫成果促进稳定脱贫上健全机制、确保长效。要落实政治责任，始终强化真抓实干、攻城拔寨的使命担当，压实责任抓扶贫，转变作风抓扶贫，强化担当抓扶贫，加强党建抓扶贫，一鼓作气、顽强作战，奋力夺取全市脱贫攻坚战的全面胜利。

【张家界市委全面依法治市委员会第一次会议】 5月15日，张家界市委全面依法治市委员会召开第一次会议。市委书记、市委全面依法治市委员会主任虢正贵出席会议并讲话，会议指出，依法治市责任重大、使命光荣，各级干部要以高度的思想自觉、政治自觉和行动自觉，全面推进依法治市，为决战脱贫攻坚、决胜全面小康、推进高质量发展提供强有力法治保障。

市委副书记、市长、市委全面依法治市委员会副主任刘革安，市委副书记、市委全面依法治市委员会副主任刘绍建，市委全面依法治市委员会委员，市直有关部门主要负责同志，市委依法治市办有关同志和各协调小组联络员参加会议。

会议传达学习习近平总书记在中央全面依法治国委员会第一、二次会议上的重要讲话精神及省委全面依法治省委员会第一、二次会议精神。审议并原则通过《中共张家界市委全面依法治市委员会协调小组组成单位名单》《中共张家界市委全面依法治市委员会协调小组工作规则》《中共张家界市委全面依法治市委员会办公室工作细则》《中共张家界市委全面依法治市委员会2019年工作要点(审议稿)》。中共张家界市委全面依法治市委员会成员及市直相关单位负责作发言。

会议指出，以习近平同志为核心的党中央组建中央全面依法治国委员会，是我党历史上第一次设立这样的机构，目的是加强党对全面依法治国的集中统一领导，统筹推进全面依法治国工作，奋力开创推进法治国家、法治政府、法治社会一体建设的新局面。这次我们成立中共张家界市委全面依法治市委员会，就是向党中央对标看齐、增强“四个意识”、坚定“四个自信”、做到“两个维护”的具体行动，就是深入推动党政机构改革、切实加强党对全面依法治国的领导、自上至下蹄疾步稳推进全面依法治国进程的具体要求，就是坚持党的领导、人民当家做主、依法治国有机统一的具体体现。会议强调，我们要坚持深学笃用，进一步把思想和行动统一到习近平总书记关于全面依法治国的重要论述上来，全面学习深刻把握“坚持加强党对依法治国的领导”“坚持人民主体地位”“坚持中国特色社会主义法治道路”“坚持依宪治国、依宪执政”等重要论述，全面落实中央和省委各项决策部署，深化思想引领，提高政治站位，不断增强推进全面依法治市工作的使命担当，更好发挥法治固根本、稳预期、利长远的作用，为全面推进依法治市，为决战脱贫攻坚、决胜全面小康、推进高质量发展，为张家界市在以“锦绣潇湘”为品牌的全域旅游基地建设中发挥龙头作用提供更加坚强有力的法治保障。

【中共张家界市委审计委员会第一次会议】 5月15日，中共张家界市委审计委员会召开第一次会议。会议指出，审计工作使命光荣、任务艰巨，要坚持以习近平新时代中国特色社会主义思想为指导，深入学习贯彻习近平总书记关于审计工作的重要讲话批示精神，以更新的姿态、更有力的举措、更大的作为推进全市审计工作，为张家界市经济社会高质量发展提供坚强有力的审计保障。市委副书记、市长刘革安，市领导袁美南、单铸飞、曾超群参加会议。

会议传达学习习近平总书记对审计工作的重要批示和中央、省委审计委员会第一次会议精神，听取市审计局2018年度工作情况和审计发现主要问题及案件线索移送情况汇报，审议并原则通过《中共张家界市委审计委员会工作规则(审议稿)》《中共张家界市委审计委员会工作细则(审议稿)》《市审计局2019年度审计项目计划(草案)》。

会议指出，审计是党和国家监督体系的重要组成部分，是宪法确立的一项重要制度安排。近年来，全市各级审计机关坚持以习近平新时代中国特色社会主义思想为指引，认真贯彻落实中央、省委和市委决策部署，主动担当作为，全面完成各项审计任务，在推动上级政策落实、促进党风廉政建设、保障经济社会健康发展等方面发挥重要作用。成立市委审计委员会，充分体现市委对审计工作的集中统一领导，标志着张家界市审计工作翻开了崭新一页，开启了新时代审计工作的新征程。

会议强调，要始终突出政治引领，牢牢把握全市审计工作的正确方向，要深刻认识到切实增强“四个意识”、坚定“四个自信”、做到“两个维护”，把这场党中央自上而下部署推进的审计事业改革牢牢抓在手中，始终在思想上政治上行动上同以习近平同志为核心的党中央保持高度一致；要聚焦主责主业，切实担负起新时代审计工作的职责使命，紧紧围绕全市改革发展稳定大局，不断提高审计工作的精度、深度和广度，提高审计工作质量与效率，消除监督盲区，推进审计全覆盖，发挥好审计的专业优势和预警功能，在更广泛的领域强化审计担当、体现审计作为；要切实加强党对审计工作的领导，为审计事业发展提供更加坚强的保障，进一步加强审计工作统筹，优化审计资源配置，纵深推进全市审计事业发展，以更新的姿态、更有力的举措、更大的作为推进全市审计工作，为张家界市经济社会高质量发展提供坚强有力的审计保障。

【张家界市召开巡视整改暨集中整治形式主义官僚主义工作推进会】 6月21日上午，张家界市召开巡视整改暨集中整治形式主义官僚主义工作推进会。会议强调，推进巡视整改和集中整治形式主义官僚主义工作要保持力度不减、节奏不变、尺度不松，确保真改实改，为推动张家界高质量发展营造良好政治生态。

会议指出，我们党历来反对形式主义官僚主义，特别是中共十八大以来,习近平总书记对整治形式主义、官僚主义始终高度重视、要求一以贯之,多次发表重要讲话、作出重要指示。概括起来主要包括:一是形式主义、官僚主义同我们党的性质宗旨和优良作风格格不入,是我们党的大敌、人民的大敌;二是充分认识形式主义、官僚主义的多样性和变异性,既解决老问题、也察觉新问题;三是群众对脱贫攻坚中的形式主义、官僚主义非常反感,要认真加以解决;四是反对形式主义、官僚主义,各级领导干部要身体力行,以上率下,形成“头雁效应”。

会议要求,要提高政治站位,不断增强做好整治工作的思想自觉、政治自觉和行动自觉。要充分认识到:形式主义官僚主义具有极大政治危害性,开展集中整治是推动全面从严治党向纵深发展的重要抓手;形式主义官僚主义具有顽固性反复性,开展集中整治是密切新时代党群干群关系的必然要求;形式主义官僚主义具有避实务虚性,开展集中整治是推进张家界高质量发展的迫切需要。要聚焦突出问题,坚持抓重点关键,坚持抓宣传教育,坚持抓执纪问责,坚持抓巡察监督,坚持抓长效机制,以有效管用的措施整治形式主义官僚主义。

【张家界市委统一战线工作领导小组2019年第一次全体会议】 7月4日上午,张家界市委统一战线工作领导小组2019年第一次全体会议召开。会议强调,要加强党的领导,坚持正确方向,理顺体制机制,不断开创统战工作新局面,为推动张家界高质量发展凝聚思想共识,汇聚多方力量。

市领导艾可知、田华玉、邹菊芳参加会议。

会议传达中共中央和省委统一战线工作领导小组有关文件精神和省委书记杜家毫在省委统战工作领导小组2019年第一次全体会议上的讲话精神;审议通过《市委统战工作领导小组成员单位调整建议方案》和《市委统战工作领导小组工作规则(修订稿)》;听取全市统战工作情况汇报。

会议指出,要在坚持正确方向,把握职责使命上下功夫,更好地发挥好统一战线的法宝作用。要强化思想引领,坚持正确政治方向,深入学习贯彻习近平新时代中国特色社会主义思想,突出党对统一战线工作集中统一领导这一根本,扎实开展“不忘初心,牢记使命”主题教育;要深刻把握统一战线的地位和作用,深入钻研政策,掌握规律方法,坚持求同存异、求同化异,找到最大公约数,画出最大同心圆;要重视工作新情况,增强使命感和紧迫感,深入分析和正视当前工作存在的问题和短板,找准切入点,创造性开展工作。

会议要求,要凝聚思想共识,汇聚多方力量,紧紧围绕中心,服务大局。着眼共绘团结奋斗最大同心圆,在广泛凝心聚力上多动脑筋,着眼民主政治建设,在党外代表人士队伍建设上多下功夫,着眼促进团结和谐稳定,在做好民族宗教工作上多下功夫,着眼激发经济活力,在促进非公经济健康发展上下力气,把各界的智慧和力量凝聚起来,形成推动经济社会高质量发展的强大合力。

会议强调,要高度重视,进一步加强党对统战工作的领导,理顺机制,进一步增强统战工作的活力,夯实基础,进一步强化统战队伍建设,提升做好统战工作的能力水平,巩固和完善大统战工作格局,不断开创张家界市统战工作新局面。

【张家界市公安工作会议】 7月5日上午,张家界召开全市公安工作会议。会议指出,坚持政治建警、改革强警、科技兴警、从严治警,坚定不移走中国特色社会主义强警之路,推进公安工作现代化和公安队伍革命化正规化专业化职业化建设,提升维护国家政治安全和社会稳定的能力,履行好党和人民赋予的新时代职责使命,为决胜全面建成小康社会、实现“两个一百年”奋斗目标,加快建设国内外知名旅游胜地创造安全稳定的政治社会环境。

市领导袁美南、刘桦、艾可知、单铸飞、曾超群、朱用文、谢振华、周芳、刘卫兵参加会议。

会议指出,要坚持党的绝对领导,树牢铁一般的理想信念,推动新时代公安工作始终朝着正确方向前进。党对公安工作的领导,既是绝对领导,也是全方位的领导。要突出政治建警,毫不动摇做到“两个维护”,筑牢思想之基,始终保持理想信念上的清醒坚定,完善领导制度,切实加强党委对公安工作的领导。

会议要求,要忠诚履行职责使命,强化铁一般的责任担当,有力服务保障全市经济社会高质量发展。要坚决捍卫政治安全,强化意识形态阵地管理,严防敌对势力渗透破坏,严密防控暴恐风险隐患;要全力维护社安定,全力打好防范化解重大风险攻坚战,正确处理维稳与维权的关系,坚持和发展新时代“枫桥经验”;要切实保障人民安宁,深入推进扫黑除恶专项斗争,高压严打突出违法犯罪,全面强化社会治安防控。要持续深化改革创新,锤炼铁一般的过硬本领,不断提升全市公安工作现代化水平。要规范公正文明执法,树立正确法治理念,深化执法规范化建设,构建良好法治环境,确保公安机关依法履职;要坚定推动改革强警,持续深化体制机制改革,坚持科技兴警,深化“放管服”改革;要全面夯实基层基础,深化城乡社区警务战略,进一步充实基层队伍。

会议强调,要坚持严管与厚爱结合,深化思想政治教育,全面提升队伍素质,持之以恒正风肃纪,关爱民警暖心惠警,锻造铁一般的纪律作风,努力打造让党和人民满意的公安铁军,以新时代公安工作的高质量发展助推全市经济社会的高质量发展。

【张家界市2019年上半年全市经济形势分析会议】 7月17日上午,张家界召开2019年上半年全市经济形势分析会议。会议强调,全面把握形势,抢抓发展机遇,坚定信心与决心,深入践行新发展理念,全力以赴推动张家界市经济高质量发展。

市委副书记、市长刘革安作全市半年经济形势分析报告,市领导刘绍建、汪业元、余怀民、袁美南、刘桦、艾可知、单铸飞、郭天保、郭钰、曾超群等市级领导参加会议。

2019年以来,全市上下深入贯彻落实新发展理念,着力推动高质量发展,经济继续保持平稳增长态势。全市地区生产总值、固定资产投资、社会消费品零售总额同比分别增长5.5%、11.2%、9.8%。房地产投资增长70.5%,排名全省第1位。工业技改投资、民间投资、涉农投资分别增长31.3%、54.2%、44.5%。一般公共预算收入和支出分别同比增长6.5%、7.8%。

会议指出,上半年的成绩来之不易,但也要看到当前全市经济发展存在的一些困难和问题,如产业结构不合理,科技创新不足,重大战略支撑性项目偏少,城乡发展不协调,三大攻坚战任务重、压力大,经济发展环境有待优化等。我们不能有任何懈怠和盲目乐观,要保持清醒头脑,积极应对,认清形势,抢抓机遇,坚定信心与决心,对标对表全年目标任务,推动全市经济高质量发展。

会议要求,要深入践行新发展理念,突出抓重点补短板强弱项,全力以赴推进经济高质量发展。加快推进旅游支柱产业、现代农业、新型工业、现代服务业等产业转型;突出问题导向和目标导向,坚决打赢三大攻坚战,务求取得实效;通过加快重点项目建设,主攻产业投资,抓好招商引资,激活民间投资,想方设法抓项目稳投资;大力支持实体经济,确保减税降费政策措施落地生根,努力缓解民营和小微企业融资难融资贵问题,积极改善营商环境;进一步深化改革扩大开放,不断推动向纵深发展;推进城乡融合发展,扎实推进国际精品旅游城市建设,大力实施乡村振兴战略;认真践行以人民为中心的发展思想,着力惠民生保稳定,不断提升人民群众获得感、幸福感、安全感。

会议强调,推动经济高质量发展,必须始终坚持加强党对经济工作的集中统一领导。要着力提高各级领导干部抓经济工作的能力水平,营造敢于担当的浓厚氛围,不断改进工作作风,扎扎实实地推动工作落实落地,为全市经济高质量发展提供坚强保障。

【中国共产党张家界市第七届委员会第七次全体会议】 7月31日上午,中国共产党张家界市第七届委员会第七次全体会议召开。全会深入学习贯彻习近平总书记关于加强基层建设的重要论述和推动中部地区崛起重要讲话精神,以及党中央关于促进中部地区崛起的决策部署,认真贯彻落实省委十一届八次全体会议精神,听取市委常委会工作报告,审议通过《中共张家界市委关于加强基层建设推动进一步融入中部地区崛起的若干意见》。市委书记虢正贵代表市委常委会作工作报告,市委副书记、市长刘革安就《中共张家界市委关于加强基层建设推动进一步融入中部地区崛起的若干意见》的起草情况向全会作说明。

市领导汪业元、余怀民、袁美南、刘桦、艾可知、单铸飞、田华玉、郭天保、曾超群等出席。

出席全会的市委委员应到47人,实到38人;市委候补委员应到9人,实到7人,符合规定人数。

不是市委委员、候补委员的市级领导,区县委书记、区县长,市人大常委会、市政府、市政协秘书长,市委、市政府副秘书长,市人大常委会、市政协各委室主要负责人,市纪委监委委员,市直正处级单位及驻张单位党组(党委)主要负责人和基层部分党代表列席会议。

全会认为,2019年以来,面对错综复杂的国内外发展环境和严峻的经济下行压力,市委常委会在以习近平同志为核心的党中央坚强领导下,坚持以习近平新时代中国特色社会主义思想为指导,全面贯彻落实党的十九大和十九届二中、三中全会精神,认真落实中央、省委各项决策部署,坚持稳中求进工作总基调,统筹推进"五位一体"总体布局,协调推进"四个全面"战略布局,大力实施省委创新引领开放崛起战略和市委对标提质旅游强市战略,扎实做好"六稳"工作,深入开展产业项目建设年和招商引资项目攻坚年活动,着力构建山清水秀的自然生态、风清气正的政治生态和安定和谐的社会生态,重点抓党政机构改革、扎实做好中央扫黑除恶专项斗争督导和省委巡视整改后半篇文章、大力推进大鲵国家级自然保护区水电项目整改、建立完善招商引资体制机制、迎接和庆祝新中国成立70周年、集中整治形式主义官僚主义等6件大事,总结今年以来全市推动全市工作取得新进展、新成绩。

全会指出,推动中部地区崛起是党中央作出的重大战略部署,我们必须找准落实中部地区崛起战略定位的着力点和主攻方向,解放思想再出发,围绕对标提质旅游强市战略和"11567"总体思路,激发内生动力,坚定不移走绿色发展之路,做精做美全域旅游,规划调整产业布局,统筹城乡协调发展,向改革要动力要活力,不断增进民生福祉,全面融入中部地区崛起,推动全市经济高质量发展。

全会指出,治国安邦,重在基层;管党治党,重在基础。基层工作实不实,基层基础牢不牢,基层大局稳不稳,直接关系到改革发展稳定大局。加强以乡镇(街道)、村(社区)为重点的基层建设,是一项基础性全局性的重要工作。全市上下要提高政治站位,切实增强抓基层强基础的思想自觉政治自觉行动自觉;要明确根本要求,牢牢把握抓基层强基础面临的重大政策机遇;要坚持问题导向,建立完善抓基层强基础的政策保障体系;要加强党的领导,真正扛起抓基层强基础的重大责任,推动基层建设全面进步全面过硬,不断提升基层治理能力和水平。

全会要求,要精心谋划和开展"不忘初心、牢记使命"主题教育,集中精力打好"三大攻坚战",牢牢扭住项目建设"牛鼻子",组织好新中国成立70周年庆祝活动,谋划和推动当前工作,全面完成今年各项目标任务。还要统筹抓好确保暑期旅游安全,全面完成大鲵保护区水电项目年度整改任务,多措并举做好防汛抗旱,全面加强安全生产,维护社会和谐稳定,推动全面从严治党向纵深发展等几个方面的工作,以优异成绩庆祝新中国成立70周年。

全会按照党章规定,采取举手表决的方式,审议通过关于同意赵荣同志辞去市委委员的决定,通过关于递补彭发勇为市委委员的决定。审议通过《中共张家界市委关于加强基层建设推动进一步融入中部地区崛起的若干意见》。

【中共张家界市委退役军人事务工作领导小组第一次会议】 11月29日上午,张家界市委书记、市委退役军人事务工作领导小组组长虢正贵主持召开中共张家界市委退役军人事务工作领导小组第一次会议，深入学习习近平总书记关于退役军人工作的重要论述，审议市委退役军人事务工作领导小组工作规则、办公室工作细则、年度工作要点，研究部署全市退役军人工作重点任务。市领导谢振华、吴广生等参加会议。

会议指出，中共十八大以来，以习近平同志为核心的党中央高度重视退役军人工作。习近平总书记亲自谋划设计、亲自部署推动组建退役军人管理保障机构，并作出一系列重要论述，充分体现总书记对国家长治久安的深谋远虑、对强军兴军事业的战略考量、对广大退役军人和优抚对象的关心厚爱。各级各相关部门要从树牢“四个意识”、坚决做到“两个维护”的政治高度，切实增强做好退役军人工作的责任感、使命感，确保中央关于退役军人工作的各项决策部署在张家界市全面落实。

会议强调，要从树牢“四个意识”、坚决做到“两个维护”的政治高度，切实增强做好退役军人工作的责任感、使命感，精准落实退役军人优抚帮扶政策，切实做好待遇保障、抚恤优待、就业安置等工作，帮助退役军人解决好实际困难；要建立健全退役军人服务保障体系，加快推动市、区（市、县）退役军人服务中心，乡镇（社区）、村（居）退役军人服务站建设，不断提高全市退役军人服务保障水平；要推动形成退役军人工作整体合力，切实做到领导重视到位、力量投入到位、资源保障到位、责任落实到位，同时营造全社会尊崇军人的良好氛围，引导退役军人始终听党话、跟党走，激励他们为全市经济社会发展多做贡献。

会议审议并原则通过，《中共张家界市委退役军人事务工作领导小组工作规则（暂行）（审议稿）》《中共张家界市委退役军人事务工作领导小组办公室工作细则（暂行）（审议稿）》。

【张家界市委经济工作务虚会】 12月10日至11日，张家界市委召开经济工作务虚会，深入贯彻习近平新时代中国特色社会主义思想，落实中共十九届四中全会精神，分析把握形势，研究探讨问题，谋新局、开新篇，提升创新实干、担当作为的能力，做好2019年经济工作收关工作，更好推动2020年各项工作迈上新台阶。市委书记虢正贵主持会议并讲话，刘革安、汪业元、余怀民等市领导参加会议。

会议邀请省统计局核算处专家作当前经济形势和统一核算改革专题辅导。市领导、各板块和部分单位主要负责同志逐一发言，谈认识、摆问题、找差距、提建议，达到统一思想、明确思路、凝聚共识的目的。

会议指出，自市委七届三次全会召开以来，全市上下以习近平新时代中国特色社会主义思想为指导，深入贯彻落实中共十九大精神，大力实施省委创新引领开放崛起战略、市委对标提质旅游强市战略和“11567”总体思路，张家界市经济社会生活和干群思想观念都发生广泛而深刻的变化，各项事业都取得重大进展和新的成就。2019年1至11月，全市一般公共预算收入累计完成580392万元，同比增长10.02%；地方一般公共预算收入累计完成323097万元，同比增长12.35%，高于全省平均水平7.89个百分点，增速排名全省第二，其中非税收入完成94708万元，同比增长27.8%，占地方一般公共预算收入的29.31%，收入质量全省排名第一。

对于当前的经济形势，会议指出，12月6日中共中央政治局召开会议，指出当前和今后一个时期，我国经济稳中向好、长期向好的基本趋势没有变，提出2020年经济工作指导思想、工作目标等。对标研判，张家界市稳中向好的发展态势没有变，仍然处于战略机遇期，仍然大有可为。因此，要树立国际视野、世界眼光、专业水准，增强工作的预见性、前瞻性、规划性，对2020年和今后一个时期的工作要早准备、早谋划、早行动、早见效。

对于2020年全市经济工作的铺排，会议强调，全市上下要把精力集中到全年目标的攻坚冲刺上来、把力量集中到重点环节的全面突破上来、把思想集中到明年各项工作的统筹谋划上来，切实增强深入学习贯彻十九届四中全会精神和省委十一届九次全会会议精神的思想自觉和行动自觉，珍惜良好的氛围，看到良好的来势，保持良好的预期。要着力抓好县域经济，着力抓好产业升级，着力抓好稳投资，着力抓好实体经济，着力抓好城市建设，着力抓好乡村振兴，着力抓好改革开放，着力抓好改善民生；要切实加强党对经济工作的领导，完善制度体系，强化人才保障，优化营商环境。着力抓重点、补短板、强弱项，坚决打赢三大攻坚战，全面做好“六稳”工作，保持经济持续健康发展和社会大局稳定，确保“十三五”规划圆满收官，以优异成绩迎接全面建成小康社会，开启张家界高质量发展的新征程。

【市委重要文件】 2019年1月22日，市委、市人民政府印发《关于加快文化创新体系建设的实施意见》

2月12日，市委印发《关于集中整治形式主义官僚主义的实施方案》的通知

3月1日，市委、市人民政府印发《关于加快推进五大农业特色产业的实施意见》

3月1日，市委办公室、市人民政府办公室印发《张家界市优势农产品发展“3+2+N”三年行动计划（2019~2021年）》的通知

3月24日，市委印发《关于旗帜鲜明讲政治进一步加强党的政治建设的实施意见》

3月26日，市委、市人民政府印发《关于巩固脱贫成果促进稳定脱贫的实施意见》

3月27日，市委办公室、市人民政府办公室印发《关于举全市之力支持桑植县打赢脱贫摘帽攻坚战的意见》

5月20日，市委印发《2019~2022年张家界市干部教育培训规划》的通知

5月21日，市委办公室、市人民政府办公室印发《关于实施医疗卫生城（县）乡一体化改革的指导意见》

5月24日，市委办公室印发《关于突出干事创业导向进一步激励广大干部新时代新担当新作为的实施意见》的通知

6月18日，市委、市人民政府印发《张家界市推进安全生产领域改革发展的实施细则》的通知

7月3日,市委办公室、市人民政府办公室印发《张家界市人才引进实施办法》的通知

8月28日,市委印发《关于加强基层建设推动进一步融入中部地区崛起的若干意见》

11月8日,市委办公室、市人民政府办公室印发《张家界市生态环境机构监测监察执法垂直管理制度改革工作方案》的通知

12月19日,市委、市人民政府印发《关于推进新型工业高质量发展的若干措施》的通知

(本栏撰稿　彭汇芳　王京)

办公室工作

【概况】 2019年,中共张家界市委办公室全面贯彻习近平新时代中国特色社会主义思想和中共十九大、十九届二中、三中、四中全会精神,坚决扛起"两个维护"政治责任,认真落实《全省党办系统"三表率一模范"主题活动实施方案》精神,严格对标对表,加强统筹联动,狠抓督促落实,弘扬严实作风,强化担当奉献,为市委推动中心工作提供保障。

一、政治建设。坚持强化政治学习。把深入学习贯彻习近平新时代中国特色社会主义思想作为首要政治任务,明确规定周例会、秘书长办公会议第一议题是学习议题,第一时间传达学习习近平总书记重要讲话指示批示,中央和省委、市委重要会议文件精神68个次。推动"学习强国"APP学习教育常态化、日常化,"学习强国"APP年平均积分超过5000分。举行市委办理论学习中心组学习12次,推动学习贯彻习近平新时代中国特色社会主义思想往深里走、往心里走、往实里走。严肃政治纪律和政治规矩。坚持当好"两个维护"的风向标、催化剂、把关人、监督员,时时处处做到"两个维护",凡是由市委办把关的会议、文件、讲话、汇报材料等都以党中央要求为标尺,对表对标,校准偏差,及时纠正与党中央要求不符的内容。严格执行民主集中制,坚持"三重一大事项"集体决策,认真落实党的组织生活基本制度,市委书记虢正贵、市委常委、市委秘书长单铸飞均以普通党员身份参加所在支部的组织生活会,党员领导干部双重组织生活制度落到实处。开展"不忘初心、牢记使命"主题教育。严格对标中央、省、市委部署安排和目标要求,扎实开展"不忘初心、牢记使命"主题教育,将学习教育、调查研究、检视问题、整改落实贯穿始终,做到主题教育全覆盖,取得明显成效。成立8个调研组,深入开展调查研究,形成高质量调研报告,提出33条对策建议,并召开调研成果交流会推动成果转化。市委书记虢正贵、市委常委、市委秘书长单铸飞带头在所在支部讲专题党课。秘书长会议检视的12个方面问题49条整改措施基本整改落实到位。

二、规范和落实党内重大事项请示报告制度。扎实推进全市重大事项报告工作制度化、规范化。将重大事项请示报告条例纳入全市各级各部门党委(党组)中心组学习内容,举办全市落实党内报告等三项制度工作推进会。及时如实向省委请示报告重大事项。共省委上报请示件14件、专报64件,上报市委市政府主要领导外出报告61人次,报送各类紧急信息203条次;大鲵国家级自然保护区水电项目整治、加强税收征管的专报分别得到省委书记杜家毫、秘书长张剑飞秘书长批示肯定。推动重大事项报告制度有效落实。定期发布工作提示,严谨细致收办各类重大事项报告,定期发布通报,严格开展考核考评,强化刚性约束,规范领导干部外出报备,建立完善外出报备审批登记台账。摘要、呈报各单位重大事项报告22次,呈报领导干部外出请示480件。

三、信息报送工作。加强信息报送机制建设。完善《张家界市紧急信息上报工作规范》,建立约稿台账、紧急信息报送台账,建立跟班学习制度等,党委信息工作在全市绩效考核中的权重由2018年的0.25分提高到2分。严守紧急信息报送底线。落实24小时紧急信息工作值班制度,将综调室人员纳入信息值班人员;严格落实紧急信息报送规定,没有出现漏报、迟报现象。严把信息报送质量关。未出现不按时上报约稿任务的情况,信息编报未出现导向偏差、内容失真、抄袭等情况。

四、重要会议活动和法规办文统筹协调。加强会议活动统筹协调。建立"四大家"秘书长联席会议机制,定期召开联席会议,统筹党委、人大、政府、政协重要会议活动;建立重要会议活动月预告制度,强化对重大会议、重点调研、重要接待、重要工作等事项的系统联动,严格遵守中央八项规定及修订后的实施细则精神和省委、市委实施办法,上下联动、紧密协作,精心服务好到张家界人员的各项工作。共牵头完成接待任务18批次。加强法规办文工作统筹协调。加强发文工作统筹,2019年度市委党内规范性文件较2018年精简60.7%;向省委法规室报备文件20件,报备率及时率均达到100%。指导武陵源区直报试点工作,积极推动区县委开展下备一级工作,督促区县按要求开展备案审查,确保基层文件质量稳步提升。做好档案业务指导和执法工作。向市直单位档案员发放档案宣传资料192件,免费发送"6·9"国际档案日宣传公益短信。组织专业人员对42个单位进行执法检查,对10多个单位进行业务指导,全年没有发生档案违纪违法情况。四是加强应急值守工作。建立健全日常值班制度,强化值班备勤,修订完善日常应急值班、24小时值班制,向省委办公厅上报突发应急信息63条,未出现迟报、漏报、谎报和瞒报现象。

五、省委巡视整改和集中整治形式主义官僚主义工作。牵头协助市委狠抓省委巡视组反馈问题整改,组成巡视整改工作专班,严谨制定整改工作方案,细化112条整改措施,落实"一单四制",高标准严要求推动巡视整改工作,受到省纪委监委、省委巡视办、省委巡视组肯定。实施历史遗留问题清零行动,面对面加强督办,积极推动问题解决。制定张家界市集中整治形式主义官僚主义方案和任务台账,出台市委"五张清单、九个不得"规定和集中整治形式主义官僚主义突出问题的十项规定。党内规范性文件精简60.7%,以市委名义召开的大会同比下降27%。在8月6日省委办公厅整治"两个主义"专题调研座谈会上,张家界市作典型发言(全省4个市州)。

【中共张家界市委办公室被评为“2019年度全省党委督查工作先进单位”】 2019年，中共张家界市委办公室坚持政治督查新定位，狠抓工作落实。一是强化政治督查理论武装。将政治督查的学习推向深入，纳入市委理论中心组集中学习，营造政治督查的浓厚氛围。2019年市级督查检查考核计由229项减少到37项，减少83.8%。二是狠抓跟踪督查问效。对习近平总书记重要指示批示在张家界市贯彻落实情况开展“回头看”，抓好省委主要领导指示批示落实情况，向省委办公厅“每月一报”；对省委、市委主要领导批示事项实行一事一督查，建立专门台账跟踪督办，实行“一单四制”管理，抓好落地问效。三是强化督查结果运用。坚持把政治督查情况纳入全市《关于突出干事创业导向进一步激励广大干部新时代新担当新作为的实施意见》，明确在政治督查中发现以权谋私、搞地域观念、闹不团结、懒政怠政等不担当不作为的领导干部，视情节给予组织或者纪律处理。于2020年3月31日被评为“2019年度全省党委督查工作先进单位”。 （本栏撰稿 彭汇芳）

组织工作

【概况】 2019年，在市委坚强领导下，全市各级组织部门坚持以习近平新时代中国特色社会主义思想为指导，坚持组织路线服务政治路线，坚持稳中求进、担当作为、守正创新、狠抓落实，为全市经济社会发展提供坚强组织保证。

一、紧抓主题教育，促进深学笃行真改。牵头抓总、精心谋划推进全市“不忘初心、牢记使命”主题教育（以下简称主题教育）。全市讲党课5903场，参加专题研讨、学习教育11.9万人次。开展暗访式、体验式调研，形成调研报告4830篇。各级共征集意见建议42720条、查摆问题56510个。创新推行“一单四制”抓整改，开展水电项目整治、铁腕治旅等特色项整治。“用群众满意度检验学习成果”做法被央视《新闻联播》专题报道推介。“红色故事进景区”宣讲做法，被央视《新闻直播间》报道。先后2次在全省主题教育交流座谈会上作典型发言，有关工作经验17次在省委主题教育简报上推介。全市主题教育较好实现理论学习有收获、思想政治受洗礼、干事创业敢担当、为民服务解难题、清正廉洁作表率的目标。

二、着力固本强基，推动党建全面过硬。将2019年定为争创“五化”支部主题年，建立5类书记抓支部责任考核清单，全市支部“五化”达标率达87.15%。积极开展扫黑除恶专项斗争，整顿提升115个软弱涣散村党组织。圆满收官第五轮城市社区“三联四建”（领导干部联系社区和小区、职能部门联系项目、党员干部联系居民），探索建成小区党支部134个。深化服务全域旅游创“三优”机制，工作经验被中组部《组工信息》推介。强化驻村帮扶力量，选派1名挂任副县长专门负责脱贫摘帽指导督导，增派11支工作队。细化落实省委加强基层建设“1+5”文件，公开比选57名乡镇领导干部，消灭集体经济空壳村91个。全年发展党员1748名，集中开展“七一”表彰，“智慧党建”基本建成。桑植刘家坪红二方面军长征出发地被省委组织部正式命名为全省党性教育基地。市委书记抓基层党建述职评议考核，在全省被评为“好”等次。

三、突出选贤任能，践行忠诚干净担当。大力推动落实市委“三个用起来”（即讲团结，把五湖四海的干部用起来；比实绩，把勇当龙头的干部用起来；重担当，把攻坚克难的干部用起来）用人导向，探索形成推行选人用人“四个三”（动议酝酿做到三个注重、推荐考察做到三个改进、研究决定做到三个坚持、总结评估做到三个强化）机制，相关理论文章被《党建研究》刊发。探索出台政治考察实施细则。全面完成机构改革、涉改干部调整。公务员职务与职级工作积极稳妥推进。推动市直单位与乡镇（街道）18名干部进行“双向交流”。全市评选表彰54名担当作为干部、提拔重用21名一线担当干部，处理7名不担当干部，启用3名受处分后仍激情不减、担当作为干部，典型案例在全省推介。有序完成3轮26个市直单位选人用人工作专项检查，省委巡视反馈涉及的选人用人问题全部整改销号。出台防止干部“带病提拔”暂行办法，市本级提醒、函询、诫勉、批评教育52人，全市政治生态持续优化。

四、坚持广聚英才，激发创新发展动力。加快实施张家界人才行动计划，优化市委人才工作领导小组构架，由市委书记任组长。印发全市人才引进实施办法及操作规程，举办“进校揽英才·汇智张家界”引才专项活动，全年全职引进人才218名、柔性引才19名（两院院士3名）。深化科技人才贫困村“覆盖”工程，共选派397名科技人才、4个专家服务团。加强文旅人才队伍建设，《中国日报》推介营销智库的经验做法。推进教育人才“双名”工程、医疗卫生人才“名医”工程，举办全市创新创业大赛。加大经费保障力度，市本级协调落实人才发展专项资金500万元。

五、深化“四部建设”，锤炼忠诚可靠品格。坚持政治立部、质量强部、文化育部、从严治部。全市各级组工干部在主题教育中全员参与、全程参加、全面锻炼，进一步增强政治担当。全市党的建设制度改革工作在全市深化改革考核中位列第一。推行部务会政治理论学习第一议题制度，举办“组工业务半月谈”，扎实推进“组织系统作风提升年”活动。严格落实基层党建“三不看三询问”等整治形式主义举措，全面实行市委组织部统一任免市直单位人事科长，全面落实党风廉政建设主体责任。

【统筹推进全市机构改革】 2019年，张家界市按照省委关于涉改单位人员转隶的有关政策要求，认真调研摸底，研究制定具体措施和工作程序，多次组织涉改单位集体会商，有针对性地提出转隶工作方案，确保575名人员实现平稳转隶。严格执行机构改革政策规定、严格把握人选资格条件、严格履行选拔任用程序，分两批次开展机构改革干部调整工作，消化一批超职数配备的干部。

【健全干部人事制度体系】 2019年，张家界市坚持按照“1+N”总体思路，深入推动干部人事制度改革。制定出台《中共张家界市委关于旗帜鲜明讲政治进一步加强党的政治建设的实施意见》《张家界市领导班子和领导干部政治建设考察实施细则(试行)》《中共张家界市委关于突出干事创业导向进一步激励广大干部新时代新担当新作为的实施意见》等制度文件,相关经验以《张家界市出台实施细则,对政治表现精准画像》为题被《中国组织人事报》《湖南日报》等媒体推介。同时,下发《关于建立市委管理干部分工调整报备制度的通知》《关于进一步规范市直单位科级干部任免工作的通知》《关于调整乡镇(街道)党政正职任免权限的通知》《市直机关科级干部轮岗交流工作办法》《关于市委组织部统一管理市委编办管理方式和工作机制的意见》《关于进一步规范市直机关和事业单位补充人员有关工作的实施意见》等文件,规范和完善干部日常管理体制机制。

【建立五类书记清单】 2019年,市委组织部按照“书记抓、抓书记”要求,明确“关键抓书记、基础抓支部、动力抓机制”基层党建工作思路,建立区县、乡镇、机关企事业单位、村(社区)和贫困村第一书记5类书记“定期议党建、聚力破难题、经常促推进、带头做示范”责任清单,坚持一张清单到基层,不再新增考核内容,为基层明方向减负担。

【推动省委“1+5”文件落细落实】 2019年7月31日,市委召开全会审议通过《关于加强基层建设推动进一步融入中部地区崛起的若干意见》,配套出台5个子方案。2019年提拔乡镇党委书记5人,市直、乡镇干部双向交流18人,择优选拔基层干部进乡镇班子57人。村书记基本报酬统一按2.5倍标准落实,村均运转经费提高2.23万元,市财政补贴村主职干部养老保险500元。选派361名科技人才,组建4个专家服务团,358个贫困村启动招聘大学生便民服务员。全市督查考核事项减少80%以上,清理“责任状”37项。

【规范城市基层组织建设】 2019年,是城市社区“三联四建”活动(领导干部联系社区、职能部门联系“三户”贫困户、拆迁户、信访户,建好社区综合服务平台、社区综治管理平台,建强社区党组织、社区志愿者组织)第五轮的收官之年,市县级领导到联系社区调研292次,95个工作组发挥各自职能优势、整合部门资源,解决重难点问题366个,完成项目508个,投入资金5960.9万元;机关党员干部联系“三户”2947户,建立志愿者队伍343支,开展志愿服务911次。坚持党建引领小区治理,出台《关于集中推进城市居民小区党支部建设的意见》,集中新建134个城市小区党支部,构筑全面稳定组织体系、共驻共建责任体系、考核评价保障体系,集中推进城市居民小区党支部建设2.5万名机关党员到社区小区双报到,推动解决一批困难问题,鑫城君泰等小区居民满意度得到显著提升,有关做法被《中国组织人事报》《湖南日报》推介。

【结合政治巡察开展基层党建专项检查】 2019年,市委坚持把基层党建专项检查作为政治巡察的一项创新举措固定开展,集中整合组织部门和巡察部门骨干力量,采取“听、测、问、查、考”五步工作法,重点检查近3年以来基层党建工作情况,深度解剖基层党建工作存在的突出问题,推动建立完善“分析研判、约谈交办、整改销号、问责通报”四个后续整改机制。2019年完成两轮专项检查,交办问题162个,整改到位154个,整改完成率达95.06%,对需要长期坚持的53个问题列入巡察回头看内容,并对22个单位进行通报,及时调整5名不胜任现职的党支部书记,7名党组织负责人因主体责任严重缺失、工作弄虚作假、问题整改不力受到诫勉谈话。

【“智慧党建”建成投入使用】 2019年,张家界市投入300万元建设“智慧党建”系统,开辟视频会议、值班监督、信息管理平台,联通所有乡村,研发IPTV智慧电视平台和手机APP终端,同步覆盖党员家庭电视和电脑手机。10月10日,全市“智慧党建”视频会议系统开通运行,2396名基层党组织书记在线同步进行理论学习和业务培训。

【推进人才行动计划】 2019年,张家界市多措并举推进人才行动计划,引才聚才渠道进一步畅通。一是优化“绿色通道”,研究制定《张家界市人才引进实施办法》《张家界市人才引进操作规程(试行)》,引才新政经验做法被新华网、新浪网、《湖南日报》等媒体推介;2019年全职引进人才218名、柔性引才30名(两院院士3名);举办张家界市“进校揽英才·汇智张家界”引才专项活动,发布2020年引才计划,117人签订引进协议(博士后1人)。二是实施重点工程,深化科技人才贫困村“覆盖”工程建设,调整科技人才扶贫工作体制和科技专家服务团运行机制,选派361名科技人才、优化组建4个专家服务团开展服务;推进文旅人才队伍建设,从高校选派2名旅游类科技副乡镇长,选派9名市级旅游特派专家到区县指导全域旅游发展,实现旅游特派专家区县全覆盖;继续实施教育人才发展“双名”工程,开设教师工作坊,精准培训各类专业教师。三是提升服务水平,调整市委人才工作领导小组组成人员,明确领导小组规则、成员单位主要职责;印发落实张家界人才行动计划任务清单,研究制定落实省委关于促进人才向基层流动实施方案配套方案,细化任务、明确分工;组织全市人才工作专题培训,加强业务指导;认真执行市委常委联系高层次人才办法,开展春节走访慰问23人次;协调争取2019年人才发展专项资金500万元,同比增长66.67%,为全市人才工作发展提供有力经费保障。

(本栏撰稿 肖俊 王毅)

宣传工作

【概况】 2019年,张家界市宣传思想文化战线深入学习宣传贯彻习近平新时代中国特色社会主义思想和《中国共产党宣传工作条例》,紧紧围绕新中国成立70周年主线,圆满完成年度各项工作任务。

一、普及创新理论抓学习。抓实理论武装。组织市委理论学习中心组完成12次集中学习。对市直单位学习情况开展督查。桑植县细砂坪学校老师张盈富受邀参加中宣部“学习强国”学习平台、中宣部宣传舆情研究中心2019“学习强国”挑战赛，荣获第一名。举办全市“学习强国·学习达人”知识抢答赛，全市“学习强国”活跃度和人均积分位居全省第三。组织64堂精品讲习课开展“送课下乡”，通过新时代文明中心(所、站)开展宣讲活动1.6万余场次。举行学习贯彻中共十九届四中全会精神宣讲报告会，成立张家界市宣讲团，深入各区县和市直单位全覆盖宣讲全会精神。

二、服务新闻宣传抓舆论。策划推出“在习近平新时代中国特色社会主义思想指引下——新时代新作为新篇章”系列报道。开展“记者走基层·助力脱贫攻坚”主题采访活动，助力脱贫攻坚。在2018年度湖南新闻奖评选中，9件作品获奖，其中2件获一等奖。上线运行智慧张家界APP。各区县融媒体中心均已挂牌成立，并推出系列融媒体产品。2019年在中央主要媒体发稿118篇。《湖南日报》上稿225条，其中头版头条12条。湖南卫视、经视上稿287条。新湖南客户端张家界频道上稿1959条，红网发稿3729篇。

三、压实意识形态责任抓整改。市委常委会研究意识形态工作，2次专题研究。组织开展市直行业系统党(工)委书记落实意识形态工作责任制述职评议，配合市委巡察对26家市直单位开展专项督查，并组织意识形态应知应会知识闭卷考试，完成省委意识形态专项检查反馈问题。开展“清源”“固边”“净网”“护苗”“秋风”五大“扫黄打非”专项行动，成功创建2处全省“扫黄打非”基层示范点，检查文化经营单位1200余家次，收缴非法出版物及盗版音像制品4200余份，文化市场规范有序。

四、庆祝新中国70华诞，激发爱国情怀。组织“壮丽70年·奋斗新时代”主题宣传，举办15场张家界成就系列新闻发布会，开办“张家界英烈谱”专题宣传。策划“《我和我的祖国》歌词诞生地张家界”系列宣传，《人民日报》、新华社等主流媒体同向发力，微博热搜位居全国第五，阅读量突破1.6亿次。举行万人快闪《我和我的祖国》、“童心向党·爱我中华”、家国情怀故事汇、“时代新人说——我和祖国共成长”演讲比赛、“壮丽七十年·讴歌新时代”歌咏大赛、“壮丽70年·我和我的祖国”征文等系列活动。

五、管用并举抓网络治理。开展网络安全应急演练，网络安全宣传周系列活动。举办“‘我行我宿’网络名人探访张家界”主题活动，综合关注度达到1.5亿次。举办虎牙直播张家界节目，活动总曝光量超8000万。交办处置网络舆情2955起。在全省率先成立自媒体协会，开展“助力脱贫攻坚、张家界市自媒体协会走进区县”公益宣传活动。开展“净网”“清朗”等专项整治行动，依法查处145家问题突出网站，依法封禁1个微信公众号，联合公安机关办理涉网刑事案件6起、行政案件5起。

六、聚焦群众期盼抓文化服务。举办2019新年音乐会、张家界春节联欢晚会、元宵灯会等系列群众文化活动。开展“送戏曲进万村、送书法进万家”活动。组建张家界爱乐乐团，开展“高雅艺术进乡村”活动。建成5个自助图书馆、11所校园书店，举行12场天门讲坛读书活动、2期阅读推广人培训班。新增省级文物保护单位12处。举办第三届张家界国际旅游诗歌节。歌曲《呀呀呀得儿喂》获湖南省第十四届精神文明建设“五个一工程”奖。《溜子打起呆配当》获湖南省2019年“潇湘好歌”金奖。全省“欢乐潇湘”群众文艺会演比赛，5个节目获奖，其中2个特等奖。制定出台《关于加快文化创新体系建设的实施意见》。张家界千古情景区、张家界冰雪世界开门迎客，张家界丝路荷花国际文化旅游城开工建设，大庸古城等文旅项目有序推进。

七、融入结合抓文明创建。成功创建湖南省文明城市。开展首批张家界市社会主义核心价值观示范点评选。全面建成1099个新时代文明实践中心(所、站)，评选表彰先进新时代文明实践所(站)、优秀宣讲员、精品文明实践项目。结合“不忘初心、牢记使命”主题教育，编撰《张家界红色故事汇》，并组织宣讲。开展第五届张家界市道德模范评选表彰。开展2019年学雷锋活动月、“三导”志愿服务等志愿服务品牌活动。紫云社区获评全国最美志愿服务社区。

八、借助优势平台抓外宣。出台《张家界市新闻发布工作管理规定(试行)》，建立全市新闻发言人队伍，与清华大学联合举办全市舆情应对与舆论引导培训班，举办“2019·张家界民宿旅游年”等新闻发布会27场。参与外交部湖南全球推介活动，《中国日报》在全球推出张家界风光四连版特刊。开通“仙境张家界”英文网站。举办第十九届张家界国际森保节、黄龙音乐季等20余场大型活动。《张家界·魅力湘西》赴尼泊尔开展2019“欢乐春节”文化展演艺术交流活动，张家界旅典文化有限公司的“乖幺妹”土家织锦产品赴香港展出。

【全市区县及市直行业系统党工委书记抓基层党建暨意识形态工作述职评议会议】 2019年1月14日，全市区县及市直行业系统党工委书记抓基层党建暨意识形态工作述职评议会议在阳光酒店召开，市委书记虢正贵现场点评，市委副书记、市长刘革安出席会议，市委副书记刘绍建主持会议，汪业元、余怀民、罗智斌、袁美南、刘桦、艾可知、单铸飞、田华玉、郭天保、郭钰、朱用文、邓师煌、壮晓阳等市级领导出席会议。会上，4个区县委书记和6位行业系统党(工)委书记分别述职，总结过去一年抓基层党建和意识形态工作的成效和做法，直面存在的问题，深刻剖析原因，就做好下一步工作谈打算和举措。

【全市2019年文化科技卫生“三下乡”集中示范活动】 1月25日，全市2019年文化科技卫生“三下乡”集中示范活动在永定区教字垭镇举行，市委常委、市委宣传部部长郭天保，副市长邹菊芳以及全市近20家单位参加。市委宣传部、市文旅广体局、市教育局等单位为教字垭镇捐赠慰问金和物资约30万元；市文联、市卫健委、市司法局等部门通过现场咨询、发放宣传册等方式开展相关专业知识宣传。活动现场还带来管弦乐《中国民歌联奏》、歌舞说唱《全民心肺复苏真是有必要》、小品《懒汉脱贫》等精彩节目表演。

【2019年张家界春节联欢晚会】 2019年1月28日，2019年张家界春节联

欢晚会在张家界电视台演播大厅举行。市领导郭天保、陈红日、邹菊芳、欧阳斌、李文化与在场观众共同观看演出。晚会节目有歌舞、戏曲、小品等文艺品类,武术、民乐、音诗画等表演形式,充满吉祥、喜庆、欢乐的气氛,给现场观众呈上一道赏心悦目的视听盛宴。

【2019张家界元宵灯会】 2019年2月19日,2019张家界元宵灯会在市民广场开幕,邹菊芳、祝云武、朱法栋等市、区领导出席开幕式。此次元宵灯会以“创建第四批国家公共文化服务体系示范项目,打造张家界地域特色多民族文化新名片”为主题,主会场设在市城区市民广场,分会场囊括华天酒店停车场、澧兰公园内、观音桥头(澧兰中路)停车场、澧兰东路沿线,有戏曲专场、曲艺专场、器乐专场、歌舞专场等。

【全市创建省文明城市(城区、县城)迎检调度会】 2019年3月7日,创建省文明城市(城区、县城)迎检调度会召开。市委副书记刘绍建要求,各地各部门各单位务必牢固树立“一盘棋”思想,围绕问题清单抓整改,围绕重点难点抓整改,围绕群众诉求抓整改,尽力消除一切可能影响考核验收的负面因素和扣分点,展现最好的城市形象,争取最好的考核结果。市委常委、市委宣传部部长郭天保主持会议。

【张家界市自媒体协会成立】 2019年3月11日,张家界市自媒体协会第一次会员代表大会暨成立大会在阳光酒店召开,市委常委、市委宣传部部长郭天保出席会议并讲话。大会听取《张家界市自媒体协会筹备工作报告》,审议通过《张家界市自媒体协会章程》《张家界市自媒体协会财务管理制度及会费收取办法》,发布《张家界市自媒体协会自律公约》。选举产生第一届理事会和第一届会长办公会,表彰2018年度自媒体工作先进个人。张家界日报社为部分自媒体颁发“新闻产品转载许可授权证”。这是湖南省成立的首家地市级自媒体协会。

【蔡振红调研张家界宣传工作】 2019年3月13日至14日,省委常委、省委宣传部部长蔡振红深入张家界慈利县茶林河丑柑基地、红岩岭户外体育健身项目、大峡谷红旗渠爱国主义教育基地,武陵源区袁家界风景区、协合乡民宿群考察调研文化旅游融合工作,并召开座谈会,听取基层干部群众的意见建议。他肯定近年来张家界宣传思想工作和文旅融合发展所取得的成效。强调要深入学习贯彻习近平新时代中国特色社会主义思想,持续推进文化与旅游深度融合发展,不断开创我省宣传思想和文化旅游工作新局面。

【张家界互联网+平台“智慧张家界”上线】 2019年4月12日,“智慧张家界”APP上线仪式暨区域性融媒体发展研讨会举行。市委常委、市委宣传部部长郭天保出席上线仪式宣布“智慧张家界”APP正式上线,副市长欧阳斌讲话。来自湖北恩施州、重庆黔区及湖南多个地州市广电媒体有关负责人参加区域性融媒体发展研讨会,就地方融媒体发展建设等问题进行交流研讨。

【“行绝版山水 知大庸古城”2019“书香张家界 全民诵读”全民阅读活动暨市城区自助图书馆开馆仪式】 2019年4月23日,大庸古城2019“书香张家界 全民诵读”活动启动暨市城区自助图书馆开馆仪式启动。市委常委、市委宣传部部长郭天保宣布活动启动,永定区委书记祝云武致辞,市、区领导及社会各界热心读者300余人参加活动。启动式上,市文化旅游广电体育局主要负责人向全市党员干部发起“每月共读一本好书”“每天阅读一小时”党员干部阅读倡议,天门小学学生带来配乐诗朗诵《中华少年》,张家界市阅读推广人代表诵读《请柬——一封来自张家界的邀约》诗歌。此次活动主题是“行绝版山水 知大庸古城”,旨在倡导全民爱读书、读好书、善读书的文化氛围,推动张家界市全民阅读活动更加广泛深入开展。

【全市新闻工作者自律宣誓暨“记者走基层·助力脱贫攻坚”主题采访活动】 2019年4月25日,全市新闻工作者自律宣誓暨“记者走基层·助力脱贫攻坚”主题采访活动启动仪式在桑植县洪家关白族乡水田坪村举行,来自全市各新闻单位近100名新闻工作者参加。活动旨在进一步增强全市新闻工作者的“四个意识”和责任担当,助力桑植县打赢精准脱贫攻坚战。启动仪式上,两位记者代表作表态发言,市委常委、市委宣传部长郭天保为“记者走基层 助力脱贫攻坚”采访小分队授旗。

【张家界市舆情应对和舆论引导培训班】 2019年5月6日至10日,张家界市舆情应对和舆论引导培训班在清华大学举行,全市50余名领导干部、新闻发言人、网评员骨干参加培训。市委常委、市委宣传部部长郭天保出席开班仪式并讲话。培训期间,李新民、王惠、杨禹等9名重量级专家,分别就新闻策划与报道创新、媒体沟通与网络舆论引导、网络突发事件处置技巧、新闻发布会流程及模拟演练等内容,与学员们进行面对面交流指导。通过培训提高张家界市应对网络舆情、突发事件的能力水平。

【虎牙直播张家界节目】 2019年5月14日至17日,由虎牙湖南承办的互动直播节目《虎吖家族》到张家界市开展直播张家界活动。此次活动囊括张家界国家森林公园、天门山国家森林公园、张家界大峡谷、黄龙洞、万福温泉等多个景点、景区。10位来自不同国家和地区的虎牙超人气主播组成的超级“主播团”在4天时间内看美景、品美食、体验民俗风情,活动总曝光量超8000万人次,直播总观看人数达1480万人次,掀起一轮全网关注张家界的热潮。

【“我行我宿”网络名人探访张家界主题采访活动】 2019年6月10至14日湖南省第八届网络文化节主体活动之一“我行我宿”网络名人探访张家界主题活动在张家界举办。活动邀请到粉丝量过百万的@巴松狼王、@花千芳、@半杯馊茶等26位网络名人参加,5天时间内,活动微博阅读量超过1.3亿次,综合关注度达到1.6亿次,是一次投入成本小、推介速度快、传播范围广的经典案例，实现新媒体领域的一次“现象级”传播。

【全市新时代党员群众讲习所骨干讲习员培训班】2019年6月26日，全市新时代党员群众讲习所骨干讲习员培训班在市广播电视大学开班，来自两区两县宣传、文化、农技等相关战线的党员干部50人参加。培训班由市委宣传部主办、市广播电视大学(社区大学)承办，为期3天，主要讲授《农村讲习所全能备课》《政策理论课何以接地气？——以“新时代农业农村发展政策”为例》《培训师礼仪规范》《实用技术课如何讲得实？——以“茶叶种植与初制加工”为例》等内容。

【张家界千古情景区开门迎客】2019年6月28日，张家界千古情景区开门迎客，大型歌舞剧《张家界千古情》首演。《张家界千古情》分为《沧海桑田》《武陵仙境》《天子山传说》《小城往事》《马桑树》《爱在湘西》等场，借助声光电影和舞台机械等高科技手段，数百位演员为观众呈现一台令人如痴如醉的视听盛宴，展现张家界大自然的鬼斧神工、海底世界的缤纷多彩、如梦似幻的武陵仙境。首演现场，还举行张家界千古情文化惠民暨文化扶贫基金捐赠仪式。宋城演艺艺术发展基金会分别向张家界市武陵源区人民政府捐赠100万元“文化艺术扶贫基金”、向张家界市桑植县人民政府捐赠20万元“红色革命精神传承教育经费”，承担企业社会责任，支持张家界文化大发展。

【全市新时代文明实践中心建设工作推进会】2019年7月24日，全市新时代文明实践中心建设工作推进会在武陵源区召开。市委常委、宣传部部长郭天保出席会议并讲话，市人大常委会副主任、武陵源区委书记朱用文主持会议。武陵源区介绍新时代文明实践中心建设工作经验，市文明办负责人解读《张家界市新时代文明实践中心建设工作方案》。与会人员现场观摩武陵源区新时代文明实践中心、军地坪街道新时代文明实践所、画卷路、索溪峪街道黄龙路新时代文明实践站，观看武陵源区新时代文明实践中心建设汇报片。全市新时代文明实践中心建设工作领导小组成员单位及各区县相关负责人参加会议。

【黄龙音乐季峰林音乐盛典】2019年7月26日，2019黄龙音乐季峰林音乐盛典在张家界武陵源风景区唱响。著名作曲家吕其明、杜鸣心，2019黄龙音乐季组委会名誉主席、中国音乐家协会名誉主席赵季平，2019黄龙音乐季组委会主席、中国音乐家协会主席叶小纲以及瞿琮、魏松、虢建武、冯英、戴玉强、邓东源、幺红、廖勇、石倚洁等中外艺术家参加盛典。现场，俄罗斯爱乐乐团及百余名中外音乐家倾情演绎《我爱你中国》《我的祖国》《波罗维茨舞曲》等经典中外名曲。现场还为2019黄龙音乐季“黄龙音乐终身成就奖”获得者颁奖，《红旗颂》作者吕其明、《红色娘子军》作者之一杜鸣心获此殊荣。

【张家界市庆祝新中国成立70周年“壮丽七十年讴歌新时代”暨“我和我的祖国——湖南百万职工同声唱”歌咏大赛】2019年7月29日，张家界市庆祝新中国成立70周年“壮丽七十年讴歌新时代”暨“我和我的祖国——湖南百万职工同声唱”歌咏大赛在吉首大学张家界学院拉开帷幕。41支市直机关单位参赛队伍近5000人参加比赛。市领导余怀民、艾可知、单铸飞、田华玉、郭天保等出席开幕式或参加演唱。市委常委、市委秘书长单铸飞在开幕式上致辞。9月2日，决赛在张家界电视台演播大厅举行，14支队伍，约1400余人参加决赛，最终张旅集团合唱队、永定区委区政府合唱队获得一等奖。

【张盈富勇夺2019“学习强国”挑战赛第一名】2019年9月24日，中宣部“学习强国”学习平台、中宣部宣传舆情研究中心联合组织的2019“学习强国”挑战赛在北京进行，张家界市桑植县细砂坪学校教师张盈富作为“学习达人”代表参加比赛，一路过关斩将，勇夺第一名。

【“《我和我的祖国》歌词诞生地张家界”系列宣传】2019年9月26日，张家界市以庆祝新中国成立70周年华诞为契机，围绕爱国主义主题，策划推出“《我和我的祖国》歌词诞生地张家界”系列宣传活动。一经推出，便在全网迅速传播，关注度、热评度节节攀升，《人民日报》、新华社、人民网微信号分别发布《(我和我的祖国)手稿曝光，词作者灵感来自这！》消息，2小时内，阅读量均超过“10万+”。微博话题#我和我的祖国歌词灵感来源#登上微博热搜榜全国第5，阅读量达到1.6亿次。系列宣传活动还促成市城区“我和我的祖国”主题广场建设，推动线上传播向线下产品转化。

【全市“学习强国·学习达人”知识抢答赛总决赛】2019年9月26日，张家界市“学习强国·学习达人”知识抢答赛总决赛在张家界电视台演播大厅举行。桑植县细砂坪学校“学习达人”、2019“学习强国”挑战赛第一名张盈富到现场分享学习经验和体会。参赛的12支代表队经过激烈争夺，最终慈利县岩泊渡镇队和永定区达人队获一等奖，慈利县通津铺镇队、慈利县零阳镇队、市检察院队、市国家电网队获二等奖，桑植县教工委队、桑植县卫健工委队、市人社局队、慈利县政法系统队、市纪委监委队、市委两新工委队获三等奖。市委常委、市委宣传部部长郭天保，湖南红网新媒体集团党委副书记王冠华为获奖参赛队颁奖。

【“大美看中国·聚焦张家界”全国摄影大赛】2019年10月1日至12月31日，中宣部“学习强国”全国平台与张家界市委宣传部联合主办“大美看中国·聚焦张家界”全国摄影大赛。大赛共收到投稿作品3000余幅(组)。经过初评、终评、公示等程序，评选出获奖作品116件，其中一等奖作品2件，二等奖作品4件，三等奖作品10件，优秀作品100件。获奖作品还在“学习强国”学习平台进行展示。

【张家界市第三届美术书法摄影艺术作品双年展】2019年10月24日，张家界市第三届美术书法摄影艺术作品双年展在荷堂艺术馆开幕，市委常委、市委宣传部部长郭天保出席开幕式。此次双年展由张家界市文学艺术界联合会主办,市美术家协会、市书法家协会、市摄影家协会、张家界荷堂艺术馆共同承办。共收到美术、书法、摄影艺术作品348件,最终评共入展作品90件。

【张家界市新闻战线庆祝第二十个记者节暨“不忘初心·绿水青山行”主题采访活动】2019年11月2日，全市新闻战线庆祝第二十个记者节暨“不忘初心·绿水青山行”主题采访活动在武陵源区举行。市委常委、市委宣传部部长郭天保,市人大常委会副主任、武陵源区委书记朱用文参加活动。活动表彰2018年度湖南新闻奖、2018年度张家界新闻奖新闻工作者,据悉,有9件新闻作品荣获湖南省新闻奖,作品《第一书记的“百家饭”》荣获一等奖,23件新闻作品荣获张家界新闻奖。表彰后,全市近百名新闻工作者聚集在武陵源区星之营地,共同参加“新闻知识我知道”接力竞赛、射箭等比赛，以主题采访实际行动和新闻采编业务知识竞赛践行彰显“四力”,收获快乐。

【一森一世2019腾讯区域文旅总编辑张家界武陵源行活动】2019年11月15日,2019腾讯区域文旅总编辑张家界武陵源行启动仪式在张家界国家森林公园举行，腾讯文旅地方站业务总监许成均,市委常委、市委宣传部部长郭天保、副市长欧阳斌、腾讯13个地方网负责人及14名主播网红参加仪式。此次活动旨在依托腾讯平台资源,开展“旅游+爱情”“胜地+盛事”体验活动，向全国推广张家界市优质旅游资源。启动仪式后,腾讯区域文旅总编辑和网红代表前往黄石寨、天子山、黄龙洞、宝峰湖等景点体验,并同步开展全国线上推广活动。活动期间还举办“智慧碰撞、巅峰盛宴”2019腾讯区域文旅总编辑张家界武陵源行座谈会。

【2019湖南红色旅游文化节暨桑植民歌节】2019年11月19日,2019湖南红色旅游文化节暨桑植民歌节开幕式在桑植县刘家坪中国工农红军第二方面军长征纪念馆举行,主题为“伟人故里,红色桑植,魅力帅乡”。省委常委、省军区政委冯毅宣布2019年湖南红色文化旅游节暨桑植民歌节开幕。省人民政府副省长吴桂英出席并讲话。市委书记、市人大常委会主任虢正贵,文化和旅游部资源开发司副司长石艳杰等在开幕式上致辞。市委副书记、市长刘革安主持开幕式。贺龙、卢冬生、朱绍田、袁任远后人,原红二方面军代表参加活动。现场,贺龙元帅女儿贺晓明为湖南省自驾旅游协会授予万名党员弘扬长征精神自驾桑植行旗帜。开幕式上举行“红动湘赣 薪火相传——红营马拉松”起跑,陶行知公益基金管委会、湖南省自驾旅游协会负责人授捐赠牌,2019年湖南红色旅游文化节红色文化旅游惠民卡首发式，桑植县“脱贫之星”获赠惠民卡等活动。

【全市学习贯彻中共十九届四中全会精神宣讲报告会】2019年11月27日，全市学习贯彻中共十九届四中全会精神宣讲报告会在市委礼堂召开。省委宣讲团成员、湖南日报社党组副书记、总编辑龚政文作宣讲报告。龚政文紧扣习近平总书记在十九届四中全会上的重要讲话和全会《决定》,结合平时学习思考的切身体会，对全会精神进行全面阐述和生动宣讲。报告会结束后，龚政文还到永定区南庄坪社区与居民群众进行互动交流，就群众提出的关于如何完善覆盖全民的社保体系与社会治安防控体系等方面问题,进行耐心细致的解答。

【张家界市区县级融媒体中心建设现场推进会暨全市新闻例会】2019年12月3日,张家界市区县级融媒体中心建设现场推进会暨全市新闻例会在永定区召开。市委常委、宣传部部长郭天保出席会议并讲话,永定区委书记祝云武,永定区委常委、宣传部部长龚颜参加会议。与会人员参观永定区融媒体中心建设现场,祝云武介绍永定区融媒体中心建设情况及意识形态工作情况。武陵源区、桑植县、慈利县融媒体中心负责人进行交流发言。会议还部署中共十九届四中全会宣传、“不忘初心、牢记使命”主题教育宣传、党报党刊发行工作等重点新闻宣传工作。

【第三届张家界国际旅游诗歌节】2019年12月6日，第三届中国·张家界国际旅游诗歌节开幕式暨中国诗歌自媒体联盟成立仪式在吉首大学张家界学院举行。省诗歌学会会长梁尔源出席开幕式并宣布活动开幕。省文旅厅党组成员、副厅长肖凌之,省文联党组成员、副主席唐贵平,市人民政府副市长欧阳斌等在开幕式上致辞。市委常委、宣传部部长郭天保主持开幕式。本届诗歌节由中国作协、《诗刊》编辑部、湖南省诗歌学会、中共张家界市委、张家界市人民政府指导,张家界市文联、市文旅广体局主办,湖南红网新媒体集团、张家界市国际旅游诗歌协会、张家界诗歌学会承办。共包含精美旅游诗歌大赛、2019第三届中国·张家界国际旅游诗歌节开幕式暨中国诗歌自媒体联盟成立仪式、国际旅游诗歌论坛暨张家界旅游诗歌现象研讨会、“行吟中国”旅游诗歌之夜暨2019第三届中国·张家界国际旅游诗歌节颁奖典礼、张家界诗歌采风之旅、“诗与远方·中国诗人风景脸谱”纪实六大主题活动。

【第五届张家界市道德模范表彰大会】2019年12月10日,第五届张家界市道德模范表彰大会在张家界电视台演播大厅举行。市委书记、市文明委主任虢正贵出席颁奖典礼并致辞。会上,对郭彩莲等11位第五届张家界市道德模范荣誉称号获得者,周珍云等11位第五届张家界市道德模范提名奖获得者进行颁奖表彰。市级领导单铸飞、郭天保、周芳、吴广生参加颁奖典礼。

【张家界获评“湖南省文明城市”】2019年12月18日,全省精神文明建设工作表彰大会在长沙召开，张家界市获评2018届湖南省文明城市。省委书记杜家毫为张家界市颁奖，并称赞“张家界的文明景象代表湖南的形象”。张家界市坚持以湖南省文明城市创建为抓手，不断提高城市品位和群众幸福指数。涌现出以贺晓英、张家秀为代表的中国好人、道德模范等先进典型。开展首批社会主义核心价值观示范点评选，全面建成1099个新时代文明实践中心(所、站)。《张家界市文明行为促进条例》于2019年11月23日通过省人大常委会审查。

【张家界市新时代文明实践中心建设工作推进暨现场交流会】 12月31日，张家界市新时代文明实践中心建设工作推进暨现场交流会召开。上午，市委常委、市委宣传部部长郭天保一行实地观摩永定区新时代文明实践中心，南庄坪社区、沅古坪镇烽火村新时代文明实践所、站建设情况。下午，副市长邹菊芳主持召开现场交流会。副市长欧阳斌在会上宣读《关于表彰2019年新时代文明实践系列先进的通报》《关于命名第一批张家界市社会主义核心价值观建设示范点的通知》，对20个新时代文明实践示范所（站）、20名优秀宣讲员、20个精品项目、13个社会主义核心价值观建设示范点进行表彰，各区县和受表彰代表分别作交流发言。 (本栏撰稿 张南 吴晗)

统一战线工作

【概况】 2019年，张家界市各领域统战工作深入开展，为实施对标提质旅游强市战略提供广泛力量支持。全市统一战线获全国先进集体4个、先进个人5名，全省先进集体13个，省级统战理论调研、创新成果奖6项；在三湘统战网上稿居全省第四；宗教工作得到省委常委、省委统战部部长黄兰香2次肯定批示，并以市委名义在全省统战部长会上发言。

一、巩固共同思想政治基础。全面系统学习习近平新时代中国特色社会主义思想和十九大、十九届四中全会精神。市委理论学习中心组2次专题学习宗教理论及参政党建设有关文件。开展“礼赞壮丽七十年·共画最美同心圆”全市统一战线庆祝新中国成立70周年主题宣传活动。

二、发挥新型政党制度优势。为5个民主党派市委机关各增加预算5万元，支持民主党派开展“不忘合作初心、继续携手前进”主题教育活动。开展党外代表人士“不忘初心·同心筑梦”岳阳暑期谈心暨革命传统教育。推动落实九三学社市委主委正处职待遇。市四大家主要领导连续16年新春首访党外代表人士。

三、围绕中心服务大局。协调促成张家界市《关于推动民营经济高质量发展的若干意见》出台。引导54家商协会和民营企业投入620余万元，结对帮扶桑植县38个深度贫困村，100多家非公企业参与同心创建，已创建省级“同心美丽乡村”2个、市级9个。“民营经济简政减税降费政策效果”第三方评估张家界居全省第三。成立长沙市张家界商会、浙江省张家界商会。支持民主党派开展脱贫攻坚民主监督，民盟、九三学社市委分别为贫困村争取资金30万元、20万元，民进市委为桑植县竹叶坪学校扩建“梦想体育操场”，农工党市委协调党派省委到张家界市开展2次送医送药，致公党市委新创建2个同心班。

四、推进无党派人士和党外知识分子、新的社会阶层人士统战工作。市、区县党外知识分子联谊会组织实现全覆盖。指导开展“不忘合作初心、继续携手前进”“弘扬爱国奋斗精神建功立业新时代”等活动。印发《全市新的社会阶层代表人士培训方案》，确定3处新的社会阶层人士统战工作实践创新基地建设点。

五、加强民族宗教工作。市民族宗教事务局与谷国生等3人被授予“全国民族团结进步”模范集体、个人。落实散居少数民族项目资金205万元、9122名考生民族优惠政策加分。专题研判交办宗教领域突出问题并整改到位。宗教工作纳入绩效考核和综治管理内容，宗教理论纳入各级党委中心组、党校主体班学习内容，邀请专家为市委理论学习中心组、全市宗教干部授课200余人次。市本级和永定区、慈利县、桑植县民族宗教工作机构单设并列入政府工作部门，武陵源区民族宗教工作机构与统战部合并，全市本轮改革净增民宗工作编制34个。

六、加强党外人才队伍建设。形成413名市级党外人才计划名单，向省委统战部推荐243名党外人才人选。将党外优秀年轻干部纳入全市优秀年轻干部培养计划。完成中央、省社会主义学院等16批次党外人士调训，举办全市党外科级干部进修班。召开党同党外干部合作共事座谈会。新提拔党外正处级干部2名、副处级3名、交流20名，新增补党外代表人士市人大代表2名、市政协委员12名，安排比例全部达标。

【张家界市组织党外代表人士开展暑期谈心活动】 2019年6月17日至19日，张家界市委常委、市委统战部部长田华玉，带领党外厅级领导干部李培其、周芳、覃仕斌、羿宝明、张元次、王光明、李文化和各民主党派市委专职副主委赴岳阳市开展“不忘初心，同心筑梦”暑期谈心活动。岳阳市委常委、市委统战部部长熊炜看望田华玉一行并进行工作交流。活动期间，田华玉一行参观岳阳县新墙河抗战史实陈列馆、平江起义纪念馆及平江起义旧址天岳书院、任弼时纪念馆、任弼时故居，瞻仰平江烈士陵园，聆听任弼时同志骆驼精神专题讲座，并开展个别谈心和集中座谈。

【张家界市启动侨情调查工作】 2019年6月28日，张家界市召开侨情调查部署工作会议，市委统战部、各区县委统战部、市侨联、致公党市委、市直相关单位负责人参加，标志着张家界市侨情调查工作正式启动。此次调查为期一个半月，调查对象为全市归侨、侨眷、港澳同胞眷属、侨属，在张家界市居住一年以上的华侨、港澳居民、外籍华人、居住在国(境)外的张家界籍华侨华人、张家界籍中国港澳地区同胞，以及侨资企业。此举旨在进一步摸清全市侨务资源，全面了解和掌握侨情变化，建立完善侨情动态信息库，为开展侨务工作提供有效依据，更好地凝聚侨心、汇集侨智，维护侨胞合法权益，发挥侨力促进张家界高质量发展。

【黄兰香听取张家界市统战工作情况汇报】 2019年8月20日，省委常委、省委统战部部长黄兰香听取张家界市委书记虢正贵和市委常委、市委统战部部长田华玉就张家界市统战工作的情况汇报。黄兰香肯定张家界市统战工作，认为市委统战工作领导小组作用得到有效发挥，通过积极统筹协调全市统战工作，及时研究部署，有效解决统战领域系列重点难点问题，同时抓住机构改革契机，进一步夯实统战工作基层基础。黄兰香指出，要以开展“不忘初心、牢记使命”主题教育为契机，明确职责，敢于担当，进一步提高履职能力和水平；要按照年初既定目标，扎实开展各项工作，突出工作重点，继续打造统战工作特色亮点；要抓好非公经济领域统战工作，深入非公企业调研，进一步提振信心，促进非公经济健康发展。省委统战部常务副部长谭平参加汇报会。

【张家界市统一战线庆祝新中国成立70周年主题宣传活动启动】 2019年9月17日，“礼赞壮丽七十年·共画最美同心圆”张家界市统一战线庆祝新中国成立70周年主题宣传活动启动仪式在市委大院举行，市委书记虢正贵出席并讲话，市领导田华玉、邹菊芳、李培其、周芳、覃仕斌、张元次及党外各领域代表人士、各区县委统战部、市直统战系统各单位500多人参加。启动仪式上，民盟市委主委、市政府副市长李培其，市总商会副会长、张家界长沙商会会长杨学文，省佛教协会副会长、市佛教协会会长释怀梵代表全市各界人士先后发言。虢正贵强调，全市统一战线要不忘合作初心、共担历史使命，自觉把爱党爱国和热爱社会主义统一起来，积极参与实施“对标提质，旅游强市”战略，以优异成绩庆祝新中国成立70周年。根据活动安排，全市统一战线还将组织开展统战工作成就及政策法规展、主题报告会、主题调研、主题征文、文艺会演和书画展等系列主题活动。（本栏撰稿 刘 潇）

机构编制工作

【概况】 2019年，张家界市机构编制工作完成各项目标任务。

一、全面推进全市机构改革工作。一是健全党的全面领导体制机制。把加强党的全面领导作为首要任务，组建并优化党委议事协调机构、强化党委职能部门统一归口协调管理职能、健全行业和领域党工委设置、完善党委统一领导群团工作制度，组建监察委员会，从机构职能上把加强党的领导落实到各领域各方面各环节。二是优化机构设置和职能配置。新组建自然资源、生态环境等部门，调整优化发改、农业农村等部门，完成市级机构统一挂牌、人员转隶、“三定”审核印发等规定动作。市县党政机构数量全部控制在规定限额内，市、县两级党政机构分别减少1个、11个。统一精简收回市直部门行政编制109名，机构编制总体实现精简。全市共调整职责近500项，理顺131项部门职责，重点对卫生健康、退役军人服务管理、应急管理、城乡医疗保障等重点领域职责作调整优化，机构设置得到优化。三是体现张家界特色。服务张家界市“对标提质、旅游强市”战略，立足张家界市旅游立市、少数民族聚居区、人防重点城市、林业大市等特点，调整市旅游工作委员会领导体制，整合组建市文化旅游广电体育局，单独设置市民族宗教事务局、市人防办、市林业局。

二、统筹推进各重点领域体制改革。一是深入推进事业单位改革。统筹做好承担行政职能事业单位改革，对104个单位实行行政职能回归、撤并降格更名、整合职能重组等措施，净减少该类机构29个；稳步推进生产经营类事业单位改革，市本级经营类事业单位在全省率先清零；加大公益类事业单位的改革力度，规范事业单位名称，整合部分“小散弱”事业单位，加强对中小学校、应急、财政等重点领域的保障力度。二是有力推动综合行政执法改革。完成市本级生态环境、市场监管、文化市场、交通运输、农业农村五大领域综合行政执法改革的职责整合、队伍组建及相应“三定”规定印发工作。稳步推进城市管理综合行政执法工作。三是完成乡镇(街道)机构改革。全市78个乡镇(街道)“三定”规定全部印发实施。明确乡镇(街道)党政机构调整为6个，乡镇(街道)综合设置3个事业机构，组建乡镇(街道)综合行政执法大队。落地落实乡镇(街道)权责清单和赋权事项，全市乡镇(街道)机构改革达到预期目标。

三、加强科学规范管理。立足全市经济发展和社会稳定，加强教育、防汛、住房公积金、大数据、政务服务、建设工程质量安全等重点领域机构编制保障。严格执行编制使用审核原则，及时更新湖南省机构编制综合管理平台信息，全面实行实名制管理业务网上办理，完成机构编制年度统计工作。加强机构编制监督检查工作：一是有力推进机构编制问题整改，对2017年10月以来，全市机构编制问题进行清理汇总，建立机构编制问题整改台账；二是按照《关于进一步规范领导职数管理的意见》有关精神，对全市处级机关事业单位进行清理汇总，建立健全《张家界市处级机关事业单位领导职数管理台账》，为党委编委决策、干部人事工作及机构编制管理提供依据和支撑。强化事业单位登记管理服务，落实事业单位和机关群团统一社会信用代码赋码工作，推进机构编制信息化工作，推进中央机构编制云平台应用。

【全国机构编制部门第二期信息化专项培训班推介张家界经验】 2019年6月25日，全国机构编制部门第二期信息化专项培训班在贵州省遵义市举办，张家界市编办主要负责人应邀在此次培训班上介绍全市机构编制信息化工作经验，得到中央编办领导和全国机构编制系统与会代表的一致好评。

（本栏撰稿 张力文）

台湾工作

【概况】 2019年，全市对台工作紧紧围绕中央、省委和市委决策部署，狠抓涉台教育和对台宣传，加大对台交流合作和对台联络联谊，组织和开展赴台公务考察和民间交流24批次，接待台湾各界到访等活动19批次，承办和协助重点对台交流项目3个。着力推动惠台政策措施落实落地，服务在张台胞台商，服务地方经济社会发展，协助31名台胞台商办理台湾居民居住证，接待台湾商务考察团4个，协助台湾湖南商会会长熊子杰与市经开区签订“湘军文化产业园”项目，推进“台湾产业园”建设。根据中共张家界市委办公室、张家界市人民政府办公室关于印发《张家界市机构改革实施方案》的通知要求，市委台湾工作办公室（市政府台湾事务办公室）工作职责和人员并入市委办公室，对外加挂市委台湾工作办公室、市政府台湾事务办公室牌子。

【对台文化交流】2019年，狠抓涉台教育和对台宣传，多渠道开展对台交流工作。市委理论学习中心组集中学习习近平总书记在《告台湾同胞书》发表40周年纪念会上的重要讲话。邀请省台办交流合作处卢文君副处长为市委党校主体班开展《当前两岸关系与中央对台政策》讲座。为公职和非公职赴台人员开展行前座谈24批次，宣讲对台政策以及赴台注意事项。组织教育、社区、农业、卫生等5个交流考察团赴台考察交流。承办国台办重点对台交流项目2019年"两岸中小学教师张家界交流"活动。接待台湾台东县基层协会代表团、台湾桃园市议会陈姿伶议员参访团、台湾台东县少数民族参访团、台湾海峡两岸少数民族交流协会参访团、台湾台中市里长代表团、台湾新党中华儿女知性之旅参访团到张家界参访。协助市环卫处接待台湾彰化县市公所10批次共419人到张家界进行环卫清洁工作参访交流。为张家界中世国际旅行社有限公司、张家界中国旅行社股份有限公司、张家界世纪海外国际旅行社等9家旅行社办理19批29人次商务赴台考察相关手续。对"湖南省对台交流基地"——张家界国家森林公园建设情况进行督查和考核。配合市委督查室协办政协委员关于市博物馆设立涉台历史人物专区的提案。

【对台经济联络】2019年，积极贯彻落实中央惠台"31条"、"26条"和省"59条"，收集全市各相关单位贯彻落实"湖南省实施中央和省惠台措施工作推进视频会"情况，整理成册，落实在张台胞子女上学、购房等相关政策。召开在张台胞台商座谈会，宣传中央和省惠台政策，协助31名台胞台商办理台湾居民居住证。协助台湾湖南商会会长熊子杰与市经开区签订"湘军文化产业园"项目。走访核实在张台企台商的情况，完善在张台企信息，完成市台商协会换届工作。接待台湾台南市电脑商业同业公会一行和台湾台北市装潢材料商业同业公会理事长陈铁雄一行到张家界参访。协助"2019台商湖南行"到张家界考察。接待马英九胞姐马以南、国民党原副主席陈镇湘、台湾"立法委员"廖国栋等岛内重要人士到张家界参访。为市领导拟写给台湾新党原主席郁慕明来信的回复。开展传统佳节台胞台企慰问活动。

（本栏撰稿　王海滨）

政策研究工作

【概况】2019年，中共张家界市委政策研究室（简称市委政研室）坚持突出围绕中心抓落实、服务大局谋发展的工作导向，紧紧聚焦张家界市经济社会发展的重点热点难点，狠抓工作落实，推动各项工作。市委政研室被评为2019年度全市综治工作先进单位、2019年度市直机关优秀党支部和2019年度市派驻村帮扶工作队年度考核先进工作队。

【调查研究】2019年，市委政研室围绕市委重大决策部署和中心工作，开展高铁经济、全面小康、农业农村、经济形势、财税工作等课题调研，撰写《关于深度开发张家界红色资源的调研报告》、《减税降费背景下张家界市财税分析报告》、《张家界市村集体经济调研报告》等调研报告10余篇，力促调研成果转化为推动张家界市经济社会改革发展的战略谋划和政策措施。其中《减税降费背景下张家界市财税工作情况汇报》获省委书记杜家毫批示，转省税务局办理；《市委七届三次全会目标任务实施进展情况调研报告》、《张家界市村集体经济调研报告》分别被评为张家界市主题教育优秀调研成果一等奖、二等奖。

【文稿服务】2019年，市委政研室起草领导讲话稿、汇报材料、署名文章等文稿200余篇，积极主动为市委重大战略决策和重大工作部署服务。拟写市委主要领导在市委经济工作会议、湖南省市厅级主要领导干部"坚持底线思维，着力防范化解重大风险"专题研讨班、区县委书记区县长经济工作座谈会等重要会议上的讲话稿。以市委领导名义撰写的《坚守风险防控底线促进张家界高质量发展》、《以更实更强的举措打赢打好张家界脱贫攻坚战》等署名文章在《湖南工作》上刊载，撰写的《在履职尽责中显为争位》在湖南省委财经办《工作情况交流》第4期刊载，充分发挥参政设谋、文稿服务的职能。

【全面深化改革】2019年，张家界市深化改革着力抓重点、补短板、强弱项，稳步推进10大类52大项96小项重点改革任务。市委改革办被评为2019年度湖南省改革试点工作优秀等次。全面完成市县党政机构、人大政协机构改革，持续深化"一件事一次办"、脱贫攻坚领域、医药卫生体制等系列改革，相关长效机制建设日臻完善。"放管服"改革、经济社会、农业农村、生态文明等关键领域重大改革呈现蹄疾步稳、纵深推进的良好态势。三召开市委深改委会议5次，传达中央、省委深改委会议精神，研究审议医疗卫生（县）乡一体化改革、乡村振兴规划、城乡居民合作建房、安全生产领域改革发展等24项重大改革方案。

【财经绩效】2019年，是张家界市委财经委员会、市委财经办成立的第一年，市委财经办加紧铺排，加力推进，确保各项工作高效有序开展。高质量组织召开3次市委财经委员会会议、1次半年经济形势分析会等重要会议，调度全市经济工作。建立经济数据分析会商机制，及时与发改、财政、统计等部门会商研判，做到数据清、问题明、对策准。先后3次在市委常委会议上综合汇报经济工作情况，深入分析经济结构矛盾，提出解决路径。四是对照省对市州重点工作绩效评估方案，结合特色工作，组织推进市对区县重点工作绩效评估。张家界市在2019年度市州重点工作绩效评估二类地区中排列第3，较2018年度排名前进3名。

【小康工作调度】2019年，张家界市进一步理清区县主体责任、市直配合责任,全力抓好督促指导、监测指标、调度数据、补齐短板等工作。一是认真分析 2018 年省对区县全面小康监测考评结果,查找经济发展类指标特别是开放型、创新类经济指标短板影响原因。二是在市委财经委员会第三次会议上专题研究部署全面小康工作,制定落实短板指标提升方案,全力抓好督促指导、指标监测、数据调度等工作。三是为更好地指导区县小康工作,多次到省小康办、省统计局对接工作,召开业务培训会,理清责任,督促区县抓好工作。

【市委刊物编印】 2019 年,《张家界通讯》力求栏目编排的多层次和多样性,严把编辑质量关,增强刊物的针对性、可读性和精确性。共编印发行《张家界通讯》6 期 18400 份,其中对外交流 1000 份。为扩大刊物的受众面,将上级重大决策部署和重要精神及时传达到基层一线,《张家界通讯》已发行至全市 860 个行政村。《送阅件?决策参考》坚持正确的办刊宗旨,突出办刊特色,着力打造市委决策咨询服务的“第一平台”,共编辑出刊 10 期《送阅件·决策参考》,并分发到在职市级领导、区县主要领导和市直单位主要负责人。

(本栏撰稿 肖 洒)

网络安全和信息化工作

【概况】 市委网信办是市委网络安全和信息化委员会的办事机构,为正处级行政机关,列为市委工作机构序列,内设综合科、网络宣传评论与舆情应急科、网络安全协调与信息化发展科(网络管理与执法科)和一个正科级一类公益事业单位——网络安全和信息化服务中心。2019 年,市委网信办认真落实中央、省委和市委统一部署,忠诚履职、担当尽责,全市网络舆论引导亮点频现,网络综合治理有力有序,网络舆情管控成效显著。高位推进全市网信工作,出台《中共张家界市委网络安全和信息化委员会工作规则》《中共张家界市委网络安全和信息化委员会办公室工作细则》《张家界市网络评论员管理实施办法(暂行)》《贯彻落实〈中共湖南省委湖南省人民政府关于加强网络安全和信息化工作的实施意见〉的意见》等系列文件,有力促进网信工作开展。统筹推进网信机构建设,率先在全省实现网信“三级工作体系”全覆盖,为网信工作“一盘棋”提供坚实的组织保障。整体推进全市融媒体建设,促进建成《张家界日报》、张家界市广播电视台等新媒体中心,实现市、区县融媒体中心建设全覆盖,宣传和发展合力明显增强,市委网信办荣获 2019 年全省重大舆论引导活动先进集体,策划实施的《“我行我宿”网络名人探访张家界主题活动案例分析》荣获全省网信系统优秀创新案例二等奖。组建一支骨干网评员队伍,通过在清华大学举办舆情应对与舆论引导培训班、开办网络舆情应对处置专题讲座、网信办主任深入区县基层授课等形式,全面提升全市网信队伍依法管网治网能力,永定区委网信办荣获全省网评队伍建设先进集体。

【网络舆论引导】 2019 年,市委网信办持续做好习近平新时代中国特色社会主义思想和中共十九大和十九届二中、三中、四中全会精神网上宣传,强化主流媒体、融媒体、自媒体正面宣传引导。策划实施“我行我宿”网络名人探访张家界主题活动。发挥网媒优势,助力“决战决胜脱贫攻坚”。举办湖南省第八届网络文化节之“我行我宿”网络名人探访张家界网络主题活动,新浪微博话题“我行我宿张家界”阅读量超过 1.3 亿次,综合关注度达到 1.5 亿次。组织属地自媒体走进桑植县、永定区等扶贫一线,挖掘脱贫故事,集中宣传展示学习贯彻习近平总书记扶贫开发重要战略思想,奋力打赢脱贫攻坚战的有效举措和明显成效。组织属地自媒体参加 2019 第十六届上海国际茶业博览会春季展暨张家界莓茶推介会等正面宣传,开展系列旅游营销、产品营销活动,引导自媒体在围绕全市中心工作中积极发挥作用,助力全市经济社会发展。

【网络综合治理】 2019 年,市委网信办切实加强自媒体管理,组织成立全省第一家自媒体协会和全省第一家自媒体协会党支部,出台全省第一份自媒体行业自律宣言,协会会员 80 人,支部党员 17 人。联合职能部门召开全市网络安全执法检查工作部署暨等级保护国家标准宣贯会议,对全市各级党政机关、事业单位、国有企业和互联网企业等重点单位开展关键信息基础设施网络安全执法检查。组织市直相关职能单位开展“网安 2019”湖南省关键信息基础设施网络安全应急演练。联合区县和市直相关职能部门组织开展“网络安全为人民,网络安全靠人民”的主题宣传活动。全市城乡滚动播出网络安全宣传标语 10000 余条次,发放各类宣传资料 10000 余份,发送公益短信 10 万余条,接受群众咨询 3000 余次。持续开展“净网”“清朗”等专项整治行动,办理多起涉网刑事案件和行政案件,全年共报送有害信息数万条。加强网络综合执法,依法约谈、整治多家违规属地自媒体和生态问题突出的网站,依法关闭一批假冒网站,依法关停违规属地自媒体平台。

【网络舆情管控】 2019 年,市委网信办建立健全网络舆情“舆情三报”工作机制,积极探索舆情应对张家界模式。组织在清华大学举行张家界市舆情应对与舆论引导培训班,建立《网络问政留言办理制度》,做实各平台网民留言认领和督办工作,网民诉求回复率超过 90%,其中网络问政书记 260 条,回复 260 条,问政市长 123 条,回复 123 条,网络问政回复率排名高居全省前列。

(本栏撰稿 彭发海)

机关党建工作

【概况】 中共张家界市直属机关工作委员会(简称市直机关工委)是中共张家界市委的派出机构,领导市直机关和驻张单位机关党的工作。2019 年末,有行政编制 9 个,在职干部职工 9 人,下设 4 个内设机构(办公室、组织部、宣传部、群工部)和 1 个机关党支部。开展 2018 年度市直机关党委(党组)书记抓基层党建述职评议。2019 年 3 月 21 日,召开市直机关党的工作会议。开展市直机关党建质量提升年活动,进行党建工作督导和党建核查。组织市直机关及驻张单位各级党组织学习研讨习近平总书记在中央和国家机关党的建设工作会议上的讲话。

【党建工作】 2019年，评定市人社局直属机关党委等5个2018年度市直机关党建示范点，评定2018年度优秀党支部98个和合格党支部75个，复核2017年度优秀党支部36个。授予市委老干部局机关党支部组织委员杨贵月等20名同志2018年市直机关优秀党务工作者称号。轮训党支部书记、党务干部573人次；培训党员发展对象218人次；纳新预备党员107名；慰问帮扶生活困难党员109人次。审批换届和新成立机关党委（党总支/支部）32家、团委（支部）6家、妇委会11家。4570名市直机关党员赴居住社区小区双报到。

【意识形态工作】 2019年，组织市直机关及驻张单位各级党组织开展“新时代、新作为、新发展”大讨论。联合市委宣传部举行全市“学习强国·知识达人”抢答赛，市人民检察院、市国家电网张家界公司获二等奖，市人社局、市纪委监委获三等奖。创建市农业农村局等18家市直级文明单位。牵头举办庆祝新中国成立70周年歌咏大赛市直赛区比赛，41支队伍83家单位近4000人参赛，市委书记、市长带头上台歌唱祖国。在省市媒体发表市直机关党建工作动态和经验做法169条。

【市直机关（党委）党组书记述职评议会】 2019年1月28日，市直机关工委组织召开2018年度市直机关党委（党组）书记抓基层党建暨落实意识形态工作责任制述职评议会议，市委副书记刘绍建，市委常委、市委秘书长、市直机关工委书记单铸飞，市委常委、市委宣传部部长郭天保参加会议并讲话。76名市直机关及驻张单位党委（党组）书记参加会议，10位党委（党组）书记进行现场口头述职，单铸飞对履职情况逐一进行点评。25个单位评定为“好”等次，37个单位评定为“较好”等次，14个单位评定为“一般”等次。 （本栏撰稿 秦俭）

巡察工作

【概况】 2019年，市委开展4轮巡察。其中，第六、七、九轮为常规巡察（第七轮同步开展提级交叉巡察、机动式巡察）、第八轮为项目建设专项巡察。派出20个巡察组，常规巡察26个市直单位党组织，提级交叉巡察8个区县直单位党组织，对1个市直单位开展机动巡察，在对13个省市重点建设项目深入了解的基础上对10个市直单位开展项目建设专项巡察。截至2019年底，市本级累计完成9轮巡察，已常规巡察61个市直单位党组织，完成全覆盖任务的68.5%。巡察发现问题1795个，移送问题线索420件。根据巡察移送的问题线索，2019年立案18人，给予党纪政务处分11人，移送司法7人；累计立案62件，党纪政纪处分45人，移送司法14人，巡察震慑持续彰显并不断强化。

【项目建设专项巡察】 2019年，张家界市继扶贫领域专项巡察、扫黑除恶专项巡察后，再次围绕中心工作开展专项巡察。聚焦项目建设落地难、推进慢等问题，对全市13个重点（13个重点项目：大庸古城、桃花溪谷、丝路荷花、韩国街、九州康养、宁邦国际、智慧旅游科创城、中德零碳科技示范园、慈利1000万吨环保骨料、桑植民歌国际文化产业园、义乌国际商贸城、中国供销张家界农副产品交易中心、北京文投枫香电影文旅小镇。）建设项目进行“解剖麻雀”式的深入了解，发现市直有关单位存在的思想不够解放、担当作为不够有力等问题。市委市政府以专项巡察发现的问题为重点，组织召开全市项目建设观摩会，强力推进项目建设。专项巡察后，10个建设项目集中开工，总投资达28.36亿元。

【立行立改】 2019年，市委巡察更加突出边巡边改、立行立改。巡察期间，督促被巡察党组织立行立改违规发放津补贴、纪律作风不严等问题172个，清退违规违纪资金1800余万元。对巡察中发现的形式主义官僚主义典型问题，由市委发文通报，并集中约谈18个单位主要负责人。

【健全机制】 2019年，市委巡察办推动市纪委监委印发《全市纪检监察机关加强巡察整改任务落实日常监督的实施办法（试行）》《关于建立健全市委巡察机构与市纪委监委有关部门协作配合机制的意见》，明确巡察整改日常监督的方式方法、重点内容以及时限要求，明确巡察监督与纪律监督、监察监督、派驻监督相互协作配合的巡前情况通报、选派人员参加、巡中沟通协调、成果运用以及整改监督机制，监督合力明显加强。召开巡察反馈问题整改督导会，巡察办组向对应的纪检监察室及相关派驻纪检监察组集中移送问题线索159件。组织部门在干部选拔任用上做到“三必听”，每轮巡察过后，领导班子及其成员画像情况，组织部长必听；涉及正在巡察及巡察结束不到一年的领导班子及其成员的调整和选拔任用时，巡察机构意见必听；干部年度考核时，巡察意见必听。在全市机构改革中，结合巡视巡察意见，共交流市管干部81人，其中市政府工作部门正职22人。

【队伍建设】 2019年，市委巡察办组认真开展“不忘初心、牢记使命”主题教育，严格巡察队伍教育管理，坚决消除“灯下黑”。配齐配强巡察力量，除武陵源区以外，市县巡察办班子均为“一正两副”，市委巡察组科级巡察专员明确为领导职数。发挥巡察岗位熔炉作用，市委明确新提拔的处级干部必须参加一轮以上巡察，全年安排13名新提拔的处级干部担任组长、副组长或副处级巡察专员。举办全市首届巡察干部全员培训班，市县在编在岗80余名巡察干部参加为期一周的封闭式集训。

（本栏撰稿 于宁）

老干部工作

【概况】 2019年，全市有离休干部69人，退休干部13100人；其中厅级74人、处级989人，党员7560人，独立离退休干部党支部220个。

市委重视老干部工作，张家界市委常委会议专题听取老干部工作汇报，专题研究老干部工作，春节期间，对105名离退休老干部及遗孀进行走访慰问；全面贯彻落实各项制度。完善和落实老同志听报告、阅读文件、通报情况、参观学习、参加重要会议以及重大决策征求意见等政治待遇；组织老干部代表50多人参观考察张家界市新人民医院及武陵山大道重点工程；坚持为老干部读书读报、阅文、学习提供优质服务；召开座谈会听取老同志对老年大学异地扩建的意见建议；市委扩大中心组学习邀请老同志参加；人大政协两会邀请老同志列席并听取老同志意见建议；召开市级老干部春节座谈会，通报经济社会发展情况，广泛征求老干部对市委市政府工作的意见建议。老干部工作呈现新特点，主要围绕加强离退休干部"三项建设"、落实离退休干部"两项待遇"、深入开展为党的事业增添正能量活动，取得一定成绩。

市离退休干部工作部门组织离退休干部党员在自学的基础上，充分依托"三会一课"、主题党日等形式开展研讨。市直离退休干部1100人次参加理论学习，45人参加网络培训；坚持送学上门。为离退休干部党员订阅《习近平关于"不忘初心、牢记使命"论述摘要》并发放到手中；充分发挥老年大学、老干活动中心主流阵地作用，采取专题培训、支部学习、座谈讨论等多种形式加强老同志党性教育；建立"主流团队"。挑选一批政治素质高、理论水平好、表达能力强的老干部组成老干部宣讲团；开展"专题讲座"。保健协会举办老年保健知识巡讲活动，老科协开展"科普活动日"系列活动，以及邀请省直专科医生到贫困边缘山区义务巡诊大型活动；6月，举办全市离退休干部党务工作者培训班；规范组织生活。市直33个离退休干部党支部均按要求召开组织生活会并组织学习相关政策文件；树立典型示范。慈利县卫计局离退休干部党支部今年成功创建"全省示范离退休干部党支部"；多措并举抓落实。按时完成全市离退休干部基本信息上报和新中国成立70周年调研工作。

全市离休干部的护理费、健康休养费、交通费、无固定收入离休干部遗孀及配偶的生活费，全都纳入财政预算，发放到位，无一拖欠；规范节日慰问。根据湘组〔2019〕54号文件精神，将离休干部及遗孀的待遇及时调整到位，进一步规范离退休干部节日慰问工作；开辟老干部就医绿色通道。积极对接市人民医院和相关单位，修订厅级保健人员在市人民医院的就诊流程，在人民医院309室开设老干病房，提供一对一服务管理；做好特困帮扶工作。实施市直单位特困离退休干部及遗孀帮扶机制，对有特殊困难的51名老干部家庭、老干部遗属进行经济帮扶，发放帮扶资金18多万元，及时送上节日的问候和党组织的关怀；推行服务老干部"五必到"制度。全年共走访慰问老干部300多人次，看望生病住院老干部150人次，为老干部生日祝寿30多人次，接待老干部来信来访30多人次，帮助老干部解决实际困难14个。在国庆前夕对离退休干部党员开展走访慰问。全面落实离休干部一人一策。下发《一人一策精准服务离休干部的实施方案》，对精准服务离休干部作出明确要求，各单位按要求对全市73名离休干部建立一对一服务相关信息手册；认真接待来信来访。对老干部反映的问题能够解决的马上解决，不能解决的做好耐心细致的解释说服和答疑释惑工作，没有发生老同志越级上访现象。

【开展新中国成立70周年系列庆祝活动】 组织老干部召开"谈新中国70周年变化"座谈会，开展庆祝新中国成立70周年老干部征文活动；组织庆祝新中国成立70周年书法、绘画、摄影展等系列活动；组织各大、中、小学校，开展同升国旗、同唱国歌和"我和我的祖国"演唱活动；组织开展钓鱼棋牌活动、"七一乒乓球赛"等活动；组织乐器合奏、广场舞比赛等系列庆祝活动。组织参加全省离退休干部"礼赞新中国、奋进新时代"太极拳比赛；做好纪念章发放工作。在新中国成立70周年之际，组织召开离休干部座谈会，将73枚"庆祝新中国成立70周年"纪念章送到离休同志手中；根据省委老干局文件精神，通过层层推荐评选，上报全国先进个人1名，全省先进集体2个，全省先进个人1名，共评选出全市最美老干部52名。

【老干部志愿服务活动】 组织成立新时代文明实践"五老"志愿服务队，"学雷锋服务团"及"学生安全监督团"，形成"人人学雷锋、共筑中国梦"的良好氛围。组织开展感恩回馈·服务社会月活动。老年大学学员将学习成果无偿奉献社会，开展送文艺下乡、免费撰写春联、慰问抗战老兵、环卫工人、敬老院等系列活动；引导老干部参与精准扶贫、旅游发展等中心工作。

【关心下一代工作】 开展"党建带关建"，擦亮关心下一代帮扶工作品牌，深入开展"传承红色基因、争做时代新人"主题教育活动；推进推广市检察院"机关+基层"帮扶新模式，推动关心下一代工作纵深发展；擦亮"一品两帮"关爱帮扶品牌，用情用心用力呵护青少年健康成长。做优做强"三送一扶"关爱帮扶，构造助力青少年健康成长工作大格局，出台张家界市奖学助学意见。 （本栏撰稿 孟果良）

保密工作

【概况】 2019年，张家界市委保密办紧紧抓住机构改革的契机，以提升领导干部和涉密人员保密意识为基础，以基本形成防控能力、强化窃密泄密发现和处置能力为手段，依法保密、加强科技支撑引领水平，保密工作获得新发展。

全面完成机构改革任务。针对机构改革任务的特殊时期，市委保密办严格按照市委确定的时间表、路线图、任务书，积极推进各项改革任务落实。与市委组织部、市委办、市编办积极联系，做好人员转隶审核工作；按照有关保密法规、市委改革办审查意见，完成本部门"三定"规定工作和人事任免，按时高标准完成机构改革任务。改革期间，向市直单位、区县下发《关于切实做好机构改革中保密工作的通知》文件，要求新成立单位及时明确保密机构和人员，配齐保密设施设备。

加强保密宣传教育培训。召开全市保密工作会议,对中央、省委、市委领导在三级保密委员会上的讲话精神进行传达学习。依托党校继续抓好领导干部和涉密人员保密教育教训培训工作,持续深化党校处干班、青干班保密教学内容,为市直单位及各区县开展保密专题讲座15次。组织57家市直单位保密人员赴省保密实训基地参观见学,25家单位涉密网络"三员"赴508基地,开展涉密网络"三员"保密防护能力培训。根据'七五'普法教育宣传安排,市委保密办积极开展"国家安全日"主题活动,采取悬挂标语横幅的方式,对《中华人民共和国保守国家秘密法》《中华人民共和国国家安全法》《中华人民共和国军事设施保护法》《中华人民共和国反间谍法》《中华人民共和国国防法》进行广泛宣传,发放"五法"学习资料500余份,发放宣传手册800余份。同时,利用微信公众号组织各区县和市直单位参加国家保密局'五法'知识竞赛和"护航新时代,保密伴我行"保密作品征集活动,推荐上报优秀理论研究1篇、诗歌1篇。

【保密检查监督】 2019年,张家界市在全市保密工作会议上进行专项保密检查动员部署,采取先自查自评,后检查验收的方式,检查保密情况下发整改通知书,对违规责任人员提出处理意见。中央"扫黑除恶"巡视组进驻期间,对相关场地进行保密环境检查,确保巡视任务安全保密。严格落实《国家教育考试考务安全保密工作规定》,切实加强试卷保密工作检查指导,确保全年十多次考试试卷取送、保存、保管、押运等环节无事故。 (本栏撰稿 许文正)

党校工作

【概况】 2019年,"三校合一"后的市委党校共分为南庄坪五子坡校区、二家河侯家湾校区、武陵源校区,下设中层机构17个(教学研究部门9个,行政后勤部门8个),职工总数58人,其中:专业技术人员24人(副教授9人、讲师8人、助教2 人)、行政管理人员26人、工勤人员7人。市委党校主校区位于永定区二家河社区侯家湾宝头山,占地2.667公顷。主体建筑综合楼、宿舍楼、学员餐厅和多功能报告厅,总面积8791.62平方米。清华大学远程教学适时交互系统、中央党校远程教学系统、校园局域网,构成市委党校多层次信息化交流平台;多媒体教室、计算机教室、中心组学习会议室、学员讨论室、学员教室15间,宿舍楼可同时容纳200人住宿;校园内休闲花园、柏油路、名贵树木、校园绿地营造出整洁优雅的校园环境。市委党校统一承担着全市党员领导干部和后备干部政治理论学习培训与时事政策教育;国家公务员、机关工作者初任培训和知识更新培训;民主党派、工商联和无党派代表性人士及统战干部的政治理论培训以及市委、市政府委托的其他培训轮训任务。承担着为全市经济社会全面发展提供理论支撑、政策咨询和人才保证任务。2019年,在市委市政府的坚强领导下,以习近平新时代中国特色社会主义思想为指引,深入贯彻落实中共十九大和十九届二中、三中、四中全会精神,扎实开展"不忘初心、牢记使命"主题教育,以建设全省一流市州党校为目标,坚持党校姓党、从严治党、质量立校原则,在三校合并、干部培训、服务大局、党性教育等方面呈现新亮点、新气象,党校全面发展迈上新台阶。

【党校教学培训】 2019年,市委党校充分发挥培训主渠道作用,克服场地短缺、人员分散等瓶颈,开办主体班10期、培训学员490人;坚持服务大局,紧紧围绕党委中心工作和全市重点工作,计划外办班3期,培训学员300余人。其中,承办市委"不忘初心、牢记使命"主题教育读书班取得实效,获得省委巡回指导组、参训的市级领导及市直单位主要负责人的广泛好评。为进一步打造干部教育培训品牌,始终坚持党校姓党,切实提高教学质量。严肃政治纪律,严格执行集体备课、评课制度,杜绝一切错误思想言论进入党校讲台。精心设置教学板块,保证基本理论、党性教育专题占总学时70%以上,开设习近平新时代中国特色社会主义思想专题辅导,将中共十九届四中全会精神贯穿到各教学板块,3个教学专题获评湖南省党性教育精品课。不断创新党性教育教学方式,抓课堂式教学与体验式教学相结合,开展进村入户体验式教学,抓课堂式教学与现场教学相结合,开设贺龙纪念馆、湘鄂川黔革命根据地纪念馆等4处现场教学。用学术讲政治,不断提升师资水平,要求教师找准学术接口,有力宣讲党的理论和政策导向,选送教师参加全省教学比赛荣获三等奖。

【党校科研咨询】 2019年,市委党校始终坚持以习近平新时代中国特色社会主义思想为指导,坚持"双百"方针和理论联系实际的原则,不断推动理论创新,科研工作取得较好成绩。全年共完成全省党校行政学院系统社科规划课题立项2项,结项4项,完成市社科联社科规划课题结项1项。在省级及以上刊物发表论文26篇,在地市级刊物发表论文4篇。在全省理论研讨会中获二等奖一个,优秀奖2个。2019年积极组织参与编制《张家界市特色产业小镇发展规划(2019~2023)》。发挥党校对党委政府的决策咨询作用,每期主体班都安排实地调查研究活动,2019年在《市情研究》上发表2篇调研文章。

【"三校合一" 工作】 2019年3月26日第七次市委常务会议。决定将市委党校、永定区委党校、武陵源区委党校实行三校合一,整合人力和土地资源。市委党校校园建设由原址改扩建变为迁址到永定区后坪街道侯家湾社区宝头山处进行扩建。2019年7月3日,市委党校结束在吉首大学张家界学院租房办学办公,顺利从吉首大学张家界学院搬家至永定区后坪街道侯家湾社区原永定区委党校办学办公。2019年3月20日张政办函〔2019〕1号《张家界市2019年重点建设项目目标任务分配方案》的通知,将市委党校新校园建设项目纳入2019年度市级重点工程,工程项目序号为108号。

(本栏撰稿 覃道武)

党史研究工作

【概况】 2019年，市委党史研究室获中共湖南省委党史研究院颁发“2019年度全省党史工作优胜单位”荣誉称号。党史研究聚焦重点项目《湖湘红色基因文库》，编纂工作有序推进。《桑植起义》定稿交付出版社待印；修订《中国共产党张家界历史（1921~1949）》（第一卷），完成送审稿；启动《湘鄂西革命根据地》编写工作；指导编写《张家界市永定区革命斗争史》《慈利县革命斗争史》《桑植县革命斗争史》，均已完成初稿，其中两县《革命斗争史》已通过初审；配合编写《湘鄂川黔革命根据地》《湖南剿匪》《湖湘红色手迹》《湖湘红色诗选》《湖湘红色遗址概览》等书目，提供文字资料10多万字。11月份，在省委党史研究院举办的《湖湘红色基因文库》编纂工作培训班上介绍典型经验。

党史联络工作扎实有为。联合市党史联络组编写《难忘的历程——回忆录之七》（重点工程专辑），2019年3月内部印刷，该书征集重点工程建设回忆文章50多篇，计20余万字，成为记录全市重点工程建设资料。2019下半年启动《百年巨变》党史资料征集工作。

助力《张家界革命老区发展史》编写工作。完成全书约80%的撰写任务。该书由湖南人民出版社出版发行，向张家界市党政机关等免费赠阅5000余册，是学习革命老区历史的最新权威读本。推动区县编写老区发展史。《慈利县革命老区发展史》《永定区革命老区发展史》《武陵源区革命老区发展史》《桑植县革命老区发展史》均出版发行。

开展以湘鄂西、湘鄂川黔革命根据地和红二方面军为主题的学术研究。论文《长征时期红二方面军保存有生力量的经验探析》发表于《上海党史与党建》（2019年第6期）。

完成省委党史研究院布置的其他工作。完成《湖南党委工作纪事》（2018年卷）组稿，推动“以史铸魂”平台建设，做好《湘潮》杂志发行、学习工作。做好“不忘初心、牢记使命”主题教育相关工作。党史研究室作为成员单位积极作为，撰写《张家界英烈谱》，所参与创作的“张家界红色故事汇”被央视报道，引起强烈反响。

【张家界英烈谱】 撰写《张家界英烈谱》。配合省委党史研究院、湖南人民出版社编写《贺锦斋：吾将吾身交吾党》等革命烈士事迹。配合市委宣传部、《张家界日报》、张家界电视台、红网张家界站等单位，在2018年推出第一批60位张家界英烈事迹基础上，2019年开展第二批40名英烈的资料收集及撰稿。《张家界英烈谱》（文字、视频）于9月在市级各大媒体刊发，累计点击、转发超过10万次。成为“不忘初心、牢记使命”主题教育优秀教材。

【修订《中国共产党张家界历史（1921–1949）》（第一卷）】 2019年上半年启动《中国共产党张家界历史（1921~1949）》（第一卷）修订工作，组织多名党史专家参与修订，大量吸收张家界市近几年来党史研究新成果，特别是对红二方面军长征研究成果，补充最新资料6万余字、照片30余幅，形成送审稿26万余字。省委党史研究院专家认为“是一本水准较高的书稿”。

（本栏撰稿　黄真龙）

接待工作

【概况】 2019年，市接待服务中心严格执行中央、省、市有关党政机关国内公务接待管理规定，积极履行公务接待职责，做到精准接待、精细接待、节俭接待、规范接待“四个接待”一起抓，先后完成接待463批次、12257人次。其中，张家界市完成外宾接待47批次，重宾接待有：博鳌亚洲论坛理事长、联合国第八任秘书长潘基文，美国前商务部部长卡洛斯·古铁雷斯，泰国前副总理素拉杰·沙田泰，欧盟委员会前主席、意大利前总理罗马诺·普罗迪。重要人士有：联合国绿色生态学会国际专家委员会主席塔克·范索梅仁，保加利亚前副总理亚历山大·托莫夫，乌克兰经济、贸易与农业部副部长因娜·梅捷廖娃等30多个国家和国际组织重要人士的接待。对于这些重要接待，始终坚持周密部署，精准安排，为各国贵宾在张家界期间开展工作提供良好的接待服务和安全保障，受到社会各界的高度评价。

【张家界市外宾接待工作获联合国第八任秘书长潘基文高度好评】 2019年10月16日，博鳌亚洲论坛理事长、联合国第八任秘书长潘基文一行在中华人民共和国成立70周年之际到访张家界。张家界优美的自然景观、丰富多彩的文化资源以及热情周到的接待给他们留下深刻印象，访问中亲笔用中文题词：地上最高绝景张家界！期待张家界能够将这媲美天堂的景观资源守护好利用好，让世世代代的人类都能目睹它的神奇与秀美。

【在全省党办接待系统中获省工作经验交流推介】 2019年12月18日，市接待服务中心积极参加由湖南省委接待办主办的全省党办接待系统工作经验交流会，市接待服务中心主任张潇岳代表张家界面向全省党办接待系统进行《严格规定　贴近服务　做好新形势下公务接待工作》经验推介交流发言报告，展现张家界良好形象，树立张家界公务接待典范。

为深入贯彻习近平总书记“五个坚持”的根本要求，认真落实家毫书记提出的“脑清、耳聪、目明、心细、手脚勤”的11字要求。在新时代、新形势下，市接待服务中心解放思想、转变观念、敢于创新、履职尽责，在认真总结以往工作方法的基础上，紧紧围绕“精准、精细、节俭、规范”四个接待要求，推出一系列创新举措，完善多项工作制度。

（本栏撰稿　李朝英）

张家界市人民代表大会

综　述

【概况】 2019年,张家界市人大常委会坚持以习近平新时代中国特色社会主义思想为指导,深入贯彻落实中共十九大和十九届二中、三中、四中全会精神，在市委的正确领导下,牢记初心使命,大力实施省委创新引领开放崛起战略、市委对标提质旅游强市战略和“11567”总体思路,坚持党的领导、人民当家作主和依法治国有机统一,认真履行宪法和法律赋予的职权，一年来，共召开常委会会议9次,主任会议16次。圆满完成各项工作任务,推动全市经济社会和人大工作高质量发展。

一、始终坚持党的领导。市人大常委会坚守党领导下的政治机关定位,始终做到将党的主张和人民意志有机统一，把坚持党的领导贯穿于人大工作的各方面和全过程。坚持重要工作、重大事项及时主动向市委请示报告,确保人大工作正确的政治方向。坚持围绕中心、服务市委中心工作,推动市委重大决策部署贯彻落实。坚持正确舆论导向。认真落实意识形态工作责任制,充分发挥党报党刊、人大网站、微信公众号宣传主阵地作用，传播人大声音,讲好人大故事。

二、发挥立法引领作用。市人大常委会不断完善“党委领导、人大主导、政府依托、各方参与”的立法机制,坚持问题导向,突出立法质量,充分发挥立法引领作用，较好解决相关领域的突出问题。

筑牢立法基础。制定张家界市人民代表大会及其常务委员会制定地方性法规条例，制定张家界市爱国卫生条例、张家界市文明行为促进条例。推动备案审查。认真开展规范性文件备案审查工作，健全和完善备案审查工作制度,细化备案审查工作流程。

三、坚持正确有效监督。市人大常委会围绕全市工作大局，坚持以人民为中心,依法对“一府一委两院”行使监督权,提升监督实效。深化经济运行监督。听取和审议国民经济和社会发展计划执行情况。开展政府债务情况专题调研,强化财政预算监督。充分利用预算联网监督平台，实时关注财政预算执行情况,加强民生保障监督。听取和审议环保相关报告、全市农村人居环境整治工作情况的报告，开展全市自然保护区工作情况专题调研,为生态文明建设和可持续发展提供保障。开展教育法实施情况执法检查,着力推动解决教育经费投入不足、教育设施规划执行不严和配建滞后、教师队伍结构不优及待遇偏低等问题。促进全市妇女儿童事业的发展和归侨侨眷有关优惠政策的落实。

四、依法行使决定权和任免权。市人大常委会围绕经济社会发展中的重大事项,依法作出决议决定。为扩大对外开放,提高张家界国际知名度,拓展客源地市场,听取审议、依法批准张家界市与菲律宾卡罗奥坎市、泰国芭提雅市、奥地利莫尔比施市、罗马尼亚比斯特里察市建立友好城市关系。

坚持党管干部原则，严格法律程序，依法任免101名国家机关工作人员,包括任命52人,免职49人;决定接受辞职6人。

五、全面加强代表工作。市人大常委会始终注重与人民群众的密切联系,加强机制平台建设,提升代表履职能力,有效发挥代表参政议政作用。着力完善代表联络机制。深化“三联”工作机制，主任会议成员联系人大常委会委员、人大常委会委员联系人大代表、人大代表联系群众的常态化、长效化机制不断完善。充分发挥代表主体作用。切实加强代表履职管理,制定出台加强张家界市人大代表履职管理的意见,为更好地规范代表履职、发挥代表作用提供制度保障。切实提升代表履职能力。不断拓展培训形式,注重培训实效。注重代表建议办理实效。市七届人大三次会议以来，市人大代表提出建议、批评和意见167件,市人大常委会将“加快办理不动产权证的建议”等4件确定为重点建议。建议办理见面率、办结率达100%，满意率达98.8%。

六、切实加强自身建设。市人大常委会深入开展“不忘初心、牢记使命”主题教育,切实加强政治建设、履职能力建设和机关服务能力建设。深入开展“不忘初心、牢记使命”主题教育。深化学习型机关创建成果，不断提升履职水平。加强市人大常委会机关建设。深化党支部“五化”建设,确保党内政治生活正常化。深入推进党风廉政建设,认真履行管党治党主体责任,支持市纪委市监委驻市人大常委会机关纪检监察组履行监督职责。认真开展脱贫攻坚驻村和结对帮扶，深入实地帮助解决困难和问题,密切干群关系。接待群众来信来访452批1468人次,市人大常委会领导带头接访113批178人次,积极为群众排忧解难,解决一些实际困难和问题。

(本栏撰稿　李晶 杜博)

重要会议

【市七届人大三次会议】 2019年1月15日到18日，市七届人民代表大会第三次会议在市区举行。本次会议的议程：听取和审查张家界市人民政府工作报告;审查和批准张家界市2018年国民经济和社会发展计划执行情况与2019年计划草案的报告;批准张家界市2019年国民经济和社会发展计划;审查和批准张家界市2018年预算执行情况与2019年预算草案的报告;批准张家界市2019年市级预算;审查和批准张家界市人民政府环境保护工作报告；听取和审查张家界市人民代表大会常务委员会工作报告；听取和审查张家界市中级人民法院工作报告；听取和审查张家界市人民检察院工作报告;会议通过审议,决定批准市人民政府市长刘革安所作的《政府工作报告》;批准市人民政府提出的张家界市2018年国民经济和社会发展计划执行情况与2019年计划草案的报告；批准市人民政府提出的张家界市2018年预算执行情况与2019年预算草案的报告；批准市人民政府提出的张家界市2019年市级预算及市人民政府环境保护工作报告；决定批准市人大常委会党组书记、常务副主任余怀民所作的张家界市人民代表大会常务委员会工作报告；决定批准市中级人民法院院长壮晓阳所作的张家界市中级人民法院工作报告；决定批准市人民检察院检察长赵荣所作的张家界市人民检察院工作报告。会议审议通过《张家界市第七届人民代表大会第三次会议选举办法》。本次会议补选杨小雨、张炎、张小庆为市七届人大常委会委员。决定接受柴蒙辞去市七届人大内务司法委员会主任委员职务的请求。接受彭法开辞去市七届人大民族外事侨务委员会主任委员职务的请求。会议表决通过关于设立市七届人大社会建设委员会和更名市七届人大民族外事侨务委员会等三个专门委员会的决定。决定设立张家界市第七届人民代表大会社会建设委员会，张家界市第七届人民代表大会民族外事侨务委员会、内务司法委员会、城乡建设与环境资源保护委员会分别更名为张家界市第七届人民代表大会民族华侨外事委员会、监察和司法委员会、环境与资源保护委员会。通过市七届人大有关专门委员会组成人员名单。表决通过彭法开(土家族)为监察和司法委员会主任委员，张小庆(女，土家族)、孟荔(女，土家族)、郝超(回族)、谭贤兵（白族)为监察和司法委员会委员。表决通过张炎(土家族)为民族华侨外事委员会主任委员。表决通过杨小雨为法制委主任委员，韦伦爱(白族)为法制委委员。表决通过瞿大学（土家族)为财政经济委员会副主任委员。表决通过柴蒙为社会建设委员会主任委员，向劲松（白族)、肖运谋、彤毅(回族)覃新君(土家族)、姚晓丽(女，土家族)、徐泽斌为社会建设委员会委员。本次会议收到市人大代表提出建议、批评和意见147件，交由市人民政府办理。

【市七届人大常委会第十七次会议】张家界市第七届人民代表大会第十七次会议于2019年1月4日在张家界市举行。会议听取《张家界市爱国卫生条例(草案，二次审议稿)》修改情况的报告、市七届人大三次会议主席团和秘书长名单草案及列席人员名单草案有关情况的说明；审议市人民政府关于2017年度市直国有资产管理情况的报告，市人大常委会工作报告和《张家界市爱国卫生条例(草案，二次审议稿)》。听取审议市人民政府关于全市依法行政及“两法衔接”工作情况的审议意见研究处理情况的报告、2017年度市属企业国有资产管理情况的报告，市七届人大三次会议筹备工作情况的报告。表决通过市七届人大常委会代表资格审查委员会关于个别代表的代表资格的报告，人事任免名单，会议决定接受白波辞去张家界市人民代表大会常务委员会委员职务的请求，报张家界市第七届人民代表大会第三次会议备案。决定任命：周珍云为市监察委员会副主任；张冲为市监察委员会委员。决定免去：罗湘平的市监察委员会委员职务。审议并原则通过市七届人大三次会议主席团和秘书长名单、决定市七届人大三次会议列席人员名单。

【市七届人大常委会第十八次会议】张家界市第七届人民代表大会第十八次会议于2019年2月2日在张家界市举行。

会议决定接受吴名凤辞去张家界市第七届人民代表大会常务委员会副主任职务；肖运谋辞去张家界市第七届人民代表大会常务委员会委员等职务；白波、姚晓丽、覃新君辞去张家界市第七届人民代表大会监察和司法委员会委员职务。会议决定任命：杨小雨为市人大常委会法制工作委员会主任，决定任命：龙维务为市发展和改革委员会主任；邓剑为市文化旅游广电体育局局长；兰智平为市教育局局长；卓湛为市科学技术局局长；杨余茂为市工业和信息化局局长；李林为市民族宗教事务局局长；彭发勇为市民政局局长；向志刚为市司法局局长；莫海宏为市财政局局长；赵旭为市自然资源和规划局局长；朱敷建为市生态环境局局长；全锦程为市住房和城乡建设局局长；王章祥为市城市管理和综合执法局局长；陈光明为市农业农村局局长；胡圣虎为市水利局局长；王光明为市商务局局长；王江华为市卫生健康委员会主任；郭铁军为市退役军人事务局局长；毛志刚为市应急管理局局长；杨年喜为市人民政府国有资产监督管理委员会主任；覃遵江为市林业局局长；阙道文为市市场监督管理局局长；舒洪波为市统计局局长；廖祖健为市机关事务管理局局长；李宗胜为市人民政府研究室主任；李耕田为市信访局局长；谷文涛为市扶贫开发办公室主任；周远莽为市医疗保障局局长。

【市七届人大常委会第十九次会议】张家界市第七届人民代表大会第十九次会议于2019年2月28日在张家界市举行。会议审议通过市人大常委会2019年工作要点、市人民政府关于2019年市本级政府性投资重点项目计划安排情况的报告的审议意见。表决通过市人大常委会关于市人民政府《关于提请审议张家界市与泰国芭提雅市建立友好城市关系的议案》的决定、《关于提请审议2019年张家界市城区棚户区改造项目并纳入国民经济和社会发展计划的议案》的决定、《关于提请审议武陵源世界自然遗产地和武陵源风景名胜区索张公路（标志门至水绕四门段)维修改造项目的议案》的决定、《张家界市爱国卫生条例》。表决通过张家界市第七届人民代表大会常务委员会代表资格审查委员会委员补充名单。会议集中审议、表决有关人事任免事项，决定任命：曾超群为市人民政府副市长。决定免去：罗智斌的市人民政府副市长职务。会议决定批准张家界市与泰王国春武里府芭提雅市缔结友好城市。

【市七届人大常委会第二十次会议】张家界市第七届人民代表大会第二十次会议于2019年4月30日在张家界市举行。会议听取审议市人民政府关于市七届人大常委会第十五次会议关于预算法实施情况报告的审议意见研究处理情况的报告、全市产业扶贫工作情况的报告的审议意见研究处理情况的报告、贯彻实施《湖南省武陵源世界自然遗产保护条例》推进核心景区生态移民搬迁工作情况的报告的审议意见研究处理情况的报告、2017年度市属企业国有资产管理情况的报告的审议意见研究处理情况的报告。会议审议并原则同意《张家界国家生态文明建设示范市规划》(2018~2025年)。会议审议并表决通过人事任免名单，决定免去：贺金华的市中级人民法院审判委员会委员、民事审判第二庭庭长、审判员职务;黄磊的市中级人民法院民事审判第三庭副庭长、审判员职务;全建明的市中级人民法院审判员职务。罗湘平的市人民检察院检察委员会委员、检察员职务;李庄的市人民检察院检察委员会委员、检察员职务;杜修东的市人民检察院检察员职务;鄢四海的市人民检察院检察委员会委员、检察员职务;高绪波的市人民检察院检察员职务;李中胜的市人民检察院检察员职务;李青的市人民检察院检察员职务;何玉玲的市人民检察院检察员职务;毛利萍的市人民检察院检察员职务;唐嘉炳的市人民检察院检察员职务;满兴文的市人民检察院检察员职务;张毅的市人民检察院检察员职务;刘亚敏的市人民检察院检察员职务;周清丰的市人民检察院检察员职务;彭立的市人民检察院检察员职务;佘林丰的市人民检察院检察员职务;彭继春的市人民检察院检察员职务;于海华的市人民检察院检察员职务;张玲的市人民检察院检察员职务;肖君的市人民检察院检察员职务;滕婷的市人民检察院检察员职务;高云峰的市人民检察院检察委员会委员、检察员职务;黄军的市人民检察院检察员职务。会议表彰2018年度代表建议办理工作先进单位、先进个人以及2018年度代表优秀建议、批评和意见。

【市七届人大常委会第二十一次会议】张家界市第七届人民代表大会第二十一次会议于2019年6月28日在张家界市举行。会议听取并审议市人民政府关于2018年全市及市本级财政决算情况的报告、2018年度市本级预算执行和其他财政收支情况的审计工作报告、2019年上半年国民经济和社会发展计划执行情况的报告、2019年上半年预算执行情况的报告、《张家界市国民经济和社会发展第十三个五年规划纲要实施中期情况的报告的审议意见》研究处理情况的报告、《张家界市文明行为促进条例(草案)》,市人大常委会执法检查组关于检查《中华人民共和国水污染防治法》、《湖南省饮用水水源保护条例》贯彻实施情况的报告。会议表决通过关于批准市人民政府2018年度市本级财政决算情况的决议,会议还表决通过有关人事任免事项,决定任命:田党民为市人大常委会办公室副主任,免去:何伟峰的市人大常委会副秘书长职务。会议决定任命:沈刻明为市人民政府秘书长;阳益欣为市机关事务管理局局长,决定免去:张子龙的市人民政府秘书长职务;廖祖健的市机关事务管理局局长职务。会议任命:伍少杰为市中级人民法院副院长、审判委员会委员、审判员,免去:王晖的市中级人民法院审判委员会委员、审判员职务。会议任命:周先勇为市人民检察院副检察长、检察委员会委员、检察员,免去:伍少杰的市人民检察院副检察长、检察委员会委员、检察员职务。

【市七届人大常委会第二十二次会议】张家界市第七届人民代表大会第二十二次会议于2019年8月30日在张家界市举行。会议听取和审议市人大常委会执法检查组关于检查归侨侨眷权益保护"一法两办法"贯彻实施情况;市人民政府关于市七届人大常委会第十九次会议《关于2019年市本级政府性投资重点项目计划安排情况的报告的审议意见》研究处理情况的报告、2018年度全市及市属企业国有资产管理情况的报告、中央和省级生态环境保护督察问题整改落实情况的报告、全市农村人居环境整治工作情况的报告;听取市人大法制委员会关于《张家界市文明行为促进条例(草案·二次审议稿)》修改情况的报告并审议该条例(草案,二次审议稿);听取审议人事任免议案。会议通过市人大常委会执法检查组关于检查归侨侨眷权益保护"一法两办法"贯彻实施情况的报告的审议意见;市人大常委会关于2018年度市属企业国有资产管理情况的报告的审议意见、关于中央和省级生态环境保护督察问题整改落实情况的报告的审议意见、关于全市农村人居环境整治工作情况的报告的审议意见。会议决定接受赵荣辞去张家界市人民检察院检察长职务的请求,报张家界市第七届人民代表大会第四次会议备案。会议表决通过人事任免名单,任命周绪新为市监察委员会委员,免去张冲的市监察委员会委员职务。

【市七届人大常委会第二十三次会议】张家界市第七届人民代表大会第二十三次会议于2019年10月23日在张家界市举行。会议听取并审议市人民政府关于《湖南省武陵源世界自然遗产保护条例》、《张家界市妇女儿童发展规划(2016~2020年)》、《中华人民共和国城乡规划法》《湖南省实施(中华人民共和国城乡规划法)办法》贯彻实施情况的报告;听取并审议市中级人民法院关于《中华人民共和国行政诉讼法》贯彻实施情况的报告。会议听取并审议市人民政府、市中级人民法院及部分建议办理单位关于代表建议办理工作情况的报告、《张家界市人民代表大会及其常务委员会立法条例(草案)》。会议表决通过市人大常委会关于市人民政府关于提请审议张家界市与菲律宾卡罗奥坎市、奥地利莫尔比施市、罗马尼亚比斯特里察市分别建立友好城市关系的议案的决定。会议表决通过《张家界市文明行为促进条例》、市人大常委会关于许可对市七届人大代表郑波依法予以行政拘留处罚的决定。会议表决通过相关人事任免名单,任命刘华为市中级人民法院审判委员会委员,免去詹恒清的市中级人民法院审判委员会委员、民事审判第一庭庭长职务;胡立新的市中级人民法院审判委员会委员职务;屈平的市中级人民法院审判委员会委员、审判员职务;肖义成的市中级人民法院审判员职务;田玉萍的市中级人民法院审判员职务。

【市七届人大常委会第二十四次会议】张家界市第七届人民代表大会第二十四次会议于2019年11月28日在张家界市举行。11月28日上午,张家界市七届人大常委会第二十四次会议召开。会议听取和审议市人民政府关于《2018年度市本级预算执行和其他财政收支情况的审计工作报告的审议意见》研究处理情况的报告、《关于(2019年上半年国民经济和社会发展计划执行情况的报告)的审议意见》研究处理情况的报告、《关于2019年上半年预算执行情况的报告的审议意见》研究处理情况的报告、关于2019年市本级预算调整方案的情况报告及市人大财经委对此方案的审查报告。会议听取、审议并表决通过市七届人大常委会代表资格审查委员会关于个别代表的代表资格的报告、关于批准2019年市本级预算调整方案的决定;《张家界市人民代表大会常务委员会关于召开张家界市第七届人民代表大会第四次会议的决定》。

【市七届人大常委会第二十五次会议】张家界市第七届人民代表大会第二十五次会议于2019年12月25日在张家界市举行。会议补选李殿勋、胡丘陵为湖南省第十三届人民代表大会代表。会议听取和审议市人民政府关于《中华人民共和国水污染防治法》和《湖南省饮用水水源保护条例》贯彻实施情况的报告的审议意见研究处理情况的报告、市人大常委会执法检查组关于检查张家界市《中华人民共和国教育法》贯彻实施情况的报告、《张家界市人民代表大会及其常务委员会制定地方性法规条例(草案)》修改情况的报告。会议听取市七届人大四次会议筹备工作情况的报告,原则通过市七届人大四次会议主席团和秘书长名单草案,审议决定市七届人大四次会议列席人员名单。会议审议市人大常委会工作报告和2019年规范性文件备案审查工作情况的报告。会议听取、审议和表决通过市七届人大常委会关于接受余怀民辞去张家界市人民代表大会常务委员会副主任职务的决定、市七届人大常委会代表资格审查委员会关于个别代表的代表资格的报告。会议决定接受余怀民辞去张家界市第七届人民代表大会常务委员会副主任职务的请求,报张家界市第七届人民代表大会第四次会议备案。会议表决通过有关人事任免名单,任命:万凌冰为市七届人大民族华侨外事委员会副主任委员;全心爱为市七届人大监察和司法委员会副主任委员;李奎为市七届人大财政经济委员会副主任委员;钟标为市七届人大教育科学文化卫生委员会副主任委员;林世凯为市七届人大环境与资源保护委员会副主任委员;杨芳为市七届人大农业与农村委员会副主任委员;谢晚琴为市七届人大社会建设委员会副主任委员。会议决定任命:卓志高为市人大常委会办公室副主任(兼);全金平为市人大常委会办公室副主任(兼);肖国翔为市人大常委会选举任免联络工作委员会副主任;李奎为市人大常委会预算工作委员会副主任。会议决定免去:柴蒙的市人大常委会副秘书长(兼)职务。 (本栏撰稿 李晶 杜博)

人大监督

【概况】2019年,张家界市人大常委会紧扣"把张家界市建设成为国内外知名旅游胜地"目标,坚决贯彻落实中央、省委、市委重大决策部署,紧贴市委提出的发展思路、改革举措、法治要求,坚持问题导向,多种监督方式综合运用,坚持监督与支持相统一,加大监督力度,贯彻实施监督法,深化经济运行监督、强化财政预算监督、加强民生保障监督、增强监督实效,推动"一府两院"依法行政和公正司法,持续关注河长制工作,督促水电项目整改、畜禽养殖污染整治、河道保洁、非法捕捞等突出问题的全面整改。督促落实产业扶贫工作审议意见,推动张家界市4万多建档立卡贫困户发展扶贫产业。听取审议食品安全法执法检查、全市村庄规划编制"全覆盖"工作等9个审议意见研究处理情况的报告,保证审议意见贯彻落实,推动相关工作取得实效。

【经济运行监督】2019年,张家界市人大常委会听取和审议2019年上半年国民经济和社会发展计划执行情况、2019年市本级政府性投资重点项目计划安排情况的报告,对年度重点项目安排提出意见建议。开展政府债务情况专题调研,针对张家界市当前政府债务风险基本可控,但防范和化解工作仍然复杂艰巨的现状,要求市政府严控新增债务、推动平台转型。开展国有资产管理情况监督,听取和审议全市国有资产管理情况、市属企业国有资产管理情况报告,督促市政府提交国有企业资产管理清单。

【财政预算监督】2019年,张家界市人大常委会充分利用预算联网监督平台,实时关注财政预算执行情况,听取和审议2019年上半年预算执行情况报告,提出完成年度预算任务的意见建议。审议和批准张家界市2019年财政预算调整和2018年度全市及市本级财政决算情况的报告,强化预算执行的刚性约束力。听取和审议2018年预算执行和其他财政收支情况的审计工作报告,督促审计部门加大对中央、省委和市委决策部署落实情况、预算绩效、重点民生资金和项目的审计力度。听取市财政局、市民政局、市环卫处审计发现问题整改专项情况报告,推进"屡审屡犯"等突出问题的解决,审计问题整改率逐年提高。

【民生保障监督】2019年,张家界市人大常委会听取和审议中央和省级生态环保督察问题整改落实情况的报告,要求市政府健全生态环境建设和治理长效机制,统筹推进环保督察问题整改。开展水污染防治法和湖南省饮用水水源保护条例实施情况的执法检查,向市政府交办"饮用水源保护区日常监管不到位"等23个问题。截至2019年底,已完成或基本完成整改12个,达到时序进度10个。听取和审议湖南省武陵源世界自然遗产保护条例贯彻实施情况的报告、全市农村人居环境整治工作情况的报告,开展全市自然保护区工作情况专题调研,为生态文明建设和可持续发展提供保障。开展教育法实施情况执法检查,推动解决教育经费投入不足、教育设施规划执行不严和配建滞后、教师队伍结构不优及待遇偏低等问题。听取和审议妇女儿童发展规划(2016~2020年)贯彻实施情况的报告,促进全市妇女儿童事业发展。开展归侨侨眷权益保护法和实施办法执法检查,促进归侨侨眷有关优惠政策落实,保障归侨侨眷合法权益。听取和审议城乡规划法贯彻执行情况的报告,提升城乡规划管理科学化、规范化、法治化水平。

【司法监督】2019年,张家界市人大常委会听取和审议全市法院、检察院贯彻实施行政诉讼法和行政检察监督工作情况报告,针对在行政诉讼过程中出现的庭审"告官不见官""出庭不出声"、不执行生效裁判文书、不回复司法检察建议和法检机关不敢动真碰硬等问题,向

“一府两院”交办审议意见。为解决法院执行难问题,开展张家界市法院执行工作情况专题调研,提出改进法院执行工作的意见建议。听取市人民检察院“两法衔接”工作情况报告,通过督促严格执法和公正司法,有效解决以罚代刑、有罪不究、渎职违纪等问题。

(本栏撰稿　李　晶　杜　博)

代表工作

【概况】2019年,张家界市人大常委会常委会加强与人大代表、人大代表与人民群众的联系,充分尊重代表主体地位,创新工作机制,针对提升代表履职能力和业务素质,加强代表培训,丰富活动内容,重视提高代表提出建议、批评和意见,提升代表建议的质量和水平,积极为代表履职创造条件,不断提高代表的履职能力。

【完善代表联络机制】2019年,张家界市人大常委会深化“三联”工作机制,主任会议成员联系人大常委会委员、人大常委会委员联系人大代表、人大代表联系群众的常态化、长效化机制不断完善。推进村、社区代表联系群众平台建设,充分发挥平台联系群众作用。张家界市14个街道57个社区均完善代表联络站,参照社区平台建设标准,完成65个村的平台建设,组织各级代表在代表联络站或代表工作室联系群众,打通联系服务群众“最后一公里”。

【发挥代表主体作用】2019年,张家界市人大常委会加强代表履职管理,制定出台加强张家界市人大代表履职管理的意见,为规范代表履职、发挥代表作用提供制度保障。组织十三届全国人大代表张家界小组和张家界市选举产生的省十三届人大代表开展代表活动,积极协调有关部门支持配合国省代表会前调研工作,形成较高质量的建议38件,通过建议的有效办理,助力张家界市经济社会发展,特别是张官高速选定A线走向,为张家界市的生态保护和经济发展提供保障。畅通代表知政知情渠道,及时通报有关情况,先后邀请40名市人大代表列席常委会会议,协调115名代表参加各专委会及市直有关单位组织的各类活动,组织42名代表旁听市中级人民法院庭审。

【提升代表履职能力】2019年,张家界市人大常委会拓展培训形式,注重培训实效。张家界市人大常委会在浙江大学举办市七届人大代表小组负责人培训班,各区县人大常委会也分别组织各种层次的代表学习培训,进一步提高代表的政治站位、增强代表的业务能力、提升代表的综合素质。为增强闭会期间代表活动的针对性和实效性,市人大常委会围绕全市工作大局,拟定《张家界市“旅游+”发展现状》等51个调研课题,指导代表小组深入基层认真调研。为激励代表积极履职,市人大常委会对14位优秀市人大代表履职情况进行集中宣传推介,展示人大代表履职尽责的新风采,形成代表履职创先争优的良好氛围。

【突出代表建议办理实效】2019年以来,市人大代表提出建议、批评和意见167件,张家界市人大常委会将“加快办理不动产权证的建议”等4件确定为重点建议。制定代表建议督办方案,由市人大常委会副主任带队督办,确保建议办理扎实有效。市政府及相关部门高度重视代表建议,采取有力措施,有效解决市中心城区楼盘办证、食品安全等事关群众利益的突出问题。建议办理见面率、办结率达100%,满意率达98.8%。对2019年度代表建议及办理工作先进单位、先进个人和优秀代表建议进行评议表彰,确定张绣云代表领衔提出的《关于全市加快办理不动产权证的建议》《关于加强对出租车驾驶员文明素质与安全教育的建议》《关于解决张家界西线旅游九天峰峦景区周边往返景区交通问题的建议》《关于市政府要尽快解决沙堤希望小学搬迁后还建学校用地的建议》《关于进一步加强旅游市场监管工作的建议》《关于规范张家界市户外杆线设施的建议》《关于进一步规范武陵山大道交通管理工作的建议》为优秀建议。确定市人民政府办公室、市发展和改革委员会、市教育局、市财政局、市住房和城乡建设局、市市场监督管理局(知识产权局)、武陵源区政府为代表建议、批评和意见办理工作先进单位,确定曹巍、彭国平、易吉亮、吴志峰、罗艳、卓芳、梅雪红、陈冬生、秦辉婵、李振全、张远洲、漆艳平、杨柳、谭猛、张泽民、邓琼为代表建议、批评和意见办理工作先进个人。

(本栏撰稿　李晶　杜博)

张家界市人民政府

重要会议

【市政府全体会议】 2019年,市政府共召开2次政府全体会议,分别为市人民政府七届五次全会、市人民政府七届六次全会。

2019年8月1日,市人民政府召开七届五次全会,落实省委十一届八次全会、省政府第四次全会和市委七届七次全会精神,分析上半年经济发展形势,研究部署下半年各项工作。市委副书记、市长刘革安出席会议并讲话,要求认清形势,攻坚克难,聚焦"三大攻坚战"(即防范化解重大风险、精准脱贫、污染防治),努力完成全年各项目标任务,推动张家界经济高质量发展。市委常委、常务副市长曾超群主持会议。市领导陈红日、李传荣、邹菊芳、欧阳斌、谢振华、尚生龙、李培其、王光明及市人民政府秘书长沈刻明等参加会议。

2019年12月27日,市人民政府召开七届六次全体会议,审议《政府工作报告(全会审议稿)》,安排部署岁末年初工作。市委副书记、市长刘革安出席会议并讲话,市委常委、常务副市长曾超群主持会议,市级领导罗明、吕毅、邹菊芳、欧阳斌、尚生龙、李培其、褚新年、罗金铭、唐汝元及市人民政府秘书长沈刻明参加会议。

【市政府常务会议】 2019年,市政府共召开21次政府常务会议,分别为第五十三至七十三次常务会议。

市政府第五十三次常务会议。1月22日,市委副书记、市长刘革安主持召开市人民政府第53次常务会议,审议《2019年〈政府工作报告〉任务分解方案(送审稿)》《张家界市安全生产委员会工作规则(送审稿)》《张家界国家生态文明建设示范市规划(2018~2025)(送审稿)》《张家界市环境空气质量达标规划(送审稿)》,听取全市消防、禁毒工作及武陵源风景名胜区袁家界派出所业务用房项目、协合乡龙尾巴社区便民服务中心项目和索张公路(标志门至水绕四门段)维修改造项目方案设计情况汇报,并对岁末年初各项工作进行安排部署。

市政府第五十四次常务会议。2月22日,市委副书记、市长刘革安主持召开市人民政府第54次常务会议,传达学习省委农村工作会议及全省扶贫、统计工作会议精神,听取全市扫黑除恶工作和调整市本级有关部门行政权力事项的情况汇报,审议《张家界市城市容貌规定(送审稿)》《张家界市生活垃圾分类管理办法(送审稿)》《关于实施医疗卫生城(县)乡一体化改革的指导意见(送审稿)》《中德(张家界)零碳科技示范项目(一期)合作合同(送审稿)》。

市政府第五十五次常务会议。3月20日,市委副书记、市长刘革安主持召开市人民政府第55次常务会议,传达学习全省政府系统秘书长办公室(研究室)主任电视电话会议、全省教育工作会议、全省医疗保障工作会议、全省审计工作会议、全省自然资源工作会议精神,听取全市城乡居民合作建房改革试点、市政府系统2018年度人大代表建议和政协提案办理情况暨2019年度人大代表建议和政协提案及市政协委员来信办理任务分解、省人民政府安全生产约谈会议暨2018年度全市安全生产考核、2019年度市本级财政收支情况和市本级防范化解政府性债务风险、全市耕地土壤与农产品重金属污染加密调查、全市农村改厕及"大棚房"整治工作情况汇报,审议《张家界市审计局2019年度审计项目计划(草案)》《2018年度市级B类建议和提案办理任务分解方案(送审稿)》《2019年度人大代表建议和政协提案办理任务分解方案(送审稿)》《2019年度市政协委员来信办理任务分解方案(送审稿)》《关于2018年度安全生产工作考核结果的通报(送审稿)》。

市政府第五十六次常务会议。4月2~3日,市委副书记、市长刘革安主持召开市人民政府第56次常务会议,传达贯彻全省融资担保体系建设部署会议、全省粮食和物资储备工作会议精神,分析一季度全市经济发展形势,研究湖南张家界大鲵国家级自然保护区水电项目整改、全市配合中央扫黑除恶督导工作、市中心城区开发楼盘办证遗留问题、市中心城区巡游出租车运价调整等事项,审议并原则通过《湖南张家界大鲵国家级自然保护区中央环保督察及"回头看"水电项目整改方案(送审稿)》《张家界市中心城区开发楼盘办证遗留问题处理实施细则(送审稿)》《张家界市中心城区巡游出租车运价结构调整优化方案(送审稿)》。

市政府第五十七次常务会议。4月16日,市委副书记、市长刘革安主持召开市人民政府第57次常务会议,听取关于贯彻落实减税降费工作及征缴城乡居民基本养老保险相关工作、长江经济带战略环境评价"三线一单"(即生态保护红线、环境质量底线、资源利用上线和生态环境准入清单)编制和省人大常委会"一法两条例"(即《中华人民共和国水污染防治法》《湖南省饮用水水源保护条例》《湖南省湘江保护条例》)执法检查等情况汇报,审议《张家界市加强政府执行力建设九条规定(送审稿)》《张家界市重点工程建设考核奖励办法(送审稿)》《张家界市重点项目建设三年集中攻坚行动计划(2019~2021年)(送审稿)》《张家界市招商引资产业发展规划(2019~2023年)(送审稿)》《垃圾焚烧综合处理项目实施方案(送审稿)》。

市政府第五十八次常务会议。4月22日,市委副书记、市长刘革安主持召开市人民政府第58次常务会议,听取张家界市部分景区门票降价工作、2018年度市直单位绩效评估结果等情况汇报,审议《政府管价景区门票价格降价初步方案(送审稿)》《张家界市人民政府领导班子及其成员履行行业扶贫责任制方案(送审稿)》。

市政府第五十九次常务会议。5月7日,市委副书记、市长刘革安主持召开市人民政府第59次常务会议,听取中央第四生态环境保护督察组对湖南省开展"回头看"情况反馈会精神和中央生态环境保护督察"回头看"信访问题整改工作、张家界大峡谷景区周边环境综合整治工作督查情况、申报国家高新技术产业开发区有关工作、吉首大学张家界学院转设为独立设置民办本科学院情况的汇报,审议《张家界市成功创建环境空气质量达标城市奖励方案(送审稿)》《吉首大学张家界学院转设工作实施方案(送审稿)》。

市政府第六十次常务会议。6月5日,市委副书记、市长刘革安主持召开市人民政府第60次常务会议,传达贯彻全国违规建别墅问题清理整治专项行动部署电视电话会议、全省易地扶贫搬迁后续扶持工作推进会议、全省打击和处置非法集资工作电视电话会议精神,听取全市草地贪夜蛾防控、农村土地承包经营权流转、张家界智慧城市建设总体规划编制等工作情况汇报,审议《关于进一步规范全市农村土地承包经营权流转行为的实施意见(送审稿)》《关于推动民营经济高质量发展的若干意见(审议稿)》《张家界智慧城市建设总体规划》(2018~2022年)(审议稿)》《张家界市道路交通安全追责暂行办法(送审稿)》。

市政府第六十一次常务会议。6月12日,市委副书记、市长刘革安主持召开市人民政府第61次常务会议,传达贯彻全省总河长会议精神,听取湖南张家界大鲵国家级自然保护区中央生态环境保护督察及"回头看"水电站整改情况汇报,审议《张家界市残疾儿童康复救助制度实施细则(送审稿)》《张家界市人民政府支持检察机关公益诉讼工作的实施方案(审议稿)》。

市政府第六十二次常务会议。6月25日,市委副书记、市长刘革安主持召开市人民政府第62次常务会议,传达学习省政府湘西片区高质量发展座谈会、国家统计局《防范和惩治统计造假、弄虚作假督察工作规定实施办法(试行)》(国统字〔2019〕54号)等精神,听取全市食品安全和创建国家食品安全示范城市、商事制度改革等工作情况汇报,审议《张家界市文明行为促进条例(草案)》《张家界市党政领导干部食品安全责任制规定实施细则(送审稿)》《关于进一步加强食品药品监管体系建设的实施意见(送审稿)》《关于进一步优化营商环境提高企业开办效率的意见(送审稿)》。

市政府第六十三次常务会议。7月16日,市委副书记、市长刘革安主持召开市人民政府第63次常务会议,传达贯彻省委书记杜家毫在《张家界水电站整治工作专项督查报告》上的重要批示和在衡东县检查指导防汛抗灾工作提出的"六个加强"工作要求、省纪委调研督导湖南张家界大鲵国家级自然保护区水电站整改工作座谈会精神、省委十一届八次全体会议精神、省人民政府第四次全体会议精神、副省长吴桂英在张家界调研教育工作时重要讲话精神、全省全面加快推进供销合作社综合改革电视电话会议精神、第十八次全省民政会议精神、全省全面加快推进农村集体产权制度改革整省试点电视电话会议、全省农业产业兴旺暨千亿产业发展推进现场会议精神、全省政务服务工作调度会议精神,听取全市非洲猪瘟防控、扫黑除恶暨刑事技术建设、调整公务员医疗补助政策、2019年上半年经济运行情况、省对张家界市主要指标考核上半年完成情况等汇报,审议《张家界市乡村振兴规划(2018~2022年)(送审稿)》《张家界市污染防治攻坚战2019年度工作方案(送审稿)》《张家界市污染防治攻坚战"2019年夏季攻势"任务清单(送审稿)》《张家界市"小新星"企业帮扶培育三年行动计划(2019~2021年)(送审稿)》。

市政府第六十四次常务会议。7月31日,市委副书记、市长刘革安主持召开市人民政府第64次常务会议,听取全市安全生产、2018年度全市机关事业单位人员考核评奖、上半年省"五个100"(即实施100个重大产业项目、100个重大科技创新项目、100个重大产品创新项目,引进100个500强企业、100位科技创新人才)项目进展等工作情况汇报,审议《张家界市中心城市中小学幼儿园建设三年行动计划(2019~2021年)(送审稿)》《关于落实农业农村优先发展要求做好"三农"工作的实施意见(送审稿)》《张家界市2019年重大文旅产业招商引资项目集中签约仪式拟签约项目计划(送审稿)》《2019年市直单位绩效评估实施方案(送审稿)》《关于建设坚强智能电网和发展泛在电力物联网的实施意见(送审稿)》。

市政府第六十五次常务会议。8月29日,市委副书记、市长刘革安主持召开市人民政府第65次常务会议,听取全市企业职工基本养老保险省级统筹、黄龙洞和宝峰湖景区门票价格降价调整、全市当前农副产品价格运行等情况的汇报,审议《张家界市工程建设项目审批制度改革实施方案(送审稿)》《张家界市城乡居民合作建房管理办法(送审稿)》《张家界市城市基础设施配套费征收使用管理办法(送审稿)》《2019中国湖南张家界国际森林保护节活动方案(送审稿)》。

市政府第六十六次常务会议。9月2日,市委副书记、市长刘革安主持召开市人民政府第66次常务会议,听取湖南张家界大鲵国家级自然保护区水电站整治工作、创建国家卫生城市工作、赴阿塞拜疆参加第43届世界遗产大会及张家界植物提取产业园项目建设有关情况汇报,审议《张家界市生态环境机构监测监察执法垂直管理制度改革工作方案(送审稿)》。

市政府第六十七次常务会议。9月24日,市委副书记、市长刘革安主持召开市人民政府第67次常务会议,传达全省市州长视频会、全国全省稳定生猪生产和猪肉保供稳价电视电话会议、全国森林草原防灭火工作会议、全省金融形势通报及工作交流电视电话会议、全省安全生产及森林防火工作视频会议精神,听取全市安全生产和森林防火工作、张家界市部分景区门票降价、张家界市"十四五"规划编制、国庆黄金周旅游接待等工作情况汇报,审议《张家界市安全生产和消防工作考核办法(送审稿)》《张家界市民宿(客栈)、家庭旅馆管理办法(送审稿)》《张家界市畅通城市三年行动计划(2019~2021年)(送审稿)》《张家界市城市精细化管理实施方案(送审稿)》。

市政府第六十八次常务会议。10月17日,市委副书记、市长刘革安主持召开市人民政府第68次常务会议,传达全国、全省2019年度扶贫对象动态管理培训会议和省委常委、常务副省长谢建辉到张调研时讲话精神,听取脱贫攻坚贫困退出和成效考核及市六运会、2019湖南红色旅游文化节暨桑植民歌节筹备工作汇报,审议《张家界市高质量推进"四好农村路"(即"建好、管好、护好、运营好"农村公路)建设工作实施方案(送审稿)》《张家界市发展和改革委员会张家界市统计局关于做好省对市高质量发展监测评价工作的通知(送审稿)》《张家界市人民政府关于取消和调整一批行政权力事项的通知(送审稿)》。

市政府第六十九次常务会议。11月11日,市委副书记、市长刘革安主持召开市人民政府第69次常务会议,传达贯彻全省2019年污染防治攻坚战"夏季攻势"讲评电视电话会议、全省市州长视频会议、市委常委、常务副省长谢建辉主持召开的湖南张家界大鲵国家级自然保护区水电站整治工作专题会议、全省违建别墅问题清查整治专项行动推进会议、全省统计法治工作视频会议以及副省长许显辉、陈文浩在张调研时讲话精神,听取全市根治拖欠农民工工资工作、贺龙体育中心项目续建有关情况汇报,审议并原则通过《关于调整市与永定区财政体制的通知(送审稿)》《张家界市2019年财政预算调整方案(送审稿)》《张家界市市本级2020年财政预算方案(送审稿)》。

市政府第七十次常务会议。11月29日,市委副书记、市长刘革安主持召开市人民政府第70次常务会议,传达贯彻全国冬春农田水利基本建设和全省农田水利建设暨秋冬种生产电视电话会议等会议以及副省长吴桂英在张调研时讲话精神,听取全市特护期大气污染防治暨重污染天气应对和生态环境保护工作"四严四基"(即严督察、严执法、严审批、严监控,构建基本格局、夯实基础工作、强化基本数据、提升基本能力)三年行动计划、全市促进中小企业发展等情况汇报,审议并原则通过《关于规范已出让国有建设用地使用权改变土地使用条件需补交土地价款认定工作的通知(送审稿)》《张家界市深化市场监管综合行政执法改革实施方案(送审稿)》等。

市政府第七十一次常务会议。12月12日,市委副书记、市长刘革安主持召开市人民政府第71次常务会议,听取广茂园二期项目违法建设清理整治工作情况汇报,审议并原则通过《广茂园二期项目违法建设问题清查整治工作方案(送审稿)》。

市政府第七十二次常务会议。12月18日,市委副书记、市长刘革安主持召开市人民政府第72次常务会议,传达2019年12月6日召开的中共中央政治局会议、2019年12月10日至12日召开的中央经济工作会议和全省深化"一件事一次办"改革现场推进会议精神,审议《2020年全市经济社会发展重要计划指标方案(送审稿)》《政府工作报告(送审稿)》《张家界市农村居民住房建设管理条例(送审稿)》《张家界市交通运输综合行政执法改革方案(送审稿)》,听取市有关部门关于张家界市安全监管执法评价全省排名情况的说明。

市政府第七十三次常务会议。12月25日,市委副书记、市长刘革安主持召开市人民政府第73次常务会议,传达全省地区生产总值统一核算改革会议和全省外贸高质量发展推进工作电视电话会议精神,审议并原则通过《张家界市武陵源城区巡游出租车运价结构调整建议方案(送审稿)》《关于深化文化旅游市场综合行政执法改革的实施方案(送审稿)》《张家界市公立医疗机构医疗服务价格动态调整实施意见(送审稿)》,听取2019年全市高质量发展检测评价、2019年度市级教育费附加等4项教育资金相关情况汇报。

【市政府专题会议】 2019年1月2日,市委副书记、市长刘革安主持召开会议,专题研究张家界丝路荷花国际文化旅游城项目、天门山先导区的控规、设计等有关问题。市委常委、常务副市长罗智斌,副市长欧阳斌、李培其及市人民政府秘书长张子龙参加会议。

1月4日,市委副书记、市长刘革安主持召开张家界市土地管理委员会2019年第一次会议,听取并审议沙堤大道西侧、原市房管局办公楼周边、原市工商局办公楼等地块的挂牌出让方案。市委常委、常务副市长罗智斌,副市长李培其及市人民政府秘书长张子龙参加会议。

1月21日,市委副书记、市长刘革安主持召开张家界丝路荷花国际文化旅游城项目推进专题会,研究项目规划方案和2019年建设计划。刘革安强调,要坚定信心,加快建设,努力打造国际一流精品项目。大唐西市集团执行总裁、丝绸之路国际总商会秘书长李中航,副市长欧阳斌、李培其及市人民政府秘书长张子龙参加会议。

1月24日,市委副书记、市长刘革安主持召开会议,专题研究张家界综合客运枢纽项目建设有关问题。刘革安强调,要提高认识,优化设计,注重协调配合,加快推进项目建设。副市长李传荣及市人民政府秘书长张子龙参加会议。

2月11日,市委副书记、市长刘革安主持召开市招商引资项目执行委员会2019年度第一次全体会议。会议审议并原则通过《张家界市2019年招商引资项目攻坚年实施方案(送审稿)》《张家界市招商引资奖励办法(送审稿)》《张家界市驻外招商小分队管理办法(讨论稿)》《张家界市招商引资委员会章程(送审稿)》《张家界市招商引资项目执行委员会议事规则(送审稿)》。副市长欧阳斌及市人民政府秘书长张子龙参加会议。

2月24日,市委副书记、市长刘革安主持召开会议,专题研究全市政府债务化解和市政公益项目建设资金平衡方案。市委常委、副市长提名人选曾超群及市人民政府秘书长张子龙参加会议。

3月21日,市委副书记、市长刘革安主持召开重大招商项目落地服务工作专题会议,研究项目落地服务相关工作机制和流程,促进营商环境改善,推动项目履约落地。市委常委、市委秘书长单铸飞,市委常委、常务副市长曾超群,副市长欧阳斌及市人民政府秘书长张子龙参加会议。
同日,市委副书记、市长刘革安主持召开市城乡规划委员会执行委员会2019年第一次会议,审议张家界丝路荷花国际文化旅游城、张家界综合客运枢纽项目等规划方案。市委常委、常务副市长曾超群及市人民政府秘书长张子龙参加会议。

3月26日,市委副书记、市长刘革安主持召开市中心城市部分楼盘办证及税收工作专题会议。市委常委、常务副市长曾超群及市人民政府秘书长张子龙参加会议。

4月2日，市委副书记、市长刘革安主持召开2019年度全市安全生产（扩大）暨防汛抗旱工作会议，贯彻落实全国、全省安全生产及防汛抗旱工作会议精神，部署安排2019年安全生产和防汛抗旱工作。市领导曾超群、李传荣、欧阳斌、谢振华、尚生龙、吴广生及市人民政府秘书长张子龙参加会议。

4月4日，市委副书记、市长刘革安主持召开2019年度全市重点项目调度会，听取第一季度重点项目进展情况汇报，调度下一阶段重点项目建设。市委常委、常务副市长曾超群，副市长李传荣、邹菊芳、欧阳斌、李培其及市人民政府秘书长张子龙参加会议。

4月6日，市委副书记、市长刘革安主持召开全市森林防火工作调度会，听取有关情况汇报，就森林防火工作进行再调度、再部署。市委常委、常务副市长曾超群，市政协副主席、桑植县委书记刘卫兵及市人民政府秘书长张子龙参加会议。

4月10日，市委副书记、市长刘革安主持召开第二季度市长碰头会，盘点第一季度工作，部署安排当前及下阶段重点工作。市委常委、常务副市长曾超群，副市长李传荣、邹菊芳、欧阳斌、谢振华、尚生龙、李培其及市人民政府秘书长张子龙参加会议。

4月12日，市委副书记、市长刘革安主持召开会议，专题研究重点项目建设用地指标保障和奇峰市场项目、原市房管局周边棚改项目、原市工商局周边棚改项目成本倒挂等有关问题。市委常委、常务副市长曾超群，副市长李培其及市人民政府秘书长张子龙参加会议。

4月13日，市委副书记、市长刘革安主持召开市公共文化场馆项目调度会。副市长欧阳斌，市政协副主席、市科协主席覃仕斌及市人民政府秘书长张子龙参加会议。

4月15日，市委副书记、市长刘革安主持召开会议，听取第一季度政府性债务化解工作情况汇报，研究市本级近期拟出让土地和天门中学改扩建项目有关问题。市委常委、常务副市长曾超群，副市长李培其及市人民政府秘书长张子龙参加会议。

同日，市委副书记、市长刘革安主持召开全市优化经济发展环境工作会议，调度全市优化经济发展环境各项工作。市领导曾超群、吕毅及市人民政府秘书长张子龙参加会议。

4月16日，市委副书记、市长刘革安主持召开吉首大学张家界学院转设工作调度会。副市长邹菊芳、吉首大学副校长王绯及市人民政府秘书长张子龙参加会议。

4月17日，市委副书记、市长刘革安主持召开市城市管理委员会2019年第一次会议，研究当前城市管理及交通秩序管理工作有关问题。副市长谢振华、李培其及市人民政府秘书长张子龙参加会议。

4月18日，市委副书记、市长刘革安主持召开市人民广场棚户区改造项目调度会。市领导吕毅、李培其及市人民政府秘书长张子龙参加会议。

4月26日，市委副书记、市长刘革安主持召开会议，专题研究天门山索道下站片区棚户区改造方案、后溶街片区棚户区改造方案和市公共文化场馆项目征地拆迁工作有关问题。市委常委、常务副市长曾超群，副市长李培其及市人民政府秘书长张子龙参加会议。

4月29日，市委副书记、市长刘革安主持召开市土地管理委员会2019年第二次会议，审议原市房管局和原市工商局地块、武陵山大道东侧、海桐路西侧、沙堤高桥汽车文化城等地块挂牌出让方案。市委常委、常务副市长曾超群，副市长欧阳斌、李培其及市人民政府秘书长张子龙参加会议。

4月30日，市委副书记、市长刘革安主持召开会议，传达学习4月29日全省市州长视频会议精神，部署安排下阶段全市经济社会发展各项工作。市委常委、常务副市长曾超群，副市长欧阳斌、谢振华、尚生龙、李培其及市人民政府秘书长张子龙参加会议。

同日，市委副书记、市长刘革安主持召开调度会，对中德零碳科技产业园等5个重点招商项目建设进行专题调度。市委常委、常务副市长曾超群，副市长欧阳斌、尚生龙、李培其及市人民政府秘书长张子龙参加会议。

5月5日，市委副书记、市长刘革安主持召开会议，专题研究2019年市委常委“集体调研、集中解难”明确的重大交通项目建设有关问题。市委常委、常务副市长曾超群，副市长李传荣及市人民政府秘书长张子龙参加会议。

同日，市委副书记、市长刘革安主持召开会议，专题研究政府性债务化解和税收工作有关问题。市委常委、常务副市长曾超群，副市长李传荣及市人民政府秘书长张子龙参加会议。

5月6日，市委副书记、市长刘革安就智慧城市建设情况进行调研并主持召开座谈会。市委常委、常务副市长曾超群，副市长欧阳斌、李培其及市人民政府秘书长张子龙参加调研和座谈会。

同日，市委副书记、市长刘革安主持召开“个转企、小升规”(即个体工商户转型升级为企业法人，规模以下小型微型企业升级为规模以上企业)及其他营利性服务业发展工作调度会。副市长欧阳斌及市人民政府秘书长张子龙参加会议。

5月7日，市委副书记、市长刘革安主持召开创建国家卫生城市暨城市管理工作推进会。市领导刘绍建、曾超群、陈红日、朱用文、邹菊芳、李培其、彭红参加会议。

5月14日，市委副书记、市长刘革安主持召开全市推进污染防治攻坚战电视电话会议，迅速传达贯彻全省推进污染防治攻坚战电视电话会议精神，部署安排全市污染防治各项工作。市领导曾超群、李培其、王光明参加会议。

5月15日，市委副书记、市长刘革安主持召开会议，专题研究南门口安置区二期和大庸古城项目建设有关问题。市委常委、常务副市长曾超群，副市长李培其及市人民政府秘书长张子龙参加会议。

5月16日，市委副书记、市长刘革安主持召开会议，专题研究武陵源核心景区体制改革有关问题。市领导艾可知、朱用文及市人民政府秘书长张子龙参加会议。

5月17日，市委副书记、市长刘革安主持召开会议，专题研究市中心城区基准地价更新工作有关问题。副市长李培其及市人民政府秘书长张子龙参加会议。

5月22日，市委副书记、市长刘革安主持召开2019年全市未开工重点项目调度会,对35个未开工重点项目逐个研究,破解问题,交办任务,明确开工时间节点。市委常委、常务副市长曾超群,副市长李培其及市人民政府秘书长张子龙参加会议。

5月23日,市委副书记、市长刘革安主持召开2019全市电子商务发展与产业深度融合座谈会。市领导欧阳斌、王光明及市人民政府秘书长张子龙参加会议。

5月28日,市委副书记、市长刘革安主持召开张家界市招商引资项目执行委员会2019年度第三次会议,听取招商引资项目攻坚年活动开展情况汇报,审议航空旅游园、国际赛车运动休闲乐园、四都坪高空极致体验乐园等招商项目。市领导曾超群、欧阳斌、王光明及市人民政府秘书长张子龙参加会议。

5月30日,市委副书记、市长刘革安主持召开会议,贯彻全省禁毒工作电视电话会议精神,部署全市禁毒工作。市领导刘桦、谢振华参加会议。6月3日,市委副书记、市长刘革安主持召开市投融资决策委员会2019年第一次会议,听取市经投集团公司关于2019年投融资情况及有关项目的情况汇报。市委常委、常务副市长曾超群,副市长欧阳斌、李培其参加会议。

6月4日,市委副书记、市长刘革安主持召开市生态环境保护委员会2019年第一次会议,听取全市生态环境保护工作情况汇报,审议2019年张家界市生态环境保护工作要点、农业农村污染治理攻坚战实施方案等。副市长李培其参加会议。

6月13日,市委副书记、市长刘革安主持召开全市"52151"行动计划(即50个产业项目,20个科技创新项目,10个产品创新项目,50个招商引资项目,10个人才引进项目)暨其他营利性服务业发展推进会议。市委常委、常务副市长曾超群,市政协副主席、市商务局局长王光明参加会议。

6月17日,市委副书记、市长刘革安主持召开张家界市高速公路网规划编制工作会议,研究高速公路网规划布局工作。市委常委、常务副市长曾超群,副市长李传荣参加会议。

6月20日,市委副书记、市长刘革安主持召开市人民政府专题会议,研究市中心城区停车收费工作。副市长李培其参加会议。

6月21日,市委副书记、市长刘革安主持召开全市行业扶贫工作调度会。刘革安强调,要进一步深化认识、聚焦重点、落实责任、加大工作力度,用"绣花"功夫把全市行业扶贫工作抓细抓实抓出成效。市委副书记刘绍建,副市长尚生龙、李培其参加会议。

6月25日,刘革安主持召开2019年市安委会第二次全体(扩大)会议暨上半年安全生产形势研判会。市领导曾超群、向锦云、李传荣、欧阳斌、李培其、周芳参加会议。

6月27日,市委副书记、市长刘革安主持召开全市财税收入、政府性债务工作调度会。市委常委、常务副市长曾超群参加会议。

7月2日,市委副书记、市长刘革安主持召开全市重点项目调度会,听取丝路荷花国际文化旅游产业园等11个重点项目进展情况,破解各个项目推进过程中面临的困难和问题,助推重点项目建设进度。市委常委、常务副市长曾超群,副市长李传荣及市人民政府秘书长沈刻明参加会议。

7月3日,市委副书记、市长刘革安主持召开市长碰头会,分析总结上半年工作,部署铺排下半年工作。市委常委、常务副市长曾超群,副市长李传荣、邹菊芳、欧阳斌、谢振华、尚生龙及市人民政府秘书长沈刻明参加会议。

7月4日,市委副书记、市长刘革安主持召开张家界市2019年总河长会议。刘革安强调,要把全面推行河长制作为贯彻落实习近平生态文明思想的实际行动,切实担负起保护好张家界绿水青山的政治责任,实现河畅、水清、岸绿、景美,为张家界持续发展奠定良好基础,让良好生态环境普惠于民。副市长尚生龙及市人民政府秘书长沈刻明参加会议。

7月9日,市委副书记、市长刘革安主持召开市国土空间规划委员会2019年第一次执行委员会会议。市委常委、常务副市长曾超群,副市长李传荣及市人民政府秘书长沈刻明参加会议。

7月10日,市委副书记、市长刘革安主持召开会议,专题研究全市棚改工作有关问题。市委常委、常务副市长曾超群及市人民政府秘书长沈刻明参加会议。

7月15日,市委副书记、市长刘革安主持召开张家界市乡村振兴规划编制工作会议,听取全市乡村振兴规划编制情况。市委常委、常务副市长曾超群,副市长尚生龙及市人民政府秘书长沈刻明参加会议。

7月18日,市委副书记、市长刘革安主持召开广茂园二期别墅项目专项整治工作会议。市委常委、市纪委书记、市监委主任袁美南,副市长李培其及市人民政府秘书长沈刻明参加会议。

7月22日,市委副书记、市长刘革安主持召开会议,专题研究张家界市智慧城市建设有关问题。市委常委、常务副市长曾超群,副市长欧阳斌及市人民政府秘书长沈刻明参加会议。同日,市委副书记、市长刘革安主持召开会议,专题研究南门口安置区二期、贺龙体育中心建设和盛美达酒店转让遗留问题处置工作。市委常委、常务副市长曾超群,副市长李培其及市人民政府秘书长沈刻明参加会议。

7月23日,市委副书记、市长刘革安主持召开张家界市招商引资项目执行委员会2019年度第四次会议,审议《张家界市2019招商引资项目攻坚年百日会战动员大会暨第二次招商引资集中签约仪式方案(讨论稿)》,研究文投·天影国际影视文化小镇、泛华智慧旅游科创城等重大招商引资项目有关问题。副市长欧阳斌、李培其,市政协副主席、市商务局局长王光明及市人民政府秘书长沈刻明参加会议。

7月24日,市委副书记、市长刘革安主持召开市国土空间规划委员会2019年第二次执行委员会会议。市委常委、常务副市长曾超群,副市长李培其及市人民政府秘书长沈刻明参加会议。

7月25日,市委副书记、市长刘革安主持召开会议,专题研究吉首大学张家界学院转设工作有关问题。市委常委、常务副市长曾超群,副市长邹菊芳及市人民政府秘书长沈刻明参加会议。

8月2日,市委副书记、市长刘革安主持召开全市城乡建设用地增减挂钩、闲置土地清理处置工作推进会。市委常委、常务副市长曾超群，副市长李传荣及市人民政府秘书长沈刻明参加会议。

8月6日，市委副书记、市长刘革安主持召开专题会议，研究城市开发边界划定和生态保护红线评估工作。刘革安强调，各级各有关部门要高度重视，深入研究，科学划定城市开发边界和生态保护红线。市人民政府秘书长沈刻明参加会议。

8月8日，市委副书记、市长刘革安主持召开全市重大项目推进会，分析当前重大项目推进中存在的主要问题，研究对策措施。副市长欧阳斌及市人民政府秘书长沈刻明参加会议。

8月9日，市委副书记、市长刘革安主持召开专题会议，研究张家界云安运输发展有限公司信访件办理工作，审议世茂张家界项目设计方案。市人民政府秘书长沈刻明参加会议。

8月19日，市委副书记、市长刘革安主持召开专题会议，研究政府性债务化解工作。市委常委、常务副市长曾超群，副市长李培其及市人民政府秘书长沈刻明参加会议。

同日，市委副书记、市长刘革安主持召开专题会议，研究公共文化场馆项目建设资金平衡方案。副市长欧阳斌及市人民政府秘书长沈刻明参加会议。

8月28日，市委副书记、市长刘革安主持召开专题会议，研究张家界市铁路网"十四五"及中长期发展规划编制工作。副市长李传荣及市人民政府秘书长沈刻明参加会议。

8月29日，市委副书记、市长刘革安主持召开专题会议，研究部署张家界市"十四五"规划编制工作。市领导邹菊芳、李培其、王光明及市人民政府秘书长沈刻明参加会议。

8月30日，市委副书记、市长刘革安主持召开专题会议，研究市中心城区商住项目配建设施清理处置、危旧房屋调查处理工作。副市长李培其及市人民政府秘书长沈刻明参加会议。

9月2日，市委副书记、市长刘革安主持召开会议，专题研究旅游民宿标准化管理工作。市委常委、常务副市长曾超群，副市长欧阳斌及市人民政府秘书长沈刻明参加会议。

9月3日，市委副书记、市长刘革安主持召开会议，专题研究黔张常铁路张家界西站及桑植站站前广场建设有关问题。市委常委、常务副市长曾超群，副市长李传荣及市人民政府秘书长沈刻明参加会议。

9月4日，市委副书记、市长刘革安主持召开市招商引资项目执行委员会2019年度第6次会议暨招商项目落地推进会，审议湘军护台文化园项目，听取天门山先导区招商项目情况汇报，调度全市重大招商项目落地工作。市领导欧阳斌、王光明及市人民政府秘书长沈刻明参加会议。

同日，市委副书记、市长刘革安主持召开全市脱贫攻坚"两不愁三保障"（即不愁吃、不愁穿，义务教育、基本医疗和住房安全有保障）问题整改督办会。副市长邹菊芳、尚生龙、李培其及市人民政府秘书长沈刻明参加会议。

9月9日，市委副书记、市长刘革安主持召开市长碰头会，传达全省芙蓉学校建设座谈会精神，研究部署近期重点工作。市委常委、常务副市长曾超群，副市长李传荣、邹菊芳、欧阳斌、谢振华、尚生龙、李培其及市人民政府秘书长沈刻明参加会议。

9月11日，市委副书记、市长刘革安主持召开市投融资决策委员会2019年第二次会议，听取张家界综合客运枢纽、市工人文化宫、市国家综合档案馆及"五馆一院一中心"（即市图书馆、市美术馆、市文化馆、市科技馆、市规划馆、市演艺中心和市大剧院）项目有关情况汇报，审议通过《张家界市投融资决策委员会工作规则》《建设项目预期收益与融资平衡方案编制指导意见》。市委常委、常务副市长曾超群，副市长欧阳斌、李培其及市人民政府秘书长沈刻明参加会议。

同日，市委副书记、市长刘革安主持召开会议，专题研究市中心城区水厂建设有关问题。副市长李培其及市人民政府秘书长沈刻明参加会议。

9月17日，市委副书记、市长刘革安主持召开会议，专题研究张家界世茂和中德零碳科技园项目有关问题。副市长李培其及市人民政府秘书长沈刻明参加会议。

9月18日，市委副书记、市长刘革安主持召开会议，专题研究全市经济运行工作有关问题。市委常委、常务副市长曾超群，副市长李传荣、欧阳斌及市人民政府秘书长沈刻明参加会议。

9月26日，市委副书记、市长刘革安主持召开会议，专题研究市级平台公司资金保障工作有关问题。市委常委、常务副市长曾超群，副市长李传荣、李培其及市人民政府秘书长沈刻明参加会议。

9月30日，市委副书记、市长刘革安主持召开会议，专题研究"不忘初心、牢记使命"主题教育"理旧事解难题办实事"集中攻坚行动以及市中心城区限价商品房建设和管理工作有关问题。副市长李培其及市人民政府秘书长沈刻明参加会议。

10月8日，市委副书记、市长刘革安主持召开全市主要经济指标调度会。市委常委、常务副市长曾超群，副市长李传荣、欧阳斌及市人民政府秘书长沈刻明参加会议。

10月9日，市委副书记、市长刘革安主持召开全市智慧旅游及游客中心建设调度会。副市长欧阳斌、李培其及市人民政府秘书长沈刻明参加会议。

10月11日，市委副书记、市长刘革安主持召开市国土空间规划委员会第三次会议，审议有关土地挂牌条件和供地方案。市领导余怀民、曾超群、李培其、褚新年参加会议。

10月14日，市委副书记、市长刘革安主持召开会议，专题研究张家界西线旅游发展有关问题。市委常委、常务副市长曾超群，副市长李传荣、欧阳斌及市人民政府秘书长沈刻明参加会议。

10月18日，市委副书记、市长刘革安主持召开全面加快供销合作社综合改革推进会。省供销合作总社副巡视员程念贵，副市长尚生龙及市人民政府秘书长沈刻明参加会议。

10月23日，市委副书记、市长刘革安主持召开全市重大招商项目落地暨市政项目建设调度会。市领导李培其、王光明及市人民政府秘书长沈刻明参加会议。

10月29日，市委副书记、市长刘革安主持召开会议，专题研究张家界高铁新区产业发展规划有关问题。市领导曾超群、李传荣、李培其、王光明参加会议。

11月6日，市委副书记、市长刘

革安主持召开市国土空间规划委员会第五次会议。市领导汪业元、曾超群、李培其及市人民政府秘书长沈刻明参加会议。

11月8日,市委副书记、市长刘革安主持召开会议,专题研究市中心城区房地产项目配建教育和环卫设施有关问题。副市长邹菊芳、李培其及市人民政府秘书长沈刻明参加会议。

同日,市委副书记、市长刘革安主持召开经济形势分析会,专题分析研究1~9月全市经济发展形势,对照年初目标找差距、明责任、强措施。刘革安强调,要精准分析,找准问题,细化措施,明确责任,用更加扎实的行动推动经济高质量发展,努力完成全年各项目标任务。市领导曾超群、邹菊芳、尚生龙、李培其、王光明参加会议。

11月15日,市委副书记、市长刘革安主持召开会议,专题研究全市违建别墅整治及有关项目用地报批有关问题。市委常委、常务副市长曾超群,副市长李培其及市人民政府秘书长沈刻明参加会议。

同日,市委副书记、市长刘革安主持召开会议,专题研究2020年市重点项目谋划铺排工作。副市长李培其及市人民政府秘书长沈刻明参加会议。11月28日,市委副书记、市长刘革安主持召开吉首大学张家界学院转设工作会议。市委常委、常务副市长曾超群,副市长邹菊芳及市人民政府秘书长沈刻明参加会议。

11月29日,市委副书记、市长刘革安主持召开会议,专题研究市本级政府性债务化解和资金保障工作有关问题。市委常委、常务副市长曾超群及市人民政府秘书长沈刻明参加会议。

12月2日,市委副书记、市长刘革安主持召开会议,专题研究广茂园二期违建整治工作有关问题。市领导袁美南、曾超群、李培其及市人民政府秘书长沈刻明参加会议。

12月4日,市委副书记、市长刘革安主持召开会议,专题研究全市资金保障工作有关问题。市委常委、常务副市长曾超群,副市长李传荣及市人民政府秘书长沈刻明参加会议。

同日,市委副书记、市长刘革安主持召开市国土空间规划委员会第六次会议。

12月12日,市委副书记、市长刘革安主持召开会议,专题研究2020年全市重点项目铺排有关问题。副市长李培其及市人民政府秘书长沈刻明参加会议。

12月17日,市委副书记、市长刘革安主持召开张家界市招商引资项目执行委员会2019年度第七次会议,审议张家界市第三次集中签约仪式有关事项,就红河仙谷旅游度假区、玫瑰谷、金背篓酒店及根雕博物馆等招商引资项目进行会审。副市长欧阳斌、市商务局局长王光明及市人民政府秘书长沈刻明参加会议。

12月19日,市委副书记、市长刘革安主持召开全市防范化解政府性债务风险工作会议。市委常委、常务副市长曾超群及市人民政府秘书长沈刻明参加会议。

12月22日,市委副书记、市长刘革安主持召开市国土空间规划委员会第七次会议。市领导汪业元、李传荣、李培其参加会议。

12月23日,市委副书记、市长刘革安主持召开配合国家脱贫攻坚考核工作调度会,并深入慈利县开展督导。副市长尚生龙及市人民政府秘书长沈刻明参加会议和督导。

12月24日,市委副书记、市长刘革安主持召开会议,专题研究张家界市自然保护地整合优化和松材线虫病防治工作有关问题。副市长李培其及市人民政府秘书长沈刻明参加会议。

12月30日,市委副书记、市长刘革安主持召开市国土空间规划委员会第八次会议。市领导单铸飞、曾超群、李传荣、欧阳斌、李培其及市人民政府秘书长沈刻明参加会议。

同日,市委副书记、市长刘革安主持召开会议,专题研究全市中小学校、幼儿园建设工作有关问题。副市长邹菊芳、李培其及市人民政府秘书长沈刻明参加会议。

同日,市委副书记、市长刘革安主持召开会议,专题研究智慧城市综合运营指挥调度中心建设工作有关问题。副市长李培其及市人民政府秘书长沈刻明参加会议。

(本栏撰稿　钟　彬)

重要活动

【调研重点项目建设】 2019年1月3日,市委副书记、市长刘革安深入东门桥人防工程、奇峰市场、大庸桥立交桥、月亮湾西路以及杨家界大道等重点工程建设现场,调研项目建设推进情况。副市长李培其及市人民政府秘书长张子龙参加调研。

2月23日,市委副书记、市长刘革安深入慈利县,就安慈高速公路慈利段建设情况进行调研。市委常委、副市长提名人选曾超群,副市长李传荣及市人民政府秘书长张子龙参加调研。

4月10日,市委副书记、市长刘革安深入甘溪桥东片棚户区改造项目二期、张罗公路一期、大庸桥立交桥、老樟树脚周边棚户区改造、月亮湾中西路及杨家界大道等重点项目建设现场进行调研。市委常委、常务副市长曾超群,副市长李培其及市人民政府秘书长张子龙参加调研。

5月18日,市委副书记、市长刘革安深入古庸路、丝路荷花国际文化旅游城、畅想农业、久瑞生物等项目建设现场和企业,就重点项目建设和工业企业发展情况进行调研。副市长李培其及市人民政府秘书长张子龙参加调研。

6月20日,市委副书记、市长刘革安深入张家界泛华智慧旅游科创园、张家界旅游商品产业园、张吉怀高铁、黔张常铁路张家界西站、张家界综合客运枢纽、天问路及地下管廊工程和潭头湾、江与城棚改项目现场进行调研。副市长李传荣参加调研。

8月24日,市委副书记、市长刘革安深入市人民医院新院、15801平战结合人防工程(二期)、敦谊小学停车场以及红壁岩大桥等工程现场,调研重点项目建设,检查安全生产工作,并向高温天气坚守在一线的建设者表示慰问。副市长邹菊芳及市人民政府秘书长沈刻明参加调研。

9月9日,市委副书记、市长刘革安深入永定区调研天门山景区索道沿线环境修复工程和文津学校项目建设推进工作。副市长李培其及市人民政府秘书长沈刻明参加调研。

10月14日,市委副书记、市长刘革安深入中国娃娃鱼馆和张家界旅游商品产业园,就大鲵产业项目建设和发展进行调研。副市长尚生龙及市人民政府秘书长沈刻明参加调研。

11月11日,市委副书记、市长刘革安深入黔张常铁路张家界西站及桑植站项目建设现场,调研项目推进情况,并实地查看沙堤消防救援站项目选址情况。市人民政府秘书长沈刻明参加调研。

11月16日,市委副书记、市长刘革安深入永定区就枫香岗安置区及鼎泰加油站项目选址进行调研。副市长李培其及市人民政府秘书长沈刻明参加调研。

11月22日,市委副书记、市长刘革安深入永定区就南方水泥项目选址进行调研。副市长李传荣及市人民政府秘书长沈刻明参加调研。

【调研脱贫攻坚工作】2019年4月6日,市委副书记、市长刘革安深入桑植县陈家河镇就脱贫攻坚联乡包村工作进行调研督导。市政协副主席、桑植县委书记刘卫兵及市人民政府秘书长张子龙参加调研。

5月3日,市委副书记、市长刘革安深入慈利县三官寺土家族乡大峡谷村实地调研并主持召开座谈会。市人民政府秘书长张子龙陪同调研。

6月22日,市委副书记、市长刘革安深入桑植县陈家河镇,调研指导脱贫攻坚工作。

10月6日,市委副书记、市长刘革安深入黔张常铁路及其站场、桑植县芙蓉学校、桑植县陈家河镇仓关峪村,就项目建设、脱贫攻坚工作进行调研。市人民政府秘书长沈刻明参加调研。

11月17日,市委副书记、市长刘革安深入慈利县就脱贫攻坚工作进行调研。市人民政府秘书长沈刻明参加调研。

12月27日,市委副书记、市长刘革安深入慈利县调研脱贫攻坚工作。市人民政府秘书长沈刻明参加调研。

【走访慰问】2019年1月13日,市委副书记、市长刘革安深入永定区阳湖坪街道田家台社区调研“三联四建”工作(注:“三联四建”即领导干部联系社区、职能部门联系项目、党员干部联系“三户”(贫困户、信访户、拆迁户),建强社区党组织和志愿者组织、建好社区综合服务平台和综治管理平台),并为社区干部上党课,看望慰问社区结对帮扶贫困户。市人民政府秘书长张子龙参加调研。

1月31日,市委副书记、市长刘革安深入桑植县,看望慰问军人家属、困难老党员、贫困群众等,为他们送去春节问候和党的关怀。市人民政府秘书长张子龙参加慰问。

2月4日,市委副书记、市长刘革安深入澄潭自来水厂和张家界国家森林公园,走访慰问节日期间坚守岗位的广大干部职工,向他们致以节日的问候和新春的祝福,并就旅游接待有关工作进行检查。

7月26日,市委副书记、市长刘革安深入慈利县看望慰问光荣院老兵、退役军人等,为他们送去党和政府的关怀和问候。市政协副主席彭红及市人民政府秘书长沈刻明参加慰问。

【出席重要活动】2019年1月8日,湖南圣湘生物科技有限公司帮扶大峡谷村健康与教育项目启动仪式在慈利县三官寺土家族乡大峡谷村举行。市委副书记、市长刘革安,湖南圣湘生物科技有限公司董事长戴立忠及市人民政府秘书长张子龙出席启动仪式。

4月28日,张家界九州颐康文旅康养综合体项目举行奠基仪式。市委副书记、市长刘革安宣布项目开工,副市长欧阳斌及市人民政府秘书长张子龙参加仪式。

5月8日–12日,市委副书记、市长刘革安带队赴泰国开展旅游宣传促销,在曼谷举办“仙境张家界,惊艳全世界”中国张家界文化旅游推介会,并与芭提雅市签署友好合作协议书。

5月28日,第二届全国青年运动会皮划艇激流回旋决赛开赛仪式在武陵源区吴家峪门票站标志门广场举行,国家体育总局青少年体育司司长王立伟宣布开赛。湖南省体育局局长李舜,市委副书记、市长刘革安,中国皮划艇协会执行主任万红军分别致辞。湖南省体育局副局长熊倪及市领导朱用文、欧阳斌出席开赛仪式。

6月11日,贺龙遗物捐赠仪式在桑植贺龙纪念馆举行。贺龙女儿贺晓明,原中纪委驻财政部纪检组组长贺邦靖,市委副书记、市长刘革安,副市长邹菊芳及市政协副主席、桑植县委书记刘卫兵出席捐赠仪式。

6月28日,张家界千古情文化惠民暨文化扶贫基金捐赠仪式举行。市委副书记、市长刘革安出席活动并宣布张家界千古情文化惠民活动启动。市领导汪业元、袁美南、艾可知、郭天保、朱用文、褚新年、张元次及宋城演艺公司董事长黄巧灵出席仪式。

7月6~8日,市委副书记、市长刘革安带队参加北京世界园艺博览会,并到北京辉煌集团、泛华集团、北京文投集团洽谈项目合作事宜。副市长欧阳斌及市人民政府秘书长沈刻明一同参加相关活动。

9月8日,市委副书记、市长刘革安出席首届世界旅游城市(张家界)桥牌公开赛闭幕式并致闭幕词。

10月25日,2019第十九届湖南张家界国际森林保护节森林旅游和康养产业发展高峰论坛举行。中外森林旅游和康养的专家和学者们齐聚一堂,围绕“提供高质量生态产品,推进美丽中国建设”主题,共同探讨和谋划森林旅游和康养产业未来发展。国家林业和草原局国有林场和种苗管理司司长程红、省林业局局长胡长清和市委副书记、市长刘革安参加论坛。

10月26日,雨花区·桑植县“携手奔小康”桑植白茶推介会在长沙举行。副省长隋忠诚、省人民政府副秘书长欧阳煌和省农业农村厅副厅长陈冬贵、兰定国及副市长尚生龙出席推介会,市委副书记、市长刘革安致辞。

11月19日,2019湖南红色旅游文化节暨桑植民歌节在桑植县开幕。省委常委、省军区政委冯毅宣布开幕,省人民政府副省长吴桂英出席开幕式并讲话,贺龙元帅女儿贺晓明为“万名党员弘扬长征精神自驾桑植行”授旗,文化和旅游部资源开发司副司长石艳杰、省文化和旅游厅党组书记禹新荣、市委书记虢正贵分别讲话,市委副书记、市长刘革安主持开幕式。市领导单铸飞、郭天保、郭钰、朱用文、欧阳斌参加开幕式。

12月9日，由中国友谊促进会、丝绸之路国际总商会、张家界市人民政府主办的丝绸之路友好城市协作体2019年(张家界)年会开幕，来自全球53个城市的200多位嘉宾参会，副省长何报翔出席开幕式并致辞，市委副书记、市长刘革安，副市长欧阳斌及市人民政府秘书长沈刻明参加相关活动。

12月26日，黔张常铁路开通运营仪式在张家界西站举行。省委书记杜家毫宣布铁路开通运营，省委副书记、省长许达哲讲话，国铁集团副总经理郭竹学致辞，省委常委、常务副省长谢建辉主持，省领导张剑飞、叶红专、陈飞，以及广铁集团和张家界市、常德市、湘西自治州主要负责人出席。

【调研教育工作】2019年3月22日，市委副书记、市长刘革安深入永定区官黎坪中学、机场小学及天门中学，就市中心城区化解义务教育大班额工作及教育资源配置等问题进行调研，并主持召开座谈会。市委常委、常务副市长曾超群，副市长邹菊芳、李培其及市人民政府秘书长张子龙参加调研和座谈。

6月8日，市委副书记、市长刘革安深入张家界一中和市高考指挥中心，巡视高考工作。副市长邹菊芳参加巡视。

10月23日，市委副书记、市长刘革安深入北大邦学校拟选址地及西溪坪街道中心完小、丽景小学建设现场，调研化解义务教育大班额及学校建设情况并主持召开座谈会。副市长邹菊芳及市人民政府秘书长沈刻明参加调研和座谈。

【检查安全生产工作】2019年3月25日，市委副书记、市长刘革安深入市中心城区新纪元液化气公司、中石化万吨油库以及部分在建市政工程现场，就安全生产和防汛备汛工作进行调研，并主持召开座谈会。副市长尚生龙及市人民政府秘书长张子龙参加调研和座谈。

9月25日，市委副书记、市长刘革安深入市中心城区部分农贸市场、建筑工地、加气站以及旅游运输公司等地，检查安全生产工作落实情况。副市长李传荣及市人民政府秘书长沈刻明参加检查。

【调研国家卫生城市创建工作】2019年5月22日，市委副书记、市长刘革安深入市中心城区部分巷道、小区就创建国家卫生城市工作进行调研并主持召开座谈会。市级领导陈红日、邹菊芳、李培其、王绯及市人民政府秘书长张子龙参加调研或座谈会。

9月17日，市委副书记、市长刘革安深入永定区部分建筑工地、社区、市场，就国家卫生城市创建工作进行调研。市人大常委会副主任、市创卫办主任陈红日，副市长邹菊芳及市人民政府秘书长沈刻明参加调研。

【公务会见】2019年4月26日，市委副书记、市长刘革安会见日本北海道乙部町议会议长大坂裕康，双方就进一步加强和推进两地之间的合作进行亲切交流。

5月22日，市委副书记、市长刘革安会见韩国首尔市观光体育局局长朱容台一行，双方就加强和推进两地之间的交流与合作进行亲切交谈。副市长欧阳斌及市人民政府秘书长张子龙参加会见。

6月13日，市委副书记、市长刘革安会见新城控股集团股份有限公司副总裁汪娟一行，双方就深入对接合作、加快推进项目落地等事宜进行洽谈。市委常委、常务副市长曾超群，副市长欧阳斌参加洽谈。

6月18日，市委副书记、市长刘革安会见香港新华商会创会会长、世茂集团张家界项目负责人蔡荣展一行，双方就进一步加强合作、推进相关项目建设等进行深入交流。副市长李传荣参加会见和交流。

6月21日，市委副书记、市长刘革安会见纵横文旅(上海)实业发展有限公司执行董事、总裁邓跃一行，双方围绕文化旅游产业发展、康养开发等进行座谈。

7月2日，市委副书记、市长刘革安会见华侨城资本投资管理有限公司总经理林育德一行，双方围绕文旅融合、项目合作等举行洽谈。副市长欧阳斌及市人民政府秘书长沈刻明参加洽谈。

8月5日，市委副书记、市长刘革安会见参加张家界市2019年重大文旅产业招商引资项目集中签约仪式的恒大香港实业公司湖南公司董事长赖立新一行。副市长欧阳斌及市人民政府秘书长沈刻明参加会见。

9月15日，市委副书记、市长刘革安会见湖南异地商会联合会顾问万建华带领的湖南异地商会联合会的企业家一行。副市长邹菊芳及市人民政府秘书长沈刻明参加会见。

9月18日，市委副书记、市长刘革安会见中国联通湖南分公司总经理谭明一行，双方就进一步深化政企合作进行深入交流。副市长李传荣及市人民政府秘书长沈刻明参加会见。

2019年9月24日，市委副书记、市长刘革安会见全国民族团结进步模范个人谷国生。副市长邹菊芳及市人民政府秘书长沈刻明参加会见。

9月27日，市委副书记、市长刘革安会见中国铁塔湖南省分公司党委书记、总经理刘春鸣一行，双方就信息化和智慧城市建设进行交流。副市长李传荣及市人民政府秘书长沈刻明参加会见。

9月28日，市委副书记、市长刘革安会见北京辉煌集团董事局主席王申一行，双方围绕丝路荷花国际文化旅游产业园项目建设进行交流洽谈。副市长欧阳斌及市人民政府秘书长沈刻明参加会见。

10月22日，市委副书记、市长刘革安会见到张家界考察的阿里巴巴集团华中区总经理钱猛一行，双方围绕数字产业、智慧城市等进行交流和沟通。市领导欧阳斌、王光明及市人民政府秘书长沈刻明参加会见。

11月21日，市委副书记、市长刘革安会见中国供销集团党委书记、董事长侯顺利一行，双方围绕农业现代化、冷链物流等领域进行洽谈。副市长尚生龙、李培其及市人民政府秘书长沈刻明参加洽谈。

11月21日，市委副书记、市长刘革安会见五矿二十三冶建设集团有限公司党委副书记、总经理吴建国一行，双方围绕城市建设与开发等进行深入交流。副市长李传荣及市人民政府秘书长沈刻明参加会见。

11月22日，会见华侨城集团战略规划部总经理汪文进一行。

11月23日，市委副书记、市长刘革安会见韩国国会议员李元旭带领的“IEF2019湖南·马栏山国际数字娱乐嘉年华”韩国访问团一行。市人大常委会党组书记、常务副主任余怀民及市人民政府秘书长沈刻明参加会见。

12月8日，市委副书记、市长刘革安会见韩国河东郡副郡守朴琴锡一行，双方就进一步深化合作、密切交往进行交流。市人民政府秘书长沈刻明参加会见。

2月11日，市委副书记、市长刘革安会见摩尔多瓦共和国新阿内尼市市长亚历山大·马塔林、布里切尼市市长戈罗金斯基·维塔利、奥克尼察市副市长阿塔玛尼克·维克多一行，就加强交流合作、促进沟通往来进行交流。副市长欧阳斌及市人民政府秘书长沈刻明参加会见。

【调研旅游工作】 2019年2月1日，市委副书记、市长刘革安深入市智慧旅游调度中心、张家界中心汽车站、张家界火车站等地，检查和调研旅游接待工作，看望慰问旅游接待一线的工作人员。副市长邹菊芳、欧阳斌及市人民政府秘书长张子龙参加检查和调研。

2月7日，市委副书记、市长刘革安深入武陵源核心景区，检查调度旅游接待工作，看望慰问坚守岗位的工作人员。市人大常委会副主任、武陵源区委书记朱用文，副市长尚生龙参加检查和慰问。

5月3日，市委副书记、市长刘革安深入张家界国家森林公园、张家界大峡谷景区，调研“五一”假期旅游接待工作，看望慰问坚守在旅游接待一线的工作人员。市人大常委会副主任、武陵源区委书记朱用文及市人民政府秘书长张子龙参加调研。

8月9日，市委副书记、市长刘革安到市文化旅游广电体育局调研全市文化和旅游工作。刘革安强调，要聚焦重点持续用力，着力推动文旅融合发展，助推经济高质量发展。副市长欧阳斌及市人民政府秘书长沈刻明参加调研。

10月5日，市委副书记、市长刘革安深入市中心汽车站、游客服务中心、武陵源吴家峪门票站等地，调研国庆黄金周旅游接待工作并看望慰问一线工作人员。市人大常委会副主任、武陵源区委书记朱用文及市人民政府秘书长沈刻明参加调研。

11月20日，市委副书记、市长刘革安深入张家界旅游集团股份有限公司调研。市委常委、常务副市长曾超群，副市长李传荣及市人民政府秘书长沈刻明参加调研。

【商业洽谈】 2019年5月28日，市委副书记、市长刘革安与大连万达商业管理集团总裁助理发展中心华南区总经理沈景琰一行举行洽谈，双方就进一步加强合作、实现共赢达成共识。副市长欧阳斌，市政协副主席、市商务局局长王光明参加洽谈。

5月28日，市委副书记、市长刘革安与中国东方资产集团东兴证券债券业务总部总裁吕旻一行举行洽谈，双方就地方政府债务管理、资产整合等展开讨论。副市长欧阳斌参加洽谈。

7月5日，张家界市人民政府与深圳旭生集团就有关项目合作进行对接洽谈。市委副书记、市长刘革安，深圳旭生集团董事长林旭生，副市长欧阳斌及市人民政府秘书长沈刻明参加洽谈。

7月25日，张家界市人民政府与中建国际投资（湖南）有限公司、龙城旅游控股集团就有关项目合作事宜进行对接洽谈。市委副书记、市长刘革安，中建国际投资（湖南）有限公司副总经理云曦，龙城旅游控股集团党委书记、总裁唐华亮，副市长欧阳斌及市人民政府秘书长沈刻明参加洽谈。

10月30~31日，市委副书记、市长刘革安在上海与均和集团、红星美凯龙、东方希望等500强企业对接。副市长欧阳斌及市人民政府秘书长沈刻明参加对接。

【调研市政项目】 2019年4月18日，市委副书记、市长刘革安深入市中心城区部分棚户区改造项目现场，就棚户区改造工作进行调研和督办。副市长李培其及市人民政府秘书长张子龙参加调研。

5月4日，市委副书记、市长刘革安深入市中心城区部分内涝点和市政涉水工程建设现场，调研市政涉水工程建设和防汛工作。副市长李培其及市人民政府秘书长张子龙参加调研。

5月6日，市委副书记、市长刘革安就智慧城市建设情况进行调研并主持召开座谈会。市委常委、常务副市长曾超群，副市长欧阳斌、李培其及市人民政府秘书长张子龙参加调研和座谈会。

5月29日，市委副书记、市长刘革安就市中心城区部分农贸市场重点问题整治情况进行实地督查，并主持召开座谈会就有关问题进行研究部署。市领导陈红日、欧阳斌、王光明及市人民政府党组成员沈刻明参加督查或座谈会。

6月3日，市委副书记、市长刘革安深入市中心城区三水厂、仙人溪水厂以及花岩水厂选址地，就城市供水保障工作进行调研。副市长李培其参加调研。

11月28日，市委副书记、市长刘革安按照“四不两直”(即不发通知、不打招呼、不听汇报、不用陪同接待、直奔基层、直插现场)方式调研市中心城区回龙路人防工程，与人防工程商业门面业主亲切交谈，解经营状况，共商发展计策。

11月30日，市委副书记、市长刘革安深入丝路荷花项目、金盾广场棚改项目建设现场和永定区阳湖坪街道田家台社区，就项目建设、“三联四建”工作情况进行调研。市人民政府秘书长沈刻明参加调研。

【调研经济发展】 2019年3月25日，市委副书记、市长刘革安深入张家界经济开发区，就园区建设和园区经济发展等进行调研，并主持召开座谈会。副市长李传荣及市人民政府秘书长张子龙参加调研和座谈。

9月16日，市委副书记、市长刘革安深入永定区调研经济社会发展情况。他强调，要结合“不忘初心、牢记使命”主题教育，守初心、担使命，找差距、抓落实，不断激发地区经济活力，统筹打好三大攻坚战，加快高质量发展步伐，努力完成全年各项工作目标任务。市人民政府秘书长沈刻明参加调研。

10月21日，市委副书记、市长刘革安深入张家界高新区，调研产业发展和项目建设并围绕园区经济发展讲党课。副市长李传荣及市人民政府秘书长沈刻明参加调研。

【国家电网调研】 2019年1月7日，市委副书记、市长刘革安深入国家电网张家界供电公司，就张家界市电网供电能力提升“三年行动计划”进行专题调研。副市长李传荣及市人民政府秘书长张子龙参加调研。

【调研扫黑除恶专项斗争和公安工作】 2019年4月17日，市委副书记、市长刘革安深入扫黑除恶办案基地等地，就全市扫黑除恶专项斗争和公安工作进行调研并主持召开座谈会。市委常委、常务副市长曾超群，副市长、市公安局局长谢振华及市人民政府秘书长张子龙参加调研和座谈会。

【调研中央生态环境保护督察“回头看”反馈问题整改工作】 2019年5月21日，市委副书记、市长刘革安深入慈利县，就中央生态环境保护督察“回头看”反馈问题整改工作进行调研。副市长尚生龙及市人民政府秘书长张子龙参加调研。

【赴西安市大唐西市集团考察对接】 2019年5月27日，市委副书记、市长刘革安前往陕西省西安市大唐西市集团进行考察对接，双方就丝路荷花国际文化旅游产业园项目规划建设进行深入交流。副市长欧阳斌及市人民政府秘书长张子龙参加考察。

【调研铁路、公路、航空货运情况】 2019年7月1日，市委副书记、市长刘革安就张家界市铁路、公路、航空货运情况进行调研，并主持召开全市物流产业发展座谈会。副市长李传荣及市人民政府秘书长沈刻明参加调研和座谈。

【调研地质灾害防治工作】 2019年7月11日，市委副书记、市长刘革安深入慈利县调研地质灾害防治工作。市人民政府秘书长沈刻明参加调研。

【调研涉湖南张家界大鲵国家级自然保护区水电站整改工作】 2019年8月7日，市委副书记、市长刘革安深入慈利县调研涉湖南张家界大鲵国家级自然保护区水电站整改工作。市人民政府秘书长沈刻明参加调研。

【调研农村产业发展和乡村振兴战略实施情况】 2019年8月25日，市委副书记、市长刘革安深入慈利县调研农村产业发展和乡村振兴战略实施情况。副市长尚生龙及市人民政府秘书长沈刻明参加调研。

【市人民政府领导班子集体活动】 2019年9月10日，市人民政府全体领导班子成员走进张家界烈士陵园和湘鄂川黔革命根据地纪念馆，聆听革命故事，重温入党誓词，开展学习讨论，传承红色精神。

【调研违建别墅问题清查整治】 2019年12月16日，市委副书记、市长刘革安深入武陵源区，就张家界市违建别墅问题清查整治进行现场调研。刘革安强调，坚定不移推进全市违建别墅问题清查整治工作，坚决完成清查整治各项任务。市人大常委会副主任、武陵源区委书记朱用文及市人民政府秘书长沈刻明参加调研。 （本栏撰稿 钟彬）

重要规章、文件

【市政府文件】 2019年，市政府制定颁发的主要文件有：

2月17日《张家界市人民政府关于印发〈张家界市房地产开发项目配建公共服务设施规定〉的通知》

2月26日《张家界市人民政府关于印发2019年〈政府工作报告〉任务分解方案的通知》

3月19日《张家界市人民政府关于机构改革涉及市政府规范性文件规定的行政机关职责调整问题的决定》

3月19日《张家界市人民政府关于印发张家界市贯彻落实湖南省进一步促进就业工作二十条措施工作方案的通知》

3月25日《张家界市人民政府关于取消和调整一批行政权力事项的通知》

7月23日《张家界市人民政府关于印发张家界市政务信息资源共享管理办法(试行)的通知》

8月23日《张家界市人民政府关于支持检察机关依法开展公益诉讼工作的实施意见》

11月10日《张家界市人民政府关于印发〈张家界市民宿(客栈)、社会饭店管理办法(试行)〉的通知》

11月12日《张家界市人民政府关于取消和调整一批行政权力事项的通知》

11月14日《张家界市人民政府关于印发〈张家界市城乡居民合作建房管理办法(试行)〉的通知》。 （杜海波）

办公室工作

【概况】 2019年，张家界市人民政府办公室(简称市政府办公室)以习近平新时代中国特色社会主义思想为指导，紧紧围绕党办工作“五个坚持”(即坚持绝对忠诚的政治品格、坚持高度自觉的大局意识、坚持极端负责的工作作风、坚持无怨无悔的奉献精神、坚持廉洁自律的道德操守)的总体要求，按照市委部署和市政府要求，充分发挥党组牵头抓总的职能作用，开创各项工作的新局面。2019年度市政府办公室被评为全省政府系统政务信息工作、全市综治(平安建设)工作、全市安全生产和消防工作等多项省市先进单位，市政府督查室的2篇成果文章被评为省督查工作创新举措三等奖，机关第二支部、第三支部、市红十字会烟叶办联合支部被评为市直机关优秀党支部等。

【参谋服务】 2019年，市政府办公室认真做好公文办理工作，对起草（承办）单位报送市政府及其办公室拟发文的代拟文稿，严格按照《党政机关公文处理工作条例》等有关规定，把好程序关、质量关、时效关，确保公文的必要性、合法性、实效性、科学性、准确性、逻辑性、规范性，2019年，以市人民政府及市政府办公室名义发文998件。对收到的各类公文，坚持及时签收、拟办承办，确保公文运转及时、准确、安全，2019年共呈报、转办、传阅各级来文3662件。2019年，市政府系统共承办人大代表建议和政协提案289件，见面率、办结率均为100%，市人大代表建议办理满意率为98.7%，市政协提案办理满意率为100%。

【信息工作】 突出信息重点，加强信息采集，畅通信息渠道，完善信息网络，规范信息内容，提高信息质量，充分发挥信息主渠道作用。2019年市政府办公室共采编、报送政务信息950条，被国办采用10条、省办采用63条、特刊1期，信息质量综合评分预计达500分，超额完成省定目标任务。全年共编发《政务要情》30期，为市领导掌握全国、全省、全市舆情提供有力的支撑。加强突发事件信息处理，严格执行24小时专人值班和领导带班制度，落实值班工作岗位责任制和法定节假日三级带班制度，未出现值班脱岗、离岗、无人值班情况，全年共接收、处理全市突发事件信息300余条，通过内网向省报送《张家界市值班信息》17期。

【统筹协调】 2019年共承办市政府党组会议7次、市政府全体会议2次、市政府常务会议21次、市政府专题会议103次、其他各类会议300余次，起草和审核常务会议纪要和市政府专题会议纪要等各类会议纪要70篇，会议质量不断提升。2019年全国及省级电视电话会议132次、市级到区县及各种会议245余次，做到设备保障零差错零失误。加强与市委办公室、市人大常委会办公室、市政协办公室日常工作的衔接、沟通与协调，积极协助市政府领导及时搞好月重点活动安排、月工作计划和周工作安排，编排市领导调研活动工作方案70多个，编写《市政府月工作安排》和《市政府大事记》各12期。陪同市政府主要领导深入到40多家企事业单位和40多个乡镇，就区县经济社会发展、重大基础设施建设、社区联点扶建、精准扶贫等工作开展专题调研70余次。联络协调市政府领导外事活动20余次，沟通衔接和配合服务省领导到张家界考察活动10次。

【热线服务】 2019年，市政府办公室通过"直接取消""撤并保号""保留对接"等方式，全面整合20条非紧急类投诉举报服务热线，完成与综治网格平台、110报警平台以及旅游服务平台对接，实现数据双向流转，建成以大数据为支撑的统一入口、统一分拨、分层处置、分级督查的智慧城市综合指挥调度系统，解决多头受理、重复派单问题。以热线整合升级为契机，开通"12345"门户网站、微信、手机APP等新的受理平台，拓宽群众表达诉求的渠道；引进GIS地图、可视化等现代化工具，完善、优化平台功能。2019年，热线电话总量达到184894个，同比增长99.8%。登记事件91133件，同比增长498%，受理的事件已经全部办结，综合办结率为100%。

【机构改革】 及时做好机构改革相关工作的衔接，完成市政府办公室职责、科室调整工作，新设立综合科、政务管理服务科。进一步加强干部教育、干部监督、因私出国（境）管理，2019年共组织参加党校处干班、中青班、科干班培训和其他培训15人次；组织党支部书记、优秀党员参加培训13人次；组织入党积极分子培训2人次。组织选拔、公开招聘10名科室工作人员，妥善解决人员调动、借用相关遗留问题。全年7次召开会议研究部署党风廉政建设和反腐败工作。编制以中央八项规定精神为主要内容的学习资料，人手一册印制《落实中央八项规定精神摘编》。将廉政短信提醒教育纳入办公室党风廉政教育工作总体部署，定期向全体干部发送廉政短信，全年向干部职工发送手机信息480余条。强化纪律规矩约束，组织参观廉政警示教育基地。（本栏撰稿 朱 吉）

行政审批工作

【简政放权】 进一步简政放权，2019年分两批对市本级行政权力进行调整，共取消行政权力35项，增加23项，调整25项，下放1项，暂不列入8项。按照政务服务事项"四级四同"要求（即国家、省、市、县四级政务服务事项的名称、编码、类型、设定依据相同），对全市行政权力事项进行梳理，市本级共引用国家、省行政权力事项目录2329条，区县共引用12584条；所有权力事项同步编制实施清单和办事指南，统一通过省、市政府门户网站进行公布。

【一件事一次办】 2019年积极推进"一件事一次办"改革，分三批公布115件"一件事一次办"事项，并同步开展"减材料、减环节、减时限、减跑动"的流程再造工作。经过"四减"，市本级"一件事一次办"事项申请材料减少28%，办理环节合计减少72%，办理时限合计减少50%，跑动次数合计减少73%。在市政务服务中心设立"一件事一次办"专窗，对42件涉照类"一件事一次办"事项实行"一窗受理、集成服务"，对公共场所卫生许可，以及食品经营许可，及医疗器械经营许可部分类别实施承诺制，大幅减少审批时限。在永定区开展事权下沉服务试点工作，实现"一件事一次办"事项接件权限下放，形成乡镇街道接件、区直单位审核的套餐服务办理模式，群众反响良好。截至12月底，115件"事"在全市范围落地实施，全市共办结"一件事一次办"事项超过21.6万件。

（本栏撰稿 张君方）

电子政务工作

【政府网站建设与管理】 2019年，张家界市全面完成政府网站集约化试点工作，共投入资金366万元，以原有政府网站群平台为基础，建设一个基于云服务，技术先进、功能完备、科学运维、高效管理、高可用性、安全稳定的全新的政府网站集约化平台，市政府门户网站日均浏览量由集约前的6万次上升至10余万次。规范政府网站开设管理，完成机构改革涉改部门政府网站整合工作，全市政府网站从169个整合至33个。完成市政府门户网站改版升级，完善信息检索（智能搜索、智能问答）、查阅、下载等功能，补齐原有市政府门户网站版本存在功能不完善、智能化不强的短板。加强政府信息公开，政府网站2019年发布信息

16242条，发布政策解读17篇次，张家界市政府门户网微信平台共发布信息327期1000余条，向省政府门户网站推送并发布信息168条。加强留言办理，主动回应社会关切，办理回复《市长信箱》信件417件，办理省政府办公厅转办的《地方领导留言板》相关留言6条。加强政府网站日常监管，建立全市政府网站"问题清单、台账制、督办制、销号制、通报制""一单四制"监测管理机制，实行政府网站管理和监测常态化，2019年对全市政府网站共抽查167次、每次抽查率为100%。电话督办265次，发布政府网站监测情况通报4次。

【政务信息资源交换共享】 加快推进政务信息资源交换共享，完成张家界市政务信息资源共享交换平台建设，梳理编制市本级53家部门信息资源目录2087条，完成1652项信息资源目录采集，汇聚库表资源总数925个，文件资源总数1027条，数据汇聚总量6800余万余条。完成公安部、民政部等4个部门9个接口接入，完成市级14个部门59接口的对接，接口总量达到68个。人口库、法人库、空间地理库、电子证照库、信用库5大基础数据库数据总量达到411万条，关联信息607项，平台为市级部门相关业务提供数据支撑，平台总体资源数据挂载率达到77%。依托张家界市云计算大数据中心，加快推进政务信息系统迁移上云，完成全市20个市直单位、5个区县单位合计18个政务信息系统、120个业务子系统对接和迁移上云，利用集约化、虚拟化和云计算等技术共享软硬件资源，节省各单位软硬件投入及运维开支共计839.5万元，通过数据的融合共享，为深入推进"放管服"改革和"互联网+政务服务"提供有效数据支撑。

【电子政务技术服务】 2019年，张家界市进一步拓展延伸电子政务外网覆盖，完成所有区县、155家党政机关(含二级机构)、209家区直行政事业单位、264家县直行政事业单位、79个乡镇(街道)、1015个村(社区)电子政务外网接入工作，覆盖率达100%。进一步提升电子政务外网网络服务能力，全面完成全市电子政务外网升级改造，淘汰运行近10年的老设备，顺利完成各区县和市直155家单位的网络割接工作，完成各区县和市直各汇聚点的备用链路铺设工作，大大提高网络的承载能力。确保电子政务外网线路畅通，加强电子政务外网的日常运维保障，2019年共检修98起线路报修故障，新增15个单位接入点。加强电子政务业务系统技术支撑，为市政务服务一体化平台、全市非涉密公文传输平台、互联网+监督、全市医保系统平台、全省信访信息平台、"12345"热线、全市不动产业务系统平台等15个核心业务系统提供技术咨询和日常运维工作，保障各业务系统的正常运行。强化日常监测，定期对电子政务网络及其承载业务系统进行现场安全配置检查和安全性技术测试，全年到各区县和市直相关单位上门检测维护25次，及时制定安全管理实施方案及安全监测、评估、加固方案，切实巩固后台、线路的安全。统筹电子政务工程管理，根据《张家界市电子政务工程建设管理办法》，2019年共审核市直18个单位30个项目，评审项目资金11338.65万元，审减资金1966.14万元，并完善项目设计实施方案。

【智慧城市建设】 张家界市于2019年7月编制发布《张家界市智慧城市建设总体规划(2018~2022年)》，规划设计涵盖1个城市大脑中心(即智慧城市综合运营指挥调度中心)、3个基础支撑平台、9个统一应用平台和33个智慧化行业应用，覆盖政府宏观调控、市场监管、公共服务、社会管理、环境保护等五大智慧化应用体系，总投资估算为13.9亿元人民币。张家界市按照"智慧高效、全域覆盖"的要求优先推进智慧城市建设，至2019年底，智慧城市建设步入"快车道"。到2019年底，张家界智慧城市建设累计投资达到6.65亿元。其中，2018年底以前累计投资4.79亿元，2019年度完成投资1.85亿元。1个城市大脑中心即智慧城市综合运营指挥调度中心正在建设。3个基础支撑平台:云计算存储、数据交换共享、智慧城市基础网络平台全部建成提供支撑。9个统一应用平台:统一的云计算大数据中心平台、政务外网平台、统一的政务服务3个平台已建成使用;统一的旅游大数据平台、统一综合治理平台、统一市场监管平台、统一的物联感知平台、统一的应急指挥平台,统一的民生服多平台等6个平台正在建设。33个智慧化行业应用项目建设稳步推进，其中，智慧政务、智慧旅游、智慧公安、智慧公积金、智慧信访、智慧国土、智慧党建、智慧综治等8个智慧应用初见成效；智慧交通、智慧城管、智慧应急、智慧公共资源交易、智慧司法、智慧教育、市场监管平台、智慧纪检、智慧民政等9个项目已启动建设;其他16个应用纳入下一阶段实施。(本栏撰稿 熊先武)

综合调研工作

【概况】 2019年，市政府研究室树立文稿标准和精品意识，严把文稿构思关、选材关、起草关和修改关，确保文稿质量，打造精品力作。全年起草市政府主要领导参加重大活动致辞汇报以及市委全会、市委经济工作会、市政府全会讲话等各类文稿400余篇。其中，高质量起草2020年《政府工作报告》，《践行绿色发展理念 建设生态美丽张家界》文章在2019年湖南两型社会与生态文明建设报告中予以发表，《理旧事解难事办实事》集中攻坚的工作经验在湖南日报、潇湘晨报等媒体刊载推介。聚焦全市中心工作、群众关注的热点焦点和工作推进中的难点问题，积极开展调研，完成《张家界市银行业税收情况调研报告》《张家界市民营经济发展情况调研报告》《着力优化产业结构 推动经济高质量发展》《张家界西线旅游调研报告》等近10篇重大课题调研，起草《张家界市加强政府执行力建设九条规定(试行)》等市政府文件，大部分调研成果进入领导的决策视野，成为市政府的决策参考。发挥以刊辅政作用，编发《经济工作通报》2期、《调查与研究》5期、《张家界政报》12期，做到零差错，发挥发布政令、公开政务、指导工作、服务社会的功效。

【机构改革】 2019年1月25日，张

家界市人民政府研究室正式成立，对外加挂市政府金融工作办公室牌子，主要承担综合调研和金融工作。设主任1名、副主任2名；内设办公室、综合调研一科、综合调研二科、银行保险科、资本市场与金融监管科5个科室和市政府研究室信息中心；共核定行政编制8名，全额事业编制2名。

（本栏撰稿　向恩远）

政务服务工作

【概况】2019年，张家界市政务管理服务工作以"一件事一次办"改革为统领，统筹强化线上线下服务效能，进一步提升为民办实事水平，市级统筹、部门协同、整体联动、线上线下融通的新型政务管理服务体系基本形成，政务管理服务工作质量提升，营商环境不断改善优化，"一件事一次办"事项各项申请材料减少28%，办理环节减少72%，办理时限减少50%，跑动次数减少73%，企业和群众获得感增强。

【政务服务体系建设】2019年，全市政务管理服务体系基本建立。张家界市结合实际，不断创新政务管理服务工作机制。根据全省机构改革精神，2019年1月，成立张家界市行政审批服务局，挂牌在市政府办公室，由市政府秘书长兼任局长；区县参照此模式进行改革。2019年12月，市政府第72次政府常务会研究决定，由市政务服务中心全面承接市行政审批服务局工作职能，除政务服务工作外，还牵头负责"放管服"改革、行政审批制度改革、政务公开等工作。搭建市、区县政务服务大厅、乡镇（街道）便民服务中心和村（社区）代办点四级实体政务服务平台，全市统一的"互联网+政务服务"一体化平台，建成"两集中两到位""一窗受理、集成服务"的政务服务运行机制和"好差评""红黄牌"的审批服务监督监管机制，基本形成市级统筹、部门协同、整体联动、线上线下融通的新型政务管理服务体系。

【"一件事一次办"改革】2019年，"一件事一次办"改革牵引作用充分发挥。张家界市以"一件事一次办"改革为总抓手，在协同高效、业务融合上下功夫，在跨域通办、智能导办上求探索，不断提升审批便利度和百姓满意度。一是围绕"一件事一次办"目标，推动审批流程再造。分四批公布206件"一件事一次办"事项，通过对办事环节精简、申请材料和各类表单归集整理等，各项申请材料减少28%，办理环节减少72%，办理时限减少50%，跑动次数减少73%，企业群众办事基本实现"只跑一次"或"一次都不跑"。二是强化窗口集成，推行"一窗服务"。在商事登记服务大厅开设"一件事一次办"专窗，对涉照事项进行集中办理，分类别实行容缺办、承诺办，减少审批时限，让企业群众到"一个窗"跑"一次"就能把"一件事"办好。三是探索推行跨层级办。在永定区开展乡镇便民服务中心赋权试点工作，将接件权限下放到乡镇街道，形成乡镇街道接件、区直单位审核的"一件事一次办"套餐服务模式，并在全区所有村居设立234个便民服务代办点，让群众在家门口就能办好事、办成事。

【政务服务大厅管理】2019年，政务服务大厅集成服务能力显著提升。85%以上市本级政务服务事项纳入市政务服务大厅办理，企业群众办事基本实现"只进一扇门"。积极推行"一窗受理、集成服务"，28个市直部门694件政务服务事项纳入综合服务窗口实现"一窗通办"，水、电、气和有线电视等与投资建设项目实现并联审批。大厅全面推行帮办服务，为群众和企业提供"一对一"式贴心服务，市投资建设联合审批中心整体入驻投资项目联合审批大厅并设立"帮代专窗"，负责对重大投资项目进行全程帮办。全面推行政务快递免费送达业务，只要办事群众在办件时选择快递送达办理结果，窗口就会委托EMS快递将相关文书寄给对方，所有费用由政府买单。4个区县均按照"一门式""一站式"要求建立政务服务大厅，全市共建成78个乡镇（街道）便民服务中心，1026个村（社区）便民服务代办点，并明确下放的服务事项。

【"互联网+政务服务"一体化平台】2019年，"互联网+政务服务"应用不断扩展。按照"马上办、网上办、就近办、一次办"相关要求，发挥"互联网+政务服务"优势，不断优化办事功能，丰富应用场景，建成以市政府门户网站为主的网上政务服务渠道，并推动政务服务向"两微一端"和基层延伸应用。上线"张家界市政务服务旗舰店"，完成企业信息查询、信用查询、公积金查询等20个查询类接入运用，实现30万办件数据向省一体化平台汇聚。自助服务终端实现"有房/无房证明"、个人征信查询、交通违规查询办理及公共服务事项（电、燃气、部分学费）自助终端缴费等功能，上线"张家界政务通"微信服务号并完善和优化预约取号、查询办件信息、投诉咨询等办事功能，着力推进"网上办"向"掌上办"升级，让群众办事更加方便快捷。"一张网"能力逐步提升，一体化平台基本实现市、区县、乡镇（街道）三级联通，完成与所有市级自建系统和6个省、部级系统对接，19个无自建系统部门直接使用一体化平台。数据安全进一步保障，聘请第三方检测机构对一体化平台进行信息系统等保三级测评，通过公安部门三级等保备案，有力保障系统网络正常运行和政务数据安全。

【监督监管机制建设】2019年。全方位监督监管机制逐步健全。建成政务服务"好差评"系统，建立完善"差评"处置机制，推进评价实现事项、服务渠道、办理流程三方面全覆盖，鼓励群众"吐槽"，变政府"自我评"为"大众一起评"。依托省行政效能电子监察系统，对办件"红黄牌"情况进行监管，评价满意度100%。以公开促透明，在政务服务旗舰店开设统一互动交流入口和在线办事入口，增设"小微企业和个体工商户服务专栏"，集中公布国家、省、市涉企政策信息及监督电话，让企业群众看得到、看得懂、能办事、能监督。

（本栏撰稿　周明尧）

民族工作

【概况】2019年，张家界市民族工作创

新发展,全市民族团结进步工作取得新成效,为确保全面建成小康社会,助力张家界经济高质量发展做出新贡献。

一、全面贯彻落实党的民族工作政策。深入学习习近平总书记关于开展“不忘初心、牢记使命”主题教育、关于巡视工作、关于民族宗教工作、关于湖南工作重要讲话和指示精神,将民族政策和法律法规纳入党委中心组学习、党校(行政学院)教学内容。积极组织开展新中国成立70周年庆祝系列活动,在2019年国庆前夕,将国家颁发给张家界市9名全国民族团结进步模范个人的“庆祝中华人民共和国成立70周年”纪念章送到获奖者家中。

二、扎实推进民族团结进步创建活动。认真贯彻落实中央《关于全面深入持久开展民族团结进步创建工作,铸牢中华民族共同体意识的意见》(中办发〔2018〕65号)和湖南省《关于全面深入持久开展民族团结进步创建工作铸牢中华民族共同体意识的实施方案》(湘办发〔2019〕18号),积极推动张家界市民族团结进步示范点建设,桑植县刘家坪红二方面军长征出发地纪念馆被国家民委授予“全国民族团结进步教育基地”,慈利县大峡谷风景管理处被国家民委评为全国“民族团结进步创建示范单位”,桑植县马合口白族乡、永定区崇文街道思善桥社区被评为“全省民族团结进步创建示范单位”。2019年9月27日,在全国民族团结进步表彰大会上,张家界市民族宗教事务局、武陵源区民政局长郭仲清、桑植县水利局长谷国生、慈利县金岩土家族乡党委书记万正红被国务院授予全国民族团结进步模范集体和模范个人荣誉称号。

三、助力民族地区经济社会发展。张家界市民族宗教事务局联合吉首大学开展民族乡产业发展调查和少数民族特色村镇保护与发展情况调研,形成少数民族特色旅游产业发展规划的调查报告。2019年3月,张家界市民族宗教事务局侯全胜副局长牵头组织开展的《关于武陵山片区民族客栈建设情况的调研报告》获得国家民委社会科学研究成果奖。2019年度,市民族部门积极向上争取落实少数民族发展资金和散居少数民族项目资金3269万元,支持民族地区经济社会发展。

四、保护传承和发展民族优秀文化。2019年,认真组织开展普通高校招生享受民族优惠政策审核工作,全市共有9122名考生通过审核享受民族优惠政策加分。积极弘扬和传承民族文化,投入资金75万元,支持民族传统文化挖掘与保护和少数民族体育基地建设。着眼加强文旅融合,组织对文化专家考察队对武陵源古铺驿文化进行全面挖掘和论证,形成《张家界古铺驿文化资源调研报告》。

【张家界市民族宗教机构改革】2019年1月25日下午,张家界市民族宗教事务局挂牌仪式隆重举行。市政府副市长、公安局局长谢振华揭牌并致辞,新机构负责人李林作表态发言。此次机构改革,原张家界市民族宗教事务委员会改为张家界市民族宗教事务局,桑植县、慈利县、永定区单设民族宗教事务局,武陵源区民族宗教机构与区委统战部合并,对外加挂武陵源区民族宗教事务局牌子。

【张家界市1个集体、3名个人获“全国民族团结进步模范集体”和“模范个人”】2019年9月27日,在全国民族团结进步表彰大会上,张家界市民族宗教事务局被国务院授予“全国民族团结进步模范集体”,武陵源区民政局长郭仲清、桑植县水利局长谷国生、慈利县金岩土家族乡党委书记万正红被国务院授予“全国民族团结进步模范个人”称号。其中谷国生代为张家界市唯一代表赴京出席在人民大会堂举行的表彰大会,并应邀出席中华人民共和国国庆观礼活动。市委书记虢正贵、市长刘革安先后接见模范集体代表和模范个人。

【张家界市9名“全国民族团结进步模范个人”荣获“庆祝中华人民共和国成立70周年”纪念章】为庆祝中华人民共和国成立70周年,中共中央、国务院、中央军委决定向为党和国家做出突出贡献的个人颁发“庆祝中华人民共和国成立70周年”纪念章。2019年9月,张家界市陈美林、李培登、庹年玖等9人先后被国务院授予第二次、三次、四次、五次、六次“全国民族团结进步模范个人”的个人获发该纪念章。（本栏撰稿　罗长跃）

宗教工作

【概况】2019年,张家界市认真贯彻党的宗教工作基本方针,切实维护宗教领域和谐稳定。

一、贯彻落实上级重大决策部署。张家界市委常委会先后4次听取宗教工作汇报,学习传达中央统战工作领导小组会议精神,省委统战工作领导小组关于巡视整改反馈意见,省委常委、省委统战部长黄兰到张调研宗教工作讲话精神,研究部署张家界市宗教工作,协调解决宗教领域重点难点问题。张家界市宗教工作领导小组对宗教工作领导小组成员单位和区县宗教领域难点问题进行现场交办。2019年7月上旬,市宗教工作领导小组调整合并为市委统战工作领导小组,进一步加强工作保障。坚持将习近平总书记关于宗教工作的重要论述、宗教政策法规纳入各级党委(党组)中心组学习内容,纳入全市干部教育培训体系和各级党校、(行政学院)、社会主义学院主体班教学内容。2019年4月12日,邀请全国人大常委、原中国科学院宗教研究所所长卓新平教授为市委理论学习中心组进行宗教专题辅导。

二、宗教工作法治化水平不断提升。2019年3月26日,在张家界日报开展《宗教事务条例》专题宣传。2019年4月上旬印发《宗教工作应知应会》1000余份,并进行1000余人的理论测试。2019年4月26日,举办一期全市宗教干部培训班,邀请云南大学、省民宗委专家作专题授课辅导,60多名宗教系统干部参训。推进“互联网+政务”事项的梳理,实现行政审批服务事项的网上流程公布和网上网下一体化办理。对重点区县宗教场所财务管理情况进行自查。积极引导有条件的宗教活动场所开设单位银行账户,聘请专业人士管理财务账目,规范场所财务管理制度。

三、切实维护宗教领域和谐稳定。2019年,开展宗教活动场所审批情况自查整改，成立工作领导小组，印发《张家界市宗教活动场所审批建设问题整改工作方案》，对2013年以来张家界市宗教场所审批、建设情况及安全生产现状进行全面摸底整改。对部分基督教私设聚会点开展联合执法取缔，完成基督教私设聚会点治理。完善宗教抵渗工作机制，及时处理境外宗教渗透和非法传教案件。

四、积极引导宗教与社会主义社会相适应。制定下发宗教团体建设的意见，指导市道协、永定区基督教三自爱国运动委员会开展换届工作。召开宗教界代表人士座谈会，举办宗教人士培训班，广泛听取宗教界代表人士的意见建议。深入开展宗教界“五进五好”、和谐寺观教堂创建活动，指导各宗教活动场所积极开展庆祝中华人民共和国成立70周年系列庆祝活动。2019年12月30日，市委统战部、市民族宗教事务局联合发言表彰喻盅敏等4名市级创建和谐寺观教堂先进个人和张家界基督教福音堂等2个先进集体。积极支持宗教团体开展慈善公益活动，指导湖南洗心慈善基金会在张家界扶贫助学开展捐赠活动，2019年，张家界市宗教界捐款共计35万余元。

五、夯实宗教基层基础。将宗教工作纳入区县党委政府绩效考核内容和综治、驻村帮扶、基层党建、乡村振兴战略等考核内容。完善宗教工作三级网络和两级责任制，全市78个乡镇(街道)明确乡镇(街道)分管领导、宗教工作专干，1017个村(居)明确宗教工作联络员。

【市委理论学习中心组专题授课辅导】2019年4月12日，邀请全国人大常委、原中国科学院宗教研究所所长卓新平教授在市委礼堂为市委理论学习中心组进行宗教专题辅导，市级领导、市直各单位负责人、区县分管宗教工作的人员共计300余人参加学习。

【市宗教团体换届选举】2019年12月29日，张家界市道教协会在武陵源区国宾酒店召开第四届代表大会暨换届选举大会，产生新一届协会班子，施海华当选新一届市道教协会会长。

【宗教团体开展慈善公益活动】积极支持宗教团体开展慈善公益活动。2019年4月16日，组织湖南洗心慈善基金会为张家界捐赠扶贫助学金14.6万元。全年张家界市宗教界捐赠善款共计35万余元。

（本栏撰稿　褚宏祺）

外事侨务工作·港澳工作

【外事工作概况】2019年，全市外事部门在服务国家总体外交、服务“一带一路”建设、服务构建人类命运共同体、服务“对标提质、旅游强市”战略方面扎实工作。

对外交流活动。积极主动开展对重点国家和周边国家工作。配合省委、省人民政府对外工作，市、区县派出团组访问日本、韩国、泰国、缅甸、老挝、马来西亚、越南、美国等，加强友好城市、旅游文化和经贸投资等领域合作交流。支持“魅力湘西”演艺团赴国外巡演。配合争取部分外国人旅游团队144小时入境免签政策。选派公务员赴韩国河东郡学习交流。组织青少年交流团赴韩国、泰国、日本交流，协助吉首大学启动开设老挝留学生班工作。为社会组织和企业举办黄龙音乐季、亚洲捷兔慢跑会、国际旅游诗歌节、世界翼装飞行锦标赛等国际赛事活动提供外事支持。全年因公临时出国32批80人次，其中党政干部47人次(厅级领导4人次)、企事业单位33人次，自组团6个。主要因公出国活动有：5月9日至13日，市委副书记、市长刘革安率团赴泰国曼谷、春武里、芭堤雅开展旅游促销和友城交流活动，省委副书记乌兰见证相关活动；7月16日至21日，市人大常委会副主任、武陵源区委书记朱用文率6人团赴美国开展友城交流活动，在美国得克萨斯州休斯敦参加第四届中美友城大会开幕会，与美国国际姐妹城协会副董事长卡萝尔·洛佩斯进行会面，并向其赠送纯手工制作的“张家界礼物”，再赴友好城市圣达菲市访问，拜会圣达菲市市长阿兰·韦伯（Alan Webber)，双方在市政大厅会议室进行友好会谈；6月30日至7月10日，副市长李培其率代表团赴阿塞拜疆首都巴库参加第43届世界遗产大会，武陵源世界自然遗产保护工作顺利通过大会专家审查；10月28日至11月1日，由永定区委常委、区委宣传部部长龚颜任团长，慈利县委常委、县委统战部部长李勇任副团长，永定、慈利外事办派员参团，赴日本爱媛县松山市参加第21届中日韩友好城市交流大会。(5)5月19日至29日，武陵源区副区长、张家界武陵源风景名胜区和国家森林公园管理局副局长秦进廷率团赴老挝、柬埔寨、越南三国六地开展旅游促销活动，在金边市和胡志明市举行张家界旅游产品推介会，拜访老挝新闻文化旅游部、柬埔寨暹粒省旅游局和越南胡志明市旅游厅等国家和地方文化旅游部门，与万象老挝湖南商会和琅勃拉邦中国商会举行会谈，参访老挝唐人国际文化旅游发展有限公司和越南河内航空旅游有限公司。

国际友好城市工作。市委书记虢正贵、市长刘革安多次与韩国河东郡郡守、日本鸣门市市长、甲贺市市长、乙部町町长、法国艾克斯莱班市、韩国庆州市等互致信函祝贺节日、交流工作。市长刘革安、市人大常委会副主任、武陵源区委书记朱用文先后率团赴泰国芭堤雅、美国圣塔菲市开展友城交流活动。7月30日，日本德岛县青少年体育参访团在张家界市杨家溪体育公园体育馆与张家界市初、高中生乒乓球爱好者进行乒乓球友谊赛。12月9日，在丝绸之路友好城市协作体2019年(张家界)年会上，张家界市与老挝琅勃拉邦市、蒙古东戈壁省、塔吉克斯坦古利斯通市、立陶宛维萨吉纳斯市、意大利威尼托大区古城墙城市联盟、乌克兰利沃夫市、尼泊尔布达尼坎塔市、立陶宛乌克梅尔盖市、阿塞拜疆加拉达市、阿塞拜疆舍基市10个城市签署建立友好城市关系意向书。12月16日，通过邮签张家界市与法国艾克斯莱班市签订友好城市协议，张家界市正式友城增至5对。张家界市与泰国芭提雅市、奥地利莫尔比施市建立正式友好城市关系已获全国友协批准；与菲律宾卡拉奥坎市、罗马尼亚比斯特里察市缔结友好城市关系已获得省政府批准，尚待全国友协批复；与印度奈尼塔尔市、韩国庆尚北道庆州市、巴西伊瓜苏市、美国斯波坎市、巴基斯坦卡拉奇市的友城工作启动前期工作;正在与印度阿格拉市、德国黑森州南部 Bergstraβe 县进行友好接触。

涉外管理工作。建立工作机制,妥善处理韩国、马来西亚、印度尼西亚游客在张家界市旅游期间死亡、在越南投放旅游宣传册引发纠纷等7件涉外事件。完善外国人到张家界邀请工作管理制度,全年办理邀请函7批12人次,邀请核实单14批92人次。受理审核外国记者到张家界采访3批22人次。协助处理张家界市市民12月29日在菲律宾死亡善后工作。

港澳工作。因公出境管理与服务,注重把好政策关,指导各单位公职人员办理因公赴港澳手续,保证公务出访顺利进行。精心做好市级领导赴港澳服务工作,配合市商务局做好市领导参加在香港、澳门和深圳举办的“湖南——粤港澳大湾区投资贸易洽谈周”活动。办理粤港澳大湾区“港洽周”出境审批,组织出境团组1批11人。协同相关单位为在张港澳资企业发展营造良好环境,持续做好涉港澳同胞和企业权益的协调维权工作,推动张家界与港澳地区交流交往。(胡长品)

【外事机构改革】2019年,张家界市按照省委批准的《张家界市机构改革方案》,张家界市外事港澳侨务机构与原旅游和外事侨务委员会同步改革,3月份外事港澳侨务机构从政府序列划转到党委序列,成立中共张家界市委外事工作委员会,市委书记虢正贵任主任,市委副书记、市长刘革安和市委副书记刘绍建任副主任,委员由相关市级领导和部门主要负责人担任,市委外事工作委员会办公室设市委办公室,加挂张家界市人民政府外事办公室、张家界市人民政府港澳办公室牌子,市委副秘书长、市委办公室常务副主任兼任市委外事办公室主任,设国际交流科、涉外管理科、港澳事务科。4月中旬,原市旅游和外事侨务委员会从事外事工作人员完成转隶市委办公室(市委外事办)工作。同时,区县成立党委外事工作委员会及其办公室,由区县委办公室常务副主任担任外事办主任。市、区县两级外事机构改革如期完成。(胡长品)

【外事工作机制】2019年,中共张家界市委外事工作委员会及其办公室领导机制、议事机制、工作机制、专项工作联系机制确立。市、区县外事部门和涉外单位坚持在授权范围内开展工作,涉外和涉港澳工作重大活动、重要情报、重大举措,及时主动向省委、市委外事办请示汇报,始终坚持把维护政权安全、制度安全放在第一位。全市外事部门按照市委“不忘初心,牢记使命”主题教育活动领导小组要求,扎实开展“不忘初心,牢记使命”主题教育活动,形成对外人文交流工作调查报告和对外人文交流工作行动方案,全市外事港澳“一盘棋”的格局基本形成。(胡长品)

【全市涉外工作会议】2019年7月3日,张家界市召开全市涉外工作会议,研究保障市民出境旅游安全工作,对全市涉外工作进行部署。相关部门负责人参加会议。(胡长品)

【全市外事工作座谈会】2019年7月26日,张家界市委外事工作委员会召开全市外事工作座谈会,对机构改革以来全市外事工作进行总结和下半年工作进行安排。市直单位联系外事港澳工作的负责人和人事科长、外事联络员,区县外事办主任和工作人员参加会议,各区县委外事办介绍机构改革和外事工作推进情况。会议对外事港澳工作业务知识进行培训。(胡长品)

【丝绸之路友好城市协作体2019年(张家界)年会】2019年12月9~10日,丝绸之路友好城市协作体2019年(张家界)年会在张家界碧桂园凤凰酒店举办,年会由张家界市政府、中国友谊促进会、丝绸之路国际总商会主办,由丝绸之路友好城市协作体秘书处、张家界市人民政府外事办公室、张家界市文化旅游广电体育局、张家界市贸促会承办。本次年会以丝绸之路友好城市协作体为平台,以“对话绿水青山,共谋城市发展”为主题,旨在推动成员间人文交流、经贸合作、文化互鉴、共同发展。来自25个国家和地区的53个城市会员代表、友好城市代表、国际组织代表、专家学者、投资商和企业代表共223人参加,其中外国嘉宾76人。本次年会包括开(闭)幕式、全体会议、平行论坛、中外企业对接会等9项活动。9日上午,举行开幕式和全体会议。开幕式上,副省长何报翔,全国人大代表、丝绸之路国际总商会主席吕建中,玻利维亚前副总理亚历山大·托莫夫,乌克兰经济、贸易与农业部副部长因娜·梅捷廖娃,中国友谊促进会副秘书长邱军,意大利威尼托大区古城墙城市联盟主席及蒙特尼亚纳市市长劳雷塔娜·宝盖珊等先后致辞。市委书记虢正贵宣布年会开幕,市委副书记、市长、丝绸之路友好城市协作体首任轮值主席刘革安主持开幕式。全体会议由丝绸之路国际总商会副主席兼秘书长李中航主持,乌兹别克斯坦政府民族关系和对外友好关系委员会主席库尔班诺夫·鲁斯塔姆贝克·扎夫达托维奇,希腊雅典市前副市长、雅典市东西方城市治理研究所董事会主席亚历山大·莫迪亚诺发表演讲。12月9日下午,举行丝绸之路友好城市协作体会员大会和张家界市友好城市座谈会、文商旅融合与高质量发展论坛、中国——乌兹别克斯坦企业对接会三场平行论坛。9日晚上,举行丝绸之路友好城市协作体会员大会闭幕式和招待晚宴。10日,参加年会的嘉宾参观张家界大峡谷景区、武陵源旅游区,观看《张家界·魅力湘西》旅游文化演出。11日,中外嘉宾陆续返程。本次会议吸收7个新成员,会员城市达到65个。张家界市与老挝琅勃拉邦市等10个城市签署建立友好城市关系意向书。《人民日报》(含海外版)、人民网、《光明日报》《经济日报》《中国日报》、中央人民广播电台、中央电视总台、中新社等媒体相继对年会进行报道,媒体发稿超过30家。(胡长品)

【外交部湖南全球推介活动展示精彩张家界】2019年9月12日下午,以“新时代的中国:创新湖南,融入世界”为主题的外交部第20场省区市全球推介活动在外交部蓝厅举办。张家界武陵源风光图片制作成巨幅背景墙在外交部蓝厅展示，参加活动的145个国家的驻华使节、国际组织驻华代表以及工商界代表、中外媒体记者纷纷在背景墙驻足欣赏、合影留念，《中国日报》英文版于推介活动当天以8连版特刊刊登张家界风光照片《峰林叠翠》，产生极大国际影响，相关话题全网总阅读量超过90亿。（胡长品）

【重大外事接待活动】2019年，张家界市重大外事接待活动有：

2月25~26日，韩国驻武汉总领事金永瑾一行到张家界市访问。26日，市委书记、市人大常委会主任虢正贵会见总领事一行，双方就旅游发展及安全问题进行深度交流。市委常委、市委秘书长单铸飞，市公安局局长、副市长谢振华参加会见。

4月24~26日，日本乙部町议长大坂裕康访问张家界。26日，市委副书记、市长刘革安会见大坂裕康，双方就进一步加强两地交流合作进行亲切交谈。

5月7日，市委书记、市人大常委会主任虢正贵会见澳门特区检察院检察长叶迅生一行。澳门特区检察院助理检察长马翊、江志等一行随同到访；最高人民检察院国际合作局副厅级检察员龙梅，湖南省人民检察院党组成员、副检察长朱必达，市委常委、市委秘书长单铸飞，张家界市人民检察院党组书记、检察长赵荣参加会见。

7月4日下午，市委书记、市人大常委会主任虢正贵会见韩国首尔市芦原区议会议长李庚哲一行。双方期望在文化和旅游等领域密切交流合作，取得更多成效。深化拓展多领域全方位交流，实现共赢发展。李庚哲议长带领议员和芦原区民俗艺术团到访，进一步增进友谊。市人大常委会党组书记、常务副主任余怀民，市人大常委会副主任弈宝明，市人大常委会副主任、武陵源区委书记朱用文，市人大常委会副主任向锦云参加会见和相关活动。

9月24日，市人民政府副市长欧阳斌会见到张家界市访问的巴基斯坦黎明报业执行董事法希姆·扎曼·汗一行。市政协副主席王光明参加会见。

10月16日，博鳌亚洲论坛理事工作会议理事、咨委代表访问张家界。博鳌亚洲论坛理事长、联合国第八任秘书长潘基文及夫人柳淳泽，博鳌亚洲论坛副理事长、十二届全国政协副主席、中国人民银行原行长周小川，博鳌亚洲论坛秘书长、中国外交部原副部长李保东，美国前商务部长卡洛斯·古铁雷斯，瑞安集团主席罗康瑞及夫人朱玲玲，泰国前副总理素拉杰·沙田泰，欧盟委员会前主席、意大利前总理罗马诺·普罗迪(H.E. Romano PRODI)及夫人 Mrs Flavia，沙特基础工业公司东北亚地区副总裁李雷(Mr LI Lei)及夫人李源等参观武陵源。潘基文感叹“张家界的美丽是令人敬畏和令人惊叹的”，题词：“地上最高绝景——张家界”。省政协副主席戴道晋，市委书记、市人大常委会主任虢正贵陪同考察，市政协主席汪业元，市委常委、市委秘书长单铸飞，副市长欧阳斌参加相关活动。

11月7日，市委书记、市人大常委会主任虢正贵会见印尼西爪哇市市长杰杰、印尼捷兔会总主席林启安先生等到张家界参加第17届亚洲捷兔慢跑会的印尼捷兔慢跑组委会成员。市委副书记、市长刘革安，市委常委、市委秘书长单铸飞，副市长欧阳斌参加会见和第17届亚洲捷兔慢跑会相关活动。

11月13日下午，市委书记、市人大常委会主任虢正贵会见到张家界市访问的韩国河东郡议会议长慎在范一行，双方就加强和推进两地之间的交流合作进行亲切交谈。市人大常委会党组书记、常务副主任余怀民，市人大常委会副主任吕毅参加会见。（胡长品）

【港澳侨务工作概况】2019年，张家界市有涉侨人员10525人，其中归侨27人、侨眷1984人、海外华侨316人、华人239人、港澳居民308人、港澳眷属956人、侨属6695人。

一、基础工作。认真开展归侨学生、归侨子女、华侨在国内的子女考生(以下简称“三侨”考生)参加高考信息登记。做好2019年“三侨”考生认定、登记、报送工作，为保证“三侨”考生能享受国家高考加分政策，组织区县委统战部对“三侨”考生进行认定、登记。规范涉侨行政行为。深化“一件事一次办”、“简证便民”改革行动。依法梳理侨务政务事项，制定华侨回国定居审批、归侨侨眷身份认定、华侨身份证明、“三侨”考生身份确认、华侨捐赠公益事业项目备案的办事指南、工作流程图等，将事项全部进驻到市政务服务大厅办理。经市本级“互联网+政务服务”工作绩效评估，网上可办率达100%。组织开展侨情调查。组织开展全市侨情调查，制定并印发《全市侨情调查工作方案》，成立市侨情调查工作小组。召开全市侨情调查工作会、开展侨情调查业务培训及为期两个月的侨情调查、形成调查报告。

二、统筹协调。组织协调有关部门做好保护归侨、侨眷合法权益的工作。2019年5月，市人大常委会对《中华人民共和国归侨侨眷权益保护法》《中华人民共和国归侨侨眷权益保护实施办法》《湖南省实施（中华人民共和国归侨侨眷权益保护法）办法》(以下简称“一法两办法”)贯彻实施情况开展执法检查。组织协调全市涉侨相关职能部门和社会团体就做好保护归侨、侨眷的合法权益的工作情况进行自查，形成《关于全市归侨侨眷权益保护“一法两办法”贯彻实施情况报告》。对照2019年8月30日市七届人大常委会第二十二次会议审议意见以及“一法两办法”贯彻实施中存在的问题制定研究处理方案，并按照方案及时整改落实到位。

三、联络沟通。加强与侨界人士的联络交流，组织开展2019年春节慰问活动，走访慰问归侨侨眷15户，累计发放慰问金7500元。加强张家界与香港的交流，邀请香港特区政府驻武汉经贸办事处副主任程和木到位张家界市考察，双方就张家界与香港旅游文化经贸、港资企业在张家界运营、港人在张家界权益维护情况等情况进行交流，通过交流进一步加强两地政府之间的联系合作。

（甘征宇　李英豪　刘　潇）

【侨务工作机构改革】2019年，张家界市为理顺侨务工作体制，加强党对侨务工作的集中统一领导，根据《中共湖南省委办公厅湖南省人民政府办公厅关于印发(张家界市机构改革方案)

的通知》(湘办发〔2018〕55号),将原市旅游和外事侨务委员会的侨务工作和管理职责,整体划入市委统一战线工作部(以下简称"市委统战部"),加挂市人民政府侨务办公室(以下简称"市侨办")牌子。市侨办主任由市委统战部常务副部长兼任,配设港澳台侨工作科,2019年3月完成工作职能划转和人员转隶。

市委统战部(市侨办)涉及港澳台侨工作职责为统一领导全市海外统战工作,牵头开展港澳统战工作,开展对台统战工作;联系香港、澳门、台湾有关党派、团体及代表人士,联系海外有关社团及代表人士,做好台胞、台属有关工作;做好统一战线外事管理工作。统一管理全市侨务工作,贯彻落实党的侨务工作方针政策,负责拟订侨务工作规划并组织协调、督促检查落实;调查研究国内外侨情和侨务工作有关情况,管理侨务行政事务,统筹协调有关部门和社会团体涉侨工作,联系海外有关侨团和代表人士,指导推动涉侨宣传、文化交流、华文教育等工作,保护华侨和归侨侨眷在国内的合法权益。区县委统战部均明确一位副部长分管侨务工作,设港澳台侨工作组并配备组长。乡镇、街道由党(工)委统战委员负责相关工作。

(甘征宇　李英豪　刘潇)

【张家界市侨联工作概况】 2019年,市侨联认真贯彻落实中共十九大与十九届二中、三中、四中全会和上级侨联工作会议精神,较好地完成年度工作任务。

一、筹备召开全市第四次侨代会。根据全省侨联改革精神和市委统一部署,全市侨联改革方案于4月24日予以印发。方案明确全市侨联的工作重点、改革路线图、市侨联领导班子结构和内设机构等,明确以召开全市第四次归侨侨眷代表大会为全市侨联改革突破口。依据全市侨联改革方案和市委统一战线工作领导小组2019年第一次全体会议精神,在省侨联的指导和各区县侨联的支持下,市侨联于11月全面启动全市第四次归侨侨眷代表大会的筹备工作(上旬完成75名代表的推荐、中旬完成34名委员和15名常委的考察等)。12月底如期召开全市第四次归侨侨眷代表大会和市侨联四届一次全委会议,选举产生由4名副主席、1名秘书长、15名常务委员、33名委员组成的市侨联第四届委员会领导机构。

二、加大直接联系服务群众力度。全年走访慰问34户侨眷属,走访侨联委员、常委、副主席等20人,走访结对帮扶户130多户次,争取省扶侨专项资金4万元,申报省重点帮扶对象4个。妥善处理市华侨投资服务中心工作人员陈国梁社保缴纳、解聘、编制注销、档案转递等事宜。切实开展全市基层侨联"侨胞之家"建设情况调查、"降低实体经济企业成本"政策在涉侨企业落实情况的调研;积极配合市人大常委会开展《中华人民共和国归侨侨眷权益保护法》《湖南省实施(中华人民共和国归侨侨眷权益保护法)办法》执法检查等。

三、助力张家界经济社会发展。一是服务经济发展。紧紧围绕市委市政府"对标提质、旅游强市"战略实施,在加强对侨界群众思想政治引领的同时,主动服务张家界市经济社会发展。通过规范市侨商会办公场所、财务管理,积极推荐湖南省侨商会会员(其中副会长1名、常务理事2名、理事6名),热情接待到张家界投资考察团(近10批次)等,促成澳门君天集团占地17.12公顷的张家界"天空之眼"地标建筑项目落地。二是拓展海外联谊。7月,成功承办来自8个国家102名营员参加的2019"寻根之旅"华裔青少年夏令营活动,获得各界好评。夏令营活动的相关新闻被10多家传统媒体报道,夏令营一行及亲朋好友通过微信、QQ、FaceBook等广泛转载宣传,张家界在营员及其亲朋好友中留下深刻印象,进一步提升张家界知名度。三是积极参政议政。认真组织侨界人大代表、政协委员积极参加全市"两会",撰写提(议)案7件、社情民意3件。积极办理市人大第154号议案,代表满意率100%。

(尹日初)

【出台全市侨联改革方案】 2019年3月28日上午,市委书记、市人大常委会主任、市委全面深化改革委员会主任虢正贵主持召开市委全面深化改革委员会第一次会议。会议明确:原则同意全市侨联改革方案(审议稿),根据会议意见修改后,按程序发文,抓好落实。4月24日,市委办印发全市侨联改革方案。

(尹日初)

【妥善处理市华侨投资服务中心遗留问题】 市华侨投资服务中心为1997年2月成立的市侨联下属自收自支事业单位,有编制2个。1997年调入工作人员1名(陈国梁),该工作人员于2012年与市侨联失去联系,市侨联于2014年登报联系陈国梁未果。《张家界市市直从事生产经营活动事业单位改革工作方案》将市华侨投资服务中心列入第一批改革单位,明确要求应于2017年底前改革到位。经过多方努力,市侨联办公室于2017年9月联系上陈国梁并达成关于养老保险缴纳等内容的初步协议,2018年1月,市侨联印发《张家界市华侨投资服务中心改革工作方案》。2018年底,省委第二巡视组就市华侨投资服务中心等5家单位的改革工作进行督办。2019年3月市侨联就陈国梁事宜召开党组(扩大)会议2次;4月,市侨联在市编办、市人社局、市社保局的支持下,为陈国梁办理社会养老保险接续手续(2018年1月之后由陈国梁供职的长沙某公司缴纳);9月,经市侨联党组决定,按程序经过市委统战部、市人社局、市委编办同意后完成陈国梁解聘合同签字、编制注销、档案转递等事宜。

(尹日初)

【2019"寻根之旅"夏令营——湖南张家界营活动】 6月,张家界市侨联成功申报2019"寻根之旅"海外华裔青少年夏令营——湖南张家界营活动。7月12日至21日,来自美国、加拿大、德国、法国、瑞士、哥斯达黎加、新西兰、荷兰等国家的102名营员,在张家界学习书法、绘画、剪纸、礼仪、汉字起源等,参与武术教学与体验,在天子山、袁家界、黄石寨、九天洞、土家风情园、凤凰古城、矮寨大桥、金鞭溪等地开展实地摄影,瞻仰贺龙元帅铜像、参观贺龙元帅纪念馆和故居等。

(尹日初)

【张家界市第四次归侨侨眷代表大会】 12月26至28日,张家界市第四次归侨侨眷代表大会在市区召开。27日，选举产生市侨联第四届委员会委员33名。28日，市侨联四届一次全委会议选举产生副主席4名、秘书长1名、常务委员15名。（尹日初）

民政工作

【概况】 民政工作是党和政府的一项职能工作。主要是运用社会和行政的手段，动员和组织社会力量广泛参与，聚焦脱贫攻坚、聚焦特殊群体、聚焦群众关切，更好履行基本民生保障、基层社会治理、基本社会服务等职责。近年来，各级民政部门以落实城乡低保制度为重点，编织覆盖城乡的社会救助体系；以强化养老基础设施为热点，完善养老服务体系建设；以破解殡葬陋习为难点，全力推进殡葬改革；以推进城乡基层政权建设、社区建设为亮点，着力完善城乡基层服务和管理网络。在新的历史起点下，党和政府持续加大民生投入，增强基层民政服务能力，推动民政事业持续健康发展，为全面建成小康社会、全面建设社会主义现代化国家作出新的贡献。

【殡葬改革工作】 2019年，张家界市动工新建带火化设施的殡仪馆和公墓山三处，即：永定区三望坡殡仪馆、慈利新殡仪馆、桑植县官庄陵园。张家界市建成农村公益性公墓7处、集中治丧集中点6处。永定区、武陵源区在张家界市率先推行惠民殡葬政策，已为24人减免丧葬费用5.64万元、发放节地生态安葬补助金25人7.5万元。文明节俭操办婚丧喜庆事宜工作已在张家界市展开、红白理事会普遍建立并有效发挥职能，丧葬陋习逐步改变。殡葬领域突出问题专项整治行动全面启动，查处整改6处"活人墓"、"宗族墓地"和非法墓碑生产场所，突出问题得到有效遏制。（李　益）

【打击整治非法社会组织专项行动】 2019年，张家界市为贯彻落实民政部、公安部联合召开的打击整治非法社会组织专项行动部署工作视频会议精神，结合扫黑除恶工作，开展打击整治非法社会组织专项行动，重点对于有涉黑涉恶行为、强制企业缴纳会费、强制会员赞助捐赠、强制会员付费参加活动、利用"精准扶贫、"冠以"中华、中国、国际"和从事商业活动乱收费现象及有黑恶势力行为、进行重点排查和打击，2019年取缔1家非法社会组织。（卓　芳）

【地名管理】 截至2019年底，张家界市完成第二次全国地名普查第二阶段任务，采集地名5.8万条，入库地名5.1万条。编制出台《张家界市图录典志编纂规范》。持续推进清理整治不规范地名工作，清理整顿"大、洋、怪、重"等不规范地名9条。（陈会丽）

【精神障碍社区康复服务】 2019年，张家界市启动精神障碍社区康复服务试点工作，永定区办试点2个、桑植县1个，省民政厅支持3个试点单位100万元资金开展精神障碍社区康复服务工作。下半年，试点单位分别派出相关工作人员参加全省精神卫生机构在岗人员培训2期，学习借鉴全省先进经验，试点工作进入筹备启动阶段。（李　益）

【临时救助】 2019年，张家界市共实施临时救助31581人次，发放临时救助资金5226.205万元，有效地保障困难群众的基本生活。（杨松柏）

【社会工作职业水平考试】 2019年，张家界市社会工作职业水平考试报名202人，通过考试31人。张家界市通过考试累计达到86人。（张广玲）

【社会救助兜底保障工作】 2019年，张家界市社会救助兜底保障对象29161人，其中农村低保障对象28412人、特困人员保障对象749人；一类对象7462人，二类对象10317人，三类对象11382人。（杨松柏）

【社会组织党建工作】 2019年，张家界市社会组织党委出台《关于推进社会组织党支部"五化"建设及功能性党支部规范化建设的实施方案》等文件。探索社会组织党建工作"三结合"新模式，推动社会组织登记管理和社会组织党建"三同步"，实现党建与业务两促进、两发展；线下采取灵活多样的方式进行调查研究，开展一对一、点对点的指导；抓试点与全面推进相结合，通过抓党建示范阵地的标准化规范化建设，以点带面，推动社会组织党建工作提档升级。张家界市社会组织综合党委所属社会组织已建立党组织300个，选派党建指导员52名，建成党建示范阵地17个。（卓　芳）

【社会组织登记工作】 2019年，张家界市有社会组织1110家，其中社会团体623家、民办非企业单位485家、基金会2家。新增社会组织120家，其中社会团体91家、民办非企业单位28家、基金会1家。市本级有社会组织286家，其中社会团体211家、民办非企业单位73家、基金会2家。市本级新增社会组织16家，其中社会团体10家、民办非企业单位5家、基金会1家。（卓　芳）

【社会组织监督管理】 2019年，张家界市采取集中年检的方式对社会组织进行年度检查，张家界市社会组织参检率92.6%，合格率92.4%。督促指导413家社会组织换届。委托第三方评估机构完成4家社会组织等级评估，评出AAAAA级社会组织1家、AAAA级社会组织1家。对2家未参加年检的社会组织实行警告和整改。加强协会商会脱钩改革后的综合监管服务，逐步落实各部门监管责任，完善向协会商会等社会组织购买服务的政策措施。2019年张家界市共有6家社会组织购买政府服务项目11个，购买资金646.71万元。（卓　芳）

【社会组织精准扶贫】 2019年，张家界市投身脱贫攻坚的社会组织124家，开展扶贫项目29个，帮扶家庭2647户，帮扶款物合计937.56万元。张家界市民政局、张家界市扶贫办出台《关于开展"万家社会组织进千村帮万户"活动的通知》，继续推进"万千万"（即万家社会组织进千村联万户）"三社"（即社会组织、社区和社会工作专业人才）力量精准扶贫工作，组织各级社会组织开展形式多样的扶贫专项活动。（卓　芳）

【社会组织信息化建设】 2019年，张家界市强化“互联网+社会组织”工作理念，运用互联网技术和信息化手段开展登记管理工作。社会组织法人数据库实现数据电子化，与民政部、国家质量技术监督总局、湖南省政府和张家界市政府政务中心进行数据对接，张家界市新成立、变更、注销登记的社会组织全部实现线上办理。通过系统平台完成成立登记的社会组织120家，完成变更登记的社会组织56家，完成注销登记的社会组织54家。

（卓 芳）

【生活无着流浪乞讨人员救助管理】 2019年，张家界市本级及区县救助站救助生活无着流浪乞讨人员3906人次，其中：市本级2039人、永定区917人、武陵源区30人、慈利县662人、桑植县258人；救助保护流浪未成年人31人次。市本级及区县开展“寒冬送温暖”、“夏季送清凉”专项救助行动，救助各类流浪乞讨人员743人次，发放棉衣裤、棉被等御寒物品312套，牛奶、八宝粥、方便面、饼干等食品共计148箱，张家界市无一例因救助不到位造成的冻死、冻伤和中暑伤亡事故。开展“互联网+寻亲”活动，全省向“今日头条”推送寻亲信息30条，寻亲成功29人，人脸对比受助人员11名，占寻亲公告数的37%，已比对成功7人；为2名长期滞留人员办理落户安置，无一例滞留人员死亡。

（李 益 秦向云）

【乡镇（街道）社会工作服务站建设】 2019年，张家界市64个乡镇、12个街道全部建立社会工作服务站，张家界市共筹措资金495.673万元完成社工站建设的招投标工作。每个社会工作服务站按照5万元的标准建设，并配备2名社工，实现乡镇(街道)社会工作服务站全覆盖。

（张广玲）

【特困人员救助供养】 2019年，张家界市有城乡特困供养对象1.0438万人，城乡特困人员基本生活标准分别为8064元/人/年、5180元/人/年。张家界市全年发放特困供养资金6831.0591万元。

（杨松柏）

【社工专业服务】 2019年，张家界市组织参加第二次“牵手计划”，帮助桑植县益民社会工作服务中心与深圳社工机构结成帮扶对子，参加为期一周的学习交流活动。

（本栏撰稿 张广玲）

人力资源和社会保障

【概况】 2019年，张家界市新增城镇就业10240人，同比增加172人；城镇登记失业率2.88%，低于省计划目标1.62个百分点；新增农村劳动力转移就业13041人，转移就业总规模35.68万人。全省参加基本养老保险、工伤保险、失业保险人数分别为118.29万人、15.51万人、10.7万人，共征缴社会保险费17.18亿元，发放待遇支出25.39亿元。

【稳就业工作】 2019年，张家界市坚持把稳定和扩大就业作为经济社会发展优先目标及区间调控下限，建立就业与经济联动的检测机制，市人民政府制定稳就业工作方案，出台《张家界市贯彻落实〈湖南省进一步促进就业工作二十条措施〉工作方案》。全市新增城镇就业10240人，同比增加172人；失业人员再就业2026人；城镇登记失业率2.88%；新增农村劳动力专业就业13041人，农村劳动力转移就业35.68万人。

（梅帅习）

【创业带动就业】 2019年，张家界市加强创业支持，设立市级创新创业带动就业扶持资金，支持创新创业带动就业工作。加强创业引导，积极开展创业服务三湘行系列活动，完成创业培训3333人，参与湖南省创新创业带动就业示范典型评选活动，全市获评2018年度省级示范基地1个、优质初创企业7个、自主创业就业先进个体工商户6个；开展市级创新创业示范典型评选活动，在全市范围评选创新创业带动就业示范乡镇街道10个、社区村9个、创新创业能手8个，分别给予每个10万元、5万元、2万元奖补，通过典型引领营造创新创业良好氛围。加强创业载体建设，开展创业孵化基地的建设和认定工作，被省人力资源和社会保障厅复评通过省级创业孵化基地1个、新认定省级创业孵化基地1个，对新认定的省级创业孵化基地给予80万元奖补(省、市各奖补40万元)；全市认定市级创业孵化基地2个，各给予20万元奖补；市区县政府主办的5个众创空间均已建成，共投入资金2000多万元，吸纳192家创业企业入驻。加强创业融资支持，全年发放创业担保贷款6574万元,完成目标任务的136.96%，享受人数474人，2019年创业担保贷款贴息560.35万元，创业带动城乡就业7742人。

（梅帅习）

【重点群体就业】 2019年，张家界市大力实施高校毕业生就业创业促进计划、基层成长计划、“三支一扶”(即从事支农、支教、支医和扶贫工作)计划，一是做好高校毕业生就业工作。张家界市始终把高校毕业生的就业放在就业工作的首位，充分利用湖南省公共就业服务信息管理平台中的离校未就业大学生管理模块开展就业工作，将有就业意愿的未就业高校毕业生列入“311”就业服务行动范围。全市离校未就业高校毕业生就业2640人，就业率92.8%(未就业的191人中有169人暂无就业意愿，在家学习，准备考研考公务员考事业单位)。积极帮助困难高校毕业生求职创业，为358名在校的2020届高校毕业生发放求职创业补贴53.7万元。全市建立7个就业见习基地，已组织110名高校毕业生进行就业见习，发放见习补贴80.718万元。二是做好贫困劳动力就业帮扶工作。全市人社部门严格按照日督促、周调度、月通报和月均电话抽查核实数据库人员信息500个的方式，落实落地任务、岗位、责任三个“清单”。全市贫困劳动力有就业意愿85893人，目前已就业85366人，未就业527人，就业率达99.39%。三是做好下岗失业人员等就业困难人员的就业援助工作。对申请认定的就业困难人员搞好入户调查，掌握他们的生活状况，摸清就业困难人员底子。对符合条件的就业困难人员在规定的工作时限内予以公示、认定，并逐一建立台帐。积极推荐就业困难对象参加各类现场招聘会或组织专项就业援助活动，免费为他们提供政策咨询、就失业登记等服务。通过多种形式对特殊就业困难对象实行优先扶持重点帮助。主要针对未就业残疾人和“零就业家庭”人员，尤其是特困“零就业家庭”人员，做到申报认定一户、及时清零一户，实现100%动态就业援助，始终保证清零率达100%。实现就业困难人员再就业189人。 （梅帅习）

【公共就业服务】 2019年，全市各乡镇(街道)都设立劳动保障站，配备全额事业编制工作人员，行政村（社区）都明确一名联络员；正逐步将公共就业信息服务平台延伸到行政村（社区），形成市、区县、乡镇（街道）、村（社区）统一、规范、高效的公共就业服务网络体系，并与省平台实现联网。利用各级人力资源市场这一人力资源公共服务平台，围绕张家界市旅游强市和精准扶贫两条主线，积极搭建供需桥梁，不断加大求职招聘公共服务力度。全市举办各种招聘会75场，现场达成就业意向11409人。

（梅帅习　唐源）

【职业培训】 2019年，张家界市认真对照省市年度目标任务，加大指导、协调和督查力度，积极作为，广泛开展“送技进乡镇、进企业、进社区”活动，超额完成年度目标任务。尤其是紧扣旅游发展趋势，联合市文化旅游广电体育局、市应急管理局、高速公路张家界支队等单位，委托张家界航天航空职业技术学院和张家界市高级技工学校为近400名导游开展技能提升培训，受到省人力资源和社会保障厅肯定，并被“技能中国”作为市州技能提升亮点向全国推介。组织职业培训21772人、全市开展职业技能鉴定16212人，新增高技能人才48人。技能大赛有新突破，张家界市选手在第三届全国智能制造湖南选拔赛中，获得两个一等奖，一个三等奖，6人被授予“湖南省技术能手”，尤其是推荐的张家界航天航空职业技术学院3名教师和2名学生在全国比赛中，分别荣获教师组全国一等奖和学生组全国二等奖，受到省人力资源和社会保障厅表扬并为市人民政府发来感谢信。

（吴远胜）

【养老保险】 2019年，张家界市养老保险参保人数118.29万人，征缴基金16.48亿元，养老保险待遇支出24.63亿元。全市企业养老保险参保人数15.52万人，其中在职参保职工12.36万人，退休3.16万人。基金总收入13.79亿元，其中基金征缴收入6.31亿元，发放待遇支出8.71亿元。连续第15年调整提高企业退休人员养老金，月人均养老金2364元。全面落实机关事业单位养老保险新制度计发政策，全市按新制度登记参保6.42万人，其中在职人数4.43万人，退休人数1.99万人。全市按时上解省机关事保中心归集职业年金2.85亿元。机关事业单位基本养老保险基金总收入12.57亿元，其中征缴收入9.32亿元，支出11.93亿元。连续第4年与企业同步提高机关事业单位退休人员养老金。城乡居民基本养老保险参保人数96.35万人，基金收入4.93亿元，其中征缴收入8568万元，中央拨付资金2.91亿元，待遇支出3.99亿元。

（高琴琴）

【工伤保险】 2019年，张家界市工伤保险参保人数15.51万人。基金征缴收入4775万元，待遇支出4578万元。工程建设领域按项目参加工伤保险工作持续推进，建设工程项目工伤保险参保率达到100%。全市处理工伤认定申请867份，完成劳动能力鉴定358人次。 （吴辉鸿）

【失业保险】 2019年，张家界市失业保险参保人数10.7万人，基金征缴收入2208.11万元，月人均失业保险待遇1635.45元，基本支出2968万元，滚存结余1.67亿元。组织开展失业保险“护航行动”和“展翅行动”，全年拨付稳岗补贴132.19万元，惠及企业51户、职工7811万人，为160名职工发放技能提升补贴23.34万元。（吴萌）

【社保降费】 2019年，张家界市认真执行《湖南省降低社会保险费率实施方案》，从5月1日起，城镇职工基本养老保险单位缴纳比例由19%降至16%，工伤保险费率在现行费率的基础上再下调50%，分别为企业降费6017万元、3093万元。

（高琴琴　吴　萌）

【社会保险经办服务】 2019年，张家界市社会保障卡持卡人数138万人，覆盖91.25%的常住人口，参保人员可通过社会保障卡办理结算、查询、缴费等业务。城乡居保全面推行银行自主缴费业务，开通手机APP缴费，并进行全面推广，让群众足不出户可以进行缴费。全市4个区县全部开通城乡居民养老保险资格认证平台，逐步实现参保登记、个人缴费、待遇领取、权益查询、资格认证“五个不出村”。

（高琴琴）

【人才队伍建设】 2019年，张家界市认真贯彻落实《关于深化职称制度改革的实施意见》，在中小学教师系列、卫生系列推行“凡晋必下”做法，扎实推进职称放管服改革，向用人单位、区县、行业协会下放职称评审权，强化对评审全过程的综合监督管理，新增取得高级职称专技人才337名，中级职称707名。配合产业项目建设年活动实施“52151”三年行动计划，引进高层次科技创新人才10名，择优推选2人被确定为“湖南省100个科技创新人才”人选。做好第四届省政府特殊津贴专家选拔工作，推荐的雷明盛、龚美慧2名专技人才被选拔为第四届湖南省政府特殊津贴人员。配合市委组织部发布《张家界市人才引进实施办法》《张家界市人才引进操作规程(试行)》等文件，指导市统计局、市委政研室、市人民医院等单位引进急需紧缺专业人才41人。 （史明涛）

【事业单位人事管理】 2019年，张家界市规范事业单位岗位设置管理，加强对事业单位公开招聘的指导、监督和管理，严格程序如期完成事业单位工作人员年度考核工作。事业单位岗位设置基本实现全覆盖，岗位设置率达95%以上；认真执行事业单位公开招聘政策规定，面向社会公开招聘工作人员824名；严格考核对象、考核内容、考核标准、考核程序及考核比例，抓好考核结合运用，充分发挥考核的激励导向作用。组织实施湖南省公务员、二级建造师、执业药师、一级造价师、经济师及组织部遴选、市直事业单位考试考务工作，参考考生7062人，执业资格考后审查160人及审查资料上报工作，321人资格考试证书发放工作，在守牢考试安全底线基础上，推动公正考试、科学考试。进一步深化公立医院薪酬制度改革，出台《关于进一步完善基层医疗卫生机构绩效工资的通知》，推动全市公立医院薪酬制度改革向基层延伸。（王世华 李岸 秦科）

【劳动关系】 2019年，张家界市及时调整市根治拖欠农民工工资工作领导小组组成人员，明确各部门的工作职责，以充分发挥领导小组的统筹协调职能。成立由曾超群常务副市长任指挥长，相关部门的主要负责人任副指挥长的张家界市根治拖欠农民工工资工作指挥部，负责全市根治欠薪工作总体安排、总体调度、总体督查；并建立工作专班，实行挂图作战。各区县也参照市里模式成立根治拖欠农民工工资工作指挥部和建立工作专班。认真组织开展根治欠薪夏季专项行动和冬季攻坚行动，以招用农民工较多的工程建设领域为重点，突出政府和国企项目开展专项检查。两次专项行动累计检查在建工程项目186个，涉及企业施工企业113家，处理欠薪案件37起，涉及农民工156人，涉及金额371万元。全市立案查处违反劳动保障法律案件168件，其中查处拖欠工资案件84件，为1076名劳动者追回工资1905万元，查处工资违法案件、追发工资金额、涉及人数较上年同期相比降幅分别为56.25%、50.33%、47.1%。移送公安机关4件，申请人民法院强制执行案件2件。依法向社公布3起拖欠工资重大违法案件，并依法向省人力资源和社会保障厅、市诚信体系平台进行推送。全市积极推动“互联网+调解仲裁”工作，要求市、区县两级仲裁院按时启动网上办案系统，及时安装内网、添置必要的硬件设施，实现线上办案全覆盖，更好满足劳动人事争议当事人日益增长的调解仲裁需求。2019年受理劳动人事争议仲裁案件432件，涉及劳动者607人，涉案金额3636.01元，调解成功率62.11%，按期结案率100%。认真执行《湖南省人民政府关于改革国有企业工资决定机制的实施意见》，改革企业工资总额确定办法和管理方式，落实企业工资分配自主权。持续推进国企负责人薪酬制度改革，测算并发布2017年度基本年薪基数为5.61万元。规范劳务派遣许可、特殊工时许可，推进集体劳动合同和工资集体协商。

（朱娟 陈超 吴明靖）

【人社扶贫】 2019年，全市人社部门认真贯彻落实党中央、省、市决策部署，全面推进人社扶贫工作，在就业扶贫增收入、技能扶贫强素质、社保扶贫兜底线、人事人才扶贫促发展方面取得显著成效。坚持把就业扶贫作为人社扶贫工作的重点，紧紧围绕岗位开发、劳务协作、就业服务等环节，精准施策，通过扶贫车间吸纳、返乡创业带动、有组织劳务输出、公益性岗位安置等渠道促进贫困劳动力就业创业，全年共累计帮扶2317名贫困劳动力实现就业，有效推动贫困劳动力脱贫增收。健全“学校对接县市区、教师联系贫困家庭”的扶贫对接机制，推动技工院校与贫困地区开展结对帮扶。以贫困家庭“两后生”为重点，全面落实国家中职学校学生免学费政策和助学金政策，大力推行“输出有订单、计划到名单、培训列菜单、政府后结单”的“四单”培训就业模式，积极开展贫困劳动力技能培训，其中“两后生”技能培训407人，完成目标任务的110%。认真落实部省有关乡村建档立卡贫困人口和特殊人群参加城乡居民基本养老保险的文件精神，确保建档立卡贫困人口和特殊人群及时参加城乡居民基本养老保险，为6.55万贫困人员代缴城乡居民养老保险费655万元，对完全丧失劳动能力、没有收入来源、重度残疾人等缴费困难群体，由区县人民政府代其缴纳全部每年最低缴费档次的养老保险费；对建立卡未标注脱贫的困难群体，由区县人民政府为其代缴部分或全部最低缴费档次的养老保险费。认真落实深度贫困区失业保险倾斜政策，对桑植县提高失业保险金和稳岗补贴标准，放宽技能提升补贴申领条件，加大失业保险基金调剂力度，有效地防止贫困劳动力“失业返贫”。做好工程建设领域按项目参加工伤保险工作，切实保障建筑行业务工人员合法权益，防止职工因工伤残致贫返贫。实施专家服务基层行动计划和湘西特聘专家支持计划，选拔湘西特评专家4名，组织近150名高层次专业技术人才深入乡镇开展各类技术指导和服务活动400多场次，促进扶贫兴业。

（梅帅习 屈迎晓 史明涛 龚声）

退役军人事务管理

【概况】 张家界市退役军人事务局是中共张家界市人民政府组成行政机构，于2018年12月4日开始筹备，2019年2月26日正式挂牌成立，紧紧围绕“让军人成为全社会尊崇的职业”目标，领导全市退役军人事务工作。内设机构有办公室、思想政治和权益维护科、拥军优抚科、移交安置科、就业创业科、军休服务管理科和退役军人服务中心、军队离休退休干部管理总站、军队饮食供应站3个二级直属事业单位。主要职能职责是加强退役军人相关法律法规和政策落实情况监督，维护退役军人合法权益，承担退役军人思想政治、舆论宣传、总结表彰和信访工作；军转干部、士兵移交安置，复员军人接收、移交工作，企业军转干部解困维稳，随军随调家属就业创业；退役军人信息管理，“八一”、春节走访慰问，优抚优待，双拥创建，褒扬纪念，军供保障；职业技能培训，扶持就业创业，自主择业、就业退役军人服务管理；军队离退休干部等人员的接收安置，落实军休干部的政治和生活两项待遇。

2019年，张家界市退役军人事务局信访维权工作全省排名第一，荣获张家界市市直机关文明标兵单位荣誉称号。

【评选模范与表彰先进】 开展全省模范退役军人和湖南省退役军人工作模范单位、模范个人评选活动，推荐王波、胡金平、李高兴3人为“湖南省模范退役军人”，张家界市永定区大溶溪光荣院为“湖南省退役军人工作模范单位”，谷彩虹为“湖南省退役军人工作模范个人”。开展“最美退役军人”评选表彰活动，评选表彰金开军、宋纤、全建国、朱成东、金珍标、郭先绪、刘小平、刘前军、王章财、傅斌成10人为张家界市“最美退役军人”，罗长跃、杨兆军、张健全、许云勇、姚茂泽、赵令华、冉红斌、张国华、朱付国、杜方元10人提名张家界市“最美退役军人”。调查了解抗美援朝老兵金珍标的有关事迹，将其推荐为张家界市级退役军人先进典型，9月14日中央军委机关报《解放军报》以长篇通讯对金珍标的事迹进行报道，中国军网、国防部官网、人民网、新浪网、搜狐网等100多家媒体纷纷进行转载，引起社会各界强烈反响。

【移交安置工作】 2019年，张家界市支持深化国防和军队改革，成立张家界市委退役军人工作领导小组，由张家界市委书记、市人大常委会主任虢正贵，谢振华副市长亲自召开全市退役军人安置工作议会，对安置工作进行全面部署，将军转安置计划数30%细分到政法单位，全面完成29名军转干部和110名退役士官安置任务。其中军官全部安置到行政机关或参公单位，士官除自愿选择央企外全部安置在机关事业单位。做好企业军转干部解困稳定工作，对企业退休军转干部增发生活困难补助。认真落实拥军优属工作，为随军17名随军未就业家属发放生活补助金10.2万元。

【就业创业工作】 2019年，张家界市开展就业创业、技能培训等政策宣传，让退役军人政策知晓率达100%，让退役军人找准定位，引导他们主动参加培训和就业创业。选定张家界退役军人就业创业培训机构6家，挂牌成立退役军人教育培训基地1家。开展本地或异地以汽车驾驶、机械操作、烹饪、健身等技能培训，按照谁培训、谁推荐就业的原则，2019年组织技能培训273人，实现培训军人推荐就业率达100%。组织2019年自主择业军转干部5人参加全省适应性培训。组织高职扩招报名312人，超额138%完成省厅规定任务。全市（含永定区、武陵源区、慈利县、桑植县）举办11场专场招聘会，组织1次送政策、送服务、送就业职业岗位进军营活动，参与企业近116家，退役军人近900人参加招聘，达成就业意向达80%。全市退役军人创办大中小企业约200余家，安置退役军人就业560人，创造税收近3500万元。

【军休服务管理工作】 2019年，张家界市接收安置2名退休士官，住房、医保等待遇按时间节点落实到位。完成全市军休人员47人定期增资和调标，发放工资及各项待遇约600多万元；坚持重大节日上门走访慰问和看望军休干部及生病住院遗属450余次，发放慰问金及物资近9万元。落实医疗保健政策，每年坚持一次健康体检，两次以上健康知识讲座。组织全市军休老干部开展以纪念抗战胜利70周年“铭记历史、缅怀先烈”为主题的参观贺龙同志故居、重走红军路活动。积极组织丰富多彩的文化体育活动。全市各站所成立门球、棋牌、书画、钓鱼、广场舞等文化团体，多次参加省、市、县组织的比赛，并取得过较好成绩。启动第三届全省军休服务管理机构星级评定创建工作并完成验收评估。

【拥军优抚工作】 2019年，张家界市办理申报评残、提级52人，组织带病回乡体检30人，职业病鉴定7人。将义务兵家庭优待金标准从每人每年1.2万元提高到1.5万元。开展送医药下乡活动，对大溶溪光荣院、洪家关光荣院、瑞塔铺光荣院以及杨柳铺乡龙跃村共计180人次进行健康体检，送去医药物品；组织开展“传承英烈2019”及“9·30”烈士公祭活动。张家界市委书记、市人大常委会主任虢正贵，第一副主任刘革安、副主任汪业元等市领导以及市直单位、社会团体、退役军人代表、军烈属、学生代表、现役军人等300多人，开展烈士纪念活动；开展春节、“八一”优抚对象走访慰问活动，全市走访退役军人及其他优抚对象7.3万余人次，发放各类慰问金及物资1100余万元；开展创建全省第十届双拥模范城（县）工作。张家界市委常委、常务副市长曾超群主持召开2019年市双拥工作领导小组成员单位会议，总结近几年双拥工作开展情况，部署创建全省第十届双拥模范城（县）相关工作。 （本栏撰稿 张 民）

机关事务管理

【概况】 2019年，张家界市机关事务管理局为党政机关高效有序运转提供有力保障，获得“全市社会管理综合治理工作平安单位”等荣誉，组织和指导桑植县委机关成功创建国家级公共机构示范单位、慈利县机关事务服务中心创建国家级能效领跑单位。

【办公用房清理整改和调配】 2019年，张家界市机关事务管理局督促整改26个单位超标使用办公用房1850.92平方米、服务用房2985.26平方米、设备用房162.22平方米。回收原政务中心办公楼、原文物局办公楼。整合市教育局封闭办公用房400平方米，逐步收回原畜牧局、原卫计委等处办公用房管理权。协助市场监督管理局赴长沙海关租用原出入境检验检疫局办公楼。相继解决市委巡察办、市机要局、市专用通信局、市扶贫办等单位办公用房，临时调剂主题教育办、湘运公司办公用房。开展全市党政机关办公用房信息统计工作，建立信息库。

【市直单位公务用车改革】 2019年，张家界市机关事务管理局严格遵循公务用车处置有关规定，依法依规对16辆公务用车进行报废处理。建立全市党政机关公务用车基础数据库，将改革后的495台车辆全部录入数据库。加强对公务用车节假日的管理，印发《关于节假日期间做好公务用车管理工作的通知》，2019年先后7次对市直44个单位公务用车情况进行暗访巡查。积极推进信息化管理监督平台建设，已正常运行，并有效发挥监督作用。

【节约型机关建设】 2019年，张家界市机关事务管理局根据全省绩效考核的相关要求，通过全面摸底，掌握和核实相关信息，建立完善全市公共机构信息名录库。利用节能宣传周开展形式多样的活动，在市委机关大院设置宣传展板，普及节能知识，倡导绿色消费。积极指导桑植县委机关创建国家级公共机构示范单位，指导慈利县机关事务服务中心创建国家级能效领跑单位。2019年，全市公共机构节能人均综合能耗下降11%、单位建筑能耗下降10%、人均用水量下降15%，圆满完成节能省定指标。

【国有资产体制改革】按照中央、省委关于党政机关和参公事业单位国有资产管理体制改革的相关规定，开展调查研究，组织到外地学习考察，积极协调有关部门，制定张家界市行政事业单位国有资产改革实施办法草案。

【后勤服务保障】2019年，张家界市机关事务管理局全力做好市委机关后勤服务保障工作。一是后勤保障平稳运行。全年对市委机关大院内供电、供水设备和灯管、插座、门锁、线路检查维护达300人次。市委1号办公楼维修改造和市委办公区电力改造项目均完成招投标和评审，已于年底正式启动。深入开展创建国家卫生城市工作，牵头组织召开创卫工作会议，在市委机关院内张贴禁烟标识，增加分类垃圾桶设置点20个，为干部职工营造舒适优美的办公环境。二是综合治理安全稳定。全年进行安全大检查20次，排查安全隐患30处。10月份为机关大院配备部分消防设施，及时消除安全隐患。组织安全和消防知识培训4次，突发事件演练1次，军事大练兵1次。协助信访部门做好疏导和劝导工作，全年共处理上访450批2200人次，来访来人登记共计4000人次，有效应对突发事件，本年度没有出现责任事故。加强交通安全，完成市委新大门门禁智能化系统升级改造建设项目。三是会议与餐饮服务周到规范。注意在会议服务细节上下功夫，精心准备，科学调度，及时更新礼堂茶水间、话筒、灯具等设施设备，做到全会，“两会”等一系列重大会议活动46场次无差错。多方筹资对市委机关食堂进行维修改造，把好原材料质量关，在抓好食品安全、卫生洁净的基础上，不断丰富菜品，注意营养搭配，加强督促检查和满意度测评。四是周转房和宿舍院物业管理到位。推进机关后勤服务社会化改革，深入贯彻供给侧结构性改革精神，按照相关规定，将所属33套门面全部移交市国资委。完成市委宿舍1号院垃圾清理等绿化环境整治工作，顺利通过创建国家卫生城市检查验收，得到省、市领导好评。做好市级领导周转房服务工作。学习宣传贯彻《湖南省省直单位周转住房管理办法》，强化日常管理，安排专人负责周转房的日常卫生，及时添置设施设备，做好维修改造，确保入住干部居住环境的安全和整洁。（本栏撰稿　符瑶）

信访工作

【概况】2019年，张家界市信访局以迎接新中国成立70周年为主线，以化解信访突出问题为重点，聚焦积案化解、基层基础、长效机制，强化底线思维，着力防范风险，全市信访工作专业化、法治化、信息化水平得到全面提升，实现信访总量下降、赴省到京信访量下降，无因信访问题处置不当造成重大群体性事件、恶性事件，为维护群众合法权益和全市改革发展稳定大局作出积极贡献。

深入推进信访矛盾化解攻坚，化解突出问题。开展省委第二巡视组移交信访件办理工作“回头看”，推动一批信访件由“程序办结”到“实体办结”，群众满意率提升至85.2%，收到答谢锦旗16面。聚焦城市建设领域历史遗留问题和民生痛点、难点问题，开展“理旧事解难事办实事”集中攻坚行动，贺龙体育中心、旅游商贸城建设项目遗留问题取得重大进展；开展“问题楼盘”专项治理，推动11个楼盘（共31个逾期未办证楼盘）启动办理不动产权登记程序，涉及6829户。2019年，办结中央、省级“四重攻坚”交办件26件，其中国家局交办的6件有5件认定为化解；办理中央扫黑除恶第16督导组移交信访件339件，做到“事事有人管、件件有着落”。

落实信访法治化建设，推动信访工作“双向”规范。深入推进访诉分离、依法分类处理的落实落细，完善信访与政法部门对接机制。推行“一案一律师”工作，组织律所律师对30件疑难复杂信访积案（以征地拆迁领域为主）进行合理合法性评估，提出法律意见和化解建议，改变以“赴省进京次数”作为领导包案标准的做法，树立正确导向，促进信访秩序好转。在全市信访系统在“不忘初心、牢记使命”主题教育中开展专项整治，组织办信、接访等业务培训，落实八项业务规则，进一步规范信访事项办理程序，提高办理质效。加强法治宣传教育，全市80多个单位联动开展“信访法治宣传月”活动，通过横幅、宣传展板、送法下乡、电视广告等媒介广泛宣传，引导群众在法治轨道上化解矛盾、维护权益，树立合法诉求得到妥善解决、不合理诉求得到不到支持、违法诉求必备追究的正确导向。

推进“三无”创建工作，着力夯实信访基层基础。把“三无”创建作为强基固本的重要抓手，注重源头治理，强化信访工作在绩效、综治考核中的地位，推动形成党委统一领导、联席会议协调、相关职能部门各尽其责的良好局面。定期开展信访矛盾排查，及时掌握重点群体和重点对象动态，充分发挥“三调联动”、律师参与信访工作等机制的作用，抓实各级领导公开接访、重点约访、带案下访，把矛盾化解在当地。加强对区县创建工作的指导，武陵源区化解信访突出问题、促进和社会和谐的经验做法近期被《湖南日报》推介。

做好信访工作，全力服务保障社会大局安全稳定。综治、信访、公安、国安等多部门联动，扎实做好各特护期信访工作，全年重要特护期平稳渡过，妥善处理好奇峰市场拆迁群体、城区出租车群体、小水电站职工群体及民工讨薪群体等多起群体性上访，取得良好的社会效果，没有因信访问题处置不当造成重大群体性事件或恶性事件，慈利县碧桂园讨薪民工代表10余人专程赶到市信访局送“老百姓贴心人、信访战线楷模”的答谢锦旗。积极发挥信访部门参谋助手作用，参与贺龙体育中心、旅游商贸城等建设项目遗留问题化解工作，为领导提供重要决策参考。

【开展“人民满意窗口”创建活动】 一是进一步优化市级群众来访接待中心硬件施舍。设置“零距离”接访窗口,开通“绿色接访通道”,配备医药急救箱及必要的安监设备,在接访场所显著位置公开信访法规、服务流程、责任清单,最大限度给信访人提供便利。二是进一步规范接访流程。完善登记接谈制度、领导接访制度、大厅值班制度等,打造“迎、引、接、谈、办、送”温馨接访模式,做到来访必登、有访必接、初访必办、重访必交、未办必督。着力提高接访接访服务水平,开展网信、办信接访业务培训,对八项业务规范进行重点学习和现场培训,进一步规范信访事项办理程序。现场推进访诉分离,不受理、不交办涉法涉诉来访事项,完善信访部门与政法部门对接机制,组织30名律师现场提出法律意见,引导群众在法治轨道上化解矛盾、维护权益。三是落实联合接访运行方式及领导坐班接访制度。进一步健全纪检监察、政法、信访、扶贫等相关部门沟通对接机制,2019年共有20余名责任单位业务骨干入驻接访大厅联合接访,对一些事实清、责任明、易于办的信访事项,采取现场办、马上办、简易办,统筹群众信访举报,畅通信访举报“进出口”,提高办理效率。组织市级领导及市直一把手到人民群众来访接待中心坐班接访80次以上,集中工作力量和行政资源,强力推动一批“骨头案”“钉子案”实体化解。

(本栏撰稿 张珊梦)

扶贫开发工作

【概况】 2019年,张家界市24444人贫困人口脱贫,38个贫困村出列,桑植县摘帽,贫困发生率下降到0.4%,建档立卡贫困人口人均可支配收入达到10346元,其中已脱贫人口人均可支配收入达到10534元,建档立卡贫困人口人均可支配收入同比增长30%,比全市农村居民人均可支配收入增长幅度(10.5%)高19.5个百分点,比全省贫困人口人均可支配收入(9504元)高8.9个百分点。2019年度市本级财政共投入扶贫资金8649.5万元,整合财政涉农资金11.18亿元,完成支出10.81亿元,资金支出率96.69%。

一、责任体系。一是切实强化领导责任。坚持以脱贫攻坚统揽经济社会发展全局,大力实施“1332”行动计划,成立市县乡村四级脱贫攻坚指挥部,举办全市党政领导干部脱贫攻坚培训班,市委常委开展“集体调研集中解难”活动和市级领导“四不两直”进村入户活动,全面落实“三走访三签字”要求,落实36名市级领导联系桑植县23个乡镇和38个深度贫困村工作制度,实现市级领导联乡包村全覆盖。建立市政府班子成员脱贫攻坚责任制度,市政府领导班子成员承担相关行业扶贫的工作责任,形成“党委主抓、政府主责、人大政协主督”的领导体系、“指挥部牵头、行业部门主管、驻村帮扶结对帮扶落实”的工作体系,从严从实推动脱贫攻坚向纵深发展。二是全面压实两个帮扶和行业扶贫责任。市委市政府与4个区县、19个重点行业部门签订脱贫攻坚责任书,市、区县主要领导及时对交通、教育、健康医疗、就业、易地扶贫搬迁和危房改造、农村安全饮水等行业扶贫进行专题调度。压实驻村帮扶、结对帮扶“两个帮扶”责任,严格落实后盾单位每月至少研究1次帮扶工作、驻村干部每周必须驻村、结对帮扶责任人每月至少走访1次结对贫困户制度,全市派出911支工作队、2802名工作人员开展驻村帮扶工作,组织3.28万名党员干部职工结对贫困户,确保“一村一队”全覆盖、“两个帮扶”全覆盖。三是从严执纪问责追责。出台《关于进一步压实责任改进作风强力整治脱贫攻坚领域突出问题的若干规定》,任命7名脱贫攻坚督办专员,建立最严问责机制,深入开展全市脱贫攻坚专项巡察和扶贫领域腐败问题、作风问题专项治理,发现扶贫领域问题线索1199条,受理群众举报832件,立案386件,党纪政务处分257人,移送司法机关21人,追缴违纪违法资金2595万元,退还群众838万元,通报曝光139起典型问题。

二、工作推进。一是开展突出问题集中整治。以中央脱贫攻坚专项巡视反馈问题为主线,结合省委巡视组、中纪委七室调研督导组、致公党湖南省委民主监督和2018年中央、省对市、区县成效考核反馈的问题,举一反三,建立“一单四制”,开展脱贫攻坚对标“清零”行动,全面排查和梳理扶贫领域各类突出问题,目前反馈的问题已全部整改到位。紧扣“会考、早考、联考、实考、严考”的要求,严格落实扶贫项目、资金公告公示“两个一律”要求,及时向社会公开公示,接受公众监督,强化项目资金使用绩效评价,确保项目资金精准精细落地。二是积极破解涉贫风险防控难题。组织开展扶贫工程质量“大排查、大整治、大管控”行动,对2014年来实施的扶贫工程项目质量全面普查和整改,从源头管控扶贫工程质量。建立信访排查制度、领导包案制度,成立涉贫信访工作领导小组及其办公室,出台进一步加强涉贫信访处置工作的实施方案,确立处置涉贫信访三原则,即“对符合政策的,及时合理解决;对不符合政策的,开展情绪疏导;对不符合政策但有实际困难的,人文关怀到位”,切实防控涉贫信访风险。出台扶贫小额信贷逾期风险防控办法,建立“脱贫攻坚指挥部总调度+金融扶贫责任单位总协调+乡镇领导责任与银行主体责任双落实+支行与乡镇、村党员干部全力推进”的“四轮驱动”工作模式和每月倒排工期的清收流程,2019年四个区县全面实现扶贫小额信贷无逾期的目标。

三、政策落实。全市“十三五”易地扶贫搬迁建档立卡贫困对象9613户34589人,脱贫率达99.44%,入住率、旧房拆除率、复垦率、基础设施与基本公共服务设施覆盖率、后续帮扶措施覆盖率都达到100%。完成2148户“四类重点对象”农村危房改造任务,全市“四类重点对象”危房实现“清零”目标。完成28799人1574.2万元国家教育资助应助尽助发放任务,“雨露计划”补助分春、秋季全部打卡到位,建档立卡贫困学生无一人失学辍学。全市建档立卡贫困人口参加城乡居民医保参保率达100%,参保补助全部落实到位;定点医院大病专项救治率92%,四类慢病签约服务率100%,县域内就诊率达到92.5%,全面消除行政村卫生室“空白村”。农村最低生活保障标准、救助水平和特困人员救助供养标准达到省定标准，确定兜底保障对象13252户28527人，已累计发放兜底保障资金6448.4万元；贫困残疾人社会保障和补助政策全面落实到位。完成安全饮水工程建设投资10336.35万元，新增建档立卡贫困受益人口2.58万人，贫困人口饮水安全问题得到全面解决。自然村通水泥路工程任务全面完成，完成窄路加宽311.4千米，超额完成省定任务。（王雄杰）

【深度贫困地区脱贫攻坚】2019年，张家界市把确保深度贫困县桑植县脱贫摘帽作为全年的主要任务，出台《关于举全市之力支持桑植县打赢脱贫摘帽攻坚战的意见》，在组织领导、市级领导联乡包村、资金支持、社会帮扶等方面给予桑植县重点支持，成立市委支持桑植县打赢脱贫摘帽攻坚战领导小组，向桑植县派驻市委脱贫攻坚专员，重心下移、实地指导督导。全面实行市级领导联乡包村，增派10个市直单位参与桑植县驻村帮扶和结对帮扶，市财政在每年给桑植县支持2000万元的基础上，再倾斜支持2000万元，引导和组织54家企业和商会参与支持桑植县脱贫摘帽攻坚战。

【凝聚脱贫攻坚合力】引导商会、企业等社会力量采取产业覆盖、基础援建、就业扶贫、消费扶贫、公益帮扶等多种帮扶措施，全力支持深度贫困地区脱贫。投入帮扶资金620万元，完成帮扶项目52个，直接帮扶建档立卡贫困农户1200余户。湖南乾坤公司帮助梯市村种植莓茶30公顷；张家界康茜生态农业投资开发有限公司对接桑植县人潮溪镇红旗村，投入20万元建设1.33公顷南滩魔芋种植帮扶基地，两年后产业可收益30余万元。张家界市长沙商会为桑植县瑞塔铺镇潮水河村捐助120万元修建村道，为桑植县上洞街乡院子村投入40万元支持危房改造、学校食堂、村道建设。张家界富蓝特集团公司发动30多位高管结对帮扶34个贫困户，捐赠物资价值近10万元。（王雄杰）

【突出党建引领，激发群众内生动力】一是抓党建促脱贫攻坚。把抓好驻村帮扶工作队的选派和管理、贫困村的党组织建设作为脱贫攻坚的“最后一公里”来抓。全市实现868个贫困村和百人以上贫困人口的非贫困村驻村帮扶工作队全覆盖，从严选派第一书记，确保贫困村工作队员3人、百人以上贫困人口非贫困村工作队员2人以上。配齐配强贫困村党组织书记，为每个贫困村储备1至2名后备干部，加大软弱涣散基层党支部整顿力度，打造一支永不走的工作队。二是抓产业促经济发展。采取多种形式，大力发展村集体经济，全市860个行政村中有集体经济收入的村达到85.6%，其中358个贫困村都实现有集体经济收入的目标，不断增强农村基层党组织的向心力、凝聚力和战斗力。三是抓“志智”双扶促内生动力。充分发挥新时代文明实践中心的作用，切实加强党的理论、扶贫政策、实用技术、乡风文明等方面宣讲宣传，用身边的人讲身边的故事，用脱贫典型带动贫困群众，累计开展宣讲7571场次、受众26万人次，贫困群众的内生动力得到充分激发。同时，积极引导非公力量参与脱贫，爱心商会、企业灵活采取产业覆盖、基础援建、就业扶贫、消费扶贫、公益帮扶等多种措施，投入资金620万元，完成帮扶项目52个，直接帮扶建档立卡贫困农户1200余户。（王雄杰）

【探索创新扶贫开发】一是加快推进产业扶贫。扭住“产业覆盖、精准帮扶、利益联结、到村到户”四个关键点，出台《加快推进五大农业特色产业实施意见和优势农产品发展“3+2+N”三年行动计划》，按照“一县一特、一县一业”发展模式加大产业扶贫力度，投入资金15亿元，带动贫困人口脱贫23万多人。永定区打造“一茶一柚一亩园经济”产业扶贫；武陵源区推进“一乡一业”，打造“三个妹子一担米”(湘阿妹、乖幺妹、小辣妹、鱼泉贡米)扶贫产业；慈利县打造“硒有慈利”品牌，着重培育稻米、水果和中药材扶贫产业；桑植县推进“一村一基地、一户一产业、一家一就业、一人一技能”的“四个一”工程，新型经营主体利益联结有产业发展能力和意愿的贫困户达100%。二是突出抓好旅游扶贫。积极探索旅游扶贫“四条路径”“十种模式”，出台旅游精准扶贫行动计划，21家A级旅游景区吸纳本地就业3550人，2019年旅游扶贫带动贫困人口脱贫近2万人，旅游对脱贫的贡献率达75%。出台消费扶贫工作意见，组织“开展消费扶贫、助力脱贫攻坚”活动，畅通农产品与本地市场、旅游市场销售渠道。武陵源区成功创建首批国家全域旅游示范区，永定区成为全国休闲农业与乡村旅游示范区，慈利县被列入湖南省旅游扶贫示范县。三是扎实推进就业扶贫。通过畅通就业渠道、建立扶贫车间、开发扶贫专岗、开展技能培训等多种举措，切实加大就业扶贫力度，工资性收入占贫困人口可支配收入的比例达到60%左右。2019年全市新转移就业贫困劳动力2364人，建立69个就业扶贫车间，帮助3213名贫困劳动力就近就业，完成“两后生”培训392人、创业致富带头人培育776人。全市新增公益性岗位2818个，带动2800多户贫困户实现稳定脱贫，完成1257名建档立卡贫困人口生态护林员选聘(续聘)工作。（王雄杰）

【张家界市派驻村帮扶工作队管理办公室】2019年，张家界市坚持以习近平总书记精准扶贫工作重要论述为指导，按照党中央、国务院和省委、省政府脱贫攻坚决策部署，扎实开展驻村帮扶工作。截至2019年底，张家界市有贫困村358个、贫困人口249163人，已出列贫困村358个，已脱贫人口243345人，综合贫困发生率降至0.4%。张家界市“坚持驻村帮扶全覆盖”原则，向贫困村派出358支工作队，其中国派1支、省派20支、市派90支、区县派247支，工作人员1144名。各区县向非贫困村选派553支工作队，其中向贫困人口100人以上的非贫困村选派505支工作队，向贫困人口100人以下的非贫困村选派48支工作队。截至2019年底，张家界市驻村帮扶工作取得以下四个方面的成效：

一、基层党建工作。明确“区县党委一线指挥、组织部门牵头抓总、乡镇党委督促指导、村党组织具体实施、驻村工作队全面帮扶、派出单位全力保障”六级责任定位，将各级工作队抓党建促脱贫攻坚工作纳入全市基层党建核查、述职评议的工作内容；依托村(居)“两委”换届，配齐配强村级班子，全市贫困村党组织书记平均年龄同比下降3岁，大专以上学历提升到25%；构建“党支部+合作社+基地+农户”等新型组织模式，帮助支持龙头企业到贫困村发展产业；推行“135”治理模式，实行党务、村务公开，强化民主监督，基本形成共建共享共治的基层治理格局。

二、基础保障建设。帮助贫困村新修、加宽村组公路约727千米，改造、维修桥梁8座；全市农村饮水安全巩固提升工程完成投资9517万元，新建农村供水工程174处，受益人口9.93万人；为贫困村改造高(低)压线路约760.83千米，新增变压器308台；全市贫困人口100%参加城乡医疗保险和大病保险，村级卫生室空白村基本消除，易地搬迁实际入住率、拆旧复垦率、后续帮扶措施覆盖率均达相关标准。建立农民专业合作社640个，形成走马坪白族乡桂竹垭村千亩油茶、茅岩河镇安坪村千亩“茅岩莓”、零溪镇合堰村湘西黄牛等一批特色种养基地。打造“张家界样本”，通过景区扶贫、线路扶贫、商品扶贫、就业扶贫“四轮”驱动，打造梭子丘村“白族风情街”、双坪村“农业示范园”、罗潭村“禾田居山谷”、马头溪村“少数民族特色村寨”等一批扶贫旅游项目，带动140个贫困村、8.34万人脱贫。2019年6月，张家界市旅游扶贫经验走进联合国教科文组织总部，向世界分享。

三、驻村帮扶重点工作。2019年，张家界市对所有驻村帮扶贫困村在“两不愁、三保障”方面存在的突出问题进行彻底排查，按照管理层级建立问题台账，指导并督促问题整改，相关问题已全面整改落实。分两批次对四个区县的75个乡镇172个贫困村和77个非贫困村进行交叉检查，查找出基层党建和驻村帮扶等方面突出问题657个，所有问题已全部整改落实到位。制定下发《关于对少数市直及驻张单位“两项帮扶”牵头或配合任务适当调整的通知》，分层级调整优化市、县(区)驻村帮扶力量。实行市级领导联乡包村制度，覆盖桑植县所有乡镇和38个深度贫困村，选派1名熟悉脱贫攻坚工作的干部挂任桑植县副县长专门负责脱贫摘帽业务指导和工作督导，调整增派11个市直及驻张单位到桑植县深度贫困村协助开展驻村帮扶和结对帮扶工作。

四、驻村队伍管理和服务。对市派驻村工作队进行调整和优化，印发《关于驻村党组织第一书记兼任驻村帮扶工作队队长的通知》指导区县做好本级工作队调整和优化，实现驻村帮扶全覆盖；组织市派驻村工作队培训人数300余人次，区县组织培训人数6000人次。印发《关于进一步规范和加强全市驻村帮扶工作的意见》，明确驻村帮扶工作任务、管理措施和保障机制，要求所有驻村人员每月驻村不少于20天；推行市县级领导联乡包村制度，36名市级领导人均联系乡镇2个、指导贫困村3个以上；完善驻村帮扶调度机制，采取“一月一碰头、一季一推进、半年一讲评、一年一考核”的方式推动驻村帮扶任务落实。推行“市级统筹、区县实施”年度考核模式，制定下发《张家界市驻村帮扶工作问责办法》，规范督导考核，从严追责问责；采取提醒、约谈、通报批评、召回等方式，对相关责任人分类问责，约谈提醒33名驻村帮扶干部及后盾单位相关人员。加大宣传关爱力度，表彰市级先进工作队46个、优秀驻村干部99名，市、区县两级定向提拔或重用成绩突出的驻村干部127名，按省驻村办要求推荐重用省派驻村人员3人；制定下发《张家界市驻村帮扶干部关怀慰问制度》，落实驻村工作队基本工作经费，关怀慰问因病、因困驻村干部18名；开展驻村帮扶成效征文活动，宣传推介驻村帮扶先进典型，形成高质量的通讯纪实作品《扶贫攻坚第一线》。

(夏铭励)

移民工作

【概况】2019年，张家界市库区移民工作按照“突出重点、精准扶持、整村推进”的总体思路，紧扣移民脱贫增收这一中心，抓牢重点工作，夯实基层基础，不断强化规划计划、项目资金监管、移民培训、移民信访和信息系统建设等基础工作，取得积极成效。2019年，张家界市移民后期扶持资金绩效评价位居全省第一。

【移民后期扶持】2019年，张家界市库区移民事务中心严格遵循“资金跟着项目走、项目跟着计划走、计划跟着规划走”原则，深入库区移民村调研，召开移民代表会议确定移民项目，按程序科学决策，把好移民资金项目计划编报关。全年完成移民后扶项目计划备案8批次386个项目6888.62万元，备案率为100%，实施项目386个，完成投资5989.978万元。以“一卡通”的形式规范发放移民直补资金1778.511万元，发放率100%。

合力推动整村推进。转变移民后扶思路，对重点移民村从人居环境改善、基础设施补短板、发展产业移民增收等方面进行全方位帮扶，全年安排省级专项资金590万元，整合部门资金3340万元对永定区的远大村、武陵源的协合村，慈利县的二坊坪村、庄塔村，桑植县杜家坪村等5个重点移民村开展整村推进工作。慈利县还另安排移民后扶资金675万元对江垭双湖村、龙潭河镇大湖村2个重点移民实施整村推进工作。高质量完成2018年慈利县合心村和墨园社区、永定区龙洞湖村、桑植县红旗村、武陵源杨家坪村等5个整村推进重点移民村实施基础设施、生产开发、环境整治、社会事业等项目建设28个，完成省级移民资金投入1013.38万元，整合部门资金2817万元，引进社会资金555万元，移民自筹资金452.1万元和市级验收工作。做优做特产业扶持。紧贴张家界市委、市政府重点扶持产业决策部署，发展能让移民直接受益的种植、养殖、农产品深加工、休闲旅游等特色产业，全年张家界市投入资金592.914万元对505.347公顷产业基地进行提质改造升级，其中水果245.53公顷，蔬菜2.667公顷，茶叶149.147公顷，发展中药材3.33公顷、水稻80公顷，烤烟6.667公顷；投入114万元扶持移民进行鸡、鸭等养殖业发展；投入299.24万元进行产业发展配套设施建设，改善产业发展环境。同时，探索扶持村集体经济、移民固定分红等模式，建立利益联结机制，确保困难移民脱贫增收。攻坚克难推进脱贫攻坚。张家界市有建档立卡贫困移民5220人，通过实施扶持产业发展、开展技能技术培训、避险解困、社会保障兜底、教育帮扶等精准扶贫措施，张家界市5220建档立卡贫困移民已有5045人成功脱贫，尚未脱贫的175名贫困移民2020年能如期脱贫。做精做准就业培训。把移民培训作为精准扶贫、精准脱贫的重要举措来抓，将建档立卡、避险解困、易地搬迁移民作为培训重点对象，在尊重移民意愿基础上，创新培训模式，因地制宜开展培训，促进移民创业、就业增收。2019年，张家界市开展水果、厨师、母婴护理等培训班18期，完成实用技术培训606人，转移就业技能培训和中长期职业教育351人，新型职业农民培训104人，为库区移民脱贫致富助力。

【移民资金监管】 2019年，张家界市库区移民事务中心加强全方位监督和跟踪管理，突出资金投向审理、存量资金清理，严格执行移民资金内审、稽察、监测评估和绩效评价“四位一体”的监管机制，做到移民资金严格坚持专款专用。按照“县自审、市主审、省抽查”的原则，自行开展对4个区县移民后期扶持政策内审、稽察、监测评估和绩效评价“四位一体”的监管工作，配合省移民局稽察组完成对桑植县2018年度大中型水库移民后期扶持政策实施情况的稽察、绩效评价工作，对慈利县2018年度大中型水库移民后期扶持政策实施情况的内审、绩效评价工作。深入开展张家界市移民存量资金专项治理工作，从完善制度、加大项目实施力度、加快项目实施和验收和完善基础工作等方面落实整改。2019年，张家界市移民系统未出现挤占、挪用、占用移民专项资金的情况。

【平安库区建设】 2019年，张家界市库区移民事务中心进一步落实属地管理责任，畅通线上线下信访渠道，进一步加强“四网”上岸、小水电站拆除后库区移民发展情况调研和维稳工作力度，做到随时掌握、随时掌控、真情关心、稳妥处置，排查化解不稳定因素，确保移民群体总体稳定。

(本栏撰稿　张翔)

中国人民政治协商会议
张家界市委员会

综 述

【概况】2019年，是新中国和人民政协成立70周年。一年来，在市委的正确领导下，市政协坚持人民政协性质定位，积极履职尽责，在凝心聚力、共同推动全市经济社会发展中发挥重要作用。

坚持党的全面领导。坚持以习近平新时代中国特色社会主义思想、习近平总书记关于加强和改进人民政协工作的重要论述为根本指南和基本遵循，注重把强化党对政协工作的领导摆在首位并努力具体化，重要活动围绕全市中心任务进行，重要安排在广泛征求意见基础上报市委审批后实施，重大事项向市委请示、报告。不断强化思想政治引领，市政协党组理论学习中心组全年开展14次集中学习，先后在7个委员活动组、4个区县委员联络组召开调研座谈会，加强对中央、省委、市委有关重要精神的学习贯彻，引导委员树牢“四个意识”，坚定“四个自信”，做到“两个维护”。切实加强政协党的建设，不断强化市政协党组的主体责任，发挥党组对市政协工作的领导作用，市政协的重要工作、重大问题和重要人事安排，坚持由党组研究再报告市委批准后提交政协相关会议协商决定。努力提高党组议事决策的质量和水平，发挥好党组在政协工作中“把方向、管大局、保落实”的作用，健全完善市政协党组、市政协机关党组工作规则，进一步规范党组议事决策程序。

扎实开展主题教育。市政协把开展“不忘初心、牢记使命”主题教育作为促进党员干部筑牢信仰之基、补足精神之钙、把稳思想之舵的根本举措，精心谋划，狠抓落实。及时召开市政协机关主题教育工作会议，组织市政协两级党组全体成员集体前往贺龙刀劈芭茅溪盐税局旧址等红色教育基地接受革命传统教育，举办主题教育读书班。结合主题教育，聚焦加强和改善民生、污染防治、民营经济发展、老区振兴、全域旅游、宗教事务管理等，扎实推进协商监督课题调研。围绕“明初心、守初心，坚定理想信念”“担使命、履职责，矢志为民服务”“改作风、勇担当，带头真抓实干”三个主题深入开展座谈交流。在完成主题教育规定动作的同时，组织开展主题教育知识考试。通过主题教育，机关干部在“理论学习有收获、思想政治受洗礼、干事创业敢担当、为民服务解难题、清正廉洁作表率”等方面呈现出积极变化。

发挥专门协商机构作用。坚持人民政协为人民，聚焦加强和改善民生广泛开展调研协商监督，围绕双向发力、提质增效，不断改进调研协商监督方式，保障调研协商监督效果。组织开展全会委员联组协商，市政协七届三次会议期间，与会委员分7个联组对“一府两院”各项工作报告协商提出意见和建议，并及时报送市委、市政府。根据省、市、县三级政协联动协作部署，市政协确定“2+3+2N+2”(即:2项专题议政性常委会议协商和专题协商，3项界别协商，广泛的提案办理协商和广泛的对口协商，2项民主监督)调研协商监督课题，完成“加强澧水源头地区环境保护”“推进张家界市健康扶贫政策的落实”“推进民营经济发展政策落实与完善”“改善人居环境推动乡村振兴”“运用信息化手段提高宗教事务治理能力”等5个联动协作课题的调研协商监督。在桑植县洪家关乡重点就澧水源头地区环境保护进行专题协商，开展澧水源头地区环境保护民主监督“三年行动计划”(2019~2021年)。先后召开主席会10次、常委会6次，邀请市政府有关领导、相关职能部门负责人就有关重大事项进行协商。突出提案工作的基础性全局性地位，注重以委员提案为载体开展协商活动，改进提案征集、立案及督促办理工作，严格审查标准，减少立案数量、提高提案质量，完善和加强民主评议评价提案办理工作，对8件重点提案和市文化旅游广电体育局等6个单位的提案办理工作开展民主评议。

凝聚社会各界力量。充分运用委员界别、活动组协商履职平台和委员履职考核指挥棒，调动政协参加单位、界别和委员的积极性，通过开展务实活动实现凝心聚力目标。坚持和完善新型政党制度，积极为民主党派和无党派人士在政协平台更好发挥政治协商、民主监督、参政议政作用创造机会和条件。高度重视委员大会发言，全会召开前广泛动员各民主党派、无党派和工商联深入调研，积极参与准备委员大会发言，6份市政协七届三次会议委员大会发言全部转化成委员提案并确定为重点提案。举行庆祝新中国、人民政协成立70周年系列活动，为决胜全面建成小康社会、实现中华民族伟大复兴的中国梦广泛凝聚各族各界人心和力量。

组织联络联谊。参加武陵山片区政协主席联席会第四次会议，围绕“绿色发展”主题作充分交流，推动形成坚持生态优先，加强区域合作，推进武陵山片区绿色发展、高质量发展，努力建成全国绿色发展先行示范区的共识。在湖北鹤峰县走马镇主导召开武陵山片区政协主席联席会澧水流域生态保护课题组第三次会议，倡议全力助推流域生态文明建设，守护好一江碧水。张家界市政协首次倡议并经会议协商达成共识的“泛源头”概念，丰富澧水源头的内涵和外延，对动员更加广泛的生态环保参与、进一步改善澧水全流域生态环境产生积极作用。

加强自身建设。在市委的重视和关怀下，市政协机关编制得到增加，人员得到充实，结构得到优化，专委会设置得到扩展。市政协党组和机关党组把市委的关怀作为加强政协自身建设的动力，努力为国履职、为民尽责，不断改进工作作风，着力整治形式主义和官僚主义。通过开展政协云等业务培训加强委员履职能力建设，进一步健全完善委员履职考核评价。严格执行中央“八项规定”、省委“九条规定”和市委“十项措施”。认真落实省委巡视组反馈涉及市政协问题的整改，举一反三、防微杜渐，主动开展重大事项检视评估。切实加强市政协老委员咨询团工作，出台《政协张家界市委员会老委员咨询团工作规则(试行)》，组织老委员咨询团成员就湘鄂西、湘鄂川黔苏区振兴进行调研并发表咨询意见。

【全市政协系统首届职工运动会】2019年9月17日，张家界市政协系统“同心共筑中国梦”首届职工运动会在杨家溪体育公园举行。举办此次运动会，既是弘扬新中国体育运动精神，也是增进全市政协系统干部职工之间的交流互动、更好地凝心聚力，为实现中华民族伟大复兴的中国梦作出政协人应有的贡献。市政协副主席彭红致开幕词，市政协主席汪业元宣布开幕。来自市、区（县）政协机关的5支参赛队伍100多名运动员，参加团体合作共9个 比赛项目。（本栏撰稿　石继丽）

重要会议

【市政协第七届委员会第三次会议】2019年1月15~17日，市政协第七届委员会第三次会议在市区举行。会议听取并审议通过市政协第七届常务委员会工作报告和提案工作情况报告，听取市委书记、市人大常委会主任虢正贵在开幕会上的讲话，表彰市政协优秀委员。与会人员列席张家界市第七届人民代表大会第三次会议，听取并协商讨论市人民政府工作报告和其他报告。会议组织委员大会发言10篇，其中口头发言6篇。会议收到提案199件，经审查立案120件。市委、市人大常委会、市政府、张家界军分区领导及其他市级领导同志出席开幕会、闭幕会，市委、市政府领导分别到各界别联组参与协商，听取意见和建议，沟通情况。会议补选刘卫兵为政协张家界市第七届委员会副主席。

【市政协第七届常委会第十二次会议】2019年1月9日，市政协第七届常委会第十二次会议召开。会议应到47人，实到40人。市政协主席汪业元主持会议，会议传达省政协十二届四次常委会议精神，协商市政协2019年度协商和民主监督计划（草案）、市政协七届三次会议选举办法（草案）和候选人名单及总监票人、监票人名单（草案），协商决定市政协委员履职考核评价办法（草案）和第七届市政协委员辞免、增补名单。

【市政协第七届常委会第十三次会议】2019年1月16日，市政协第七届常委会第十三次会议召开。会议应到47人，实到47人。市政协主席汪业元主持会议，会议听取各讨论组关于“一府两院”工作报告和市政协两个报告等协商讨论情况汇报，协商通过选举办法、候选人名单和总监票人、监票人名单及会议决议草案，市政协专门委员会设置方案和人事任免，报告大会秘书处制定的总计票人、计票人名单，听取会期提案汇总情况汇报，授权市政协主席会议审查立案并遴选重点提案。

【市政协第七届常委会第十四次会议】2019年4月1日，市政协第七届常委会第十四次会议召开。会议应到48人，实到39人。市政协主席汪业元主持会议，会议传达学习全国人大、政协两会精神，听取2019年度市政协提案办理意见，市政协副主席刘卫兵围绕学习习近平总书记在省部级主要领导干部坚持底线思维着力防范化解重大风险专题研讨班开班仪式上的重要讲话精神，就防范化解重大风险作交流发言，5位市政协常委、委员围绕习近平新时代中国特色社会主义思想和中央、省委重大决策部署作交流发言。

【市政协第七届常委会第十五次会议】2019年7月5日，市政协第七届常委会第十五次会议召开。市政协副主席彭红受汪业元主席委托主持会议，会议听取市委常委、常务副市长曾超群代表市政府通报2019年上半年全市经济社会发展情况，市政协副主席覃仕斌、张元次、周芳、邓师煌分别围绕提案办理工作、推进民营经济发展政策落实与完善、推进张家界市健康扶贫政策的落实、澧水流域源头地区环境保护作专题发言，3位政协常委围绕“推进张家界市健康扶贫政策的落实”作协商发言，市卫生健康委、市医疗保障局、市扶贫办负责人到会听取意见并作回应发言。会议协商通过《推进张家界市健康扶贫政策的落实》课题调研报告。

【市政协第七届常委会第十六次会议】2019年10月24日，市政协第七届常委会第十六次会议召开。会议应到48人，实到40人。市政协主席汪业元主持会议，副市长李传荣应邀到会听取委员意见和建议并讲话。会议听取市直有关部门负责人汇报提案办理工作情况，学习习近平总书记在中央政协工作会议暨庆祝中国人民政治协商会议成立70周年大会上的重要讲话精神，与会人员就重要讲话精神作交流发言。

【市政协第七届常委会第十七次会议】2019年12月25日，市政协第七届常委会第十七次会议召开。会议应到48人，实到43人。市政协主席汪业元主持会议，会议听取市委办和市政府办通报2019年提案办理情况、2019年市政协常委履职考核情况报告和评选2019年优秀提案、提案办理先进单位和个人名单（草案）情况汇报；协商决定市政协七届四次会议有关事项和人事任免事项；协商通过2020年市政协协商和民主监督计划(草案)；审议市政协七届四次会议邀请出席、列席会议人员名单（草案）和各专委会2019年工作情况及2020年工作计划报告；协商市政协委员履职考核评价办法、市政协常委2020年履职考核实施方案和委员管理相关工作。

（本栏撰稿　吴丹）

调研协商

【改善人居环境推动乡村振兴课题调研协商】2019年，张家界市政协开展“改善人居环境，推动乡村振兴”课题调研协商。“改善人居环境、推动乡村振兴”是政协省、市、县三级联动课题，按照“产业兴旺、生态宜居、治理有效、乡风文明、生活富裕”的要求，探索建立乡村振兴的人才支撑、资金支持、产权制度、组织制度等保障体系。根据政协张家界市第七届委员会2019年协商和民主监督工作计划，本课题由市政协农业和农村委员会具体承办。3~6月，调研组围绕村容村貌提升、全面推进农村生活垃圾治理、梯次推进农村生活污水治理、持续推进“厕所革命”等方面，深入各区县部分乡镇进行走访调研，还对10多个村进行现场察看，对448个农户进行问卷调查，并开展专题协商，向市委、市政府提交调研报告。建议：进一步加大工作推进力度；继续巩固提高垃圾治理水平；下大力推进乡镇污水处理设施建设；扎实推进“厕所革命”及农业面源污染治理；加快村庄建设规划编制进度。市委书记虢正贵、市长刘革安及副市长尚生龙、李培其分别作出批示，就调研报告提出的问题和建议进行研究，进一步改进张家界市农村人居环境整治的相关工作。

【推进张家界市健康扶贫政策的落实课题调研协商】 2019年，张家界市政协开展“推进张家界市健康扶贫政策的落实”课题调研协商。根据《政协张家界市第七届委员会2019年度协商和民主监督工作计划》，3~5月，市政协“推进张家界市健康扶贫政策的落实”课题组，对全市健康扶贫政策落实情况开展专题调研。本课题由文教卫体和文史委员会具体承办。课题组围绕全面贯彻落实全国健康扶贫工作会议精神以及省委、省政府和市委、市政府脱贫攻坚战略部署，聚焦张家界市贫困人口基本医疗有保障目标，坚持问题导向，全面了解张家界市健康扶贫工作现状和困难，查找问题，分析原因，促进工作落实。课题组深入两区两县部分乡镇村组、基层医疗卫生机构，以现有政策措施的部署落实情况，基层贫困人口医疗服务和保障能力，基层健康扶贫工作完成情况，资金保障使用情况等为调研内容，通过两级政协联动，采取走访座谈、问卷调查、明察暗访等方式开展调研，形成调研报告。调研发现的主要问题：一是现行政策落实与群众期望有差距，主要体现在医保报销政策有待进一步完善，基本药物制度不适应农村群众医疗需求；二是医疗机构服务能力不能满足群众健康需求，主要体现在基层医疗卫生机构设施陈旧、设备不全，基层医疗机构队伍建设滞后，家庭医生签约服务效果不佳；三是部门协调联动机制不完善。7月5日，经七届市政协第十五次常委会会议专题协商，向市委、市政府提出如下建议：加强统筹协调，强化推进健康扶贫政策落实的责任意识；加强乡镇卫生院、村卫生室建设，提升基层医疗服务能力；加强本土化基层医生的培养储备，稳定农村医疗卫生机构队伍；加强政策落实和监管，确保健康扶贫各项政策可持续执行。该课题调研报告获2019年全省政协系统优秀调研报告一等奖。

【加强澧水源头地区环境保护课题调研协商】 2019年，张家界市政协开展“加强澧水源头地区环境保护”课题调研协商。为贯彻落实习近平生态文明思想，切实守护好一江碧水，实施省委省政府、市委市政府关于加强环境保护的决策部署，市政协人口资源环境委员会牵头开展“加强澧水源头地区环境保护”调研和界别协商，并配合省政协开展“加强湘资沅澧四水源头地区环境保护”调研协商和澧水流域生态环境保护课题组第三次会议确立的“树立源头理念，搞好流域保护”主题调研考察，以源头地区和流域环境保护政策落实情况、所取得的成效、存在的主要困难和问题，下一步工作打算和建议；开展水质检测，了解澧水及主要支流进入湖南省、张家界市入口及市州入口(出口)的水质情况；加强澧水源头地区环境保护的经验，如澧水流域河长制级别提升，建立市级统筹与市州外联动工作机制，强化关口、责任、工作、检测前移等工作措施；澧水源头地区污染防治、生态补偿、生态建设、保护区设立等情况为调研内容，赴澧水源头和流域地区开展实地踏察，邀请大学生、企业家、志愿者和公益人士开展“澧水源头地区生态环保行”活动，邀请市级主流媒体，通过“1+X”的活动，在源头地区开展生态环境保护现场直播，畅谈澧水源头地区生态环境保护，邀请政协委员组成“委员观察团”，进行现场点评。并就澧水源头地区环境保护取得的成绩与经验、存在的困难与问题，加快推进澧水源头地区和流域环境保护向市委、市政府提出意见和建议。

【运用信息化手段提高宗教事务治理能力课题调研协商】 2019年，张家界市政协开展“运用信息化手段提高宗教事务治理能力”课题调研协商。为全面准确把握习近平总书记关于做好党的宗教工作的重要讲话精神，始终坚持我国宗教中国化方向不动摇，努力提高宗教工作法治化水平，积极引导宗教与社会主义社会相适应，着力构建积极健康的宗教关系，做到“导”之有方、“导”之有力，“导”之有效，牢牢将宗教工作主动权抓在手上，切实促进张家界市运用信息化手段提高宗教事务治理能力。市政协社会法制和民族宗教委员会以本辖区域内宗教工作基本情况、基督教私设聚会点整治及抵渗情况、宗教领域历史遗留问题化解情况、宗教场所安全生产及维稳工作等存在的问题和困难，就加强本辖区运用信息化手段提高宗教事务治理能力广泛开展调研，组织委员学习习近平总书记关于宗教工作的重要论述和国家的政策法规，围绕弘扬中华优秀传统文化开展“坚定中华文化自信抵御境外宗教渗透”讲座，深入两区、两县重要宗教场所进行实地走访调研座谈，赴兄弟市开展课题对比调研，召开专题界别协商会议，形成意见报告，对稳步推进张家界市宗教事务信息化建设提出四点对策建议：成立“一套班子”，指导宗教事务信息化建设工作全面启动；打造“一个平台”(宗教事务大数据智慧服务管理综合平台)，实现宗教事务治理能力全面提升；出台“一个制度”(宗教事务网络服务管理制度)，使宗教事务信息化管理有规可依；培养“一支队伍”，推动宗教事务信息化建设可持续发展。市委常委、统战部部长田华玉出席专题界别协商会议并讲话。

(本栏撰稿　石继丽)

民主监督

【澧水源头生态环境保护监督】 2019年，张家界市政协开展“澧水源头生态环境保护”民主监督。市政协成立澧水南、中、北源地区三个民主监督小组，分别由副主席带队，3月13日~6月28日，对澧水源头生态环境保护工作进行5次专项民主监督，做到久久为功，监督出成效。通过监督，发现群众环保意识不强，农村乱丢、乱堆、乱排、乱放等27个问题，并将问题清单于7月31日交办桑植县。桑植县接到问题反馈后，高度重视：一是及时召开会议，认真研究部署，对反馈的问题进行认真研究，对问题整改全面做出安排部署；二是迅速制定方案，有序推进整改，围绕列出的问题清单，制定整改工作方案，明确整改单位和整改时限，有序推进整改工作的落实；三是强化责任分解，压实整改责任，对照存在的问题，一一进行分类，明确整改的牵头单位和责任单位，确保事事有处理，件件有落实；四是加强督促检查，确保整改到位，对存在的问题相关责任单位整改落实后，县人居办组织人员进行一次全面检查，做到每个问题的情况清楚，每个问题落实到位。截至9月底，所有问题基本整改到位。

【健康扶贫政策落实情况监督】 2019年，张家界市政协开展“健康扶贫政策落实情况”民主监督。根据张家界市脱贫攻坚指挥部张脱指发〔2019〕5号文件精神，8~9月，市政协“推进张家界市健康扶贫政策的落实”调研监督课题组，深入全市24个深度贫困村（其中桑植县23个，永定区1个），通过实地查看村卫生室运行情况，走访医务人员和贫困户，与当地政府领导、群众代表和驻村帮扶工作队座谈等方式，对消除全市深度贫困村卫生室“空白村”落实情况，进行监督调研。通过民主监督发现两个突出问题：一是由乡镇卫生院派驻村医巡诊难度大。24个深度贫困村实行村医派驻制的占83.33%，有专职村医或一村多室调剂的占16.67%。派驻巡诊制度只是临时性措施，很难从根本上解决深度贫困村有“室”无“医”的问题。桑植县乡镇卫生院编制和人员不足，业务工作繁重，抽调乡镇卫生院医务人员开展村卫生室巡诊难度大。二是村卫生室运行困难。村卫生室虽为非营利性医疗机构，却无任何“份内”补贴，村卫生室需自行负责网络费、水电费、设备及诊疗材料费等运营成本费用。村医人均年收入低，乡村医生面临生存困扰，村卫生室正常运行困难。为此，课题组提出两点建议：一是解决村卫生室运行经费。贯彻省委（湘发〔2019〕85号）文件精神，按照省、市、县财政分级承担的原则，落实村卫生室每年6000元的运行经费。二是探索建立村医保障机制。设法保障乡村医生基本待遇，对村医实行基本工资兜底保障机制，支持乡村医生按规定参加基本养老保险，落实村医“五险一金”，免除其后顾之忧；建立村医退出机制，采取乡聘村用的办法解决村卫生室缺村医的问题，织牢织密健康扶贫网底。

【推进民营经济发展政策落实与完善课题界别协商和民主监督】 2019年，市政协经济科技和外事委员会承担课题，市政协党组成员、副主席褚新年牵头成立课题组。课题组以市政协党组理论学习中心组年度第四次集中学习和座谈会的形式启动调研，组织学习习近平总书记在民营企业座谈会上的重要讲话精神和党中央、国务院及湖南省委、省政府关于鼓励、支持与引导民营经济发展的有关政策。通过召开民营企业负责人座谈会、走访企业、视察项目等方式，详细了解企业相关情况、生产经营者的困难、问题与工作建议。重点落实省、市、区县政协“三级联动”工作要求，配合省政协胡旭晟副主席带领课题组到张家界调研，发放100份调查问卷，组织近30家企业和15家市直单位负责人参与调研访谈和座谈，积极督办落实省政协调研和民主监督问题清单。6月3日，市政协收到省政协办公厅《关于向张家界市反馈调研监督问题清单的函》，清单向张家界市反馈民营经济发展政策落实与完善6个方面27个问题和5条建议。市委、市政府、市政协高度重视，6月6日，市政协党组书记、主席汪业元主持召开党组会议，认真研究省政协工作要求，向市委、市人民政府呈报请示，报告省政协的工作要求和问题清单，提出整改落实责任建议方案，经市委书记、市人大常委会主任虢正贵和市委副书记、市长刘革安等领导同志签阅同意。7月2日，市委办公室、市人民政府办公室发出张办发电〔2019〕12号，将责任方案印发各相关部门和单位，提出工作要求。7月12日，市政府召开研办落实省政协问题清单工作调度会，市委常委、常务副市长曾超群和市政协党组成员、副主席褚新年出席会议，19个责任单位负责人参加会议，汇报研办情况，曾超群代表市委、市政府就张家界市进一步研究办理好省政协问题清单明确提出要求：一是切实提升认识，必须认真研办。二是规范流程，依法依规、立行立改，特别强调上级有明确规定在办理过程中的，作好沟通和说明；能依法依规解决的问题要立即解决；进入司法程序的要抓紧、加快。三是进一步优化环境，将省政协问题清单整改落实纳入市政府督查室、市优化办督办范畴。从6月份开始，市政协办公室、研究室和除提案委以外的6个专门委员会分别牵头，相关市政协委员、四个区县政协和市政协老委员咨询团部分成员参加，组织8个专题民主监督小组，由彭红、周芳、褚新年、邓师煌四名副主席分别带队，到各相关部门和单位包括各区县，提前开展协商交办工作，贯彻省、市工作要求，督促开展相关工作。截止11月30日，已落实或承诺很快落实的有15件，占42.9%；纳入法律途径解决的、情况反映与实际情况有出入或笼统不便查证的、需要创造条件或待条件具备时解决的各4件，分别占11.43%；问题出于政策信息沟通不够，因法律、政策、规划和本级权责所限不能解决，责权单位作出合理说明的有8件，占22.86%。

【提案督办及民主评议评价工作】 根据市政协第七届常委会第十四次会议要求，2019年对《关于治理市城区交通拥堵的建议》等8件重点提案，对市文旅广体局、市农业农村局、市水利局、市司法局、市自然资源和规划局、市医保局6个单位的提案办理工作进行督办及评议评价。7月下旬至8月下旬，提案委牵头，彭红等副主席带领专委会对8件重点提案和6个市直单位的提案办理工作进行上门指导，通过召开协商座谈会、实地调研等形式开展协商督办。10月上旬，分别在专委会会议、主席会议及常委会议上对8件重点提案的办理及6个单位的提案办理工作进行民主评议评价，8件重点提案平均得分93.5分，6个提案承办单位的办理工作平均得分93.6分，评分公正公平地反映各个单位的工作情况及提案问题的解决情况。市政协党组将提案民主评议结果及提案办理过程中发现的突出问题书面报告市委市政府,推动相关问题的解决。

(本栏撰稿　石继丽)

参政议政

【概况】2019年,市政协围绕"对标提质,旅游强市"战略及"11567"总体发展思路,重点聚焦打好打赢防范化解重大风险、精准脱贫、污染防治"三大攻坚战",从政协实际出发,发挥政协优势,服务全市经济社会发展大局。认真落实好市委交办的一系列重点工作任务,市政协班子成员共联系"双联"项目47个、企业10个,联系帮扶贫困村62个并负责指导协调桑植县2个乡镇的脱贫攻坚工作,联系督导慈利县涉大鲵自然保护区水电站整治工作,联系"三联四建"("三联四建",即集中组织领导干部联系社区、职能部门联系项目、党员干部联系"三户"(贫困户、拆迁户、信访户),建好社区综合服务平台、社区综治管理平台,建强社区党组织、社区志愿者组织,打通党组织和党员服务社区群众"最后一公里"。)社区1个,联系"创卫包保"(包:包街道、包社区推动创国家卫生城市工作,保:确保全面完成创建国家卫生城市工作任务目标。)街道2个。支持和鼓励政协委员密切联系群众,开展社会调查,受理社情民意信息20多条,编发社情民意专报4期。1072名省、市、县(区)政协委员参与精准扶贫"三个一"行动,结对帮扶2500多个困难家庭。广大政协委员在各自岗位上积极工作、努力奉献,部分委员参与助学助教、救助孤残、尊老爱幼、文明劝导、关爱抗战老兵等社会公益志愿服务行动,展现新时代政协委员勤勉为民、服务社会的精神风采。

【提案工作】2019年,市政协收到提案201件,经审查立案121件,并案26件,转作委员来信、社情民意处理54件。至10月底,提案全部办结。其中,提案所提问题已经得到解决或基本解决的98件,占立案数的81%;问题正在解决或列入计划逐步解决的13件,占10.74%;因条件限制暂时难以解决的10件,占8.26%。根据提案平台委员满意度测评,委员对办理结果表示非常满意或满意的119件,占98.3%,基本满意2件,占1.7%。

坚持高位推动。市委、市政府高度重视政协提案工作,在市政协七届三次全会上,市委书记、市人大常委会主任虢正贵对6件大会发言进行现场批示,市委副书记、市长刘革安对2件提案进行批示,市政府常务会议专题研究2019年提案办理工作。市政协党组会议多次研究提案工作,常委会议、主席会议协商确定8件重点提案分别由市政协常委会议、主席会议及专委会督办评议,各位副主席按职责分工督办重点提案。

真诚协商互动。协商机制不断完善,市政协印发《关于2019年度市政协提案办理工作意见》《2019年市政协提案办理评议评价工作方案》,明确督办评议内容、程序及要求,指导全年的提案办理及评议评价工作。工作合力不断增强。市委督查室、市政府办牵头开展协商督办,市政协各专委会指导开展协商,承办单位重视协商,提案委员主动协商。成果转化不断加强。如市委统战部牵头办理《关于支持民营经济发展的提案》,推动市发改委将非公经济发展与民营经济政策落实情况纳入市委市政府的绩效考核内容;市教育局办理《关于恢复"官黎坪中学"办学的提案》,以全省化解大班额为契机争取市政府重视,市长刘革安主持召开专题会议确定恢复办学。

督办评议促动。对《关于学前教育优质普惠发展的建议》等8件重点提案和市发展改革委员会、市文化旅游广电体育局等6个提案办理重点单位的提案办理情况,开展督、评、办相结合的协商,推动提案问题的解决,促进提案办理的规范化,提升提案办理实效。市政协副主席带领各专委会上门开展协商督办工作,以督促改。指导和督促各承办单位规范办理流程,搭建协商平台,增强办理效果。对程序不规范的,办理效果不实的,督促承办单位及时整改完善。经现场民主协商评议,8件重点提案办理工作和6个市直单位的提案办理工作得分均在90分以上,重点提案成果转化取得实效。

(本栏撰稿　石继丽)

中共张家界市纪律检查委员会
张家界市监察委员会

【概况】2019年,全市纪检监察机关在省纪委省监委和市委的正确领导下,坚持稳中求进工作总基调,忠实履行党章和宪法赋予的职责,认真贯彻落实上级各项部署要求,全市纪检监察工作做到稳中有进、稳中向好、稳中提质。市纪委市监委获评全省文明单位,涌现出全省担当作为优秀干部、全市先进工作者、优秀党务工作者等一批先进个人。

市纪委、市监委聚焦“三大攻坚战”、减税降费、大鲵保护区小水电整治、“产业项目建设年”“招商引资攻坚年”“优化营商环境执行年”“六城同创”等开展监督检查。严肃查处违反政治纪律和政治规矩案件19件19人,25个党组织52名党员领导干部被问责。制定出台《张家界市廉政审查办法》,规范廉政审查的范围、职责和工作程序,防止出现“带病提拔”“带病评先”的现象,全年共对53批次1193人次/(单位)进行廉政审查,对其中42人次/(单位)提出不同意见。

市纪委、市监委拓展扶贫领域腐败和作风问题整治,建立“纪委吹哨、部门报到”联动机制,聚焦生态扶贫、易地扶贫搬迁等八大领域,采取重点监督、直查直办、挂牌督办、约谈问责、通报曝光“五个一批”举措,开展“一季一专题”(由省纪委省监委提出2019年每个季度开展一项专题整治)专项整治。严肃查处桑植县八大公山镇朝南坪村阳光房质量问题,开展脱贫攻坚突出问题大排查、大整改、大管控。全年共发现问题线索1293个,处分327人,组织处理389人,移送司法机关29人,追缴违纪资金3248.78万元,退还群众资金827.36万元。

市纪委、市监委印发推送《落实中央八项规定精神政策摘编》及其电子书,组织领导干部知识测试。撤销市县两级廉政账户,对公职人员违规收送红包礼金行为,一律实行先免职后处理。全年共查处违反中央八项规定精神问题69起,处分94人,组织处理12人,清退违规资金561.2万元。坚决破除形式主义、官僚主义。围绕“基层减负年”部署,开展专项巡察、监督检查、审查调查,督促各级减会简文,规范督查考核,市委市政府召开的全市性会议、下发的文件同比减少20%和34%,市级督查考核事项精简83%。规范“一票否决”事项,清理“责任状”37项,取消22项。查处形式主义、官僚主义问题31个,处分56人,组织处理4人,通报曝光典型案例38起52人。

市纪委、市监委推行党风廉政建设主体责任提醒卡、市管干部“八小时以外”监督、地方和部门政治生态档案动态管理“三项机制”。实行一季一提醒、台账化管理,发出提醒事项7131条;加强“八小时以外”监督,划定十五项负面清单,建立十项监督制度,配套七种监督方式;建立政治生态档案,及时录入98家单位和1072名市管干部信息,适时监测管理,监督更加精准高效。常态化开展专项整治。重点治理违规涉砂涉矿涉旅、经商办企业、高利放贷、“提篮子”“打牌子”、收送名贵特产类特殊资源谋取私利等突出问题,处分12人,组织处理6人,追缴违纪资金56.66万元。运用“四种形态”处理问题线索1661人次,其中第一、二种形态占比90%。突出对关键少数的监督,谈话函询各级一把手36人次。出台廉政审查办法,规范审查范围、职责和程序,对46人次(单位)提出不同意见,严防“带病提拔”“带病评先”。鼓励干部担当作为,健全容错纠错机制,为53名党员干部澄清正名,回访受处分干部151人。

市纪委、市监委一体推进不敢腐、不能腐、不想腐,巩固发展反腐败斗争压倒性胜利。全市各级纪检监察机关受理群众举报1809件,处置问题线索1864件次,立案705件,结案644件,党纪政务处分604人,查处处级干部33人,移送司法机关46人。市纪委市监委聚焦“关键少数”“重点岗位”,紧盯中共十九大后不收敛不收手的行为,集中查办市国资、司法、水利、职教等系统腐败窝案串案,严肃查处廖祖健、黎跃、张南书、胡圣雄、钟佳君、康春风等严重违纪违法案件。坚持“三个优先”和受贿行贿一起查,全市共立案705件,处分604人,移送司法机关46人,23名行贿人被立案查处,震慑效果持续彰显,主动投案和主动交代问题人数大幅增长。深入参与扫黑除恶专项斗争,有力惩腐“打伞”,查处“保护伞”10人,涉黑涉恶腐败16人,移送司法机关6人。

市纪委、市监委围绕近年来查处的国资、水利等六大系统案件开展调研,发出纪律检查建议书和监察建议书18份,推动整改问题,健全内控机制。拍摄廉政教育片《背叛的代价》,编印违纪干部忏悔书,督促发案单位召开专题民主生活会、警示教育大会。用身边人身边事警醒党员干部,自2019年9月19日张家界市廉政警示教育基地开放以来,至2019年底共有224家单位8742名党员干部接受教育。

市纪委、市监委规范信访接待,坚持领导坐班接访,开展信访举报积案化解行动,在全市集中攻坚十大信访举报积案。对区县、乡镇越级信访举报定期排名通报,督促基层强化村级事务阳光决策和规范管理,发挥村务监督委员会作用,推动永定区创新建立“天门清风”微信群、推广象市镇村级财务监督管理经验等,从源头上遏制群众身边不正之风和腐败问题。全市纪检监察机关共受理信访举报1809件次,同比下降1.3%。

市纪委、市监委落实党对纪检监察工作的领导,22次向省纪委省监委和市委专题报告工作。强化上级纪委对下级纪委的领导,坚持纪委书记、副书记的提名和考察以上级纪委会同组织部门为主,提名考察区县纪委监委班子18名,市管企业纪委书记2名。按照省纪委关于查办腐败案件以上级纪委领导为主的要求,建立线索处置和案件查办的月报机制、市管干部案件直送机制。制定出台市纪委监委机关“三定方案”,明确内设机构的职能职责、职位职数,规范部室职责分工和工作程序。市纪委市监委带头成立机关纪委,加强党风廉政建设。

市纪委、市监委加强纪法贯通、法法衔接,出台《张家界市监察机关职务犯罪案件审理工作规则》等规定,对于提前介入、案件受理、退回补充调查、移送审查起诉等环节明确具体程序、工作标准、时限要求等内容,与政法机关建立涉黑涉恶腐败和“保护伞”问题线索移送反馈等机制,加强与司法执法机关的工作衔接,形成改革的强大合力,实现办案质量和效率的不断提升。以永定区为试点，探索推进监察职能向基层延伸，出台《永定区深化监察体制改革推进乡镇（街道）监察全覆盖实施方案（试行）》。

市纪委、市监委根据全市机构改革情况，出台《关于调整市纪委监委监督检查室联系地区、单位和派驻机构监督范围的通知》，对监督检查室联系单位、地区以及垂管驻张单位进行明确，对派驻纪检监察组监督范围进行部分调整。12月，坚持分类施策推进派驻机构改革，制定出台《关于深化市纪委市监委派驻机构改革的实施意见》《市纪委市监委派驻机构改革方案》和《关于推进市属企业纪检监察体制改革的实施意见》，对市属企业纪检监察机构改革和高新区派出监察机构进行安排部署。2019年，市纪委市监委各派驻纪检监察组共立案28件，结案27件。

市纪委、市监委围绕庆祝中华人民共和国成立70周年、建设"清廉张家界"生动实践主题，做好纪检监察工作宣传，策划纪检监察体制改革、强化监督职能、"四风"专项整治、整治群众身边腐败和作风问题、一体推进不敢腐不能腐不想腐、巡视巡察工作、勤政廉政典型、廉政文化建设等8个专题宣传。在市域视、网、报、微等主流媒体上掀起党风廉政建设宣传热潮，推出建设"清廉张家界"10篇系列报道、《天门山下廉花正艳》《有温度的纪委书记》等一批重量稿件。在中央、省、市级媒体刊发各类稿件468条（篇），其中，在《中国纪检监察报》、人民网、新华网等中央主流媒体上稿32条，在《湖南日报》、湖南卫视新闻联播、三湘风纪网、清风侠在路上等省级主流媒体上稿436条，市域"一网一微一刊"原创稿件2046条，市电视台新闻联播"监督执纪深度聚焦"专栏每天播放，市广播电台"清风之声"共播放节目44期。《挑重担子 啃硬骨头》《湖南张家界：以系统思维开展审查调查工作》在《中国纪检监察报》上刊登推介，《湖南张家界：创新机制推进监督职责落实落细》在中央纪委国家监委网站上推介。

市纪委、市监委紧扣主题主线，抓实"不忘初心、牢记使命"主题教育，组织集体学习、专题研讨、知识测试、基层调研，班子成员带头讲授党课；参观革命根据地、重写入党志愿书、举办红色故事会、拍摄《不忘初心》MV、评选最美纪检人，推动主题教育往深里走、往心里走、往实里走。加大干部交流力度，激发队伍活力。采取"一周一课"、跟班学习、以案代训、业务考试等多种形式，抓好全员培训、专业培训，举办全市首届"十大精品案件"评选活动和首届案例论辩赛，提升业务能力和水平。省委常委、省纪委书记、省监委主任傅奎对全市纪检监察机关开展全员培训情况作出批示，予以肯定。5人被评为全省"百名业务能手"，1起案件被评为全省"十大精品案件"。

市纪委、市监委抓好精准履职主动接受各方面监督。在执纪执法工作中，坚持一切从实际出发，强化精准思维，准确把握运用好监督执纪"四种形态"，提高思想政治工作水平和把握政策能力，着力提高运用法治思维和法治方式开展工作的本领，使执纪执法取得良好的政治效果、纪法效果、社会效果。为增强办案质量意识，提高执纪执法的能力和水平，举办全市纪检监察系统首届"十大精品案件"评选活动和首届案例辩论赛。畅通监督渠道，发挥14名特约监察员作用，主动接受各方面监督，认真贯彻"一法两规"，严格监督执纪执法。在系统内开展专项整治，实行纪检监察干部廉政档案资料动态管理，加强对纪检监察干部的监督，给予谈话函询17人，批评教育5人，谈话提醒1人，党纪立案6人。

【中共张家界市纪律检查委员会张家界市监察委员会被授予湖南省2018届省文明单位】 2019年，经省文明委决定，授予中共张家界市纪律检查委员会张家界市监察委员会等450个单位为湖南省文明单位称号。

【袁美南被评为全省担当作为优秀干部】 2019年，全省开展推选担当作为优秀干部活动，择优遴选廖建华等111名担当作为的优秀干部，在全省予以通报表扬。市委常委、市纪委书记、市监委主任袁美南被评为全省担当作为优秀干部（《中共湖南省委组织部关于通报表扬担当作为优秀干部的决定》（湘组〔2019〕74号））。

（本栏撰稿　戴　婧）

民主党派

【概况】2019年，张家界市有民主党派市级组织5个、基层支部(工委)44个。各民主党派发展新成员24人,净增率为3.33%,至12月31日,全市有民主党派成员744人。

一、参政议政。受中共张家界市委委托,各民主党派市委、市工商联和无党派人士聚焦乡村振兴、民营经济高质量发展主题集中调研活动，形成7篇重大专题调研报告及21篇重点调研报告。各民主党派市委协调做好各民主党派中央、省委领导18次到张家界市调研指导、出席会议或活动。发挥市"两会"平台作用,引导市人大代表、政协委员中的民主党派人士积极提交建议、提案50多件,上报社情民意100多篇。

二、民主监督。聚焦"三大攻坚战",整合党派省委和党派市委资源力量，各民主党派市委持续对口区县开展脱贫攻坚民主监督工作，张家界市在全省脱贫攻坚民主监督工作座谈会作口头交流发言。致公党省委反馈张家界市的14个问题制定43个具体整改措施,并逐一交办给16个相关市直单位。2019年各民主党派先后组织83名党派成员,深入到4个区县29个乡镇51个村,开展监督调研活动20次,召开座谈会、情况反馈会33次,提出有关意见建议93条，并得到各区县委、县政府及相关部门积极整改反馈。

三、政党协商。制定政党协商年度计划，确保年度政党协商计划规范有序。重点就《中共张家界市委关于加强基层建设推动进一步融入中部地区崛起的若干意见》、《政府工作报告》、半年经济形势情况、参政议政调研成果、党风廉政和反腐败工作等进行协商座谈、征求意见建议。

四、社会服务。组织引导各党派市委积极争取各方资源，以实际行动参与教育、产业、健康等精准扶贫行动，2019年筹措各类项目资金310万元。继续推进"一家一"助学就业·同心温暖工程,新办校企合作同心班4个,资助学生200人。项目实施以来,已累计筹措资金1937.2万元,建立"同心班级"71个,资助贫困学生4722名。

(卓然　刘潇)

【中国民主同盟张家界市委员会】2019年，中国民主同盟张家界市委员会(简称"民盟市委会")认真履行参政党职能,积极建言献策,不断加强自身建设,主动服务经济社会发展。在庆祝湖南民盟省级组织成立70周年表彰活动中,各项工作取得新成绩。18名盟员和3名盟员被民盟省委分别评为"优秀盟员"和"优秀盟务工作者",民盟市委和民盟张家界旅游学校支部分别荣获"优秀地方组织"和"优秀基层组织"称号。

一、思想建设。民盟市委会聚焦推进习近平新时代中国特色社会主义思想和中共十九大及十九届二中、三中、四中全会精神学习这个首要政治任务。通过举行集体学习、召开座谈会、专题辅导、微信学习,开展多形式、多层次的学习。

开展盟史盟章学习教育讲座,邀请民盟中央宣传原副部长部张冠生主讲,100多名新老盟员聆听讲座。开展"不忘合作初心、继续携手前进"主题教育活动,组织20多名盟员赴岳阳参观瞻仰新墙河抗战史实陈列馆、平江起义史料陈列馆、任弼时纪念馆。民盟永定直属支部与天门中学支部20多名盟员参观瞻仰郴州湘南起义旧址和纪念馆、汝城"半条被子"故事发生地沙洲村。

选派40名盟员参观全市统战系统成就展,聆听《中国共产党与中华民族伟大复兴》专题讲座,选送12篇文章参加全市统战系统庆祝中华人民共和国成立70周年和民主党派主题教育征文比赛。其中,2篇获一等奖,3篇获二等奖,优秀组织奖共设2名,民盟市委会位列其一。

加强信息宣传工作，扩大对外宣传影响力。全年在民盟中央网站、民盟省委网站、《张家界日报》、张家界红网等媒体刊发宣传民盟工作的新闻稿件90篇。

二、参政议政。民盟市委会先后深入全市10个乡镇20个村,同时,召开两次部门座谈会,听取市、区县两级农业农村局、生态环保局、住建局等部门及相关专业人士的意见建议。最终结题形成《关于扎实推进张家界市农村垃圾治理工作的建议》。该调研报告代表民盟市委会在市政协七届四次全会上作口头发言，被市委书记虢正贵现场作出批示。形成永定直属支部《16字的箴言与民盟"和"文化传承》、慈利支部《优化供给、盘活市场、推动慈利县养老服务业高质量发展》《加强民主党派思想政治建设研究》、武陵源支部《关于尽快启动索溪河风光带建设的建议》、张家界旅游学校支部《张家界民宿深度发展对中职学校旅游服务与管理专业人才培养的启发与对策》等调研成果。

开展脱贫攻坚民主监督。先后多次深入到桑植上洞街、八大公山、马合口、桥子湾、洪家关等乡镇开展监督,最终撰写形成《扶贫产业稳固发展的生动实践——桑植芙蓉桥乡合群村的经验和启示》,改调研报告得到桑植县委、县政府及有关部门的充分肯定和认同。

拓展参政议政平台。民盟市委会申报并中标民盟省委参政议政招标课题"关于推进武陵山区义务教育发展的研究"。由盟员高自安撰写的《关于进一步推进武陵山区义务教育均衡发展的建议》上交民盟省委,11月民盟省委下发结题公告并颁发结题证书。

提交议案提案、社情民意。全年提交议案、提案50件,其中,民盟市委会《关于治理市中心城区交通拥堵的建议》被市政协确定为2019年第一号重点提案,并列为市政协常委督办的唯一一件提案,并对该提案进行跟踪办理,与市政协提案委一起召集相关部门召开提案办理情况座谈会,同时多次与市自然资源和规划局、市住建局、市城市管理和综合执法局、市公安局等单位沟通协调。《关于尽快制定出台校内课后服务指导性意见或实施细则的建议》《整治"遮挡号牌"行为确保科技治超顺利开展的建议》《关于加大力度整治城乡结合部和乡村校园周边食品安全的建议》《关于加强志愿者服务的建议》《关于加强全民急救知识和技能培训的建议》《关于加大力度管理张家界市农村全民健身设施的建议》《关于加强对淘汰废旧手机管理的建议》等也分别被市、区县政协采用。撰写提交社情民意40件,其中,省政协采用1件,民盟省委采用39件,市政协采用2件。

三、社会服务。民盟市委会推进“一家一·助学就业”同心温暖工程建设。筹资20万元,资助张家界旅游学校100名建档立卡贫困户学生。民盟省委专职副主委胡颖专程出席签约开班仪式并讲话、授牌。

继续关注、支持永定区伞家湾村经济社会发展。督促村里发展11公顷莓茶种植基地,收入6万余元。永定总支和市医卫两个支部联合在永定区教字垭镇龙洞湖村,为该村捐赠3500元的医疗器械及药品,并为村民开展义诊。慈利支部多年来连续帮扶明建畜牧养殖场、百家石蛙养殖专业合作社,这两家企业年均收入均超200万元。

持续开展“同心助学”活动。民盟市委会与民盟长沙市委加强沟通,民盟长沙市委率所辖民盟长沙开福区综合支部和湖南科美洁环保科技有限公司为张家界旅游学校30名建档立卡贫困户学生捐赠现金3万元。天门中学支部和永定直属支部联合在永定区后坪镇二家河完小举行“书香校园”活动,连续两次共捐赠价值8000多元书籍。

四、组织建设。按时召开民主生活会,市委统战部部长、市委纪检组组长、民盟市委会主委、副主委及市委会委员参会。根据民盟市委《民盟基层支部年度工作考核办法》,认真组织对民盟基层支部工作成效的考核评估,并以奖代投的方式兑现绩效奖。民盟市委会班子成员深入各基层支部调查走访,了解盟员的工作和履职情况,并与支部所在单位中共组织负责人进行坦诚的交流沟通。按照民盟《章程》及组织发展有关规定,结合吉大张家界学院的实际,经与吉大张家界校区、吉大张家界学院中共组织充分沟通协商,决定在该院成立民盟基层组织。年底,民盟吉首大学张家界学院支部正式成立。至此,张家界民盟基层组织发展到15个。

加强民盟传统教育基地建设。为推动张家界民盟“不忘合作初心、继续携手前进”主题教育活动走深走实,民盟市委会向民盟省委申报,将我国著名地质学家、中科院原学部委员、已故张家界籍盟员田奇儁院士的祖居地田家大院,建成省级民盟传统教育基地。11月12日,该基地正式挂牌,民盟省委专职副主委胡颖专程到张家界出席挂牌仪式并讲话。

注重盟员发展和培训。全年共发展新盟员7人。专职副主委余宗巧参加民盟省委在中央社会主义学院举办的全省民盟地市级组织专职副主委培训班学习;2名盟员参加民盟省委在厦门大学举办的“湖南民盟盟务专干培训班”学习;2名盟员参加民盟省委在平江县委党校举办的新盟员培训班学习;4名盟员参加民盟省委在株洲醴陵市委党校举办的全省民盟基层组织主委及青年工作委员会委员培训班学习;2名盟员参加民盟省委思想宣传与统战理论研究班培训学习。

(李佩佩)

【中国民主促进会张家界市委员会】2019年,民进张家界市委会聚焦乡村振兴、最多跑一次改革、文化教育等领域,认真深入调查研究,切实提高履职能力和实效。

一、思想建设。深入学习贯彻习近平新时代中国特色社会主义思想及习近平总书记关于统一战线重要理论,进一步增强“四个自信”,坚决做到“两个维护”,按照“四新”“三好”要求,努力加强自身建设。将“不忘合作初心,继续携手前进”主题教育活动与“不忘合作初心,共担时代使命”主题活动、“以党为师,从严治会”专题教育、基层组织建设主题年工作紧密结合起来。积极开展“弘扬爱国奋斗精神、建功立业新时代”教育实践活动,在全体会员中开展“我身边的先进”宣讲活动,用“身边的先进”闪光事迹鼓舞人,在全会上下形成创先争优的良好氛围。

二、组织建设。一是根据民进张家界市委会实际,制定并下发《民进张家界市委2019年基层组织建设主题年工作方案》。二是开展支部走访调研,针对每个支部存在的不同问题进行专题研究。如对武陵源支部班子进行届中调整,为永定区支部落实1万元的“示范支部”创建经费和办公场地,带领永定支部负责人赴常德、益阳、长沙三地基层支部学习考察“示范支部”创建工作等。整个主题年工作有序推进,永定支部被民进中央评为“全国先进基层组织”,李腊君副主委与会员李建被民进中央评为“先进个人”。三是进一步推进支部标准化建设,发挥基层组织主体作用,增强履职活力。2019年各个支部开展的活动丰富,特色突出,如永定支部组织支部全体会员到乡镇开展庆祝新中国成立七十周年主题调研活动,武陵源支部开展送医送药下乡社会服务活动,市直支部组织学习谈心活动等。四是加强组织人才建设,2019发展、推荐会员、参训情况如下:发展3名年青教师会员,完成1名从外省转入会员的组织手续;完成22名“一二三党外人才计划党外代表人士”的摸底推荐工作;4名会员分别被推荐进行交流,其中1名担任正科级局长;7名会员被推荐参加省委统战部、民进省委、市委组织部举行的培训班。五是进一步规范会费的收取和使用。

三参政议政。突出搞好课题调研。围绕中共市委中心工作确定《关于张家界市城区义务教育承载力的现状分析与对策 》《加快发展张家界市西线旅游建设助推乡村振兴的思考》《关于落细落小“一件事一次办”改革要求的建议》三个方面的重点课题。三个调研调研成果一个在全市参政议政调研成果汇报会进行专题汇报,两个在张家界市政协全会上作为大会发言,并获得张家界市委书记批示。积极配合民进湖南省委在张家界市开展化解大班额、农村小规模学校及教学点基本情况的调研,形成的成果《精准施策推进乡村小规模学校发展》得到许达哲省长的批示。同时,各支部的课题工作也开展得有声有色,如武陵源支部的《关于加强全市民宿产业支持和引导的调研》作为张家界市武陵源区政协大会发言并获得区委书记批示。着重抓好社情民意信息,民进张家界市委会领导班子成员和各支部主委率先垂范,积极参与,2019的社情民意工作完成民进省委对各市委会的考核任务,副主委冯建华撰写的《乡村振兴建设规划制定刻不容缓》信息被民进中央采用,魏娟撰写的《关于建立创卫长效机制的建议》被张家界市政协《社情民意专报》采用。注重提案办理成果。张家界市政协七届三次全会上立案的提案、建议中,有两件被列为重点提案,张家界市政协七届四次全会上两件提案评为优秀提案。提升民主监督实效。对全体会员进行如何提升民主监督水平的培训，配合民进中央小分队到慈利县部分乡镇就异地搬迁工作开展民主监督。对永定区的脱贫攻坚工作按照四不两直的工作要求，组织会员深入一线开展监督工作。因此项工作开展得扎实有效，主委周芳在民进中央举办的全国脱贫攻坚民主监督工作会议上作典型发言。

四、社会服务。一是"素兰书屋"自2014年落户到桑植以来，2019年又争取到汤素兰副主委的支持，为桑植汩湖小学捐赠图书2000册，折合人民币近5万元。二是通过民进湖南省委支持，为桑植竹叶坪学校投资近80万元的"梦想操场"已经建成使用，有效改善乡村学校的体育基础设施；三是通过民进湖南省委牵线民进上海市委，利用资源优势，推动上海优质职教资源与张家界航空工业职业技术学院、桑植职业中专学校在办学理念、师资队伍提升、学科建设、学生就业等方面进行深度合作，张家界航空工业职业技术学院与上海民航职业技术学院，桑植职业中专学校与上海临港科技学校、奉贤中等专业学校已经达成校际合作共识，两地学校互派学校老师进行交流和技能培训。四是民进会员、湖南省生殖医院院长长刘习明继2016年在慈利资助"一家一"同心班后，2019年又向桑植县职业中等专业学校捐赠助学资金20万元，这些资金将每生每年资助生活费2000元，帮助贫困学生顺利完成学业。（卓　亚）

【中国农工民主党张家界市委员会】2019年，中国农工民主党张家界市委员会(简称"农工党市委会")立足自身建设，扎实工作，切实履行参政党职能，取得较好成绩：《健康扶贫在老区》获农工党全国微视频展播二等奖；被农工党中央授予"《前进论坛》发行工作先进单位"；被农工党省委会授予"先进市级组织""开展'不忘合作初心，继续携手前进'主题教育活动优秀组织单位"；被市委市政府授予"创建环境空气质量达标城市贡献奖"；2018年市绩效考核为优秀等级。

一、学习教育活动。2019年，农工党市委会以中共十九大精神和习近平新时代中国特色社会主义思想、农工党十六大精神为指导，以开展"不忘合作初心，继续携手前进"主题教育活动为统领，以建设新形势下中国特色高素质参政党为目标，以"加强自身建设，提高履职能力"专题活动为主线，通过会议、培训班、学习、考察调研、谈心活动等形式组织10余次各具特色的教育活动，200余人次参加。

组织参与新中国成立70周年、人民政协成立70周年庆典及征文活动，"礼赞壮丽七十年·共画最美同心圆"全市统一战线庆祝新中国成立70周年主题宣传活动及文艺汇报演出，参加农工党省委会举办的"美丽湖南"美术作品展，4幅作品被收录进"美丽湖南"美术作品集并颁发证书，并捐赠用于开展社会服务活动。

市人民医院支委会、武陵源支委会分别被农工党省委会授予"开展'不忘合作初心，继续携手前进'主题教育活动优秀组织单位"荣誉称号。

二、自身建设。2019年，农工党市委会加强思想政治引领，深入开展学习教育活动，不断巩固多党合作共同思想政治基础；坚持会议活动集中学习和充分利用微信群转发资料分散学习相结合，树牢"四个意识"，坚定"四个自信"，做到"两个维护"，提升"五种能力"。

推进组织建设，发展6名较高素质党员，组织推荐96人次参加农工党、统战部和政协系统培训学习，完成28名"一二三党外人才计划党外代表人士"的摸底推荐工作；成立青年工作委员会和老年工作委员会，积极推动基层组织和专委会独立开展活动；贯彻落实市委会委员联系基层组织工作制度，开展走基层调研，对5个支委会循环进行全面量化考核，对基层组织班子履职进行届中考核，对武陵源支委会班子进行届中调整；加强与永定区、武陵源区统战部和党员所在单位中共党组织沟通联系，对接推荐党员中优秀干部，2名党员提拔重用；组织慰问老党员、家庭困难及生病住院党员，增强组织凝聚力。

开展党内监督工作，组织专题讲座和廉洁风险预警提示活动，加强党员纪律意识、红线意识；召开农工党市委会主委班子成员民主生活会和市委会委员履职座谈会，开展批评和自我批评，全面提升领导班子能力水平。

推进更新完善制度建设，形成《中国农工民主党张家界市委员会规章制度汇编》初稿。

加强机关建设，强化服务意识，提高服务水平，完成农工党市委会机关办公室改造及文化墙制作，推进建成武陵源支委会"农工党员之家"。

抓实思想理论宣传工作，讲好农工党故事，传播农工党好声音，凝聚农工党正能量，共有82篇新闻信息被人民论坛网、张家界日报、农工党、统战部、政协等各级报刊、网站录用。

三、参政议政。农工党市委会《关于健康扶贫政策落实情况的调研》被农工党省委会采纳，得到全国政协副主席、农工党中央常务副主席何维的肯定性批示，并获省委常委、统战部部长黄兰香和省政府副省长吴桂英的肯定性批示；《关于加强重大慢性传染病防治工作的建议》《关于张家界市民宿产业发展的建议》被选为市政协全会发言，获市委书记虢正贵批示。

议案、提案工作。《推动湖南农村土地经营权有序流转，构建新型农业经营体系的建议》被评为人民政协成立70周年湖南省政协有重要影响提案；《关于对重要节点区域进行天门山景观实现控制的建议》《关于支持武陵源核心景区基础设施提质升级的建议》被市人大评为2018年度代表优秀建议并表彰；《关于加强张家界市传染病防治工作的提案》《关于巩固提升农村饮水安全水平的提案》《关于落实张家界市村(社区)法律顾问的提案》《关于促进张家界市学前教育普惠优质发展的提案》《关于治理市城区交通拥堵的提案》被评为市政协2019年重点提案，获优秀提案表彰。市政协七届四次全会上农工党界别委员以第一提案人身份提交提案23件，占全会总提案数的13.2%，其中《关于有效预防和化解校园暴力的提案》获虢正贵书记批示，《关于加强个体及基层口腔诊断（门诊）医院感染管理的提案》《关于逐步规范张家界市城市养犬的提案》《关于完善市城区街道和小区门牌标识的提案》获刘革安市长批示。

社情民意。上报农工党省委会社情民意和意见建议11篇,其中《加强落后贫困地区农村医疗保障助力脱贫攻坚的建议》被农工党中央《信息专报》采纳,5篇社情民意被农工党省委会采纳,2篇建议信息在农工党省委会公微刊登。

民主监督政治协商。落实对口武陵源区脱贫攻坚成果巩固民主监督,形成调研监督报告并函商武陵源区委区政府被采纳并回复;先后8次到慈利县高桥镇、桑植县龙潭坪镇溪口村开展脱贫攻坚调研督查督导;参与农工党省委会对邵阳的脱贫攻坚民主监督并建言;农工党党员人大代表、政协委员、特约监督员46人次参加政治协商、专项考察、听证会、提案督办等活动并提出意见建议。

四、社会服务。农工党市委会整合资源努力作为,紧扣“健康”“扶贫”“绿色”主题,做好做精社会服务品牌。

推进脱贫帮扶。争取党派资源投入50余万元用于产业帮扶、安全饮水、通村道路、精准帮扶、同心卫生室建设。

开展教育扶贫。组织共计45万余元用于学校教学设施完善、“农工林”栽种和学生助学金、生活物资发放。

组织健康帮扶。为桑植县洪家关乡卫生院免费捐赠一台价值9万多元的急救车,组织5次送医送药健康帮扶义诊活动,共免费发放药品14.8万余元,农工党专家40人参加,发放宣传资料1000多份,受益群众达900多人。

进行环保宣传。“六·五”世界环境日参与组织张家界市“美丽中国 我是行动者”的主题演讲活动,纪念环境日,参与环境保护,共创美丽乡村。

(郭金玲)

【致公党张家界市委会】 2019年,致公党张家界市委会团结带领全市各级组织和广大致公党员,以建设高素质高效能参政党地方组织为目标,切实履行参政党职能,有计划、有步骤地推进全年工作的开展,各项工作取得新的进步。

一、思想宣传教育。组织党员深入学习习近平新时代中国特色社会主义思想,举办专题学习会议2次。组织29名党员聆听中央社院杜玉芳教授的专题报告会。推荐高欢云参加致公党中央举办的组织管理系统培训,推荐姚亦清参加致公党中央参政议政骨干培训;推荐李文化、高欢云参加致公党湖南省委会的全省骨干党员培训班,组织全市副处级以上任实职干部参加本党省委会理论学习中心组学习,机关干部赴福建参加主题教育学习活动。推荐党员朱琼琼、覃龙、章璐参加致公党湖南省委会宣传骨干培训班。开展“不忘合作初心,继续携手前进”主题教育活动。举办同心共筑中国梦文艺会演,举办“江山如画——中国致公党庆祝新中国成立70周年五市书画联展(张家界展)”。致公党永定区工委开展“重走红军路、同搭致富桥、共圆同心梦”主题活动。致公党武陵源区工委开展庆祝新中国成立70周年主题快闪活动等。向致公党中央、致公党湖南省委会网站报送致公党张家界市委会各项工作的信息89条。全国两会期间向致公党湖南省委会报送统战信息18条。全年有7篇党务工作稿件在《张家界日报》上发表,其中头版1篇。党员李宁代表致公党中央在第十一届海峡论坛·第七届两岸公益论坛上分享推介“一家一”致公助学故事,党员李晓华以“不忘合作初心,牢记利民使命”为主题,在全省演讲比赛中获得三等奖。完成评论员文章2篇,口述致公史1篇。积极参与基层组织理论研究征文活动,张晚云完成《关于加强党员管理的若干思考》。

二、组织自身建设。召开主委会成员民主生活会。建立健全致公党张家界市委会主委会成员履职情况登记制度。落实致公党湖南省委会人才兴党行动,发展新党员5人。落实本党省委会常委、委员联系基层支部制度,按照支部工作标准开展支部达标创优活动。组织监督委员会认真开展党内监督工作,对党员思想状况、各基层自身组织建设、落实上级工作任务情况以及党内重要事项开展监督。

三、参政议政建言。为致公党湖南省委会提供“直通车”建议1篇,向市委市政府提交《关于澧水河城区段两岸河堤设置果皮箱的建议》1篇“直通车”建议。围绕本党省委会“开放兴湘”参政议政品牌建设课题开展张家界市开放型经济专题调研,完成调研成果《关于提升张家界旅游国家化水平的对策建议》。与本党省委会同步开展“湖南革命文物保护和利用”课题调研,向本党省委会提交调研报告《红色资源的保护与利用》,采用本党省委会该项调研成果作为2019年的市政协集体提案。参政议政选题“关于提升张家界市旅游国际化水平的对策建议”被本党省委会采用。开展政党协商课题“易地扶贫搬迁后续帮扶工作”的调研,完成《张家界市易地扶贫搬迁后续工作仍需加强》调研报告。配合本党省委会开展民主监督工作,完成《关于张家界市2019年脱贫攻坚民主监督调研报告》。共向中央、省、市各级各部门提交社情民意18篇。其中张玉莲的《关于着力破解制约民营经济发展突出困难和问题的建议》被致公党中央采纳。

四、社会服务。2019年共筹措资金40万元,新开办2个“一家一”致公班级,分别是“致公·中吕宋班”“致公·同心3班”,资助100名贫困学子完成两年学业。致爱小组为学生举办励志主题讲座3次,全年开展各类主题的班会活动4次。建立致公班毕业生班友会并开展活动。开展4次爱心妈妈活动。全年在致公助学基地开展助学助教活动3次。深圳致公光明一支部给芭茅溪小学的“致公·爱阅图书室”捐赠价值1万元的书籍。开展圆留守儿童微心愿活动,收集桑植县、永定区、武陵源区共100名留守儿童的微心愿,通过爱心企业的捐资,将礼物发放到孩子们手中。

做好“同心致福村”双溪桥村的帮扶工作。2019年底,致公党张家界市委会和致公党湖南省委会一起在桑植县双溪桥村开展送温暖活动,给阳光院的村民送去米、油和春联等物资。4月末,永定区工委组织三个支部的近20名党员在双溪桥村开展以购代捐活动。9月,致公党张家界市委会组织多名党员前往双溪桥村开展“不忘合作初心,继续携手前进”主题教育活动。10月,致公党武陵源区工委联合省直芙蓉区工委在双溪桥村开展联谊活动。2019年底，走访慰问一批困难党员、老党员。做好致助金收缴工作，共收到致助金13800元，向困难党员发放致助金。

五、突出党派侨海工作。推荐张家界市优秀的青年海归参加致公党湖南省委会举办的"海归论坛"。申请5万元资金推动张家界归国留学人才联谊会的筹建。7月，组织召开张家界市归国留学人员座谈会。2019年初召开"五侨"联席会议，开展张家界市归侨侨眷权益保护法调研。配合市委统战部在全市范围内完成侨情调查工作。5月，致公党张家界市委会庆贺团张晚云等人出访菲律宾，参加菲律宾华商经贸联合会成立五周年庆典暨青年委员会成立活动，并参加首届"一带一路"华商经贸论坛。（沈舟菁）

【九三学社张家界市委员会】2019年，九三学社张家界市委(以下简称"社市委")在九三学社湖南省委、中共张家界市委的领导下，在市委统战部的大力支持与帮助下，积极履行参政议政、民主监督基本职能，不断加强自身建设，各项工作都上一个新台阶，助推社会事业新发展。

一、自身建设。贯彻学习全国"两会"、习近平总书记在纪念"五四运动"100周年大会上的重要讲话、杜家毫书记在全省统一战线学习习近平新时代中国特色社会主义思想研讨班上的讲话精神，以及社中央、社省委等相关文件、会议精神。选派社员17名分别参加社中央、社省委、省委统战部举办的"第五期省级以下骨干干部培训班学习""骨干社员培训班""参政议政处赴南京培训""第21期民主党派骨干进修班""2019年全市党外科级干部培训""组织与社员信息管理系统二期市级操作员培训班"学习；组织20名社员聆听湖南省政协常委、省政协经科委主任、社省委副主委吴金明教授到张家界学院作题为"湖湘文化与企业家精神"专题讲座；组织社员在"社员之家"APP网络平台上学习社省委八届三次全会精神；举办骨干社员暨新社员入社教育培训学习。

组织30名社员参加市委统战部组织的"礼赞壮丽七十年·共画最美同心圆"主题宣传活动；参加市委统战部在武陵源迎宾路社区举办的"礼赞壮丽七十年，建设和谐新社区"文艺演出；组织开展"不忘合作初心，继续携手前进"主题教育学习实践活动；开展"庆祝新中国成立70周年暨多党合作制度确立70周年"系列活动；开展"五四运动精神与新时代九三学社发展"和"人民政协成立70周年"等征文活动，征文18篇，其中3篇获市委统战部三等奖，社市委获市委统战部"优秀组织奖"荣誉称号；加强信息宣传工作，扩大对外宣传影响力，运用媒体传播，报送信息稿件46篇。

以省、市统战部"百千万党外人才计划"为契机，向市委统战部报送一批骨干社员，作为党外代表人士后备人才计划；组织召开主委会、市委会成员谈心活动及民主生活会；届中增补一名副主委、一名市委委员，加强领导班子建设；向社省委青年委员会推荐3名社员；向相关单位推荐特邀监督员8人；成立监督委员会、青年工作委员会、妇女工作委员会和老年工作委员会，调整各工作部门成员。尽力为广大社员履职搭建不同平台，调动全员履职的积极性。开展"走基层"、"走单位"大调研活动，撰写《加强民主党派基层组织建设要不忘合作初心 奋力担当作为》调研报告。考察发展年轻新社员，体现界别特色，储备后备力量。

二、参政议政。专题调研成果明显。紧扣张家界市中心工作，深入开展调研，完成专题调研报告9篇(包括3个分报告)，获市级领导签批6篇。其中调研成果《关于深化殡葬改革 破解"墓地围城"困局的建议》、《关于打造澧水风貌带文化建设提质升级的建议》、《关于积极创建森林康养建设示范市的建议》、《关于坚持法治底线 着力化解重大群体性上访风险的建议》(与政协社会法制和民族宗教委共同完成)4篇，获虢正贵书记签批；《关于张家界大鲵、莓茶、杜仲三大百亿产业兴旺发展战略路径的建议》1篇获刘革安市长签批。雷明盛主委访英学习系列研究成果，获虢正贵书记和刘革安市长同时签批。

成果转化落地明显。年初召开的市政协七届四次全会开幕会议表彰优秀提案13件，社市委有4件，其中集体提案2件，个人提案2件。集体提案《关于优化张家界市营商环境的建议》获虢正贵书记签批，《关于加强基层林业站所管理，打通生态文明建设最后一公里的建议》获刘革安市长签批。2件集体提案均被列为重点督办，在市政府、市政协组成的提案评价评议会上，提案办理成效较高，成果转化落地非常明显，在所有重点督办的8件提案中，得分最高，分别排名第一和第二。

社情民意成效明显。分别向各级组织报送社情民意28篇，其中，《关于破除系统对接和数据归集障碍的建议》、《关于建立食品快速检验室的建议》等3篇被社中央、全国政协采用；《关于规范电话呼叫120急救的建议》、《关于加强外卖配送环节的安全风险管控的建议》等6篇，被社省委、省政协及省里相关单位采用；完成《预防筛查前移共享健康生活》健康扶贫民主监督调研报告，并转交相关单位采纳落实。

三、社会服务。开展点村帮扶工作。对帮扶村黄庄村坚持一月一次进村入户走访、调研，通过社省委给帮扶村黄庄村落实产业帮扶资金10万元；创建"美丽同心乡村"。对田家坪村"市级同心乡村"继续给予帮扶，通过争取相关单位支持，对村主干道拓宽、沟渠塘坝、机耕路、水毁修复等工程项目，进行整修改造，协助该村申请创建"美丽同心乡村"；创建"九三学社同心示范基地"。继续通过社省委支持，争取产业项目资金帮扶，对慈利县零溪镇两岔溪村7.33公顷黄桃示范基地进行扶持，并邀请社内农业科技专家，就后期培育、机耕道建设、管理等方面深入基地进行技术指导；开展助学帮困活动。继续实施"一家一"情系九三帮困助学活动，资助困难大学生，鼓励其努力学习，并为他们的就业、实习提供帮助。

（王雅晖）

人民团体

工 会

【概况】2019年以来，张家界市总工会在市委、市政府和省总工会的正确领导下，按照强“三性”(政治性、先进性、群众性)去“四化”(机关化、行政化、贵族化、娱乐化)的要求，紧扣绩效目标，紧贴职工需求，切实履职尽责，以新中国成立70周年为契机，积极开展“壮丽70年·我和我的祖国”系列活动，在全省“我和我的祖国——百万职工同声唱”的总决赛中获得银奖；开展以“当好主人翁，建功张家界”为主题的系列劳动和技能竞赛；积极促进工会改革任务全面完成；着力做好城市困难职工解困脱困工作；加强自身建设，提高全市工会系统党的建设质量。全市新增基层工会组织185家，新增会员9374人。

【开展以劳动竞赛为主的各类竞赛活动】2019年市总工会以“当好主人翁、建功张家界”为主题，构建劳动竞赛新格局。贯彻新的发展理念，坚持质量第一、效益优先，积极推进供给侧结构性改革，以创新发展、质量提升为重点，组织动员广大职工立足岗位参加全市“当好主人翁、建功张家界”劳动和技能竞赛活动。根据湘劳竞〔2018〕2号省劳动竞赛委员会文件精神，市劳动竞赛委员会办公室下发《关于在全市重点建设项目中组织开展“当好主人翁建功张家界”劳动和技能竞赛活动的通知》(张劳竞委办〔2019〕1号)，要求以“六比六赛”为重点，开展劳动和技能竞赛，围绕重点工程建设，大力弘扬劳模精神、劳动精神和工匠精神，深入推进重点建设项目劳动和技能竞赛活动。联合市教育局举办第一届全市中小学青年教师教学竞赛。联合市文化旅游广电体育局、市人力资源和社会保障局和共青团张家界市委开展2019年张家界市旅游饭店服务技能大赛。组队参加2019年湖南省总工会联合湖南省生态环境厅、湖南省人力资源和社会保障厅、共青团湖南省委、湖南省妇女联合会、湖南省市场监督管理局举办守护“一湖四水”——湖南省第十三届生态环境监测专业技术人员大比武活动，其参赛人员邱帅获得总成绩全省第一，生态环境部门综合组个人一等奖、水环境监测个人第一名；同时邱帅还参加中华全国总工会联合生态环境部、人力资源和社会保障部、共青团中央、中华全国妇女联合会、国家市场监督管理总局举办的第二届全国生态环境监测专业技术人员大比武活动，获得生态环境监测综合比武个人一等奖(全国第四名)。联合市文化旅游广电体育局、市残联人联合会和市工信局举办2019?首届武陵山区(张家界)刺绣大赛。联合市公安局、市人力资源和社会保障局、共青团张家界市委和市妇女联合会举办第一届张家界市刑事技术职业技能竞赛。

【劳模精神和工匠精神】2019年，市总工会根据湖南省总工会相关文件精神，下发《张家界市总工会办公室关于开展2019年全国五一劳动奖和全国工人先锋号预选推荐工作的通知》(张工办函〔2018〕04号)及《张家界市总工会办公室关于推荐评选湖南省五一劳动奖和湖南省工人先锋号的通知》(张工办发〔2018〕07号)，经过基层工会层层推荐，差额评选，自下而上，层层选拔，2019年4月，推荐评选1名全国五一劳动奖章，1个全国工人先锋号；1个湖南省五一劳动奖状，2名湖南省五一劳动奖章，3个湖南省工人先锋号。2019年4月30日在市委礼堂召开2019年张家界市劳动模范和先进工作者表彰大会，旨在表彰在全市各行各业涌现出的一大批爱岗敬业、勇于创新、品格高尚、业绩突出的先进模范人物，为他们的突出贡献，弘扬劳模精神、劳动精神、工匠精神，进一步激励全市人民干事创业的积极性，市委、市人民政府决定，授予田开锋等30人张家界市劳动模范荣誉称号，授予秦群等19人张家界市先进工作者荣誉称号。通过重点选树一批新时代劳模和工匠人才先进典型，为广大职工树立学习榜样，总结推广各地宣传劳模的好经验好做法，推动劳模宣传模式创新，营造劳动光荣的社会风尚和精益求精的敬业风气，整合社会资源，加大对劳模的宣传，在全市范围内营造“劳动光荣、工人伟大”的社会氛围，市总工会在5月联系张家界电视台、张家界日报社、张家界红网三大媒体，开展劳模宣传月，集中对2019年全国工人先锋号、省五一劳动奖、市级劳模代表进行报道；切实做好新时代劳模管理服务工作，进一步做好劳模疗休养工作，张家界市总工会在2019年8~9月共组织6名全国劳模和全国五一劳动奖章获得者参加全总组织的疗休养活动，10月组织39名市级以上劳模参加疗休养活动，永定区总工会组织19名区级劳模参加疗休养活动，提升劳模和工匠人才的素质能力，将党和政府及工会组织的关心关爱送到劳模心坎上；根据省总相关文件精神，下发《张家界总工会办公室关于印发〈张家界市劳模助力乡村振兴行动实施方案〉的通知》(张工办发〔2019〕23号)，经过基层工会层层推荐，市总常委会研究决定，命名4家“张家界市劳模助力乡村振兴示范基地”，于12月20日召开2019年张家界市劳模创新创业经验交流暨劳模助力乡村振兴示范基地授牌仪式。

【城市困难职工解困脱困工作】2019年市总工会推进“万名工会干部进企入户”暨为城市困难职工常态化送温暖活动在全市深入开展。3月份在精准摸底基础上，组织全市工会干部与建档困难职工进行结对，发动工会干部“贴近职工群众、助力解困脱困”，认真履行“第一知情人、第一报告人、第一帮助人”职责，使每户困难职工家庭至少有1名帮扶人，至少有1种解困脱困措施，一年至少联系四次以上，做到“一户一责任人、一户一措施”，确保2019年年底80%的城市困难职工实现脱困。4~5月，开展“精准识别回头看”，组织结对干部再次深入企业、深入社区，走访建档立卡困难职工家庭，进一步摸准困难职工家庭实际情况。依托“万名工会干部进企入户”活动，组织开展好春送岗位、夏送清凉、金秋助学、冬送温暖等活动，及时为困难职工开展生活、助学、医疗等项目帮扶，把工会送温暖由元旦、春节期间向常态化、日常化、经常化拓展，唱响唱新“四季歌”。张家界市各级工会按照全国总工会和湖南省总工会工作要求，贯彻落实中华全国总工会《困难职工档案管理办法》和《湖南省困难职工档案管理办法》按照“分级负责、精准识别、一户一档、动态管理”的原则。深入细致地做好张家界市困难职工档案日常动态管理工作，及时清退已脱贫和不合规档案。各区县总工会认真贯彻落实《中华全国总工会关于进一步做好困难职工解困脱困工作的实施细则》、《湖南省总工会关于进一步做好困难职工解困脱困的工作方案(2018~2020)》(湘工发〔2018〕7号)和《张家界市总工会关于进一步做好全市困难职工解困脱困工作的实施细则(2018~2020)》(张工发〔2018〕8号)文件精神，抓好城市困难职工解困脱困工作，确保到2020年城镇困难职工同步步入小康社会。完善困难职工档案，实现动态管理。对全市困难职工档案实现动态管理，做到对有符合条件的困难人员随时发现随时输入，随时变化随时调整，随时脱困随时注销，建立全域覆盖的困难职工动态管理网络，对全市困难职工档案开展清理，困难职工档案通过清理由2017年12月底的12368户，到2019年10月底止，全市困难职工450户。对全市困难职工档案开展精准识别、精准建档工作，制定下发《关于做好困难职工精准建档、精准帮扶百日会战工作的通知》，并组成检查组对区县困难职工精准识别、精准建档工作开展交叉检查，建立健全张家界市困难职工动态管理、专项资金管理、监控分析等制度，实行依档帮扶、因困施助，因需施策，提高服务精准度、精细度。

【维护职工合法权益】 2019年市总工会共组织6.1万名职工参加住院医疗互助项目；组织2.4万名女职工参加特殊疾病保障项目；为800多名大病致困职工和农民工提供职工医疗互助范围内的帮扶；资助1600多名困难职工和困难农民工家庭子女上学；为1400名困难职工和农民工提供技能培训。完成帮扶1000名困难职工和困难农民工的市定民生实事任务。完善政府、工会、企业共同参与的协商协调机制，召开市劳动关系“三方四家”工作会议。开展“尊法守法·携手筑梦”活动，组织《湖南省女职工劳动保护特别规定》的宣传贯彻落实。抓好工会促进就业创业工作，推动“全市工资集体协商标准化建设”行动，加强专职集体协商指导员队伍建设。深化“女职工关爱行动”，开展征集“潇湘家书”、“芙蓉公益讲堂”和线上线下相结合的职工婚恋交友等活动。加大工会心理指导师队伍培养力度，推进“母婴关爱室”建设。顺应职工群众需求，不断创新维权工作载体。做好职工安全健康工作，配合政府有关部门加强对职业病防治工作的监督管理。继续办好竭诚服务职工的“五件实事”。结合复工复产工作形势需要，指导基层企事业单位妥善处理好疫情防控期间劳动关系问题。

【工会改革创新】 截至2019年11月底，市、县(区)两级工会均建立领导班子专兼职相结合的体系，领导班子中挂职、兼职的领导干部达到50%。2018年市本级已配备2名挂1名兼职副主席，2019年择优选任3名科级挂职干部，两区两县挂兼职副主也已全部配备到位，同时整合优化市总机关组织架构。以深化工会改革为契机，规范产业工会设置与运行机制，促进产业工会发挥作用。培育一批基层的新典型，总结一批可复制可借鉴的新经验，推出一批基层改革典型范例。进一步深化县级工会改革，充分发挥区、县级工会承上启下的重要作用。

【工会组织建设】 2019年市总工会持续推动货车司机等八大群体入会和百人以上企业建会。指导乡镇(街道)、开发区（工业园区）规范建立工会组织，实施对园区工会、乡镇工会工作经费专项补助。培育选树，推动和基层工会规范化建设和职工之家建设的先进典型，进一步做实叫响职工之家品牌。依托工会会员实名制管理，促进“互联网+”工会普惠性服务开展，探索推行会员识别普惠服务卡，启动普惠服务职工相关试点工作。

【推动重点工程建设】 截至2019年底，市工人文化宫项目累积总投资0.99亿元。于2017年正式开工建设，2018年5月完成主体封顶；2018年完成内外装饰装修及配套实施，市工人文化宫项目预计在2020年底可投入使用。（本栏撰稿 张 烨）

共青团

【概况】 2019年，共青团张家界市委(以下简称团市委)以习近平新时代中国特色社会主义思想为指导，在市委的正确领导下，坚持“政治立团、思想建团、固本兴团、改革强团、从严治团”，为决胜全面建成小康社会、加快建设国内外知名旅游胜地、推动高质量发展贡献出青春、智慧和力量。

一、引领凝聚青年坚定信念。2019年，团市委坚持把巩固和扩大党执政的青年群众基础作为第一政治责任，不断引领张家界市团员青少年增强“四个意识”、坚定“四个自信”、做到“两个维护”。以“青年大学习”为载体，引领20000余名团员青年持续在网上学深悟透习近平新时代中国特色社会主义思想，学习比率峰值达40%，多次排名湖南省第一位。围绕“与信仰对话”“红领巾心向党”“我向习爷爷说句心里话”等主题，在广大青少年中开展理想信念教育33次。以庆祝中华人民共和国成立70周年为节点，挂牌张家界“共青团影院”，组织400余名青少年观看《我和我的祖国》电影。举办“我和我的祖国——星空朗读”活动，展现9名在脱贫攻坚主战场、旅游发展最前沿、创新创业第一线、社会服务各领域敢于斗争、主动作为的优秀青年形象，引导和激励团员青少年把爱国热情转化为创新实干。以培育和践行社会主义核心价值观为目标，开展向上向善好青年线上评选活动，吸引到5.1万人次参与网络投票，最终28名青年脱颖而出。2019年初以来，张家界青年“两微一端”坚持与中央、省委、市委和上级团委同频共振，发布量逾800条，阅读量逾800万次，有效弘扬主旋律、传播正能量、抢占意识形态领域制高点。

二、组织动员青年创业建功。2019年，团市委坚持以围绕中心、服务大局为工作主线，团结带领广大团员青年在经济社会发展主战场发挥生力军和突击队作用。围绕“脱贫攻坚青春建功”主题,以希望工程为抓手,突出扶贫先扶智,多渠道、广覆盖扶贫助学,发放希望工程资金160万元,资助贫困学生334名,援建桑植县马合口乡希望卫生院,建成四都坪黄家河海尔希望小学;围绕“认领微心愿·温暖身边人”主题,开展点亮梦想活动,组织青年文明号结对帮扶、团干部结对帮扶、青联委员结对帮扶、青年企业家结对帮扶等活动12次;实施“千校万岗”大中专学生就业精准帮扶行动,帮助144名建档立卡户贫困家庭大中专毕业生圆梦就业;指导“授渔计划”长效常态发展,吸引社会资源和财富,为60名贫困学生同步传授理论知识、舞蹈技艺,实现学业、学费双“丰收”。围绕“全域旅游青春建功”主题,扎实推进团组织“服务全域旅游创三优”活动,在春节、“五一”、“十一”期间,组织1500名青年志愿者在交通要道、景区景点提供公益服务,服务量达60万余人次。围绕“六城同创青年先行”主题,以青年志愿者行动为抓手,依托市直、区县、高校、社会组织等7支志愿服务队伍,深入开展7次“学雷锋”主题活动。围绕“保护母亲河”主题,组织111名青联委员、团员青年代表参加“争当河小青”“营建共青林”等品牌活动,广泛传播“绿水青山就是金山银山”理念,建立47名青年组成的防汛抗旱突击队。以优化“六大青创”服务体系为主要抓手,着力激发广大青年踊跃投身创新创业实践。指导4个区县联合人社、财政等部门开展青年“双创”培训,覆盖人才逾2000人。

三、关心关爱青年成才成长。2019年,团市委坚持把“做广大青年信得过、靠得住、离不开的贴心人”作为第一目标,搭建服务平台,丰富活动载体,不断提升服务青年的能力和水平。推动“共青团与人大代表、政协委员面对面”常态化,确保团员青年向代表和委员反映情况、吐露心声有渠道、有平台,利于解决实际困难;响应习近平总书记关于“关爱一线劳动者”的号召,开展“冬日递暖·关爱快递小哥”活动,开展米、油、水果等物资发放活动,让101名快递从业青年感受温暖;广泛招募儿童安全“五防”课程公益讲师,225名讲师志愿者分别走入全市多所中小学,共举行75余场“用心关爱·呵护成长”儿童安全“五防”培训,覆盖学生5500余人。以“青春有约·缘聚团委”为主题,指导区县、市工信交通、电力电业和机场列车行业团组织开展7次联谊交友活动,1000余名青年踊跃参加,团员青年幸福感和获得感得到有效提升。

【纪念“五四运动”100周年】 2019年4月30日,“青春心向党·建功新时代”张家界市纪念五四运动100周年大会在吉首大学张家界学院举行,市委书记、市人大常委会主任虢正贵出席并讲话。市委副书记刘绍建主持会议。活动中,虢正贵寄语全市广大青年要在习近平新时代中国特色社会主义思想的指引下,牢记习近平总书记殷殷嘱托,接过五四火炬,青春心向党,建功新时代,在决胜全面建成小康社会、建设国内外知名旅游胜地的伟大实践中绽放绚丽的青春光芒。当天的纪念活动还举行丰富多彩的文艺表演,展现张家界青年人奋勇争先、昂扬向上的精神风貌。市委常委、市委秘书长单铸飞,市委常委、市委宣传部部长郭天保,市政府副市长邹菊芳,市政协副主席周芳出席活动。

【基层团干部培训班】 2019年9月23日开始至9月25日,根据团省委统一部署,张家界市委组织部联合张家界团市委举办全市乡镇街道团委书记能力提升培训班,主要目的是为深入贯彻习近平总书记“7·2”重要讲话精神、在纪念五四运动100周年大会上的重要讲话精神和共青团十八大、共青团十八届二中全会精神,落实《关于加强新时代团的基层建设着力提升团的组织力的意见》有关要求,树立全团大抓基层的鲜明导向,推动团的基层薄弱状况得到基本扭转,使团的组织力得到明显提升。培训一共三天时间,全市共120余名乡镇街道团委书记和团组织负责人参加培训。

【张家界青年宣讲故事汇】 2019年9月至12月,以深入开展“不忘初心、牢记使命”主题教育为契机,捧出初心、匠心和红心,以50名有情怀、有担当、有素养的青年为团队组建“青年讲师团”,围绕“永远跟党走”“为了新中国”“都是追梦人”三个篇章,在故事打磨、声音甄选、音乐配对、视频制作等方面精益求精,撰写和讲述张家界儿女在党史、新中国史上“一心一意跟党走”的绝对忠诚、“俯首甘为孺子牛”的为民情怀和“敢教日月换新天”的斗争精神,最大限度地将“纸上意”化为“言中情”,完美呈现革命先辈与当代青年相衬、沉重深刻与青春勃发相行的震撼画面,被列为张家界市委“不忘初心、牢记使命”主题教育读书班课程之一,通过实施“‘红色故事会’进机关、进村居、进学校、进景区、进企业、进网络”计划,带动逾10万名青少年受到精神洗礼。

【青年抖音大赛】 2019年,用融入潮流的创意、顺应时代的新意、亲近自然的敬意,成功举办2届“抖音张家界·嗨动全世界”中国·张家界青年抖音大赛(第2届计划于2020年6月收官)。大赛开启以来,征集到22000余部作品,引流抖音张家界相关话题逾10亿浏览量,带动领导干部、直播达人和扶贫好物推荐官通过网络直播销售张家界特色产品逾500万元,大赛也获得市委、市政府和团省委的高度认可和居民游客的广泛点赞,在全省30个共青团改革创新项目中,答辩排名第4,获二等奖,开辟一条旅游推介张家界的新道路,画下一个万众一心促发展的同心圆。

【中国少年先锋队张家界市第一次代表大会】 2019年10月23日,中国少年先锋队张家界市第一次代表大会拉开序幕。大会的主要任务是回顾总结前阶段少先队工作,选举产生第一届市少工委委员、副主任、主任,研究部署全市今后五年少先队工作。市委书记、市人大常委会主任虢正贵和市委副书记、市长刘革安共同为大会发来贺词,市委常委、组织部长艾可知出席大会开幕式,市人民政府副市长邹菊芳出席闭幕式,市教育局、团市委相关干部和全市134名师生代表全程参加大会。大会指出,近年来,全市各级少先队组织在市委市政府的正确领导下,在团市委的带领下,在教育部门和社会各界的大力支持下,团结带领广大少先队员和少先队工作者,与党同心,与时代同行,思想引领扎实推进、成长环境不断优化、实践活动日益丰富、组织活力持续激发。大会审议通过《中国少年先锋队张家界市第一次代表大会选举办法》,经过选举,姚国军、屈彦当选为主任,李远国、覃基航、楚任杰当选为副主任,姚婷婷、李霞等42人当选为委员。

(本栏撰稿　覃基航)

妇　联

【概况】2019年,张家界市妇女联合会在省妇联和市委、市政府的坚强领导下,认真落实习近平总书记关于群团工作的重要指示及中央、省委和市委党的群团工作会议精神,全面贯彻落实市委、市政府决策部署,坚持真抓实干、优化服务,奋力在助推全市经济社会持续健康发展中展示妇女时代之美。

一、加强思想引领。一是召开市妇联庆“三八”暨六届五次执委(扩大)会议及六届六次执委会议,增补执委2名,选举市妇联主席。将党建带群建纳入市委组织部两新组织2019年党建工作,在女企业家协会两新组织中成立40个妇委会并举行新成立两新组织妇委会主任培训班,市委虢正贵书记莅临开班仪式并寄语。基层妇联阵地建设5“亮”实现全覆盖,即亮牌子标示、亮组织架构、亮工作职责、亮干部身份、亮活动内容。选送28名乡镇(街道)妇联主席参加省级培训。3名优秀妇联工作者参评湖南省“最美妇联人”活动。二是组建三八红旗手公益巡讲队,选送1名全国三八红旗手、1名全国最美家庭获得者参加省巡讲队伍。配合全国妇联举行“时代新人说·我和祖国共成长”家国情怀故事汇桑植站启动仪式。三是市、区县5个微信公众号、189名网评员实行信息核实和报备工作。

二、加强关爱服务。一是举办张家界市首届民营女企业家发展论坛,新增4家市级家门口就业示范基地。全市举办家政培训29场、手工技能培训9场、茶艺2场、农业种植和养殖培训27场,共培训人员2558人,其中建档立卡户1094人。二是实施妇女精准扶贫。与桑植县38个贫困村结对,开展“户帮户亲帮亲、互助脱贫奔小康”活动。举行“美家美妇”暨妇女“两癌”免费检查启动仪式。全市投入工作经费315.53万,实际检查28446人,救助“两癌”患者95人,救助患者专项经费达97.4万元。大力推行女性安康保险。全年参保33414人,承保妇女“两癌”保险283.02万元,理赔79人,理赔金额232.96万元,赔付率达82.3%。在慈利县百寿村、汪家桥村、永定区田家台社区结对帮扶贫困户37户,帮扶各类项目物资40多万元。三是开展“巾帼专场招聘会”为妇女提供就业岗位2000多个,近1500多名妇女实现本地就业。四是维护妇女权益。抓住“三八”维权周等时段进行集中宣传,共接待咨询者500多名,解答群众法律政策咨询问题200多个,发放《妇女权益保障法》等资料5000多份。发挥基层“妇女之家”平台作用,全年接待婚调案件1578对,调和378对,调和率24%。举办维权调解员培训班2期,培训200多人次。开展法治张家界·巾帼在行动活动,举办家庭律师社区行巡回讲座10场。

三、加强家庭建设。一是举办2019年张家界市“家国情怀·最美家庭”电视报告会。7户“最美家庭”传承和分享社会主义核心价值观,为新中国成立70周年献礼。二是实施“美家美妇”行动。评选出文明家庭16户,绿色家庭10户,书香家庭9户。其中6户荣获2019年全省最美家庭,2户荣获全国最美家庭。开展“最美非遗传承人”活动,在农村妇女群众中培养最美非遗传承人。举行“寻找最美孝心少年”活动,评选最美孝心少年10人,选送2人参加全省评比。开展“给妈妈写一封信”主题活动,选送优秀文稿5篇参加全省活动。开展“最美家庭,我为你点赞”网络主题活动。选送优秀视频2个参加全省评比。三是深化家庭教育项目实施。举行2019年“书香张家界——相伴同悦读·共抒家国情”家庭亲子阅读主题活动。积极申报张家界市家庭教育指导人才团队建设培养项目,全年推荐34人扩充优化进入湖南省家庭教育人才库,其中专家类28人,家长类6人。开展家庭教育问题、典型案例征集活动。共征集到家庭教育典型案例37份。实施“父母成长计划”,开展家庭教育精品课程巡讲活动4场,培训家长400人次。四是打造关爱留守儿童工作品牌。“知心屋”项目单位考核优秀率为100%。征集“知心屋”项目典型案例8篇。荣获先进个人1人,先进集体1个。公益救助农村贫困留守儿童10名。开展“温暖微行动·彩虹行”公益活动,捐赠彩虹包裹910个。为195名贫困学生发放“音乐之声我要上学”助学款7.8万元。

四、加强规划监测,让广大妇女的人生更美。一是召开全市妇女儿童工作委员会成员(扩大)会议和全市儿童之家建设工作推进会。截至2018年底,“两个规划”可量化有发展目标的123个指标,已提前达标的101项,占82.11%;到2020年预计可达标的有16项,占13.01%;到2020年预计达标困难的有4项,占3.25%;暂无监测数据的有1个指标,占0.81%;数据统计不准确的有1个指标,占0.81%。二是举办全市女性健康知识讲座和义诊活动,500多名女性现场聆听和咨询。开展市直单位的妇女病普查普治活动。33个单位552名妇女到定点医院进行妇女病普查普治。完成全市100场“儿童青少年预防近视科普妈妈行”科普讲座,近视科普宣传覆盖9000多人。三是调整市妇儿工委成员单位,由29个调整为36个。开展网上填报监测工作,选派2名干部参加浙江大学专题培训班。四是配合市人大完成全市妇女儿童两个发展规划开展情况专题调研。

(粟云霞)

【张家界市妇联纪念“三八”国际妇女节暨六届五次执委(扩大)会议】2019年3月7日,张家界市妇联纪念“三八”国际妇女节暨六届五次执委(扩大)会议在湘投阳光酒店召开。张家界市委副书记刘绍建出席并讲话。市妇联党组书记、主席彭川晋作第六届五次执委会议工作报告。会议增补彭川晋为张家界市妇联主席。

(粟云霞)

【张家界市第七次妇女代表大会】 2019年12月26日，张家界市妇女第七次妇女代表大会在市委礼堂召开。省妇联党组书记、主席姜欣到会祝贺，市委书记虢正贵出席开幕式并讲话。市领导刘革安、汪业元、袁美南、刘桦、艾可知、单铸飞、田华玉、郭天保、曾超群、邹菊芳、周芳、褚新年出席开幕式。

市妇联党组书记、主席彭川晋作第六届执委会工作报告。会议选举彭川晋为张家界市妇联主席，李宁、刘焕云为张家界市妇联副主席，刘险峰、向春莲为张家界市妇联兼职副主席，徐丹为挂职副主席，王艺、向春莲、刘险峰、刘焕云、孙立平、严晶晶、杜芳菊、李宁、李思、李英銮、吴媛春、陈晓燕、林波、卓秋爱、赵美荣、姜志平、姚婷婷、徐丹、唐莉、龚乔、崔长青、彭川晋、覃晴为市妇联第七届执委。市区县妇联、市妇联机关全体干部职工、市直正处级单位负责人、特邀优秀女性及全体妇女代表参加会议。 (粟云霞)

【举办张家界市首届民营女企业家发展论坛】 2019年3月18日，由张家界市工信局、市总工会主办，市妇女联合会协办的张家界市首届民营女企业家发展论坛举行。省妇联副主席曹薇薇，省工信厅副巡视员廖廷球，市人大常委会党组书记、常务副主任余怀民，市委副书记刘绍建，副市长李传荣参加会议。论坛上，多名女企业家相互达成合作意向，签订合作协议；3名优秀女性企业家代表、商界精英及专家学者围绕创业、家庭等主题发表主旨演讲；余怀民为张家界市女企业家协会捐资助学对象颁发助学资金。 (曾晓莉)

【举行"美家美妇"暨妇女"两癌"免费检查启动仪式】 2019年4月16日，市妇联在永定区王家坪镇马头溪村组织举行"美家美妇"暨妇女"两癌"免费检查启动仪式。市妇联向全市广大妇女发起"户帮户亲帮亲，互助脱贫奔小康"以及"农村人居环境整治"巾帼行动倡议，号召广大妇女为精准扶贫、乡村振兴贡献巾帼力量。启动"两癌"免费检查工作，2019年全市"两癌"免费检查任务2.62万人，实际检查28446人，全市共投入工作经费315.53万元，救助"两癌"患者95人，救助患者专项经费达97.4万元。 (曾晓莉)

【开展2019年度女性安康保险活动】 2019年，张家界市妇联组织女性安康保险活动，累计为3.34万妇女提供保险保障，覆盖率达8.5%，覆盖率全省排名第二；累计收取女性安康保险保费283万元，与2018年相比净增率达90%，再创历史新高；办结理赔案79起，赔付金额232.96万元，赔付率高达82.3%。女性安康保险在助推全市决战决胜脱贫攻坚，降低妇女因病致贫、因病返贫方面发挥积极作用。 (曾晓莉)

【2019年张家界市妇女儿童工作委员会成员(扩大)会议】 2019年5月28日，张家界市妇女儿童工作委员会成员(扩大)会议在张家界市华天大酒店召开。会议通报全市《张家界市妇女发展规划(2016~2020年)》和《张家界市儿童发展规划(2016~2020年)》的实施情况，安排部署年度重点妇儿工作。市政府妇儿工委主任、副市长邹菊芳到会并讲话，市政府妇儿工委36个成员单位的分管领导、联络员，各区县妇联主席及妇儿办工作人员参会。 (姚友忠)

【张家界市儿童之家建设工作推进会】 2019年5月28日，张家界市儿童之家建设工作推进会在张家界市华天大酒店召开。会议对全市儿童之家建设工作进总结，并部署今后儿童之家工作。2个市级优秀儿童之家——桑植县凉水口镇李家庄村和武陵源区协合乡黄家坪村分别作典型发言。市政府妇儿工委主任、副市长邹菊芳到会并讲话，市、区县妇儿工委主任，市、区县民政局、教育局、妇联、团委单位的负责人及妇儿办工作人员参加会议。 (姚友忠)

【张家界市妇女儿童发展规划2018年度监测评估】 2019年5月，市妇儿办、市统计局开展张家界市"两个规划"监测评估工作。监测统计结果表明，"两个规划"大部分指标得到较好落实，各领域主要目标总体进展顺利，妇女儿童事业呈现持续健康发展的良好势头。到2018年底，"两个规划"可量化有发展目标的123个指标，已提前达标的101项，占82.11%；到2020年预计可达标的有16项，占13.01%；到2020年预计达标困难的有4项，占3.25%；暂无监测数据的有1个指标，占0.81%；数据统计不准确的有1个指标，占0.81%。 (姚友忠)

【张家界市人大常委会调研张家界市妇女儿童发展规划实施情况】 2019年9月24日至10月17日，张家界市人大常委会社会建设委员会调研组一行人员深入张家界市四个区县开展专题调研。10月23日，市七届人大常委会第二十三次会议听取和审议市人民政府关于《张家界市妇女儿童发展规划(2016~2020年)》实施情况的报告。会议认为，市人民政府高度重视妇女儿童工作，紧紧围绕"两个规划"的目标任务，在宣传贯彻、落实责任、推进工作等方面开展一系列卓有成效的工作，在各有关部门和各区县的共同努力下，"两个规划" 实施取得决定性成果。报告比较全面地反映全市"两个规划"的实施情况，总结成绩客观真实、分析问题实事求是、下一步工作安排具体可行。最后市人大常委会提出审议意见，要求从突出政府主导作用，确保"两个规划"目标实现；加强组织协调，理顺"两个规划"实施体制机制；明确成员单位责任，推进所有项目顺利达标；动员社会力量，促进"两个规划"实施四个方面抓好落实，进一步实施好"两个规划"。 (姚友忠)

【全市女性健康知识讲座和义诊活动】 2019年3月14日，张家界市妇儿办在张家界市大成酒店举办张家界市女性健康知识讲座和义诊活动。市政府妇儿工委主任、副市长邹菊芳及市、区县直单位500多名女性现场聆听从"女性两癌"防治、不孕不育、盆底功能等知识。 (姚友忠)

【"儿童青少年预防近视科普妈妈行"活动】 2019年6月至2020年1月，张家界市妇儿办联合张家界市爱尔眼科医院在全市开展101场"儿童青少年预防近视科普妈妈行”讲座和义诊活动。其中首场启动仪式千人讲座1场，于2019年6月6日在市城区崇实北校举行；百人讲座100场，深入到全市两区两县，参与人数1.17万人；发放视力表1.8万张，发放袋子1.8万个，发放防近报刊1.8万张，活动共为1.66万名妈妈及孩子进行近视筛查、义诊并建档。（姚友忠）

【两新组织妇建工作有力推进】 2019年，市妇联探索将党建带群建纳入两新组织党建工作中，并提出在党建带群建上做亮品牌的工作思路。在两新组织中成立40个妇委会，9月21日，张家界市妇联对新成立的40个两新组织妇委会主任进行培训，张家界市委书记虢正贵在培训会上寄语广大妇女同胞听党话、跟党走，为建设富强民主文明和谐美丽的社会主义现代化强国贡献巾帼力量。（罗　震）

【组建“三八红旗手”志愿巡讲队】 2019年，张家界市妇联以“身边人讲身边事”为主题，张家界市妇联在全市范围内组建以全国三八红旗手、全省三八红旗手为主的三八红旗手公益巡讲队1支。同时，选送1名全国三八红旗手、1名全国最美家庭获得者参加省巡讲队伍。（罗　震）

【举办“我和我的祖国”家国情怀故事汇活动】 2019年7月9日，市妇联配合全国妇联在红二方面军长征出发地桑植县举行“我和我的祖国”家国情怀故事汇启动仪式。本次活动主要以中国工农红军第二方面军的故事和脱贫攻坚中发生的故事为线索，组织革命先烈后代、最美妇联人、文明之家、最美孝心少年等代表讲述红色经典故事、脱贫攻坚故事、巾帼示范故事、文明传承等爱党爱国爱家的感人故事。（罗　震）

【实施“美家美妇”行动】 2019年3月，张家界市妇联开展湖南省最美家庭推荐工作。经组织推荐、专家评审、媒体公示。4月15日评选出文明家庭16户，绿色家庭10户，书香家庭9户。其中6户荣获2019年全省最美家庭，2户荣获全国最美家庭。动员广大家庭争创学习之家、绿色之家、文明之家、小康之家，争做“最美家庭”；引导广大妇女自尊、自信、自立、自强，争做对社会有责任、对家庭有贡献的“最美女性”，建设好家庭、传承好家教、弘扬好家风，以实际行动为建设富饶美丽幸福新湖南贡献力量。（陈小莉）

【开展“书香进万家·家庭读好书”活动】 2019年4月，张家界市妇联在全市范围内开展2019年“书香张家界——相伴同悦读·共抒家国情”家庭亲子阅读主题活动。动员全市各级基层妇联以多种形式组织观看“相伴同悦读，共抒家国情”2019全国家庭亲子阅读主题活动直播，开展丰富多彩的亲子阅读活动，形成上下联动声势，吸引广大家庭主动参与活动的热情，营造良好的社会氛围，共同建设“书香张家界”。（陈小莉）

【2019年张家界市“家国情怀·最美家庭”电视报告会】 2019年5月29日，张家界市妇联在张家界市广播电视台举办2019年张家界市“家国情怀·最美家庭”电视报告会，六组全省最美家庭代表众多“最美家庭”现身说法，分享孩子教育、婆媳关系、爱心公益等话题，并以家书的形式把值得践行和传承的方式报告给全体观众。现场还为此6户家庭与另外29户被评为2018年度全市“文明家庭”、“绿色家庭”和“书香家庭”的家庭发放荣誉证书。通过发挥榜样的示范带动作用，激发全市人民的家国情怀、爱国热情、民族精神，营造注重家庭、注重家教、注重家风的良好社会氛围，为新中国成立70周年献礼。（陈小莉）

【开展家庭教育问题、典型案例征集活动】 2019年4月25日，张家界市妇联开展家庭教育问题征集活动，通过征集、归纳、总结，建立全省家庭教育问题库，组织开展课题研究，有效促进全省家庭教育科学发展。全市共征集到家庭教育问题表9份、教育典型案例37份。实施“父母成长计划”，2019年4~5月分别在永定尹家溪镇中心完小、武陵源区索溪中心学校、慈利二坊坪中学、桑植县金海实验学校开展家庭教育精品课程巡讲活动4场，培训家长400人次。（陈小莉）

【音乐之声我要上学】 2019年3月21日，张家界市妇联在慈利县北岗小学开展“音乐之声我要上学”贫困学生助学款的发放，此次助学行动中，有100个孩子受到资助，每人400元，共发助学金额4万元。2019年4月11日，在慈利二坊坪镇坪中学开展以“音乐之声，我要上学1200助学行动”为主题的助学活动，为95名家境困难、品学兼优的学生每人资助400元，发放助学金达3.8万元。全市为195名贫困学生发放“音乐之声我要上学”助学款7.8万元。公益救助农村贫困留守儿童10名。（陈小莉）

【开展“温暖微行动·彩虹行”公益活动】 2019年，张家界市妇联、市邮政分公司联合发起以“传递彩虹包裹，情暖百万儿童”为主题的“温暖微行动·彩虹行”项目公益活动。2019年8月16日市妇联为中湖乡石家峪村为留守儿童捐赠彩虹包裹。8月20日，市妇联为桑植凉水口镇李家庄村为留守儿童捐赠彩虹包裹。截至2019年8月底，全市共24家爱心单位和爱心人士共捐赠彩虹包裹910个，折合人民币9.1万元。（陈小莉）

【推荐先进女性典型】 2019年，张家界市妇联推荐4人被评为省三八红旗手，2个集体为省三八红旗手集体，2人为最美妇联人，1人为最美妇联人提名奖。（罗　震）

工商联

【张家界市工商业联合会】 2019年，张家界市工商业联合会（简称市工商联）以习近平新时代中国特色社会主义思想为指导，团结带领广大会员，深入学习贯彻中共十九大和十九届四中全会精神，着力贯彻落实习近平总书记在民营企业座谈会上的重要讲话精神，坚持政治建会、团结立会、服务兴会、改革强会，迎难而上，担当作为，取得较好工作成绩。被省工商联评为

2019年民营企业调查点工作先进单位、精准扶贫先进单位,成功创建市直机关文明单位。

一、政治引领。深入开展"不忘初心、牢记使命"主题教育,加大对商协会党支部指导力度,15个商协会党支部按按规定开展主题教育。加强政治理论学习,引导非公有制经济人士健康成长,举办"湘商大讲堂"走进张家界暨学习贯彻中共十九大精神培训班,参训人数180多人,向直属会员、商协会党员发放中共十九大报告读本300多本。积极参与市委统战部开展的"礼赞壮丽七十年·共画最美同心圆"全市统一战线庆祝新中国成立70周年系列活动。广泛开展以"坚持守法诚信经营,增强发展信心"为主题的非公有制经济人士理想信念教育活动。通过组织部分非公经济人士参观市廉政警示教育基地,举办警示教育培训等方式,着力构建亲清新型政商关系。加强宣传示范引导,共推荐10名2019年市劳动模范人选,其中有2名直属会员当选。配合市委宣传部开展"对接粤港澳开启新动能"专题报道,集中宣传8家非公企业创新创业的典型事迹。根据省联要求开展"壮丽70年·奋斗新时代"主题征文及宣传活动,推介10家民营企业艰苦奋斗的发展历程。持续推进直属商协会党建,党支部"五化"建设优秀率超过90%,指导6个党支部完成换届;加强党员教育管理和监督,举办入党积极分子培训班,严把发展党员质量关,全年新发展党员3名,转正预备党员7名。

二、经济服务。积极参与重大经贸活动,牵头在深圳承办"张家界市与粤港澳大湾区知名商协会对接恳谈会",邀请粤港澳大湾区30多家知名商协会、知名企业参加;牵头组团参加2019湖南经济合作洽谈会暨第九届(全球)湘商大会,期间举办张家界市与知名企业对接座谈会,邀请30多名湘商代表参加。积极参与"双联"活动。推荐福安家木业等9家民营企业成为2019年市级"双联"企业,到绕城公路项目、立功农业公司等4个领导干部联系的项目和企业多次调研,对摸排的问题除按程序处理,主动予以协调。提供法律维权服务,组织7位会员参加全省第七期非公经济法律风险防范培训,与市中院联合召开了优化张家界市民营经济法治环境座谈会,组织15名民营企业家到市检察院参加"市检察院护航民企发展"开放日活动。全年共解答会员法律咨询200多人次,协调解决各种问题50多起。

三、参政议政。围绕民营经济的热点难点问题开展专题调研,撰写了《民营经济发展政策的落实与完善》和《张家界市民营企业用工情况调查报告》2篇调研报告。配合省联开展了"民营经济简政减税降费政策效果"第三方评估调研,经过全面评估,张家界市在贯彻落实省委省政府《关于促进民营经济高质量发展的意见》(湘发〔2018〕26号)和省政府办公厅《关于降低实体经济企业成本的实施方案》(湘政办发〔2018〕56号)2个文件,推动简政减税降费政策措施的落地落实上效果良好,在全省14个市州中排位第三。参加省、市政协开展的"澧水源头地区生态环境保护"课题调研,通过撰写提案、微建议、社情民意等方式积极建言献策。完成了民营企业运行情况、防范化解风险摸底调研和2018年度湖南省上规模民营企业调研工作。

四、组织建设。推动"四好"商会建设,指导4家商会完成了换届。引导、推动各直属商协会争创"四好"商会,市装饰装修协会被评为张家界市第一家全国"四好"商会,市中小企业商会、慈利县建材商会和桑植县中小企业商会被评为省级"四好"商会。着力发展异地商会,新成立了张家界市山东商会、长沙市张家界商会和浙江省张家界商会,推进了上海市张家界商会的筹建工作,为"引老乡、回故乡、建家乡"行动打下了基础。加强直属会员队伍建设,进一步完善了直属会员分组方案,提高了活动经费拨付标准,指导各小组开展了丰富多彩、积极向上的小组活动。新发展了15家市工商联直属会员,增添工商联的新鲜血液。（曾　波）

【"万企帮万村"精准扶贫行动】 积极响应市委、市政府关于举全市之力支持桑植县打赢脱贫摘帽攻坚战的号召,组织引导54家商协会和民营企业结对帮扶桑植县38个深度贫困村,帮扶项目54个,投入资金620万元,展示社会扶贫的非公经济力量与风采。召开全市"万企帮万村"精准扶贫行动先进表扬和"万企帮万户"行动动员会议,引导各直属商协会和会员企业对结对贫困村的贫困户开展帮扶。开展"万企帮万村"精准扶贫行动台账评估交流行动,组织各区县工商联对"万企帮万村"精准扶贫行动台账工作进行自查和区县交叉检查。大力推介先进典型,张家界康茜生态农业投资开发有限公司被评为全国"万企帮万村"精准扶贫行动先进民营企业,张家界东线旅游开发有限公司、张家界湘阿妹食品有限公司被评为全省"万企帮万村"精准扶贫行动先进民营企业,市福建商会、市长沙商会等4家商协会和民营企业被评为全市社会扶贫先进单位。（曾　波）

【市工商联六届四次执委会议】 2019年4月2日,市工商联(总商会)第六届四次执委会议召开,市政协副主席、市工商联主席张元次作工作报告,市委统战部副部长、市工商联党组书记田际元主持会议,市委常委、市委统战部部长田华玉出席会议并讲话。市委组织部副部长、市委两新工委书记王学军等领导出席会议,市工商联执常委,直属商协会会长、秘书长,直属会员等参加会议。张元次主席在工作报告中全面总结回顾市工商联2018年工作,传达学习习近平总书记在民营企业座谈会上的重要讲话及市委经济工作会议精神,明确2019年主要工作任务。会议审议2018年会费收支情况报告,对新入会的会员企业进行授牌,对2018年度区县工商联先进工作单位、直属商协会先进党组织、优秀党务工作者、优秀共产党员、优秀直属会员、优秀直属会员活动小组组长等一批先进单位和个人进行表彰,并组织参会人员重温了中共十九大报告重点内容。会议进行了人事调整,杨学文、代名洪当选为市总商会副会长。（曾　波）

【市工商联系统庆祝新中国成立70周年文艺会演】 2019年9月17日晚,

“同心筑梦·兴业报国”全市工商联系统庆祝新中国成立七十周年文艺会演在张家界市电视台演播大厅隆重举行,张家界市委书记、市人大常委会主任虢正贵,市委常委、市委统战部部长田华玉,市政协副主席、工商联主席张元次等领导出席,现场或通过微信直播观看人数达10万人。市委常委、市委统战部部长田华玉受虢正贵书记的委托致辞,代表市委向全市广大非公经济人士表达亲切的问候和衷心的祝愿,重温党中央毫不动摇鼓励、支持、引导非公有制经济发展的大政方针,充分肯定非公有制经济对全市经济社会发展的突出贡献和工商联近年来取得的重要成就。　(曾　波)

军事

中国人民解放军张家界军分区

【概况】2019年，在省军区党委和市委坚强领导下，军分区坚持以习近平新时代中国特色社会主义思想和习近平强军思想为指导，坚决贯彻军委主席负责制，强化政治引领，聚焦核心职能，从严正规管理，持续正风肃纪，圆满完成年度各项任务，全面建设保持向上向好的发展态势。

思想政治建设。围绕庆祝新中国成立70周年，以深入学习贯彻习近平新时代中国特色社会主义思想和习近平强军思想为根本任务，固化党委中心组每周“学习日”和常委会理论学习制度，理论武装日渐进入思想、进入实践；统筹开展“不忘初心、牢记使命”和“传承红色基因、担当强军重任”主题教育，抓好必读书目学习，领导干部带头讲党课，区分层次组织4次集中研讨交流，树立典型激励示范带动，丰富活动载体感染熏陶，推动问题整改强化效果，深烙“我奋斗我精彩”烙印，不断打牢坚守初心、滋养初心、践行初心的思想根基，永定区人武部部长安守金被军委国防动员部表彰为“优秀共产党员”；加强意识形态管控，再次清理郭徐房张信息资料，严格新闻舆论宣传审查，开展重要会议活动信息和参加社团组织排查清理整治，引领官兵守好思想阵地、占领精神高地。

聚焦练兵备战。坚决贯彻习主席备战打仗重要指示和训令要求，深化党委议战议训，持续深纠“和平积弊”；认真修订方案预案，加强战备物资配套，正规战备值班秩序；扎实推进深化民兵调整改革，全市基干民兵中新质力量、退伍军人等指标率大幅度提升，为向“好起来、强起来”转变奠定基础；贯彻军事训练大纲，探索推开基干民兵集中轮训，出动民兵遂行元宵节安保、应急救援和森林灭火任务，两级机关军事素养和民兵队伍应急应战能力逐步提升；掀起群众性练兵比武活动热潮，参加省军区组织的比武活动，获得较好成绩。

国防动员。结合地方机构改革，及时调整国动委、国教委成员，明确职责分工，破解矛盾问题；召开市国教委全会，落实市县党委中心组及党校主体班国防教育授课，动员全媒体开展国防教育宣传，举办歌唱红色经典暨大学生国旗班风采展示，组织2100余人观看《国礼》电影，浓重举行新兵欢送仪式，进一步激发全民国防意识和崇军尚武意识；核准核实潜力数据，参加数据会审获省军区好评；扎实推动兵役登记落实，18周岁男性公民登记率100%；聚力提升兵役征集质量，协调制定《关于调整义务兵家庭优待金标准的通知》，圆满完成兵员征集，高中以上学历达97.58%，未发生违规违纪、信访举报和责任退兵问题。

基层基础建设。贯彻《全省民兵训练基地保障体系建设规划》，结合对外有偿服务项目关停，提高民兵承训能力；军地协力推动市国防动员训练基地规划用地重新选址，为相关建设实质启动奠定基础；以省军区“两个规范”现场会精神为指导，贯彻落实《关于加强新时代基层武装部、村级民兵营(连)建设的意见》，组织参观见学，专题研究部署，着力抓好战备、训练、工作、生活秩序整顿，有力有序推进“四个秩序”落实；贯彻条令条例，严格落实“规范化、经常性、责任制”三种管理方法手段，全面管控风险，落实安全责任，认真开展安全保密、军车管理、网络安全整治等，部队安全管理指标位居全省首位。

党管武装。协调市委建立常态议军机制、组织第一书记述职和2次集中学习习近平强军思想，凝聚起落实党管武装责任的政治共识；地方党委政府在支持国防和军队建设上倾情用力，军地联合开展送立功受奖喜报和悬挂“光荣之家”牌匾活动，隆重举办退伍军人专场招聘会和“最美退役军人”评选表彰等，大力宣传张家界籍战斗英雄金珍标生命垂危之际强烈申请加入党组织感人情怀，引起较大的社会反响，贺晓英荣获“全国退役军人工作模范个人”称号，受到习近平总书记集体会见，倡导拥军优属的良好社会风尚；军分区、人武部两级主动承担安保维稳、山火扑救等急难险重任务，积极参与“三联四建”“六城同创”“联乡包村”活动；助力定点帮扶6个贫困村，在迎接国家、省、市、县四级考评中均获好评，军民同心拔“穷根”的扶贫事迹在《解放军报》头版报道。

综合保障。坚持党委管财、科学理财、节约用财，60%以上预算经费用于战备训练和基层建设，经费投向投量更加聚焦战斗力；严格对表新政新规，深化行业系统清理整治，进一步正规财务管理秩序；以正规化建设为契机，加强基础设施建设，推进士兵楼、公寓楼改造和机关食堂饮食保障社会化改革，官兵工作生活条件得到改善；统筹抓好民兵武器装备仓库秩序整治、民兵装备预征预储和家底经费清理，后装综合保障质效稳步提升。

管党治党。落实纪委书记上专题党课、节假日明察暗访、建立基层风气监察联系点制度等，持续推动部队风气建设向上向好；加强党委(支部)建设，抓好常委挂钩帮带人武部党委、帮带干部、帮带骨干工作，着力增强各级党组织的领导力、组织力、执行力；贯彻“五好”干部标准，遴选6名师团后备干部、推荐提拔2名团职干部、落实8名军兵种交流人员定编定岗和12名文职人员岗位等级调整，群众反映较好；坚决贯彻落实习主席关于巡视工作重要指示，两次召开常委会专题研究部署巡视巡察反馈问题整改，对照清单主动认账领账、举一反三查找、深入检视剖析、全面查纠整改。认真组织学习党内《条例》《准则》，深入抓好警示教育，组织集中观看《忏悔与警示》《党章电视辅导教材》《铁纪强军》系列警示教育片，及时传达上级违纪违法通报，持续推进全面从严治党向纵深发展。

【军分区党委五届五次全体(扩大)会议】2019年1月23日，召开军分区党委五届五次全体(扩大)会议，深入学习贯彻南部战区、军委国防动员部和省军区党委扩大会议精神，分析总结2018年度工作，研究部署2019年度军分区建设和任务部署。会议强调，2019年，是新中国成立70周年，是决胜实现国防和军队现代化建设2020目标任务的攻坚之年。军分区坚持以习近平新时代中国特色社会主义思想为指导，深入贯彻习近平强军思想，坚决落实政治建军、改革强军、科技兴军、依法治军和备战打仗要求，树牢“四个意识”，坚定“三个维护”，按照省军区党委和市委决策部署，努力推动全面建设再上新台阶，以优异的成绩迎接新中国70华诞。司令员郭钰作工作报告，市委书记、军分区党委第一书记虢正贵，政治委员发表重要讲话，军分区党委委员出席，全体机关干部、人武部相关人员列席会议。

【军分区党委五届六次全体（扩大）会议】 2019年7月25日，召开军分区党委五届六次全会，学习贯彻省军区党委十四届五次全会精神，回顾总结上半年工作，安排部署下半年工作，统一思想认识、凝聚意志力量、提振精神状态、推进工作落实。会议强调，下半年，喜迎新中国成立70周年，全年大项活动任务集中展开，是决定年度工作成效的关键期，要进一步完善和充分发挥党的组织功能，全面提高分区部队党组织的领导力、组织力、执行力。司令员作工作报告，政治委员罗明发表重要讲话，军分区党委委员出席，全体机关干部、人武部相关人员列席会议。

【精准扶贫】 2019年1月21日，省军区政委冯毅带工作组，到桑植县进行精准扶贫工作调研，军分区政委雷体全陪同。4月24日，军分区召开2019年度扶贫攻坚推进会，桑植县洪家关乡打鼓泉村、陈家院村村委及后盾单位参加会议。5月21日，省军区办公室主任带工作组，到桑植县进行精准扶贫工作调研。根据市委统一安排，2019年军分区共派6支扶贫工作队持续稳定推动精准扶贫，帮扶村住房医疗保障到位，扶贫户人均收入均已达标，取得阶段性成效。军分区帮扶的陈家院村实现整村脱贫，打鼓泉村摘掉“软弱涣散组织”帽子、进入绩效综合考评前列，军分区两个驻村工作队在群众满意度测评达到100%。

【开展“条令条例学习月”活动】 2019年1月4日，军分区组织召开专题会议，对分区本级“条令条例学习月活动”进行动员部署，两级首长机关全体官兵参加，进一步统一思想，达成共识，为持续深入抓好活动开展奠定基础。1月28日至29日，进行专项检查和督导，对活动开展和安全问题纠治情况进行检查，确保活动效果。通过“条令月”活动开展，有效地强化官兵的条令条例意识和法治观念，进一步打牢部队正规化建设和安全发展基础，确保部队安全稳定。

【民兵调整改革部署推进会】 2019年2月28日，召开张家界市民兵调整改革部署推进会，深入学习贯彻南部战区、军委国防动员部和省军区党委扩大会议精神，分析总结2018年工作，研究部署2019年度工作任务。军分区党委委员出席会议，全体机关干部、人武部相关人员列席会议。

【国防动员潜力统计调查任务部署会】 2019年3月29日，为贯彻省国防动员潜力统计调查工作部署会精神，高质量完成年度潜力统计调查任务，张家界市国动委组织军地共60余人召开国防动员潜力统计调查任务部署会，分析2019年统计调查的特点要求、明确内容任务、提出方法步骤。

【张家界市全民国防教育委员会第十次全体（扩大）会议】 2019年4月11日，张家界市全民国防教育委员会第十次全体(扩大)会议召开。会议总结分析2018年全市国防教育形势，部署2019年国防教育工作任务。会议明确，2019年国防教育工作全面贯彻中共十九大和十九届二中、三中全会精神，以习近平新时代中国特色社会主义思想和习近平强军思想为指导，深入贯彻落实习总书记关于加强全民国防教育的重要指示精神，按照国家国防教育办公室总体要求和省国教委部署安排，着眼维护国家主权、安全、发展利益，着眼提高全民国防意识，把握中国梦强军梦时代主题，着力推动教育对象、地域、时间、内容、手段“五个全覆盖”，激发树立全民国家责任意识、民族危机意识、国防动员意识和崇军尚武意识，以优异成绩迎接中华人民共和国成立70周年。会议表彰2018年度国防教育工作先进单位和先进个人。

【民兵骨干轮训】 2019年，军分区先后组织全市民兵骨干开展轮训，累计共十三期，针对抗洪抢险、森林灭火、反恐维稳等专业，制定每期轮训方案，严格按纲、按计划施训。

【开展“不忘初心、牢记使命”和“传承红色基因、担当强军重任”主题教育】 2019年4月25日，军分区召开“传承红色基因、担当强军重任”主题教育形势分析会，分析形势，研究改进措施。8月1日，军分区参加省军区“我奋斗我精彩”岗位建功先进事迹报告会，永定区人武部部长安守金作典型发言。9月2日，召开军分区“不忘初心、牢记使命”主题教育专题部署会，就抓好两级党委机关主题教育明确具体要求，把学习教育、调查研究、检视问题、整改落实贯穿主题教育全过程。10月31日，围绕抓好党风廉政建设和巡视巡察反馈问题整改，军分区纪委书记作专题纪律党课辅导，进一步强化党员知规明矩和问题整改意识。11月27日，省军区动员局副局长盛全带工作组到张家界军分区督导调研主题教育开展情况。2019年统筹开展“不忘初心、牢记使命”和“传承红色基因、担当强军重任”主题教育，抓好必读书目学习，领导干部带头讲党课，区分层次组织4次集中研讨交流，树立典型激励示范带动，丰富活动载体感染熏陶，推动问题整改强化效果，深烙“我奋斗我精彩”的烙印，不断打牢坚守初心、滋养初心、践行初心的思想根基。

【群众性练兵比武活动】 2019年5~9月，军分区以新颁发的《国防动员单位军事训练大纲》为依据，紧贴国防动员系统新时代使命任务，紧贴分区部队备战打仗能力要求，紧贴辖区特点实际，组织开展参谋人员、基干民兵、专武干部、勤务班人员四类人员训练比武，并参加省军区组织的比武活动，获得勤务班驾驶技能第三名、专武干部业务知识团体第一名、个人第四名和轻武器射击团体第三名、个人第五名、基干民兵橡皮舟水上救援第二名和轻武器射击个人第三名等好成绩，立起张家界基干民兵精武强能的好样子。

【全市征兵工作推进】 2019年7月24日,张家界市人民政府征兵办公室召开全市征兵工作会议,总结2018年征兵工作,部署2019年征兵工作。市委常委、常务副市长、市征兵领导小组组长曾超群,市委常委、军分区司令员郭钰,军分区副司令员、市征兵领导小组副组长吴广生出席并讲话,军分区罗明政委主持会议。2019年,军分区圆满完成征兵目标,未发生违规违纪、信访举报和责任退兵问题,征兵“五率”量化考评获全省第四名,被评为“全省征兵工作先进单位”。

【学生军训】 2019年7月9日,军分区联合市教育局参加湖南省学生军训工作会议,并组织召开全市学生军训工作军地联席会。市委常委、军分区司令员郭钰出席会议并讲话。会议明确,开展学生军事训练,是党和国家作出的一项具有战略意义的重要决策,是落实国家人才培养战略和加强国防后备力量建设的重要举措,也是学校教育教学改革的一项重要任务。军分区、人武部和各级教育部门要加强对学生军事训练工作的组织领导,落实属地化管理职责,建立健全学生军训领导和工作机构,落实联席会议、合署办公、联合督查、联文通报等制度,形成军地齐抓共管军训工作的整体合力。

【安全大检查】 2019年3~10月,军分区组织全区部队展开安全大检查活动。3月18日,对分区部队开展安全大检查相关工作进行动员部署,按照“上下联动肃规矩,疏堵结合除漏洞,全面排查消隐患”的总体思路,细分为动员部署、自查普查、督查迎检、组织整改四个步骤组织实施,通过强化组织领导、狠抓制度落实、健全安全设施、常态检查排查,着力解决安全隐患和事故苗头,确保分区部队的安全稳定发展良好态势。

【开展“百日安全活动”活动】 2019年9月23日~12月24日,军分区按照省军区明确的“一个阶段一个阶段抓、一个战役一个战役打”的工作思路,紧紧围绕17个关键要素,以“五个严防”为重心,以国庆安全廉洁过节为起点,严密组织开展“百日安全活动”,通过不断强化组织领导、浓厚活动氛围、狠抓教育训练、常态检查排查,着力解决军分区部队各级暴露和存在的突出问题及薄弱环节,确保军分区部队的安全稳定发展良好态势。

【年度军事训练考核】 2019年12月12~13日,军分区采取统一部署安排、分组同地实施方式,对军分区部队两级首长机关年度军事训练情况进行年终考核,12月18~19日,结合各区县人武部主官绩效考评对年度战备训练工作开展情况进行检查,全面检验年度军事训练成效。

(本栏撰稿 余梦钰)

中国人民武装警察部队张家界支队

【概况】 2019年,中国人民武装警察部队张家界支队(简称武警张家界支队)围绕“以稳为先、以创为标、以破为进、以实为基、以安为底”,全力推进部队建设,各项建设稳中有进,中心任务完成圆满。

一、强化政治建军。开展“不忘初心、牢记使命”“担当强军重任、传承红色基因”两项主题教育,结合中华人民共和国成立70周年、习近平授旗训词一周年、“五四运动”100周年纪念活动和比武集训,开展“日练百字、周写一文、月读一书”活动。结合“魔鬼周”极限训练中拥军爱民感人事迹,创作《颗颗杨梅沁兵心》歌曲MV。2019年全年,在军内外各类媒体平台刊发新闻稿件193篇,支队“整顿训风演风、聚力练兵备战”做法被央视集中报道,春运执勤战士沈家余助人为乐事迹被中国军网、湖南经视等媒体平台广泛推送。

二、贴实战砺精兵。参加演习和每季度特战分队“魔鬼周”极限训练,完成各类集训任务和群众性大练兵比武军事体育竞赛,对在群众性大练兵比武竞赛中表现突出的3个单位、11名个人进行表彰、记功嘉奖。

三、抓法治促正规。聚焦保卫新中国70华诞大庆之年,落实“依法治军、从严治军”要求,开展落实改革情况自查自纠。修订完善机关正规化管理、公勤人员管理、在外人员管理和干部考勤“四个措施”,通过每日早操队列、每周风纪检查、每月秩序评比,严明部队秩序。开展安全大检查、“暑期百日安全竞赛”等群众性创安活动,围绕车辆安全、枪弹管控、治酒禁令、预防自杀、在外人员、手机使用、失密泄密、借贷赌博、军地交往等重难点问题,查隐患,找问题,补漏洞,守住底线,实现连续21年安全无事故目标。

四、抓基层打基础。结合“不忘初心、牢记使命”主题教育团以上干部专题调研,分析评估基层发展现状,着重破解制约基层建设发展的重点难点盲点问题,进一步提升机关依法指导、基层依规运行质量效益。2019年全年,共发放经费23万余元,对8名困难干部、8名困难党员、1名因公牺牲干部亲属、23名随军未就业家属、4名住院干部和家属进行慰问。

五、贴中心强保障。推进审计巡察反馈问题整改,开展装备系统专项整肃和后勤领域重点问题“清仓归零”。推进大项工程建设,预算经费共920余万元。修订完善处突维稳、反恐行动、抢险救灾等6类11项保障预案,全要素规范编携配装,抓好人装结合、战伤自救和餐饮保障,完成演习、“魔鬼周”极限训练、勤训轮换等重要训演和遂行任务中的伴随保障。2019年全年,先后投入经费50余万元,为所属9个基层单位普遍进行营房升级改造,更换老旧营产设施。吴阳磊、张庆波、李常3人参加总队后装比武,分别获得“一专多能”专业、炊事员专业、军械专业个人总分2个第一名、1个第三名的好成绩。

【参加武警部队2019年度军事训练开训动员大会】 2019年1月2日上午10时,武警张家界支队全体官兵通过电视会议系统观看全军主会场活动,聆听习主席训令,与全军主会场同步开展宣誓活动。

【重温忠诚卫士誓词仪式】 2019年1月4日,武警张家界支队官兵到桑植县贺龙纪念馆,整齐列队,举行重温忠诚卫士誓词仪式。

【开展“牢记训词、践行使命”专题教育学习活动】 2019年1月10日，武警张家界支队开展“牢记训词、践行使命”专题学习教育，全体官兵认真学习领会习主席训词精神，深化广大官兵对习近平中国特色社会主义思想和习近平强军思想理解认知，高标准抓实抓好新年度各项工作。

【党委一届二次全体（扩大）会议】 2019年1月20日至21日，支队召开支队党委一届三次全体(扩大)会议。支队党委委员参加，全体机关干部和基层军政主官列席。会议传达学习中央军委、武警部队、总队党委全体(扩大)会议精神，总结分析支队2019年以来建设形势，进一步统一思想、理清思路，扎实推进2020年度部队建设科学发展，支队党委书记许志振代表党委作题为《凝心聚力打基础，攻坚克难求突破，以只争朝夕的奋进姿态决胜创先图强翻身仗》的工作报告；党委副书记罗祥华作题为《聚精会神补短板，沉心定气抓落实，以全面过硬的崭新成绩跨步先进创一流》的主题讲话。

【召开2018年度表彰大会】 1月21日下午，张家界支队隆重组织召开2018年度表彰大会，为先进单位和个人代表颁奖牌和证书。会议由政治委员雷文主持，支队长罗祥华作总结讲话。支队全体官兵参加会议。

【元宵节安保】 2019年2月19日，武警张家界支队共动用180名兵力，圆满完成元宵灯会现场维护秩序任务。

【70周年大庆安保】 2019年10月1日至7日，支队每天出动56人，担负市城区和两区两县城区联勤武装巡逻勤务。

【2019年群众性练兵比武军事体育竞赛】 2019年3月5日至7日，武警张家界支队组织2019年群众性练兵比武军事体育竞赛，支队全体官兵参加。

【“魔鬼周”极限训练主题绘画摄影展】 2019年7月1日，为庆祝建党98周年，在支队机关院内举办“魔鬼周”极限训练主题绘画摄影展，此次展览，支队整理出近年深入“魔鬼周”极限训练一线所创作的绘画摄影作品，以“讴歌党、讴歌祖国、讴歌人民、讴歌英雄”为主线，展览不仅有党员干部参加，支队还特意邀请参加“魔鬼周”极限训练的25名特战队员们前来观展，每位特战队员们纷纷写下自己的观展感受，贴在绘画摄影作品上。

【2019年度建制班比武竞赛】 2019年7月29日至30日，在教导队营院开展建制班比武竞赛，来自各基层单位的30余名官兵齐聚教导队，战高温，斗酷暑，在比武擂台上同场竞技、一决高下，完成7个训练课目的比武竞赛。

【参加张家界市“践行新使命、忠诚保大庆”实兵演练暨誓师大会】 2019年9月10日上午，武警张家界支队组织官兵参加张家界市公安机关“践行新使命、忠诚保大庆”实兵演练暨新中国成立70周年安保誓师大会，支队官兵踢着正步将国旗迎上广场，参演官兵对着国旗立下铮铮誓言。演练结束后，市委书记虢正贵及主要领导慰问参演官兵，勉励官兵全力干好反恐维稳这件大事，时刻保持“蓄势待发”的状态，为建设和谐、平安、美丽的张家界增光添彩，为祖国成立70周年大庆营造安全稳定的社会环境。

【2019指挥员大比武】 2019年9月10日至9月12日，在教导队举行2019指挥员大比武，着力培养懂指挥、善打战的指挥人才队伍，强化练兵备战的鲜明导向。指挥员就手枪射击、识图用图、教学法、指挥技能、军事体育五个科目展开激烈角逐。

【夏秋季士兵退役仪式】 2019年9月1日，在支队机关举行2019年度夏秋季退役士兵向武警部队旗告别仪式暨欢送大会。支队党委常委，送兵干部及全体退役士兵参加。仪式由政治工作处主任主持；支队长代表支队党委及全体官兵向退伍士兵致欢送辞；副参谋长宣布退役命令；全体退伍老兵面向武警部队旗、面向天门山、面向朝夕相处的战友，行最后一次军礼。

【武警张家界支队召开“不忘初心、牢记使命”主题教育工作会议】 9月2日上午，张家界支队召开“不忘初心、牢记使命”主题教育工作会议，对开展主题教育进行动员部署。会议由副支队长陈正华主持，政治委员许志振作动员讲话，支队全体党员参加。会议强调，开展“不忘初心、牢记使命”主题教育，是中共十九大部署的重大政治任务，是贯彻落实支队全面加强党的领导和党的建设的实际举措。各级要依据方案有序推进，确保把主题教育抓出特色、抓出成效。要在领导带头上立起高标准，领导干部既是此次教育的重点，又是支队的“关键少数”，理应带头参加学习，筹划安排，加紧推进，通过开展主题教育，把对党忠诚的信仰信念立起来，把练兵备战的主责主业扛起来，以优异的成绩向新中国成立70周年献礼。

【“武警春蕾计划”捐款活动】 2019年9月23日，武警张家界支队积极响应武警部队号召，组织“武警春蕾计划”捐款活动，向贫困地区儿童献爱心，为贫困地区教育事业做贡献。活动中，支队长、政治委员及党委常委率先垂范、带头捐款，全体官兵累计捐款54580.5元。 （本栏撰稿 胡津铭）

人民防空

【概况】 2019年，张家界市人防办被评为全省人防工作绩效先进单位、人防训练演练先进单位，人防事业取得新成绩

一、依法行政。深入推进“最多跑一次”行政审批改革。根据市委、市政府关于《“最多跑一次”改革实施方案》，推进人防简政放权、放管结合、优化服务，按照“一家牵头、统一受理、同步办件、集中实施、限时办结”工作机制，统一纳入“一窗受理”系统，实现项目申报事项办理只跑一次，确保人防前置审批的落实。市人防办机关审批事项网上可办率100%。

二、战备建设。全市完成基本指挥

所、地面指挥所和机动指挥所建设,推进“三所”设备设施升级改造;完成人防警报报知系统建设新增和升级改造,实现市、县城区防空警报鸣响率和覆盖率双百达标;完成人防北斗卫星导航定位系统建设和“三级”指挥网第二路由建设任务;推进完善防空预案和信息规划建设,完成《张家界市人民防空方案》修订,编制《慈利县人民防空方案》和《桑植县人民防空方案》,健全、完善人防指挥部编组、落实实编实训要求,规范“一中心三部门”设置。

三、实战训练。着眼新时代人民防空特点,加强训练的实战性、针对性,不断提高人防实战化水平。加强岗位练兵,立足本职岗位,加强专业技能训练,在2019年7月1日至5日全省人防通信比武竞赛中,荣获团体一等奖,两个单项第一名;完成年度机动指挥通信系统市带县跨区拉动训练,提高遂行任务能力;依法组建人防专业队,优化规模、结构、编组,落实常态化训练演练;开展人防重要经济目标单位普查,全面启动重要经济目标防护试点,组织开展重点防护单位的防护演练。

四、宣传教育。按照人防宣传工作要求,开展人防知识“五进四化”(进机关、进院校、进企业、进社区、进媒体,人防宣教社会化、基地化、规范化、常态化),推进国防人防宣传教育,增强全社会国防观念、人防意识和应急避险知识技能。在市民广场和人民公园融人人防主题宣传教育,实现人防宣传教育进公园;加强对中小学生的人防知识教育;结合“5·12”全国防灾减灾日、“11·1”防空警报试鸣日等重要时间节点,开展大型人防宣传教育活动;与团市委联合举办“‘不忘初心、牢记使命’铸就坚不可摧的护民之盾”人防知识竞赛活动,张家界市电视台录制面向全市人民播放,提高市民对人防知识的了解。省教育电视台、红网、省人防办网站就张家界市15081平战结合人防工程、新型人防疏散基地工程的建设与融合发展进行专题报道。全年配发《防空防灾应急手册》教材5000余册,发放宣传资料5000余份,现场接受市民咨询500余人次,全市人民人防意识有较大提高。

【全市人防工作、党风廉政建设暨开训动员会】 2019年4月18日,召开张家界市人防工作、党风廉政建设暨开训动员会,全市53个单位参加会议,200多人参加动员培训。李培其副市长、军分区副司令吴广生出席并讲话。李培其要求,全市人防要充分认识新时代人民防空的重大意义,深刻体会其中的深邃内涵,以更高的政治站位、更宽的战略视野、更强的责任担当来推动人防事业更高质量发展;不断提升人防训练实战化水平,把训练抓出效果、抓出特色、抓出亮点。会议主要目的是推动全市人防事业高质量发展、提升人防训练实战化水平、提升依法行政能力、巩固人防基础建设,创新人防重点项目建设。

【人防专业队伍训练】 2019年7月1日至5日,全省人防通信比武竞赛在娄底举行,张家界市人防办荣获团体一等奖,两个单项第一名。11月4~7日,完成年度机动指挥通信系统市带县跨区拉动训练。

【张家界市人防知识竞赛活动】2019年11月15日,市人防办与团市委联合举办“‘不忘初心、牢记使命’铸就坚不可摧的护民之盾”人防知识竞赛活动,全市8个单位参赛,评选出一等奖(1个)、二等奖(3个)、三等奖(4个)、优秀选手(4名),张家界市电视台录制面向全市人民播放,提高市民对人防知识的了解。

(本栏撰稿 阳辉 麻俊辉)

法治

政法委及综治

【概况】 2019年,张家界市实现政治安全事件、暴恐袭击事件、大规模群体性事件、危害公共安全的个人极端事件、重大敏感网络舆情事件、重特大火灾事故"六无",命案、八类恶性刑事案件发案数"两下降",道路交通事故四项指数大幅下降,全市社会大局稳定。

一、防范安全稳定风险。深入开展反渗透、反间谍、反恐怖、反邪教斗争,国家政治安全工作年度考核位居全省前列。加大车站广场、学校医院、农村集镇等重点场所的治安防控力度,加强社区服刑、重症涉毒、扬言报复社会等重点人员的排查管控,开展道路交通安全和护路护线联防专项整治,护路护线工作年度考核位居全省前列。严厉打击"暴恐枪、盗抢骗、毒赌黄、食药环"等突出违法犯罪,全市命案、八类恶性刑事案件发案数同比分别下降25%、11.3%。实施小水电站整治、重点项目建设等稳定风险评估,推行领导公开接访、重点约访、带案下访,开展信访工作"三无创建",张家界市在全国"两会"和"新中国成立70周年大庆"等特护期实现进京非接待场所零登记。创新推广应用"枫桥经验",调处矛盾纠纷案件12009件,调处成功率达99.4%。加强重点部位维稳劝返和突发事件应急处置,有效处置群体性事件苗头340起,维稳工作年度考核位居全省前列。

二、推进社会治理创新。2月12日,中央政法委下发张家界市"雪亮工程"国家重点支持城市申报方案审查意见(中政办〔2019〕17号),正式确定张家界市为2020年度公共安全视频监控建设联网应用项目国家重点支持城市。市平安建设领导小组先后出台《张家界市平安建设领导小组成员单位职责》(张平安〔2019〕2号)和《关于印发(张家界市平安建设领导小组工作规则)(张家界市平安建设领导小组办公室工作规则)的通知》(张平安〔2019〕3号)等文件,并深入开展系列平安创建活动,全面推行干部职工义务巡逻,指导社区加强法治、德治、自治"三治融合",着力打造共建共治共享的社会治理新格局。同时,坚持以综治中心为平台推行网格化管理服务,按照国家标准建设市、县、乡、村四级综治中心,其中,市级综治中心建设正式启动,区县综治中心派驻职能单位有序推进,挂牌运行的乡镇(街道)综治中心覆盖率达100%,村居(社区)综治中心建设基本完成。统筹推动视频监控补点扩面和"视联网"建设,联合通讯公司和科技企业建设"雪亮乡村"和"物联网"等信息化运用网络,创新建立"十户联防"微网格和"995"短号群互助平台。

三、提升执法司法效能。围绕健全公益诉讼保障机制、完善知识产权审判领域改革创新和完善社会治理体系,推进全市政法领域全面深化改革。3月15日,张家界市成立全面依法治市委员会,由市委书记、市人大常委会主任任主任。委员会办公室设在市司法局,由市委常委、市委政法委书记兼任办公室主任。2019年,全市采取实体与网络、热线相结合的办法,积极构建覆盖城乡、便捷高效、均等普惠的公共法律服务体系,共接待群众来电来访咨询9.6万多人次,受理法律援助案件1789件,同比分别上升24.3%和12.8%。出台《张家界市政法机关服务民营企业健康发展二十条措施》(张政法〔2019〕3号),推行重点案件会商督办制度,开展执法检查和案件评查活动,共组织重大案件协商96次,督办重点案件28件,集中抽调评查案件64件。着力提升司法效能,全市检察机关共批捕起诉案件1798件2679人,不捕不诉295件530人;共立案办理公益诉讼案件172件,挽回国家及社会公共利益损失7063万元;全市法院机关共受理各类案件23793件,结案23124件,结案率97.2%,同比分别上升13.5%、19.6%,法定审限内结案率和当庭宣判率同比分别增长2.6%、14.3%。

四、开展扫黑除恶专项斗争。坚持"两个一律"和"一案三查"双管齐下,坚持"打财断血"和"打网破伞"齐头并进,严厉打击黑恶势力违法犯罪行为。加强基层党组织建设,整顿提升软弱涣散村(社区)党组织115个,清理调整不合格不胜任村干部119名。深入开展"铁腕治旅"行动和"三贷三霸""地下六合彩"等专项整治,有效铲除黑恶势力滋生土壤。截至2019年12月31日,全市共打掉黑恶势力犯罪团伙29个,其中黑社会性质组织2个、恶势力犯罪集团10个、恶势力团伙17个,刑事拘留408人,破获涉黑恶刑事案件239起,缴获枪支5只,扣押、收缴、查封涉黑恶案件资产2.05167亿元;检察机关共受理审查逮捕案件60件179人,批准逮捕56件163人,受理审查起诉涉黑涉恶案件44件283人,起诉25件160人;审判机关共一审审结认定黑恶案件32件129人,二审审结涉恶案件14件83人,判处有期徒刑以上刑罚125人,拘役4人,判处罚金、没收个人财产2000万元,追缴违法所得1203.5867万元;纪检监察机关共立涉黑涉恶腐败和"保护伞"案件40件40人,现已办结37件37人,其中查处"保护伞"12人、涉黑涉恶腐败21人、推动专项工作不力4人,党纪政务处分35人,组织处理2人,共移送司法机关7人。

五、加强政法队伍建设。深入开展"不忘初心、牢记使命"主题教育,全市政法各单位共组织中心组学习246次,开展专题调研497份,形成调研报告337篇,查摆整改突出问题493个。同时,严格按照中央、省委、市委关于"不忘初心、牢记使命"主题教育中开展专项整治的部署要求,由市委政法委牵头,会同市直相关成员单位,对黄赌毒和黑恶势力听之任之、失职失责甚至包庇纵容、充当"保护伞"问题进行集中整治。大力实施政治建警"1321"工程,即围绕《关于加强全市政法机关新时代政治建警工作的决定(试行)》(张政法〔2019〕2号),配套制定《2019~2021年全市政法干警政治学习三年行动计划》《张家界市政法干警便民服务二十条措施》《张家界政法干警规范执法十条铁律》。2019年,全市政法各单位共举办政治学习培训80多期,推行便民服务措施152条,开展执法集中督查35次,查处违纪违法违规案件23件78人。另外,6月27日至28日,市委政法委牵头组织全市政法系统领导干部专题培训班;12月9日至12日，市委政法委牵头举办全市政法系统第六届“平安杯”篮球友谊赛。

【中央扫黑除恶专项斗争第16督导组第五小组督导张家市扫黑除恶专项斗争工作】 2019年4月1日至4月30日，中央扫黑除恶第16督导组到湖南省开展为期一个月的扫黑除恶专项斗争督导工作。4月18日至4月23日，中央扫黑除恶第16督导组第5小组深入张家界市开展为期一周的扫黑除恶专项斗争督导。中央督导组采取听汇报、约谈领导干部、查阅台账资料、开通举报电话信箱、明察暗访等方式对张家界市进行督导检查。张家界市紧紧围绕“三个不放过”(即:整改不到位不放过、责任不落实不放过、群众不满意不放过)和“三清零”目标(即:工作问题清零、督办线索清零、乱象整治清零),实行党政领导包案、对标落实整改、定期督查调度等措施,对督导组反馈的问题和交办的案件线索逐一整改办理,圆满完成督导整改工作任务,深化扫黑除恶专项斗争。

【李殿勋调研张家界政法工作】 2019年11月12日,湖南省委常委、省委政法委书记李殿勋到张家界市调研指导“不忘初心、牢记使命”主题教育工作,并前往永定区尹家溪镇马儿山村调研基层社会治理创新和张家界市信访局信访大厅调研信访突出问题专项化解工作。

【张家界市平安建设领导小组及办公室】 2019年7月15日,张家界市委常委会2019年第18次会议研究同意参照省里模式成立张家界市平安建设领导小组,由市委常委、市委政法委书记任组长,市人民政府副市长、市公安局长及市中级人民法院院长、市人民检察院检察长任副组长,市直相关单位的分管负责人任成员。张家界市平安建设领导小组是市委、市政府的议事协调机构,负责统一领导、组织部署、协调指挥、督导考评平安张家界建设工作。张家界市平安建设领导小组下设办公室,办公地点设在市委政法委,由市委政法委分管平安建设工作的副书记兼任办公室主任。张家界市平安建设领导小组办公室负责张家界市平安建设市领导小组的日常事务工作。

【平安创建活动】 2019年5月,张家界市出台《市委政法委市发改委市文旅广体局等部门关于深入开展系列平安创建活动的通知》(张政法〔2019〕11号),决定开展平安区县、平安乡镇(街道)、平安村(社区)、平安校园、平安医院、平安企业、平安单位、平安景区、平安交通、平安园区、平安工地、平安边界、平安商铺、军地平安、平安家庭系列平安创建活动。2020年2月,平安建设领导小组下发《关于2019年度全市系列平安创建示范典型的通报》(张平安〔2020〕1号),决定对武陵源区等166个全市2019年度系列平安创建示范典型予以通报表彰。

(本栏撰稿　向　东)

【扫黑除恶】 2019年,张家界市认真贯彻落实习近平总书记关于扫黑除恶重要讲话指示精神和党中央、省委的决策部署,坚持“有黑扫黑、有恶除恶、有乱治乱”,科学谋划、精心组织、攻坚克难,突出督导问题整改,深入开展扫黑除恶专项斗争,取得阶段性成果。截止2019年12月31日,张家界市共打掉黑恶势力犯罪团伙29个,其中黑社会性质组织2个、恶势力犯罪集团10个、恶势力团伙17个,刑事拘留408人,破获涉黑恶刑事案件239起,缴获枪支5只,扣押、收缴、查封涉黑恶案件资产2.05167亿元;检察机关共受理审查逮捕案件60件179人,批准逮捕56件163人,受理审查起诉涉黑涉恶案件44件283人,起诉25件160人;审判机关共一审审结认定黑恶案件32件129人,二审审结涉恶案件14件83人,判处有期徒刑以上刑罚125人,拘役4人,判处罚金、没收个人财产2000万元,追缴违法所得1203.5867万元;纪检监察机关共立涉黑涉恶腐败和“保护伞”案件40件40人,现已办结37件37人,其中查处“保护伞”12人、涉黑涉恶腐败21人、推动专项工作不力4人,党纪政务处分35人,组织处理2人,共移送司法机关7人。

【政治引领】 张家界市把扫黑除恶专项斗争工作为重大政治任务来抓,明确市县乡村四级书记一起抓、党政同责抓、分管领导具体抓、班子成员协同抓的专项斗争责任。召开多次会议研究部署工作,其中市委常委会听取扫黑除恶工作汇报21次,市扫黑除恶专项斗争领导小组召开会议12次,市扫黑办召开扫黑除恶会议73次。制定出台张家界市扫黑除恶专项斗争三年行动计划和中央扫黑除恶第16督导组反馈问题整改工作方案、中央扫黑除恶督导“回头看”反馈问题清单整改方案,成立由市委书记为组长,市委副书记、市长为第一副组长的市扫黑除恶专项斗争领导小组和中央扫黑除恶督导组反馈问题整改工作领导小组,明确4名市委常委联系督导4个区县工作,保障专项斗争统筹推进、有序开展。

【深挖打击】 坚持专案攻坚、异地用警,依法查办中央第八巡视组交办的永定区影视城案、覃新荣和覃欣慰为首的黑社会性质组织案、曾卫华为首的黑社会性质组织案、涉及多名“保护伞”的刘开培恶势力犯罪团伙案等一批大要涉黑涉恶案件。坚持纪检监察机关与政法机关协同配合,严格落实“两个一律”(对涉黑涉恶犯罪案件,一律深挖其背后腐败问题;对黑恶势力“关系网”“保护伞”,一律一查到底,绝不姑息)“一案三查”(查办黑恶势力;追查黑恶势力背后的“关系网”和“保护伞”;倒查党委、政府的主体责任和有关部门的监管责任),深挖彻查一批“保护伞”和“关系网”。坚持专项行动配套推动,深入开展“铁腕治旅”、打击整治“三贷三霸”(套路贷、校园贷、非法高利放贷,村霸、市霸、行霸)、整治“地下六合彩”“集打斗争”等专项行动,有效推进扫黑除恶专项斗争。

【督导整改】 把落实中央督导和中央督导“回头看”反馈意见整改作为2019年扫黑除恶专项斗争头等大事来抓,对标2019年4月中央扫黑除恶督导组反馈意见、下沉督导张家界整改问题清单和11月中央督导“回头看”反馈问题清单,逐一整改存在的问题和核查交办的案件线索,完成中央督导整改任务，扎实开展中央督导“回头看”整改。中央扫黑除恶督导组反馈湖南问题23个、反馈张家界问题6个，张家界市全部落实整改措施，交办张家界市的128件案件线索在2019年12月底前全部核查办结。在“不忘初心、牢记使命”主题教育中，启动“对毒黄赌和黑恶势力听之任之、失职失责，甚至包庇纵容、充当‘保护伞’问题”专项整治活动，开展全市娱乐服务场所毒黄赌问题专项整治行动，截止2019年12月份对全市娱乐服务场所开展清查行动4次，出动警力772人次，清查娱乐服务场所545家，抓获涉毒人员570人、涉黄人员63人、涉赌人员132人，停业整顿4家，责令整改14家，签订治安管理责任状139份，下发通告100余份。同时，还加强旅游、建筑、采矿采砂等重点行业乱象整治，新摸出一批涉黑涉恶线索，改善重点领域治安秩序。

【强基固本】 着力打好“清理、整顿、建设、联防、宣传”组合拳，推进党支部“五化”建设，整治基层软弱涣散党组织，防止黑恶势力向基层政权的渗透。开展村(社区)“两委”成员资格联审，清理曾受刑事处罚、违纪违法村干部、调整不合格不胜任村干部119名，其中，排查出曾受过刑事处罚的村“两委”干部10人；共摸排软弱涣散党组织116个，整顿提升115个，3个涉黑涉恶“一案一整改”村全部整改到位。深化农村“四培四带”和社区“三联四建”(即集中组织领导干部联系社区、职能部门联系项目、党员干部联系“三户”(贫困户、拆迁户、信访户)，建好社区综合服务平台、社区综治管理平台，建强社区党组织、社区志愿者组织，打通党组织和党员服务社区群众“最后一公里”。)，实行人才回引计划，有效解决“农村空心化”问题，实现每个村培养年轻后备干部2名；出台实施《关于集中推进城市居民小区党支部建设的意见》，新建小区党支部134个。推行党员进小区联防工作，组织15280名市、区直单位党员干部到所在小区(社区)报到，加强社区义务巡防和基层党建。狠抓基层党员干部的宣传教育，开展“认清黑恶势力、主动检举揭发”主题党日，签订《党员干部不参与涉黑涉恶承诺书》6万余份。

【健全机制】 及时疏理总结，加强建章立制工作，初步建立综合协调、线索排查、集中打击、纪检监察等一批长效机制。2019年张家界市出台7个方面42项扫黑除恶制度机制，如张家界市扫黑办建立的市直及驻张单位扫黑除恶专项斗争联系点制度和扫黑除恶信息线索摸排责任倒查追究规定，市纪委监委与市公安局建立的涉黑涉恶腐败和“保护伞”问题线索移送反馈机制，市委政法委建立的重大黑恶势力犯罪案件会商机制规定，市旅游和外事侨务委员会建立的旅游市场监督职责和管辖职责机制等6个涉旅秩序工作机制，市人民检察院建立的对涉黑涉恶案件统一把关办理规程，市中级人民法院建立的扫黑除恶专项斗争院领导“一岗双责”制度，市住房和城乡建设局创新推行的投标人授权委托人签署不参与围标串标承诺书制度，受到上级表扬。市扫黑办规范内务管理，建立高标准档案室，实行“三人三锁”(存放保密档案房间，安装两道门，每道门钥匙分别由一人保管，保密柜密码锁也由一人保管)档案保密制度，得到中央扫黑除恶第16督导组第5小组的肯定。

(本栏撰稿 潘代辉)

法治政府建设

【法治宣传(普法依法治理)】 2019年，市司法局坚持法治思维、崇法尚德，“谁执法谁普法”工作责任制全面落实。把“建设法治乡村，服务实施乡村振兴战略”纳入乡村法治文化建设范围。以法治县(市、区)和“民主法治示范村(社收示范窗口单位)”等法治创建活动为切入点，以乡村、社区、企业、学校为重点，深入开展多层次多形式法治创建活动，构建点面结合、互促共进的法治创建格局。与市电视台、湖南公共频道、红网张家界站、张家界日报合作，开办专栏、专题、专线、专版，推送“法律服务”信息、推开“司法行政”宣传、推广“以案释法”动态，增强社会公信度。建立媒体公益普法制度，形成阵地、活动、品牌“三位一体”的特色普法。

【律师工作】 2019年，张家界市有律师事务所17家，有执业律师245人，法律服务工作者70人，律师工作迈入新的发展阶段。提升行业党建水平，成立市律师行业党委，初步形成“上下贯通、党群融通”的党建工作格局。圆满做好律师事务所、基层法律服务所、律师和基层法律服务工作者的年度考核和培训，建立执业律师执业档案和诚信档案。强化律师队伍日常管理，制止律师违法违规行为20余起。完善权利保障机制，印发《关于进一步保障律师会见权利的意见》。加强律师队伍建设，全市落实“一村一法律顾问”制度，武陵源每村财政保障5000元，其他区、县每村财政保障2000元。服务经济社会发展，助力打好“三大攻坚战”，开展重点民营企业“法治体检”，组建律师服务团队直接联系和服务重点民营企业；成立“污染防治公益服务律师团”，实施“守护一江碧水、共建美好家园”行动，促进长江经济带绿色可持续发展；全面推进村(社区)涉法涉诉信访案件工作机制，将涉法涉诉信访纳入法治化轨道。深入开展律师调解试点工作。

【法考工作】 2019年，法考工作采取实地张贴、网上发布、微信宣传考试公告等方式，广泛发动宣传，严格审核网络报名对象，法考成绩通过率明显上升，全市339人参加法考，67人通过(其中A证32人)，通过率达到19.76%，超过全国、全省平均通过率，受到省司法厅充分肯定。

【规范性文件合法性审查和备案工作】 2019年，市司法局共审查文件70件，其中规范性文件34件，非规范性文件36件。指导组织规范性文件听证会4次。向市人大和省政府报备规范性文件40件，登记市直部门规范性文件31件，备案审查区县政府规范性文件52件。审查修改一系列事关经济发展、社会民生、简政放权的文件。提出书面意见超过50条，意见采纳率达到95%以上，为保障规范性文件合法，促进依法行政尽到应有的职责。

【行政复议和行政应诉工作】2019年,市司法局行政复议部门继续推行实地调查走访方式解决行政争议,推行行政复议听证式审理方式,不断提升案件审理质量。全年共收到行政复议申请54件,受理54件,受理100%,立案前行政调解纠纷12件。复议案件现已审结53件,中止1件。其中维持27件,占50.9%;驳回4件,占7.5%;撤销、变更、确认违法及责令履行18件,直接纠错率达到34.0%;终止(含和解调解、申请人撤回复议申请)4件,占7.6%。承办张家界市政府行政应诉案件40件(一审案件17件,二审案件19件,再审案件4件)。其中市局复议机关单独应诉6件,占15%;共同应诉34件,占85%。

【依法行政指导和监督工作】2019年,市司法局充分发挥考核指挥棒作用,法治政府建设工作有序稳步推进。全市各执法单位在张家界资源共享交换平台上传7800条行政处罚信息,143275条行政许可信息。2019年7月初,拟定《三项制度实施方案(征求意见稿)》。7月17日,召开全市执法部门座谈会,征求各责任单位和行政执法部门意见,形成《实施方案(草案)》。8月23日,制定并下发《张家界市推行行政执法公示制度执法全过程记录制度重大执法决定法制审核制度实施方案》。10月,市县行政执法公示网上专栏建设初步完成,市政府三项制度办公室统一审核各级各部门各项公开内容,按要求分类并完成全面公开,信息实现动态更新。要求全市各执法部门贯彻执行《湖南省行政执法公示办法》《湖南省行政执法全过程记录办法》《湖南省重大行政执法决定法制审核办法》,举办1期执法部门"三项制度"专题培训班。

【参与扫黑除恶】 2019年,市司法局扫黑除恶精准发力,聚焦职能作为,全市各级司法行政部门参与扫黑除恶专项斗争,配合形成推进专项斗争的强大合力。聚焦法律服务职能作为。组织学习《司法部关于做好律师参与扫黑除恶专项斗争工作的通知》、《全国律协关于律师办理黑恶势力犯罪案件辩护代理工作若干意见》和市司法局专项斗争工作方案等内容;建立律师接案审查、请示报告、集体研究和检查督导四项制度。要求各律师事务所也相应成立专项小组,并指定专人每月向市局和省厅上报专项数据,明确律师要积极配合公检法机关依法办理相关案件。全年律师共代理涉黑涉恶案件95件,均按程序进行报备。聚焦社区矫正职能作为。组织全市80名社矫工作人员进行培训,下发全市《社区矫正开展扫黑除恶专项斗争实施方案》;发动全市社区矫正对象提供涉黑涉恶线索23条,并上报市扫黑办。聚焦人民调解职能作为。以"四查四防化纠纷,千乡万村创四无"专项调解活动为契机,充分发挥人民调解员、纠纷信息员、楼栋长、网格员熟悉社情民意的优势,深入开展涉黑恶势力的问题线索和隐患纠纷的重点排查。全年,1132个调委会的5696余名人民调解员,共调处各类矛盾纠纷21924余件,调解成功率为99.22%,有效遏制黑恶势力的滋生。聚焦司法鉴定职能作为。组织全市司法鉴定机构的法定代表人、机构负责人、司法鉴定人及内勤55人,参加司法鉴定行业专题学习培训班,学习扫黑除恶专项斗争相关法律法规。五是聚焦仲裁委职能作为。2019年2月份,市仲裁委秘书处在办理一起仲裁案件时摸排出某涉黑恶犯罪嫌疑人犯罪事实重要线索并及时移交公安机关处理。市司法局扫黑除恶专页斗争工作受到中央"回头看"督导组肯定,经验被省司法厅在《湖南司法简报》上予以推介。

(本栏撰稿 朱凌志)

公 安

【概况】 2019年,张家界市公安机关以习近平新时代中国特色社会主义思想为指引,在市委市政府和省公安厅的坚强领导下,聚力打赢"十大硬仗",全市八类刑事案件呈现发案下降、破案上升的良好态势,实现9起命案要案全破。全年共打掉涉黑涉恶组织团伙29个,成功侦办中央督导组督办案件"4·16"专案。在全省率先完成"一村一辅警"布建工作,武陵源喻家嘴派出所荣获全省首批"枫桥式公安派出所"称号。万无一失地完成70周年大庆安保,取得进京非访"零登记",特护期"零事故"的重大战果。全市"5.26"有毒食品专案被央视新闻报道点赞。启动全市公安大数据中心建设,建成一大批公安基层基础项目。深化公安改革创新,完成执法勤务和警务技术类首次套改,慈利重点人员管控机制,桑植外流涉毒人员管控法获全省重点改革项目成绩突出奖。市公安局荣获全省公安机关绩效评估先进单位、70周年大庆安保全省集体二等功和全市平安建设先进单位、文明标兵单位等荣誉。

【维护政治安全】2019年,张家界市公安局坚持总体国家安全观,把防范政治风险置于首位,把防范化解重大风险作为重大政治责任,不断增强工作主动性、预见性,牢牢守住"五个坚决防止、三个确保"的工作底线。以反渗反颠反邪反恐为重点,推进打击境外宗教渗透等邪教活动违法犯罪专项行动,严格依法管控境外非政府组织在张活动,取缔一批非法宗教、邪教聚会点。扎实开展意识形态安全管控,发现并查处一批网上政治谣言案件。扎实开展反恐怖斗争,严格落实关注人员"五见"措施;强化反恐基础工作,确定全市11个防范恐怖袭击Ⅰ级重点目标单位;组织开展"4·15"全民国家安全教育日和《反恐怖主义法》宣传周活动,强化全民反恐防恐意识。

【维护社会稳定】 2019年,张家界市公安局坚持情报引领、主动攻防,有效化解各类群体性事件苗头70起,制止跨地区串联活动21起,有效处置各类群体性事件55起。坚持和发展新时代"枫桥经验",实施矛盾纠纷滚动排查化解工作机制,在城区派出所和治安复杂派出所设立44个人民调解室,采取"警调衔接""民调入所""律师进所"等举措,调处化解6859起矛盾纠纷,及时消除一大批影响社会稳定的各类矛盾风险隐患。深入推进扫黑除恶、集打斗争和禁毒人民战争。全市共打掉涉黑犯罪组织2个、涉恶犯罪集团10

个、涉恶犯罪团伙17个，查封、扣押、冻结涉案资产2.05亿元，产生良好的政治效果、法律效果和社会效果。全市立刑事案件3995起、受理行政案件6014起，破案1158起、结案3176起，刑拘1589人、逮捕998人、行政拘留3501人，永定抓获的隐匿34年杀死3人的贵州籍逃犯张某、武陵源破获的部督毒品目标案、桑植的“10·19”故意杀人案等多起案件被公安部和省公安厅肯定、被人民群众称赞。严打严重暴力犯罪，现行命案立9起破9起，破命案积案3起，八类恶性案件破案率达92.4%；“云剑”追逃抓获逃犯249人、降库存61.6%、抓存比达77.5%；深化“铁腕治旅”，查破涉旅案件150起、打击处理214人。深入推进禁毒工作社会化，启动“禁毒示范城市”创建，实行重点地区挂牌整治和约谈机制，永定区顺利摘掉全省重点整治地区帽子，全市破获毒品案件131起、部省督目标案件3起，刑拘198人，缴获各类毒品17.9千克，截至2019年底，全市吸毒人数同比减少24%。狠抓公共安全监管，组织开展全市民爆事故立体应急救援综合演习，持续推进“缉枪治爆”专项行动，共检查危爆企业247家次，发现整改安全隐患130余处，收缴各类枪支1500余支，办理涉枪涉爆案件116起、刑事拘留15人，最大限度压减涉危涉爆案件事故。

【维护公共安全】 2019年，张家界市公安局严格重大活动安保，实行节点警务、全天候警务工作机制，先后打赢“土家元宵狂欢节”“一带一路峰会”“新中国成立70周年大庆”等30个节点的安保维稳硬仗，圆满完成34次大型活动安保和5次警卫任务。中华人民共和国成立70周年大庆安保特护期间，举行建市以来最高标准、最大规模的实兵对抗演练，及时预警和化解重庆赵某某扬言到张家界投毒、永定张某某扬言在七色花艺术学校砍杀等一系列危害安全稳定的案事件。狠抓道路交通安全管理，稳步推进“全国道路交通文明畅通示范城市”创建，部署开展道路交通安全专项整治和交通问题顽瘴痼疾集中整治专项行动，查处各类交通违法48.6万余起，道路交通事故数、死亡人数、受伤人数、财产损失同比下降22.74%、37.5%、24.83%、28.53%，实现较大以上道路交通事故“零发生”。严格行业场所管理，强化医院学校、金融机构、水电油气、公共交通、寄递物流等内保重点单位和重点行业治安管控，组织开展“护校安园”行动、银行金融机构安全大检查、内保重点单位安全大检查，严格执行寄递物流实名制，开展检查228次、整改安全隐患55处、清查整改自招保安单位145个，学校“三防建设”(即人防、技防、物防)改观，寄递流业实名登记率达99.47%。严格监所安全管理，推进“铁桶工程”、“智慧磐石”工程建设，强化公安内部监所管理，监管事故零发生。

【夯实基层基础】 2019年，张家界市公安局牢固树立大抓基层和基础的鲜明导向，突出基层基础支撑地位，实现公安工作提质增效。深入推进“一村一辅警”“城市快警”建设，全市872个建制村全部配备专职辅警，596名辅警进村两委班子，夯实派出所基础工作，推动公安警务向村一级延伸；建成运行9个城市快警点，驻村辅警、城市快警在基层基础、治安防控、应急处突等方面发挥重要作用。深入推进派出所等基础项目建设，全面落实“派出所建设三年行动计划”，新建、改扩建5个基层所队；推进“枫桥式公安派出所”创建，武陵源喻家嘴派出所荣获全省首批“枫桥式公安派出所”称号；稳步推进市级警务实训中心、智能交通建设，完成并启用巡特警看护大队业务用房、武陵源分局新业务技术办公大楼。深入推进基础手段建设，深入开展户口信息清理、“一标三实”信息采集，落实旅馆、机修业实名制管理，清理户口信息1.38万条、采集“一标三实”信息7.8万条，办理旅馆业治安案件548起，通过旅游业信息系统抓获网上逃犯62人。稳步推进刑侦“三合一”平台建设、男性家族系统建设、视频侦查、电子物证实验室达标建设，基础手段支撑实战效果日益凸显。

【科技强警】 2019年，张家界市公安局深入实施大数据战略，着力推动传统警务向现代警务转变。强化大数据建设组织领导，成立全市公安机关大数据领导小组，制定公安大数据智能化建设与应用整体框架。启动市级大数据中心建设，建成信息资源服务共享交换平台，稳步推进刑侦视频综合实战应用平台、网技无线WiFi、人像识别联网平台、智慧监管二期等，将全市公安专网市级到区县、区县到城区派出所和110接处警专网扩容到500兆、1000兆，实现与政府大数据中心数据资源的共享共用。深化大数据实战应用，完成“天网工程”提质扩容，共布建12481路社会治安视频监控和3928路社会联网调用视频，实现市、区县主城区全覆盖和乡镇街道、人员密集区域的基本覆盖，全市直接利用视频监控图像串并、侦破各类刑事案件1000余起，破案作用率达73%。

【推进公安改革】 2019年，张家界市公安局稳妥推进管理制度改革，基本完成执法勤务和警务技术类警员首套。深化“放管服”改革，完善“互联网+公安行政管理”。优化交管服务，设立公安交管网上业务办理中心和银行交管服务代办点，开展警邮合作平台的网络对接工作，实现交管36项业务“一次办”，18类业务“一证办”，普通业务“一窗通办”，申请材料“四个减免”。优化入境服务，推出“首问负责制”、“一次性告知制”、“周六服务制”、出入境自助签证及自助照相等窗口服务制度，全面受理“全国通办”业务，办理出国境证件83895本、一次性台胞签证34人次、口岸团体签证5130份72195人次。大力宣传推广湖南公安公共服务平台，全市实有人口注册用户21.1万、占比达12.4%。

【推进政治建设】 2019年，张家界市公安局推进政治建警系列工程和基层党支部五化建设，开展“不忘初心、牢记使命”主题教育、“践行新使命，忠诚保大庆”实践活动，全市公安民警党建意识、政治自觉明显增强，主题教育成果受到省、市领导高度肯定。狠抓党风廉政建设和领导干部“一岗双责”，聘请10名公安特约监督员监督纪律作风，开展“清朗警营”专项督察、政治业务双督察，围绕巡视巡察、主题教育发现的问题，全面深入开展整治整改，严肃查处民警违法违纪问题，适时组织开展警示教育，营造风清气正的警营氛围。坚持严管与厚爱相结合，严格落实整治形式主义、官僚主义系列规定，落实民警职业荣誉仪式，组织开展健康检查、心理咨询疏导、帮扶救助慰问和党支部、工会活动，用活用好表彰奖励政策，积极宣传推介先进典型，集体55个(次)、民警辅警353人(次)受到市级以上表彰记功，涌现出“全国青年文明号”警令部指挥中心、“全国公安机关大庆安保维稳工作成绩突出集体”巡特警支队等先进集体。

(本栏撰稿　闫海林)

检　察

【概况】 2019年，张家界检察机关在新的历史方位中，把握检察工作时代坐标，主动适应社会主要矛盾变化，按照“稳进、落实、提升”的要求，忠实履行法律监督职责，有力有序推进职能转变和业务转型，各项检察工作取得新进展。市人民检察院行政检察科因在法律监督工作中表现出色，荣获省人民检察院集体三等功。永定区人民检察院、慈利县人民检察院被评为“全省文明标兵单位”，武陵源区人民检察院、桑植县人民检察院被评为“全省文明单位”，桑植县人民检察院还获评“全省先进基层检察院”。

【服务发展】 2019年，张家界检察工作在党和国家发展大局中谋划推进。服务保障三大攻坚战。防范化解重大风险，对非法传销、非法吸收公众存款等破坏社会主义市场经济秩序的犯罪，提起公诉25件86人。打赢精准脱贫攻坚战，成功办理农业生产、乡村医疗卫生等涉及扶贫领域的法律监督案件133件。助力污染防治攻坚战，组织开展大鲵自然保护区生态环境保护专项监督行动，对涉嫌非法捕捞、滥砍滥伐等破坏生态环境资源的犯罪提起公诉43人。主动融入旅游强市战略。完善涉旅办案“绿色通道”机制，检察机关办理的涉旅刑事案件基本实现审查逮捕3天以内办结、审查起诉15天以内办结。监督涉旅行政执法部门依法履职49次，办理核心景区土地、水资源领域公益诉讼案件7件。创新旅游检察工作机制，武陵源区人民检察院建立“三位一体”服务窗口，累计为中外游客提供法律服务700余人次，该做法被全国29家省级以上媒体报道，赢得广大游客的一致好评。积极服务“黔张常”铁路、“张吉怀”铁路、武陵山三农国际电商物流园等全市重点项目建设，建立经常性联络机制，为全域旅游优质发展提供有力保障。保护民营企业健康发展。依法打击侵犯民营企业和企业家合法权益的犯罪，共批准逮捕36人，提起公诉86人。构建“亲”“清”新型检商关系，举办“护航民企健康发展”检察开放日5场，为民营企业家代表上法治宣传课3次，现场走访民营企业230次。树立谦抑、审慎、善意、文明的司法理念，完善涉企案件影响评估机制，桑植县人民检察院在审查起诉深圳市某物流公司法定代表人朱某某涉嫌刑事犯罪案件过程中，通过开展羁押必要性审查，依法对在押的朱某某取保候审。

【法治建设】 2019年，张家界检察工作在司法实践中推进平安法治建设。重拳出击推进扫黑除恶专项斗争。对涉黑涉恶犯罪嫌疑人共批准逮捕156人，提起公诉160人。永定区人民检察院成立专案组，引导侦查机关收集、完善、固定证据80余份，审阅案件材料100余册，顺利完成对覃新荣、覃欣慰等42人组织、领导、参加黑社会性质组织一案的审查起诉工作，并通过有力指控，使该案42名被告人分别被判处10个月至25年有期徒刑。深挖黑恶势力背后的“保护伞”，共发现并移送“保护伞”线索24条，依法对2起涉嫌“保护伞”案件提起公诉。聚焦“打财断血”，开展涉黑涉恶案件财产刑执行专项检察活动，对已生效的9件涉黑涉恶财产刑执行案件进行跟踪监督，确保判决得到依法执行。强化政治责任，坚持依法办案，检察长以第一公诉人身份出庭支持涉黑涉恶案件公诉7次，对重点涉黑涉恶案件实行“驻点”式提前介入，提出补充侦查意见300余条。依法打击各类刑事犯罪。共批准逮捕各类刑事犯罪嫌疑人1085人，提起公诉1564人。对故意杀人、放火、故意伤害等严重暴力犯罪提起公诉130人；对抢劫、盗窃、网络诈骗等多发性侵财犯罪提起公诉386人；对涉黄、赌、毒等妨害社会管理秩序的犯罪提起公诉347人。发挥检察机关在反腐败斗争中的重要职责，共决定逮捕职务犯罪嫌疑人37人。加强监检衔接，完善案件会商、线索双向移送等机制，接受监察机关邀请，派员提前介入职务犯罪案件调查20件23人。保护未成年人合法权益。开展未成年人刑事检察工作，对未成年犯罪嫌疑人依法作出不捕决定20人，维持不捕决定2人，开展社会调查5次，对63名涉嫌故意伤害、性侵未成年人等犯罪的被告人提起公诉。落实最高人民检察院“一号检察建议”(“一号检察建议”：最高人民检察院于2018年10月19日向教育部发送《中华人民共和国最高人民检察院检察建议书》，这是最高人民检察院首次向国务院组成部门发送检察建议，也是最高人民检察院首次发出的社会治理创新方面的检察建议书，编号为“一号”，故称为“一号检察建议”)，张家界市人民检察院成立“澧兰工作室”，开展“‘未’你护航，伴你成长”法治进校园巡讲活动11次，组织对校园及周边安全隐患排查4次，开展校园欺凌处置应对工作3次。参与社会治理。开展息诉息访工作，共受理各类群众来信来访404件，两级院检察长接待来访群众110人次，办理司法救助案件9件，发放司法救助金26万元，化解李某某、陈某某等一批信访积案。贯彻宽严相济刑事司法政策，对254名犯罪嫌疑人作出不批准逮捕决定，对236人作出不起诉决定，同步监督特赦案件28件28人。认真落实扫黑除恶专项斗争“边打边建边治理”要求，对发现的枪支、户籍管理等不规范问题，发出检察建议25份。加强法律职业共同体建设，落实律师值班制度，邀请值班律师参与信访矛盾化解4件。

【四大检察】 2019年，张家界检察工作全面协调发展“四大检察”(刑事检察、民事检察、行政检察和公益诉讼检察)。做优刑事检察工作。创新办案机制，融合公诉、批捕职能，铺开“捕诉一体”机制，提升检察官对案件的整体把控。优化办案程序，根据“类案办理、专业优先”原则，实行案件繁简分流，推动轻案快办、认罪认罚从宽（认罪认罚从宽：指犯罪嫌疑人、被告人自愿如实供述自己的罪行，承认指控的犯罪事实，愿意接受处罚的，可以依法从宽处理）等制度落地落实，共审结“轻案快办”案件170件，共有220名犯罪嫌疑人主动认罪认罚。强化诉讼监督，共向法院发出量刑建议702份，向法院、公安、司法行政机关等单位发出检察建议64份、纠正违法通知书26份；提请、提出刑事抗诉11件，其中慈利县人民检察院提请抗诉的刘某某运输毒品案，被告人刘某某从原审判处的有期徒刑10年，被终审改判为有期徒刑15年。做强民事检察工作。共办结各类民事检察案件70件，通过对陈某某利用虚假诉讼逃避债务案提出抗诉，查明其虚构借款逃避债务70余万元的事实。加强支持起诉工作，帮助农民工追回欠薪3万元。监督和支持人民法院解决民事裁判执行难问题，共办结执行监督案件11件，涉案标的350余万元。做实行政检察工作。针对在建设工地扬尘污染、渣土运输管理等方面发现的问题，发出检察建议60份。关注案件背后的深层次矛盾和争议，开展释法说理工作，为当事人指明依法维权方式，有效化解行政争议案件2件。做好公益诉讼工作。共立案办理民事、行政公益诉讼监督案件172件，发出诉前检察建议166份，向人民法院提起公益诉讼12件，民事公益诉讼诉前和解并执行12件。坚持高位推动公益诉讼工作，争取党委、人大、政府的支持，市人民政府出台《关于支持检察机关依法开展公益诉讼工作的实施意见》。回应人民群众普遍关切，办理医疗废弃物处置、农药化肥使用监管、饮用水源污染等一批关系民生民利的公益诉讼案件。守护国有财产安全，办理督促自然资源管理部门、发改部门依法履职等公益诉讼案件，帮助收回欠缴土地出让金2146万元、欠缴风景名胜有偿使用费4000万元，收回欠缴被征地农民社会保障金917万元。

【检察改革】 2019年，张家界检察工作持续深化司法体制改革。突出重点工作。推动主要力量向办案集中，司法责任向员额集中，执法手段向科技集中，70名员额检察官全部在一线办案，17名入额院领导直接或参与办案492件。抓人员分类管理，顺利完成4名员额检察官、11名检察官助理职务晋升，以及30名司法行政人员、司法警察职级套转。国家监察体制改革后，全市检察机关认真落实刑事诉讼法第十九条（刑事诉讼法第十九条：刑事案件的侦查由公安机关进行，法律另有规定的除外。人民检察院对诉讼活动实行法律监督中发现司法工作人员利用职权实施的非法拘禁、刑讯逼供、非法搜查等侵犯公民权利、损害司法公正的犯罪，可以由人民检察院立案侦查）规定，积极稳妥推进司法工作人员相关职务犯罪侦查工作。按照统一、精练、高效的原则，重新构建以市人民检察院为主体，基层人民检察院为辅助的一体化侦查模式，重新组建12人的侦查人才队伍，先后对11条涉及司法工作人员职务犯罪线索开展调查核实工作。坚持科技强检，投入130万元升级调查取证、办案辅助、司法便民、综合管理等系统。优化运行机制。完善检察权运行机制，细化员额检察官目标责任岗位考核。厘清员额检察官和检察官助理的责任分工，在确保员额检察官办案主导责任的同时，为检察官助理参与司法办案提供明确指引。深化司法规范化建设，抓实案件质量全程管理，发现、通报、纠正案件质量问题398件，对在办案中失职的7名检察人员进行问责。

【自我监督】 2019年，张家界检察工作全面履行自我监督。以使命“明志”，扛起责任担当。履行法律监督职能，推进重大监督事项“案件化”办理机制（指将检察业务工作中的重大监督事项作为独立案件纳入司法办案程序，依照线索受理、立案、调查核实、处理决定、督促落实、复议复核、结案归档等流程办理）和检察建议刚性化要求，初步实现法律监督工作由“被动监督”向“主动监督”转变，由“监督形式化”向“监督实质化”转变，共办理各类法律监督案件375件，张家界市人民检察院行政检察科因在法律监督工作中表现出色，荣获湖南省人民检察院集体三等功。以勤学“厉兵”，练就过硬本领。在优质训检中培养出“全国青年岗位能手”“全省检察业务专家”“全省民行检察业务标兵”等一批业务尖子。注重综合素质培养和检察文化培育，涌现出全国“无偿献血奉献奖金奖”得主、“全市优秀党务工作者”等先进个人。以法纪“铸魂”，锻造铁一般的纪律作风。成立巡察工作领导小组，启动对区县检察机关的巡察工作。加强检察权运行情况监督，对全市检察机关办理的同籍人、在张外籍人案件进行清查摸底，向纪检监察部门移送包庇同籍人案件线索2件，对4起了解、过问检察办案的人员予以登记并报告。

（本栏撰稿 杨明鹍）

司法行政

【概况】 2019年，市司法局充分发挥机构重组后的“一个统筹、四大职能”作用（统筹全面依法治市工作，承担行政立法、行政执法、刑罚执行和公共法律服务职能任务），呈现出人员大融合、工作大推进、事业大发展的新面貌。2019年市绩效考核、社会综合治理、安全生产、人大代表建议和政协提案办理等工作获得优秀等次。依法治市办公室被评为“七五”普法全国先进集体；永定区公共法律服务中心被评为全国公共法律服务工作先进集体；市社区矫正管理局被评为全国社区矫正特赦工作先进集体。 （朱凌志）

【司法行政机构改革】 2019年，原市司法局和原市政府法制办实现全面重组，市委全面依法治市委员会办公室设市司法局。5月份，市本级司法局机关三定方案报市编办印发，定人定岗，全部到位。重组后的市司法局下设市胜地公证处、市法律援助中心2个事业单位，代管市仲裁委秘书处（事业单位），管理张家界监狱；辖4个县（区）司法局，79个司法所，4个法律援助中心（事业单位），2个县公证处（事业单位）。另外，有律师事务所17家，法律服务所13个，司法鉴定所 5 个。全市司法行政系统政法专项编制 332 名，市局机关 31 名，张家界监狱 73 名，区(县)机关 60 名，司法所 168 名，市局机关事业编制 1 名。9 个事业单位配备 20 个事业编制。另外，有执业律师 245 人，法律服务工作者 70 人，司法鉴定人员 75 人。区、县司法局按照机构改革的要求，实现人员、职能、物资大融合，市、县级司法局实现全面重组，各项工作有序开展。全面依法治市委员会设置完成，人员全部配备到位，筹备召开全市依法治市委员会第一次会议。（朱凌志）

【社区矫正】 2019 年，全市司法行政机关共接收社区服刑人员 1114 人，解除矫正 561 人，有在册社区服刑人员 725 人，开展集中教育 275 次，开展涉黑涉恶社区服刑人员排查走访 3740 人次，未发生重大恶性案件；接收刑释人员 343 名，帮教率为 100%，安置率为 100%，全部落实安置帮教措施和责任人。严格完成特赦工作，全市报请人民法院裁定符合特赦矫正对象 28 人，9 月 11 日至 9 月 13 日对符合条件特赦人员进行特赦宣告，并办理解除矫正的法律手续。该项工作在全省率先完成。社区矫正实现“四个不发生”(不发生脱漏管行为、不发生违法犯罪现象、不发生重大恶性案件、不发生影响社会稳定重大问题)目标。（朱凌志）

【张家界监狱】 2019 年，张家界监狱坚持全面从严治党，从严治警，监狱各项工作稳步推进，荣获市级社会管理综合治理先进单位、“市直机关文明标兵单位”称号。

一、监狱项目建设。截至 2019 年已完成项目：监狱完成消防验收、环评验收等。

已启动项目：新建监狱工程项目结算评审；武警营房整改项目；监区罪犯视同改造项目；“智慧磐石”项目；办理规划验收复核。

二、政治思想建设。张家界监狱以政治建设为统领，严肃党内政治生活，实抓意识形态领域的工作、党支部“五化”建设，落实党建责任制度和党员学习教育管理，严格党员发展、群团工作、机关文化建设等工作。坚持落实“两个责任”，认真开展党性党风党纪教育。

2019 年张家界监狱第一、二党支部被评为市直机关优秀党支部，机关党委所属党支部全部达标。第一、二党支部被评市直机关“学习强国”、“红星云”学习先进党支部，其中 5 人被评为“红星云”学习标兵。

三、援疆工作。张家界监狱坚决贯彻中央治疆方略，选派 30 名民警对口支援新源监狱，第四、五批援疆民警不负组织重托，牢记援疆职责使命，战斗在反恐维稳第一线，充分展示张家界监狱民警的良好形象。第四批援疆民警 2019 年 10 月完成 1 年的援疆任务，其中被司法部记三等功 1 名、嘉奖 2 名，被省司法厅记二等功 1 名、三等功 15 名、嘉奖 9 名的表彰奖励。（徐德恩　杨春蓉　谢东东）

法　院

【概况】 2019 年，张家界法院各项工作取得新进展，受理各类案件 23793 件，结案 23124 件，结案率 97.19%，同比上升 13.46%、19.64%、5.02%。法官人均结案 183 件，同比增加 38 件。其中，市法院受理案件 2395 件，结案 2291 件，结案率 95.66%，同比上升 19.68%、20.01%、1.06%。全市法院法定审限内结案率 99.32%，同比增长 2.6%；当庭宣判率 40.86%，同比增长 14.25%；平均审理时间 49 天，同比减少 23 天。

【刑事审判】 2019 年，张家界法院审结刑事案件 1287 件，同比下降 16.43%。深入开展扫黑除恶专项斗争，建立专业审判团队，涉黑涉恶案件均由院庭长担任审判长，依法审理涉黑恶势力犯罪案件 41 件 211 人，判处罚金 1917.7 万元，追缴违法所得 1203 万元，挽回受害人损失 1143 万元，摸排涉黑恶问题线索 16 条。对中央第八巡视组交办的涉张家界文化影视城恶势力案，永定区覃新荣、覃欣慰为首的黑社会性质组织犯罪案等一批重大案件进行公开宣判。张家界市法院扫黑除恶工作经验在全国法院会议上受到推介。

坚决维护国家安全社会稳定，深化平安张家界建设，严惩杀人、抢劫、绑架等严重暴力刑事犯罪，审结案件 163 件，“利福塔故意杀人焚尸案”罪犯宋运兵、“二家河故意杀人案” 罪犯田词军被依法执行死刑。严惩电信网络诈骗、集资诈骗等涉众型犯罪，审理的童敬侠等七人诈骗案被评为全国电信网络诈骗犯罪十大典型案例。积极参与禁毒斗争，严厉打击毒品犯罪，审结案件 160 件。

持续推进反腐败斗争。全力配合、对接监察体制改革，对腐败犯罪始终保持高压态势，审结职务犯罪案件 38 件 41 人。其中，涉及原县处级以上干部 10 人。依法审理黄华、易晶星、郑文举等重大职务犯罪案件，彰显党和国家有腐必惩、有贪必肃的坚定决心。加大职务犯罪财产刑案件执行力度，全面查控涉案财产，执行到位标的额 1497.69 万元。

【民商事审判】 2019 年，张家界法院紧紧围绕党委政府工作大局，全面贯彻新发展理念，优化法治化营商环境，为张家界高质量发展提供有力司法服务保障，审结民商事案件 13169 件，同比增长 28.4%。围绕防范化解重大风险，审结金融借款、民间借贷、证券等案件 2299 件。围绕脱贫攻坚、乡村振兴，审结涉农案件 73 件。扎实推进驻村帮扶、结对帮扶，全年投入帮扶资金 140 万元，市法院驻村工作队被评为“全市驻村帮扶先进工作队”。围绕污染防治，积极开展“湖南环保审判三湘行”活动，发布《张家界法院生态环境司法保护状况和十大典型案例》白皮书，审结公益诉讼案件 6 件。建立环境司法行政协调联动机制，为全市小水电项目整治提供强有力的司法保障。设立澧水环境资源法庭，对涉澧水流域的案件实行集中管辖。坚持最严格的保护原则，审理的涉大鲵自然保护区案被评为全国生态环境保护十大典型案例。

服务保障供给侧结构性改革，加大破产案件审判力度，建立“府院联动”机制，依法处置“僵尸企业”，审理破产案件 24 件。坚持能动司法，积极推动贺龙体育中心项目工程续建。开展优化营商法治环境调研，出台《优化营商法治环境保护民营企业发展的十项措施》,依法平等保护民营企业合法权益。推动制定《关于加强知识产权审判领域改革创新若干问题的实施方案》,切实发挥知识产权审判对文化创新的引导、保障作用。

【行政审判工作】 2019年,张家界法院坚持依法裁判和协调化解并重,审结行政案件982件,同比下降24.8%。监督行政机关依法履职,加大重点工程项目建设保障力度,确保黔张常高铁站、南门口大庸古城、宋城千古情等重点工程顺利推进,市法院连续三年被市政府评为保障重点工作先进单位。依法保护行政相对人权益,强化司法与行政的良性互动,建立健全庭前联络、定期通报等机制,行政机关负责人出庭率59%,同比上升7个百分点。

【立案信访工作】 2019年,张家界法院严格落实立案登记制,推行网上立案、跨域立案。网上立案98件,永定区人民法院通过"跨域立案"平台完成全省第一例跨区域立案工作。完善涉诉信访办理机制,依法启动审判监督程序,审结再审案件78件。实行涉诉信访案件清单式管理,全市法院接访828人次,集体访、重复访大幅下降,一批涉诉信访老案得到妥善化解。健全司法救助制度,办理司法救助案件78件,发放司法救助金100万余元。

【审判执行工作】 2019年,张家界法院切实巩固"基本解决执行难"成果,健全执行工作常态长效机制,强化执行案款"一案一账号"使用,推进现代信息技术与执行工作深度融合,开展涉工程机械行业执行案件、涉民营企业案件专项执行,"一处失信、处处受限"的信用惩戒机制逐步健全。以执行指挥中心为依托,"三统一"工作机制有效运行,执行管理进一步规范。2019年,受理执行案件7424件,执结7067件,执行到位金额6.69亿元,司法拘留201人。网络拍卖413次,成交额4059.7万元。全市法院实际执结率、涉执信访办结率排名全省第一,执行结案率、执行完毕率等主要指标,位居全省前列。

【司法体制改革】 2019年,张家界法院始终坚持问题导向、目标导向,通过司法理念更新、办案方式创新、司法权运行模式革新,坚定不移地将改革进行到底。全面落实司法责任制,构建审判监督管理新机制。落实"让审理者裁判、由裁判者负责"的办案责任制,99%以上的案件由独任法官、合议庭直接裁决并签发裁判文书。强化院庭长对"四类案件"(指涉及群体性纠纷,可能影响社会稳定的;疑难、复杂且在社会上有重大影响的;与本院或者上级法院的类案判决可能发生冲突的;有关单位或者个人反映法官有违法审判行为的案件)的监督,完善审判委员会工作机制、专业法官会议制度。严格实施入额院庭长直接办理重大、疑难、复杂案件制度,明确院庭长办理的简单案件不计入考核,审结案件16243件,占法官办案数的69.53%。严格审限管理,实施"积案清零工程",重点整治迟滞立案、拖延办案等问题,是全省法院唯一实现一年以上未结案件全部清零的法院。启动第三批员额法官遴选工作,按期完成基层法院内设机构改革,机构总数由72个整合为35个。逐步落实员额法官职业保障,稳步推进行政人员、法官助理、书记员职务与职级序列改革,完成63名干警的等级晋升工作。选调招录法官助理17人,招聘书记员149人。推进行政案件集中管辖改革,指定武陵源区法院、慈利县法院集中管辖全市基层法院一审行政诉讼案件。

深入推进繁简分流改革,优化司法资源配置新路径。大力推进"一站式多元解纷机制、一站式诉讼服务中心"建设,建立"多元调解+速裁工作"机制。通过诉讼程序的分层过滤,审判团队的分工协作,司法事务办理上的分类集约,诉讼服务供给上的分别施策,实现案件繁简分流、轻重分离、快慢分道。全市法院建立速裁团队5个,审结速裁案件4359件,占同期民事结案的33.89%;前端速裁案件平均审理天数为10.93天,比后端缩短30天。

【智慧法院建设】 2019年,张家界法院加快推进智慧法院建设,探索审执工作新模式。加快建设全流程网上办案体系,推行网上立案、跨域立案、网上查询、网上缴费、在线调解、电子送达等服务,全面落实电子卷宗随案同步生成。扫描电子卷宗23619卷,电子送达司法文书1093件。完善应用文书自动生成、优化文书前置检索、语音文字自动转换等智能辅助办案系统,切实提高工作效率。深化审判流程、裁判文书、执行信息和庭审公开,直播庭审案件3293件;审判流程有效公开率94.49%;公开裁判文书22477份,上网率达100%。

【主动接受监督】 2019年,张家界法院深入推进开放、动态、透明、便民的阳光司法机制,以看得见的方式让人民群众感受到司法公正。一是主动接受人大和各方面监督。积极配合市人大常委会开展贯彻实施《行政诉讼法》的专题调研,及时报告工作情况和代表建议办理情况。高度重视代表委员联络工作,通过举办法院开放日、集中走访、邀请旁听庭审、见证执行等方式,完善联络沟通机制,送阅法院信息,推送"张家界法院"手机报38期。邀请人大代表、政协委员、律师、企业家代表走进市法院,听取意见建议,促进法院不断改进工作。积极支持检察机关依法履行法律监督职责,建立法检"两长"同庭履职机制,邀请检察长列席审委会会议。二是积极推进司法民主。依法保障律师执业权,全面落实人民陪审员法,完善人民陪审员选任、参审、保障机制,选任人民陪审员310人,陪审员参审案件2004件,占一审普通程序案件的88.67%。三是深入推进司法公开。在市级以上党报党刊上发表稿件390篇,其中,国家级媒体发表72篇。通过"张家界法院"微博、微信公众号等平台发布司法信息54期257篇,召开"扫黑除恶专项斗争""环境资源审判""营造法治化营商环境保护民营企业发展"等新闻发布会,及时回应社会关切。

(本栏撰稿　周小晖)

仲　裁

【人民调解】 2019年,市司法局坚持

发展“枫桥经验”实现矛盾不上交，深入开展“四查四防化纠纷、千乡万村创四无”专项调解活动，指导乡镇(街道)、村居（社区）健全完善调解组织1132个、调解员5696人，全市共调解矛盾纠纷案件12009件，调处成功11939件，调处成功率达99.42%，排查纠纷3979次，预防纠纷3526件，有力地维护全市社会稳定。

【公共法律服务工作】 2019年，市、区县公证处进一步将公证业务拓宽到金融业务、政府重点工程建设等方面，业务量同比去年稳步上升。全市共办理公证3673件，出证3676件，当事人满意率达100%。其中国内公证2618件，涉外公证794件，涉港澳台公证84件，业务收费177万余元。张家界仲裁委秘书处全年共受理各类民商事合同仲裁案件94件，受案标的额总计4.488亿元，已办理仲裁结案67件，其中和解和调解的5件，撤诉8件。张家界市有司法鉴定机构5个，全年各司法鉴定机构共办理鉴定1035件，业务收费达125万余元。完成2019年度年检和考核，开展“四大类”外司法鉴定机构和鉴定人清退工作。认真做好法律援助工作，全年，办理法援案件1789件，做到应援尽援。

（本栏撰稿 朱凌志）

综合监督管理

综　述

【优化经济发展环境】 2019年，张家界市以开展“优化营商环境执行年”活动及专项整治行动为抓手，从优化“政务服务环境、商事登记环境、项目建设环境、便民服务环境和行政执法环境”入手，为企业和群众提供良好的服务，营商环境持续向好，张家界城市信用排名从年初全国第245名上升到第89名。

强化领导抓好顶层设计。2019年，市委市政府重新调整张家界市优化经济发展环境领导小组，由市委书记虢正贵担任市优化经济发展环境领导小组第一组长，市长刘革安担任组长。各区县、相关职能部门相应建立一把手亲自抓、分管领导具体抓、责任科室抓具体的工作推进模式。

聚焦关切开展专项整治。市委市政府确定2019年为“优化营商环境执行年”，4~7月份在全市开展为期4个月的专项整治，共收集行政审批、履行政府合同、征地拆迁、收费等方面的营商环境问题线索179个，全部进行交办。一些遗留多年的“新官不理旧账”问题基本得到解决；对18起拒不支付劳动报酬、合同诈骗、形式主义、官僚主义等损害营商环境典型案件进行查处和通报曝光。

注重提质提速深化改革。推进“互联网+政务服务”一体化平台建设，大力推进行政审批帮办代办和“马上办、网上办、就近办、一次办”，一体化平台网办率达到90%以上。优化商事登记，实现37证合一，企业开办时间压缩至2.5个工作日内，其中网办率达到60%以上，最快0.5天可以办结；推进工程建设项目审批制度改革，制定并联审批流程，将67个审批事项的总审批时限（含多选一累加时间）由原来的1307个工作日，压缩到792个。推行优化营商环境公开承诺，35家市直单位制定优化营商环境公开承诺书，“一把手”在张家界日报公开承诺。推进“一件事一次办”改革，分3批公布“一件事一次办”事项105项。

降本增效促进民营经济发展。2019年，印发《张家界市委张家界市人民政府〈关于推动民营经济高质量发展的若干意见〉的通知》，严格落实国家减税降费政策，减轻企业税负。

完善机制助推营商环境优化。2019年，在印发《发展环境问题交办销号通报约谈查处问责制》的基础上，相继制定《重点投资建设帮办暂行规定》《优化营商环境联席会议制度》《优化营商环境公开承诺制度》《涉企收费清单公示制度》《投资项目“多评合一”实施办法(实行)》《政府投资项目超概算监管制度》《市政务服务大厅帮代办服务暂行规定》《帮办预约服务制度》《帮办延时服务制度》等9项制度。

（胡朝晖）

【绿色发展】 2019年，张家界市紧紧围绕“两型社会”建设主题，树立和践行“绿水青山就是金山银山”的生态发展理念，不断强化工作措施，加大工作力度，全面推进生态文明项目建设和能耗“双控”工作。

一、加快清洁能源替代利用，加快“气化张家界”建设。全市农网改造升级项目已完成投资任务；101个贫困村落实村级光伏扶贫电站项目。积极与省发改委、省国网公司汇报对接，促动风电项目的批复和并网消纳报告，慈利天鹅池风电场(拟装机4万千瓦)正在进行“三通一平”建设，慈利金坪风电场(拟装机5万千瓦)和桑植南滩风电场(拟装机5万千瓦)正在进行设备发标。向省发改委(省能源局)申请核准大湘西天然气管道支干线项目“花垣-张家界段”(青坪阀室-张家界末站)项目、张家界市生活垃圾焚烧发电项目，均已获得省发改委批复。

二、加快重点流域、区域整治。编制上报2020年重点流域水环境综合治理中央预算内投资计划；摸底调查张家界市采煤沉陷区对流域污染的现状。

三、争取国、省支持张家界市生态文明建设，推进节能降耗。

2019年争取到中央预算内资金支持张家界市生态文明建设项目3个，共获中央预算内资金3500万元。2019年张家界市万元GDP能耗降低率为3.3%，能源消耗增量控制在7万吨标煤，圆满完成年度目标。（杨　晓）

【物流产业】 2019年，张家界市发改委围绕补齐张家界市城乡物流发展短板，牵头组织编制《张家界市现代物流发展规划（2020~2035年）》，依托机场、铁路、公路等基础设施和庞大的旅游消费市场，科学谋划物流产业布局，规划张家界国际航空物流园、农副产品交易中心、粮食物资储备中心库等重大物流项目。加快构建多式联运体系，推动慈利、桑植两县县、乡、村三级物流配送体系建设。加快铁路、高速乡路等物流基础设施建设，不断完善运输条件，黔张常铁路、张桑高速相继建成通车，使张家界市铁路运营里程达到214千米，铁路电气化率100%。公路通车里程达9057.4千米，其中高速公路通车里程为162.7千米。机场累计开通航线54条，通航城市53个，其中国际地区12个。全年全市物流总量全面提升，其中公路货运量达2025万吨，增长6.7%，民航0.18万吨，增长51.4%。

（胡廷伏）

【信用建设】 2019年，张家界市发改委加快推进社会信用体系建设，信用承诺数量位居全国地级市第23名；联合奖惩案例高于全国地级市平均水平；开展电子商务领域黑名单专项治理；进行首次信用修复培训；全市“双公示”数据报送总量达到117580条，相比去年同期新增报送单位11家、新增数据41354条，增幅达54.25%；采编发布133个信用风险提示，103个诚信建设万里行案例，归集整理24个各领域信用建设制度等；张家界市城市信用状况综合排名位列全国地级市第87位，较年初全国地级市城市信用状况综合排名上升126位。主要开展以下几个方面的工作：加强信用体系建设工作任务交办与对标整改；积极应对国家发改委对省“双公示”第三方评估，促进张家界市“双公示”工作的开展；完善信用体系建设组织架构体系及相关政策制度；不断优化平台，全面提升信用信息建设硬件设施，升级现有平台的联合奖惩系统、信用承诺系统等功能，使其支持自动生成报送案例等功能，新增开展个人诚信分建设相关系统，包括个人信用分支撑系统，移动端主体信用服务APP，以及相

关配套服务，新增重点职业人群信用公示功能。（邓开明）

【对口支援】 2019年，张家界市发改委扎实推进对口支援工作，协调40万元资金支持怀化洪江当地经济建设，组织人员赴对口支援地怀化洪江调研了解当地经济社会发展、项目建设和对口支援资金使用情况。（罗　翀）

国有资产监督管理

【概况】 2019年，张家界市国资委认真贯彻落实中央、省市关于深化国企改革的决策部署，着力推改革、促转型、抓项目、防风险、优监管、强党建，国资监管工作取得良好成效。截至年底，市属国有企业资产总额6602299万元，负债总额4389985万元，所有者权益2212314万元。实现经营收入136559万元，上交国有资本金收益10083万元，上缴税费15095万元。

【国有企业改革】 2019年，张家界市国资委以供给侧结构性改革为主线，扎实推进国有企业改革和"三供一业"分离移交工作〔即对国有企业职工家属区供水、供电、供热(供气)和物业管理的设备设施进行必要的维修改造，达到城市基础设施的平均水平，分户设表、按户收费，维修改造完成后，资产移交所在地政府管理，物业交由专业化企业或机构实行社会化管理)〕，国企改革不断深化。全面推进国企改革。在区县层面，指导各区县开展"僵尸企业"清理，制定11家"僵尸企业"的清理改革方案；在市级层面，推动市路灯管理所事转企改制，按照《张家界市市直从事生产经营活动事业单位改革工作方案》《关于加快推进全市经营类事业单位改革工作的通知》等文件要求，妥善安置29名在职员工，成立张家界市城市照明管理有限公司，完成职工董事、职工监事选举，修改完善公司章程；推动市路桥公司事企分离和市自来水公司改革，制定改革方案，建立现代企业制度，完善法人治理结构，使企业成为真正的市场主体。"三供一业"分离移交按期完成。广州铁路(集团)公司在张家界的6个铁路职工家属区和张家界荷花国际机场分公司职工家属区维修改造项目完工，维修改造面积152408平方米，涉及供水、供电、物业管理共2622户。通过剥离国有企业办社会职能工作，为国有企业轻装上阵、公平参与市场竞争创造条件。

【国资布局结构调整】 2019年，市国资委按照"主业归核、资产归集、产业归位"的要求，加快市属企业布局结构调整与企业兼并重组，推动国有资本向战略性关键性领域和优势产业聚集。在平台公司清理整合方面，通过采取整合、重组、注销等方式，将全市平台公司从17家整合为9家，其中市级平台公司3家(含经开区)，永定区2家，武陵源区1家，慈利县1家，桑植县2家；在推进企业兼并重组方面，制定《市属国有企业兼并重组实施方案》，分步将与交通建设业务关联度高的市路桥公司、市汽车运输公司和经营管理能力较弱的市华瑞公司并入市交投集团，通过对企业进行优化重组，推动各类资源要素向优势企业、主业企业集中，有效缓解企业同业竞争内耗严重、经营性资产品质不高、现金流不足等问题；在实体经济发展方面，市经投集团进军环保、建材、广告等行业，寻求新的利润增长点，4个弃土场投入运营；市交投集团与中石油签署战略合作协议，大力推广新能源市场应用，企业高新技术产业优势凸显，转型升级步伐加快。

【重点项目建设】 2019年，市国资委充分发挥国有企业在城市建设中的主力军作用，全力推进重点项目建设，工作取得显著成效。在重点产业项目建设上，中国供销张家界农副产品交易中心项目有序推进，总投资8亿元，建筑面积22万平方米；宁邦国际广场、丝路荷花国际文化旅游城项目建设取得实质性进展；"全市十大重点产业项目"大庸古城主体工程建设完成，项目进入招商阶段。在城市基础设施建设上，仙人溪河道综合整治工程、南门口特色街区安置区(B区)、市公交指挥中心等项目开工建设；官黎坪老居委会周边棚户区改造、金盾广场项目建设扎实推进；智能交通工程项目建设步伐加快，已完成张家界市公安交警集成指挥平台和智能交通管理项目一期(公安四大中心)建设，中心城区4个智能公共停车场建成并投入使用；"三园"(太极溪湿地公园、且住岗滨水公园及仙人溪湿地公园)项目且住岗滨水公园示范段完工；集旅游集散中心、城市交通服务中心、司乘人员服务接待中心于一体的张家界综合客运枢纽项目建成并投入使用，助推城市形象和品位全面提升。

【国资监督管理】 2019年，市国资委按照"以管资本为主"要求，加快推进职能转变，监管能力和水平不断提升。转变国资监管职能。以管资本为主加强国资监管，厘清国资委和企业权责边界，精准履行出资人职责，重点管好国有资本布局，规范资本运作，提高资本回报，维护资本安全。完善国资监管制度体系。修订完善《张家界市中介机构聘用管理暂行办法》(张国资〔2019〕158号)，印发《张家界市国资委关于促进监管企业国有产权流转有关事项的通知》(张国资〔2019〕163号)，进一步规范中介机构选聘及企业产权转让、增资、资产转让程序，堵塞管理漏洞。强化综合绩效考核。与企业负责人签订经营责任书，落实差异化薪酬绩效奖罚措施，激励企业负责人不断提高经营管理水平和企业经济效益，确保国有资产保值增值。防范化解债务风险。认真落实严控地方政府债务十项举措，加强企业债务管理，扎实做好项目建设资金平衡方案，并按程序进行审批，确保不新增加政府债务。支持市经投集团盘活闲置土地资源，实现收入8.7亿元，协助市交投集团积极争取国省补助资金和政府专项债券共计2.3亿元，坚决守住不发生系统性风险的底线。加强重点领域监管。坚持以案促改，着力加强对国有产权交易、企业投资经营等重点环节的监管，严把资产评估、收购、处置重要关口，防止国有资产流失。

（本栏撰稿　罗锦凤）

自然资源管理

【概况】 2019年是市自然资源和规划局挂牌成立的开局之年。一年来，全市自然资源和规划工作紧紧围绕市委市政府“对标提质、旅游强市”发展战略和“11567”工作思路，依法履行“保障发展、保护资源、集约利用、维护权益”职责，持续强化自然资源要素保障，牢牢守住资源安全底线，推动各项决策部署落地生根，做到保障发展不松劲、服务群众不懈怠、坚守底线不动摇，完成各项目标任务，市自然资源和规划局荣获省自然资源厅绩效考核先进单位、湖南省地理信息产业优秀应用工程奖“金奖”，被市委市政府评为项目落地先进单位、黔张常铁路路地共建先进单位、创建环境空气质量达标城市贡献单位、市直行政执法先进单位、市直机关文明单位、全市河长制工作优秀单位，林权不动产登记、处理问题楼盘遗留问题、城乡建设用地增减挂钩、城乡居民合作建房改革等工作获省政府分管领导和省厅领导肯定，工作经验在全省予以推介。

【用地保障】 2019年，全市完成用地预审147宗608.1公顷，同比增加28.8%；获省批准新增建设用地543.6公顷，同比增加88.67%，其中市本级报省审批建设用地59宗428.1288公顷，比2018年增长255%。其中使用市本级新增建设用地计划97.5532公顷；争取使用省级新增建设用地计划指标141.6043公顷，比2018年增长310.27%；使用增减挂钩指标报地188.9715公顷。市本级建设用地报批一次性通过率达80%，全市为50%，排全省第一。

【自然资源保护】 2019年，张家界市自然资源和规划局落实最严格的耕地保护制度，开展土地整治和高标准基本农田建设，集中力量推进占补平衡，补充耕地364.2公顷，耕地保有量和永久基本农田面积均达到省考核要求。积极开展城乡建设用地增减挂钩，下大力气盘活城区存量土地，处置闲置土地50宗252.46公顷，盘活空闲土地183宗455.34公顷。深入开展违建别墅问题清查整治、土地违法违规行为、打非治违等专项整治行动，“大棚房”清查整治工作取得实效。立案查处土地、矿产资源违法案件130件。扎实推进国土空间生态修复，新增矿山地质环境恢复治理面积75.67公顷。

【服务重点项目建设】 2019年，张家界市自然资源和规划局围绕全市重点项目铺排计划，强化新增建设用地、占补平衡等各类指标的统一筹措和使用，用好用活用足支持脱贫攻坚、乡村振兴、产业发展等用地政策。完成用地预审和规划选址、规划条件52宗，启动征地拆迁项目113个，征收土地404.26公顷，出让土地37宗123.13公顷，市本级征收土地出让金42.8亿元，增长138.71%，征收城市基础设施配套费1.33亿元，增长559.82%。核发建设用地和工程规划许可77件。继续深化“最多跑一次”改革，出台《关于助推重大招商项目落地服务实施方案》，推行简化程序、限时办结、跟踪服务等多项举措，进一步提高审批效率，助推重点项目尽快落地建设。

【耕地占补平衡】 2019年，张家界市补充耕地364.2公顷，耕地保有量和永久基本农田面积均达到省考核要求。清理并争取部省确认历年来各项目结余的零星占补平衡指标438.067公顷，力争武汉督察局和省厅同意用同等面积的旱地指标兑现张家界市近年来承诺补充的“旱改水”指标326.667公顷，节约购买指标资金13.1亿元。

【城乡建设用地增减挂钩】 截至2019年底，张家界市自然资源和规划局超额完成市政府下达的三年复垦0.173万公顷的任务。2018年、2019年通过实施城乡建设用地增减挂钩项目完成农用地复垦0.22万公顷，确认入库指标0.2万公顷，2018年、2019年流转节余指标0.059万公顷，流转收益总价款15亿元。桑植县农用地复垦质量居全省前列，慈利县增减挂钩工作成效在《湖南新闻联播》报道。

【采矿权出让】 2019年，张家界市自然资源和规划局为落实矿产资源权益金制度改革重大决策部署，完善矿产资源有偿使用制度，积极争取市政府支持，迅速启动市县两级采矿权出让收益市场基准价的编制工作，成为全省第一个完成市县两级采矿权出让收益市场基准价制定发布的地级市。

【不动产登记】 2019年，张家界市自然资源和规划局全面完成市本级及各区县存量数据汇交工作，在全省处于前列。不动产登记大厅“一件事一次办”改革工作在全市率先落地。市本级不动产登记业务办理全面提速，办理时限全部压缩至5个工作日内。

【城乡居民合作建房】 2019年，张家界市是省农村改革领导小组确定的城乡居民合作建房改革试点城市。为尽快形成可复制和推广的“张家界模式”，市自然资源和规划局牵头加快推进改革试点工作，《张家界市城乡居民合作建房改革试点实施方案》、《张家界市城乡居民合作建房管理办法（试行）》分别获省、市批准实施。全市明确武陵源区索溪峪街道办事处双文村、索溪峪街道办事处金杜村、协和乡杨家坪村、协和乡插旗峪居委会、中湖乡檀木岗村，永定区西溪坪街道办事处杨家溪村、天门山镇土木溪村、罗水乡龙凤村、尹家溪镇马儿山村，桑植县利福塔镇苦竹河村、洪家关白族乡洪家关村、空壳树乡陈家坪村，慈利县三官寺土家族乡大峡谷村、三官寺土家族乡株木岗村、阳和土家族乡杨家坪村、阳和土家族乡九澧村等16个村（居）作为城乡居民合作建房试点，改革试点工作已全面铺开。

【全国第三次国土调查】 2019年，全市四个区县第三次国土调查成果经国家审查合格，差错率在0.5%以下。其中，桑植县差错率仅0.02%，在全省排名靠前。（国家三调办明确差错率在1%以下即为质量合格）。

【“多测合一”】 2019年，张家界市自然资源和规划局出台《张家界市工程建设项目“多测合一”工作办法（试行）》，对同一个工程建设项目在办理各项行政审批过程中所涉及的规划测量、不动产测绘等多项测绘业务,由项目业主单位选定一家测绘资质机构承担,实现"一次委托、多次测绘、成果共享",提高测绘服务质量和行政审批效率。

【矿业秩序整顿】 2019年,张家界市自然资源和规划局从严执行矿产资源总体规划,建立健全两级采矿权集体会审制度,对矿业权设置、审批和出让事项进行严格会审把关。首次制定并公布全市采矿权出让收益市场基准价,积极开展县级发证矿山的储量备案,全面完成探矿权人勘查信息公示及实地核查。加大对无证开采、超深越界开采、以采代探等违法行为的查处力度。全面完成全市砂石矿山的清理,有序推进西线旅游开发建设区和自然保护区内24家矿山整顿关闭工作。进一步细化落实安全生产责任,大力开展矿山企业安全生产大巡查,全年无矿山安全生产事故发生。

【地质灾害防治】 2019年,张家界市自然资源和规划局把地灾防治作为"生命工程"来抓,汛前地质灾害隐患排查实现全覆盖,组织防灾宣传培训27次,地质灾害应急演练28次,实施地质灾害工程治理项目25个,助力190户地质灾害隐患户实现搬迁避让,紧急转移人口46人。突出加强地质灾害隐患排查、值班值守、监测预警、群测群防、应急处置,落实落细各项防灾措施,连续16年无人因灾死亡。

【问题楼盘处置】 2019年,张家界市自然资源和规划局回应群众期盼,将历史遗留问题楼盘办证列为重点民生工作,完成中天鹭鸶湾、紫舞骊珠和高盛回迁房等18个问题楼盘的化解处置工作,办理不动产首次登记3415户,转移登记874户。牵头抓好市中心城区房地产开发项目配建公共服务设施问题整改。对群众反映的广茂园二期别墅项目违法建设问题进行全面调查、核实,制定专项整治工作方案。大力开展土地出让金和城市基础设施配套费清理追缴专项行动,追缴入库土地、配套费价款2.53亿元。

【机构改革】 2019年,张家界市自然资源和规划局按照市委、市政府批复的"三定"方案,于2019年1月25日挂牌,设7名班子成员,22个内设科室,下设1个正处级(自然资源事务中心)、3个副处级(市自然资源和规划执法支队、市土地储备中心、市不动产登记中心)二级机构。各区县自然资源局、自然资源事务中心均挂牌成立。对领导班子分工、机构人员整合、办公场所、机关事务管理等方面进行统筹安排。机构改革以来,局领导班子带头弘扬正气、讲究团结协作,干部职工服从大局,队伍思想情绪稳定。

【依法行政】 2019年,张家界市自然资源和规划局出台《全面推行行政执法公示制度、执法全过程记录制度、重大执法决定法制审核制度实施方案》,对行政处罚案卷均出具书面的《重大行政决罚决定合法性、适当性审核表》,从执法主体、权限、定性、法律适用、程序、裁量权等方面对行政处罚行为进行全面审查,在全市行政执法案卷评查工作中获得高度好评,报送的行政处罚案卷获评优秀案卷。

(本栏撰稿 谷忠秋)

公共资源交易

【概况】 2019年,张家界市公共资源交易中心聚焦群众关切,聚焦"一件事一次办",坚持稳中求进,坚持新发展理念,坚持高质量发展,牢牢扭住项目建设"牛鼻子",推进"产业项目建设年",服务全市重点项目、民生工程招投标,保障重大招商项目落地。市公共资源交易中心2019年完成交易项目438个,实现交易额62亿元,节约资金1.8亿元,增收金额2.1亿元,上缴非税收入1180万元。

【服务经济发展】 2019年,全市公共资源交易呈现"两降两升"态势(工程建设、政府采购交易量下降,土地矿产、国有产权交易量上升),其中土地成交出让85宗,成交价款39亿元,溢价2亿元,成交宗数和价款同比分别增长46%和72%,创历史最好水平。特别是以政府举债,中标人垫资实施的项目骤减,全年项目数量和金额同比减少52.4%和64.1%,表明张家界市防控风险得力,交易向保民生转变,交易质量有所提高。

【重大交易活动】 2019年,市公共资源交易中心跟进市级重大、重点项目进度,提前介入、主动协助,促进项目依法合规、廉洁、高效完成交易。圆满组织完成桑植县脱贫攻坚农村公路、市养老服务中心建设、农村电子商务平台建设、张家界西隧道预留工程、武陵源棚户区改造、城区子午西路市民中地下人行通道新建工程、武陵源区集中式饮用水源保护区规范化建设项目等重点民生项目,确保宁邦广场、上海世贸集团、大唐西市等重大招商引资项目顺利落地。特别是为配合环保整治达标,确保桑植县涉大鲵自然保护区11座水电站拆除改造和生态恢复项目在规定时间内完成,市公共资源交易中心采用网上办理,缩减前期准备时间,并及时前往省公共资源交易管理委员会办公室、省公共资源交易中心对接异地抽取专家工作,连夜评标,连续工作30个小时,保证项目如期进行。

【优化营商环境】 2019年,市公共资源交易中心针对服务对象反映强烈的"证照反复提供、资料退还不及时、服务对象多次跑"等突出问题,结合落实《优化营商环境条例》切实加以整改。推进公共资源交易标准化服务,从精简流程、优化服务等方面入手,细化量化政务服务标准,向社会公开政府采购、工程项目等交易流程,打造公开透明的营商环境。"一次办好"的事项中5项已实行全程网上办,办结时限压缩50%,效率提高近1倍,保证金退还由7个工作日缩短为5个,初步实现市场主体参与公共资源交易"受理不见面、材料零提供、信息网上验、证照随时用"的目标。

【电子化平台建设】 2019年,市公共资源交易中心在全省率先实现专家"智能刷脸认证",开发的智能专家现场管理系统,将专家名单推送门禁,刷脸认证后直接进入评标室，有效杜绝冒名顶替、伪造身份参与评标的情况。另新增评标室3间，添置和完善评标区域监控系统和隔音处理，保障区、县政府采购的竞争性谈判项目顺利进入市级平台。3月，市公共资源交易中心优化升级官方网站，新设网上办事大厅，实施分类管理，为市场主体提供具体业务服务指南；5月，开辟“金融服务平台”和“旅游资源投融资平台”专栏，提高中小微企业贷款效率，助力招商引资项目落地；7月，将服务器迁移到市大数据中心云平台，对信息化设备进行安全体检，加强交易信息互联互通；截至2019年底，已与省公共资源交易服务平台、市政府发展研究中心以及13个市州公共资源交易平台完成数据对接。

（本栏撰稿 李旦 李米薇）

审计监督

【概况】 2019年，张家界市审计机关审计和调查215个单位，查出各类违纪违规、损失浪费问题金额16.18亿元，应上缴财政和减少财政拨款8.65亿元，应归还原渠道资金7.89亿元、应调账处理金额2.6亿元，政府投资审计核减工程造价为政府节约资金6.38亿元。审计质量提升成效显著。市局组织实施的“市本级2018年度预算执行情况审计”和慈利县审计局组织实施的“慈利县2017年扶贫专项审计”获评全省优秀审计项目，市审计局组织实施的“谷中元任张家界市经投集团董事长期间经济责任审计”和永定区审计局组织实施的“永定区2017年度预算执行情况审计”获评全省表彰审计项目。张家界市审计局荣获“全省审计机关先进集体”荣誉称号。

【审计管理体制改革】 2019年，张家界市成立市委审计委员会并召开第一次会议，制定印发《市委审计委员会工作规则》和《市委审计委员会办公室工作细则》。市审计局党组成立机构改革领导小组，扎实做好从市发改委、市国资委、市财政局职能划转和人员转隶工作。组织起草张家界市审计局“三定”方案，并及时上报市委编委审批及发文，推动市审计局机关内设机构的合理设置和审计职能的优化整合。

【履行监督职责】 2019年，张家界市审计局聚焦重大政策措施落实跟踪审计，完成永定区、武陵源区、慈利县、桑植县4个审计署的政策措施落实情况跟踪审计项目，查出违纪违规金额6亿元，揭示拖欠民营企业账款和农民工工资、违规出借财政资金、非税收入未及时缴入金库、未及时盘活使用存量资金以及超付重点建设项目工程款等问题；深入开展财政预算执行审计，运用大数据审计技术对市本级122个一级财政预算单位实现审计全覆盖，共查出违纪违规问题40个，问题金额4.18亿元，补缴入库增加财政收入3.61亿元，提出相关审计建议18条，督促相关单位入库财政收入3.12亿元；持续关注政府性债务，组织实施市本级和永定区政府性债务审计专项调查，在肯定成绩的同时也指出张家界市政府性债务管理使用中存在的债务规模大，增长速度过快，债务管理有待进一步规范等问题，揭示永定区挤占挪用债务资金、举债不合规、债务监管缺位等问题，为促进提高债务监管水平、防范债务风险、推动完善平台公司市场化转型，以及实现可持续良性发展发挥积极作用；不断加强民生资金审计力度，完成3个省审计厅安排的易地扶贫搬迁跟踪审计项目，以及市住房公积金归集管理使用情况审计、武陵源区城乡居民最低生活保障资金专项审计任务；大力加强政府投资项目审计，全市审计机关共完成政府投资审计项目103个，核减工程造价6.38亿元，为政府节约宝贵的建设资金。通过审计，揭示高估冒算工程价款、未取得施工许可擅自施工、工程材料未及时询价、未及时签订施工合同、建筑安装费超概算等问题；全市审计机关共完成领导干部经济责任审计项目17个，查处负直接责任和领导责任的违纪违规金额4.59亿元。市审计局牵头完成龙山县委书记、县长任中经济责任审计和自然资源资产，完成王德光、汤敬波、杨余茂、兰智平、张德寅等5名市管领导干部经济责任审计任务，配合益阳市审计局完成对武陵源区委书记、区长的任期经济责任审计和自然资源资产审计；组织对5个市属国有企业进行审计，查处各类违纪违规和损失浪费问题金额141万元，揭示企业法人治理结构不规范、子公司监管不到位、财务管理欠规范、债务风险较大、企业改制不到位、资本不实、经营管理不规范等问题。

【深化审计成果运用】 2019年，张家界市审计机关向纪委监委、公安机关和有关部门移送问题线索12件，立案查处4人。积极落实审计整改督促责任，全市审计机关均建立健全审计督促整改工作机制和工作台账，对审计发现的问题实行清单管理、对账销号；市审计局组织督查组深入被审计单位、专项资金主管部门和相关区县，逐一督促落实审计整改工作。截至2019年底，审计指出的问题基本得到有效整改。积极服务宏观管理决策，切实抓好审计成果的开发运用，全市审计机关向被审计单位和有关部门提出审计建议246条，采纳234条，采纳率为95%；市审计局上报的审计要情、审计情况专报、审计综合报告等审计成果，被市委、市政府主要领导批示17篇次。

【推进审计创新】 扎实推进审计项目和审计组织方式“两统筹”，建立相关协调机制。加大“金审工程”三期建设，建立健全数据采集机制，进一步提升运用大数据技术开展审计的能力和水平。市审计局在全省市州审计机关率先探索实施住房公积金信息系统审计，取得圆满成功；率先对除领导干部经济责任审计项目以外的全部审计项目审计结果进行主动公开，提升审计工作透明度。 （本栏撰稿 张国华）

价格管理

【概况】 2019年，张家界市价格主管部门组织开展价格调控、改革、监管等各项工作，取得积极进展。

一、积极开展价格形势分析和调控。建立价格监测制度，定期开展重要农副产品和服务价格监测，按月分析价格运行动态、研判价格走势,为市政府提供决策参谋。加强价格调控,严格执行《张家界市缓解生猪市场价格周期性波动调控预案》,及时启动社会救助和保障标准与物价上涨挂钩联动机制,对全市78.34万名低收入群众发放价格临时补贴1447.3万元。全年居民消费价格总水平温和上涨3.2%,实现控制在4%以内的年初预期调控目标。

二、推进景区景点门票价格改革。根据省发改委《关于深入推进降低国有景区门票及相关服务价格的通知》要求,开展景区景点门票及相关项目价格降价工作,降低实行政府管价的景区和相关服务项目价格,推进景区门票和交通工具价格分离。重新核定景区及交通服务价格,依规核定朝阳地缝景区、老道湾景区、黄石寨索道、武陵源索道、杨家界索道、十里画廊观光电车、九天洞、茅岩河平湖游、峰峦景区、茅岩河漂流、武陵源空中田园电瓶车等景区和交通服务项目价格。出台《张家界市实行政府管价的景区对特殊群体优惠政策》。积极协助开展全市冬季营销活动,制定相关景区冬季优惠价格。

三、落实"降税减费"工作。认真落实国家价格政策,发布《张家界市2019版政府定价的经营服务性收费目录清单》,取消公共资源交易服务费中协议出让土地矿产、协议转让土地矿产、抵押(居住用地)、出租土地、特许经营权、林权等交易服务收费;降低公共资源交易服务费中招标挂牌拍卖出让转让地(矿)产、建设工程的勘察、设计、施工、装饰装修、监理、代建管理以及与工程有关的材料设备采购、产权等交易服务收费标准,平均降幅30%;放开房产测绘、机动车检验检测检定、船舶交易、律师服务、基层法律服务、仲裁、公证服务中出具查询函、副本、上门核实或上门提供办证、司法鉴定服务中建设工程类鉴定、知识产权类鉴定、农林类鉴定、产品商品类鉴定、交通事故类鉴定、经济类鉴定、电力类鉴定、矿山地质类鉴定、假肢类鉴定等服务收费,实行市场调节价。

四、依法依规开展价格监管。根据张家界市实际,考虑未来发展趋势,调整市城区出租车运行价格,基本实现主城区和武陵源城区执行统一运价标准。规范物业市场秩序,牵头组织制定物业服务收费等级标准,已形成送审稿报市政府审定。加强房地产市场价格监管,规范交易行为,备案商品房价格公示46批次,核定商品住宅前期物业收费标准10个。联动调整采暖季非居民用天然气销售价格,执行淡旺季价格。加强电力价格监管,执行省定电力价格政策,降低企业用电成本。开展重要节假日价格检查,积极提供价格咨询、处理涉价投诉。

五、规范行政事业性收费。全面清理行政事业性收费,制定出台行政事业性收费目录单,市本级行政事业性收费项目34大项;涉企行政事业性收费16大项,均为中央立项收费项目。完善教育收费政策,制定部分高中学校学生公寓收费标准,中小学课后服务收费政策,进一步明确中小学课后服务对象和收费标准。 (曾清平)

【价费专项检查】 2019年,市市场监督管理局价监科人员划转改革后,按照省市场监督管理局价监局统一部署迅速组织开展价费专项检查工作。针对媒体报道张家界市旅游商品(朱砂)价格虚高的舆情,根据张家界市政府领导的指示,与相关单位组成联合考察组赴三亚市考察学习其旅游商品价格管理经验,形成考察报告,就张家界市旅游商品价格监管提出针对性意见。先后完成涉企收费和商业银行收费专项检查,通过检查进一步规范被检单位价格收费行为及商业银行明码标价、收费公示工作;完成转供电环节电价专项检查,责令"双随机一公开"抽取的3家转供电单位清退多收一般工商业用户电费3.3万余元;组织医疗服务价格专项检查业务培训,指导区县做好医疗服务价格专项检查工作;组织中秋、"十一"节前市场价格检查巡查,根据张家界市旅游景点众多、涉旅行业多的实际情况,对张家界市飞机场、火车站、景区景点、宾馆酒店等重点行业、重点区域,开展全面覆盖集中检查,共发放《关于遵守价格政策的提醒告诫函》400余份,确保节假日期间的张家界市旅游价格秩序基本稳定;办理价格举报投诉件111件,挽回消费者经济损失1450元。 (卓媛媛)

【居民消费价格】 2019年,张家界市居民消费价格指数(CPI)上涨3.2%,低于张家界市3.5%的预期调控目标。其中,食品价格上涨9.1%,非食品价格上涨0.8%,消费品价格上涨4.6%,服务项目价格上涨0.7%,扣除食品和能源价格核心CPI上涨1.3%。

八大类指数七涨一跌。食品烟酒类指数涨幅最高达到111.6%,是自2013年以来涨幅最高值。其中猪肉价格上涨达到166.1%,对总指数的贡献率为49%,是食品烟酒类指数上涨的主因,也是总指数上涨的推手。同时受猪肉价格上涨的影响,其他生活必需品呈趋势性上涨。禽肉类、水产品、蛋类价格分别上涨9.9%、2.2%、2.8%,鲜菜类指数上涨9.7%、鲜瓜果上涨3.6%。居住类上涨1%、衣着类上涨1.6%、生活用品及服务上涨1.1%、交通和通信下跌0.1%、教育文化和娱乐上涨0.9%、医疗保健上涨0.5%、其他用品和服务上涨1.7%。

从月度同比指数运行情况看,1~4月同比指数处于低位平稳运行态势;5~12月同比指数一路走高,处于不断上涨态势。其中9月同比指数出现最高值达到5.1%。月度环比涨多跌少,指数波动区间在-0.5%至1.6%之间,波动范围高于2018年,月环比最高值与最低值差距为2.1个百分点。

在2019年居民消费价格指数3.2%的涨幅中,翘尾因素影响总指数0.97个百分点,占总指数31.2%,新涨价因素影响总指数2.23个百分点,占比达到68.8%。

张家界市2019年CPI涨幅高于全省水平0.3个百分点,在湖南省十四个市州中位列第3位,在大湘西区域位列第1位。 (余 洁)

【社会消费品】 2019年,张家界市社会消费品零售总额253.6亿元,同比增长10.2%,增速比上年高0.1个百分点,与全省平均水平持平。其中,限额以上批发业、零售业、住宿业、餐饮业法人单位实现零售额65.9亿元,同比增长11.4%,

(一)基本生活品类商品零售额增

长较快。全市限额以上批发和零售业法人单位中,粮油、食品类商品零售额8.82亿元,增长11.5%;烟酒类商品零售额1.34亿元,增长13.6%;日用品类商品零售额1.2亿元,增长24.9%。

(二)交通电器设备类商品零售额稳步增长。全市限额以上批发和零售业法人单位中,汽车类商品零售额6.90亿元,增长5.4%;家用电器和音像器材类商品零售额2.4亿元,增长6.5%。

(三)石油及制品类商品零售额持续增长。全市限额以上批发和零售业法人单位中,石油及制品类商品实现零售额23.07亿元,增长11.2%。

(四)餐饮消费平稳增长。全市限额以上餐饮业法人单位实现营业额0.88亿元,增长30.4%。其中,正餐服务增长31.1%,快餐服务增长28.8%。

(五)市场价格总体平稳。全市居民消费价格指数(CPI)上涨3.2%。其中,商品零售价格上涨2.3%,非食品价格上涨1.0%,服务项目价格上涨0.7%,消费品价格上涨4.6%。

表4　　2019年张家界社会消费品零售总额情况一览表

项目		全年累计(亿元)	同比±%
社会消费品零售总额		253.6	10.2
按经营地分	城镇	185.6	10.5%
	乡村	68.0	9.5%
按消费形态分	餐饮消费	36.4	9.8%
	商品零售	145.5	10.3%
限额以上法人批发和零售业商品零售额		54.9	11.4%

表5　　2019年张家界市居民消费价格指数一览表

指　　标	上年=100
居民消费价格	103.2
其中:食品烟酒	108.6
衣着	101.6
居住	101.0
生活用品及服务	101.1
交通和通信	99.9
教育文化及娱乐	100.9
医疗保健	100.5
其他用品和服务	101.7

(杨玲俐)

应急管理

【概况】 2019年1月,张家界市应急管理局挂牌成立,安全生产、自然灾害防治、综合防灾减灾救灾正式纳入"大应急"管理体系。市安监局整体转隶、合并组建市应急管理局。

2019年,张家界市共发生安全生产责任事故26起,同比减少3起,下降11.1%,死亡25人,同比持平。发生较大生产责任事故1起,死亡4人,伤4人。消防领域发生火灾92起,同比上升4.55%,死亡1人,同比下降80%,伤2人。非安全生产领域事故死亡45人。发生较大森林火灾2起,过火面积26.33公顷,受害森林面积20.96公顷,火灾12小时扑灭率100%。烟花爆竹、危化、特种设备等行业领域持续安全。

【机构改革】 2019年1月25日,市应急管理局正式挂牌成立,4月23日,"三定"方案正式印发。3月底,4个区县应急管理局相继正式挂牌成立,有关内设机构、行政编制及领导职数得到不断充实和强化。结合工作实际,将划转到应急管理部门的部分防汛抗旱、森林防灭火、地质灾害防治等工作任务,仍然由水利、林业、自然资源等部门负责,确保过渡期间工作不断线。

先后组织14次防汛会商会，成功应对18次较强降雨过程，没有出现大的地质灾害事件，平安度汛。针对9月以来出现的旱情，采取科学灌溉、建立应急水源、人工增雨、送水等方式积极应对旱情。同时，全面加强森林防灭火宣传，市、区县均下发森林防灭火倡议书和禁火令，立足于“打早、打小、打了”，在各区县组建综合应急队伍，及时处置森林火灾、火情。成功扑灭核心景区、慈利岩泊渡等森林火灾。

【安全监管执法】 2019年，市安委办组织重点领域扎实开展“强制法、防事故”活动，深入开展“大排查、大整治、大管控”行动。旅游领域，持续深化铁腕治旅，继续推行“1+3+N”监管机制，坚持每月一调度，每月一曝光，大力整治旅游“四黑”行为，旅游市场不断规范。道路交通领域，深入开展“安全隐患大排查大管控大整治行动”“隐患清零”“农村道路交通安全守护行动”行动，对16条国省干线和33座隧道和1058座桥梁进行安全防护排查，对摸排出的78处道路交通安全隐患挂账销号完毕。全面加强生命防护工程建设，2020年拟完成1900千米。消防安全，检查单位4946家，督促整改火灾隐患和消防违法行为7764处，临时查封39家，三停30家，处罚100.36万元。建设工程，严格执法监管，立案调查101起，罚款360.76万元。特种设备领域，行政执法立案37起，处罚金额98.6万元，责令停产停业2家，移送司法机关4起，查封、扣押特种设备约400台套。学校安全方面，突出防溺水、防意外、道路交通等重点，开展全方位学校安全教育，没有发生事故。

【安全宣教培训】 2019年10月25日，慈利“10·25”事故发生后，为深刻汲取事故教训，市应急管理局组织开展“10·25”事故警示教育。广泛开展安全生产“七进”活动，组织专家和业务骨干深入企业、学校、机关，共开展培训153场次，受训人数3.6万多人次。“安全生产月”活动期间，发放宣传资料62万余份、举办展览26场、开展安全场馆体验活动128场、现场咨询互动5.6万余人次。81家危化品企业开展“安全生产公众开放日”活动，赴现场参观1100余人次。加大面向公众的安全常识宣传力度，及时发布安全常识公益短信，利用“张家界应急管理”公众号和传统媒体平台向社区、村居、群众推送“小火亡人”“一氧化碳中毒”“防汛抗旱”“地质灾害防治”“森林防灭火”等安全防范常识，营造出“关注安全，关爱生命”的浓厚氛围。

【安全生产督查督办】 2019年，市安委会牵头制定下发《张家界市落实党政干部安全生产责任制的巡查制度》，组织联合巡查组，每季度重点巡查一个区县，每个区县不少20个工作日，所有乡镇全部覆盖，严格实行评价制、台账制、约谈制，每个区县的巡查结束后，对各个乡镇的工作落实情况按好、较好、需要警示提醒三个层次进行评价，对需要警示提醒的乡镇(街道)由市安委会进行约谈，巡查发现的问题形成台账，严格督促整改。共巡查慈利县安委会、10个专委会、26个乡镇、45个村(居)、103户农户、41个企业和工地、25所学校；听取汇报37次，与乡镇、部门负责人谈话88人次；发现问题和隐患82项，其中县乡政府及部门49项、企业33项。

(本栏撰稿　彭海凌)

消防工作

【概况】 2019年，张家界市消防救援支队着力推进全市消防救援工作转型升级，确保队伍管理和社会火灾形势的高度稳定。全年支队共接警出动1146起，其中火灾扑救838起，抢险救援和社会救助308起，抢救和疏散被困人员3542人，保护财产价值1353.9万元。参与扑救林火山火16起，开展抗旱送水55次，出动送水消防车辆91台次，为全市31个乡镇街道累计送水630余吨。成功处置“2·22”天门山救援、“6·5”武陵源溪布街火灾、“8·11”桑植LNG罐车侧翻救援、“10·8”武陵源乌龙山寨景区森林火灾、“10·25”慈利广福桥镇吊车事故救援等急难险重的任务。全年4个集体和9名个人被省消防救援总队表彰，1人被评为全国消防救援队伍“巾帼建功标兵”，1人被评为市委“凝心聚力开放奋起”先进个人，17人次被记三等功，183人次获嘉奖。

【执勤战备】 2019年，市消防救援支队牢固树立战斗力标准，着眼于“全灾种、大应急”，不断提高队伍攻坚打赢能力。组织开展全员岗位大练兵，建立执勤训练联系点制度，实施普训普考，举办全市消防救援队伍冬训比武、夏季操法比武、指挥员能力比武。5名指战员入选省消防救援总队比武集训队教练员和队员，其中王嘉梁执教的枪炮协同灭火操获全国“火焰蓝”消防救援比武第3名。先后召开军事工作例会、灭火救援实战演练现场会、战斗编成示范会，进一步规范执勤战备秩序，常态化开展辖区“六熟悉”和实战演练，全年共开展灭火救援演练237次，熟悉单位195家，组织索道、水域、高速公路隧道、高层建筑等大型灭火救援演练行动。坚持正规化、精准化管理，制定出台从严管控队伍管理标准和进一步加强队伍管理工作的意见，规范机关办公、接警出动、营门岗哨、值班备勤等“十项秩序”，落实管理教育日巡查、月督导、季分析制度，确保队伍规范有序、安全稳定。

【火灾防控】 2019年，市消防救援支队以新中国成立70周年大庆安保和消防安全“排雷行动”为抓手，先后打响冬防、夏防两大战役，持续开展大型商业综合体、电动自行车、电气火灾、高层建筑等领域消防安全专项治理，立案重大火灾隐患28个，提交省消安委挂牌2个，推动19个重大火灾隐患单位整改销案。认真落实“放管服”改革要求，完成建设工程消防设计审查验收职责移交，严格执行“双随机、一公开”机制，深化消防安全标准化管理，完成重点单位和社区微型站建设、市政消火栓建设、独立式火灾探测报警装置推广安装“三大任务”。持续创新消防安全宣传形式，成立张家界民歌志愿消防救援队，建成5个消防科普教育基地，联合打造快递包裹和服务车辆“消防安全流动宣传站”。

【消防基础建设】 2019年，市消防救援支队大力推进装备建设和队站建设，集中采购消防车5台、器材装备12000余件套，分别对永定、武陵源2个大队及水绕四门1个消防救援站营院进行提质改造，消防训练基地主体及附属设施全面完工，永定区教字垭小型站执勤训练用房建成。全市所有乡镇、街道消防“网格化”管理全部纳入综治平台，重点单位和社区微型消防站建设任务全部完成，全年推动新建市政消火栓331个，推广安装独立式火灾探测报警装置2708个。

【成立山岳救援队】 2019年7月4日，湖南省综合应急救援机动支队张家界山岳救援大队挂牌成立。山岳救援大队的成立，是张家界市消防支队着眼于张家界市情和灾害事故特点，进一步健全应急救援体系的一项重要决策，对维护社会公共安全、保护人民生命财产安全、推动张家界旅游发展升级具有重大意义。2019年，支队出台《湖南省张家界市山岳救援专业队建设方案》，举办山岳救援培训班，先后派出3人赴洛阳参加一级滑轮拖拉拯救训练，22人赴北京、武汉参加绳索救援技术培训，全部取得“IRATA”一级绳索技术资质认证考核。

【“追梦火焰蓝”主题宣传】 2019年4月25日至26日，中央网信办和应急管理部组织新华社、《人民日报》、中央广播电视总台、《中国青年报》、澎湃新闻等13家主流新闻媒体深入张家界市开展“追梦火焰蓝”网络主题宣传活动，对张家界消防救援支队执法为民、景区消防、山岳救援专业队建设等先进事迹开展集中采访报道。采访团先后深入特勤中队、天子山中队，参观山岳救援器材装备和综合性培训基地，观看执法为民和山岳救援工作汇报片，现场观摩山岳救援实战演练，采访消防指战员、天门山索道公司员工。相关采访视频和报道先后在新华网、学习强国、央视网等主流新媒体平台集中播发。

【“2·22”天门山救援】 2019年2月22日17时许，张家界消防支队接到110转警，3名上海籍徒步爱好者在天门山因冰雪路滑遇险，其中2人被困王岩殿小木屋，1人从关门峪南侧坠落山崖。支队立即调派特勤、永定中队和机关全勤指挥部赶赴现场救援。救援人员于20时40分到达海拔1400米的后山值守点，由于山上覆冰层较厚，为迅速营救被困人员，指挥部决定派遣7人搜救小组自上而下搜寻被困和坠崖人员。23日零时，搜救小组搜寻到小木屋内2名被困人员，并安排人员看护。23日上午，搜救小组确定到坠崖人员坠崖点，架设3组下降绳，由2名消防员携带担架下到崖底搜救。经过艰难搜救，在纵深130米山崖处发现坠崖人员已无生命体征，其他人员迅速搭设绳索救助系统实施救援和抬升。20时36分，救援人员成功营救2名被困人员，并将坠崖人员遗体提升到安全平台。

【“8·11”桑植LNG罐车侧翻】 2019年8月11日15时20分左右，一辆重庆籍满载20吨液化天然气（LNG）槽罐车在行经353国道桑植县陈家河镇夹石河村路段一急弯处发生侧翻，导致1人受伤，1人被困驾驶室，罐体严重变形，随时有泄漏爆炸危险。接到报警后，市消防支队调派桑植大队、特勤中队、机关全勤指挥部迅速赶赴现场，同步实施救援和疏散，成功救出被困者。18时许，市县两级政府、应急、公安、交警、生态环境、天然气公司等部门负责人和专家相继赶到现场，成立现场指挥部。由于罐体出现结霜现象，指挥部决定实施放空作业，同时将疏散范围扩展至1.5千米。21时40分，气象环境达到条件后，现场救援人员开始防控作业。12日12时，受损槽罐气压计稳定下降至0兆帕，经实施液氮置换、车体分离、起吊扶正等操作后，21时30分现场安全处置完成。

（本栏撰稿　蒋利君）

市场监督管理

【商事制度改革】 2019年，张家界市全力推行食品药品行政审批改革，以下放权力、创新许可模式为核心，进一步提高行政审批效能，方便企业群众办事，出台《张家界市食品药品行政审批改革方案》。权力逐步下沉，食品生产许可、医疗器械许可审批权已全部下放至两县，食品经营许可除中央厨房与集体用餐配送单位审批在市级外、其余已全部下放到区县，方便企业和群众就近办理；推行告知承诺制，当前在两个大类（食品经营许可、医疗器械经营许可）里六个小类已实施，实现当天受理、当天拿证。药品零售企业“多证合一”。本市范围内的药品零售企业将“药品经营许可证”“药品经营质量管理规范认证证书”“食品经营许可证”“医疗器械经营许可证”合为新版《药品经营许可证》（经营范围相应增加预包装食品销售、保健食品销售、第三类医疗器械零售等选项）。现在企业只需申报一次，市场监管部门一窗受理、一并审查、只发一证，以减证促简证。全年发放“食品生产许可证”57张、“食品经营许可证”4835张、“药品经营许可证”209张、“医疗器械经营许可证”26张、“小餐饮经营许可证”1643张、“食品生产加工小作坊生产许可证”196张。原张家界市价格监督检查局职能从张家界市发改委划转到市市场监督管理局，设立价格监督检查科，同时5人连人带编划转到市场监督管理局。（卓媛媛）

【企业信用监管】 2019年，市场监督管理局推进市场监管领域各部门和部门联合“双随机、一公开”（在监管过程中随机抽取检查对象，随机选派执法检查人员，抽查情况及查处结果及时向社会公开）监管，多部门联合“双随机、一公开”监管机制已建立，“一单、两库、一细则、一计划”（建立随机抽查事项清单，建立随机检查对象名录库和随机抽查执法检查人员名录库，制定随机抽查工作细则，制订年度抽查工作计划）全部落实。加大年报公示力度，企业年报公示14469户，年报率达89.44%，农民专业合作社年报公示2674户，年报率达90.16%，个体年报公示50136户，年报率达87.26%；强化异常名录和黑名单管理，列入异常名录企业1813户，列入严重违法企业名单155户；推进信用联合惩戒，公示

行政处罚信息55条，与各级法院拦截被执行人44人、限制被执行人117次，清理“僵尸企业”145户。（卓媛媛）

【市场专项整治】 2019年，市场监督管理局组织开展打击传销、打击侵权假冒、打击虚假违法广告、打击网络违法、打击价格违法、保护知识产权、整治食品药品（四品一械）市场秩序、整治合同霸王条款、整治农资市场、整治建材市场、整治无照经营等专项整治和专项执法行动，查办侵权假冒案件15件、虚假违法广告案件82件、网络违法案件2件、价格违法案件2件、商标侵权案件13件、商业贿赂案件2件、食品药品（四品一械）违法案件559件、合同违法案件9件、涉农案件20件、产品质量违法案件81件、销毁假劣食品药品货值615.2万元、取缔无照无证经营435户。（卓媛媛）

【消费者权益保护】 2019年，市场监督管理局为进一步完善消费维权体系，按照国家市场监管总局和省市场监管局“五线合一”的总体要求，原工商“12315”、质监“12365”、食药监“12331”、物价“12358”、知识产权“12330”五条投诉举报热线平台统一整合为新的市场监管“12315”热线平台，正式实现“五线合一”“一号对外”，消费者遇到以上相关维权问题，可通过拨打“12315”热线“一站式”服务寻求解决渠道。加强基层“12315”联络站建设，不断优化“1+N+15分钟”旅游维权服务圈，确实解决消费投诉最后1千米难题。扎实开展“守护消费”专项行动，以整治“旅游消费欺诈、预付卡跑路、侵犯个人信息”等违法行为为突破口，切实解决消费者关切的热点和焦点问题。创新消费维权机制，在全市旅游购物场所推广“无理由退货承诺制度”，并积极探索“无理由退货承诺制度”在全市其他经营场所的应用推广，开创全省线下无理由退货先河。积极推动经营者首问负责和“先行赔付”制度，将消费纠纷扼杀在摇篮之中。建立消费维权长效机制，营造良好的消费环境，积极开展创建“放心消费景区、放心消费街区、放心消费酒店、放心消费旅游购物店、放心消费餐饮店、放心肉菜示范超市”六创活动。（卓媛媛）

【发展广告产业】 2019年，张家界市大力发展广告产业，张家界旅游文化广告创意基地各项基础设施已建设完成，入驻基地企业也形成一定规模。积极培育广告市场主体，张家界市共有广告经营主体1199户，广告经营额27585万元，广告从业人员9579人，广告经营主体、广告经营额分别比去年增长1.7%，6.5%。张家界广告协会经多年指导于2019年1月份成立。（卓媛媛）

【助力三大攻坚战】 2019年市场监管局高位推进脱贫攻坚工作，强化组织领导，压实两项帮扶责任，进一步加强基层组织建设，以党建促脱贫攻坚。从严开展“两不愁三保障”核查及整改，基础设施和基本公共服务大幅提升，特色优势产业稳步推进，贫困群众生产生活条件逐步改善，贫困群众获得感、满意感显著增强。（卓媛媛）

【市场监管法治建设】 2019年，市场监督管理局为适应新形势下市场监督管理需要，围绕全面推进依法行政、加快法治政府建设总体要求，不断健全完善法规制度体系，强化法制监督，扎实推进普法教育，加强法治队伍建设，全面提升市场监管各项工作的法治化水平，有效推动市场监管工作科学、有序发展，为维护好张家界市场经济秩序提供法律保障。2019年，全市市场监管部门累计出动执法人员3万余人次，检查各类市场主体8.8万余家次；立案700多起，罚没733万余元；责令停产停业42家，取缔无证企业116户，移送司法机关5件。（卓媛媛）

【市场监管信息化建设】 2019年，市场监管局大力加强信息化建设。一是智慧化建设。配合市政府“天门”智慧项目建设，协调省局共享市场主体信息32个项目的57万条数据，在天门智慧工程构建的“智慧旅游综合性监管平台”总体框架下，立足市场监管职能，积极推进“4+N”子平台建设，上报“智慧市场监管”建设方案，申请统筹预算资金，优先建设“明厨亮灶”系统、“旅游佣金公对公”升级系统，合理、高效的利用政府相关数据资源，推动我局相关业务搭载智慧化建设快车。为“最多跑一次改革”、“互联网+政务服务”、“互联网+监管”、“双随机”等工作提供技术支撑，继续推省局协同监管平台的CA数字证书使用工作。物品条码业务。积极落实“放管服”号召，提高物品条码业务办理便捷性，指导企业网上申报，加强服务和现场培训，2019年共接受各种条码业务咨询150余次，办理物品编码业务45起，其中新注册22家，续展18家，变更5家。二是加强业务档案管理。积极落实企业档案信息化管理的各项规章制度，2019年接收移交企业档案1576册，已全部扫描成电子档案，共59301页；向社会各界提供企业档案查询服务共计529次，提供档案资料近12万页。日常维护。共保障国家局、省局召开视频会议20多次。保障机关办公设备和业务系统协调运转，巡检机房查看网络设备运行状况158次，发现并排除较大安全隐患5次，排除办公电脑软硬件、网络故障129台次。完成市监督管理局网站栏目整理和文章的迁移和微信公众号的更名，对公众号栏目进行重新规划调整，维护微信公众号的系统正常运行及栏目内容的及时更新和推送。（卓媛媛）

【标准化监管】 2019年，市场监督管理局标准化监管工作成绩显著。标准化项目建设富有成效。湘阿妹葛根种植国家级农业标准化示范区通过专家组考核验收，并获优秀评价；慈利富硒大米种植省级农业标准化示范区通过专家组验收；成功申报占生婴幼儿玩具省级新型优势传统工业标准化试点1家；指导创建省级标准化试点4家，其中2家旅游服务企业及酒店申请试点验收。地方标准制定顺利推进。成功指导申报《湖南省旅游景区投诉处理服务规范》地方标准立项，开展景区旅游投诉处理问卷调查，编制《景区旅游投诉处理调查问卷数据分析报告》，形成《湖南省旅游景区投诉处理服务规范》征求意见稿；指导完成《张家界全域旅游公共标识语英文译写规范》地方标准座谈征求意见。张家界市标准化工作水平实现提升。举办2019年全市标准化知识大讲堂，邀请省局标准化处处长李少阳、国家级标准化讲师汪国风授课，张家界市标准化项目试点及工业具有规模优势企业相关人员100余名参加会议及培训。同时邀请李少阳处长一行现场指导永兴玻璃、枫香岗蓝莓基地标准化工作。四是企业标准信息公开工作扎实开展。全年企业标准信息公开声明202项。

(卓媛媛)

【特种设备安全监管】 2019年，市场监督管理局根据按照“六个着力、六个当好”的要求，持续推进“企业安全生产主体责任年”和“强执法防事故”活动，深入开展特种设备隐患排查治理，督促企业开展自查自纠、全面落实安全主体责任，严格特种设备检验检测工作，强化特种设备安全监管执法，严厉打击各种特种设备非法违法行为，认真履职尽责，保持张家界市特种设备安全生产“零”事故，为全市经济社会高质量发展创造稳定的特种设备安全生产环境。全年共检查特种设备生产、使用单位1809家(次)，发现隐患与问题3969处，下达监察指令书102份。张家界市特种设备行政执法案件共立案37起，处罚金额98.6万元，责令停产停业2家，移送司法机关4起，查封、扣押特种设备约400台(套)，全市液化石油气钢瓶实现100%自有产权置换，电梯定检率100%，重大隐患整改率100%，全年特种设备“零”安全事故。根据市安委办要求，市场监管局还牵头成立张家界市市场秩序和特种设备安全专业委员，组织召开2次全体成员单位会议，制定委员会工作规则，下发相关工作要点。全年共组织开展2次专项督查，排查事故隐患200余处。 (卓媛媛)

【实施质量强市】 2019年，市场监管局组织举办“全国质量月”活动和“质量开放日”活动。以加强“聚焦质量提升、建设质量强市”为主题，组织开展联合执法检查、食品安全检查、产品质量专项整治、节前特种设备安全检查、民生计量等活动。组织开展“质量开放日”活动，邀请市人大代表、政协委员、优秀企业代表等30余人现场观摩张家界市政府游客服务中心和张家界市食品药品检验所，零距离感受质量管理和质量技术现场，交流质量工作经验。启动张家界市第四届市长质量奖评选。召开张家界市质量提升工作经验交流会议，张家界市30余家规模企业参加会议，张家界农村商业银行和张家界久瑞生物科技有限公司分别介绍质量提升工作经验。邀请省市场监管局原质量管理处副处长郑长征进行专题讲座，讲授卓越绩效评价标准和企业质量提升实务，得到与会企业的一致好评。组织申报省市场监管局真抓实干质量激励项目。申报张家界市本级和慈利县2个项目，通过积极争取，慈利县获得省政府的质量激励项目奖励50万元，市场监管局获得市政府3万元的奖励资金。认真完成省政府质量考核工作。结合张家界市市场监管、工信、农业、商务、旅游、住建、环保等相关质量强市成员单位开展质量工作的情况编写自评报告，包括2019年质量工作情况、工作亮点、工作存在的问题、否决项说明、建议及下一步工作措施，收集整理相关资料39本，按照要求上报省质量强省领导小组办公室，张家界市旅游佣金公对公模式得到省局肯定。 (卓媛媛)

【商品质量安全监管】 2019年，市场监管局制定全市重点工业产品监督抽查计划，工业产品监督抽查稳步进行。涵盖建筑装饰材料、农资、食品相关产品及其他等4类共18种产品，全年完成工业产品监督抽查275批次。

开展商品质量监督抽查。完成监督抽查337批次，其中成品油抽样80批次、塑料管材管件14批次、复混肥料11批次、床上用品1批次、絮用纤维制品6批次、非针织服装20批次、儿童服装20批次、验配眼镜20批次、学生书包3批次、学生文具42批次、学生课业本17批次、儿童玩具11批次、小家电18批次、其他钢材10批次、水泥4批次、铝合金建筑型材4批次、安全玻璃6批次、危化气体4批次、电灭蚊拍7批次、防水涂料1批次、陶瓷砖1批次、低压配电成套设备1批次、塑包3批次、消毒产品1批次、学生服18批次、棉絮6批次、食品相关产品8批次。全年合计开展产商品质量监督抽查612批次，不合格24批次，合格率96.1%。 (卓媛媛)

【食品安全监管】 2019年，张家界市出台《关于进一步加强食品药品监管体系建设的实施意见》，市委常委会将食品安全工作纳入向市委全会报告的重要内容，刘革安市长还亲自担任市食安委主任。市市场监管局将食品安全列为首要职责，设立食品安全工作科室6个。市、县、乡三级食安委和食安办建立健全，全市村级食品安全信息员(协管员)队伍建立到位。市、县两级均加强食品安全工作经费保障，2019年全市财政共安排食品安全工作经费5258万元，比上年增长6.1%。市食安办组织多部门联合开展学校校园及周边食品“护苗”行动、保健市场整治“百日行动”、食品安全“护老行动”等食品安全联合整治行动。全市共完成食品监督抽检（监测)7975批次，完成率达112.7%，抽检量达到5.2批次/千人，抽检(监测)结果公示率和不合格产品核查处置完成率均达到100%。全市完成食用农产品快检129243批次。全市共受理食品相关投诉举报718起，处理率和回复率均达到100%，对1位符合奖励要求的举报人实施奖励。市、县、乡一起行动，开展一系列食品安全宣传活动，其中街头宣传咨询50余次，讲座培训16次，制作标语210余条，展板80余块，发放宣传资料3万余份，参与群众3万余人次，营造良好食品安全工作氛围。积极推动学校、企业投保食品安全责任险，全市中小学校方责任保险投保率达到100%，永定区211家食品经营单位投保商业领域食品安全责任保险，总投保额达到1860万元，慈利县花费51万元购买全县农村聚餐食安责任险。全市市场监管部门立案查办食品案件570起，至年底时结案453起，到位罚没款559.4万元，向公安机关移送涉刑案件3起，无行政复议被撤回或行政诉讼败诉情形。发布2019年典型案例9件，开展问题食品集中销毁活动2次，形成惩治违法犯罪的高压态势。央视等媒体对张家界市破获的“5·26”大案进行密集报道，省市场监管局对办案人员予以通报表扬。全市没有发生较大及以上食品安全事故和负面舆情事件，食品安全工作及国家食品安全城市创建取得显著成效。（卓媛媛）

【食品生产监管】2019年，张家界市食品生产监管工作以创建国家食品安全示范城市为目标，以《国家食品安全示范城市标准(修订版)》和《湖南省国家食品安全示范城市评价细则》为对标，按照“严监管、大整治、抓规范、促产业”的思路推进，全市食品生产领域没有发生食品安全事故和安全生产事故，监管效能明显提升，食品产业发展明显提速。年初，制定出台《2019张家界市食品生产安全监管工作要点》，并召开食品生产监管风险交流暨工作部署会议，明确2019年食品生产监管工作要紧紧围绕督促企业落实主体责任、压实食品安全监管责任、抓好小作坊监管和整治、促进食品产业快速发展四个方面重点来开展，要求各区县细化责任，强化举措，确保工作取得实效。另外，加强日常监管，确保食品生产安全。一是强化日常监管。根据企业安全状况，动态调整企业风险分级等级，并按照《食品生产经营日常监督检查管理办法》和风险分级管理要求开展日常监管。市场监管局重点检查33家直管食品生产企业。各区县市场监管局共监督检查食品生产企业165家、小作坊340多家次。二是强化飞行检查。市场监管局制定《2019年食品生产企业飞行检查实施方案》，对8家2018年度监督抽验不合格或受到市局行政处罚的企业开展飞行检查和跟踪抽验，抽验27批次，其中1批次不合格。根据省市场监管局工作部署，张家界市异地交叉飞行检查岳阳平江县4家食品生产企业。三是强化监督抽验。元旦、春节“两节”期间组织对全市食品生产环节肉制品、食用油、酒类、糕点等高风险产品开展集中抽验，共计监督抽验40批次，不合格6批次，合格率达85%。四是强化稽查办案。结合日常监管和监督抽检，张家界市已对食品生产违法行为实施行政处罚55起，共下达责令改正书66份，处理投诉举报18起。五是开展食安员APP现场考核。张家界市共对167家企业227名食品安全管理员和企业负责人进行食品安全知识的APP现场考核，覆盖率达到99.4%，考核合格率为98.12%。六是企业开展自查。市局专门下发《关于食品生产企业开展食品安全自查工作的指导意见》，要求张家界市食品生产企业按照要求开展自查，自查覆盖率达到100%。另外，抓好人大建议主办工作。根据《关于强烈要求进一步规范张家界市豆制品市场，确保人民群众生命安全的建议》(第132号)要求，制定建议办理工作方案，征求领衔代表意见后，向市场监管局责任科室和区县市场监管局及时交办主办工作任务，向各区县人民政府交办协办工作任务。在办理中，及时向领衔代表报告办理进度，并组织人大代表对慈利县办理进度进行暗察暗访和现场督查，在规定的时限内向人大代表反馈办理结果。（卓媛媛）

【小作坊整治】2019年，市场监管局开展两项整治，加强重点问题治理。一是深入推进小作坊整规。市场监管局于年初印发《2019年张家界市制售分离食品小作坊整规攻坚方案》，各区县继续推动辖区内禁止目录之外的小作坊整改达标，办理小作坊许可证，张家界市已核发小作坊许可证349份，其中永定区65份、武陵源区8份、慈利218份、桑植58份，小作坊持证率达81.5%。大力取缔禁止目录内的小作坊，重点取缔非发酵性豆制品小作坊，全市依法关停38家无证非发酵性豆制品小作坊，其中永定区2家、武陵源8家、慈利县18家、桑植县10家。两区两县城区非发酵性豆制品小作坊基本关停到位。二是开展粉丝粉条面制品专项整治。市、区县局分别组织辖区内粉丝粉条面制品生产企业召开宣传动员会议，要求企业开展自查。特别是市场监管局对直管7家企业召开宣传动员会议，督促企业开展自查。同时深入企业重点从食品配方、原辅料采购、生产加工制作过程、产品出厂检验、使用添加剂等方面进行检查。全市共检查食品生产企业27家、食品小作坊30家，对存在的无证生产、监督抽验不合格等违法行为立案查处4起。三是开展食品生产质量安全提升行动。按照省市场监管局的工作部署，全面完成肉制品、蜂产品、植物油、白酒辣条等专项整治工作，取得显著的成效。（卓媛媛）

【食品流通销售监管】2019年，市场监管局初步推行“双随机、一公开”。制定《张家界市2019年食品销售单位监督检查计划》，规定基层监管所对辖区食品销售单位做到日常监管全覆盖，区县股室按辖区监管对象总数5%的比例实施随机抽查，市场监管局在直管对象日常监管全覆盖的基础上，对区县食品销售单位按2%的比例实施随机抽查。并对张家界市食品经营者再次模底，完善张家界市食品经营者检查名录库，同时收集张家界市食品监管人员信息，建立张家界市食品监管人员名录库，为全面实施“双随机、一公开”奠定坚实基础。2019年，市场监管局本级已全面完成“双随机、一公开”监督检查任务。食用农产品市场及质量安全整治成效显著。市场监管局出台《张家界市食用农产品市场及质量安全专项整治方案》《张家界市食用农产品快检实施方案》。市场监管局局长阙道文和书记李步群亲自带队，每周轮流对市城区4个专业市场、9个临时便民市场开展暗访督查，现场交办发现的问题。市、区县共安排24名执法人员专门负责为期3个月的集中整治，并组织开展多次联合行动，出动执法人员3332人次，下达责令整改通知236份，查处问题90起。全年已改建3个专业市场、7个临时便民市场，取缔3个马路市场，关停违规经营户278家，查办食用农产品案件11起，新建一个活禽屠宰点，尤其是市城区活禽集中到一个屠宰点交易屠宰，其他城区市场禁止交易、屠宰活禽。此外，还全面开展食用农产品市场准入的快检工作，每日快速检测食用农产品近500个批次，快检结果每日10时前在12个市场显著位置电子显示屏上进行公示，每月在局域网集中公示，对快检不合格的100%进行调查处置；另外，肉品整治及“非洲猪瘟”防控效果明显。市场监管局下发各类非洲猪瘟防控文件5份，区县局、乡镇监管所每周组织排查，共出动执法人员5624人次，排查肉品经营、使用单位5842家次，销毁处理问题肉品800多千克，立案查处3起，罚没20多万元，关停肉品经营摊贩45户。并加大含肉及肉制品监管，检查含肉及肉制品经营户3614家次，下发检查意见书178份，责令通知56份，抽检含肉及肉制品46批次，责令肉制品生产企业停业整顿2家，立案查处肉制品生产经营单位5家。市场监管局还对区县非洲猪瘟防控工作进行暗访督查4次，每次均下发督查通报。张家界市市场上的肉及肉制品质量安全稳定，肉品生产经营单位没有发生非洲猪瘟舆情，但肉品市场供需不稳，肉品价格波动较大。开展网络食品和娱乐场所假冒伪劣食品专项整治有新的突破。张家界市共检查网络和娱乐场所的食品经营户836家，发出574余份监督检查记录表，下达198份责令整改通知，提出整改意见1014条，抽检样品118个，立案查处食品案件48件。市场监管局还约谈“饿了吗”“美团”，要求“饿了吗”“美团”索取上线食品经营户证照，并严格按要求从事经营活动。城乡结合部及农村食品专项整治取得新的成果。出台《张家界市城乡结合部及农村食品专项整治方案》，并全面组织实施。全市共出动执法人员2987人次，排查“五小”食品经营单位1468家，集贸市场48个，排查20个食品场所食品安全风险276个，关停“五小”无证无照经营户127家，新办证476家，查缴问题食品1324千克，立案41起，罚没款18.5万元。 （卓媛媛）

【餐饮监管专项整治】 2019年，市场监督管理局展开一系统的专项整治活动，保障张家界市人民“舌尖上的安全”。一是大力推进学校(幼儿园)食堂明厨量灶改造工程，张家界市586个学校食堂已完成改造510个，完成率87.0%。二是开展“铁腕治旅”餐饮环节整治行动。以旅游团餐服务单位为重点单位，涉旅餐饮服务食品安全保障水平明显提升。专项治理行动共出动执法人员32000余人次，检查各类社会餐饮服务单位16000户次，下达《责令改正通知书》3200余份，查办涉旅餐饮服务食品安全案件42件。三是开展小餐饮创卫达标专项整治行动。拆除小餐饮“门前灶”193个，取缔或关停138家，1350家完善“三防”设施，安装灭蝇灯3570盏，添置消毒柜324台，添置垃圾桶3080个。通过治理，市城区2900余家小餐饮店 的“脏、乱、差”问题不同程度地得到明显改观。开展网络订餐“网剑行动”。检查入网餐饮服务提供者1714家，发现无证、冒用食品经营许可证138家，未按照食品经营许可证载明的主体业态、经营项目从事经营活动48家，未在网上公示菜名和主要原料名称310家，下达责令改正通知书519份，下线入网餐饮服务提供者86家，取缔无证经营52家，立案网络平台经营者4件、入网餐饮服务提供者3件，罚没款共计22万元。四是保障重大活动餐饮服务食品安全。2019年全市共承办重大活动餐饮服务食品安全保障任务92次，均圆满地完成每次重大活动食品安全保障任务。 （卓媛媛）

【“护苗”行动】 2019年，市场监管局开展“护苗”行动，不断巩固校园食品安全整治成果。市场监管局、教育局、卫计委三部门联合下文2份，召开3次工作联席会议，开展3次联合督查，下发3份督查通报，共交办问题56项，督促区县全面整改。特别是市场监管局局长阙道文和书记李步群亲自带队对区县“护苗行动”开展情况进行两次全面督查，暗访检查学校32所次，食品经营户86家次，发现问题线索82条，下发暗访督查通报。张家界市共检查学校及周边食品经营户1534家次，公示检查意见书600余份，下发责令整改通知102份，提出整改意见313条，监督抽样597个，立案查处14件，约谈29户食品经营者，培训从业人员1384人，发放培训资料2768份。扎实推进校园及周边食品安全“护苗”行动。上半年，张家界市共出动执法人员1286余人次，对张家界市586家学校(幼儿园)食堂进行执法大检查，发现隐患问题256个，下达责令整改通知82份。抽检学校校园食品70批次，集中用餐配送单位12批次，不合格0批次，合格率100%。立案查处案件4件，查扣问题食品2001千克。全年学校及周边食品没发生食品安全事故。 （卓媛媛）

【联合整治行动】 2019年，市场监管局联合其他单位整治食品安全问题专项行动取得阶段性成效。9月26日，按照“不忘初心、牢记使命”主题教育要求，市场监管局联合市公安局、市教育局、市农业农村局等四部门对校园及周边食品安全工作进行再部署，开展整治食品安全问题联合行动，成立校园食品安全整治组，对校园及周边食品安全进行再整治，共检查学校(含幼儿园)食堂586家、学校供餐的集中用餐配送单位1家，发现隐患问题326个，下达责令整改通知94份。抽检学校校园及周边食品94批次，集中用餐配送单位12批次，合格率100%。立案查处案件9件，收缴问题食品376公斤，其中问题辣条164公斤。结合“不忘初心、牢记使命”专题教育活动和“创卫”开展整治食品安全问题联合行动，制定实施方案，成立联合行动协调机构和6个工作组，召开整治动员会议，全面展开整治食品安全问题大会战，特别是市局抽调130多名执法人员分成12个组，分片包干，对工业园、崇文街道、阳湖坪街道范围食品经营单位进行集中整治，发放告知书、责令通知1800多分。通过整治，张家界市新办食品销售经营许可证2500多张，新规范经营户1800多家，持证率由64%上升到93%，100%经营户张贴公示牌，许可证、监管信息等全面得以公示，共取缔关停无证生产经营户79家，查办食品销售环节案件173件，罚没款114.11万元，向公安机关移送案件2件。 （卓媛媛）

【药品生产监管】 2019年，市场监管局全力开展药品生产环节专项整治。按照省市场监管局要求，根据《张家界市中药饮片质量集中整治工作实施方案》、《张家界市食品药品安全风险隐患大排查大整治专项行动实施方案》等专项检查工作方案，全面组织实施。采取先督促各药品生产单位搞好自查并整改到位，再组织专项检查。完成风险隐患大排查大整治专项检查6家，完成中药饮片生产企业整治2家，检查覆盖率为100%，共发现风险隐患32项，下达整改通知5份，监督抽验医疗机构制剂10批次，对其中3批次不合格医疗机构制剂给予处罚。整治行动，做到不留死角，不留盲区，确保全市药品生产领域无特殊药品流弊事件发生，全市药品生产源头未发生重大药品质量安全事故。张家界市共检查中药饮片生产经营使用单位567家，办结案件17起，完成对可疑中药饮片监督抽验96批次，收缴罚没款19.7万余元，其中对某零售连锁公司从无药品经营许可证手中购进93种中药饮片、货值6662.5元的违规行为进行严肃查处。（卓媛媛）

【药品流通监管】 2019年，市场监管局全面开展药品流通领域安全风险隐患大排查大整治。全市232家药品经营企业开展全面自查并提交自查表，其中药品批发企业、药品零售连锁企业总部、市局直接监管企业自查率达100%。检查药品批发企业2家、药品零售连锁总部5家、药品经营企业378家，共排查安全隐患38条，责令整改25家次，完成风险隐患整治26条。深入开展中药饮片质量安全集中整治。共检查567家中药饮片生产经营使用单位，抽检中药饮片96批次，立案查处17起，收缴罚没款19.7万余元。与市卫生健康委联合开展城乡接合部和农村地区医疗机构药品质量安全专项整治。共检查333家单位，发出责令改正通知书232份，立案34件。深入开展药品零售企业执业药师“挂证”专项整治。执业药师“挂证”专项整治做到药品零售企业检查率100%、查处率100%、整改率100%。3家药房主动申请注销“药品经营许可证”，23名执业药师主动停止“挂证”行为，注销“执业药师注册证”。全市无源发性药品安全事件、无重大敏感舆情事件。（卓媛媛）

【医疗器械监管】 2019年，张家界市共有一类医疗器械生产企业1家，二类医疗器械生产企业4家，暂无三类医疗器械生产企业；共有医疗器械批发企业24家，零售企业373家，其中持有“医疗器械经营许可证”的企业54家，持有“第二类医疗器械经营备案凭证”的企业373家，二级以上医疗机构7家。全市医疗器械生产、批发、零售企业年度监督检查覆盖率达到100%、二级以上医疗机构年度检查覆盖率达100%、三类医疗器械经营企业年度自查报告上报率达100%、第二类医疗器械经营备案后的现场核查率达100%。全年共组织各种执法行动9次，累计出动执法检查人员890人次，检查辖区内各类医疗机构、美容整形机构150余家，检查批发经营企业270余家，下达执法文书320余份。积极组织开展违法违规使用医疗器械、无菌和植入性等医疗器械、“清网”和第一类医疗器械生产企业专项整治。今年全市医疗器械类违法案件共立案42起，结案42起，罚没款共计44.8万元。（卓媛媛）

【化妆品监管】 2019年，市场监管局开展化妆品非法添加及标签标识专项整治、化妆品经营安全风险隐患大排查和化妆品“线上净网线下清源”风险排查处置工作。共摸排到化妆品经营企业754家（含化妆品网络销售2家备案经营产品）。建立全市化妆品经营单位台账，基本消除化妆品经营企业台账不清、数据模糊的现象。以进口化妆品、特殊用途化妆品为重点品种，开展美容美发等化妆品使用单位、化妆品互联网经营和农村假冒伪劣产品整治，组织开展法规知识宣传和集中检查，加强对使用无合法资质产品、现场配制化妆品、未经许可进口等行为进行治理。2019年，张家界市共检查化妆品经营使用单位889家次，出动执法人员1738人次，责令改正3家，已整改到位。张家界市共立案7起，办结7起，处罚没款5.11万元。（卓媛媛）

【抽检监测】 2019年，市场监管食品抽检，张家界市按4份/千人标准下达食品监督抽检（监测）任务，计划抽检7423批次，全年共完成食品监督抽检（监测）8351批次（达到5.4批次/千人），完成率为112.5%。药械抽检市本级完成100批次药品、20批次医疗器械及10批次化妆品进行抽样，完成率100%。抽检工作经费保障到位。市、县两级均建立食品安全监管经费保障机制，将风险监测、食用及食用农产品抽检、粮食安全监测等各项工作经费纳入本级财政预算。2019年，全市财政共落实食品监督抽检经费1621.853万元，其中市本级650万元、永定区140.85万元、武陵源113万元、慈利县271.693万元、桑植县446.31万元。为加强食用农产品安全监管，市政府出资380万元，在永定、武陵源城区建立9个食用农产品安全快速检测实验室。慈利、桑植两县共出资214万元，委托第三方机构实施食用农产品快检。抽检信息公开。2019年在市局官网同步更新食品及食用农产品公示信息。按照监督抽验计划，及时对省、市抽验计划任务完成情况及质量状况进行分析、总结，印发工作简报。2019年，张家界市共对外发布食品监督抽检和核查处置信息42期，发布核查处置信息7期，公示率达到100%。（卓媛媛）

【湖南康尔佳生物医药科技有限公司】 2019年，湖南康尔佳生物医药科技有限公司形成药品、医疗器械、药食同源食品于一体的综合性生产企业，完成产值7500万元。在药食同源食品领域里，公司充分利用当地特色药食同源中药材资源，开发枸杞茯苓固体饮料、金银花固体饮料、姜枣茶固体饮料、小儿益生菌AD钙奶固体饮料、嘉愈饮等十几款产品。在原料供应上，与千弘中药材种植专业合作社等5个中药材种植合作社形成战略合作，在中药材种植现场进行中药材质量技术指导，确保供应的中药材原料绿色健康；在产品营销方向，与张家界中科网商集团有限公司、南京传承济世健康科技有限公司等5家网络公司形成战略合作，药食同源系列产品形成网络爆品，成功开辟除实体店外的网络销售市场。2019年，药食同源类食品的年产值达到3500万元安置就业150人，间接带动就业500余人。药食同源食品产业成为康尔佳生物医药新的经济增长点，取得良好的经济效益和社会效益。（胡新建）

【张家界锦华药业】 截至2019年底，张家界锦华药业(集团)有限公司现有员工65人，其中中专以上学历人员51人(本科7人、大专22人、中专22人),药学技术人员17人(执业药师4人、从业药师4人、药师2人、药士5人、主治中医师1人、检验师1人),法人代表及其企业负责人赵继武，质量负责人陈春华。公司下设组织机构为：综合人事部、财务管理部、质量管理部、采购部、网络信息部、医疗器械经营部、麻精药品经营部、销售部、批发部、储运部十个部门。公司经营范围为中药材、中成药、中药饮片、化学原料药及其制剂、抗生素原料药及其制剂、生化药品、生物制品、麻醉药品、一二类精神药品、蛋白同化制剂及肽类激素、药品类易制毒类化学品制剂、一二三类医疗器械及体外诊断试剂达5000多个品规,2019年销售额1.4亿元左右,年纳税近300万元。

公司于2019年5月份通过GSP认证,认证期间添置设施设备,购买1台新飞牌冷藏车等。2019年12月由市场监管局带队参加新药品管理法知识竞赛,取得三等奖荣誉。

集团子公司——张家界锦华中药饮片有限责任公司，实行总经理负责制,下设质量科、生产科、供销科、财务科、行政科等部门。有员工30人,其中药学专业技术人员11人，占总人数38%；中初级职称3人，占总人数10%;中专以上学历16人,占总人数55%;质量保证和质量控制人员6人，占总人数17%。主要从事中药材、中药饮片(含毒性饮片)生产加工及销售，是辖区内各大医疗机构和各药品零售企业的中药饮片供药主渠道。拥有中药饮片生产线2条,2019年常规饮片年生产能力130余吨,生产有当归、党参、陈皮、枸杞、红花、桑叶、广金钱草、蒲公英、醋鳖甲、全蝎、肉桂、桂枝等182个品种，年产值高达1200余万元。配备26台生产设备和35台检验仪器,能满足生产和检验需求。

公司的业务对象以全市两区、两县上千家涉药、涉械单位为主,且本地区县级以上的医疗机构与公司签订长期的供货合同。为保证公司的药品及医疗器械的及时供应，公司与国内近500家药品生产企业、经营企业建立长期的业务合作关系，商品库存能确保市场需求。公司在通过GSP、GMP认证工作以来，一直坚持GSP、GMP要求对全公司进行规范化、系统化管理,所有经营活动均按程序规范进行，在确保药品质量万无一失的情况下，既能保证供应,又能以诚信服务为本，在省药监部门的各项检查中质量管理工作也得到好评。2019年被市人民政府评为“行业纳税状元”。 (陈鹏)

【张家界市新纪元石化有限公司】 2019年,张家界市新纪元石化有限公司进货总量12974吨，销量总13193吨，其中批发9658吨,零售3534吨。年度交纳税167.6万元。公司坚持“安全第一,预防为主”和“保障供应,科学发展”的经营理念,诚信经营,狠抓安全管理，为张家界市城区及永定区居民用上放心气、安全用气提供有力的保障。公司连续27年安全生产无大事故。

公司引进开发珠海普燃科技“移动互联网+企业”信息化管理系统,可对用户订气、气瓶充装、运输、调拨、销售、配送、入户使用、气瓶超期、气瓶报废等管理环节，实现有效管理和气瓶安全可追溯化监管。同时对储配库两个球罐安装远程监控系统，实现时时对储罐们液位、温度、压力有效监控与管理。2019年对充装站8台台称进行信息化升级改造，与普燃科技管理系统有效对接，实现气瓶合格充装自动识别、充装精准化、标准化,是企业推进科技管理的一大进步。截至2019年年底,订气配送和钢瓶信息管理系统，已完成基础数据采集和用户 (10.6万户)、钢瓶信息(17.7万瓶)建档工作，以及气瓶充装自动识别和部分信息管理工作。 (张勇)

【张家界旅游集团股份有限公司观光电车分公司】 2019年，张家界旅游集团股份有限公司按照张旅集团“机构改革”“百日攻坚”工作部署,以及年初核定的年度各项经营指标，在复杂多变的旅游环境及严峻的市场形势下,紧紧围绕安全生产、优质服务、现场管理、营销突破、利润攻坚等主要内容展开工作，实现生安全生产责任事故为零,有效旅游投诉为零、营销突破成绩显著的工作目标。2019年,公司获得“全国青年文明号”“湖南旅游行业服务示范岗”等荣誉称号;2017年至2019年连续三年获得武陵源区“安全生产先进单位”称号;全年实现经营收入5592.95万元(不含税),同比增长8.35%,完成计划的105.80%,实现公司经营收入2017~2019年“三连增”。全年实现生安全生产责任事故为零,有效旅游投诉为零的“双零”工作目标。

公司完全按照现代化企业标准进行管理,截至2019年底拥有观光电车15台,日最高运力可达20000人次以上，平均每年接待游客量达100多万人次。公司现有职工70人,男女比例均等,职工平均年龄35岁,队伍呈现年轻化。受过中等及以上教育的人员占总体比率的90%，受过高等教育的人员占总体比率的55%。 (唐君杰)

【张家界新泰天然气有限责任公司】 2019年,张家界新泰天然气有限责任公司总营业额1.1亿元，年纳税1061万元,员工平均工资7.85万元,安置就业120人。2019年LNG销售1400余吨,CNG销售50余万方,成品油销售约4300吨。

武陵源城区天然气中压管道敷设达45.9千米。居民用户入户安装3411户,商业用户安装115户。2019年居民售气量300万方，商业售气量227万方。由该公司自筹资金7300万元建设的张家界长输管道末站——武陵源城燃管道(专线)工程投资、工程精度已完成95%以上，剩余末站至绕城公路也在快速推进中。

2019年积极完成高新企业专项审计,按照要求申报高新企业,并顺利通过认证。

公司积极承担社会责任。累计捐款500余万元，累计解决就业岗位500余个,助力脱贫攻坚。 (吴旦)

【湖南张家界天门山旅游股份有限公司】 2019年，湖南张家界天门山旅游股份有限公司景区接待中外游客473万人，连续3年均同比增长10%以上;实际缴纳各项税费2.4亿元。全年未重大负面事件和安全生产责任事故发生。顺利通过创卫、文明城市验收和AAAAA级景区复核工作中的检验,为景区发展提供最基础的保障。由于表现突出,2019年保洁部被湖南省旅游协会评为“湖南旅游行业服务示范岗”。

自办的极限挑战主题活动有极限飞荡动力伞特技国际大师赛、摩登天梯、大众ID.R挑战99弯、第八届翼装飞行世锦赛、美国车手挑战99弯、喷气人穿越天门洞、“硬核玩家”翼装汽车挑战活动;整合政府或社会资源,配合协办的活动有第二届环天门山国际自行车邀请赛、“潇湘100”天门山国际越野赛、国庆特别活动——天门洞音乐会等。近年来,天门山“传奇”之形象特质继续强势扩大市场影响力,天门山营销活动的创新创意能力及传播效果继续成为业内翘楚。

参与录制芒果TV《妻子的浪漫旅行3》——天门山旅行特辑、中央电视台财经频道CCTV—2《生财有道》——天门山特别介绍、中央电视台纪录频道CCTV—9《吾土吾民》——天门山翼装飞行纪录片、中央电视台科教频道CCTV—10《地理中国》——天门山纪录片、湖南卫视《我和我的祖国创作故事》——天门山特辑、湖南卫视《更上一层楼》——天门山蜘蛛人展示、虎牙直播——天门山索道检修工等录制工作;全年在央视及各地省市电视台发布景区各类原创视频新闻213条次,其中,央视播报106条次,中央电视台新闻频道CCTV—1《新闻联播》单条播报2次。2019年景区相关新闻话题“天梯清洁工一天上下八千步、张家界雾凇、喷气人中国首秀、张家界鬼谷天堑”4次登上微博热搜,话题阅读总量达4.46亿,并创造“首个张家界年度最佳热搜讨论榜单”。在《中国日报》(中英版)、《人民日报》等各类报刊发布图文新闻30余篇;通过新华网、中新网等各主流网站发布图文新闻,转载达2100余条,两次登上百度热搜榜单。2019年景区在主流媒体的正面新闻报道方面,在数量上和质量上均再创佳绩。

2019年,湖南张家界天门山旅游股份有限公司公司荣获各项荣誉13项,其中省级荣誉3项,市级荣誉1项,区级荣誉3项,其他荣誉6项。2019年3月,公司荣获有“旅游届奥斯卡”之称的“2018第八届中国旅游投资艾蒂亚奖”。 (郭 珩)

海关工作

【概况】 2019年,张家界海关监管进出口货运量240吨,进出口值1596万美元,监管进出境航班2527架次,监管进出境人员35.4万人次,监管免税品销售231.6万元;实有备案企业112家,新增进出口收发货人注册14家,办理出口食品生产企业备案2起,出口食品原料种植场基地备案1起。核销加工贸易手册1本,审结报关单1份。

【强化综合监管】 2019年,张家界海关应用CT机智能审图对出入境行李物品实行100%过机检查。截获禁止进境物3467批次,重量2.4吨,查获宗教宣传册40本,问题地图90张,问题地图册15本,疑似非法出版物42本。强化口岸卫生监督,开展口岸食品安全风险监测抽检28批次,食品安全监督抽检60批次。加强属地进出口企业监管,完成入境医疗器械检验监管2批次、出境危险货物运输包装使用鉴定27批次。深入推进反走私综合治理,联合17个部门及各区县开展“国门利剑2019”“蓝天2019”等专项行动。2019年,共办理一般行政案件4起,“两简”案件7起,张家界市在湖南省反走私综合治理年度考核中排名第四。

【检验检疫】 2019年,张家界严格做好非洲猪瘟口岸防控工作,对来自疫区的境外航空器实行100%登临检查,对来自非洲猪瘟疫区的旅客行李实施100%查验,截获含非洲猪瘟病毒(核酸)阳性的猪肉及其制品24批次。加强风险分析研判,对新开航国家开展疫情输入风险分析,提前准备相关传染病快速检测试剂和个人防护设备,保障出入境卫生防疫安全。发现有症状旅客19名,采样14例,确诊6例,首次检出登革热;检测出核辐射超标13例(均因医学诊疗)。

【服务张家界发展】 2019年,张家界海关支持张家界荷花国际机场开通“长沙-张家界-曼谷”国际航班国内段,增开张家界至日本大阪、菲律宾马尼拉、韩国仁川、柬埔寨暹粒4条国际直航航线。主动指导进出口企业充分运用原产地签证关税减免政策降低经营成本,2019年签发中国——东盟等贸易协定及各类出口原产地证书54份,为企业减免目标国关税45万美元。

【进境指定监管场地通过预验收】 2019年,张家界海关大力支持荷花机场进境指定监管场地建设,多次派员赴长沙海关对接场地布局等事宜,现场蹲点指导企业按照监管要求做好场地建设和问题整改。2019年9月24日,张家界荷花机场进境水果、食用水生动物和冰鲜水产品3个进境指定监管场地通过长沙海关预验收。3个进境指定监管场地设在张家界航空口岸国际货运区,是正在筹划的张家界国际航空物流园的前期功能配套项目。建设规模总面积465平米左右,项目投资650万元。

【张家界丰泽公用保税仓启用】 2019年9月28日,张家界丰泽公用保税仓启用,并办理申报2批次货物入仓,实现张家界市保税仓储业务零的突破。

(本栏撰稿 梁德)

边检工作

【概况】 2019年,张家界出入境边防检查站抓口岸维稳管控,深化政治建警效能,从严队伍教育管理,提升综合保障能力,为保卫国家安全、打击违法犯罪、推动张家界经济社会发展做出积极贡献。全年共检查出入境人员35万多人次,出入境航班2500多架次,同比分别增长100%和80%以上,出入境流量已超过2016年历史最高峰,且连续6年位居中部六省非省会空港口岸第一位。

【政治建警】 2019年,张家界出入境边防检查站把党的政治建设摆在首位,高标准高质量推进“不忘初心 牢记使命”主题教育活动，紧扣五大目标，坚持四个“贯穿始终”，用活内外教育资源，建立5项机制、4类清单，扎实开展党委中心组集中学习研讨、专题党课、参观见学及集中轮训等教育活动40余次，在推动解决党建突出问题、警力紧缺与任务攀升矛盾、改善民警职工工作生活条件等问题上效果明显，主题教育工作成效得到国家移民管理局第三指导组和湖南出入境边防检查总站指导组的充分肯定。注重文化育警，主动邀请全国人大代表进警营宣讲，依托“学习强国”APP开展“微课堂”，改造美化营区宣传栏、主题教育及廉政文化墙，2个节目在总站歌咏比赛中获得二等奖。持续强化新闻宣传阵地建设，33篇稿件被国家级、省市主流媒体刊发。扎实开展精准扶贫，5户帮扶家庭已全部脱贫摘帽，《中国移民管理报》刊发长篇通讯报道该站精准扶贫经验做法。

【口岸管控】 2019年，张家界出入境边防检查站坚持以国庆70周年、全国“两会”、中非经贸博览会等重大安保工作为主线，全面落实各项管控工作要求，定期开展口岸基础数据排查和风险评估，建设启用专业系统，建成投用“报警待甄别人员等候室”，深化联勤协作机制，特别是在大庆安保期间，全体民警职工以全员无休、每日工作14小时的超常状态，全身心投入大庆安保实战，圆满完成各项任务，受到各级领导的高度肯定。注重提升口岸软硬件保障水平，采购证件阅读机、取证设备、语言翻译机等执法执勤设备，并全部投入一线使用。组织自主研发实时比对软件，优化限定区域闸机设置，升级改造执勤现场监控系统，实现全方位、无死角视频覆盖。完善与张家界市公安局反恐、政保、出入境等部门协作机制，强化信息互通，完善实现多警种无缝配合，全力构建口岸立体化管控体系。

【服务改革】 2019年，张家界出入境边防检查站持续创建“提质张家界·舒畅在国门”边检服务品牌，积极发挥边检工作优势，定期分析口岸边检业务数据，主动向党委政府和相关部门提供边防检查数据分析情况，为促进口岸经济发展提供决策参考。全面落实“放管服”改革各项措施要求，出台实施“大力推进自助通关服务”、“中国公民出入境通关候检不超过30分钟”等便民利民举措。完善边检现场引导标识，坚持发布“两公布一提示”内容，在出入境LED大屏上投放边检通关指引及张家界风景宣传片，开展节假日客流高峰预测，科学设置旅客与检查员配比，合理开启查验通道，口岸通关更加便捷顺畅。研究制定《检查工作指引》，不断细化检查流程，健全完善“绿色通道”机制，先后为中非经贸博览会参会宾客及泰国前总理等重要宾客提供通关便利和礼遇。

【队伍建设】 2019年，张家界出入境边防检查站圆满完成改革划转、换装揭牌等工作，出台《关于建立容错纠错机制进一步激发干部担当作为的办法(试行)》，先后3人荣立湖南出入境边防检查总站三等功，2人被湖南省公安厅嘉奖，2名同志受到国家移民管理局大庆安保专项慰问和表彰。高标准抓好内务管理规定试点工作，研究确定3个方面14项试点建设项目，编制《张家界边检站制度规范指引》，出台《张家界边检站督办工作规定》，常态化抓好一日生活制度落实，安装集考勤与门禁于一体的人脸识别门禁系统，充分利用钉钉APP、视频监控等信息化手段，开展现场和视频督查，全站全年未发生违法违规案事件。注重后勤规范化建设，第一时间完成关键部位标志标识更新及账户名称更换，出台公务用车管理、社会化保障人员管理等制度规定，率先在总站范围内开展营区物业、保安、食材配送及法律顾问聘任等社会化保障服务，组织对办公楼、宿舍楼维修改造，优化改善执勤现场休息环境，先后对9名家庭困难党员和民警进行慰问，对1名家庭突遇变故民警进行救济。

(本栏撰稿 杨新春)

统计工作

【概况】 2019年，张家界市统计局以政治建设为统领，以统计改革创新为动力，以提高数据质量为核心，提高统计工作水平。公开引进2名研究生充实到统计队伍，全局有研究生学历人数10人，占全局干部职工的27.7%，为全市前列。举办“统计大讲堂”，提升业务素质，张家界市在第四次全国经济普查全省抽检中排名第三。高质量发展在全省2019年度市州重点工作绩效评估二类地区中排名第三。

【依法统计】 2019年，张家界市一是加大宣传力度。举办全市依法统计专题培训班，邀请省统计局领导和专家到张家界市专题授课，全市300多名统计工作人员参训。开展“统计开放日”及统计法治宣传月活动，统计法规知识进社区、景区、进园区、进机关、进党校“五进”活动，加大对统计法律法规宣传力度，营造全市依法统计依法治统的氛围。二是强化制度保障。完善各专业数据质量控制办法，将统计数据审核关口前移，坚持随报随审，确保统计数据的真实性、准确性，守住数据质量第一道防线。建立违规干预统计工作记录制度，形成有效追诉机制。自觉接受社会监督，聘请两名特约监督员加强对全市统计工作的监督指导，固定参与统计工作中的重大事项调度和研究。三是严格执法检查。围绕重点指标数据，督促和指导各区县开展统计数据质量自查自纠工作。同时加大对典型统计违法案例的警示教育力度，树立统计权威，优化统计环境，保障统计源头数据真实准确。全年对13家单位开展统计执法检查，其中企业单位4家，个体户单位9家，发现违法行为4起(其中立案警告1起，责令改正3起)，结案4起。四是充实统计执法力量。配齐法制科科长，选派推荐4人参加省统计局组织的全省统计执法证考试培训，2人顺利通过统计执法证考试，统计执法力量进一步加强。

【统计服务】 2019年，市统计局服务市委市政府决策。编发《张家界经济动态》11期和《张家界统计分析》20期，对全市经济运行情况进行科学、客观、精准分析研判。对季度理论测算、第四次经济普查结果及其影响、统一核算改革等及时进行预测、汇总、分析,为市委市政府领导决策部署提供参考。开展“不忘初心牢记使命”主题教育调研,2篇调研报告在全市主题教育成果评比中获奖。主动服务经济部门。编印《张家界市统计工作手册》,为市工信局、市文旅广体局、市商务局、市住建局等主要经济部门提供统计业务指导,开展统计业务培训,提升部门的统计工作水平。配合市发改委、市市场监管局做好“小新星”企业培育工程和“小升规”工作。为社会做好统计服务。利用张家界市统计局官网每月发布经济数据;及时回复统计需求数十次;利用《张家界日报》、自媒体等多种渠道发布统计信息23条。

【第四次全国经济普查】 2019年,张家界市按照国务院、省政府第四次全国经济普查领导小组统一部署,按照普查方案和要求完成经济普查准备、清查和登记以及质量自查、省检、迎国检、审核改错等各阶段工作。围绕提升全国第四次经济普查数据质量,下发《张家界市四经普登记第一次质量核查和执法检查工作方案》和《张家界市统计数据质量全面排查整改工作实施方案》。全市数据质量较好,通过省统计局实地质量抽查和国家验收,普查达到查实数据、摸清家底的目的,普查结果真实反映全市经济社会发展状况以及供给侧结构性改革取得的成果。

(本栏撰稿 龚伟萍)

农业·林业·水利

农业总类

【概 况】2019年,张家界市各级农业农村部门认真贯彻落实中央、省市农村工作会议精神,坚持稳中求进工作总基调,以推进农业供给侧结构性改革为主线,深入实施乡村振兴战略,着力培育优势特色产业,深入推进农村人居环境,全面深化农村改革,确保农业农村各项工作强基础、创亮点、守底线,张家界市农业农村经济始终保持稳中向好的发展势头。张家界市农林牧渔实现业增加值72.2亿元、同比增长3.6%,位列全省第二,农村居民人均可支配收入增幅达9.6%,位列全省第五。高标准农田建设工作位列全省第三,张家界市农村集体产权制度改革工作在全省排位第一。永定区、武陵源区在省委农村工作会议上分别获得实施乡村振兴战略和农村人居环境整治工作先进县市区,永定区“六大强农”工作、慈利县高标准农田建设和“河长制”工作获省政府真抓实干激励考核先进单位,慈利县农业农村局获全国农业系统先进集体。

一、农业产能。不断调整农业产业结构,扎实推进农业高质量发展,张家界市大宗农产品实现稳步增长的总目标。全年完成粮食种植面积12.64万公顷、总产达63.75万吨,总产值14.03亿元;水果生产总面积3.63万公顷、总产量达41.14万吨,总产值14.18亿元;茶叶生产面积0.977万公顷、总产达4000吨,总产值4.21亿元;蔬菜生产面积3.77万公顷、总产量46.21万吨,总产值21.1亿元;中药材生产面积0.83万公顷、总产值达6.07亿元,;烟叶生产总面积0.64万公顷,产值2.03亿元,同比分别增长5.4%、12.8%;张家界市生猪、牛、羊、家禽等畜牧养殖出栏(出笼)分别达到71.8万头、4.7万头、29.9万只、512万羽,禽蛋产量1.3万吨,水产品产量1.32万吨。因受非洲猪瘟疫情影响,张家界市生猪出栏同比下降21.3%。

二、特色产业。以五大优势农产品“3+2+N”三年行动计划为主要抓手,强力推进六大强农行动,建设产业基地,打造产业品牌,培育产业龙头,推进产业融合。出台关于加快五大农业特色产业和五大优势农产品的发展意见,设立农业发展专项资金1000万元,夯实产业发展基础。五大优势产业发展大鲵累计达320万尾同比增长23.5%、莓茶面积累计达0.492万公顷同比增长35.7%、杜仲面积累计达到1.51万公顷同比增长20.1%、葛根面积累计达350.67公顷同比增长62.5%、蜂蜜累计达11.14万箱同比增长37.5%。通过办点示范,年度新创建市级标准化示范基地10个、省级优质农副产品(杜仲)供应基地1个、省级现代农业产业园集聚区(张家界莓茶)1个、现代农业特色产业园省级示范园3个。武陵源区被评为省一、二、三、产业融合试点县。新增五大农业特色产业县级品牌数量14个、省级17个,有农产品“身份证”管理平台注册企业37家。先后组织120家龙头企业参加农产品展示展销活动10余场次,实现交易额5000多万元,签约金额达1.5亿元。

三、项目建设。积极申报农业发展项目,争取中央、省级农业项目发展资金。今年张家界市获得中央、省级财政农业项目资金达2.4亿元,比2018年增长112%。其中,慈利县成功申报中央财政农村人居环境整治整县推进县,慈利县、永定区分别创建为2019年省级现代农业特色(杜仲)集聚区和优质农副产品(茅岩霉)供应基地(示范片),慈利县成功申报全省秸秆综合利用试点县,武陵源区被确定为2019年省级农村一、二、三、产业融合发展示范县、桑植县陈家河镇被确定为2019年省级农业产业强镇。0.6万公顷高标农田建设各区县,均完成公开招标,11月15日之前进入工程实施阶段。建成信息进村入户工程县级营运中心4个,完成694个益农信息社的建设任务。

四、农村人居环境整治。大力推进农村人居环境整治,持续开展村庄清洁行动,全面推进厕所革命,农村人居环境整治9大年度重点任务有序推进。农村厕所改造完成6437户,超额完成省定6290户任务,张家界市农村卫生厕所普及率达到72%。张家界市建成垃圾中转站86个,初步实现872个行政村生活垃圾治理全覆盖,全年累计收集转运处理农村生活垃圾8.1万余吨,日均清运垃圾221吨,无害化处理率达到88%。农村污水治理建成14个乡镇污水处理设施,18个正在开工建设,退养畜禽规模养殖场30家,退养有污染排放的专业养殖户551家,完成145家适养区、限养区内畜禽规模养殖场配套设施改造,配套率达到96%。

五、农村改革。对标市委重点改革任务清单,科学调度、精准部署、全面推进,出台涉改文件24个,14项改革任务按期完成。其中,确权登记颁证工作基本完成,确权土地面积12.42万公顷,确权农户数达35.19万户,颁发证书34.02万本,发证率达96.67%。农村集体资产清产核资主体任务率先在全省完成,984个任务村成员身份确认完成三轮公示村(居)935个,完成省定为75%的集体经济组织颁发登记证书的目标任务。

六、安全底线。严控草地贪夜蛾疫情,张家界市累计防治5624.8公顷,防治率98.9%、防治效果90%以上。严格防控非洲猪瘟疫情,查获非法调运车辆8车次、116头生猪、猪肉1140千克。张家界市监测排查1244个场(点、户),其中屠商420个、猪贩166个、养殖场(户)648个、屠宰场点10个,无害化处理生猪7058头、猪肉产品1198公斤,移送问题线索4起。分别开展多次部、省、市三级农产品质量监督监测抽查,其中 检测样品441批次,其中蔬菜192批次,水果159批次,茶叶70批次,稻谷20批次,总体合格率为100%。

【乡村振兴】 2019年,张家界市以推进农业现代化发展为目标,全面构建实施乡村振兴战略政策框架。出台《关于落实农业农村优先发展做好“三农”工作的实施意见》《关于加快推进五大农业特色产业的实施意见》《关于印发(优势农产品发展“3+2+N”三年行动计划(2019~2021年))的通知》《张家界市乡村振兴规划》等规范性文件,成立中 张家界市委实施乡村振兴战略工作领导小组,制定《张家界市实施乡村振兴战略实绩考核暂行办法》《张家界市2019年乡村振兴战略行动方案》《2019年张家界市实施乡村振兴战略实绩考核细则（2019~2020）》，进行张家界市实施乡村振兴战略年度实绩考核，评选出永定区、武陵源区2个先进区县，茅岩河镇、王家坪镇、尹家溪镇、协和乡、阳和土家族乡、零溪镇、东岳观镇、瑞塔铺镇、洪家关白族乡、刘家坪白族乡10个先进乡镇和市委组织部、市委政法委、市委宣传部、市发改委、市农业农村局、市生态环境局6个市直先进成员单位。

【农村改厕】 2019年，省政府将农村户用卫生厕所改新建工作纳入重点民生实事项目。市政府常务会议对农村改厕工作进行专题研究，市农业农村局制定农村改厕工作实施方案，各级财政对农村改厕均安排配套资金，张家界市年度农村改厕6437户。

【农村人居环境整治】 2019年，按照《张家界市农村人居环境整治三年行动实施方案（2018~2020年）》，加快推进农村人居环境整治项目。张家界市已基本形成农村生活垃圾“村居收集—乡镇转运—区县处理”的治理模式，累计建成垃圾中转站88个，初步实现872个行政村生活垃圾治理全覆盖，90%左右的村庄生活垃圾得到有效治理。乡镇污水处理厂建设纳入河长制、重点民生实事项目和环保督查整改重要任务目标，张家界市累计投资金2亿元，建成33个乡镇污水处理设施，累计建成单户（联户）污水处理设施75065套和小型集中式污水处理设施121套，农村生活污水处理率达到71%。农村户用卫生厕所改新建工作被纳入省重点民生实事项目，张家界市32.8万农户中，有卫生厕所的24.6万户，卫生厕所普及率达到73%。全面实施以“清理农村生活垃圾、清理村内塘沟垃圾山、清理农业生产废弃物和改变影响农村人居环境的不良习惯”为主要内容的农村人居环境整治村庄清洁行动，参与群众达50万人次，出动垃圾清运车650台次，清运各类垃圾680余吨，清理大小水塘3600余口，疏浚溪沟180千米，清理农业废弃物45吨，清洁农田农地6800公顷，教育规范近3万余户畜禽散养行为。

【农业行政综合执法】 2019年，张家界市农业执法系统开展农资市场监督检查活动，出动执法车辆639车次，执法人员3863人次，清理整顿市场764次，检查农资生产企业132家、农资经营户1881户次，立案9起。其中，种子案件4起，农药案件2起、生猪定点屠宰案件3起，结案9起，规范农资市场经营秩序，维护农业生产安全。

【土肥管理】 2019年，张家界市加强耕地质量监测，推广测土配方施肥和水肥一体化示范技术，发展绿肥生产。张家界市 有4个国家级监测点、41个省级大田监测点的21个土种，总面积4余公顷。年度推广测土配方施肥技术20.24万公顷、示范推广水肥一体化0.247万公顷、商品有机肥推广应用1.48万公顷，种植绿肥2.38万公顷，绿肥示范片11个，示范面积236.667公顷。

【农产品质量安全监管】 2019年，张家界市结合实际情况，合理安排监测的重点时期、重点区域、重点对象，张家界市年度 抽检种植业产品农药残留检测9999批次，检出不合格产品7批次，合格率99.93%，其中市级完成定量检测749批次，县级完成定量检测378批次，市县 完成定性检测8872批次。

【二品一标认证】 2019年，张家界市新通过和续展认证“二品一标”（二品为绿色食品、有机产品，一标为农产品地理标志）农产品36个。其中，绿色食品32个，有机产品4个；张家界市“二品一标”农产品认证有效数达到85个。其中绿色食品73个，有机产品9个，农产品地理标志3个。

【植物检疫】 截至2019年底，张家界市累计有经工商注册的植保植检协会组织（公司）95个、统防统治区域服务站275个，其中创建标准化统防统治区域服务站27个（新建11个）。拥有高效背负式机动喷雾器近在39000台、高效担架式喷雾器近2000台、植保无人机31台套。实施农作物病虫害统防统治4.471万公顷（水稻2.216万公顷，柑桔0.607万公顷，油菜1.174万公顷，其他0.474万公顷）。覆盖柑桔、水稻、油菜、蔬菜、梨、桃、葡萄等作物，占主要农作物面积的40%以上，统防统治区亩农药使用总量较上年减少7%以上。

【高标准农田建设】 2019年，按照党中央、湖南省委和张家界市委关于党和国家机构改革的总体要求，张家界市整合财政、国土、发改、水利、烟草、农业等部门的农田建设职能，归口市农业农村局统一管理，“五牛下田”变一家独担，高标准农田建设进入新阶段，属于国务院督查激励的重要事项和粮食安全省长责任制的考核内容，被纳入2019年度市级年度投资和重点工程。全年张家界市坚持以推进重点工程建设为抓手，加强领导、精心谋划、强化协调、主动服务，年度新建高标准农田建设面积0.6万公顷（其中永定区0.167万公顷、武陵源区0.007万公顷、慈利县0.24万公顷、桑植县0.187万公顷），同步发展高效节水灌溉面积386.67公顷（其中永定区120公顷、武陵源区0.01万公顷、慈利县133.33公顷、桑植县133.33公顷），建设总投资14599.20万元（其中永定区4047.56万元、武陵源区205.44万元、慈利县5812.84万元、桑植县4533.36万元）。市农业农村局获张家界市2019年度投资和重点工程建设目标任务考核先进单位，高标准农田建设项目获市重点工程及重大产业类投资落地奖、前期工作奖；张家界市农业农村局、慈利县农业农村局获湖南省农业农村厅通报表扬。

【职业农民】 2019年，张家界市围绕家庭农场主、农民合作社带头人、农业龙头企业负责人等重点对象，大力培育新型农业经营主体带头人，培养知识型的新一代农业企业家和职业农民。年度新培训职业农民1308人，累计培育生产经营型、专业服务型和专业技能型职业农民1.13万人，发证0.84万人。

【国营农场】 2019年，全市2个小型农场，农垦年末总人口3070人，其中：永定区国营农场人口2770人，桑植县汨湖农场300人。永定区国营农场2019年农垦生产总值690万元，比上年增加3%。桑植县汨湖农场农作物播种面积51.8公顷，粮食播种面积45.7公顷，粮食产量319吨，增长5%；油菜种植面积6.1公顷，较2018年增加10%，产量14吨，比2018年减少11%；禽肉产量2吨，增加50%；禽蛋产量8吨，增加70%。

（本栏撰稿 邓珍辉 宁冬元）

种植业

【概况】 2019年，全市按照“一稳定、二发展”的思路，用特色和绿色推进种植业高质量发展，张家界市年度实现种植业生产指标：粮食播种面积12.64万公顷，总产61.75万吨，其中水稻5.191万公顷，总产33.12万吨；油料作物收获面积4.377万公顷，总产8.15万吨，其中油菜收获面积3.7万公顷，总产7.02万吨；经济作物生产总面积9.37万公顷，实现经济作物农业总产值58.5亿元。

【高档优质稻生产】 2019年，张家界市充分利用张家界市良好的生态环境优势，采用全环节绿色标准化生产技术，全面推进高档优质水稻产业发展。因地制宜推广野香油丝、农香32，兆优5455，泰优390，荃优华占、玉针香、桃优香占等高档优质稻0.876万公顷，实现总产6.21万吨，总产值1.86亿元。面积比上年增加0.124万公顷增长16.49%；总产量比上年增加0.064万公顷增长18.29%。与加工企业对接，实行高档优质稻订单生产。收购均价每公斤3元，比常规稻收购均价每公斤2.1~2.2元高0.8~0.9元，价格提高36.36%~42.86%，有效带动粮食生产经营主体和小农户发展粮食生产的积极性。

【特色旱粮生产】2019年，全市加快高蛋白大豆、小籽花生、菜用加工甘薯、菜用秋马铃薯、小宗杂豆、鲜食甜糯玉米、黑芝麻、苦荞等特色粮油作物推广。开展创建慈利红薯、永定大豆、桑植小红豆苦荞为主的特色旱粮强县。每个区县建设1个绿色高质高效创建基地，其中：永定区0.2万公顷、武陵源区0.067万公顷、慈利县0.333万公顷、桑植县0.2万公顷。

【稻油水旱轮作试点】 2019年，张家界市冬季农业资源丰富，冬闲田较多，温光水资源充沛，季节回旋余地大，发展稻油水旱轮作，发展潜力巨大，2019年张家界市年度实现油菜播种面积4.012万公顷，新增油菜面积0.313万公顷。通过“稻油”水旱轮作项目实施，大力发展以油菜、绿肥、马铃薯、高效蔬菜等为主的秋冬种生产，让农田披绿过冬，改善农田耕作层土壤结构，保护土壤微生物群落，提高耕地地力，减少化肥农药使用量，既能让农民增收，又能让农村生态真正美起来、环境靓起来，美化环境，更促进乡村旅游发展。

【蔬菜生产】 2019年，张家界市蔬菜播种面积3.066万公顷，比上年3.08万公顷减少0.0147万公顷；总产量92.33万吨，比上年的92.6万吨减0.27万吨；总产值21.1亿元，与上年持平。设施蔬菜播种面积0.056万公顷，设施蔬菜总产量2.04万吨，均与上年持平。

【水果生产】 2019年，由于年初严重冰冻灾害的影响，张家界市全水果生产呈现三减少二提升特点。总面积3.63万公顷，比上年4.235万公顷减少0.606万公顷，减14.31%；总产量34.17万吨，比上年67.28万吨减少26.14万吨，减38.85%；总产值14.18亿元，比上年22.01亿元减少7.83亿元，减35.57%。其中：柑橘2.811万公顷，26.95万吨，5.74亿元，分别比上年减少0.375万公顷，26.57万吨和8.5亿元。但水果销售价格比去年有较大回升，各类果品的质量有较大的提高，其外观品质和内在品质都要好于往年。

【茶叶生产】2019年，张家界市年度茶园总面积0.977万公顷，干毛茶总产量5655吨，茶叶总产值41300万元。茶叶生产呈现以下特点。茶叶生产实现四个突破：茶园突破0.933万公顷、无性系茶园突破0.667万公顷、干毛茶总产量突破5千吨、茶叶总产值突破4个亿。四大茶类三增一减：绿茶、红茶、白茶产量分别比上年增加30.7%、28.17%和19.14%，产值分别增长21.54%、26.76%和12.66%；黑毛茶产量与产值分别比上年减9.05%和24.38%。茶园春茶开采时间推迟：受去冬今春低温阴雨灾害性天气的影响，高海拔地区春茶采摘时间比往年推迟15天，造成春茶生产季节宿短，春茶产量较去年减产13.1%。茶园全年采茶时间延长：从3月至8月中旬近170天，降水日数比上年同期增加8天，日照时数只有上年同期的72.4%，日平均温度比上年同期降低1.7℃，长期阴雨低温寡照天气，有利于夏秋茶的生长和生产。

【优势特色作物】 2019年，张家界市金香柚、慈利蜜柚、菊花芯柚、猕猴桃、杨梅、香椿、甜柿、阳冬梨、李、木瓜、八月瓜、中药材、莓茶、盾叶莓等优质种质资源得到保护与开发利用。例如：莓茶生产总面积0.492万公顷，比上年0.376万公顷新扩莓茶生产基地0.116万公顷，新增30.85%；干莓茶总产量5860吨，比上年4020吨增加1840吨，同比增长45.77%；莓茶总产值5.942亿元，比上年5.4235亿元增加0.518亿元，同比增长9.56%。中药材生产总面积0.831万公顷，比上年0.72万公顷增加0.111万公顷；总产值6.07亿元，比上年3.5亿元增加2.57亿元，增长73.4%。烟叶生产总面积0.377万公顷，比上年0.359万公顷增加0.018万公顷，增5.01%；产烟14.17万担，比上年0.66万吨基本持平；产值1.94亿元，比上年1.8亿元增加0.14亿元，增12.78%。户均收入9.8万元，创历史新高，连续四年实现稳增长。

【自然灾害应对与抗灾减损】 2019年,1~2月的冰冻灾害,张家界市柑橘、茶叶生产受灾面积达2.26万公顷,成灾面积达1.12万公顷,绝收0.541万公顷。4~7月的低温阴雨,张家界市农作物受灾2.712万公顷,成灾0.897万公顷,绝收0.048万公顷,同时严重影响秋播与秋管工作的进行。9~10月高温干旱,张家界市农作物受灾2.459万公顷,成灾0.921万公顷,绝收0.041万公顷。再就是5月10日在慈利县发现首例草地贪夜蛾迁入张家界市,截至2019年7月31日至,张家界市玉米地发生危害0.575万公顷,累计防治0.575万公顷。面对各种自然灾害农业主管部门采取积极有效应对措施,组织省市农业专家和相关专业技术人员1200多人次,深入一线查灾勘灾和抗灾救灾,指导农民进行抗灾减损和生产自救,减少减轻灾害损失。

【推广应用绿色农业实用技术】 2019年,全市推广水稻种养 生、再生稻、绿色防控等综合配套技术22万公顷次。推广农机农艺融合技术,其中水稻、油菜机耕机插机收机防机烘等综合机械化率达到60%。张家界市推广测土配方施肥12.53万公顷次,推广秸秆还田1.33万公顷次,推广绿肥种植2.33万公顷,主要农作物化肥利用率提高到39%。

【种植大户】 2019年,张家界市培育种粮大户647家,流转土地种粮0.72万公顷;培育蔬菜大户566家,流转土地种菜0.587万公顷;培育水果大户1356家,流转土地进行水果生产1.32万公顷;培育茶叶大户126家,流转土地种茶0.644万公顷。

(本栏撰稿 胡宏勇 张陈川 谢春凤)

农业科技研究

【概况】 2019年,张家界市农业科技研究效果显著。继续承担国家麻类体系2019年重点科研课题研究,在永定、桃源等五个示范县实施"麻地膜应用试验、多作物秸秆配比(四处理)青贮试验、6品种重金属吸附效果比较试验、新麻园高效利用"等试验;在永定三岔乡、桑植凉水口镇和陈家河镇及龙潭坪镇扶持、指导建立苎麻绿色高效种植示范片20公顷。着力实施省现代科技联盟张家界特色茶资源开发与利用项,持续做好茶树种质资源收集与保护,开展茶资源配套栽培技术研究与示范(白茶轻简化绿色高效生产技术创新与应用),参与打造"张家界茶""张家界莓茶""桑植白茶"公 品牌建设。积极组织农业科技人员服务农业农村发展。全年 组织专家10人次到张家界市有较大影响的农业企业开展上门,举办科技讲座25次,培训人数1200多人次,撰写白茶加工新工艺技术规程和新产品标准,协助制订张家界市"莓茶"地方标准。围绕现代农业发展,开展罗峪优质稻+再生+油(菜、肥等)、优质稻+鸭(鱼、虾等)等山区种植模式探讨和辣椒良种先红一号、二号等4个品种,玉米良种富华22、玉米奥冠178、恩白玉3号等21个品种,水稻良种鹏优6377、野香优莉丝等6个品种,以及油菜良种沣油系列等新品种引种观察试验,进行如苎麻的机器收割等适宜农业机械操作的农艺技术探讨与示范。

【苎麻试验示范】 2019年,张家界市继续推进国家麻类体系张家界苎麻站的科研示范,开展一项试验和四项示范研究。苎麻不同品种不同密度直播试验。设12个处理,每公顷收获有效株数17.91~38.34万株,原麻年产量25.18~49.60千克。实验表明不同品种苎麻合理密植可有效提高产量;苎麻机械化生产示范。在苎麻生产示范基地推行机械割麻、收麻、剥麻,大幅度降低生产成本,减少劳力投入,提高生产效率;纤饲两用麻类作物绿色生产与种养结合技术研究与示范。在桑植县凉水口镇新建立纤饲两用苎麻示范基地一个,示范面积2公顷,实现当年收获饲用苎麻两批次,收获生物质产量22500千克/公顷,用于青贮饲料加工。利用青贮饲料进行草食动物牛、羊喂养示范,解决冬季草食动物饲料匮乏问题,促进山区牧业发展;麻类作物固土保水及逆境种植技术研究与示范。在慈利县阳和乡山坡地苎麻基地,开展中陡坡地苎麻行间套种牧草的方式进行饲用苎麻节水保旱栽培试验。试验效果明显:套种牧草节水保旱明显,田间生物总产量提高;麻类作物轻简可持续种植技术研究与示范。苎麻园冬季套种芥菜、茎瘤芥、大叶芥菜、莴笋、红台菜等作物,产量分别可达到18195千克/公顷、17985千克/公顷、30030千克/公顷、8223千克/公顷、77235千克/公顷,产值增加30000~45000元/公顷。

【张家界特色茶资源开发与利用】 2019年,张家界市采集不同形态特征茶资源21份,建立扦插繁殖基地一个。对不宜人工转移的桑植人潮溪、武陵源白虎塘、慈利牧羊冲等三处珍贵野生茶树群或古老茶树实施原生境保护。建立特色茶资源配套栽培技术研究与示范基地。分别在武陵源区插旗峪、永定区三岔、桑植县西莲等建立科研与示范基地3个,面积在66.667公顷以上。进行白茶加工新工艺创新与新产品开发。配合西莲茶业选育茶树新品种一个,白茶加工新工艺技术规程和新产品标准探讨取得阶段性成效。

【"张家界青钱柳茶"产业】 "张家界青钱柳茶"是张家界土家族人利用本地特有的乔木植物"青钱柳"(别名:摇钱树)的嫩叶经过精选、洁净、摊放、杀青、揉切、干燥等类茶工艺加工制作而成。青钱柳茶甘甜滋润,生津止渴、清热解毒。含有人体必需的钾、钙、镁、磷和对人体保健有重要作用的锰、铁、铜、锌、硒、锗等元素;与糖代谢和胰岛素作用密切相关的Ni、Cr、V、Se元素的含量较高,能够协助胰岛素发挥降血糖作用,并能改善糖耐量。除此之外,还含有丰富的皂苷、黄酮、多糖及维生素E、维生素C、维生素B1、维生素B2等营养成分。经测定青钱柳中总黄酮含量0.73%,总多糖含量2.53%,三萜含量0.88%。这三类物质是具有降血糖、尿糖、减脂肪、降血压等活性功能的重要作用物质。饮用青钱柳茶可以有效的提高人体的免疫力、促进血液循环。而且可以降低血液中的胆固醇含量,起到降低血脂的功效,可以促进新陈代谢正常进行,有一定的养生保健的作用。

青钱柳俗称“摇钱树”，是第四纪冰川幸存下来的珍稀树种，仅存于中国，被誉为植物界的大熊猫，医学界的第三棵树。张家界市由于独特的生态环境，在市域内500米以上的大山中有大量自然分布。2016年以来，张家界市本土企业永定福安家公司投资近1500万元，在永定区四都坪乡一带青钱柳自然分布集中区，流转土地100余公顷种植青钱柳，以“公司+农户”模式，与当地农户订单种植青钱柳233.33多公顷，辐射带动周边农民种植规模达666.667公顷；建立1800平方米的集加工、储藏为一体的现代化标准厂房，年产青钱柳茶成品可达50吨，年产值1500万元。桑植高山怡韵茶业有限公司在桑植县五道水镇种植青钱柳133.33余公顷，重垦荒芜野茶园33.33余公顷，吸引周边项目20余个，生产加工区占地6600余平方米，厂房建筑面积2500余平方米，市区销售店面1800余平方米，总投资5000余万元。张家界市把“张家界青钱柳茶”作为本地特色产业大力发展，力求将其打造为继“张家界莓茶”后的又一张生态代用茶名片、一座绿色银行、一项精准扶贫支柱产业。

【张家界农作物种质资源保护】 2019年，张家界市在上年工作的基础上，对所收录的18个科、110个种的野生果品种质资源信息，11个粮油作物品种、29个蔬菜品种、8个纤饲作物品种等进行原生境保护、驯化提纯保护和观察展示保护，确保特色传统作物品种和珍稀种质资源得到保护和传承。对已收集的特色种质资源，进行繁殖提纯。对收集的原始种质资源进行种植观察鉴别。 （本栏撰稿 向 平）

畜牧水产业

【机构改革】 2019年，张家界市进行畜牧水产机构改革，将管理职能划归市农业农村局，成立畜牧水产科，将公益事务管理职能调整，2月成立张家界市畜牧水产事务中心，为市农业农村局所属副处级公益类事业单位；6月市畜牧水产事务中心挂牌成立。

【畜牧渔业生产】 2019年，张家界市生猪、牛羊、家禽出栏（出笼）62.31万头、3.95万头、25.5万只，家禽出笼439.65万羽，生猪、牛羊、家禽存栏（存笼）47.49万头、9.96万头、18.5万只、377.05万羽。禽蛋产量1.18万吨，水产品产量1.28万吨，肉类总产量6.44万吨。

【大鲵特色产业发展】 截至2019年底，张家界市大鲵养殖有320万尾，约占全省的80%、全国的10%。张家界市持证养殖企业、专业合作社从23家发展到135家，带动的大鲵养殖户2180户，含贫困户310户。一是加强公用品牌宣传。组织6家大鲵产品加工企业参加湖南省贫困地区农产品（深圳）对接会，优选30多个产品参加展示展销，签订意向销售合同600多万元；与张家界市电视台合作，张家界大鲵冠名《美丽乡村行》栏目、摄制张家界大鲵形象宣传片、《大美张家界》旅游专栏形象展示等方式进行宣传。二是做好产业发展跟踪服务。重点对招商引资企业张家界鱼上鱼生态有限公司的大鲵产品加工车生产线和生态养殖车间建设，对接与本市大鲵养殖基地合作加强指导服务；陪同国家农业部和濒危办专家组到张家界市考察大鲵养殖基地及协助完成初评申报相关材料；做好仁成公司大鲵产品出口CITES注册申报服务工作，10月，通过注册申报的相关资料；开展张家界大鲵资源和生境调查研究；积极筹建张家界大鲵国家级工程研究中心，开展前期准备工作。三是开展大鲵产品质量安全监测工作。对张家界市15家大鲵养殖规模场进行监测抽样，开展孔雀石绿、氯霉素等违禁药品实验室检测，样品都未检出违禁药品残留。

【张家界黑猪】 2019年，“张家界黑猪”养殖规模达2.65万头，其中能繁母猪2600头，养殖专业户近210户。张家界市老科学技术协会与溇水源生物科技有限公司，在“张家界黑猪”示范基地开展“山林地区黑猪立体生态养殖与资源化利用”科技创新应用研究。2019年，培育优质仔猪340头，出栏育肥猪170头，产值70万元。桑植县官地坪镇、瑞塔铺镇、洪家关镇和慈利县阳和乡、零溪镇、通津铺镇，永定区沅古坪镇、王家坪镇、教字垭镇、桥头镇、合作桥乡等20多个乡镇，把“张家界黑猪”作为建档立卡贫困户主导产业之一，通过企业+建档立卡贫困户的方式，带动500余户贫困户、2200多人养殖张家界黑猪实现致富。“张家界黑猪”是国内黑猪的中心品种和宝贵自然遗产，养殖历史悠久，是具有地方特色的珍贵家畜资源。黑猪在张家界已有近5000年驯养史，全市行政区域农户都有养殖黑猪习惯。因其肉质细嫩，口感好而广受消费者喜爱。经过科学检测与实验，张家界黑猪毛色油黑、体型精巧、反应灵敏、抗病性能与繁殖力强、耐寒冷；其猪肉的颜色为最佳鲜红色，24h肉色评分3.17，pH值为6.28，保水力73.89%，肌内脂肪含量为3.48%，肌肉嫩度为3.66千克（剪切值）等肉质指标均优于长白猪等外来猪种；较高的氨基酸（胱氨酸）含量，有良好的营养和保健作用；张家界黑猪肉所含的“全蛋白质”更能辅佐修补人体组织，营养价值特色优势明显。21世纪初，“张家界黑猪”种质资源得到有效的保护和科学的开发利用，养殖规模不断增长。2018年7月，由湖南省老科协农业科技示范基地——溇水源生物公司牵头成立张家界黑猪产业发展联合社。11月，联合餐饮和商务流通企业举行“张家界黑猪产业精准扶贫暨产销对接会”，推动张家界黑猪产业供销一体化精准衔接。由于“张家界黑猪”发展较快，仔猪供不应求，溇水源生物公司正加快建设“张家界黑猪”繁育场，每年将为养殖户提供1万头仔猪。

【动物疫病防控】 2019年，张家界市完成应免牲畜口蹄疫106.05万头，禽流感480.11万羽，小反刍兽疫23.42万头，应免密度均达到100%，采集样本猪口蹄疫样品140个、牛（羊）口蹄疫样品85个，禽流感（H5、H7）样品各150个，小反刍兽疫样品75个，免疫抗体水平分别达到97%、95%、100%和97%以上，免疫密度和抗体水平均超过省定标准。张家界市未发生责任性重大动物疫病流行。

【非洲猪瘟防控】 2019年，是非洲猪瘟防控之年。张家界市围绕非洲猪瘟防控工作很抓关键环节措施落实。抓生物安全防控，禁止泔水喂养生猪；抓疫情监测排查，定时开展检测；抓生猪调运监管，实行周报制；抓屠宰环节监管，实行台账制管理。开展非洲猪瘟“夏季攻势”，张家界市 摸排养殖场(户)68810户，约谈四类重点对象44938人次，设置临时检查卡点55个，处理泔水6803吨，查获生猪非法调运19车次，处置可疑疫点166个，扑杀生猪10536头，无害化处理生猪20140头。

【定点屠宰管理】 2019年，张家界市农业农村局围绕非洲猪瘟防控、保障肉品质量安全目标，集中力量在生猪屠宰环节实施以落实“两个制度”为核心的生猪定点屠宰整顿行动、以打击屠宰环节违法行为为主的“扫雷行动”。张家界市 通过农业农村部审核公示企业11家(5A6B)，取缔生猪屠宰企业4家。通过审核的11家生猪屠宰企业全部按规定配置驻场官方兽医、全部配置非洲猪瘟PCR快速检测设备并实现非洲猪瘟快速检测。张家界市 举办培训21场次计136人；接受举报19起，查实18起；张家界市开展执法71次，联合执法32次，出动执法人员903人次；立案11起，涉案生猪5头、生猪产品1755公斤，货值3.22万元，罚没金额1.45万元；病害猪无害化处理生猪49头，病害生猪产品13808公斤；“瘦肉精”监督抽检7484份；捣毁生猪私屠滥宰点6个。生猪定点屠宰场作为非洲猪瘟防控的重点环节，同步组织开展非洲猪瘟防控“夏季攻势”行动、冬春季非洲猪瘟等重大动物疫病防控“大清洗、大消毒”行动。

【畜禽水产品质量安全】 2019年，张家界市农业农村局完成省农业农村厅畜禽水产品抽样48批次(其中畜禽产品18批次、水产品30批次)、省厅兽药监督抽样10批次、市本级畜禽水产品检测任务200批次，合格率100%。配合农业农村部到张家界市慈利新瑞星生物公司开展饲料质量安全监督抽查，抽取饲料样品5批次，合格率100%。

【养殖业污染治理】 2019年，张家界市全力推进畜禽禁养区划定调整、规模养殖场粪污处理配套设施改造、养殖废弃物资源化利用和禁养区退养工作。张家界市畜禽养殖总禁养区面积调整前1948平方千米，占张家界市面积20.4%，调整后1087.2平方千米，占11.3%。张家界市适养区、限养区内畜禽规模养殖场改造任务100个，完成配套设施改造96个，设施配套率达到96%，养殖废弃物资源化利用率达到72.72%。督促落实中央环保督察“回头看”反馈问题整改，全面完成禁养区2家规模养殖场和33家专业养殖户退养任务。全面完成大鲵自然保护区网箱等违法违规人工设施整改退养任务，张家界市拆除网箱291779平方米、拦网12处350925平方米，抬网757个、定置张网34个424563平方米和水上餐饮娱乐设施20处。

【渔政管理】 2019年，张家界市渔政执法和人工放流取得阶段性成效，全年行政处罚11起，刑事处罚12起，强制措施16人。人工放流2次，放流大鲵1500尾，成鱼1.5万斤，种鱼700万尾。 (本栏撰稿 舒旺彩 宁冬元)

农村经营服务管理

【土地确权颁证】 2019年，张家界市顺利完成合同签订、证书颁发、数据汇交、信息应用平台建设、档案整理归档等各项工作任务。张家界市确权面积186.34万亩，张家界市确权农户 为34.79万户，签订合同34.58万户，合同签订率99.39%，颁证34.16万本，颁证率达98.18%。农户档案整理完成率达100%，档案移交入馆率97.56%。

【土地经营权流转和土地承包纠纷调解】 2019年，张家界市积极引导农村土地有序流转，发展适度规模经营，印发《张家界市人民政府办公室关于进一步规范农村土地承包经营权流转的实施意见》(张政办发〔2019〕19号)，新增土地流转面积2.91万亩，累计49.79万亩。2019年，全市各区县依法成立农村土地承包仲裁委员会，完善各项制度，积极调处矛盾，调处农村土地纠纷1119起。

【集体产权改革】 2019年，张家界市村集体清产核资工作在全省率先第一完成，村级集体资产账面数244618.15万元，核实资产603278.63万元，其中：核实经营性资产47748.57万元、非经营性资产555530.06万元。核实农村集体土地总面积1244.14万亩。所有清产核资数据已录入农业农村部农村集体资产监督管理平台。

【集体经济发展】 2019年，张家界市76个乡镇870个村居总资产59.9亿元，村平均688.51万元，总资产是2015年的4.06倍。经济效益不断提升，村级总收入15.11亿元，村平均17.35万元，总收入是2015年的2.29倍。村级由弱变强，无经营收入的村数由2017年525个减少到37个。分配收益不断殷实，可分配效益9.7亿元，比2017年3.92亿元增长147.45%。初步建立村集体经济收入稳定增长机制。

【新型经营主体培育】 2019年，张家界市加大新型经营主体培育力度，强化农民合作社规范发展与家庭农场规范运行。张家界市有5家农民专业合作成功获批为国家农民合作社示范社，张家界市累计达25家。新增省级农民专业合作社3家、全省百强社3家。狠抓农民专业合作社监管，完成国家级农民专业合作社监测，清理“空壳社”1047家，新发展农民专业合作社150家，累计达2040家；新发展家庭农场105家，累计达1348家。创建10家省级示范家庭农场。

【农民维权监管】 2019年，张家界市开展专项治理，加大监管力度，严格管理涉农收费和价格。张家界市发放农民负担监督卡40余万份，登记发放各项惠农补贴11亿元，审批“一事一议”项目126个，涉及资金1300万元。

(本栏撰稿 邓珍辉 宁冬元)

农业机械化

【概况】 截至2019年底,张家界市农机装备总量持续增长,主要环节的农业机械发展速度加快,农机总动力达118万余千瓦,农机保有量16万台,较去年增加1%。农机化作业水平稳步提升,张家界市年度水稻机械化水平60.03%、油菜机械化水平32.5%,机耕面积106万亩、机收面积60万亩、机插机播面积16.84万亩,主要农作物机械化水平达28%。

【农机社会化服务】 2019年,张家界市新增农机合作社3家,成功申报省级扶持建设现代农机专业合作社3家、现代农机专业示范社3家,张家界市工商注册的农机专业合作社达65家。积极引导合作社积极发挥带动作用,有五家现代农机合作社示范社参与“千企帮千村”活动,30多家现代农机合作社在春耕生产中与贫困户结对帮扶。

【农机推广培训】 2019年,张家界市投入春耕、秋种农机具3.64万台,检修农机具9200多台套。全年送出去农机技术人员等6批50人次,指导组织开展7场油菜全程机械化、饲料加工和机械化育插秧演示会,召开新机具评价演示会5次,完成3类3个品目5个型号机具的评价归档。

【农机购置补贴】 2019年,张家界市完成农机购置补贴资金607.15万元,补贴各类机具2293台(套),农机购置补贴资金较上年增长41%,直接受益农户和农机服务组织2293户。实施农机报废更新补贴资金16.6万元。

【农机安全生产】 2019年,张家界市初步建立农机安全网格化管理制度,加大与公安交警部门的对接协调,明确农业农村局、交警、农机事务中心、乡镇人民政府对拖拉机安全监理的职责。先后组织开展7次农机安全专项整治行动,开展专项、集中督查达90余次,督促区县深入排查、整治拖拉机未年检、无牌无证、报废车上路等突出安全隐患,指导区县开展集中年检、培训、考试等工作。张家界市举办4期驾驶人培训,培训农机驾驶员192名,考试合格并发证192名。创建省级“平安农机”示范乡镇1个,组织监理人员参加全省安全监理技能比武,并荣获二等奖。 (本栏撰稿 邓珍辉 宁冬元)

农业产业化

【概况】 2019年,张家界市围绕大鲵、蔬菜、茶叶、水果、中药材五大农业特色产业,把"一县一特"、"一村一品"作为发展特色产业的总抓手,在农业产业发展上作一些富有成效的探索试点,在政策上、项目上、资金上予以大力支持,加快建设产业基地,打造产业品牌,培育产业龙头,推进产业融合,夯实张家界市农业产业发展基础,出台《张家界市农业产业化企业申报省市级龙头企业及运行监测管理办法》,年度农产品加工企业实现销售收入102.4亿元,永定区茅岩河镇被批准开展国家农业产业强镇示范建设,创建省休闲农业集聚发展示范村4个、示范农庄4个,现有省休闲农业示范农庄6个,永定区为全国休闲农业和乡村旅游示范县。

【产业发展】 2019年,张家界市农产品加工业和休闲农业稳步发展,龙头企业茁壮成长。年度新增国家级农业产业化龙头企业1家、市级龙头企业17家,张家界市市级以上龙头企业达到190家(其中国家级龙头企业1家,省级龙头企业23家),张家界久瑞生物科技有限公司已成为全国最大的五倍子加工企业,张家界金鲵生物工程股份有限公司在大鲵行业全国领先,张家界康华实业有限公司是全国最大的粽叶专业生产厂家,张家界市怡华绿色食品有限责任公司的冷藏库为湘西北前列。张家界市年度农产品加工企业达897家,从业人员2.14万人;休闲农业经营主体762个,实现经营收入12.3亿元,拥有国家五星级农庄2家、省五星级农庄10家、省四星级农庄17家、省三星级农庄1家、省级休闲农业示范农庄6个。

【品牌创建】 2019年,全市围绕“菜、大鲵、果、茶、药”等优势产业,采用系统策划、专业包装、集中宣传等形式,深度挖掘品牌内涵,不断提升张家界农产品品牌整体形象、知名度、影响力。认真做好省广播电视台拍摄优质农产品公益宣传活动,推出张家界市慈利杜仲、洞溪辣椒、张家界大鲵、菊花芯柚、张家界莓茶、桑植白茶、张家界葛根等特色产品。积极组织新型经营主体参加国际茶业博览会、优质农产品展销会等各种省、市级农业品牌展会、贫困地区品牌农产品展示会,增强品牌农产品产销对接成效。全年组织大鲵、蔬菜、茶叶和大米等农业新型经营主体参加由国家农业农村部和湖南省政府等多个部门举办的农产品展示展销活动10余场次,新推介企业14家,实现交易额5000多万元。在上海、广州、深圳和长沙举办的张家界特色农产品、生物医药、张家界莓茶和桑植白茶专场推介会上,签约金额达2.5亿元,受到省政府副省长隋忠诚的高度肯定,得到市长刘革安表扬,尚生龙副市长亲自蹲点参加推介活动;在全国农村创新创业大赛活动中,张家界市畅想农业获湖南赛区成长组二等奖。

(本栏撰稿 邓珍辉 宁冬元)

林 业

【概况】 2019年,市林业局贯彻落实习近平生态文明思想,推进生态保护,生态修复、生态惠民工作,各项工作扎实推进,张家界市在全省林业建设目标管理考核中荣获“湘林杯”,市林业局荣获“全国生态建设突出贡献集体”奖。全市林地保有量705256.1公顷,其中国有林地26756.9公顷,非国有林地678499.2公顷。森林覆盖率70.99%,森林蓄积量3010.04万立方米。(樊文军)

【国土绿化】 2019年,全市完成造林绿化总面积51万亩,其中人工造林8万亩、封山育林14万亩、退化林修复12万亩、森林抚育17万亩。造林绿化任务完成率100%、合格率100%。投入造林绿化资金1.84亿元,其中重点工程项目资金0.74亿元。全市共有90.73万人参加义务植树活动,尽责率达 94%，完成义务植树 298.14 万株，新建义务植树基地 30 个，总面积 1280 亩。完成对全市 3776 株散生古树名木登记建档挂牌和保护名录的政府认定公布工作。启动《张家界市古树名木保护条例》立法工作。（刘有能）

【林业资源管理】 2019 年，湖南省林业局下达全市森林采伐指标 13425 立方米，其中商品林 88635 立方米，公益林 45617 立方米。全市使用森林采伐指标 81474 立方米，其中商品林 56287 立方米，公益林 25187 立方米。“绿卫 2019” 森林执法行动查处各类案件 57 起，其中滥伐林木案件 5 起，滥伐林木 12 立方米，毁坏林地案件 52 起，面积 117913 平方米。行政处罚 55 起，移交森林公安处罚 2 起，罚款 190.30 万元，处罚 59 人。2019 年全市共完成永久使用林地项目 198 宗面积 2665000 平方米的审核，并上报获得湖南省林业局的行政许可。确保丝绸之路国际旅游文化产业园、宁邦国际广场、垃圾焚烧厂、七星山小火车等项目落地或开工。同时还审核 350 户农村居民建房使用林地，使用林地 51243 平方米。（江方明）

【生态惠民】 2019 年，全市实施退耕还林、生态公益林、新一轮退耕还林和森林三年禁伐减伐行动，补偿资金 1.68 亿元。一是退耕还林项目第二轮补偿惠及 49.99 万名群众，补偿资金 2020 万元；二是生态公益林项目惠及 54.9 万名群众，补偿资金 8815 万元；三是天然商品林管护补助总面积 220 万亩，补助资金 3280 万元，涉及 66 个乡镇(街道办事处)11 个国有林场 344 个村组集体 9.4 万户农户。四是新一轮退耕还林项目面积达到 1.64 万亩，惠及 1.4 万户 4 万名群众，补偿资金 2460 万元；五是森林三年禁伐减伐项目实施面积 32.19 万亩，补偿资金 253 万元。六是完成全市 1257 名建档立卡户贫困人口生态护林员选聘续聘和管理，配合财政部门依规发放生态护林员补助资金。（万　芳）

【野生动植物管理】 2019 年，全市受理群众因野生动物致害农作物的案件共计 16 起，补偿金额 21.36 万元，护救治野生动物 94 只(头)。开展“世界野生动植物日”、“爱鸟周”、“森林保护节”、“秋冬候鸟保护行动”等形式多样的野生动物保护宣传活动。共取缔(吊销)不合法证件 15 家。（黄生雄）

【森林公安】 2019 年，全市森林公安机关以专项严打为抓手，以打击刑事犯罪为重点，开展打击破坏野生动物资源犯罪专项行动、“绿卫 2019”森林执法专项行动和打击森林火灾违法行为专项行动等系列专项行动。全年办理各类案件 116 起，其中，刑事案件 83 起，治安案件 20 起，办理刑事案件为历年之最。其中打击破坏野生动物资源犯罪专项行动立野生动物类刑事案件 50 起，破案 42 起；抓获犯罪嫌疑人 58 人；收缴枪支 2 支，猎具 33 个；缴获野生动物 7551 头(只、条)，野生动物制品 87.24 千克，水生野生动物 503.52 千克；救护国家二级保护动物 2 只，放生放飞野生动物 65 头(只)。（李　君）

【自然保护地管理】 张家界市自然保护地整合优化试点工作取得阶段性成果. 鉴于张家界市的自然保护地数量多，国内外影响大，存在的问题具有代表性和典型性，5 月中旬，国家林业和草原局办公室印发《关于同意张家界市开展自然保护地整合优化试点的复函》，同意张家界市开展自然保护地整合优化试点，要求积极探索整合优化新路径，为全国自然保护地的整合优化提供经验做法，10 月中旬形成《张家界市自然保护地整合优化方案（送审稿）》，11 月上旬方案通过市级行政、专家会议评审。完成污染防治攻坚战“夏季攻势”任务清单问题 11 个整改销号工作。强力推动自然保护地“绿盾 2019”专项行动。2019 年，全市涉自然保护地“绿盾 2019”专项行动遥感监测问题共 356 个。完成自然保护地违建别墅 8 处清查整改工作。（金　犁）

【举办第十九届中国湖南张家界国际森林保护节】 10 月 25 日，第 19 届中国湖南张家界国际森林保护节在天门山国家森林公园天门洞广场开幕。开幕式由张家界市委副书记、市长刘革安主持，市委书记虢正贵致欢迎辞，省人民政府副省长陈文浩出席并宣布开幕，国家林业和草原局国有林场和种苗管理司司长程红发表讲话，省林业局党组书记、局长胡长清致开幕辞。开幕式上，胡长清局长启动湖南省森林旅游与康养智慧平台微信公众号，森林保护志愿者宣读全省自然保护地关于构建科学合理自然保护地体系行动倡议书。开幕式后，出席领导共同为巨幅画卷“绿色张家界?惊艳全世界”揭幕，并举行天门山速攀天梯青年精英赛。森保节期间，同步举行森林旅游与康养高峰论坛、湖南省自然保护地建设与管理培训班暨现场教学研讨会、张家界创新创意盆景艺术邀请展等系列活动。（单新秀）

水　利

【概况】 2019 年，张家界市水利系统积极践行“节水优先、空间均衡、系统治理、两手发力”的治水方针，凝心聚力，开拓创新，攻坚克难，实干兴水，积极落实河长制、推进水利综合改革、加强水利建设管理、开展防汛抗旱工作，促进张家界经济社会高质量发展。

【水利规划】 2019 年，张家界市争取到水利项目投资计划 2.9735 亿元(其中中央投资计划 1.5844 亿元，地方投资计划 1.3891 亿元)。进一步加快水利项目前期工作，积极推进《张家界市城市防洪规划》及《张家界市城市应急水源规划》两个规划的修编和新编工作。对《桑植县城乡供水一体化工程(一期工程)可行性研究报告》进行技术审查，启动“十四五”规划的编制准备工作，明确规划前期工作联络员，上报课题名称及专项规划名称，对区县计划纳入国家、省级层面的项目进行收集筛选。

【防汛抗旱】 2019 年入汛以来，张家界市先后遭受 19 轮暴雨洪水袭击和 7 月底以来持续晴热高温少雨天气，各地发生不同程度的洪旱灾情，部分地区受灾严重。面对涝旱交替的严峻形势,市水利局认真贯彻落实市委、市政府和市防指的决策部署,超前部署,狠抓落实,全力以赴做好各项防灾救灾工作,实现“五个确保”防汛抗旱总目标,取得2019年防汛抗旱工作的全面胜利。

一、水旱灾情。(1)雨情。2019年,张家界市总体降水量较多年同期大幅偏少,汛期各月降水均偏少,其中4月、7月、8月、9月严重偏少,其中5月、6月略偏少,连续两天及以上暴雨很少。空间分布上两区两县降雨均偏少,发生暴雨的区域较少,1小时最大雨强发生在6月28日22时至23时永定区谢家垭的沂溪峪站97.0毫米。单站累计降雨以八大公山乡八大公山站1183.0毫米最多。1–10月,张家界市累计面平均降雨1075.7毫米,较多年同期均值(1401.3毫米)偏少23.23%,其中汛期4~9月张家界市累计面平均降雨814.9毫米,较多年同期均值(1134.8毫米)偏少28.19%。

(2)水情。2019年汛期有3次日雨量大于40毫米的较强降水发生,其中仅5月25日和6月21日的较强降水致使张家界市境内干流出现两次小洪水过程。

(3)水灾。2019年,张家界市洪涝灾情总体偏轻,没有发生全市性洪涝灾害,但局地灾情相对较重。汛期以来,先后遭受19轮较强降雨过程,3轮日雨量大于40毫米的强降水过程,强降雨共造成全市4个区县30个乡镇及街道受灾,受灾人口7.65万人,紧急转移人口726人,倒塌房屋50间,直接经济损失0.2818亿元。

(4)旱情。7月底以来,张家界市降雨较历年异常偏少,全市各地遭受不同程度的旱灾,干旱持续时间属中华人民共和国成立以来第二长,农村居民生产生活受到较大影响。截至10月11日,干旱造成66个乡镇(街道)受灾,农作物受灾面积6.1万亩,因旱造成饮水困难人口15.37万人。10月11日后,由于天气形势转好,省市人影部门连续人工增雨作业,张家界市大部干旱得到有效缓解。

二、防汛减灾。一是加强值班值守。汛前,张家界市防指下发关于切实做好2019年水旱灾害值班工作的通知,对防汛值班人员、方式、职责、纪律等进行严格明确。汛期,张家界市各级防汛部门坚持局领导带班制和24小时值班值守制度,在强降雨期间增加值班力量,保证值班工作正常运行,为各级防指领导当好参谋。二是强化水雨情监测,及时发布预警。水旱灾害防御事务中心、气象、水文等部门充分利用自身建成的站点进行监测,及时掌握降雨、水情等情况并及时互通信息,及时对疑似故障站点进行维修处理,确保信息采集及时有效。汛期及时发布各类预警信号166条,强降水实况警报118条,MAS天气信息16条,共计463646人次防汛责任人收到气象预警或实况短信,充分发挥水旱灾害防御工作的耳目尖兵作用。三是加强会商研判。入汛以来,市水旱灾害防御事务中心针对降雨过程组织17次防汛会商会,强化分析研判,做好领导参谋,牢牢把握防汛抗灾主动权,成功应对18次较强降雨过程。曾超群常务副市长多次亲自会商调度,要求各防指成员单位进一步压实责任,把人民生命财产安全放在首位,确保防汛安全。四是强化工作督查。强降雨期间,张家界市防指采取“四不两直”的方式3次派出由水利、应急组成的联合督查组分赴各区县督查防汛值班值守工作,对发现的问题现场交办、立即整改,并形成督查通报上报市政府。五是强化水工程调度。7月初,市水旱灾害防御事务中心研究当前全市汛旱发展趋势,根据实际情况要求各水库在做好防汛工作的同时开展蓄水抗旱工作,防止2019年可能出现的旱情。在干旱期间,张家界市各地抗旱应急水源工程在抗旱救灾过程中发挥巨大作用,共调水62万方,惠及人口32.9万人。各区县对水库山塘放水精细化管理,对水量和开闸放水时间进行科学管理,确保抗旱用水不浪费。

【水利工程项目建设】2019年,张家界市完善工作措施,强化质量管理,全力推进水利工程项目建设。积极完成巩固提升小型病险水库除险加固项目申报工作,全市27座小二型病险水库进入省级规划;加快推进牛洞口水库、中小河流治理郁水二期、汩湖二期、洞庭溪一期治理,澧水重要河段张家界市城区(荷花片、枫香岗片、社溪滩片)治理等工程进度;复核上报涉及张家界市8个项目共计15.91亿元的基础设施补短板重大项目清单等。

【农村安全饮水】 2019年,市水利局履行水利行业扶贫职责,加强农村饮水安全巩固提升工程精准扶贫工作,确保关系农民群众切身利益的“民心工程”真正落到实处。2019年,张家界市实施农村饮水安全巩固提升工程,完成投资10336.35万元,建设农村供水项目175处,受益人口11.24万人,其中建档立卡贫困人口2.58万人,新增自来水人口4.32万人,乡镇集镇100%通自来水,全市农村自来水普及率达到83.83%,,使群众喝得上水、喝得起水、喝上好水。

【农田灌溉水有效利用系统测算分析】2019年,张家界市开展农田灌溉水有效利用系统测算分析工作,测算分析成果为0.5482,其中小型灌区0.5643,较上年提高0.005;中型灌区0.5459,较上年提高0.0084,大型灌区0.5315,较上年提高0.005。

【灌区续建配套与改造】2019年,张家界市实施灌区续建配套与改造项目建设,增强水利保障功能。湖南省下达张家界灌区续建配套与节水改造项目追补资金工程投资计划169万元。实际到位省级追补资金169万元。主要建设内容有:渠道清淤1760米,渠道整修1725米,隧洞整修6座,山塘整修1处,启闭机钢丝绳更换1处。项目建成后,预计可恢复灌溉面积0.06万亩,改善灌溉面积0.49万亩,年节约水量70万立方米。

【水资源管理】2019年,张家界市水资源管理工作聚焦民生需要,坚持问题导向,突出工作重点,创新工作思路,扎实推进工作。一是完成大鲵自然保护区内入河排污口整改销号工作。1月11日,全市位于大鲵自然保护区的129个入河排污口全部完成整治任务,并由市政府批准销号。二是开展最严格水资源管理考核工作。对区县政府2018年落实最严格水资源管理制度进行考核，考核档次各区县均为优秀。三是进行取水工程(设施)核查登记工作。核查取水工程(设施)613个，其中永定区128个，武陵源区31个，慈利县348个，桑植县106个。后经修正补录，在取水工程(设施)核查登记系统中上报取水工程（设施)651个，其中永定区161个，武陵源区31个，慈利县352个，桑植县107个。四是强力推进节约用水工作。在永定区率先开展县域节水型社会达标建设；率先在全市水利行业推进节水机关建设；下步将着力推进节水机关、节水小区、节水高校、节水企业等节水载体建设。五是严控水资源开发利用红线年度管控目标。2019年全市用水总量为5.12亿立方米，水功能区水质达标率均达100%，农业灌溉水有效利用系数为0.5482。

【水土保持】 2019年，张家界市水土保持工作牢固树立“绿水青山就是金山银山”的生态文明思想，遵循“大预防、小治理”的原则，围绕“推进水土流失防治体系和防治能力现代化”的总体目标，开拓创新，扎实工作。一是新增水土流失治理面积明显。全年共新增水土流失治理面积93.29平方千米。1、争取国家治理水土流失项目资金2850万元，新增水土流失治理面积20平方千米，完成坡改梯面积6450亩;2、大力发展民营水保。一年来共引进民间资本90万元参与水土流失治理，新增水土流失治理面积2.6平方千米;3、争取石漠化治理资金3400万元，治理石漠化面积22.672平方千米;4、林业部门通过人工造林，新增水土流失治理面积30.658平方千米;5、自规部门通过增减挂等土地整理形式，新增水土流失治理面积13平方千米;二是水土保持宣传有创新。3月份市水利局及各区县均开组织展水土保持宣传月的宣传活动，通过组织宣传车下乡入村进工地、志愿者骑车、在城区设立咨询台，着力开展水土保持宣传进党委、进政府、进人大、进政协、进党校“五进”活动，提升各级领导干部生态文明及水土保持法律意识，《水土保持法》宣传覆盖面、社会公众对《水土保持法》知晓率大幅提升。三是水土保持强监管有举措。完成市级生产建设项目水土保持方案审批12件，区县级生产建设项目水土保持方案审批23件，全部按照时间节点时限要求完成，生产建设项目水土保持设施验收备案11个，强化事中和事后监管，对张吉怀高铁、市政工程项目开展水土保持设施大检查专项行动。全年市区县两级开展监督检查130余次，下发责令整改通知书21份。四是坚持水土保持补偿费应征尽征。全年市级补偿费征收入库128万元，超预算任务160%。五是信息化工作大幅提升。张家界市所有生产建设项目水土保持方案许可均在系统中录入;完成部、省卫星遥感疑似图斑的现场复核和录入;完成水土流失治理项目图斑的录入;对水土流失治理项目的治理面积及水保措施情况实行无人机监测复核。

【河道管理】 2019年，张家界市按照水利部“水利工程补短板、水利行业强监管”的总要求，以河长制为平台和抓手，认真落实“清四乱”、河道划界等重点工作，积极履行管理职责，全面加强河道管理工作。

一、开展河库“清四乱”。按照湖南省第5号总河长令要求，对张家界市流域面积50平方千米以上的河流，开展“清四乱”行动。张家界市排查出台账内43个和澧水干流卫星遥感经核实的17个“四乱”问题，全部按照时间节点完成整治销号。

二、开展河道划界。张家界市按照《关于做好全市河道管理范围划界工作的通知》要求，完成5条规模以上和65条流域面积50~1000平方千米河流河道管理范围划定编制方案批复、公告。

三、打击非法采砂。张家界市境内76%水域处于张家界大鲵国家级自然保护区范围，根据《中华人民共和国自然保护区条例》等法律法规的有关规定，市人民政府印发《张家界市人民政府关于全面禁止河道采砂的通告》(张政通〔2018〕1号)，河道采砂实行全面禁采。市委副书记、市长、市总河长刘革安签发第5号总河长令《关于开展河道非法采砂专项整治行动的决定》，各区县积极部署，全市查处河道非法采砂案件21起，永定区5起，慈利县10起，桑植县6起，严厉打击河道非法采砂行为。

四、落实河道保洁。2019年，张家界市新增河道保洁在线监控点16个，有在线监控24个，乡村河道保洁员997名，从事河道日常保洁工作。根据张家界市第1号总河长令《关于开展河(库)岸水域垃圾专项清理整治的决定》，各区县积极开展专项整治行动，基本实现“河岸无垃圾堆、水面无漂浮物”的工作目标。

五、深入推进河长制。张家界市河长制工作见河长、见行动、见成效。(一)夯实基层河长制工作。全市按照“四有”(有机构、有阵地、有人员、有经费)、“五化”(场地规范化、队伍稳定化、办公信息化、制度科学化、台帐档案化)标准，强化县、乡河长办阵地和能力建设。永定区将河长制工作纳入村规民约，慈利县在全县340个村建立村级河长工作站，切实做到有机构管事、有人员想事、有力量干事、有经费办事。(二)严格按照省1号总河长令要求开展巡河。一是频次达标。张家界市有各级河长2006人，各级河长巡河8万余次，市委、市政府主要领导多次巡河调研河长制工作，市级河长巡河达60多次。二是巡河管用。河长带着问题巡河，2019年，张家界市级河长巡河交办问题27个，主要是水电站整改、畜禽养殖污染、河道保洁、非法捕捞等突出问题，对交办的突出问题严格实行“一单四制”管理，均已整改到位。(三)构建河长制工作“人人参与”的宣传氛围。一是完善河长公示牌。张家界市共设立河长公示牌1174块，群众通过河长公示牌，可了解到各级河长的姓名、职务、职责，管护目标、监督电话等内容。二是组织开展全市河长制“六个最美”评选。2018年张家界市在全省率先开展河长制“六个最美”评选活动，最终评出5条最美河流、5座最美水库、10名最美河长、5名最美河道警长、5名最美河道保洁员、5篇最美征文，并进行表彰，中央和省市20余家新闻媒体进行专题报道。三是聘请民间河长齐抓共管。张家界市共聘请111名民间河长，担任“江河卫士”的角色，持续开展保护河库志愿服务、河长制宣传和河库生态监督等活动。四是积极开展样板河创建活动。张家界市79条河流申报创建样板河,涉及所有乡镇街道,全面完成样板河自评及验收工作。在2019年全省“美丽河湖”评比中,武陵源区宝峰湖、慈利县杜家溪、桑植县澧水(人潮溪段)成功入选。(四)国控断面水质全国排名靠前。2019年,张家界市国控、省控各监测断面均稳定达到Ⅱ类水质,县级以上饮用水源水质达标率达100%,国家地表水考核断面(永定区澄潭断面)在2019年度四个季度水环境质量全国排名均在前20名,在2020年第一季度水环境质量全国排名为第6名。

【水政管理】2019年,张家界市水行政执法工作有序开展,有效维护全市的正常水事秩序。出台《张家界市水利局2019年水行政执法工作方案》《张家界市水利局河道巡查制度》《河湖违法陈年积案“清零”行动实施方案》《张家界市水利局行政执法依据》《张家界市水行政处罚自由裁量权基准》《全面推行行政执法公示制度执法全过程记录制度重大执法决定法制审核制度实施方案》,为“三公”执法奠定扎实基础。完成重点河道巡查40余次。向永定区水利局两次下达督办通知书,要求其认真查处张家界中乐房地产开发有限公司占河建筑行为。征收入库水资源费390万元。全面开展水利系统违建别墅问题清理整治专项行动,做到底子清,行动快,措施硬,及时完成各项工作任务。

【农村水电】2019年,张家界市拥有农村水电站134座,总装机容量86.2万千瓦,年发电量12.85亿千瓦时。年内,新增农村水电装机容量75千瓦,完成投资17万元,其中中央投资11万元、省财政配套资金6万元。张家界大鲵国家级自然保护区内有88个水电站,除江垭电站、鱼潭水电站2座保留外,其余86座水电站已全部停止发电,拆除大坝39座,完成验收销号30座。八大公山国家级自然保护区5座水电站已全部整改到位,并完成验收销号。

(本栏撰稿 曾鑫德 赵威)

工业

总　类

【工业经济运行概况】 2019年,张家界市工业经济运行总体平稳、稳中有进,工业增加值占地区生产总值的8.7%,工业对经济的增长贡献率为8.6%,拉动地区生产总值增长0.7个百分点。

一、规模工业趋稳回升。规模工业增加值同比增长8.0%,增速比上年加快1个百分点,高于全国平均水平2.3个百分点。在规模以上工业中,非公有制企业增加值增长10.0%,占规模以上工业的比重为81.0%。非金属矿采选业,农副食品加工业,皮革、毛皮、羽毛及其制品和制鞋业,印刷和记录媒介复制业,文教、工美、体育和娱乐用品制造业,非金属矿物制品业,有色金属冶炼和压延加工业分别增长14.1%、18.5%、32.9%、16.5%、18.5%、27.3%、37.6%,均明显快于规模工业平均增速。2019年工业产品出口2.9亿元,同比增长80.5%。

二、企业效益有升有降。全市规模以上工业企业实现主营业务收入87.8亿元,同比增长11.3%。盈亏相抵后实现利润6.6亿元,同比增长6.1%,低于主营业务收入增速5.2个百分点。工业企业实缴税金4.2亿元,同比下降5.2%。

三、要素保障略有下降。工业用电量69291.48万千瓦时,同比下降4.5%。工业企业实缴税金4.2亿元,同比下降5.2%。 (郑宏玉)

【工业经济平稳发展】 2019年,张家界市工业经济发展呈现高位开局、平稳运行态势。

一、主要经济类型企业生产保持增长。规模工业股份制企业增加值增长6.4%,国有企业增长17.8%,外商及中国港澳台地区商投资企业增长28.6%,其他经济类型企业下降2.0%。

二、18个行业生产实现增长。全市规模工业28个大类行业中,有18个行业增加值保持增长,增长面为64.3%。其中非金属矿物制品业和农副食品加工业对全市规模工业增长的贡献率分别为54.6%和53.8%,增加值分别增长21.7%和31.4%,分别拉动全市规模工业增长3.5个和3.4个百分点;对全市规模工业增长贡献率超过10%的行业还有文教、工美、体育和娱乐用品制造业及非金属矿采选业,增加值分别增长28.1%和10.8%,以上四个大类行业对规模工业增加值增长的贡献率合计为140.6%,拉动全市规模工业增长9个百分点。

三、各区县工业协调发展。永定区规模工业增加值同比增长8.1%,领跑各区县工业发展;慈利县规模工业增加值同比增长7.9%;桑植县规模工业增加值同比增长7.9%;武陵源区规模工业增加值同比增长7.7%。(郑宏玉)

【企业创新转型】 2019年,张家界市工业企业创新转型方面取得重大进展。

一、市工信局起草张家界市重大产品创新落实方案。认真实施“52151”行动计划,全面完成“10个重大产品创新”项目建设任务。

二、市工信局加强工业企业技术中心的培育,指导湖南神舟中药饮片有限公司Θ张家界鸿燕新材料科技发展有限公司等企业进行企业技术中心申报学习,计划2020年申报省级企业技术中心。评选张家界江垭佐胜渔业水产开发有限公司、张家界长兴汽车电器有限公司、湖南神舟中药饮片有限公司等3家公司为2018年市级企业技术中心。

三、建立企业研发投入联动机制,市工信局会同市统计局及区县工信部门,加强对重点企业研发投入运行情况。引导企业加大研发投入,积极支持企业申报省级技术创新项目,引导企业投入研发经费,激发企业的创新积极性。 (宋　茜)

【工业项目建设】 2019年,张家界市“52151”行动计划整体推进,其中10个重大产品创新项目(含5个省“重大产品创新100”项目)进展顺利,成效显著。10个(含2个省“重大产品创新100”项目)重大产品创新项目完成投资2.46亿元,占年计划2.45亿元的100.4%。其中列入省“产品创新100”的年产1500吨中药饮片生产线项目基本建成,完成投资0.493亿元,占年计划0.48亿元的102.71%,并实现单项投产;大鲵虹彩病毒疫苗项目完成投资0.185亿元,占年计划0.18亿元的102.78%。总体而言,10个产品创新研发进展良好,涌现一批新产品,如匡沐环保的智能水性漆涂装生产线填补行业空白,恒林生态木的装配式建筑走在装饰材料行业前列,长兴电器的整流桥支架具有自主知识产权。成功申报制造强省项目2个,技术创新项目项目3个,技术改造项目6个,成功推荐张家界高山怡韵茶业有限公司等3家企业作为2019年工业品牌培育试点企业。两家企业成功申报省2019年“百项重点新产品推进计划”项目;两家企业成功申报省2019年“百项专利转化推进计划”项目。2019年有60个项目列入“320”工程,计划总投资17.8亿元,截至2019年底,“320”工程项目计划新开工项目23个,开工项目18个,开工率78.26%。计划竣工项目19个,有张家界占生塑胶制品有限公司、张家界恒林生态木有限公司、张家界远大住宅工业有限公司、张家界华米新粮食股份有限公司等15个项目竣工,竣工率为达78.95%;18个储备项目,绝大部分已经签约或落地,逐步开工建设中。 (宋　茜)

【旅游商品发展】 2019年,全市旅游商品生产企业完成生产总值43亿元,同比增长10%;完成主营业务收入39亿元,同比增长10.2%;完成规模工业增加值14.6亿元,同比增长9%。

一、扎实开展旅游商品企业(品牌)推介活动。市工信局组织张家界仙踪林药业有限公司、张家界乖幺妹土家织锦开发有限公司、张家界向王民族工艺品开发有限公司三家旅游商品企业参加6月24日在广州举办的第十六届中国国际中小企业博览会,帮助张家界市旅游商品企业开拓市场;联合市文旅局、市总工会和市残联主办开展以“壮丽七十年,绣出新时代”为主题的首届武陵山片区刺绣大赛,邀请湖北、重庆、贵州、湖南等武陵山片区的70名土家、苗族等少数名族刺绣技艺“非遗”传承人共同参赛,对张家界市土家刺绣及相关工艺品进行全方位的宣传推介。

二、参与“张家界礼物”旅游商品公共品牌建设。参与配合新的“张家界礼物”品牌运营商开展已入选商品生产企业的考察调研工作，并协助运营商共同制定完成新的品牌运营工作方案及调整完成新的商品评选标准。“张家界礼物”品牌线上商城建设项目已通过评审并建设完成。

三、支持旅游商品产业园项目建设。市工信局定期通过电话与旅游商品产业园项目负责人进行沟通，了解项目建设困难化解进度，不定期前往项目建设现场了解项目整体建设进度，对于园区二期用地问题解决进度进行实时跟踪和向上反馈。2019年，军声砂石画、正阳文化、银博馆、仙踪林5个项目实现开工建设。（梁怡圣）

【工业节能与综合利用】 2019年，全市212家规模工业企业综合能源消费量为259750吨标准煤，同比下降4.29%；规模工业总产值同比增长8%；规模工业增加值能耗同比下降11.38%，超额完成省定目标任务7.38个百分点。

一、积极开展清洁生产审核和绿色制造体系创建。2019年，市工信局组织荣丰科技、永定食品厂等6家企业开展自愿性清洁生产审核工作，并纳入全省自愿性清洁生产审核计划。组织占生塑胶、立方石业2家企业列入省绿色制造体系创建计划。组织万众新型建材、畅想农业2家企业列入省两型工业企业创建计划。

二、根据《2019年利用能耗标准依法依规推动落后产能退出工作实施方案》，2019年7月省节能监测中心对南方水泥进行现场节能监测，经监测南方水泥的5项指标均低于国家强制性退出能耗指标，且数据好于上年。

三、全市有规模较大的工业固体废物资源综合利用企业16家，主要利用煤矸石、粉煤灰、工业尾矿、混凝土渣、废石、城市污泥、脱硫石膏等固体废物，利用固废总量89.4万吨，主要涉及水泥、火电、汽车配件、商品混凝土、商品砂浆、砂石骨料、新型墙体材料、新型建材等10多种工业产品，销售收入11.6亿元。

四、市工信局组织华新水泥等3家企业参加海尔集团考察学习；组织南方水泥和天成机电等企业参加湖南省工业节能绿色发展峰会和工业绿色制造培训等活动，引导企业将绿色设计、绿色技术和工艺、绿色生产贯穿于产品全生命周期中，切实推进工业绿色发展；组织畅想农业、永兴玻璃等企业参加2019“一带一路”绿色博览会暨绿色产业发展论坛。

五、2019年10月底完成“散乱污”企业的摸底排查工作，初步拟定纳入“散乱污”治理的企业16家，其中拟关停取缔类8家，整合搬迁类3家，提升改造类5家。

六、2019年南方水泥完成错峰生产87天、华新水泥完成80天。错峰生产有效降低水泥行业能源消耗，提升行业整体效益，2家水泥企业均能较好地完成省里下达的水泥错峰生产任务(年度错峰停产80天)。（成 刚）

【淘汰落后产能】 2019年，市工信局依法依规开展“打击地条钢”、“石灰土窑专项整治”等专项行动，建立登记台账，进行政府网上公告，定期搞好“回头看”，较好地完成淘汰落后产能工作目标任务。经多次排查，张家界市无“地条钢”生产企业。开展全市造纸企业淘汰设备排查整治活动，多次组织各区县进行摸排，搞好“回头看”。印发《张家界市危险化学品安全综合治理实施方案》，认真组织开展全市磷化工企业风险排查工作。2019年新能源汽车完成推广任务数1200标台。积极推荐企业申报国家、省级项目奖励资金，2019年获得省级项目奖励资金245万元。（成刚 唐全喜）

煤炭工业

【煤矿安全监察】 2019年，张家界市关闭煤矿1处，截至2019年底，保留煤矿3处。保留的3处煤矿正在实施停产整改，其目的是优化生产环节，为重新取得安全生产许可证打基础，提升煤矿安全保障能力。2019年对煤矿开展“煤矿安全生产专项执法检查”“打非治违”“计划执法”等各类检查149矿次，共查处安全生产隐患157条，下达执法文书124份，责令停止使用设备台数7台套，责令停产整改3矿次，责令停止井下施工活动3矿次，对煤矿技术基础专项监管监察3矿次，会同聘请的煤矿专家对煤矿安全技术“会诊”2次，同时组织煤矿开展“防风险、除隐患、遏事故”为主题的安全生产月活动。

【煤矿、非煤矿山、工贸和危化领域安全执法】 2019年，张家界市将桑植撒禾坪煤矿列入2019年度关闭计划，已下达关闭决定。对煤矿及非煤矿山进行体检，3对煤矿均列入整改，停止生产。持续推进非煤矿山“攻坚克难”工作，自我加压，2019年关闭9家非煤矿山。推行烟花爆竹流向“二维码”管理，严格监管执法，应急部门在全省监管执法排名中多次进入前3名。

（本栏撰稿 彭海凌）

电力工业

【概况】 2019年，张家界电网统调发电量8.04亿千瓦时，同比减少45.29%，其中水电电量同比减少42.71%。最大负荷64.04万千瓦时，同比增长11.22%。日最大用电量1145.86千瓦时，同比增加14.46%。全市全社会用电量28.40亿千瓦时，同比增长6.17%。分行业看，第一产业用电量0.07亿千瓦时，占0.26%；第二产业用电量7.89亿千瓦时，占27.78%；第三产业用电量9.56亿千瓦时，占33.66%。2019年底，张家界市共有水火电源装机22.607万千瓦(累计退出91座电厂)。其中水电装机为10.607万千瓦，占总装机的46.92%，火电装机12万千瓦，占总装机的53.08%。2019年底，拥有35千伏及以上输电线路2056.50千米，变电容量3214兆伏安。2019年，张家界地区供需形势良好，网内电力供应充足。全年地区统调供电量27.54亿千瓦时，主网下网电量26.04亿千瓦时，转供1.96亿千瓦时，外购地区小水电电量3.46亿千瓦时。

【国网张家界供电公司】 2019年，国

网张家界供电公司设职能部门 14 个，业务支撑机构 8 个，下辖县供电公司 3 家，集体企业 3 家。员工总人数 2466 人(全口径)。完成售电量 25.32 亿千瓦时，同比增长 8.40%；售电均价 694.22 元/千千瓦时，同比降低 25.93 元/千千瓦时。资产总额 26.96 亿元，同比增长 8.51%；营业总收入 15.70 亿元，同比增长 6.84%。

2019 年，国网张家界供电公司上下把握机遇、迎接挑战，团结拼搏，攻坚克难，官地坪–李坪 35 千伏输电线路工程获得湖南省电力有限公司安全质量流动红旗，武城南县宏源市场箱变新增布点工程获评湖南省电力有限公司“十佳工程”。扎实开展“不忘初心、牢记使命”主题教育。获评湖南省电力有限公司“红旗党委”，索溪峪供电所党支部获评湖南省电力有限公司“十佳电网先锋党支部”。各专业工作突出，硕果累累，经研所(设计院)QC 小组获评湖南省“优秀质量管理小组”。档案信息资源开发利用获评湖南省优秀案例三等奖。建设管理、调度自动化、保密等多个专业竞赛取得优异成绩。通过全国文明单位复查验收。1 名员工荣获湖南省“五一劳动奖章”。获评张家界市“最美庭院”、“无偿献血优秀组织单位”、“平安单位”创建示范单位。

【电网建设】 2019 年，完成固定资产投资 6.03 亿元(含省直管工程投资)，其中电网基建投资 5.18 亿元，投产 35 千伏及以上线路 165.87 千米、变电容量 26.26 万千伏安。湖南省电力有限公司与张家界市政府签订 35 亿元战略合作协议，张家界市政府办公室出台《关于加强建设坚强智能电网和发展泛在电力物联网的实施意见》，支持合作协议落地实施。强化规划引领，高质量完成县域网格化和“一所一册”规划，启动电网供电能力提升“三年行动计划”，着力消除水电站退出风险，规划实施补短板项目 87 项。电网建设管理水平大幅提升，多项主配网工程提前竣工，年内投产变电容量、线路长度同比翻番。建成投产黔张常铁路外部供电、第四回 220 千伏外联通道及 220 千伏立功桥扩建等一批重点工程，有力提升电网供电能力。提前一年打赢新一轮农网改造升级攻坚战，“两率一户”指标超额完成，优质高效完成 220 千伏零阳变整站集中检修和安慈高速杆迁任务，实施 110 千伏宝塔变“一键顺控”改造。

【优化电力服务】 持续优化营商环境。开展报装接电专项治理行动，高、低压客户平均接电时间缩短至 35.22 天、1.45 天。深化“互联网+服务”。低压线上缴费率达到 90%；微信公众号绑定 26.64 万户，全省排名第 2。推广“三零”“三省”服务，节约用户办电成本 1943 万元。设置服务网格 36 个，受理投诉、平均抢修时长分别下降 78.98%、35.33%，供电服务满意度、投诉管控偏差率分别排名全省第 2 位、第 4 位。整治完成国网桑植县供电公司 29 个趸售台区和瑞塔铺变电站周边区域 25 年的特殊电价问题。积极发展新兴业务，组建综合能源服务公司。“全电景区”建设纳入湖南省电力有限公司示范项目。“张家界大鲵国家级自然保护区水电站密集退出对公司生产经营影响及策略应对专题研究”成果，获评湖南省电力有限公司优秀成果。“基于电网设备异动智能分析”和“配网 10kV 线损分析与管理系统”两项大数据，纳入湖南省电力有限公司大数据应用成果。

【电力安全生产】 落实严抓严管，严守安全底线，实现连续第十七个安全年。强化安全风险管控，抓实精益运检管理，成功应对六级及以上电网风险 59 次，三级及以上基建风险 6 次，确保在“倒春寒”天气侵袭、负荷创新高、小水电关停退出、工程集中投运等挑战中的安全可靠供电。狠抓隐患排查治理，累计治理问题 1843 项。严厉打击现场违章，查处各类违章 87 起，责任追究 227 人次，经济处罚 23.69 万元。积极应对迎峰度夏、度冬工作，强化保电期间应急管理，圆满完成春节、“两会”、高考、国庆和各类重大活动保供电任务。配网通道“百日攻坚”行动集中治理线路 84 条，故障停运率同比下降 25.13%。安全文化建设取得良好成效。信息、通信、交通、消防等安全管理得到全面加强。2019 年，累计并网光伏扶贫电站 104 座，年内创造阳光财富 237.93 万元。做实做强产业帮扶，兴旺塔现代农业示范园受到广泛赞誉。推进“教育+就业”扶贫，定向培养供服员工 18 名。服务市政重点工程，保障黔张常铁路、宁邦国际、千古情等项目用电。配合政府关停大鲵自然保护区水电站 86 座，改造接管自供区 11 个，在发电装机同比下降 43.29%的情况下，确保电力安全可靠供应，获得省委书记杜家毫和市主要领导批示肯定。 (本栏撰稿 毛 艳)

烟叶生产管理

【概况】 2019 年，以张政办函〔2019〕62 号下发《张家界市人民政府办公室关于切实抓好 2019 年烟叶工作的通知》，将烟叶工作纳入绩效考核，重点考核各产烟区县人民政府、产烟乡镇人民政府、烟农专业合作社及各级烟叶生产工作人员。1 月、8 月先后组织召开全市烟叶工作会议、全市烟叶收购工作会议，统筹部署全市烟叶生产、收购工作。2019 年全市烟叶种植收购计划 0.36 万公顷、13.5 万担，实际落实种植面积 0.36 万公顷，完成收购销售量 14.17 万担，实现烟叶税收 4265 万元，烟叶规模连续两年增长，在全省排名第五。1972 户烟农共实现烟叶总收入 1.94 亿元，户均收入 9.8 万元，创历史新高，且连续四年稳定增长。

2019 年，市烟叶办持续改善烟区基础设施建设，共投入补贴资金 1162 万元，完成烟叶生产基础设施建设项目 431 个、烟水配套项目 58 个，新修机耕路 38 千米，修复烤房育苗棚 329 座。积极协调解决相关问题，推动烟叶专业化服务转型升级，帮助烟农减工降本，其中烟叶育苗、分级等环节实行 100%专业化服务。大力查处烟叶非法流通，共查处烟叶案件 19 起，查获非法贩运烟叶 36 吨。积极构建烟草与大农业绿色防控体系，推广以蚜茧蜂防治蚜虫为主的生物防治面积 0.667 万公顷。2019 年，张家界市烟叶生产属于全省唯一完成年度任务的市州，因工作成效显著，被湖南省两烟协调领导小组评为烟叶工作先进单位。

【烟叶高质量发展论坛】 2019年7月17~18日，由湖南中烟工业有限责任公司、湖南省烟草专卖局和张家界市政府共同举办，桑植县政府承办张家界市烟叶高质量发展论坛，市人民政府李传荣副市长、湖南省烟草专卖局(公司)总农艺师路中山、湖南中烟总工程师钟科军、湖南中烟1994年以来参加桑植烟叶生产基地建设的40位专业技术人员、张家界市烟叶办、张家界市烟草专卖局(公司)、桑植县人民政府主要负责人近100人参加会议。会议上，相关专家用亲身经历阐述张家界市烟叶生产的基础、优势和瓶颈，政、工、商三方共谋烟叶高质量发展大局。 (本栏撰稿 雷 凯)

装备工业

【概况】 2019年，全市有规模以上装备制造工业企业22家，行业覆盖领域主要有：金属制品、通用设备、汽车配件、电气机械及器材、装配式建筑等，占全市规模工业的12.06%；资产总额11.09亿元，占全市规模工业的9.59%；负债5.32亿元，占全市规模工业的9.70%；职工2135人，占全市规模工业的14.66%；主营业务收入5.88亿元，占全市规模工业的7.42%；工业总产值7.98亿元，占全市规模工业的7.70%；增速为5.30%，上缴税金473万元，占全市规模工业的7.11%。

【行业管理】 2019年，市工信局组织立方石业等企业参加省产业政策培训暨绿色矿山培训班，学习掌握有关政策。组织园区、企业参加2019省工业设计培训暨工业设计对接会，参观长沙比亚迪汽车有限公司、长沙工业设计园区，提高企业工业设计人员专业水平和设计理念。扎实推进“旅游+装备制造”产业发展规划的落实。结合丰富旅游资源，引导是佳运动用品有限公司、永鑫鞋业有限公司、金福凯盛鞋业有限公司、美达制衣有限公司等现有运动护具制造和制鞋制衣企业，改进制造工艺，加强产品研发，提高自主创新能力，全面研发制造各种户外运动旅游装备，形成自主品牌产品，促进产品转型、产业升级、企业增效。引导张家界长兴汽车电器公司、张家界汽车配件制造有限公司，改进制造工艺，加大研发投入，提高技术创新能力，重点研发制造汽车、越野车电池、电控、电机、减速器、制动盘等关键零部件，提高制造水平和产品质量、性能；发挥区位优势，依托长沙、重庆两个汽车产业经济极点的辐射带动作用，加强与配套厂商合作，逐步完善汽车、越野车零部件配套产业体系。市工信局组织匡沐环保申报省“首台(套)”重大技术装备认定，获省“首台(套)”重大技术装备项目奖励资金60万元；组织立方石业等企业申报省“智能制造”示范企业，获省项目奖励资金100万元；组织立方石业、匡沐环保等企业参加省2019智能制造对接合作推进会，参观金龙智造科技股份有限公司，学习借鉴先进经验，组织企业与智能制造系统解决方案供应商进行对接，提高企业智能制造水平。

【工业设计中心认定】 2019年，市工信局组织开展张家界市第三届企业工业设计中心认定工作，引导企业了解工业设计的重要意义，重视工业设计。立方石业利用石材的天然纹络，经过工业设计加工成雄鹰展翅、美丽风光等富有多种寓意的象形图案，打造成电视背景墙，产品的附加值增加180%，产值大幅提升。

【装备制造企业宣传】 2019年，张家界市工信局邀请张家界市电视台拍摄制作《坚持新发展理念，推动全市工业高质量发展》第四、第五专题；陪同电视台记者深入张家界永兴玻璃有限公司、湖南匡沐环保科技有限公司、张家界立方石业有限公司、张家界汽车配件制造有限责任公司等装备制造企业进行现场采访和拍摄，展示企业工业设计、智能制造等方面转化科技创新成果，壮大产业发展情况。 (唐全喜)

电子信息产业

【概况】 2019年，全市电子信息规模以上企业9家，全年共实现主营业收入2.28亿元，同比减少10.5%；实现工业总产值2.5亿元，同比减少7.7%。全市电子信息产业集聚效应逐步显现，呈现向园区集中的态势。

【电子信息制造业企业发展现状】 2019年，从工业总产值统计数据来看，张家界市9家规模以上电子信息制造业企业，其中4家呈增长态势，且年增长保持在13%以上；5家呈下滑态势，其中3家下滑幅度比较大(分别达到15%、34%、85%)，2家小幅下滑。在下滑较大的3家企业中，1家已停产，1家已濒临退出。张家界市电子信息制造业企业少、规模小，产品主要以电子元器件、电子配件为主，产品技术含量不高，缺乏核心竞争力，多为外地电子信息制造业配套企业，缺乏龙头企业带动，产业总体规模小，易受市场环境因素影响。 (本栏撰稿 沈勇)

纺织工业

【概况】 2019年，张家界市纺织工业有规模以上企业3家，其中纺织业2家，纺织服装、服饰业1家。实现工业总产值和销售收入分别为1.21亿元和1.01亿元，同比分别增长7.6%和12%。行业实现利润总额669万元，同比增长5.1%。

【项目建设】 2019年，湖南艾佳家纺有限责任公司年产100万件(套)家纺用品生产线异地搬迁项目完成13000平方米的厂房建设，新增两条湖南省首条仿丝棉、羽绒棉、喷胶新疆棉棉片生产线，升级现有两条棉胎生产线，机械设备安装到位，形成床上用品组合套件、芯类产能100万套/年。项目正式达产后将年新增利润4000万元。

(本栏撰稿 田 静)

食品工业

【概况】 2019年，张家界市食品工业有规模以上企业82家，其中农副食品加工业48家，食品制造业11家，酒、饮料和精制茶制造业23家。实现工业总产值和销售收入分别为30.94亿元和28.78亿元，同比分别增长11%和9.7%。行业实现利润总额2.1亿元，同比增长4.5%。食品行业占全市规模工业总产值比重达27%。

【诚信体系建设】 2019年，市工信局落实食品诚信体系建设要求，组织重点食品企业张家界豆香源饮料食品厂、张家界荣升食品有限责任公司、张家界西莲茶业有限责任公司、张家界香丝乐食品有限公司参加全省诚信体系建设培训，加强对相关信用平台的信息查询使用，推动食品加工企业增强信用建设意识。

【食品工业项目建设】 2019年，张家界豆香源饮料食品厂万吨植物蛋白及谷物类饮料和果汁深加工项目完成新建厂房建设，安装植物蛋白饮料深加工生产线3条，谷物类饮料加工生产线一条，果汁饮料加工生产线一条。湖南湘丰桑植白茶有限公司白茶精加工扩建及白毛茶初加工项目扩建白茶紧压茶压制机12台，智能烘房5间投入使用，年可新增利润150万元。

（本栏撰稿 田 静）

医药工业

【概况】 2019年，张家界市医药工业有规模以上企业8家。实现工业总产值和销售收入分别为4.09亿元和3.41亿元，同比分别增长61%和45%。受龙头企业张家界继源科技有限公司带动，行业实现利润总额2351万元，同比增长226%。

【产业链建设】 2019年，围绕中药产业链强链，市工信局加强对重点企业、重点产品、重点项目的调度帮扶，着力打造生物医药产业。推动中药材品牌培育，大力支持中药产业链做优做强，组织省级中药材种植示范县慈利县、桑植县参加2019年中国(湖南)中医药与健康产业博览会。慈利县被认定为“杜仲产品生产基地县”，桑植县被授予“第二批湖南省中药材种植示范基地县”。

【医药工业项目建设】 2019年，湖南神舟中药饮片有限公司中药材“立体种植”新模式技术研究及产业化项目取得国家药品生产许可证，获得国家药品GMP证书，实现全面投产，形成年产1500吨中药(精制)饮片生产能力。

（本栏撰稿 田 静）

轻工业

【概况】 2019年，张家界市轻工业有规模以上企业34家，其中皮革、毛皮、羽毛及其制品和制鞋业3家，木材加工和木、竹、藤、棕、草制品业4家，家具制造业3家，造纸和纸制品业2家，印刷和记录媒介复制业2家，文教、工美、体育和娱乐用品制造业16家，橡胶和塑料制品业4家。实现工业总产值和销售收入分别为15.75亿元和12.32亿元，同比分别增长9.4%和6%。行业实现利润总额8439万元，同比增长1.4%。

【轻工业项目建设】 2019年，张家界占生塑胶制品有限公司年产800吨塑胶玩具项目于按期竣工，企业评为湖南省“小巨人企业”、湖南省精准就业扶贫爱心企业、中国企业信用评级AAA级企业并通过ISO9001质量管理体系/ISO14001环境管理体系/ISO45001职业健康安全管理体系及ICTI国际玩具业协会(International Council of Toy Industries)认证。

（本栏撰稿 田静）

建材工业

【概况】 2019年，全市规模以上建材企业54家，工业生产总值为29.99亿元，同期增长19%。散装水泥供应量88.5万吨，完成计划指标135%，水泥散装率达到46%；新型墙体材料产量2.5亿块砖，完成计划指标100%；预拌砂浆供应量7万吨，完成计划指标81.25%。预拌混凝土企业8家，拥有生产线9条，从业人员383人，混凝土搅拌车106辆，混凝土泵车17台，车载泵4台。年生产能力达380万立方米，实现产值可达2亿元。装配式建筑产业发展势头较好。

【建材工业项目建设】 2019年，张家界市纳入“320”项目工程中的新型建材项目有13个，投入约2.44亿元。慈利绿为装饰材料有限责任公司建设年产35万平方全屋定制家具生产线项目已竣工，恒林生态木年产1200吨木塑复合新材料、远大住工集成建筑生产基地扩建项目等5个项目在建，牛牛建材年产30万吨湿拌砂浆绿色环保生产线等6个项目落地准建。

【转型升级】 2019年，张家界市开展建材工业绿色制造行动，通过技术改造，淘汰落后产能，提质升级，努力发展工艺先进、环境友好、综合效能高的建材产业，节能降耗和综合利用成效显著。全市每年节约土地约38.5公顷，能源约21700吨，减少SO_2排放约499.1吨，CO_2排放约54250吨；节约能源6240吨标煤，节约木材26400立方米，节约电力580万千瓦时，粉尘排放36000吨。

张家界万众新型建筑材料有限公司、慈利县鼎盛建材有限公司2家企业申请绿色产品标识认定，慈利县鼎盛建材有限公司通过绿色产品标识认定。张家界永兴玻璃有限公司、张家界恒林生态木有限公司等7家建筑企业被认定为省级新材料企业。

（本栏撰稿 唐全喜）

【华新水泥（桑植）有限公司】 截至2019年底，华新水泥(桑植)有限公司有2500吨/日新型干法水泥生产线一条。公司投入210余万元实施污水处理改造项目，全厂工业废水通过系统处理后再循环利用，既实现污水零排放，也实现水资源的节约。投入180万元对全厂布袋收尘器进行更换，替换成更高规格覆膜滤袋，确保粉尘排放浓度达到特别排放的限值。公司全年未出现环保超标排放现象，实现环保排放优于国家标准。2019年12月，公司顺利通过国家绿色矿山评审，成为县域内首家通过该项评审的单位。

2019年，生产水泥105万吨，销售水泥104万吨，产值达39457万元，纳税7000余万元。2019年被湖南省税务局评定为纳税信用A级企业，荣获桑植县“2019年度纳税大户”称号。2019年，公司积极参与当地精准扶贫工作，全年捐赠水泥1150吨，现金40万元，消费扶贫10万元，开展志愿服务互动10余次，得到社会各界的一致认可。（肖凤）

【张家界占生塑胶制品有限公司】 截止2019年底，公司总资产为6706万元，其中：流动资产395.5万元，占总资产5.9%；固定资产净值6310万元，占总资产94.1%。公司设有注塑、搪胶、喷油、移印、装配包装等生产车间，旗下张家界乐童玩具有限公司全权自主营运的品牌（宝乐童 ”KDT”）已成功上线，拥有自己的研发团队及营销团队，已形成国内国外线上线下互联网+的营销模式，产品远销欧美、日韩、俄罗斯及中国港澳台地区等地市场。2019年，依托公司的生产基地设立寻梦源观光工厂。

2019年，张家界占生塑胶制品有限公司销售产品120多万套，实现年产值14600万元，相较上年增加12.3%,，完成利税119.60万元。公司被张家界市经济开发区管理委员会评为产业发展“先进企业”、“先进单位”；获评为“135”产业发展综合评价先进企业、“湖南省就业扶贫基地”、张家界市“安全生产市级示范企业”，被人社部、国务院扶贫办授予“全国就业扶贫基地”，获评为湖南省“小巨人企业”、湖南省精准就业扶贫爱心企业、中国企业信用评级AAA级企业，入围湖南省绿色工厂。2019年，公司通过ISO9001质量管理体系/ISO14001环境管理体系/ISO45001职业健康安全管理体系及ICTI国际玩具业协会（International Council of Toy Industries）认证。（杨 亮）

【湖南畅想农业科技有限公司】 截至2019年底，湖南畅想农业科技有限公司已完成建设4000多平方米标准厂房一栋，员工食堂一栋，配套锅炉/配电房一栋，门卫室一栋，围墙700余米，道路建设1500余米，给排水管网系统建设等。1000多平方米的实验楼、5000多平方米研发中心均已投入使用。公司有日产20吨的全自动鹌鹑蛋生产包装线，日产30万枚鸡蛋的生产线，全线启动能达到年产1万吨农产品生产能力，配套购置夹层锅、生物制锅炉、全自动真空包装机、全自动高温杀菌罐等生产设备。与湖南农科院、湖南农业大学长期进行产、学、研合作，将国内外先进的科研技术、管理方法及经营理念与本公司的具体实际相结合，研制出独特的生产流水线。公司在永定区王家坪镇、桑植县西界村、桑植县刘家坪镇均建有鹌鹑养殖基地。推广鹌鹑养殖基地四个，分别位于永定区王家坪镇、永定区二家河、桑植县西界村、慈利县彬木乔镇，共养殖鹌鹑200万羽。公司生产的多种口味的鹌鹑卤蛋系列产品，已打入步步高、新佳宜、喜洋洋、美宜佳等系统，有陈克明、朱大哥商贸、光头祥、不二食代、好味屋等代加工企业在该公司贴牌。

2019年，公司通过ISO质量管理体系认证、ISO职业健康安全管理体系认证、环境管理体系认证。

（董丽婷）

【张家界福安家木业有限公司】 截至2019年底，张家界福安家木业有限公司投资1000万元引进生态板现代化生产线1条，新建青钱柳茶叶加工无菌车间1800平米，引进青钱柳茶叶加工现代化生产线1条，安置建档立卡户就业25人，人均年工资3万元，共计75万元。在熊家村投资1000万元，征收土地0.917公顷，创办张家界青钱柳茶叶标准化示范基地26.667公顷。公司与张家界农商银行签约以分贷统还方式，为永定区四都坪乡400户精准扶贫建档立卡户解决产业发展资金480万元，户均1.2万元。

2019年，公司年产值1.5亿元，上交税收约200万元，被湖南省授予林业和农业产业龙头企业。2019年，公司为永定区四都坪乡精准扶贫建档立卡帮扶产业发展、劳务就业、危房改造、阳光助学、大病求助、土地流转等资金688万元。张家界市人力资源和社会保障局为公司颁发“张家界市就业扶贫基地”奖牌，湖南省农业厅授予公司千企帮千村“突出贡献企业”的殊荣。（姜福云）

【张家界市新瑞生物饲料有限公司】 截至2019年底，张家界市新瑞生物饲料有限公司有国内技术领先的超微粉、膨化工艺的多条生产线年；有动物营养、生物工程、生产管理、品质检测等方面的专业技术人才和资深的高素质营销团队。公司主要产品有甲鱼、黄颡鱼、翘嘴红鲌、泥鳅、草鱼、鳝鱼、牛蛙、青蛙、乌龟、叉尾鮰、青鱼、鲫鱼、龙虾、螃蟹等20多个系列饲料品种。与湖南农业大学等高校建立长期产学研用合作关系，挂牌成立“湖南农业大学动科院教学科研基地”。已开发“鱼康宝”、“虾康宝”特色生态发酵型饲料，获得多项专利。已被湖南省科技厅认定为高新技术企业；参与制定湖南省《青蛙配合饲料》的地方标准（DB431T1417-2018）。公司经营的“佰多一”、“鑫瑞特”、“宜万佳”等品牌，传统优势产品“佰多一甲鱼料”占有“湖南汉寿甲鱼之乡”近九成市场份额，远销广东、河南、安徽等甲鱼密集养殖市场；新型优势产品虾蟹料、牛蛙料、青蛙料等销往两湖、江西、江苏、广西、海南等地区。2019年，新投产一条时产能10吨膨化料生产线，全年度产值近2亿元，新增就业岗位50余个。被业界鲲鹏论坛评选为“2019年中国水产饲料业最具成长性企业”。（唐秋丽）

园区经济

【概况】 2019年，张家界市三个省级产业园区开展长江经济带“三线一单”划定工作，制定出台园区发展专项资金管理办法，下达200万元园区专项资金支持园区实体经济发展。园区各项指标稳中向好。张家界高新区全年实现技工贸总收入31.78亿元，同比增长31.12%；规模以上工业企业实现产值21.14亿元，同比增长20.24%；完成规模工业增加值5.87亿元，同比增长10%；完成固定资产投资16.6亿元，同比增长19.88%。慈利工业集中区全年实现规模工业总产值27.45亿元，同比增长12.5%，占全县的69.2%；实现规模工业增加值8.4亿元，同比增长10%，规模工业增加值占全县规模工业增加值的比重达到67%；完成工业固定资产投资7.49亿元。桑植工业集中区加大基础设施补短板，全年实施高铁站广场项目、园区三四期标准厂房项目、高铁产业新区污水处理厂项目3个基础设施项目，同时加快推进工业园开发公司的优化整合，完善管理机制。 （宋宏铁）

【张家界高新区】 2019年，张家界高新区经济社会发展质量和效益迈上新台阶，2019年2月被省委政法委评为全省“平安园区”。

一、推进经济发展。出台《湖南张家界经济开发区(高新区)振兴实体经济鼓励创新发展实施方案（试行)》(张经开发〔2019〕6号)、《湖南张家界经济(高新技术产业）开发区鼓励外向型经济发展实施意见（试行)》(张经开发〔2019〕7号)等政策，全年拿出396.26万元给园区企业兑现各种奖励政策，10个奖项惠及27家企业，有效推动园区企业快速发展。全年实现技工贸总收入31.78亿元，同比增长31.12%；规模以上工业企业实现产值21.14亿元，同比增长20.24%；完成规模工业增加值5.87亿元，同比增长10%；完成固定资产投资16.6亿元，同比增长19.88%，其中工业投资3.73亿元，同比增长17.62%，基础设施投资2.8亿元，同比增长24.42%。完成一般公共预算收入2.46亿元，同比增长21.21%；完成税收收入2.37亿元，同比增长22.41%；完成地方财政收入1.53亿元，同比增长21.75%。年纳税过千万元工业企业实现破零，达到2家，即宏鑫建材、继源科技，

二、加大招商引资。开展“招商引资攻坚年”活动，全年外出招商30余次，对接项目26个，合同签约项目10个，合同签约额124.1亿元。签约项目中有中国500强世茂集团、民营企业500强华通机电。世茂文旅产业项目签约投资100亿元，实现招商引资100亿元以上项目零的突破，创历史新高。世茂项目从7月9日开始招商，到8月5日正式签约、9月18日摘地即开工，仅用70余天时间，刷新张家界招商引资和项目建设的新速度。此外，内联引资、利用外资、外贸进出口等工作均较好地完成年度工作任务。

三、强化项目建设。开展“产业项目建设年”活动，年初铺排重点项目38个，年度计划投资32.69亿元，完成年度投资近20亿元。铺排的重点项目除4个前期项目外，其余均已开工或基本达到开工条件。从2017年开始，每年都集中开工投产一批产业项目，三年累计开工投产产业项目30个，合计投资32.87亿元，全部达产后可实现产值76亿元。2019年7月26日集中开工投产的11个产业项目，投产5个，实质性开工5个。高新区项目建设在2019年全市项目建设观摩会现场考评中首次位列全市第一，义乌国际电商产业园被评为全市产业项目第一名。

四、优化营商环境。联合永定区先后5次开展集中行动，对湘丰白茶、义乌商贸城、新外滩二期违章小游园进行清表。完成迁坟2210座，签订征拆协议209栋451户，倒房133栋，扫清40公顷土地用地障碍。完成项目供地66.414公顷，其中出让37.577公顷，行政划拨28.837公顷。服务对接企业厂房需求，修改《标准厂房管理实施办法》，在公司注册、税务登记等方面开展代(帯)办服务，在押金标准、租金收取等方面提供优惠，全年入驻企业5家，投产5家。深入开展“平安创建”系列活动，2019年2月被省委政法委评为全省“平安园区”。

五、谋划发展新产业。谋划启动中国翠谷·张家界植物提取产业园的建设，力争为全市的产业发展再造一个新的经济增长极。植物提取产业园项目2019年9月2日经市人民政府第66次常务会议决定启动，通过几个月的努力，到2019年底，初步确定选址，初选面积为3.588平方千米（358.667公顷)，其中黄金坡基地36.867公顷。组织技术单位开展片区规划设计和黄金坡基地土地利用总体规划调整方案制订；完成岩土工程初步勘察、地类基本信息统计，开展控违控建控种控养工作；基本完成张联路至黄金坡基地2.92千米窄加宽公路改造；草拟《中共张家界市委张家界市人民政府关于加快推进中国翠谷·张家界植物提取产业园建设发展的若干意见》(代拟稿)和《中国翠谷·张家界植物提取产业园产业扶持优惠政策》(征求意见稿)，正在征求各相关部门意见。开展招商引资前期工作，引入普华永道咨询有限公司提供招商引资服务，制作植物提取产业园招商指南、宣传片，与湖南中医药大学开展校地合作，推动药食同源产品开发及科研成果转化。赴长沙、南昌、深圳、广州等地考察植物提取企业。

六、落实党工委负责制。党工委全面加强对园区经济工作的领导，严格执行“三重一大”集体决策制度，全年召开党工委会议21次，项目建设、企业现场办公等专题调度会议40余次，定期研究部署经济工作，聚焦园区高质量发展决策调度经济工作。充分发挥管大局、把方向、作决策、保落实作用，紧盯园区发展突出问题和薄弱环节，着力抓重点、补短板、强弱项，不断打牢经济发展基础，提高竞争力。认真履行基层党建、党风廉政建设和意识形态主体责任，开展“不忘初心、牢记使命”主题教育，积极配合做好七届市委第九轮巡察。 （陶困仁）

【慈利县工业集中区】 2019年，慈利县工业集中区较好完成各项工作任务。年内，有企业91家，规模以上工业企业53家，实现技工贸总收入36.8亿元，实现规模工业总产值27.45亿元，同比增长12.5%，占全县工业总产值的69.2%；实现规模以上工业增加值8.4亿元，同比增长10%；规模工业增加值占全县规模工业增加值的67%；完成工业固定资产投资7.49亿元。2018年度省级及以上产业园区综合评价中，园区排名第87位，位次相比2017年度大幅提升，居张家界产业园区第一名。

一、从严治党。慈利县工业集中区党工委全年专题研究党建工作15次，到基层支部调研指导50余次。按照“一岗双责”的要求，党工委班子成员抓好分管领域、分管科室的党建工作。制定《基层党建工作联系点制度》，党工委班子成员及企业党委班子成员分别联系园区基层10个党支部，选派22名机关党员干部担任非公企业党建工作指导员，提升基层党建工作质量。规范党员发展工作。发展党员12名，预备党员转正11名，入党积极分子38名。加强党员的学习教育。通过

党工委成员轮流上党课，请党校老师、讲师团讲师上党课等方式，分层分级开展党员全员教育培训。组织集体学习15次，上党课24次，组织党员开展活动100余次。开展党务工作者教育培训工作，对党建指导员、党务工作者进行业务培训3次。开展纪念中华人民共和国成立70周年系列活动，组织升国旗仪式，组织观看《我和我的祖国》爱国主义电影教育片。参加市委两新工委举办的微宣讲活动和慈利县总工会举办的职工演讲。落实“三会一课”制度，丰富“2+N主题党日”活动。深入开展党工委巡察整改专题民主生活会、党工委主题教育专题民主生活会、机关支部主题教育专题组织生活会，认真开展批评与自我批评。推进基层支部的“五化”建设，研究制订《慈利工业集中区基层党组织“五化建设”实施方案》，按照方案和细则定期督查和验收。严格换届纪律，完成三峡天然气、美达制衣、贵友环保等3家非公企业党组织换届选举工作。召开庆“七一”表彰大会，表彰园区3个先进党支部、5名优秀党务工作者、12名优秀共产党员、4名支持党建工作先进个人。春节、“七一”期间对园区企业、村以及联系村的20余名贫困党员、老党员进行慰问，让党员感受到组织的温暖。“不忘初心 牢记使命”主题教育期间，针对8个方面专项整治，通过自查梳理列出问题11条，到年底基本完成整改。严格执行党风廉政建设责任制。党工委书记和纪工委书记落实党风廉政建设主体责任和监督责任，及时开展谈话提醒，强化党内监督，加强队伍管理。纪工委加强对项目建设的监督检查。9月，党工委书记对各科室(分局)以上领导干部进行一次廉政提醒谈话。学习《中央八项规定》《湖南省落实中央八项规定的六项具体措施》，组织干部职工撰写学习中央八项规定的心得体会，修改完善《慈利工业集中区管委会机关日常事务管理规定》，进一步规范机关经费支出审批程序，严格遵守管理规定，杜绝出现违规现象。10月28日，邀请县关工委讲师团讲师向亮华讲题为《家规、家风、家教是成就人生的重要法定》党课，树牢坚持良好家风的思想观念，坚定坚持正确的行为习惯的思想。落实意识形态工作责任制。强化党工委班子成员意识形态“一岗双责”责任意识，加强意识形态工作的教育、宣传和引导，将意识形态学习内容纳入党课、理论学习内容，10月24日，党工委邀请县主题教育工作组第五指导组刘佰元给全体党员上一堂关于意识形态方面的党课。建立健全《意识形态分析研判制度》、《意识形态内部通报制度》等5项制度，进一步落实意识形态内容审核把关机制。坚持“六必谈”工作制度。通过“谈心谈话”、征求意见等方式，掌握党员干部思想动态，及时关注并发现党员干部思想问题，妥善处理倾向性和苗头性问题。投入专门资金，在工业集中区内粘贴大幅海报宣传廉政法治文化建设、党风廉政建设、安全生产、扫黑除恶等内容，加强正面宣传。

二、项目建设。计划2019年新建标准厂房2.3万平方米，项目已基本完成规划设计。到2019年底，完成金福凯盛项目17.33多公顷场地平整、金福凯盛拆迁安置区、鸿燕二期挡土墙等项目建设任务。启动创新创业园配套项目(主供水管网、排洪沟、14号生活楼)建设，污水配套管网两段正在抓紧施工，污水处理厂投入营运。抓好产业项目建设，园区有14个项目列入“320工程”，其中计划新开工项目4个，2019年完成投资计划1.5亿元；计划竣工项目已竣工投产2个。有8个项目列入县重点建设项目，计划投资5.9亿元，已完成投资1.4亿元。红心猕猴桃深加工项目于2019年7月建成投产。3个项目正在建设中，其中年产100万件(套)家纺用品生产线项目已完成主体工程的80%，计划11月底主体封顶；华盛汽车饰品产业园汽车检测主体工程已基本完成，12月投产；鸿燕新材料项目二期工程已经完成规划方案的评审，市公共资源交易中心正在挂牌网上公示中，县自然资源局同步进行用地规划许可证和工程规划许可证的办理审核工作，待揭牌之后翌日即可发放两证，正式开工建设。有4个项目前期工作进展顺利，其中金福凯盛产业园20公顷土地正在走报批程序，并已和企业约定弹性供地方式；日昌升绿色矿山示范基地项目，已完成矿山野外探矿、土地调规等前期工作；预拌干混砂浆生产线项目方案设计评审会已通过，县自然资源局正在组织土地挂牌资料，企业正在做场地平整方案；年产39000吨天然植物液态饮料项目土地正在挂牌中。

三、招商引资。建立联合招商机制。加大与商务局、经信局、发改局等单位的合作，组建联合招商队伍，做到资源共享。以“飞地经济”为契机，借助湘潭高新区的平台发布招商信息，开展专题招商活动。到10月底，全年签约入园企业7家。加大项目包装储备。根据最新政策不断完善和丰富招商宣传片、招商手册、招商PPT等招商资料，制定优化招商政策；进一步做好招商项目库的建设，结合国家的产业政策，依托地方优势资源，围绕全县的主导产业包装推出一批科技含量高、发展潜力大的好项目。

四、科学修订规划，完善园区体制机制。增强工业集中区总体规划的前瞻性和指导性，成立慈利工业集中区管委会国土空间规划编制工作领导小组，由党工委副书记、管委会主任孙明建和党工委书记李晓阳任组长，党工委委员、纪工委书记和党工委委员、管委会副主任聂辉任副组长，其他科室、分局、辖区8个村支部书记为成员，与湖南大学联系，湖南大学派出技术人员完成现场查看和资料收集工作，结合园区封闭运行，正在进行规划修编工作。研究出台《关于推进慈利工业集中区改革和创新发展的实施意见》(县政府常务会、县委常委会已原则通过)，探索封闭运行模式。

五、产业稳步发展，企业创新增效。进入固定资产投资项目储备库的项目充足。园区结合发展实际，为企业向上争项筹资，策划包装固定资产投资项目7个，并申报列入全市固定资产项目储备库。其中慈利日昌升新材料有限公司的日昌升绿色矿山示范基地项目和张家界金福凯盛鞋业有限公司的金福凯盛产业园2个项目拟列入张家界市高质量项目建设三年行动计划。

落实涉企项目资金申报政策。指导企业争取上级政策、资金和项目支持，用足用好中央、省、市扶持企业发展的各项政策措施。2019年以来，产业发展科把为企业争取上级各类专项资金作为重要任务来抓，先后辅导和组织企业申报2019年湖南省中小企业发展专项资金项目、2019年湖南省制造强省专项资金奖励项目等。其中，佐胜渔业、老山翁获得2019年湘西地区重大产业项目奖补支持，神舟中药饮片获得2019年湘西地区特色优势产业链培育项目支持；张家界天成机电设备制造有限公司、张家界朝阳冲农产品开发有限责任公司、张家界贵友环保材料科技有限公司获得2019年湖南省中小企业发展专项资金支持；张家界金福凯盛鞋业有限公司、慈利县忠军机电设备制造有限公司、湖南朱木匠家俱制造有限公司、张家界绿源农业综合开发有限公司、慈利县泓利玩具制造有限公司、张家界新瑞星饲料有限公司、湖南匡沐环保科技有限公司、湖南省恒鑫饰品有限公司等企业获得2019年湖南省制造强省专项资金；张家界贵友环保材料科技有限公司、张家界绿源农业综合开发有限公司2家企业获得2019年湖南省兑现研发财政奖补资金支持；湖南神舟中药饮片有限公司分别获得省科技厅“2019年中央引导地方科技发展专项资金”、省移动互联网专项、省创新创业技术投资项目的支持；湖南匡沐环保科技有限公司的水性漆专用环保涂装装备的研发与产业化列入2019年“百项重点新产品推进计划”项目表。

企业创新。2019年湖南省中小微企业创新创业大赛慈利赛区中，湖南匡沐环保获第一名，神舟医药、天成机电获第二名，佐胜渔业、贵友环保获第三名；张家界赛区中，湖南匡沐环保、贵友环保荣获二等奖，佐胜渔业荣获三等奖，神舟医药、天成机电荣获优胜奖；省赛区中，湖南匡沐环保获得三等奖。2019年，张家界新瑞星饲料有限公司和张家界银澧米业有限公司2家企业获湖南省农业产业化省级龙头企业认定，老山翁获湖南省省级林业产业农头企业认定；慈利鼎盛建材有限责任公司成为张家界市唯一一家获得绿色建材评价标识认定的企业，可供国家大中型基础设施建设项目的商品混凝土；张家界市新瑞生物饲料有限公司成为2019年工业品牌培育试点企业，获得农业产业化省级龙头企业认定；张家界朝阳冲农产品开发有限责任公司、湖南生安赛特农牧科技有限公司、张家界富源仿真花有限公司3家公司列入2019年第一批湖南省电子商务企业认定名单；美达制衣“扶贫车间”落户洞溪乡；是佳、美达、富源、恒鑫、永鑫、神洲大药房、恒亮7家企业列入张家界市企业诚信“红名单”(纳税信用A级纳税人)；湖南艾佳家纺有限责任公司的“贝比佳”儿童床上用品列入张家界市推广使用本地产品名录。湖南神舟中药饮片有限公司和张家界江垭佐胜渔业水产开发有限公司2家企业获得市级企业技术中心认定；绿源农业、神舟中药饮片、朝阳冲、田家农庄、江垭佐胜渔业、老山翁等企业获得农业产业化市级龙头企业认定，新瑞星、银澧米业等企业获得农业产业化省级龙头企业认定；湖南省匡沐环保科技有限公司获得11个国家发明专利及省级环保设备质量检测合格证书；天成机电获得专利10件，忠军机电的城市垃圾压缩储运处理设备已取得国家专利。神舟中药的“年产1500吨中药(精制)饮片创新项目”列入全省“五个100”项目中“100个重大产品创新”项目；张家界鸿燕新材料科技发展有限公司固硫催化剂研发与产业化项目列全省100个重大科技创新项目。举行湖南匡沐环保科技有限公司与张家界航空职业技术学院的校企合作签约授牌仪式，推动双方在人才培养、员工培训、技术创新、就业创业、社会服务、文化传承等方面开展合作，进一步促进校企双方形成命运共同体，实现学院与企业的共赢。

传统产业。园区引导企业坚持走生态优先、绿色发展之路，支持企业通过技术改造、产品研发、管理创新等方式推动传统产业转型升级。恒鑫饰品和晶典饰品的智能化改造项目、忠军机电钢护筒和路桥模具等生产线项目已逐步实现提质升级；贵友环保对无机高分子聚合氯化铝生产线进行扩建，改进生产工艺提升品质和附加值，提高企业效益；日昌升新材料有限公司年产1000万吨高端优质骨料项目计划总投资8亿元，专业生产高端精品优质骨料；匡沐环保智能型环保水性漆生产线计划进行技术改造，专业生产涂装设备，市场前景广阔，产品供不应求；鸿燕多功能环保型高分子新材料和环境材料项目计划投资8000万，致力于研发高效新型固硫催化剂，开发出多系列、多品种的拥有自主知识产权的多功能环保型高效新型固硫催化剂新材料。

外向型经济。美达、是佳、永鑫、富源、天成、晶典、苏英贸易7家企业列入2019年度湖南省中小微外贸企业出口无资产抵押担保融资白名单。发挥中国出口信用保险公司平台的作用，帮助企业开拓国际市场，加大对外贸重点企业的培育力度，引导企业开拓境外市场，挖掘出口潜力。

六、优化发展环境。落实双联双解领导联系企业制度。制订《慈利工业集中区推进产业项目建设年活动实施方案》，进一步完善“2号”公章管理模式，收集梳理企业困难问题，及时协调帮助解决企业在要素供给、政策落实、环境优化等方面的问题，做到有求必应、无事不扰。实行涉企检查登记备案。从严执行园区企业“宁静日”等制度，由管委会主动与涉企检查单位沟通衔接，每年年初制定年度涉企检查计划，除安全生产和环保督查之外，其他所有县直部门进工业集中区企业检查必须向管委会备案，避免重复检查。抓好平安园区建设。落实维稳第一责任，健全完善信访工作长效机制，依法保障和维护企业和员工的合法权益，最大限度减少不和谐、不稳定因素。重视安全生产工作，严格执行“党政同责、一岗双责、齐抓共管”要求，深入开展园区安全生产培训、隐患排查、整改等工作，园区安全生产形势稳定。由管委会牵头，发动企业共同参与扫黑除恶专项整治行动，从严查处“索拿卡要”等违纪违法行为。加强园区巡查，购置巡逻车，明确机构人员，严禁乱倒、乱搭、乱建行为，形成联防联治机制，维护社会和谐稳定。

七、助力脱贫攻坚。园区管委会与岩峪村结对帮扶，管委会28名干部职工结对帮扶88户贫困户，全年上门帮扶12次。落实驻村帮扶责任，选派6名人，进驻1个贫困村，3个非贫困村，实施驻村帮扶。驻村工作队从实际出发,因村因户因地制宜,与村、贫困户共同制定“一村一业”“一户一策”的帮扶措施,确保扶贫措施精准,具有成效。加大基础设施建设帮扶。到2019年末,为岩峪村支持资金168万元。岩峪村已完成村主干道整修、加固、拓宽硬化5.45千米,新修村主干道450米,新修、整修硬化组道近14千米;新修小桥3座(各15米长);加固整修村骨干塘2个(大湾、后峪水库);新建自来水蓄水池两口200平方米,铺设管线14千米;新建水窖3口;396平方米村级服务平台及配套附属设施均投入使用,村部广场、卫生室、敬老院等均基本完善。农网改造全面升级(增加变压器3台),农村电商服务平台已运行,电视、网络、广播全覆盖。作为三王村贫困村的后盾单位,近3年为三王村支持资金30余万元,促进三王村完善村级集体组织经济实力和减贫成效。

八、存在的困难和问题。一是承载能力不够。慈利县工业集中区规划面积6.42平方千米,经过近10年的发展,可用面积不足1平方千米,发展空间严重不足。前期投入不够,水、电、路等基础设施建设滞后难以满足发展需要,物流、商贸、居住等配套服务不完善,园区产业功能布局凌乱分散难以形成联动效应。规划区内工业用地价格居高,用地价格为375万元左右/公顷,且为现状供地,无任何补贴,成为制约中小企业拿地发展的瓶颈。二是项目发展困难。资金缺口大,导致园区已开工项目暂停、计划开工项目无法实施。企业融资难,因企业办理贷款没有足够的抵押物、信用体系建设不完善、对贷款政策解不足等原因,能获得银行贷款的企业极少。企业招工难,用工短缺现象依然严重。三是人才短缺严重。工业集中区管委会工作任务重,社会事务繁多,发展压力大,急需引进高层次规划、建设、投融资、招商等方面的管理人才、技术人才到园区开展工作。 (李晓阳)

【桑植县工业园区】 2019年,管委会内设4个机构,办公室、规划建设(工程技术)部、产业发展部、财务部,核定全额拨款事业编制10名。另有县财政派驻机构1个。管委会下辖平台公司1个,即县工业园开发建设有限公司,主要负责园区规划建设管理,园区内基础设施及配套服务设施建设,园区项目招商引资,为企业入驻园区提供一站式服务。园区总控制面积为20平方千米,核心区规划控制面积7.15平方千米,省政府批复的规划面积为3平方千米。园区确定以“一轴三区五组团”的空间结构布局和绿色发展的总体发展定位。(一轴三区五组团:以产业大道为轴心,布局A、B、C三个产业聚集区,打造A区的能源建材园,B区的绿色产业园、生物医药园、赤溪示范园,C区的高铁开发新区)园区分A、B、C三区,分布于澧源镇、利福塔、瑞塔铺三镇。园区区位交通优势明显,距张家界火车站、荷花机场仅54千米,已完工的张桑高速连接线和即将完工的黔张常铁路贯穿整个园区。已实现30分钟抵达张家界黄花国际机场,未来2小时直达长株潭经济圈,3小时贯通成渝、武汉经济圈,眺望珠三角、东盟博览会、东南亚经济圈,一个立体化交通网络正在形成,随着交通条件的不断改善,园区迈入发展建设的快车道。

一、经济运行。2019年,园区有入园企业40家,其中规模工业企业19家,较同期增长4家,新入园企业一家(桑植县乡滋味土特产开发有限公司);园区工业总产值10.18亿元,规模以上工业企业实现产值7.71亿元,同比增长24.6%,占全县73.4%;实现规模工业增加值2.9亿元,占全县79.78%;上交税金约6710万元,同比增长46.15%,占全县工业企业上缴税金的73.13%;固定资产投资17990万元,其中工业固定资产投资7549万元。

二、重点项目建设。园区2019年实施项目共3个,分别为高铁站广场项目、园区三四期标准厂房项目,高铁产业新区污水处理厂项目。高铁站广场项目已完成;园区三四期标准厂房项目已完成项目基础工程;高铁产业新区污水处理厂项目正在开展初步设计,征地拆迁等前期工作。

三、招商引资工作。2019年,签约4家企业,分别为深圳峰亚电子有限公司、广州康甸园汽车装饰用品有限公司、张家界鑫博光科技有限责任公司和桑植县乡滋味土特产开发有限公司,意向入园项目5个,其中2个项目提出购地申请,3个项目提出租赁标准厂房。。

四、园区机制体制改革。一是完成公司政府性债务清理工作,并制定债务整改化解方案。二是推进公司去平台化,县政府已制定平台公司去平台化工作方案。

五、服务企业。一是园区以县“三集中三到位”改革为契机,在县政务服务大厅设立园区窗口,派驻专人为企业入驻园区提供“一站式服务”,实行全程代理、限时办结,提高园区项目行政审批效率。2019年,已为10家企业入驻园区提供行政审批代办服务。二是新建赤溪示范园路灯50盏,方便园区企业职工及周围群众夜间安全出行。三是提高物业管理水平,园区与物业管理公司签约,由物业管理公司对园区卫生、大门实行统一管理,确保园区整洁卫生、秩序井然。

六、非公企业党建。在县委组织部、“两新”组织党工委的指导下,在管委会办公区域按“一校三区七室”标准打造约300平方米的园区非公企业党员活动中心,为园区党员职工开展党建活动和教育培训提供阵地,为园区企业文化和产品展示提供平台,为园区企业招商引资提供服务。同时,确立“抓非公党建,促企业发展,助力脱贫攻坚”工作思路,在引导企业支部发挥战斗堡垒作用,促进企业快速健康发展的同时,积极探索推行“贫困户+贫困村+企业”的脱贫攻坚新模式。目前,湖南九天生物科技有限公司已与莲花垭村就发展葛根种植基地签订意向性协议;华新水泥(桑植)有限公司向莲花垭村捐赠200吨水泥支持村级道路建设;桑植县金桥农产品有限公司捐资助学3人。

七、经济运行调控。一是召开园区企业统计工作会,分解落实目标任务。结合实际,将全年目标任务进行分解,倒排月度目标,按月按旬推进。二是加强沟通协调。加强与县发改局、经科局、统计局等部门沟通和对接,通力合作,确保数据应统尽统。三是全力做“保存量,促增量”工作。寻求新的经济增长点,做好新项目入库及产值的申报工作,并协助做好预入规企业的申报工作。

存在问题和不足。一是经济规模

不大,实力不强。园区经济总量不大,且缺少上规模的龙头企业,整体实力还是不强,亩均税收不高,企业规模普遍不大。二是产业链不完善,对重工业依赖度高。虽然有农副产品、新型能源等产业,但产业链不齐全,市场的话语权不大,资源的吸附力不高,自主创新能力不强,品牌的市场影响力不够,且重工业产值占比过高。三是基础设施仍不完善。园区现有的基础设施仍不完善,不能满足园区快速发展的需要,存在的历史欠账也在很大程度上制约着园区的发展。四是体制机制仍不灵活。虽然县委县政府已经出台《加快发展桑植绿色综合产业园的实施意见》,给园区一系列的扶持政策,但园区各类运行机制还有待进一步放活,企业项目的审批仍然无法在园区内封闭完成,园区封闭运行未能实现。

(谷志锦)

城乡建设与管理

总　类

【概况】 2019年，张家界市住房和城乡建设局深入贯彻落实市委、市政府重大决策部署，加强城乡一体化建设，大力促进房地产稳定健康发展，强化建筑业监管，农村危房改造实施，市重点建设项目落地。实现全市建筑业总产值118.4亿元，改造农村危房2148户，争取棚改专项资金4亿多元、老旧小区改造资金近2亿元，市政项目投资10.61亿元。全市住房保障工作、勘察设计工作，慈利县老旧小区改造、房地产调控和监管、建筑管理、招投标与稽查工作，桑植县住房保障工作获得省住房和城乡建设厅通报表彰。张家界市新闻联播对遗留问题楼盘办证工作进行正面播报，《湖南日报》刊登《张家界：理旧事解难事办实事》的予以报道。

（本栏撰稿　陈　瑾）

城市建设

【概况】 2019年，城市面貌日益更新，城居人口不断增长，全市城市人口154.92万人，城镇化率50.48%。制定出台新建商品房预售资金监督管理试行办法和“交房即交证”试行办法，强化房产市场监控。深化“放管服”改革，大力优化营商环境，工程建设项目审批制度改革取得实效。（陈　瑾）

【建筑市场】 2019年，全市建筑业总产值67.13亿元，较2018年同期增长14.8%。共办理施工许可证155个、面积385.97万平方米，道路工程8.1千米、工程造价107.47亿元，较2018年同期办理施工许可证个数下降41.9%，面积下降43.5%，工程造价上升12.5%，道路工程下降65%，办理工程竣工验收备案20项。全市一、二建造师新注册98人，审批新申报企业总承包9家、专业承包2家、劳务企业6家，增项10家。组织安管人员业务培训，新申报320人、延期换证253人，其中企业负责人A类109人，项目负责人B类160人，土建类C2专职安全员69人，机械类C1专职安全员35人，综合类C3专职安全员200人。

（本栏撰稿　张　婷）

【市政项目】 2019年，全年建成道路10.027千米，完成总投资10.61亿元。一是续建和新建项目大庸桥立交地下通道、大庸桥立交桥、天门南北路及综合管廊、思善路、崇文路人大地下通道、子午西路市民中地下通道、宝塔路（天健佳苑段）、古庸路延伸段及月亮湾东西路10个项目建成通车或竣工验收投入使用；二是城墙东路、红壁岩大桥、茅溪河大桥、兴民路、南正街改造工程、月亮湾中路及大湘西天然气管道项目（花垣-张家界段）等项目加紧征地拆迁和施工，力争2020年全部建成投入使用；三是澧兰西路拓宽改造、张罗公路拓宽改造一期、西溪坪北路、荷花组团及沙堤片区等项目正抓紧完成前期工作；四是市政项目建设程序到位、质量可靠、安全良好，文明施工达标。（罗文军）

【问题楼盘办证】 2019年，张家界市住房和城乡建设局以“不忘初心、牢记使命”主题教育为契机，加大房地产市场行业监管举措，积极推进市中心城区历史遗留问题楼盘办证工作，牵头制定《张家界市人民政府办公室关于成立张家界市中心城区开发楼盘办证遗留问题协调领导小组的通知》（张政办函〔2019〕21号）、《张家界市中心城区开发楼盘办证遗留问题实施细则》（张处遗〔2019〕1号）。成立工作专班，制定31个问题楼盘工作台账，明确每个楼盘的具体整改时限。截12月底，市中心城区31个历史遗留问题楼盘已解决18个楼盘（楼盘处理数占楼盘总数58%，涉及住户占总户数68%）办证症结，中天鹭鸶湾、紫舞骊珠、新峰市场、大庸王府、华都国际5个楼盘已完成不动产首次登记，不动产登记中心正在依购房业主申请办理转移登记。

建立长效机制，规范行业管理，陆续制定出台《张家界市新建商品房预售资金监督管理办法（试行）》（张建发〔2019〕130号）、《张家界市中心城区新建商品房“交房即交证”试行办法》（张建发〔2019〕130号）、《商品房买卖合同示范文本》（张建发〔2019〕131号），扎实开展治理房地产市场乱象专项行动。（秦辉婵）

【房屋管理】 2019年，张家界市住房和城乡建设局以《湖南省物业管理条例》颁布实施为契机，推进房屋管理工作。一是开展物业管理用房清理，对市中心城区新开盘的38个房地产开发项目的物管用房进行管控，管控面积为12274.36平方米。对9个已建成房地产开发项目的物管用房进行验收，面积2948.49平方米。对全市已建成住宅小区的物业管理用房进行全面清理，通过清理进一步规范物管用房的维护、使用和管理，保障住宅小区业主的权益。会同发改委拟定《张家界市物业服务收费管理实施细则》，已完成《张家界市住宅物业服务等级标准的服务内容(指导标准)》、物业服务定价成本监审报告和住宅物业服务项目分等级基准价标准测算等前期工作。二是做好危旧房屋跟踪管理，共受理房屋安全鉴定351户，共计约4万多平方米，鉴定D级危险房屋29户，3480平方米。对全市D级危险房屋进行摸排，全市共有D级危房3163户、市中心城区有D级危房1033户。逐户建档立卡。（龚　昭）

【老旧小区改造】 2019年4月，张家界市启动老旧小区改造工作，一是建立老旧小区改造项目库，全市符合改造条件的2000年以前建成小区366个，面积307.89万平方米，涉及28671户。2019年老旧小区改造项目70个，中央补贴资金17503万元，改造资金已全部拨付到位，各区县已全面启动老旧小区项目改造。全市纳入2020年改造工作计划项目102个小区，112.14平方米，涉及10364户。

（龚　昭）

【两供一治】 2019年，张家界市住房和城乡建设局做好供水、燃气保障，强化生产安全和供应质量监管。全市售水总量3765万吨，106项水质卫生指标全部合格，管网维修及时率为100%；全年新建供水管网15千米，建成二次加压泵站6座。刘革安市长对市自来水供应进行两次专题调研，现抓紧土木溪水厂、花岩水厂和仙人溪水厂建设，完成城市供水规划修编和城市排水系统现状调查与提质增效研究工作。全市新增燃气充装站1家、加气站1座，新增天然气管网70余千米，累计天然气主支管网达660余千米；新增管道居民用户5300余户，工商业用户1700余户，日供气10.9余万立方米，全年供气达3900余万立方米。2019年投资7400余万元，建成天门山风景区(B)段峡洞溪污水管网工程和天门路延伸段至天门狐仙剧场污水管网工程和无事溪(二期)截污干管项目。投资7269.36万元，完成武陵源区索溪峪污水处理厂二期扩容提质改造项目。(邓召兵)

【招投标管理】 2019年，全市完成市管建设工程招投标项目79个，招标控制总额201313.23万元，中标总金额195164.87万元。其中：公开招标71个，招标控制总额139921.54万元，中标总金额134264.74万元；邀请招标8个，招标控制总额61391.69万元，中标总金额60900.13万元。全市应招标工程招标率、应公开招标工程招标率及应入场招标工程入场交易率均达到100%。组织招投标法律法规学习。举办全市房屋建筑和市政基础设施工程招标投标系列文件暨扫黑除恶应知应会知识培训班，各区县住建局分管领导、专干、建筑业协会会长及全市所有建筑施工企业、招投标代理机构共计300多人参加培训。开展招投标制度清理。对2016年以来制定的招投标规范性文件和制度进行认真清理，共清理文件11份，对每个文件标题、文号、发文时间、法制办登记备案编号、存在的主要问题等内容，提出具体的处理意见，建立清理统计台帐。保留使用的文件有6份，其中提出修改内容2份。开展诚信等级评定。认真开展2018年度全市建筑市场诚信等级评定工作，参加评审企业共42家，评出诚信等级“AAA”建筑企业共12家，“AA”建筑企业共11家，“A”建筑企业共15家。扎实开展标后稽查。为严厉打击招标投标过程中的围标、串标、挂靠和违法分包等违法违规行为，对2018年以来全市范围内通过招标方式确定的房屋和市政基础设施工程的在建项目，开展标后稽查和检查工作，采取市招标办、市建筑执法支队、市造价管理站等联合稽查方式，随机抽查项目共23个，共下发招标投标标后稽查执法建议书17份。稽查发现的问题限期内均得到整改，稽查过程中没有发现恶意竞标、恶意串标、暴力围标违法违规行为。(彭衫子)

【信息化建设】 2019年，张家界市住房和城乡建设局突出信息化运用和改造提升工作效率能力。一是推进“智慧住建”信息化建设。以“智慧城市”建设为目标，构思设计全市“智慧住建”顶层框架，编制“智慧住建”信息化建设方案。二是加强日常监测管理。及时更新发布相关栏目信息200余条，修复完善450多条信息中心接管前历史性链接错误、22项服务信息不实用等问题。三是完成省市公文传输及市政府协同办公平台搭建。做好机房至电脑终端专线连接、专网路由器设备安装、调试和系统部署工作，完成省、市两级公文传输系统搭建。四是提供房产管理系统日常技术支撑。落实房地产一日一报，点对点向省住房和城乡建设厅和国住房和城乡建设部统计上报全市房地产类销售数据；配合业务科室参照文件标准，协调与不动产登记职能职责，整理设计新建商品房、存量房、抵押、租赁合同备案、预售资金监管等功能流程，提出系统可行性升级建议，为规范落实房屋交易合同网签备案业务打牢基础。(江丰)

【打非治违】 2019年，张家界市住房和城乡建设局深入推进扫黑除恶、打非治违，强化建筑、燃气行业管理，成立6个扫黑除恶专项工作组，开展标后稽查、问题楼盘及燃气行业乱象治理，全年督促区县共组织执法2424次，下达执法文书871份，责令停工整改63次，立案调查101起，下达行政处罚决定书76份，罚款360.76万元。其中市本级立案37起，罚款217.06万元。(张宏卫)

村镇建设

【概况】 2019年，张家界市住房和城乡建设局持续推进特色小镇建设，全面落实农村危房改造，加强乡镇污水处理设施建设，规划农村建房，4项工作取得有效进展。(石坚)

【特色小镇】 2019年，以王家坪、尹家溪、江垭、阳和、瑞塔铺、芙蓉桥等乡镇建设为重点，以点带面，推动新型城镇化进程。实施乡镇基础设施项目35个，累计投资1.2亿元。加强桑植县洪家关乡陈家院村，刘家坪乡双溪桥村等29个传统村落保护工作，认真编制专项规划，积极开展传统村落保护，争取中央引导资金4500万元。(石坚)

【危房改造】 2019年，市住建局对市4类重点对象的住房情况逐一进行排查，鉴定房屋等级，完成88396户贫困人口的入户核查工作，其中85009户经鉴定为安全房屋，3100户纳入2019年危房任务。四类重点对象任务2148户，其中永定区136户，武陵源区2户，慈利县457户，桑植县1553户，已全部竣工，竣工率100%；已脱贫仍住危房任务952户，其中永定区235户，武陵源区16户，慈利县90户，桑植县611户，已全部竣工。通过历年来的农村危房改造，贫困农户住房条件得到明显改善，切实提高群众的幸福感和获得感。武陵源区农村危房改造整体推进项目得到省住建厅高度肯定并召开全省现场推进会，慈利县农村危房改造工作被国务院列入“落实有关重大政策措施真抓实干成效明显的地方名单”，获国务院通报表彰。

(本栏撰稿 石坚)

【乡镇污水处理】 2019年，张家界市乡镇污水处理设施全面启动，将乡镇污水处理厂建设继续纳入河长制、重点民生实事项目和环保督察整改任务目标，全市乡镇污水处理厂开工建设19个，慈利县乡镇污水治理模式作为全省唯一典型在全省推进城乡环境基础设施建设现场会上予以推广。(杨爱民)

【农村建房】 2019年,张家界市逐步规范农村建房,下发《2019年度张家界市规范农村建房管理考核办法》(张农建发〔2019〕1号)。积极开展农村村民建房管理立法工作,下发立法工作方案,成立领导小组,正待审议后下发。积极开展试点示范,每个区县确定2个行政村为示范村,以点带面,推动农村建房管理工作,并安排引导资金100万元。 (石　坚)

世界自然遗产与风景名胜区管理

【概况】 2019年,张家界市继续对遗产地和风景名胜区实行最严格的保护,贯彻落实市人民政府《关于大力推进世界自然遗产和风景名胜区保护管理工作的实施意见》,切实履行保护武陵源世界自然遗产的职责。7月上旬,市人民政府李培其副市长带领市林业局、武陵源区人民政府一行6人组成张家界市代表团赴阿塞拜疆首都巴库参加第43届世界遗产大会,应对本届世界遗产大会对武陵源世界自然遗产的再次审查,保住世界自然遗产这块金子招牌,得到国家和省林业主管部门以及市委市政府的充分肯定和高度赞赏。 (金　犁)

【机构改革】 2019年,张家界市完成世界自然遗产和风景名胜区保护管理机构改革。根据市委市政府机构改革工作要求,4月,将原市住房和城乡建设局的世界自然遗产以及风景名胜区的监管职能及人员整体转隶至市林业局,6月,地质公园管理工作从市国土资源和规划局划转到市林业局,林业局新设立自然保护地管理科,实现对全市各类自然保护地的统一管理。 (樊文军)

城乡规划

【概况】 2019年,全市规划管理工作全面贯彻落实中共十九大精神,以习近平新时代中国特色社会主义思想为指引,牢固树立"五大发展理念",深入实施"对标提质、旅游强市"战略,严格贯彻执行城乡规划法和实施办法,持续深化学习宣传,完善规划体系,突出规划引领,提升规划服务,着力规划管理,强化规划监督,全力推进全市城乡规划管理转型发展,取得良好成效。

【规划宣传】 2019年,张家界市自然资源和规划局学习习近平生态文明思想,以及习总书记关于"望得见山、看得见水、记得住乡愁"、"规划科学是最大的效益、规划失误是最大的浪费、规划折腾是最大的忌讳" 等规划工作的有关要求,正确认识科学规划与高质量发展的关系,做实"山水林田湖草"自然资源和规划管理"一盘棋",为贯彻执行城乡规划奠定扎实的思想基础。将城乡规划法和实施办法纳入全市"六五"普法的重要学习内容,通过参加省、市培训,聘请专家辅导,举办研讨班等多种方式,组织全系统干部职工学习城乡规划法和实施办法的新精神、新要求。利用报刊、电视和网络等各类媒体,多渠道、多方位宣传城乡规划法,全力营造良好的规划实施氛围,提高广大群众的规划意识和法制意识。

【职责融合】 2019年,张家界市自然资源和规划局推进决策体系融合。在原规委会、土委会、矿委会的基础上,实行"三会合一",高规格组建成立市国土空间规划委员会,由市委书记担任主任,市长担任第一副主任,分管副市长担任办公室主任。制定出台《张家界市国土空间规划委员会工作规则》。推进基础测绘融合。加强测绘行业管理,实行"多测合一"。整合国土、规划两支勘察测绘队伍,建立规划、土地、房产等多测合一、一次测量、一测多用的测量成果运用机制。推进执法监察融合。将国土资源、城乡规划执法监察职能整合,统一履行自然资源和规划执法监察职责,避免单一执法、重复执法,做到一支队伍执法、一个平台管控、一套流程运行。推进基础信息融合。将信息化平台、系统、数据整合,做到一个机构管理、一个平台运作,推进数据融合、信息共享,在大数据分析、时空云平台建设上取得新突破。推进档案资料融合。将自然资源、规划、测绘、不动产登记等所有档案集中统一管理,提高档案数字化水平。推进服务窗口融合。将政务服务窗口整合优化,实行一个科室审批、一个窗口对外、一套流程服务,优化办事程序、减少办事环节、提升办事质量,更好地便民利民。

【规划编制】 2019年,张家界市自然资源和规划局启动国土空间总体规划编制,稳步推进"多规合一"。按照部、省部署,全面启动市区县国土空间总体规划编制工作,出台编制工作方案,开展"多规合一"信息平台建设。目前已完成"两评价一评估"、生态保护红线评估、城市开发边界划定方案等前期工作。开展专项规划编制,加快形成城市规划体系。全面开展城市公交等20项城市专项专业规划编制,完成《张家界市城市总体规划(2007~2030)》、武陵源城区控制性详规、沙堤片区且住岗组团控制性详细规划修订,完成枫香岗组团、荷花组团控制性详细规划编制;对通信基础设施等9项专项规划进行审查。美化城市设计,有效提升城市形象。组织编制中心城区城市设计控制导则,完成沙堤片区概念性城市设计,以及仙人溪两岸景观等重要地段和重点项目的城市设计,组织编制社溪、杨家溪两岸生态环境整治规划,实施"四路"及城区部分重要街区街景整治规划。加强乡村规划编制,助力乡村振兴和美丽乡村建设。完成全市村庄分类和布局,公布全市825个村庄分类目录,组织开展3个试点村庄"多规合一"实用性村庄规划编制;完成全市59个村级土地利用规划编制,对已编制的657个村庄规划方案进行清理和评估,纳入"多规合一"实用性村庄规划编制成果;积极组织历史文化名村规划成果申报,全市2个历史文化名村规划进入省政府批复程序,新增25个国家级传统村落保护规划正在组织编制。

【规划审批】 2019年,张家界市自然资源和规划局依法建立规划公示公告、征求咨询、听证对话、审查评议等城乡规划公众参与制度。所有审批建设项目均在门户网站及工程建设现场进行批前、批后公示，广泛征求群众意见，主动接受社会各界的监督。实行人大代表、政协委员、市民代表列席规划评审会议制度，充分征求人大代表、政协委员和市民的意见。扎实抓好“最多跑一次”改革，实行流程优化再造，缩减审批环节，审批时限较原来缩短三分之二，群众满意率大幅度上升。2019年，市本级完成建设项目规划意见65份，规划建议38份，专项规划审查意见22份，组织规划方案技术审查8次，组织调规12次；市本级核发建设项目选址意见书14件，面积32.7公顷；核发建设用地规划许可197件，建设用地面积137.1公顷；核发建筑工程规划许可866件，建筑面积226万平方米；核发市政工程规划许可4件，长度14.9千米。

【规划管理】 2019年，张家界市自然资源和规划局坚持从严把关。坚持做到没有规划不决策，没有控制性详细规划不批地，未经审查批准的规划不招商，规划修改必须符合法定程序，确保规划审批的严肃性。坚持把建筑风格、城市风貌、空间环境营造作为重点，对每个项目的建筑密度、绿地率、容积率、日照间距、停车泊位等技术经济指标严格把关。完善规划管理依据。完成《张家界市城乡规划技术规定》修订，出台《张家界市房地产开发项目配套建设公共服务设施规定》，深入开展《中心城区城市设计控制导则》、《荷花机场净空一张图绘制》等规划研究工作，为规划实施提供管理依据。规范城市设计和建筑风貌。建立街区层面的城市设计地块图则并纳入规划管理，严控临街退让、临水退让、临山退让，让城市显山露水，为建设国际精品旅游城市打好基础；制定《张家界市民族特色建筑标准设计建筑元素符号图则》，规范地方民族特色建筑元素符号使用行为；加强规划辅助决策应用。建立三维仿真辅助决策系统，对景观视线、城市天际轮廓线、建筑体量等方面进行科学分析，实现规划决策科学化。加强规划设计方案审查。出台《张家界市中心城区景观视线控制管理办法》，加强对建设项目城市风貌、景观视线控制的审查。按照“限高限容”的要求，对一批建设项目用地容积率及建筑高度进行调整，将江与城项目容积率从3.5降到2.54，建筑高度从59~73.6米降到46~55.75米，层数从17~23层降到12~17层，公园一号项目建筑层数从11层降到6层，确保城市景观视线不受影响。

【规划执法】 2019年，张家界市自然资源和规划局加强批后监管。建立健全监管、处罚、规划验收等一系列制度，修改完善《张家界市建设工程规划批后监督管理办法》以及《张家界市城乡规划行政处罚自由裁量权基准》等制度，坚持从定位放线开始到规划核实完毕7个环节全程监管，确保建设项目严格按规划设计实施。加强动态巡查。进一步完善动态巡查责任制，实行定人定岗制度，制定任务清单，健全巡查台账，定期通报巡查动态，及时查处违法行为。2019年共下达《责令停止违法建设行为通知书》68份，《限期整改意见书》22份，《责令限期拆除违法建构筑物通知书》38份。强化执法督查。牵头抓好市治违办日常工作，进一步加大对违法建设的督查督办，严格落实“六个一律免职”等一系列控违拆违政策措施，加强对区县政府及市直部门控违拆违工作考核。2019年全市发生新违法建设922处，建筑面积5.2万平方米，拆除率达100%；拆除历史存量违法建设1420处，建筑面积7.5万平方米。妥善处理遗留问题。出台《中心城区开发楼盘办证遗留问题实施细则》，对城区29个问题楼盘历史遗留问题进行分类处置，目前已办理规划核实项目9个，出示规划核实意见函项目8个，正在办理项目12个。开展专项清理整治行动。对市本级已出让土地项目欠缴土地出让金、城市配套费进行清理处置，查清改变土地用途、改变容积率项目35个，应追缴出让金2.5亿元、城市配套费0.78亿元。对全市违建别墅项目进行清理处置，依法整治广茂园二期126户别墅项目违法建设。对69个房地产开发项目配建公共服务设施进行清理处置，维护广大业主的合法权益。

（本栏撰稿　谷忠秋）

勘察设计

【概况】 2019年，全市勘察设计工作按照省住房和城乡建设厅勘察设计工作要求和《2019年全市住房和城乡建设工作要点》、《张家界市勘察设计工作要点》，深化勘察设计改革措施，探索设计行业调方向、补短板、促转型，挖潜设计行业发展潜力，促进设计企业素质提升，推进勘察设计行业健康发展。

【勘察设计审批制度改革】 2019年，张家界市审批制度改革取得阶段性成果，采取初步设计容缺审查办法，通过专家审查或者专家咨询会议，在办理其他审批事项的同时，修改完善设计，初步设计容缺审查为建设项目落地提前2~3个月时间，初步设计审批控制在承诺的3个工作日内完成，共审批初步设计项目122个，建筑面积481.39万平方米；施工图审查实行政府购买服务、线下无审图、“多图联审”，实现“零跑路、零接触、零收费”的施工图审查改革目标。全年施工图审查项目196个，建筑面积585.97万平方米，施工图审查平均用时9.2个工作日、备案平均用时0.6个工作日，控制在15个审查工作日内；增加消防审查职能。4月，消防职能移交市住房和城乡建设局，受理消防设计审核项目153个，办结项目119个。

主动服务城市建设，落实规划方案的定位，引导建筑项目设计与本市地域文化的融合，坚持外地专家和本地专家联合审查，确保整个项目足够的技术支撑和质量保证；着重审查公共配套内容，全年审查的12个开发项目，均配建垃圾站公厕、物业管理用房、社区用房，配建幼儿园项目2个，配建中小学1个；服务市政项目建设，全年审批市政项目6个，道路1351米，投资额6.51亿元，确保市政项目如期完成。

【行业发展】 2019年，张家界市勘察设计行业营业收入6374.97万元。全市设计行业从业人数270人，工程师人数为209人，其中高级工程师48人，中级工程师120人，助理工程师41人;注册人员46人,其中注册建筑师18人(一级注册建筑师6人,二级注册建筑师12人),注册结构师16人(一级注册结构师8人,二级注册结构师8人),注册设备工程师3人,注册电气工程师3人，注册城乡规划师5人，注册造价师1人。鼓励企业走出去,引导企业走出张家界、与大院联系合作方式,提升企业竞争力,2019年,张家界规划建筑设计院在贵州及湖北等省、常德及怀化等市拓展业务,申报绿色建筑评价机构资格，鼎盛设计院与湖南省建筑设计院签订合作协议,确保设计企业的健康发展。

(本栏撰稿　张　炼)

建筑业监管

【概况】 2019年，全年受监项目259个，面积478.3万平方米，投资规模118.4亿元。全市共创建湖南省安全考评优良107项次，湖南省质量考评优良36项次，省优质工程1个，芙蓉奖工程1个。全市没有发生一起伤亡事故,全市质量安全形式总体平稳,无重大质量安全事故发生。 (张宏卫)

【质量安全监管】 2019年,张家界市持续开展“落实建筑施工企业安全生产主体责任年”活动。制定下发《2019年全市建筑管理工作要点》和《2019年张家界市建筑工程安全生产目标管理考核办法》，开展专项整治活动,全年累计下达隐患整改通知书147份,停工整改通知书76份,约谈企业负责人13家，向市局上报违法违规工程21个，下达不良行为记录告知书276份。同时在检查中按照“一单四制”要求,下发重大事故隐患交办单3份,委托第三方检测机构以购买服务的方式对全市建筑起重机械设备进行一次专项监督检查,共发现问题77处,下达设备限期整改通知书48份,停止使用29份。开展资质管理工作。全年新申报安全生产许可证5家，申报延期企业6家,一、二建造师注册98人,审批新申报企业总承包9家、专业承包2家、劳务企业6家,增项10家。开展资质动态核查,其中合格12家,基本合格4家。开展职业资格“挂证”清查工作。共清查施工企业62家,其中45家企业对存在“挂证”嫌疑的人员主动办理注销手续,注销注册建造师386个,已基本完成整改。开展人员培训工作,组织安管人员培训,新增申报320人、延期换证253人。其中企业负责人A类109人,项目负责人B类160人,土建类C2专职安全员69人,机械类C1专职安全员35人，综合类C3专职安全员200人。 (张宏卫)

【农民工工资管理】 2019年,张家界市住房和城乡建设局落实农民工工资管理主体责任,下发《建筑领域实施农民工工资专用账户管理及银行代发制度（试行)》、《关于开展建筑领域清理拖欠农民工工资专项治理工作的通知》(张建发〔2019〕118号)及《张家界市住房城乡建设领域保障农民工工资支付工作方案》(张建发〔2019〕121号)，多次召开农民工工资专题调度会,各区县全面排查欠薪隐患,提高农民工实名制覆盖率。全市共处理解决劳务工资纠纷案件22起，涉案金额522万元。实名制覆盖率96.23%,位于全省第4名。 (张宏卫)

【建筑工地创卫工作】 2019年，张家界市住房和城乡建设局把建筑工地创卫工作当作中心工作、首要工作、压倒一切性工作来抓。制定《关于采取“十个一律”措施管控建筑渣土扬尘污染的通对市中心城区129个工地开展多轮创卫工作检查,共计检查559次,其中在建工地99个,待建工地30个。推进智慧工地建设,把塔吊、起重机械监控、工地视频监控、工地扬尘在线监测以及商混配合比、检测数据、地基基础检测数据作为互联网的建设的重要内容。2019年,市中心城区在建工地共安装塔吊监控85台、施工升降机监控63台、扬尘在线监测85台。共解决交办问题166个,改造旱厕685个,完成学校通槽式厕所改造8所。对市中心城区281个住宅小区进行排查督导,发现并解决问题116个,督导处理臭水沟、臭水塘及污水直排问题20处。 (张宏卫)

【张家界好地建筑安装工程有限责任公司】 截至2019年底，张家界好地建筑安装工程有限责任公司具有房屋建筑工程施工总承包壹级、市政公用工程施工总承包贰级、建筑装修装饰专业承包贰级、建筑幕墙工程专业承包贰级、水利水电工程施工总承包叁级、古建筑工程专业承包叁级、环保工程专业承包叁级、公路工程施工总承包叁级资质;公司通过环境管理体系、质量管理体系、职业健康安全管理体系等三体系认证；现有正式职工500余人,其中管理人员80名。具有各级各类技术职称的技术人员315名,其中高中级工程师56名，国家注册一、二级建造师26名。

2019年,张家界好地建筑安装工程有限责任公司被省住房和城乡建设厅评为2018年度湖南省建筑施工安全生产标准化“优良企业”,多个工程项目被评为“年度项目考评优良工地”。获得省级安全质量标准化认证延期合格。 (朱玲榕)

【张家界永定建安实业有限责任公司】截至2019年底,张家界永定建安实业有限责任公司被住建部核定为房屋建筑工程施工总承包壹级企业，具有建筑工程施工总承包壹级、市政公用工程施工总承包贰级、建筑装修装饰工程专业承包贰级、水利水电工程施工总承包叁级、古建筑工程专业承包叁级、环保工程专业承包叁级资质;通过环境管理体系、质量管理体系、职业健康安全管理体系等三体系得再次认证;公司现有员工300余人,其中高级职称专业技术人员4人、中级职称专业技术人员74人、初级职称专业技术人员221人。有一级建造师、二级建造师22人，九大员及大、中专毕业生300余人。

2019年,张家界永定建安实业有限责任公司被湖南省住房和城乡建设厅评为2018年度湖南省建筑施工安全生产标准化“优良企业”,多个工程项目被评为“年度项目考评优良工地”,获得省级安全质量标准化认证延期合格。 (孙　腾)

【湖南鑫成建设有限责任公司】 截至

2019年底，湖南鑫成建设有限责任公司被住房和城乡建设部核定为房屋建筑工程施工总承包壹级企业、市政公用工程施工总承包壹级、建筑装修装饰工程专业承包壹级，幕墙工程专业承包贰级；园林古建筑工程专业承包叁级；机电安装工程总承包贰级；安全技术防范工程（设施）设计、施工、维修（限荆州分公司经营）；环保工程专业承包叁级；钢结构专业承包叁级；园林工程施工、园林绿化工程；施工劳务；建材、钢材销售资质。通过环境管理体系、质量管理体系、职业健康安全管理体系等三体系的再次认证；有正式职工千余人，其中管理人员300余人。具有各级各类技术职称的技术人员千余人，其中高中工程师95人，国家注册一、二级建造师50余人。

2019年，湖南鑫成建设有限责任公司被省住房和城乡建设厅评为2018年度湖南省建筑施工安全生产标准化“优良企业”，多个工程项目被评为“年度项目考评优良工地”。获得省级安全质量标准化认证延期合格。2019年，湖南鑫成建设有限责任公司被评为国家高新技术企业，被评为“2018年度守合同重信用”企业 。

（张 坤）

住房保障

【概况】 2019年，张家界市住房和城乡建设局紧紧围绕服务大局和全市中心工作齐心协力，在促进城市住房均衡发展基础上持续发力，有序推进棚户区改造项目，强化房产市场和中介机构监管，全力增进住房领域的民生福祉，落实住房保障政策，加强公租房清理和入住接续，精准发放住房补贴，各项工作稳步推进。

【棚户区改造】 2019年，全年实际完成棚户区改造（含往年结转项目）8652户、103.1万平方米，同比增长1098户、13.5万平方米；2019年省人民政府下达6091户开工、5793户基本建成棚户区改造目标任务顺利通过省里考核验收；全年实际完成投资37.9亿元，超年度计划任务67%。国家、省补助资金收入4.37亿元，棚改补助收入较去年每户多3000元，协助配合市经投公司完成融资21亿元。

【公租房管理】 2019年，全年公租房保障38281户，其中，发放租赁补贴18079户，同比增长2282户，完成16283户公租房入住对象清查工作，排查出转租、转借、不交租金入住对象945户。

【限价商品房管控】 2019年，市人民政府通过制定《关于建立张家界市中心城区限价商品房建设管理联席会议制度的通知》和《关于进一步规范市中心城区限价商品房管理的通知》，进一步规范限价商品房建设和管理，有效遏制“准购证”发放不规范、私下转让限价商品房指标不良行为，筹集并管控限价商品房5115套、53.03万平方米。公租房清理清查初见成效，服务水平和质量进一步提升，做到即来即办，不拖延，不出错，政务窗口全年办结24200多宗业务，同比上升43个百分点，没有一起投诉，第一、第三季度，派遣到市政务中心窗口被评为“优秀服务窗口”。（本栏撰稿 王 健）

房地产业

【概况】 2019年，张家界市房地产市场总体呈现平稳健康发展态势。全市完成房地产开发投资118.88亿元，同比增长54.32%。其中市中心城区完成房地产开发投资81.10亿元，同比增长43.95%。全市商品房销售210.95万平方米、127.31亿元，环比增长7.21%、8.28 %，同比减少4.6%、增长1.11%，其中住房销售169.23万平方米、89.62亿元，环比增长6.24%、7.19%，同比增长0.21%、5.44%。其中市中心城区商品房销售137.31万平方米、90.53亿元，环比增长8.9%、10.07%，同比增长1.6%、2.54%，其中住房销售104.05万平方米、60.19亿元，环比增长7.66%、8.69%，同比增长8.83%、9.29%。（秦辉婵）

【张家界湘浙房地产开发有限公司】 截至2019年底，张家界湘浙房地产开发有限公司已建设230000平方米，完成销售额11.8亿元，公司及项目公司管理人员22人，领导班子5人，一级注册建造师1人，高级工程师2人，本科及以上学历18人。2019年，张家界湘浙房地产开发有限公司开发楼盘获评“张家界最美庭院”荣誉称号。获评“住宅销冠”排名。获评“2019年度爱心单位”。获评“平安楼盘”荣誉称号，获评“优秀企业发展奖”荣誉称号。

（王紫轩）

【张家界昊天房地产开发有限责任公司】 截至2019年底，昊天有正式职工500余人，其中管理人员80名。具有各级各类技术职称的技术人员315名，其中高中工程师56名，国家注册一、二级建造师26名。2019年，张家界昊天房地产开发有限责任公司被湖南省住房和城乡建设厅评为2018年度湖南省建筑施工安全生产标准化“优良企业”，多个工程项目被评为“年度项目考评优良工地”。获得省级安全质量标准化认证延期合格。（胡绍峰）

【张家界瑞海置业发展有限公司】 截至2019年底，张家界瑞海置业发展有限公司被住建部核定为房屋优秀房开企业，公司具有房屋建筑工程施工总承包壹级；通过环境管理体系、质量管理体系、职业健康安全管理体系等三体系得再次认证；有正式职工100余人，其中管理人员30名。公司内部分设开发部、市场部、工程项目部、财务部、采购部、销售部、综合办等部门。2019年，该公司开发的商住项目已全面竣工完成，全现房销售。2019年，张家界瑞海置业发展有限公司开发的丽景天下项目被评为“张家界年度宜居楼盘”，张家界瑞海置业发展有限公司被张家界市永定区人民政府颁发“优秀企业发展奖”，并被张家界市慈善总会颁发“2019年度爱心单位”奖牌。（林 生）

【张家界中建信和置业有限公司】 截至2019年底，张家界中建信和置业有限公司完成销售额5.73亿元，回款额4.1亿元，经营性净现金流2.2亿元，土地拓展为7.6万平方米。项目公司管理人员18人,领导班子2人,中共党员7人,一级注册建造师2人,本科及以上学历16人,占比89%。2019年,张家界中建信和置业有限公司获评“爱心单位”荣誉称号,湖南省潇湘房地产风云榜“优秀品质楼盘”、“标杆企业”,获评“平安楼盘”荣誉称号,获评“2019年度最具投资价值的高铁央企红盘”荣誉称号。 (周艳蕾)

建筑节能与科技

【绿色建筑】 2019年,市住建局根据《湖南省居住建筑节能设计标准》、《湖南省公共建筑节能设计标准》,全市新建民用建筑节能强制性标准设计阶段执行率达到100%,施工阶段执行率达到85%以上。制定《张家界市住房和城乡建设局关于抓好绿色建筑发展有关工作的通知》(张建发〔2019〕23号),市中心城市进行绿色建筑设计启动建设的绿色建筑项目24个,建筑面积147.578万平方米,占新开工民用建筑比例为79.022%。强化建筑保温节能材料管理,严格执行建筑节能材料准入制,凡进入行政区域内的建筑节能材料必须是省住房和城乡建设厅推广应用目录公布的产品,按规定办理建筑节能材料备案登记手续,办理建筑节能材料备案登记17件。严抓建筑节能施工管理,进入工地使用的节能材料由供应商提供备案证明、产品合格证、产品说明书、产品检验报告等资料,把好建筑材料进场关卡。推广再生能源利用,积极在本地区大力推广可再生能源利用,已在5处大型宾馆建筑中采用水源热泵中央空调系统,应用面积达15万平方米以上,将可再生能源利用作为项目初步设计审查的一项重要内容进行推动。

【装配式建筑】 2019年,张家界市推动装配式建筑发展,市人民政府于出台《张家界市人民政府办公室关于进一步推进装配式建筑发展的通知》,积极落实推进装配式建筑的新任务、新举措,制定装配式建筑项目审批管理流程,强化发展改革、自然资源和规划、住房和城乡建设等相关部门联动机制,确保装配式建筑落实到具体项目。2019年全市建设装配式建筑项目19个,合计建筑面积已达39.509万平方米,装配式建筑在全市得到全面铺开。其中市中心城市实施装配式建筑项目11个,建筑面积26.036万平方米,占新建建筑面积比例为23.61%,完成省定装配式建筑面积占新建建筑面积22%的目标任务。

(本栏撰稿 朱希青)

城市管理

【概况】 2019年,张家界市城市管理和综合执法局完成各项目标工作任务。张家界市荣获2019“美丽山水城市”、“2019绿色发展优秀城市”称号,成功创建湖南省文明城市,通过国家卫生城市省级考核鉴定和国家暗访,市中心城区环境空气质量优良天数比例达到93.7%,名列全省第二。

【环境卫生】 2019年,张家界市城市管理和综合执法局全面提升城市环境卫生水平。一是清扫保洁。巩固“3321”清扫保洁制度,每天对市城区354.3万平方米的城市道路实施“三道冲洗、三道机扫、二次普扫、全天保洁”,实现夜间机扫水洗全覆盖、白天保洁净化全覆盖,有效控制扬尘污染。每天完成澧水河城区段35.73万平方米的河堤清扫保洁及359.2万平方米的河面打捞任务,清理水草近5吨。二是垃圾清运和处理。坚持生活垃圾日产日清,垃圾清运率、无害化处理率均达到100%。共无害化处理生活垃圾19.67万吨左右,渗滤液处理量约3.1万吨,处理餐厨垃圾近3.5万吨。三是环卫设施提质。加强53座公厕和52座垃圾站的日常管理,对城区310处垃圾点、1125个环保桶力争做到日产日清,垃圾桶密闭率达到100%。四是环卫突击整治。按照属地管理原则,定期联合社区和街道办事处开展垃圾死角巡查工作,确保可视范围内垃圾死角发现一处,清除一处。同时针对渣土车带泥造成的路面污染,建立定人员、定车辆的快速反应机制。五是城市清洁日活动。出台《2019年张家界市中心城市“城市清洁日”活动方案》,组织113个市直单位9120人次开展城市卫生清洁日活动,对社区、居民楼栋的卫生死角、盲区开展全面清理整治工作。

【专项整治】 2019年,张家界市城市管理和综合执法局全面提升城市精细化管理水平。一是扬尘污染整治。按照“两点一线”工作原则,开展“市城区渣土扬尘污染综合整治”、“建筑渣土百日行动”等整治行动。推进渣土密闭化运输、公司化管理。规范整治在建工地27个、待建工地23个,立案31起,完成覆膜约13万平方米,设置围挡约18000米,张贴公益性广告约52000平方米。完成庄家峪和立功桥2处建筑渣土弃置场的规范整改,封停关闭阳湖坪工业园区2个临时弃土场,对青湾渣土场偷倒乱倒行为进行立案查处,罚款1万元。联合交警开展日常巡察163次,开展砂石渣土运输车辆专项检查40次,例行检查各类运输车辆72台,督促整改不规范运输车辆54台,暂扣违规运输车辆30余台。二是开展户外广告整治。按照“一店一招,规范设置”的原则,制定《2019年户外广告专项整治“百日行动”工作方案》,分片区、分路段对市城区各类违规设置的户外广告进行摸底,建档立卡。共拆除大型立柱广告牌2根,拆除布幅、地贴、车顶和橱窗等各类广告面积约22585平方米,同比下降45%。三是损绿毁绿和占破道整治。加强对占破道违法线索查处力度,严格贯彻落实《张家界市城镇绿化条例》,对临时非法占用、挖掘城市道路依法进行查处,督促相关业主单位及时办理占破道审批手续。共下达整改通知书34份,立案查处21起,罚款60500元。同比2018年下降54%。四是专业市场整治。组织城管、交警、商务、办事处等相关单位,对市中心城区5个专业市场市容市貌进行规范,有效解决专业市场“脏、乱、差”问题。清理拆除五大专业市场内的256个灯箱广告,419处户外广告牌,23块电子显示屏,面积共计5918.7平方米,清运周边卫生死角垃圾5车,并完成5个专业市场道路冲洗。五是修(洗)车店整治。按照《市城区修(洗)车店整治工作方案》,督促永定区城管局严格按照时间节点完成修(洗)车店存在的占道经营、维修有油污污染、周边环境卫生差等相关问题整治工作。永定城区272家(修)洗车场已经全部完成整改工作。六是烟花爆竹禁放。严格贯彻落实《关于进一步加强烟花爆竹安全销售的通知》,烟花爆竹销售商对购买者身份、住址等信息进行实名登记,并做好进货、销售台账。共发放禁放宣传册20800余份,树立警示牌100多块,阻止燃放680余起。

【市政设施维护】 2019年,张家界市城市管理和综合执法局全面提升市政设施维护手段。一是道路维护和巡查。建立市中心城区市政设施巡查管理制度,采用“5+2”“白+黑”工作方式,全面巡查全城54条路段的所有市政设施,保证城市道路路面完好率在99%以上,排水设施排水管渠及井圈井盖完好率98%以上、人行道板完好率达98%。共维修破损路面2万多平方米,车行道沥青路面灌缝1多万米,疏通主干道下水道1.5多万米,清理明沟近5000米。二是城市排水设施疏浚清淤。按照“安全第一、常备不懈、以防为主、全力抢险”的工作总目标,落实防汛工作责任制,按照《城市道路防洪应急预案》,组织对城区所有污水井、雨水口进行全面清淤,疏通排水管网。共疏通主干道下水道8162米,同比2018年增长113%;清运地下管网淤泥587车,比2018年增长37%;清理明沟2806米,比2018年增长51%;雨水井、检查井清淤5445座,同比2018年增长3%。三是市民热点难点问题应急处置。加班加点,突击解决站前路积水、国光地下通道渗水、甘溪桥红绿灯路口塌方、澧兰中路华天城小区入口前主排污管堵塞、教场路井盖下沉、双峡隧道灯光黑暗、火车站周边车行道损坏等问题,真正为市民和游客提供良好的生活和旅游设施。四是桥梁安全隐患检测。根据《张家界市城市桥梁养护中长期规划》(2018~2028),共对市中心城区已经移交的44座桥梁、1座隧道、2座地下通道进行检测、维修和加固,并加强日常维护管养,杜绝桥梁安全事故发生。

【绿化美化亮化】 2019年,张家界市城市管理和综合执法局全面提升城市绿化景观品质。一是绿化管养。每天出动6台洒水车对全市苗木进行喷洒作业,清除叶面泥土灰尘,及时清扫绿化带垃圾,对市城区人为踩踏造成裸露的绿地和部分老化自然死亡的苗木进行全面补植。共开展12次全市绿地垃圾大清除和大范围杂草清除,补植灌木小苗面积近7000平方米、地被植物17000平方米、香樟和银杏等行道树265株,绿化覆盖率达40.55%,人均公园绿地面积达9.64平方米。二是绿化管养考核。成立绿化养护考核领导小组,建立考核细则,每季度对市城区范围内的绿地进行现场养护考评,坚持问题导向,坚持对标整改的原则,切实强化绿化管养和考核力度,落实管养责任和措施。共对五家社会养护公司讲评12次,定期检查200余次,季度考评4次,累计扣款2.6万多元。三是城市美化。强力推进城市滨河“一岸三园”建设,完成市中心城区花卉景观营造和元旦、“五一”、“十一”季的花卉营造和树围提质改造等任务,绿化覆盖中心城市49条街道,7个城市公园,18个绿地小游园以及整个澧水、索溪河两岸,绿化覆盖面积达1352.90万平方米,绿化覆盖率达40.55%,人均公园绿地面积达9.64平方米。四是城市亮化。对城市功能照明实行市场化运作,聘请专业电力队伍从事日常维护与管理,实现主次干道、背街小巷全覆盖。市区现有路灯总量11756盏,装灯率达到100%,亮灯率99.5%。投资1.5亿元,实施市中心城区景观亮化提质改造,完成澧水河两岸长约20千米河堤、木龙滩电站大坝、109处楼宇、4个公园、5座桥梁、10条道路、160个公交站亭景观亮化提质改造。

(本栏撰稿 黄 琼)

住房公积金管理

【概况】 2019年2月,张家界市住房公积金管理中心机构升格为正处级,设立党组,内设6个部室、下辖5个管理部,是市人民政府直属公益一类事业单位。中心共有工作人员51名,其中在编工作人员28人,劳务派遣人员23人。2019年,市住房公积金管理中心在全省公积金系统综合考核中排名第一、通过省级文明单位复检、“不忘初心、牢记使命”主题教育工作被第七指导组推荐为“好”、中心党支部被市直机关工委评为优秀党支部,荣获市社会治安综合治理工作先进单位、市驻村帮扶优秀配合单位、市部门决算先进工作单位等荣誉称号。

【业务指标】 2019年,全市新增开户单位133家,计0.65万人,实缴职工7万人;归集公积金15.13亿元,同比增长27.86%;2019年末,累计归集总额85.8亿元,归集余额35.51亿元,比2018年末增加21.28%。2019年共提取公积金8.89亿元,累计提取总额50.29亿元。2019年共发放个人住房贷款0.19万笔6.95亿元,比2018年增长12.16%;累计发放个人住房贷款2.25万笔44.36亿元,贷款余额28.2亿元;2019年末,个人住房贷款逾期额58.9万元,逾期率0.209‰,贷款逾期率控制在省定标准以内。

【风险防控】 2019年,张家界市住房公积金管理中心不断强化风险防控。

一是重拳打击骗提套取住房公积金行为。2019年6月,中心党组上任后不久,就收到多方面反映骗提的线索。迅速安排人员全面排查,共涉及45户通过中介机构伪造国家机关公文、印章骗提公积金233.1万元,并从中收取20%的手续费,事态严重,性质恶劣,影响极坏。中心领导立即向市委、市政府分管联系领导汇报,坚决打击。而后积极和公安机关协调,共同组成联合调查组,通过两个多月的努力,最终于2019年9月2日公安机关刑事立案,同时督促缴存职工主动清退骗提资金。

二是聚力打好“逾期贷款攻坚战”。2019年7月全省联网后,市住房公积金贷款逾期率一跃飞升到万分之二十二点五,之前的手工报表都显示在万分之三以内。党组决定,迅速组成调研组,8月底前查清原因,研究提出整治方案;9月开展集中整治。在广泛充分听取意见后,坚持以人为本,最终决定以思想政治工作为主、依法清欠为辅。具体攻坚工作中，采取领导包片、责任包户到人、统筹调度到周、量化考核到每个万分点，并将整治工作成效作为机构改革中干部职工选拔重用的重要依据。通过近3周的扎实工作,就降到万分之三以内,9月底降至0.0197%。

【政策调控】 2019年,张家界市住房公积金管理中心坚持用好用足住房公积金，充分发挥住房公积金制度的保障作用，及时调控贷款、提取业务政策。在“不忘初心,牢记使命”主题教育过程中，了解到部分缴存职工有省外异地贷款等需求，中心党组本着以人民为中心的发展观念，立即对不符合上级规定及不合时宜的“土政策”开展全面清理，经党组研究并报市政府同意,迅速恢复公积金省外异地贷款、并将贷款所需公积金缴存年限由一年调整为6个月。同时结合实际,于9月底前出台大病救助和困难家庭子女上大学、出国留学等提取政策,人民群众的满意度、获得感和幸福感极大提高。进一步完善住房公积金系统升级，贷款业务实现自主核算，全面实现按月对冲还贷业务。

【服务优化】 2019年,张家界市住房公积金管理中心以“积极推进改革、追求更美服务”的工作思路,认真贯彻省委省政府“我要贷款”“一件事一次办”改革要求,加快推进“互联网+住房公积金”,深入推进改革,提升服务水平。新班子上任后,立即分析“一件事一次办”工作进展缓慢原因,找准症结,发现这一工作涉及到自身、不动产登记中心和评估公司等部门，因部门之间信息尚未完全实现互通互享，客户为办理抵押需往返跑多次。为此,中心主要领导带领分管副职多次主动与市不动产登记中心进行会商，最终达成一致意见。至9月初,市不动产登记中心正式授权中心代管贷款人的不动产登记证,成功疏通工作堵点,归集、提取、贷款所有审批事项全部实现“一件事一次办”，群众满意率达到99%以上。全市实现“管运分离”,推行文明服务。成立市直管理部并正式挂牌运营,全市5个管理部5个标准化业务大厅步调一致,统一标准一把尺子量到底,严格落实“综合柜员制”“一次性告知制度”等规范服务行为,评选业务大厅月服务之星,发挥领导模范作用,激励窗口工作人员“高效、快捷”服务好缴存干部职工。

(本栏撰稿 胡艳群)

生态环境保护

总　类

【概况】 2019年,张家界市生态环境系统坚持以习近平生态文明思想为指导,认真贯彻统筹推进“五位一体”总体布局、协调推进“四个全面”战略布局的决策部署,以改善环境质量为核心,以生态优先、绿色发展为主线,以打赢打好污染防治攻坚战、中央环保督察及“回头看”问题整改、省级环保督察反馈意见整改为抓手,巩固环境空气质量达标城市创建成效,持续开展国家生态文明建设示范市创建,生态环境质量稳中向好。市中心城市环境空气质量优良天数比例为93.7%,$PM_{2.5}$(细颗粒物)为31微克/立方米,PM_{10}(可吸入颗粒物)为50微克/立方米,环境空气质量综合排名全省第二,连续两年稳定达到国家二级标准。全市主要大气污染物二氧化硫、氮氧化物年排放量较去年分别减少1118吨、459吨,全面完成主要污染物减排目标。全市所有地表水监测断面保持Ⅱ类水质,县级以上饮用水水质达标率为100%;新增COD(化学需氧量)减排量1168.34吨、氨氮减排量48.35吨,同比分别减排7.17%、3.35%;张家界市成功入选“2019美丽山水城市”。全年共完成受污染耕地安全利用0.381万公顷,治理修复受污染耕地0.262万公顷。空气、水体、土壤中的放射性水平均属正常环境水平。严格规范危险固体废物监管。开展全市涉固废企业规范化管理培训,全市医疗废物无害化处置全覆盖。2019年“夏季攻势”涉张家界市6大类242项具体任务完成阶段性整改任务,张家界市在2019年全省市州污染防治攻坚战考核中排名第三,被评为优秀等次。 (吕佳骋)

【张家界市生态环境保护委员会2019年第一次会议】 2019年6月4日,张家界市委副书记、市长刘革安主持召开张家界市生态环境保护委员会2019年第一次会议,听取全市生态环境保护工作情况汇报,审议2019年张家界市生态环境保护工作要点、农业农村污染治理攻坚战实施方案等,副市长李培其参加会议。会议听取全市生态环境保护工作情况汇报,审议《2019年张家界市生态环境保护工作要点(审议稿)》《张家界市农业农村污染治理攻坚战实施方案(审议稿)》《关于表彰2018年度污染防治攻坚战先进集体和先进个人的通报(审议稿)》《张家界市生态环境保护委员会组成人员调整建议名单(审议稿)》。会议明确,2019年全市各级各部门要进一步提高政治站位,保持战略定力,持续深入学习习近平生态文明思想,深刻学习领会习近平总书记关于生态文明建设“四个一”的重要论述,认真落实习近平总书记关于湖南生态建设的重要指示精神,全面贯彻落实党中央、国务院,省委、省政府和市委、市政府关于生态环境保护的各项部署,切实增强生态文明建设的使命感和责任感。要突出抓好中央和省级环保督察反馈问题整改等工作重点,聚焦“水、土、气”整治,把握工作方法,坚决打赢打好污染防治攻坚战,稳步提升生态环境质量,打造与国际精品旅游城市相适应的生态环境,以高水平保护促进全市高质量发展。要压实责任,强化工作保障,切实加强对生态环境保护工作领导,加强部门配合,加强队伍建设,动员全员参与,营造良好氛围。

(吕佳骋)

【2019年张家界市生态环境保护暨党风廉政建设工作会议】 2019年3月19日,张家界市生态环境保护暨党风廉政建设工作会议召开,副市长李培其出席会议。会议贯彻学习2019年全省生态环境保护工作会议精神,总结2018年全市生态环境保护工作,分析当前生态环境保护工作面临的形势任务,安排部署2019年重点工作。明确2019年全市生态环境保护工作将坚持以习近平新时代中国特色社会主义思想为指导,以打赢污染防治攻坚战暨“2019年夏季攻势”等工作为抓手,强化政治责任,努力推动党风廉政建设高质量发展,持续改善全市生态环境质量,协同推进全市高质量发展。要以习近平生态文明思想为指导,提高政治站位,增强“四个意识”,坚决做到“两个维护”,自觉扛起生态文明建设政治责任,坚决打好污染防治攻坚战;要坚持问题导向,正视当前工作中存在的问题,围绕重点工作,发挥生态环境保护的倒逼作用,在高水平保护中实现高质量发展;要加强党的领导,理顺机制体制,加大投入政策支撑,加强作风建设和队伍建设,推动思想政治建设和生态环境保护业务建设协同共进。 (吕佳骋)

【生态环境机构监测监察执法垂直管理制度改革】 2019年,张家界市按照全省统一部署,对标对表,结合实际完成生态环境机构监测监察执法垂直管理制度改革(以下简称“垂改”)。一是垂改工作高位推进。成立由市委副书记、市长为组长;各相关市级领导为副组长;各有关部门主要负责人为成员的市生态环境保护综合改革工作领导小组。制定《张家界市生态环境机构监测监察执法垂直管理制度改革工作方案》,配套出台机构、人员、编制配置及经费保障等相关政策性文件,构建分工细致、责任明确、运转高效的垂改工作体系,并集中力量,历时一年按时高质完成各项垂改任务。二是队伍建设得到进一步加强。通过垂改,全市生态环境系统各类编制已由172名增加至224名,其中行政编制增加21名,增长70%;事业编制增加31名,增长21.83%;市生态环境保护局内设机构增至13个,较改革前增设5个,各分局内设机构平均增设2个以上;全市生态环境保护执法队伍编制已由垂改前的89个增加到103个,增幅15%,同时,结合湖南省生态环境厅“四严四基”工作要求,及时出台《全面推进湖南省生态环境保护工作“四严四基”三年行动计划(2019—2021年)着力打造张家界生态环境保护铁军的实施方案》,将党的建设、队伍建设、文明创建、基层基础工作同部署、同安排、同落实,迅速形成系统整体合力,释放改革红利。此次垂改是张家界市环保系统成立以后范围最广、力度最大、干部职工最有获得感的一次改革,其人员编制增幅在全省名列前茅。三是经费足额保障且增幅空前。垂改后,各分局成为市财政独立预算单位,其人员、公用、专项等经费由市财政全额保障,特别是公用经费这一块,张家界市生态环境系统按照每人每年3万元的全市最高标准执行，4个分局每年公用经费总额从87.6万元增加至477万元，增长445%，为新制度下各项工作的高效推进提供强有力的经费保障。四是“放管服”持续推进不断深化。为确保垂改后全市生态环境领域“放管服”措施得到进一步深化和落实，张家界市在环评审批服务和环境监管执法方面进行优化。垂改后继续向分局下放审批权限，最大限度为市场主体松绑，为项目落地、企业高质量发展创造条件；进一步规范环评审批程序，并在政策范围内大幅缩短办结时限，有效降低群众办事成本；“双随机、一公开”监管执法得到全面推行，“公示、记录、审核”三项制度得到严格落实并逐步形成常态化机制；进一步厘清生态环境部门和城管部门关于餐饮油烟治理、夜间施工噪声治理等工作关系和权责边界；进一步加强部门联动，执法基础不断夯实；大力转变监管方式，对重点监管企业实行“互联网+监督”的方式，随时监控和掌握企业污染物排放、污染治理设施运行等情况。

（卢西杰）

自然生态保护

【概况】 截至2019年底，张家界市有自然保护地25处，按自然保护地级别统计，世界级自然保护地2处、国家级自然保护地11处、省级自然保护地9处、市级自然保护地1处、县级自然保护地2处；按区域统计，永定区辖区涉及自然保护地7处、武陵源区辖区涉及自然保护地11处、慈利县涉及自然保护地5处、桑植县涉及自然保护地9处。全市自然保护地矢量求积总面积111532.73公顷，占市域总面积的11.70%。是年，张家界市持续开展“绿盾2019”自然保护地强化监督，建立“绿盾2019”专项行动问题总计959个，其中国家聚焦重点问题83个；按湖南省自然保护区突出生态环境问题整改销号指导意见（湘生环委办〔2019〕10号）进行销号284个，其中，国家聚焦重点问题销号55个，销号率达66.2%。

【“绿盾2019”自然保护地强化监督】 2019年，张家界市继续发挥绿盾领导小组办公室的领导协调优势，对自然保护地问题进行排查、核实、整改，以领导小组办公室名义进行调度和督办。全市“绿盾2019”专项行动建立问题台账959个，其中：“绿盾2017、2018”专项行动台账297个问题、2019年新增自然保护区遥感疑似问题662个问题(注：自然保护区问题60个，其他自然保护地602个)。目前整改完成284个，其中“绿盾2017、2018”专项行动台账297个问题销号158个；2019年新增遥感疑似662个问题销号126个。“绿盾2017、2018”专项行动台账属国家重点关注四类83个问题，列入2019年污染防治战夏季攻势清单，通过以改促治，以验收推进整改的方式，强力推进自然保护地问题的整改，已销号55个，其中9月登记销号29个问题（大鲵保护区29个采砂场），10月份登记销号18个（大鲵保护区14个，八大公山4个）。11月份登记销号8个(索溪峪保护区7个，大鲵保护区水电站1个)。其他28个水电站按整改方案完成停止发电，后评估，落实生态基流和人工增殖放流，按整改方案完成阶段性整改任务和年度任务。

【生态保护红线监管】 2019年，依据《湖南省自然资源厅湖南省生态环境厅关于做好生态保护红线评估工作的通知》(湘自然资发〔2019〕20号)的要求，配合市直相关单位开展生态保护红线再评估，以现有生态保护红线划定成果为基础，重点识别存在的矛盾，与其它控制线交叉情况，提出生态保护红线优化调整方案，做到应划尽划。武陵源世界自然遗产、武陵源风景名胜区核心一级保护区2.8平方千米自然保护地核心区未纳入生态保护红线，通过评估纳入生态保护红线；张家界高新技术开发区规划范围与生态红线存在2.3平方千米重叠区域，城镇开发活动与生态保护存在冲突，通过评估，张家界高新技术开发区北面斑块面积约1.4平方千米已从红线中移出，南面斑块面积约0.9平方千米因张家界高新技术开发区未提供矢量数据没有从红线中移除。严守生态保护红线。为支持项目建设服务关口前移，对项目所处位置进行生态保护红线核查，参与项目准入的把关。全年对新建约150个建设项目，在提供项目拟用土地勘测定界技术报告的情形下，核实项目用地是否在生态保护红线，是否有项目实施的制约因素。对20个项目不符合用地情况提出优化建议。

【生态保护修复】 大鲵是国家二级重点保护动物。张家界大鲵国家级自然保护区是1996年经国务院批准设立。自20世纪五六十年代开始，该保护区内累计开发建设水电站88个，总装机容量82.61万千瓦时，涉及4个区县。为落实习近平生态文明思想和中央生态环境保护督察及“回头看”反馈意见，保护张家界大鲵的栖息地和生态环境，张家界市制定《湖南张家界大鲵国家级自然保护区中央生态环境保护督察及“回头看”水电项目整改方案》及工作方案，确定“保护区88个水电站到2020年底前关停退出86个”的总体目标。截至2019年底，86个水电站全部停止发电，39座水电站大坝拆除，保留40座水电站大坝基本落实生态基流的泄放设施，增殖放流投入资金529.95万元（2018年378万元，2019年151.95万元），安装宣传牌295块，建设人工鱼巢4970平方米，人工放流大鲵7736尾(其中亲本104尾、后备亲本292尾、幼苗7340尾)，人工放流鳙鱼、鲢鱼、鲤鱼、鲫鱼等鱼类432万尾（另网箱拆除直接放流5.25万千克）。（本栏撰稿 杨卫文）

土壤生态管理

【概况】 2019年，张家界市完成农用地详查，开展全市耕地土壤与农产品重金属污染加密调查，对全市7516个耕地土壤点位与农产品开展协同监测，开展重点行业企业用地调查的基础信息采集和风险筛查，对全市57个重点行业企业用地地块开展基础信息采集，通过风险筛查将6个地块纳入高关注度地块。加强中央环保督察反馈问题整改。加强慈利县大浒矿区已建污染治理设施监管，持续加大该片区治理资金投入，持续改善慈利县枧潭桥断面水质，该断面镍浓度从2012年0.255毫克/升下降到2019年0.025毫克/升。开展农用地分管类理。完成全市耕地土壤环境质量类别划分，将全市农用地划分为优先保护类、安全利用类、严格管控类3个类别，完成受污染耕地安全利用面积0.381万公顷，受污染耕地治理修复面积0.262万公顷。继续开展农药化肥减量化行动。全市完成测土配方施肥技术面积20.153万公顷，覆盖率达90%以上，主要农作物专业化统防统治面积4.467万公顷，占比40%以上，化学农药使用量同比减量5%。开展农村生活污水治理及畜禽养殖污染防治。新改建农村卫生厕所6442户，农村生活污水处理率达到71%。科学开展全市畜禽养殖禁养区排查与调整，完成规模养殖场粪污处理配套设施改造145家，配套率96%，畜禽粪污资源化利用率达到72.73%。

【持续夯实基础】 2019年，张家界市一是组织开展耕地土壤与农产品重金属污染加密调查，共对全市7516个点位开展耕地土壤与农产品协同监测，于2019年7~8月开展耕地土壤与农产品重金属加密调查的点位核实工作，于2019年8~9月开展耕地土壤与农产品重金属污染加密调查样品采集与现场质控工作，2019年9~12月开展样品制备、实验分析、监测数据统计、成果集成等工作；二是开展重点行业企业用地调查的信息采集和风险筛查，组织区县开展重点行业企业用地调查对象的4轮核实增补工作，委托第三方单位对全市57个重点行业企业用地地块开展基础信息采集，通过通过风险筛查将6个地块纳入高关注度地块。

【加强源头预防】 2019年，张家界市一是深入开展涉镉排查，截至2019年底，全市开展4轮涉镉排查，2018年11~12月张家界市开展第一轮全覆盖涉镉排查；2019年4月开展第二轮排查，主要是在前期开展全区域涉镉排查基础上，对24个涉镉重点排查乡镇的重点排查(永定区8个乡镇、武陵源区1个乡镇、慈利县10个乡镇、桑植县5个乡镇)；2019年7~9月开展第三轮排查，主要排查辖区15家“对农用地土壤环境影响突出的重点产业集聚区和重点企业”(其中永定区4家、慈利县9家、桑植县2家)，共排查出1家涉镉等重金属污染源，于2019年10月完成整治。二是加强对土壤重点排污单位的执法监管，6家土壤重点监管单位都已纳入市、区县生态环境综合执法部门重点监管对象，通过采取污染源排放在线监控、土壤自行监测、重点污染源监督性监测、执法双随机监管、信息公开等多种措施加强对企业的环境监管执法。

【改善枧潭桥超标状况】 2019年，慈利县枧潭桥断面水质超标是中央环保督察反馈问题，也是湖南省环保督察反馈指出问题。为科学应对该断面超标问题，张家界市生态环境部门一是摸清家底，组织慈利县编制《慈利县枧潭溪流域镍污染综合治理实施方案(2018~2025年)》；二是推动项目实施，加快对已支持资金的慈利县大浒矿区黄林峪村矿洞涌水治理工程、慈利县原三鑫矿业有限公司等风险管控项目推进力度；三是进一步加大资金投入，2019年2月投入605.18万元实施慈利县高桥镇黄林峪区域污染风险管控项目，目前该项目正在施工图审查阶段。四是加强监管，确保慈利县大浒片区已治理工程取得实效，充分发挥其环境效益；五是科学监测，确保环境监测数据“真、准、全”。2019年，慈利枧潭桥断面镍浓度0.025毫克/升，水质状况持续改善。

【完成畜禽养殖禁养区排查与调整】 2019年，张家界市为贯彻落实《生态环境部办公厅农业农村部办公厅关于进一步规范畜禽养殖禁养区划定和管理促进生猪生产发展的通知》(环办土壤〔2019〕)55号和《湖南省生态环境厅湖南省农业农村厅关于进一步规范我省畜禽养殖禁养区划定和管理工作的通知》(湘环函〔2019〕189号)精神，开展禁养区划定情况排查工作，一是加强组织领导。市级层面成立由分管环保、分管农业的政府副秘书长为组长，市生态环境局、市农业农村局局长为副组长，市生态环境局、市农业农村局、市住房和城乡建设局、市自然资源和规划局、市水利局、市林业局等单位分管负责人为成员的领导小组，负责组织、协调禁养区划定情况排查工作。二是及时部署工作。张家界市9月19日组织召开畜禽养殖禁养区排查工作布置会，将排查工作任务分解落实到区县，到每一个市直相关部门。严格按照排查工作要求和省里规定的时间节点，开展畜畜禽养殖禁养区排查与资料报送。三是严格开展排查。以区县为单位，将以前划定的禁养区与生态环境部《关于印发畜禽养殖禁养区排查情况工作要求的通知》(环办土壤函〔2019〕735号)、湖南省生态环境厅 湖南省农业农村厅关于印发《湖南省畜禽养殖禁养区划定情况排查整治工作要点》逐一对应，严格开展排查。区县上报的资料均由区县农业农村局、区县生态环境局盖章确认。全市总禁养区面积调整前1948平方千米，占全市面积20.4%，调整后1087.2平方千米，占11.3%。

【推进化肥农药减量增效行动】 2019年，张家界市继续推进化肥农药减量行动。化肥减量行动方面：全市整合资金1113万元，完成推广测土配方施肥技术面积20.153万公顷，覆盖率90%以上。配方肥施肥用面积9.373万公顷，机械施肥面积0.175万公顷，高效新型肥料(包括缓释肥料、水溶肥料、生物肥料等)推广面积2.135万公顷，商品有机肥应用面积1.437万公顷，堆肥等其他农家肥施用面积2.235万公顷，绿肥种植面积2.325万公顷，推广水肥一体化面积0.247万公顷，化肥利用率39%。据市供销联社统计，2018年全市化肥销售8.52万吨，2019年全市化肥销售8.30万吨，减少0.22万吨。化肥零增长行动，改善土壤理化性状，提高耕地质量。通过调查取样对比分析，有机质提升1.75克/千克，减轻对农田环境面源污染，提高农产品品质与质量安全。农药减量行动方面，推广高效低毒低残留农药，2017~2018年生物农药及高效低残留、环境友好型农药推广替代普通化学农药分别为

19.1%、20.4%，农药使用量减量较上年分别减少5.4%、5.2%。2019年，农药使用量实现减量139.93吨，比2018年减少9%。主要农作物农药、化肥使用量实现负增长，农药利用率达到38%。涉及主要农作物专业化统防统治面积4.467万公顷，占农作物总播种面积的20%。水稻、柑桔、玉米、油菜、蔬菜等主要农作物绿色防治面积5.2万公顷，绿色防控平均覆盖率29.2%以上。

【农用地分类管理】 2019年，张家界市开展耕地土壤环境质量类别划分工作，形成到乡镇耕地土壤环境质量类别分布图、耕地土壤环境质量类别划分评价单元信息表和点位信息表，各区县按照要求开展复核。通过农用地划分工作，全市农用地被划分为优先保护类、安全利用类和严格管控类这3种类型。2019年11月4日，市农业农村局和市生态环境局联合印发《张家界市受污染耕地安全利用工作方案》并召开调度会，对部分受污染农用地开展安全利用和治理修复。据区县统计，全市完成受污染耕地安全利用0.381万公顷、治理修复0.262万公顷。如永定区利用世行贷款项目，加强农田污染治理，取得很好成效；慈利县已投入土壤调整剂、石灰复合制剂、有机肥产品共2036.4吨，移除超标稻谷秸秆288.132公顷，优化水分管理436.75公顷，在砷污染区域改制97.85公顷。（本栏撰稿 樊玲凤）

大气环境管理

【概况】 2019年，张家界市强化重点行业工业污染源治理，完成水泥行业的升级改造和无组织排放治理，2家水泥生产企业全面落实2019年第一、四季度错峰生产计划，达到水泥厂大气污染物特别排放限值。完成50家企业挥发性有机物综合治理，实行源头控制和末端治理。取缔市中心城市建成区358家经营性燃煤炉灶，督促全市1600余家餐饮企业安装高效油烟净化器，市中心城市三个灶头以上经营性餐饮油烟全面治理到位。全市132家正在运营的加油站油气回收治理全面完成，全面供应国Ⅵ标准车用汽油、柴油。积极推进扬尘污染治理，63个工程项目安装扬尘在线监测设备，市中心城市道路机械化清扫率达到80%，两个县城达到71%。严格控制秸秆禁烧和垃圾露天焚烧，秸秆综合利用率达到84.1%。严格控制烟花爆竹燃放，市中心城市和武陵源核心景区全面禁放烟花爆竹，春节期间违规燃放烟花爆竹现象同比大幅减少。夯实大气环境监管监测能力建设，制定并发布《张家界市环境环境质量达标规划》，完成《张家界市大气污染源排放清单》及《张家界市重污染天气应急减排清单》编制，开展市中心城市大气$PM_{2.5}$源解析。全市共建成营运8个环境空气质量自动监测站，启动机动车尾气遥感监测系统和空气质量小微站建设。是年，市中心城市环境空气质量优良天数为342天，优良天数比例为93.7%；$PM_{2.5}$为31微克/立方米，同比上升3.3%；PM_{10}为50微克/立方米，同比下降7.4%；发生重污染天气1天；环境空气质量综合排名全省第二。市中心城市2018~2019年连续两年稳定达到国家二级标准，武陵源区持续稳定3年达标，桑植县持续稳定两年达标，永定区首次实现环境空气质量达标。

【产业及能源结构调整及工业废气污染防治】 2019年，张家界市淘汰落后产能、压减过剩产能和“散乱污”企业整治，全年淘汰煤炭落后产能6万吨，压减建材产能39.1万吨。2019年10月底前张家界市完成“散乱污”企业的摸底排查工作，初步拟定纳入“散乱污”治理的企业29家，其中拟关停取缔类12家，整合搬迁类12家，提升改造类5家。2019年已关停取缔8家，整合搬迁3家，升级改造5家。进一步加强砖瓦行业综合整治，制订全市砖瓦行业达标整治计划，二氧化硫全面达标排放。城市规划区内没有新建烧制建筑用砖厂，砖厂已制定逐步退出整治计划。全面推进挥发性有机物综合治理，严格环境准入，严格限制VOCs高排放项目，推进源头控制，工艺过程监管，强化末端治理，完成50家机动车维修、家具制造、食品加工和包装印刷等重点行业挥发性有机物项目治理。进一步推动能源结构调整优化，积极推进天然气管道工程，天然气管道入张工程已于2018年开工，全市高污染燃料禁燃区10蒸吨及以下燃煤小锅炉全部淘汰到位，市中心城市建成区经营性358家的燃煤炉灶全部取缔到位。按照《张家界市“十三五”节能减排综合工作方案》，积极推进“十三五”能源消耗总量、强度“双控”以及主要污染物减排工作，全市2019年能源消耗总量、强度“双控”目标以及主要污染物总量减排目标全面完成，提前一年完成“十三五”主要污染物总量减排目标。

【城市扬尘污染治理】 2019年，张家界市依据《大气污染防治法》《湖南省大气污染防治条例》《张家界市扬尘污染防治条例》等法律法规，推进扬尘污染治理，全面完成污染防治攻坚战“夏季攻势”任务，在建工地基本落实“六个百分之百”的要求，重点建筑工地一律要求安装视频监控、扬尘在线监测装置、围挡喷淋、移动式喷雾机、车轮自动冲洗机、塔吊喷淋及主干道出入口喷淋、洒水车等设备，有建筑工地安装扬尘在线监控设备61台，围挡喷淋及塔吊喷淋基本全覆盖。对照《张家界市扬尘污染防治条例》，住建部门出台《关于采取“十个一律”措施管控建筑渣土扬尘污染的通知》，实行建设项目签订《张家界市中心城区建筑施工渣土扬尘治理承诺书》制度，就施工工地围挡、施工场地硬化、运输车辆的冲洗设施设置、材料堆码、建筑渣土的清运、拆除工程的渣土扬尘污染防治管理、预拌商品混凝土搅拌站扬尘污染防治的管理等均作明确的规定。实行建筑渣土扬尘整治“双把关”，即将渣土扬尘措施“六要素”落实纳入开工前条件审查和施工许可证发放的前置条件。制定《张家界市建筑工程渣土扬尘管理考核暂行办法》，将在建工地渣土扬尘治理检查与季度督查相结合，并严格进行考评制度，凡扬尘治理不达标的一律取消优良工地评定，并评定为安全生产考评不合格工地。开展“市城区渣土扬尘污染综合整治”、“建筑渣土百日行动”，大力推进渣土密闭化运输、公司化管理,联合交警开展日常巡察163次,督促整改不规范运输车辆54台,暂扣违规运输车辆30余台。积极开展城市道路机械清扫冲洗和洒水抑尘,市中心城市机械化清扫率达到80%,县城建成区达到71%,城市扬尘污染得到有效整治。

【移动源污染防治】 2019年,张家界市推进老旧车辆淘汰,全年淘汰注销4817台老旧车辆,淘汰56台高排放公交车辆。全市2019年增加1200台新能源汽车,新能源汽车推广数量占当年新增及更新汽车总量比重为5.3%,超出省定任务2.3个百分点。全市在营加油站132座,完成油气回收。从2019年1月开始全部供应国六标准车用汽、柴油。全市原有4家机动车尾气检验检测机构全部完成排放标准升级改造并联网,两家新建机动车尾气检验检测机构均按照新标准建设并投入营运。不断强化机动车排放监管,对全市4家社会检测机构开展监督检查,从严要求尾气检验检测行为,机动车尾气检测不合格的,不予核发机动车安检标志。积极推动I/M制度建设,已初步确定5家二级以上资质机动车车辆维修企业作为M站。按照国家有关法律法规,进一步落实机动车尾气污染防治工作。强化对车辆从业人员的环境保护意识,在车辆维护、使用、安全和节能方面有一定的提升,自觉做好车辆技术状况维护工作。确保车辆尾气排放达标处于良好状况。按照国家标准淘汰老旧车辆,对于排放不达标的车辆要进行维修后经检测仍不能达标的,一律强制报废。结合日常对物流站场集散地货运车辆的检查,对发现排放黑烟车,要发现一起,消除一起。积极推进非道路移动机械摸底调查和编码登记工作,并与省工程机械管理服务协会开展协作,于12月下旬召开全市非道路移动机械摸底调查和编码登记工作推进会暨培训会议。

(本栏撰稿 李伊胜)

水环境管理

【概况】 2019年,张家界市加大大鲵国家级自然保护区突出问题整治力度,129个入河排污口整治全部完成并销号;保护区内所有网箱等违法违规人工设施全部拆除,全市投入资金4150万元,拆除各类网箱100多万平方米,取缔涉水餐饮娱乐设施20处。持续发力推进工业园区污水治理,全市3个省级工业园区(集聚区)全面建成污水集中处理设施及在线监控设施,慈利工业园污水管网建设等15个环境问题得到解决。完成28个乡镇千吨万人饮用水源地划分和环境问题排查。提前完成“十三五”主要水污染物总量减排任务。全面完成加油站450个地下油罐双层罐改造或防渗池建设。严格岸线保护修复,完成全市流域面积50平方千米以上70条河流河道管理范围划定。全年建成乡镇污水处理厂13个,开工建设19个;慈利县污水处理厂扩容提标改造项目正式启动;全市9座县级以上污水处理厂,污水处理率达到95.22%。完成天门山景区(B段)峡洞溪污水干管、天门路延伸段至天门狐仙剧场污水管网、东门溪截污次干管改造工程,基本完成无事溪截污次干管二期工程建设。

【集中治理工业集聚区水污染】 2019年6月,张家界市生态环境局下发《长江经济带(张家界)工业园区污水处理设施整治专项行动工作方案》(张环函〔2019〕62号),全面组织开展工业园区污水处理设施整治专项行动,重点解决工业园区污水管网不完善、污水集中处理设施不能稳定达标运行等问题。通过企业自查、各级生态环境部门现场核查,排查工业园区环境问题21个,经生态环境部门发预警函、挂牌督办和市政府分管副市长现场调研督办和约谈,截至2019年底,整改完成18个。通过整治,新建桑植县瑞塔铺镇污水处理厂。对慈利工业集中区园区北面依托县城污水处理厂处理园区污水超负荷运行问题,慈利县实施县城污水处理厂扩建提标改造工程和将县城污水引入蒋家坪污水处理厂处理的管网建设。对慈利工业集中区南面已建成的园区污水处理厂因片区企业少无污水运行导致晒太阳问题,慈利工业集中区管委会制订《全面完成工业集中区污水处理厂配套管网设施建设并尽快投入运营的实施方案》,通过新增管网将园区北面污水提升引至园区污水处理厂处理。

截至2019年底,全市3个工业集中区均建成园区污水集中处理厂,安装自动在线监控装置并与生态环境部门联网,配套污水管网60千米,各园区污水处理厂均实现稳定运行并达标排放,除桑植工业集中区区块一(瑞塔铺片区)的工业企业污水尚未纳管进入污水处理厂处理外,其它工业企业污水均已纳管进入污水处理厂集中处理。针对桑植工业集中区区块一(瑞塔铺片区)依托的瑞塔铺镇污水处理厂未正常运行、在线监控未联网、瑞塔铺片区园区污水管网未建成问题,桑植县工业集中区管委会制定《桑植工业集中区(区块一)企业生活污水整改方案》,桑植县住建局制定《桑植县瑞塔铺镇污水处理厂挂牌督办相关问题的整改方案》,计划2020年6月底前将上述问题整改到位。

【乡镇“千吨万人”饮用水水源地划分和环境问题排查】 2019年2月18日,张家界市生态环境局印发《关于转发〈关于开展集中式饮用水水源环境状况评估、基础信息调查和保护区划定工作的通知〉的通知》,全面启动乡镇及以下水源地基础信息调查,加快开展乡镇“千吨万人”饮用水水源地保护区划定工作。为确保全面完成28个乡镇“千吨万人”饮用水水源地保护区划分和环境问题排查任务,将该项工作列入全市2019年度污染防治攻坚战“夏季攻势”清单任务和2019年度河长制重点工作,将其纳入全市2019年污染防治攻坚战和河长制考核任务进行重点考核。经各区县组织对乡镇集中式饮用水源组织监测,委托第三方技术服务机构编制水源地保护区划分技术报告,省、市两级生态环境保护部门组织专家对划定方案进行审查,报告编制技术服务单位反复修改完善,广泛征求区县相关部门对水源地保护区划定方案的意见,将辖区内水源保护区划定方案通过网上进行公示,各区县将划定方案上报市人民政府,市人民政府召开专题会议对各水源地保护区划定方案进行最终审定,2019年12月

12日，市人民政府向省人民政府提交《关于审批张家界市乡镇级集中式供水饮用水水源保护区划定方案（第二批）的请示》(张政〔2019〕34号)。截至2019年底,省生态环境厅已批复永定区阳湖坪街道办事处阳湖溪水库、永定区尹家溪镇茅溪水库、永定区天门山镇山羊溪水库、永定区沅古坪镇高家溪水库、永定区教字垭镇高竹山水库、武陵源区卸甲峪水库、武陵源区磨子峪水库、武陵源区中湖乡石河峪溪、慈利县零阳镇黑峪湾水库、慈利县苗市镇碗田水库、慈利县三合镇庄塌水库、慈利县许家坊乡永丰水库、慈利县岩泊渡镇盐叉溪、慈利县龙潭河镇渠溶水库、慈利县甘堰土家族乡金岩水库、慈利县江垭镇溇水、慈利县溪口镇杜家溪、慈利县广福桥镇七汪溪、七汪溪水库、桑植县利福塔镇白蛇溪水库、桑植县空壳树乡空壳树水厂地下水、桑植县陈家河镇麻砂泉地下水、桑植县洪家关白族乡洪家关水厂地下水、桑植县廖家村镇廖两水厂地下水、桑植县官地坪镇车耳溪水库、桑植县澧源镇澧源镇一水厂地下水、桑植县陈家河镇澧水等26个乡镇“千吨万人”饮用水水源地保护区划定方案,完成全市28个“千吨万人”饮用水水源地划定工作的92.9%。2019年11月4日,张家界市生态环境局印发《关于开展“千吨万人”饮用水水源地排查和县级以上饮用水水源地“回头看”的通知》(张环函〔2019〕94号),启动农村“千吨万人”饮用水水源地排查工作,截至2019年底,初步排查出16个农村“千吨万人”饮用水水源地共存在34个环境问题，其中绝大部分为水源地无标示标牌、警示牌问题。（本栏撰稿　褚道平）

环境质量监测

【概况】 2019年,张家界市全面完成各项环境质量监测任务。一是完成水环境监测,对3个国控、8个省控、3个市控地表水监测断面和5个饮用水源地开展12期监测;配合国家、省地表水监测事权上收，全年完成103个断面,3678瓶水样的采测分离监测分析任务,较上年增加18%的工作量;协助国家总站委托的上海科泽公司进行第三方运维的澄潭水厂水质自动站管理。二是完成环境空气质量监测,对8个空气自动站进行运行维护和管理,其中市级城市考核4个站点由国家总站委托河南鑫属公司进行第三方运维，县级3个站点由省厅委托第三方公司运维，花溪站区域站由张家界生态环境监测中心自行运维，全年完成71天降水监测。三是开展声环境监测,完成声环境功能区7个点位、区域环境噪声115个点位、道路交通噪声27个点位的监测,在市民广场、市生态环境局、市人大、烈士陵园设立4个噪声自动监测点，对市中心城市各功能区实行噪声自动监测。四是开展土壤环境监测，配合省生态环境监测中心完成7个国家网土壤监测点位的样品采集，完成耕地土壤与农产品重金属污染加密调查监测。五是开展污染源监测，对全市范围内1家废水源、3家废气源、6家污水处理厂、4家垃圾填埋场开展污染源监督性监测和在线比对监测，出具4期污染源监督性监测专项季报,22份重点源监督性监测报告。六是开展专项监测,开展重点区域重金属专项监测，对6个重点区域重金属断面监测12期。

【环境空气监测】 2019年,永定城区有效监测天数363天，空气质量优良天数337天,空气质量优良率92.8%;武陵源城区有效监测天数341天,空气质量优良天数317天，空气质量优良率93.0%;慈利县有效监测天数365天,空气质量优良天数319天,空气质量优良率87.4%；桑植县有效监测天数365天,空气质量优良天数342天,空气质量优良率93.7%。除慈利县环境空气质量未达标外,永定区、武陵源区、桑植县环境空气质量均达标。

【水环境监测】 2019年,澧水干流张家界市段8个监测断面中，桑植八斗溪、永定澄潭2个断面水质类别为Ⅰ类,其他6个断面水质类别为Ⅱ类;澧水一级支流溇水3个监测断面中,柳杨溪断面达到Ⅰ类水质，淋溪河乡断面、溇水入河口断面达到Ⅱ类水质;澧水二级支流索溪4个监测断面中,索溪水库断面水质类别为Ⅰ类，金鞭岩断面、水绕四门断面、黄龙洞断面水质类别为Ⅱ类。澧水干流张家界市段、澧水一级支流溇水、澧水二级支流索溪水质状况优。

【声环境监测】 2019年,市中心城市区域环境噪声平均等效声级为52.4dB(A),较上年上升0.1dB(A);慈利县城区域环境噪声平均等效声级为50.8dB(A),较上年下降0.8 dB(A);桑植县城区域环境噪声平均等效声级为54.8dB(A),较上年下降0.5dB(A)。市中心城市、慈利县、桑植县区域声环境质量等级均为二级,区域声环境质量较好。市中心城市道路交通噪声平均等效声级为69.2dB(A),较上年下降0.6dB(A);慈利县道路交通噪声平均等效声级为69.9dB(A),比上年上升0.1dB(A);桑植县道路交通噪声平均等效声级为68.1dB(A),比上年上升1.4 dB(A)。市中心城市、慈利县、桑植县道路交通噪声质量等级为二级，道路交通噪声处于较好水平。

（本栏撰稿　樊玲凤）

生态环境准入管理

【概况】 2019年，张家界市确立全市生态环境保护总规矩。加强顶层设计,建立“三线一单”管理和技术体系,全面落实区域空间生态环境评价,编制《长江经济带战略环境评价张家界市“三线一单”》,严格落实生态空间分级管控要求,强化全过程监管,实现全市“三线一单”动态管理,严禁在地方立法、政策制定、规划编制、项目审批、执法监管中变通突破、降低标准,并在“三线一单”基础上研究制定生态环境领域市场准入负面清单，清单之外不另设门槛和隐形限制。全年全市完成环境影响评价文件审批126个,涉及总投资186.34亿元(其中环保投资4.74亿元)，其中采用告知承诺制审批项目1个。

【环境影响评价】

表 6　　2019 年全市环境影响评价文件审批情况一览表

序号	审批机关	报告书	报告表	项目总数（个）	环保投资（万元）	总投资（万元）
1	张家界市环境保护局	13	36	49	34651.71	1415853.08
2	张家界市慈利县环境保护局	6	30	36	3522.40	67877.41
3	张家界市桑植县环境保护局	0	16	16	2338.75	41585.97
4	张家界市永定区环境保护局	0	14	14	1745.00	48386.83
5	张家界市经开区环境保护局	1	10	11	5151.00	289733.35
6	张家界市武陵源区环境保护局	0	0	0	0	0
	合计	20	106	126	47408.86	1863436.64

【张家界市环评工作“放管服”改革】 2019 年，张家界市出台《张家界市生态环境保护领域诚信实施机制》、《张家界市生态环境行政审批服务事项中应用信用记录和信用报告制度》、《张家界市环评文件技术审查制度》、《张家界建设项目环境影响评价文件审批事项实施告知承诺制审批操作细则》，在全市范围内大力推进生态环境保护行政许可标准化，简化程序、缩短时间、提高效率，其中，建设项目环境影响评价文件报告书审批（含建设项目发生重大变动或超过五年未开工建设的重新审批）事项承诺办结时限由原法定 60 个工作日缩短为 20 个工作日，建设项目环境影响评价文件报告表审批（含建设项目发生重大变动或超过五年未开工建设的重新审批）事项承诺办结时限由原法定 30 个工作日缩短为 12 个工作日，对完成规划环评和区域环评的，简化其具体的建设项目环评程序，率先对符合清单式管理的建设项目和城市基础设施项目、民生工程项目，实行环评文件审批告知承诺制。全面推行建设项目备案登记管理制度，根据《建设项目环境影响评价分类管理名录》(2018 年 4 月 28 日修正)，凡符合登记备案条件的建设项目均改为备案登记管理，不再履行环评审批程序，将生态环境保护要求落实重点放在事中事后监管阶段，进一步降低（特别是中小型民营经济企业）生态环境保护准入门槛，持续优化营商环境。

【“三线一单”编制】 2019 年，张家界市开展“三线一单”的编制工作，其中张家界市生态环境准入清单是张家界市“三线一单”编制工作的主要组成部分，也是主要成果。生态环境准入清单编制工作充分结合生态保护红线、环境质量底线、资源利用上线的管控要求，从空间布局约束、污染物排放管控、环境风险防控、资源利用效率等方面，针对环境管控单元提出优化布局、调整结构、控制规模等调控策略及导向性的环境治理要求，分类明确禁止、限制和允许、鼓励的环境准入要求，分类分区分级编制各单项准入清单，包括张家界市生态环境准入总体清单、张家界市各县（区）产业发展布局方案、张家界市各县(区)主要环境问题清单、张家界市产业园区生态环境准入清单、张家界市其他环境管控单元（除产业园区以外）生态环境准入清单。清单的主要内容遵循五个原则，分别是以环境问题为导向、以法律要求为准绳、与产业发展相结合、与空间属性相对应以及服务地方环境管理的原则。力求做到准入清单符合实际、有据可依，从而确保能够落地、适用、实用、好用，为生态环境部门实施环境审批监管提供重要依据。通过清单编制，收集整理国家、省、市、县各级与生态环境保护有关的法律法规、规章制度、政策文件、规划计划等既有管理要求，并落实到每一个环境管控单元、每一个具体地块，实现软件平台查询，为生态环境管理部门提供便利。

张家界市“三线一单”编制成果 2019 年已完成省、市、区县、乡镇四级部门多次对接和修订，预计 2020 年由张家界市人民政府颁布实施。

（本栏撰稿　陈军山）

生态环境保护执法

【概况】 2019 年，张家界市配合国家、省级开展“一法两条例”执法检查、“三磷”企业(矿、库)及重大生态环境事故隐患排查、“清废行动 2019”、2019 年汛期和中非博览会期间环境安全监管等各类排查整治和专项行动 10 多项。组织 300 余人次对煤炭湾生活垃圾填埋场和消洁餐厨处理中心进行专项巡查。及时、稳妥处置“7·1”张桑高速教字垭服务区混合废油泄露事件，成功举办 2019 年张家界市饮用水水源保护区突发环境事件应急演练。完成全省工业污染源交叉执法检查交办的 15 起任务整改。从严查处环境违法行为，全市处罚案件 48 起，其中移送公安行政拘留 5 起，移送环境污染犯罪案件 1 件；共受理各类环境投诉及信访件 1385 件，办结率 100%。

【执法能力建设】 2019 年，张家界市坚持“应查尽查、应罚尽罚、应移尽移”，依法严厉打击各类环境违法犯罪行为。落实“两法衔接”，与公安、检察院联合办案。设立市公安、市检察院、市法院驻市生态环境局联络室。全年选派业务骨干参加生态环境部的蓝天保卫战强化督查 27 人次。参加国家、省级各类环境执法培训 19 人次。组织开展 2019 年全市执法大练兵执法培训、移动执法比武、案卷评查活动。邀请省生态环境厅执法局黄晓波、省公安厅邱正玉和市检察院刑国锋授课，对全市环境监察执法人员进行业务培训。

【饮用水水源保护区突发环境事件应急演练】 2019年12月5日，张家界市举办"张家界市饮用水水源保护区突发环境事件应急演练"。此活动由市政府主办、市生态环境局局承办，市委宣传部、市应急管理局、市公安局、市住建局、市卫计委、市气象局、市交警支队、市消防支队、市地方海事局、市人民医院等11个部门组成参演，省生态环境厅参与观摩和指导。经过精心策划、实地推演，各参演单位精诚协作，应急演练取得圆满成功。

【处置"7·1"张桑高速教字垭服务区混合废油泄露事件】 2019年7月1日，湖南豪光工程劳务有限公司对张桑高速永定服务区边坡处治工程施工，因施工人员清洗储油罐造成油类物质经排水涵管流入当地桥头乡熊家逻村河流，造成河流流径约3000米范围污染。接到投诉举报后市生态环境局相关人员第一时间赶赴现场，立即对储油罐进行查封，并委托市环境监测中心对水体取样开展应急性监测。联合当地政府对污染水体采用吸油毡、棉絮、稻草等进行吸附，将污染土壤、石块及其他物体进行封存，交由有资质的单位进行处置，采取一系列措施及时稳妥地处置污染事件。依据《中华人民共和国水污染防治法》《湖南省环境保护行政处罚裁量权基准》《中华人民共和国水污染防治法》及行政处罚裁量权基准对湖南豪光工程劳务有限公司予以罚款处罚60万元。2019年10月25日依据最高人民法院、最高人民检察院《关于办理环境污染刑事案件适用法律若干问题的解释》市生态环境局将该案涉嫌生态破坏刑事案件的犯罪线索移送公安机关处理，有力打击污染犯罪行为。

【固体废物、辐射安全管理】 2019年，张家界市一是强化固废监督。以危险废物规范化管理考核为抓手，进一步加强执法，将全市所有危险废物经营单位和重点工业产废单位纳入"双随机"监管对象。2019年，全市共抽查69家(其中经营单位4家、危险废物产生单位65家)进行现场考核，达标65家（其中4家危险废物经营单位、61家产废单位)，基本达标4家。强化教育培训。2019年共组织市区县环保系统固废管理、法制、环境监察、监测人员以及全市危废经营单位、产废单位负责人或环保专干100人参加培训，组织全市危废经营单位和重点产废单位参加省厅组织的专题培训。强化医疗废物处置监督。2019年全市共处置医疗废物1952吨，其中：张家界市1022吨，协助益阳市处置928吨、岳阳市2吨。强化危险废物转移监督，2019年，全市共转移出省危险废物134.28吨，转移出市1435.08吨，均严格执行联单管理和其它相关管理制度。二是加强核与辐射管理。继续开展放射源安全检查行动，督促张家界桑梓综合利用发电厂有限责任公司将一枚放射源送交省生态环境厅收贮。加强日常监管，对市人民医院等50家核技术利用单位进行检查，对检查中发现的问题责令相关单位立即整改到位。对一家未办理辐射安全许可证擅自使用Ⅲ类射线装置的单位进行行政处罚。及时办理辐射安全许可证，2019年，共办理辐射安全许可证30家，其中:申领9家、重新申领10家、延续10家、变更1家，依法依申请注销辐射安全许可证9家。

(本栏撰稿　刘　晔)

交通·邮政·通信

总 类

【概况】 2019年，全市交通运输系统深入贯彻习近平新时代中国特色社会主义思想，在市委市政府的领导下推动高质量发展，着力打造湘西片区综合交通枢纽体系，努力建设人民满意交通，圆满完成年度各项工作任务，顺利实现"推进交通基础设施建设、打赢打好交通行业'三大攻坚战'、深化交通运输改革创新、管理服务提质升级、安全生产稳定向好、发展绿色交通智慧交通、交通行业形象良好、党的建设全面加强"八大年度目标。2019年，市交通运输局被省交通运输厅评为交通运输安全生产目标管理优秀单位，治超工作受到省治超办表彰；被评为市投资和重点工程建设目标任务考核先进单位、市投资和重点工程建设争资融资先进单位、市安全生产和消防工作优秀单位、市城市社区三联四建活动先进单位；局机关支部被评为市直机关优秀党支部。

【交通建设投资】 2019年，全市坚持把有限的建设资金精准"滴灌"到重点项目上来，加快构建全市优质高效的交通基础设施网络体系，完成交通固定资产投资26.58亿元，是年度计划的111.8%。高速公路：安慈高速公路慈利段完成投资8.21亿元，桑龙、炉慈、张官高速公路项目前期工作有序推进。干线公路：完成投资5.81亿元，教温公路（一期）基本建成，杨通公路全面建成通车，续建项目插分公路顺利推进，计划新开工项目G353慈利段一期工程、桑植长潭坪大桥实现开工建设。农村公路：完成投资4.55亿元，实施自然村通水泥路建设432.143千米，完成农村公路窄路加宽285.466千米，分别是省定考核目标任务的144.05%、103.81%，创历史新高。路网改造方面：完成投资5.87亿元，建设农村公路安保工程1468.5千米，是省定考核目标任务的160.14%。站场建设：完成投资2.14亿元，综合客运枢纽建设超额完成年度建设任务，50个农村客运招呼站建成投入使用。

【交通"三大攻坚战"】 2019年，交通扶贫方面：深入推进交通运输行业扶贫，高质量推进"四好农村路"建设，不断加强全市农村公路建设，全年投资4.55亿元，其中2.1553亿元用于国家级贫困县桑植县顺利脱贫摘帽。吸纳119名建档立卡贫困户参与农村公路养护和海员培训。污染防治方面：组织开展公路建设养护扬尘治理，有效降低交通建设项目扬尘污染。扎实推进城市公交车转型升级，淘汰老旧车辆104辆。积极推进武陵源核心景区环保车由清洁能源客车向新能源纯电动客车过渡，努力践行低碳环保，呵护青山绿水的目标。风险防控方面：积极争取部省支持，全年争取国省补助资金7.58亿元（其中干线公路5.15亿元、农村公路1.22亿元、站场建设100万元、路网结构改造1.2亿元）。全面健全财务内控制度，一般性支出较上年压减10%以上。不断强化预算管理，加强资金使用跟踪审计调查，确保把有效的资金用在刀刃上。

【重点领域改革】 2019年，全市交通系统全力推进"放管服"改革，深化"互联网+政务服务"一体化平台运用，全年受理办结4521件事项，办结率100%。积极推行"一件事一次办"改革，牵头办理的营业性道路旅客运输从业资格证等4项行政审批服务事项"一件事"线上线下"一次办"工作取得实效。积极推进交通运输综合行政执法和承担行政职能事业单位改革，市交通运输综合行政执法支队筹建工作进展有序。

【交通行业治理】 2019年，运输市场监管方面：开展"铁腕治旅"旅游客运市场专项整治行动，努力营造良好的旅游客运市场环境。立案查处案件891件，其中私家车涉嫌非法营运案382件，旅游车、班线车涉嫌违规经营案315件，出租车涉嫌违规经营案156件，其他类型案件38件，停班学习车辆60辆次，撤销从业资格证2个。积极引导客运企业规范安全管理和逐步实施公车公营，努力实现道路客运行业提质升级。交通建设工程质量监管方面：深入开展"平安工地创建""质量通病治理"等六大质量安全监管专项行动，及时查处降低资质、人员履约不到位、人员资质造假等影响质量安全的行为。全年下发《责令限期整改通知书》17份、《停工通知》1份、《复工通知》1份，工程质量监督覆盖率达到100%，完工项目质量合格率达到100%。保障农民工工资支付工作，全市2019年交通建设领域使用农民工14673人，付清农民工工资1.83亿元，未发生农民工群体上诉讨薪事件。邮政快递市场监管方面：强化快递企业安全生产管理，严格落实行业安全"三个100%"制度和收寄验视制度，对违规收寄企业采取"零容忍"。"快递下乡""快递入区"工作成效明显，一年来，全市邮政业务总量达到2.96亿元、快递业务收入达到9607.58万元，同比分别增长19.89%和17.35%，邮政快递服务水平稳步提升。交通工程造价管理方面：加强干线公路建设项目造价管理，审查工程造价文件43份，申报金额59.46亿元，审查金额57.56亿元，核减金额1.9亿元，核减率为3.2%，实现在建干线公路造价监管覆盖率100%。

【交通安全生产】 2019年，行业安全监管方面：领导干部带队深入交通运输企业、工地、站场、码头和公路货运源头等一线检查安全生产，督促企业全面落实安全生产主体责任。全年开展安全生产执法活动3620次，出动执法人员21832人次，检查生产经营单位2345家次，下达执法文件2356份，立案调查2209起，下达行政处罚决定书2407份，经济处罚442.75万元，责令停产停业违规企业28家次，吊销许可证照4个。全年交通运输行业安全生产事故起数和死亡人数同比分别下降75%、78.6%，安全生产形势持续向好。安全基础发展方面：全年完成危桥改造9座、完成普通公路安防工程1476.2千米，事故多发路段整治扎实有效。全市1965辆"两客"车辆全部安装主动安全防范智能终端，安装总数名列全省第2位。开展专项整治方面：开展交通问题"顽瘴痼疾"集中整治和安全"隐患清零"行动，排查整改安全隐患796处。开展"强执法防事故"行动，完成市域内高铁安全环境集中整治，排查整改安全隐患179处，整治力度和进度居全省前列。

【全市交通运输工作会议】 3月15日，全市交通运输工作会议召开，副市长李传荣出席会议。会议总结2018年工作，部署2019年重点工作。李传荣指出，要全力推进交通项目建设，提前谋划，尽早开工，强化项目建设管理，确保项目建设顺利推进；圆满完成各项改革任务，推进农村公路养护管理体制改革，同时稳步推进机构改革，确保全系统思想不乱、工作不断、干劲不减；全面落实道路交通安全管理职责，以“平安交通”创建活动为抓手，强化责任落实，确保全年不发生较大以上安全生产责任事故；强化道路交通秩序整治，严厉打击各类违规违法行为，提高交通运输服务水平；全面加强党风廉政建设，严格遵守廉洁自律各项规定，以扎实的作风推动全市交通运输事业高质量发展。

【刘革安主持召开项目建设专题调度会】 2019年5月5日，为加快推进全市交通项目建设步伐，市委副书记、市长刘革安主持召开专题调度会议，研究相关工作推进问题。会议围绕市委常委“集体调研、集中解难”现场办公会确定的X034环武陵源景区公路南线兴隆至马公亭段、S306桑植县城至高铁站公路(产业大道)、S303永定教字垭至温塘公路(二期)、S304慈利三合镇至桑植人潮溪公路(慈利段)4个干线公路项目的资金筹措、项目管理、工期计划等问题进行认真讨论，会议明确在保障其他交通项目建设资金不变的情况下，市政府连续4年每年新增1亿元资金，支持区县专项用于以上4个项目的建设，相关资金将直接下拨到区县，着力解决区县交通项目建设资金筹措难题。同时将进一步加快其他项目前期工作，确保条件成熟后可尽快开工建设。

【加快推进高速公路ETC应用工作】 2019年8月5日，张家界召开全市加快高速公路电子不停车收费系统推广应用工作会议，对高速公路ETC推广应用工作进行安排部署。副市长李传荣出席并讲话。李传荣指出，深化收费公路制度改革、取消高速公路省界收费站、推进高速公路ETC推广应用工作，是党中央、国务院作出的重大决策部署，是一项严肃的政治任务、重大的民生工程，是满足人民群众方便快速出行需求的重要举措。会议还从思想认识、工作任务、工作责任、督促指导四个方面对ETC推广应用工作提出具体要求。通过加大工作推进力度，截至2019年底，全市累计新发行ETC用户17.9万户，超额完成省定任务。

【推进“四好农村路”建设】 2019年11月19日，市人民政府办公室印发《张家界市高质量推进“四好农村路”建设工作实施方案》(四好即：“建好、管好、护好、运营好”)，将市级“四好农村路”奖补资金纳入财政预算，为全市“四好农村路”建设提供强有力的政策支持和资金保障，逐步消除制约农村发展的交通瓶颈。2019年，永定区被评为省级“四好农村路”建设示范县。

(本栏撰稿 李魏然)

铁路交通

【概况】 2019年，张家界火车站发送旅客2150553人；服务老、幼、病、残、孕等重点旅客13060人次，找回遗失物品800多件，归还旅客遗失现金人民币7万余元，收到旅客送来的锦旗12面、感谢及点赞1250人次。张家界火车站被评为广州铁路集团公司“文明车站”。

一、强化安全管理。张家界火车站建立包括员工劳动纪律、员工岗位责任制、岗位作业标准、岗位作业程序、员工仪容仪表规定、班前上岗注意事项、班组培训制度等一整套适合班组管理的制度体系。同时，车站向员工灌输安全是企业的生命线、安全与员工自身的收入息息相关的思想，安全意识得到不断加强，安全生产责任制逐级落实，运输生产安全可控。

二、强化运输组织。张家界火车站严格按照“32”字组织方法，在地道、出站台阶、站台等关键部位定岗、定人重点把关，维持好旅客进出站秩序。遇旅客密集到达时，在关键部位，安排专人疏导，杜绝进出站旅客对流。及时清理站台，防止旅客在站台上滞留。全年未发生任何旅客伤亡事故。

三、强化服务质量。每月开展“最佳客运员”评比活动，激发广大员工争先创优的积极性，强化激励机制。2011年11月1日至2019年底，在客运员中和保洁人员中开展“服务旅客我先行、岗位创优当明星”立功竞赛活动，通过“五赛”(即赛售票服务、赛候车服务、赛站台服务、赛上水服务、赛保洁服务)，每月评出“服务明星”。建立旅客意见与建议日统计、周分析、月总结制度，对旅客的意见与建议进行汇总分析，纳入月度考核。认真做好客车上水工作，对上水设备经常进行检查与维修，使上水设备始终处于良好状态，确保列列上、辆辆满，保证车上旅客有充足的用水。

【黔张常铁路正式运营】 2019年12月26日，黔张常铁路正式运营。黔张常铁路横跨渝怀铁路、焦柳铁路、石长铁路，沟通成渝、京广、浙赣等铁路干线。

黔张常铁路自渝怀铁路黔江站引出东行，沿途经重庆市黔江区，湖北恩施州咸丰县、来凤县、湖南湘西州龙山县、张家界市桑植县、永定区，在张家界市与焦柳铁路衔接，后向东经常德市桃源县后至终点湖南省常德市。共设有黔江、黔江北、咸丰、来凤、龙山、水沙坪、凤岩村、桑植、教字垭、张家界西、禾家村、牛车河、龙潭镇、桃源、陬市、常德16个车站；打通中国西部与东部的便捷通道，桑植县、龙山县、来凤县、咸丰县等革命老区结束无铁路的历史。

黔张常铁路设计标准为Ⅰ级双线客货共线，设计时速为200千米/小时。全线正线运营长度339.4千米，正线建筑长度336.257千米，其中湖南省境内正线建筑长度260.004千米，静态投资246亿元，湖北省境内55.44千米，静态投资48.38亿元，重庆市境内20.813千米，静态投资26.8亿元。输送能力为货运3000万吨/年、客运2900万人次/年，总投资361.86亿元；自2014年12月16日开始动工建设。建设工期5年半。

全线桥梁99.3千米/190座，最长桥梁7747.8米(桃源县白洋河特大桥)，最高桥140米(重庆境内阿蓬江大桥)，有大跨连续梁、连续刚构、T构、矮塔斜拉桥、大跨简支梁、拱桥等特殊结构桥梁60多处；隧道170.901千米/100座，其中最长隧道9044.1米（慈利县武陵山隧道)；全线桥隧比例达77.7%。全线控制工程有1站3桥6隧10项，重难点工程有2路5桥27隧34项，一级风险隧道6座，二级风险隧道16座。

黔张常铁路长湾澧水大桥建设创造三项“世界之最”：在同类铁路矮塔斜拉桥中，其不等跨长度(172米+158米)、无索区长度(42米)及塔梁固结段高度(15.2米)均为世界第一，刷新桥梁建筑纪录。

（本栏撰稿 张远瀚）

公路交通

【公路治超工作】 2019年，为严格落实省、市治超工作部署，进一步治理公路运输超限超载行为，7月9日，张家界市召开治超工作推进会暨警示教育大会。市政府副秘书长、市治超办主任黄爱新主持会议，市人民政府副市长李传荣出席并讲话。会议听取各区县治超工作开展情况及下步工作安排汇报，对《2019年湖南省货运车辆超限超载治理工作考核评估方法》进行解读。市治超办常务副主任、市交通运输局局长吴扬琼总结上半年治超工作开展情况，提炼工作亮点和好的做法，分享工作经验教训。李传荣指出，全市治超工作要再上“紧箍咒”，各相关部门要统一思想、提高认识，进一步增强抓好工作的责任感和紧迫感，从严治理车辆超限超载行为；要加大督查力度，采取定期与不定期相结合、明察与暗访相结合的方式，对各部门落实治超工作情况进行高密度、高频率的监督检查，及时通报，保障治超工作扎实有序进行；要进一步加强领导，强化制度和作风建设，着力查处违法违规现象。市政府将建立问责和约谈机制，严查行政不作为、慢作为、乱作为，确保把治超工作抓好抓实，切实提高全市治超工作水平。

2019年，全市全面推进联合治超、科技治超工作，以高速公路入口治超专项行动、推进干线公路科技治超、“割马槽”专项整治行动、货运源头超限超载治理专项整治行动为手段，严厉打击超限超载违法违规运输行为。全市检测货运车辆98230辆次，查处非法超限超载车辆3008辆次，卸载、转运货物25304.59吨；查处、拆解非法改拼装车辆113辆次。全市5套不停车系统用于非现场执法，自动检测车辆193490辆次，处罚车辆702辆次。（李魏然）

【教温公路（一期）基本建成】 2019年，S305永定教温公路(一期)基本建成通车。该公路是永定区重点工程之一，原为张桑高速公路温塘连接线，起于教字垭镇，经罗水乡，终于茅岩河镇哈溪村桥头处，路线全长21.426千米。全线采用二级公路标准建设，路基设计宽度8.5米，行车道宽度7米，路面为沥青混凝土路面，全线采用二级公路标准建设，设计速度为40千米每小时，开辟武陵源区与茅岩河风景区旅游线路，有力带动旅游业及沿线城镇发展。（李魏然）

【杨通公路全面建成通车】 2019年，S309慈利杨家溪至通津铺公路全面建成通车。该公路经杨柳铺、东岳观，止于通津铺，全长28.009千米。路基宽8.5米，路面宽7米，路面结构型式为沥青混凝土路面。全线按二级公路标准建设，设计时速为40千米/小时，有力带动沿线各村经济发展，全面推进城乡一体化进程。（李魏然）

【普通国省道交通标志调整工程完工】 2019年，全市普通国省道交通标志调整工程于4月20日开工，9月中旬顺利完工。该工程实施总里程655.974千米，线路分布：国道G241、G352、G353线；省道S238、S241、S246、S247、S306、S518线。主要建设内容为单柱式、悬臂式、附着式标志牌等。原设计实施标志牌599块，实际完成标志牌602块，完成计划的100.5%。调整后的国道标志牌信息清晰、图案明了、尺寸统一，得到社会各界的充分肯定。

（李魏然）

【加快实施农村公路安防工程】 2019年5月13日，市委常委、常务副市长曾超群带领区县政府领导及相关部门主要负责人赴湘西自治州考察学习，组织召开全市农村公路安防工程建设工作会议，明确要求县区在确保完成今年省定任务的同时，另需完成新增1000千米的建设任务，共计1917千米。市政府交办任务后，各县区政府及相关责任部门迅速行动，有力推进，政治站位高，年度目标明确，防护重点突出，考核奖励严格。为抓好此项工作，市政府研究决定将安防工程列入年度绩效考核，同时市级财政拿出2000万元资金用于奖励补助。截至2019年底，完成1476.2千米，所余任务数将在2020年完成。（李魏然）

【规范和加强道路旅客运输企业安全管理】 2019年1月31日，市人民政府办公室印发《关于进一步规范和加强道路旅客运输企业安全管理的实施意见》，2月28日，全市《意见》宣传贯彻会召开。副市长李传荣出席会议。会议结合当前客运企业安全生产管理工作中的典型事例和存在问题，对《意见》中的企业安全生产主体责任、客运企业安全生产基础保障、安全隐患排查治理等方面进行详细讲解，重点对安全生产主体责任中的驾驶员管理、客运车辆管理、安全生产操作规程等进行宣传贯彻，动员全市道路客运企业全面落实安全生产主体责任，确保全市道路运输安全生产形势稳定。李传荣指出，各级各部门要统一思想，切实增强实施工作的自觉性和主动性，明晰责任，紧抓落实；要精心筹划，严密组织，加强宣传，扎实有效推进《意见》实施；交通运输部门要组织行业及企业开展培训，不断提高企业对安全管理的思想认识；要依照《意见》全面开展自查，逐项进行规范，加强监督检查，实现以管代罚，确保全市道路运输市场安全稳定。（李魏然）

【出租汽车行业创“三优”竞赛暨出租车市场营运秩序专项整治总结表彰大会】 2019年2月28日下午，张家界市召开出租汽车行业创“三优”竞赛暨出租车市场营运秩序专项整治总结表彰大会，表彰3名优秀出租汽车企业和100

名优秀出租车驾驶员。副市长李传荣出席会议并作讲话。自2018年4月2日全市开展出租汽车行业创“三优”竞赛活动暨出租汽车市场专项整治以来,市委市政府高度重视,全市各级各有关部门认真组织,全市各运输企业、广大人民群众积极参与支持,整治活动取得明显成效。出租车驾驶员热心助人、拾金不昧等好人好事不断涌现,从业人员的依法经营意识、优质服务意识不断增强,上下联动、部门配合、社会互动、群众参与、奖惩并举的长效管理机制日渐成熟,全市出租车汽车行业经营秩序明显好转。李传荣强调,出租汽车行业作为城市的流动窗口,承载着城市文明重要角色,代表着城市文明形象,要一如既往地将出租车文明创建和市场专项整治持续开展下去。要切实强化人员、宣传、制度保障,进一步加大宣传力度,营造浓厚的宣传氛围,发动社会全员参与,进一步强化出租汽车从业人员的监督管理,积极引导驾驶员自觉做到文明优质服务、诚实守信经营。 (李魏然)

【开展“两客”车辆智能监管平台建设】2019年,为全面提升运输领域安全风险防控能力,推动交通运输事业高质量发展,全市着力开展“两客”车辆智能监管平台建设。此项工作于8月中旬正式启动,拟定与2019年全面建成市、县(区)“两客”车辆智能监管运管平台和“两客”车辆智能管理企业平台,完成全市所有“两客”车辆主动安全防范系统车载设备的安装、调试,并投入运营管理;建立健全“两客”车辆智能监管系统运行机制和相关管理制度。截至到2019年底,按照省定安装任务目标数,全市1965辆“两客”车辆全部安装主动安全防范智能终端,安装总数在全省各市州名列第2位。此监管平台建成投入使用后,极大地提升张家界市“两客”车辆安全监管水平,从根本上扭转全市道路运输安全生产事故多发的局面,实现道路运输安全生产的持续稳定好转。(李魏然)

【虢正贵检查指导道路运输安全工作】2019年9月24日,张家界市委书记虢正贵深入张家界市永通运输有限公司、张家界运兴旅游运输有限责任公司、张家界天门山旅游股份有限公司检查指导安全生产工作。虢正贵指出,要着力增强安全意识。抓好安全生产工作是社会各级各部门的共同责任,要始终坚持“党政同责,一岗双责,齐抓共管,失职追责”,牢固树立隐患就是事故的理念,真正将领导责任、行业监管责任和企业的主体责任履行到位。要建立严格的安全生产管理机制。各企业要依法依规从严管理,强化工作措施,推动措施落地见效。各行业监管部门要勤于落实对企业的日常监管,经常性开展安全检查,通过严格的监管执法推动企业落实安全生产主体责任。要加强对驾驶人员、安全管理人员的安全教育。各企业要通过定期召开会议强化对从业人员的安全教育,各行业监管部门要落实“黑名单”管理制度,利用好相关退出机制,严肃查处超速超载、酒驾各类违规违法行为。要加大执法力度,执法不严是对人民群众不负责任的体现,直接损害人民群众利益。公安、交通等部门要以对人民群众负责任的态度着力加大执法力度,真正保障各企业的合法权益。要举一反三。全市要全面深入各企业开展安全检查,全面了解情况,提出明确的整改要求,紧盯整改落实,确保道路交通安全形势持续稳定。 (李魏然)

【张家界市公共交通发展有限公司】截至2019年,公司所属“一城两区”运营车辆339台,实现新能源公交车占比100%,公交运营线路发展到20条,线路总长度308.2千米,年客运量突破8000万人次,城市公共交通分担率34.06%。公司设董事会5人,监事会5人,高管7人,管理机构设置8个部室、4个生产片区,在编职工492名,其中驾驶员293名。公司先后自建修理厂2处,自建停保场3处,自建自动洗车场3处,推行公交智能调度,实现公交IC卡、云闪付、一卡通等公交支付方式。 (符 权)

【张家界市汽车运输有限责任公司】截至2019年底,张家界市汽车运输有限责任公司是一家国家二级客运资质的道路运输企业,辖设分公司10个:张家界中心汽车站、直属第一分公司、直属第二分公司、永定分公司、桑植分公司、慈利分公司、武陵源分公司、汽车贸易分公司、直属第三分公司和广告分公司等。全资子公司4个:张家界城际信息服务有限责任公司、桑植湘运公交公司、桑植玉家台汽车站建设有限责任公司、慈利县城东汽车站建设有限责任公司。自建营运班线车辆390台,校车12台,公交车22台,各类客运班线146条,其中省际班线26条,市际班线51条,县际班线20条,县内班线49条。

2019年,该公司实现主营业务年收入8775万元;网络售票31.33万张,共计2887.19万元;运送旅客量达521.08万人;发送53.85万班次。营运车辆3869台次,总行程累计45.06百万千米。监控平台接入联网联控车辆423台。圆满完成“群众满意客运站”考核达标任务,经省道路运输服务中心评定:张家界中心汽车站、慈利万福汽车站全年均为合格,桑植玉家台汽车站和武陵源汽车站全年达到优秀并得到省道路运输服务中心奖励。

(陈 梓)

【张家界南方运输有限责任公司】2019年,是张家界南方运输公司成立的第20年,也是公司升级转型的一年,该公司在2019年响应政府号召助推张家界市道路运输行业的发展,全力探索立体式发展道路,主要工作及亮点如下:一是建成张家界北站旅游大巴停车场。张家界旅游大巴停车场于2019年5月31日通过张家界道路运输管理局验收正式投入使用,该停车场建成停车位127个,大型洗车机一台,项目配套建设大型新能源充电桩16个,车辆检测站一个。该项目的建成有效地改善原火车北站站前广场脏乱的容貌,同时缓解市内旅游大巴车辆停车位不足的情况。二是大力发展公营车辆,推进城乡客运一体化,一城一公司试点。截至2019年12月公司拥有道路客运车辆633台,其中南方运输公司班线车辆213台(其中公营车辆15台)、旅游车90台(其中公营车辆71台);江永运输公司班线车辆211台、旅游车45台(其中公营车辆15台)、公交车74台(其中公营车辆30台),截至2019年12月31日,公司公营车辆共131台。同年,南方运输、江永运输分别对慈利朝阳、杉木桥、永定沙堤、楠木溪四条线路进行公交化改造,投放新能源公交车37台,有力地推动城乡客运一体化工作,为城乡居民出行提供便利。三是坚持绿色发展,大力发展新能源电动汽车、建设新能源基础设施。2019年公司共投放新能源电动汽车37台,年初公司加快新能源基础建设,在火车北站广场、官坪、后坪、慈利锦程物流园、衫木桥镇等地建设充电站,共计建设安装充电桩36个,积极推广运用新能源公交车,倡导绿色生活方式,为创建世界旅游精品城市起到促进作用。四是助力智能交通建设。2019年南方运输旗下南方信息科技公司协助省交通厅指定单位对全市2057台"两客"车辆完成智能监管系统安装工作,该系统将有效地对驾驶员的驾驶行为进行监控管理,降低交通安全事故发生率。(潘思敏)

【张家界路桥建设有限责任公司】 2019年,张家界路桥建设有限责任公司围绕实现全市通组道路全覆盖的目标,启动实施25户/100人以上自然村通水泥(沥青)路建设,按照市交通局《张家界市脱贫攻坚自然村通水泥路建设工作实施方案》的要求,成立自然村通水泥路建设项目部,项目部分设慈利、永定、桑植项目组,每一个项目组确定分管领导具体联系,全年完成自然村通水泥路工程合同价为15231.09万元,总里程394千米。(田 静)

民用航空

【概况】 2019年,张家界荷花国际机场坚持以习近平新时代中国特色社会主义思想为指导,深入贯彻中共十九大精神,认真落实民航局和湖南机场集团工作要求,牢牢把握"安全、发展、品质、党建"工作主题,以改革创新推动高质量发展,努力打造与世界知名旅游目的地相匹配的国际精品旅游机场,各项工作取得良好成绩。

一、安全形势。顺利通过中南地区空管SMS持续审计和危险品航空运输管理体系试点审计。深入落实民航局安全大整顿工作要求,严查运行中的各类安全风险隐患,确保机场持续安全。以平时养成为重点,加强安全管理作风建设,深入开展"学规章、用规章、守规章"活动,强化规章意识。全面开展法定自查,使法定自查理念落地生根,提升机场安全管理的规范化、专业化、法制化水平。创新安全管理模式,积极推行联防联保,为机场安全生产创造良好的外部环境。深入推进"三基"(基层建设、基础管理、基本功训练)建设,进一步规范岗位操作流程。

二、运输生产。积极争取民航局政策支持,强化资金引导,加强与航空公司、旅游企业的沟通协调,加大市场开拓力度。2019年共完成运输起降2.54万架次,实现旅客吞吐量287.09万人次,创历史新高,同比增长24.19%和29.91%,实现国际旅客吞吐量32.42万人次,同比增长95.75%。航空通达性进一步增强。全年累计开通航线54条,其中国内航线42条,国际和地区航线12条,通航城市达到53个,其中国内航点41个,国际和地区航点12个。

三、服务品质。SKYTRAX四星创建取得阶段性成果。借助SKYTRAX的专业指导,针对73项整改要求进行整改和提升,并通过优化服务流程、英语等级考核等措施提高服务水平和服务能力,顺利通过SKYTRAX机构的认证审核。通过创建,机场的服务设施更加完善,乘机环境明显变化,员工的服务意识明显增强,服务水平明显提高,旅客出行体验不断提升。深入落实"民航服务质量重点攻坚"专项行动。大力推行"无纸化"便捷出行,新增自助值机、一证通关、无纸安检、人脸识别等全流程无纸化乘机设施,自助值机率达到60%以上;进一步提升运行效率,全年航班放行正常率达到87.63%,旅客的满意度不断增强。打造"机场+"服务,与酒店合作开展航班信息和值机"一站式"服务,推动旅游资讯进机场,实现航空旅游协同发展。

四、改革创新。坚持创新驱动。鼓励和支持员工进行技术创新,针对运行保障中出现的问题和困难,深入开展"小发明、小创造、小革新",以小创新来推动机场的大发展。通过集中评审全年共有10个创新项目立项,自主研发的中小机场飞行服务综合处理系统、多语言航显系统、传送带车新式轮档、行李平板车多功能收纳箱等项目已投入实际运行,有效提升工作效率和保障能力。加大新技术应用。空管CDM系统投入运行,湖南机场气象预报服务中心正加快推进,国内首个基于北斗及AeroMACS机场场面运行系统试点工作取得阶段性成果,并与中国民航干部管理学院联合开办管制复训班,品牌效应逐步形成。进一步创新管理模式。建立项目公示制度,强化对项目建设、设备维修、物资采购等关键领域全过程管理;优化用工模式,对保洁、绿化、装卸等劳动密集型岗位采取劳务派遣和业务外包模式,实现对人员编制和人力成本的结构型控制。

【开通柬埔寨暹粒—张家界航线】 2019年1月20日,天空吴哥航空公司开通"张家界—柬埔寨暹粒"国际直飞旅游包机。

【开通呼和浩特—张家界—长沙航线】 2019年4月1日,华夏航空公司开通"呼和浩特—张家界—长沙"航线。

【开通杭州—张家界—丽江航线】 2019年4月2日,浙江长龙航空公司开通"杭州—张家界—丽江"航线。

【开通青岛—扬州—张家界航线】 2019年4月2日,青岛航空公司开通"青岛—扬州—张家界"航线。

【开通郑州—张家界—桂林】 2019年4月10日,南方航空公司开通"郑州—张家界—桂林"航线。

【开通张家界—大阪】 2019年8月19日,四川航空公司正式开通"张家界—大阪"定期国际航线

【开通张家界—大邱航线】 2019年10月13日,韩国德威航空公司正式开通"张家界—大邱"定期国际航线。

【开通张家界—马尼拉航线】 2019

年10月14日，菲律宾皇家航空公司开通"张家界—马尼拉"国际直飞旅游包机。

【开通张家界—清州航线】 2019年10月17日，韩国易斯达航空开通"张家界—清州"航线。

【开通张家界—务安航线】 2019年10月17日，韩国济州航空开通"张家界—务安"航线。

【开通长沙—张家界—毕节航线】 2019年10月27日，华夏航空公司开通"长沙—张家界—毕节"航线。

【开通张家界—无锡航线】 2019年10月27日，吉祥航空公司开通"张家界—无锡"航线。

【开通张家界—首尔航线】 2019年10月28日，韩国大韩航空开通"张家界—首尔"航线。

【开通南宁—张家界—韩国务安航线】 2019年10月29日，四川航空公司开通"南宁—张家界—韩国务安"航线。

（本栏撰稿 贺 超）

水路交通

【建设港口和船舶污染物接收转运处置设施】 2019年，全市全面推行"河长制"工作，根据《张家界市防治船舶及其有关作业活动污染水域环境应急能力建设规划(2018~2020年)》和《张家界市港口和船舶污染物接收转运及处置设施建设方案》，完成3个上岸点建设任务，景区旅游船舶全部实现零污染排放，渡运船舶生活垃圾及油污水实行上岸集中处理。

【水上交通安全形势持续稳定】 2019年，市水运事务中心深入落实水上安全巡查制度，对全市所有渡口、通航水域开展安全巡航检查，全年组织巡航检查49次，派出执法人员134人次，检查企业26家次，检查船舶149艘次，渡口码头106道次，发现整改安全隐患47处。

（本栏撰稿 李魏然）

邮 政

【概况】 2019年，全市邮政行业业务总量累计完成29644.42万元，同比增长19.89%；邮政行业业务收入(不包括邮政储蓄银行直接营业收入)累计完成26540.31万元，同比增长8.61%。其中，全市快递业务量完成520.55万件，业务收入累计完成9607.58万元。

（谷屏儒）

【全市邮政管理工作会议】 2019年3月11日，市邮政管理局组织召开全市邮政管理工作会议。会议传达学习全省邮政管理工作会议精神，总结回顾2018年全市邮政业的主要工作成绩，全面分析邮政业面临的新形势，安排部署2019年全市邮政管理工作主要任务。市人民政府副秘书长田际陆出席并讲话。市政法委、市文化旅游广电体育局、市公安局、市商务局、市国安局、市烟草专卖局等单位代表，中邮集团张家界市分公司、各区县邮政分公司负责人，市邮政分公司相关内设部门负责人，全市各快递企业主要负责人参加会议。 （谷屏儒）

【湖南省邮政管理局局长朱汉荣调研农村投递"最后一公里"和"快递下乡"】 2019年5月30日，湖南省邮政管理局党组书记、局长朱汉荣同志率队赴张家界调研行业发展情况。朱汉荣一行先后到张家界市永定区大坪镇、慈利县阳和乡，实地了解当地快递网点抱团整合情况，详细询问业务量收、运输成本、场地租金等情况。朱汉荣同志对阳和乡快递与电信网点"邮电合作"的业务叠加的做法表示肯定，鼓励网点负责人坚定发展信心，创新发展思路，努力为百姓排忧解难，强化农村快递服务质量，切实解决农村投递"最后一公里"和"快递下乡"等问题。 （谷屏儒）

【市邮政管理局联合公安部门共同保障70周年大庆期间寄递渠道安全】 2019年8月13日，市邮政管理局联合市公安局召开70周年寄递渠道安全保障工作动员部署会，市公安局副局长、市治安大队队长、各区县公安局分管副局长、治安大队副大队长出席会议，全市寄递企业负责人参加会议。2019年9月5日至7日，市邮政管理局联合公安、国安部门开展70周年国庆安保专项检查，深入全市4个县(区)，先后共检查县(区)公安局、基层派出所8个，寄递企业网点25个。检查组督导检查县(区)公安局、基层派出落实寄递渠道安保属地管理责任情况，检查企业落实安全主任责任情况，重点检查企业对进京和寄往敏感地区快件收寄验视、实名登记、过机安检等安保措施的责任落实情况，查看企业安全培训记录，抽查从业人员对70周年相关寄递要求掌握情况。

（谷屏儒）

【全市寄递渠道安全管理工作交流会】 2019年10月23日，张家界市平安建设办公室组织召开全市寄递渠道安全管理工作交流会，市委政法委平安建设办、市寄安办成员单位、各区县政法委、各区县公安局分管领导和联络员出席会议，市级品牌寄递企业主要负责人参加会议。会上，市邮政管理局汇报全市寄递渠道安全管理工作情况，分析寄递渠道面临的严峻形势和存在的问题，并针对做好寄递安全工作提出具体的建议。会议还解读《2019年湖南省寄递物流安全管理工作考评说明》、《2019年度区县寄递渠道安全管理工作考评细则》。各参会代表针对寄递安全管理工作进行充分交流发言，提出意见建议。会议强调，各成员单位要加强沟通、相互支持，共同做好寄递安全管理工作。 （谷屏儒）

【市交通运输局联合市邮政管理局调研寄递企业"双11"旺季安全保障工作】 2019年11月8日市交通运输局庹友明副局长、市邮政管理局彭跃辉局长，市交通运输局安全管理科、运输科，市邮政管理局行业管理科相关负责人组成调研组，赴市城区各邮政、快递企业分拨中心、部分邮政、快递网点调研督导寄递渠道旺季安全保障工作。调研组对各企业执行"三项制度"落实情况、场地安全设施配备情况开展督导检查，对检查中发现的安全隐患问题现场发出整改要求,并与企业负责人及员工进行沟通交流,详细询问了解行业发展中遇到的困难,生产经营情况及业务量预期、人员车辆储备、场地安排、业务量突增应对措施等情况。 (谷屏儒)

【邮政业加强与电信合作】 2019年12月18日,张家界市邮政管理局、张家界市快递行业协会与中国电信张家界分公司三方合作签约仪式在市邮政管理局顺利举行。签约仪式上,张家界市邮政管理局、市快递行业协会、中国电信张家界分公司主要负责人分别代表合作三方致辞,并签署《电信、快递战略合作协议》。 (谷屏儒)

【邮政业服务民生】 2019年,邮政业服务民生取得进一步成效。

1. 建制村直接通邮进一步巩固。2019年,在市邮政管理局的推动下,中邮集团有限公司张家界市分公司通过不懈努力,全市840个建制村全部实现直接通邮,建制村基本上实现每周投递三个频次,邮递员建制村日打卡率达到97%以上。

2.邮政业服务乡村振兴和精准脱贫。2019年,市邮政管理局对接《张家界发展优势农产品“3+2+N”三年计划》,推动全市邮政业加强与本地农产品加工业、电商、物流融合发展,充分发挥邮政快递网络优势服务乡村精准扶贫,抓好“一市一品”农产品进城项目,推广“寄递+农特产品+农户”产业脱贫模式。2019年全年全市邮政、快递企业为张家界娃娃鱼、莓茶、白茶、杜仲、葛粉、大湘西魔芋、古方红糖、葛花根、蜂蜜等提供邮政、快递配送服务,累计带动电商包裹近145万件,推动农产品进城交易额达2.55亿元。

3.快递末端服务不断完善。市邮政管理局始终坚持以人民为中心,持续推进“快递下乡”“快递进厂”“快递进社区”工程,2019年全市66个乡镇实现乡镇快递服务全覆盖,新增末端快递服务网点47个,乡镇和村级快递服务公共取送点达到603个,快递末端投递服务不断完善。 (谷屏儒)

【中国邮政集团有限公司张家界市分公司】 2019年,中国邮政集团有限公司张家界市分公司完成业务收入17281万元,同比增幅2.51%。

一、企业发展

寄递业务:积极打造行业“国家队”。进一步夯实“八大阵地”发展根基,项目团队实现实体化,揽投人员结构进一步优化,营销人员能力进一步提高。全年寄递四大板块业务均实现较快增长,特别是国际和物流板块增长较快,增幅分别为106.76%、41.15%。2019年寄递板块完成收入2561.34万元(含快包),同比增幅24.78%,金融业务:转型稳步推进。推行以余额为主的总资产发展理念,全年新增总资产94769万元,同比增幅47.45%。其中,储蓄余额52008万元,同比增幅33.15%;保险27290万元,同比增幅85.83%;理财15471万元(含有效基金销量),同比增幅20.30%。

渠道平台:建设有效站点190个,完成计划的100%。组织开展年货节、第三届919电商节、创维专场抢购等活动,助推“农产品进城,工业品下乡”。邮乐电商平台招商300余种农产品,运作农产品返城项目10余个。2019年,分销业务收入完成960万元,为省公司预算的104.35%。

文化传媒:集邮、函件专业充分发挥地方旅游资源优势,加大项目开发、加快市场拓展,持续推进“三专”阵地运营促零售业务发展、“集邮+金融”联动发展、“邮文化进校园”基地建设效果彰显,集藏嘉年华文化营销模式进一步深化。2019年,全市新建主题邮局2个,全年主题邮局收入过百万;完成集邮收入928万元,为省公司预算的101.9%。报刊:校园报刊替代战扎实推进,进一步巩固邮政报刊进校园的主力军地位。完成2020年报刊大收订流转额2746万元,为省公司预算的100.05%,2019年完成报刊收入896万元,为省公司预算的101.8%。

二、企业管理

人力资源进一步优化。完成寄递事业部综合职能部门与企业整合优化,解决并理顺普遍服务管理、营业投递多头跨部门管理的问题;按照“精兵简政、人岗匹配”的原则,分阶段、分层级推进市、县区分公司人力资源优化工作。全市共优化后台人员岗位46个。

财务管理进一步规范。加大欠费催收力度,加快资金回笼。截至12月底,全市报刊资金缴款率达到72.38%,超省定目标值;营收欠费为245万元,同比期减少259万元,用户欠费率为4.94%,控制在标准值5.8%以内。

安全管理进一步加强。按期完成全市安防设施隐患整改,提高企业物防技防能力,在第六轮金融安全评估中,全市32个金融网点、两个三类业务库均被省市评估验收组评定为合格,慈利县分公司被市安全评估验收小组推荐为优秀单位,在省安全评估检查中免检。市公司被评为2019年度“平安单位”创建示范单位。机要通信连续十三年保密安全质量全红。

三、能力建设

2019年,进一步加快基础设施建设和能力建设,全年建设10个寄递揽投站点;增强网点的智能化、科技化设备投入,为32个金融网点全部配备ITM设备;完成2处自助银行建设;建设农村渠道平台有效站点190个;张家界市经济开发区内的邮件处理中心正式建成投入运行。

四、普遍服务

2019年,以邮政网点形象达标、营业率达标、四项基本业务开办率达标、邮件时限达标、邮件丢损率达标、寄递安全达标等为重点,制度并出台《张家界市邮政普遍服务管理考核办法》《张家界市邮政专用信箱运营管理办法》《平信质量管理考核办法》等,明确普遍服务工作及其相关指标的管理权和事权。进一步明确生产标准化作业管理责任和业务检查责任。开展“普遍服务管理和运行质量”提升活动、“邮件传递时限”测试和提升活动、普遍服务集中整治活动,严格检查、厉行整改,确保96个普服网点形象整体改观、营业达标率、四项基本业务开办率明显提升、邮件时限全面达标、邮件丢损率控制在千分之一以内、寄递安全0事故。2019年,全市邮政履行政治责任,加大人力财力投入,保证网点覆盖率100%,不触碰“两条底线”,确保落实寄递安全“三项制度”,加快邮件传递时限,确保县城及以上城区党报当日见报率,提升客户满意度,实现机要通信质量全红。

中国邮政集团公司张家界市武陵

源区分公司索溪峪营业所荣获2019年全国工人先锋号荣誉称号；中国邮政集团有限公司张家界市分公司被评为2019年度"平安单位"创建示范单位。 (陈朝辉)

【方志鹏到张家界调研】 2019年6月2~3日，省公司党组书记、总经理方志鹏到张家界市邮政分公司调研邮政企业发展和扶贫工作。方志鹏要求，要牢牢把握习近平总书记提出的"守初心、担使命，找差距、抓落实"的12字总要求，通过实施全方位、全业务、全要素的对标发展，有效解决发展过程中面临的问题和矛盾。 (陈朝辉)

【电商扶贫】 为持续深化邮政农村电商扶贫，积极开展名优工业品下乡和绿色农产品进城，帮助农民增收致富。从2019年9月份开始，张家界市邮政公司正式启动第三届张家界"邮政919扶贫助农电商节"活动，大力发展农村电商，助力脱贫攻坚战。

9月1~30日期间，张家界市邮政分公司在中国邮政电商平台——邮乐网开设"邮政919扶贫助农电商节"张家界馆，线下依托中国邮政近6万个自有实体渠道、50万家邮乐购实体店、100万名邮政职工；线上依托邮乐网、邮掌柜、邮乐小店、邮三湘等邮政平台，让张家界农特产品走向全国的同时，让全国消费者品尝到张家界的土特产品。活动期间，累计销售张家界土特产品2万余单，销售额地方农特产品20多万元，其中仅销售桑植猕猴桃上万单。 (陈朝辉)

【主题邮局】 充分发挥邮政行业优势，助力张家界旅游宣传营销，以原创、创新为方向，全面深入开发张家界旅游市场，进一步扩大张家界旅游的影响力，实现旅游与文化的有机结合，满足广大游客需求，服务政府，服务景区，做大做强主题邮局。2019年，新增百龙天梯(两个)、长征主题邮局共三个，累计主题邮局达到10个。新开发《绝版张家界》系列邮册、画册、邮折、明信片；各个景区专用邮资明信片；主题邮局专用明信片；主题购物袋、山水风光摆件、旅游记事本等功能性文创新品60余种。 (陈朝辉)

【邮件处理中心正式投入运行】 2019年10月，位于张家界市经济开发区内的邮件处理中心首期工程正式建成投入运行。这是张家界市第一个邮件自动化处理基地，极大提高邮件处理能力和处理效率，单日最大邮件处理量由以前2万件提升到5万件以上；邮件处理时限由1.5个小时缩短至1小时以内。 (陈朝辉)

【2019湖南红色旅游文化节红色文化旅游惠民卡】 2019年11月19日上午，在2019湖南红色旅游文化节暨桑植民歌节上，2019年湖南红色旅游文化节红色文化旅游惠民卡同比首发。锦绣潇湘红色文化旅游惠民卡是由湖南省文化和旅游厅指导，中国邮政集团湖南省分公司联合湖南12301旅游服务有限公司，以"红色记忆、康养温泉"为主题，以明信片为载体，以手机电子卡二维码入园为形式的全国首创红色文化旅游惠民卡。此卡整合全省经典红色景区韶山、红二方面军长征出发地纪念地、世界文化遗产老司城、国家AAAAA级景区张家界武陵源核心景区及湖南四大温泉等核心资源，按区域整合6条精品线路，此卡可享受免费门票价值为3221元，惠民价288元，酒店住宿餐饮还可享受折扣，非常的惠民利民便民。该惠民卡将红色文化、民俗文化、旅游文化、邮政文化等多种文化有机融合，助力湖南红色旅游文化的传播，持续推进湖南旅游文化的影响。 (陈朝辉)

电　信

【概况】 2019年，中国电信股份有限公司张家界分公司（中国电信张家界分公司)全年主营完成预算101.41 %，同比增幅11.41%。

一、业绩首创新高。一是收入预算全面完成，全省排名第二。二是发展持续向好。2019年，业绩考核全省排名第二。桑植分公司获省公司移动过网卓越奖，并成功跨入一类县级分公司行列；慈利分公司先后获得省公司"飞跃奖"、"跨越奖"；武陵源分公司荣获省公司"跨越奖"；永定分公司荣获省公司"跨越奖"。三是重点业务加速拓展。截止2019年12月，移动完成预算123.8%；宽带完成预算114.67%，全省排名第三。

二、业务基础夯实。紧盯业绩考核指标及重点业务，围绕"3+2"板块，细分实施路径，强化营销组织。一是大力发展"平安乡村"建设，在全省乃至集团树立标杆，并荣获集团公司"天翼看家"标杆地市公司首创奖，同时依托政府支持，不断推动"平安社区"复制发展。二是全面启动"快电"合作，与张家界市邮政管理局、各区县快递协会签订战略合作协议，新建门店数与发展业绩均列全省前茅。全年有销门店完成94%，有效店83%，高效店占比40%，达标店占比71%，网点保有工作略有成效，为全面发展夯实基础。三是瞄准云网融合转型业务，梅尼商贸一次性云改达到256核/46台服务器规模，成为省级标杆项目。

三、运营能力提升。2019年，狠抓渠道建设、装维能力提升，重点关注店员计划、赋能计划及形象计划，大力开展移动及光网质量双提升专项行动，牢牢把握发展的根本。全年光网端口利用率由53.3%提升至57.07%，新建光网端口4.2万个，新建4G基站316个、扩容355个小区，有利的支撑公司业务高质量发展；铁塔单站年化租金同比下降4.30%，全省最低；能耗管理位列省公司电费效能提升竞赛第一，荣获一等奖。 (杨菁雅)

【中国电信四川、广东分公司考察团到慈利参观交流"雪亮乡村"建设】 2019年5月24日，中国电信四川、广东分公司考察团在中国电信湖南分公司市场部人员的陪同下，前往慈利县杉木桥镇尖角村实地参观，了解"雪亮乡村"项目实施情况。杉木桥镇党委书记、派出所所长、尖角村支部书记等相关人员参加此次交流活动。 (王泽群)

【张家界本地电视台成功接入湖南IPTV平台】 2019年7月19日，张家界综合频道、公众频道成功接入湖南IPTV平台，张家界近20万IPTV用户可实时收看本地电视节目，及时了解本地政务政策、资讯信息。为满足张家界广大IPTV用户长期以来收看本地电视节目的需求，使张家界市委市政府的各项政务政策广泛宣传、及时落地，中国电信张家界分公司抓住有利时机，多次向张家界市委市政府及宣传部门沟通汇报，经过不懈努力，获得各方认可与支持。在中国电信湖南分公司移动互联网部、芒果TV等单位的有力支撑下，各部门经过近2个月的紧密配合施工，在7月19日凌晨顺利完成张家界综合频道与公众频道与湖南IPTV集成播控平台对接。

（张　雄　全红莲）

【湖南省副省长、省公安厅党委书记、厅长许显辉赴张家界调研治安防控体系建设工作】 2019年11月8日，湖南省副省长、省公安厅党委书记、厅长许显辉一行深入基层调研治安防控体系建设，察民情、听民意、聚民智。调研组一行到永定区天门山镇小坪村，听取永定区副区长、公安局局长谷信晖就“平安乡村”建设的相关情况介绍，重点了解村级警务室“平安乡村”平台运行的模式、功能、优点，并给予充分肯定。调研结束后，许显辉副省长就下一步工作提出要求：一是永定区要将监控点快速推广至少3000个以上；二是全省要快速复制推广“平安乡村”村级警务室；三是要进一步推进信息化平台建设，加强相关配套基础设施建设，完善安全防控机制体制建设。

（杨菁雅）

【张家界分公司加速推进快递跨业战略合作】 2019年12月18日，张家界分公司与张家界邮政管理局、张家界快递行业协会签署战略合作协议，通过加盟（快递自有网点叠加电信业务）、授权（电信营业厅获得授权代办快递业务）、泛渠道合作（快递网点人员通过甩单介绍电信业务）三种模式，推动邮政、快递、电信业务的相互拉动与相互渗透，实现资源共享与优势互补，增强市场竞争力。这标志着张家界分公司与快递行业开展“快电”建设合作进入加速阶段。签约仪式上，三方公司就深入合作交换意见，并表示邮政、快递与电信的合作是打通服务群众“最后一公里”，推动三方末端服务更上台阶、为张家界经济社会发展多做贡献的重要举措。

（杨菁雅）

【中国电信慈利分公司助力“雪亮乡村”建设】 2019年，中国电信慈利分公司首创“平安乡村”项目，此项目是以县、乡、村三级综合中心为智慧平台，以综治信息化为支撑、以网格化管理为基础、以公共安全视频监控联网应用为重点的“群众性治安防控工程”，它通过三级综治中心建设把治安防范措施延伸到群众身边，发动社会力量、广大群众共同监看视频监控，共同参与治安防范，从而真正实现治安防控“全覆盖，无死角”。该项目建设以来，已成功为公安部门提供破案线索200余条，化解群众矛盾100余次、追逃违法车辆50余次，在农村社会管理、环境治理检测、水污染防治、森林消防等应急管理指挥上均发挥极大的社会效应。

作为慈利县“平安乡村”指定承接单位，截至2019年12月，摄像头已覆盖全县所有乡镇、社区，并获得慈利县“综合治理先进单位”、“重点工程先进单位”等荣誉称号。

（王泽群　杨菁雅）

移　动

【概况】 2019年，中国移动通信集团湖南有限公司张家界分公司（以下简称“张家界移动”）新增4G基站超1100个，4G网络实现深度与广度覆盖，行政村4G覆盖率达到100%。建成5G站点17个，市主城区大学城、交通枢纽、热点商圈及全市重点营业厅覆盖5G网络。建设有线宽带端口超6000个，覆盖行政村866个，通达率达到99%。建设专线超1500条，覆盖全市440家集团单位，总体覆盖集团单位2232家。

【5G建设及应用】 2019年3月4日，张家界移动联合中兴通讯在永定区迎宾路62号开通首个2.6G频段5G基站，现场测试5G网络下行数据峰值达到800M/秒，上行数据峰值达到80M。3月6日，在迎宾路营业厅举办5G业务体验会，现场设置360度VR高清直播、AR虚拟控制、仿生机械手臂、无人机高清视频回传等6个5G体验区，让参加体验会的媒体与客户身临其境感受5G科技。5月17日，打通首个5G视频电话。截至2019年底，共在迎宾路营业厅、华天城、索道公司、逸臣中央、中国银行、工商银行6个热点区域开通5G基站，两区两县11个重点营业厅已覆盖5G网络。

【网络及服务质量优化】 2019年，张家界移动坚持“以人民为中心”发展思想，主动推进透明消费举措，不知情定制较2018年同期下降近59%。开展“砺剑行动”“精耕行动”“深度覆盖会战”，打造4G精品网络，网络投诉下降20%。完成内容网络100%下沉，整治魔百和质差问题，电视卡顿时长占比降低0.12%。全年出动通信保障人员160人次，调动开通应急通信车30余次，临时扩容小区331个、负荷调整小区586个，完成张家界市“两会”、元宵灯会、虎牙直播张家界行、全国第二届青年运动会皮划艇激流回旋比赛、慈利端午龙舟赛、武陵源千古情、环天门山自行车比赛等重大活动的通信保障工作。

【黔张常铁路网络保障】 2019年12月26日，黔张常铁路正式开通运行。为打造黔张常铁路精品无线网络，张家界移动采用TDD+FDD双网融合覆盖形式组网，在高铁沿线共建设宏基站117座、隧道拉远点127个、车站室分系统2个，敷设光缆357皮长千米，累计新增传输设备近700台，实现全里程105千米线路及车站室分全覆盖，总投资达4500万元。经测试，黔张常铁路张家界段4G网络全程综合覆盖率达到96%以上，平均下载速率达到20Mbps以上，语音接通率达到99%以上；张家界西站与桑植站内4G网络覆盖率达到100%，平均下载速率达到60Mbps，语音接通率达到99%以上。

【“智慧党建”平台建设】 2019年，为满足全市党建学习需求，实现党建工作标准化、流程化，张家界移动创造性推出党建+视讯+监控模式，于2019年

12月30日完成智慧党建系统（APP+平台）开发,2020年4月2日正式投入使用，最终建成市—县—乡—村四级云视讯视频会议体系,覆盖全市81个乡镇、1016个行政村，成为全国第一个实现四级视频会议网络体系的地市公司。

【"天门清风"微信服务平台建设】2019年,张家界移动与永定区纪委合作,建设"天门清风"创新化公众服务平台,10月完成平台上线，成功构建永定区纪委、区大数据中心的管理平台，面向区级单位的服务平台以及面向乡镇的用户端三级平台,截至2019年底,组建村级社区微信群449个,入群人数11.46万人，覆盖永定区77%的家庭。（本栏撰稿 李甜）

联 通

【概况】2019年，中国联合网络通讯有限公司张家界市分公司（简称张家界联通）以党建为统领融入生产促生产,全面吹响"文化兴企"号角,发挥网络优势和云计算、大数据、物联网等互联网优势，助力互联网与实体经济深度融合,在便民、富企、助政上取得一定成绩,得到市民、企业、政府的一致好评;以精准聚焦重点工作,实施网络建设精准投资，全面落实生产经营工作,奋力开创"五新"联通建设和高质量发展新局面。至年底,张家界联通用户规模达到30万户,年收入规模达到2亿元。全市合作渠道200余家,带动就业近两千余人;3G、4G人口覆盖已达90%以上，有线宽带覆盖公众住宅近30万套以上,基本实现无线、有线高速宽带无缝覆盖。

一、5G网络共建共享。2019年启动5G规划及试点，先后参与张家界智慧旅游大数据平台建设、智慧景区、5G云上旅游等。张家界联通积极发挥自身技术优势,持续推动5G、云计算、大数据、物联网、区块链、人工智能等现代信息技术与张家界市全域旅游、新型工业、现代服务业等领域深度结合，探索打造具有张家界特色的5G应用标杆,助推产业高质量发展。

二、网络建设。2019年LTE工程中张家界建设245个站点，项目总投资1472.15万元，其中基站投资1336.51万元,配套投资135.64万元。黔张常高铁红线外，张家界建设基站50个,其中自建11个站,租赁铁塔39个,项目总投资486.52万元。为充分挖掘现网资源,提高4G覆盖率,解决五类场景覆盖问题,全年完成64个农村单3G高业务站点加挂4G,以及56栋楼宇深度覆盖。另外,优化VOLTE语音打底网,结合VOLTE语音策略及现网结构,实现"语数分层"覆盖模型。

三、扶贫攻坚。2019年,张家界联通发挥行业优势为贫困村援建"雪亮乡村+可视农业"工程,建设平安乡村提升综治管理水平，与集体产业发展相结合打造可视化农业新亮点；搭建精准电商销售平台，为两村的绿色有机农产品打开销路，村集体和村民个人均有受益。结合贫困村的实际情况，组织党员群众群策群力发展产业,多渠道整合资金为红联村、南坪村发展猕猴桃产业达20.33公顷、黄花菜产业达10.8公顷。张家界联通精准扶贫村2019年预脱贫户顺利通过脱贫验收复核。

【张家界联通助推企业信息化建设】2019年12月，张家界联通组织举办第二届张家界市"教育信息化峰会",坚持以"互联网+"的应用服务让全市教育信息化建设实现新的跨越。张家界联通依托强大的云计算、大数据等资源优势，构建5G教育深度应用为"互联网+教育"的发展打下坚实基础,并在手机、可穿戴设备等各类终端及教育APP应用软件方面加大研发与合作力度,大力推进"教育信息化2.0"实施提供坚实的基础支撑。"互联网+教育"针对教育资源云平台、智慧教育管理、平安校园、一键报警、防欺凌防溺水、智慧课堂等教育各个领域,提供一揽子"互联网+"应用解决方案,积极服务配合各级教育部门、各级学校发展教育信息化。

【助力全市中小企业"上云上平台"】2019年5月,张家界市中小企业"上云上平台"服务对接会在张家界市分公司8楼会议室举办。湖南省工业和信息化厅中小企业发展促进处副处长肖成晃、张家界市工业和信息化局副局长全民政、张家界市分公司领导班子出席。市、县区工信部门相关工作负责人,80多家优秀中小企业代表以及多家云服务机构，共计120余人参加会议。现场,嘉宾们通过产品展示和参与游戏互动,对"企企通"产品、云产品、财务软件产品有全面深入的了解。随后，全体参会代表参观张家界市智慧城市云计算大数据机房。在监控中心，全体嘉宾认真观看市县一体化时空云平台(地理库)建设及综合指挥调度体系建设等数据中心建设成果。体现张家界市分公司以技术和网络优势为基础,加快"上云"步伐,降低信息化成本,提高生产效率和管理水平,为全市经济发展催生新动能的实力。

【张家界市分公司与深圳万顺叫车签署战略合作协议】2019年5月,张家界联通与深圳万顺叫车签署战略合作协议。张家界市分公司总经理邵金泽、深圳万顺叫车张家界分公司唐治凯总经理参加签约仪式，并代表双方签约。双方代表共计40余人参会。根据协议约定,张家界联通公司提供的产品涵盖车载物联网卡、云技术平台搭建、网约车监控设备以及集团客户组建和服务。在双方共同的合作平台下,万顺叫车公司可以体验资费优惠的各项通讯服务,享受联通网络带来的方便和快捷。张家界联通充分发挥全业务运营商的优势和信息化领域积累的丰富经验,利用自身网络资源和服务能力优势,调配各类保障资源加强双方的进一步合作,实现最大经济效益和社会效益。更好地体现作为企业承担的促进国家经济发展的历史使命和社会责任。

【张家界联通做好网络安全保障工作】2019年11月,张家界联通积极响应、周密部署,圆满完成2019年湖南红色旅游文化节暨桑植民歌节网络保障工作。此次活动为桑植县中国工农红军第二方面军长征出发地刘家坪，贺龙元帅的女儿贺晓明受邀参加，吸引来自全国40多家媒体进行报道。张家界联通多举措进行网络保障为现场的用户提供畅通网络体验。一是对现有的34G基站进行调整优化，新放光缆2500米并开通34G小区共4个。二是网优小组专注进行全程网络保障，现场测试用户感知、后台指标实时监控，3/4G网络各项指标正常，均未出现拥塞情况。

2019年4月，中国张家界·茅岩河大峡谷水上体验项目启动仪式暨2019年桑植白族“三月街”民俗文化旅游节在桑植县九天玄女洞举行。当天，来自全国40多家媒体、100家旅行商单位及近千名群众参加活动。活动现场，张家界市分公司每小时对接通率、掉话率、上行干扰水平等关键指标进行监控并实时通报，以便整体统筹资源，第一时间完成必要的紧急扩容工作，防止网络出现拥塞。活动当天，3/4G网络各项指标正常，均未出现拥塞情况，为参加文化旅游节活动现场的用户提供畅通的网络体验。

（本栏撰稿 刘兰哼）

无线电管理

【概况】2019年，张家界市无线电管理工作紧紧围绕“三管理、三服务、一突出”的总体要求，综合运用法律、行政、技术、经济四种管理手段，加强频谱资源精细化管理，坚持台站管理与服务并重，做好电波秩序维护与无线电安全保障工作，切实提高无线电管理水平，服务经济社会发展和国防建设。

【站台审批】 2019年，市工信局无线电管理办公室为国网湖南电力公司科学研究院设置的气象雷达站等台站办理审批手续；对市气象局、市试验台已设地球站进行核查，经纬度、频率、功率等数据准确，建立卫星地球站和5G协调干扰机制，以推动5G系统的健康发展。加强在用台站管理，采取无线电发射设备定期自检申报和抽查监督相结合的制度，加强事中事后监管。

市工信局无线电管理办公室做好军队年度重要任务国防动员潜力数据保障工作，认真开展国防动员潜力数据的核准更新，督促相关设台单位上报移动通信、微波、卫星地球站等台站数据8225个，核实准确后按时上报省工信厅无线电管理处。

市无线电监测站认真做好天门山大众汽车挑战活动期间的无线电频率协调，保证该活动的通信畅通。通过电视现场直播，展示张家界资源特点，提高张家界在全世界的知名度。

【频率监测】 2019年，市工信局无线电管理办公室和市无线电监测站对辖区内重点保护的航空及铁路无线电专用频率、重要台站进行清理和核查，完善相关数据信息，加强与机场、铁路等相关部门的沟通，发现干扰问题立即处置，严格落实春运期间24小时值班和领导带班制度，加强对航空、铁路、广播专频的监测，确保春运期间航空、铁路专频使用安全。2019年1月14日，及时处理张家界荷花机场投诉，排查广播信息的干扰，保障春运期间民航飞行安全。

【备案管理】 2019年3月1日起，市工信局无线电管理办公室在全市开展无线电发射设备销售备案管理工作。2019年，全市有51家通信设备销售店在工信部网络平台提出申请，并按要求进行审核通过。

【监督检查】2019年，成立由市工信局局长杨余茂任组长，相关局领导任副组长的打击治理“黑广播”“伪基站”违法犯罪集中行动工作领导小组，负责专项行动的统一部署和组织协调。市无线电监测站积极与市公安局、文体广新局联络沟通，建立打击“黑广播”“伪基站”工作联动机制，开展集中打击专项行动，确保密切合作、立体监测、联合行动。成立“黑广播”“伪基站”排查技术分队，2019年出动监测车72次，监测时长216小时。

【考试保障】 2019年，市工信局无线电管理办公室积极支持教育、人社、财政、卫生等部门，加大高考、公务员考试、会计师、大学英语四、六级、建造师等全国性重大考试中利用无线电设备进行考试作弊行为的防范和打击工作力度，2019年累计保障各类国考12次，维护考试的公平公正。

【频率占用费征收】 2019年，市工信局无线电管理办公室坚持频率资源有偿使用的原则，认真做好频率占用费的征收工作。通过上门到荷花机场、天门狐仙公司等一些重点设台单位进行征缴，并做好《无线电管理条例》等法律法规的宣传，积极向设台单位宣传无线电频率占用费属国家规费的相关政策和有关规定，2019年征收频率占用费约3.98万元。

【无线电宣传工作】 2019年，市工信局无线电管理办公室以“维护空中电波秩序，促进经济社会高质量发展”为宣传主题，与市广播电视台制作无线电管理宣传电视专题片，在张家界电视台新闻频道播放，在张家界之声调频广播台播放公益广告片一个月，并将现场宣传活动情况在张家界电视台和《张家界日报》进行实时报道。利用三家公众通信运营企业短信平台，向全市100多万用户发送无线电管理宣传短信。2019年9月11日在市移动公司主要营业厅前坪，利用LED屏播放宣传标语，设立咨询台，摆放宣传展板6块，发放宣传资料600余份，提升无线电管理工作的社会影响力和知名度。

（本栏撰稿 朱德超 龚 平）

国内贸易

总　类

【概况】 2019年，张家界市加快推进供给侧结构性改革，着力提升旅游消费水平，有力地拉动消费，扩大内需。全年完成社会消费品零售总额253.56亿元人民币，同比增长10.2%；全年新入库企业44家，净入库32家，推荐“小新星”企业10家，超额完成省定、市定任务目标。

【消费促进贡献加大】 组织26家企业携100余种特色产品亮相2019中国国际食品餐饮博览会。梅尼、绿航果业等6家企业成功入选“2019年湖南省零售百强企业”。梅尼等3家企业分别获得“省级2019年物流标准化改建”和“湖南老字号”项目支持。编制发行舌尖上的消费指南——《张家界美食手册》《张家界美食手绘地图》。开展家政服务业信用体系建设，完成录入家政企业17家。张家界市举办“张家界市元宵灯会”“桑植白族第三届农耕文化节”等展会14次，参展商家1657家，展位数5765个，销售金额4.75亿元。

【电子商务企业发展】 区县级电子商务运营中心及部分村级服务站已建成并投入运营，初步形成电商产业聚集态势，目前累计建成农村电商综合服务站696个，覆盖率达68%。张家界市98家电子商务企业已纳入湖南省电子商务统计监测管理，其中“电子商务示范企业”2家，“湖南电商百强”企业3家。电商扶贫成效显著，“湖南电商扶贫小店”开店达2371家。张家界市商务局再度被省商务厅评为电商扶贫全省优秀一类市州，永定区、武陵源区、桑植县被评为全省优秀一类区县，慈利县被评为全省良好一类区县。

【市场体系建设】 张家界市农贸市场90个，商品成交额57.5亿元。其中农产品综合市场63个，建材市场12个，专业市场15个；当年新建改造城乡农贸市场7个。着力加强市城区农贸市场管理工作，在创建国家卫生城市工作中取得好成绩。张家界市推动农商互联完善农产品供应链工作成绩突出，向上级申报成功4家企业项目，当年获得项目支持资金400万元。四是成品油市场管理卓有成效。张家界市450个地下油罐双层罐改造和防渗池建设全部完成，张家界市商务局被评为创建环境空气质量达标城市先进单位。开展成品油市场秩序专项整治行动，累计出动工作人员1900余人次，办结案件12起；受理举报投诉5起，全部办结。

（本栏撰稿　漆艳平　陈家浓　王恩波　赵祚军）

石油销售

【中国石油湖南张家界销售分公司】 2019年，中国石油湖南张家界销售分公司结合自身实际情况，围绕中心工作，主动出击，积极履行社会、政治、经济三大责任，在人员就业、保障供给、增加税收等方面为地方经济发展做出贡献。在营加油站14座，全年销售油品3.7万吨，提供就业岗位73个。获得中国石油湖南销售公司先进单位、安全先进单位、先进基层党委荣誉称号。

一、经营指标。全年销售成品油3.7万吨，非油销售收入610万元，上缴利税217.31万元。

二、油品销售。贯彻营销策略于价格策略，加大效益类指标考核力度，综合利用会员日、“10惠”活动、一客一策等促销策略，实施区域市场重点攻关。抢抓春运、国庆、寒暑假等节假日旅游旺季出行高峰，突出重点站帮扶，挖掘增量潜力。加强市城区主干道站点、景区站点协同，全市一盘棋。开展以“加油卡进单位、进社区、进学校、进商场超市、进车展”为内容的五进活动，丰富“10惠”活动、周五会员日活动促销形式。综合运用现场稽查、视频扫站、神秘顾客访问、综合大检查等手段，构建全方位服务质量监管体系。

三、非油品销售。以加油站便利店为核心，提升非油销售质量，量效增幅居全省前列。打造高标准加油站，构建“人.车.生活”生态圈。优化店面销售，开展现场陈列培训，通过主题促销、劳动竞赛、内购会等活动，营造良好商业氛围，提升顾客消费体验。以客户需求为向导，优化商品品类，加强非油品销售动态分析，加大自有商品开发力度，推出多种自有特色商品，在加油站设立张家界特产销售专柜，多品种展示地方土特产品牌特色。推广汽服业务，全年上线“驿公里”自助洗车机7台，提升加油站增值产业业务。定期开展非油专项稽查，及时整改发现的问题。

四、安全环保。塑造安全文化，创新监管模式，巩固本质安全，全年未发生安全生产责任事故和环境污染事件，获得“张家界市安全生产和消防工作优秀单位”称号。严抓加油站投运等关键环节，严控安全环保风险。推进防渗改造，规范油气回收等设备，全年累计提质改造8座站。应对恶劣天气，排查山体滑坡等高风险站点5座。开展防防抢防盗、防洪防汛、防火防爆等12个专项整治，组织应急演练180场次，举办安全培训班12期，开展安全检查336站次，整改隐患60余项。配合张家界市应急管理局成功举办张家界市永定区危险化学品事故应急预案演练，2019年6月3日，陈家溪加油站及时处理一起大巴车自燃事件，成功避免等级事故发生，受到张家界市主流媒体的报道和宣传。

五、质量计量。树立“诚实守信、精益求精”管理方针，强化关键环节管控，提升质量计量信息化自动化水平，降低油品损耗率，油品通过质量体系认证审核。定期开展液位仪维护保养，标定加油站油罐，提升计量数据准确性。组织质量计量专项检查，消除管理漏洞，确保加油站整体受控，加油站在2019年全年接受各级政府职能部门质量计量抽检合格率100%。

六、社会责任。开展“爱心助考”活动，高考期间，分别在考点入口处为学子们免费赠送武夷山水，为考生们加油鼓劲；在加油站现场开设“爱心加油通道”，为考生及爱心车主提供便捷服务，践行社会责任。　（彭　娜）

【中国石化湖南石油分公司】 2019年，中国石化张家界分公司作为张家界地区成品油销售主渠道，是张家界市最大的成品油经销企业和综合服务提供商，获张家界市安全生产优秀单位，其中慈利分公司获得慈利县安全生产先进单位。该公司坚持以服务张家界经济社会发展为出发点和落脚点，在税收、就业、维稳、抗灾保供、城乡建设等方面积极为政府排忧解难，努力向“小而精”区域性综合服务商转型，为发展张家界旅游经济做出积极贡献。

一、主要经营指标。资产总额3.35亿元，在营加油站数量49座，销售成品油23.74万吨，同比增长1.98%，其中零售15.72万吨，直分销8.02万吨，非油品营业额0.86亿元；营业收入20亿元，拥有张家界市辖区内唯一一座现代商业化油库，油品储量过万吨，供应川、渝、鄂、湘西等周边地区。

二、助力地方经济发展。与张家界市政府签订战略协议，与张家界市交投集团有限公司开展合资合作，加油网点遍布全市各交通要道、黄金路口，网点遍布全市交通要道，农村网点发展迈上新台阶，加油站防渗改造取得阶段性成效，控制地域内近70%的市场份额，为地方增加税收、支持就业、服务张家界市经济建设做出贡献。

三、规范日常管理。修订HSSE管理体系文件，积极开展安全主题日活动和应急处置演习，所有库站已全部接入中心视频监控室；加强承包商安全管理，推进工地平安建设，解决问题70余项，指出潜在风险30余条；践行“每一滴油都是承诺”，结合微腐败整治，开展数量及质量专项整顿，扎实推进质量管理体系换版及第三方认证工作；稳步实现油库自动计量和加油站地罐交接，进一步降低各环节油品损耗，提升数质量管理水平。

四、践行绿色环保。强化公共绿色安全管理，按时按质完成风险治理和所有在营站防渗双层罐改造项目，全年“零事故”发生；推进全员节能降碳工作，加大环保产品的销售与环保节能设备设施建设投入，坚持促进能源资源节约和循环利用，从“绿色发展、绿色能源、绿色生产、绿色服务、绿色科技、绿色文化”六个方面推进建设“清洁、高效、低碳、循环”的绿色企业。

（刘欣瑶）

供销合作

【概况】 2019年，张家界市供销系统完成购销总额130.8亿元；利润1.59亿元，同比增长53.6%；资产总额达14.8亿元，同比增长53.6%。在全省供销系统综合业绩考核中荣获二等奖，获评综合改革获得先进单位称号，先后获评2019年度“市文明单位”“‘平安单位’创建示范单位”“综治工作先进单位”“安全生产工作先进单位”“市直机关优秀党支部”“无烟单位”等荣誉。

【供销合作社综合改革工作】 2019年，市供销合作联社进一步强化全市深化供销合作社综合改革领导小组办公室作用，统筹协调把关全市供销社综合改革工作，明确重点改革目标任务。

一、定期研究部署供销合作社综合改革工作。2019年3月22日，召开全市供销合作社工作暨党风廉政建设工作会议，部署2019年供销合作社综合改革工作；7月16日，市委副书记、市长刘革安主持召开市人民政府第63次常务会议，专题传达学习6月28日省委副书记乌兰在全省全面加快推进供销合作社综合改革电视电话会议精神及7月4日省委副书记乌兰到张家界调研讲话精神，研究推进供销合作社综合改革工作；10月16日，刘革安市长主持召开全市全面加快推进供销合作社综合改革会议，进一步动员深化供销合作社综合改革领导小组各成员单位，明确改革责任和任务。

二、明确重点改革。2019年9月20日，市深化供销合作社综合改革领导小组印发《关于全市整体推进深化供销合作社综合改革的实施方案》(张供改组〔2019〕1号)文件，进一步明确全市供销合作社综合改革的重点任务：建立健全以乡村供销(基层)社为重点的新型组织体系、以社有企业为支撑的新型经营服务体系、以行业协会和农村合作经济组织为骨干的新型农合会体系建设(简称“‘三大体系’建设”)，基本实现市县乡村“四级贯通”，逐步做到“覆盖到户”工作；强调进度安排：在2020年10月之前，全面完成改革任务；对市深化供销合作社综合改革领导小组各成员单位责任和各区县改革任务进行划分和明确，建立督办制度，为推动完成2020年供销改革制定时间表和路线图。2019年底，各区县深化供销合作社综合改革领导小组分别印发《整体推进深化供销合作社综合改革的实施方案》并召开推进会，将张供改组〔2019〕1号文件精神和工作重点一以贯之。

三、落实综合改革专项资金。2019年市本级财政安排150万元专项资金用于支持供销合作社综合改革工作。

【“三大体系”建设】 2019年，市供销合作联社突出“三大体系”建设，全面加快全市供销合作社综合改革推进力度。

一、以乡村供销(基层)社为主体的新型组织体系初具规模。2019年，全市64个乡镇供销(基层)社已基本建成，新建和改扩建村级供销(基层)社663个，覆盖率77%。

二、初步构建以社有企业为支撑的新型经营服务体系。2019年，市供销合作联社结合各区县独特优势加强对各区县改革工作指导，创建的山区供销社改革模式得到省改革办肯定并发专刊向全省推介。慈利县供销合作联社社有企业慈利惠民供销农业服务有限公司创新打造“社区+乡村”“线上+线下”农村电商新零售平台，在全县建立276个乡村综合服务中心和社区服务网点，上百个农产品在线上销售。桑植县供销合作联社依托张家界国楚农业科技公司，以土地托管为重点、品牌建设为抓手，打造种养结合、产销一体的农业全产业链服务体系推动产业发展，探索山区农业社会化服务新路径。武陵源区供销合作联社通过参股湘阿妹旅游食品公司、鱼泉贡米专业合作社共同助推特色农业产业发展。永定区供销合作联社以土地变性为抓手，盘活社有资产，招商引资抓开发，有效地实现资产增值和合理利用。

三、构建以行业协会和农村合作经济组织为骨干的新型农合会（农村经济合作组织联合会)体系。2019年，张家界市供销系统围绕《张家界市优势农产品发展“3+2+N”三年行动计划》,市和部分区县供销合作联社牵头组建市、区县农合会(联),区县加快筹备建立乡镇农合会(联)组织。慈利县供销社联合20多家农民专业合作社成立的县农合会,共同进驻农业产业孵化园,形成产业联盟抱团发展,共同打造"一界农户"品牌,成为慈利县"硒有慈利"公共品牌中的拳头产品。

【社有资产管理】 2019年,市供销合作联社强化资产经营管理,指导区县社有资产管理工作,确保社有资产保值增值。市和区县供销合作联社通过设立社有资产管理委员会,加强社有资产运营管理。永定区供销合作联社社有资产管理委员会采取资产就地置换方式,把紫舞饭店和边贸市场资产置换成紫舞财富大厦、边贸房产近15000平方米的优质商铺,实现资产、收益"双增值"。慈利县供销合作联社社有资产管理委员会将所有社有资产进行清理确权,对资产实行信息化管理,加快推动资产变性。桑植县供销合作联社社有资产管理委员会将南门市场门面资产整体打包处置给桑植县经济建设投资有限责任公司,妥善解决桑植县供销系统内社有企业欠缴社保养老金历史遗留问题。

【监事会机构建设】 2019年,经12月23日武陵源区委常委会批准同意,武陵源区供销合作联社于12月31日召开社员代表大会依规成立监事会。

监事会作为供销合作社的监督机构,"三会"[供销合作社社员代表大会、理事会(闭会期间的执行机构)、监事会]重要组成部分,健全监事会机构是深化供销合作社综合改革内在要求,是适应市场经济发展的迫切需要。截至2019年底,全市供销系统已完成监事会机构全覆盖。

【项目合作和建设】 2019年,市供销合作联社坚持上下贯通,对接上级资源,推动项目合作。一是推动市人民政府与中国供销集团建立全面战略合作关系。二是参与筹建市农业投资有限公司(简称"市农投公司"),推动市农投公司在组织体系建设、项目体系建设、企业治理体系建设、经营发展等方面较快发展。加快重点项目建设,增强综合发展实力。按照《张家界市优势农产品发展"3+2+N"三年行动计划》发展方向,优选建设"娃娃鱼大世界""万亩莓茶+乡村休闲旅游产业带""杜仲产业发展"项目,承接市人民政府张家界农副产品交易中心(简称"农批市场")项目,入选2020年全市重点建设项目。依托市电商运营服务中心有限公司,推进农村电商综合服务体系建设,建立张家界地区地方管理平台,入驻京东张家界特产馆、拼多多及苏宁易购平台。增强融资能力,助力农业产业高质量发展。市农投公司作为全市农业风险补偿基金的管理和运营的主体,助力中小型农业企业融资,增强产业行业融资造血功能,2019年共投放母基金1000万元,帮助全市企业融资近3000万元。与湖南农担公司建立双边战略合作机制,共同打造莓茶贷、杜仲贷、芦笋贷等专属贷款品种,推动农业主导产业高质量发展。

(本栏撰稿 周昱佃)

粮油流通

【概况】 2019年,张家界市从事粮油储存、加工、购销企业共30家,29家企业正常报送,其中国有粮食企业6家,国有参股企业1家。拥有从业人员990名,在岗人员986名,其中:拥有高级职称1名、中级职称26名、初级及以下人员310名,技术个人249名。入统粮油企业有库区37个,拥有库区面积351263.7平方米。发挥粮食安全省长责任制考核"指挥棒"作用,统筹推进各成员单位落实目标任务,压实各级政府抓粮食保安全工作责任,优化评价体系,量化目标任务,细化工作责任,认真开展考核评比,推动粮食安全责任制落实。各区县县人民政府高度重视粮食安全工作,狠抓责任制落实。永定区、慈利县、桑植县、武陵源区被市人民政府评为优秀,推荐永定区为省政府拟激励候选单位。

【粮食产销】 2019年,张家界市收购粮食162095吨,其中从外省收购7712吨;收购油脂油料6430吨。实施"走出去"和"请进来"战略。组织粮食企业参加全国粮食产销协作福州、郑州洽谈会和2019年全国粮食科技活动武汉展会,制作"张家界好粮油"推介宣传资料,全方位、宽领域、多渠道展示张家界好山好水好粮油形象。大鲵、葛根、油茶等系列产品受到与会者追捧;张家界丝丝湘食品有限公司生产的"丝丝湘"红薯粉丝销往香港,受到消费者的好评。全市销售粮食165265吨,其中销往外省12472吨。销售成品粮油产品55890.8吨,其中:产品大米52314.8吨、精炼食用油3576吨。张家界银澧米业有限公司、慈利县隆源米厂生产的大米销往贵州、广西、福建等地;销售食用油5532吨。为保证魔芋系列产品质量,提高市场占有率,湖南大湘西魔芋有限公司在东北建立粳稻生产基地。为丰富市场供应品种,提高城乡居民生活品质,从东北采购粳米2000吨以上。

【粮油产业】 2019年,张家界市入统粮油加工企业18家,其中:稻谷加工企业10家、油脂加工企业3家、面条加工企业1家、食品饮料加工企业4家。张家界金绿油脂有限公司被评为省级农业产业化龙头企业,张家界银澧米业有限公司、慈利县隆源大米厂被省论说和物资储备局确定为应急保供重点加工企业。

粮油加工设计年产能155500吨,成品粮油年加工能力129250吨,日处理稻谷355吨,日处理油料152吨,日精炼油脂87吨。2019年,实际加工稻谷84252吨,实现加工成品大米52058.5吨。实现粮油工业总产值59710万元,主营收入56144.8万元。实现销售收入36783.3万元,其中:通过互联网实现销售收入620.7万元,拓展粮油销售渠道。粮油产后服务体系建设获省级财政支持资金200万元,桑植县唯美油茶公司和桑植县玉穗生态农业合作社的油茶、稻谷加工生产线建成投产。

(本栏撰稿 赵平)

粮食储备

【概况】 2019年,中储粮张家界直属

库各项工作进展顺利，企业发展稳中向好。

一、强管理增实效。强化内部管理，坚持提质增效不放松，经济运行保持“可控费用低位运行，轮换购销保持平稳，附营收入稳中有升”良好态势。全年账面实现利润1006万元，较去年增长882万元，资产负债率下降到80%。

二、经营谋划提升效益。在“抓好主业，拓展附营”的思路上着力。一是科学开展轮换购销，努力控亏减亏。面对国家去库存的严峻形势，年初，业务战线的同志认真研究分公司轮换指导意见，及时布置轮换销售工作，争取轮出工作的主动，全年轮出中晚稻14869吨，销售均价为2177元/吨，较系统内平均销价高71元/吨。二是积极响应分公司调整储粮品种战略，推进储备粮由常规稻向优质稻转化。三是抓住资源优势，努力稳定和拓展附营业务，通过新建钢罩棚、出租仓房等措施，使附营业务收入进一步增长，全年实现附营业务收入484万元，较2018年同期增长13%。

三、确保安全无事故。抓安全生产不放松，严防各类安全生产事故。坚持库外储粮监管不放松，确保库外储粮安全。高度重视舆情风险防控。

四、处理遗留问题。近几年来，公司一直把清收欠款作为工作重点来抓，收回欠款1800余万元，截至2019年末，仍有四家经济纠纷没有彻底解决，涉及金额712万元。

【夯实“两个确保”】 2019年，中储粮张家界直属库按照中储粮湖南分公司强化管好“大国粮仓”政治责任担当，“两个确保” 和服从调控效能大力提升要求，继续深化“五个做实”工作。夯实中央储备粮数量质量。通过严格业务流程管控，严把入库“四个关口”，强化现粮保管，确保中央储备粮质量达标率100%，粮食宜存率100%，账实相符率100%，储存损耗降到0.64%。完成“标准仓”、“规范库”创建推进工作。狠抓包仓制落实。按照湖南分公司包仓制要求，结合过去包仓制经验，完善包仓制办法，提升包仓制管理科学性。科技储粮水平进一步提升。压盖保温、空调控温效果良好，自制登高平台、自制通风口防虫套等“三小”发明经济实用。

（本栏撰稿　雷斯文）

烟草专卖

【概况】2019年，张家界市烟草专卖局(公司)下辖慈利县、桑植县、武陵源区等三个县级烟草专卖局（分公司）。公司拥有固定资产92559万元，从业人员370人。2019年实现税利7.80亿元，同比增长0.15%。

【烟草专卖管理】 2019年，全市累计查获涉烟违法案件310起，其中5万元以上大要案54起，同比增长135%；查获各类违法卷烟1552万余支，同比增长103%，查处烟叶案件19起，查获非法贩运烟叶36吨；破获国际网络案2起，拘留20人、逮捕8人、判刑6人。协调市委政法委将烟草市场综合治理纳入全市社会治安综合治理考核范围，联合市公安局成立公安驻烟草警务室，联合市邮政管理局召开打击寄递渠道涉烟违法行为推进会，印发《关于建立寄递环节打击涉烟违法犯罪协作机制》，与毗邻的湖北恩施市建立两烟市场联合监管协作机制，打假打私协作机制更加健全。

【卷烟经营】 2019年销售卷烟销量稳定在6.93万箱，全市零售客户综合毛利率达12.2%。全年芙蓉王、白沙、双喜等六个重点品牌销量6.38万箱，同比增长1.43%，占全市总销量的90.72%。

【烟叶产销】2019年，全市永定、慈利、桑植三个产区共收购烟叶14.17万担，定制化开发“白沙”“芙蓉王”“黄山”3个高端卷烟原料面积0.22万162。收购烟叶上等烟比例达到62.72%，同比增加5.06个百分点，烟叶收购质量检查等级合格率达80.57%。全市烟农总收入1.94亿元，户均收入9.8万元。

【烟基建设】 烟草行业投入补贴资金1162万元，完成烟叶生产基础设施建设项目431个，稳步推进桑植牛洞口水源工程项目建设进度，积极开展烟用农机、烤房、育苗设施全面普查清理，全市现代烟草农业发展的基础更加稳固。

（本栏撰稿　蒋政文）

盐　业

【概况】 2019年，是盐改两年过渡期结束后的首年。张家界盐业分公司面对复杂的市场环境，开展市场调研、市场保卫战和百日攻坚专项行动，明确目标扩充网点，推进全员营销，分渠道、分品种，点对点抢市场。针对境内不同情况、不同特点和问题，采取区域对策，结构调整，策应互补，固本强基，深耕厚植，指挥前移措施。加强人力及配送车辆保障、商品陈列、网络维护、品牌宣传、商超地推、终端服务等业务工作调度考核管理，落实网络营销平台应用，实施党建经营融合，各项工作持续推进。全年调进各类盐4902吨；销售各类盐5205吨，其中小包盐销售4021吨，年末库存661吨。利润亏损62万元。

【盐业市场秩序维护】 2019年，省外竞品盐低价格、密集配送的态势，对省内雪天盐的市场带来很大的伤害。本地较有影响的大小超市，先后上架蓝天三晶、益盐堂、科佳等竞品。农贸市场调味品与餐饮渠道联系紧密，成为特通渠道竞品重灾区。特别是淮盐代理商采取不正当手段，用1分钱1000克小包盐的噱头在电商平台推广销售。张家界盐业积极配合政府职能部门对其进行整治。一方面通过对商家宣传政策、宣传品牌，以供应多品种盐为主；一方面调整结构，克服农贸市场仓库有限、送货量小、频次多的困难，保证送货到位，力争做到雪天盐在农贸市场货源充足。积极争取职能部门支持，多次向市场监督管理局、教委反映食盐市场安全问题。联合下发《关于进一步强化学校食堂食盐供应管理的通知》，规范食用盐采购渠道。并就淮盐违规经营案件做深入细致的沟通，促使该案得以查处。

（本栏撰稿　危胜勇）

对外及对中国港澳台地区经济贸易

综　述

【概况】　2019年,张家界市实现外贸进出口15513万美元,同比增长41.04%;实际利用外资14689万美元,同比增长12.5%;实现内联引资81.39亿元人民币,同比增长18.79%;实现外派劳务人数1267人,营业额1837万美元,同比分别增长15.6%;口岸出入境航班2529架次,出入境35.85万人次,同比分别增长80.64%、103%。

(蔚建新　周雪原　彭　楗　邢为胜)

【口岸开放】　2019年,张家界市加快实施"提质张家界打造升级版"战略,按照省委省政府"创新引领、开放崛起"战略部署和张家界市旅游国际化要求,积极推进口岸平台建设,培育发展口岸经济。

一、增开航线航班,口岸年出入境人次再次刷新历史纪录。2019年1月新开柬埔寨暹粒航线,全年加密韩国釜山、越南河内、越南胡志明航线航班。8月新开日本大阪航线,10月中旬开始新开韩国首尔、菲律宾马尼拉航线,韩国清州、大邱、务安各城市至张家界航线陆续复航,口岸出入境客运量快速增长。全年运行国际及地区航线12条。口岸出入境35.85万人次(超历史同期最高水平2016年31.6万人次),同比增长102.94%;出入境航班2529架次,同比增长80.41%,继续在中部省份非省会口岸领跑。全年口岸签证7.2195万人次,同比增长33%。2019年国际货物吞吐量264吨,同比增长70.85%;口岸免税店免税品销售额273.67万元,同比增长20.87%。

二是建设口岸平台、完善口岸功能。9月28日公共保税仓宣布正式启用,并成功参与保障中国服贸协会第十届年会;开启张家界市保税监管场所的新篇章,打开张家界探索发展服务贸易的窗口。进境(水果、冰鲜水产品、食用水生动物)指定监管场地全面建成,并通过海关总署验收获批可以营运,推动口岸贸易和国际航空物流发展。

三是客货并举、培育口岸经济。以市政府名义向省政府上报张家界口岸发展的有关意见建议,申请省国际航空发展资金对张家界予以倾斜支持,争取省政府将张家界3条国际航线纳入省国际航空发展特殊航线支持范围。加强资金绩效管理,针对张家界口岸入境航班境外旅客占比高的特点,在新开客运航线奖励办法中设置绩效奖。有针对性地设置物流奖励政策,鼓励航班发展客货并重。四是加强口岸队伍建设、扩大口岸影响力。2019年初市机构改革明确市商务局加挂市人民政府口岸办公室牌子,口岸办作为管理协调机构地位得到加强。9月17日市口岸事务中心获批成立,明确为公益一类事业机构,编制3名,口岸工作队伍得到补充。五是优化通关环境,成功创建省级文明窗口单位。不断优化口岸通关环境,巩固提效降费成果,落实提效降费台账制。以荷花机场四星SKYTRAX评定为契机,努力提升口岸服务品质,2019成功获评湖南省口岸系统文明窗口单位。

(邢为胜)

对外及对中国港澳台地区经济贸易

【概况】　2019年,张家界市累计进出口总额106784万元,同比增长46.7%。其中出口103634万元,增长52.1%;进口3150万元,下降32.6%。加工贸易进出口总额641万元,下降71.4%。其他贸易进出口总额129万元,下降37.3%。

一、外贸出口快速增长。2019年,进出口总额106784万元,增长46.7%,增速排名全省6名。其中出口68113万元,增长52.1%。

二、外贸结构不平衡。张家界市外贸以出口为主,占进出口总额的97.05%,进口占进出口总额的2.95%。从贸易方式来看,一般贸易占主导地位,进出口总额15400万美元,增长45.0%,占张家界市进出口总量99.27%;加工贸易下降幅度较大,同比下降72.6%,占张家界市进出口总量0.61%;其他贸易下降37.6%,占张家界市进出口总量0.12%。从产品结构看,主要产品出口有升有降。机电产品、体育用品、鞋类、服装、塑料制品、玩具、人造花等主要出口产品分别完成6613万美元、511万美元、404万美元、2475万美元、780万美元、125万美元、137万美元,分别增长(或下降)54.7%、0.3%、37.2%、231.3%、74.1%、30.9%、-5.8%。

三、"破零倍增"取得成效,民营企业占据出口主体地位。"破零"企业6家,"倍增"企业4家,进出口主体进一步壮大。张家界市有进出口实绩企业25家,其中进出口5000万美元以上企业1家,1000万美元以上企业2家,500万美元以上企业4家。民营企业进出口总额14538万美元,增长46.8%,占张家界市进出口总量93.71%;三资企业进出口额976万美元,下降11%,占张家界市进出口总量6.29%。

四、搭建"走出去"平台。全年实现外派劳务人数1267人,营业额1837万美元,同比分别增长15.6%。积极创建、全面完成"湘企出海+"综合服务平台建设,搭建张家界市请进来走出去公共服务桥梁。为5家重点外贸企业融资1.29亿元,为企业扩大生产经营规模、增加出口提供坚强保障。

【主要贸易伙伴进出口继续保持增长】2019年,张家界市与东盟、欧盟、南美洲等传统贸易伙伴进出口分别为3538万美元、1453万美元、1663万美元,分别增长23.9%、32.2%、23.2%。拓展新市场取得成效。中东市场进出口额2190万美元,增长130.2%,非洲市场进出口额2289万美元,增长195.8%。

表 7

2019 年张家界市各区县进出口情况一览表

区县	进出口额（万元人民币）	同比(±%)	出口额（万元人民币）	同比(±%)	进口额（万元人民币）	同比（±%）
永定区	78,788	67.3	75,838	77.7	2,950	-33.2
武陵源区	1	-99.7			1	-99.2
慈利县	13,371	-13.3	13,269	-13.4	102	0.4
桑植县	14,625	44.8	14,527	45.1	97	11.4
合计	106,784	46.7	103,634	52.1	3,150	-32.6

表 8

2019 年张家界市分企业性质进出口情况一览表

企业性质	进出口总额（万元人民币）	同比（±%）	占比（±%）
进出口总值	106,784	46.7	100.00
民营企业	100,106	52.8	93.75
三资企业	6,678	-7.9	6.25
其中：出口	103,634	52.1	100.00
民营企业	97,155	59.0	93.75
三资企业	6,479	-7.4	6.25
其中：进口	3,150	-32.6	100.00
民营企业	2,951	-33.2	93.68
三资企业	199	-22.5	6.32

表 9

2019 年张家界市主要出口市场出口情况一览表(一)

国别（地区）	出口额（万元人民币）	同比（±%）	占比（±%）
亚洲	54,327	37.3	52.43
越南	3,761	-49.6	3.63
马来西亚	9,090	85.5	8.77
泰国	3,877	122.5	3.74
中国台湾	6,037	726.8	5.83
印度尼西亚	3,600	71.5	3.47
非洲	15,862	210.9	15.31
埃及	4,264	532.1	4.12
吉布提	2,165	856.4	2.09
欧洲	12,376	45.1	11.94
德国	1,281	-21.7	1.24
俄罗斯联邦	1,750	108.9	1.69
英国	2,674	188.1	2.58
南美洲	8,898	64.3	8.59

表 10 2019 年张家界市主要出口市场出口情况一览表(二)

国别（地区）	出口额（万元人民币）	同比（±%）	占比（±%）
秘鲁	385	88.4	0.37
墨西哥	2,045	76.5	1.97
北美洲	8,717	10.3	8.41
美国	8,116	4.6	7.83
加拿大	601	317.2	0.58
大洋洲	3,444	125.4	3.32
澳大利亚	1,659	30.3	1.60
附：集中市场			
东盟	24,290	29.7	23.44
欧盟	9,782	42.0	9.44
中东	15,109	138.6	14.58
俄东	3,918	89.6	3.78
APEC	51,028	24.6	49.24
北美自由贸易区	10,763	18.7	10.39

表 11 2019 年张家界市主要进口市场进口情况一览表

国别（地区）	进口总额（万元人民币）	同比（±%）	占比（±%）
亚洲	261	-49.7	8.28
越南	1	-32.8	0.04
马来西亚	0	0	0
中国台湾	107	26.3	3.40
泰国	1	-95.1	0.02
印度尼西亚	1	270.4	0.03
非洲	1	-78.7	0.04
欧洲	222	-41.8	7.05
德国	95	-19.6	3.03
意大利	0	0	0
英国	81	12.6	2.58
南美洲	2,603	-27.5	82.64
秘鲁	2,553	-28.0	81.03
墨西哥	1	-92.5	0.02
北美洲	59	-66.1	1.88
美国	34	-79.8	1.09
加拿大	25	389.0	0.79
附：集中市场			
东盟	3	-97.3	0.09
欧盟	206	45.1	6.55
中东	1	-38.6	0.04
俄东	16	302.1	0.52
APEC	2,906	-31.0	92.26
北美自由贸易区	60	-67.2	1.90

表 12

2019 年张家界市出口主要商品一览表

	出口额（万元人民币）	同比（±%）	占比（±%）
机电产品*	45,651	61.1	44.58
服装及衣着附件	16,838	240.5	16.44
塑料制品	5,341	78.4	5.22
旅行用品及箱包	4,194	51.3	4.10
汽车零件	6,254	454.1	6.11
高新技术产品(97)*	2,773	50.5	2.71
鞋类	2,790	41.0	2.72
灯具、照明装置及类似品	2,483	-22.7	2.43
纺织纱线、织物及制品	2,180	41.9	2.13
家具及其零件	2,366	124.1	2.31
纸及纸板(未切成形的)	1,387	515.9	1.35
摩托车及自行车的零件	1,815	129.1	1.77
静止式变流器	1,032	286.6	1.01
钢材	1,024	35.6	1.00
电线和电缆	972	140.9	0.95
扬声器	0		
人造花	943	-1.3	0.92

注：*号标记为该项含表内商品

表 13

2019 年张家界市进口主要商品一览表

商品名称	进口额（万元人民币）	同比（±%）	占比（±%）
农产品*	2,588	-27.0	84.77
机电产品*	241	-68.6	7.90
计量检测分析自控仪器及器具	56	-87.8	1.82
汽车和汽车底盘	27	-69.1	0.88
针织或钩编织物	30	77.9	0.98
其他宝石及半宝石	11	-7.8	0.36
涂覆或浸渍塑料的织物	17	-56.5	0.55
塑料制品	7	-48.0	0.22
非泡沫塑料的板、片、膜、箔	3	-80.7	0.10
印刷品	3	290.2	0.11
变压、整流、电感器及零件	6	893.4	0.21
通断及保护电路装置及零件	2	-74.8	0.07
汽车零件	2	12.1	0.07
牛皮革及马皮革	1		0.05
自动数据处理设备及其部件	2	-93.1	0.06
液泵及液体提升机	2	1205.1	0.06
自动数据处理设备的零件	2	-93.1	0.06

注：*号标记为该项含表内商品

（本栏撰稿　蔚建新）

外资及中国港澳台地区资利用

【概况】 2019年,张家界市利用外资14689万美元,张家界市新设外商投资项目3个,分别是宇凡酒店、庸国文化和千禧旅游项目。在新设立外资项目中,投资资金主要来源是香港。投资领域主要涉及第三产业,如酒店管理,餐饮和综合地产等。

一、开展挖潜扩量行动。深入企业开展对接,寻找新的增长点,积极争取符合条件企业进行外商企业注册,挖潜增量。梳理外商投资企业投资难题,突破制约外商投资企业注册瓶颈,推动合同外资到位。

二、实行外商投资企业备案。外资审批工作效率进一步提升,程序更加规范。进一步强化和优化部门联系机制、年报管理机制基础上,加强外商投资项目在落地、经营各个环节中的服务工作,全方位全方位为企业排忧解难,确保在贯彻落实国家政策的同时,切实做好外资“放管服”工作。

表14

2019年张家界市利用外资情况一览表

	累计	上年同期	同比(+-%)
合计	14689	13062	12.46
永定区	2701	6391	-57.74
武陵源区	388	1843	-78.95
慈利县	7335	3628	102.18
桑植县	0	0	
市经开区	4265	1200	255.42

(本栏撰稿 彭 楗)

对外及对中国港澳台地区经济技术合作

【概况】 2019年,张家界市全年实现外派劳务人数1267人,营业额1837万美元,同比分别增长15.6%。

一、积极创建、全面完成“湘企出海+”综合服务平台建设,搭建张家界市请进来走出去公共服务桥梁。鼓励支持企业“走出去”。对企业加强政策宣传,引导动员有实力的企业到境外发展,积极主动参加各类国内外产品大型展会以及境外经贸出访考察,开拓视野。

二、发挥外派劳务服务平台作用,完善订单培训和“先培后派”机制。加强校企合作,重点开展海员海乘、学生出国实习推介与招聘活动。跟踪调研境外企业投资经营情况,做好政策宣传。加强与援外培训基地的衔接工作,合理安排对接和实训,做好援外培训学员到张家界实地培训工作。

表15

2019年张家界市对外经济合作业务情况一览表

指标	外派劳务(人)			实现营业额(万美元)		
	累计	上年同期	同比(+-%)	累计	上年同期	同比(+-%)
合计	1267	1096	15.60	1837	1589	15.60
永定区	335	293	14.33	485	424	14.30
武陵源区	73	60	21.67	106	87	21.00
慈利县	534	462	15.58	774	671	15.60
桑植县	325	281	15.66	472	407	15.90

(本栏撰稿 李艳萍)

旅游产业

总　类

【概况】 2019年，张家界市接待国内外游客8049.3万人次，同比增长16.37%；实现旅游收入905.59亿元，同比增长23.58%。其中入境游客137.04万人次，同比增长178.65%；其中外汇收入8.02亿美元，同比增长209.74%。入境游客来自全球133个国家和地区。全市有A级景区23家，其中AAAAA级景区2家、AAAA级景区10家、AAA级景区11家，五星级乡村旅游区(点)13家，国家级森林公园4个，自然保护区2个；有旅行社209家，旅行社分公司35家；有星级宾馆27家，其中五星级3家，四星级6家，三星级18家。全年相继召开市委旅工委主任专题会、全市文化旅游工作会议、"铁腕治旅"2019年夏季行动动员大会，研究出台《市委旅工委工作规则》《全市文化旅游工作要点》《全市旅游营销计划》《旅游营销奖励办法》《民宿旅游年主题活动方案》《全市民俗文化活动月系列活动方案》等，着力于抓产品建设、文旅融合、旅游营销、铁腕治旅等，张家界旅游品牌知名度、美誉度得到进一步提升。（周双群）

【张家界市文化旅游广电体育局挂牌成立】 2019年1月25日，张家界市文化旅游广电体育局挂牌成立。市委副书记刘绍建、市委常委、宣传部部长郭天保、副市长邹菊芳，副市长欧阳斌参加揭牌仪式。内设办公室、法制与行政审批科、人事科等14个科室，机关党委(行业党建指导科)和市委旅工委办秘书科。下设市文化市场综合行政执法支队、市广播电视微波总站、市文化旅游事务中心等9个直属单位。主要职责是统筹规划全市文化旅游广电体育事业发展，拟订发展规划并组织实施；管理全市性重大文化旅游广电体育活动，指导全市重点文化旅游广电体育设施建设，承担全市文化旅游广电体育安全综合协调，组织全市文化旅游整体形象宣传推广，指导、推进全域旅游发展；指导、推进全市文化旅游广电体育科技创新发展，推进文化旅游广电体育行业信息化、标准化建设；指导、管理全市文艺事业，负责全市公共文化事业发展；统筹规划全市文化和旅游产业，组织实施文化和旅游资源普查、挖掘、保护和利用工作；指导全市文化和旅游市场发展，依法规范文化和旅游市场；指导开展群众性体育活动，统筹规划开竞技体育和青少年体育发展；监督管理广播电视机构和业务以及广播电视节目的内容和质量等。（周双群）

【全域旅游发展】 2019年，武陵源区被评为国家首批全域旅游示范区，永定区、慈利县成功创建湖南省首批全域旅游示范区。出台《张家界市"旅游+"融合发展实施意见》，有7条旅游线路参加"锦绣潇湘"精品旅游线路的评选，并被省旅游协会纳入大湘西板块。（张涵铭）

【乡村旅游与旅游扶贫】 2019年，张家界市武陵源区陈玉林成功入选年度乡村文化和旅游能人支持项目，慈利县罗潭村成功入选第一批全国乡村旅游重点村名单，永定区马儿山、武陵源区龙尾巴居委会成功入选第一批湖南省乡村旅游重点村名单。张家界市有65个村庄列入"送客入村"名录，是全省旅行社送客最多的村。选派慈利金龙村、桑植岔角溪村村干部参加全国乡村旅游扶贫重点培训班，桑植县文旅广体局和茅岩河公司参加文旅部深度贫困地区旅游扶贫培训班。创建天门山庄、柳叶溪古村落、云上田园、五号山谷、梓山漫居、古韵溪生态园为5星级乡村旅游区(点)。全市投资11.31亿元加大对乡村旅游的建设。其中永定区1.35亿完成对马儿山、马头溪、老道湾、远方的家、龙洞湖提质改造。武陵源投资1860万元完成湘阿妹葛根基地、金杜花海果香、白虎溯溪徒步线路、天子山剁辣椒、野溪铺杨梅园、桃花溪采摘园、鱼泉峪贡米的建设。慈利投资54230万元建设大水泉、龙峰、桔园、溢香园、吉安、五雷山农家乐，提质琵琶生态园、黄花溪、禾田居山谷、美丽南山、红岩岭等项目。桑植县投资43526万元建设陈家大院、西界天河农庄、实竹坪、杨溪休闲度假村等项目。（张涵铭）

【红色旅游】 2019年，张家界市桑植县贺龙纪念馆被评为全省红色教育基地。选派9名全市红色旅游讲解员参加湖南省优秀红色旅游五好讲解员评选活动，湘鄂川黔革命根据地纪念馆杜双被评为全省五好讲解员。举办2019湖南红色旅游文化节暨桑植民歌节。桑植县被授予2019年度中国国家旅游最佳红色旅游目的地。（张涵铭）

旅游区(点)建设

【旅游项目建设】 2019年，全市开展旅游厕所革命工作，总计新建改建旅游厕所121座，其中新建95座，改建26座。全市旅游固定资产投资8.75亿元，永定区投资15000万元对马儿山、马头溪、老道湾、云端小镇进行提质升级。武陵源区投资1050万元对协合乡、龙尾巴、金凤社区等进行风貌改造。慈利县投资51388万元建设乡村旅游基础设施、万豪养生中心、张家界水世界、万福温泉小镇二期、张家界地缝景区改造等。桑植县投资10759万元建设映山红酒店、百年育英教育培训基地和大鲵生态产业园建设。

【旅游产品供给】 2019年，全市新增AAAA景区1家，AAA景区4家。张家界大峡谷景区着手创建国家AAAAA级景区，景区的环境质量已通过湖南省等级景区评定委员会的初评，并向文旅部推荐该景区的AAAAA景区的评定。九天峰恋景区成功创建国家AAAA级景区。魅力湘西、张家界博物馆、马儿山、石堰坪成功创建国家3A级景区。另成功创建天门山庄、柳叶溪古村落、云上田园、五号山谷、梓山漫居、古韵溪生态园为5星级乡村旅游区(点)。张家界千古情、张家界冰雪世界正式对外开放。

【张家界武陵源风景名胜区】 2019年，张家界武陵源风景名胜区接待游客429.55万人次，实现营业收入额64147.81万元。成功举办张家界民俗文化月、黄龙音乐季·峰林音乐盛典、黄石寨高空扁带赛、2019中国路虎大会路虎车队峰林穿越、2019第17届亚洲捷兔慢跑会等活动，提升景区吸引度，引导旅游消费者关注。完成黄石寨环山游道及附属设施项目一期索道上站至弥勒宫段1068米游步道建设；完成锣鼓塔回车平台建设及该区域331米游步道提质改造；门票系统提质升级改造项目基本完成系统硬件采购、软件研发，截至2019年，已在各门票站安装机器进行上线测试。

【湖南张家界天门山景区】2019年，湖南张家界天门山景区接待游客474.34万人次，实现旅游总收入9.48亿元。先后主办极限飞荡动力伞特技国际大师赛、摩登天梯、大众ID.R挑战99弯、第八届翼装飞行世锦赛等活动；配合协办第二届环天门山国际自行车邀请赛、"潇湘100"天门山国际越野赛、国庆特别活动-天门洞音乐会等。全年在央视及各地省市电视台发布景区各类原创视频新闻213条次，"天梯清洁工一天上下八千步"、"张家界雾凇"、"喷气人中国首秀"、"张家界鬼谷天堑"等话题登上微博热搜，话题阅读总量达4.46亿，创造"首个张家界年度最佳热搜讨论榜单"。

【张家界东线旅游开发有限公司】张家界大峡谷旅游开发有限公司于2002年8月30日成立，主要经营张家界大峡谷旅游景区开发服务。2019年，张家界大峡谷景区接待游客353.6万人次，实现销售收入4.1亿元，完成项目建设投资1.03亿元。先后开展峡谷向前冲、无人巴士悬浮魔幻秀、《玻璃桥云端穿越，大峡谷梦回汉唐》张家界大峡谷汉服秀、《天人合一》百人太极全球首演、首届武陵山区（张家界）刺绣大赛等活动。

【张家界茅岩河旅游开发股份有限公司】2019年，茅岩河景区接待游客44.5万人次，实现营业收入1244万元。景区植入民俗、非遗等元素形成文旅产品，开创全市文旅融合的先例，引进桑植白族歌舞团进景区，迄今演出超3000场次；研发红色党建及研学产品线路产品，向社会推介；策划推出自助漂项目和喷射快艇、九天洞等既有项目，打造"清凉一夏"产品组合包；腾出苦竹寨办公场地自营可容纳300人同时就餐的旅游餐厅，推出红军餐、白族饭等特色餐食产品。

【张家界天门狐仙文化旅游产业有限公司】天门狐仙全名《天门狐仙·新刘海砍樵》，是一部山水实景演出、魔幻音乐剧。2019年演出272场，接待海内外游客35.27万人次，同比下降11%。实现演出门票收入4284万元，同比下降10.8%。实现税收794万元。

【魅力文旅发展有限公司】魅力文旅发展有限公司坐落于风景优美的张家界核心景区武陵源，拥有文化旅游演艺基地——张家界魅力湘西国际文化广场，主营大型民俗歌舞史诗《魅力湘西》。2019年，演出683场，接待海内外观演人数达150万人次，同比增长15%，票房收入1.03亿。9月，魅力湘西荣获中国驰名商标，是湖南省首件文旅演艺驰名商标；成功注册马德里国际商标，并连续第三年斩获"中国旅游演艺机构十强"、"中国旅游演艺室内剧目票房冠军"两项荣誉。10月15日，成功创建AAA级等级景区。

（本栏撰稿　张涵铭）

旅游市场开发

【概况】2019年，张家界市确定"以外促内"的营销思路，对外旅游宣传营销做到统一口径、统一宣传品，免费向境内外游客发放《画说张家界》、《张家界旅游指南》、《民宿张家界》等宣传资料。制订并印发《2019年旅游市场营销工作计划》《2019年张家界市旅游市场营销奖励实施方案》《2019年冬春季航线旅游营销方案》《2019年张家界市冬季旅游营销系列活动方案》，统筹全市旅游营销工作。响应国家"一带一路"倡议，将旅游、文化、经贸紧密结合，在俄罗斯、德国、日本、韩国、菲律宾、印度尼西亚、越南等国家建立13个"丝路驿站"，重点开展对外宣传、旅游营销、文化交流和国际贸易等，开创地市州在海外设立旅游合作联合机构的全国先河。

"旅游+文化"活动。2019湖南红色旅游文化节暨桑植民歌节、2019第四届"黄龙音乐季 峰林音乐盛典"、2019第三届张家界国际旅游诗歌节、"冬游张家界 嗨动全世界"2019年张家界市冬季旅游营销系列活动、"国际张家界 盛世武陵源"张家界国际文化旅游会客厅全球推介会、2019中国张家界土家过赶年系列活动、"爱在张家界，幸福万年长"土家女喜嫁法国郎国际婚俗活动、首届慈利全域旅游节、张家界万福温泉泼水节、桑植县白族"三月三"活动暨茅岩河水上旅游启动仪式、2019年民俗文化活动月等。

"旅游+体育"活动。2019第十七届亚洲捷兔慢跑会、2019首届世界旅游城市（张家界）桥牌公开赛、2019张家界天门山翼装飞行世锦赛、2019张家界黄石寨高空走扁带国际对抗赛、2020全国新年登高健身大会、"夏游张家界"暨"峡谷向前冲"、UTTM2019潇湘100越野跑、2019湖南第四届长沙——张家界300千米不间断骑行挑战赛、2019第二届全国青年运动会皮划艇激流回旋比赛、大峡谷无人驾驶巴士穿越玻璃桥及人体悬浮魔幻秀活动、2019湖南省第二届"环天门山"国际自行车邀请赛暨湖南省第八届"天路"自行车挑战赛、天门山"极限飞荡"动力伞特技国际大师赛、张家界五雷仙山全民登山活动等。

其他"旅游+"活动。丝绸之路友好城市协作体2019年（张家界）年会、"中国.张家界"首届世界遗产摄影大展新闻发布暨旅游推介会、第四届航拍武陵源摄影大赛、2019首届张家界互联网文化旅游节.高峰论坛、"我行我宿"网络名人探访张家界民宿主题宣传活动、虎牙直播活动、2019年民宿旅游发展高峰论坛、张家界（国际）旅游营销智库会议暨"田野牧歌"张家界慢旅游主题沙龙、2019年张家界武陵源"中国路虎大会"、"打卡武陵源美食嗨翻天"、"对接百强社 共谋大发展"活动等。

【2019第17届亚洲捷兔慢跑会】2019年11月7~10日，2019第17届亚洲捷兔慢跑会在张家界举办。本次活动以"仙境张家界，快乐跑起来"为

主题，主要内容分为红裙跑、欢庆跑以及欢送跑。活动中，来自全世界60多个国家和地区5000多名会员横跨张家界市城区、张家界国家森林公园、西线旅游景区以及多个景点乡村旅游线路。本次亚洲捷兔慢跑会是近年来湖南省举办的国际体育旅游同类活动中最大规模的一次活动，对提高张家界市乃至湖南旅游国际化水平具有十分重要的意义。

【2019湖南红色旅游文化节暨桑植民歌节】 2019年11月19日上午，2019湖南红色旅游文化节暨桑植民歌节开幕式在桑植县中国工农红军第二方面军长征出发地刘家坪举行。2019湖南红色旅游文化节暨桑植民歌节以“伟人故里，红色桑植，魅力帅乡”为主题，由省委宣传部、湖南省文化和旅游厅、中共张家界市委、张家界市人民政府共同主办，市委宣传部、市文化旅游广电体育局、中共桑植县委、桑植县人民政府承办。同时，还配套“红动湘赣 薪火相传——红营马拉松”起跑、2019年湖南红色旅游文化节红色文化旅游惠民卡首发式、桑植县“脱贫之星”获赠惠民卡等活动。

【丝绸之路友好城市协作体2019年(张家界)年会】 2019年12月9日，以“对话绿水青山、共谋城市发展”为主题的丝绸之路友好城市协作体2019年(张家界)年会在张家界召开。年会由中国友谊促进会、丝绸之路国际总商会、张家界市人民政府主办，全球53个城市的200多位嘉宾参会。年会包含会见、开幕式、全体会议、协作体会员大会以及中国——乌兹别克斯坦企业对接会、“一带一路”文旅融合与高质量发展论坛、张家界市国际友好城市座谈会三个平行论坛活动。

(本栏撰稿 田金松)

旅游行业管理

【概况】 2019年，张家界市相继召开全市旅行社、等级景区、导游、星级酒店等专业管理会议，建立健全景区质量等级、星级酒店等评定委员会以及旅游协会旅游演艺分会、文化旅游安全委员会，下发《关于做好全市等级旅游景区创建工作的通知》《全市民宿等级评定办法》《全市旅行社实行量化积分管理办法》《全市导游人员服务积分量化考核细则》等文件。 (周双群)

【文化旅游市场综合治理】 2019年，全市文化旅游市场出动执法人员6220余人次，执法车辆1479台次，检查文化经营场所3352家次，收缴非法出版物及盗版音像制品4370余份。责令整改41家次，对49家违规经营场所进行立案查处，行政处罚26.2万元。检查旅游经营场所703家次，旅游团队382个，导游475人次。全年受理、调处涉旅投诉、纠纷、咨询、救助、建议4469件，投诉办结率达100%。立案调查91起，下达执法文书84份，责令停业整顿旅行社8家，行政处罚241.5万元，罚款入库205.5万元，重点对诱导、欺骗二次消费，委派无证导游，非法同城转交、合同签订不规范、虚假宣传、泄漏游客信息、出租出借旅行社经营许可证、擅自变更游览行程等突出的违法违规行为进行打击。

(向 瑶)

【“铁腕治旅”2019年夏季行动动员大会】 2019年7月17日，张家界市召开“铁腕治旅”2019年夏季行动动员大会，对“铁腕治旅”工作进行动员部署。市委副书记刘绍建，副市长欧阳斌、谢振华参加会议。会上，出台《张家界市旅行社及门市部专项整治行动方案》等6个专项行动方案，严厉打击追客赶客及演艺、购物、运输市场等旅游乱象，为广大游客提供更加安全、文明、诚信、秩序、舒心的暑期旅游环境。

(袁 振)

【张家界民宿旅游主题年活动】 2019年4月26日，张家界举行“2019·张家界民宿旅游年”新闻发布暨张家界民宿集群发展高层研讨会，拉开张家界民宿旅游年序幕。“2019·张家界民宿旅游年”推出11项活动，包括“2019·张家界民宿旅游年”新闻发布暨张家界民宿集群发展高层研讨会，推出张家界民宿旅游系列宣传推介活动，颁布《张家界市民宿(客栈)社会旅游管理办法》和《张家界市民宿等级评定办法》，拍摄张家界民宿旅游宣传片、制作和发放张家界民宿旅游导览手册，开展“我行我宿”网络大咖探访张家界民宿主题宣传活动，举行张家界“最美民宿”评选暨精品民宿图片巡回展，举办中国张家界首届民宿旅游发展大会暨民宿旅游发展高峰论坛。 (袁 振)

【张家界中国旅行社股份有限公司】 截至2019年底，张家界中国旅行社股份有限公司系张旅集团旗下控股公司，湘西北唯一一家拥有出境、赴台旅游资质旅行社，有400余名优秀导游。2019年组织接待游客人数37.58万人次，全市接待人数排名第一位，其中核心景区购票14.62万人次。实现营业收入1.1亿元，缴纳税金358万元。全年无一起有效投诉，为全市旅行社唯一一家“零投诉”旅行社。是年，公司主要发展方向在稳固传统国内旅游客源地市场，其次是加大东南亚尤其是韩国客源地市场营销力度。 (袁 振)

【张家界光明国际旅行社有限公司】 截至2019年底，张家界光明国际旅行社有限公司是张家界规上企业，是张家界地接专业旅行社，拥有143名企业员工。全年组织接待游客75000人次(国内游客占99.3%)，其中广东市场占总接待量的78.6%，实现营业收入7000万元，缴纳税金23万元。全年新增线路32条，其中热点和节点产品15个，包含“特色产品”“常规产品”“自驾游和自由行产品”“高端品质旅游”、“红色旅游”“乡村旅游产品”“研学旅游”“会议会展”八大系列。

(袁 振)

【张家界国际大酒店有限公司】 截至2019年底，张家界国际大酒店拥有标准间、单人间、豪华套房和高级总统套房197间(套)，设有中、西餐厅及商务包厢620余个餐位；配置湘、资、沅、澧、溇及多功能会议厅6个；室外游泳池、运动中心、茶庄棋牌健身房和休闲配套实施一应俱全。现有员工139名。2019年度，酒店完成集团下达的各项经营指标，并实现安全零事故、服务零投诉“双零”目标。荣获“2019 年湖南省宪法进宾馆(景区)活动先进单位”称号、“张家界市旅游饭店服务技能大赛团队三等奖”等荣誉称号。(袁 振)

【张家界湘投阳光酒店有限公司】 截至 2019 年底,张家界湘投阳光酒店有限公司设置 13 部 1 室,有 370 名正式员工。全年完成营收 6153 万元,COP 为 837 万元,荣获“湖南省 2019 年省属监管企业文明窗口单位”“湖南省住宿业 2019 年度文化主题示范单位”荣誉称号,酒店党支部被张家界市直机关评定为“2019 年度优秀党支部”,酒店团支部被湘投阳光集团团委评定为“2019 年度五四红旗团支部”,酒店市场营销部荣获“2019 年张家界市青年文明号”荣誉称号。(袁 振)

财政·税务

财　政

【概况】2019年，张家界市一般公共预算收入完成65.37亿元，比上年增长7.97%。其中：全市地方收入完成37.69亿元，比上年增长8.76%；上划中央收入22.60亿元，比上年增长6.76%；上划省级收入5.08亿元，比上年增长7.65%。全市一般公共预算支出完成187.95亿元(含中央、省各种补助支出)，比上年增长7.05%。

市本级完成地方一般公共预算收入14.51亿元，比上年增长8.94%。市本级一般公共预算支出完成39.92亿元，比上年增长6.72%。

一、勤征细管做实收入。全面做实财政收入，加强收入调度，凝聚征管合力，挖掘增收潜力，强化收入考核，积极研究补欠措施，严格执行缓减免程序，牢牢把握住组织收入的主动权。及时协调征管中存在的问题，疏通收入渠道，实现收入均衡入库，全市一般公共预算收入完成65.37亿元，增长7.96%，财政收入增幅跑赢GDP的增幅。通过调整收入结构，严格预算约束，完善征管机制，全市非税收入占比降至32.15%，较上年下降0.75个百分点，顺利完成省定考核目标，实现财政收入量质齐升。

二、改善民生全面保障。全市各类民生领域支出完成145.95亿元，占一般公共预算支出比重达77.65%，各项民生政策得到基本落实。支持就业创业，推动解决特殊困难群体的结构性就业矛盾，积极申报创业担保贷款贴息和奖励。发展好科教文体事业，投入科教类支出27.59亿元，不断健全资助政策体系，支持"阳光助学"和"三区"科技人才计划，顺利完成2019年大班额化解任务。投入社会保障与就业支出24.43亿元，投入卫生健康支出16.23亿元，逐步提高民生财政补贴，基本公共卫生服务等5类补贴标准提高4%至25%，保证重大民生政策的提标扩面和重大民生实事的圆满完成。加大国家卫生城市创建投入，安排经费1.7亿元，创建国家卫生城市工作顺利通过国家暗访。

三、聚焦重点精准发力。全市整合涉农财政资金10.95亿元，投入产业扶贫资金3.62亿元，发放惠农惠民"一卡通"补贴资金136项10.1亿元。省农信担张家界分公司挂牌成立，在保余额突破1.8亿元。支持桑植县脱贫摘帽。污染防治攻坚战成效明显，完成大鲵自然保护区86家水电站资产评估，争取小水电专项资金1.4亿元。安排专项资金2.45亿元，着力改善市中心城区环保基础设施。债务攻坚战克难制胜，全市争取新增债券资金21.67亿元，其中市本级争取新增债券资金10.44亿元。全市争取再融资债券资金17.29亿元。列入全国债务信息共享比对试点。超额完成全年化债任务，全年完成化债目标任务的143.34%，三类债务之和较上年减少25.66亿元，PPP付费项目资金无断链。大力实施"六个一批"，全市缓释到期隐性债务风险27.96亿元。市本级综合债务率下降395个百分点，从一类预警地区降至全省各市州本级中等水平。

四、依法理财积极作为。树牢绩效管理意识，对121家市本级预算单位2019年度资金绩效目标进行审核批复，对19个市级财政专项资金项目开展重点评价。强化监督检查力度，开展会计评估机构、财政扶贫和涉农资金等专项检查，完成财政补贴资金"一卡通"专项治理。加强库款管理，保持合理库款规模，有效盘活财政存量资金，全市共消化暂付性款项1.91亿元，清理财政专户结余存量资金0.6亿元，全市全年未发生一起"三保"风险事件。统筹发挥政府采购、投资评审等各项职能作用，全市共委托代理机构办理项目844个，采购预算金额17.57亿元，实际采购金额16.53亿元，节约资金1.04亿元；共完成政府投资项目评审1677个，送审金额75.39亿元，审定金额64.97亿元，审减金额10.42亿元，审减率为13.82%，有效节约财政资金。

五、服务经济优化环境。助推全域旅游发展，安排旅游促销和奖励资金0.65亿元，支持湖南红色旅游文化节暨桑植民歌节、十七届亚洲捷兔慢跑会等重大活动，保障国内国际航线航班加密、张家界长沙空中快线等重点支出。开展产业项目建设年和招商引资项目攻坚年活动，持续推进"52151"行动计划，2019年市本级共安排工业发展引导等专项资金0.29亿元，落实省"五个100"项目实施方案，重点倾斜20个重大科技创新和10个重大产品创新项目。优化营商环境，开展非税欠款清欠行动，将其列入"不忘初心、牢记使命"主题教育"理旧事解难事办实事"的重要事项，共清理土地出让金、城市配套费等历史欠费2.87亿元。

六、突破瓶颈抓实改革。稳步推进事业单位公务用车制度改革，印发《张家界市市直事业单位公务用车制度改革实施意见》，将公务用车管理纳入"全省一张网"，完成130家事业单位的公务用车制度改革。推进非税收入收缴电子化改革，张家界"非税移动缴费"平台顺利上线。市本级与永定区财税体制改革全面完成，理顺市本级与永定区分配关系，为不断壮大财政实力奠定良好基础。

【工作调研】2019年8月2日，市委书记、市人大常委会主任虢正贵前往市财政局专题调研财政工作并召开专题会议，虢正贵指出：做好当前财政工作，一是准确把握当前与长远，要把"以天保周，以周保旬，以旬保月，以月保季，以季保年"的工作要求牢牢紧紧抓在手上，突出重点不能止步于前，全力以赴保障财税收入预期目标；二是科学制定目标与对策，要以"7"为目标建立体现项目支撑的GDP指标体系，重点从跑冒滴漏、政策措施、改革举措、体制机制优化着手，每项指标要有与之对应的具体对策；三是全面兼顾程序与效益，"清零即挂地、占地即开工、交房即办证、领照即开业"，财税部门及市直相关单位要通力协作、积极配合，主动对接各项有利政策机遇，切实做到"依法依规讲程序，高质高效促效益"；四是切实发挥担当与作为，领导干部要以身作则，既要有宏观把握更要有实际行动来保落实、抓具体，对每一项工作必须亲力亲为、率先垂范、担当作为。

【预算国库管理】2019年，张家界市财政局聚焦主责主业，坚持精细化管理的基本原则，预算国库管理工作取得新突破。

一、科学研判强化调度。每月两次调度收入进度，密切关注财政收入动态，认真分析财政收入形势，及时报请研究解决财税征管工作中的新情况、新问题，牢牢把握住组织收入的主动权。根据当月财政收支主要特点，分析收支中存在的问题和困难，提出可行性的意见和建议，形成预算执行分析报告，力求及时、准确，第一时间提供给领导和部门参阅。同时加强部门协作，与税务、人行等部门建立信息相互沟通、数据相互交流、情况相互通报的工作机制，随时掌握税收入库动态，及时协调征管中存在的问题，疏通税款流通渠道，实现收入均衡入库。

二、预算公开顺利推进。严格按照《预算法》规定，及时批复并将政府预算、部门预算、"三公"经费预算及重大专项资金等内容在财政门户网站和部门网站"双公开"，进一步扩大公开范围，细化公开内容，通过公开促进管理，有效提高公共服务供给水平，保障人民群众对财政预算的知情权、参与权和监督权。

三、财政支出保障有力。坚持"保工资、保运转、保基本民生"的原则，严格落实支出顺序保障，采取切实有效的措施不断优化支出结构，进一步加大支出力度。加强与省财政厅的协调联系力度，争取省厅对张家界市调度资金的倾斜，极大地缓解张家界市财政支出的资金压力。及时了解各区县财政库款保障水平，确保库款保障水平处于合理区间，全面做好结转结余资金清收工作，加大对外借款清收力度，严格控制新增暂付款，确保财政支出需要，防范支付风险。

四、预算决算全面完成。按照省厅要求，及时完成2019年度预算报表、财政存量资金月报、稳增长促改革报表、预算公开情况统计报表、财政供养人员信息报表、一般性支出压减情况报表、梳理完善新增专项债需求情况等大量预算统计报表的汇总上报工作，顺利完成2019年预算调整和2020年四本预算方案的编制工作。按照"数据准确、内容完整、报送及时"的要求以较高质量完成2018年度财政总决算、部门决算报表的具体布置、编报、审核汇总、上报等工作，其中：财政总决算及部门决算两项工作分别获得省厅二等奖、三等奖。

【民生保障】2019年，张家界市财政局始终坚持"为民理财"的基本宗旨，把保障和改善基本民生放在更加重要的位置，持续加大投入力度，牢牢兜住基本民生底线，让改革和发展成果惠及更多人民群众。

一、促进农业农村全面发展。加强财政涉农资金整合，全市整合涉农财政资金10.95亿元，支持产业发展、危房改造、安全饮水、基础设施建设、农村人居环境整治等精准扶贫重点项目。认真贯彻落实易地扶贫搬迁、新型农业经营主体贷款保证保险政策，建立资金项目整合管理平台，共发放惠农惠民"一卡通"补贴资金136项10.1亿元，全市建档立卡贫困人口"两不愁三保障"更加夯实和巩固，人民群众的幸福感获得感安全感进一步提升。认真贯彻落实易地扶贫搬迁、精准扶贫新型农业经营主体贷款保证保险政策，支持实施精准脱贫战略。严格按照市委、市政府关于开展扶贫领域腐败和作风问题专项治理工作的统一部署，稳步推进专项治理工作。强化扶贫领域资金监管，加强扶贫资金管理公开公示工作，建立健全信息通报制度、问题整改反馈制度，认真开展绩效考评工作，提高扶贫资金使用效益。

二、促进科教事业均衡发展。实施"城乡统一、重在农村"的义务教育经费保障机制、普通高中生均公用经费基准定额补助机制。建立健全覆盖学前教育到高等教育各个学段，多种资助方式相结合的家庭经济困难学生资助政策体系，资助标准不断提高，实施范围不断扩大。配合市教育局，开展"阳光助学"工作。整合并拨付市级"阳光助学"资金600万元，确保家庭经济困难学生读书不愁。配合教育部门出台一些列化解大班额工作的政策和措施，安排化解大班额奖补资金631万元，完成2019年大班额化解任务。支持科学技术普及，支持产学研合作创新，支持实施"三区"科技人才计划。

三、促进社会保障统筹发展。支持就业创业，推动解决特殊困难群体的结构性就业矛盾，积极向上申报创业担保贷款贴息和奖励。拨付社保类上级转移支付资金6.42亿元，逐步提高民生财政补贴，基本公共卫生服务等5类补贴标准提高4%至25%，保证重大民生政策的提标扩面和重大民生实事的圆满完成。有序完成涉改单位经费划转工作，按照"钱随人走、钱随事走"的总体原则，确保数据准确意见一致，确保财务和预算平稳交接，及时高效地完成各项经费划转工作，为市级机构改革的顺利推进夯实基础。加大"创卫"投入，"创卫"工作顺利通过国家暗访。

四、促进城乡面貌绿色发展。牢固树立"绿水青山就是金山银山"理念，整改落实环保督查反馈问题清单，顺利完成大鲵自然保护区86家水电站资产评估，积极向省财政厅争取到小水电专项整治资金1.4亿元。支持打好大气、水、土壤污染防治"三大战役"，市本级共安排各类专项资金共0.98亿元，向上争取资金1.47亿元，着力改善市中心城区截污主次干管、景区污水处理等基础设施，协助相关单位全面推行河长制、路长制，加快土壤污染重金属污染治理。全力守护好张家界蓝、张家界绿，让广大人民群众深切感受到环境就是民生、青山就是美丽、蓝天也是幸福。

【防范化解重大风险】2019年，张家界市财政局围绕打赢打好防范化解重大风险攻坚战的目标，认真贯彻落实中央、省级政策精神，严格执行市委、市政府的各项工作部署，规范政府性债务管理，坚决遏制违规举债行为，全年完成化债目标任务的143.34%，市本级综合债务率下降395个百分点，从一类预警地区降至全省各市州本级中等水平。

一、理顺体制机制压实责任。将市投融资决策委员会办公室与市债务办合署办公，选优配优精干化债专班，将市债务办充实至8名工作人员，做实做细债务数据分析、政策研究、研判形势。同时，理顺投融资决策和化债工作机制，充分发挥统筹、协调、引导、监控职能，逐步形成全市化债一盘棋的良好氛围，确保债务化解各项工作落实到位。

二、健全制度保障加强管理。制定出台《张家界市政府性债务风险应急处置预案》《张家界市政府隐性债务化解方案》《张家界市防范化解政府性债务风险十条措施》等一系列规范文件，确保化债工作有章可循。以纯经营性债务清理甄别为契机，进一步摸清张家界市"三类"债务底数，对政府债务、隐性债务、关注类债务实行分类管理，对市本级政府性债务建立"一债一档"，做到底数清楚、结构清楚、风险点清楚。针对刚性兑付需求，按月、按季度对还本付息、政府支出责任、应付工程款所需资金精准测算，明细具体项目，明确支付资金来源。

三、明确工作目标落实举措。以落实化债方案、降低综合债务率、严控政府性债务增量、缓释到期偿债风险、降低融资成本、履行政府支出责任等重点工作为切入点，拟定"6+1"年度工作目标，巩固节奏意识和责任意识。大力实施"六个一批"，通过自接自盘、替接他盘等方式调整还款计划的隐性债务，缓解还本付息刚性支出压力和平台公司到期偿债风险，与银行合作建立授信额度为10亿元的政府隐性债务平滑资金，纾缓流动风险。

四、强化工作措施防范风险。一方面，通过与PPP项目公司多次商谈，就PPP项目政府付费已达成共识，通过整体延长付费期限、配置土地或其他资源等方式，平滑政府付费压力，避免政府违约风险。另一方面，通过统筹各类支出，建立支付时序表，对平台公司支出严格按照与民生急切相关的项目优先于其他项目，有资金回款的项目优先于无资金回款的项目，在建项目优先于拟建项目的顺序支付，确保在建工程不烂尾。

（本栏撰稿　金俊先）

税　务

【概况】国家税务总局张家界市税务局，设置内设机构、党及纪检监察的工作机构19个，派出机构4个，事业单位3个，辖4个区县税务局。至2019年年底，全市税务系统有在职干部职工1076人，离退休干部288人。负责市内16个税种、14项非税收入、机关事业单位及城乡居民社会保险费征收管理等工作。至2019年年底，全市共有单位纳税人13742户，个体纳税人18830户，其他纳税人3477户；申报缴纳个人所得税的自然纳税人35110人；社会保险费缴费人159万。2019年被评为张家界市第一批"社会主义核心价值观建设示范点"、综治工作先进单位、平安建设工作先进单位、城市社区"三联四建"活动先进单位。

【税费收入】2019年，全市税务系统坚持减税费和稳增长"两手抓""两手硬"，克服经济下行、减税降费等宏观因素和门票降价、小水电关停等多重减收压力，组织各项税费收入72.05亿元，呈现量质齐升的良好态势。全年组织入库各项税收收入56.2亿元，同比增收4.2亿元，增长8.1%。其中，完成市政府考核口径税收收入53.3亿元，同比增收4.1亿元，增长8.4%；完成市政府考核地方级税收收入25.6亿元，同比增收2.3亿元，增长10%。完成社会保险费收入13.7亿元；完成其他非税收入2.4亿元；办理出口退税0.2亿元。

【减税降费】2019年，全市税务系统认真落实减税降费系列政策措施，通过党建引领税企结对共建，优惠政策"清单式"管理，建立台账跟踪服务，大数据分析预警，督导检查夯实成效，确保政策落实精准到位。自主开发"退税小助手"，在全省推广。2019年全市新增减税降费5.16亿元，其中新增税收减免5.15亿元，税务部门征收的非税收入新增减免0.01亿元。税收新增减免5.15亿元，包括三部分：2019年新出台的小微企业普惠性减税、个人所得税专项附加扣除、深化增值税改革等政策新增减免，共3.25亿元；2018年到期后在2019年延续的城市公交站场、道路客运站场、城市轨道交通系统城镇土地使用税优惠政策和经营性文化事业单位转制优惠政策等新增减免，共0.06亿元；2018年减税政策在2019年继续实施的调整增值税税率、调整个人所得税减除费用和税率、统一增值税小规模纳税人标准、金融机构小微企业贷款利息免征增值税（单户授信1000万元以下）等政策新增减免，共1.84亿元。

【税制改革】2019年，全市税务系统扎实推进社会保险费和非税收入征管职责划转改革，在全省率先建立城乡居民基本养老保险征缴工作机制，形成"党政主导推动、税务主责推进、乡镇主抓落实、部门配合有力、便利服务有效"五位一体推进格局，大力开展城乡居民基本养老保险"专题劳动竞赛活动，征缴率全省排名第一，经验做法在全省推广。有序推进个人所得税改革，落实个人所得税税率调整、六项专项附加扣除等优惠政策，共计减税1.66亿元，惠及16.97万人次。深化增值税改革，落实提高增值税小规模纳税人免税标准、增值税税率调整、留抵退税等系列政策措施，共减税1.72亿元。

【依法治税】2019年，全市税务系统严厉打击虚开骗税、恶意偷逃税等涉税违法行为，稽查入库税款1.36亿元，占税收总收入比重排名全省第一。查办"6·26"骗取出口退税专案取得重大成果，市局第一稽查局被国家税务总局、公安部、海关总署、中国人民银行授予"2018年打击虚开骗税违法犯罪工作成绩突出的集体"荣誉称号。全面落实行政执法公示、行政执法全过程记录和重大行政执法决定法治审核制度，促进执法方式转变，审结重大案件26件，补税罚款共计2.27亿元。加强执法督察和内部审计，覆盖率达100%。

【征收管理】2019年，全市税务系统着力加强税种管理，促进堵漏增收，除个人所得税因实施个人所得税改革政策出现减收外，国内增值税、企业所得税、契税等主要税种实现全面增收。其中：国内增值税入库21.73亿元，比上年同期增长5.42%；企业所得税入库12.48亿元，比上年同期增长20.05%；

契税入库4.47亿元,比上年同期增长6.76%;土地增值税入库3.07亿元,比上年同期增长56.87%;车辆购置税入库2.88亿元,比上年同期增长1.86%;国内消费税入库2.33亿元,比上年同期增长8.12%;城镇土地使用税入库1.32亿元,比上年同期增长26.91%。完善税源监控,坚持勤征细管,张家界市税收支柱行业房地产业入库税收14.18亿元,比上年同期增长35.34%,占税收总收入的25.24%;建筑业入库税收8.87亿元,比上年同期增长11.06%,占税收总收入的15.78%;批发和零售业入库7.98亿元,比上年同期增长7.76%,占税收总收入的14.19%;金融业入库5.73亿元,比上年同期增长33.31%,占税收总收入的10.19%,四大行业2019年入库税收占税收总收入的65.4%。产业税收结构呈金字塔型,第一产业税收入库0.03亿元,比上年同期下降12.99%,占税收总收入的0.06%;第二产业税收收入13.09亿元,比上年同期增长5.26%,占税收总收入的23.3%;第三产业税收43.07亿元,比上年同期增长8.9%,占税收总收入的76.64%。强化税收风险防控,通过风险管理系统推送任务1713户次,查补税金1.03亿元。优化财税综合信息平台建设和结果运用,不断提升综合治税、信息管税水平,完善财税综合信息平台行业税收预警模块,开展旅游、房地产、药店、驾校等行业预警分析,查补税金3253.74万元。紧抓房地产、建筑安装、大额股权转让、重点工程项目等领域,辅导重点纳税人759户次,增收1.5亿元。

【税费服务】2019年,全市税务系统持续深化税务系统"放管服"改革,推进"便民办税春风行动",落实"最多跑一次""一件事、一次办"等改革举措,不断提升服务质效。推进电子税务局、个税APP、自助办税终端、电子发票代开平台等多样办税渠道,逐步全面实现业务流程电子化、资料报送无纸化、业务审核在线化、办税渠道多元化。进一步精简办税流程、环节和审批,推进"一网、一门、一站、一次、一窗"服务,实名信息"前置采"、资料不齐"容缺办"、自助办税"更便捷"、探索证明材料"免提供",178项涉税事项实现"最多跑一次",税务行政审批事项降至4项。强化税收诚信体系建设,对11499户纳税人开展纳税信用等级评价,评价A级纳税人287户、B级纳税人3886户、M级纳税人5158户、C级纳税人556户、D级纳税人1612户。升级"银税互动",与13家金融机构签订银税互动协议,累计为356户纳税人提供无担保信用贷款3亿元。全市纳税人满意度调查排名全省第三;纳税服务实现全年"零投诉",是全省唯一单位。

【推进"一票制"改革】2019年,全市税务系统持续推进旅游企业发票门票"一票制"改革,旅游税收征管质效提升。全市安装全域旅游数据网关268台,采集各类信息近4亿条;旅游企业开出电子发票160万张,累计开票金额近33亿元;住宿行业入库税款7300万元,增长22%;43家旅游购物场所入库税款增收近千万元,增长4倍。

【打造"天门智慧"工程】2019年10月28日,市政府成立张家界市天门智慧工程领导小组,领导小组办公室设在市税务局。天门智慧工程,立足于创新"互联网+旅游税收征管",通过搭建全部门参与、全行业覆盖、全流程监管的"互联网+信用监管"平台,实现对"吃、住、行、游、购、娱"旅游六要素产业相关信息"全掌控",旨在提升旅游税收征管质效和旅游综合治理水平。涉改单位业务骨干、技术人员在市税务局集中办公、攻坚推进,完成总体规划方案和监管系统业务需求征集,组织相关单位开展政务信息平台系统和相关数据迁移。

【张家界市税务局获"2019年度全省税务系统绩效管理先进单位"】2019年,全市税务系统把坚持和加强党的全面领导贯穿税收改革发展全过程、各方面,紧扣税收工作主题主业主线,推动党建工作与税收业务深度融合,各项工作取得成效。"不忘初心、牢记使命"主题教育走深走实走心,在全省部分基层党组织主题教育座谈会上作经验介绍;减税降费助力旅游扶贫工作经验获国家税务总局王军局长肯定批示;全市一般公共预算收入和地方收入增幅均居全省前列;推行"党政+"治税促收工作经验获省委交流推介。绩效考核在全省税务系统排第二名,被授予"2019年度全省税务系统绩效管理先进单位"荣誉称号。

(本栏撰稿　向金芳)

金融、银行·保险

总 类

【金融概况】 2019年,全市金融系统围绕经济社会发展大局,深入实施“对标提质、旅游强市”战略和“11567”总体思路,着力服务实体经济、防控金融风险、深化金融改革,推动金融业保持平稳健康发展。

一、金融运行总体稳健。至12月末,全市金融机构各项存款余额为869.6亿元,同比增长1.8%,增速居全省市州第13位。各项贷款余额780.9亿元,同比增长17.94%,增速居全省市州第6位。全市小微企业贷款余额192.2亿元,同比增长4.7%。全市涉农贷款余额291.2亿元,同比增长13.7%。

二、多层次资本市场建设持续推进。2019年有5家省级重点上市后备企业。完成市涉农企业股改挂牌调查工作,向湖南省股权交易所推荐4家涉农企业进行股改挂牌,其中1家成功挂牌。

三、保险保障作用有效发挥。全市实现保费收入28.2亿元,同比增长12.2%;各项赔款和给付支出为7.5亿元,同比增长2.6%。12月末,保险深度4.5%,同比增长0.15个百分点;保险密度1834.7元/人,同比增长12.2%。

四、金融服务民营小微企业水平逐渐提升。开展金融服务民营和小微企业区县行活动,签约总金额232.5亿元。开展银行机构“金融服务小微企业示范窗口”,评定13个银行机构网点或部门为市级示范窗口。

五、地方金融产业加快发展。全市金融业实现增加值33.8亿元,同比增长12.8%。年末,全市农信系统存、贷款总量分别达到224.1亿元和159.3亿元,比年初分别增加16.5亿元和19.8亿元,存、贷款总量稳居全市金融机构第一位。年末,全市融资担保机构注册资本6.5亿元,在保余额12.05亿元,平均放大倍数1.85倍。3家小贷公司累计发放贷款31笔、2900万元。

六、金融精准扶贫稳步推进。印发《金融支持乡村振兴战略行动计划(2019~2022年)》,实施金融助力乡村产业振兴等五大专项行动,加大乡村振兴领域的信贷投放。年末,全市扶贫小额信贷余额4.05亿元,累计发放扶贫小额信贷2.15万笔、9.01亿元。全市当年新发放扶贫小额信贷2168笔、9084万元,完成年度计划的136.6%。

七、金融风险防控取得实效。构建重大金融风险防控体系,出台《张家界市金融监管协作机制》,成立张家界市金融监管协作领导小组。出台《维护金融债权实施办法》。开展非法集资风险排查整治暨打非宣传月活动,建立健全非法集资风险台账,分类处置各类非法集资风险,在电视台、报纸、杂志、微信、微博等媒介上刊发播发新闻稿件261条,组织集中宣传145场次,发放宣传资料28万余份。纳入省对市州绩效考核的“打击非法集资”指标,张家界市获得“满分”。大力开展P2P网贷机构整治,积极做好“中兴易贷”网贷机构退出工作,P2P网络借贷风险整治有效有序,没有发生群体性事件,守住不发生系统性、区域性金融风险的底线。

(本栏撰稿 向恩远)

银行业

【银行业发展概况】 2019年,张家界市共有银行业机构13家,其中分支机构9家、法人机构4家,机构及网点数合计229个,从业人员(包含正式、非正式)合计2996人。年末,全市银行业总资产、总负债分别为1015.10亿元、982.91亿元,分别同比增长6.28%、5.94%,各项存款、各项贷款分别为850.75亿元、780.88亿元,同比增长0.97%、17.94%。年末,全市不良贷款余额7.38亿元,比年初减少0.22亿元;不良贷款率0.94%,比年初下降0.2个百分点,比全省水平低0.62个百分点;损失准备余额20.71亿元,比年初增加3.15亿元;拨备覆盖率265.12%,比年初上升42.23个百分点;贷款拨备率2.5%,比年初下降0.06个百分点;法人银行机构资本充足率12.63%。

【银行监管工作】 2019年,中国银行保险业监督管理委员会张家界监管分局积极引领全市银行业、保险业机构围绕全市经济发展战略,着力促发展、防风险、惠民生。

一、提升服务实体经济质效。银行业各项贷款余额780.88亿元,同比增长17.94%,高于全省平均增速1.61个百分点;存贷比较年初提高13.21个百分点至91.79%,高于全省平均水平11.24个百分点。加大重点领域支持力度,制造业贷款增加11.83亿元,保障性安居工程贷款增加13.71亿元。持续贯彻落实支农支小政策,建立涉农信贷业务的薪酬激励和尽职免责机制,积极开展银行业金融机构“百行进万企”融资对接工作,推动“无还本续贷”政策落实。年末,涉农贷款余额291.17亿元,同比增长13.65%;小微企业贷款余额253.06亿元,同比增长8.07%;无还本续贷余额3.14亿元,同比增长27.86%;法人机构完成“两增两控”目标。金融扶贫持续发力,年末,全市扶贫小额贷款余额41043.80万元,惠及贫困户9873户。优化银行服务供给结构,就桑植县村镇银行设立事宜推动实质性筹建,推进慈利村镇银行新设网点开业。

二、防范化解金融风险。坚持不懈治理市场乱象,压紧压实机构主体责任,督导问题整改,强化监管问责。持续防控重点领域风险,银行业不良贷款率比年初下降0.2个百分点至0.94%,比全省水平低0.62个百分点。推动风险防范关口前移,完成3家债权人委员会组建工作。目前,全市银行业机构信贷资产质量保持稳定、政府性债务没有发生违约事件,银行业风险整体可控。切实做好重大风险化解,协调推动政、银、企依法依规做好小水电整治涉及银行债务处置。坚决打击非法金融活动,与市政府相关部门联合组成工作组,稳妥推进P2P良性退出工作。配合地方政府有关部门严厉打击非法金融活动,多次组织开展打击和处置非法集资宣传活动,持续开展扫黑除恶专项斗争和打击“三贷三霸”工作,依法配合公检法等部门完成涉案查询、冻结、扣划工作。

三、切实加强金融消费者权益保护。印发《信访投诉处理规程》,推动辖内银行保险业机构进一步完善消保工作制度机制，督导行业协会健全纠纷调处工作制度，组织开展银行保险机构侵害消费者权益乱象整治工作，切实维护金融消费者合法权益。

（郭　烨）

【人行张家界中心支行】 2019年，中国人民银行张家界市中心支行认真贯彻稳健货币政策，引导金融服务民营小微企业，防范化解金融风险，提升金融服务水平，为全市经济社会高质量发展提供有效金融支撑。

一、贯彻稳健货币政策，加大对民营小微企业支持力度

一是认真贯彻稳健货币政策的新要求。用好政策工具，强化逆周期调节，合理运用定向降准政策工具，为地方法人金融机构和县农行“三农事业部”释放流动性13.9亿元。积极探索再贷款发放新模式，开展信贷资产质押方式发放扶贫再贷款，积极运用“先贷后借”的模式发放支小再贷款。全市全年发放再贷款19亿元。大力推广运用LPR，引导金融机构降低贷款利率。2019年第四季度，参照LRP发放贷款60.9亿元，占其间全市金融机构累计发放贷款的78.7%。二是切实改进民营小微企业金融服务。深入开展“1241”专项行动。继续推动“湖南金融服务实体经济?张家界绿色金融行”项目履约。截至2019年末，履约项目达87个，项目履约率44.2%；到位贷款资金204.3亿元，资金履约率20.8%。召开信贷支持民营和小微企业工作座谈会，开展金融服务民营和小微企业区县行活动，签约总金额232.5亿元。开展民营和小微企业金融服务提升年“百户民企大走访“活动，走访企业80余家，帮助企业化解疑难问题70个，问题解决率达87%。开展银行机构“金融服务小微企业示范窗口”，评定13个银行机构网点或部门为市级的示范窗口。通过提交人大建议等方式，推动设立融资担保基金等“几家抬”工作机制进一步完善。三是统筹推进金融精准扶贫和金融支持乡村振兴战略。印发《金融支持乡村振兴战略行动计划(2019~2022年)》，实施金融助力乡村产业振兴等五大专项行动。2019年末，全市涉农贷款余额291.2亿元，同比增长13.7%。

二、依法强化金融管理，维护辖区金融稳定

一是强化重点领域风险管控。构建重大金融风险防控体系，出台《张家界市金融监管协作机制》，成立张家界市金融监管协作领导小组，发挥人民银行在金融监管协作中的牵头抓总作用。完善政府债务监测措施，建立监测台账，按照“五个精准”要求加强政府性债务的监测分析和评估，做好“六个一批”化债措施的效果评估。加强对出险企业的风险研判，对大型有问题企业进行动态监测。配合开展非法集资专项整治，全市银行机构实现“零案件”，持续保持高风险机构“零记录”。配合开展对1家P2P网贷平台良性退出的后续整治，严防互联网金融风险。制定《张家界市金融风险处置预案》，提高应急处置能力。做好央行评级、存保核查，适时对地方法人机构开展风险提示11次。开展辖内银行业机构综合评价，促进银行机构合规经营。2019年末，全市不良贷款率0.94%，比年初下降0.2个百分点，处于全省较低水平。二是全面深化金融消费权益保护。结合金融支持乡村行助力扶贫攻坚，在桑植县开展“助力脱贫攻坚 金融知识乡村行”大型金融知识宣传活动，提升当地百姓金融素养。严格落实联合打击违法违规金融广告合作备忘录，建立全面摸排、联合监测、跨部门甄别等金融广告监测机制，联合市场监管局开展专项行动，清理规范违规金融广告5家。2019年，“12363”电话转办投诉19件，全部依法合规按时妥善处理，17件得到满意评价。三是强化反洗钱监管力度。对全辖63家金融机构实现分类评级全覆盖，落实差别化监管措施。推动1条涉嫌洗钱犯罪线索立案侦办。积极开展扫黑除恶专项斗争

三、落实“金融为民”理念，做好做优金融服务

一是提升支付结算服务水平。深入推进移动支付便民工程，在全省率先进行公交乘车码改造。2019年，全辖移动支付交易笔数2623.64万笔，交易金额190.71亿元，电子支付示范县创建实现全覆盖。切实开展助农取款服务点清理规范，全辖助农取款服务点调整完善1173个、撤销350个，填补休眠村14个。圆满完成取消企业银行账户许可工作。二是优化货币发行服务。加大现金服务力度，推动桑植县洪家关白族乡成功创建全省唯一乡镇级现金服务示范区。开展违法使用人民币图样行为专项打击行动，进一步净化人民币流通环境。大力开展人民币及反假货币知识宣传，提高社会公众的反假币意识。2019年，全辖收缴假币47.29万元，同比下降50.8%。三是加强社会信用体系建设。加强征信信息安全巡查，提前半年完成巡查两年全覆盖的工作任务。加快推进政采贷业务，拓展小微企业融资渠道。大力推动应收账款质押融资，2019年末，全市应收账款质押贷款余额198.8亿元，比年初增加11.3亿元。加大个人信用报告自助查询设备布放力度，实现区县全覆盖。四是深化外汇管理和服务。加强与商务、海关等部门的信息共享，帮助涉美贸易企业降低风险。加大对临空经济发展的服务力度，助推机场保税仓建设，支持跨境电商发展。落实外汇行政许可“一站式”服务，做到“让企业最多跑一次”。五是提升经理国库水平。储蓄国债发行实现乡镇网点“全破零”。开通小微企业退库绿色通道，配合税务部门全力推进减税降费的惠民举措落到实处。2019年末，全市累计办理减税降费退库2.6万笔、金额3024.7万元。

（刘士嘉）

【中国农业发展银行张家界市分行】 2019年，中国农业发展银行张家界市分行(简称农发行张家界市分行)各项工作稳中有进、稳中向好。全年累计发放各类政策性贷款16.2亿元，年末各项贷款余额77.7亿元，较年初增加9.3亿元，增幅13.6%；各项存款日均余额34亿元；农发重点建设基金余额5.9亿元；实现拨备后利润1.2亿元；不良贷款连续9年保持“零”余额，全行高质量发展迈出坚实步伐。

脱贫攻坚工作。以脱贫攻坚统领业务高质量发展，推动更多扶贫贷款、扶贫举措下沉，充分发挥政策性银行“当先导、补短板、逆周期”的职能作用。全年投放扶贫贷款10.8亿元，年

末扶贫贷款余额48亿元,占各项贷款总额的61.8%。其中:项目扶贫贷款42亿元,占各项贷款总额的54.1%;产业扶贫贷款6亿元,占各项贷款总额的7.7%。

粮食收购工作。全力服务国家粮食安全,严格落实信贷资金封闭管理,不折不扣地做好粮油收储工作,确保信贷资金及时足额供应。全年累计投放贷款0.5亿元,支持中央储备粮轮换收购13969吨,市级储备粮收购2364吨,县级储备粮收购5808吨。年末全行粮棉油贷款余额4.6亿元,占贷款总额的5.9%。

力促转型发展。强化主动服务、上门服务意识,围绕"现金流"定项目,积极支持旅游提质、高标准农田、改善人居环境、水利建设等重点领域,用好特色信贷产品,抓重点、突难点、出亮点,推动业务创新发展。全年实现投放旅游产业项目2个,投放金额3.3亿元;土地"1+N"项目1个,投放金额2.8亿元;长江大保护项目3个,投放金额2.1亿元。

支持民营小微企业发展。制订《服务民营小微企业提升工程实施方案》,积极参与当地人民银行组织的张家界金融服务民营和小微企业区县行·慈利县、桑植县、永定区签约仪式,加大民营小微企业信贷支持力度。以全国"万企帮万村"精准扶贫工作先进民营企业为突破口,成为全省系统两个"第一",即第一笔审批和第一笔投放的民营小微企业贷款;同时,投放全省系统第一笔"农信担"模式下民营小微企业贷款。全年新增民营小微企业6家,发放贷款0.2亿元。

严守风险底线。建立约期还款风险预警台账,全年履约还款计划共39笔3.6亿元,全部履约收回。以财政部地方融资平台公司债务信息比对试点为契机,积极推进地方债务清理工作。年末全行涉及政府隐性债务清理的贷款项目30个、余额65.1亿元,基金项目15个、余额5.9亿元,均纳入政府隐性债务清理范围。

全面风险管理。认真贯彻"全面、全程、全新、全员"的风险管理理念,提升风险防控水平,促进业务合规发展。年末全行正常贷款74.6亿元,占贷款总额的96%;关注贷款3.1亿元,占贷款总额的4%,持续保持不良贷款和不良贷款率"双零"目标。(夏珂洋)

【中国工商银行股份有限公司张家界分行】2019年,中国工商银行股份有限公司张家界分行紧紧围绕市委市政府"对标提质、旅游强市"发展战略,以服务区域旅游经济为己任,持续助力全市经济高质量发展,年末各项贷款总额98.27亿元,各项存款总额99.81亿元。

一、突出幸福产业融资。全力支持张家界创建国家全域旅游示范基地,加强对核心景区等自然景观和省市重点项目的融资支持,择优支持4A级及以上景区的升级改造、扩容增收项目,并首创30亿元世界遗产保护贷款。进一步强化对各区县医院、学校的支持,2019年幸福产业累计投放贷款16.9亿元。

二、大力发展普惠金融。积极依托"一平台三产品"体系,扶持优质小微企业成长。开展"三联动"、"三走进"活动,对经营快贷白名单客户、优质民营和小微企业加大支持力度。截至2019年末,银监普惠口径贷款余额1.49亿元,较年初增加9560万元;人行定向降准口径普惠贷款余额2.18亿元,较年初增加9204万元,全面超额完成"三个不低于"监管目标。

三、稳步推进个人贷款。突出个人住房按揭贷款的主体市场和核心地位,对符合我行规定准入条件的按揭项目,全力支持其办理按揭贷款业务。组建个贷处理中心,持续优化和完善个贷业务处理机制。同时,以小额贷款为新的增长点,先后举办"双龙戏珠"、"双e齐飞"活动,突出抓好"e分期"、"融e借"、"金闪借"产品的推广。截至2019年末,个人贷款余额36.78亿元,较年初增长4.75亿元。

四是优化"智能"网点布局。持续推动网点布局向"专业化、智能化、体验化、轻型化、一体化"发展。通过对各渠道交易量、物理渠道、自助渠道、服务管理及网点竞争力提升等情况进行分析,先后完成永定支行、南庄坪支行、西溪坪支行营业室装修改造、政务中心离行式自助银行、桑植东城离行式自助银行修建工作,基层网点智能化服务水平进一步提升。

五是严格各类风险管控。按照"一户一策"和"分层督导"相结合的模式,综合运用重组、代偿、诉讼、债转股、增加抵质押、续贷压缩等措施,逐户排查,逐户制定风险化解预案,严防逾期劣变。清收处置不良资产2.07亿元,账销案存资产清收2993.12万元,以物抵债资产清收9221万元,受托资产清收7666.15万元。按照外部监管上等级、内控评价上档次、基础管理上台阶目标,通过强化各层级管理人员学习培训和责任担当,提升履职的有效性、自觉性和主动性。同时,进一步强化案防教育,组织开展案件警示教育活动,紧盯重点领域和关键环节,加强案件风险防控,压实"三大责任",把控实质风险,引导全行员工知敬畏、存戒惧、守底线,确保各项业务健康有序发展。(陈　鹏)

【中国农业银行股份有限公司张家界分行】2019年,中国农业银行张家界分行年末各项存款总额117.64万元,其中,个人存款总量为74.76亿元,占存款总量的64%。各项贷款总额127.5亿元,其中,个人贷款余额达32.46亿元,占贷款总额的25%。

一、支持实体经济。促进"银企对接",开展走进园区、骨干企业、新兴产业和重点项目的"四走进"综合营销活动,大力宣传金融服务相关政策。辖内各支行通过牵头组织有当地金融办参加的银企对接会,现场介绍金融产品,锁目标,寻对象,促对接,使银行与企业双方合作得到加强。年末,对公实体贷款余额95.03亿元,较年初净增15.73亿元。突出减费让利,深入落实中央金融政策、脱贫攻坚、支持民营企业等经济金融政策要求,将"减费让利"落实到业务经营中,在利率订价方面实行优惠政策。其中,普惠金融领域贷款、民营企业贷款、县域领域贷款利率定价,均达到监管要求。年末,民营企业贷款净增10.07亿元、小微企业贷款净增1.02亿元。加快创新产品,推广适用于不同行业、不同领域客户的金融产品10多个。针对优质纳税企业,推出"银税通"产品;针对民营小微企业,推出全线上信用产品"纳税e

贷”“抵押e贷”；针对农业特色产品，推出莓茶、油茶、烤烟、杜仲等特色e贷系列产品；针对全市景区景点、旅行社、客栈、旅游大巴车等涉旅企业及法人，推出“张旅贷”“旅运贷”“旅车贷”“农家乐”等系列信贷产品。在12月份举办的“张家界银旅融资新产品发布会”上，现场为10家企业发放贷款4.72亿元。

二、服务乡村振兴。全面对接省委省政府“六大强农行动”，深入落实金融服务乡村振兴“十大行动”方案，以农村三产融合、农村基础设施建设、县域幸福产业等六大产品线为抓手，积极服务乡村振兴重点领域，加大县域贷款投放。大力支持“湖南优质粮油工程”、湘米区域公共品牌等重点农业产业化龙头企业、种养殖大户和专业合作社，支持粮食、茶叶、油茶、水果、水产等十大特色优势千亿产业种养殖农户和专业合作社；重点支持“张家界莓茶”“张家界大鲵”“桑植白茶”等区域公用品牌优质企业。年末，涉农贷款余额43.44亿元，比年初净增9.26亿元，涉农贷款增速为27.09%，高于全行贷款增速8.35百分点，2个县域支行均实现“三农”事业部达标。

三、开展金融扶贫。在两个贫困县支行设立扶贫开发金融部，明确一名副职专职分管金融扶贫工作，并配置扶贫专干，建立金融扶贫团队。市分行定点结对帮扶点茶园塔村已脱出贫困村的行业，30个贫困户全部达到“一超过、两不愁、三保障”的脱贫标准，顺利实现脱贫。加快惠农金融服务点建设、互联网金融覆盖渠道，集中全行力量保障金融扶贫服务能力快速提升，惠农通金融性交易全年总笔数达71万笔，交易金额为2.81亿元。加大扶贫信贷投放，将资源向贫困县支行、贫困地区倾斜，为国家扶贫重点县单独配置信贷计划；加快贫困地区信贷流程处理，在评估、审查、审议、审批等环节给予优先支持，切实提高贫困地区信贷业务办理效率。年末，辖内两个县域扶贫贷款余额50.14亿元，比年初净增6.2亿元，贷款增速达14.11%；精准扶贫贷款余额10.47亿元，比年初净增2.43亿元，贷款增速达30%；带动建档立卡贫困户1.07万人。加大消费扶贫支持力度，6月中旬筛选桑植县某优质农业企业，将其入驻农行掌银惠农e通扶贫专区，成为全省首批入驻商户。年末，实现销售订单854单，销售桑植土鸡蛋、蜂巢蜜、莓茶销售收入达10.34万元。

四、实施数字化转型。推广“智慧城市”“智慧乡村”项目，全省农行以张家界市为试点，深入开展“智慧张家界”项目建设，其中“智慧政务”项目得到农总行认可，并以“张家界电子政务”优秀模式被财政部在其官网以《湖南省张家界财政：大胆创新非税收入征管模式》典型经验材料进行刊发。“智慧政务”项目涵盖张家界市国土资源局、规划局、烟草局等55家职能部门，涉及行政审批、不动产登记、纳税服务等7个主题、739个“最多跑一次”事项。随后又投产上线“智慧政务+教育”“智慧政务+医疗”项目，涵盖城区重点学校、200多所乡镇幼儿园、32个乡镇卫生院，全年交易近2万笔，缴费金额达4272万元。

五、强化风险管控。积极推动问题整改，对照中央脱贫攻坚专项巡视反馈的意见，认领具体问题8个，整改率93.75%；对照总行巡视组反馈的意见，认领问题9个，整改率为94.44%；对照总行整改专项巡视反馈意见，认领2018年中央脱贫攻坚专项巡视整改、2015年中央专项巡视整改和总行2018年巡视整改等3个方面问题10个，整改完成率83.33%。加强不良贷款管理，把清收作为考核升级进位的重点工作来抓，组建清收团队实施重点攻坚，对辖内不良法人项目实行名单制管理，清收任务到单位、到人，逐目标客户抓落实。年末，不良贷款较年初下降428万元，不良率为0.62%，比年初下降0.15个百分点，不良余额及不良率连续五年“双降”。另外，通过层层压实责任，全面开展员工异常行为排查、反洗钱、反假币及扫黑除恶，打击“三贷三霸”等活动，案防基础进一步夯实，全年未发生重大案件和风险事件。

（崔　玲）

【中国银行股份有限公司张家界分行】 2019年，中国银行股份有限公司张家界分行人民币存款日均余额45.9亿元，较年初新增6201万元。人民币各项贷款余额27.5亿元，较年初新增3.6亿元。不良贷款余额6128万元，不良率为2.21%，较年初下降0.66个百分点。实现净收入1.5亿元，拨备前利润9559万元，同比增加93万元，税后净利润3656万元。

一、推进业务发展。2019年，中国银行张家界分行狠抓营销体系建设，明确分层级管理、系统联动、分工协作、运作高效的营销管理工作指导原则，确定各层级营销职责，界定各级营销目标客户标准，并取得一定营销成效。

存款增存稳存工作初见成效。一是在政府机构改革初期，敏捷反应、积极行动，成功开立机构改革账户4户，提高行政事业单位账户的存款份额，夯实行政事业单位客户基础。二是做好代理资金客户的维护，扩大代理资金范围。在全辖积极推广农发行债券，对国开行、农发行、黔张常拆迁指挥部、张吉怀拆迁指挥部等客户加强走访维护工作，努力夯实存款基础。三是围绕智能化、场景化及数字化建设，通过客户分层管理、因客定价、智能营销等，完善、丰富市行服务体系，提高客户的依赖度和忠诚度，扩大存款蓄水池。2019年中国银行张家界分行手机银行月均交易数达8644户，新移动支付客户14661户，新增快捷支付客户18971户。

资产业务取得较好的发展。一在公司贷款方面，持续加大金融支持，紧贴政府，以支持实体经济为己任，11月中国银行张家界分行投放的1.36亿元政府化债项目贷款有力支持当地政府化债项目工作的推进。二在个人授信资产业务方面，一是卸掉历史包袱，深耕住房贷款，加快个人贷款转型，提高市行消费金融市场份额，引导全行个贷业务全面发展；加强与政府、工业园、中小企业商户的合作，优选客户，拓展个人经营贷款；三是做大、做实银行卡业务，通过提升汽车分期和客群分期的占比，做大分期交易额。2019年中国银行张家界分行在个人住房贷款、微型企业贷款、银行卡分期、银行卡授信上整体余额达11.56亿元，较上年末新增8805万元，增长7.95%。其中，个人贷款实现投放2.15亿元，较2018年同期多投1.1亿元，较年初新增7685万元，增幅9.38%。

二、服务地方发展。中国银行张家

界分行在做好普惠金融服务、支持民营企业和小微企业发展方面始终履行着社会责任和政治担当。一是全力发展普惠金融,2019年以来,中国银行张家界分行成立普惠金融工作服务中心,建立三个金融服务站。支行层面,依托现有机构和人员配备,聚焦普惠金融重点服务对象,上下联动,合力做好小微、民营企业金融服务工作。中国银行张家界分行全年新增银保监普惠“两增两控”口径贷款客户8户,实现普惠金融贷款净投放3327万元;已分别与永定区政府、桑植县政府、慈利县政府签订金融支持民营和小微企业合作框架协议,协议金额达15亿元。二是创新产品,支持民营、小微企业发展。创新推出“幼教通”、“政购通”、“医疗通”、“税融贷”等特色普惠授信批量产品,提升信贷产品竞争力,提高小微企业贷款的获得率及时效性。“税融贷”是中国银行湖南省分行与湖南税务部门合作,根据其在国税缴纳的企业增值税、所得税税额给予一定信用额度免担保的短期授信业务。部分中小企业受益于“税融贷”该项产品,解决公司流动资金短缺问题。

三、强化风险防控。加强员工管理。运用G-MAP核查系统、省行视频查看系统、操作风险管理系统、反洗钱监测分析系统等平台,实时监测员工异常行为,进一步增强员工的内控合规意识和授信合规意识。加强内控合规管理。一是制定《张家界分行合规操作奖罚规定》、《内控案防专项治理实施方案》等制度措施,进一步完善内控管理制度。二是组织员工对风险管控“50条”、反洗钱、会计达标、外汇业务、制裁合规等内容的学习培训和考试,强化合规意识。三是以强化不良资产管理为突破口,通过不良资产催收化解和依法诉讼、核销等手段,确保完成年度资产质量管理目标。积极推进内控与操作风险专项整改工作,全年无重大事故和风险案件,各项工作平稳运行。（赵雁翎）

【中国建设银行股份有限公司张家界市分行】 2019年,中国建设银行股份有限公司张家界市分行紧跟市委市政府战略部署,紧扣高质量发展要求,坚持党建引领,在支持地方经济社会发展,推进防范金融风险、提质金融服务的同时,各项业务实现持续健康发展。截至2019年末,中国建设银行股份有限公司张家界市分行各项信贷资金余额167.35亿元,新增26.76亿元,增幅21.86%,是全市贷款新增投放最多的银行;一般性存款余额159.2亿元,新增4.71亿元,增幅3%;不良贷款余额2440万元,不良率仅为0.16%,信贷资产质量系统内领先;实现账面利润4.68亿元,在经济效益增长的同时,对地方财税的贡献同步增长,全年共缴纳税金5480万元,较去年同期增长1364万元。2019年荣获“新中国70年企业文化建设优秀单位”、总行级“企业文化建设示范单位”、省行级“思想政治工作先进单位”、分行连续3年全面风险管理评价全省A类行,连续7年获评全市“消费者权益保护优秀单位”称号,连续9年获评全市“社会管理综合治理平安单位”,连续22年安全营运无事故。

一、服务地方经济建设。在信贷规模普遍收紧的金融环境下,运用多形式、多举措、多产品化解贷款指标紧张矛盾,持续加大对重点企业、重点项目和重点领域的信贷投入。助力重点基础设施建设,重点为全市棚户区改造、土地增减挂、高新区工业园建设等投放贷款11亿元;支持全市旅游产业提质升级,重点为武陵源核心景区提质升级、溪布街项目、游客中心智慧旅游体系建设、西线旅游环保客运等重大项目投放信贷资金共计7.32元;持续关注社会民生项目,重点为全市医院以及吉首大学张家界学院、张家界航院等高校累计投放3.15亿元。2019累计投放建设资金35.85亿元,有利支持地方经济的发展,是在四大国有银行中唯一一家被市政府授予“争资融资奖”的金融机构。

二、深化小微企业金融服务。中国建设银行股份有限公司张家界市分行以互联网思维,运用平台经营模式,提高数据资产经营能力,精准帮扶最底层最急需金融服务的中小企业和民营企业。开展“服务实体经济 对接民营企业”活动,以“小微快贷”“云税贷”、“抵押快贷”“惠懂你APP”为抓手,批量解决一批中小微企业及个体工商户融资难、融资贵的问题。深耕旅游生态搭建“智慧旅游”平台,全年为40家旅行社提供6013万元信贷支持。同时,将普惠金融与脱贫攻坚、乡村振兴战略相结合,积极支持农业产业化龙头企业和乡村振兴重点项目。成立乡村金融服务中心,将服务延伸到乡村腹地,在全市所有行政村建立2254个“金湘通”普惠金融服务点,积极推广“金湘通”业主快贷,为1557户业主提供6913万元的信贷支持。2019年末普惠金融贷款余额12.36亿元,较年初新增3.27亿元,增幅35.92%。

三、防范化解金融风险。中国建设银行股份有限公司张家界市分行扎实推进信贷管理“315工程”,全面落实“党委管”“全面管”“主动管”要求,优化信贷管理相关办法,加大考核评价力度,强化对资产质量的过程性、趋势性管控。培育“廉洁、真实、高效、共赢”的信贷文化,举办“信贷文化大讲堂”,推进内控合规管理“五位一体”战略,实现内控合规晋级提档。针对民营企业暴露出的风险,分行认真分析具体情况,在“心中有数,管控有效、释放有序”的前提下,根据不同的情况,采取不同的风险防控措施,做企业全生命周期的伙伴,不死退、不退死。针对政府隐性债务风险,分行率先提出化解方案,主动对接,对存量政府债务16.34亿元实施一户一策或多策,通过展期、降息、调整分期还款计划等方式缓解平台公司偿债压力,妥善化解政府全部隐形债务。截至2019底,无一户政府背景融资客户逾期欠息或形成不良。开展安全生产大检查和安全隐患问题专项整治工作,在第六轮银行业金融机构安全评估中获得四大国有商业银行排名第一的好成绩。

四、牢记服务初心勇担社会责任。中国建设银行股份有限公司张家界市分行始终坚守“以客户服务为中心”的初心,牢记“为社会承担全面的企业公民责任”的使命。积极响应精准扶贫号召,2019年末涉农贷款余额241173万元,增速7.15%,金融精准扶贫贷款余额22917万元,增速2.18%,深度贫困县桑植县贷款余额96217万元,增速15.76%。深入开展“三联四建”帮困、“一进二访”扶贫攻坚行动,被市政府评为市直及驻张单位扶贫攻坚“先进后盾单位”。（刘 靖）

【中国邮政储蓄银行张家界市分行】2019年,中国邮政储蓄银行张家界市分行全力反哺区域经济,积极履行社会责任,全年信贷净增长达46.5%,被张家界市政府授予“争资融资奖”,在服务张家界经济社会发展中发挥重要作用。

一、业务发展

个人金融。截至2019年末,个人储蓄存款余额79.68亿元,年净增6.2亿元。余额市场占有率在国有六大行中排第2位,净增市场占有率排同业第4位。网络金融支付价款构建移动支付金融生态圈,电子银行交易替代率达95.23%。发挥网络渠道优势,积极支持普惠金融工作。“点多、线长、面广”是邮储银行的特点,特别是70%以上的网点分布在农村,成为服务“三农”主力军。运营网络实现全国联网和通存通兑,手机银行、网上银行、电视银行、微信银行等电子渠道齐全,成为沟通城乡居民个人结算的重要渠道,全市自助机具71台,助农取款服务点158个。同时利用好“线上+线下”互联网金融服务平台,重点推荐邮e付、邮e贷、邮e投类产品,以O2O的方式构建场景化的金融生态体系,打造信息化银行、敏捷型银行和智慧型银行。分行还利用渠道优势积极做好民生代发业务。零售信贷。零售信贷年净增4.63亿元。为积极响应国家“五大发展理念”,中国邮政储蓄银行张家界市分行压缩退出“两高一剩”行业,明确要求将新增贷款重点投向踏踏实实做实业的中小微企业和“三农”,做小微企业的金融孵化器。截至目前,小企业贷款累计投放13亿元,惠及张家界本地200多家企业。中国邮政储蓄银行张家界市分行还深挖旅游产业链条,加大对客栈行业、线路车行业、出租车行业、农家乐行业的信贷支持力度,其中旅游客栈贷、线路车贷已实现放款400万元。公司业务。公司存款时点余额9.9亿元,本年净增排全市同业第2位。公司信贷着手将张家界市分行打造成“旅游特色分行”,2019年累计放款8000万元。

二、风控管理

落实“全面、全程、全员”的风险管理架构,实现全年“六个不发生”,即未发生大案要案、大额不良、大额罚款、大额赔付、重大风险事件、重大负面舆情。

一是内控基础不断夯实。扎实开展扫黑除恶专项斗争、非法集资风险排查、市场乱象整治和总行案件警示教育等活动。狠抓案防、合规、反洗钱和法律事务管理;持续深化“平安邮储”建设,巩固安全达标工作成果,全年实现零发案、零罚款、零赔付。二是授信管理不断加强。持续推进绿色银行和防范化解重大风险攻坚战三年规划落地,按照“严管、严查、严防”要求,陆续开展“2019年授信政策宣导月”、“征信服务面对面、信用引领促发展”专题宣传等多项活动,征信合规管理进步明显。三是资产质量不断提升。突出风险限额管理和资产质量考核,强化不良压降,全年清收不良贷款2450万元。（巢　越）

【湖南省农村信用社联合社张家界办事处】截至2019年末,张家界市辖张家界、桑植、慈利3家农商银行,120个营业网点,从业人员1067人。存、贷款总量分别为224亿元和159亿元,居全市金融机构第1位和第3位;增量分别为16.5亿元和19.8亿元;贷存比71%,同比提高4个百分点。经营利润6.5亿元,同比增长0.25亿元;缴纳各项税收2.2亿元,同比增加0.51亿元,财税贡献度居全市金融机构首位。张家界农商银行监管等级保持二级。

一、支农支小。年末,全市农商银行系统涉农贷款余额120亿元,比年初增加15.30亿元;累计发放扶贫小额信贷9848户、4亿元,投放量、发放面及贷款余额均居全市同业机构首位。小微企业贷款余额76亿元,比年初增加18.29亿元;加强与省农信担保公司、张家界中小企业担保融资公司合作,与永定区、桑植县、慈利县政府签订《金融服务民营和小微企业框架协议》,共授信87亿元。开展“党建共创 金融普惠”行动,实现党委合作共建79个,支部协同共建1022个,建立网格互助小组2562个,党员服务站987个。

二、特色服务。实现手机银行自助注册、手机号码转账、便民卡手机银行自助放款等新功能,电子银行替代率85.52%,较年初上升4.43个百分点。注重农村电子支付环境建设,累计布放助农取款服务点78个、金融扶贫服务站252个、村级电商服务站105个。张家界农商银行连续6年开展“温暖接站”活动,推出“福祥快贷”产品;桑植农商银行开通“福祥e缴费”便民缴费业务;慈利农商银行发行工会会员卡2万余张。张家界农商银行营业部、慈利农商银行城关支行分别获评中银协五星级和三星级网点。

三、风险管控。开展“压不良、控风险”专项活动,加强大额贷款和扶贫小额信贷管理,开展抵债资产专项核查、政府隐性债务盘底、打击逃废银行债务行为等工作。加强资金业务风险防控,严控运营杠杆倍数,资金业务管理系统成功上线。开展“案件专项治理100天”行动,制定《强化现金管理、防控现金案件的十条规定》,常态化组织案防警示教育,加强安全保卫和综治维稳,全年未发生案件和重大责任事故。

四、企业文化。开通《张家界农信》微信公众号,打造线上宣传平台。走进校园、集镇、村组、社区、园区、景区开展反校园贷、反电信诈骗、反洗钱、反假币、征信知识等集中宣传,把金融知识送进千家万户。参加张家界市金融系统“助力脱贫攻坚 金融知识乡村行”暨桑植民歌颂金融情、歌唱《我和我的祖国》“快闪”活动、“壮丽70年农信展新颜”全省农商银行文艺汇演,激发队伍活力,努力建设有温度的百姓银行。（黎　敏）

【华融湘江银行张家界分行】2019年,华融湘江银行张家界分行根据总行党委“五个紧扣、五个统筹”总体要求,大力实施“党建引领、存款立行、风险防控、资源整合”的经营管理思路,全行上下主动担当,积极作为,各项工作稳步推进。加大信贷投放力度。通过“表内+表外、银行+投行、本币+外币,线上+线下”等多维度,支持高铁枢纽、武陵山大道、交投停车场等一批市属重点工程建设,支持冰雪世界、百龙天梯、大成山水、云顶会等一批文旅项目建设。服务民营小微企业。积极参与人民银行发起的“服务民营和小微企业区县行”活动,签约支持映山红旅游、神州医药、湘丰白茶等13家中小微企业,签约金额2.1亿元。加强支付结算管理。开展"3·15"金融消费者权益保护、反洗钱、反假币、网络诈骗、防范非法集资等金融知识宣传活动,全方位普及金融知识。截至2019年末,各项存款余额33.7亿元,表内外贷款投放余额67.98亿元,本地税收贡献2206.01万元。该行2019年被人民银行张家界市中心支行评为全市银行业金融机构综合评价A等行、被评为全市2019年度社会治安综合治理工作先进单位、在全国第六轮安全评估验收中排名全市第1位。 (刘 波)

【长沙银行股份有限公司张家界分行】截至2019年12月31日,长沙银行股份有限公司张家界分行(以下简称"张家界分行")下辖分行营业部、桑植支行、慈利支行、回龙路支行、张家界荷花机场离境退税点等营业网点,在职员工80人,各项存款余额26.83亿元,比年初增加4.07亿元,增速17.87%;各项贷款余额28.64亿元,比年初增加4.64亿元,增速19.31%;表外授信余额8亿元,较年初增长8亿元。

一、业务发展。2019年,张家界分行完成主要经营考核指标,绩效考核等级达到最高的S级,被长沙银行股份有限公司评为"2019年度先进分支行"。确立"零售立行"战略,深耕旅游特色产业和县域农村市场,零售业务转型取得成效,被长沙银行股份有限公司评为"2019年度零售业务转型发展三等奖"。推进农村金融服务站建设试点,创新"张家界模式"在长沙银行股份有限公司全行推广。推动公司业务发展,加大对政府重点项目支持力度,首次开展投行业务,表外授信金额达到8亿元。支持小微企业发展,与市融资担保集团签订战略合作协议,被人民银行长沙中心支行和人民银行张家界市中心支行分别评选为省级、市级民营和小微企业金融服务示范窗口单位。

二、风险防控。2019年,张家界分行全年无案件、无重大操作风险、无安全事件,实现稳定健康发展。完善内控制度体系建设,建立各项制度83个,其中今年新制定制度39个,修订制度3个。抓实信贷风险管理,截至12月31日,张家界分行不良贷款余额为75.19万元,不良贷款率为0.03%。扎实开展案防管理,落实案防工作责任制,开展案件警示教育专项活动和扫黑除恶专项斗争,重点加强员工行为排查和管理。强化反洗钱管理,配置反洗钱专岗人员,进一步加强客户身份识别、大额及可疑交易管理及反洗钱培训和宣传。夯实安全保卫工作,在银行业第六轮安全评估现场检查中得分99.5分,在全市银行业金融机构中排名第一。

三、优质服务。不断提升优质文明服务水平,张家界分行营业部成功创建中国银行业协会"五星级营业网点"、湖南省金融知识普及体验基地和消费者权益保护标准化网点;回龙路支行《一张美照的效应》被评为长沙银行股份有限公司2019年度最快乐故事;桑植支行被评为县级文明单位等。推动网点服务转型,打造智慧厅堂,截至12月31日,张家界分行智慧厅堂业务分流率97.74%、智慧柜台分流率100%、无纸化业务取消率1.88%、柜面可分流率10.91%,均排在长沙银行股份有限公司各分支行前列。加强消费者权益保护和金融知识普及宣传,进校园、进社区、进村组开展"金融知识普及月、金融知识进万家"系列宣传活动,开展69场"送电影(大庸阳戏)下乡"活动和"长沙银行杯"张家界市广场舞大赛活动。

四、战略规划。制定张家界分行新三年(2020~2022年)发展规划,明确"365"发展目标,围绕"扎根本土、精致成长"战略核心,确立"零售立行"战略,进一步明确发展路径、发展举措和组织文化,深挖旅游特色产业链,深耕县域农村金融市场,走"农村包围城市"的道路,着眼持久发展、稳定发展、健康发展。高质量发展路径:拓展精进年(2020年)、品牌树立年(2021年)、快乐传导年(2022年)。发展举措:客户立行、人才兴行、科技强行、管理健行。组织文化:传承老区的红基因,坚持党建引领;树立正确的价值观,打造工匠精神;激发奉献的原动力,传导快乐文化。 (于 磊)

【交通银行张家界分行】截至2019年末,交通银行张家界分行人民币各项存款时点余额20.89亿元,余额市场占比4.61%,人民币各项贷款余额21.7亿元,余额市场占比4.85%。被交通银行总行、湖南省分行授予"先进基层党组织",获评银行业文明规范服务五星级网点、湖南省金融消费者权益保护标准化网点、小微企业金融服务百佳示范窗口。

一、紧抓市场占用率提升。抓客户群体,坚持做大有效客户、代发客户、收单商户、双卡客户四类基础。鼓励员工走出去,开展进企业、进市场、进社区活动,进行点对点精准营销,新增代发源头与收单商户。做好厅堂阵地营销提升。充分调动全体客户服务经理每日向客户致电提供金融服务,邀请进店提升服务品质,提升有效户完成率。结合网点综合化转型,营运人员和客户经理实现新组合,明确每天、每周、每月各项工作,外拓团队定期分析、坚持外拓,为客户提供优质上门服务。

二、拓展品牌客户建设提升。拓展客户日常服务,持续打造好私人银行、沃德、交银卡服务品牌,致力做好客户服务,坚持以中国银行业协会"五星级"服务示范网点标准做服务,2019年服务质量评价考核平均分位居全省第一,并顺利通过2019年五星级示范网点评比。拓展重要客户群体。利用个人客户数据分析挖掘手段,加强客户研究,对客户不同需求进行分析排序,深耕重要客户群体关系,实现多元化的客户名单管理与销售,充分利用联系个人储蓄客户9种方式,做好客户有效沟通,增强互动,提升满意度与营销成功率。

三、强化风险意识防控提升。强化合规筑牢风控防线,开展"新五大领域"(即违规放贷、违规销售、违规票据、基层机构违规操作、员工异常行为排查)案防专项行动,组织召开"服务实体经济、筑牢风控防线"授信知识抢答赛。行内组织召开"行长讲合规与案防警示教育"专题讲座,行外开展"警惕高利诱惑,远离非法集资"、"征信服务面对面、信用引路促发展"为主题的宣传活动。强化营运日常监督检查力度,紧跟总、分行最新管理要求,重点抓好网格化管理分工和基础内控管理两项工作,全年多次开展突击检查,同时配合交通银行武汉华中审计局、省分行营运部开展风险检查。强化内部安全管控手段,建立多条线定期检查通报制度,每月制定问题整改台账,下发工作计划,促进全行安全管理水平提升,有效防范日常操作风险。

(吴　鹏)

保险业

【概况】 2019年,张家界市保险业有市级保险分公司2家,其中财产险公司1家,人身险公司1家。中心支公司13家,支公司28家,营销服务部32家。保险专业中介分支机构15家,其中保险代理公司9家,保险经纪公司6家。保险公司从业人员(含营销员)15301人,同比增长28.02%。

一、保险业务。全市保险业原保险保费收入27.35亿元,同比增长13.29%。按险种类别分:财产险原保险保费收入7.78亿元,同比增长10.87%,占全市总保费的28.45%;人身险原保险保费收入19.56亿元,同比增长25.13%,占全市总保费的71.52%。全市累计赔付支出7.65亿元,同比增长2.08%,其中,财产险赔款支出4.72亿元,同比增长21.06%;人身险赔付支出2.93亿元,同比下降18.48%。

全市提供财产风险保障3.99万亿元,同比增长30.09%;全市寿险业本年累计新增保险金额2.10万亿元,同比增长3.98%,保险保障力度不断加大。

二、财产险市场。机动车辆保险保费收入5.95亿元,同比增长9.71%,比上年同期减少1.33个百分点,占财产险保费收入比为76.48%;承保利润率14.73%,比上年同期增加3.26个百分点。

农业保险发展态势良好。农业保险保费收入1.07亿元,同比增长16.22%。其中,政策性农业保险保费收入1.05亿元,同比增长19.17%;商业性农业保险保费收入0.02亿元,同比下降49.29%。农业保险承保利润率9.92%,较上年同期提高9.67个百分点。

三、人身险市场。寿险保费收入为13.30亿元,同比增长7.11%,增速比上年增加4.14个百分点。普通寿险保费收入为6.5亿元,同比上升15.04%;分红寿险保费收入为6.7亿元,同比上升0.53%;万能型寿险保费收入为0.1亿元,同比下降2.24%。

健康险业务增长突出。健康险保费收入5.12亿元,同比增长37.44%,占全市人身保险收入的26.18%。健康险期末有效承保人次639.47万人次,同比下降7.56%。全市健康险赔付支出2.05亿元,同比增长33.11%。个代、直销、专业代理渠道保费保持增长,银邮、保险经纪、兼业代理渠道收缩。人身险公司个人代理渠道、公司直销渠道、保险专业代理渠道保费收入合计15.46亿元,同比增长16.8%;银行邮政代理渠道、其他兼业代理渠道、保险经纪业务保费收入合计2.05亿元,同比下降16.14%。

(郭　烨)

【吉祥人寿保险股份有限公司张家界中心支公司】 截至2019年12月31日,吉祥人寿保险股份有限公司张家界中心支公司(简称“吉祥人寿张家界中支”)有管理类员工29人,在册营销员千余人。自开业以来,吉祥人寿张家界中支稳健发展,业绩稳步增长,队伍建设着有成效,合规经营迈上台阶,公司整体经营健康有序。

一、业务发展。吉祥人寿张家界中支坚持以组织发展为核心,强化基础管理,精心组织业务推动,加强机构建设,在改善业务结构、促进核心价值业务发展的同时不断夯实基础管理,各条线增长稳定。2019年,吉祥人寿张家界中支完成总公司下达业务计划,年度保费收入13465.16万元,其中个险标保(10年期及以上)1485万元,银保期缴标保455万、规模保费5212万,团险实现保费收入1257.8万元。荣获吉祥人寿总公司“2019年度优秀中心支公司”荣誉。

二、客户服务。建立以全流程电子化、官网、微信为核心的“E服务”体系,通过移动服务、互联网服务、微信服务等平台新技术的应用,提升客户体验,提高客户满意度,引领服务水平提升。2019处理理赔案1018件,赔付金额323.73万元,无重大投诉纠纷,各项服务评价指标保持良好状态。

三、合规经营。建立公司合规管理体系,明确各部门风险管理职责,始终贯彻执行并形成风险管理的长效机制,为公司长期稳健发展奠定坚实基础。积极履行反洗钱义务,持续提高反洗钱工作能力,通过公司内网、微信群及会议开展合规宣导,全年开展30多余项各类风险排查及问题整改,完善管理制度,全面提升员工风险及合规意识。

四、基层党建。2019年中支党支部加强思想建设,提高党员的政治理论水平。加强组织建设,增强党组织的凝聚力、战斗力。加强制度建设,不断规范党建工作开展。以党建促业务发展,荣获吉祥人寿总公司“先进基层党组织”荣誉称号。

(杨　琴)

【中国人民财产保险保险股份有限公司张家界市分公司】 中国人民财产保险股份有限公司张家界市分公司是副部级央企中国人民保险集团公司驻张的市级机构,是张家界财险市场上成立最早、规模最大的国有保险企业。在全市各区县均设有分支机构,业务网点遍布全市城乡,服务网络覆盖张家界市全部的区县、乡、村三级,被誉为“家门口的保险公司”。2019年,公司实现保费收入4.6亿元,市场份额46.6%,上缴各类税收3682.74万元,累计承担保险责任金额2.65万亿元。

一、业务发展

2019年,公司实现保费收入46030万元,同比增长10.71%,处理各类赔案42070件,同比增长25.8%。公司保费市场份额达到46.6%,全年累计提供各类保障达到2.65万亿元。其中车险保费收入26217万元,商业非车险保费收入7708.9万元,农险保费收入5516万元,社保保费收入6586.79万元。

(一)重大承保:

1.服务特定人群保险保障。一方面,公司积极推动建立建档立卡贫困家庭扶贫保险制度,充分发挥保险在精准扶贫工作中的重要作用,2019年,公司为张家界市国家级贫困县桑植县开展的深度贫困地区扶贫综合保险提供保险保障达到25亿元;承保扶贫特惠保、特困人员护理费用保险等保险,累计为贫困人口提供保险保障达到48.5亿元;另一方面,公司不断加大三农基层服务体系的投入与建设力度,提升服务三农的基础保障水平。2019年,为水稻、玉米等常规农业保险提供保障金额达到2.4亿元,为大鲵等特色农业保险提供保障金额达到2亿元。同时,为切实落实公司定点扶贫工作,公司将扶贫纳入全年工作计划,安排专人前往扶贫点进行驻村,积极协助扶贫工作队在新红村开展精准识别贫困户、完善基础设施、发展产业等大量的帮扶工作。

2.服务全市旅游发展。2020年,公司踊跃投身旅游发展建设,大力发展旅游个人意外伤害保险、团体意外伤害保险,积极开展景区责任险,为在张家界旅游的广大游客提供较完善的人身保险保障。全年承保张家界核心景区、大峡谷、宝峰湖等旅游景点的责任险,累计提供保险保障达到8亿元;作为主承保公司,全年为景区的游客提供1.1万亿元旅意险保险保障,有效调节旅游纠纷,为张家界良好的旅游口碑贡献力量。

3.服务全市重大项目。2019年,公司加大对当地实体经济的服务力度,为全市多家企业提供保障。如承保国网张家界电力公司财产险统保项目,提供保险保障达到61.2亿元;承保中国联通张家界市分公司财产险、公众责任险保险项目,提供保险保障达到7.1亿元;承保大庸古城企财险,提供保险保障达到6.5亿元;承保全市农村公路改造工程保险,全年累计提供保险保障13.88亿元;承办全市建筑工地安全责任保险,全年累计提供保险保障28亿元。

4.服务全市民生建设。2019年,公司深入开展新农合意外医疗保险、大病保险等各项阳光医疗民生保险以及计生家庭意外险、贫困人口救助保险、慈利精神病监护人责任险等民生保险,在服务本地经济社会、维护社会稳定、构建和谐社会建设中,发挥重要的作用。其中,承保全市农房保险,为全市农户提供48.6亿元的住房保险保障;承保全市巨灾保险,提供保险保障74亿元;承保全市城乡居民大病保险,覆盖全市城乡居民,累计提供保险保障2135亿元;承保慈利、桑植补充意外保险,提供保险保障1771亿元。

5.服务全市经济发展。2019年,公司承保各类保险543184笔,其中车险215522笔,商业非车险319494笔,农险8159笔,社保9笔,保险服务涉及全市各个行业,累计提供保险保障2.65万亿。

(二)重大理赔:

1. 在应对脱贫攻坚风险事故方面:2019年,公司处理深度贫困地区扶贫综合保险案件2831件,支付赔款612万元;处理扶贫特惠保、特困人员护理费用保险等保险案件2200笔,支付赔款110万元;处理各类农险案件5427笔,支付赔款2984万元,有效防范贫困户因病返贫、因灾返贫的问题发生。如:桑植一养殖大户因育肥猪患蓝耳病造成大批量扑杀,公司支付赔款达到10多万元,为其恢复生产生活提供保障。

2.在应对重大项目建设风险事故方面:2019年11月25日,张家界银洲新型建材有限公司工人进行机器关闭清理工作时,不慎跌入机器内被机器齿轮卡住受伤,后送医院抢救无效死亡,公司最终支付雇主责任险赔款100万元;2019年10月17日,桑植县八大公山镇车大河村部护坎挡土墙垮塌,造成投资方桑植县交通投资有限公司正在修建的农村公路受损严重,公司最终支付49万元保险赔款。

3. 在应对民生建设风险事故方面:2019年,公司社保累计处理赔案15005件,支付赔款6099万元。如慈利县居民吴海琼因急性髓系白血病先后在河北燕达陆道培医院等多个医院住院,全年公司累计理赔金额达到28.8万元。

4. 在应对经济发展风险事故方面:2019年,公司共处理各类赔案42070件。其中,以车险赔案为例,公司全年处理车险赔案17133件,共支付车险赔款1.06亿元。

二、经营品质

2019年,公司对内强化自身建设,对外履行服务承诺,公司经营品质不断提升。一是公司建设再上台阶,对外形象不断提升。一年来,公司致力于服务转型升级,积极推动理赔午/夜市、"警保联动"主干道路巡查、代办车驾管社会服务、节假日出行保障"心服务"等服务举措,在公司发展壮大过程中,矢志不渝全力以赴提高保险服务经济社会发展的能力和水平,扎实服务好张家界经济社会发展。2019年,公司荣获"张家界市消费维权工作先进单位"称号。二是组织架构不断完善,就业人数持续提升。截至2019年底,公司共有区县支公司四家、营销服务部一家、直属业务部四个,乡镇三农营销服务部9个,建有乡镇三农保险站72个、村级保险服务点904个。全市系统共有各类从业人员达到950人,另外还通过业务外包的方式解决150余人的就业问题,公司服务社会就业的能力得到进一步提升。三是盈利能力不断加强,员工待遇持续提升。2019年,公司实现利润总额达到5942万元,所辖各经营单位均实现盈利。一年来,公司在按时发放员工薪酬的同时,积极落实员工五险一金、企业年金、商业保险等的缴纳,并按规定发放各类节假日福利,确保员工待遇不断提升。四是主动履行企业责任,服务社会力量提升。2019年,公司累计缴纳税收达到3682.74万元,持续保持A级纳税单位的标准。一年内,公司参与捐赠的项目5个,捐赠金额16.3万元;开展"爱国爱家、从一份保障开始"、"7·8"保险扶贫健步走、红歌快闪献礼祖国70周年等系列宣传活动,不忘保险初心,牢记服务使命。

(卓 姣)

【中国人寿保险股份有限公司张家界分公司】 2019年,中国人寿张家界分公司认真贯彻落实集团公司、总、省公司战略部署,以深入开展"不忘初心、牢记使命"主题教育活动为契机,凝心聚力、锐意进取,坚持从严管党治司、坚持高质量发展、坚持推进转型升级,奋力实现发展目标,较好发挥保险"经济助推器"和"社会稳定器"的作用。

一是业务队伍。2019年,公司实现总保费收入5.81亿元,较2018年增长9.45%,市场份额31.58%,领先第二名6.54个百分点;长期险首年标准保费达成7436万元,较2018年增长52.9%;首年期交保费达成1.36亿元,较2018年增长23.8%;10年及以上首年期交保费达成7671万元,较2018年增长53.9%;保障型产品首年保费达成4909万元,较2018年增长59.2%;短期险保费达成5332万元,较2018年增长6.8%;续收保费3.59亿元,较2018年增长5.5%。业务结构持续优化,10年期及以上保费在首年期交的占比为56.4%,同比提升56.4个百分点;保障型产品在10年及以上首年期交保费中的占比为64%,较上年提升64个百分点。公司销售队伍规模持续扩张,营销队伍规模突破4000人。

二是服务品质。公司以"一切为了客户,为了一切客户、为了客户的一切"为导向,围绕"流程最优、环节最少、时间最短、服务最佳"的目标,不断提升公司管理效能和服务水平。强化服务与销售融合,推出理赔服务账单、"重疾一日赔",得到广大销售人员和客户的好评。同时积极践行创新驱动发展战略,完成全市系统IT基础布局,全面实现市、县两级网点双网融合改造和职场数字化建设。

三是风险管控。公司不断加强对重点地区、重点领域的风险管控,持续防范销售误导、非法集资、洗钱等重点风险。2019年,全市系统没有受到重大行政处罚,未发生重大违法违纪案件。公司风险预警指标评级年度为A,继续保持全省系统前列,人民银行反洗钱分类评级全市行业第一、支公司行业第一。廉政监督精准有力,在系统内开展辅导式警示教育,机构覆盖率100%。

四是脱贫攻坚。在广西、龙州、湖北、陕西等外省的扶贫点电商消费扶贫4万元。公司扎实推进扶贫项目,承保扶贫特惠保502万元,提供保险保障金额43亿元,为8.6万贫困人口解决后顾之忧;湘女关爱保助力政府民生工程和妇联脱贫攻坚行动,开创保险扶贫新模式。 (石 婷 熊书琴)

【中国平安财产保险股份有限公司张家界中心支公司】 2019年,中国平安财产保险股份有限公司张家界中心支公司全年保费收入12174万元,增速18%,超市场6PT,整体市场份额提升0.8PT,为张家界市财产保险公司第二大主体。截至2019年底,已报告赔款4019万元,保险经济补偿功能发挥较好,同时强化政策支持,积极发展企业财产保险、工程保险、机动车辆保险、家庭财产保险、意外伤害保险等险种,增强社会各个层面抵御风险能力。

中国平安财产保险股份有限公司张家界中心支公司奉行"简单务实、迎难而上、服务领先、回馈社会"的服务宗旨,建立具有平安特色和现代企业特点的公司制度。2019年荣获张家界市金融学会"2019年度全市金融宣传工作先进集体"、张家界市保险行业协会"诚信服务达标单位和先进单位"荣誉称号。

一、创新助推业务发展。中国平安财产保险股份有限公司张家界中心支公司始终致力于将创新科技应用于提升客户体验,优化服务水平。个人车险全面推行并已实现电子投保单、电子保单,减少客户等待时长,降低保单差错率,提高良性体验度;承保、理赔信息更准确;客户查询通道智能化、多维度,支持短信、邮箱、好车主APP、官网进行保单查询;支持人脸识别技术,确保身份验证时,录入准确的客户信息及手机号进行校验;理赔全流程环节引入创新科技,推出车险理赔爆款项目,信任赔:颠覆传统的车险理赔模式,将保险公司处理理赔、管理理赔变为客户自主理赔,打破客户与保险公司的信任壁垒,引领行业提升服务能力;利用大数据及AI技术推出AI智能定损,系统智能识别损失,减少人工审核耗时,缩短客户等待时间,提升理赔效率。

二、建立健全风险防控体系。中国平安财产保险股份有限公司张家界中心支公司把保险业乱象风险防控与整治作为首要工作,以"严"字当头,严防、严控,全面贯彻落实中国银保监会银保监发〔2019〕23号《关于开展"巩固治乱象成果 促进合规建设"工作的通知》要求,坚决贯彻落实党中央、国务院关于金融工作的决策部署,切实承担起整治乱象和合规主体建设的主体责任,确保责任到位、措施到位、落实到位,对业务经营活动中的管控漏洞和违法违规行为积极自查、严格整改、严肃问责,建立依法合规经营的长效机制,维护消费者合法权益,促进张家界保险市场健康发展。

三、助推地方发展。中国平安财产保险股份有限公司张家界中心支公司积极响应各级政府的扶贫攻坚战役,2019年扶贫对口帮扶张家界市永定区沅古坪镇三台山村,截至2019年底,对该村已完成40万元扶贫资金支助。2019年中国平安财产保险股份有限公司慈利支公司完成对慈利县甘堰乡宜冲桥村口对口精准扶贫工作;中国平安财产保险股份有限公司桑植支公司积极响应号召参与扶贫特惠保的承保理赔工作,在2019年承保保费111.8万元,截至2019年底,已报告赔付110.95万元。 (黄 准)

【平安人寿张家界中心支公司】 2019年,平安人寿张家界中支公司的总保费收入1.3亿元(不含续收保费收入),同比增长8.1%;个险累计赔付、给付支出4569.5万元,同比增长13.1%。

一、科技助推业务发展

2019年,公司依托"科技+"策略,以AI技术为核心,推动智能化转型升级,为业务发展提供新动力。通过科技+销售支持,升级队伍培训和管理模式,一方面,借助直播+远程视频技术,变革培训模式,将传统线下培训搬到线上,实现优秀讲师资源共享,节约学员通勤成本;另一方面,通过前线内勤工作平台和"口袋E"行销APP,优化管理模式,实现日常数据追踪、面谈、消息传达与经验交流的便捷管理,效率大幅提升。通过科技+客户经营,持续向精细化经营转型,"金管家"APP全新改版,客户经营能力不断升级,可对用户进行产品服务的最优推荐,精准满足用户需求,并根据推荐效果实时匹配调优,实现千人千面推荐和分群经营,截至2019年12月31日,平安人寿张家界中支公司金管家累计注册用户数达5.2万,月均活跃用户数近4200人。通过"科技+客户服务",应用AI技术大幅提升承保、保全、理赔等服务时效,升级"智慧客服"。2019年,平安人寿张家界中支公司收到

25141份投保申请,96.46%通过AI自动核保完成;"智慧客服"累计提供33218次在线保单服务,其中94%通过AI自动完成,日均空中业务受理22.4件,最快用时3分钟;"闪赔"服务持续升级,全年理赔案件5540件中52%的案件可在30分钟内完成赔付,最快1.8分钟完成赔付。

二、深化产品经营服务

平安人寿张家界中支公司秉承"保险姓保"理念,依托"产品+"策略,持续深化保障型产品经营,一方面,加大对细分市场的拓展,推出成人返本重疾产品"福满分",同时,积极拓展保障+储蓄新市场,推出少儿返本重疾险产品"爱满分",以满足不同客户多层次的保障需求;另一方面,优化现有保障产品,重疾保障种类提升到80多种,产品竞争力显著提升。同时,不断强化"产品+",通过优化"平安RUN"奖励规则,营造服务场景,提高客户、代理人、公司之间的互动频率,提升客户体验,增强客户黏性,促进客户经营效果提升。

三、合规防范金融风险

2019年,平安人寿张家界中支公司在各监管部门指导下,认真落实、执行《保险公司合规管理办法》等相关法律法规及监管规定,建立包括但不限于反洗钱、防范和处置非法集资、制度内控等工作制度及细则,明确各部门及机构的职能及责任,针对各监管部门2019年的各项合规要求,重点进行规划和部署,在2019年5~11月期间,多次开展非法集资风险专项排查及整改活动。通过加强合规制度管理、操作风险管理、反洗钱自查、反保险欺诈管理等工作,在2019年度未发生群体事件和系统性风险事件,风险防控机制完备,运行良好。

四、聚焦建设企业文化

2019年,平安人寿张家界中支公司致力于教育扶贫,启动"幕天捐书千城万区"公益行动为乡村少年募集千万册图书并通过幕天公益流转至乡村学校,助力乡村少年在阅读中成长;除此之外,2019年10~11月,平安人寿张家界中支公司配合分公司社会招募志愿者前往张家界明园学校开展支教活动,深入贯彻"扶贫必先扶智"的公益理念。(欧天丽)

民营经济

总 类

【市场主体总量较快增长】2019年，截至12月底，张家界市实有各类市场主体93198户，同比增长14.36%；注册资本(金)达1732.65亿元，同比增长10.1%。从市场主体数量和资金总额来看，张家界市市场主体保有量创历史新高，首次突破9万户。企业(包含内资非私营、私营、外资，下同)达20698户，增长16.2%，注册资本(金)1517.82亿元，增长9.3%；其中内资(非私营)企业2013户，同比增长10.6%，注册资本(金)350.62亿元，同比增长9.6%；私营企业18496户，同比增长16.95%，注册资本(金)1078.52亿元，同比增长9.09%；外商投资企业189户，同比增长4.42%，注册资本(金)12.98亿美元，同比增长10.9%；个体工商户68876户，增长13.79%，出资金额103.03亿元，增长21.94%；农民专业合作社3624户，增长15.4%，出资金额112.20亿元，增长10.31%。张家界市新登记各类市场主体1.68万户，同比下降0.68%，新登记市场主体注册资本(金)总额235.85亿元，同比下降23.84%。新登记注册企业4485户，同比增长8.80%，注册资本(金)198.82亿元，同比下降26.33%；其中新登记内资(非私营)305户，同比增长9.07%，注册资本(金)40.61亿元，同比下降3.24%；新登记私营企业4166户，同比增长7.56%，注册资本(金)150.17亿元，同比下降15.39%；新登记外商投资企业14户，同比下降39.13%，注册资本(金)1.18亿美元，同比下降84.01%；新登记注册个体工商户11684户，下降3.88%，出资金额23.85亿元，增长0.5%；新登记注册农民专业合作社639户，下降1.08%，出资金额13.18亿元，下降17.98%。

表16　2019年末全市市场主体发展情况统计一览表

单位：户、亿元、%

项目		户数		注册资本（金）	
		绝对值	增幅	绝对值	增幅
全部市场主体		93198	14.36	1732.65	10.10
1.企业		20698	16.20	1517.41	9.30
其中	①内资企业	20509	16.30	1429.14	9.21
	其中：内资（非私营）	2013	10.60	350.62	9.60
	其中：私营企业	18496	16.95	1078.52	9.09
	②外资企业	189	4.42	88.27	10.90
2.个体工商户		68876	13.79	103.03	21.94
3.农民专业合作社		3624	15.40	112.21	10.31

2019年全市新登记市场主体发展情况统计一览表

表17

单位：户、亿元、%

项目		户数		注册资本（金）总额	
		绝对值	增幅	绝对值	增幅
全部市场主体		16808	–0.68	235.85	–23.84
1.企业		4485	8.80	198.82	–26.33
其中	①内资企业	4471	9.07	190.78	–13.07
	其中：内资（非私营）	305	25.90	40.61	–3.24
	其中：私营企业	4166	7.56	150.17	–15.39
	②外资企业	14	–39.13	8.04	–84.01
2.个体工商户		11684	–3.88	23.85	0.50
3.农民专业合作社		639	–1.08	13.18	–17.98

表 18

2018、2019 年区县各类市场主体新发展情况一览表

项目	绝对值				增幅			
	户数		注册资本（金）（亿元）		户数		注册资本（金）（亿元）	
年度	2018	2019	2018	2019	2018	2019	2018	2019
全部市场主体	16924	16808	309.69	235.85	15.78	-0.68	-9.82	-28.84
永定区	7888	9000	216.76	143.14	20.41	14.27	-9.77	-25.26
武陵源区	973	999	14.90	14.65	-4.98	1.42	7.66	-10.40
慈利县	5334	4370	40.17	49.09	26.46	-18.13	-12.43	22.24
桑植县	2729	2439	37.86	28.97	-3.36	16.64	-12.62	-53.02
1.企业	4122	4485	269.9	198.82	1.85	8.80	-11.30	-26.33
永定区	2426	2705	197.95	126.10	-0.74	11.5	-11.90	-36.29
武陵源区	219	280	11.10	11.29	19.02	27.85	29.07	1.71
慈利县	839	911	29.50	38.99	10.98	8.58	-16.67	32.17
桑植县	638	589	31.35	22.44	-3.77	-7.68	-11.94	-28.42
2.个体工商户	12156	11684	23.72	23.85	23.32	-3.88	17.43	0.50
永定区	5242	6162	13.58	14.17	33.21	17.55	27.75	4.34
武陵源区	751	707	3.78	3.18	-9.52	-5.86	-25.59	-15.87
慈利县	4243	3224	4.82	4.76	31.93	-24.02	50.53	-1.24
桑植县	1920	1591	1.54	1.74	2.35	-17.14	15.78	12.99
3.农民专业合作社	646	639	16.07	13.18	-9.40	-1.08	-14.52	-17.98
永定区	220	133	5.23	2.88	27.91	-35.99	6.52	-44.93
武陵源区	3	12	0.02	0.18	-70.00	300.00	-87.50	800.00
慈利县	252	235	5.85	5.34	2.44	-6.75	-19.61	-8.72
桑植县	171	259	4.97	4.78	-40.00	51.46	-22.34	-3.82

【民营企业和中小企业服务】 2019 年，全市完成非公经济增加值 285.27 亿元，同比增长 7.8%。

一、中小企业服务体系建设。积极发挥企业家协会的联络纽带作用，在市工信局办公楼二楼为市企业家协会安排专门的办公场所。2019 年 3 月 18 日，市工信局和市总工会联合主办首届民营女企业家发展论坛，并邀请市税务局在论坛上做税务政策宣讲。2019 年 4 月 11 日，9 家服务机构参加中小企业公共服务平台服务机构入驻仪式。此次服务机构的入驻，标志着张家界市中小企业服务体系建设进入一个新的阶段，有利于为企业提供高效便捷的服务，着力营造服务民营经济发展的良好氛围。2019 年认定 4 家市级核心服务机构，4 家服务机构获评为省级核心服务机构。2019 年 12 月，市政府常务会议专题研究促进中小企业发展工作，同意成立市促进中小企业发展领导小组，由副市长李传荣任组长，领导小组办公室设在市工信局，负责日常工作。

二、企业融资服务对接。完成湖南省产融合作制造业重点企业名单申报，经省工信厅、人民银行长沙中心支行复核，张家界市有 12 家企业列入全省的“白名单企业”；由市工信局和人民银行张家界中心支行共同制定出台《张家界市民营和小微企业金融服务提升年“民企大走访”活动实施方案》，与人民银行、各商业银行走访张家界茅岩莓有限公司、张家界久瑞生物科技有限公司等企业，协助解决融资难题；2019 年 5 月 29 日、7 月 9 日，市工

信局和市金融办、人民银行张家界中心支行一起开展金融服务民营和小微企业区县行慈利和桑植专场活动;市工信局对全市有股权融资需求的企业进行摸底，组织张家界家家耀葛根食品科技有限公司等4家企业参加全省举行的工业新兴优势产业链企业股权融资撮合对接会;开展"征信服务面对面,信用引路促发展"专题宣传活动。2019年6月14日，市工信局联合市人民银行在市高新区开展征信助力小微与民营企业融资发展宣传活动,为60多家企业派发银行信贷产品宣传资料和中小企业服务政策资料。

三、助推企业上云。2019年5月15日,由市工信局和中国联通张家界分公司联合主办的"上云上平台"服务对接会顺利召开，省工信厅中小企业发展促进处进行现场指导,百度竞网、德友公司做现场推介，区县工信部门及全市80多家中小企业参加对接会。5月23~24日，在桑植县和慈利县分别举行两场县级"上云上平台"推介培训会,近百家企业积极响应参加。2019年全市有1197家企业"上云",完成全年目标任务的149.62%,有55家企业"上平台"，完成全年目标任务的275%。

四、举办创新创业大赛。2019年5月21日和31日，市工信局指导慈利县、永定区和市高新区举办"创客中国"中小微企业创新创业大赛区县级初赛，两个赛区分别有5家企业脱颖而出,参加全市决赛。7月4日,2019"创客中国"张家界市中小微企业创新创业大赛举行，省工信厅副巡视员廖廷球、副市长李传荣出席比赛。7月30日，组织湖南匡沐环保科技有限公司参加"创客中国"省级决赛,并获得三等奖。市工信局被省工信厅授予2019年"创客中国"湖南省创新创业大赛优秀组织单位。

五、大力推进中小企业专精特新发展。市工信局加大"小巨人"企业培育力度,2019年成功申报7家省级"小巨人"企业,发动48家企业参与管理创新对标工作，企业管理水平大幅提升。组织中小企业服务中心、区县工信系统、省级创新创业示范基地慈利县工业园及相关企业参加2019年5月29日在长沙举行的湖南省中小企业"专精特新"发展论坛;完成第十六届中国国际中小企业博览会参展企业工作,2019年6月24~27日，市工信局组织4家企业参加在广州举行的中博会。

(本栏撰稿　宋琳霞)

个体私营经济

【私营企业登记管理】 2019年,内资(非私营)企业持续调优调强。公有制企业投融资体制改革和改制重组持续深化,企业数量延续增长,但资本规模有所缩减,张家界市内资(非私营)企业以2.16%的户数份额，经营着20.24%的资本份额。截至2019年底,张家界市实有内资（非私营）企业2013户,比上年增长10.6%;注册资本350.62亿元,增长9.61%,企业户均注册资本1741.78万元，比上年缩小0.9%。新登记注册内资(非私营)企业305户,增长34.96%;注册资本41.97亿元,减少3.24%。私营企业比重持续提升。近年来,全省深化"放管服"改革,持续优化创业创新环境,助推大众创业,民间投资活力有效激发,是投资创业的主力军。全年新登记注册私营企业4166户,占新登记注册企业总量的92.89%，注册资本（金)150.17亿元，占新登记注册资本（金）总量的75.53%。截至年底,张家界市实有私营企业18496户,增长16.96%,注册资本(金)1078.52亿元,增长9.09%,私营企业户数、注册资本(金)占全部企业的89.36%、71.08%。外资企业恢复平稳发展。外商投资企业在经历2017年、2018年的爆发式增长后,2019年回到2012年以来形成的稳步发展轨道。全年新登记注册外商投资企业14户，下降39.13%,2018年新登记注册外商投资企业21户；受2018年爆发式增长11.3倍的高基数影响,2019年注册资本（金)1.18亿美元，下降84.01%,2018年注册资本（金)7.38亿美元。但与2017年相比,仍然增长1倍。截至年底,张家界市实有外商投资企业189户，增长4.42%，注册资本(金)12.98亿美元,增长10.94%。

【个体工商户】 2019年，随着商事制度改革的深入推进，办理公司更为简单、方便，许多市场主体选择申办公司,故2019年张家界市新注册个体工商户数量较上年增速有所下降。新登记注册个体工商户11684户，比上年下降3.88%；增幅下降的主要原因：一、部分从事农、林、牧、渔业人员没有办理个体工商户营业执照；二、2019年旅游行业内部业态调整加速，从事客栈、酒店、餐饮额个体工商户停业增多;三、整个市场经济下行压力增大，投资更加谨慎。出资金额小幅增加,达23.85亿元,增长0.55%;资金规模的扩大反映张家界市个体工商户的良性可持续发展状态。张家界市共注销个体工商户3392户，比上年增长15.37%,比2018年增100%,其中包括个转企517户（个转企要求注销个体再办理企业)。主要原因是改革和监督力度加大。企业注销便利化措施落地见效,对"僵尸主体"清理工作有序进行。截至年底,张家界市实有个体工商户68876户,比上年增长13.8%;资金数额继续向好增长，达103.03亿元，增长21.94%。个体工商户行业分布仍旧集中在批发零售业、居民服务业、住宿餐饮业三大传统行业，这三个行业个体工商户数量占全部个体工商户的比重超过86.67%。新登记注册批发零售业个体户4855户,占全部新登记注册个体工商户的41.55%，资金数额7.71亿元,占32.34%;全年新登记注册住宿餐饮业个体户3619户,占30.97%，资金数额10.36亿元,占43.44%；全年新登记注册居民服务业个体户1490户,占12.75%,资金数额1.85亿元,占7.77%。截至年底,这三大行业实有户数分别占总量的51.14%、19.81%、8.73%。

【农民专业合作社】 2019年,农民专业合作社发展呈小幅下降趋势。新登记注册639户,较上年减少1.08%;增幅下降原因为:一、各级村级居委会在等待农民专业合作社登记的新政策；二、以五大农业特色产业为抓手的培育农民专业合作社工作开展较早,"一村一社"重点扶持和培育基本落实到位,农民专业合作社或趋于饱和。出资金额13.18亿元,较上年减少17.98%。截至年底,实有农民专业合作社3624户,增长15.41%;出资金额112.21亿元,增长10.31%。新登记注册农民专业合作社户均资金为206.31万元,较上年同期户均资金下降17.07个百分点。全部新登记注册农民专业合作社中,出资金额100万元~500万元329户,减少6%;500万元~1000万元67户,减少15.19%;1000万元以上18户,减少5.26%。截至年底,100万元以上农民专业合作社414户,占全部农民专业合作社的64.79%,比上年减少7.59个百分点。农民专业合作社从事的业务主要集中于种植业、养殖业,农产品加工三大领域。这三大领域新登记注册农民专业合作社614户,占全部新登记注册农民专业合作社的96.09%,其中:从事种植业的472户,占73.87%;养殖业134户,占20.97%;农产品加工6户,占0.94%。截至年底,这三大领域分别为2200户、1117户、124户,分别占60.71%、30.82%、3.42%。

【事中事后监管】 2019年,市场监管局加大推进"证照分离"改革,持续推进"多证合一"、全程电子化登记、简易注销登记、"先照后证",全面落地实施"一件事一次办"等商事制度改革,推进"双随机一公开"工作,加强事中事后监管,探索实行"领照即开业""交房即交证""领地即开业""三即"改革。严格执行《国务院办公厅关于印发互联网金融风险专项整治工作实施方案的通知》(国办发〔2016〕21号)要求,对于非金融机构、不从事活动的企业,在注册名称和经营范围中原则上不得使用"金融""资产管理""基金""投资管理""网贷"等字样。凡在名称和经营范围中选择使用上述字样的企业(包含存量企业)注册登记部门要将注册信息推送金融管理部门。金融管理部门、市场监管部门要予以持续关注,并列入重点监管对象,加强沟通协调,及时发现识别企业擅自从事金融活动的风险,视情况采取整治措施。

【产业导向】 2019年,市场监管局加强建立和完善产业导向机制,引导投资者资金流向相关重点领域和行业,促进产业升级和发展,引导投资者多行业、多业态、多业务方向发展克服张家界市当前存在行业分布集中和业务趋向集中的不足,避免投资的盲目性。充分发挥张家界市农业和旅游资源优势,积极发展特色农业、旅游业。支持企业吸收高新技术入股,加快传统产业改造提升。持续引导激励"个转企""小升规"。引导企业此案去股权出质、动产抵押、商标专利权质押等方式,帮助企业皮节融资瓶颈,增强企业经营实力。引导企业向工业园区聚集,发展集群经济,延伸产业链。鼓励和支持企业采取合并、兼并、购买等方式,扩大企业规模,不断做大做强。加大各商业银行向企业帮扶放贷力度,做好企业发展资金支持。持续做好重点企业重点项目服务工作,建立服务重点企业重点。项目对接机制,加大行业指导力度,切实落实"提前介入、重点指导、跟踪服务"的要求,促进履职到位服务到位,确保重大项目高效落地。

(本栏撰稿　卓媛媛)

科学技术与科技服务

总　类

【概况】 2019年,张家界市科学技术局(简称市科技局)大力实施省委创新引领开放崛起战略和市委对标提质旅游强市战略,以“不忘初心、牢记使命”主题教育为契机,深入学习近平新时代中国特色社会主义思想,大力实施创新驱动发展战略,加快提升科技创新能力,全面推进工作上台阶。全市社会研发(R&D)经费投入总量达到4.028亿元,强度达到0.73%,投入总量和强度同比实现2倍以上的增长;高新技术产值56.15亿元,增加值21.54亿元,同比增长17.6%、20.52%;技术合同交易额达到1.82亿元,完成率181.7%,同比增长190.7%,目标任务完成率全省第一,同比增幅全省第二。科技成果登记31项,同比增长121%;全市科技人员联系贫困村覆盖率达到100%。市科技局成功创建市级机关文明(标兵)单位、机关优秀党支部,获评全市第五轮城市社区“三联四建”活动先进工作组,结对帮扶村慈利县东岳观镇道人山村被评为全国乡村治理示范村,成功争取《关于支持湘南湘西承接产业转移示范区发展的若干政策》中科技创新政策。 (胡镫元)

【科技体制改革】 2019年,市委市政府对市科技局的机构和职能进行较大调整,市知识产权局整体划转至市市场监管局,市地震局整体划转至市应急管理局,将科技人才管理工作纳入市科技局工作职能,并对市科技局内设科室进行调整优化。开展行政权力和公共服务事项清理,实施清单共填报发布5项,新认领2项,取消6项。市科技局拥有行政许可1项,行政确认2项,行政处罚1项,公共服务事2项,资源目录由33项减少为6项。 (胡镫元)

【科技服务】 2019年,武陵源农业科技园获批省级农业科技园,永定区获批建设省级创新型县(市、区),慈利县在2019年度真抓实干工作中表现突出,获得省引导支持市县创新驱动发展财政奖补200万元。全市4个区县均组建科技专家服务团,选派“三区”科技人才56名、科技特派员265名入驻贫困开展科技服务,全市科技人员联系贫困村覆盖率达到100%。武陵源科技专家服务团被省科技厅评为省优秀专家服务团,慈利县、桑植县被省委组织部评为科技特派员工作先进单位。 (彭宇文)

【科技活动】 2019年5月,张家界市科技局结合“科技强国 科普惠民”活动主题,联合市纪委、市委宣传部等部门在永定区沙堤街道办事处举行盛大的科技活动周开幕式,市直各单位、各区县科技行政管理部门、各企业、各社区群众代表共计400多人参加启动仪式,活动周期间,全市发放科普读本4300本,宣传资料15000余份,宣传袋5000多个和展示展板138块,接受群众咨询4700人次。举办“高新杯”2019年张家界市第二届创新创业大赛,共有53家企业和69个团队报名参赛,营造“大众创业万众创新”良好氛围,推荐本市企业参加2019年湖南省创新创业大赛行业半决赛,获得省优秀奖2个。 (彭宇文)

【科技监督管理】 2019年,市科技局严格执行相关科技项目管理制度,建立健全自我审查机制,明确法制与科技监督科负责和执行程序。全程邀请市纪委监委派驻市教育局纪检组参与科技创新项目发布、项目初步审查、项目评审、专家遴选和立项确认等关键环节,并对拟立项项目开展廉洁性审查和公平竞争审查。市本级科技发展专项资金通过后补助使用占比达55.15%,后补助比例逐年提高,提高财政资金使用效率和准确性。坚决执行诚信联合处罚机制,严格按照《张家界市社会信用体系建设领导小组关于公布张家界市重点领域诚信红名单失信黑名单的通知》,禁止137家失信企业和29个自然人承担科技项目。

(彭宇文)

【科技普及推广】 2019年,成功申报两个省级科普基地(湖南(张家界)航空科普基地,湖南(张家界)防震减灾科普基地),获得认证并完成验收;立项1个科普项目(张家界精准扶贫科普知识进社区进农村)。对市直30家单位,区县112家单位完成网上填报和统计,圆满完成年度科普统计。

(彭宇文)

【科技项目管理】 2019年,张家界市科技局结合专项资金实际情况,加强科技项目统筹协调,推进全社会研发(R&D)经费投入工作,充分发挥科技创新对经济社会发展全局的支撑引领作用。

一、加强科技创新项目统筹协调。积极向上争取项目支持,在省科技厅获得各类创新型省份建设专项立项17项,资金924万元。合理统筹安排市本级科技创新项目,立项52项,资金600万元,其中后补助项目22项,资金266万元,占资金总量的44.3%。2019年开始,市本级科技创新项目安排,指南发布、项目受理、形式审查、专家咨询、现场考察、立项审批、合同签署、档案归集,都做到程序规范、科学严谨。特别是在立项审批前进行廉洁性评估,除后补助项目和中心工作项目以外,专家咨询和现场考察做到全覆盖。

二、协调推进省“5个100”和市“52151”行动计划项目。张家界鸿燕新材料科技发展有限公司承担的“固硫催化剂研发及产业化”项目是张家界市唯一列入省“科技创新100”项目,2019年计划投资5000万元,完成投资5278万元,完成率105.6%;计划研发投入300万元,完成研发投入317万元,完成率105.7%。销售收入4920万元,利税903万元,新增就业35人,申请发明专利2件。扎实推进“52151”行动计划20个重大科技创新项目实施,充分发挥科技创新对经济社会发展全局的支撑引领作用。2019年以来,省、市科技专项对其中18个项目进行立项支持,资金314.46万元,20个重大科技创新项目完成投资2.62亿元,占年度计划的103.3%,投入研发经费0.47亿元,占年度计划的109.2%。

三、大力推进全社会研发(R&D)经费投入工作。2019年,张家界市社会研发(R&D)经费投入总量达到4.028亿元,强度达到0.73%,投入总量和强度同比实现2倍以上的增长。帮助指导企业申报省企业研发经费奖补,张家界灵洁绿色食品有限公司、张家界贵友环保材料科技有限公司、张家界绿源农业综合开发有限公司、张家界大德酿造有限公司4家企业共获得省奖补资金23.51万元。69家企事业单位、高校、科研院所获得市本级奖补资金158万元。组织召开加大全社会研发经费投入工作联席会议,市发改委、市统计局、市教育局、市工信局、市商务局、市文旅局、市卫健委等市直相关部门,以及各区县科技行政管理部门参加会议,统一思想认识,明确工作任务,形成工作合力。(邓　刚)

工业科技

【概况】 2019年,张家界市高新技术产业发展取得新突破,各项科技创新平台持续健康发展。

一、推进高新技术产业建设。全年组织举办3次高新技术企业认定管理培训班,分3批向省高企认定办推荐30家企业参与高企认定,共有20家企业通过评审、公示与备案复函,新增高新技术企业17家,高企总数达到55家,增长速度为44.94%,增速位居全省第二。举办全市高新技术产业增加值统计管理培训,新纳统25家企业,全市累计纳入高新技术增加值统计的企业达到125家。2019年度张家界市高新技术增加值为21.54亿元,比去年同期增长20.52%,占GDP比重为3.9%。全市高新技术产品产值56.15亿元,高新技术产品产值增长率17.6%。发动75家企业参与科技型中小企业评价,成功评价认定科技型中小企业58家。

二、抓好产学研创新专项计划项目。根据《张家界市级产学研结合创新管理暂行办法》要求,下发《关于申报2019年度张家界市产学研结合创新专项计划项目的通知》,共收到各企业申报的产学研项目19个。在纪检监察组全程参与并监督下,完成形式审查、专家评审、现场考察、局党组会议研究审核、拟立项公示等程序,并报请市财政局和市人民政府分管副市长同意,对"新型墙体材料的研发及应用"等8个项目进行立项,总资金为100万元。出台《市级产学研结合创新专项资金管理办法》。

三、举办创新创业大赛。举办"高新杯"2019年张家界市第二届创新创业大赛。共有53家企业和69个团队报名参赛,涵盖新材料、新能源及节能环保、生物医药和现代农业、电子信息、先进制造、互联网六个行业。按照8分钟路演+7分钟答辩的程序,进行激烈角逐,决出企业组和团队组一、二、三等奖和优秀奖,并现场颁奖。推荐2家初创企业、14家成长企业和7个团队代表张家界市参加"长沙银行杯"2019年湖南省创新创业大赛行业半决赛,获得省优秀奖2个。

四、科技创新平台建设。张家界市共培育4家省级众创空间,推荐张家界众创空间被认定为省级众创空间,推荐慈利县致远创客空间备案为国家众创空间。全市现有国家级众创空间2家,省级众创空间5家,办公场所建筑面积有10480平方米,工作人员45人,创业导师57人,服务创业人员1393人,政府扶持经费金额769万元,入驻企业与团队95个,成功孵化科技类项目45个。

五、促进科技成果转移转化。桑植县《湖南省科技成果转移转化示范县建设项目》接受省科技厅验收组的现场验收,17项目标任务,已完成14项,基本完成3项。鼓励企业加强技术合作与开发,出台《张家界市技术合同认定登记管理办法》,下发《张家界市技术合同认定登记服务指南》,完善认定登记工作流程,举办全市技术合同认定登记和科技成果登记培训,全市技术合同认定登记52项,实现技术合同成交额1.82亿元,首次突破亿元大关,增长率190.70%,位居全省第二,目标任务完成率181.73%,位居全省第一。参加全国和全省科技成果转移转化培训,印发科技成果登记服务指南和流程图,全年完成科技成果登记完成33项,创历史新高,增长速度为135.7%。开展科技金融需求调查活动,发放62份《科技型企业融资需求调查表》,整理企业技术需求21条,85%的企业都有融资需求,多数企业存在融资难的问题,在潇湘科技要素大市场发布技术需求16条、科技活动5个。

(徐向华)

【张家界鸿燕新材料科技发展有限公司】 2019年,张家界鸿燕新材料科技发展有限公司(简称鸿燕新材料)坚持稳中求进发展策略,发挥品牌、质控、渠道、区位等核心竞争优势,以公司自主研发生产的固硫催化剂系列产品为主导产品销售,并开发推广新的系列产品,发展西南、华北市场,开发华南、华中、东北等区域市场。年销售收入增长率达到90%,近3年研发投入在营业收入总额的占比达到5.2%。

一、生产经营。公司一期项目新型固硫剂催化剂生产线,主要产品为高效复合水泥系列外加剂,产品自投放市场后,提高水泥性能,降低生产成本,满足硫排放达标。产品技术含量高,创新性强,技术达到国内领先水平,对解决水泥工业产量低、质量差、能耗高、污染重的矛盾,提升水泥工业的技术水平,促进水泥工业"绿化"进程,完善水泥生产模式有重大作用。为进一步把公司做大做强,公司新开发的硫离子交换剂新产品为鸿燕二期项目,于2018年开始实施,并被列为2018年"湖南省5个100重大科技创新"项目,计划投资8500万元,建设全自动智能化生产线两条、厂房一栋、六层的科研技术中心一栋,项目建成后年产值达2亿元,创税1000万元,增加人员就业机会100人。该产品是为解决材料寿命,使高分子材料废弃物变废为宝,实现资源再生利用。在保持资源平衡、能源平衡和环境平衡,实现社会和经济的可持续发展等方面将起到非常重要的作用。

二、新材料研发。公司有研发人员5人,年度投入研发经费317万元。与湖南省环境保护科学研究院合作研发的"新型高效煤炭固硫催化剂关键技术研究及产业化"技术获得国家发明专利授权两项,该项技术使用在国内各大型水泥、煤电生产企业最常见的煤炭脱硫方法为钙法脱硫与氨法脱硫。但是钙法脱硫存在工艺复杂、设备管道易堵塞等问题,脱硫率只有80%,而氨法脱硫存在投资较大和安全隐患大等问题，脱硫率只有85%。公司自主研发的新型高效煤炭固硫催化剂，能使熟料产量大幅提高，降低熟料能耗，提高熟料强度，保证将水泥、煤电生产过程中气体排放中的 SO_2 有效转化成 SO_3 固化在熟料中，脱硫率达到95%以上。 （张桂英）

农业科技

【概况】 2019年，张家界市科技局加强农业科技服务体系，做好科技特派员、科技人才队伍管理工作。

一、加强科技服务体系建设。成功创建省级星创天地2家，张家界农业科技园成功认定为国家级农业科技园，武陵源区农业科技园成功认定为省级农业科技园区。截至2019年底，张家界市共有国家级星创天地3家、省级7家。建立并推广"派单制"，制定完善科技特派员考核办法，明确考核内容、考核方式以及激励措施。依托市科技信息研究所成立市级服务中心，并在各区县建立相应的区（县）级服务工作站，及时为农户提供新品种、优质种养技术、病虫害防治、农副产品加工贮藏和供求等信息，初步形成新型现代的农村科技信息服务体系。做好人才技术培训。全市共组建专业合作社或企业166家，推广新技术134项，引进新品种79个，开展使用技术培训282次，共培训23691人次。

二、抓科技专家服务团工作。从科研院所和高等院校以及农业技术部门选派科技特派员、"三区"科技人才等专业人才联系全市358个贫困村和企业，每个区（县）选派一名科技专家服务团团长，负责组织团员开展创新创业、专业咨询、企业孵化的指导。服务团设粮食、蔬菜、林果、畜牧、水产、良种、经济作物7个专业服务团队，围绕农民增收、产业发展，开展科技培训、科技咨询、技术指导活动，形成"龙头企业+科技人才+基地+农户"的运行模式。

三、做好科技特派员、"三区"科技人才工作。全市范围内深入开展"三区"科技人才和科技特派员基层科技扶贫、创业服务行动，促进农业科技产业的发展和经济结构调整，取得显著成效。2019年，全市共选派科技特派员268人，其中省派42名、市派35名、区县派191名；"三区"科技人才58名；贫困村科技人才服务覆盖率为100%。通过科技扶贫，全市358个贫困村全部受益，服务农户43904人，有效带动建档立卡贫困户脱贫12593户，贫困户人均增收1000元以上。省派驻慈利县洞溪七姊妹辣椒开发公司、联系洞溪乡洞溪村的科技特派员邓后勤被评为全国优秀科技特派员。

四、加强科技人才队伍管理。全市推荐省科技创新人才计划项目8个、中央引导地方科技发展专项（科技扶贫项目）4个，组织实施2019年市级科技创新农业领域项目申报、立项工作，共立项10项，指导4个区县科技专家服务团申报省科技厅的科技扶贫专项4个，省级科技特派员项目4个，每个项目获资金支持10万元。 （周可慧）

【张家界久瑞生物科技有限公司】 2019年，张家界久瑞生物科技有限公司，一直专注于植物提取，以纯天然五倍子、塔拉、枳实、黄姜等植物为原料进行精、深加工，开发提取单宁酸、没食子酸、陈皮甙、皂素等系列产品。实现营业收入17215万元，同比增长11.82%，实现利润总额1332万元，同比增长9.45%，实现出口408万美元，同期下降17.91%，下降原因主要是受中美贸易战影响。

一、生产经营。张家界久瑞生物科技有限公司已基本完成原址土地变性、土地协议出让等方面工作，目前正在拟定成立新公司方案，计划以此次整体搬迁为契机，对久瑞公司进行分拆，成立新公司，主营业务仍旧是五大产业：五倍子产业、皂素产业、橙皮甙产业、地方特色植物提取产业和健康产业。公司环保涉及废水、废气、固废和噪音四大块，一直秉承达标排放，不碰底线的原则，全年处理废水34.6万吨，废气和固废也本着有效安全处置的原则进行无害化处理，全年未受到一例环保处罚，经受多次的省市环保主管部门的现场检查，也通过环保部的督查。易制毒品管控实现100%无差错，各项劳保防护用品及时发放到位，职业健康管理有序推进，全年组织大的应急预演1次，安全培训100%的全覆盖。

二、生物研发。全年公司投入研发费用520万元，进行9项项目的研发、小试及中试工作，其中已试产销售产品3项，同时还建设植提平台1个，2020年可通过植取平台进行高纯单宁酸、塔拉单宁、黄姜皂素等项目的相关中试工作。张家界久瑞生物科技有限公司具有湖南省五倍子工程技术研发中心和湖南省企业技术中心两个升级创新平台，同时建有国家发改委项目植物提取中试平台一个，为国家级重点农头企业、湖南省高新技术企业、湖南省林业农头企业、五倍子产业国家创新联盟理事单位。拥有发明专利23项，其中已受权10项，授权中13项。 （梁 源）

【张家界茅岩莓有限公司】 2019年，张家界茅岩莓有限公司大力开拓境外市场，逐步完善的营销和服务网络，公司实现营业收入8489万元，同比增长6%；利润总额399万元，同比增长11.4%；同时实现出口1.45万元。

一、生产经营。张家界茅岩莓有限公司继续凭借自身规模化、标准化的种植基地及具有产品初加工、深加工生产厂房设备及检测设施的一、二、三产业硬件，结合张家界市旅游资源，全力将自身打造为"农业+旅游"的精品园区，形成一种"参观+体验+购物"的工厂旅游销售模式，实现茶旅的深度融合，促进锦绣潇湘全域旅游的发展。张家界市委市政府目前正大力发展西线旅游，这意味着我"茅岩莓"基地将贯穿张家界西线旅游。基础设施的逐步完善将大大缩短茅岩莓工厂与基地的距离，节约原材料的运输时间，游客可以坐车直接达到种植基地，参观现场制作，在种植田体验亲自采摘的乐趣。同时，公司分别在罗塔坪乡、王家坪乡、三家馆乡建立厂房，与当地农户建立专业合作社和基地初加工厂，采用"龙头企业+合作社+基地+农户+市场"模式进行经营，指派专人指导茶农选育、栽培和采收等一系列服务，带动450户精准贫困茶农走上脱贫致富的道路。在质量管控方面，公司通过有机产品认证、ISO质量管理体系认证、

HACCP体系认证,切实保证产品质量安全。

二、研发工作。张家界茅岩莓有限公司走产学研相结合的道路,与国内知名厂家、院所企业合作,共同开发具有高附加值的“茅岩莓”系列产品,完善“茅岩莓”牌保健茶、原茶、含片、日化品四大系列。目前,公司正在与有关科研单位研制“茅岩莓”提取物黄酮、二氢杨梅素等系列产品,向医药领域拓展。公司生产的“茅岩莓”茶经湖南中医药大学药学院检测:总黄酮含量最高达37.81%,有效成分二氢杨梅素含量最高达28.12%。经韩国食品科学研究院检测报告显示其总黄酮含量高达38.7%。公司承担的湖南省战略性新兴产业项目——“茅岩莓植物黄酮及二氢杨梅素提取分离关键技术研究与产业化项目”正在实施当中,相关生产检测设备即将完成安装调试;通过本项目的实施,突破相关分离提取及加工技术,黄酮及二氢杨梅素纯度达到99%,可有效促进我省天然产物有效成份的分离提取及加工技术的水平提升,对我省医药产业、保健品产业的发展起到积极的推动作用。通过项目实施,可有效延伸莓茶产业链条,建立茅岩莓科技扶贫技术体系,加快武陵山区脱贫致富,意义重大。 (罗智文)

社会发展科技

【助力节能减排、污染防治建设】2019年,张家界市科技局不断发挥科技对张家界市节能减排、污染防治的推动作用。5月,举办科技活动周活动,将节能降耗、绿色消费作为一项重要内容进行宣传。加强节能降耗科技研发,6月与市财政局联合发布《关于申报2019年张家界市科技创新项目的通知》和《2019年度张家界市科技创新项目申报指南》,将节能降耗科研项目纳入申报受理范围,择优5个项目列入2019年度张家界市节能、减排、污染防治类科技创新项目给予支持。

【科技合作交流】 推进与国际、国内科研机构、大学、大型企业科技合作。针对张家界市地域优势、特色产业和技术需求,引进领先技术和高科技人才到张家界市创新创业,解决重大关键技术和瓶颈技术问题的科技合作事项。10月,“第十五届中俄大气物理、气候与环境国际研讨会”在张家界市举办,张家界市科技局与市委外事办和省科技厅国际与区域科技合作处进行工作对接,并解答相关政策。通过科技项目支撑,加强节能、减排、污染防治攻坚战的产学研技术合作,鼓励企业与科研院所、高校进行产学研合作创新,促进张家界市高新技术及战略性新兴产业发展。三木能源公司承担的省科技厅科技合作项目“生物质气化技术在户用炉具中的应用”,通过项目的实施,引进加拿大生物质气化技术,改良出一种新型户用生物质热水循环采暖锅炉,达到既节能又环保作用。

(周化玉)

学术交流与科普活动

【概　况】2019年,市科协加大科普工作和学会工作力度,推进全市科协事业发展。

一、科普工作。2019年,市科协认真推进科技助力精准扶贫项目实施,组织慈利县洞溪乡乐庄村、桑植县芙蓉桥白族乡夹河坪村等19个贫困村申报2019年国家和省级农村科技助力示范项目,获得国家、省级科技助力项目资金190万元。充分履行全民科学素质纲要办职能,积极推进纲要实施,协调推进15个纲要办成员单位落实任务。组队参加“第二届湖南省科学素质大赛”现场赛,积极推进“第三届湖南省科学素质大赛”,全市各领域各行业参加答题活动44.3万多人次,位列全省第六。牵头开展“全国科普日”“科技活动周”“文化科技卫生三下乡”“食品安全宣传周”等各类科普主题活动,发放科学素质读本、科普宣传手册3000余份。“全国科普日”活动得到学习强国平台推介,张家界市科协被湖南省科协授予“优秀组织单位”。主办张家界市第29届青少年科技创新大赛,“优才杯”青少年机器人竞赛等各类青少年科技创新竞赛活动,组织中小学生参加湖南省青少年科技创新大赛。提质升级“科普张家界”微信公众号,升级后单月阅读量达3万多人次。发动市全民科学素质成员单位、全市科协系统、学会(协会、研究会)加入科技(科普)志愿者队伍,开展科技(科普)志愿服务活动100余次。

二、学会工作。举办2019年“全国科技工作者日”活动,制定《张家界市科学技术协会科技工作者来访接待工作细则》,进一步密切与科技工作者的联系。加强与院士专家工作站的对接联系,为工作站向市委人才办申报2019年科技人才开发专项奖励6万元。认定张旅集团股份有限公司院士专家联合创新中心为张家界市院士专家联合创新中心,为全市创新驱动发展搭建更高层次的交流平台。与华中科技大学签订《共建研究生实践育人基地协议》,共建实践育人基地。有序推进高校、企业科协组织建设。举办香港工程师学会青年会员事务委员会与所属市级学会学术交流座谈会会,为双方搭建联系渠道,加强交流合作。加强学会监督管理,推进学会规范化建设,与市民政局积极对接,引导活“僵尸”学会有序退出。推进市救护培训研究会、市电机工程学会等学会(协会)承接部分政府转移职能10余项。

【“全国科技工作者日”活动】2019年5月,在全市范围内开展一系列“全国科技工作者日”系列活动。推荐庹年初参与全国最美科技工作者评选,被湖南省人民政府授予“湖南省最美科技工作者”荣誉称号。向红网张家界推荐黄宏全、秦自云、汤佳等5名科技工作者,作为“芳华70载·奔跑追梦人”全市科技人物代表进行专题报道。市经开区、市卫健委、市科技局等16家市直单位及各区县积极参与,通过悬挂宣传标语、播放宣传视频等方式,在全市营造良好的节日氛围。

【湖南省科普大篷车助力精准扶贫慈利行活动暨张家界市2019年全国科普日活动】2019年9月19日,牵头组织湖南省科普大篷车助力精准扶贫慈利行活动暨张家界市2019年全国科普日活动,线上开展“科普知识网络大赛”,线下开展科普大篷车进扶贫村、进学校、进社区，举办“科学家大讲堂”等特色科普活动。活动得到学习强国平台推介，产生良好的社会效应。市科协被省科协评为2019年全国科普日活动“优秀组织单位”。

【青少年科技教育活动】 2019年1–5月，先后主办张家界市第29届青少年科技创新大赛、第六届青少年鸽子花科技创新奖，“筑梦航天、青春飞扬”青少年航天知识竞赛张家界市选拔赛、“优才杯”青少年机器人竞赛等各类青少年科技创新竞赛活动。4月13日组织中小学生参加湖南省青少年科技创新大赛，获奖45件，其中3件科幻画作品在全国青少年科技创新大赛获奖。6月成立张家界市五项学科竞赛管理委员会，顺利完成2019年各项竞赛张家界赛区组织工作。8月组织慈利县一中15名高中学生参加华东师范大学青少年科学夏令营活动，开阔学生科技视野。

【“名校+名城”研究生实践育人基地】 2019年4月11日，市科协与华中科技大学签订《共建研究生实践育人基地协议》，在全市范围内共建研究生社会实践育人基地，吸引生物化学与分子生物学、电子信息与通信、数学与统计等专业6名硕士研究生到张家界市工业园、市工信局、市统计局等相关单位进行挂职锻炼，为全市的科技人才引进培育发挥重要作用。

【企业科协组织建设】 2019年10月至11月，市科协创新工作平台，拓宽工作空间，深入17家企业走访，与园区科协、高新企业的联系渠道和沟通机制，为企业科协组织开展工作创造条件。2019年全市成立企业科协13家，实现企业科协组织建设在规模以上高新技术企业全覆盖。建立张家界市企业科协联合会，为凝聚和服务企业科技工作者，促进和提升全市企业自主创新能力凝聚力量。

（本栏撰稿 孙一鸣）

知识产权

【概况】 2019年，是张家界市机构改革后在市场监管体制下知识产权工作的开局之年。一年来，以中共十九大精神和习近平新时代中国特色社会主义思想为指引，深入贯彻《国务院关于新形势下加快知识产权强国建设的若干意见》和中共中央办公厅、国务院办公厅《关于强化知识产权保护的意见》，深入实施创新发展战略和知识产权战略，着力提高知识产权创造、管理、保护和运用能力，各项工作取得良好进展。张家界市专利申请量1055件，比上年增长12.59%，其中发明专利申请361件，比上年增长18.75%；专利授权量444件，比上年增长22.31%。张家界市每万人有效发明专利拥有量1.12件，比上年增长7.89%。新增注册商标2529件，较上年增长83.93%，张家界市现累计拥有注册商标8222件，较上年增长87.21%。新增中国驰名商标1件，累计达到7件。新增马德里国际注册商标30件，累计达到37件。新增地理标志商标1件，张家界市地理标志商标和地理标志产品达9件。

【品牌建设】 2019年，张家界市将地理标志运用促进工作作为知识产权推动区域特色经济发展和助力精准扶贫的突破口来抓。“张家界大鲵”“桑植蜂蜜”被列入首批国家地理标志运用促进工程项目。市政府成立地理标志保护工作领导小组，桑植县成立地理标志助力精准扶贫项目工作领导小组。大力推进地理标志助力精准扶贫和特色产业发展。2019年，“张家界大鲵”被市委市政府列入《五大特色产业发展》和《优势农产品“3+2+N”三年行动计划》之首。大鲵存栏量增至320万尾，2019年近1000人建档立卡户贫困人口因养殖大鲵人均增收3200元。“桑植蜂蜜”共发展蜜蜂产业新型经营主体280个，全年养蜂达15500箱(群)，实现总产量232.5吨、综合产值达2.325亿元，带动23个乡镇2000多户贫困户脱贫。市市场监督管理局和市银监局召开联系会议，专门部署和研究知识产权质押融资和保险工作。平安保险张家界公司着力推进专利保险业务。2019年，张家界市完成专利质押融资400万元，增幅位居全省首位。知识产权战略实施专项项目建设取得实效。2019年，张家界金鲵生物工程股份有限公司申报的“大鲵深加工专利技术研究与开发”、张家界航空职业技术学院申报的“高校知识产权人才培养”两个项目被列为湖南省知识产权战略实施专项。2018年获得湖南省知识产权战略实施专项立项的三个项目全部通过省局的绩效评估。

【地理标志运用促进工作】 2019年，“桑植白茶”获得地理标志证明商标。11月，邀请国家知识产权局组织有关领导和专家在张家界市开展地理标志运用促进工作调研，并举办地理标志运用促进座谈会。知识产权出版社在张家界市开展地标产品采风形活动，并拍摄“印象画桑植”地理标志宣传片。“桑植白茶”宣传登录央视13个频道滚动宣传。加强地理标志的宣传推介，提升地理标志的品牌价值，“桑植白茶”入选湖南“三湘四水五彩茶”之一。

【知识产权宣传】 2019年，知识产权宣传周活动期间，张家界市区县市场监管部门开展形式多样的知识产权宣传咨询活动，共发放宣传资料5000余份，出动工作人员215人次，共出动车辆46台次，提供咨询达1000人次。4月22日，邀请国家知识产权局有关领导和专家在张家界市召开知识产权保护座谈会，并举办大型知识产权专题讲座，张家界市市场监管系统300多人参加讲座。4月中旬，张家界市场监管局先后在所辖四个区县举办为期一周的知识产权品牌建设系列知识讲座。8月16日，在武陵源区举办“企业知识产权保护策略”专题讲座。10月21日，张家界市场监管局联合张家界高新技术开发区举办知识产权实务培训班。国家知识产权局张家界商标受理窗口开始运营并全面开展网上注册申请，全年共受理商标注册申请464件。现拥有张家界武陵山知识产权代理有限公司、张家界慧诚商标专利事务所两家专利、商标代理机构，为湖南大湘西地区唯一具有两家知识产权代理机构的地市州。湖南知识产权(张家界)综合服务中心和湖南知识产权维权援助(张家界)中心正在建设中。张家界市现拥有14家律师事务所，可进行商标、著作权、不正当竞争等知识产权案件的诉讼代理工作。拥有湖南省知识产权专家顾问1名，湖南省知识产权维权援助咨询专家1名。

(本栏撰稿　卓媛媛)

气象服务

【概况】 2019年，张家界推动气象现代化建设取得实效。根据湘气函〔2019〕7号文件通报，张家界市气象现代化评分达90.14分，其中防灾减灾、预警预报、支撑保障三项指标均列全省首位，已率先基本实现气象现代化。张家界国家气象观测站搬迁获中国气象局批复同意，荷花新址于2020年1月1日正式启用。参加2019湖南技能大赛. 第十四届全省气象行业职业技能竞赛暨第七届全省气象行业天气预报技能竞赛，1名队员获历史个例二等奖。开展全市地面观测自动化改革、站网信息规范化管理和气象观测质量管理体系建设。观测业务质量全省靠前，国家气象站传输及时率全省第2名，业务可用性全省第1名；区域气象站传输及时率全省第4名，业务可用性全省第5名；天气雷达站业务可用性全省第3名。全市多篇次科研论文在湘鄂渝黔四省市边界协作区第31届气象学术交流会和湖南省气象学会2019年学术交流年会上获奖。气象部门始终坚持“准确、及时、创新、奉献”的气象人精神，秉持“为民管天追求卓越，优质服务造服一方”的服务理念，做到精密监测，精准预报，精细服务。

(王　林)

【决策气象服务】 2019年共出现20次强度不等的强降水、三次低温雨雪冰冻、夏季两段高温热浪、一段中度气象干旱天气、一段特旱气象干旱天气。全年共制作发布气象服务材料400余期、气候服务材料70期、预警信号190次、为重大节假日和社会活动制作专题材料40余期、向市委市政府和有关部门领导发布加密短信24次。面对2019年的极端异常气候、复杂天气以及频发且多种类的灾害性天气，每次过程做到提前主动发布专题，实时跟踪监测，及时发布预警信号，过程结束后给党政领导编发天气实况和气象服务信息。气象部门积极主动为各级党委政府领导指挥防灾减灾救灾提供优质的气象服务保障，多次受到党政领导的高度肯定。(梁　可　王　林)

【公共气象服务】 2019年利用手机短信、微信、QQ、钉钉、96121、“张家界气象”微信公众号和“张家界预警发布”抖音号等渠道及时发布预报预警信息。定期为农业、旅游、烟草、环保、交通、铁路、水电、林业等行业提供针对性较强的专业气象服务产品。在春运、春节、端午、高考、国庆等节假日和国际森保节等重大社会活动开展专题气象服务，全年共召开新闻发布会3次，部门联动会3次。组织参加张家界市饮用水水源保护区突发环境事件应急演练。在“3·23”世界气象日、“5·12”防灾减灾日、“安全生产月”、“科技活动周”、“全国科普日”等时节开展形式多样地气象科普宣传。(梁　可　王　林)

【农业气象服务】 2019年，制作发布粮食产量预报、春耕春播、夏收夏种、秋收秋种气象服务专报和农气旬月报27期。及时制作发布为农服务产品，开展种养大户“直通式”气象服务。永定区局通过山洪项目，桑植县局通过三农项目，完成基层防灾减灾“六个一”标准化建设。桑植五道水镇获评“标准化气象灾害防御乡镇（街道)”。全市有3人获评湖南省现代气象为农服务专家组成员。同时，积极开展气象行业扶贫工作，气象监测和预警发布设施覆盖全市所有乡镇；将全市扶贫工作队成员全部加入预警信息平台，可及时获取气象预警信息，服务农业生产和农村防灾减灾救灾工作。

(梁　可　王　林)

【人工影响天气】 2019年，张家界市人工影响天气工作始终坚持把气象防灾减灾放在首位，着力强化体制机制、人员队伍、基础设施、技术装备等人影规范化建设，作业规模不断扩大，服务领域不断增加，服务能力不断提升，在全年防雹抗旱增雨、保障农业生产、森林灭火、服务生态建设等方面取得明显的经济效益和社会效益。全市7个高炮作业点和6部车载火箭分队共成功组织人工防雹、增雨作业32站次，发射高炮炮弹近1500发，火箭弹30发，取得良好的防雹和增雨效果。

(王　林　龚爱军)

【气候影响评价】 2019年，气候对张家界经济社会发展影响较大。

一、气候与农业。2019年张家界市农业气候条件整体为正常年景，年初持续低温阴雨寡照对农作物生长造成不利影响，下半年全市虽然出现严重的干旱，但相关部门联动抗旱，未造成大的损失。另外，今年未出现大面积暴雨洪涝灾害，整体较利于农作物的生长发育和农事活动的开展，确保粮食总产量较上年增加。

二、气候与林业。森林火险的气候影响因子主要有最高气温、降水量、最小相对湿度、最大风速等。2019年，由于冬季出现低温雨雪冰冻现象，林内可燃物大量堆积，入春以后回暖快，张家界市4月5 ~7日清明假期，最高气温升致29℃~33℃，相对湿度最低值在10%~20%之间，天干物燥，森林火险等级高。祭祖加上春季农事用火高峰，森林火灾事件大幅增加。据市委报道，清明期间发生50余起森林火灾。7月20日至10月10日，张家界市遭遇持续高温、干旱天气，空气干燥，森林火险等级居高不下，农村焚烧秸秆、杂草极易诱发火灾。9月20日至10月2日，永定区共发生森林火灾14起，过火面积约26.702公顷，其中1公顷以上的较大森林火灾5起，无重大森林火灾发生。10月初，市森林防火指挥部召开紧急会议，切实落实森林防火，严格检查督促防火措施，要求死防死守，全面消除火灾隐患。此后全市森林火灾事件急剧回落。

三、气候与电力。2019年由于年降雨量偏少，为1958年有气象记录以来第5低值，全年水电发电量7.65亿千瓦时，较上年偏少34.3%。同时，降水还通过影响气温，对供电量产生影响，因降水多伴有降温，从而对地区用户空调负荷影响大，造成供电量的增减。

四、气候与蔬菜。2018/2019年冬季罕见持续的低温阴雨寡照导致越冬蔬菜生长迟缓，上市量明显减少，价格偏高明显。五月上中旬低温连阴雨天气致蔬菜大棚空气湿度大，缺乏光照，生长缓慢且易滋生病害，大棚草莓减产10%以上，大棚育苗的辣椒苗出现僵苗现象严重。7月，随着天气气温升高，本地当季蔬菜水果大量上市，黄瓜、辣椒、苦瓜、西红柿、茄子、西瓜、香瓜等不少蔬菜水果价格回落，环比便宜20%左右。8月持续高温天气，日照偏多，蒸发量大，导致张家界、桑植出现轻度气象干旱，慈利出现中度气象干旱，各种蔬菜缺水干枯，产量减少，价格同比上涨30%左右。9月气温偏高，日照偏多，雨日少，降雨量小，蒸发量大，全市干旱加重，张家界出现特旱，桑植、慈利出现重度干旱，高温、干旱影响蔬菜灌溉，部分乡镇连饮水都困难，蔬菜灌溉几乎断绝，蔬菜价格环比上涨30%左右。10月中旬以后，降水增多，温光水条件适宜，蔬菜生长良好，大量上市后价格回落到正常水平。

五、气候与生活。2018年12月至2019年2月，张家界市平均气温5.5℃，较常年偏低1.0℃，气温明显偏低。平均日照时数72.8小时，创历史同期新低，较常年偏少114.6小时。降水日数43.3天，创历史同期新高，较常年偏多12.2天。湿冷天气使人感觉更冷，极易发生感冒事件。2月5日和2月16日，桑植县上洞街乡和慈利赵家岗乡分别发生一起炭火取暖不当致3人和2人一氧化碳中毒死亡的事故。据统计，整个冬季共发生13起市民取暖不当，木炭烤火导致一氧化碳中毒死亡21人事故。2019年张家界市高温日数41.7天，较常年偏多20.9天，桑植、张家界、慈利国家气象站高温日数分别为36天、52天、37天，分别较常年偏多20.9天、27.6天、14.3天。7月20日至8月6日和8月11日至25日，张家界市出现两段不同程度的高温热浪天气过程，其中桑植、张家界的高温最长持续时间分别为13天、18天，达到极端高温事件标准，极易发生中暑事件。8月20日一妇女在中石化张家界中心加油站中暑晕倒在地，市民紧急抢救使其脱险。2019年1~9月，慈利县降雨量为808.7毫米，较历年同期偏少32.6%，降雨严重偏少，出现严重干旱灾害，尤其是岩泊渡镇田坪村、阳和土家族乡杨家坪村人畜饮水问题突出。灾情发生后，县委、县政府迅速部署抗旱救灾工作，县应急、水利、消防、环卫等部门及各乡镇积极开展下乡送水活动，重点保障建档立卡贫困户、五保户等弱势群体的饮水困难，日平均每天送水51车，送水人口1.073万人，累计送水1000余车，缓解群众饮水困难。

六、气候与水利。2019年，张家界市年平均降水量1031.4毫米，居1958年有气象记录以来排位第5低值，较常年偏少351.0毫米。全市水库、堤防等设施运行正常，无大的突发险情发生。年内2月、4月、6~12月降水量较常年偏少，其中2月、4月、8月、12月偏少3~4成，7月偏少5成，9月偏少9成。

七、气候与交通。交通运输的气候影响因子主要有道路结冰、积雪、强降水、大雾、大风、高温等。2019年，张家界市低温雨雪冰冻时间短，仅10天左右轻冰冻；暴雨5站次，较常年偏少8.3次，没有大范围暴雨洪涝出现，强对流天气多，大雾次数较上年减少，以上灾害性天气对交通运输造成的影响有限。

八、气候与健康。2019年1-2月长时间的低温阴雨寡照天气以及期间出现的三次低温雨雪冰冻过程（1月1日至3日、2月8日至10日、2月17日至18日）和两轮高温热浪天气（7月20日至8月6日、8月11日至25日）对人体健康影响较大。

九、气候与旅游。根据旅游指数和旅游气象条件分级，张家界2019年旅游气象条件优，极适宜旅游五级有134天；气象条件良好，适宜旅游四级有123天；气象条件一般，基本适宜旅游三级有48天；气象条件较差，不太适宜旅游二级有32天；气象条件差，不适宜旅游一级有28天。

十、气候与环境。根据空气污染气象条件指数和等级划分，张家界2019年气象条件好，非常有利于空气污染物稀释、扩散和清除有164天；气象条件较好，有利于污染物稀释、扩散和清除有157天；气象条件一般，对空气污染物稀释、扩散和清除无明显影响有26天；气象条件较差，不利于空气污染物稀释、扩散和清除有14天；气象条件差，非常不利于空气污染稀释、扩散和清除有4天。 （陈孟琼 梁 可）

防震减灾

【概况】 2019年，张家界市认真贯彻落实《中华人民共和国防震减灾法》，防震减灾工作围绕地震监测预报、震灾防御、应急救援三大体系建设，扎实推进，地震灾害防御能力显著增强。夯实地震群测群防工作基础，对张家界市19个群测群防点进行抽查、重新认定，对各观测点的工作制度、地震知识宣传挂图、地震应急电话标识牌情况进行检查，对损坏的资料进行更换，及时收集19个群测群防观测点数据，重点收集羊毛塔水温观测收据。严格执行省、市会商制度，做到周、月会商和临时会商互相补充同时利用前兆观测资料，认真分析研究，及时向省地震局上报会商意见。开展主题为“提高灾害防治能力，构筑生命安全防线”的防灾减灾宣传活动。活动现场，发放消防、火灾、急救、防震减灾等知识手册上千份，展示宣传展板30余块。10月23日市地震局工作人员在崇实小学家长开放日期间讲解防震减灾科普知识，深受学生、老师、家好的好评，通过学习家长和学生都知道在家里、学校、户外及室内应该怎样安全正确地避险。2019年5月10日，张家界防震减灾科普馆举行开馆仪式。张家界防震减灾科普馆总面积500平方米，分为地震威胁展区、地震知识介绍、地震模拟逃生训练、防震减灾工作展示四大区域，是一个互动性强、内容丰富的科普展馆。2019年7月，张家界防震减灾科普馆被认定为第十三批湖南省科学技术普及基地。全市22所防震减灾示范学校在“5·12”防灾减灾日期间都开展不同形式的活动，组织学生现场疏散逃生演练,开设防灾减灾教育课20多节,开办防灾减灾黑板报100多块,共有1万多学生参加活动，掌握地震自救互救能力。组建18人的地震现场工作队,保障震时科学、依法、统一、高效、有序地开展现场处置工作,为地震指挥决策提供可靠数据支撑，最大限度地减轻地震灾害损失。

【应急值守处突】 2019年,市应急管理局全面加强重点时段、传统节日、灾害天气等重要时节的管控,实行“三个到一线”工作机制,领导到一线督查、监管部门到一线排查、重点部门到一线执勤。应急管理部门严格落实“三个三分之一”值班规定,其他重点部门严格落实24小时双人值班制度。认真开展各类应急演练,旅游、应急、消防、海事、卫生等部门先后组织大小270余次应急演练，在慈利县组织近年来规模最大的防汛演练，应急指挥能力和快速反应能力有较大提升。先后成功处置“5.25”永定区罗塔坪7名驴友因暴雨山洪被困事件,“8·7”慈利金岩乡群众山洪被困事件和“8·11”桑植陈家河天然气槽车侧翻事故，应急能力得到检验。

（本栏撰稿　彭海凌）

社会科学

总　类

【概况】 2019年,张家界市社会科学界联合会(以下简称市社科联)贯彻落实中共十九大精神和习近平总书记在全国宣传思想工作会议上的重要讲话,围绕市委、市政府的中心工作,开拓创新,开展社科普及、社科研究、学术交流、学会管理各项工作。

(本栏撰稿　孙　鹏　宋泓锡　朱　洹)

社科普及

【概况】 2019年,市社科联积极开展社科普及工作,创新方式方法,贯彻落实《湖南省社会科学普及条例》,全面实施《张家界市社会科学普及基地管理办法》,推进社科普及工作。开展群众性社科普及活动,以新时代文明实践中心为载体,进一步发挥社科普及基地和社科团体作用,加强市社科理论宣讲志愿者队伍建设,开展对象化、分众化、互动化、精准式宣讲。组织开展习近平新时代中国特色社会主义思想和优秀传统文化"进机关、进社区、进校园、进企业、进农村"活动。7月出版发行《台湾总兵刘明灯》,全书22万字,彩色印刷,重点讲述清朝名将刘明灯镇守台湾保家卫国的事迹。

【社科普及基地】 2019年,市社科联完成对首批市级社科普及基地考核验收和第二批市级社科普及基地考评工作。第一批5个基地2个优秀一个合格,并对2个不合格的社科普及基地予以摘牌处理。优秀基地是市家庭教育学会、市国学教育研究会;合格基地为永定区王家坪镇石堰坪村;被摘牌的为慈利三官寺的红旗渠遗址和永定区沙堤街道板坪社区居委会。

2019年,张家界市社科普及基地完成接待工作。市社科普及基地慈利三官寺袁任远故居全年接待参加主题党日的党员和建党积极分子1万余人,分别来自永定区、武陵源区、桑植县、慈利县等。张家界市博物馆用历史馆、地质馆、非遗馆三个主题展览和4D影院,讲好"历史故事、红色故事、绿色发展"等三个故事,全年免费开放303天,接待参观人数达到18万人次,提供公益讲座服务300场次。张家界市湘鄂川黔苏维埃纪念馆改变宣讲方式,把红军的先进事迹编写成一个个感人的故事制成视频,传承优秀的红色文化。

【张家界市家庭教育学会】 2019年,张家界市教育学会宣传宣讲300多堂课,举办"好爸爸、好妈妈、好孩子"系列评选表彰活动,评出一批好爸爸、好妈妈、好孩子、优秀讲师、文明家庭,颁发奖牌与奖证。开展家庭教育"进机关、进社区、进学校、进农村、进企业"的活动,其中走进新时代文明实践所(站)开展讲座50场次、走进学校开展公益讲座50场次、走进企业宣讲15场次、走进机关宣讲16场次,还在岳阳、常德等地举办讲座与活动4场次。全年共举办专题讲座与拓展活动200场次,参与活动10000多人次。组织10名非遗文化传承人在景区表演,宣传非遗文化,积极推动文旅融合,这一活动被中央三套节目报道,同时也在张家界市电视台、湖南都市频道报道,并积极开展社科基地服务活动。先后为78名家长及孩子提供咨询服务,协助孩子与家长找回自信,回归健康成长的轨道。组织5名热爱传统文化的会员去孔子故里山东父母大学学习。

(本栏撰稿　孙鹏　宋泓锡　朱洹)

社科研究

【概况】 2019年,市社科联适应国家全面深化改革和张家界市"创新引领、开放崛起"战略需要,在社科研究方面取得一些成就与进展。9月12日,市社科联组织召开2017年度13项市级社会科学课题进行结题评审,13项市级课题符合结题条件,9月20日下发结题证书和结题文件。市社科联二级调研员宋泓锡在国家级报纸杂志发表《推动张家界市产业发展战略创新的思考》《张家界对接粤港澳大湾区产业融合发展的几点思考》《关于落实绿水青山就是金山银山理念的思考》等5篇调研文章。其中,《张家界对接粤港澳大湾区产业融合发展的几点思考》这篇调研文章获得湖南省政协办公厅和湖南省社科联的荣誉(二等奖)。张家界市社科界政协委员李宗利教授的学术论文《张家界健康养老产业现状问题与对策》在省社科联获得荣誉。

【张家界市税务学会】 2019年,张家界市税务学会选定《促进税务队伍深度融合,激发队伍活力研究》调研课题并开展细致的调查研究,撰写高质量的调研报告。推出张家界市税务局内刊《张家界税韵》,反响良好。

【张家界市炎黄文化研究会】 2019年,张家界市炎黄文化研究会坚持课题研究,办好《张家界文化与旅游》内刊,并出刊两期。积极开展"旅游和文化融合发展""张家界红色文化""张家界史文化""张家界校园文化"等课题研究,在有关书刊上发表篇有一定价值的文章13篇,计4万多字。

【张家界市档案学会】 2019年,张家界市档案学会举办湖南省"德立信杯"档案人精准扶贫征文活动,有11篇论文获奖。10月,组织会员单位及全市档案工作者联合微爱公益服务中心志愿者及社会爱心人士80余人,深入桑植县洪家关白族乡龙头村开展扶贫日捐赠活动。

【张家界市中共党史学会】 2019年,张家界市党史研究会启动《中国共产党张家界历史》(第一卷)的修订工作,参与撰写《张家界英烈谱》,参与编印《难忘的历程——回忆录之七》、参与征编《湖南剿匪——张家界剿匪》,形成专题史料10万余字。参与编写《张家界革命老区发展史》,在国家刊物公开发表《长征时期红二方面军保存有生力量的经验探析》专题研究论文。

(本栏撰稿　孙　鹏　宋泓锡　朱　洹)

学术交流

【概况】 2019年,市社科联多次开展学术交流,积极组织下属学会开展学术交流的活动。

【张家界市教育学会】 2019年，学会组织参加省教育学会举办的“教育信息化2.0背景下基础教育创新发展”论坛。召开区县教育学会秘书长工作会议，推动教育科研结题工作进入实质阶段。组织参加省教育学会举办的“教育信息化2.0背景下基础教育创新发展”论坛。组织开展全市普通高中12个学科骨干教师“工作坊”网络线上线下研修活动。

【张家界市心理学会】 2019年，张家界市心理学会参加湖南省女职工芙蓉公益讲堂讲师比武，共有10名会员参加比赛，获得省级三等奖两个，优秀奖3个。成立二级机构——张家界心理服务委员会，引进财富沙盘、oh卡游戏、心理服务专业技术岗位培训等项目。建立晨语团队，会员达30人，全年共撰写晨语300余篇，共计30余万字，开展各种工作坊，举办正面管教工作坊四期，参加的家长学员60人次；举办少儿情商训练工作坊，有12名学员参加；与桑植思源学校签订心理咨询合作项目，组织桑植的咨询师为12名学生开展一定周期的心理咨询。承接团省委高考减压讲座任务，派出8名讲师举办14场讲座，共有3000余名学生参加学习。10月，在慈利县零阳镇完小成立未成年人心理健康教育辅导站(知心屋)，学生团辅、个案、讲座定期举行。关注社会问题，积极参与精神扶贫，家长俱乐部组织会员每月在凉水口镇李家庄村开展一次活动，在武陵源索溪学校和桑植芙蓉桥中学开展留守儿童知心屋计划，举办讲座、团体心理辅导、个案咨询以及心理知识选出等活动。

【张家界市云梦山鬼谷文化研究会】 2019年，张家界市云梦山鬼谷文化研究会于7月成立，推出鬼谷智慧、鬼谷神功、鬼谷康养三大产品。制订“鬼谷神功传承人培养计划”与“鬼谷讲堂”开展方案，向中国先秦史学会递交在张家界设立中国鬼谷文化文旅融合促进会和鬼谷文化学院的报告。

【张家界市崇山文化研究院】 2019年，张家界市崇山文化研究院与中国人民大学科学社会主义新农村建设课题组组长韩秉欣一行进行文化探讨，对中华万年以上的祖源文化进行研究成果交流，对以后的研究重点、工作方法等各方面进行深入讨论。

（本栏撰稿　孙　鹏　宋泓锡　朱　洹）

学会管理

【概况】 2019年，市社科联加强社科团体和社科基地的管理，深入市级社科团体13次、市级社科普及基地6次和3个省级社科普及基地3次开展调研指导。依据《民间组织登记管理条例》，严格审查新设立社团的《章程》，重点审查社团宗旨、研究方向、会员条件、议事规则、会费来源收取与管理以及发起人的政治背景和简历，不符合要求的、条件不成熟的一律不审批。

组织开展相关的教育活动。组织社科团体负责人集中学习党的创新理论和《习近平总书记对湖南工作重要指示精神学习要点》。与张家界市家庭教育学会进行调研座谈，探讨未成年人思想教育的相关问题。

规范和完善社科团体党支部建设，6月28日，市社科联与张家界市彭祖文化研究会联合开展“重走长征路、奋进新时代”主题党日活动，通过在贺龙纪念馆为贺龙铜像敬献花篮，重温入党誓词，再到刘家坪红二方面军长征出发地纪念馆聆听红军长征故事。全年分别下基层学会上党课8次，对学会党支部加强指导和监管，提高学会基层支部的规范和效能。为6个市级学会和5个市级社科普及基地支持工作经费共计5.5万元，强化学会管理工作。

（本栏撰稿　孙鹏　宋泓锡　朱洹）

学会建设

【概况】 2019年，张家界市社科联深入学会多次，对学会进行指导建设，张家界市场监督管理学会、张家界市国学教育研究会、张家界市白族文化研究会、张家界市品轩文旅研究院分别开展特色活动。

【张家界市场监督管理学会】 2019年，张家界市场监督管理学会(原张家界市工商学会）组织会员参加湘鄂川黔革命委员会旧址纪念馆展览、桑植刘家坪的红二方面军出发地纪念馆展览等革命传统教育，赴张家界廉政教育基地学习，聆听市委宣传部刘明成主讲的《防范化解重大风险》的党课。

【市钱币学会】 2019年，市钱币学会通过《金融时报》《张家界日报》等媒体推介人民币知识。举办“五进”系列宣传活动。全年共开展宣传9次，其中农村地区宣传3次、景区宣传2次、学校宣传1次、社区宣传3次，发放宣传资料12000多份，接受询问60000多人次。在茅岩河镇开展以“过新年、换新钱”为主题的大型反假货币宣传活动，计兑换5万余元各种券别人民币；3月15日在武陵源区开展以“提升现金服务水平，推进现金服务示范区建设”为主题的现金服务知识和反假货币知识现场宣传活动；5月15日组织开展反假货币主题宣传活动。

【张家界市国学教育研究会】 2019年，张家界市国学教育研究会多次在张家界市举办汉学家塾（亲子教育冬令营)公益研习班，参加人员多达三百人次。会长昌发军多次进乡村举办国学教育讲座，实现从“引进来”到“走出去”的突破，带动学会发展进入一个新阶段。

【张家界市白族文化研究会】 2019年，张家界市白族文化研究会到花垣县十八洞观摩，学习精准扶贫经验。学会和党支部到桑植5家白族乡召开白族文化传承和发展调研座谈会。11月份召开市白族文化研究会第三次会员代表大会。

【张家界市品轩文旅研究院】 2019年，张家界市品轩文旅研究院开展知识讲座4次，开展张家界市范围内景区文化挖掘工作、乡村旅游业态规划的思考、康养休闲度假的探索，收集景区民间故事、传说、典故和征集诗词歌赋等，进一步充实完善旅游攻略。

（本栏撰稿　孙　鹏　宋泓锡　朱　洹）

教育

总 类

【概况】2019年，张家界市共有各级各类学校249所（不含246个农村教学点），其中，义务教育学校219所，完全中学5所，独立高中8所，中等职业学校9所，特殊教育学校5所（包括民办2所）；技工学校2所，普通高校1所，高等职业学校1所，成人高校1所。全市中小学在校学生186244人，特殊教育学校在校学生539人（含民办142人），高校在籍学生25600人。全市共有幼儿园339所，在园（班）幼儿44805人。全市中小学现有在职教职工13037人（含临聘教师），其中义务教育阶段教职工10006人（小学5928人、初中4078人）。2019年，市教育局机关内设9个行政科室：办公室（加挂法制行政审批服务科牌子）、规划财务科、基础教育科、职业教育与成人教育科、民办教育科、教育督导室、体育卫生与艺术教育科（加挂学校安全管理工作科牌子）、人事科（加挂教师工作科、市语委办牌子）、机关党委，6个局直属事业单位：市师资培训中心、市教育考试院、市大中专毕业生就业办公室、市教育后勤产业服务办公室、市教育科学研究院、市电教仪器站、市学生资助管理中心，1个群团组织：市教育基金会秘书处。2019年，共有在编在岗干部职工63人（其中行政编制18个），其中，中共党员44人、副处级及以上领导干部15名、局班子成员7名。共有退休干部职工37人。

【市直学校】 市教育局有直属学校3所，即张家界市广播电视大学、张家界市民族中学、张家界市特殊教育学校。张家界市广播电视大学（2012年7月加挂张家界市社区大学的牌子）属正处级事业单位，2019年在编在岗教职工16人，设有理工、文科、经营、艺术、师范五类29个本专科专业，共有开放教育在籍学生2800人，其中本部有学生1300人，40个教学班。张家界市民族中学属副处级事业单位，2019年有66个教学班，在校学生3914人，教职员工232名，系市级示范性普通高中和综合学业水平A类学校。张家界市特殊教育学校属正科级事业单位，校园面积0.727公顷，校舍建筑面积7000多平方米，可容纳20个教学班300名残疾学生就读。2019年，共有9个教学班，其中聋生班8个，启智班1个，在校残疾学生118人，在编在岗教职工35人，是全市唯一一所九年寄宿制特殊教育学校。

【教育督导】 2019年，全市有8名督导评估专家参加国家级高级研修班学习，168名督导专家参加省级督学能力提升网上培训。2019年，全市30名督导专家参与教育督导论文研讨，1人获省优秀论文一等奖，4人获省优秀论文二等奖。教育专项督导。配合省示范高中督导评估组对张家界市第一中学进行省示范性普通高中复牌验收工作。4月上旬，市教育局组织专家对桑植县18所义务教育阶段学校进行重点抽查，建立问题台账登记问题33个，追补欠拨教育经费7512万元。12月，联合市实事办对6所农村公办幼儿园（省级教育实事项目）和12所义务教育学校（市级教育实事项目）进行评估验收，向省教育厅提交“张家界市2019年教育实事项目农村公办幼儿园评估报告”。对所辖79所幼儿园的办园行为进行督导评估，74所被评为“合格”，合格率93.7%。教育均衡发展评估。4月中旬，配合省教育厅第五督导组对桑植县“义务教育均衡发展”进行评估验收，核查学校41所14项指标，发现问题170个，分校建立问题台账。2019年，武陵源区被教育部评为国家义务教育质量监测实施“县级优秀单位”，永定区、慈利县顺利通过省级第二轮“两项督导评估”验收，均获“合格”等次，被省人民政府认定为“教育强县（市区）”，慈利县学前教育、职业教育被评为单项“优秀”等次。桑植县荣获湖南省2019年县级教育工作“两项督导评估考核”优秀等次并被认定为“教育强县”。市政协副主席、桑植县委书记刘卫兵，县委副书记、县长赵云海教育工作实绩考核被评为优秀。

【教师队伍建设】 2019年，张家界市配齐配强市直学校教师队伍。2019年，为市直学校招聘公费师范生6人、引进全日制硕士研究生5人。全面实施中央银龄讲学计划。全市招募退休讲学教师24人，其中永定区10人、武陵源区2人、慈利县5人、桑植县7人，目前这些教师在校情况稳定，教学效果较好，受到师生好评。2019年7月，向省教育厅申报2019~2020银龄讲学计划，拟招募中央银龄讲学计划10人，省级银龄讲学计划78人。三是建立评先创优机制。联合市教育基金会评选优秀校（园）长10名，最美乡村教师19名、优秀班主任30名，优秀特岗教师10名，优秀支教教师10名。慈利县三合镇三合口中学教师黄芳荣获“全国模范教师”称号，永定区崇实小学南校教师许杰荣获“全国优秀教师”称号，慈利县许家坊土家族乡金仙山村小学教师许金旺、武陵源区第二中学教师王志强荣获“湖南省优秀乡村教师”称号。5月31日，市教育局推荐楚任杰和唐新标为张家界市委常委联系高层次人才对象。楚任杰，女，中共党员，现任张家界天门小学校长，正高级教师，“全国五一劳动奖章”“全国巾帼建功标兵”“湖南省先进工作者”“湖南省特级教师”“张家界市教育人才发展双名工程名优校（园）长”等荣誉称号获得者；唐新标，男，中共党员，慈利县第一中学副校长，高级教师，“湖南省特级教师”“张家界市教育人才发展双名工程学科带头人”“全市中学数学教学研究与改革工作先进个人”“张家界市德育工作先进个人”等荣誉称号获得者。

【语言文字】 2019年，张家界市精心组织普通话宣传周活动。7~8月，对全市1200名中青年教师进行普通话集中培训；全年组织普通话测评12次，参测教师2900余人次。抓实学校语言文字推普工作。在全市各级各类学校继续推进语言文字达标建设，68所中小学通过验收。市教育局组织以“爱党爱国”为主题的演讲比赛活动庆祝中华人民共和国成立70周年，1100名教师参加全市经典诵读活动，用实际行动大力弘扬传承中华优秀传统文化，产生良好效果。强化语言文字队伍建设。截至12月底，全市已组建完成185人的专、兼职语言文字工作者队伍，普通话测试人员达86人。

【学生资助】 2019年，张家界市破解教育扶贫四大难题。其原则是："应学尽学"，目标是：劝得进、学得安、有人教、有学上，措施是："三帮一"(明确一名教师、一名村干部、一名结对帮扶责任人帮扶一名辍学学生)。2019年，共资助学生110585人，共资助金额1.4724亿元。聚科技之力，推进教育扶贫精准管理。湖南教育精准扶贫"一单式"信息服务系统是教育扶贫工作平台和考核平台。2019年，市教育局高标准完成"一单式"信息服务系统67552人次、基础信息核实64121人次，全年线上线下控辍保学清零率和学生资助落实率均为100%，全方位实现"应学尽学""应助尽助"全覆盖、零遗漏。截至12月底，义务教育阶段辍学孩子全部劝返，失学清零，获省教育厅通报表扬。人才培养阻断贫困代际传递。2019年，全市定向培养建档立卡贫困户子女140名为农村公费定向师范生。(本栏撰稿 伍贤友 李祥声)

规划财务工作

【芙蓉学校项目】 2019年，芙蓉学校建设全面铺开。全市立项6所芙蓉学校。桑植县芙蓉学校已竣工投入使用，慈利县芙蓉学校、永定区天门山芙蓉学校、永定区沙堤芙蓉学校在紧锣密鼓地建设中，正在规划中的有2所，即：慈利县金岩土家族芙蓉学校、桑植县利福塔芙蓉学校。概算总投资4.5亿元。6所芙蓉学校校舍规划面积98100平方米，普通教室162间，学位7920个。

【消除义务教育大班额】 截至12月底，全市消除义务教育大班额402个，完成省定年度保底任务数(293个)的137.20%，完成省定年度任务数(374个)的107.5%，年度任务数完成比名列全省第三。全市"大班额"占比较2018年的33.1%下降到9.5%，下降24个百分点。由局长兰智平主持的《为班级"瘦身"给质量增高——张家界市消除义务教育大班额专题调研报告》荣获张家界市委"不忘初心、牢记使命"主题教育优秀调研报告一等奖；《湖南日报》头版头条以《张家界力推教育"瘦身健体"》为题进行典型报道。载至12月底，张家界市中小学还有义务教育大班额760个，其中城区526个、乡村234个，分别占比69.2%和30.8%。其中：永定区192个，城区、乡村分别为181个和11个，分别占比为94.3%和50.7%；慈利县256个，城区、乡村各为141个和115个，分别占比为55.1%和45.9%；桑植县258个，城区、乡村各为150个和108个，分别占比为58.1%和41.9%；武陵源区中小学大班额清零。从大班额班级分布来看，城镇小学、城镇初中的大班额占比较高，达69%。可以看出，这与城镇化不断推进、人口大量向城区流动密切有关。据永定区2019年秋季学校定案数统计结果显示，永定区中心城区目前仍有17所中小学校存在大班额情况，其中小学13所、初中4所，大班额学校占比为80.95%；大班额存量为191个教学班（其中小学124个教学班、初中67个教学班），大班额班级占比为25.81%。

【规划建设项目】 2019年，张家界市规划中心城区中小学幼儿园建设。出台《张家界市中心城市中小学幼儿园建设三年行动计划(2019–2021年)》，并经市人民政府第64次常务会议审议通过。拟通过3年努力，在市中心城市新建、改扩建、配建52所中小学幼儿园，总投资达24亿元，可新增义务教育标准学位20090个；截至12月底，大庸小学3栋教学楼及综合楼已封顶、食堂和学校操场均已完成地下室施工；张家界雨露学校幼儿园、小学、初中教学楼已完成基础施工；永定区西溪坪完小规划红线已确定，完成地形测绘；张家界文津小学正在进行土地报批工作，所有报地资料已上传省里办事大厅待审批；北大邦学校由市自然资源和规划局拟定3个项目选址方案，正报市人民政府进行审定；武陵源画卷路幼儿园、张家界幼儿园已竣工验收。乡村小学寄宿制学校建设。2019年，根据国务院办公厅《关于全面加强乡村小规模学校和乡镇寄宿制学校建设的指导意见》为切实推进张家界市乡村小规模学校和乡镇寄宿制学校建设，市教育局编制《张家界市乡村小规模学校和乡镇寄宿制学校建设规划(2019~2020年)》计划两年内新建、改扩建、维修改造两类学校163所，预计投资7.9亿元，其中乡镇寄宿制学校110所，乡村小规模学校53所。截至12月底，已完工24所、动工建设26所，完成投资3813万元，其中中央资金1466万元，省级资金1475万元，市区县资金872万元。根据教育部、国家发改委、财政部《关于切实做好义务教育学校薄弱环节改善与能力提升工作的意见》精神，市教育局编制《张家界市薄弱学校改造和能力提升两年规划(2019~2020年)》，以突出重点，聚焦薄弱，实事求是，量力而行的原则，预计投资5.4亿元，其中中央专项2.5亿元，省级专项1.9亿元，市级专项1000万元，区县配套9000万元，建设面积18万平方米，购置图书4.4万册，计算机3000台，课桌椅1300套，单人床900架。截至12月底，已完成投资1.5亿元，完成比例29%，校舍开工面积9.2万平方米，开工率49%，竣工面积5.5万平方米，竣工率30%，仪器设备采购投入2126万元，完成率44%。另外，市教育局会同市发改委编制《张家界市中小学集中改厕项目实施方案(2019~2020年)》，全市规划资金共计4617万元，对122所学校464个厕所改造或新建，面积14690平方米、蹲位5437个。市教育局起草的《张家界市中心城市中小学幼儿园建设三年行动计划(2019~2021年)》，7月31日市政府第64次常务会议审议通过，9月10日由市政府办印发。

(本栏撰稿 伍贤友 李祥声)

学前教育

【概况】 2019年，全市有幼儿园339所（不含农村小学附设的207个学前班)，其中：公办园111所(城区16所，农村95所)，民办园228所(城区140所，农村88所)。全市有3~5岁适龄幼儿51331人，在园在班幼儿44805人，学前三年毛入园率为87.3%，普惠率为84.5%，公办园在园幼儿占比为37%。截至12月底，全市共有学前教育教师4368人，其中城区2711人(公办141人、民办2570人)、农村1657人(公办198人、民办1459人)；获得教师资格证的有1859人，占全市学前教育教师总数的 42.6%。

【普及普惠】 2019 年,全市积极推进学前教育普及普惠发展。一是加强农村公办园建设。全市共投资 1600 万元,建成 6 所农村公办园。二是组织开展普惠幼儿园专题调研和城镇居民小区配套园调研活动各 1 次。提交调研报告各 1 份,为上级教育行政部门决策提供依据。三是启动城镇小区配套幼儿园专项治理工作。张家界市教育局联合市财政局、市自然资源和规划局、市住房和城乡建设局四家出台《张家界市城镇小区配套幼儿园专项治理实施方案》,全市治理城镇居民小区 35 个(其中永定区 23 个、武陵源区 1 个、慈利县 6 个、桑植县 5 个)。2019 年 8 月,下发《关于做好全市小学一年级“零起点”教学工作的通知》,秋季开学,以“不忘初心、牢记使命”主题教育为载体,围绕幼儿园去“小学化”、小学一年级教学“零起点”进行深入研讨。通过现场观摩、数据分析、交流访谈等方式,为规范幼儿园办学行为打下良好基础。

【园本教研】 2019 年,张家界市依据幼儿园本园的教育资源和实际创新性开展园本教研活动。一是园本教学研究。市教育局会同区县教育局定期或不定期地下沉基层参加幼儿园教学研讨活动,通过教学示范、案例评析、论文研讨等形式引导教师深入研究教育教学过程中的热点和难点问题,有效促进幼儿教育由传统的单一式向多元式转变。全市 90%的幼儿园基本形成集体备课、小组研讨、学习反思、说课评课等集约式园本教育教学研究常态,整体提升全市幼儿教师的理论素养与专业水平。11 月 5 日,省教育厅举办的“全省幼儿园优秀班级主题区域活动案例展示及研讨会”,全市 85%的幼儿园组织观看网络现场直播,之后并进行深入的线下研讨。二是创新开发园本幼儿课程。2019 年,为配合市委“抢救和挖掘张家界非物质文化遗产”的指示精神,发挥自身优势、挖掘内部潜力,将非物质传承列入幼儿园园本课程开发的重要内容。广泛收集民间流传的故事、民谣、童谣、儿歌、民歌、舞蹈,园本课程丰富多彩,为幼儿创设健康、文明、和谐、安全、丰富的生活和活动环境。张家界第一幼儿园的园本教材《良好习惯培养》、张家界民族实验幼儿园园本教材《儿歌童谣》以及武陵源区机关幼儿园的区域活动、慈利山水一鸣幼儿园的幼儿舞蹈等各具特色。

【幼师培训】 2019 年,全市加大幼儿教师培训力度。一是抓好“国培计划”。委托张家界第一幼儿园承办“国培计划”名园与武陵源区索溪峪镇中心幼儿园手拉手培训项目(D140)、“国培计划”(2019)幼儿园骨干教师访名园浸润式培训项目(D137)等活动,对来自湘西自治州的 35 位骨干教师和张家界市 74 位教师开展为期半个月的培训。委托张家界民族实验幼儿园承办“国培计划”学前教育乡村教师工作坊项目(D135)培训;完成幼儿教师“国培计划”(2019)各项培训活动。在永定区组织开展小学一年级教师“零起点”教学培训和幼儿园教师“一日常规活动”培训。二是抓好对口培训。2019 年,全市共派园长、骨干教师 60 人次先后到长沙、江苏等地参加学习观摩,选送 3 名骨干教师参加重庆师范大学举办的国培项目培训。三是以赛促学,以赛促教。根据省总工会、省教育厅、省人力资源和社会保障厅文件要求,举办“女职工职业技能竞赛活动”,全市选派 3 名优秀幼儿教师和保育员参加全省决赛,经过 5 天角逐,慈利县高峰乡中心幼儿园吴静获幼儿教师组三等奖,慈利县山水一鸣幼儿园陈珍华获保育员组三等奖。

【幼儿教育研究】 2019 年 8 月下旬,张家界民族实验幼儿园研究课题《幼儿园民间游戏创新研究》得到华东师范大学教授周念丽和湖南师范大学教授曹中平亲临开题指导。两位教授通过国内外幼儿教育现状分析,针对该园教育教学现状提出前瞻性的建议,9 月上旬该课题顺利开题。张家界第一幼儿园承担的《将非物质文化遗产融入幼儿园教育活动的研究》,经过省、市课题专家组评审,12 月下旬成功结题。9 月 20 日,张家界民族实验幼儿园与重庆师范大学学前教育系的老师们开展“同课异构”教学构思框架研究,该园全体教师收获颇丰。

(本栏撰稿 伍贤友 李祥声)

中小学教育

【概况】 2019 年,张家界市共有全日制小学 123 所(不含教学点校 239 所),九年制学校 33 所,乡镇初中 47 所,完全中学 4 所,独立高中 9 所,中等职业学校 8 所;全市小学在校生 113026 人、教学班 2812 个、班平 40 人,普通初中在校生 55334 人,教学班 1144 人、班平 48 人,普通高中在校生 27179 人,教学班 482 个、班平 48 人,中等职业高中在校生 11271 人。九年义务教育阶段学生年巩固率 97.02%,高中阶段学生毛入学率 94.8%。全市有教职员工 14635 人,其中专任教师 12315 人。全市有中小学特级教师 8 人。专业技术职称为:正高级教师 16 人、高级教师(中学高级教师)2343 人、一级教师(中学一级教师、小学高级教师)5378 名;学历结构为:研究生以上毕业 190 人、本科毕业 8166 人、专科毕业 4830 人。

【中小学德育】 2019 年,市教育局在强化中小学德育教育层面上,大力推进“立德树人”“心理健康”“社会实践”等三方面工作。第一,围绕“立德树人”主题,组织开展丰富多彩的班队活动。一是组织开展“传承中华传统文化”系列主题教育活动。“英雄在我心中”“我的家风故事”“我们的节日”“小小百家讲坛”“寻访红色足迹”“小小传承人”等活动开展得有声有色。张家界天门小学非遗传承项目被评为“全国非遗进校园优秀实践案例”。二是举行大型爱国主题教育活动。5 月 30 日,举行“童心向党,爱我中华”——欢庆“六一”颂党爱国庆典,来自永定区的 4500 名师生及家长共同欢歌祖国“献礼新中国七十华诞”为社会所震撼。三是开展“学习新思想做好接班人”主题阅读活动。市教育局印发《关于在全市中小学校开展“学习新思想,做好接班人”主题阅读活动的通知》,慈利县有 6 万余名中小学生参与诵读比赛。第二,围绕“心理健康”主题,做好中小学生心理健康咨询辅导。一是依托张家界市未成年人心理健康指导中心,做好未成年人个体心理咨询和团体心理咨询的接待、咨询、记录工作。截至12月底,中心共接待未成年人个体咨询131人,人均咨询2次以上,累计接待个案时数达360余小时。接待团体咨询6次,接受咨询辅导90人,累计时长120小时。二是做好心理健康教育调研工作。8月31日至9月6日,深入区县完成湖南省中小学生心理健康教育实地走访调研,进一步摸清全市中小学心理健康教育现状,为下一步做好中小学心理健康教育提供宝贵经验。三是开展心理健康教师培训。7月3~7日,带领42名专兼职心理健康教师赴常德参加由湖南文理学院主办为期5天的心理咨询师培训班。11月15日,组织教师参加全省心理健康教师专业技能竞赛,永定区黄家铺九年制学校屈梦云老师的心理辅导案例获省三等奖。第三,围绕"社会实践"主题,积极推进青少年校外社会实践活动。一是开展中小学生研学旅行活动。2019年1月,会同市发改委、市公安局、市财政局、市交通运输局、市文广新局、市卫计局、市旅外委、市食品药品监督局、团市委等10个部门出台《关于推进中小学生研学旅行工作的实施意见》,制定《张家界市中小学生研学旅行基地(营地)准入管理办法》《张家界市中小学生研学旅行承办企业(机构)准入管理办法》《张家界市中小学生研学旅行课程方案》;5月中旬,市教育局组织市文旅广体局相关人员赴上海进行考察学习。张家界市有4个爱国主义教育基地被省教育厅认定为"湖南省中小学生研学实践教育基地"。二是加强青少年校外活动中心、综合实践基地和乡村学校少年宫建设。2019年,全市共获得中央彩票专项基金支持青少年活动中心项目经费200多万元,建成乡村学校少年宫6所,其中慈利县3所,桑植县3所。

【义务教育均衡发展】 2019年,为进一步促进全市义务教育均衡发展,全市投资6108万元,完成12所义务教育学校建设任务。另外,市财政安排92万元资金,对按期完成建设任务的义务教育学校实施奖励。"全面改薄"工程圆满收官,实施项目学校147所,累计投入资金79044.58万元,其中中央投入资金40675万元,省级投入资金7672万元,地方投入资金30697.58万元,资金使用率106%。全市548所义务教育学校(含348个教学点)20条"底线要求"基本达标,全市中小学校无D级危房。

【争先创优】 2018~2019学年度,市教育局组织全市中小学争先创优活动。77名被评为省级三好学生,30名被评为省级优秀学生干部,1名被评为普通高中省级优秀学生、4名被评为"新时代湖南好少年"。2019年,市教育局组织各级各类学校认真开展以节约资源保护环境为主题,以"节粮""节水""节电""光盘行动"为切入点的丰富多彩的生态文明教育活动。武陵源区第二中学、慈利县零溪镇中学、桑植县芭茅溪学校3所学校被省教育厅评为"第七批省级生态文明示范校"。

【中考改革】 2019年,全市在稳步推进中考改革过程中迈开关键一步。一是建立初中英语口语人机听说考试试点。市教育局印发《关于做好2019年张家界市初中英语口语人机对话考试试点工作的通知》,为各试点学校安排资金统一添置考试所用听力设备;二是充分利用现代信息技术手段,改革高中阶段招生管理工作。开发"张家界市高中阶段学校招生管理平台"软件,功能涵盖中考考务编排、学生志愿填报、中考成绩发布、高中阶段学校招生管理等。2019年,全市所有高中阶段学校招生均通过平台招生,高中阶段学校招生工作的公平、公开、公正的阳光招生政策落到实处。

【高中教育】 一是规范高中阶段学校招生秩序。张家界市教育局为加强高中阶段学校招生管理,2019年4月,出台《张家界市2019年高中阶段学校招生统筹管理办法》,进一步加强全市高中阶段招生统筹,强化学生志愿填报,加大招生计划管控力度,规范高中阶段学校招生秩序。二是提升高中阶段学校管理水平。市教育局针对普通高中课程和高考制度改革等社会关注的热点问题,组织开展区县教育局分管副局长、基础教育股长、教研室主任,全市普通高中学校校长、分管教学的副校长、有关处室负责人300余人参加高中教育教学管理培训;利用暑期,先后组织道德与法治、语文、信息技术等学科专任教师的新教材培训,参与培训教师达2000余人次。三是建立完善学生综合素质评价机制。各高中学校基本完成2018年度高一学生综合素质评价资料上传、审核和2019级高一学生资料上传工作。四是鼓励普通高中学校特色发展探索,促进学校办学模式多元化。永定区天门高中开办小语种(俄罗斯语、西班牙语、日语)教学实验班。

【综合实践课程】 2019年秋季,全市义务教育阶段学校均按要求落实《湖南省义务教育课程计划》。一是加强课程计划管控,开齐开足综合实践活动课程。张家界崇实小学南校、崇实小学北校、天门小学还建立学生综合实践活动基地。桑植县凉水口学校被省教育厅评为"湖南省农村中小学劳动实践场所建设合格单位"。二是发掘学生创新潜能,开展丰富多彩的科技创新活动。在张家界金海实验学校成功举办全市中小学第三届科技体育运动会。竞赛项目有:遥控车模、遥控船模、遥控纸飞机、无人机、机器人、泡塑飞翼、定向越野七个项目,59支校队650名中小学生参赛。三是积极组织中小学生科技创新活动。市教育局联合市科协、市科技局举办全市第29届青少年科技创新和机器人竞赛,在2019年湖南省青少年机器人竞赛中,张家界市选送作品获省二等奖2项,三等奖3项;在全国青少年机器人等级考试活动中,张家界市选送22名学生参考,21名学生通过考试,通过率达95%,远超全国73%的平均考试通过率。

【课后服务】 2019年,市教育局市会同市发改委会出台《关于明确中小学生校内课后服务收费有关问题的通知》,"课后服务"工作全面启动。秋季,全市除桑植县外相继启动"课后服务"工作,截至12月底,全市已有51所中小学校成功推出课后服务,7万余名中小学生接受服务,解决学生放学后"四点半"的家长难题。

(本栏撰稿 伍贤友 李祥声)

特殊教育

【概况】 2019年,全市共有学龄残疾儿童1135人,在校残疾学生1066人(残疾类别分别为:视力残疾52人、言语残疾90人、听力残疾79人、肢体残疾261人、智力残疾383人、精神残疾17人、多重残疾184人)入学率为93.9%,其中随班就读527人,占残疾孩子总数的49.4%。截至12月底,全市共有特殊教育学校5所(其中民办特校2所),共有在校残疾孩子539人(含民办特校142人)。特殊教育学校分布情况:市城区九年制特殊教育学校1所12个班,学生107人;慈利县特殊教育学校1所8个班,学生111人;桑植县特殊教育学校1所14个班学生168人;永定区民办特殊教育学校2所10个班,学生142人。

【市特殊教育学校】 2019年秋季,市特殊教育学校共有12个班级“其中:听障班5个、培智班5个、聋儿语言康复班1个、职业技术培训班1个”,在读残疾学生107名(其中:一年级41人、二年级18人、三年级10人、四年级20人、六年级7人、八年级11人)。学校班子成员秉承让残疾孩子“进得来、留得住、学的好、出的去”的办学思路,35名教职工以求真、务实、敬业、奉献的工作态度,学校各项工作得到全面发展。学校通过全体教职工自下而上、自上而下反复讨论制定《张家界市特殊教育学校教师年度考核评分细则》,做到日常管理有据可依、有章可循,学校管理逐渐趋向科学化、规范化、制度化,发挥张家界市特殊教育研究中心作用。学校党支部注重全体教职工的思想建设,一年来,实打实地组织开展“不忘初心、牢记使命”的主题教育活动,学校工作纪律、学习纪律、思想纪律、廉政纪律、生活纪律焕然一新,全年学校责任事故零发生;教师的专业素养不断提升,5名教师参加国家通用手语集训,在“全省第一期国家通用手语比赛”活动中,个人赛中2名教师获省二等奖,全省43支代表队参加团体赛张家界市特殊教育学校代表队获团体总分前十名。12月,在“全市第一期国家通用手语比赛”活动中,宋运芳、王芳、侯艺3名教师获青年组一等奖;欧阳锦霞、龙霞、陈蕊、袁静4名教师获青年组二等奖;李金凤、王新2名教师获中年组一等奖;杨碧琳、向春香、胡秋君、尹金云4名教师获中年组二等奖。10~11月,选派18名教师先后去兰州、长沙、株洲、衡阳、湘西州等地参加专业培训,12月聘请心理学专家梁定召教授就《如何管理情绪》进行专业讲座。全体教职工教育教学专业素质得到较大提高,13名教师的课件、课例、微课、论文分别获省一、二等奖,学校被评为“湖南省首届特殊教育教学具设计大赛组织工作先进单位”。

【市特校整体搬迁项目】 2019年7月,根据《国家教育事业发展“十三五”规划》和《张家界市“十三五”加快残疾人小康进程规划纲要》的方案和要求,张家界市特殊教育学校整体搬迁工作列入市教育局重要办事日程。学校将建成张家界市特殊教育资源中心、康复中心,特殊教育指导中心、创新中心、师资培训中心为一体的综合性的特殊教育学校,涵盖聋、盲、培智、孤独症等多类残疾儿童教育。学校规模可容纳280名特殊儿童28个教学班,可基本满足全市适龄残疾儿童同时就读。根据教育部《特殊教育学校建设标准》第十六条规定:“特殊教育学校应选择地质条件较好、环境适宜、交通方便、地形开阔平坦、基础设施完善、符合卫生和环保要求,适合建设特殊教育学校的地段。”项目选址:市中心城区且住岗路东侧、高远路北侧、张家界民族小学南侧,占地面积2.587公顷;总投资为1.36亿元,建筑面积为18000平方米。

(本栏撰稿 伍贤友 李祥声)

职业与成人教育

【概况】 2019年,张家界市有中等职业学校8所,其中永定区2所、武陵源区1所、慈利县3所、桑植县2所;在校学生11271人,其中永定区3504人、武陵源区767人、慈利县4372人、桑植县2628人。全市中职学校与普通高中招生比为3.7:6.3,中职学校与普通高中在籍学生比为3.4:6.6,两项指标均未达到省定要求。2019年,全市应配备中职教师编制1125个,实际在岗754个,缺编371个。专业课教师应配备教师674人,实有489名,缺189人,“双师型”教师应配备教师337人,实有272人,缺65人。专业课教师特别是高素质“双师型”教师紧缺,距50%的比例要求差距甚大。 (伍贤友)

【职业教育培训】 2019年,市教育局根据教育部和省教育厅关于中等职业学校教师素质提高计划,主要采取以下措施:一是,培训职业教育管理人员。先后安排区县教育局分管领导和学校管理人员35人参加省区域中职教育改革发展专题高级研修班、卓越校长专题研修和全国中等职业学校学生管理信息系统新功能等项目培训的学习。二是,培训中职教师业务水平。全市共安排167人次先后参加省级以上专业带头人领军能力研修、教师企业实践、兼职教师特聘岗、贫困地区学校精准培训、公共课骨干教师培训、班主任培训、文体专干综合能力提升、信息技术应用能力培训等项目的培训学习,对提高专业课教学质量和校园文化建设起到很大促进作用。三是,培训提高师生综合素养。通过以赛代训、以赛促训,提高教师教学水平。市教育局组织开展全市中等职业学校教师技能竞赛比赛活动。有7所中职学校36个团队报名参加课堂教学比赛,有5所学校8名老师参加班主任基本功比赛。推荐8名教师参加2019年全省、全国中等职业学校教师信息化教学设计和说课交流活动,荣获省二等奖1个、省三等奖7个。 (伍贤友)

【改善办学条件】 2019年,武陵源区投资320万元完成旅游职业学校教学综合楼改造和实习实训设施添置;慈利县投资250万元完善慈利县职业中等专业学校基础设施建设、茶叶加工实训基地、汽车维修专业设备购置;桑植县投资400万元完善中职学校男生公寓配套设施,完成2000万元中央产教融合发展工程建设项目专项资金的一期主体工程。 (伍贤友)

【职业教育成果】 2019年,慈利县职

业中等专业学校“旅游服务与管理”“汽车制造与检修”两个特色专业群被省卓越中等职业学校立为重点建设项目;47名中职学生参加全省职业院校技能大赛,获省一等奖1个、二等奖6个、三等奖11个;在湖南省黄炎培职业教育奖创业规划大赛活动中,慈利县中职学校《手工铭茶制作与推广服务公司》荣获优胜奖。本年度全市共有中职毕业学生3774人,就业3747人,就业率为99.28%,对口就业率为84.23%;2067名中职毕业生升入高一级学校就读。2019年全市中等职业学校共招收5039名全日制新生,较2018年增加664人,提高13个百分点。 (伍贤友)

【职成教扶贫】 2019年,市教育局利用职业技术教育的优势组织培训贫困家庭劳动力达4000余人次。其中,永定区职成教中心组织开展建档立卡贫困户“两后生”(两后生,指初、高中毕业未能继续升学的贫困家庭中的富余劳动力)职业技能培训200多人次;慈利县职成教中心参与劳动力转移(焊工、电工、烹饪、茶艺师等)项目、电商创业、“两后生”等各类培训达1700余人次;桑植县职成教中心参与贫困家庭两后生、农村劳动力实用技术(维修电工、焊工、SYB创业、中式面点等)各类培训达600人次。 (伍贤友)

【张家界市高级技工学校技工教育概况】 2019年,张家界市高级技工学校技工教育发展稳中提质,以筹建湖南旅游技师学院为目标,上下一心,不懈努力。市委、市政府明确支持我校筹建湖南旅游技师学院,省人力资源和社会保障厅厅长胡奇、市委书记虢正贵、市人民政府常务副市长曾超群先后来校调研,基础性工作有序推进。学校成功创建“省级文明校园”,招生规模稳中有进,2019年招生人数达1063人;二期工程建设取得突破性进展,成功取得10公顷农用地转用、土地征收审批单;软件和硬件设施同步提升,在省级大赛中获得多个奖项。 (刘东昌)

【筹建湖南旅游技师学院工作】 2019年,市高级技工学校成立申筹湖南旅游技师学院工作领导小组,制定《张家界市高级技工学校筹设湖南旅游技师学院评估材料工作方案》。2019年1月,市人大七届三次会议《政府工作报告》中明确提出“支持张家界市高级技工学校筹建湖南旅游技师学院”,市人民政府向省人民政府呈报《关于恳请支持筹建湖南旅游技师学院的请示》。2019年3月,省委组织部副部长、省人力资源和社会保障厅党组书记、厅长胡奇,市委书记虢正贵,市人民政府常务副市长曾超群到该校考察调研,均表示大力支持我校申筹湖南旅游技师学院。 (刘东昌)

【张家界市高级技工学校综合楼建设项目二期工程建设】 2019年,张家界市高级技工学校综合楼建设项目已进入2020年教育现代化推进工程中央预算内投资备选项目公示名单。2019年9月,张家界市公共实训基地建设项目已进入2020年公共实训基地建设中央预算内投资备选项目公示名单。2019年12月,成功取得二期工程10公顷农用地转用、土地征收审批单,减免各种税费838.4615万元。 (刘东昌)

【张家界市高级技工学校文明创建工作】 2019年,张家界市高级技工学校成功创建“省级文明校园”,在第十五届(2019)湖南省中等职业学校“文明风采”活动,斩获省一等级1个,二等奖2个,三等奖5个,市一等奖5个,二等奖6个,三等奖4个,并获优秀组织奖。大力营造社会主义核心价值观学习氛围,深入开展“不忘初心、牢记使命”主题教育,成功举办庆祝新中国成立70周年“传承红色基因、立志技能报国”大型爱国主义教育活动和“我们的中国梦”校园歌手大赛,全校近3000师生唱响《我和我的祖国》《我们都是追梦人》,凝心聚力、共克时艰,干事创业、勇于担当的氛围逐步兴起。 (刘东昌)

【张家界市高级技工学校技能大赛成绩】 2019年,张家界市高级技工学校组织师生积极参加技能比武和技能大赛,在武陵山片区旅游服务业技能大赛中斩获一等奖2个,二等奖4个,三等奖7个,1人获得“湖南省技术能手”称号;在2019年湖南技能大赛·第四十六届世界技能大赛选拔赛中,获参赛单位二等奖,3名选手分别获全省第四名、第五名;1人在省电子商务师技能大赛中获三等奖,并参加全国决赛;在2019年全国导游资格考试中,通过率达68%;完成湖南省职业技能竞赛集训基地美发项目挂牌工作,提出2019年湖南省高技能人才培训基础能力建设项目实施方案。 (刘东昌)

【张家界市高级技工学校社会培训工作】 2019年,张家界市高级技工学校坚持“学制教育与社会培训并重”的原则,采取集中培训、送教上门等多种形式,开展农村劳动力转移培训、企业职工技能提升培训与企业管理人员培训、企业新型学徒制培训、“SIYB”“EYB”培训、全市基层劳动保障工作人员高技能业务培训、旅游服务技能提升培训等,学校有一支专职与兼职相结合、业务精良的培训师资队伍,学校还通过抓规划、抓协调、抓服务、抓质量占领张家界市本级的培训市场。2019年,共完成各类培训2096人次,其中高级工1286人次,中级工250人次,初级工(含培训)560人次。实现企业新型学徒制培训新突破,累计培训140人。

【张家界市高级技工学校招生就业工作】 2019年,张家界市高级技工学校在兼顾学校办学能力的前提下,逐步扩大学校办学规模。超额完成招生任务,2019年共完成招生人数1063人。学校与武汉海尔电器有限公司达成校企战略合作协议,完成与湖南铁道职业技术学院、武汉商学院、蓝思科技、眉州东坡餐饮管理公司、北京翔宇通用航空公司大型校校合作、校企合作。成功举办首届“双选会”,全校200余名学生达成就业意向,先后安排两批毕业生前往省内外大型企业开展顶岗实习。 (刘东昌)

民办教育

【概况】 2019年,市教育局根据湖南省教育厅下发的《关于持续推进校外培训机构专项治理工作的通知》和《湖南省校外培训机构专项治理工作方案》，联合市民政局、市市场监督管理局出台《张家界市校外培训机构管理办法》，办法第六条第一款规定："校外培训机构必须有符合安全条件的固定场所。建筑面积不少于300平方米，同一培训时段内生均面积不低于3平方米，确保不拥挤、易疏散。自有校舍须具有产权证，租赁校舍须提供具有法律效力的租赁合同，租期一般不少于5年。培训机构不得利用普通中小学校等全日制学校或幼儿园的场地办学。受捐赠场所办学的，需提供合法的产权捐赠证明材料。"扎实开展全市民办学校和校外培训机构专项治理，全年共排查培训机构440所，对41所校外培训机构进行重点治理，取得较好的成效。截至12月底，全市共有各级合格的登记在册的各类民办学校663所，覆盖幼儿教育、中小学教育、职业技术教育、高考备考补习、专业技能培训等5个教育领域，其中民办幼儿园230所，民办普通中小学5所，高考补习学校2所，民办中等职业学校2所，校外培训学校或机构424所。

【民办教育扶持】 2019年，市教育局根据《中华人民共和国民办教育促进法》对全市民办教育发展给予大力扶持。一是资金扶持。向省教育厅争取民办教育发展专项资金65万元，资金安排：永定区24万元、武陵源区5万元、慈利县18万元、桑植县18万元；争取市政财局预算安排市级民办教育发展专项资金30万元，资金安排：永定区10万元、武陵源区4万元、慈利县8万元、桑植县8万元。二是引进资金办学。2019年，批准建立桑植县金海高级中学，在市城区批准筹建张家界雨露学校、张家界市金海高级中学、张家界市文津小学。慈利县银澧学校已开工建设。

【民办教育管理】 一是，抓实民办学校年审登记。截至12月底，按照省教育厅的通知要求，对全市所有民办学校进行摸底排查，正式分类登记民办学校362所（其中非营利性75所、营利性287所）。二是，打造民办平安校园。为确保民办学校师生、财产安全，市教育局下发《关于切实加强民办学校安全工作的通知》，要求区县教育局紧密配合，在食品卫生、校车接送等方面作出硬性规定，要求建立严密的安全制度，层层分解，责任到人，杜绝事故发生。

【民办学校党建】 2019年，根据中共中央组织部《关于加强社会团体党的建设工作的意见》市教育局加强全市民办学校（含民办培训机构）党建工作。一是将民办学校的党建工作纳入教育工委的统一领导、统一部署、统一管理、统一检查督促。二是对全市民办学校所有的党员进行普查和登记。对具备条件的民办学校按要求成立党支部开展党建工作，吸收新的血液发展新党员，要求全体党员充分发挥先锋队作用，模范带领教职工爱岗敬业为民办教育事业做出贡献。

（本栏撰稿 伍贤友 李祥声）

高等教育

【吉首大学张家界校区办学概况】 2019年，张家界校区有五个本科教学单位，自然班级数148个，在籍本科生人数5322人。有5个研究生培养单位，4个学硕点，6个专硕点，在籍硕士生222人。2019年校区学士学位授予人数：（按学科门类）管理学269人，艺术学283人，文学213人，工学519人，农学59人，理学41人。获批"双万计划"国家级一流本科专业建设点1个（软件工程），省级建设专业4个（软件工程、英语、旅游管理、环境设计）。2019年校区4门课程获得学校一流本科建设课程立项，4门课程获批省级线下、线上线下混合式社会实践省级一流本科课程。教学单位获批省级教学成果（第二十届湖南省高等教育教学成果）二等奖1项，三等奖2项。全年校区完成国考任务10项，组考14320人次；完成校考任务8项，41506人次考生参加考试。组织各级各类学科竞赛30余次，参与学生达5000人次，获得A类赛国家级一等奖2项并获优秀组织奖（全国大学生广告艺术大赛获奖）、A类赛省级一等奖18项。

（杨 艳）

【吉首大学张家界校区软件工程专业入选首批国家级一流本科专业建设点】 2019年，吉首大学张家界校区的软件学院软件工程专业成功入选国家"双万计划"首批国家级一流本科专业建设点。

软件学院是按示范性软件学院模式兴办的实施校企深度合作办学的新型学院，学院被确立为湖南省高素质软件人才培养专项改革试点，拥有软件工程国家级工程实践教育中心、全国服务外包技能考试培训中心、湖南省"十二五""十三五"综合改革试点专业、湖南省首批双创示范基地（校企共建）、湖南省服务外包人才培训基地等高层次教育教学平台。

（曾明星）

【吉首大学张家界校区重点工程项目—实训大楼】 2019年，吉首大学张家界校区综合实训大楼项目是学校主要工程项目之一，总建筑面积19936.83平方米，总投资估算7159.06万元，资金来源由中央专项资金、学费等专户非税收入中安排。主要功能包括本科教育公共基础实验、专业综合实训和大学生科技活动与创新创业平台等实践教学体系。

项目于2019年12月5日正式开工建设，计划工期470天，施工单位为湖南沙坪建设有限公司，监理单位为湖南湖大建设监理有限公司，项目建成后可满足张家界校区软件服务外包学院和美术学院两个学院实训项目开展的需要。

（马 杰）

【吉首大学张家界学院】 截至2019年底，学院有院级领导8人，其中院长1人（简德彬），党委书记1人（王宾吾），副院长5人（何小飞、范本祁、王常锋、袁启君、向江）及董事会秘书1人（刘楚凤）。学院有全日制本科学生7326人，教职员工297人（含外籍教师7人）。

学院设教学单位5个：文艺法学院、经济管理学院、理工农学院、医学院和通识教育中心，其中文艺法学院下设中文系、外语系、法学系、音乐学、舞蹈系、美术与设计系6个教学系，经济管理学院下设管理系、会计系、经济系3个教学系，理工农学院下设计算机系、土木工程系、园林系3个教学系，医学院下设基础医学系、护理系2

个教学系及1个实验实训中心，通识教育中心下设思政教研室、公数教研室、健康教研室、才艺教研室、职业教研室5个教研室。学院可招生本科专业45个,2019年实际办学专业21个,涉及工学、理学、农学、管理学、经济学、文学、艺术学八个学科门类。

一、党建工作。学院党委下设7个二级党组织（3个党支部、4个直属党支部),13个党支部，共有党员369名，其中教工党员125名、学生党员244名,设党员活动室5个;成立主题教育领导及工作小组,制定《中共吉首大学张家界学院委员会“不忘初心、牢记使命”主题教育的实施方案》,建立主题教育网页,多角度、全方位推进主题教育;加强群团统战工作,成立学院第一个民主党派支部——“民盟吉首大学张家界学院支部”；学院结对帮扶桑植县洪家关白族乡陈家院村和打鼓泉村贫困户；学院宣传工作贴近实际,现有《张家界学院报》、校园电视台等宣传平台7个。

二、教学科研工作。立项地厅级科研项目14项；立项省级教改项目4项,验收2项;创办酒店管理精英班、华飞航空特色班；教师获省级课堂教学竞赛二等奖1项、三等奖1项,获省级信息化教学竞赛二等奖1项；学生各类考试成绩突出，护士执业资格考试通过率为99.22%,司法考试通过率为40%，园林专业考研录取率为23.6%;学科竞赛获国家级奖励10项,获省级奖励46项。

三、学生管理工作。2019年录取新生2119人,实际报到2034人;2019届毕业生数为1679人,最终就业率为85.94%；学院创新创业教育中心和大学生众创空间获批湖南省高校双创示范基地；学院全年共落实6项资助项目,共资助学生18303人次,资助金额达1556.242万元。

四、管理服务工作。引进学生宿舍空调、洗衣机、电吹风等社会化服务项目;优化师生就餐环境,三个食堂重新招标、装修,实现提质升级;成立学生伙食监督管理委员会；学院纸质藏书达55.3万余册;学院“读经典文化·诵青春之歌”活动获湖南省普通高等学校“一校一书——经典、精读、经世”阅读推广活动“创新案例奖”。

五、校园文化及交流平台。由政府、高校、企业共建、公管的张家界爱乐乐团入驻学院（乐团有外籍艺术家28人)；学院主办武陵山区扶贫文艺精品展暨学术研讨活动、第三届樱花文化艺术节等有较大影响力的艺术活动;学院成功承办、协办2019第三届中国·张家界国际旅游诗歌节、2019第十九届湖南张家界国际森林保护节等活动。（杨　春）

【张家界航空工业职业技术学院】 隶属湖南省工业和信息化厅管理，截至2019年底共有占地面积50.8公顷,建筑面积16.3万平方米,固定资产总值6.5亿元。现有教职工500余人,在校学生近万人。设有6个系部,开办33个专业。

一、人才培养。专业设置:对全院32个专业的专业建设指导委员会进行换届。2019年,通用航空器维修和导游2个新专业开始招生；飞机机电设备维修专业恢复招收空军士官;移动商务专业开展与非洲企业合作,按国际标准开展移动电商技能人才培养;取消航空材料精密成型技术专业。顺利通过省教育厅人才培养方案抽查、新开设专业办学水平评估、专业技能抽查标准和题库审核，模具与航空物流两个专业技能抽查三年制、五年制合格率均达100%。

现场管理。186名专任教师完成56698.8课时,人均304.83课时;兼课教师174人,完成12059.4课时,人均69.31课时;外聘教师15人,完成课时4367.48，人均291.17课时。下半年192名专任教师完成60555.9课时,人均315.40课时；兼课教师179人,完成12852.2课时，人均71.80课时;外聘教师18人,完成课时4813.76,人均267.43课时。

技能竞赛。积极组织参加国内外职业技能竞赛，先后荣获国赛三等奖1个,全国行业赛一等奖5个,二等奖4个,三等奖4个,省赛一等奖3个,二等奖2个,三等奖5个。在一带一路暨金砖国家技能发展与技术创新大赛中获得一等奖2个,二等奖1个;在第三届金砖与欧亚国家高科技公开赛中获得金牌。

二、产教融合。校企合作:开设中国航发南方机械加工定制班、继续与沈飞、贵飞等企业开展认识实习,与湖北三江航天、广东长盈、广东TCL、长沙威胜等企业开展生产性实习。移动商务、工业机器人、空中乘务专业均与企业开展深度校企合作，信息工程系实现校企合作专业全覆盖。此外,信息工程系和经济管理系在1+X证书方面进行积极探索。

定向培养士官。学院是中国人民解放军定向培养士官定点院校。学院进一步规范士官培养管理，制定思想政治、专业技能、军事体能三大考核标准,强化士官思想政治素质培养,注重士官专业技能培养，加强士官军事体能训练，着力实现士官生军事技能素质和军事行动能力“双提高”。2019年,航空机务士官学校、海军航空大学先后来校调研,为加强校校合作、增强定向士官人才培养合力奠定良好基础。

建校40周年校庆。2019年5月18日举办建校四十周年校庆,活动控制在中小规模，嘉宾人数不超过200人。这是该院建校以来首次举办校庆,活动得到省工信厅、市委、市政府、中国航空工业集团、中国航发集团等企事业单位以及各兄弟院校的大力支持,校庆各项活动取得圆满成功,实现展示办学成就、扩大社会影响、促进持续发展的预期目的。通过举办校庆,学院增强与社会各届的联系，与中国航空工业集团公司、中国航发集团公司及下属企事业单位的合作进一步深入,与兄弟院校的友谊进一步增进。活动结束后，学院先后与中国航空发动机集团公司、深汕特别合作区等签订合作协议，为促进学院可持续发展注入强劲动力。

三、校园建设:完成图书馆地下车库、空调安装调试、消防工程检测验收、工程整体检测验收,做好室外工程铺装、桃花林、樱花林建设、校园绿化日常维护;完成新建厂房、两栋新建学生宿舍设计、预算以及基础土石方平衡施工,启动第11栋学生宿舍开工建设。顺利通过德国促进贷款项目现场验收等工作。2019年10月份，德国KFW银行来学院对贷款项目进行最终验收,验收结果良好,学院利用德国促进贷款项目圆满完成。（谢尚町）

卫生艺术与国防教育

【艺术教育】 一是抓紧艺术教师培训与培养。依据张家界的民族、民间特色选拔优秀艺术教师组建“非物质文化遗产挖掘与传承”工作坊。二是开展教研活动不放松。组织全市40名音乐教师赴长沙参加“2019年全省小学音乐教学竞赛暨观摩研讨”培训活动；选派7节小学戏曲课参加“2019年湖南省小学戏曲教学竞赛现场展示活动”，桑植县思源学校崔春老师荣获省一等奖。三是修订《张家界市中考艺术素质测试方案》，组织开展全市初中毕业会考艺术素质测试试点工作。

【卫生与健康】 2019年，全市随着学校硬件条件达标，学校环境卫生得到改善。一是，加强全市学校生活垃圾分类管理。4月和9月，组织班子对全市中小学(幼儿园)校园的关键部位和薄弱区域进行环境卫生大排查，消除卫生死角。二是，强化校园日常保洁工作。全市强化垃圾桶加盖、垃圾池密闭、室内垃圾日产日清等措施，全市中小学（幼儿园）校园基本实现——干净、整洁、美观。三是，加强传染病、常见病防控。城区学校均设立卫生室或保健室，基本配齐专职校医或兼职保健教师。针对各类聚集性传染病的普查预警和防控工作，全市制定和完善学校突发公共卫生事件应急预案；严控虫媒疾病传播，学生常见病预防宣传教育已成常态。四是，加强学校健康教育。全市各级各类学校健康教育课开课率达到100%。

【国防教育】 学校国防教育，张家界市除在新生中开展军事训练外，还将国防教育列入课堂教育教学的重要内容。配发《人防知识教育读本》开设人防知识教育课进行课内专题传授；利用黑板报、广播站、校园网、校刊、标语等形式警示人防环境，利用文化课教学自然渗透国防知识。

（本栏撰稿 伍贤友 李祥声）

学校安全工作

【概况】 2019年4月，市教育局出台《全市教育系统安全监管“强执法防事故”行动方案》，一年来，领导牵头深入学校督查69次，参与督查领导254人次，督查学校137所次；开展督查行动466次，参与督查人员1484人，督查学校1056所次。一年来，取得成效显著。全市学生非正常死亡率较2018年下降42个百分点(其中学生溺水死亡率较上年下降83个百分点)；全市教育系统没有发生较大安全责任事故，学校安全工作形势总体可控，全市教育大局安全稳定。

【安全监控机制】 2019年，张家界市建立健全学校安全监控机制。一是，组建学生安全专业委员会。市政府成立由副市长邹菊芳任主任，市教育、公安、交通等11个部门分管负责人为成员的市学生安全专业委员会。制定工作规则，明确成员职责，组织专项督查整治，学校及周边安全得到保障。二是，明确任务分工压实工作责任。印发《学校安全工作职责分工》，将学校安全工作责任分解到每个领导、每个科室、每位干部，打破以往学校安全工作由管理者单打独斗局面。三是，建立安全微信群提速安全监管。除建立全市学校安全工作群外，还建立由市、区县教育局领导班子组成的学校安全管理微信群，及时传送安全信息、公布重大安全预警。

【安全预防教育】 2019年，市教育局加强安全预防教育。一是，强化安全教育。上好开学安全教育第一课，做好节假日、周末生命安全提醒，备好每天半小时安全教育课。二是，严防安全节点。结合季节、气候和不同时间节点，开展防火、防汛、防地质灾害、防欺凌侵害等方面教育。三是，压实教职工学生安全教育责任。每学期开学前夕组织教职员工认真学习《贯彻落实“一号检察建议”实施方案》，有效预防学生安全事故发生。2019年，全市中小学认真上好“防溺水教育课”“防赌毒教育课”“防性侵教育课”“防疫情教育课”四课，课时完成率100%；“全国青少年毒品预防教育数字化平台青骄第二课堂”组织学生学习禁毒知识，全市学校接入率、学生注册率、课时完成率均达到100％。四是，健全学生安全保护机制。截至12月底，全市中小学和城市幼儿园专职保安员配备率达到100%，100%的中小学实行封闭式管理，100%的中小学和城市幼儿园配备一键式紧急报警装置，100%的城市中小学和幼儿园设置“护学岗”。

【安全专项治理】 2019年，张家界市开展危险物品排查、收缴、管控行动。市教育局联合市公安局加强学校周边商铺、流动摊点非法销售贩卖危险物品和管制刀具的监管，禁止学生将管制刀具、易燃易爆、有毒物品等危及学生安全的物品带入校园。开展“黑校车”专项整治行动。组织各级各类学校对学生上下学乘车方式进行详细摸排，广泛收集“黑校车”线索信息，联合公安交警等部门给予严厉打击。开展中小学幼儿园安全整治专项行动。3~12月，在全市中小学、幼儿园组织开展“大排查、大管控、大整治”专项行动，重点是学生乘车安全、食品安全、消防安全、门卫安保等方面的隐患排查、管控和整治。四是，预防学生溺水专项行动。印发《张家界市人民政府办公室关于做好全市中小学生防溺水工作的通知》，联合相关部门对涉水安全隐患进行摸排，危险水域设立警示牌、安全隔离带、防护栏、求救电话标识等，对重点水域安排人员在重点时段巡逻监管。

（本栏撰稿 伍贤友 李祥声）

师资培训工作

【概况】 2019年，张家界市中小学教师参加县级以上培训的达12770人次。其中“国培计划”142个项目，培训教师3023人次；“省培计划”24个项目，培训教师135人次；“市培计划”7个项目，培训教师4056人次；“县培计划”28个项目，培训教师5556人次。累计支付培训经费350万元。受培训者涵盖教育行政干部、学校管理者、一线专任教师，乡村与城区教师参训比达6:4，培训教师倾斜乡村得到落实。

2019年,全市普通中小学校(不含民办学校)共补充新教师847人,较2018年增加127人。其中省部级公费师范毕业生160人、特岗计划123人、公开招聘283人、人才引进281人。

【双名工程】 2019年,市教育局加大“张家界市教育人才发展“双名工程”(“双名”,为“名优校长或园长”“名优教师”简称)推进力度。市财政每年安排“双名工程”专项经费150万元。通过层层筛选,对全市20名市级名优校(园)长、80名市级学科带头人、200名市级骨干教师,每年分别发放政府人才津贴5000元、5000元、3000元;每年安排名教师工作坊配套资金34万元,充分发挥“双名”对象的示范引领作用,带动全市教师队伍素质提升。

【教师职务评审】 2019年,市教育局严格贯彻落实省教育厅、省人社厅《关于中小学教师职称评审中对农村学校或薄弱学校任教经历要求的处理意见》,评审中小学(含幼儿教师)教师职称进一步向乡村教师倾斜。对在农村和艰苦边远地区工作满20年和30年,还是初级或中级职称的中小学乡村教师,申报上一级职称时学历和普通话可以放宽一个“台阶”,论文和计算机应用能力不作要求;农村学校任教经历计分上不封顶,让乡村老教师在专业技术职务晋升中得到实惠。2019年度,中小学教师高级职称评审工作进展顺利。7名中小学教师申报正高级职称,6名获省评委评审通过。428名中小学教师申报高级教师职称,222名通过市评委评审通过。

【教师培训】 2019年,张家界市教育培训方式更接地气。方式灵活多样,包括脱产培训、研学实一体、短期集中、送教下乡、个别培养、现场观摩、“手拉手”等培训形式满足不同群体的需求。培训内容更加全面。培训内容包括师德师风、教育理论、教育思想、教育管理、教育技术、教学方法、教学技能、教学诊断、心理健康等,把学习、研究、实践、总结、改进五环节融为一体,让受训者有实实在在的获得感。

【教师工作坊】 2019年,张家界市是湖南省第一批教师工作坊研修区域整体推进试点单位。市教育局把教师工作坊提升为提高教师素质的“一号工程”,实行“一把手”负责制。全市共创建学校管理工作坊51个(市级12个、区县级39个),覆盖学前教育、小学、初中、高中四个学段;创建学科工作坊45个(高中9个、初中20个、小学11个、中小学混合5个);创建班主任工作坊9个(包括学前教育工作坊2个)。参访人数2661人。11月份,吴桂英副省长莅临张家界市调研指导工作,对教师工作坊务实运作给予高度评价。 (本栏撰稿 伍贤友 李祥声)

大中专毕业生就业

【概况】 2019年,张家界市属地高校毕业生5713人(本科3106人,专科2607人),已就业4856人,就业率85%。张家界市生源高校毕业生7653人(本科3826人,专科3827人),离校通过实名就业信息登记642人,已就业265人,就业率41%。未就业的377名毕业生中,准备报考公务员、事业单位的有149人、考研75人、出国留学24人。2019年,张家界市实施农村特岗教师计划119人,“三支一扶”计划26人(其中支教8人),教育部直属师范院校毕业生28人,6人签约本地就业。2019年,全市公开招聘教师290人,人才引进教师146人;分别为基层就业项目服务期满毕业生、公费师范毕业生落实岗位编制284个(其中特岗教师115人,“三支一扶”支教人员7人,部属公费师范生6人,省公费师范生156人)。配合相关部门为属地高校358名2020届符合条件毕业生落实求职创业补贴53.7万元。

【毕业生档案管理】 截至12月底,市就业办现库存高校毕业生档案26000多份,实现档案接收、转递登记零差错。2019年,为高校毕业生信息咨询,为录用人员政审档案查阅,为入伍毕业生、录取研究生、出国留学毕业生政审提供相关指导服务达4000多人次,接转档案4581份(其中接收档案3510份、转递档案1071份),为20名毕业生办理就业改派手续。

【就业指导与帮扶】 2019年,市就业办加强高校毕业生就业指导。一是配合属地高校为毕业生和用人单位搭建供需见面平台。组织举办专场校园招聘活动55场次,提供就业岗位3500个,现场达成就业意向2100人。二是配合市属地高校毕业生落实就业帮扶政策。根据人社部、教育部、财政部《关于做好高校毕业生求职补贴发放工作的通知》精神,配合市人社局、市财政局为358名(张家界航空工业职业技术学院198名,吉首大学张家界学院160名)市属地高校2020届毕业生求职创业补贴核发求职创业补贴53.7万元;为张家界航空工业职业技术学院208名2020届帮扶对象落实就业帮扶资金14.4万元。

【就业咨询服务】 2019年,张家界市开展"互联网+"大学生创新创业大赛等活动,为毕业生就业创业提供服务指导,鼓励毕业生自主创业、灵活就业。为激活学生创新精神、培养创业意识、提升创业能力,为市属地高校毕业生举办创业培训24场次,720名大学生参加培训。为做好离校未就业高校毕业生离校前后信息衔接和服务接续,确保服务不断线,为21名实名制未就业失联毕业生通过查阅档案与家长取得联系,为他们提供精准就业信息。往届毕业生可通过网络平台输入个人基本信息就可以获得就业咨询服务。截至12月底,已为642名往、应届毕业生提供档案确认、求职登记等服务。

(本栏撰稿 伍贤友 李祥声)

教育科学研究

【概况】 2019年,张家界市教育科学研究院编制15个,有在岗在编人员9人,分别担任中学语文、数学、英语、物理、生物、政治、历史、地理,小学数学9个学科教研员,均为中学高级教师,年龄都在50岁以上。设院长1人、副院长3人、市教育学会秘书长1人均为兼职。局机关占编6人,其中3人兼任化学、体育、信息技术等学科教研员。

【教育课题研究】 2019年,张家界市8项教育科研课题在省教育科学研究院立项，其中2项课题获批省级重点立项课题，6项课题获批省级一般立项课题；市本级立项课题6项。市教科院指导或参与的课题：张家界一中承担的《中华民族传统体育课程》、慈利一中承担的《传统文化与高中数学》研究成果均获省教科院优秀成果奖；永定区崇实南校承担的《“三段式”“四段五步”教学模式》，武陵源区承担的《三阶段六步骤教学模式》，慈利县金慈实验小学承担的《“两导四练”高效课堂教学模式》，桑植县教育局承担的《“三主五步”课堂教学改革模式》其成果已在本地相应性学校得到区域性推广。

【校本课程研究】 2019年，张家界市中小学校本课程研究与开发再创佳绩，有效补充现行教材的不足。永定区天门小学编写的《国学读本》《土家舞蹈》《土家戏剧》《土家体育》《劳动实践》；慈利一中编写的《综合实践活动课程》《传统文化与高中数学》《春笋》；张家界一中编写的《中华民族传统体育课程》等等，其内容图文并茂，其形式丰富多彩，学生爱不释手。天门小学“非遗进校园”项目作为全省唯一案例入选全国十大优秀案例。

【课堂教学研究】 2019年，张家界市课堂教学竞赛和优质课评选。上半年，市教科院与区县教研室通力合作，成功举办全市第一届中小学青年教师教学竞赛活动，通过精心遴选向全国推荐优质展示课1堂，向省推荐优质展示课16堂，另评出优秀视导课18堂，优秀示范课54堂。“一师一优课，一课一名师”的研究活动。市教科院教研员在此研讨活动中，对执教者的教学思想、教学观念和教学手段，进行精心指导，优课率达79%，向省推荐优课33堂，其中26堂被评为获省级优课。高三示范课研究。教研员深入课堂听课评课，共同探讨，每个学科分别打磨5至6堂优质课，为高三学科复习备考提供很好的示范。送教送研下乡活动。2019年，市教科院共向区县送教送研5次，向学校累积送教送研30次，指导课题研究工作20多次。开展高三复习备考视导。每年3月上旬至5月下旬，市教科院教研员深入全市普通高中学校，走进课堂听课评课已成常态，有效提升课堂教学效率和高考备考的针对性。

【科技体育运动会】 2019年12月上旬，张家界市成功举办全市第三届中小学科技体育运动会。本次运动会得到市委、市政府领导以及科技局、科协大力支持，参与竞赛学校52所，参赛选手800多人，竞赛项目设7大项9小项，项目包括遥控车模、遥控船模、遥控纸飞机、无人机、机器人、泡塑飞翼和定向运动。本次科技竞赛项目的科技含量较上届有进一步提高。在全国青少年遥控车模、遥控船模、遥控飞模总决赛中，张家界市代表队共荣获全国一等奖13个，二、三等奖37个。2019年，在全省青少年机器人竞赛活动中张家界参赛选手达114人，荣获二等奖2项，三等奖3项。

（本栏撰稿 伍贤友 李祥声）

教育技术装备和教育信息化

【概况】 2019年，张家界市下发《关于调整市教育局网络安全和信息化工作领导小组成员的通知》，市教育局党工委书记、局长兰智平亲自任领导小组组长，进一步加强对中小学信息化工作的领导，统筹协同推进中小学信息化建设、应用和管理工作。完成全市云数据中心、云平台和教育城域网络，将教育信息化工作列为电教仪器工作的重点内容。全市新增理化生和小学科学实验室47间、仪器室22间，投入资金836万元；新建计算机教室18间（其中云计算机室11间）、配备教师专用计算机（含笔记本电脑）334台、新增班班通教室终端549间、智慧教室2间、数字实验室3间，新建成录播教室10间，投入资金2852万元。全市合计投入3688万元。全市465所中小学（含教学点241所）完成网络宽带接入，“校校通”完成率为100%，“优质资源班班通”完成率为77.6%；全市11000名教师注册个人空间，“教师网络空间”完成率为100%。

【队伍建设】 2019年，张家界市组织9000余名教育教学管理者参与教育技术装备和教育信息化工作培训，以提升工作的领导力和执行力。一是，选派47名代表（参训人员包括区县教育局分管副局长、中小学校长、骨干教师）分别参加教育部组织2019年教育信息化局长培训班、中小学校长培训班，“网络学习空间人人通”专项培训班，教育信息化填报系统专项培训班和创客教育专项培训班。二是，选派18名（参训人员包括初高中、职中校长和信息化工作管理人员）参加湖南省教育厅举办的信息技术应用能力提升2.0管理者培训。三是，组织各区县电教、教研部门和中小学校长参加全省第三届中小学教育教学信息化应用推广展示现场观摩研讨活动。四是，组织参加第76、77届中国教育装备展示会暨全国中小学实验教学说课活动。五是，组织开展全市教育网络和信息安全管理员培训班，培训中小学教师700多人次。在全省第三届中小学教育教学信息化应用推广展示现场观摩研讨活动中，全市有6000多名教师参与线上观摩研讨。

【网络安全】 2019年，市教育局将中小学网络安全教育放到突出重要位置。一是，高度重视、精心组织、周密部署，进一步落实网站及网络安全工作责任制，坚持谁主管谁负责的原则。实行目标责任制，将网络安全纳入总体目标考核的内容之一，并将目标任务层层分解，做到年初有布置，平时有检查，年终有考核；二是，加强学习动员和宣传，提高网络安全意识。三是，开展专项自查，确保网络安全工作取得实效。举办国家网络安全宣传周活动，开展网络安全进机关、进校园等科普活动，以师生通俗易懂、喜闻乐见的形式宣传网络安全知识和防护技能。对涉密计算机严防管理，机关结合新情况和新问题，联系教育局工作实际，增强针对性和实效性，把重点涉密人员作为网络安全的重点对象，把网络安全和保密工作文件纳入全员学习内容。对重点科室、重点岗位、重点人员进行网络培训，确保不良信息不在网上流传。截至12月底，关闭不必要的应用、服务和端口；对市、区县教育局和学校办公电脑IP地址进行静态绑定，有效防止ARP欺骗和攻击。

【创新应用】 2019年,张家界市中小学教育信息化工作主要开展以下3项工作:一是,大力推进农村网络联校实验区县建设。提升农村学校教育信息化水平,促进教育均衡发展。永定区、桑植县被省教育厅确定为“2019年农村网络联校群建设实验县市区”,桑植县、永定区网络联校已启动与联校建设模式相适配的信息化基础设施建设,市教育局已启动全市网络联校管理平台,对全市网络联校进行统一管理与调度,全市已基本形成网络联校常态化应用的机制。二是,突出问题导向,推动教育信息化全域广泛应用。截至12月底,完成200件微课作品的报送,完成2个省级和3个市级“网络名师工作室”的建设与共享项目,完成2项省级教育信息技术研究课题的结题工作,完成“湖南省教育信息化创新应用十百千万工程”入选项目的中期评估工作,完成11项省级立项课题的开题论证工作,开展全省教育信息化发展状况调研工作和教育信息化工作(业务)管理系统填报工作。三是专项资金侧重于创新应用。为加快推进教育信息化2.0行动计划进程,科学合理安排2019年度教育信息化专项资金。

【网络扶贫】 2019年,张家界市以贫困区中小学为重点,建成教育城域网,实现网络全覆盖,优化提升信息化基础设施环境。一是,建成张家界市教育城域网,全市所有中小学校(含教学点)互联网全覆盖,乡镇中小学校和教学点全部接入200M及以上光纤,学校互联网全面提档升级。武陵源区、慈利县完成所有农村中小学教学班的网络建设和教室交互式教学一体机的配备,永定区、桑植县正多方筹资加快建设。全市中小学校安装校园监控,提升学校财产和师生生命安全的保障系数。二是,推进网络联校建设,促进城乡教育资源共享。结合城乡基础教育信息化差距大,农村学校音乐、美术、科学教师不足、专业不对口,教师信息化素养普遍不高的实际,2019年各区县进一步加大信息化建设投入力度,新建6个网络联校主校,覆盖13个农村网络联校分校。将采用“城镇带动农村”“一点带多点”的运行机制,让偏远地区孩子享受到优质教育资源。三是,优化培训方式,提升乡村教师信息化素养。深入到偏远学校对教师进行由浅入深、由易到难的信息技术培训,加大对乡村教师信息化培训力度,让更多的乡村教师适应新时代下的教学环境,更好地利用现代信息技术来提高教学质量。

【教育技术装备和教育信息化工作】2019年,全市教育技术装备和教育信息化工作取得成果丰硕。在第二十届湖南省中小学电脑制作作品评比活动中,张家界市选送作品获创作类一等奖4项、二等奖10项、三等奖23项;选派5支机器人队伍2支获二等奖,3支获三等奖。在2019年湖南省教育教学信息化大奖赛和中国移动“和教育”杯湖南省教育技术论文评奖活动中张家界市选送作品获创作作品类一等奖8项,二等奖11项、三等奖8项,获国家部级二等奖1项,三等奖2项。在全省2019年中小学教师优秀自制教具展评活动中,张家界市选送3件作品参加展评,其中张家界国光实验学校的作品《眼睛成像原理演示仪》获省三等奖。在2019年全省中学生物教师实验能手大赛中,张家界市遴选2名教师参赛,1名教师获三等奖。在第三届湖南省中小学实验教学创新优秀论文评选活动中,全市推荐优秀论文63篇,获省一等奖4篇,二等奖2篇,三等奖28篇,张家界市电教仪器站获优秀组织奖。在2019年全省“一师一优课、一课一名师”活动中,全市共有6315名中小学教师参与活动,晒课7784节,市教育局遴选选32节优课参加省以上优课评选,获省优26节、部优12节,优课率全省第一,张家界市教育局蝉联5次省教育厅优秀组织奖。

(本栏撰稿 伍贤友 李祥声)

教育基金会

【概况】 2019年,市教育基金会在市教育局的直接领导下强化内部管理,加强自身建设。一是完成市教育基金会第四届理事会的换届选举工作,选举产生以市人大原副主任赵群杰、市教育局原副局长姚运武为正副理事长的理事会,以市纪委监委派驻市教育局纪检监察组组长杨关胜为监事长的监事会。二是加强机构内部管理做到“年初有计划,年中有活动,年终有总结”,发挥基金会整体作用,全体工作人员不断强化自身素质提高、服务能力提升,全年服务工作零失误。三是严格执行中央八项规定要求,在筹募、评选、奖励、交流、合作等活动中,严格财经制度,清廉自守。

【项目运作】 2019年,张家界市完成省教育基金会的项目。准确申报32名特困教师救助对象,并及时得到救助救助资金32万元;张家界第三中学龚焱老师获得“湖南最可爱乡村教师”奖,获得奖金壹万元;成功组织15名乡村教师参加湖南省“园丁之家”活动;呈报29名中小学生(其中高中生9名,初中生和小学生各10名)接受省教育厅基金会的资助。完成市本级教育基金会公益慈善项目。1月,慰问在职教师40名和退休教师10名,每人发放慰问金2000元;教师节,与市教育局联合开展教师节奖励活动,全市79名优秀教师授奖,发放奖励资金24.5万元;教师节前夕,救助30名特困教师,共发放救助金30万元。秋季开学前,奖励性资助大学新生30名共发放资助金15万元,资助品学兼优、家庭贫困,被一本院校录取的大学新生30名每人发放助学金5000元;配合市委统战部完成“泛海助学行动”中的全市已脱贫447名大学新生资助项目,共出资111.75万元(其中市财政支付100万元,市教育基金会支付11.75万元);年底,桑植县麦地坪小学钟为贤老师肝移植,为其发放临时救助金1万元。

【基金管理】 2019年,市教育基金会创新基金管理。一是及时收回合同到期周转金。按照市教育局党工委会议精神,先后收回市经投集团250万元周转金和市交投集团的周转金150万元。二是及时收回周转金增值收入44万元(市交投集团支付周转金利息15万元,市民族中学支付借款利息29万元)。三是创新激活资金合法安全投放。经市教育基金会理事长会议研究,将市教育基金会300万元基金存入中国工商银行，合法获取定期存款利息收入。四是积极争取财政资金，加大政府购买服务力度。2019年，市财政局拨付预算购买服务50万元。

（本栏撰稿　伍贤友　李祥声）

招生考试工作

【概况】　2019年，张家界市教育考试工作具有以下四个特点：一是把讲政治挺在前面。按照习近平总书记“四个对照”，党中央“八项规定”、省委“九项规定”和市委“十项措施”找差距、建台账。二是各级领导高度重视。市领导邹菊芳、秦平武等6次参加考试安全会议，协调各职能部门履行考试安全责任，确保考试安全。三是多部门大力配合。公安、交通、卫生、环保、电力、纪检监察、宣传、媒体、食品、邮政等十多个部门通力合作齐抓共管，为张家界市招生考试创设良好环境。四是严格考务管理。全面启用电子监控系统，全程记录考试过程，确保国家考试公正公平。五是保障措施有力。市教育考试院投资100万元新建考试考务指挥中心，配齐“三铁”“四防”保密室，结束市考院无保密室、无指挥中心的历史。

【考试与高校录取】　2019年，张家界市高考报名人数共有9971人，有8130人参加普通高校招生统一考试，采集处理报名信息9971人，文字信息9971人，图像信息9971人，体检信息9935人，享受优惠考生信息9796人，英语口试合格信息4241人，志愿信息（包括提前批志愿、各批次征集志愿和国家专项计划志愿等）12809人。全市共设有4个考区6个考点，290个考室。录取新生9266人，录取率92.95%。重点本科1701人（其中预科105人），录取率17.06%；国家专项计划考生496人，录取率4.97%；一般本科1808人（其中预科191人），录取率18.13%；本科三批567人，录取率5.69%；高职专科2927人，录取率29.36%。

【普通高中学业水平考试】　2019年，张家界市根据湖南省教育考试院《关于做好2019年普通高中学业水平考试综合考查各类工作通知》，制定“张家界市普通高中学业水平统考方案”。一是学业水平考试。6月11~13日，学业水平考试正考，全市共有8475人报考；9月23日–25日，学业水平考试补考全市共有764人报考。两次统考考点全部设在高考考点，严格按高考标准完成学业水平考试两次统考。二是学业水平考试综合考查。全市有8493名考生参加7科目考核，截至12月22日，全市圆满完成学业水平考试综合考查科目的考核工作。

【成人高校招生考试】　2019年，张家界市成人高校招生考试报名人数7533人，较2018年增加769人，增幅11.4%；成人高校招生考试，参考11328人，设四个考区，其中永定考区5022人、慈利考区1614人、桑植考区894人、张家界航空工业职业学院考区3798人。2019年，张家界市成人高考组考是建市以来规模最大的一次考试，考生来源复杂多为外省籍考生。由于市领导的亲自参与，市教育局的周密部署，考试工作零差错，圆满地完成2019年张家界市成人高考组考工作。

【高等教育自学考试】　2019年，张家界市高等教育自学考试在张家界航空工业职业学院的大力支持下，参考人数较2018年实现翻番，全年报考人数1744人。4月，报考人数858人，报考科次达3218科次；10月，报考人数886人，报考科次上升到3218科。在省录像回放审看中，张家界市无一例违规违纪情况。在全省自考报名工作会上，张家界市高等教育自学考试宣传、组考工作获得省考试院领导高度肯定，并多次提出表扬。

【研究生招生考试】　2019年，张家界市1604人报名参加全国硕士研究生招生考试，通过资格审核现场确认1603名考生，报名人数较2018年增加225人，增幅达16.3%。考点设在张家界市一中，通过考前认真培训、考中严格管理，全程考务工作井然有序，无一纰漏。

【社会考试】　2019年，张家界市完成3次社会考试考务工作。一是教师资格证考试。全国统考报考人数6446人，报考13976科次，较2018年增加1796人科次增加3735科，增幅达36.5%；二是顺利完成英语等级考试。全市共有5402人参加报考，其中永定区1778人，武陵源区287人，慈利县1381人，桑植县1956人，均为口语测试，3月23日至3月24日参加考试。三是成人学士学位外语水平考试。4月参考82人，11月参考125人。

（本栏撰稿　伍贤友）

文化事业

总　类

【文化工作概况】 2019年，张家界文化工作取得突破。

一、文化艺术创作。2019年新排移植改编《墙头记》《六尺巷》两台大型阳戏；新创小阳戏《最牛村霸》《两全其美》，汉剧《青青马桑树》《家和为贵》《规劝》，小品《扫黑除恶》《大哥》《庭外和解》《硒有记》等，音乐快板《扫黑除恶出重拳》《平安创建靠大家》，三句半《扫黑除恶大家晓》，表演唱《家庭和睦乐融融》《第一书记到我家》《最美慈利人》《澧水安澜颂》，歌曲《打起溜子呆配当》《慈利，慈利》《哥哥来看妹》等，群口快板《扫黑除恶出重拳》等，图书《台湾总兵刘明灯》等；新编《力推扫黑除恶·共建平安永定》扫黑除恶主题综艺晚会、《不忘初心·牢记使命》主题教育宣讲活动、《精准扶贫·送戏下乡》精准扶贫主题综艺晚会、《防风险·除隐患·遏事故》安全生产主题综艺晚会。开展"送戏曲进万村、送书画进万家"活动，完成全市送戏下乡演出520场次。开展特困地区送戏下乡活动（慈利县和桑植县）414场。

二、现代公共文化服务。实施文化和旅游部第四批国家公共文化服务体系建设示范项目"打造张家界地域特色多民族民俗文化新名片"创建工作。组织2019年张家界市民俗文化旅游活动月"土家婚俗"等系列特色活动，指导区县举办永定区"二月二"农耕文化节、武陵源区"七月七"摸米女儿会、慈利县"二端午"民俗文化活动、桑植县"三月街"白族文化旅游节等有当地民族民俗文化特色的大型群众文化活动。组织开展全市庆祝新中国成立70周年系列文化活动，在全省"欢乐潇湘"群众文艺会演中，《土家武魂》《打起溜子呆配当》荣获特等奖，《喜嫁》《谷满仓》荣获一等奖，《追忆红色》《张家界船工号子》《悠悠花背篓》荣获二等奖。做好市本级并指导区县举办元旦、春节期间"我们的中国梦 湖湘文化进万家"、学雷锋月"我是雷锋家乡人湖湘文化送春风"、世界读书日"全民阅读推广"等系列文化志愿服务活动。

三、文化遗产保护利用。推进文物保护单位升级评定工作，2019年张家界市省级文物保护单位数量由17处增至31处。争取中央、省级文物保护工程项目2个，专项补助资金564万元。组织对全市红色革命历史资料整理研究，完成红色文物宣传片拍摄与制作。全市已挖掘整理非物质文化遗产10大类818项，有桑植民歌等国家级保护名录项目4项、张家界高花灯等省级项目16项、张家界元宵灯会等市级项目61项。申报认定县级以上"非遗"传承人515名，其中国家级"非遗"传承人4名、省级14名、市级68名。认定两批市级"非遗"生产性保护示范基地16家。开展"非遗"进校园、进景区，天门小学入选"多彩非遗相伴成长"2018全国"非遗进校园"十大优秀实践案例。

四、文化行业管理。2019年，制定张家界市《文化市场及文化产品诚信宣传制度》《文化市场及文化产品诚信监管制度》《文化企业、从业人员的信用信息数据库制度》《文化企业、从业人员信用档案制度》，推进社会信用体系建设。出台《张家界市文化旅游广电体育局开展文化市场专项整治行为的方案》《张家界市旅游演艺市场专项整治行动方案》，组织全市娱乐演艺和互联网上网服务企业负责人集中学习相关法律、法规和条例，规范全市文化娱乐、旅游演艺行业和互联网上网服务经营行为。召开"市旅游协会旅游演艺分会第一次会员大会暨旅游演艺分会成立大会"，推动旅游演艺行业自律作用，构建良好的市场竞争环境。魅力文旅发展有限公司为会长单位及张家界天门狐仙文旅产业有限公司、张家界千古情演艺发展有限公司为副会长单位。魅力湘西成为全省首个荣获"中国驰名商标"的文旅演艺品牌，组建张家界爱乐交响乐团，成立中国演出行业协会旅游演艺分会。

五、文化发展保障。2019年全市投入资金178.508万元（市本级100万元、区县级78.508万元），从文化阵地建设、人才队伍培育等，完成20个示范点建设（永定区6个、武陵源区2个、慈利县6个、桑植县6个）。申报争取到2020年国家艺术基金项目7项："小型舞台艺术创作资助项目"3项，"传播交流推广资助项目"1项，"艺术人才培养资助项目"2项，"青年艺术创作人才资助项目"1项。申报争取到湖南省文化综合发展专项资金项目4项，舞台艺术类有市文化馆的歌曲《你的名字》、武陵源区的皮影戏《爬楼》、张家界阳戏传习所的现代小阳戏《两全其美》、慈利县瑞凝演艺传播有限公司的汉剧小戏《青青马桑树》。向全市29家优秀群众文艺团队（团体）发放扶持资金49万元。组织4人参加省文化和旅游厅举办的全省公共文旅服务高质量融合发展培训班，组织桑植县文化馆余丽华报名参加2019年全国基层文化和旅游公共服务队伍示范性培训第四十五期全国县级文化馆长研习班，组织5人次参加由中国图书馆学会、湖南省图书馆学会举办的业务培训班，组织4人参加2019年"阳光工程"与"圆梦工程"全省文旅志愿服务培训班。

（陈　俊　伍元军　张　凯　刘贵荣）

【"五馆一院一中心"项目】 2019年，张家界市组建成立市"五馆一院一中心"（即市图书馆、市美术馆、市文化馆、市规划馆、市科技馆、市大剧院、市演艺中心）项目协调指挥部。欧阳斌副市长担任项目协调指挥部指挥长，市发改委、市文旅广体局、市司法局、市财政局、市自然资源和规划局、市生态环保局、市住房城乡建设局、市人防办、市广播电视台、市科协、市招商落地办、市经投集团、永定区人民政府、永定区大庸桥街道办事处等为成员单位，协调指挥部办公室设在市文旅广体局。市"五馆一院一中心"项目纳入2019年市政府重点项目建设，明确市文化旅游广电体育局为业主单位。

（唐志超）

【2019年元宵灯会】 张家界"元宵灯会"是全国的五大灯会之一，此次以"文明张家界·欢乐元宵节"为主题，按"两点、两线、四路口"重点布置，并加入当下媒体传播新元素"快闪"以及抖音AP进行宣传。"快闪"表演邀请土、白、苗等多民族人民共唱、共跳、共舞《我和我的中国》，通过合唱、舞蹈、武术、龙灯、狮子灯、灯等形式展示浓浓春节气息，营造文明和谐的社会氛围。参与"快闪""演员"有本土明星、舞蹈演员、中外游客留守儿童、脱贫群众、道德模范等。从正月初八至正月十五，轮番展示本土的戏曲、曲艺、器乐、歌

舞等非遗及不同门类节目，参演队伍近百支，演职人员近2000名，省内外观众达30余万人同唱同乐。

（章大钧）

【2019年“欢乐潇湘·美丽张家界”大型群众文艺会演】 2019年全市组织“欢乐潇湘·美丽张家界”大型群众文艺会演达20场，演职人员近5000余人，观众累计约30万人次，来自全市各区县的65个新创节目，近1000名群众演员参加。在保留传统武术专场、小戏小品专场、舞蹈专场、少儿专场、器乐专场、声音曲艺专场等“老牌”专场前提下，新增“唱享非遗”喜迎新中国成立70周年寻找“张家界最靓音”大型全民竞选活动，整个活动以百姓为主角、“草根”为明星，真正实现群众生活群众演、群众节目群众看、群众喜悦群众乐的效果。2019年参加省欢乐潇湘文艺会演中，传统武术《土家武魂》及小组唱《打起溜子呆配当》荣获省特等奖；民俗情景剧《喜嫁》及民俗舞蹈《谷满仓》荣获省一等奖；情景歌曲《追忆红色》等3个节目荣获省二等奖；集体武术《少年中国梦》等6个节目荣获优秀奖。谌娅莉、陈华、向阳等10人荣获省组织先进个人；市文化馆、阳光艺术学校及永定区文化馆等10个单位荣获省级优秀文艺团队。

（章大钧）

【中国演出行业协会旅游演艺分会成立大会】 2019年11月10日，中国演出行业协会旅游演艺分会成立大会在张家界市举行。会上，文化和旅游部党组成员王晓峰、市委书记虢正贵致词。文化和旅游部产业发展司司长高政，省文化和旅游厅厅长陈献春，省文化和旅游厅副厅长肖凌之，副市长欧阳斌，中国演出行业协会会长朱克宁出席会议。此次活动还配套举行旅游演艺发展高峰论坛、促进旅游演艺发展研讨座谈会、张家界经典文化旅游项目考察等活动。

（刘贵荣）

文物·考古

【概况】 2019年，张家界市文物保护工作取得较大成绩。

一、文物保护。加快项目建设，完成龙凤庵消防、安防工程、陈能宽故居修缮工程、石堰坪古建筑群二期文物保护修缮等工程，张家界市馆藏青铜器修复项目顺利结项。完成第十批省级文物保护单位的申报工作、第十批省保保护范围和建设控制地带的公布工作。配合进行基础建设工程中的考古调查、勘探和发掘工作，完成古庸路延伸段、三角坪棚户区改造项目考古调查勘探工作。

二、文物利用。2019年，全市各博物馆、纪念馆举办陈列展览12个，开展各类教育活动253次，参观人数达328万人次，提供公益讲解服务3000余场，取得良好的社会效益。推进文创产品开发建设，张家界市博物馆完成商标注册并研发纹饰浮切木雕、3维LED夜灯、庚子鼠年伴手礼三个系列30样文创产品。红二方面军长征出发地纪念馆与中国邮政桑植分公司合作经营旅游商品销售门店，推出70余种文创产品。

三、文物安全监管。全年组织开展文物安全检查209次，检查文物保护单位270处，发现安全隐患101项，整改93项。先后开展全市文物建筑消防安全火灾防控工作、文化旅游安全生产大排查、大管控、大整治、文物消防“排雷行动”、文物建筑火灾隐患排查整治等文物安全专项检查活动，全年未发生文物安全事故。

（伍元军）

【张家界市博物馆送展进校园活动】 2019年5月20日至5月31日，张家界市博物馆举办送展进校园活动，将展览“不忘初心忆红军——周家院子里的故事”送展至永定区官坪中学、永定区教字垭完小、永定区张家界二中、武陵源区索溪中心学校、慈利县一鸣中学、慈利县零阳镇一完小、慈利县金慈实验学校、桑植县芭茅溪小学、桑植县洪家关小学、桑植县桥自湾学校十所学校。此次展览主要围绕周理忠老先生对1929年赤溪河战役打响之前，红军寄住他家的的事情回忆，为同学们讲述一段平凡又感人的军民故事。

（尚 巍）

图书馆

【概况】 截至2019年底，全市有1家国家一级馆（永定区图书馆）、2家国家二级馆(慈利县图书馆、桑植县图书馆)、1家国家三级馆（武陵源区图书馆）。永定区图书馆开建的社区电子阅报屏、图书馆中心控制机房、永定区图书馆少儿图书馆、24小时自助图书馆等四个子项目于2019年4月23日世界读书日全部建成并投入使用。

【24小时自助图书馆】 2019年，张家界市继续推动“书香永定”24小时自助图书馆项目建设，截至2019年底，市中心城区永定区政府、国光实验中学、人民广场、中商广场、高盛澧园5家24小时自助图书馆投入使用。

【大庸古城2019“书香张家界 全民诵读”全民阅读活动启动暨市城区自助图书馆开馆仪式】 2019年4月23日，举办大庸古城2019“书香张家界全民诵读”全民阅读活动启动暨市城区自助图书馆开馆仪式。来自全社会各界热心读者300余人欢聚一起，共享阅读感悟，引领全民阅读风尚，共同见证市城区24小时自助图书馆开馆揭牌。

【“书香张家界”全民阅读推广活动】 2019年，全面展开全民阅读推广活动，先后举行农家书屋管理员系列培训、阅读推广人系列培训、书香张家界“阅读大课堂”活动、“文化大讲坛”活动、“少年强则中国强”大型爱心公益助学活动、全年开展社区阅读活动、“书香张家界 关爱特殊群体阅读”活动、“书香张家界”新中国成立70周年阅读主题活动、大庸古城“书香张家界”文旅主题活动、“大庸记忆及庸城文化”征文活动、FM102.4《读书时间》阅读推广人文化志愿者诵读“记忆大庸”活动等系列活动。

（本栏撰稿 唐志超）

档案工作

【概况】 2019年，全市各级档案部门克服基础薄弱、人手紧张等多重困难，开展成就展示、课题研究等多项业务，档案工作逐步规范有序、健康发展。慈利县档案馆、中国人民银行张家界市中心支行获评全省档案工作先进集体，宋术秀、钟燕、廖玉华同志获评全省档案工作先进个人。

一、档案利用服务

服务工作大局。围绕新中国成立70周年，做好档案信息资源开发利用，慈利县《走下高山，走向富裕——慈利县江垭镇佛榻坪村易地扶贫搬迁集中安置点》获得国家档案局档案微视频奖，中国人民银行张家界支行《借力档案，解决历史遗留问题》、国网张家界供电公司《立足档案服务，促进企业发展》获全省档案信息资源开发利用优秀案例三等奖。围绕中央、省委巡视整改措施落实，为大鲵保护区水电项目、办公用房清理、干部福利待遇清理等重大事项提供档案信息服务。围绕重要会议、重大活动和重点工作，做好市委全会、人大会议、政协会议等重大会议，国际国内领导人考察张家界、元宵节灯会等重大活动，脱贫攻坚、疫情防控、项目建设、土地确权等重点工作的档案资料现场采集。服务民本民生。以人民为中心，优化查阅利用各个环节，为群众提供高效满意的查档服务。2019年接收社保、民政、土地确权等民生档案7.5万卷，全市5家国家综合档案馆馆藏民生档案共有924个全宗、78.5万卷档案，开放档案421个全宗、93320卷、34809件。全年接待查阅档案6359人次，调阅档案2.28万卷(件)，复印档案资料2.38万页，有效发挥档案凭证、参考作用，促进一大批历史遗留问题的解决。服务文化旅游。发挥张家界市红色、旅游、民族三大资源优势，组织开展贺龙及红二方面军、土家文化、党和国家领导人到张家界、张家界籍抗战老兵等系列特色、重点档案征集保护工作，共征集旅游照片档案1257张，党和国家领导人及省部级领导到张家界考察照片1200余张，贺龙及红二方面军档案资料762件。《芬兰档案里的大庸》通过国家档案局验收，正式出版。

二、档案信息化建设

全面启动档案信息化建设，5家国家综合档案馆共投入399万元，完成26个全宗2.95万卷10.42万件，著录档案目录43.24万条，全文数字扫描421.25万页，已启动数字化项目建设二期工程。加快推进馆库改造升级，市档案馆新馆建设重新启动，武陵源区、慈利县、桑植县新馆已全面竣工验收交付使用。

三、档案宣传

依托“6·9”国际档案日开展主题宣传活动。慈利县在县人民广场举办“6·9国际档案日”6个系列活动启动仪式，市联通、移动、电信等公司免费发送档案宣传短信20万条，桑植县洪家关白族乡花园村开展庆祝“国际档案日”暨“档案下乡”活动。永定区、武陵源区及桑植县均开展不同形式的档案宣传活动。举办5次、656人次参加的档案专业培训活动，组织10人参加全省档案系统业务骨干培训班，张旅集团公司、市烟草系统自己组织专门培训，大力宣讲《机关档案管理规定》等法律法规。

四、档案规范化法制化

推进档案事业规范化法治化发展。出台实施《张家界市档案馆纸质档案进馆办法》《关于加强农村集体产权制度改革档案工作的通知》《文件材料归档范围和保管期限规定》等文件，对各级各单位档案收、管、用各环节进行全方位规范、全过程指导。全年对市中心血站、市自然资源和规划局等20多个重点单位进行上门指导，审核5000多件归档文件，接待上门、电话和网上咨询2538人次，实地抽查桑植县、慈利县土地确权农户档案150户，农户档案电子档案100户，下发指导意见书五份，指出四个标段需要整改问题64个，市中心血站档案工作规范化管理顺利晋升省特级。大力组织开展档案执法检查，全年共检查148个单位，其中市档案局执法检查42家市直单位，下发档案整改通知书56份，推动一大批问题整改落实。

(本栏撰稿　黄　勤)

地方志工作

【概况】 2019年，张家界市地方志编纂室获湖南省地方志编纂院“2019年度湖南省地方志系统先进集体”荣誉称号。《张家界年鉴》实现“一年一鉴，公开出版”。2019年是机构改革年，《张家界年鉴(2019)》编辑工作于2019年6月启动，围绕年鉴编纂工作，加强业务学习，深化思想认识，增强年鉴撰稿人员水平和工作责任心。

【确保“一年一鉴”目标如期实现】 督促区县完成“一年一鉴”编纂工作任务。对区县分类指导、加强联络，通过实地调研、听取汇报等方式，及时对收集到的意见、建议进行分析研判，有针对性地开展指导工作。截至2019年12月，《武陵源年鉴(2019)》《慈利年鉴(2019)》已公开出版，《桑植年鉴(2018)》《慈利年鉴(2018)》已进入出版程序。加大地方志宣传力度。通过赠送《张家界年鉴(2015-2017)》书籍等形式，加强对年鉴编纂工作的宣传，促进市直各相关单位了解、支持年鉴编纂工作。

【促进方志事业发展】 规范史志编纂工作流程。根据国务院《地方志工作条例》等法规，编印《史志业务工作文献选编》一书；完善年鉴编纂工作机制，健全年鉴编纂工作督促检查、稿件验收、年鉴出版报备等业务制度，推动年鉴编纂工作规范化建设。开展编写张家界市地方史前期调研工作。继续深入推进《湖南省特色志丛书·武陵源风景志》编写。通过召开调度会、座谈调研等方式，广泛征集意见和建议，优化志稿，并于年内上报志书送审稿。

【加强队伍建设】 鼓励多出研究成果。组织方志干部、业务骨干参加2019年第二期全国地方志工作机构新任负责人培训班、“地方志：理论研究与当代应用”2019年地方志理论研讨会，并有论文《发挥地方志在公共文化领域作用的路径思考——以张家界市(县)两级地方志机构为例》入选会议论文集。

【建设张家界市地情专家库】 创建史志研究专家团队。根据《湖南省地方志编纂委员会关于建设地情专家库的意见》,2019 年 12 月组织开展张家界市地情专家库推荐工作,聘请包括教育、历史、文化等领域 51 名人士为专家库成员,并颁发聘书,明确专家的权利和任务,完成专家库上报省地方志编纂委员会备案工作。建设地情专家库,旨在做好地方史志编纂工作,推介地方史志研究学术成果。

【张家界史志研究微信公众号试运行】 2019 年 12 月,张家界史志研究微信公众号上线试运行。微信公众号共分为"史志动态""党史研究""方志研究"3 个一级栏目,下设二级栏目若干,旨在全面、及时反映张家界党史、地方志工作最新动态、最新成果,充分发挥党史、地方志"存史、资政、育人"的功能,为地方经济社会全面发展提供智力支撑和精神动力。试运行当天新增订阅用户即超过 100 人。

(本栏撰稿　黄真龙)

图书发行与销售

【概况】 2019 年,湖南省新华书店有限责任公司张家界市分公司实现营业收入 1.18 亿元,实现利润 1300 万元,连续三年完成省公司利润等主要经济目标任务,货款回笼率 99%以上,排名全省前三,连续四年荣获平安创建管理先进单位,教育类产品等多项业务和管理板块工作荣获省公司表彰。是全省资金回笼率达 99%以上的三个公司之一,全年无安全责任事故发生。再次蝉联"全省公司平安创建先进单位",是被表彰的三个公司之一。

【实体门店建设】 2019 年,新华书店张家界市分公司加强实体门店建设。

张家界图书城开张营业。张家界图书城在 11 月 25 日试营业,开张后的图书城得到广大市民的高度认可,迅速成为爱书人的打卡地,每日读者客流量 500 余人,而且成为一些单位读书学习基地,极大的缓解购书难的问题,被张家界团市委挂牌授予"青年之家"。

扩充门店形象影响。精心组织策划"快乐寒、阅读打卡","春暖花开、慧女拾卷"等读书主题活动,世界读书日"书香湖南、悦读有礼",《满世界》专台陈列促销,国庆七十周年图书大联展等营销活动。特别是在六一营销活动中,市公司回龙路门店销售为上年同期的 4 倍。

校园书店建设。随着 3 月 21 日桑植思源学校校园书店营业,全市建成 10 所校园书店,为更好地服务于广大师生提供便利。慈利一中校园书店利用阅读区开展一系列阅读活动,联合慈利县委组织部、慈利团县委开展"慈利县优秀青年班干部暨定向选调生乐享读书会"活动,并将一中校园店确定为全年读书活动点。

【线上平台建设】 2019 年,新华书店张家界市分公司加大线上平台建设力度。以"阅达教育 "、"阅达书城"的推广应用为抓手,全面推广线上运营。优化微信公众号、APP 等线上平台建设,提升服务功能。慈利公司"乐享读书会"在"慈利党建"APP 平台发布。

【政治读物发行】 2019 年,新华书店张家界市分公司全面做好《第五批全国干部培训教材》的发行工作,发行《五干教材》3100 余套;积极开展《习近平新时代中国特色社会主义思想学习纲要》发行工作,全市发行《纲要》8.11 万册,发行任务完成量居全省前列,市公司还首次将政治读物的发行向大中专学校学生进行推广,在张家界航院、张家界技工学校等发行《纲要》4000 册,达到一年级新生人手一册。服务全民阅读,突出"爱心卡"营销。中共张家界市委宣传部、张家界市教育局、张家界市驻村帮扶办联合新华书店下发《张家界市"共享阅读 传递爱心"关爱贫困村图书室建设公益活动方案》文件,全市共为扶贫村筹集图书 8.74 万册,和张家界市"扫黄打非"办合作,开展以"护助少年儿童健康成长,拒绝有害出版物及信息"为主题的"绿书签行动"系列宣传活动,在世界读书日期间发放"绿书签"3000 多张。创意作文大赛参与面广。全市初赛共有近 4000 名中小学生报名,报名人数居全省前列,在张家界地区成功举办省级复赛。

【"课前到书"保障工作】 2019 年,新华书店张家界市分公司当好教育事业服务商。义务教育阶段教材"课前到书"率 100%。提高服务意识。开展摆摊设点、送书上门、结算上门的上门服务,对业务流程各环节全程跟踪,及时解决学校提出的问题。2019 年高考期间,桑植公司派出服务分队在考点外设立饮用水免费领取点,获得师生一致好评,取得良好的社会效益。加强营销推广。利用开学的黄金时期,走进学校跟校领导面对面沟通,了解学校在当学期与我们业务方面相关需求,发放宣传材料,并全面介绍我们的传统教材教辅、一般图书、A 佳、文化用品、研学、馆配图书等业务,使学校对我们新华书店有全新的认识。拓展研学及文化用品业务。2019 年全市公司服务老师和学生 3100 余人,实现研学业务销售 220 万元,市公司成为张家界市高中阶段研学实践活动的第一家承办机构。进行全市高三年级第三次联考试卷服务,参考人数近 7500 人,实现销售码洋 8.9 万元,取得全市高中大型联考业务零的突破,天门中学高三年级参加湖湘教育联盟第一组织 2019 年秋季期中考试。桑植公司取得招投标业务 833.72 万的销售业绩。

【三农服务】 2019 年,新华书店张家界市分公司协力"农家书屋"建设。全市公司克服自身农村发行网点不足,以"校园书店、农家书屋"为载体开展送书下乡、摆摊设点,组织图书流动供应工作,共开展送书下乡活动近百次,各门店均设立农业科技图书专架专柜,每年邀请金盾出版社到市公司开展一次农技图书看样订货会。

(本栏撰稿　王祚锋)

新闻·出版·广电

张家界年鉴(2020)

总 类

【概况】 2019年,张家界新闻出版广电系统在事业发展、管理服务、作风建设、行业改革等方面取得进展。

一、新闻宣传。强化主题宣传。各主流媒体围绕十九届四中全会、国庆70周年、"不忘初心、牢记使命"等重大主题,开设"壮丽70年 奋斗新时代""学习宣传贯彻十九届四中全会精神""解放思想见行动""不忘初心、牢记使命"专题专栏,及时将党中央的声音传递到千家万户,在奏响主旋律、传播正能量上发挥积极作用。《张家界日报》"往深里走往实里走往心里走——深入学习贯彻习近平新时代中国特色社会主义思想和中共十九大精神"专栏,连续刊发19位市级领导的署名文章。央视《新闻直播间》播发"不忘初心 牢记使命"特稿《张家界——重温革命历史 红色故事进景区》,全过程展示张家界市主题教育活动。落实重大宣传。各主流媒体聚集巡视整改、精准扶贫、环境保护、扫黑除恶、"三大攻坚战"等重点工作开设专题专栏,先后推出《拆水坝关电站 给娃娃鱼一个更好的家--张家界大鲵自然保护区水电站整治工作强力推进》《慈利县:"刀刃向内"雷厉风行抓巡视整改》等报道,全面展示张家界市落实中央、省委决策部署的有力举措和取得的成效。村民自编自导的三句半《黑恶乡霸必须扫》在湖南卫视《湖南新闻联播》播出,芒果TV的点击量达到693.7万次。《人民日报》"假日生活"四分之三版刊发《第一个国家森林公园张家界从种山林到种风景》,《新闻特写 张家界:行走在冰雪绝壁上的义务清洁工》《端午假期看出游 湖南张家界 天门山现云海景观 人性化服务分流游客》《刘红娥:每天往返"天梯"8趟清垃圾》《推行河长制 保护母亲河》《天门激荡势如虹》《生态绿心 多彩桑植》《提质武陵源 再创新辉煌》等报道,展示张家界市践行"绿水青山就是金山银山"的信念及所取得的成绩。注重宣传策划。以庆祝国庆70周年为契机,策划推出"《我和我的祖国》歌词诞生地张家界"系列宣传活动,《人民日报》、新华社、人民网微信号分别发布《(我和我的祖国)手稿曝光,词作者灵感来自这!》消息,2小时内阅读量均超过10万+。微博话题#我和我的祖国歌词灵感来源#登上微博热搜榜全国第5,阅读量达1.6亿。以元宵灯会、常张高铁开通等为切入点,推出元宵灯会、"2019张家界国际森保节"、"武陵高歌向洞庭"、"丝绸之路友好城市协作体2019年(张家界)年会"等重点宣传报道,引起国内外的广泛关注。

二、行业监管。推进"互联网+政务服务"工作,推进网上办事服务公开,所有行政事项实现在线审批。严格出版物市场和印刷发行市场监管。组织全市出版物发行和印刷行业专项检查,依法查处违法违规印刷案件5起,约谈5名违法违规印刷企业法人,关停无证照经营或证照造假的书店。开展"扫黄打非"工作,全年收缴非法出版物45670件,处置网络有害信息20000余条,关闭违法违规网站2个,约谈145家违规互联网接入服务商,立案查处"扫黄打非"案件5起。

三、产业发展。演艺节目提质升级。推动演艺业向科技化、多元化、品牌化发展。《张家界·魅力湘西》接待游客151万人,收入10128万元。5月份,魅力文旅发展有限公司荣获"第11届中国文化企业30强提名奖",这是湖南除省会城市外首次入选的市州文化企业。《天门狐仙·新刘海砍樵》接待游客35万人,收入4284万元。《张家界千古情》接待游客222万人,收入8009万元。发展文化创意产业。张家界旅典文化经营有限公司开发土家织锦文创产品76款3000件,在法国等开展营销展览,营业收入4062万元,产品销往美国、瑞士、法国、意大利等。张家界军声砂石画院开发新产品3种,在菲律宾等开展营销展览,营业收入1685万元,销往韩国、日本、菲律宾等。张家界绣云土家刺绣有限公司开发新产品20多种,在泰国等开展营销展览,实现营业收入2100万元。加强文化产业政策引导。市委市政府制定出台《关于加快文化创新体系建设的实施意见》。出台《张家界市市级文化产业发展引导专项资金管理办法》。魅力文旅发展有限公司推荐申报国家文化产业发展项目库。张家界天门狐仙文化旅游产业有限公司获省级200万资金支持。严格申报审批程序,张家界知名网络传媒有限公司等15家企业的项目获市级资金支持。加强文化产业项目库动态管理。《张家界?魅力湘西》赴尼泊尔开展文化展演交流活动。张家界旅典文化有限公司参展香港亚太皮革展、时尚汇集展会,参加外交部湖南全球推介活动。组织张家界绣云土家刺绣有限公司参展第15届深圳文博会。参展中原文博会,张家界主题展馆获"设计创意奖"。财政资金绩效评价。规范专项资金使用管理,提高财政资金使用效益,省财政厅委托诚悦达会计师事务所,对2018年省级文产专项资金项目开展绩效评价。市财政局委托湖南澧源会计师事务所,对2018年度市级文产专项资金项目实施第三方绩效评价,效果良好。加强监督检查,组织实施2019年15个市级文产项目绩效运行监控工作。协调推进重点改革工作。健全新媒体融合发展机制,联合制定《张家界市县级融媒体中心建设实施方案》,各区县挂牌成立县级融媒体中心,整合机构人员,推出系列融媒体产品。市文旅广体局牵头制定《关于鼓励支持影视拍摄工作的扶持办法》,由市旅工委会议研究审议通过。推进"三供一业"(三供:供水、供电、供气;一业:物业)分离移交工作。按照省政府关于推进省管国有文化企业"三供一业"分离移交工作要求,协调电力部门、供水部门,全市新华书店3家公司、供电分离4个小区51户、供水分离3个小区33户全部完成。

(本栏撰稿 李美林 王月圆 朱俊)

新闻·出版

【概况】 2019年,张家界市出版版权工作以习近平新时代中国特色社会主义思想为指导,围绕年度工作目标,锐意进取抓落实,各项工作取得成效。

一、持续加强市场监管。完成印刷企业和出版物发行企业的年检、年审、年度统计、内部资料换发证工作,完成新闻机构驻地方机构年度核验工作。对全市5家出版物发行企业和5家印刷企业开展安全检查，规范出版物市场。加强对新闻出版行业协会的指导，组织印刷企业法人和生产负责人参加2019法律法规培训，进一步发挥行业协会作用。开展文化市场集中整治行动，共检查文化市场经营单位1200余家次，收缴非法出版物及盗版音像制品4200余份，取缔流动摊点2个，下达整改通知书82份。

二、开展"扫黄打非"。组织"护苗·网络安全课"、"护苗·绿书签"进校园等活动，加强"扫黄打非"舆论宣传，开展"清源""净网""护苗""秋风""固边"专项行动。持续加强网吧、娱乐场所监督，开展网吧"利剑"专项行动和营业性演出、娱乐场所"春雷"突击暗集中整治专项行动，打击违规接纳未成年人行为。重大节日期间，由分管领导带队，联合市文化执法综合执法局、市场监督局和市公安局等部门，对全市文化市场安全校园周边文化环境进行暗访督查，督促相关经营单位落实主体责任和社会责任。出动执法人员246人次，下达责令整改通知书3份。另外，大力推广安装"文网卫士"监管系统，并做好应用过程中包括擅自停用、报警查处等问题整改工作，不断增强该技术手段对互联网上网服务营业场所违法违规行为的监控震慑力度，提高使用效率。

三、全面推进全民阅读。活动工作机制健全，有年度工作计划和具体活动安排，使全民阅读宣传推广常态化，积极开展形式多样的读书活动。市城区新建5个24小时自助图书馆；继续做好春节期间全市农家书屋开放工作，通过延长开放时间，举办各类活动，不断丰富群众文化生活；"书香张家界 全民阅读"暨"学传统文化，讲张家界故事"天门讲坛全民阅读推广活动全年举办12期，同时举办第三期阅读推荐人培训，目前全市已培养100多个阅读推广人。在全市举行"共享阅读，传递爱心"关爱贫困村图书室建设公益活动。

四、开展版权宣传教育。联合市工商局等单位，借助"4·26"世界知识产权日，在全市范围内通过发放宣传资料的方式，组织开展版权宣传普及教育活动，提升社会公众版权意识。

【2019年"扫黄打非"工作推进会】2019年7月16日，张家界市2019年"扫黄打非"工作推进会在张家界国际大酒店召开。全市各区县"扫黄打非"工作小组组长、副组长、办公室主任及市直成员单位相关负责人参加会议。市委常委、市委宣传部部长、市"扫黄打非"工作小组组长郭天保出席并讲话，市委宣传部常务副部长、市新闻出版(版权)局局长黄卫红主持会议。会议听取2019年上半年全市"扫黄打非"工作情况汇报，部署下半年"扫黄打非"工作。 (本栏撰稿　王月圆)

报　刊

【概况】 2019年，张家界市报刊事业取得新进展。

一、突出政治建设。系统学习贯彻习近平新时代中国特色社会主义思想，认真贯彻落实宣传思想工作"十五"字方针，坚持党管媒体原则不动摇，重视对政治方向、价值取向和舆论导向的把控，自觉对标《人民日报》《湖南日报》，多层面展示张家界落实中央精神和省委决策部署的生动实践，累计刊发重头稿件200余篇。把宣传报道重点对准基层和人民群众，在奏响主旋律、传播正能量上发挥积极作用。组织实施"张家界——《我和我的祖国》歌词诞生地"系列报道，并把这一选题做成现象级的报道，登上微博热搜榜第五位。

二、推动主业创优。突出主线宣传，围绕庆祝新中国成立70年开展一系列有声有色的宣传活动。围绕高质量发展、三大攻坚战、招商引资、扫黑除恶、卫生城市创建、高铁通车等中心工作加大宣传力度，汇聚起强大力量。重视外宣工作，与新华社现场云、人民日报客户端、腾讯网等大平台深入合作，为张家界市打通新闻外宣通道。组织腾讯13省文旅总编张家界武陵源行活动，总点击量达2.17亿次。组织《脱贫之星乘高铁》等网络直播20多场。狠抓新闻提质，推出一批精品力作，《涅槃重生再出发——株洲发展经验给张家界的启示》等作品得到市委领导的充分肯定。

三、拓展传播平台。认真贯彻习总书记关于推动媒体融合向纵深发展的指示精神，着力打造全媒传播体系，策划推动"千屏传播"项目和"掌上张家界"客户端建设，完成第一块户外大屏、302块车载电视屏建设，完成283块智慧电子站牌招标并启动第一期施工，完成APP招标采购并进入试运行，形成报纸、期刊、网站、微博、微信、新闻客户端、户外屏协同联动的立体传播格局。

四、开展跨地合作。用开放思维推动报社发展，与《长沙晚报》建立合作关系，策划组织"记者节双城记"大型采访活动。选派24名采编和经营骨干分六批到长沙晚报跟班学习，促进采编管人员水平提升。首次与全省14市州媒体进行联合报道，推出《掌上张家界首次走进省两会》等报道。

(李美林)

【张家界日报社】 2019年，张家界日报社充分发挥舆论宣传主阵地、主渠道、主力军作用，弘扬主旋律，传播正能量，围绕市委市政府工作中心，主动服务市委市政府工作重心，精心策划和实施系列重大报道，开辟专题专栏，每年发稿超过1500篇。强化报社的转型发展，加大人力投入和设备设施添置，实现党媒从单一的传统媒体向报、网、端、微、屏融合发展的全媒体传播矩阵转型，促进张家界报纸、网络、户外三个舆论场的联通融合，新媒体的清博排名指数长期稳定在张家界第一位，新媒体用户突破30万、日均阅读量超过20万人次。创新工作方式方法，紧紧围绕破难求进见成效和融合发展上台阶两大目标，推进报业转型提质，为张家界高质量发展提供强大的精神动力。2019年度宣传工作得到市委、市政府主要领导的肯定。

一、新闻质量。2019年，《张家界日报》平台共获得湖南省新闻奖(含副刊好作品)、市州报好新闻奖、张家界新闻奖共45件，其中省级一等奖1个，二等奖1个；市州报一等奖7个，二等奖5个。张家界市一等奖3个。推出一批精品力作,《第50001棵"珙桐树"》《30名脱贫群众乘坐首趟高铁出大山》《看长沙"智"懂中国造》《寻亲70载,96岁抗战老兵终回乡》等稿受到广泛好评。持续深入推进"走转改"活动,把镜头对准基层,深入一线,会议报道、领导活动报道与2018年同期相比减少36%,基层新闻增加百50%。促进新闻从业人员创新新闻宣传手段,全年共组织网络直播27场。

掌上张家界微信公众号原创内容首次登上新华社客户端以及微信,微博后台流量首次突破150万+;视频首次在新华社的日本专线推送,走向国际舞台,首次单条稿件流量超过20万+,新闻首次登上省级电视媒体湖南都市频道。在《人民日报》客户端、新华社客户端微信、中新网、"学习强国"等国家级媒体平台的推送次数越来越频繁,视频生产量成倍增长,2019年生产视频190条。

二、创新办报。推出"在习近平新时代中国特色社会主义思想指引下——新时代新作为新篇章"、"壮丽70年·奋斗新时代""重点工程看巨变""决战脱贫攻坚"等重点骨干栏目17个,浓墨重彩宣传新中国成立70年来所取得的成就,组织系列、专题报道22个,讲好"张家界故事",刊发重头稿件423篇。策划承办"壮丽70年?我和我的祖国"有奖征文活动,共收到应征稿件409篇。参加征文活动的有中国作家协会会员25人,省级作家协会会员98人,其中不乏名家,张家界市作协作家协会会员全员参加。

与《长沙晚报》建立战略合作伙伴关系,两家党媒共同策划组织"记者节?双城记"大型采访活动,完成高质量的稿件多篇,产生广泛的影响。抽调24名业务骨干到《长沙晚报》跟班学习,累计时长3个月。省"两会"期间,掌上张家界采编团队联合星辰在线等13家市州媒体共同报道盛会,影响深远。积极参与腾讯策划互动,新媒体推出《城市新印象|张家界从旅游立市到旅游强市》组稿,获腾讯特别策划市州优秀稿件奖。

组织实施"张家界——《我和我的祖国》歌词诞生地"系列报道,并把这一选题做成现象级的报道,登上微博热搜榜第五位。组织"峰林为证?—'森'一世——2019腾讯13个区域文旅总编及14名主播网红张家界武陵源行"活动,共计发稿265篇,阅读点击量达1.98亿次。

三、平台整合。积极策划推进"千屏传播"项目,开启对外合作新路径,完成第一块户外大屏项目的建设与亮屏30块,公交车载电视投入使用,300块电子站牌正在积极建设中。实施移动优先战略,完成《掌上张家界》新闻客户端平台建设,目前下载注册用户超过2.1万人次,月发布新闻消息383条。目前报社已形成报纸、杂志、微信、微博、新闻网、客户端全媒体矩阵。完成报社新闻大数据平台建设,并开始在实际工作中逐渐发挥其优势。

与新华社现场云、客户端等平台深入合作,为张家界市各类新闻发布打通新的出口,推送的公交车司机救人短视频获新华社客户端推送,点击量39万+;推荐的张家界风光短视频,获新华社客户端推送,点击量46万+。

(朱　濠)

【湖南日报社张家界分社】 2019年,湖南日报社张家界分社(以下简称张家界分社)大力推进融媒体建设,围绕张家界市委、市政府"对标提质、旅游强市"战略部署,唱响主旋律,打好主动战,新闻报道得到省、市领导的充分肯定。

张家界分社围绕张家界市委、市政府中心工作,推出一大批精品力作。其中在《湖南日报》刊发头版头条12篇,市州新闻版头条35篇,头条、优稿较往年大幅提升。围绕张家界中心工作,在《湖南日报》推出《张家界入境游"百花齐放"》《再出发,迈向国际旅游强市——从"集体调研,集中解难"现场办公看张家界新春开局》《张家界"引"来绚烂美景》《张家界合力推进桑植脱贫攻坚》《旅游名城惊世界》等一批重稿,受到张家界市委、市政府主要领导的表扬。

张家界分社全体记者走基层、转作风、改文风,推出《绝美山水"飞"出绝唱》《红军医院》《从外科医生到中希文化交流使者——桑植白族姑娘谷云的故事》《高铁开进武陵山》《美了乡村富了百姓——探寻慈利县罗潭村蝶变之路》等30多篇有高度、有深度、有温度的鲜活稿件,产生强烈的社会反响。

张家界分社结合新中国成立70周年、"不忘初心、牢记使命"主题教育、张家界国际森林保护节、张家界民宿旅游年等重点节会进行策划,其中11月25日推出的《礼赞新中国、奋进新时代》张家界特刊16个专版,展示张家界70年来的成绩。与张家界市河长办联合推出"张家界市河长制'六个最美'评选活动",通过报网端全媒体矩阵线上集中推介,以及线下召开表彰大会,并得到市委、市政府以及主办单位市河长办的一致好评。(宁　奎)

广播·电视·电影

【概况】 2019年,张家界市广播电视系统创新发展思路,工作方式新颖有亮点。

守好舆论阵地。以中华人民共和国成立70周年为主线,围绕中心、服务大局,开展近30个重大主题宣传,深入推进头条新闻建设,及时传达党中央的声音。深入开展"走转改",加强基层报道力度。全年上稿429条,其中央视上稿180条,1分钟以上的正稿97条,较2018年同期强势增长62.6%;湖南卫视上稿249条,为对外树立张家界形象、讲好张家界故事贡献力量。加强纪检监察工作宣传,精心摄制反腐倡廉警示教育片。节目创优取得新成绩。爱心送考、爱心助学等公益品牌活动持续接力;成功举办第五届道德模范颁奖典礼;"壮丽70年?讴歌新时代"歌咏大赛,历时近半年,社会反响强烈,市委主要领导给予高度评价。

事业产业发展。积极化解矛盾,争取政策支持,通过湖南IPTV集成播控平台,实现张家界市广播电视台电视节目信号对全域170多万居民、8000万旅游人次的全覆盖;广告呈恢复性增长,全年纯商业广告收入接近前三年累计总和;新媒体建设有的放矢,变更广电传媒公司股权成张家界市广播电视台主导,发挥新媒体传播优势,尝试推行移动优先;研发金融服务业务。

强化顶层设计。精心部署“一年一改革，三年大变样，五年新跨越”的“135”战略，全力推进媒体融合与发展转型改革，组建五大中心，构建管控运营机制和考核体系。（李美林）

【张家界市广播电视台】 2019年，张家界市广播电视台下辖2个电视频道：新闻综合频道、公共频道，1个广播频率：张家界之声（频率：102.4），1个新媒体官网：爱视网，1个智能互联平台：“智慧张家界”APP。

2019年，张家界市广播电视台以习近平新时代中国特色社会主义思想和中共十九大精神为指引，紧紧围绕庆祝新中国成立70周年这条主线，围绕市委、市政府中心工作，牢牢把握正确的舆论导向，做强主流新闻宣传，打造讲导向、有文化的主流传播平台。以改革创新为支撑，出台媒体深度融合和发展转型改革方案，部署一年一改革，三年大变样，五年新跨越的“135”战略，构建起党媒全域覆盖，事业产业两翼齐飞，电视、手机、户外LED“三屏联动”，广播、电视、网络、内刊“四位一体”的媒体融合规划。

一、主流宣传。聚焦市委市政府中心工作谋篇布局。策划播出《在习近平新时代中国特色社会主义思想指引下——新时代 新作为 新篇章》《壮丽70年 奋斗新时代》等主题宣传，先后开设《决战决胜脱贫攻坚》《解放思想见行动》《六城同创 你我同行》《巡视整改进行时》《铁腕治旅》《扫黑除恶进行时》《监督执纪 深度聚焦》《整治形式主义官僚主义》《创建全国全域旅游示范区》《“不忘初心，牢记使命”主题教育活动进行时》《为了民族复兴·张家界英烈谱》《庆祝新中国成立70周年系列新闻发布会》《十九届四中全会精神解读》等专栏，创新策划《寻找最美劳动者》《党员先锋——身边的榜样》《劳动伟大 工匠光荣》《“湘”遇宁夏》《优化营商环境 推动高质量发展》《对接粤港澳 开启新动能》及道德模范候选人展播等系列报道和重点报道，与常德、湘西、黔江、恩施四地联合举行“武陵高歌向洞庭”大型采访活动，为黔张常铁路的开通营造良好的社会舆论氛围，做到期期有重点内容，月月有重点宣传。

结合地方特色宣传党的理论，丰富和改进《永定新闻》《武陵源新闻》《政法报道》等新闻栏目报道形式。《“最美司机”唐军用生命换回37名游客安全》等两件作品获湖南新闻奖，电视公益节目《全国敬老爱老助老模范——贺晓英》获湖南广播电视一等奖。

强化视频制作，提升宣传质量。先后为张家界市创建国家卫生城市工作制作汇报片《旅游名城焕新颜》；为省委书记杜家毫调研张家界涉大鲵国家级自然保护区水电项目整改工作制作专题片《还大鲵一个绿色家园》；为张家界市对接湖南——粤港澳大湾区投资贸易洽谈周制作专题片《绝版山水育奇珍》，展现张家界丰富特色农产品；为全市扶贫工作制作汇报片《张家界：决战决胜贫困高地》；推出纪录片《健康扶贫在老区》。摄制《我爱你中国》大型音乐电视，快闪视频《我和我的祖国》，获30余万点击率。联合爱视网和市纪委官方网站推出MV《不忘初心》和宪法公益宣传片《党员干部8小时之外监督》。

加大舆论监督，承担媒体责任。舆论监督节目品牌《电视问政面对面》完成第5季“集中问政”录播，紧扣28个社会热点难点问题，问责14个相关岗位负责人，强化执纪问责、持续纠正“四风”；为张家界市警视教育基地摄制警示教育片《背叛的代价》，向广大党员干部敲响拒腐防变警钟。党风廉政广播栏目《清风之声》，对违规违纪行为进行曝光，持续推进反腐败斗争压倒性态势。

传递张家界“好声音”。《张家界新闻联播》认真梳理张家界市亮点特色工作，加强新闻选题策划，先后向央视、湖南卫视推送播出《张家界：民企招工多 本地务工越来越多》《张家界武陵源：环卫工人捡万元现金 原地等4小时找到失主》《黔张常铁路湖南段开始电气化施工 今年9月试运行》《桑植：“两叶一金”断穷根》《张家界：创新推进文旅融合发展》《张家界：生态优先 绿色发展 成国际旅游胜地》等多条反映张家界市经济社会发展建设的重头稿件。其中庆祝新中国成立70周年特别报道《张家界：生态优先绿色发展 建成国际旅游胜地》，以《我和我的祖国》作词地在张家界为切入点，聚焦张家界的生态优先绿色发展模式，展现新中国成立以来特别是建市以来张家界取得的巨大成就，该报道获得湖南卫视新闻联播重大主题报道活动二等奖。在庆祝新中国成立70周年和“不忘初心、牢记使命”主题教育等重大主题报道中，张家界市广播电视台的上稿率在全省各市州台中名列前茅。《永定新闻》《武陵源新闻》立足区域优势，重点加强对重大节庆的主题策划，助推旅游经济发展。

2019年，张家界市广播电视台完成上稿429条，较去年呈增长态势，尤其央视上稿强势增长，全年上稿180条，较2018年上涨63.6%。湖南卫视上稿249条，与2018年基本持平。

二、主页板块。电视业务板块打造精品活动。持续十四届的电视春节联欢晚会已成为张家界台活动的一块金字招牌，2019春节联欢晚会当天网上直播点击率再次突破80万次，观看地区覆盖全国27个省，4个直辖市及台湾、香港地区；首届少儿春节联欢晚会被列入市委宣传部春节期间十大活动之一；张家界市广播电视台承办的“壮丽七十年·讴歌新时代”歌咏大赛，持续发酵两个多月，决赛当天，可容纳2000人的现场座无虚席，观众席即是演出地，观众即是演员，13支参加总决赛的队伍起坐交替，一“浪”接着一“浪”，数面鲜红的大小旗帜迎歌招展，伴随唱响献礼伟大祖国的豪迈之声，尽情抒发中华儿女的自豪之情。

践行公益慈善。连续开展7年的“以爱之名·点燃梦想”爱心助学慈善公益活动，2019年发放助学金200余万元，资助421名学子圆梦大学。七年间，共资助贫困学生1400余名，发放助学金近700万元，募集善款820余万元。连续开展8年的“爱心送考”，2019年汇聚800多辆出租、100多辆公交、200多辆私家车，为高考学子保驾护航。

助力公益宣传。2019年，张家界市广播电视台切实发挥公益传播的重要作用，独立制作广播电视公益广告10条，播放各类公益宣传7200条次，播放时长1077.3小时。广播播出9000

余次，播出时长2372分钟。其中，电视公益广告《保护野生动物 建设美丽中国》、广播公益广告《饮水思源 不忘来路》入选湖南省庆祝新中国成立70周年优秀广播电视公益广告作品，并分获二类扶持资金和三类扶持资金。

广播板块打造文化节目。张家界之声广播栏目《读书时间》邀请各行各业嘉宾分享阅读体验，解读和推荐好书；在节目中融入文明礼仪主题内容，重点突出“国学与礼仪”主题；邀请吉首大学教授与节目主持人联合播出12集《鬼谷子》教程；与市民族中学合作创办“听民中师生为你读书”系列节目，让书香浸润整座城市。

新媒体板块服务媒体深度融合。自主研发的“智慧张家界”APP正式上线。为形成融媒体宣传矩阵，2109年来，对与市经投集团联合控股的广电传媒公司股权实行变更，并着手回购市经投集团股权工作，致力掌握新闻舆论阵地，充分利用“智慧张家界APP”这一移动传播平台优势，深度开发、推出先网后台的内容产品。此外，APP与金融企业的合作进展顺利，自2019年4月获准成为省内独家授权打通建行开放银行管理平台后，经过5个月的研发，2019年10月进入账户开立、理财等金融服务业务的试运行阶段。

三、技术管理。张家界市广播电视台寻求方法化解阻挠电视覆盖面扩大等历史遗留问题，向三大运营商的IPTV输送本地电视节目信号，实现本地电视节目信号对全域170多万居民、8000万旅游人次的全覆盖，结束市城区以外城镇、农村无法收看本地电视节目的历史。

全台深入落实技术保障工作，2019年完成双电源改造工程，加强设备系统维护检修，提高应急调度指挥和处置能力，全年不间断、高质量完成广播、电视15330个小时的正常播出，43天重要保障期全部实现零事故、零停播。加大广告管理力度，规范广告发布流程，实行三级审查制度和重播重审制度。 （石乙贝）

【广电服务能力提升】 2019年，张家界市推进广播电视公共服务能力建设，完成广播电视中央无线数字覆盖工程建设、一碗水转播台省级节目无线数字工程建设、农村直播卫星户户通工程建设任务。全市基本建成有线、无线、卫星为接收方式的广播电视覆盖接收体系，张家界市电视台两套节目实现IPTV传输和高清化播出，广播电视覆盖率达到99%以上。推进市级广播补点工程建设，市级广播覆盖范围进一步扩大，广播服务能力不断提高。两区两县村村响系统不断完善，保障能力进一步提升，使用效率进一步提高。全市乡镇7151个广播终端点，实现县乡村三级联网高音喇叭14846只，音柱956套。鼓励有线网络公司、县级融媒体中心利用广电平台更多承担在经济社会发展中的任务，推动广播电视事业进一步发展。 （张　敏）

【电影产业】 2019年张家界全市电影行业呈现增长趋势，电影行业健康稳定发展，呈现良好局面，受到省委领导的肯定。

一、电影市场。全市电影市场稳步发展，目前拥有银幕42块，座位5966个，平均票价34元，总计观影人数近110万人次，总票房达到3411万元。其中永定区观影人数达85万人次，票房2606万元全市最高，武陵源区票房同比增长率达461%，增长巨大，其余区县票房同比增长率均呈下降趋势，增长放缓。全市现拥有城市电影院线6条。横店院线(张家界米高影城)观影近33万人次，票房收入1108万元，位列全市第一；湖南楚湘(张家界影视城)和潇湘院线(张家界市步步高影视城)紧随其后，票房收入分别为635万元与659万元。广州金逸院线(张家界金逸影城)发展迅速，放映电影16120场，票房收入达到552万元。

二、农村公益电影。2019年全市农村电影年计划放映18156场，实际放映18544场，完成百分比达到102.14%。张家界顺民农村数字电影院线公司从影片交易系统订购各类影片190部，订购放映33457场次，订单30个。慈利县计划放映场次7644场，实际放映7745场，任务虽重，完成质量高；武陵源区计划放映324场，实际放映501场，完成率高达154.75%，全市最高；永定区、桑植县均超额完成放映任务，保障农村地区对于电影放映的文化生活需求。

表19

2019年张家界市电影票房情况一览表

名称	票房（万元）	影院数（个）	观影人数（万人次）	票房同比增长	平均票价（元）
永定区	2606.94	4	85.05	-18.14%	29.18
武陵源区	30.3	1	0.867	461%	34.8
慈利县	630.87	4	21.42	-13.8%	29.45
桑植县	143.139	1	3.3474	-34%	42.8
总计	3411.249	10	110.6844		

表 20　　2019 年张家界市农村公益电影放映场次完成情况一览表

区县	计划放映（场）	全年放映（场）	完成百分比
永定区	3828	3861.9	100.89%
武陵源区	324	501.4	154.75%
慈利县	7644	7745.3	101.33%
桑植县	6360	6434.6	101.17%
总计	18156	18543.8	102.14%

表 21　　2019 年张家界市农村公益电影影片订购情况一览表

区县	年计划（场）	影片数（部）	订购数（场）	订单数（个）
永定区	3828	44	5205	8
武陵源区	324	80	1267	7
慈利县	7644	39	15335	7
桑植县	6360	27	11650	8
总计	18156	190	33457	30

表 22　　2019 年张家界市城市电影院线发展情况一览表

院线名称	场次（场）	总人次（人）	总票房（万元）
湖南潇湘影视传播有限公司	9069	239754	659.23
湖南楚湘影业有限责任公司	20426	218651	635.01
中影星美电影院线有限公司	10001	100007	314.1
横店影视股份有限公司	14142	329886	1108
广州金逸珠江电影院线有限公司	16120	185618	551.77
北京红鲤鱼数字电影院线有限公司	4795	33474	143.139

（本栏撰稿　张　凯）

文学艺术

总　类

【概况】 2019年，张家界市文学艺术界联合会(简称张家界市文联)坚持“二为”方向、“双百”方针，坚持以人民为中心的创作导向，认真贯彻落实习近平新时代中国特色社会主义思想，文艺工作呈现新气象、新风貌。张家界市作家协会会员刘晓平诗歌作品《苏木绰拾起的诗意》获第二届土家族文学奖单篇奖，这是张家界市作家首次获得土家族文学奖殊荣；张家界作家喻灿锦作品入选2019年度中国作协少数民族文学重点作品扶持项目。周明诗集《十八洞外的诗与远方——一位驻村第一书记的扶贫手记》入选湖南省作家协会2019年度重点扶持作品选题。张家界市美术家协会会员李冰峰油画《青春的记忆》、向好水彩作品《聚变·汽车时代》入选第十三届全国美术作品展；李冰峰、吕启琼、刘徽作品荣获“迎接13届全国美展·湖南省美术作品展优秀作品奖；石志文国画作品《故乡梦》入选中国美协主办悲鸿精神第三届全国中国画作品展；聂峰国画《又是丰收年》入选中国美协主办的时代丹青·全国第三届现代工笔画大展并收藏；张家界音乐家协会会员胡家胜作词、符玮作曲的歌曲《呀呀呀得儿喂》获湖南省第十四届精神文明建设“五个一工程”作品奖；胡家胜作词、符玮作曲、扎扎朵组合小组唱《打起溜子呆配当》获湖南省2019年“潇湘好歌”金奖；张家界市摄影家协会会员罗启英摄影《时代的旋律》入展第十二届中国艺术节全国优秀摄影作品展，杨年春摄影作品“晒幸福——图说湖南40年”摄影故事创作大赛特等奖；张家界市诗词楹联协会会员向国庆律诗《秋游七年寨》获中华诗词2019年金秋笔会优秀作品奖；传统武术《土家武魂》获湖南省2019年欢乐潇湘群众文艺汇演特等奖；大庸思弦《还不还》、曲艺《铜钱歌》荣获庆祝新中国成立70周年全省群众文艺会演优秀奖。

【张家界市文联四届四五次全委（扩大)会议暨2019年工作会】 2019年4月10日下午，张家界市文联四届五次全委(扩大)会议暨2019年工作会议召开。会上对2018年市文联系统全省及全市先进单位、先进个人进行表彰，总结过去一年的文艺成绩。2019年，市文联凝神聚力，坚持为人民书写为时代立传的文艺创作意向，建设德艺双馨充满活力的文艺工作队伍，要全面深化改革推动全市文联系统各项工作深入开展，深入生活，贴近实际，扎根人民，创作出更多更好的文艺精品，为推动张家界高质量发展做出新的贡献。

【协会换届】 2019年，是张家界市文艺家协会换届之年，张家界市文联所属15个文艺家协会除张家界市美术家协会、张家界市文艺评论家协会外，张家界市作家协会、张家界市书法家协会、张家界市戏曲家协会、张家界市摄影家协会、张家界市音乐家协会、张家界市舞蹈家协会、张家界市影视家协会、张家界市艺术收藏家协会、张家界市民间文艺家协会、张家界市诗词楹联协会、张家界市诗歌学会、张家界市演讲与口才学会、张家界市校园文联等13个协会完成换届选举，张家界市各文艺协会全面总结2015年以来协会所取得的成绩，审议通过新修订的协会章程，选举产生新一届主席团，为今后五年张家界市文艺发展汇聚力量。

【推荐发展会员】 截至2019年，张家界市文联拥有国家级会员83人，省级会员615人，市级会员2715人。2019年发展市作协会员18名，张家界市作协会员总数达到416名；3月，推荐发展高宏标、宋梅花为省作协会员；5月15日至5月21日，推荐李文丽参加毛泽东文学院和省作协主办的“湖南省第八届专题文学（网络文学）研讨班”；7月，向延波被发展为中国作家协会会员；9月，罗春浓被聘请为《散文选刊·下半月》签约作家；10月10~29日，湖南省第十八届中青年作家研讨班完成各项学习任务，张家界市作家朱凤英、王登会、甄钰源从毛泽东文学院顺利毕业；12月11~15日，胡小白、鲁絮、小北参加“新时代湖南青年诗人培训班”；12月15~21日，黄菲从湖南省第二期作家高级研讨班结业。

【文艺扶贫】 2019年5月11日，张家界市文联与吉首大学张家界学院联合主办“武陵山扶贫文艺精品展暨学术研讨会”，与会专家学者与文艺家围绕武陵山区的扶贫文艺进行全方位的展览、展演、展播和系统的学术研讨。在扶贫文艺精品展中，共展出文学类、盆景类、剪纸类、摄影类、书画类扶贫文艺精品581件。此次活动，为武陵山片区扶贫攻坚的最后决胜提供强大精神动力和文化支撑。

2019年1月25日，“张家界市文联文艺扶贫轻骑兵”参加文化科技卫生“三下乡”，与张家界市委宣传部、张家界市文明办、张家界市卫健委等单位一道，走进永定区教字垭镇，书写春联，积攒“年味”，为广大群众提供文化服务。张家界市书法家协会、张家界市诗词楹联协会等协会组织开展“土家过赶年——送春联进万家”“幸福进万家——送春联”“幸福进万家——进警营”等系列活动，全市文艺惠民送春送福7000个、送春联10000余幅，为多户贫困户拍摄全家福，赠送《文艺张家界》《天门文艺》等书籍700余册，提供各类咨询100余人次。

【“深入生活 扎根人民”为主题的百名文艺家走进慈利采风】 2019年11月21~22日，张家界市文联与慈利县委宣传部、慈利县文联联合举办以“深入生活扎根人民”为主题的张家界市百名文艺家走进慈利采风活动。采风期间，百余名文艺家参观渔浦书院，体验红岩岭飞拉达，在溪口樟树村的红军树下重温入党誓词、聆听红军故事，参观袁任远故居，为三官寺土家族乡罗谭村送去一场文艺惠民演出。中国作协会员、湖南省诗歌学会副会长冯明德以“像散文诗一样生活”为题，为慈利三中的全体师生和百名文艺家授课，为学校赠送《新时代散文诗》《张家界文艺》等杂志和书法作品。

（本栏撰稿　李　莉　杨次洪）

文学·文艺评论

【第三届国际旅游诗歌节】 本届诗歌节于2019年12月6~8日在张家界市区举行，邀请全国两百余名诗歌名家前来参会。湖南省文联党组成员、副主席唐贵平，湖南省文旅厅副厅长肖凌之等领导、嘉宾及著名诗人出席此次诗歌盛会。在诗歌节期间成立中国诗歌自媒体联盟，发表宣言，会长高宏标当选为执行会长兼秘书长；开展“张家界旅游诗歌现象”学术研讨会；12月6日晚，张家界国际旅游诗歌节在吉首大学张家界学院举办“行吟中国”旅游是个职业暨第三届中国张家界国际旅游诗歌节颁奖典礼，本届国际旅游诗歌大赛设置18万元的总奖金，共评出一等奖1名，二等奖5名，三等奖20名，优秀奖200名。其中，马萧萧作品《天门洞》荣获一等奖；举行“行吟中国”交响诗歌朗诵会，分为序篇《诗教》、第一篇章《故园》、第二篇章《远方》、第三篇章《祖国》、尾声《我和我的祖国》几个部分。朗诵会上如欧阳斌《峰骨》、马萧萧《天门洞/记住张家界》、刘晓平《奇山异水张家界》、罗长江《第三千零一峰是铜像》等，均取材于张家界。

【刘晓平散文集《一路风景》研讨会】 该研讨会于2019年12月在京举行。研讨会由《民族文学》杂志社和中国少数民族作家学会主办，吴义勤，叶梅、石一宁、李霄明以及徐可、胡平、范咏戈、张陵、王山、王必胜、王彬、赵晏彪、哈闻等中国作协的领导、专家30余人出席会议。与会专家深入分析和探讨刘晓平散文集的文学价值及启示意义，作品中一些关于红军后人的扶贫故事反映在张家界这片土地上的时代生活和人民的精神风貌，也和红军精神、人民精神紧紧连在一起，是“不忘初心”的红色文化在新时代的延续传承，是“牢记使命”的当代实践。《一路风景》里的“风景”既有审美的意义，更有思想的意义和人生的价值。

【文学激励】 2019年4月，张家界市文联对张家界市2018年度发表的331件优秀文学作品进行激励，发放激励奖金9.8万元，扶持文学事业，鼓励精品力作的创作。

【作协活动】 2019年4月，张家界市作家协会组织召开张家界市2019年中青年民族作家作品研讨会，研讨张家界市5位中青年民族作家的文学作品，研讨书籍在湖南省作家网集中展示推介；2019年7月，张家界市作家协会赴岳阳市平江县、浏阳市开展“追寻先辈足迹，坚定理想信念”主题党日活动；8月，召开国家、省派工作队驻村帮扶工作成效征文评审会，评选出21部高质量报告文学作品。9月，举办“文旅结合·牵手两岸”——著名作家、书画家浮石张家界读者见面会，张家界市人民政府副市长欧阳斌出席，作家、企业家等代表等近50人参加见面会；10月，石绍河率张家界代表团赴长参加湖南省第七次青年作家创作会；11月，张家界市作协组织部分会员，到张家界市新华书店参观学习，并捐赠部分文学专著。张家界市新华书店接受捐赠，并开设专柜，集中展示本土作家作品。

【文学精品力作】 据不完全统计，2019年度，张家界市作家在省级(含)以上的报纸杂志发表文学作品300余篇（首），出版文学作品集近10部；3月，周明诗集《十八洞外的诗与远方——一位驻村第一书记的扶贫手记》入选湖南省作家协会2019年度重点扶持作品选题；5月，喻灿锦散文集《湘西姑娘》入选2019年度中国作家协会重点作品扶持作品选题；江左融被省级文学杂志《散文选刊·下半月》聘为签约作家。11月，张家界市作家刘晓平诗歌作品《苏木绰拾起的诗意》获第二届土家族文学奖单篇奖；12月，儿童文学作家钟锐《歪歪探长》在“学习强国”APP上线；12月，郭红艳报告文学《新阳》被确定为湖南省作协“庆祝建党100周年”创作专项选题；2019年度，谢德才、宋梅花、向国庆等人获得省级以上文学奖6次。《民族文学》“情牵苏木绰”专辑出版。2019年6月，《民族文学》杂志2019年第6期出版，首次集中推介“苏木绰作品”，20余位张家界本土作者作品入选“情牵苏木绰”专辑，共推出散文、诗歌作品22篇，一批反映全域旅游、民俗文化和脱贫攻坚的精品力作跃然纸上。继续出版《张家界市年度优秀文学作品选》，优秀文学作品选已经成为张家界市作协的品牌和文学事业的一张闪亮名片；《再去西线游——张家界西线旅游文学作品选》公开出版，全书26.5万字，全面、系统呈现有奖征文、西线采风和收录已经发表的优秀文学作品的全貌。

【文艺平台建设】 2019年，张家界市文联出版《张家界文艺》2期(其中文艺刊1期、旅游刊1期)。出版《张家界文艺》4期(其中文艺刊2期、旅游刊2期)；微信公众号“文艺张家界”全年共发表文艺新闻快讯155条，文学作品293篇，书画作品72幅；出版《写给张家界的精美短诗》《行吟张家界：张家界市2018年度优秀文学作品选》。

（本栏撰稿 李 莉 杨次洪）

书法·美术·摄影

【“翰墨礼赞、盛世中华”庆祝中华人民共和国成立七十周年张家界市书法展】 此次展览由张家界市文联主办，张家界市书法家协会承办，于2019年9月30日在华天酒店举行，展出张家界市书法家协会会员作品87件。

【“不忘初心 牢记使命”第三届张家界市美术书法摄影艺术作品双年展】 2019年10月26日，张家界市文联举办“不忘初心 牢记使命”第三届张家界市美术书法摄影艺术作品双年展。此次展览共收到三大门类245人348件艺术作品，经省市专家评委初评、终评，共评出入展作品90件，特邀展出作品8件。艺术家们从不同角度、以不同形式展示“国际张”丰富的自然、人文、历史面貌以及近年来经济社会发展成就。

【李军声砂石画百米长卷“山魂”作品展】 2019年10月22日，李军声砂石画百米长卷“山魂”作品展在北京山水美术馆举行,该展作为我国第14届传承与经典系列展之一,表现出张家界独居特色的自然风貌,舒发着自然万物奇思妙境和绚丽绮美,充分体现具有民族特点的砂石画的艺术魅力。

【中国·张家界首届世界遗产摄影大展】2019年12月18日,“中国·张家界首届世界遗产摄影大展”新闻发布和启动仪式在北京中华世纪坛举行。贺龙元帅之女、贺龙体育基金会主席贺晓明,中国摄影家协会分党组书记、驻会副主席郑更生,中国摄影家协会副主席居杨,中国摄影家协会顾问张桐胜,中国摄影报社社长赵迎新,丝路金桥创作者、当代艺术家舒勇,副市长欧阳斌等参加。全国30多家新闻媒体现场报道,100多个新闻媒体及网站转发消息,产生很大影响。

【《峰林叠翠》亮相外交部蓝色大厅】2019年9月12日,中国外交部和湖南省人民政府在外交部南楼举行外交部湖南全球推介活动,张家界市摄影家协会主席覃文乐13米长的巨幅摄影作品被外交部选用,展挂在外交部蓝色大厅。当天该作品被《中国日报》英文版,用跨页篇幅向167个国家推荐。

【张家界市被评为摄影发现中国十大景观】2019年,在中国摄影家协会和《中国摄影报》举办的全国评选活动中,张家界被评为摄影发现十大景观。

【摄协活动】2019年,张家界市摄协组织100多名会员拍摄张家界大型民俗活动“元宵节”,为张家界市留下珍贵的图片资料;邀请著名摄影家杨延康老师在张家界举办“纪实的力量”摄影专题讲座,全市各会员及摄影爱好者150多人参加;联合中宣部学习强国平台,举办“大美看中国,聚焦张家界”全国摄影大赛,共评选出优秀作品116件。联合张家界茅岩河旅游开发股份有限公司共同举办“百里画廊茅岩河”全国摄影大赛启动仪式;联合张家界经投公司开展“寻找最美劳动者”活动,组织100多名会员深入杨家界、宝峰湖、十里画廊景区,拍摄劳动者坚守岗位的精彩瞬间;六城同创办共同举办“六城同创”摄影大赛,评选出获奖作品97幅。

【摄影奖项】张家界市摄影家协会积极组织协会会员参加全国、省、市各级摄影展赛活动,市摄影家协会副主席、慈利县摄影家协会主席杨年春上半年取得丰硕成果:“晒幸福——图说湖南40年”摄影故事创作大赛特等奖,“大美武陵 精准扶贫”全国摄影展《农民的笑脸》获优秀作品奖,《赶秋节》获“美丽开放·幸福新湘西”摄影大展品质收藏奖,《千岛龙潭》获湖南省国有林场和森林公园纪念改革开放四十周年摄影作品征集大赛二等奖和“天下洞庭,诗画君山”全省摄影大赛品质收藏奖,《云上孕出幸福芽》、《万达小镇夜色》分别获得中国文联摄影艺术中心、万达集团举办的“关注全球减贫、聚焦乡村振兴”全国摄影大展铜奖。覃文乐、孙建华等25幅作品入展中国摄影家协会举办的“摄影发现中国最美景区摄影展”。

(本栏撰稿　李　莉　杨次洪)

音乐·舞蹈

【为梦高歌·张家界三大男高音2019年新年演唱会】2019年1月,由张家界市文联主办,张家界市音协承办的“为梦高歌·张家界三大男高音2019年新年演唱会”在张家界广播电视台演播大厅举行。

【新中国成立70周年歌咏比赛】2019年7日30日,张家界市直机关工委、张家界市总工会、张家界市国资委、张家界市文联主办、张家界市音乐家协会承办市直庆祝新中国成立七十周年《壮丽七十年·讴歌新时代》歌咏大赛活动。市音协全程参与新中国成立七十周年《壮丽七十年·讴歌新时代》歌咏大赛活动。经过激烈角逐,最终,张家界市委办、张家界市接待服务中心、张家界市机关事务管理局、张家界市档案馆、张家界市委党史研究室,张家界市文旅局、张家界市贸促会荣获一等奖,张家界市政府办、张家界市人民政府研究室、张家界市住房公积金管理中心、张家界市政府办机关事务管理中心、市社会发展研究中心、市烟叶办、张家界市红十字会、张家界市气象局、张家界市信访局,张家界市委组织部、张家界市委党校、张家界市老干局、张家界市人社局、张家界市编办、张家界市高级技工学校、张家界市卫健委机关、张家界市人民医院、张家界市计划生育协会、张家界市疾控中心、张家界市中心血站、张旅集团荣获二等奖,张家界市纪委、张家界市巡察办、张家界市人大、张家界市工信局、张家界市科技局、张家界市科协、张家界市水利局、张家界市公安局、张家界市农业农村局、市扶贫办荣获三等奖,并评选出十名“十佳指导老师”。

【音乐创作成果】2019年,张家界市音协会员胡家胜作词、符玮作曲的歌曲《呀呀呀得儿喂》成为继《青青马桑树》(罗长江作词、邓少文作曲)《国歌》(秦平武作词、孟勇作曲)《嘀嘀也》(胡家胜作词、符玮作曲)后,又一首获湖南省精神文明建设“五个一工程”奖的作品。《呀呀呀得儿喂》还入选湖南省“讴歌新时代·共筑中国梦”主题新创作歌曲与中宣部第六批“中国梦”主题新创作歌曲一同在全省推广,并荣获“唱响70年·我喜爱的湖南金曲”评选活动金曲奖(总共20首)。由胡家胜作词、符玮作曲、扎扎朵组合演唱的《打起镏子呆配当》,获湖南省2019欢乐潇湘群众文艺会演特等奖和省文联、省音乐家协会“潇湘好歌”金奖。张家界市音乐家会员符玮作曲、胡家胜作词、张家界籍青年歌手山水组合的原创歌曲《嘀嘀也》在CCTV-15央视音乐频道的《民歌中国》栏目播出;彭清化作词、符玮作曲、永定籍歌手胡晓涵演唱的歌曲《来了再来》在中央电视台第二套财经栏目文旅经济看中国——《生财有道》节目中播出。

【舞协活动】2019年,张家界市舞蹈家协会积极组织指导参与2019年张家界市春晚、2019年少儿春晚、2019年元宵灯会、土家族“七月七摸米节·女儿会”、“三月三”抬毛菩萨活动、桑植民歌节等体现各区县地域特色的活动,特别是组织开展的元宵节快闪,全场万人同唱一首歌,百万的流量,千万的点击率,让一座小城成为全国关注的焦点;组织指导张家界"土家女"喜嫁"法国郎"国际婚俗活动、2019年武陵山区刺绣大赛及"非遗"进景区等活动,既是"文化丰富旅游、旅游展示文化"的创新,也是"非遗"进景区的一项创举;组织指导2019年"千岛龙潭"板板龙灯艺术节、永定区教字垭镇2019年"二月二"开耕民俗文化旅游节、桑植县芙蓉桥白族"三月街"艺术节及2019年张家界土家族"六月六"民俗文化节等活动,充分展示多民族民俗文化。（本栏撰稿 李莉 杨次洪）

民间文艺·收藏

【慈善拍卖】 2019年4月2日上午,由张家界市委宣传部、张家界团市委、张家界市妇联、张家界市教育局、张家界市民政局、张家界市文联、张家界市残联指导,张家界市慈善总会主办,张家界日报社、张家界市广播电视台、张家界市艺术收藏家协会承办,情系"星星的孩子"慈善公益捐赠与拍卖活动将在市广播电视台演播大厅拉开帷幕。征集近80件拍品,筹得善款近30万元,用于解决自闭症儿童和家庭部分实际问题。

（本栏撰稿 李 莉 杨次洪）

影视·校园文联

【青春校园纪录片《伊甸园》首映仪式】 由张家界市文联、万众耀天国际文化传媒(北京)有限公司主办,张家界市影视家协会、吉首大学张家界学院协办的青春校园纪录片《伊甸园》首映仪式在吉大张院天问厅举行,300多人参加首映仪式并观看纪录片。该片反映大学生所面临的除学习之外的现实需求和问题所在,带给学校、家庭、社会对大学教育的思考,对大学生有着振聋发聩的警示效果。

【第二届精准扶贫微电影大赛颁奖晚会】 该活动由张家界市农委、张家界市扶贫办、张家界市文联联合主办,张家界市影视家协会承办,2019年元月19日在市电视台对第二届张家界市精准扶贫微电影大赛入围的10部片子进行颁奖和表彰。一等奖(2个),《家园》和《其实你不用去远方》;二等奖(4个),《暖阳》《情暖牛栏溪》《雨日》《责任》;三等奖(6个),《路》《山路情》《绿野》《需要拉一把的人》《前村坪村的扶贫事》《誓要三溪涌波澜》。

【校园公益捐赠】 2019年,张家界市校园文联公益委员会和微爱公益服务中心致力解决留守儿童、孤贫学生、残障孩子的实际微愿望,捐赠各类爱心物资总价值224140元。其中:开展"新征程2019"爱心书包漂流活动,304个书包、学习用品,总价值55000元;为西溪坪小学捐赠100个爱心书包、学习用品,总价值20000元;开展"公益酷跑 有你刚好"微博携手扬帆公益助手APP活动为慈利、桑植、永定15所学校捐赠爱心书籍,总价值45500元;为凉水口镇利溪坪小学24名学生送被子、学习用品,价值5000元;留守儿童"篮球梦"在彭家巷小学捐赠篮球器材,价值5000元;570套正姿笔总价值27360元;为爱心林、桐花树学校捐赠净水器,总价值25000元;为桑植县竹叶坪小学捐赠学习用品,价值3000元;八家河多媒体广播器材,价值15000元;大樟树下守初心给桑植、慈利60名学生捐赠衣物,总价值17280元;开展留守儿童手抄报绘画大赛,为孩子们捐赠学习用品,价值6000元。

张家界市校园文联舞蹈委员会助力5位家庭贫困应届高考毕业生,衔接爱心企业,每人捐赠2万元学费,共计10万元;携手陈珂粉丝团给5名贫困儿童送去现金5000元。

【公益支教】 2019年,张家界市校园文联公益委员会和微爱公益服务中心联合发起书法、声乐、器乐、武术、国学舞蹈、腰鼓、土家刺绣、诛心算系列支教活动,全面开展留守儿童帮扶工作,引导青少年健康成长,在永定区关门岩、三岔、枫香岗、后坪、二家河、三家馆、杨家溪小学每周固定开展支教。

【助力校园文化】 2019年,张家界市校园文联校园舞蹈委员会致力于开展校园文化艺术活动。2019年6月26日来自美国的华侨孩子们走进土家文化中,在土家传承人关门弟子的授课中,孩子们其乐融融,孩子们不仅学到土家文化,还把土家的文化带回国外宣传,真正意义上的传承与发展。7月24日,为了让孩子们深入了解土家摆手舞,组织400多名孩子们聚集在土家风情园一起学习土家摆手舞,在学习现场,孩子们了解土家摆手舞的由来,大家齐跳摆手舞,感受舞蹈带来的乐趣和特有的舞蹈元素。8月11日,走进王家湾中心小学,给那里的孩子们上舞蹈课,教给他们一些趣味舞蹈。8月23日,给官黎坪中学的孩子们原创一支与校园文化相契合的课间操舞蹈,舞蹈中融入现代的音乐元素和舞蹈元素,相比传统的广播操,新颖的课间操更深得孩子们的喜爱。10月31日,在金海实验学校举行的运动会中,给50名中学生排练具有健身操元素的舞蹈,舞蹈积极向上,充满活力,深受老师同学们的喜爱。还积极参与到永定区教育局举办的"不忘初心、逐梦中华"中小学生文艺展演当中,分别到各校积极进行指导编排,前后持续一个多月,功夫不负有心人,展演当天学生节目主题性明确,节目水平高,大大激发学生的爱国情怀。校园舞蹈委员会还用真情为校园奉献爱心,12月分别前往张家界福利院、沙堤街道贯坪小学、大坪中心学校、桐花树智障学校、康赖星听障学校5所学校送去整台演出,其中有民族舞蹈、流行舞蹈、非洲鼓、独唱、歌伴舞、朗诵、快板节目等多元素的表演。通过多样化的表演让孩子们近距离感受到文化艺术带来的直观感受,也给他们带来温暖和快乐。

（本栏撰稿 李 莉 杨次洪）

卫生健康

总　类

【概况】 2019年,张家界市卫生健康系统围绕“健康张家界”建设,推进医药卫生体制改革,加强公共卫生和卫生应急能力,提升医疗服务能力建设,提高医疗服务质量管理水平,中医药事业取得传承创新发展,计划生育工作稳步进行,健康扶贫政策得到落实,卫生健康工作实现提质增效。年末,医疗卫生机构总数1284个,其中医院30个;基层医疗卫生机构1238个;专业公共卫生机构16个。医疗卫生机构床位10037张,每千名常住人口医疗机构床位数由上年的5.68张增加到6.48张。卫生人员总数12669人、比上年增加1187人,其中卫生技术人员10229人。医疗卫生机构总诊疗577.67万人次,其中医院诊疗259.32万人次,占比44.89%,比上年增加9.45万人次;基层医疗卫生机构诊疗294.81万人次,占51.03%;其他医疗机构诊疗23.54万人次,占4.07%。有县级医院16家、乡镇卫生院78个(含非建制卫生院14个)、村卫生室884个、社区卫生服务中心(站)14个。孕产妇产前检查率97.69%,产后访视率97.09%,比上年增长1.91个百分点。孕产妇住院分娩率为99.97%;3岁以下儿童系统管理率89.98%,比上年增加1.12个百分点。无甲类传染病报告;乙类传染病报告发病5807例,发病率为377.60/10万;死亡46例,死亡率为2.93/10万。报告发病数居前五位的病种依次为乙肝、肺结核、梅毒、艾滋病、淋病,共占报告发病总数的98.21%。

【张家界市卫生健康委员会成立】 2019年1月25日,新组建的张家界市卫生健康委员会成立。内设17个科室,主要承担贯彻执行国民健康政策及国家卫生健康法律法规,拟订全市卫生健康、中医药事业发展规划、规范性文件并组织实施,落实卫生健康标准和技术规范。统筹规划全市卫生健康服务资源配置,指导区域卫生健康规划的编制和实施。制定并组织实施推进卫生健康基本公共服务均等化、普惠化、便捷化和公共资源向基层延伸等政策措施等职责。

【张家界市卫生健康委获评新时代健康科普作品征集大赛优秀组织奖】 2019年10月31日,国家卫生健康委员会办公厅、科学技术部办公厅、中国科学技术协会办公厅《关于印发2019年新时代健康科普作品征集大赛优秀及入围作品名单的通知》(国卫办宣传函〔2019〕793号):张家界市卫生健康委荣获2019年新时代健康科普作品征集大赛优秀组织奖。张家界市卫生健康委、张家界市人民医院选送的《救在身边(方言舞台剧版)》获全国舞台剧类优秀奖。

【张家界市卫生事业发展数据】 2019年,张家界市医疗卫生机构总数1284个,医疗卫生机构床位10037张,其中医院占66.68%,基层医疗卫生机构占30.23%,专业公共卫生机构占3.09%。卫生人员12669人,每千名常住人口执业(助理)医师2.72人、注册护士2.73人、专业公共卫生机构人员0.59人;医护比为1.005,床护比为2.37,医疗卫生机构总诊疗577.67万人次。医疗卫生机构入院259.32万人,比上年增加9.45万人次。医院病床使用率89.85%,其中公立医院94.73%。全市无甲类传染病报告;乙类传染病报告发病5807例,发病率为377.60/10万;死亡46例,死亡率为2.93/10万。报告发病数居前五位的病种依次为乙肝、肺结核、梅毒、艾滋病、淋病,共占报告发病总数的98.21%。16273人参加无偿献血,比上年增长15.15%;献血量6.38吨,比上年增长16.67%;供应临床用血6.21吨。

(本栏撰稿　刘　俊　杨　攀)

医疗卫生体制改革

【概况】 2019年,张家界市市委、市政府出台医疗卫生城(县)乡一体化改革的指导意见。在全省率先全面推动城(县)乡一体化改革,采取“分类指导、示范引领、重点突破、整体推进”的策略,推动各项举措落地。慈利县和桑植县分别组建医疗集团,初步建立“总额包干预付、结余集团使用、合理超支分担”的医保总额打包付费制度。抓住“绩效考核”这一牛鼻子,积极推进公立医院章程制定,7家公立医院医疗收入结构进一步优化。桑植县2018年、慈利县2019年公立医院综合改革成效较为明显作为真抓实干成效明显的地区受到湖南省人民政府办公厅表扬激励。持续推行公立医疗机构药品采购“两票制”(药品从药厂卖到一级经销商开一次发票,经销商卖到医院再开一次发票),挤压药品流通领域和医用耗材领域价格水分。加大“双随机一公开”(在监管过程中随机抽取检查对象,随机选派执法检查人员,抽查情况及查处结果及时向社会公开)监督抽查力度,全面推开公共场所卫生许可告知承诺制改革,优化企业准入服务。

【推进公立医院综合改革】 2019年,全市公立医院全面实施国家基本药物制度、药品零加成销售和采购“两票制”等政策,全面完成公立医院薪酬制度改革,启动公立医院管理章程试点,推动建立现代医院管理制度,公立医院管理成本逐年下降,管理效益逐年提升,群众医药费用负担逐年减轻。

【推进分级诊疗制度建设】 2019年,全市二级及以上公立医院均与基层医疗卫生机构签订双向转诊协议、均与省、部级医院签订医联体协议、专科联盟协议。按照“签约一人、管理一人、服务一人”要求,全市重点人群和困难人群签约率达100%,签约人群管理服务达100%。

【推进药品供应保障制度建设】 2019年,全市所有公立医疗机构全面取消药品加成、实施药品采购“两票制”。出台《张家界市公立医疗机构药品集中配送实施办法(试行)》,公立医疗机构药品配送企业由原来的40多家减少到10家,通过公立医疗机构药品集中配送,每年为老百姓减轻用药负担5000万元以上,有效控制药品在配送环节导致药价虚高,规范配送行为,提高急救药、短缺药、低价药配送到位率,努力保障人民群众用药需求。

【推进城乡一体化改革】 2019年,全市全面推进综合医改,出台《中共张家界市委办公室张家界市人民政府办公室关于实施医疗卫生城(县)乡一体化改革的指导意见》《张家界市人民政府办公室关于成立张家界市"三医联动"(医疗、医保、医药改革联动)工作委员会的通知》,全面部署一体化改革任务,明确市长为市"三医联动"工作委员会主任和市"三医联动"工作委员会及成员单位职责。部门协同密切高效,出台配套改革政策。慈利县两个医疗集团和桑植县两个医疗集团已经成立,县级医院的人员、技术已下沉基层;特别是桑植县民族中医院与陈家河镇中心卫生院率先启动一体化改革试点,为该卫生院添置1台16排CT,选派业务骨干担任该卫生院科室主任,派专家到该卫生院坐诊、教学查房,并选派人员到县民族中医院进修培训,投入近380万元完成该卫生院装修,人员、技术、设备等资源已共享,初步实现医疗服务和管理一体化、同质化,群众在家门口享受县级医院优质服务;市人民医院结合新院启用,设一院三区(含1家三甲医院、1家二甲医院、1家康养专科医院),初步建立城市医疗集团。

(本栏撰稿 林成军)

公共卫生和卫生应急

【概况】 2019年,全市积极推进公卫系统3.0"人脸识别"技术。国家基本公共卫生服务项目人均基本公共卫生服务经费提高至60.29元,全市累计建立居民健康档案1433448份,建档率93.59%。全市孕产妇早孕建册11707份,孕产妇健康管理率达92.97%。0~6岁儿童健康管理率达91.95%。65岁以上老年人健康管理率78.58%。全市累计在管高血压患者71668人,在管糖尿病患者19292人,所有登记在册重性精神疾病患者8173名,在管的7404名,报告患病率达到4.83‰,规范管理率为97.4%。全面启动近视及常见病调查及监测工作,无甲类传染病报告;乙类传染病报告发病5807例,发病率为377.60/10万;死亡46例,死亡率为2.93/10万。报告发病数居前五位的病种依次为乙肝、肺结核、梅毒、艾滋病、淋病,共占报告发病总数的98.21%。未发生传染病较大规模流行。麻疹、乙脑、流脑、狂犬病等重大传染病发生率居全省较低水平。传染病及突发公共卫生事件报告和处置率达100%。

【免疫规划】 2019年,全市加强疫苗接种全过程管理,共接种一类疫苗198336针次,二类疫苗65752针次,免疫规划疫苗各针次接种率达95%以上。全面启动第二类疫苗省级平台集中采购供应工作。大力推进儿童预防接种信息管理系统建设,"互联网+预防接种"模式不断完善。积极推进消除麻疹、入学接种证查验与补种等工作,疫苗针对性传染病发病率控制在较低水平。全面推动接种门诊"妈妈课堂"常态化,推行疫苗接种补充保险,全面完成长春长生问题疫苗清理、排查和补种工作。

【结核病防治】 2019年,全市初步建成卫健行政部门、疾控中心、定点医院"三位一体"的结核病防控体系,有序、高效、顺利推进结核病防控。加强学生、老年人等重点人群开展结核病专项防控,全市共筛查大、中、小、幼儿园和职业学校共818所,筛查学生75773人,PPD强阳性504例,确诊结核病13例。共处置学校散发疫情39起,聚集性疫情4起,筛查密切接触者3126人。全市未发生学校结核病突发性公共卫生事件,学校结核病发病较上年同期比下降13.3%。

【艾滋病防治】 2019年,全市艾滋病防治成绩突出。艾滋病防治工作处于全省先进水平,老年人艾滋病防治工作为全国典型。全市二级以上医疗机构及基层医疗卫生机构艾滋病检测点全覆盖,16家初筛实验室和117个检测点管理规范,运转良好。艾滋病知识知晓率达到90%以上,安全套使用率达到85.7%,连续两年没有发现新的艾滋病感染者,梅毒感染率由基线调查时的23.5%下降到7.8%。

【卫生监测】 2019年,全市完成集中式供水项目采样200件,合格率100%;全面完成全市农村饮水项目(包含饮用水、学校卫生)抽检计划任务,共检测水样378件,合格339件,合格率为89.68%。对污水、污物、粪便进行无害化处置。大力开展"厕所革命",将城乡旱厕改造为标准化厕所。全面完成各类政府(饮用水、公共场所、集中空调、医疗机构、学校卫生)抽检计划任务。

【重性精神病救治救助】 2019年,全市累计在管(国家严重精神障碍患者信息系统)7404人,建档8173人。报告患病率达到4.83‰,规范管理率为97.4%,全市严重精神障碍患者面访率75.84%,服药率为97.4%,规律服药率为50.39%,精神分裂症患者服药率97.65%。2019年全市重性精神疾病住院患者救治救助项目任务数1000人,每月救治300元的医疗补助,全市共救治重性精神疾病住院患者1266人,完成比例127%。全市严重精神障碍患者救治救助监护奖励项目任务数1000人,对1000名严重精神障碍患者家庭监护人通过"以奖代补"政策发放每月不少于250元的补助,全市共完成严重精神障碍患者救治救助监护奖励1054人,完成比例105%。

(本栏撰稿 赵 敏)

医疗服务能力建设

【概况】 2019年,全市医疗服务供给和质量稳步提升。市人民医院新院基本建成,市疾控中心综合业务楼、市中心血站检测中心建成使用,市人民医院和永定区妇幼保健院被省认定为第一批国家分娩镇痛试点医院。推广应用电子健康卡,积极推进公立医院互联互通数据治理,全省率先全部接入。无偿献血量达6.71吨,较去年同期增长16.67%。加大全科医生培养培训力度,全市全科医生数增至338名。推广使用微医家庭医生签约平台,努力做到"应签尽签"全程服务。扎实开展"优质服务基层行"活动，基层医疗机构出院14.19万人次，较上年增加7600人次。

【提升心血管疾病诊治能力】 2019年5月18日，市卫生健康委在市人民医院召开中国胸痛中心和房颤中心建设暨张家界高峰论坛会议。会议就心血管疾病的诊治、胸痛中心和房颤中心建设等内容进行专题培训，来自全市基层医疗卫生领域的120余名医务人员参加会议。

【住院医师规范化培训】 2019年，市人民医院住院医师规范化培训基地招收住院医师27人，严格按照住院医师各专业培训细则的内容与标准，依托信息化服务管理平台，严格科室轮转、出科考核、阶段考核等环节的痕迹管理和精细化管理，加大督查检查力度，强化培训全过程监管，有效保障培训质量的提高。

【市人民医院提升医疗服务供给和质量】 2019年，市人民医院以深化公立医院综合改革为主线，团结带领广大干部职工攻坚克难、锐意进取，医院运行保持总体平稳、稳中有进、稳中向好的良好势头。

一、聚焦医疗内涵建设。全年服务门诊病人78.79万人次，住院病人5.61万人次，开展手术1.26万台次。结合医院实际，修订完善18项医疗核心制度，人手一册。规范危急值项目及报告范围，狠抓会诊制度落实，重申临床用血审核制度，开展合理用血评价，大力推行日间手术，有效缩短病人的住院时间。持续巡查工作全覆盖，医务部牵头，院领导及护理部积极参与，组织每周两次医疗巡查工作，落实到工作日及周末。院领导参加晨交班会286次，夜查房及及节假日周末巡查共101次，发布巡查通报42期，共计罚款9900元，组织全院大会诊167次，请上级专家来院会诊、指导治疗38次。强化病历管理，重点抓病案首页、出院病历归档，规范电子病历手术分级目录管理，定期抽查出院病历归档情况，奖优罚劣并在内网通报。持续拓宽临床路径和单病种质量控制管理范围。党政一把手亲自带队，采取查看资料、现场提问和考核等方式，开展院感专项督导检查，强化科室感控自查，对感控风险大的重点科室进行周密部署，化解风险。及时监测医院感染情况，统计分析各项感染指标，感染率有所下降。对肺结核病人进行归口管理，全年共转诊肺结核病人695人次，检验科开展痰标本快速培养和药敏试验，大大提高结核病人的阳性检出率。定期组织合理用药督查，重点加强高危、精麻药品的使用管理督查。临床督导合理用药177余次。专项点评药品超限额及违规使用情况，对违规医生通报批评并处罚，对全院介入病历、I类切口病历实现全样本点评。严格执行药品集中招标采购制度，依规停止药品采购使用46个品规。优质护理服务不断深化。推进加速康复外科、深静脉血栓预防和静脉治疗规范等8个专科护理小组建设，开展重症护理、造口护理、中心静脉置管、慢阻肺管理、安宁疗护等30项专科护理，组织383名护士开展上门回访328人次。开通多途径预约诊疗服务，开展远程诊疗、日间医疗服务、窗口服务评星活动，落实“五心服务承诺”、20项便民惠民措施，推行“一卡通”“一站式”服务，让患者少排队、少跑腿、更省心、更便捷。就医环境提质升级，新院基本建成，即将投入运行，学科设置更加齐全、医疗设备更加先进、就医环境更加舒适化、人性化。坚持多方联动、齐抓共管，高位推进创卫工作，落实院领导分区分片包栋负责制，对标对表推进环境卫生、交通秩序、食品安全、病媒生物防治、医疗垃圾分类等大整治，多措并举推动诊疗条件和就医环境全面提质升级。落实“胸痛、卒中患者优先”“先诊疗、后付费”制度，畅通绿色通道。院前急救5700人次，抢救成功率99%。认真履行公益职责。执行全市大型医疗保障任务39次，351名医务人员进基层开展义诊、健康宣教等，服务群众5万余人次，积极开展全市结核病、尘肺病筛查治疗，义务献血222人次。成立湖南省首支南丁格尔志愿服务分队，各类特色志愿者服务时长达5000余小时。医疗对口帮扶、科技特派、三联四建、健康扶贫等工作成效显著，得到市委市政府及有关部门充分肯定和群众高度认可。

二、强化学科建设，创新人才培养。统筹推进胸痛、卒中、创伤、危重孕产妇救治、危重儿童和新生儿救治“五大中心”建设，建立区域心脑血管疾病协同救治体系。胸痛中心在通过湖南省胸痛中心联盟认证基础上，持续优化流程，充分发挥技术优势，为急性胸痛患者提供高效、快速、规范的诊疗服务。全年开展急诊PCI手术169台次，急性心梗患者平均住院日降至10.03天、死亡率由5.3%降至2.3%。卒中中心通过对卒中患者规范、快速、精准治疗及早期干预，致残率和死亡率明显降低。自主开展经皮椎动脉和颅内动脉支架置入术等多项新技术，获湖南卒中联盟区域优秀成员单位。创伤中心建设稳步推进，采取一体化综合救治与多学科联合救治模式，不断完善制度、优化救治流程，进一步缩短严重多发复合伤救治时间，为创伤中心迎接省级验收打下良好基础。危重孕产妇与新生儿救治中心建设进一步加强，认真落实省卫健委危重孕产妇救治工作目标，强化危重孕产妇服务管理，完善急救转诊网络，畅通绿色通道，建立产儿协同机制，产前诊断中心投入试运营，急救能力和质量进一步提升。优化学科设置，细化专科专病门诊，开设高血压、糖尿病、风湿免疫、新生儿、高危产科、房颤等专科门诊。增设临床风湿免疫、肛肠等专业学组，开设高血压、糖尿病、房颤、哮喘、慢阻肺、睡眠障碍及儿童遗尿症等专病门诊，满足不同患者就医需求。购置必要的高精尖医疗设备，优化诊疗条件，吸引高素质人才，打造一批重点学科，充分发挥辐射引领和带动作用。医院被授予全国呼吸与危重症医学科规范化建设项目(PCCM)三级医院达标单位。临床各科室砥砺前行、迎难而上，在疑难危重症诊疗方面不断突破、挑战自我，多项技术、操作及治疗手段迈入省级先进行列，先后开展42项高精尖技术，填补张家界市医疗技术空白；医技开展16项新技术，全方位为临床提供高质量诊断依据。科技兴院见实效，积极申报科研项目，立项9项；发表学术论文180篇，其中SCI3篇、核心期刊8篇；大力开展技术创新，院内评审三新项目144项。住培工作成效显著，44名学员参加国家住培结业考试通过率97.67%，执医考试通过率达86.2%。加强研究生教育，现有硕士生导师15名，师资队伍不断壮大和优化。学术氛围日益浓郁，262名骨干外出参加学术交流，举办高层次学术讲座49场次，162名医务人员成为各级各类专业委员会委员。108名医护人员外出进修学习。湖南师范大学、吉首大学临床医学和护理专业硕士研究生培养点相继落户医院。

三、深化公立医院综合改革。建立超标预警机制，分解下达三级公立医院绩效考核55项指标，强化考核落实，并与绩效分配挂钩。严控药品耗材使用，完善超标预警机制，定期开展绩效考核评价与分析，科学运用考评结果、持续整改存在的问题，各项考核指标稳中向好。全年开展全院性绩效考核分析会4场次。三、四级手术占比达55.6%，日间手术病种范围逐步扩大，门诊患者平均预约诊疗率上升57.37%，辅助用药占比下降25%，平均住院日下降2.82%。全年146名专家走进47家医联体成员单位开展医疗帮扶，助力提升基层医疗机构服务能力。持续深化薪酬制度和干部人事制度改革，落实药品集中带量采购，积极推进按病种付费支付方式改革，助力可持续发展。加强制度建设，完善激励机制，规范管理行为，开展公立医院章程试点，进一步提高医院管理的科学化、制度化、规范化、精细化、信息化水平。持续深化公立医院人事制度和薪酬制度改革，创新编制和岗位管理，用活“两个允许”(允许医疗卫生机构突破现行事业单位工资调控水平，允许医疗服务收入扣除成本并按规定提取各项基金后主要用于人员奖励)，坚持向临床一线倾斜、向医生倾斜、向高精尖技术岗位倾斜，进一步完善绩效考核激励与约束机制，规范收入分配秩序，逐步实现薪酬分配的科学化和规范化，达到预期目标。积极探索“互联网+医疗健康”融合新路径，以医疗联合体为载体，覆盖全市及周边二级医疗机构，延伸社区卫生服务中心和乡镇卫生院。截至目前，已建成5个区域医联体，成员单位46家，2个特色专科联盟，充分利用“医疗中心+区域协同救治体系”，打通生命抢救绿色通道；搭建远程会诊和疑难病例会诊平台，突出重点专科帮扶，建立多个医务人员微信交流群和医患沟通群。借助医联体区域协同诊疗进一步扩大帮扶范围，成立全国首个“医校体”人文服务项目。

四、完善基础设施建设。市委市政府领导多次深入新院工地现场视察调研、指挥协调，并要求参建单位统筹协调，科学调度，倒排时间节点，制定好项目施工时间表、任务书，全力推进工程进度。截至年底，核心医疗区及全科医生培训基地已完成室外装修和85%室内装修，配套附属工程有序推进。累计完成建设投资12.30亿元，占总投资88.74%。做好新院建设扫尾工作，加快院内及周边设施配套建设。制定新院搬迁方案，统筹协调，科学调度，做好物资、设备盘点，加强宣传，确保平稳过渡。落实市委市政府的决策部署，着力防范化解新院建设债务风险和医院运营风险。

【全面加强基层卫生健康人才培养】 2019年，市人民医院招收慈利县和桑植县乡镇卫生院医师47人参加全科医生转岗培训，桑植县人民医院招收助理全科医生10人，严格落实“一对一”个性化培训，强化培训过程的监督检查，不断提高培训质量。配合省卫健委开展以县为单位的农村订单定向免费医学生的招录工作，确定永定区、武陵源区、慈利县西医类订单定向生9个名额，实际招录8名定向西医类医学生。

【张家界爱尔眼科医院打造眼科品牌】 2019年，张家界爱尔眼科医院聚焦综合性的眼病咨询及专业的眼科诊疗，大力发展眼科医疗新技术和新业务，激光飞秒技术治疗近视手术、鼻内窥镜下泪囊造口术、规范化干眼治疗等多项技术填补张家界市眼科医疗的行业空白。ICL手术与国内先进水平接轨。屈光性白内障手术达到国际先进水平。医院是张家界市教育局唯一授权的“青少年近视防控基地”，是张家界市“精准脱贫光明行”“光明康复行动”唯一定点医院。2019年完成门诊诊疗34807人次，增长28%；出院病人2065人次，增长44%；手术量2408.5台次，增长41%，平均住院日4.32天。实现总收入0.23亿元，增长51%。

【吉首大学张家界学院附属医院】 吉首大学张家界学院附属医院是张家界市唯一一所高校附属医院。2019年，吉首大学张家界学院附属医院依托高校，全面践行“温暖心医院”承诺，提质升级软硬件配套设施，引进知名军队医院名医，共同打造“高校教授+军地名医”的人才工程，率先配备安翰磁控胶囊胃镜机器人系统、德国飞利浦1.5T超导核磁共振、飞利浦128层64排CT、西门子发光仪、日本希森美康血细胞分析仪、全自动生化仪等先进医疗设备。推行宾馆式服务，简化就诊流程，舒适就医体验，聚力妇产科、手足外科、疼痛科和康复科等优势科室，打造金域检验、美年大健康体检、台湾血液透析等品牌科室，全年门诊量3.02万人次，住院5166人次。

【张家界大众医院着力建设诚信民营医院】 2019年，张家界大众医院不断提高医疗质量和服务水平，妇科首创微无创治疗中心，填补张家界市的空白。积极开展争优创先活动，多名同志受到市委组织部表彰，荣获市委卫健委工委“先进党支部”，荣获全国诚信民营医院、湖南省诚信示范民营医院医院称号。2019年完成门诊诊疗198787人次，出院病人11058人次，手术2683台次。实现总收入0.84亿元，其中医疗收入0.58亿元。

(本栏撰稿　杨云华)

医疗服务质量管理

【概况】 2019年，市卫生健康委坚持依法行政，严格医疗准入监管，落实医疗机构校验、不良执业行为记分等管理制度。稳步推进规范化、标准化、制度化的医疗质量控制体系建设，成立“张家界市心血管疾病介入诊疗质量控制中心”和“张家界市病案管理质量控制中心”。全面加强对医疗服务行为及医疗质量安全监管，召开纠正行业不正之风工作领导小组会，医疗质量工作讲评会，实地督查院感预防与控制工作落实情况。宣传发声主动有为，与主流媒体密切协作，开展“中国医师节”、改革开放四十周年等主题系列宣传活动，持续开展“湖南好人”“张家界好人”“名医”“学科带头人”“名医工作室”等推荐评议活动，积极展现卫生健康行业人员良好的精神风貌。

【医疗质量督查巡查】 2019年，市卫生健康委牵头抽调专家组对全市24家医疗机构的新生儿科、妇产科、血液透析室、感染科、口腔科、手术室、腔镜室、消毒供应室、治疗室等重点科室的院感预防与控制工作落实情况进行全面督查，针对现场督查中发现各医疗机构存在的问题和薄弱环节进行认真细致的指导和意见反馈，并提出具体的工作要求和整改建议。全年开展巡查5次，点评12次，约谈3人，处罚0人，对巡查点评约谈处罚结果通报1次，对问题突出的单位进行约谈。

【病原微生物实验室管理】 2019年，全市备案病原微生物实验室4家，全市共备案14家。创新开展继续医学教育。7月13日，在市人民医院召开市临床用药质控中心及市医学会临床药学专业委员会2019年度第一次会议，来自全市二级及以上医疗机构医疗卫生领域的150名医务、药学人员参加会议，进一步规范全市临床合理用药行为。

【聚焦就医感受精准整治行风】 2019年，全市卫生健康系统狠刹“药品耗材回扣之风、过度检查治疗之风、骗取医保基金之风、有偿转诊病人之风”四股歪风。依托“抗菌药物临床应用监测网”和“细菌耐药监测网”，对各级各类医疗机构抗菌药物使用情况实行动态监测、定期通报。继续推进单病种费用管理、检查检验结果互认，并与医保部门联合开展医疗控费专项督查。充分发挥市质量控制中心作用，加强对医疗服务行为及医疗质量安全监管，建立实施巡查点评约谈制度。促进医疗机构规范、有序、健康发展，不断改善患者就医体验。

（本栏撰稿 杨云华）

中医药事业

【概况】 2019年，张家界市中医医院全科医师培训基地大楼和慈利县中医医院综合大楼项目建成并投入使用，两家县级中医院完成标准化建设，全市78家乡镇卫生院和社区卫生服务中心，65%以上村卫生室、社区卫生服务站能开展中医药适宜技术服务。慈利县中医医院与辖区13家乡镇卫生院组建医疗集团，桑植县民族中医院与陈家河镇卫生院组成紧密型医联体。张家界民族骨伤医院评审为二级中医医疗机构，对全市14家中医诊所实行备案制管理，继续开展“优质护理示范工程活动”，1人获全省中医护理技能竞赛二等奖，2人通过中医医术确有专长资格，武陵源区完成中医药资源普查。开展全市名中医评选及中医中药中国行系列宣传活动，营造“爱中医、信中医、用中医”的氛围。

【创新中医医疗资源城(县)乡一体化改革模式】 2019年8月8日，慈利县中医医疗集团挂牌成立，集团下设龙潭河镇、通津铺镇等13家中医医院分院。按照精简、高效原则，中医医疗集团组建人力资源、财务、医保、质量控制、药械采供、科教等管理职能科室，对所属医疗卫生机构实行行政、人员、资金、业务、绩效、药械“六统一”管理。对经家庭医生上转的患者实行接诊、检查、住院“三优先”、诊查和健康管理“两免费”等，对下转的康复期患者和签约的高血压、糖尿病等慢病患者进行跟踪指导和服务，促进公共卫生服务和基本医疗服务有机融合。桑植县民族中医院与陈家河镇中心卫生院签订一体化改革协议，组建紧密型医联体，为该卫生院添置1台16排CT，投入近300万元用于科室建设，选派业务骨干担任该卫生院科室主任，选派专家到该卫生院坐诊、教学查房，进修培训基层医护人员，推动优质医疗资源下沉基层，实现服务、管理一体化，当地群众在家门口已享受到县级医院的优质服务。

（本栏撰稿 罗启文）

计划生育

【概况】 2019年，全市孕产妇产前检查率97.69%，产后访视率97.09%。孕产妇住院分娩率为99.97%；3岁以下儿童系统管理率89.98%，比上年增加1.12个百分点。出生率9.54‰，比上年度下降0.97个千分点。认真落实计划生育家庭奖励扶助、特殊家庭扶助、独生子女费奖励等政策，兑现奖励扶助资金5459.1万元，惠及计生家庭45848人。继续推行老年村级计生专干生活困难补助金发放工作，发放1539人困难补助169.67万元。慈利县吴菊家庭被命名为第二届全国“幸福家庭”。

【张家界市人口和计划生育数据及动态分析】 全员人口统计系统报表统计，2019年度(2018年10月至2019年9月)，全市评估总人口170万人，比上年度增加0.54万人；已婚育龄妇女2.85万人，比上年度减少0.11万人；出生人口1.62万人，比上年度减少0.16万人；出生率9.54‰，比上年度下降0.97个千分点；符合政策生育率95.71%；出生人口性别比107.71。

【计划生育协会工作彰显特色】 2019年，各级计生协围绕健康张家界建设，广泛开展宣传服务活动，主动参与健康扶贫、准帮扶、生殖健康咨询、优生优育指导、流动人口服务等工作，群众获得感、满意度明显提升。累计筹集生育关怀资金100多万元，走访慰问6000余人次，4000多户计生困难家庭直接受益，开展“创建省级流动人口计生协会示范区”暨“5·29”计生协会会员活动日集中宣传服务活动。开展“护航青春·健康同行”活动，推动性与生殖健康教育进高校、进中学、进社区。投入40万元支持区县计生协会创办基层计生协会会员之家。各级计生协会为促进卫生健康事业发展积极发挥生力军作用，得到各级党委、政府的肯定和社会各界的好评。

（本栏撰稿 石江锋）

基层卫生

【概况】 2019年，基层卫生工作围绕建立覆盖城乡居民的基本医疗卫生制度，继续深化基层卫生综合改革，重点抓好基卫生基础设施建设、基层卫生人才队伍建设、基本公共卫生服务项、家庭医生签约服务，强化对口支援措施，不断提高城乡居民健康水平。

【健康扶贫】 2019年，全市卫生健康系统对照健康扶贫标准，继续落实"应保尽保"、"三个一批"（大病集中救治一批、慢病签约服务管理一批、重病兜底保障一批）行动计划、"三提高、两补贴、一减免、一兜底"综合保障措施等健康扶贫政策，执行建档立卡贫困户县域内住院"先诊疗后付费"一站式结算政策，全市建档立卡贫困人口249217人，贫困人口参保补助政策和"参保率"均达100%；全市贫困患者县域内住院人数87501人次，总住院费用32681.63万元，县域内报销费用达29028.39万元，县域内实际报销比例达88.82%。建档立卡贫困患者大病集中救治覆盖人数32887人，已救治32573人，救治率达99.05%；慢病签约服务率达100%；重病兜底保障覆盖人数为1620人，已救治1597人，救治率达98.58%。

【全科医生配备】 2019年，全市有注册全科医生338名，其中永定区118人，武陵源区19人，慈利县122人，桑植县79人。做到每个乡镇卫生院拥有不少于1名全科医生。

【家庭医生签约服务】 2019年，全市组建家庭医生团队297个，推广家庭医生签约服务。辖区内常住居民1572384人，常住人口签约数为537935人，常住人口签约率达到34.21%；张家界市重点人群620891人，重点人群签约数为427023人，重点人群签约率达到68.78%；计划生育特殊家庭签约率88.53%；农村建档立卡贫困人口签约率86.61%；城乡低保"五保"人口签约数均达到1639人/85.28%。（微医家庭医生系统）提高群众对家庭医生签约知晓率和满意度。

【基层服务能力建设】 2019年，全市卫生健康系统全力推进优质服务基层行活动，全市45家乡镇卫生院和社区卫生服务中心服务能力达到国家建设标准。省、市、区县三级财政投入1920万元，消除行政村卫生室"空白村"311个。卫生室标准化建设率达88.27%，卫生室公有产权率达90.32%。投入720万元对青安坪卫生院等16所乡镇卫生院进行修缮，乡镇卫生院标准化建设率达92.19%。

（本栏撰稿 盛孝辉）

妇幼保健

【概况】 2019年，全市妇幼健康工作以降低两个死亡率、提高人口质量为重点，全面实施重大公共卫生项目工作，全市妇幼健康工作再上新台阶。

表23

2019年妇幼健康重点指标完成情况一览表

名称	计量单位	完成情况	名称	计量单位	完成现状
孕产妇系统管理率	%	95.31	新生儿听力筛查率	%	100
孕产妇住院分娩率	%	99.97	新生儿甲状腺功能减低筛查率	%	97.97
孕产妇死亡率	1/10万	17.97	新生儿苯丙酮尿症筛查率	%	97.97
孕产妇"三病"检测率	%	98.7	人口自然增长率	‰	2.93
婴儿死亡率	‰	3.05	出生人口性别比	%	108.71
5岁以下儿童死亡率	‰	5.09	婚前医学检查率	%	84.94
出生缺陷发生率	1/万	75.19	预防接种综合接种率	%	大于98
新生儿破伤风发生率	‰	0	3岁以下儿童系统管理率	%	89.98
妇女常见病筛查率	%	108.4	7岁以下儿童系统管理率	%	95.83

【母婴安全管理】 2019年，市卫生健康行政部门组织修订《张家界市危重孕产妇抢救应急预案》，进一步畅通危重孕产妇抢救绿色通道。出台《张家界市孕产妇死亡过错责任追究办法》，落实各级医疗卫生机构及卫健部门责任，实施责任倒查追究机制；加强产科质量。举办母婴安全产科适宜技术培训班，特邀省妇幼保健院产科主任医师贺彤教授现场授课，提高产科医务人员对危重孕产妇的早期诊断能力和救治水平；定期组织演练。市人民医院5月29日成功开展全院性危重孕产妇产后大出血应急演练，桑植县8月15日开展孕期严重合并症的高危孕产妇急救演练；加强业务培训，全力保障孕产妇安全。

【防治出生缺陷】 2019年，全市卫生健康系统全面加强三级预防防治出生缺陷。一是一级预防广覆盖。全市婚前医学检查率为84.94%；全年为13392人免费提供孕前优生健康检查服务，目标人群覆盖率为100.69%；深入实施重大公卫妇幼项目，为16249名孕前及孕早期妇女免费服用叶酸，免费叶酸服用率96.07%，叶酸服用依从率86.47%。二是二级预防稳推进。充分依托孕产妇免费产前筛查项目的实施,有效推动全市产前筛查与诊断工作的提质升级,慈利县妇幼保健院获批成为慈利县产前筛查中心,填补慈利县多年的产筛空白。三是三级预防显成效。全市机构新生儿疾病筛查率为97.97%,听力筛查率为100%,联合市残联对确诊患儿开展抢救性康复救助工作。共完成337例残障儿童康复训练,免费为9名听障儿童进行人工耳蜗植入手术,为7名听障儿童佩戴助听器,实现早诊早治,有效降低致残率。

【落实重点民生实事】 2019年,市卫生健康委会同市妇联、市财政局共同召开全市"两癌"检查工作推进会暨业务培训,组织全市妇联、卫健、财政系统主要负责人及各区县分管区县长参加会议。全市2019年度农村适龄妇女和城镇低保适龄妇女"两癌"免费检查工作提前四个月完成。全年该项目检查人数达28446人,目标任务完成率达108.57%。全市共为9645名孕产妇进行免费产前筛查服务,目标人群覆盖率为103.71%,产前筛查高危孕产妇2153人,干预诊断1864人,干预诊断率86.58%,检查诊断出39例染色体异常和开放性神经管出生缺陷胎儿。

(本栏撰稿 伍 燕)

卫生计生综合监督

【概况】 2019年,市卫生计生综合监督执法局(简称市卫计执法局)围绕工作大局,依法监督、从严执法查处一般程序案件25起,结案28起,罚没款46.9万元。

【行业监管】 2019年,市卫计执法局坚持"监督全覆盖、执法无禁区、服务有温度、指导留痕迹"的执法理念,紧抓履职尽责,全面开展行业监管。全年完成国家双随机任务目标单位85家,完成对40家医疗机构、1家采供血机构、17家公共场所、5所学校、4家集中式供水单位、13家二次供水单位、5家游泳场馆、8家餐饮具集中消毒单位、20家市管放射诊疗单位、2家省管核医学放射诊疗单位的日常监督检查,对辖区内消毒产品经营单位5个重点品种66个批次产品进行抽样监督检查,对全市87家放射工作单位,266名放射工作人员,进系统的个人剂量监测。未发现放射个人剂量超标人员,覆盖率达100%。

【卫计专项整治】 2019年,市卫计执法局坚持以问题为导向,开展专项治行动,着力解决关系群众切身利益的问题,维护行业的正常秩序。开展医疗机构日常监督和专项监督。一是整治保健市场乱象"百日行动"。以重宾接待场所、医疗机构为重点开展政策法规宣传,共检查重点街道、公园等人员密集场所4处,宾馆、酒店15家,各类医疗机构30家。二是开展医疗机构不良执业行为专项整治。重点检查市直管医疗机构及人员依法执业、医疗技术临床应用、诚信经营、医院感染管理和套取骗取医保基金五个方面,共下达监督意见书25份,立案查处3起,罚没金额1.2万元。三是引进第三方检测机构检测医疗机构X射线机房及装置性能。共抽查8家放射诊疗单位、10台放射装置,对放射剂量超标的医疗机构给予当场警告处罚,并限期整改。全年共立案处罚7起,其中当场行政处罚3起,一般行政处罚4起,罚没金额28.1万元。四是加强传染病风险防控。整顿消毒产品市场,对2家未经许可的一次性卫生用品生产厂家采取关停和限期办理卫生许可的措施。加强医疗废物监管,市县(区)共检查小型医疗机构390家,立案7家,处罚金额5万元。指导6家医疗机构规范设置肠道门诊、发热门诊。开展医疗机构传染病防治分类综合评价。对市直管14家医疗机构16个污水处理点进行污水采样,3家医疗机构的医院感染管理情况进行消毒效果检测,约谈抽检不合格单位。全年共立案5起,处罚金额6.4万元。开展公共卫生日常监督和专项监督。一是开展市直管公共场所住宿业专项整治。对住宿场所经营者和区县卫生监督员进行相关法律法规、标准、规范培训。行政处罚6家,罚款金额3.5万元。二是推进公共场所卫生许可告知承诺制改革。自3月起,张家界市广泛宣传公共场所卫生许可告知承诺制度,积极引导"五小"行业持证经营、规范经营。截至12月底,两区"四小"卫生许可告知承诺发证率达90%以上。三是监督检查学校直饮水、集中式供水和二次供水。共监督抽检74家,其中立案5起,处罚金额4.2万元。四是开展整治净水器市场乱象百日行动。检查家电市场销售净水器店铺42个、检查社区、农村集市等重点区域25个、开展协作执法4次。五是运用现代科技提升执法能力,全省率先使用无人机巡查农村饮水安全。共巡查农村集中式供水单位72家,建立卫生监督档案、卫生安全巡查档案72家。完成全年四个季度19个水质监测点水质抽检。六是加强食品风险控制监督力度。全市8家餐饮具集中消毒服务单位开展专项监督检查及抽样监测。向区县卫监(分)局交办问题突出和抽样检测不合格的单位4家。市本级行政处罚1家,罚款金额3.5万元。七是完成全年学校卫生监督工作。将近视和传染病防控工作纳入春季学校卫生检查,培训学校卫生管理人员防控知识。组织开展全市高考考点卫生检查,完成下半年学校卫生综合评价工作。

【卫计执法专项调研】 2019年,市卫计执法局以补当前重点工作中的短板为突破口,排查梳理,对全市医疗废弃物处置、农村饮用水安全监管及学校卫生管理机构配置现状进行调研摸底。全年产生医疗废物1022吨左右,现有的收集方式无法满足需要;持证农村集中供水设施72处,安全巡查覆盖率为100%;全市有各级学校190所,卫生室(保健室)设置率100%,卫生技术人员配备率7.89%。市卫计执法局就医疗废弃物处置、农村饮用水安全监管、学校卫生管理机构配置存在的风险问题,向市卫健委专题报告,提出建议、消除公共卫生安全隐患。

【卫计执法服务改革】 2019年,市卫计执法局根据《湖南公共场所卫生许可告知承诺制度实施办法》文件要求,落实卫生许可告知承诺要求,加强事中事后监管。制定卫生承诺许可流程并对外公示,全面实施告知承诺制度,严格规范公共场所卫生许可和监督的范围,做好审批和监管的有效衔接,切实加强事中事后监管,提高公共场所卫生管理水平。市直管单位承诺许可审批发证6家,现场监督核查6家,监督核查率100%。

(本栏撰稿　谷　杨)

医保工作

【概况】 2019年是市、区县两级医疗保障局组建之年,是全市医疗保障工作全面启程、整体发力的开局之年。在市委、市政府的坚强领导下,张家界市医疗保障局坚持以人民为中心,不忘初心、牢记使命,围绕"打基础、争先进、创一流"三年工作目标,开拓创新、攻坚克难,做到机构改革与业务工作"两手抓、两不误",保持思想不乱、工作不断、队伍不散、干劲不减,保障过渡时期各项工作正常高效运转,为全市医疗保障事业高质量发展打下坚实基础。2019年,张家界市基本医疗保险参保人数147.46万人,全市常住人口参保率稳定在95%以上,全市医疗各项基金总收入17.17亿元,总支出16.16亿元,当期结余1.01亿元,累计结存18.74亿元,其中:参加职工医保13.76万人,基金总收入7.13亿元,基金总支出5.60亿元,当期结余1.53亿元,累计结存13.80亿元;参加城乡居民医保133.70万人,基金总收入10.04亿元,总支出10.56亿元,当期结余-0.52亿元,累计结存4.94亿元,成功争取国家医保基金监管信用体系试点城市,打击欺诈骗保专项治理工作综合排名全省首位。

【待遇保障】 2019年,张家界市全面落实城乡居民参保缴费、大病保险、门诊统筹、医疗救助、"两病"门诊用药保障等政策,推进生育保险和职工医保合并,落实特殊病种政策,全市20836人享受待遇,基金支付7541万元,停止执行医疗铺底,出台公务员医疗补助政策,明确三级医院生育费用标准,提高参保人医疗保障水平,提升人民群众医保获得感。

【医保扶贫】 2019年,张家界市医疗保障局坚持问题导向,针对数据偏差、"一站式"结算资金不到位、政策知晓率不高、工作不落实等问题,通过建立信息比对、资金筹措、医疗费用反馈、督查督办四个机制,推动医疗保障扶贫工作落实。截至2019年底,全市建档立卡户249169人,参保249169人,参保率100%,参保补助落实到位;建档立卡贫困人口享受一站式结算政策78985人次,其中县域内住院72976人次,住院费用32146.7万元,报销医疗费用28489.1万元,县域内报销比例88.62%,医保扶贫三项考核指标全部完成。医疗保障扶贫"四项机制"获得省医疗保障局的推介。桑植县医保扶贫工作扎实,为桑植县脱贫摘帽贡献力量,慈利县代表全省迎接国检。

【医保改革】 2019年,张家界市医疗保障局牵头推进动态调整医疗服务价格、建立药物耗材供应保障新机制和医疗总额打包付费制度等三项医药卫生体制改革任务。经市人民政府常务会研究审议,在全省率先建立公立医疗机构医疗服务价格动态调整机制,为全市公立医疗机构医疗服务价格调整提供遵循。印发《关于完善张家界市公立医疗机构药品供应保障有关工作的通知》,理顺药品耗材供应保障工作,更好地满足人民健康和临床用药需求。建立健全医保总额打包付费制度,出台《关于张家界市城(县)乡医疗集团打包付费工作的指导意见》,有效指导慈利县、桑植县出台《慈利县城乡居民基本医疗保险基金总额打包付费实施办法(试行)》《桑植县医疗集团城乡居民医保资金总额打包付费实施方案(试行)》,引导医疗资源合理配置和患者有序就医,保障广大参保人员基本医疗权益和医保制度长期可持续发展。

【价格和招采】 2019年,张家界市医疗保障局组织辖区内101家公立医疗机构全面落实国家"4+7"带量采购和高值医用耗材治理。经测算,国家集中采购和使用试点的25个药品平均降幅达59%,其中降幅最大的富马酸替诺福韦从427.05元/盒降到13.98元/盒。全面取消公立医疗机构医用耗材加成,2019年12月31日24时起全市公立医疗机构医用耗材"零差率"销售,高值医用耗材销售价格按采购价格执行,群众医疗费用负担有效降低。

【医保管理服务】 2019年,张家界市医疗保障局建立健全医药服务管理机制,制定全市定点医药机构协议范本,出台医药机构准入、退出机制。及时审批定点医药机构76家,退出3家。对全市86家协议医药机构进行年度考核,集中约谈20家考核不合格机构,对2家机构暂停服务协议1个月。开展全市异地就医直接结算工作专项调研,并对跨省异地协同管理结算业务及城乡居民医保费用审核职能下放进行培训,提升基层业务工作水平。落实好《国家基本医疗保险、工伤保险和生育保险药品目录》实施工作,全面完成新版目录的更新和匹配。按月动态掌握31种抗癌药品的落地使用情况,对全市462个医保药品的使用及医保报销情况进行普查;完成2019年度各医疗机构新增制剂初审,全市22种新增制剂顺利通过省医保部门专家评审,并纳入基本医疗保险支付范围。全市实行医疗保险总额预算控制付费管理,其中2019年度市本级20家医院总额预算4050人次2278万元,决算支付2580万元,对次均费用及总额预算超10%的6家医院拒付医保基金48万元。加强全市医疗保障系统行风建设,优化医保服务流程,主动简化肺结核特殊病种审批程序,改审批制为备案制,落实"一件事一次办"改革,简化生育津贴、一次性生育补助金申领流程和个人医疗费用申报、协议医药机构费用申报流程,提升医保经办服务水平。推进信息化建设,对系统管理软件实行权限管理,统一编写工作人员的操作工号和IP地址。规范经办业务操作,组织各级医保系统操作人员学习医疗保险系统业务知识。推进社会保障卡在医保业务的应用,全市医保定点医药机构已全部更换为社会保障卡专用读卡器,实现与大医保系统的无缝对接。

【医保基金监管】 2019年,张家界市建立市政府层面的医保基金监管信用体系试点工作领导小组和打击欺诈骗取医疗保障基金专项治理工作领导小组。印发《张家界市"打击欺诈骗保、维护基金安全"集中宣传月活动方案》,开展打击欺诈骗取医疗保障基金专项行动,通报骗保典型案例。对全市23家医保协议定点医疗机构进行突击检查,暂停医保协议5家,行政约谈、整改12家,追回医保基金2446万元,桑植县在省飞行检查和市交叉检查的基础上,对辖区内所有的医药机构还进行全面核查,追回医保基金121.7万元;积极组织协议医药机构自查退回违规费用347万元。

(本栏撰稿 寇 杰)

血站工作

【概况】 2019年,张家界市中心血站坚持"科学管理,务求实效"的工作原则,紧紧围绕"确保供应、确保安全"的总要求,坚持以宣传招募为先导、以质量管理为抓手,强化内部管理,优化服务质量,提升服务能力,深入开展文明创建活动。2019年血液检测中心建设项目、"健康科普教育基地"、全流程RFID射频标签等建设全面投入使用,档案规范化管理晋升省特级,财务决算工作获年度优秀,"优秀党支部"复核高分通过,并荣获市级文明标兵单位,综治民调全市第九,湖南省智慧血站建设研讨会成功在血站举办,市中心血站"射频技术在智慧血液管理全流程管理中的应用"在大会上进行交流;协助湖南省医学会输血学专业委员会成功在张家界大成举办2019年输血年会,市中心血站RFID技术在"智慧血液"管理中的应用在大会上进行交流。

【无偿献血活动】 2019年,张家界市打造品牌无偿献血活动,推进社会文明新风,无偿献血月月有主题。与全市爱心企业联动,结合无偿献血下乡赶集活动,有效保障寒冬季节全市血液供给;开展"医务人员应急献血月"活动;联合市文明办、妇联、邮政管理局开展的"一袋血,两份爱"、"关爱二孩妈妈,献血助力生命"志愿服务品牌活动,全市共有880名志愿者参与,市中心血站以每份纪念品20元的标准折算为现金共筹集爱心款17600元,按利溪坪村小学师生的微心愿清单,市中心血站及微爱公益将捐赠物品捐献给教师,并为小学的10名贫困儿童发放助学款;开展的"劳动最光荣,奉献不止步"活动;积极开展无偿献血宣传月活动。"6·14"当天邀请邹菊芳副市长为健康科普教育基地揭牌将活动推向高潮,期间全市200余块LED屏为无偿献血者点赞烘托节日氛围;开展"喜迎70周年、我为祖国献热血"主题活动;开展"爱满献血屋,情定七夕节"活动;开展"我们的节日·中秋"活动;开展"庆祝中华人民共和国成立70周年,我为祖国献热血"特色街头献血活动。2019年市中心血站共采血16273人次,采集总量6389900毫升,较上年同期增长16.67%;400毫升比例达到91.4%,初筛阳性率1.65%,机采双份率88.23%。临床供应红细胞29752.5u,血小板3546u(其中机采722治疗量),冷沉淀6992.5u,血浆2183800ml,供应红细胞较去年分别增长16.15%,成分血使用率100%,血液综合利用率68.18%,充分、有效、及时地保障临床用血。

【血站管理】 2019年,张家界市中心血站推行"一单四制",强化执行能力。全面梳理,提升精细化管理水平,每月定期召开质量讲评会议、站长办公会议,对重点工作、要点工作完成情况进行汇总、通报,对存在的问题进行整改,确保各项工作得到有效运行。全流程RFID射频标签全面投入使用,实现从采血到用血全流程可实时监控、追溯,血液和人员、设备、环境等质量要素实时关联。新增自动化设备血液贴签包装机、血液滤白监测仪、血液标本处理系统、血液成分分离机投入使用,基本实现成分制备、血液出入库的自动化和数据化。射频技术、信息技术及自动化设备的联网应用,基本实现采供血全过程、各环节实时追溯监控,为建设"智慧血站"奠定基础。严格血液检测,把牢血液质量关。全年酶免检测标本16258份,同比增长15.05%;核酸检测人次16098,不合格数30份,阳性率1.86‰,达到全国平均水平。围绕"一法两规"、新版《血站技术操作规程》,结合修订血站质量管理体系文件,使中心血站的体系文件更具有充分性、符合性、有效性。每月开展安全卫生质量检查,每季度开展科室考核,以过程控制为主线,采用现场检查、环节报告、追踪验证等多种方式,针对出现的问题,采用现场交流、质量讲评的方式提出原因分析和纠正预防措施,进一步提高工作人员质量意识。开展供血应急、采血应急、网络信息应急、消防应急演练,提升安全意识,增强应对突发事件的能力,保障临床急救用血及确保用血安全。

【血站服务年建设】 2019年,张家界市中心血站加强员工培训考核,全面优化服务。血站机考试建成投入使用,制定学习计划和评分规则,纳入年度优岗考核,全面促进血站人深入开展业务学习和理论学习。升级微信公众号服务功能,建设无偿献血社会化服务平台,献血记录、血液检测报告,血液去向等功能实时可查询,用血费用自助报销,2019年共办理无偿献血报销169人,返还血费177613元,献血者用血报销通过微信、网络直报率达60%。血液检测中心项目启用为契机,夯实血站文化建设基础,通过规划总体布局,制定统一规格、颜色、字体的文化标语和宣传牌,建设具有血站特色的标识文化。每季度开展一次主题读书活动和道德大讲堂活动,全面提高职工道德素质,进一步优化人文环境,提升血站文明程度。

(本栏撰稿 杨云华)

体育

总类

【概况】 2019年,张家界市体育事业全面、协调、可持续发展。

新增健身路径40余条。截至2019年底,全市体育场地2051个,全市920个村已有728个村配套安装全民健身器材,覆盖率达79.13%。全市经常参加体育锻炼人数67.7万人。体育社会组织64个。主、承办各类群众体育赛事10余次,举办2019年全民健身挑战日、健康湖南动起来(张家界站)活动、湖南省首届社区趣味运动会张家界排位赛、2019潇湘100第三届张家界天门山国际越野赛、第二届环天门山国际自行车邀请赛等活动。完成市级"全民健身示范村身示范村"创建20个,推动群众体育事业发展。

完善以市体校为龙头、区县体校为阵地、俱乐部和训练网点为补充的全市业余训练网点。各青少年业余训练项目选拔补充省十四运会适龄运动员,充实业余训练队伍,向省级专业运动队输送运动员3人、省级体学输送运动员8人。体教结合:与教育部门共同举办足球运动会,建设体育传统项目重点校,截至2019年,有张家界市国家级传统项目学校3个、国家级青少年体育俱乐部5个。2019年全市294名参加田径、篮球、武术、皮划艇、举重、柔道、摔跤、跆拳道、乒乓球、拳击、攀岩、羽毛球、足球、健美操14个项目的比赛,获得26金、30银、39铜共计95枚奖牌。张家界市赛艇运动员王宇微获得参加2020年东京奥运会资格,现正在国家集训队备战。

(本栏撰稿 金鹏飞 黄学军 许 飞)

【体育产业】 2019年,张家界市体育产业仍以体育彩票销售为主,其它体育产业与文化、旅游产业结合,呈快速发展之势。根据2019年全省体育产业专项调查统计,2018年底全市体育产业总产出20.43亿元,增加值8.65亿元,从业人数7058人。2019年体育彩票销售网点73个,销售额18720.9万元,筹集公益金986.49万元。

(本栏撰稿 金鹏飞 黄学军 许 飞)

竞技体育

【2019年中国小篮球联赛(张家界赛区)】 2019年5月16日至26日,由中国篮球协会主办、湖南省篮球协会、张家界市文旅广体局承办的2019中国小篮球联赛(湖南赛区张家界预决赛)分别在各区县和市城区举行,张家界市99支代表队693名小篮球队员分别参加男女U8、U10、U10组别比赛。选拔北门小学飞梦男一队、桑植二小慧园女子队、慈利恒卓6队于6月23日至24日参加湖南省赛区总决赛,桑植二小慧园女子队获U12第六名、北门小学飞梦男一队获U8第七名、慈利恒卓6队获U10男女混合第七名,北门小学飞梦男一队荣获体育道德风尚奖。

【全国二青会激流回旋比赛和皮艇球比赛】 2019年5月28日至6月4日,中华人民共和国第二届青年运动会皮划艇激流回旋决赛、皮艇球决赛分别在张家界市武陵源区皮划艇激流回旋基地和永定区澧水河段举行。全国各省、市17支体校代表队和300名运动员、教练员、裁判员参加。经角逐,福建少年体校代表队获得皮划艇激流回旋赛男子甲组皮划艇全能团体赛冠军,兰州体校代表队获得男子甲组皮划艇全能团体赛亚军,大连体校代表队获得男子甲组皮划艇全能团体赛季军;四川省体校代表队获得皮划艇激流回旋赛女子甲组皮划艇全能团体赛冠军,广东少年体校代表队获得女子甲组皮划艇全能团体赛亚军,福建少年体校代表队获得女子甲组皮划艇全能团体赛季军;福建少年体校代表队获得男女混合双人划艇冠军。福建少年体校代表队舒亮获得男子甲组单人划艇冠军,大连体校代表队关长恒获得男子甲组单人皮艇冠军,四川省体校代表队万顺方获得女子甲组单人划艇冠军,福建少年体校代表队黄燕芝获得女子甲组单人皮艇冠军,绍兴体校代表队吕陆辉获得男子乙组单人皮划艇全能冠军,广东少年体校代表队李淑娟获得女子乙组单人皮划艇全能冠军。皮艇球决赛,广东省青少年竞技体育学校问鼎男子组、女子组冠军。宁波市水上运动代表队、遵义市体育运动学校代表队则分获男子组亚、季军,贵州省毕节市体校代表队、四川省体校代表队则获得女子组亚、季军。

【2019年"姚基金希望小学篮球季"】 2019年7月11~13日,张家界市永定区枫香岗中心小学篮球队在"2019姚基金希望小学篮球季"湖南赛区比赛中,夺得冠军,并获得参加全国联赛晋级卡。8月中旬代表湖南省赴贵州铜仁参加全国集训及联赛,取得季军。

【2019全国U21青年男子篮球锦标赛第二阶段决赛】 2019全国U21青年男子篮球锦标赛第二阶段决赛(张家界赛区)于9月2~8日在永定区国光实验学校体育馆举行。来自全国8支男子职业篮球俱乐部代表队135名队员参加。经过七天28场比赛,青岛国信双星俱乐部代表队、深圳新世纪俱乐部代表队、山西国投俱乐部代表队分获冠亚季军。深圳新世纪俱乐部代表队荣获体育道德风尚奖。闫琛、程杰、秦文博荣获优秀裁判员光荣称号。张家界市荣获2019全国篮球竞赛U系列优秀赛区和2019年全国篮球竞赛优秀赛区。

【张家界市第六届运动会】 2019年10月28日至31日,张家界市第六届运动会在桑植县举办。本届运动会有来自全市各区县、战线、单位的25个代表团2862名运动员、教练员、领队参加14个项目28个组别178个小项的比赛,全市抽调裁判员309名,工作人员、志愿者150名为运动会服务。永定区、慈利县、桑植县代表团获得团体总分前三名,6人次打破三项田径市纪录。本届运动会以"我运动、我健康、我快乐"为主题,是历届市运会以来参赛人数最多,项目设置最全、组织协调最好、观赛群众最多的综合性体育运动会。

(本栏撰稿 金鹏飞 黄学军 许 飞)

群众体育

【社会体育指导员建设】 2019年，推进社会体育指导员向城乡基层延伸，要求全民健身示范村配备3名社会体育指导员。选送学员参加省一级社会体育指导员培训，5名学员参加健身气功项目培训，12名学员参加太极拳项目培训，5名学员参加定向越野项目培训，5名学员参加无线定向项目培训，3名学员参加民族健身操项目培训，5名学员参加花式跳绳项目培训，5名学员参加气排球项目培训。

【2019年“健康中国湖南行，走红军走过的路，徒步穿越大湘西”活动（慈利站）】 2019年5月，“健康中国湖南行，走红军走过的路，徒步穿越大湘西”活动在慈利县零阳镇羊角山公园进行，有专业队员和体验群众3000人参加，赛程40千米，落差近1000米。“巅峰湖南·2019六大名山登山赛”（慈利羊角山站），2019年10月由湖南省体育主办，慈利县人民政府承办，慈利县文旅广体局举办的“巅峰湖南”2019六大名山登山赛（慈利羊角山站）活动在慈利县零阳镇羊角山公园进行，有专业队员、户外爱好者和体验群众2000人参加，赛程8千米。

【第二届环天门山国际自行车邀请赛】 2019年6月29日，第二届环天门山国际自行车邀请赛在张家界举办。比赛赛道长达35千米，报名总人数逾2000人，全国187家俱乐部、协会参加，分别来自香港、北京、天津、湖南等24个地区，其中9名参赛选手为美国、英国、瑞典籍。30日，湖南省第八届“天路”国际自行车挑战赛将在景区进行，国内外骑行选手在这里挑战密集分布99道弯的“天路”。陈凯、傅诗琪、庞培林、李思、孙成义分别斩获男子公路组、女子公路组、男子山地精英组、女子山地组、男子山地大众组冠军。

【武陵源成功举办张家界黄石寨高空扁带对抗赛】 2019年8月24日，张家界武陵源黄石寨高空扁带对抗赛在武陵源景区南大门举行。赛事当天，湖南经视直播大事件、虎牙直播、新浪微博、触电新闻等10电视及网络媒体进行全程直播。#张家界黄石寨高空扁带赛#话题阅读量超过200万，粉丝打赏送出的金钻总量接近100万。同时，新华社、中新社、《湖南日报》等20多家主流媒体到现场进行实地采访宣传。

【首届世界旅游城市(张家界)桥牌公开赛】 2019年9月5日至8日，首届世界旅游城市（张家界）桥牌公开赛在张家界举行。比赛有来自全世界各地的104支参赛队伍600多名选手参赛，其中22名国际选手分别来自意大利、新西兰、俄罗斯等8个国家。比赛项目设公开团体赛和一副一比团体赛、瑞士移位双人赛。中国桥牌协会主席刘晓江、湖南省体育局党组书记兼局长李舜等参加开幕式。

【2019“薪火传承中国健康跑”】 2019年9月7日“薪火传承中国健康跑”·桑植站活动在九天洞景区前坪广场举行。来自全国各地3000多名选手参加激情角逐，领略红色文化，畅享运动快乐。大赛设12千米经典跑、6千米健康跑的男、女子组两个项目4个组。A0005号选手黄正根以57分4秒的成绩获得经典跑项目男子组冠军，B0002号选手甘桂秋以1小时1分4秒的成绩获得经典跑项目女子组冠军。

【2019潇湘100第三届张家界天门山国际越野赛】 2019年9月20日至22日，潇湘100第三届张家界天门山国际越野赛在张家界举行。此届天门山越野赛分为102千米组、67千米组和10.77千米体验组三个组别，吸引来自马来西亚、法国、伊朗、德国、英国、葡萄牙、爱尔兰、波兰、加拿大等国家的1500名选手到此参赛。经过连续三年打造，此赛事活动逐渐成为体育+旅游越野跑品牌赛事。

【湖南省首届社区趣味运动会张家界排位赛】 2019年10月10日，2019年湖南省首届社区趣味运动会张家界赛区排位赛在杨家溪体育公园举行。本次运动会由湖南省体育局举办，张家界市文化旅游广电体育局承办，吸引来自全市16个代表队参赛。赛事分个人全能赛与团体赛，设有精准投沙包、趣味保龄球、摸石头过河、赶球跑、乒球大转移5个比赛项目。组别分为青年组、中年组、老年组。

【2019全民健身挑战日，健康湖南动起来（张家界站）活动】 2019年11月17日，2019全民健身挑战日，健康湖南动起来（张家界站）活动在张家界举办。全市8支队伍参加，包含跆拳道、武术、广场舞、太极拳等8项全民健身活动展示和投篮王、射门王、引体向上王等7项全民健身挑战。全民健身挑战日，成为全市人民群众分享快乐、绽放激情、展示活力的盛大节日。

【武陵源举办全国新年登高健身大会（湖南主会场）暨全国户外休闲健身大会】 2019年12月21日，“中国体育彩票”2020全国新年登高健身大会（湖南主会场）暨全国户外休闲健身大会在武陵源举行。本次大会有来自全国各地的2020名户外运动爱好者参加。经过角逐，登高男子专业组王国龙率先抵达终点，用时20分49秒获得冠军；登高女子专业组邓超群用时27分31秒获得冠军。活动视频在2020年1月1日在CCTV5播出。

（本栏撰稿 金鹏飞）

学校体育

【概况】 2019年，市教育局关于体育、卫生、艺术和国防教育下发《关于进一步做好张家界市初中毕业升学体育考试的通知》《张家界市中心城市教育系统进一步加强创建国家卫生城市问题整改工作实施方案》《张家界市健康学校建设规划》《张家界市“健康中国健康”主题健康教育活动方案》，为中小学专门配发《人防知识教育读本》。

【学校体育教育】 一是，扎实推行《国家学生体质健康标准》，全面发动、积极开展学生“阳光体育运动”。建立健全各级各类学校和学校体育工作评估制度,实行阳光体育大课间活动。每天上午30分钟以上大课间活动,从课程安排、时间设置上保证学生每天锻炼一小时,乡镇中心完小以上学校坚持每年举办1次田径、球类比赛,让每个学生至少掌握2项终身受益的体育锻炼项目。“健康第一”“我运动我健康我快乐”“每天锻炼一小时幸福生活一辈子”等理念深入人心。2019年,“阳光体育运动人人皆知个个参加”的局面在张家界市已基本形成。二是,立足校本实际,规范体育考试。2019年,召开初中毕业升学体育考试改革工作会议,通过《初中毕业升学体育考试改革意见》。三是,开展专项体育教研活动,不断提升学校体育课教学水平。2019年,成功举办全市第二届中小学体育与健康教育教师基本功比赛,通过层层选拔,选派7名体育教师代表张家界市参加湖南省十四届中小学体育与健康教育教学竞赛活动,荣获省一等奖1人,二等奖3人,三等奖1人。认真贯彻实施《国家学生体质健康标准》,2019年全市181所中小学完成数据上报,上报率为86.2%。

【体育设施】 2019年,全市加大学校体育设施建设体育场地得到改善。张家界一中、张家界国光实验学校、慈利一中、市民族中学大型综合体艺馆投入使用;张家界天门小学,武陵源区索溪中心小学,慈利县岩泊渡小学、苗市小学、许家坊小学,桑植县官地坪中学等学校投资建成人工草坪足球场,保证学校运动场地对外开放和学生使用。

【体育赛事】 2019年,在桑植一中举办第十六届全市中小学生田径运动会,在慈利县第二中学举办全市第四届中小学生校园足球比赛。桑植一中和张家界国光实验学校足球队代表张家界市参加2019年全省校园足球高中联赛和初中总决赛,均获省三等奖;以永定区天门小学为主组队的小学生足球队代表张家界市参加全省校园足球夏季训练营活动,荣获省一等奖。组队参加省体育局、省教育厅、团省委主办的2019年全省第三届中学生运动会,慈利一中选手荣获2枚金牌、2枚银牌、2枚铜牌,女子篮球队勇夺亚军,田径项目获全省男女团体总分第三名。2019年,张家界一中代表张家界市参加全省健美操比赛,获得2金2银,团体总分取得全省第二名。

(本栏撰稿 伍贤友)

社会生活

张家界年鉴(2020)

人民生活

【居民收入】 2019年,张家界市居民人均可支配收入为18026元,比上年增长9.5%,人均增加1561元。按常住地分,城镇居民人均可支配收入为26811元,比上年增长8.0%。其中工资性收入为14286元,比上年增长8.5%;经营净收入为3795元,增长9.1%;转移净收入为5715元,增长6.6%;财产净收入为3015元,增长7.2%。农村居民人均可支配收入为10480元,比上年增长9.6%。其中工资性收入为4556元,比上年增长10.2%;经营净收入为2934元,增长10.2%;转移净收入为2857元,增长8.1%;财产净收入为133元,增长7.5%。

【城乡居民消费】 2019年,张家界市居民人均消费支出为15748元,比上年增长8.6%。从八大类别来看,食品烟酒类支出增长9.4%,衣着类支出增长8.5%,居住类支出增长5.9%,生活用品及服务类支出增长8.1%,交通通信类支出增长11.6%,教育文化娱乐类支出增长9.1%,医疗保健类支出增长10.6%,其他用品和服务类支出上涨9.9%。交通通信、医疗保健、其他用品和服务类支出增速在八大类中位居前三位。

按常住地分,张家界城镇居民人均消费支出为20289元,比上年增长7.2%。八大类消费呈"全面增长"态势,其中食品烟酒类支出增长7.1%,衣着类支出增长6.1%,居住类支出增长4.2%,生活用品及服务类支出增长8.9%,交通通信类支出增长10.2%,教育文化娱乐类支出增长7.4%,医疗保健类支出增长14.5%,其他用品和服务类支出上涨10.3%。

农村居民人均生活消费支出11847元,比上年增长9.3%。八大类消费支出全部上涨,其中食品烟酒类支出增长11.3%,衣着类支出增长10.6%,居住类支出增长7.1%,生活用品及服务类支出增长5.6%,交通通信类支出增长12.2%,教育文化娱乐类支出增长10.2%,医疗保健类支出增长7.5%,其他用品和服务类支出上涨7.8%。

【各区县居民收入】 2019年,张家界市4个区县居民收入平稳增长。分区县看,武陵源区和永定区全体居民人均可支配收入高于全市平均水平,桑植县全体居民人均可支配收入仅为全市平均水平的69.7%。按常住地分,城镇居民人均可支配收入分别为:永定区30405元,比上年增长8.8%;武陵源区32040元,同比增长7.8%;慈利县25905元,增长7.9%;桑植县18546元,增长8.5%。农村居民人均可支配收入分别为:永定区11211元,增长10.8%;武陵源区14384元,增长9.4%;慈利县11650元,增长9.3%;桑植县9058元,增长10.7%。

(本栏撰稿　万　露)

表24

2019年张家界各区县居民收入主要情况一览表

地　区	全体居民人均可支配收入			城镇居民人均可支配收入			农村居民人均可支配收入		
	2019年(元)	2018年(元)	增速(%)	2019年(元)	2018年(元)	增速(%)	2019年(元)	2018年(元)	增速(%)
张家界市	18026	16465	9.5	26811	24825	8.0	10480	9562	9.6
永定区	21222	19269	10.1	30405	27946	8.8	11211	10118	10.8
武陵源区	25589	23540	8.7	32040	29722	7.8	14384	13148	9.4
慈利县	17400	15892	9.5	25905	24008	7.9	11650	10659	9.3
桑植县	12563	11390	10.3	18546	17093	8.5	9058	8183	10.7

(本栏撰稿　万露)

婚姻·家庭

【婚姻登记】 2019年,张家界市办理婚姻登记17980对,其中结婚登记9332对、离婚登记4914对、补发结婚证3397对、补发离婚证224对,合格率100%。张家界市积极开展婚姻登记机构标准化建设,指导永定区和慈利县婚姻登记中心创建AAA级标准婚姻登记机关。利用"互联网+民政"的方式,实现婚姻登记服务与市民手机端的无缝对接,市民随时随地在手机上享受婚姻登记网上预约服务。(李　益)

【"美家美妇"行动】 2019年3月开展湖南省最美家庭推荐工作。经组织推荐、专家评审、媒体公示。4月15日评选出文明家庭16户,绿色家庭10户,书香家庭9户。其中6户荣获2019年全省最美家庭,2户荣获全国最美家庭。动员广大家庭争创学习之家、绿色之家、文明之家、小康之家,争做"最美家庭";引导广大妇女自尊、自信、自立、自强,争做对社会有责任、对家庭有贡献的"最美女性",建设好家庭、传承好家教、弘扬好家风,以实际行动为建设富饶美丽幸福新湖南贡献力量。(栗云霞)

【“书香进万家·家庭读好书”活动】 2019年4月在全市范围内开展2019年“书香张家界——相伴同悦读·共抒家国情”家庭亲子阅读主题活动。动员全市各级基层妇联以多种形式组织观看“相伴同悦读·共抒家国情”2019全国家庭亲子阅读主题活动直播，开展丰富多彩的亲子阅读活动，形成上下联动声势，吸引广大家庭主动参与活动的热情，营造良好的社会氛围，共同建设“书香张家界”。（栗云霞）

【2019年张家界市“家国情怀·最美家庭”电视报告会】 2019年5月29日在张家界市广播电视台举办2019年张家界市“家国情怀·最美家庭”电视报告会，六组全省最美家庭代表众多“最美家庭”现身说法，分享孩子教育、婆媳关系、爱心公益等话题，并以家书的形式把值得践行和传承的方式报告给全体观众。现场还为此6户家庭与另外29户被评为2018年度全市“文明家庭”“绿色家庭”“书香家庭”的家庭发放荣誉证书。通过发挥榜样的示范带动作用，激发全市人民的家国情怀、爱国热情、民族精神，营造注重家庭、注重家教、注重家风的良好社会氛围，为新中国成立70周年献礼。（栗云霞）

【家庭教育问题、典型案例征集活动】 2019年4月25日开展家庭教育问题征集活动，通过征集、归纳、总结，建立全省家庭教育问题库，组织开展课题研究，有效促进全省家庭教育科学发展。全市共征集到家庭教育问题表9份、教育典型案例37份。实施“父母成长计划”，2019年4~5月分别在永定尹家溪镇中心完小、武陵源区索溪中心学校、慈利二坊坪中学、桑植县金海实验学校开展家庭教育精品课程巡讲活动4场，培训家长400人次。（栗云霞）

妇女·儿童·老人

【“美家美妇”暨妇女“两癌”免费检查启动仪式】 2019年4月16日，市妇联在永定区王家坪镇马头溪村组织举行“美家美妇”暨妇女“两癌”免费检查启动仪式。市妇联向全市广大妇女发起“户帮户亲帮亲，互助脱贫奔小康”以及“农村人居环境整治”巾帼行动倡仪，号召广大妇女为精准扶贫、乡村振兴贡献巾帼力量。启动“两癌”免费检查工作，2019年全市“两癌”免费检查任务2.62万人，实际检查28446人，全市共投人工作经费315.53万元，救助“两癌”患者95人，救助患者专项经费达97.4万元。（曾晓莉）

【2019年度女性安康保险活动】 2019年，张家界市妇联组织女性安康保险活动，累计为3.34万妇女提供保险保障，覆盖率达8.5%，覆盖率全省排名第二；累计收取女性安康保险保费283万元，与2018年相比净增率达90%，再创历史新高；办结理赔案79起，赔付金额232.96万元，赔付率高达82.3%。女性安康保险在助推全市决战决胜脱贫攻坚，降低妇女因病致贫、因病返贫方面发挥积极作用。（曾晓莉）

【2019年张家界市妇女儿童工作委员会成员（扩大）会议】 2019年5月28日，张家界市妇女儿童工作委员会成员（扩大）会议在张家界市华天大酒店召开。会议通报全市《张家界市妇女发展规划（2016~2020年）》和《张家界市儿童发展规划（2016~2020年）》的实施情况，安排部署年度重点妇儿工作。市政府妇儿工委主任、副市长邹菊芳到会并讲话，市政府妇儿工委36个成员单位的分管领导、联络员，各区县妇联主席及妇儿办工作人员参会。（姚友忠）

【张家界市儿童之家建设工作推进会】 2019年5月28日，张家界市儿童之家建设工作推进会在张家界市华天大酒店召开。会议对全市儿童之家建设工作进总结，并部署今后儿童之家工作。2个市级优秀儿童之家——桑植县凉水口镇李家庄村和武陵源区协合乡黄家坪村分别作典型发言。市政府妇儿工委主任、副市长邹菊芳到会并讲话，市、区县妇儿工委主任，市、区县民政局、教育局、妇联、团委单位的负责人及妇儿办工作人员参加会议。（姚友忠）

【张家界市妇女儿童发展规划2018年度监测评估】 2019年5月，市妇儿办、市统计局开展张家界市“两个规划”监测评估工作。监测统计结果表明，“两个规划”大部分指标得到较好落实，各领域主要目标总体进展顺利，妇女儿童事业呈现持续健康发展的良好势头。到2018年底，“两个规划”可量化有发展目标的123个指标，已提前达标的101项，占82.11%；到2020年预计可达标的有16项，占13.01%；到2020年预计达标困难的有4项，占3.25%；暂无监测数据的有1个指标，占0.81%；数据统计不准确的有1个指标，占0.81%。（姚友忠）

【张家界市人大常委会调研张家界市妇女儿童发展规划实施情况】 2019年9月24日至10月17日，张家界市人大常委会社会建设委员会调研组一行人员深入张家界市四个区县开展专题调研。10月23日，市七届人大常委会第二十三次会议听取和审议市人民政府关于《张家界市妇女儿童发展规划（2016~2020年）》实施情况的报告。会议认为，市人民政府高度重视妇女儿童工作，紧紧围绕“两个规划”的目标任务，在宣传贯彻、落实责任、推进工作等方面开展一系列卓有成效的工作，在各有关部门和各区县的共同努力下，“两个规划”实施取得决定性成果。报告比较全面地反映全市“两个规划”的实施情况，总结成绩客观真实、分析问题实事求是、下一步工作安排具体可行。最后市人大常委会提出审议意见，要求从突出政府主导作用，确保“两个规划”目标实现；加强组织协调，理顺“两个规划”实施体制机制；明确成员单位责任，推进所有项目顺利达标；动员社会力量，促进“两个规划”实施四个方面抓好落实，进一步实施好“两个规划”。（姚友忠）

【全市女性健康知识讲座和义诊活动】 2019年3月14日，张家界市妇儿办在张家界市大成酒店举办张家界市女性健康知识讲座和义诊活动。市政府妇儿工委主任、副市长邹菊芳及市、区县直单位500多名女性现场聆听从“女性两癌”防治、不孕不育、盆底功能等知识。（姚友忠）

【“儿童青少年预防近视科普妈妈行”活动】 2019年6月至2020年1月，张家界市妇儿办联合张家界市爱尔眼科医院在全市开展101场“儿童青少年预防近视科普妈妈行”讲座和义诊活动。其中首场启动仪式千人讲座1场，于2019年6月6日在市城区崇实北校举行；百人讲座100场，深入全市两区两县，参与人数1.17万人；发放视力表1.8万张，发放袋子1.8万个，发放防近报刊1.8万张，活动共为1.66万名妈妈及孩子进行近视筛查、义诊并建档。 （姚友忠）

【两新组织妇建工作有力推进】 市妇联探索将党建带群建纳入两新组织党建工作中，并提出在党建带群建上做亮品牌的工作思路。在两新组织中成立40个妇委会，9月21日，张家界市妇联对新成立的40个两新组织妇委会主任进行培训，张家界市委书记虢正贵在培训会上寄语广大妇女同胞听党话、跟党走，为建设富强民主文明和谐美丽的社会主义现代化强国贡献巾帼力量。 （罗　震）

【儿童福利工作】 2019年，张家界市有3个儿童福利机构，5个未成年保护中心，全年救助未成年人81人次。孤儿652名（集中供养134名），艾滋病儿童1名。从2019年1月1日起，孤儿基本生活费最低保障标准提高至散居950元/月/人，集中供养1350元/月/人。农村留守儿童31193名，困境儿童5043名。张家界市建成“儿童之家”917家。2019年9月至12月对张家界市78个乡镇（街道）和1016个村（居）的“儿童督导员”“儿童主任”进行系统培训。2019年3月按照民政部下发《民政部办公厅关于印发（福彩圆梦．孤儿助学工程”项目实施暂行办法）的通知》文件要求，对年满18周岁后仍在普通全日制本科学校、普通全日制专科学校、高等职业学校等高等院校及中等职业学校就读的中专、大专、本科学生和硕博士研究生硕士学生进行资助，资助额度为每年1万元，张家界市有36名孤儿已上大学，助学资金已在8月份下拨到各区县。8月份按照《事实无人抚养儿童摸底排查工作的通知》文件要求对张家界市事实无人抚养儿童进行一次全面的排查，经过初步摸底排查共有590名儿童符合事实无人抚养儿童。张家界市共办理收养登记41例。 （朱庆华）

【老年人优待】 2019年，张家界市有百岁及以上老人59人，百岁老人长寿保健补贴为400元/月及以上，为90岁老年人发放高龄津贴，补贴标准100元/月。持续推进基本养老服务补贴制度，全年补贴9029人，覆盖目标人群95.1%，有3个区县目标人群覆盖率100%。逐步完善老年人意外伤害保险制度，政府为特殊困难老人购买意外伤害保险覆盖率100%。 （唐群惠）

【关爱农村留守老年人服务工作意见出台】 2019年，张家界市市委书记虢正贵，张家界市市委常委、市委秘书长单铸飞在开展“不忘初心、牢记使命”主题教育调研过程中，将“关爱农村留守老年人”作为调研课题，多次现场调研、召开座谈会，形成高质量的调研报告，并积极推动成果转化，出台《中共张家界市委办公室张家界市人民政府办公室关于进一步加强农村留守老年人关爱服务工作的意见》（张办发〔2019〕14号）。各地针对农村留守老年人供养水平较低、生活压力较大、安全隐患突出、生活缺乏照料、精神缺乏慰藉等突出问题，从认真落实赡养人主体责任、加快农村养老服务体系建设、强化农村留守老人基本保障、健全监测评估应急机制、动员社会力量开展农村留守老年人关爱服务等方面积极行动，在张家界市营造关爱农村留守老年人的良好氛围。 （唐群惠）

【敬老月活动】 2019年，张家界市重阳节前后，以乡镇政府为主体，在市、区县等各级部门的支持下，围绕“孝老爱亲、向上向善”敬老月活动主题，开展文艺会演、座谈会、健康讲座等丰富多彩的老年节庆祝活动。让老年人在家门口就能够欣赏到精彩的文艺节目。在永定区，中国人寿公司为沙堤敬老院31位老人准备棉背心，送去大米、菜油和水果；市老年大学黄玫瑰艺术团54人在尹家溪敬老院开展慰问演出；社区工作人员、志愿者等送上小礼品，为老人们表演节目、与老人面对面交流、帮老人义诊、理发、整理内务、喂吃水果和蛋糕、按摩等，用这种特殊的方式温暖老人。在武陵源区，老年协会牵头，开展文艺会演和登高望远等娱乐活动；在金杜村，130余名老人、精准扶贫户以及重度残疾人欢聚一堂，“感党恩、庆佳节”。在慈利县，三官寺土家族乡举办敬老院月文艺演出活动，请60岁以上的老年人一起共餐，并给80岁以上老人赠送小礼品。零阳镇琵琶村举办“庆祝九九重阳节暨农民运动会”，表彰村“模范老人”“好儿媳”，评选“长寿之星”。以维护老年人权益为重点，加强《中华人民共和国老年人权益保护法》等涉老法律法规的宣传，认真开展老年人优待政策和百岁以上高龄老人长寿补贴等涉老政策落实情况的督促和检查，开展老年法律援助和涉老政策、法律咨询活动，依法维护老年人的合法权益。各地利用传统媒体、新媒体、宣传栏、标语、室外LED滚动宣传视频栏等各种宣传媒介，免费播放敬老、爱老公益广告宣传视频，开展涉老宣传。国庆期间，武陵源区利用世界知名旅游目的地的优势，在景区门票站、文化场所、星级酒店、旅游购物场所等人流集中地利用LED屏上滚动播放孝亲敬老公益片，全区共推选出“武陵源区2019年度敬老、爱老和谐家庭”的6个家庭进行集中表彰。活动期间，张家界市各级各部门也分别组织多种形式的走访慰问，共慰问特困老人、高龄老人、残疾老人、空巢老人2000多人，百岁老人18人，还对敬老院、老年群众团体进行慰问。各地开展丰富多彩的志愿活动，志愿者与高龄老人、残疾老人、贫困老人、空巢老人结成帮扶对子，为老年人解决实际困难，并开展亲情关爱、文化娱乐等系列服务活动。 （唐群惠）

【居家和社区养老服务试点示范工作】 2019年，张家界市开展第四、五批国家级居家和社区养老服务改革试点城市申报工作。武陵源区认真实施养老服务体系建设改革试点，创“三村四寨”农村互助式养老模式。以组为单位的老年人聚集点，在周边租赁三至四个闲置民宅(寨),租赁给短期旅游市场客源（主要对象是体验农村生活的家庭、同事小团体、知青小团体、退转军人战友小团体、退休老干部小团体等），利用安置在聚集点的服务人员，为农村老年人以及短期旅游人群提供生活服务、照料服务和个性化需求服务;可避开旅游高峰期,同时将旅游群体的滞留时间加长,扩大服务类、产品类需求量,增加旅游项目类收入,以候鸟旅游利润互补农村养老资金缺口,促进社会专业养老服务“无边化”。做到“优质为老服务常在、专业服务队伍存在、守望互助好氛围在、资源互惠的优势在”;解决“农村老年人收入低,养老无保障;农村养老服务质量低,人老无乐趣;农村老年人生活标准低,能食无要求”的问题;达成“增收、提质、提档”目标,取得较好成效,探索出农村养老新路子。慈利县积极创新居家养老服务新模式，引进养老服务专业团队,投入资金120万元,成立“呼叫中心”,搭建一个覆盖城乡的居家养老服务信息平台,平台设客服人员4人,专业为老服务人员50人,其中员工制为32人,已形成集成管理、联动管理、信息管理的服务体系。以政府购买服务方式为基本养老服务补贴对象和农村特困中失能半失能对象进行居家服务。平台拥有老人对象家庭资料近2000个。慈利县有需要的老年人足不出户，只要拨打全县统一服务热线“0744-2212349”，即可及时获得送上门的居家生活照料服务和紧急救助服务。根据老人的服务需求,通过呼叫中心统一调度,将生活照料、居家护理、病患陪护、紧急救援等服务延伸到家庭中，建成没有围墙的覆盖全县的虚拟养老院，全县26个乡镇设有26个紧急救援服务网格，配置居家网格服务员32人，已实现城乡30分钟救援服务模式。（唐群惠）

【农村养老服务体系建设】 2019年,张家界市全面启动农村留守老年人关爱服务工作，将其纳入农村社会福利体系和农村养老服务体系建设内容;出台《关于进一步加强农村留守老年人关爱服务工作的意见》,启动张家界市农村留守老年人的基本信息摸底和台账管理工作。开展巡查探访和走访慰问,帮助解决农村留守老年人,特别是贫困、失能失智老年人的救助帮扶和护理照顾问题。（唐群惠）

【养老服务】 2019年，张家界市将每千名老年人口养老床位数纳入全面建成小康社会统计指标。据统计,年末养老总床位13038张，每千名老年人口养老床位数达37.67张，超过全省平均水平。（唐群惠）

【养老院服务质量建设专项行动】 2019年,张家界市以“保安全、固成效、优服务、建机制”为主要任务,坚持问题导向、分类指导、精准施策,抓重点、补短板、强弱项,养老机构服务质量持续改善,老年人养老服务获得感、幸福感和安全感进一步增强。根据上级要求,结合张家界市实际,联合卫健、住建、市监、应急、城管、消防等部门印发《关于印发《张家界市2019年养老院服务质量建设专项行动方案》的通知》(张民发〔2019〕18号),对张家界市开展专项行动进行统一部署。各区县分别结合当地实际,及时传达,组织培训,贯彻落实,确保领导到位、责任明确、工作落到实处。注重排查整治。在巩固去年专项行动基础上，按照实施方案要求，对照《养老院服务质量大检查指南》,坚持问题导向,突出重点“回头查”,对标对表“较真改”,组织开展再评估再排查，各养老机构重点排查消防设施、器材的配置、保养及运行情况、食品卫生、用水用电、服务管理规范等情况。对于自查发现的问题,建立台账和清单,逐项限期进行整改。对基础性指标整治后仍未合格的养老机构,按照“一院一策”的要求,开展集中整治，确保所有养老机构基础性指标基本合格，排查发现的所有重大安全隐患全部消除。注重规范管理。一是健全各项规章制度,完善服务内容,认真做好防电、防火,严防食物中毒、疾病传染等。二是消防安全。严格执行消防安全工作等有关规定，在公共走道等场所张贴消防挂图，组织开展防火常识和逃生自救教育，配备灭火器等消防设备,做到定期检查和有效管理、使用。三是饮食安全。严格执行食品卫生和食品安全各项规定,对进出物资、设备统一造册登记，严格执行食品留样制度,把好食品卫生安全关,防止传染病和食物中毒事件的发生。四是积极开展“保健”市场和涉老非法集资整治。通过各种形式开展政策宣传,联合相关部门对各养老机构进行排查,发现苗头及时处理。注重督促检查。会同消防等部门组成督查小组,按照《养老院服务质量大检查指南》116项指标内容，到各地敬老院开展经常性的督查,在督查中发现不足之处,提出指导性意见,要求立行立改。建立台账和通报制度,下发整改通知书,要求限期整改。结合实际,对存在严重安全隐患的敬老院进行撤并、限期整改、通报批评等形式。同时,由区县民政部门统筹,对存在严重隐患的乡镇敬老院进行集中立项并进行改造，有力的保障入院老人生命安全。10月,接受省厅组织的养老院服务质量建设专项行动检查辅导，检查辅导工作组共抽查张家界市三个区县的12个养老机构,并在永定区二家河中心敬老院召开张家界市养老院服务质量建设现场会，对张家界市专项行动开展情况给予肯定。（唐群惠）

福利救济

【残疾人脱贫攻坚】 2019年,张家界市整体推进残疾人脱贫攻坚，市脱贫攻坚指挥部办公室下发《关于进一步做好残疾人脱贫攻坚工作的通知》,全市建档立卡贫困残疾人数量从2018年底的4000余人下降到2019年底的1314人。全市残联系统实施连村帮户扶贫工程结对帮扶5个村的50户贫困残疾人家庭，为673名残疾人提供托养服务，为283名残疾人提供职业能力培训，实施“阳光增收”项目为626名农村残疾人提供实用技术培训,实施助盲脱贫行动为14名盲人提供2个月的盲人保健按摩技术培训；残疾人两项补贴标准均提高到每人每月60元,全年发放困难残疾人生活补贴10.62万人次636.9万元、发放重度残疾人护理补贴20.69万人次1241.15万元;全面落实两项保险代缴政策,为1.81万名重度残疾人全额代缴医疗保险451.4万元，为0.93万名重度残疾人全额代缴最低档次养老保险93.29万元；完成慈利县二坊坪镇二坊坪、高溪两村驻村和35户建档立卡户结对帮扶任务。(唐登浩)

【残疾人民生和基础保障】 2019年，张家界市推动残疾儿童康复救助制度落实,市人民政府印发《张家界市残疾儿童康复救助制度实施细则》,完成市人民政府重点民生实事项目“0~6岁残疾儿童抢救性康复”100名任务,为370名残疾儿童提供精准康复服务，免费发放辅助器具2000余件。积极开展残疾人教育就业,为系统内77名学前教育儿童和394名高中生、大学生发放资助资金91.92万元,举办30人的国家通用手语骨干培训班，举办全市残疾人就业专场招聘会达成就业意向20余个，扶持85名残疾人自主创业。积极维护残疾人权益,有效开展残疾人权益保障“双联双百”工作和残疾人信访救助、法律援助服务,实施贫困残疾人家庭无障碍改造280户,为602名残疾人发放机动车燃油补贴15.65万元。扎实开展残疾人组织宣传文体及基础工作，慈利县慈爱之家残疾人托养服务中心在第六次全国自强模范暨助残先进评选中获评全国“残疾人之家”，全市评选表彰10名残疾人自强模范，组织参加全省残疾人文化周活动获2个一等奖、3个二等奖、2个三等奖、1个优秀奖和组织奖,组织4名运动员参加全国第十届残运会，获2银、6铜及5个第四、1个第五、2个第六名的好成绩,在全省率先制定出台彩票公益金支持残疾人事业发展管理办法。(唐登浩)

【慈善救助】 2019年,张家界市慈善总会以扶贫济困为重点，集聚各方资源促进良性运作,共实施大病救助、扶助孤老、爱心助孤、慈善助学、慈善助医等项目,筹资善款190余万元,救助困难群众1500余人次,“迎新春送温暖”活动在元旦春节期间慰问帮扶困难家庭260多户，为张家界市农村贫困建档立卡户争取到50万元的“生命之光”项目经费;“慈善一日捐”募集善款60万元，着力解决贫困学子的上学难问题,累计救助83位贫困学生,联系湖南东宸集团连续两年资助张家界市29名贫困大学生,该集团资助他们本科期间每人每年5000元费用;以大病医疗救助为主线,突出救助重点,张家界市大部分贫困家庭都是因重大疾病致贫致困，在所有求助和救助对象中有80%是属于因病求助，大病医疗救助是救助项目的重中之重，全年累计救助特大病患者65人，共发放救助资金30余万元;举办关注“自闭症孩子”慈善公益捐赠与义卖活动,向社会各界筹措爱心款物，现场捐赠善款1.83万元,现场物品拍卖筹集善款30.95万元。(曹祖伟)

【最低生活保障】 2019年,张家界市最低生活保障在巩固动态管理下应保尽保,加强规范管理,提高保障标准和救助水平。张家界市农村低保保障标准为3700元/人/年，月人均救助水平分200元/人/年，保障人数3.4215万人；城市低保保障标准为480元/人/月，月人均救助水平分325元/人/年,保障人数1.3166万人。全年累计发放低保资金14451.4033万元。(杨松柏)

【残疾人“两项补贴”】2019年,张家界市民政局、市财政局、市残疾人联合会联合印发《张家界市2019年残疾人两项补贴重点民生实事项目实施方案》,将残疾人两项补贴标准由每人每月55元提高到60元。张家界市政府召开专题会议研究“两项补贴”工作,并纳入重点民生实事项目和脱贫攻坚内容。张家界市27579人享受残疾人“两项补贴”，累计发放补贴资金1878.56万元，其中困难残疾人生活补贴1242.64万元、重度残疾人护理补贴635.92万元,月人平均标准65元。(李益)

【福利彩票社会公益责任】 2019年,张家界市福彩坚持福利彩票的人民属性、国家属性、公益属性、推动公益事业阳光运作,健康发展。投入11.3万元开展走进儿童福利中心、敬老院以及慰问困难家庭、学生等公益活动。(戴志辉)

【福利彩票销售管理】 2019年,张家界市销售福利彩票2.199亿元，筹集公益金5694万元，上缴国家税收87万余元。县级市场销售增势稳定,所有区县销售稳定，其中永定区全年销售7449万元,居张家界市第一。(戴志辉)

红十字会

【概况】 2019年,张家界市红十字会在市委、市政府的正确领导下,在上级红十字会和社会各界的大力支持、关心和帮助下,全面完成各项工作任务,为促进全面建成小康社会和全市和谐文明进步做出积极贡献。

一、红十字应急救护工作。积极推动应急救护知识普及和培训工作,做到应急救护进社区、进农村、进机关、进学校、进企业,组织形式多样的应急救护知识普及宣传活动，全市共组织各类讲座8场,受益群众1万人次。严格培训标准，加大红十字初级应急救护员培训力度,先后选送11人次参加国家和省级组织的师资培训学习。全市有注册应急救护培训师资35人。2019年,全市共培训持证红十字初级应急救护员300名。和张家界市中心血站联合，建立全市第一个红十字应急救护培训基地，为更好地开展应急救护工作提供保障。武陵源区红十字会在有关部门的配合下，创新景区红十字应急救护站管理模式，较好地发挥景区红十字救护站的功能作用。省红十字会对张家界市应急救护培训工作给予高度评价和大力支持，下拨专项经费10万元支持张家界市的应急救护培训工作。

二、人道救助。大力开展“博爱送万家”活动,筹措并发放包括米、油、棉被、慰问金等共计25万多元的慰问款物,为2000多名群众送去党和政府的温暖。争取“小天使”基金24万元,救助白血病患儿8人,争取“阳光天使”基金6万元，救助先天性心脏病患儿2名。关怀贫困家庭,积极向省红十字会申请人道救助资金31.5万元,救助困难户62户。在项目援建方面,主动作为、积极争取,桑植县“博爱家园”

项目建设已顺利通过验收。

三、"三献"工作。依法履职,加大宣传力度,积极推进无偿献血工作。永定区红十字会、桑植县红十字会在市红十字会的大力支持协助下全面完成2019年无偿献血工作任务。广泛动员广大志愿者积极参与造血干细胞捐献活动,新增182名志愿者加入中华骨髓库。市卫监局干部宋爱华成功捐献造血干细胞,使白血病患者得到救助获得新生,成为张家界市第一例公务员身份的志愿者,造血干细胞捐献工作获省红十字会授予2018~2019年造血干细胞捐献工作特别贡献奖。遗体捐献和人体器官捐献工作实现新突破。2019年,全市已登记的遗体捐献志愿者47名,全市共实施人体器官捐献6例,捐献大器官18个,使多名急需器官移植的重症患者得到救治,点亮他们生命的希望之光。由于领导重视、部门支持和广大志愿者的积极参与,张家界市"三献"工作取得明显成效,跻身全省先进行列。

四、组织建设和志愿服务工作,红十字青少年活动广泛开展。积极推进红十字志愿服务队伍建设。全市新成立红十字志愿服务队伍6支,吉首大学张家界校区、张家界航空工业职业技术学院红十字志愿服务队不断充实壮大,实现常态化运转,带动校园公益事业的蓬勃发展。市人民医院成立湖南省首支中国南丁格尔志愿护理总队张家界市人民医院分队,并积极开展志愿服务,南丁格尔精神和人道理念得到更广泛的传播。与吉首大学合作建立高层次应用型人才培训基地,提升拓展红十字志愿服务水准和范围。推进以应急救护、远离毒品等为主题的红十字青少年教育活动。慈利县红十字会创新红十字青少年活动形式,有阵地有新意,进社区进学校,创建白宫城社区红十字青少年共同体,组建朝阳中学红十字青少年广播站和"红领巾急救队",推动该县红十字青少年活动广泛开展。

【张家界市公务员队伍中第一个造血干细胞捐献者——宋爱华】 2019年1月,重庆市一名白血病患者的家属通过红十字总会在中华骨髓库中寻求相匹配的干细胞源。经过比对和宋爱华采送的血样指标基本相符。1月15日,湖南省红十字会造血干细胞中心的工作人员和宋爱华取得联系并征求他的意见。宋爱华毫不犹豫同意捐献。在按程序再次采集血样进行高分辨检测后,于5月18日赶到长沙湘雅三医院进行捐献前准备,5月23日正式捐献。从采集血样到完成干细胞捐献,宋爱华自始至终积极主动配合,从他的言行表现深深感受到宋爱华奉献爱心,挽救他人生命的信念坚定,义无反顾,没有过丝毫的犹豫和动摇。

宋爱华是2012年5月22日加入中国造血干细胞资料库的,2019年捐献时,他年纪已经偏大,在捐献过程中,克服许多困难。以坚强的毅力忍受疼痛和身体不适,无任何的怨言,一丝不苟地完成捐献前的所有准备。5月23日,进行正式的造血干细胞采集,献出干细胞100毫升。随即干细胞被空运至重庆。

他成为张家界市第五例成功捐献造血干细胞志愿者,也是迄今张家界市公务员队伍中第一个造血干细胞捐献者。 (本栏撰稿 陈胜男)

区县概况

张家界年鉴(2020)

永定区

中共区委书记　　祝云武
区人大常委会主任　全有军
区人民政府区长　　朱法栋
区政协主席　　　　欧湘云

【概述】 永定区地处湖南省西北部，张家界市委市政府驻地，张家界旅游核心服务区。东经110°04′至110°56′、北纬28°52′至29°52′，东邻慈利县和常德市的桃源县交界，南接怀化市沅陵县，西抵湘西自治州永顺县，北连桑植县和武陵源区，距省会长沙398千米。境内有张家界荷花机场、张家界火车东站、张家界火车西站(高铁站)、张家界(高速)东站、张家界(高速)西站、张家界中心汽车站，交通十分便利。主导产业为旅游业和农业。有天门山风景名胜区和土家风情园区，有天泉山森林公园和茅岩河漂流等旅游去处，农业产业化名牌“茅岩莓”驰名中外。2019年，永定区辖7乡7镇10街道。土地总面积2169.03平方千米，其中耕地面积31123.34公顷。发现矿产35种，探明资源储量的矿种15种，水能蕴藏量20万千瓦。年末常住人口47.78万人，其中城镇人口27.53万人、少数民族39.86万人。人口自然增长率5.8‰。年内气温最高39.4℃、最低-0.8℃；年降水量1031毫米；森林覆盖率73.13%。

地区生产总值229.57亿元，同比增长7.8%。其中第一、二、三产业增加值分别为21.94亿元、34.16亿元、173.47亿元，同比分别增长3.2%、6.7%、8.5%。三次产业结构比为9.5:14.9:75.6。财政总收入15.57亿元，同比增长10.6%；其中地方一般公共预算收入7.5379亿元，同比增长9%；地方一般公共预算支出40.9496亿元，同比增长13.6%。

工业总产值增长11.1%；其中规模以上工业总产值增长9.3%。工业增加值19.04亿元，比上年增长7.6%。年末规模上工业企业88家，实现销售产值58.1亿元，增长9.9%，实现规模以上工业增加值17.24亿元，增长8.1%。全年规模以上工业企业实现利润2.99亿元，增长5.7%。年末建筑业企业33家，全年完成建筑企业总产值44.62亿元，增长10.1%。建筑业增加值15.1440亿元，比上年增长5.5%。有工业园区1家，其中省级园区有张家界高新技术产业开发区。工业主导产业为旅游食品、生物医药。

农林牧渔业总产值36.0718亿元，同比增长3.4%；增加值23.7739亿元。主要农产品产量：粮食总产量145534吨，同比增长1.6%；烤烟产量2305吨，同比下降1.5%；蔬菜产量382676吨，同比增长2.4%；肉类产量16102吨，同比下降4.9%。其中：猪肉、牛肉、羊肉、禽肉、水产品产量分别为11214吨、1546吨、1088吨、2222吨、4730吨，猪肉、羊肉、水产品产量分别下降8.1%、0.7%、2.7%，牛肉、禽肉分别增长11.8%、0.23%。有市(州)级及以上农业产业化龙头企业62家(其中国家级1家、省级11家)，年内新增国家级1家；有农民专业合作社996家，家庭农场360家。农机总动力35.8万千瓦，同比增长0.78%。

社会消费品零售总额118.3亿元，同比增长10.4%。进出口总额11495万美元，同比增长59.8%。其中，出口11065万美元，同比增长69.6%；进口430万美元。实际利用外资6954万美元，同比下降8.4%。实际引进省外境内资金39.1239亿元，增长11.3%。新签约亿元以上项目10个，引进“三类500强”项目1个。有8家A级景区，其中有天门山森林公园1家AAAA级景区，土家风情园1家AAAA级景区；全年接待国内游客4566.3万人次，增长20.0%；接待入境游客66.5万人，增长67.8%。旅游总收入503.5亿元，增长25.1%。

固定资产投资增长4.9%，重点施工项目85个，其中：5000万元以上项目45个，5000万元以下项目3个，房地产项目37个，房地产开发投资增长43.9%。

全年客货运输换算周转量5201吨千米，同比增长18.1%。旅客周转量208万人千米，同比增长18.6%；其中铁路周转量215万人千米，同比下降0.3%，公路周转量1580万人千米，同比增长27.6%，民航周转量287万人千米，同比增长29.9%。货物周转量3119吨千米，同比增长17.6%；其中铁路周转量1万吨千米，同比下降66.4%，公路周转量1338万吨千米，同比增长67.9%，航空货邮吞吐量1780吨，同比增长51.4%。年末公路通车里程2257.54千米，同比增长0.22%；其中高速公路通车里程75.3千米。电信业务总量340.936亿元，同比增长105.9%；邮政业务总量0.646亿元，同比增长12.3%。年末本地固定电话用户8.82万户，同比下降4.7%；移动电话用户48.49万户，同比增长23.3%；互联网宽带用户25.22万户，同比增长11.2%。

高新技术企业28家，同比增长33.3%；新增5家，同比增长25%。高新技术产业增加值13.4633亿元，同比增长12.28%。专利申请528件，增长2.3%，其中发明专利申请137件，专利授权194件，其中发明专利授权10件。取得省级以上科技成果2项。签订技术合同37项，技术合同成交金额1.06亿元。

有普通高中3所(其中民办高中一所)，初中学校22所(含民办金海中学)，职业中学3所，普通小学56所(含民办金海小学)。在校高中、初中、职业中学、小学在校学生分别为6293人、15758人、3688人、38867人，在园幼儿18088人。小学适龄儿童入学率100%，小学升初中入学率100%。落实义务教育保障资金8415万元。中职学生发放国家助学金464.44万元，资助4382人次，免学费6452人834.92万元；发放普通高中国家助学金349.7万元。减少义务教育大班额110个。有艺术表演团体100个，文化馆1个，公共图书馆1个，博物馆(纪念馆)1个，档案馆1个。有卫生医疗机构(含村卫生室)239个，其中医院1个、卫生院17个，卫生防疫防治机构1个，妇幼保健机构1个。卫生技术人员2146人，病床2574张。开展全民健身项目18项次，7.85万人次参加全民健身运动。各级健身辅导站93个，公共体育场地719个。

有社会福利院、敬老院、养老院、光荣院等25所。各类收养性社会福利单位收养2200人。城镇各种社区服务设施285处，其中综合性社区服务中心74个。发放居民最低生活保障金3918.27万元,1.31万人得到政府最低生活保障(包括城镇和农村)。城镇职工基本养老保险参保4.2876万人;城镇居民、新型农村养老保险参保人数分别为4.1771万人、19.6377万人。城镇职工基本医疗保险参保3.4299万人,城乡居民医疗保险参保40.0886万人。失业保险职工参保2.0611万人,349人领取失业保险金。工伤保险职工参保3.55万人,生育保险参保2.3883万人。

推进防控化债,提升财政资金质效,推进审计全覆盖工作,压减一般性支出10%,审减政府投资项目资金0.95亿元,化解隐性债务2.7亿元。

2019年脱贫628户1535人,贫困发生率为0.47%。建档立卡贫困户人均纯收入9616元,同比增长12.0%。发展"张家界莓茶"地标特色产品,新增莓茶种植0.1万公顷,400余户贫困群众直接参与种植400公顷,1000余户贫困群众间接受益。104家结对帮扶单位在结对村现场消费93万元。建档立卡贫困劳动力就业17137人,实现农村贫困劳动力转移就业497人,任务完成率101.42%,全年培训"两后生"110人,任务完成率137.5%,"四个渠道"吸纳就业1883人,任务完成率104.78%,"千人就近就业"吸纳1081人就业。劝返复学建档立卡家庭失学辍学儿童17人,落实义务教育阶段困难家庭学生生活费补助14325人次634.95万元、"阳光助学"补助12921人次1270.3万元、春季"雨露计划"补助2330人次349.4万元。落实贫困人口参保缴费补助、"先诊疗后付费""一站式"结算、慢病签约服务等政策,区域内住院费用报销比例达86.61%。投入898.4万元实施危房改造371户,对1642户5914人进行易地扶贫搬迁,实现入住率、拆旧率、复垦率3个100%。8115人纳入社会救助兜底保障对象,两线融合率达96.1%,发放困难残疾人生活补贴32939人次197.66万元、重度残疾人护理补贴55262人次331.89万元,代缴贫困残疾人医保费用2049人45.08万元。从建档立卡贫困户中选聘生态护林员201人,发放工资201万元。投入4116.33万元,实现农村水量、水质、用水方便程度、供水保证率全部达标,安全饮水率达100%。投入9616.56万元,实现自然村通水泥路38千米,"窄路加宽"27.344千米。选派53名科技特派员联系86个贫困村。新增扶贫小额信贷2196.6万元,任务完成率109.8%。

污染防治,投入1.3亿元建设14个集镇污水处理厂,投入230万元整治21处黑臭水体,城市污水处理率96.65%,比上年提高0.48%,城市生活垃圾无害化处理率100%;总体水质达到或优于Ⅲ类标准的断面比例为100%,,空气质量优良率达92.8%,城市人均公园绿化地面积9.64平方米,张家界荣获"2019美丽山水城市"称号。全区67条河流、88座水库、4处澧水干流骨干水电工程全部纳入河长制管理体系,完成区乡村三级河长制组织机构设置。16位区级河长实行手机APP打卡巡河,通过巡河发现问题并交办整改。澧水永定段国控省控河道断面水质达标率均为100%。上报省市备案的15个及省卫星遥感的1个共16个"四乱"问题已完成整治并销号。24条河达到样板河建设目标。澧水永定段河道等20条河流河道划界方案与协合水库、仙人溪水库等4个水利工程划界方案审查批复公示已完成。2019年,永定区13个乡镇街道25个村居委会实行农村改厕,整体推进村10个,其中合作桥乡八家村无害化厕所普及率达90%,全年计划任务2615户,实际完成2164户,完成率83%。

2019年张家界市永定区荣获"湖南省第一批省级生态文明建设示范县"称号;张家界莓茶荣获上海茶博会"创新养生茶"金奖;茅岩河镇成功申报为国家农业产业强镇;农业科技园成功创建为国家级园区;合作桥乡八家村被评为全国乡村治理示范村。永定区获"湖南省民政工作先进县市区"。

存在的主要问题和困难:总体上经济发展质量不高,发展不平衡、不充分问题仍然存在;稳增长压力依然较大;财政收支矛盾较为突出;城乡区域发展不协调;土地、资金等要素保障压力大;民生短板较多,义务教育、医疗卫生等工作任务较重;营商环境还需改善,为民服务的意识和质量效率需进一步提高。

【开展"不忘初心、牢记使命"主题教育】 2019年9月12日,永定区开展"不忘初心、牢记使命"主题教育,全区7乡7镇10街道、102个区直部门单位,共有党组50个,党组织1139个,其中党(工)委59个、总支154个、支部945个,党员22109名,全部参与到"不忘初心、牢记使命"主题教育工作中,参学率达100%。主题教育期间,区委书记带头讲3次专题党课,其他区级领导干部讲78次党课,收集全区各级党组织书记高质量党课稿100多篇,开展实地调研130多次,与群众座谈400多户次,调研报告35篇,获张家界市调研成果评选一等奖4篇,区直单位和乡镇街道共形成调研报告210多篇。区委常委班子检视问题35个,已整改35个;区委班子成员检视问题227个,已整改227个;处级领导干部检视问题783个,已整改752个。专项整治问题205个,制定整改措施282条,整章建制13个,长效机制25个,整改完成率达100%。2019年末,在全区148人的测评中,满意率达98%。主题教育开展以来,全区赴省进京上访人数大幅下降,从7月开始实现连续5个月赴省进京"零非访",改变一到敏感时节信访人员就赴省进京缠访、闹访、越级访的现象,圆满完成新中国成立70周年大庆及十九届四中全会特护安保工作任务,在全省信访工作重点县市区调度会推介经验,得到省、市认可。

【全域旅游】 2019年,天门山旅游示范聚集区聚集效应显现,七星山旅游开发项目上山公路、客运索道启动建设,齿轨观光火车项目完成土地报批;崇山文化旅游项目总规完成批复,星空营地开始试营业;成功举办天门山第八届翼装飞行世锦赛和2019动力伞特级国际大师赛等活动,天门山旅游人次再创新高,全年接待游客480万,继续保持全市景区接待人数第一。开发建设西线旅游,教罗温公路一期基本建成,天泉山旅游栈道完成建设,茅岩河平湖游机漂、快艇等水上项目正式开通，西线旅游资源得到有效利用。发展乡村旅游，持续加大民族村寨、休闲度假、生态民宿、户外运动四条乡村旅游线路建设力度，发展农业观光、农事体验、农家餐饮、田园休闲、土家民俗等为一体的特色乡村旅游，石堰坪、马头溪、马儿山等成为乡村旅游热点，旅游人数持续增加。

【脱贫摘帽】 2019年4月16日，省政府批准永定区脱贫摘帽。2019年投入涉农整合资金1900万元，重点发展“张家界莓茶”地标特色产品；发放苗木31.5万株，发展“一亩园经济”种植基地286.667公顷，实现产业扶贫全覆盖。加强住房保障。完成易地扶贫搬迁入住1642户5914人，入住率、拆旧率、复垦率均达100%；开展建档立卡贫困户疑似危房全覆盖鉴定，实施危房改造计划371户，2019年底已全部竣工入住。农村饮水安全工作。实施饮水安全巩固提升项目7个，新增农村通自来水7000人，完成217户750人安全饮水问题整改。贫困户教育医疗保障。强化控辍保学，全区义务教育阶段适龄儿童无一失学；继续实施“先诊疗后付费”和“一站式”结算，全年“一站式”结算贫困人口报销6782.57万元，区域内综合报销比例达86.61%，超过全省考核目标。年度脱贫628户1535人，实现“错退率、漏评率”双零目标。全区贫困发生率由2018年底的0.87%降至2019年底的0.47%。

【重大风险化解】 2019年，永定区规范政府性债务管理，健全充实政府性债务管理工作机构，积极盘活各类资源资产，加快平台公司转型升级，2019年已完成全年化债任务的107%。切实加强PPP与政府购买服务项目管理，落实陈家溪综合治理暨韩国特色商业街、天门仙境PPP项目问题整改，相关风险得到有效控制。对全区易地扶贫搬迁、增减挂钩、沙堤安置区等重点工程项目开展工程计量计价跟踪审计，完成政府投资项目结算审计82个，审减资金9500万元。

【污染防治】 2019年，永定区完成中央生态环保督察“回头看”和省环保督察环境问题整改工作。涉大鲵自然保护区内23座水电站全部关停退出。落实河长制工作，继续打好蓝天、碧水、净土三大保卫战，全区空气环境质量不断改善，水环境质量持续向好，土壤环境条件保持优良。全年市城区环境空气质量优良天数预计可达336天，优良率92%，PM_{10}下降8.6%；澧水河国控断面水质优于Ⅲ类、城市饮用水源地水质达标率100%。2019年，永定区成功创建省级生态文明建设示范区。

【新型工业】 2019年，永定区的久瑞养生馆、张家界地质园等12个新型工业化项目成功纳入市“320”项目。福安家木业负离子生态板和长兴汽车电器新型汽车发电机整流桥支架产业化项目建设完成。泰安新型建筑材料复合掺合料生产线正式投产，年产能达30万吨。旅游商品产业园一期建设稳步推进，军声砂石画文创产业基地、银博物馆等5家入园企业开工建设。全区新增“小升规”企业4家、产值过亿元企业1家。

【现代农业】 2019年，永定区名标性商品——张家界莓茶先后获得国家农产品地理标志保护产品、有机产品认证、中国驰名商标等品牌荣誉，并在2019年第十六届上海国际茶业交易博览会上荣获“创新养生茶”金奖。永定区立足区位优势，制定《永定区张家界莓茶“5111”行动计划》，出台支持张家界莓茶发展的系列政策，致力打造“张家界莓茶”区域公共品牌，提高张家界莓茶的知名度和市场竞争力，2019年新建张家界莓茶标准园100公顷，新增莓茶种植面积0.1万公顷，专门从事莓茶种植、初加工的合作社、家庭农场等生产经营主体达100余家，从事莓茶深加工的规模农产品加工企业达30余家，综合产值12.8亿元。基础产业稳步发展。完成粮食播种面积2.767万公顷，优质稻基地建设0.2万公顷，蔬菜种植面积0.8万公顷，新建专业蔬菜基地333.33公顷。在第五届全国优质大米争霸赛上，选送的产品分别获得“银米粒”奖和“特色大米产品”奖。农产品竞争力大大增强。全区农产品加工企业达到251家，省市级龙头企业62家，2019年全区农产品加工业完成销售收入36.2亿元，创利税2.3亿元。

【项目建设】 2019年，永定区开展“产业项目建设年”活动，组织实施国家和省、市、区重点项目152个，完成投资105亿元。张吉怀高铁稳步推进，张家界高铁西站全面建成，宁邦国际广场、丝路荷花国际文化旅游城项目进展顺利，大庸古城、张家界古庸城主体建设全部完成，沙堤特色街区一期竣工验收，全区增减挂钩项目实现收入4.9亿元，项目带动作用日益明显。

【征地拆迁】 2019年，永定区按照撤销合并一批、保留整合一批、统筹成立一批原则，撤销40个项目协调指挥部，在城区10个街道办事处设立10个片区指挥部，由区委常委和分管城建副区长任片区指挥部总指挥，负责片区项目建设统筹协调、调度指挥，解决以往指挥部林立、补偿政策搞攀比等问题，提高征地拆迁效率，累计签订协议5121户，拆除房屋面积57.7万平方米，20个项目完成“清零”，43宗土地成功挂牌出让。

【营商环境招商引资】 2019年，永定区贯彻落实《关于进一步优化营商环境推动高质量发展的决定》，优化政务环境、项目环境、市场环境和法治环境。持续推进减税降费，全年共落实减税降费政策36项，普惠性全口径减免税费1.57亿元。整合公安、城管等执法力量，严厉打击强买强卖、恶意阻工等损害企业利益行为，共处置干扰重点工程建设违法行为73起，出警600人次，治安拘留28人。成立区招商引资委员会和招商引资执行委员会，加强对全区招商引资和项目落地工作的统筹协调、跟踪调度。深入对接荣盛康旅、腾讯、曙光集团等国际国内500强企业，积极参加“粤港澳大湾区投资贸易洽谈周”“中部投资贸易博览会”等活动，吸引优质项目落户永定。荣盛国际康养(张家界)度假区、张家界天空之眼、张家界飞艇旅游园等7个项目成功签约，签约资金121亿元，实现内联引资32亿元。

【创卫工作】 2019年,永定区累计投入创卫资金1.5亿元,抓学校及周边、主次干道、城乡结合部及城中村巷道等重点部位环境综合整治,整治一批乱堆乱放、乱停乱摆、违章搭建、违规种养问题。合理规划城区农贸市场布局,新建宏历市场,取缔奇峰过渡市场、思善桥、凤湾桥等临时交易点,升级改造新峰、中商、大庸桥和南庄坪等农贸市场,实行活禽集中交易屠宰。对城区污臭水体、卫生死角、陈年垃圾进行全面清理,城区环境卫生改善,广大市民、游客对城市卫生满意度提升。

【乡村振兴】 2019年,永定区的尹家溪镇、合作桥乡等7个集镇风貌改造基本完成,王家坪镇、沅古坪镇集镇道路提质改造施工接近尾声,14个集镇污水处理厂基本建成,全区乡镇污水处理能力得到提升。改善农村人居环境。完成省定民生实事改厕项目2631户,53家规模养殖场废弃物再生利用处理设施配套改造全面完成,规模养殖场粪污处理设施覆盖率达98%,畜禽粪污资源化利用率达75%。森林生态环境改善,森林覆盖率稳定在73.12%以上。加快农村基础设施建设。完成农村道路提质改造212千米,通村水泥路38千米,安防工程380千米,2019年永定区区被省政府评为"四好农村路"省级示范县,全区农村项目完成投资5.75亿元。

【城市管理】 2019年,永定区共拆除违章建筑1220处11.4万平方米。启动餐厨垃圾收集运输无害化管理,开展中心城区、背街小巷、城中村影响市容秩序"十乱"现象综合整治,全力打造城市宜居"名片"。交通秩序好转。大力开展城区交通秩序整治工作,每月查处乱停乱摆等占道违法行为万余起。合理规划、完善交通设施,在人行道和较宽的巷道内施划停车位6000个。加强小区物业管理。全面启动39个老旧小区提质改造,开展小区乱象专项整治行动,鑫成君泰、公园世家等小区乱搭乱建乱停乱放等问题得到有效解决。

【教育发展】 2019年,永定区开展学校项目建设。澧兰中学竣工并投入使用;西溪坪完小、机场小学、永定中学改扩建项目基本完工;大庸小学、雨露学校、罗塔坪乡中心幼儿园等新建项目加快推进;第一芙蓉学校、天门山镇芙蓉学校启动征地拆迁;全年投入5000万元用于提质改造农村学校。城区中小学招生制度改革。首次实行中心城区招生"学位申请"制度,严格控制起始年级班额,中心城区小学和初中起始年级班额分别下降至52人、54人,全年消除义务教育大班额班级110个。发放"阳光助学"资金1260万元、国家资助资金及专项资助资金1380万元,贫困学生就学得到有力保障。

【医疗卫生服务】 2019年,永定区开展城乡医疗一体化改革。"互联网+医疗"覆盖城乡,群众看病难、看病贵问题大为缓解。基层医疗机构服务能力建设。86个村卫生室"空白村"全部消灭,社区卫生服务中心服务水平得到进一步提升,群众就医"最后一公里"问题得到有效解决。医保基金监管取得新突破。全年拒付各类不合理医疗费用1300万元,切实维护群众合法权益。2019年,永定区成功创建为国家级慢性病综合防控示范区,区妇幼保健院顺利通过湖南省二级甲等妇幼保健机构复审,成为湘西北地区区县级功能最全、能力最强的妇幼保健机构。

【民生事业】 2019年,永定区扩大就业规模,实现城镇新增就业3503人,城镇登记失业率控制在3.36%以内,低于省控目标1.14个百分点。创建一批扶贫车间、扶贫基地等创业就业新载体,占生塑胶被评为全国就业扶贫基地。文体事业发展。元宵灯会、"二月二"开耕民俗文化旅游节、苏木绰"糊仓"等民俗活动已成为我区一张靓丽名片。在市六运会上,永定区共斩获75枚金牌,团体总分排名全市第一。加强市场监管。推进国家食品安全示范城市创建,全年收缴假冒伪劣等不合格食品1215.9千克,关停无证生产、经营主体135家,查处食品违法案件82起,筑牢食品安全底线。

【社会综合治理】 2019年,永定区开展扫黑除恶专项斗争,共打掉1个涉黑团伙和12个涉恶团伙,破获涉黑涉恶刑事案件113起,刑拘141人,圆满完成扫黑除恶中央督导整改工作任务。成功侦破"2.22"持枪杀人案,现行命案连续四年实现全破。"云剑"追逃行动超额完成比例达243.75%,排名全市第一。信访、维稳、安保工作高度融合。深化信访案件源头化解,压实重点人员管控基层责任,出台打击非访办法,化解各类矛盾纠纷和不稳定事项338件,赴省进京上访人数大幅下降。

【改革创新】 2019年,永定区完成机构改革。区应急管理局、区自然资源局、区退役军人事务局等撤并或新组建的单位完成挂牌和人员、场地到位,各项工作机制正在优化完善。推进财政改革。基本完成事业单位公务用车制度改革。加快推进融资平台公司市场化转型。加快结余资金清理,盘活财政存量资金,提高财政资金使用效益,永定区累计盘活财政存量资金3.6亿元,盘活率达84.46%。"一件事一次办"改革落地生效。省政府首批公布的100个"一件事"事项落地93项,增加区本级特色事项1项,向乡镇、街道赋权63项,全年共办理"一件事一次办"事项21117件,改革工作位居全省前列。

【天门山翼装飞行世锦赛】 2019年9月5日至8日,为期四天一年一度的"2019天门山翼装飞行世锦赛"在张家界天门山风景区举行,这是世界翼装联盟在天门山主办的第八次翼装飞行世界锦标赛。中国、美国、澳大利亚、智利、挪威、巴西、委内瑞拉、意大利、南非、瑞典等11个国家的16名翼装选手参加比赛,比赛共分为竞速赛和"人箭"穿靶赛。竞速赛决赛澳大利亚选手克里斯·伯恩斯斩获冠军,澳大利亚选手马特·蒙廷和美国选手叶戈尔·奥尔洛夫分获二、三名,中国选手张树鹏获得第四名,也是中国选手第一次进入翼装飞行世锦赛竞速赛四强。穿靶赛冠军为美国选手布兰登·麦克塞尔,南非选手让·雅克·沃利斯、美国选手詹姆士·亚鲁分获二、三名。

【举办国际森林保护节】 2019年10月25日，第十九届湖南张家界国际森林保护节在天门洞广场开幕，张家界国际森保节首创于1991年，已经成为传播生态文明、促进森林保护和绿色产业发展的综合性节会，被评为中国十大自然生态类节会，是我国森林保护的一大品牌。本届森保节主题为“森林——我们的家园”，旨在立足张家界的森林资源和生态优势，展示张家界的纯净空气，交流森林保护、森林旅游和康养产业、绿色生态产业发展成果与经验，探索创新将“绿水青山”向“金山银山”蝶变的森林保护和发展之路。开幕式上还启动湖南省森林旅游与康养微信公众号，森林保护志愿者宣读全省自然保护地关于构建科学合理自然保护地体系行动倡议书。

【茅岩河镇成功申报国家农业产业强镇】 2019年，农业农村部、财政部批准298个镇开展农业产业强镇建设。其中，湖南省有13个乡镇申报成功，茅岩河镇是张家界市唯一获此殊荣的镇。永定区茅岩河镇作为张家界莓茶原产地，全镇种植莓茶1333.33多公顷，有7家省市级龙头企业、53家协会和专业合作社从事莓茶种植、研发、加工、销售工作。2018年，全镇莓茶直接产值2亿多元，间接产值近5亿元。有1000多户贫困户从事莓茶种植，亩均收入5000~8000元，每户每年实现稳定增收12000元。

（本栏撰稿　张宏和）

武陵源区

中共区委书记	朱用文
区人大常委会主任	许忠亮
区　　　　长	郑小胡
区政协主席	余开平

【概述】 武陵源区位于湖南省西北部武陵山脉中部，经度为东经110°22′30″~110°41′15″、纬度为北纬29°16′25″~29°24′25″。2019年，辖2乡4街道。土地总面积397.48平方千米，其中耕地面积2.71千公顷。年末常住人口6.25万人，其中城镇人口3.84万人、少数民族5.27万人。人口出生率10.6‰，自然增长率3.9‰。年内气温最高38.5℃、最低-1.4℃；年降水量1243.0毫米；森林覆盖率85.18%。

地区生产总值46.31亿元，同比增长7.6%。其中第一、二、三产业增加值分别为2.05亿元、1.21亿元、43.05亿元，同比分别增长3.4%、6.5%、7.9%。三次产业结构比为4.4:2.6:93.0。财政总收入5.29亿元，增长2.1%；其中地方财政收入3.46亿元，增长13.0%；一般公共预算支出14.11亿元，增长14.75%。

工业增加值增长6.5%。规模工业销售产值6375万元，增长10.5%。建筑业增加值6469万元，增长6.5%。

农林牧渔业总产值3.45亿元，增长3.5%；增加值2.20亿元，增长3.7%。主要农产品产量：粮食产量14289吨，增长0.93%，油料产量1598吨，下降0.62%，蔬菜产量33392吨，与去年持平。水果产量4428吨，增长0.36%。茶叶产量204吨，增长8.5%。农业产业化市级龙头企业12家；农民专业合作社98家，年内新增12家。家庭农场39家，休闲农业经营主体19家。农机总动力0.88万千瓦，增长0.6%。

社会消费品零售总额18.55亿元，增长10.3%。实际利用外资370万美元，下降79.9%。实际引进省外境内资金5.95亿元，增长19.0%。有6家A级景区，其中AAAAA级景区1个（武陵源风景名胜区），AAAA级景区3个（宝峰湖旅游区、黄龙洞旅游区、溪布老街非遗文化体验基地），AAA级景区2个（大鲵生物科技馆、魅力湘西）。全年接待国内游客2450.6万人次，增长15.0%；接待入境游客36.65万人次，增长322.3%。旅游总收入306.81亿元，增长23.4%。

固定资产投资增长13%。批复政府投资项目24个，备案企业投资项目17个，核准企业投资项目1个，共计42个项目；全年施工项目43个，增长10.3%。

年末公路通车里程394.8千米。有等级公路总里程290.6千米，等外公路共104.2千米。固定电话用户1.03万户，移动电话用户6.70万户，互联网宽带用户1.64万户。

专利申请24件，其中：发明专利申请2件，外观设计22件。有中小学校10所，其中：完全中学1所，九年一贯制学校2所，中心小学4所，片完全小学1所，村小及教学点2个。在校学生8672人，其中：小学学生4486人，初中学生2347人，普高学生1072人，职高学生767人。在园幼儿2038人。小学适龄儿童入学率100%，小学升初中入学率99.8%。为建档立卡等家庭经济困难学生免学杂费11.28万元，为中职生免学费165.8万元。有艺术表演团体10个，文化馆1个，公共图书馆1个，档案馆1个。有卫生医疗机构47个，其中医院2个、卫生院6个，卫生防疫防治机构1个，妇幼保健机构1个。卫生技术人员342人，病床286张。举办迎新春“贺岁杯”男子篮球友谊赛、“禾源杯”第二届干群趣味体育运动会、迎新春“统战杯”羽毛球混合团体赛，举办“怕不怕”宁乡县至武陵源300千米不间断自行车骑行赛事、全国第二届青年运动会皮划艇激流回旋比赛。

有敬老院、养老院等7所。发放居民最低生活保障经费212.2万元，608人得到政府最低生活保障（包括城镇和农村）。企业养老保险在职参保人数10499人，机关事业养老保险在职参保人数3920人，城乡居民养老保险参保人数2.67万人。城乡居民医疗保险参保人数4.45万人，征缴城乡居民医疗保险基金3226万元。失业保险总参保人数9105人，征缴失业保险基金146万元。

财政预算安排还本付息资金1.2亿元，完成土地基金收入6.13亿元，争取债券资金1.98亿元，政府债务风险整体可控，综合债务率稳步下降。调整优化财政支出结构，盘活财政存量资金6523万元，“三保”资金及时、足额保障到位。

统筹整合资金6394.09万元，实施脱贫攻坚项目80个。“一村一社”实现产业帮扶全覆盖，农旅发公司入股鱼泉贡米，“一乡一业”4个重点产业做大做强，贫困户分红181万元。完成危房改造116户，落实阳光助学金170.8万元，贫困人口医疗综合报销率达89%。聚焦“两不愁三保障”，抓好突出问题整改，全年脱贫退出22户78人。

全面整改中央环保督察“回头看”反馈问题，依法拆除违建“别墅”7000多平方米、其它违法违规建设1.5万平方米，自然保护地优化整合稳步实施，世界自然遗产保护状况报告通过第43届世界遗产大会审议，核心景区天子山、袁家界移民搬迁协议签订超过95%。污染防治“五大行动”继续深化，“河长制”全面落实，排查整改河库“清四乱”问题13处。开展工地扬尘、秸秆垃圾焚烧、餐饮油烟等专项整治，全年空气质量优良天数317天，优良率86.8%。成功创建全省首批生态文明示范区，张家界社区、泗南峪居委会被评为国家森林乡村，区二中获评省级生态文明示范学校。

2019年，武陵源创建首批国家全域旅游示范区；创建省级文明城区；获评全省“社会治安综合治理先进县市区”，保持“平安县市区”称号；获评“全省国家安全人民防线建设工作先进单位”。

存在的主要困难与问题：政府化债、减税降费、门票优免扩大导致财政收入大幅减少，收支矛盾更加凸显；区域竞争加剧，核心景区旅游发展压力加大；项目审批难，要素保障不力，重大产业项目落地少、见效慢；防控各类债务、金融风险任务较重，安全稳定、防灾减灾领域仍然存在隐患。

【武陵源神奇美景惊艳央视2019春晚】 2019年2月4日，中央广播电视总台春节联欢晚会歌舞节目《幸福中国一起走》中，张家界武陵源神奇的峰林美景伴随著名歌唱家、国家一级演员张也、吕继宏的歌声亮相海内外。张家界武陵源风光共在歌舞节目中作为主背景出现10秒时间，画面内容为《阿凡达》“哈利路亚悬浮山”原型地袁家界乾坤柱及天下第一桥等独特“张家界地貌”风光。这是张家界武陵源风光继2012年1月20日首次登上央视春晚以来第四次向国内外观众展示武陵源自然遗产美景。

【深化机构改革动员大会召开】 2019年3月22日，武陵源区深化机构改革动员大会在青和锦江国际酒店召开，武陵源区机构改革进入全面启动和实施阶段。市人大常委会副主任、武陵源区委书记朱用文出席会议并讲话，区委副书记、区长郑小胡主持会议。区委副书记白波就《武陵源区机构改革方案》主要内容进行解读说明。根据省委、省政府批准的《武陵源区机构改革方案》，本轮机构改革后，武陵源区共设置党政机构32个，其中区委机构8个，区政府工作部门24个。区领导向绪杰、许忠亮、佘开平、秦永辉、谢贵湘、高志军、侯铁夫、毛善猛、张德献、王磊、陈贤德参加会议。

【武陵源核心景区对14岁以下儿童实行免票】 2019年4月10日，根据省市发改委文件精神，世界自然遗产地张家界武陵源风景名胜区(含黄龙洞、宝峰湖)对14周岁以下儿童等特殊对象实行免票。与以前规定相比，此次武陵源(含黄龙洞、宝峰湖)进一步扩大门票价格优惠范围，免票对象除14周岁(不含14周岁)以下的儿童外，还包括65周岁(含65周岁)以上老年人、残疾人、现役军人、军队离退休干部。另外，对14周岁(含14周岁)至18周岁(不含18周岁)未成年人，60周岁(含60周岁)至65周岁(不含65周岁)的老年人、全日制大学本科及以下学历在校学生凭有效证件，实行半价优惠。武陵源核心景区旺季(每年3月至11月)全票价格为225元/人(含环保车)，连续四天有效。黄龙洞全票价格为100元/人，宝峰湖全票价格为96元/人。

【张家界防震减灾科普馆开馆】 2019年5月10日，张家界防震减灾科普馆举行开馆仪式。武陵源区委副书记、区长郑小胡宣布张家界防震减灾科普馆正式开馆。湖南省地震局党组成员、纪检组长张彩虹，武陵源区委副书记白波分别致辞，武陵源区人民政府副区长李湘耀主持开馆仪式。张家界防震减灾科普馆正式开馆，标志着武陵源区防震减灾宣传教育阵地的建成，在张家界市防震减灾事业发展中具有里程碑意义。科普馆总面积500平方米，分为地震威胁展示、地震知识介绍、地震模拟逃生训练、防震减灾工作展示等四大区域，是一个互动性强、内容丰富的科普展馆，为广大居民和学生“零距离”接触防震减灾工作提供科学平台。湖南省地震局、湘西自治州地震局、市应急管理局、市地震局相关负责人，区直各单位相关人员及创省、市级防震减灾示范社区居民和学生代表参加开馆仪式并参观科普馆。

【入榜“2019中国最美县域榜单”】 2019年5月18日，“2019中国最美县域榜单”在第九届全国生态旅游文化产业发展高峰论坛暨2019中国最美县域榜单发布会上正式发布，张家界市武陵源区榜上有名，这是继2018年武陵源区首获中国最美县域榜单后再次获得此项殊荣。中国最美县域榜单”评价的核心标准是“丰富的旅游资源，很好的生态环境和人文环境”，“知名度、美誉度以及地方政府对旅游业和生态建设的重视程度”也是重要参考因素。此次中国最美县域榜单发布，湖南省共有桂东县、张家界市武陵源区、城步县、韶山市、宁远县、江华县、宜章县、郴州市苏仙区，共8市(县)入榜。

【武陵源与天涯海角牵手打造爱情旅游胜地】 2019年6月13日，张家界武陵源风景名胜区与海南三亚市天涯海角游览区签订旅游合作协议，联袂打造“山盟海誓”爱情旅游产品线路。这是武陵源深入推进全域旅游发展，丰富旅游休闲产品，加强与国内知名景区品牌合作的一项重要举措。双方商定，以山、海为主线，整合两地最具代表性的旅游景区(点)，共同打造跨区域“山盟海誓”旅游线路产品，重点推出“张家界武陵源——海南三亚天涯海角”精品旅游线路。强化两地客源市场联动，双方对旅行社、媒体等体验踩线给予支持，并组织客源互送。强化两地营销宣传，在各自景区游客集散地设立中国爱情主题景区“山盟海誓”标志，联合制作“山盟海誓”旅游宣传广告，利用各种平台大力进行宣传。在加强产品线路包装推广宣传的基础，双方在旅游管理上进一步加强合作，定期互派旅游管理人员挂职锻炼，交流学习管理经验，开展业务培训等。

【张家界千古情景区在武陵源区开门迎客】 2019年6月28日，张家界千古情景区在武陵源区开门迎客，大型歌舞剧《张家界千古情》举行首演。“张家界千古情”项目由宋城演艺总投资10亿元打造，以文化演艺为主，文化街区、科技游乐、生态景观于一体晴雨皆宜的旅游综合体。项目于2018年4月26日举行奠基仪式，10月全面开工建设，2019年6月建成投入运营。“张家界千古情”项目的推出将丰富武陵源文化旅游产品，成为张家界旅游的网红打卡线路。

【《武陵源兵战地名故事》举行新书首发式】 2019年7月3日，《武陵源兵战地名故事》一书在区政府五楼一号会议室举行新书发布会。该书中共张家界市武陵源区委党史研究室、张家界市武陵源区文学艺术界联合会编著，吉林文史出版社出版发行。该书为湖南省首部兵战文化题材的书籍，以兵战为主线、以地名为依托、以时间为顺序，分为《话说武陵源》《水绕四门：“战神”看好的宝地》《索溪峪：旌旗猎猎》《锣鼓塔：沙场秋寒》《天子山：生死决战》《杨家界：天然后方》六大部分，融合历史文化、民族文化、民俗文化和地域文化于一体，是一本价值很高的旅游文化读物。《武陵源兵战地名故事》是武陵源区委区政府适应国际旅游休闲度假区建设需要，提升旅游文化内涵的重大举措。该书给游客提供新的维度视角，激发游客兴趣，加深对各景区景点的了解，能让游客从传统的观光游层面上升到精神上、心灵上的感受和体验，引发出浓烈的趣味、审美的愉悦，为游客的旅途着色添花。同时还可以充分发挥地名的旅游形象标识功能，为武陵源旅游注入其文化内涵，为提升武陵源旅游品牌发挥重要作用，对武陵源区旅游文化建设具有重大意义和影响。发布会上，编辑团队分享采访、搜集、挖掘、求证、研究和编撰经历，同时还举行精彩诵读、生动讲演、点评解读及赠书活动。国家二级作家、张家界市原作协主席罗长江，张家界市作协副主席、张家界旅游推广大使流云，武陵源区政协副主席戴一清参加新书发布会。

【武陵源国际生态休闲小镇项目成功签约】 2019年8月5日，张家界2019年重大文旅产业招商引资项目进行集中签约。武陵源区人民政府与恒大地产集团长沙置业有限公司成功签约恒大张家界武陵源国际生态休闲小镇项目。区委副书记、区长郑小胡，副区长杨勇出席签约仪式。恒大集团是以民生地产为基础，文化旅游、健康养生为两翼，新能源汽车为龙头的世界500强企业集团。恒大集团将在武陵源开发建设以休闲旅游为特色，配套开发为支撑，集休闲旅游、文化娱乐、生态宜居、健康养生于一体的大型综合项目，打造武陵源新坐标。2019年是张家界市招商引资攻坚年，武陵源区以此为契机，由主要领导亲自挂帅，实行一对一、点对点招商推介，狠抓优质服务，紧跟投资项目，促进项目落地，以丰富的文化旅游资源，优越的营商环境，受到众多品牌投资商的青睐。

【2019黄龙音乐季完美收官武陵源】 2019年8月9日，2019黄龙音乐季·钢琴艺术周巅峰对决及颁奖典礼在张家界武陵源黄龙音乐厅内举行，2019第四届黄龙音乐季完美收官。中国音乐学院钢琴学子高森、湖北9岁女孩刘怡采分别斩获专业组、业余组特等奖，并分别赢得50万元、10万元的艺术发展资助金。黄龙音乐季创始人、组委会秘书长叶文智，黄龙音乐季艺术顾问委员会委员、著名钢琴家李名强，黄龙音乐季特邀艺术家、俄罗斯“神”级钢琴大师米哈伊尔·瓦斯克列辛斯基登台为两位“巅峰王者”颁发奖杯和获奖证书。2019第四届黄龙音乐季于7月22日启幕，包括声乐艺术周和钢琴艺术周两大主题活动。声乐艺术周于7月22日至30日举行，由阎维文担任评委会主任，瞿琮、魏松、梅特兰·彼得斯等50多位国内外著名声乐艺术家、教育家组成专家评委组并对选手进行专业化、多元化指导。全国近千名声乐艺术爱好者参与4个组别、214个奖项、总计186.5万元艺术发展资助金的角逐。最终，毕业于上海音乐学院的李佳蔚斩获专业民族组特等奖和最佳女声奖，共获得艺术发展资助金40万元，成为本届音乐季声乐艺术周最大的赢家。青年歌手刘涛斩获专业美声组特等奖，青年歌手刘丞彬斩获音乐剧和业余组特等奖，各自赢得30万元的艺术发展资助金。8月2日至9日，2019第四届黄龙音乐季迎来钢琴艺术周，共设置五个类别14个分组，共计204个奖项，艺术发展资助金总计133.3万元。其间举行包括俄罗斯钢琴大师米哈伊尔·瓦斯克列辛斯基、郎朗的启蒙老师朱雅芬教授在内的十堂大师班，两场国际大师钢琴音乐会。本届音乐季期间，全球首创的《峰林音乐盛典》于7月26日在张家界森林公园大氧吧广场举行，俄罗斯爱乐乐团及百多名中外音乐艺术家倾情演绎《我爱你中国》《我的祖国》《莫斯科郊外的晚上》等传世经典名曲，吕其明、杜鸣心两位乐界泰斗获颁首个“黄龙音乐终身成就奖”。

【举行庆祝新中国成立70周年歌咏大赛】 2019年8月27日，武陵源区庆祝新中国成立70周年“壮丽七十年 讴歌新时代”歌咏大赛在魅力湘西剧院上演。全区各条战线及乡(街道)19支参赛队伍1800余人用激情嘹亮的歌声、喜悦的心情，唱响爱国主义主旋律，共同祝愿伟大的祖国繁荣富强。《前进吧 中国共产党》《不忘初心》《我和我的祖国》《祖国永远在我心中》《绿色的张家界》……一首首中国梦新创主题歌曲、经典爱国歌曲和本土优秀歌曲抒发全区广大党员干部群众对党、对祖国、对家乡的无限热爱和对未来的美好憧憬。经过精彩角逐，党群线代表队、财贸线代表队获一等奖，张管局代表队、卫健系统代表队、税务局代表队、中湖乡代表队获二等奖，政法线代表队、农口线代表队、文化旅游线代表队、军地坪街道代表队、索溪峪街道代表队、天子山街道代表队获三等奖。

【“张家界·武陵源号”高铁列车开行】 2019年9月4日，首趟以世界自然遗产、世界地质公园、中国第一个国家森林公园张家界武陵源命名的旅游高铁专列“张家界·武陵源”号正式运行。当日，200余名广东游客从广州南站搭乘“张家界·武陵源”号G650次高铁列车经长沙到张家界武陵源景区游玩。“张家界·武陵源”号在广州南站至南京南站区间内循环运行，沿途经过广东、湖南、湖北、安徽、江苏、上海五个省市,在广州、长沙、武汉、合肥、南京、上海等近20个武陵源重要客源地城市经停或中转,客流量广,覆盖面大,对提升张家界武陵源对外品牌形象,拉动高铁沿线城市客源具有重要推动作用。

【张家界"魅力湘西"被授予中国驰名商标】 2019年9月17日,张家界"魅力湘西"被正式授予"中国驰名商标",并获市政府奖励100万元人民币。张家界市委常委、宣传部部长郭天保,张家界市人民政府副市长欧阳斌,张家界市市场监督管理局局长阙道文,市文化旅游广电体育局局长邓剑,武陵源区委副书记、区人民政府区长郑小胡,武陵源区人民政府副区长秦进廷及市、区相关部门负责人等出席授牌仪式。魅力文旅公司现已注册"魅力湘西"商标59件,作品版权登记8件。2019年4月"魅力湘西"商标被国家知识产权局认定为"中国驰名商标",这是张家界市实施"商标兴市三年计划"以来获得的第一件中国驰名商标,也是湖南省首个文旅演艺驰名商标。

【获评国家首批全域旅游示范区】 2019年9月25日,首批国家全域旅游示范区名单揭晓,张家界市武陵源区与衡阳市南岳区、湘潭市韶山市一同入选。近年来,武陵源区依托优越的资源禀赋和良好的生态条件,通过创新景区综合管理体制、旅游服务体系、社会安全管理等,大力推进精品景区、特色城镇、美丽乡村三位一体全域旅游示范区建设,将景区、城镇、乡村三大旅游板块凝聚成核,实现全域布局、全景打造、全业融合、全民参与的全域旅游发展态势,实现游客接待量、旅游总收入连年增长,走出一条独具特色的全域旅游发展新路子。2019年上半年,武陵源区共接待中外游客1214.26万人次,同比增长19.26%,旅游总收入169.14亿元,同比增长25.89%,全域旅游发展全面助推群众实现脱贫致富奔小康。2018年,以旅游业为主的第三产业增加值达57.1亿元,占全区GDP的97%,旅游对城乡居民可支配收入的贡献率达90%以上,全域旅游发展全面助推群众实现脱贫致富奔小康。

【《武陵源年鉴(2018)》荣获第六届全省地方志优秀成果(年鉴类)一等奖】 2019年10月10日,由区委、区人民政府主办,原区地方志编纂委员会办公室编写的《武陵源年鉴(2018)》在第六届全省地方志优秀成果(年鉴类)评优活动中荣获一等奖,这是张家界市地方志系统唯一获得奖项的综合年鉴。同时,武陵源区地方志编纂室被评为2019年度湖南省地方志系统先进单位。此次评选活动是由湖南省地方志编纂委员会举办,参加全省评审的年鉴为公开出版的2018年卷市、县级综合年鉴和省、市、县三级专业年鉴。在各地各部门评选推荐基础上,经专家小组评审、第六届全省地方志优秀成果(年鉴类)评审活动领导小组办公室复审、领导小组终审,共确定一等奖21部、二等奖50部、三等奖5部。其中获评一等奖的市州综合年鉴4部、县级综合年鉴11部、专业年鉴6部。《武陵源年鉴(2018)》为武陵源区首部综合年鉴,该书由方志出版社公开出版,方志出版社图书经销中心正式对外发行。全书正文52.9万字,彩图88幅。该书以马克思列宁主义、毛泽东思想、邓小平理论、"三个代表"重要思想、科学发展观、习近平新时代中国特色社会主义思想为指导,坚持辩证唯物主义和历史唯物主义立场、观点和方法,主要记载武陵源区2017年度自然、政治、经济、文化、社会事务等各个领域主要活动情况,为社会各界人士了解、研究武陵源提供基本资料。

【张家界魅力湘西景区获评国家AAA级旅游景区】 2019年10月15日,张家界市旅游景区等级评定委员会批复张家界魅力湘西景区为国家AAA级旅游景区,标志着武陵源旅游演艺从单纯的节目演出向综合性旅游景区过渡迈出实质性步伐。张家界魅力湘西景区集大型文旅演艺《张家界魅力湘西》、餐饮、购物、休闲酒吧、民俗文化展示等多功能于一体,2018年开始创建国家AAA级旅游景区,先后对舞台节目、景区基础设施、整体氛围、标识系统等进行全方位的提质升级,丰富游览体验度。创建期间,市、区两级主管部门多次上门进行指导。经过综合评定,张家界魅力湘西景区服务质量、环境质量、景观质量均达到国家AAA级旅游景区标准。自2000年张家界魅力湘西景区问世以来,节目累计演出7000多场,接待海内外观众1600多万人,先后获评"国家文化产业示范基地""国家文化品牌三十强"等众多荣誉,连续五年走出国门开展文化交流,在国内外演艺声名远播。在2019"演艺中国"博览会上,张家界魅力湘西连续第三年问鼎"中国旅游演艺机构十强""中国旅游演出独立剧场类剧目票房冠军"。张家界魅力湘西从演艺场所跻身国家AAA景区,是武陵源成功创建国家全域旅游示范区的又一重要成果,对促进张家界演艺行业的发展,具有重要的意义。张家界魅力湘西景区进入国家AAA级旅游景区行列后,武陵源等级景区数量由现有的5家增加到6家。

【2019中国张家界亚洲捷兔慢跑活动在武陵源开启】 2019年11月9日,2019中国张家界亚洲捷兔慢跑活动在武陵源核心景区举行,国内外近3000名慢跑爱好者参加比赛。慢跑活动分为A线(黄石寨)、B线(金鞭溪)、C线(十里画廊),A线的起跑点为森林大氧吧广场,自黄石寨景区前山上,后山下,穿越整个景区;B线的起跑点为水绕四门,路径为金鞭溪全程,终点为森林公园大氧吧广场;C线的起跑点为十里画廊小火车发车处,到达小火车终点站后折返,原路返回至出站口。活动当天的气温为11至23摄氏度,天气晴好,适合户外活动。2019中国张家界亚洲捷兔慢跑活动以"仙境张家界,快乐跑起来!"为主题,是张家界建市以来规模最大的国际性活动,活动举办旨在全面展示张家界丰富的旅游资源和精神风貌,进一步提高张家界在国内外的知名度和美誉度,扩大国际影响力。

【2020年全国新年登高健身大会在武陵源举行】 2019年12月21日,"中国体育彩票"2020全国新年登高健身

大会湖南主会场在张家界武陵源风景名胜区举行，2020名全国各地登高选手在黄石寨景区登高望远、赏雪迎新年。浙江选手王国龙用时20分46秒获得登高男子专业组冠军；张家界选手邓超群用时27分29秒获得登高女子专业组冠军。本次“中国体育彩票”2020全国新年登高健身大会湖南主会场·武陵源黄石寨由国家体育总局主办，国家体育总局登山运动管理中心、国家体育总局体育彩票管理中心、中国登山协会、湖南省体育局、张家界市人民政府承办，湖南省社会体育指导服务中心、张家界市文化旅游广电体育局、张家界市武陵源区人民政府、武陵源风景名胜区和国家森林公园管理局协办，张家界市武陵源区文化旅游广电体育局、张家界市武陵源区总工会、湖南御峰体育文化有限公司、张家界黄石寨索道客运有限公司运营执行。中国登山协会副主席颜金安，湖南省体育局群众体育处处长傅黎明，湖南省社会体育指导服务中心主任周光正，市文化旅游广电体育局副局长唐灵，区领导向绪杰、谢贵湘、秦进廷出席开幕式。

【获全省“社会治安综合治理先进县市区”】 2019年12月20日，湖南省委经济工作会议通报2019年度全省综治、安全生产工作两项考核评估情况。张家界市武陵源区获全省“社会治安综合治理先进县市区”，同时保持“平安县市区”。这是武陵源区连续第25年被评为全省社会治安综合治理先进区县，连续第15年保持全省“平安县市区”。近年来，武陵源区主动适应新形势、新变化，以提高人民群众安全感和满意度为目标，不断推进理念思路、方式手段、体制机制创新，保持全区社会大局稳定，为持续深化精品景区、特色城镇、美丽乡村“三位一体”全域旅游发展模式，书写全域旅游统筹高质量发展的“武陵源样板”，提供坚强的政法保障。同时，武陵源区坚持把法治建设纳入全区经济社会发展大局中思考、谋划，纳入“四个武陵源”的总体目标来推进，坚持依法治区、依法执政、依法行政共同推进，引导全民自觉守法、遇事找法、解决问题靠法。经过全区上下的共同努力，依法治区工作取得新成效。连续第4次获得“全国法治县(市、区)创建活动先进单位”的荣誉称号，一批村(社区)获中央、省级民主法治示范村。

【全域旅游发展惠民项目获评2019年度中国民生示范工程奖】 2019年12月28日，第七届中国民生发展论坛在北京人民日报社举行，张家界市武陵源区全域旅游惠民项目获评2019年度中国民生示范工程奖。武陵源区委副书记、张管局常务副局长向绪杰参加论坛。本届论坛以“城乡社区发展治理”为主题，入选“民生示范工程”项目是从过去一年中记者、专家实地走访调研的数百个民生项目中筛选，并经网上公示投票后，由专家终审推出。张家界市武陵源区依托旅游资源优势，在湖南省建设以锦绣潇湘为品牌的全域旅游基地中发挥龙头作用，实现全域布局、全景打造、全业融合、全民参与的全域旅游发展态势，实现游客接待量、旅游总收入连年增长。中国民生发展论坛是人民日报社和相关部委指导，由人民日报《民生周刊》杂志社联合相关机构主办的品牌活动，已举办7届，分别聚焦生态环保、精准扶贫、乡村振兴等重大民生议题。

(本栏撰稿 高建)

慈利县

中共县委书记	邱初开
县人大常委会主任	赵群策
县长	高靖生
县政协主席	吴淑元

【概况】 慈利县位于湖南省张家界市东部，东北与石门县毗连，东南与桃源县接壤，西北与桑植县相邻，西南与永定区连接，地处东经110°27′~111°20′，北纬29°04′~29°41′，土地面积3492.02平方千米，常用耕地面积43.59千公顷。全县矿产分为7类45种，现已开采的有15种，以碳酸钙、页岩气、镍等为主。全县境内有澧水和沅水两大水系，以澧水水系为主，流入面积占土地总面积的83.3%。枝柳铁路、长张高速和S303、S304、S305、S306四条省道纵贯县境，距离张家界荷花机场和常德桃花机场不到一小时车程，长张高速公路、在建的安慈高速公路、拟建的宜张高铁在县城汇集。2019年末户籍总人口69.039万人，其中少数民族人口41.3万人，城镇常住人口29.31万人。人口出生率9.3‰，人口自然增长率2.73‰。慈利县辖15镇、10乡（含7个土家族乡），427个建制村(居委会)。

县内有红岩岭、黄花溪、四十八寨等15条户外精品旅游线路，已形成张家界大峡谷玻璃桥、江垭温泉、万福温泉4A级景区以及五雷山、一线天等精品景区。慈利县属中亚热带季风湿润气候区，年内气温最高值38.9℃，最低值- 2.5℃，年降水量939.2毫米。

地区生产总值178.29亿元，比上年增长7.4 %。第一、二、三产业增加值分别为31.68亿元、31.11亿元、增加值115.49亿元，分别增长3.4 %、6.8 %、8.7 %。三次产业结构比为17.8:17.4:64.8。一般公共预算收入14.25亿元，增长6.5%；完成地方财政预算收入8.39亿，增6.9%。

农林牧渔业总产值52.18亿元，增长3.3 %。粮食种植面积54.64千公顷。主要产品产量：粮食31.79万吨，棉花0.06万吨，油料3.82万吨，烤烟万吨，水果19.68 万吨，茶叶0.20万吨，蔬菜28.30万吨，出栏肉猪38.37万头，出笼家禽228.13万羽。新建高标准农田2.4千公顷，改善灌溉面积2.4千公顷。大鲵、杜仲分别发展到66.72万尾、10千公顷。建成“湖南省畅缘牧业有限公司”百万羽蛋鸡养殖基地。“硒有慈利”品牌价值带动稻米、茶叶、柑橘等富硒绿色产业加快发展。发展高档优质稻4.67千公顷，种植烤烟666.7公顷、收购烟叶5.4万担。新增农业专业合作社76个、家庭农场52家。

全部工业增加值14.61亿元，增长7.5%。规模以上工业企业88家，总产值39.64亿元，增长7.1%，增加值12.42亿元，增长7.9%；销售产值39.11亿元，增长7.2%，产销率98.5 %。规模工业实现利税总额2.23亿元，下降17.4%；利润总额1.55亿元，下降24.1%。房地产开发投资20.4亿元，增长60.7%。加快建设天鹅池风电场、艾佳家纺用品生产线智能化升级改造等项目，工业固定资产投资和技改投资分别达15.2亿元、12.9亿元，新增入规企业9家，规模工业增加值增长7.9%。新签入园企业10家，实现园区规模工业总产值26.5亿元，增长10%，慈利工业集中区在省级及以上产业园区综合评价中居全市首位。

社会消费品零售总额73.5亿元，比上年增长10.0%。其中，城镇消费品零售额59:59亿元，增长10.0%；乡村消费品零售额13.9亿元，增长9.9%。全年接待游客686.8万人次、旅游收入65.3亿元，分别比上年增长17.9%、24.6%。创省级特色旅游名村6个、三星级以上省级乡村旅游示范点11家，罗潭村被列入第一批全国乡村旅游重点村名录。在内蒙古、陕西、云南等地举办“亲甜的慈利”旅游推介会，张家界东线旅游在“广之旅”成功上线。

2019年全面完成年度化债目标，全县政府性债务风险总体可控。全力推进脱贫攻坚，深入实施“千企帮千村”行动，统筹整合涉农资金4.24亿元，实施各类扶贫项目1647个，扶贫产业总产值突破8亿元。“两不愁、三保障”质量进一步提升，健康扶贫、家庭医生签约服务推进有力，全面落实“先诊疗后付费”“一站式结算”等医疗保障扶贫政策，贫困人口参保率100%，建档立卡贫困人口、特困人员在县域内协议医疗机构住院费用实际报销比例85%。完成农村危房改造961户。贫困家庭学生教育资助实现全覆盖，贫困学生辍学率为零。生态护林员增至394名。4月16日，省人民政府正式批复慈利县脱贫摘帽，综合贫困发生率降至0.31%。

中央、省环保督察交办信访件106件，办结105件，办结率99%。中央、省环保督察反馈意见指出问题43个，整改完成41个，完成率95%。涉张家界大鲵国家级自然保护区水电整治项目有序推进，32座涉改水电站全部停电解网，完成14座水电站机电设备、厂房及附属构筑物拆除，完成11座水电站大坝拆除。完成“一河一策”编制工作，关闭非煤矿山6座，绿色防控面积15.2千公顷，秸秆和畜禽粪污综合利用率分别达84%、84.4%。完成营造林面积7.7千公顷，森林病虫害防治面积6.33千公顷。

2019年，慈利县引进春秋集团、龙源电力和东方希望集团等500强企业3家，签约重大项目25个，合同投资额77.24亿元，内资到位20亿元、利用外资3137万美元。全力促进民营经济高质量发展，出台《慈利县民营(招商引资)企业投资建设项目快速落地实施办法(试行)》。开展金融服务民营企业“春风”行动，发放小微企业贷款1.55亿元。推进商事制度改革，新增市场主体4000户，完成“个转企”170家、“小升规”31家。216项行政审批项目进驻县政务服务中心，198项县级公共服务事项录入“互联网+政务服务”平台，向社会公布“马上办网上办就近办一次办”事项774项。农村危房改造工作获国务院通报表彰；破获的“5·26”特大生产销售有毒有害食品案入选国务院食药办年度精品案例；被评为“湖南省河长制湖长制真抓实干先进县”；获评湖南省第五批教育强县、全省农民权益维护和负担监督管理工作先进市县、全省农村集体产权制度改革工作先进单位；渔浦村获湖南省美丽少数民族特色村寨授牌。

存在的问题主要表现在：经济总量不够大，产业优势不够明显，发展质量依然不高；经济增长下行压力与保工资、保运转、保基本民生、三大攻坚战等刚性支出增长并存，新兴税源培育不足，财政收支矛盾依然突出；农村基础设施薄弱，城市品质不高、功能不完善，城乡融合面临困难依然较多；营商环境不够优化，作风建设仍需加强。

(朱立辉)

【危房存量“清零”获国务院通报表扬】2019年5月7日，国务院办公厅印发《关于对2018年落实有关重大政策措施真抓实干成效明显地方予以督查激励的通报》，慈利县因创新亲友帮建、村组干部代建、社会力量捐建、专业队伍承建四种代建模式，切实解决深度贫困户危房改造资金难筹措、劳力难组织、进度难保证的问题，实现“四类重点对象”危房存量“清零”，获国务院通报表扬。

(王　杰)

【慈利县获评全省河长制真抓实干先进县】2019年2月，根据全省河长制工作考核结果，全省有10个区县荣获全省推进河长制工作先进县，受到省河长制委员会通报表扬，慈利县位列其中。

2019年，慈利县全面完成“一河一策”编制工作，完成12个乡镇级(千吨万人)饮用水水源地、29条河流(流域面积50平方千米以上)和4座国有水利工程管理范围划定，实现河道河面无漂浮物、河中无障碍物、河岸无垃圾堆放的目标，饮用水水源地水质达标率100%。按照“四有”(有机构、有阵地、有人员、有经费)、“五化”(场地规范化、队伍稳定化、办公信息化、制度科学化、台账档案化)标准，强化县、乡河长办阵地和能力建设。结合汛期应急值守工作，在全县建制村内建立村级河长制工作站340个，做到有机构管事、有人员想事、有力量干事、有经费办事。压实河长责任。全县有各级河长687人，其中县级河长15人、乡级河长96人、村级河长576人。慈利县各级河长严格按照省1号总河长令要求，累计巡河3万余次。县委、县政府主要领导高度重视河长制工作，书记、县长先后7次专门听取河长制工作汇报，并主持召开全县河长制工作专题会议、总河长会议3次。县级河长巡河先后交办督办水环境问题72个，严格按照“一单四制”要求抓好整改落实，在全县上下形成履职尽责、狠抓落实、强力推进的良好氛围。完成长峪电站等32座涉大鲵自然保护区水电站停电解网工作，其中黄事洞等13座水电站设备、厂房及附属物全部拆除，新河等4座电站拆除后灌溉功能恢复；严格落实省总河长5号令要求，开展河库“清四乱”专项整治活动，出动乡、村干部3237人次，清理垃圾827吨，拆除违章建筑11处500平方米，摸排整改“四乱”问题17个，核查整改省河长办卫星遥感发现的河库“四乱”疑似问题21个。加强水环境生态修复，及时打捞、清运、处理涉河电站库区水面漂浮垃圾，完成黄石水库、江垭水库网箱养殖退网上岸工作。启动县工业集中区、蒋家坪新区和江垭等13个污水处理厂及乡镇集镇街道雨污分流设施建设。加强农业面源污染治理。县财政先后投入3100万元开展畜禽养殖污染整治,先后关停17家影响饮用水源保护区水质的规模化养殖场;采用生物活性床技术治理生猪养殖场161家。开展低毒生物农药示范推广，建立农业面源污染监测点8个。开展测土配方施肥、秸秆还田技术、病虫害综合防治技术,严格控制农业面源污染。慈利县把县、乡两级河长制工作纳入政府绩效考核,每季度定期督查,督查通报对外公布。强化对各级河长巡河的督促考核，将巡河打卡次数作为对各级河长履职考核的重要依据，对县级河长巡河情况按月进行通报，创新推进河长制“一单四制”管理模式。建立完善河道管理联合执法机制，各乡镇都建立政府主导、水利牵头、部门参与的河道管理联合执法机制，由水利、公安、交通海事、环保和渔政等部门组建固定的河道管理联合执法队伍，河道联合执法有基地、有装备、有队伍、有经费、有制度，涉水执法实现智能整合、行动统一,工作效率大提高。

全县组织联合执法行动5次,打击处理各类水环境违法行为5人次,其中行政拘留2人,行政处罚3人,问责约谈3人。在全县范围开展“样板河”创建和河长制“六进”活动,全县创建“样板河”26条,总长达81千米,创建效果明显，起到以点带面的示范效应。开通河长制微信公众号,不断扩大河长制信息公开。建立“民间河长”制度,聘请民间河长42名、社会监督员7名,组织发动社会团体,民间组织等力量参与,支持、监督河长制工作,起到良好的管护效果。探索河库管理新模式,调动民间力量参与河库生态保护,邀请“四老”(老干部、老党员、老人、老板)参与到河道治理工作上来,发挥离退休老干部、老党员余热,规劝村民乱扔乱堆等不文明现象，热心公益的老板投钱对河道进行整治、清淤等,引领村民遵守村规民约，带动村民自觉护河治水。县财政给每个建制村安排河道保洁资金0.8万元,在全县范围开展河道保洁工作。通过配置水上打捞船、水上执法巡逻船、专用执法车辆和安装在线监控等设施，建立县城饮用水源监控信息平台,强化打击力度,确保河库管理无死角，对改善水流水域水质发挥重要作用。（朱立辉）

【罗潭村入选全国乡村旅游重点村名录】 2019年7月12日,罗潭村入选全国乡村旅游重点村名录。

三官寺土家族乡罗潭村紧邻张家界大峡谷、武陵源黄龙洞、宝峰湖等名胜景区,村域境内生态山水清秀,自然溶洞奇特,森林覆盖率80%以上。全村土地总面积7.41平方千米,下辖10个村民小组218户828人，有党员31名。近年来,罗潭村抓住“全域旅游”“美丽乡村示范创建”“旅游扶贫”等契机，依托社会资本，推进美丽乡村建设,明确“发挥区位优势,依托旅游扶贫,服务核心景区,建设秀美村庄”工作思路,建设发展“四园一谷两厅”(桃花园、杨梅园、蔬菜园、垂钓园、和田居山谷、洞穴餐厅、瓦窑餐厅)旅游生态产业,带动全村群众脱贫致富,先后建成禾田居度假酒店、春秋布舍·路上酒店、禾田居山谷、瓦窑饭庄、润辉生态农业观光园，是湖南省脱贫攻坚示范村、湖南省美丽乡村建设示范村、湖南省文化和旅游扶贫示范村。2019年,罗潭村自愿申报列入全国乡村旅游重点村名录，市文化和旅游、发改部门推荐，在严格审查和专家集中评审的基础上;6月26日,省文化和旅游厅、省发展和改革委员会公示全省15个全国乡村旅游重点村推荐名单，罗潭村名列其中。7月12日,罗潭村入选全国乡村旅游重点村名录。由文化和旅游部、国家发展改革委联合发文确认,优先享受国家有关支持政策。（朱立辉）

【化解义务教育大班额】 2019年,慈利县注重义务教育均衡发展，做好消除义务教育阶段大班额工作，实施一系列化解措施并落实到位。出台慈利县教育局领导班子和机关干部包片联校制度,进一步明确2019年工作任务和2020年基本消除义务教育大班额的目标。强化内外宣传，做好舆论导向。县教育局及各学校利用教育公众号、微信群等现代媒体平台面向社会、家长宣传“大班额”不良影响及消除“大班额”的措施,营造全社会共同关心、支持、参与化解大班额的良好氛围。城区义务教育阶段各学校采取分班等措施,化解现有“大班额”。多渠道增加教师数量，以解决压缩班额后新增班级的教师需求，年内通过人才引进方式签约初中阶段高学历教师89人。拟采取新建慈利县芙蓉学校(1800个学位)、双岗完小(2000个学位)并引进长沙展辉教育集团建设项目(1800个学位),大幅度增加城区学校学位,以彻底消除义务教育大班额。继续加快义务教育阶段“五有”基础建设进度，改善薄弱学校办学条件整体办学水平,缩小城乡间、区域间、学校间的差距，缓解因学生择校择师所带来大班额的压力。建立健全消除“大班额”的长效监督机制,落实消除“大班额”工作责任追究制,使全县教育沿着更健康更规范地轨道快步良性发展。年内，慈利县消除义务教育大班额129个,彻底消除超大班额。启动银澧国际学校、芙蓉学校建设，新建校舍42栋、塑胶运动场35个,创建标准化教学点9个。稳步推进新高考改革,基础教育质量综合评价稳居全市第一，被认定为湖南省第五批教育强县。

（朱立辉）

【新增3家省级农民林业专业合作社示范社和省级林下经济示范基地】 2019年1月，经湖南省林业局评审、公示，慈利县绿源杜仲种植专业合作社、慈利武陵山中药材种植专业合作社获评2018年省级农民林业专业合作社示范社，张家界太坪中药材种植专业合作社被认定为2018年省级林下经济示范基地。慈利县绿源杜仲种植专业合作社利用所在地三合镇闲置山地较多的特点,采取“合作社+基地+农户+公司”的产业化模式发展杜仲,实行种植、加工、销售一体化经营,主要产品为杜仲雄花、杜仲叶茶系列产品,带动发展林下经济。合作社通过发动农户种植、成员土地入股、租赁农民闲置耕地及山林种植杜仲、聘用当地林农参与管理等举措，有效增加农民经济收入,2018年，该合作社带动建档立卡贫困户110户。慈利武陵山中药材种植专业合作社系“湖南省中药材产业协会”“湖南省中药材产业联盟”理事单位,在岩泊渡镇、阳和乡等地建成4个育苗基地和种植基地40余公顷，主要品种为白芨、黄精、铁皮石斛等名贵中药材。合作社采取“合作社+科研室+基地+农户”的产业化模式，实行自主研发种苗、中药材种植、初加工、销售一体化经营，通过“土地租金+务工工资+保底收益+按股分红”等方式保障农户收益。合作社同时发展林下经济，在油茶、青钱柳下套种白芨，“树干仿野生”种植铁皮石斛并套种黄精，自主研发并命名的“张家界巨白及”品种已远销省内外。多年来，该合作社先后带动800余农户就业和种植，2018年帮扶建档立卡贫困户200户。张家界太坪中药材种植专业合作社主要在二坊坪镇发展油茶及林下经济（林下种植中药材及适度林下养殖），林下中药材品种有重楼、黄精、白芨、山慈菇、见血清、独角鸡、百步、白芷、半夏、杜仲、瓜蒌等，合作社基地面积200公顷以上，建有名贵中药材种苗种芽培育育苗大棚7000平方米，2018年，该合作社带动建档立卡贫困户55户200余人。（朱立辉）

【30家消费维权服务站挂牌】2019年1月15日，慈利县第一批新设的30家消费维权服务站集中挂牌，包括A家家居、中国电信股份有限公司慈利分公司、慈利县紫霞商业广场等30家企业。消费维权服务站点是市场监管部门与辖区内符合一定条件的经营者共同建立的组织联系形式，旨在指导和监督经营者建立健全消费纠纷和解、消费侵权赔偿制度，把市场监管部门消费维权的触角延伸到柜台前、市场内，方便消费者及时维权。消费者若遇消费纠纷可直接向这些消费维权服务站点反映。慈利县第一批新设的30个消费维权服务站点基本覆盖辖区内的主要消费区域。（朱立辉）

【慈利县16个村级土地利用规划编制获备案】2019年1月21日，慈利县甘堰土家族乡红岩岭村等16个村级土地利用规划通过县政府批复和市国土资源局备案。

村土地利用规划是乡镇土地利用总体规划的细化和落实，是农村宅基地、土地整治项目安排、基础设施建设的重要依据，慈利县自2018年6月启动全县第一批规划编制示范村工作，村级土地利用规划已涉及12个乡镇16个村。在规划编制过程中，慈利县严格落实耕地保护制度和节约用地制度，统筹安排村庄建设、产业发展、基础设施、生态保护等各类各业用地需求，加强与林业、环保、规划等相关单位的对接，优选技术单位编制规划方案，广泛征求村民意见，最终通过专家评审。（朱立辉）

【慈利县人才公寓启用】2019年1月24日，慈利县举行人才公寓入住暨高层次优秀人才2018年度生活补贴发放仪式。活动现场，县委书记邱初开、市委组织部副部长陈叶峰为人才公寓揭牌；8名人才公寓首批入住对象、12名高层次优秀人才分别领取“金钥匙”和2018年度生活补贴。

慈利县委、县政府坚持“人才资源是第一资源”的工作理念，在全市率先建设36套人才公寓，推动高层次优秀人才在慈利放心创业、安心工作、真心付出，着力营造识才、爱才、用才、容才、聚才的良好氛围。近年来，全县134个贫困村和12个深度贫困乡镇科技人才覆盖率达100%，引进博士、硕士研究生和副高以上职称人员18名，现有各类人才1.52万人，全县人才队伍日益发展壮大，人才进步与经济发展的“双赢”在慈利悄然形成。（朱立辉）

【慈利县粮食产量再次突破30万吨】2019年1月24日，湖南调查总队正式发布湖南省2018年县级粮食产量抽样调查数据：2018年慈利县粮食总产量315366吨，比2018年增加15965吨，增长5.33%，这是慈利县近五年来第二次突破30万吨。粮食产量抽样调查数据显示，2018年慈利县粮食播种面积为55.37千公顷，比上年增加3.73%。其中稻谷26.99千公顷，早稻0.82千公顷，中稻25.31千公顷，晚稻0.86千公顷，其它28.38千公顷。粮食总产量315366吨，其中稻谷192015吨，早稻4770吨，中稻182178吨，晚稻5067吨，其他123351吨。（朱立辉）

【市委常委到慈利开展“集体调研集中解难”活动】2019年2月21日，张家界市委常委“集体调研集中解难”活动到慈利县。市领导虢正贵、刘革安、刘绍建、汪业元、余怀民、刘桦、单铸飞、田华玉、曾超群、李传荣、邹菊芳、欧阳斌、谢振华、尚生龙、李培其，市直有关部门负责人参加调研或现场办公会议。在活动现场，市委书记虢正贵一行先后对张家界大峡谷国际旅游经济区管委会、张家界大峡谷景区、慈利县新城区管委会、慈利县工业集中区管委会进行实地调研。在下午的现场办公会上，慈利县作工作情况汇报，市直有关部门负责人就支持慈利县发展提出意见和建议，参会市领导先后发言。虢正贵要求，慈利县要以问题为导向，着力解决发展后劲不足、民生改善压力较突出、干部作风有待进一步转变等重点问题；要攻难关、解难题，全力推动慈利高质量发展取得突破性进展，建强完善现代化产业体系，推动“旅游+”融合发展，巩固提升脱贫质量，为全面建成小康社会打下决定性基础；要深学笃用习近平新时代中国特色社会主义思想，武装头脑、指导实践、推动工作；要突出政治建设，认真落实中央和省委关于加强党的政治建设的意见，树牢“四个意识”、坚定“四个自信”，切实践行“两个维护”、做到“三个坚决”，以政治建设为统揽，将党的政治建设要求融入党的各项建设之中，把党建设得更加坚强有力；要突出底线思维，贯彻中央、省委坚持底线思维着力防范化解重大风险专题研讨班精神，着力防范化解政治、意识形态、经济、科技、社会、外部环境、党的建设等领域重大风险，打好防范化解重大风险攻坚战；要切实转变作风，营造务实担当作为的浓厚氛围。严格执行中央“八项规定”及其实施细则精神，加强干部队伍监督管理，坚决防止“四风”反弹回潮，大力营造主动担当、崇尚实干的浓厚氛围。市委副书记、市长刘革安要求，慈利县要认真研究优化县域经济布局，推动县域经济集聚化发展，打通县城与景区的经济连接线，做强东线旅游增长极，着力抓好大峡谷景区规划、交通布局、环境整治、自有服务设施配套、景区管理体制创新等工作；要夯实各项工作基础，持之以恒抓好城乡管理、舆情、信访、债务风险管控、安全生产等工作；要践行绿水青山就是金山银山理念，继续打好污染防治攻坚战。（朱立辉）

【省委第二巡视组向慈利县委反馈巡视情况】 2018年10月8日至12月31日，省委第二巡视组对慈利县委开展常规巡视。巡视组坚持以习近平新时代中国特色社会主义思想为指导，深入贯彻中共十九大精神，牢固树立“四个意识”，坚定“四个自信”，把“两个维护”作为根本任务，贯彻中央巡视工作方针和省委要求，聚焦坚持和加强党的全面领导、新时代党的建设总要求、全面从严治党，紧扣“六个围绕、一个加强”，从严从实开展监督。通过开展个别谈话，受理群众来信来访，调阅有关文件资料，深入了解情况，顺利完成巡视任务。省委巡视工作领导小组听取省委第二巡视组的巡视情况汇报，并向省委书记专题会议报告有关情况。2019年2月27日，省委第二巡视组向慈利县委反馈巡视情况。省纪委常委、省监委委员王前良出席反馈会议，传达省委书记、省人大常委会主任杜家毫关于巡视工作的重要讲话精神，对抓好巡视整改工作提出要求。省委第二巡视组组长张正代表巡视组反馈巡视情况。张家界市委常委、市委组织部部长艾可知代表张家界市委作讲话。省委第二巡视组副组长李建威出席会议。慈利县委书记邱初开主持反馈会议并作表态讲话。

邱初开代表慈利县委表态，对省委第二巡视组反馈的问题和意见，坚决照单全收、诚恳接受，以高度的政治自觉行动自觉，以严紧实的态度作风，以抓铁留痕的韧劲，扎实做好巡视问题整改工作，切实做好巡视后半篇文章。切实提高政治站位，强化政治担当，增强巡视问题整改的政治自觉。今后一个时期，全县的工作要以省委巡视组反馈问题整改为统揽；加强组织领导，县委坚决担负起巡视整改的主体责任，实行县委书记负总责，常委会成员分工抓，坚决做到真认账、真反思、真负责；坚持问题导向，精准整改，务求实效。对巡视组反馈的问题清单、整改建议，照单全收、照单全改，所有的问题和建议都是必答题，务必坚决全面彻底整改到位，确保件件有着落，事事有回音；坚持以政治建设为统领，全面加强党的建设。坚决落实强化四个意识，提高四个自信，做到两个维护的根本任务。持续深入学习贯彻习近平新时代中国特色社会主义思想和十九大精神，做到深学笃用，学思用结合，知信行统一，在做懂弄通做实上下功夫，切实解决温差落差偏差问题。坚持和加强党的全面领导，保证党中央和省委、市委的重大决策部署不折不扣地贯彻落实。履行政治责任，坚定不移推动全面从严治党向纵深发展，巩固反腐败斗争压倒性胜利，着力营造风清气正的政治生态；要开好巡视整改专题民主生活会，严肃党内政治生活，保持斗争精神，开出高质量、好效果；把巡视整改和推进当前工作结合起来，坚持两手抓、两促进，以经济社会高质量发展成效检验巡视整改的实效。（朱立辉）

【慈利县首届电商创业达人大赛】 2019年3月11日上午，由慈利县商务和粮食局主办的首届电商创业达人大赛在县众创空间举行。比赛中，7位从事电商创业的个人创业者就企业（项目）简介、产品简介、技术分析、商业模式、发展规划等方面进行现场演讲。选手们精彩的创业历程、坚忍不拔的电商精神、愈挫愈勇的创业力量，打动在场的每一位听众。经过激烈角逐，向佐明、徐杰、方锐获得一、二、三等奖。（朱立辉）

【慈利县召开深化机构改革动员会】 2019年3月11日，慈利县召开深化机构改革动员会在县剧院举行，会议听取《慈利县机构改革方案》。会议指出，深化党和国家机构改革，是以习近平同志为核心的党中央在中国特色社会主义进入“两个一百年”奋斗目标历史交汇期、改革开放40周年的关键时间节点，站在新时代党和国家事业发展全局作出的重大政治决策，要坚定有序地抓好慈利县机构改革工作。会议要求，全县要增强“四个意识”，准确把握党和国家机构改革的正确方向。始终坚持把习近平关于机构改革的重要论述作为根本遵循，始终坚持和加强党的全面领导，始终坚持以人民为中心的发展思想，始终坚持优化协同高效这个重大原则，始终坚持系统思维和协调联动方式推进改革。要注重对标对表，扎实推进县级机构改革的各项工作。把握总体要求，优化体制机制；抓好转隶组建，合理配置机构；做好“三定”工作，强化编制约束；踩准时间节点，周密部署推进。要精心组织实施，压实工作责任，做好思想引导，严明纪律规矩，确保平稳运行，坚决保障县级机构改革的顺利完成。（朱立辉）

【慈利县启动第三次国土调查工作】 2019年3月18日，慈利县第三次国土调查动员部署会议在县国土资源局召开，全面启动第三次国土调查工作。会议听取慈利县第三次国土调查工作情况汇报，宣读《慈利县第三次国土调查工作方案》；苗市镇、江垭镇和技术单位代表作表态发言。根据国家部署安排，第三次国土调查工作分为前期准备、相关资料出集、组织宣传培训、获取遥感影像资料、生产正射影像图等多个步骤。慈利县将在4月15日前完成全野外核本工作，4月30日前完成数据建库、县级自检、市级复查，5月10日前完成省级核查，5月20日前完成县级整改并提交省级复核，5月31日前将成果提交全国“三调”办。会议指出，第三次国土调查工作是一项基础性、系统性、综合性的重大工程，各相关单位、乡镇要切实提高思想认识，强化担当精神，高效推进全县第三次国土调查工作；要明确工作任务，抓好责任落实，进一步强化部门协调联动，依法科学开展调查，形成高质量的调查结果，确保圆满完成全县第三次国土调查任务。（朱立辉）

【“千企帮千村”项目公开遴选10家企业入选】 2019年3月20日，慈利县举行2019年支持扶贫龙头企业发展“千企帮千村”项目公开遴选评审会。评审会上，经过前期专家组集中评审后入围的15家企业按抽签序号依次进行现场PPT演示和答辩，每3家企业为一组，每一组完毕后，由57名评委，组成大众评审团，对15家企业的 PPT 演示汇报和现场答辩情况进行投票表决。按优胜票的多少排序,最终确定排名前 10 的入选企业。答辩期间,各企业代表分别就如何发展企业、如何带动建档立卡贫困户脱贫致富进行陈述,展现企业的发展自信和责任担当。为保证答辩的公正、公开、透明和权威性,由省、市专家组成的专家评委以及各乡镇乡、镇长和分管产业扶贫工作的负责人组成的大众评审团对各企业答辩团队的展示进行投票表决,部分人大代表、政协委员、县纪委监察委、检察院、审计局、财政局等职能部门对遴选过程进行全程监督。最终,张家界绿源农业综合开发有限公司、张家界仲生源生物科技有限公司、张家界洞溪七姊妹辣椒开发有限公司、张家界隆盛农业开发有限公司、张家界古道源茶叶发展有限公司、慈利县绿之禾生态农业科技有限公司、湖南生安赛特农牧科技有限公司、张家界丝丝湘食品有限公司、张家界金冠果业开发有限公司、张家界绿豪茶叶有限公司等 10 家企业入选。

(朱立辉)

【慈利县首次成功发行企业专项债券 8 亿元】 2019 年 3 月 25 日,由张家界澧澧城镇开发建设投资有限责任公司为主体首期发行的 8 亿元企业专项债券于当日下午 17 时在北京成功发行。此次债券所筹资金将用于张家界溇澧水环境综合治理项目,债券期限 7 年,票面发行利率 7.5%,是信用评级为 AA-的主体平台中发行利率最低的一支债券,也是慈利县首支成功发行的企业专项债券。此次企业专项债券成功发行,不仅为慈利县水环境综合治理项目建设提供有力保障,对助推慈利县域经济发展也将发挥重要作用。(朱立辉)

【慈利 13 家新组建和调整优化机构集中挂牌】 2019 年 3 月 27 日,慈利县举行县级机构改革举行集中挂牌仪式。中共慈利县委网络安全和信息化委员会办公室等 13 家新组建或调整优化的机构正式挂牌。县领导吴清英、朱超雄、戴必欣、覃业成、曾鹤鹏、李勇、苏知洋、王大云分别出席挂牌仪式。此次挂牌的 13 家单位是:中共慈利县委网络安全和信息化委员会办公室,县文化旅游广电体育局,县科技和工业信息化局,县民政局,县自然资源局,县农业农村局,县商务局,县卫生健康局,县退役军人事务局,县应急管理局,县市场监督管理局,县扶贫开发办公室,县医疗保障局。(朱立辉)

【慈利县林业信息化建设获评"全国十佳"】 2019 年 4 月,国家林业和草原局发布全国 2018 年林业信息化率评测报告,县级综合林业信息化率为 53.39%。慈利县林业信息化建设水平发展指数测评结果为 93.3%,林业信息化应用水平发展指数测评结果 97.1%,林业信息化保障水平发展指数测评结果 100%,综合成绩为 97%,在全国 2231 家参评的县级单位中排名第 7 位,荣获"全国林业信息化工作十佳县"称号。连续三年荣获"全省林业宣传和生态文化建设先进单位"称号。慈利县为全省重点林区县。近年来,慈利县统筹推进生态林业和民生林业发展,县林业局重视加强林业信息化建设,成立林业信息化建设领导小组,设置林业信息服务中心,全面推行办公自动化和管理精细化,加大林业信息化系统设施设备资金投入和人才队伍培训力度,已建成林木测土配方、森林资源管理、林业有害生物信息管理、古树名木管理和财务管理等多个信息管理系统,加强林业子网站建设,强化政务信息公开和林业宣传,林业信息化率是综合反映林业信息化发展水平的重要指标,是林业行业信息化发展程度的直接体现。国家林业和草原局每年开展一次全国林业信息化率评测工作,重点测评各级林业主管部门信息化基础和数据基础应用情况,旨在全面客观掌握全国林业信息化发展情况,进一步明确各地各单位林业信息化发展方向,全面推进林业信息化建设,为提升全国林业现代化水平提供数据和决策支撑。(朱立辉)

【慈利县抢救性发掘宋元时期出土文物 12 件】 2019 年 4 月 9 日,慈利县文物局接金岩土家族乡人民政府报告,称在三元村柴家组修建公路时发现古墓葬,需要依法进行保护。4 月 10 日,慈利县文物局组织专业人员赶赴三元村了解情况,发现两座相邻的砖室墓轮廓完整,局部虽有破坏,但整体保存较好,当即对已裸露的两座古墓葬进行抢救性发掘。经过清理,两座墓室大小规格相当,均残长 1.8 米、宽 1.37 米、高 1.48 米,墓葬底部、墓壁和墓顶均由烧制陶砖砌筑,拱形顶,出土铜镜 1 件、陶碗 1 件、银手镯 1 对、陶魂瓶 6 件、陶罐 2 件、陶盖 1 件,保存较好的器物合计 12 件。据分析,这两座墓葬可能是夫妻合葬墓,也是慈利县发现很少的宋元时期古墓葬,12 件出土文物已收藏于慈利县博物馆。经县文物专业人员初步鉴定,这批文物既有宋代晚期的器物特征,又有元代早期的陶魂瓶,器物组合保存较好,具有较重要的文物研究价值。(朱立辉)

【"走红军走过的路·徒步穿越大湘西"首站(湖南慈利站)活动】 2019 年 4 月 13 日,2019"走红军走过的路·徒步穿越大湘西"暨神州大穿越活动(湖南慈利站)开幕式在慈利县烈士陵园举行,湖南省体育局局长李舜出席活动并宣布比赛开幕,来自全国各地的将近 3000 名户外运动爱好者参加活动。本次活动由中国登山协会、湖南省体育局主办,湖南省社会体育指导服务中心、张家界市文化旅游广电体育局、慈利县人民政府承办,慈利县文化旅游广电体育局、慈利县总工会、湖南凌鹰户外体育运动有限公司、湖南印迹体育发展有限公司负责协办。活动历时两天,分为群众体验组和专业穿越组。长距离徒步组从烈士陵园出发,沿途经过羊角山以及毫毛山、赵家垭水库、怪石林到达终点白果庙村。

(朱立辉)

【慈利县涉大鲵自然保护区水电站整治工作指挥部第一次会议】 2019 年 4 月 17 日晚,慈利县涉大鲵自然保护区水电站整治工作指挥部第一次会议召开。县领导高靖生、赵群策、吴清英、朱超雄、钟佳君、朱经伟、李新龙、卓耀楚参加会议。会议听取关于开展涉大鲵自然保护区水电站整治工作的情况汇报及下一步工作安排,宣读《整改进行时:关于"鲵"的通报来了》《慈利县涉大鲵自然保护区水电站整治责任分解表》。慈利县涉大鲵国家级自然保护区范围内有水电站33个，总装机容量55.212万千瓦。根据《湖南张家界大鲵国家级自然保护区(慈利县)水电项目整改优化方案》，明确2020年前退出32个，1个保留整改。到2019年4月16日，慈利县已完成19个水电站停电解网、1个水电站退出、5个水电站厂房及设备拆除、1个水电站正在组织大坝、厂房和设备拆除、7个水电站生态基流监控设施安装和增殖放流工作。（朱立辉）

【湖南省人民政府批复慈利县脱贫摘帽】 2019年4月16日，湖南省人民政府发布关于同意新邵县等13个县市区脱贫摘帽的批复：经过实地检查和第三方实地评估，新邵县、绥宁县、武冈市、永定区、慈利县、安化县、江华瑶族自治县、辰溪县、新晃侗族自治县、芷江侗族自治县、会同县、靖州苗族侗族自治县、双峰县13个县市区符合贫困县退出条件，同意脱贫摘帽。批复同时要求湖南省扶贫办要督促以上13个县市区按照国务院扶贫开发领导小组和省委、省人民政府的工作部署，继续抓好脱贫攻坚各项工作，防止出现工作松劲、懈怠，始终保持攻坚态势；要继续加大对剩余贫困人口的帮扶力度，巩固发展脱贫成果，确保全面完成攻坚任务；要继续给予扶持，在脱贫攻坚期内，国家和省原有的扶贫政策保持不变，确保贫困退出的稳定性和可持续性；在脱贫攻坚期内，要继续实行最严格的扶贫考核评估，强化监督管理，确保脱贫攻坚成果经得起历史和人民的检验。（朱立辉）

【卓粤荣立二等功】 2019年5月7日，中共慈利县委常委、县人武部部长曾鹤鹏与县退役军人事务局、东岳观镇政府主要负责人一行，为大岩村荣立二等功的卓粤亲属送去喜报。卓粤于1995年9月15日出生，2013年9月入伍，2015年9月入党。服役6年期间，成长为一名优秀的班长。他信念坚定、素质过硬、训练刻苦、表现突出，参加各项比武竞赛成绩斐然，先后获得“优秀新兵”“有血性的战士”“优秀义务兵”“优秀士官”等表彰。其中在旅部单杠二练习单项比武中破旅部纪录，荣立个人三等功一次；后被推荐到战区陆军集团军优秀班长考核，被评为战区陆军“优秀士官标兵”，荣立“二等功”。（朱立辉）

【自然资源部督导慈利县卫片执法工作】 2019年5月14日，自然资源部督导组到慈利县，对慈利县矿产卫片执法工作进行督导检查，并就如对何加强矿山管理提出具体工作意见。督导组通过听取汇报、查阅档案资料、抽查矿山现场，检查慈利县矿山卫片执法工作。督导组指出，要严格落实卫片执法工作，进一步加大执法力度，切实加强生态环境保护。该县表示，要进一步统一思想、提高认识，牢固树立“四个意识”，切实把思想行动统一到党中央、国务院的决策部署上来；要发现问题、主动作为，坚持刀刃向内，认真查找全县生态文明建设和矿山卫片执法工作中存在的问题和不足，深入剖析原因、及时整改到位；对核查组指出的问题必须照单全收、主动认领、全面整改。（朱立辉）

【慈利县全面推进“一件事一次办”改革】 2019年月13日，慈利县召开加快推进“一件事一次办”暨深化便民服务改革工作会议。会议听取县人民政府办公室关于印发《慈利县推进“一件事一次办”改革工作实施方案》和《慈利县深化乡镇便民服务中心和村(社区)便民服务代办点“互联网+政务服务”工作实施方案》的通知。会议指出，“一件事一次办”改革工作涉及民本民生，关系群众福祉。要把握重点难点，扎实推进“一件事一次办”和深化便民服务改革，围绕一次告知、一次表单、一次联办、一次办好，突出少、通、简、快，确保企业群众看得懂、易操作、得方便，彻底打通服务群众“最后一公里”。慈利县将建立部门协同、整体联动、线上线下融通的新型政务管理服务体系，全面推进“一件事一次办”改革工作。到2019年底，与企业群众生产生活密切相关的重点领域，和办件量较大的高频事项基本实现“一件事一次办”；到2020年底，实现政务服务事项“一件事一次办”全覆盖。（朱立辉）

【国家考核组到慈利考核松材线虫病防治工作】 2019年6月12日至13日，国家林业和草原局生态保护修复司副司长陈建武带队到慈利县，对松材线虫病防治工作进行考核。张家界市副市长李培其，副县长王大云陪同检查。考核组先后到零阳镇和零溪镇松材线虫病防治现场，检查枯死松木处理、天牛诱捕器布设等情况，并听取市、县关于松材线虫病防治工作情况汇报。

慈利县林地面积24.6万公顷，其中松林面积6.667万公顷，占林地总面积的27.1%。近年来，慈利县按照“预防为主、积极除治”的工作要求，通过开展防控知识培训、加强疫情动态监测、开展枯死松木清除、悬挂诱捕器诱捕松褐天牛、喷洒生物农药等综合治理措施，全县感病松林面积从2015年的410公顷下降至2018年的322.933公顷，总体呈下降趋势，松褐天牛虫口密度、松树枯死数量逐年降低，疫情范围逐渐缩小。（朱立辉）

【钟佳君接受张家界市纪委监委纪律审查和监察调查】 2019年7月11日，张家界市纪委监委发布消息，慈利县委常委、政法委书记钟佳君涉嫌严重违纪违法正接受张家界市纪委监委纪律审查和监察调查。钟佳君，男，白族，1976年5月出生，湖南桑植人，1998年7月参加工作，1996年6月加入中国共产党，在职研究生学历。2001年9月至2004年8月，任慈利县零阳镇副镇长；2004年8月至2009年5月，任慈利县三合口乡党委副书记、乡长、党委书记；2009年5月至2012年2月，任慈利县阳和土家族乡党委书记、人大主席；2012年2月至2015年5月，任慈利县零阳镇党委副书记、镇长，党委书记；2015年5月至今任慈利县委常委、政法委书记。（朱立辉）

【首届慈利全域旅游节活动】 2019年8月2日，首届慈利全域旅游节开幕式暨全球华人女性摄影大赛成果展开幕。首届慈利全域旅游节活动由中共慈利县委、县人民政府主办，以“亲甜的慈利”为主题，旨在通过摄影大赛成果展推介慈利旅游，向外全面介绍慈利旅游特点、风情人文、民俗文化，扩大旅游影响力，推进慈利县全域旅游及张家界市东线旅游发展走上新台阶。开幕活动仪式上，市文化旅游广电体育局局长邓剑宣布“亲甜的慈利”2019首届慈利全域旅游节暨首届全球华人女性摄影大赛活动开幕。县委常委、县委统战部部长李勇，副县长李新龙为“慈利县全域旅游推广大使”授牌，为本次华人女性摄影大赛金奖、银奖、铜奖的6名获奖者颁奖。活动现场，土家儿女们载歌载舞，以节会友，共庆盛会。（朱立辉）

【双中村应急救援行动】 2019年8月7日上午9时，金岩土家族乡突降暴雨，九渡溪溪水猛涨，双中村正在河洲上钓鱼的70多岁老人何家双被山洪围困，洪水已漫过腰身，全靠攀住小树才没被洪水冲走，情势危急。灾情发生后，张家界市和慈利县应急管理、消防、防洪指挥部等部门，以及金岩土家族乡政府人员及时赶到现场，组织开展应急救援。双中村应急救援队队员朱民烁第一时间通过绳索强渡到河洲，将被困老人带到河洲高处，但由于水流湍急无法泅游到岸边。县消防大队通过无人机将救援绳送到被困人员身边，但水势很猛，救援绳多次被洪水冲走。救援持续到下午1时左右，水势有所缓和。现场应急指挥人员紧急商议后，组织一台农用挖机进行营救，挖机操作人员冒着危险开车驶过奔泄的洪水，驶到河床中心，用挖机抓手将被困人员接过来。经过市、县、乡、村应急救援队伍4个多小时的救援，被困老人安全脱离险境。（朱立辉）

【“我和我的祖国”系列群众文艺汇演小戏小品大赛】 2019年8月25日晚，“欢乐潇湘·幸福慈利——我和我的祖国”系列群众文艺汇演小戏小品大赛在县剧院举行。活动现场，情景剧《特别班会》形象生动地向现场观众诠释“珍爱生命，远离毒品”的禁毒理念，让观众们深刻认识到毒品的危害。花灯小戏《家和为贵》通过生动的故事给大家讲述赌博的危害，一个个精彩的节目有的令人捧腹大笑，有的发人深省，赢得现场观众阵阵掌声。经过激烈的角逐，最终汉剧小戏《青青马桑树》获一等奖；小品《见面礼》、情景剧《特别班会》、慈利花灯《规劝》获二等奖；小品《拔钉子》《约法三章》、花灯小戏《家和为贵》获三等奖。（朱立辉）

【慈利县第八届运动会】 2019年9月25~29日，由县人民政府主办、县文化旅游广电体育局承办的慈利县第八届运动会，在慈利县全民健身中心、慈利县第一中学、零阳镇一完小、金慈实验小学、慈利县体育运动学校训练基地举行。运动会竞赛项目分乡镇组（含新城区）和县直组（含驻慈部队）两个组别，有35个代表团4936人参加。县直代表团竞赛项目有田径、篮球、乒乓球、羽毛球、足球（男子）、气排球、游泳、中国象棋、围棋、门球、太极拳、第九套广播体操、跳绳、飞镖共14个大项。乡镇代表团竞赛项目有田径、篮球、乒乓球、游泳、跳绳、中国象棋、围棋、高脚、气排球、负重跑、飞镖、广场舞共12个大项。产生金牌223枚。（朱立辉）

【国家应急管理部调研组到慈利调研防汛抗旱工作】 2019年10月13日，由应急管理部防汛抗旱司处长黄先龙带队的调研组到慈利县，调研防汛抗旱工作。省应急管理厅防汛抗旱处副处长汤喜春，副县长王大云陪同调研。调研组先后到岩泊渡镇田坪村、阳和土家族乡杨家坪村集中饮水源点及阳和水厂，实地查看饮水工程建设，了解群众饮水问题。调研组要求，各相关部门要进一步增强防汛抗旱工作的责任感、使命感和紧迫感，高度重视农村饮水安全工作，确保城乡群众吃上安全放心水；要强化旱情监测预报，及时观测雨情、旱情的发展，做好防范措施，最大限度减少旱灾造成的损失。（朱立辉）

【广福桥镇“10·25”安全生产事故】 2019年10月25日18时许，广福桥镇双狮村缘佳建材有限责任公司在安装强磁机时，发生设备高空坠落，吊车挂钩与强磁机之间的钢丝绳断裂，强磁机坠落在安装平台上。事故发生时，在平台上有安装作业9人，除1人逃生外，其中3人当场死亡，5人受伤。经现场救援，被强磁机压在作业平台上的人员被救出，其中1人因伤势过重死亡。事故导致造成4人死亡、4人受伤。事故发生后，张家界市委市政府、慈利县委县政府高度重视，第一时间组织展开应急救援。10月30日，省安委办发出湘安通报〔2019〕1号文件，决定对慈利县“10·25”较大起重伤害事故的调查处理予以挂牌督办。（朱立辉）

【“慈利杜仲”农产品地理标志通过省级审定】 2019年10月30日至31日，湖南省农产品地理标志审定专家组到慈利县，对“慈利杜仲”农产品地理标志登记进行现场审定和品质鉴评。评审过程中，审定组通过看现场、听汇报、查资料、提问题等环节，对慈利县杜仲的生产地域范围、品质特性、人文历史、发展潜力和市场需求等情况进行审定和现场鉴评。专家组认为，慈利县杜仲资源丰富，品质优良，产品开发潜力大，产业前景广阔，是产业扶贫和农民增收的有效途径。专家组一致同意“慈利杜仲”通过现场审定。

慈利县是杜仲主要原产地之一，杜仲栽培已有上千年的历史。先后获得“中国杜仲之乡”“杜仲商品生产基地县”“名特优杜仲商品生产基地县”等荣誉，成为全国乃至世界最大的杜仲基地。近年来，慈利县把杜仲产业作为“一县一特”来打造，截至2019年底，全县发展企业、专业合作社28家，研发出杜仲茶、杜仲日化品、杜仲化妆品、杜仲饲料等系列产品，年产杜仲产品0.65万吨，年产值1亿元以上，受益林农2万人以上，已成为发展县域经济，带领贫困群众脱贫增收的支柱产业。（朱立辉）

【“硒有慈利”首届石缝柑橘采摘节开幕】 2019年12月10日，慈利县2019年“硒有慈利”首届石缝柑橘采摘节开幕。新推出的“硒有慈利”品牌产品石缝柑橘，将农业、电商、扶贫、旅游等资源集中整合，打造石缝柑橘品牌，提升慈利县柑橘名气，带动消费扶贫，助力农户增收致富。石缝柑橘采摘节活动由张家界硒有慈利众创协会主办，湖南田家直供农业科技有限公司承办。开幕式现场，相关负责人解读石缝柑橘品牌，果农代表进行诚信经营宣誓，并有5名直播网红走进石缝柑橘采摘基地，通过淘宝、抖音、快手等平台直播带货。慈利县石缝柑橘正式通过线上线下多渠道同步开售。淘宝、京东、抖音等线上销售平台和全国各大农贸市场、超市等线下渠道都已上市该产品。采摘节开幕当日，石缝柑橘线上线下交易额以及意向签约订购金额550万元左右。

截至2019年底，慈利县种植柑橘面积1.33余万公顷，年产40多万吨，产值达6亿元以上。石缝柑橘是慈利县以丑柑、冰糖橙、冰糖橘、红美人等为代表的一批市场认可度很高的柑橘产品，因生长在300米以上的深山石缝中而得名，有"皮薄、汁多、味甜"等特点。（朱立辉）

【慈利县新时代文明实践中心成立】2019年，慈利县设立1个县级新时代文明实践实践中心、26个乡镇级新时代文明实践实践实践所、427个村级新时代文明实践实践实践站的阵地建设，并在景区景点、公园等设立文明实践示范点18个，基本形成县、乡镇、村三级联动的工作机制。各站、所结合工作实际，开展理论政策宣讲、文化文艺服务、扶贫帮困、卫生环保、医疗健身、科学普及等志愿服务活动，基本形成社会主义核心价值观人人践行，社会主义正能量不断凝聚，社会主旋律日益凸显的良好局面。2019年12月12日，慈利县新时代文明实践中心成立暨文明实践志愿服务启动仪式在县人民广场举行。市委常委、市委宣传部部长郭天保，市委宣传部副部长、市文明办主任孙鹏，县领导邱初开、高靖生、赵群策、吴淑元、吴清英、戴必欣、欧兵波、李勇等出席启动仪式。活动中，市委常委、市委宣传部部长郭天保为慈利县新时代文明实践中心、县志愿服务总队授牌。市委宣传部副部长、市文明办主任孙鹏为8支常备志愿服务队、6支特色志愿服务队、5支社会专业志愿服务队授旗。（朱立辉）

【第一届文化和旅游协会成立】2019年3月，慈利县完成文旅机构改革，文旅融合起步。12月19日，慈利县第一届文化和旅游协会成立。成立大会上宣读县文化和旅游协会审查登记意见、第一届文化和旅游协会理事、会长、副会长单位及秘书长当选名单，并为县文化和旅游协会授牌。张家界东线旅游开发有限公司当选为会长单位，张家界亿锦旅游开发有限公司、张家界万福温泉国际酒店有限公司等8家公司当选为副会长单位。组建县文化和旅游协会，能凝聚力量、交流互动、优势互补，促进慈利县文旅产业规范化、规模化、集约化发展。（朱立辉）

【慈利县赋予乡镇经济社会管理权限推进会】2019年12月24日，慈利县举行赋予乡镇经济社会管理权限推进会暨赋权交接仪式。会议听取慈利县落实《湖南省乡镇权力清单和责任清单》和《湖南省赋予乡镇(街道)经济社会管理权限指导目录》的情况汇报；县委副书记、县长高靖生为各乡镇赋权。会议要求，各部门、各乡镇要切实提高对简政放权工作重要性的认识，维护大局意识，深化放权工作的服务意识；要扎实完成权力下放工作，做好加减法，确保各项权限"应接尽接"履行到位；县政务服务中心要搞好督查和调度，保障赋权工作顺利到位。

（朱立辉）

【张家界冰雪世界室内滑雪馆开馆】2019年12月26日，张家界冰雪世界室内滑雪馆正式开馆迎客。张家界冰雪世界是华中地区最大的室内滑雪场，投资人民币6亿元，室内滑雪馆建筑面积63322.1平方米，馆内设有滑雪场、娱雪乐园等雪上娱乐设施，设有初级、中级两条滑雪道，可同时容纳1300人进行滑雪滑冰等项目，日接待能力6000人次。作为张家界旅游供给侧改革的创新产品，冰雪世界对增加张家界旅游项目多样性和体验性、提升张家界旅游品质起到重要的推动作用。（朱立辉）

【社会阶层人士联合会成立】2019年12月26日，慈利县新的社会阶层人士联合会第一届第一次会员大会暨成立大会召开。市委统战部副部长高志军，县委常委、县委统战部部长李勇，县政协副主席、县工商联主席万剑出席大会。会议审议并通过《慈利县新的社会阶层人士联合会章程》和《慈利县新的社会阶层人士联合会第一届第一次会员大会选举办法》，选举产生慈利县新的社会阶层人士联合会第一届领导班子和秘长、理事、监事。会议宣读批复文件，宣读慈利县新的社会阶层人士联合会第一届会长、监事长等当选、聘任人员名单，李勇为新的社会阶层人士联合会授牌，并为会长、监事长等当选人员颁发证书，慈利县新的社会阶层人士联合会第一届会长、监事长作就职发言。（朱立辉）

【慈利县新殡仪馆及生态墓区投资项目签约】2019年12月27日，慈利县举行新殡仪馆及生态墓区投资项目签约仪式。湖南盛海民俗文化开发有限责任公司与慈利县银澧城镇建设开发有限责任公司签署合作协议。新殡仪馆及生态墓区投资项目选址零阳镇仁和村7组及周边地块，规划用地面积47333平方米（不含生态墓区），总投资3亿元。其中一期投资1.2亿元，主要建设殡仪馆；二期投资1.8亿元，主要建设生态墓区。（朱立辉）

【慈利县"不忘初心、牢记使命"主题教育】2019年9~12月，慈利县按照中央、省委和市委统一部署，严格落实"守初心、担使命，找差距、抓落实"的总要求，推进第二批"不忘初心、牢记使命"主题教育，做实规定动作、创新自选动作，推动全县主题教育取得成效。慈利县将主题教育作为加强党的领导、加强党的政治建设、强化理论武装的重大契机，以全县处级领导干部为重点，带动126个县直单位(含国有企业、公立医院)、25个乡(镇)、427个村（社区）、110个非公企业和社会组织以及各中小学校全面参与，1013个党支部30017名党员干部学思践悟、真信笃行，把主题教育的实效体现在为民行动中。

9月9日，慈利县委常委领导班子成员到溪口镇，在王家坪红军树下重温入党誓词，接受革命传统教育，传承红色基因，开展学习讨论。正式启动全县“不忘初心、牢记使命”主题教育。慈利县依托“智慧党建”平台，实现党员学习教育全覆盖，同时，聚焦解决思想根子问题，指定书目“自学”、集中办班“研学”、精选三员“讲学”、开辟专栏“领学”、编印资料“选学”、线上线下“比学”，“六种形式”抓学习教育，推动全面入脑入心。全县以“四项教育”为重点，整合县乡两级力量，建立领学员、宣讲员、督导员“三员”宣讲队伍；在县主流媒体开设专栏，制作并推送红色故事微视频7期、微视听11期，推出《贺龙两把菜刀夺枪》《陈能宽：两弹元勋的光辉人生》等精品故事；整合慈利红色资源和工作实际，选编《溇澧两岸涌红潮》《清风劲节冠溇澧》等资料；在张家界大峡谷、五雷山等景区张贴“红色故事”二维码，实现红色故事进企业、进景区，吸引游客扫码选读；线上，运用“互联网+主题教育”模式拓宽学习渠道，开设“知识答题闯关赛”，邀请12名获奖者分享学习心得，吸引全县3.2万人次参与答题，不断检验学习成效。

9月17日开始，慈利县委常委班子坚持发挥自身示范引领作用，采取“四不两直”方式，深入25个乡镇近300个村(社区)一线，聚焦基层建设、社会治理等内容开展专题调研，详细记录各村(社区)的走访时间、基本情况、问题排查情况以及整改意见。到10月，县各级领导班子选取中心课题164个，组成364个调研组深入基层开展调研708次，现场解决问题320个，建立“从村(社区)党组织书记中考核招聘乡镇事业编制人员”等长效机制233个，全县领导干部和村(社区)党组织书记共结合调研讲专题党课1625场。10月22日，在慈利县征求意见座谈会上，24名来自机关、乡镇、企业的基层党员干部代表，联系工作实际，在“从严治党”“脱贫攻坚”“污染防治”等方面建言献策。代表们开门见山、直奔主题，共提出意见建议182条。全县坚持按照“四个对照”“四个找一找”要求，对标对表、全面检视，做到把自己摆进去、把职责摆进去、把工作摆进去。共找出突出问题4040条。县委常委会共查摆五个方面22个具体问题，县委常委会成员共查摆5大类157个具体问题。

慈利县聚焦专项整治的突出问题“通堵点”。县纪委监委牵头组织教育、扶贫等部门围绕平安校园创建、阳光食堂建设、阳光助学监管和监督执纪问责四个重点，针对违规补课、食堂管理、滥发津补贴等问题，处理相关责任人员9人，其中给予党纪政务处分4人，组织处理5人，追缴资金79.92万元，起到“严肃查处一个问题，整改规范一片”效果。聚焦群众关切的重点领域“疏痛点”。苗市镇曾是矿区，因地质原因存不住水，基础较为薄弱，面临持续干旱天气，让群众面临饮水难的问题。苗市镇党委政府筹资300多万元修建蓄水池、更换供水管道，并集中上门送水，有效缓解全镇1.3万余人安全饮水问题。聚焦影响发展的痼症顽疾“消盲点”。慈利县把旅游秩序整治作为重点整治内容之一，强力推进“铁腕治旅”。县文化旅游广电体育局联合县公安、县交通等职能部门，紧盯旅游接待、运输、购物等环节，严厉打击参与“不合理低价游”的旅行社、导游、购物点等市场主体。主题教育期间组织执法活动26次，对“追客赶客”“涉黑涉恶”等行为立案8起，移交旅游警察拘留5人。到11月28日，全县整改落实查找出的1257条问题，完成整改1235条，完成率98.25%。

慈利县以担当作为体现主题教育的成效。结合实际，将谈理论学习、谈调查研究、谈问题查摆、谈整改落实、谈身边变化、谈作用发挥、谈意见建议等作为检验主题教育成效的有力抓手，不断找到差距、找到方向、找到信心。各单位开展谈心谈话1498次，引导党员交流学习体会761次，2.3万人次作交流发言。研究出台《关于进一步建立干部关爱机制激励干部干事创业的实施意见》，注重容错纠错和澄清保护，对拟问责的干部同步启动容错程序，对函询问题予以采信的在一定范围澄清正名。年内任用8名受纪律处分、组织处理影响期满表现优秀的干部，为1名受诬告的领导干部澄清正名。设岗定责，让党员争唱主角。慈利县采取“10+X”模式进行设岗，给每个在党内党外都没有职务的普通党员指定其岗位、明确其职责。龙潭河镇通过“设岗定责”，普通党员充分发挥先锋模范作用，为群众办实事774件。减压降负，让干部轻装上阵。慈利县瞄准文件简报“过多过长”、会议“过频过滥”问题，县委、县政府召开的会议同比减少44%、30%；召开全县性会议同比减少28%。同时，全面压减督查、检查考核事项，减少总量和频次，精简量在50%以上，让基层干部有更多时间和精力为群众排忧解难。

在“不忘初心、牢记使命”主题教育期间，慈利县紧扣中央、省委和市委重大战略决策部署，唤醒党员干部担当作为的责任感、紧迫感，凝心聚力，培根铸魂，不断开创县域经济社会高质量发展新局面。主题教育工作在市级以上主流媒体上发稿161条，其中央媒22条，省媒59条；相关工作经验先后被《人民日报》、光明网、学习强国和湖南日报等媒体专题推介，得到省委第七巡回指导组和市委第一指导组的肯定。 (朱立辉)

桑植县

张家界市政协副主席 中共县委书记	刘卫兵
县人大常委会主任	皮运舰
县长	赵云海
县政协主席	熊正元

【概述】 桑植县位于湖南省的西北部，经度为东经109°41′~110°46′、纬度为北纬29°17′~29°84′。2019年，辖11乡12镇，其中民族乡5个。土地总面积3474平方千米，其中耕地面积31.47千公顷。发现矿产40种，探明资源储量的矿种27种；水能蕴藏量48.4万千瓦。年末常住人口46.6万人，其中城镇人口17.53万人、少数民族43.32万人。

地区生产总值979231亿元，同比增长7.4%。其中第一、二、三产业增加值分别为137799亿元、148754亿元、692678亿元，同比分别增长3.6%、6.7%、8.2%。三次产业结构比为14.1:15.2:70.7。财政总收入7.16亿元，同比增长7.3%；其中地方一般公共预算收入3.79亿元，同比增长8.1%；地方一般公共预算支出39.35亿元，同比增长 0.8%。

农林牧渔业总产值 22.08 亿元，增长 3.7%；增加值 14.02 亿元，增长 3.7%。主要农产品产量：粮食 13.97 万吨，其中：稻谷 7.65 万吨；油料作物 2.03 万吨，其中：油菜籽 1.75 万吨。农机总动力 20.42 万千瓦，增长 0.72%，全年实现工业增加值 7.7 亿元，同比增长 7.3%。年末规模以上工业企业 33 家，同比减少 1 家。

全县实现社会消费品零售总额 43.25 亿元，比上年增长 10.0%，按行业分：批发业 15.85 亿元，增长 10.8%，零售业 16.7 亿元，增长 10.3%，住宿业 3.58 亿元，增长 8.7%，餐饮业 7.1 亿元，增长 8.4%。全年出口总额 2064 万美元，增长 40.9%；实际使用外资 0 万美元，实际使用内资 14.8 亿元，增长 32.2%。拥有各类市场 26 个。

全县接待国内外游客 312.4 万人次，实现旅游收入 30 亿元，分别增长 19.9%和 28.8%。

固定资产投资增长 16.1%，其中，房地产开发投资增长 22.7%。实现商品房屋销售面积 17.94 万平方米，增长 19.3%。从投资类型看，民间投资增长 37.6%，占全部投资的 54.0%。

全年客货运输换算周转量 4.04 亿吨千米。旅客周转量 3.44 亿人千米。年末公路通车里程 5837 千米。高新技术企业 4 家。专利申请 91 件；专利授权 30 件。签订技术合同 4 项，技术合同成交金额 0.33 亿元。

有中小学校 208 所，其中普高 3 所，职校 2 所(含民办职校 1 所)，独立初中 9 所，九年一贯制学校 22 所，中心小学 21 所，片完小 8 所，教学点 142 个（其中有学生教学点 68 个，无学生教学点 74 个），特殊教育学校 1 所，普通高中、初中、职业中学、小学在校学生分别为 0.83 万人、1.69 万人、0.26 万人、3.29 万人，在园幼儿 1.19 万人。小学适龄儿童入学率 100%，小学升初中入学率 99.75%。全年发放各类资助款 87737 人次、5542.02 万元。有公共图书馆 1 个，纪念馆 2 个，档案馆 1 个。有卫生医疗机构（含村卫生室）323 个，其中医院 6 个、卫生院 23 个，卫生防疫防治机构 1 个，妇幼保健机构 1 个。卫生技术人员 0.08 万人，病床 0.22 万张。

有 1.74 万人得到政府最低生活保障(包括城镇和农村)。城乡居民医疗保险登记参保人数为 38 万人，征缴基金 2.8 亿元；企业养老保险在职参保人数 12941 人，企业养老保险征缴基金 1.09 亿元；失业保险总参保人数 26654 人，失业保险征缴基金 270 万元；城乡居民养老保险参保人数为 27.93 万人、征缴基金 0.31 亿元。年底城市、农村低保对象分别为 0.31 万人和 1.43 万人，同比分别减少 0.4 万人和 0.03 万人；平均每月救助水平分别为 340 元和 230 元。

【深度贫困县脱贫摘帽】 2019 年，张家界市 36 名市级领导、桑植县所有县级领导联乡包村，国家级、省级、市级、县级 146 个后盾单位、299 支驻村工作队驻村帮扶，7416 名干部职工结对帮扶，124 个贫困村全部出列，贫困人口累计脱贫 28229 户 96991 人，贫困发生率从 2014 年的 28.48%下降至 0.53%，接受市级初评、省级实地考核和第三方评估，综合贫困发生率、漏评率、错退率、群众认可度等核心指标均达到贫困县摘帽标准。38 个深度贫困村达标出列，5880 户 18145 名贫困人口稳定脱贫。推进基础设施全覆盖，整合资金 5.46 亿元，272 个公共服务和基础设施项目全面竣工，农村道路、安全饮水、电网改造等高质量达标。推进增收措施全覆盖，实施“两有四个一”工程，带动 9.63 万贫困人口实现产业增收；开发公益岗位 1602 个，创建扶贫车间 45 家，开展扶贫培训 34697 人次，2 万多个贫困家庭实现稳定就业。推进保障政策全覆盖，建成易地扶贫搬迁安置点 91 个，提前实现“十三五”3906 户 14201 人的搬迁目标；完成危房改造 2837 户。坚持教育扶贫“四种模式”，招收县级农村小学教师公费定向培养学生 100 名；培养定向就业学生 500 名；落实资助资金 7281.6 万元，惠及学生 71664 人。实施“先诊疗后付费”“城乡医保一卡通、医疗结算一站式”，贫困人口住院报销比例达 86.5%，贫困人口医保参保率、家庭医生签约率 100%。

【黔张常高铁正式开通运营】 2019 年 12 月 26 日，黔张常高铁正式开通运营；投资 2.14 亿元的桑植高铁站前广场及相关配套设施同步投入使用，桑植彻底结束交通“三无县”历史，进入“高铁时代”。桑植高铁站设桑植县利福塔镇凤栖村，全长 1960 米，客货两用。设到发线 3 条，安全线 3 条，牵出线 1 条；货场内设货物线 2 条。客运站房规模为 5000 平方米，日设计 14 对开。总投资 5247 万元，由中铁十一局集团第五工程公司承建。

【政府债务风险防控】 2019 年，桑植县严格执行债务化解方案，化解债务 8.58 亿元，其中隐形债务化解完成年度计划的 121.86%。高质量完成城乡建设用地增减挂钩项目，新增农用地 595.6 公顷，交易结余指标创收 5.52 亿元；用心研究项目，出让存量土地收入 3.13 亿元；盘活财政存量资金、清缴历史欠缴税费 5515 万元；基本完成平台公司整合。

【生态环境】 2019 年，继续实施污染防治“夏季攻势”，推进中央、省环保督察及“回头看”反馈问题整改，22 个交办问题全部办结销号，30 座涉大鲵自然保护区、5 座涉八大公山自然保护区水电站退出发电功能，拆除大坝 26 座；创新推进县属国有水电站整改，职工安置积极稳妥、一举多得；开展违建别墅、“大棚房”清理，依法关闭撤禾坪煤矿，关闭采石场 2 家。统筹推进“五大行动”，完成人工造林 0.187 万公顷，封山育林 0.333 万公顷，森林覆盖率达 72.8%；加快建设城乡环境基础设施，瑞塔铺、洪家关、五道水、刘家坪污水处理厂基本建成；深入落实“河长制”，县乡村三级巡河常态化，县城区集中式饮用水源地及地表水断面水质达标率 100%；空气质量指数位居省市前列。

【全域旅游】 2019 年，桑植县全年接待游客 213 万人次(新统计口径)，实现旅游收入 28.2 亿元，分别增长 26%和 27%，被评为 2019 年中国旅游最佳红色旅游目的地、湖南夏季避暑旅游目的地。旅游经济圈成效显现，红二方面军长征出发地纪念馆被授予全国民族团结进步教育基地，贺龙纪念馆被评为全省首批红色教育基地，湖南红色旅游文化节暨桑植民歌节举办,英国世界纪录认证机构对桑植县茅岩河景区九天玄女洞内的“世界最大单体溶洞石柱”进行认证,并颁发世界记录认证书。陈家坪农耕研学、八大公山生态研学、梭子丘白族文化研学等乡村旅游项目落地。百年育英红色教育培训基地、映山红酒店建成营业,承办市六运会、“薪火传承·中国健康跑”“亚洲捷兔”慢跑、红营马拉松等文体活动,旅游与文化体育实现深度融合发展。

【现代农业】 2019年,实现农业增加值11.93亿元,增长3.7%。西莲茶叶等5个省级现代农业特色产业园加快推进,“桑植白茶”登陆央视各大频道,在中国中部(湖南)农业博览会上举办桑植白茶专场推介会,签约订单5700万元;“桑植粽叶”被打造成地理标志品牌。茶叶、粽叶、商品蔬菜、草本中药材基地面积分别达到0.487万公顷、1.733万公顷、0.567万公顷、0.18万公顷;稳定烟叶种植0.153万公顷,产烟5.88万担;大鲵存池量达到132万尾,蜜蜂养殖发展到8.05万桶。市级以上农业产业化龙头企业达到56家,发展农民专业合作社536家、家庭农场386家;新认证绿色食品8个。

【新型工业提质发展】 2019年,桑植县实现规模工业增加值4.8亿元,增长8%,新增规模企业5家。双创孵化基地投入运营,入驻企业20家。绿色综合产业园建设加快,实现土地收储55公顷,建成标准厂房3.1万平方米,签约绿色环保骨料等项目。

【现代服务业加快发展】 2019年,培育规上企业5家,完成“个转企”35家,新增市场主体1663户。电子商务公共服务中心投入营运,村镇银行筹建顺利签约;金融机构存贷款余额分别达到143.78亿元、101.93亿元,增长8.11%、22.58%;与10家市级金融机构签订51亿元合作框架协议,金融支持民营和小微企业力度不断加大。

【重点项目推进】 2019年,桑植县全年铺排51个重点建设项目,实现投资38.67亿元,完成目标任务的108%,其中社会资本占比达到62.8%,成为重要支撑;实施重大产业项目12个,民生项目16个,基础设施项目4个。精准招商引资,全年签约项目13个,引进世界500强中信集团、正大集团,投资增速快、项目结构优、社会资本多、落地见效快的发展格局正在形成。

【城市功能完善】 三个专业市场(大湘西中药材交易中心、武陵山三农国际电商物流园、领创国际商贸城)同步建设,三个商业综合体(梅尼商业广场、时代广场、桑植民歌国际文化产业园)合理布局,三所学校(金海学校、芙蓉学校、启智学校)同时建成,商贸物流短板有效提升,城区扩容迈出大步。城区两水扩改翻、西水(城区段二期)、文昌街周边(三期)、澧水北岸等四个棚户区改造加快实施。创业路、城市防洪堤老观潭段、新一中段提质改造全面完成,新建县城污水管网2.05千米,拆除违法建筑6526平方米,城市品质进一步提升。

【基础设施建设】 2019年,全县完成农村通畅工程356千米、通达工程148千米、安防工程308千米,长潭坪大桥、石溪公路开工建设,牛洞口水库加快推进,困扰群众多年的出行难、饮水难问题即将彻底解决。完成电力10千伏线路改造234千米,实施40个村农网升级改造,所有行政村4G及光纤宽带实现全覆盖。

【教育发展】 2019年,金海、芙蓉、启智学校同步实现秋季开学,新增城区义务教育学位4530个,补充教师205人,消除大班额135个,小学起始年级和初中大班额彻底消除,高标准通过“全省第三轮教育两项督导”评估考核。落实义务教育教师绩效工资增量机制和特岗教师养老保险待遇,教师门诊个人账户补助分步纳入财政预算,有效激发教师干事创业热情。

【社会事业】 全县城镇新增就业2606人,发放创业担保贷款1490万元,城乡低保、特困对象应保尽保,社会救助、优抚优待等政策全面落实。县妇幼保健院整体迁建工程投入使用,县人民医院综合医疗中心、疾控中心加快推进,251个村卫生室达到标准化要求。启智学校、残疾人康复中心同步规划、整合使用,残疾人事业再上新台阶。第三次国土调查数据成果通过国家核查,通过率99.98%,位居全省前列。非遗展示馆建成使用,出版发行《桑植革命老区发展史》。洪家关白族乡陈家院村列为“美丽少数民族特色村镇”。

【社会大局和谐稳定】 桑植县“七五”普法全面推进,“扫黑除恶”专项斗争不断深化,禁毒行动有力有效,成功打掉恶势力犯罪团伙2个,侦办黑社会性质组织1个,命案侦破率100%。积极化解信访积案,在深圳务工尘肺病群体等一批遗留问题得到妥善解决。深入开展“打非治违”,强化隐患排查治理,安全生产形势平稳向好。切实加强食品药品安全监管,全力防控非洲猪瘟,有效维护人民群众“舌尖上的安全”。国防动员和后备力量提质增效,全民国防教育工作持续推进。

(本栏撰稿 谷志锦)

人物

2019年度国家及省级五一劳动奖章获得者

【聂贤丽】 女，1973年12月出生，土家族，中共党员，本科学历，慈利县人民医院主任护师。1992年进入医院，先后任手术室护士、儿科护士长，现任人力资源部主任。自工作以来，虚心好学、积极进取，先后取得自考专科、本科文凭。2001年，医院首次实施二层骨干竞聘上岗，当选为儿科护士长，面对小儿患者，随叫随到，毫无怨言，工作中，精于观察、勤于思考，经常加班加点，从不计较个人得失，儿科2008年被市总工会授予市“芙蓉标兵岗”。2017年，医院在全市率先开展6S精益管理工作，作为具有丰富病房管理经验的职能科主任，她主动提出担任推进办主任，完成全院所有科室的打造，有效改善患者就医环境，提升管理水平。她撰写的论文有近十篇在国家、省级杂志上发表，其中《静脉留置针封管方法的研究》被评为张家界市第三届自然科学一等优秀学术论文，此项科研获2005年张家界市科学技术进步三等奖、县二等奖，填补张家界市护理专业科研的空白。她以高尚的医德、精湛的技术，赢得广大患者和同行的赞誉。2008年3月被张家界市总工会授予市“芙蓉明星”。2011年2月被中华总工会授予全国五一巾帼标兵、被省总工会授予“芙蓉百岗明星”荣誉称号。2019年4月被授予全国五一劳动奖章、省先进工作者。

【刘少文】 男，1970年出生，国网湖南省电力有限公司张家界市武陵源区供电公司索溪峪供电所所长。担任所长15年，他带领班员穿巷入户，足迹遍布供电辖区21个行政村，且在无数次的迎峰度夏度冬、抗洪抢险、抗冰救灾以及当地各种重大政治、社会、经济活动中出色完成保电任务。实施以电代煤、以电代油、光伏发电等“电能替代”项目20多个，为推动生态景区、生态乡镇建设提供坚强支撑，较好实现客户经济效益与节能减排社会效益的“双赢”。他努力创新服务手段，提出“AAAAA景区AAAAA服务”的理念，在供电所推出“省心柜台”“服务超市”“爱心银行”，实现用电服务多角度延伸；大力推行“互联网+”线上服务，强化服务智能化，逐步实现由客户办电“最多跑一次”到“一次都不跑”的服务转变。他带领的索溪峪供电所确保多年的安全生产零事故、营销管理零差错，连续9年没发生一起服务投诉事件。在2013年全省农村供电所营销服务评价中获一等奖，并成为全省供电所综合管理、营销管理“双项标杆”；2015年被评为国家电网公司营销管理标杆供电所；多年来还收获“全国工人先锋号”“国家电网公司五星供电所”等20多项荣誉。本人也获得“国家电网公司农电优秀管理人才”“国网湖南省电力公司优秀班组长”等10多项荣誉，并当选为湖南省工会第十六次代表会议代表。2019年4月被授予湖南省五一劳动奖章。

【谭新民】 男，土家族，中共党员，本科学历，1971年4月出生，湖南省慈利县人，现任张家界市食药监局法制行政审批科科长。1990年7月至2001年8月，在慈利县药品监督检验所从事药政管理工作；2001年9月至现在在市食药监局工作。他政治过硬，表现优秀，是单位系统公认的业务骨干和德才兼备的好干部。工作认真负责，勤恳务实，爱岗敬业，能始终把本职工作放在第一位，从不计较个人得失，保持多年如一日。2015年11月前主要从事一线执法工作，能自觉坚持人民利益至上，紧盯食品药品安全问题，着实开展稽查执法，牵头查办食品药品违法案件1000余起，为实现本市多年来未发生较大以上食品药品安全事故、尽力保障人民群众饮食用药安全作出突出贡献。并保持行政处罚零复议、零诉讼、零投诉纪录，案件质量在全省食药监系统和市政府法制办组织的考评排名中多次名列前茅。近3年来具体负责单位法制及行政审批改革工作，相关工作扎实推进，成效显著，市食药局连续3年被评为全市法治建设工作优秀单位，并作为推行集中审批的先进典型在全市推介。因工作业绩突出，2013年1月经省人社厅、省食药监局批准记一等功，2009年1月、2012年7月、2015年7月分别记三等功，给予年度嘉奖10多次，2016年3月省人社厅和省政府法制办批准授予“湖南省政府法制工作先进个人”，2016年6月市委授予“优秀基层党支部书记”，2008年2月省食药监局授予“十佳稽查能手”称号等。2019年4月被授予湖南省五一劳动奖章。

（本栏撰稿　张　烨）

第七届湖南省道德模范提名奖获得者

【姜玉忠】 男，汉族，1971年1月出生，湖南省张家界市武陵源区江汉山庄旅行社中级导游。连续14年荣获优秀导游、优秀员工等荣誉称号，多次受到游客赞誉；武陵源区第二届诚实守信道德模范、张家界市第三届诚实守信道德模范提名奖、“湖南诚实守信好人”。自从事导游工作以来，始终诚实做人，踏实做事，宾客至上，服务第一。2015年4月12日，青海油田疗养院王女士带母亲到张家界游玩，列车到达常德时，不慎从铺位摔伤，他第一时间陪王女士去医院作检查，安排入院，并安排他的爱人照顾直到康复出院。在张家界大峡谷，他背上扭伤脚踝的东北大汉艰难的走出景区，送往医院救治；在袁家界，他主动劝导景区抽烟者。2019年被授予第七届全省诚实守信道德模范提名奖。

（本栏撰稿　周岐锋）

2019年度湖南省三八红旗手

【梁英杰】 女，1970年4月出生，初中学历，张家界市永定区珍杰畜禽养殖专业合作社法人代表。身残志坚的梁英杰，协助驻村工作组和代家湾村两委开展扶贫工作，经多方努力，建立张家界珍杰畜禽养殖合作社，特意将村里11户建档立卡贫困户纳入合作社，鼓励家人积极参加湖南省2017第一期农村致富带头人培训。多次深入到建档立卡贫困户家中，现场作技术指导。当她得知14户建档立卡贫困户非常想跟她学习搞养殖业，但苦于没有本钱和技术的时候，她便到外面购买价值3500多元、共计1510只的土鸡苗，免费送给大家。并当着他们的面说:"无论养殖的鸡或者是种植的蔬菜等，都进行回收，技术也是免费提供。梁英杰免费给贫困户发放种子、肥料、农资，价值7000多元。在梁英杰的帮扶下，有14户建档立卡贫困户主动申请摘掉贫困帽，2018年全部脱贫。曾先后被评为湖南省“百名阳光致富带头人(示范户)”、湖南省一季度助人为乐湖南好人榜、张家界市残疾人自强模范、永定区“巾帼建功标兵”、2017年度蔬菜产业发展大户。2020年3月被评为2019年度湖南省三八红旗手。

【杨仙娥】 女，土家族，1982年2月出生，张家界市武陵源区军地坪街道社区卫生服务中心全科主治医师。2003年毕业于湘南学院临床医学系，2012年7月加入中国共产党，2016年通过全科主治考试。从医16年始终怀着对党的无限忠诚，对患者的无限热爱，牢记一名共产党员的神圣职责，立足岗位，勤奋工作，刻苦钻研，无私奉献，恪守职业道德，凭着熟练的技术，良好的道德及高尚的思想品质得到领导、同志的赞誉，赢得无数患者的爱戴和信赖。她曾先后多次获得市、区卫生系统“三基”比武第一名、药品不良反应监测第一名、优秀共产党员、优秀医师、专业技术先进个人奖励等荣誉称号。2020年3月被评为2019年度湖南省三八红旗手。

【龙芳】 女，1975年9月出生，中共党员，研究生学历，湖南慈利农村商业银行股份有限公司党委书记、董事长。在她的带领下，慈利信用联社成功改制组建为慈利农商银行，绩效排名由2013年末全省114名上升至2018年末的第7名，成功甩掉高风险行落后的帽子，步入全省第一方阵。她带领团队开通代缴电费、医保微信缴费、天然气手机缴费等业务，让全县居民用户足不出户实现线上缴费，与县公交公司合作推进“挥手闪付乘车”工程，打造全市首个公共交通领域的移动支付便民示范工程。创新推出“巾帼贷”“道德贷”“创业贷”“小额扶贫特惠贷”“特色贷”等20多个产品，支农支小，服务实体经济。积极践行企业社会责任，不遗余力建设有温度的百姓银行，助力精准扶贫，热心公益事业，改制以来上交税款2.25亿元。先后获得过“湖南省最美扶贫人物”、湖南省农村信用社联合社“先进个人”、湖南省农村信用社联合社“优秀共产党员”等荣誉称号。2020年3月被评为2019年度湖南省三八红旗手。

【贺晓英】 女，1961年7月出生，中共党员，高中学历，桑植县退役军人事务局洪家关光荣院院长。33年来，她把124位革命老人当自己的亲生父母一样照顾，为93位活到80岁以上的革命老人披麻戴孝，养老送终，让他们临终之前觉得跟着共产党闹革命不亏。贺晓英原本在县城工作的丈夫，25岁时不幸身患重病，造成下肢全瘫。她的婆婆全力支持她，从一岁到三岁的两个孩子和全瘫的丈夫全由婆婆照料。30多年来，她从不因为照顾家人而耽误光荣院的老人，33个除夕一直和老人们在一起。贺晓英认真在做好日常生活照料的同时，积极学习钻研老人护理工作知识，着力与光荣院孤寡老人进行心灵沟通，满足其心灵需求，使服务提升到心理、精神层面，使老人们晚年生活充满快乐和幸福。曾先后获得“全国孝亲敬老之星”、“省劳动模范”、湖南省民政厅“先进工作者”、“湖南省关爱优抚对象活动先进个人”、张家界市“十大杰出青年”、张家界市“创先争优优秀共产党员”、“优秀基层民政干部”、湖南省劳动模范、张家界市第三届道德模范、“最美民政人”、湖南省十大孝行人物、CCTV感动中国湖南十佳人物、省优秀共产党员、“全国敬老、爱老、助老模范人物”、湖南省道德模范提名奖”、“全国岗位学雷锋标兵”、“全国退役军人工作模范个人”等荣誉称号。2020年3月被评为2019年度湖南省三八红旗手。

(本栏撰稿　罗　震)

2019年度湖南省最美妇联人

【孟荔】 女，1979年1月出生，中共党员，本科学历，张家界市永定区永定街道办事处党工委委员、副主任；2017年当选张家界市永定区妇联兼职副主席，两年多来，她牢记自己的身份和使命，认真履职，全心全意为妇女儿童服务，倾力倾情为妇女儿童办实事、解难事、做好事，赢得组织的认可和群众的拥护。2020年3月被评为2019年度湖南省最美妇联人。

【张娟】 女，1983年9月出生，中共党员，大专学历，张家界市慈利县零阳镇北街社区妇联主席。2020年3月被评为2019年度湖南省最美妇联人。

【蹇玉萍】 女，1976年3月出生，中共党员，本科学历，张家界市桑植县澧源镇政府妇联主席。任妇联主席的四年以来，她大力推进村(社区)妇联“六亮”工作，亮牌服务、亮妇联标识、亮组织架构、亮工作职责、亮执委身份、亮活动内容，“六个亮”让20个村(社区)妇联组织和妇联工作在妇女群众身边有形化、常态化。投身“乡村振兴巾帼行动”，组织开展“姐妹手拉手、巾帼脱贫快步走”活动，安排老观潭社区妇女60余人参加女红技艺手工编织培训。关爱留守老人，引进社会机构创办公益性的服务机构——养老服务中心，并得到上级的大力支持，在20个村(社区)进行推广，大家给这项工作取一个美丽的名字“暖阳之家”。配合镇党委政府开展“平安家庭”“魅力家庭”评选表彰活动，一个个教子成功家庭、自主创业家庭、和睦家庭、环境整治家庭，支持工作家庭、尊老爱幼家庭、乐于助人家庭、义务服务家庭被树为全镇的榜样，蹇玉萍的足迹到哪里，妇联这个家就到哪里。曾先后获得市、县各类奖励20余次，2017年获桑植县“三八红旗手”荣誉称号，连续多年市、县妇联工作先进单位。2020年3月获得2019年度湖南省最美妇联人提名奖。

(本栏撰稿　罗　震)

湖南省政府特殊津贴获得者

【雷明盛】 男，土家族，1969年7月出生，籍贯湖南慈利，九三学社张家界市委主委，1991年7月参加工作，中南大学湘雅医院内科学博士研究生，2013年5月至2018年9月在武汉大学博士后流动站进行博士后研究，现任张家界市人民医院副院长兼呼吸内科主任、主任医师。从事临床、科研、教学一线工作28年，研究发现肺癌微环境中诱导Treg的APCs部分分子机制，发现家蚕引起严重的IgE介导的哮喘分子机制和循环microRNA对肺癌早期诊断。2018年成功抢救2例人感染禽流感H7N9重症病例。带领创建硕士点、省级重点建设专科、省级临床医疗技术示范基地。先后培养硕士研究生17名。主持、参与省部级课题项目3个，参与国家级课题1项、主持市厅级科研课题1项。有授权专利1项、专著3部、副主编专著3本、论文16篇。张家界市第六批拔尖人才、湖湘名医、湖南省高层次卫生人才"225"工程第三层次人才，2015年度被九三学社中央委员会授予社会服务工作先进个人荣誉称号，第四届湖南省政府特殊津贴人员。

【龚美慧】 女，土家族，中国民主同盟盟员，硕士学位。1965年5月出生，张家界市永定区人，1981年11月参加工作，正高级教师、特级教师、省国家级黄炎培杰出教师、国家级教育名师、湖湘优秀班主任、芙蓉教学名师、张家界市劳模，湖南省政府特殊津贴人员获得者。龚美慧在35年从教生涯里，始终心怀仁爱之心，坚持用爱的甘露浇灌孩子的心灵，以爱的艺术引导孩子的成长，她用平凡而伟大的母爱拯救一个个早恋、网瘾、厌学、厌世的孩子，在学生中赢得"女神龚妈妈"的昵称，被家长奉为学生的"贵人"。她是新时代教师的典范、标杆和旗帜，其先进事迹被多家媒体进行宣传报道。(本栏撰稿　史明涛)

湖南省邮政公司优秀共产党员

【尹定峰】 男，汉族，1979年2月出生，中共党员，湖南邵东人，海南大学信息工程专业专业全日制本科学历，原中国邮政集团公司张家界市分公司党委书记、总经理。2019年11月1日，尹定峰在张家界市慈利县分公司一线调研期间突发心肌梗塞，经医院抢救无效，不幸与世长辞，享年41岁。2019年11月4日，湖南省邮政公司追授尹定峰为"优秀共产党员"。

从事邮政工作近20年来，尹定峰一直坚守着"人民邮政为人民"的初心和使命，2002年8月作为湖南省第一批援藏干部赴西藏山南地区邮政局工作；2017年7月到张家界市邮政公司以来，尹定峰始终坚持不忘初心，以饱满的激情、坦荡的胸怀、朴实的人品、务实的作为，脚踏实地，执着追求，吃苦耐劳，躬身践行，奋力拼搏。在他的带领下，两年多来，张家界市邮政事业得到快速发展，每年保持较快增长。2019年，张家界武陵源索溪峪网点被全国总工会授予"工人先锋号"荣誉称号；中国邮政集团有限公司张家界市分公司被评为2019年度"平安单位"创建示范单位。

5月8日，《新华每日电讯》刊发题为《生命定格在深山邮路上的"狗不叫"扶贫干部》尹定峰先进事迹报道。新华网、人民网、光明网、中国日报网、中国新闻网、中国共产党新闻网、新华每日电讯公众号、半月谈公众号、中国经济网、中国网、人民交通网、中工网、中国邮政官网、《中国邮政报》官方订阅号及《张家界日报》等中央和地方媒体网站纷纷转载，在全社会引发强烈反响。

"尹定峰是湖南邮政主题教育的'精神坐标'"。在全党深入开展第二批"不忘初心、牢记使命"主题教育之际，湖南省邮政分公司党组向全省邮政宣传发布尹定峰的先进事迹："尹定峰同志始终不忘党的嘱托，牢记'人民邮政为人民'服务宗旨，尽心尽责、苦干实干，以实际行动体现对党忠诚、心系群众、忘我工作、无私奉献的优秀品质。他是湖南邮政主题教育的'精神坐标'；是企业改革发展中的一面鲜红旗帜。广大党员、干部要向尹定峰同志学习，不忘初心、扎实工作、廉洁奉公，心系群众的精神，为人民造福，努力做出无愧于时代的业绩。"

(本栏撰稿　陈朝辉)

新时代湖南好少年

【杨宇坤】 男，12岁，张家界市崇实北校学生。他除是学习上的小达人，他还是张家界市爱心联盟公益小天使，只要有公益活动，不管严寒酷暑，刮风下雨，他都会积极参与，到敬老院为爷爷奶奶捶背；看望慰问残疾儿童；在马路边开展文明劝导，多次被评为张家界"优秀公益小天使"。

【杜炫桦】 男，12岁，张家界市永定区崇文小学学生。他遭遇不幸却有着直面困难的勇气。在家里，他是照顾家庭的小大人，照顾生病的爸爸，帮助劳累的妈妈，小小年纪的他体恤着父母的辛苦，回馈着父母的养育恩。在学校，他是老师的小帮手，时刻把同学放在心上，尽职尽责为同学服务。虽然家境拮据但他依然葆有助人为乐的善良，同学有困难，学校有捐助活动，他都会在自己力所能及的范围内献出爱心。

【李沛轩】 男，15岁，慈利县零阳镇一鸣中学学生。受父母祖辈的影响，李沛轩打小就对国学经典表现出浓厚的兴趣，及至三岁能背《千字文》，五岁能诵《弟子规》《三字经》《香九龄能温席》《孔融让梨》得故事更是讲述得有声有色。正源于从小受中华优秀传统文化的熏陶，沛轩品学兼修，至臻至诚，全面发展，期期被学校评为"三好学生"，先后多次被评为"爱心小天使""优秀学生会干部"，张家界市"黄金旅游周优秀志愿服务者""五星级美德少年"；今年4月以来先后获评"学雷锋标兵"授予"雷锋铜章"。

【陈孟箫】 男，10岁，张家界天门小学学生。他学习认真刻苦，成绩优异，多次被评为"三好少年""学习标兵""优秀班干部"。他是老师眼中的好学生，父母眼中的好孩子。同时他爱好广泛，多才多艺。从三岁开始，就开始学中国武术，跆拳道，笛子，葫芦丝，足球……在“天门论剑 2016‘完达山’首届张家界武术大赛”中，获幼儿男子门派拳种拳术第二名，获幼儿男子门派拳器械第四名。尊敬师长，团结同学，极富有爱心，是老师的得力助手。学校组织任何活动，他都会积极主动参与，在学校举行的学雷锋一日捐活动中，更是捐出所有的零花钱 203 元。在班级中，他常常对需要帮助的同学伸出援助之手。他与班上的后进生结成一对一帮扶，每天义务为其辅导当天的作业。周日，他也会随同父母到敬老院做义工，和爷爷，奶奶们聊聊天。他博览群书，在学校每期的每日必读活动中，更是出色，每次的阅读心得写的仔细认真，字迹工整 。

（本栏撰稿　吴　晗）

第五届张家界市道德模范

【周海燕】　女，1976 年 12 月出生，中共党员，张家界市微爱公益服务中心会长。曾获“湖南好人”“湖南省十佳禁毒志愿者”“湖南省无偿献血志愿服务三星级奖”“市优秀志愿者”等称号。13 年来，她组织志愿服务活动千余次，个人志愿服务 2 万余小时，募集物资折合人民币 300 余万元，个人捐资 10 万余元，被誉为“爱心姐姐”“天使阿姨”。2017 年 9 月组建“张家界市微爱公益服务中心”，先后引进“零钱电影院”“扬帆计划”等项目，关爱孩子们全面发展；引进“黄手环行动”，关爱老人；引进“河流守望者”项目，开展保护河流活动。开展无偿献血、关爱残障、无障碍体验等活动。发起“音为有你”、“非遗进校园”“守护童心”等系列支教项目，在三家馆等学校开展土家刺绣、器乐、声乐等公益支教，得到社会各界的关注和好评。2019 年被评为第五届张家界市助人为乐道德模范。

【李景军】　男，1968 年 08 月出生，中共党员，武陵源区中小企业商会党支部书记、李景军义工服务队负责人。曾获“湖南好人”“市优秀志愿者”“优秀共产党员”等称号。他的“义务理发”荣获湖南省最佳志愿服务项目。在他理发专用笔记本上详细记录每位老人的理发日期。“有了这个本子，我就知道老人多久没理发了。”10 年来，他义务理发 1 万多人次，他的义工服务队伍也达到 200 多人。他经常组织志愿者们开展义剪、义讲、义演、助学、文明劝导等志愿服务活动。总是抽时间、挤时间去关爱他人，到目前为止，义工服务活动已经覆盖武陵源区的 6 个乡和街道。多年来，李景军默默用行动诠释着怎样去“关爱”。2019 年被评为第五届张家界市助人为乐道德模范。

【陈　铭】　男，1984 年 3 月出生，慈利县江垭镇龙台村村民。2018 年 7 月 13 日下午 3 点半，4 名小孩在莲坪村砖厂水塘玩耍溺水，他没多想就跳入水中。水塘有 5 米多深，且岸陡。他首先将离岸近的两个小孩拖上岸，随后游向塘中央。当救起第三个小孩后发现，第四名小孩已沉入水中。由于雨后，塘水有些浑浊，看不清落水者位置。他潜入水中摸索，找到孩子并奋力将其拉出水面，此时他已严重透支。小孩虽然救上来，但呛水昏迷，他赶紧施救，经过努力，孩子逐渐恢复意识，脱离生命危险。待孩子们缓过神来，得知他们的家庭地址，陈铭又将他们全部安全送回家，自己便悄然离开。普通的平凡人，铸就不平凡的义举，陈铭为我们树立好榜样。2019 年被评为第五届张家界市见义勇为道德模范。

【向明松】　男，1964 年 10 月出生，中共党员，永定区西溪坪街道办事处渡口社区主任。曾获评“湖南好人”“市铁路护路联防先进个人”。2018 年 6 月 3 日 9 时许，西溪坪街道覃家岗社区姚新文家三岁半孙女的头卡在三楼客厅防盗窗上，整个身子悬空，情况万分危急。他不顾危险，爬到二楼防盗窗的雨阳罩上，借助空调外机支架一手稳住身体，一手抓住小欣怡的两条腿往上送，慢慢将她举到防盗窗里，救下小女孩，被市民遵称为最美“托举哥”。英雄从来不是偶然，2005 年 7 月 26 日，他在澧水河洗澡，突然发现几个孩子滑到深水坑里，他拼尽全力将三个孩子救上岸。在社区，他爱岗敬业。整治环境卫生，他带头；成立义务护路队，他带队；游道损坏，他亲自补；他每年还定期走访社区留守儿童，慰问社区低保老人和贫困户。2019 年被评为第五届张家界市见义勇为道德模范。

【郭彩莲】　女，1974 年 9 月出生，张家界市武陵源区环境卫生管理工人。曾获“湖南好人”“市最美环卫工人”称号。2019 年 2 月 10 日上午 8 点多，她在张家界国家森林公园停车场附近草丛发现一个桔色背包，里面有雨衣和许多现金。面对相当于自己 5 个多月工资的现金，她没有动摇，第一时间给办公室报告，同时在寒风中等待失主前来认领。4 小时后，在派出所的协助下终于找到失主，她主动归还失物且婉言谢绝感谢金。自从事环卫保洁工作 3 年来，她每天提前到岗，最后下班，给同事帮忙从不计回报。为保证清扫区域干净整洁，她不停地来回捡、扫垃圾和砂石，经常累得腰酸腿痛，她总是笑着说：“宁愿一人脏，换来万人洁，为了市民和游客有一个更加舒服的环境，多辛苦都是值的。”2019 年被评为第五届张家界市诚实守信道德模范。

【阙冬梅】　女，1976 年 10 月出生，桑植中小企业商会副会长、张家界市吉星商贸有限公司董事长。曾获评“市诚信经营示范单位”“湖南省女企业家”“桑植县首届道德模范”等称号。一个农村打工姑娘，以“诚信经营、敢于吃亏”为原则，创业之初，因资金困难东挪西借，从来守信还款。从小小的门店开始，用十多年的时间，创建母婴行业终端品牌“吉星奶粉屋”连锁系统。在整个张家界地区内拥有直营、合作与加盟门店 62 家。杜绝销售一切假冒伪劣产品，曾多次主动销毁积压过期奶粉，损失十多万元，其“放心奶”赢得整个地区的信赖，在同行业中的诚信名声首屈一指。2017 年，其公司被评为“张家界市诚信经营示范单位”，其个人当选市人大代表。2019 年被评为第五届张家界市诚实守信道德模范。

【文定国】 男,1968年8月出生,慈利县环卫处市容监察队组长。曾被评"张家界市十佳最美环卫工人"。自1986年9月成为慈利县一名环卫工人,每天与粪便、垃圾为伍,一干就是10多年。2005年,担任市容监察队组长,带领队员经过三个多月集中整治,彻底改变慈利县城夜市规划区的"脏乱差"。2012年4月,进修垃圾压缩设备修理技术后,每天骑着破旧摩托车,风里来雨里去穿梭在街头巷尾维修垃圾站压缩设备,更换垃圾桶,修理果皮箱和公厕水龙头。他每天不停地钻地沟,趴车底,在臭味、污水环境下作业。除劳保服,他好多年都没穿过新衣服。2016年9月,体检发现他血糖超高4倍,已诱发肾病综合症,可他只休息2个月,又回到工作岗位上。所在班组被评为"湖南省环卫行业优秀作业班组"。2019年被评为第五届张家界市敬业奉献道德模范。

【申圣春】 男,1960年3月出生,中共党员,张家界市人民医院大内科主任兼心内一科主任。曾荣获"湖南好人""湖南省科研成果奖""湖南省科技进步奖""湖南省科研创新能手""湖南省先进个人(省劳模)""全国知识型职工先进个人""全国卫生计生系统先进工作者"等称号。毕业后到某乡任副乡长,亲历医院困境后,毅然弃政从医。1994年,成功开展多项心脏介入手术,成为湖南省同级医院率先开展心脏介入手术医生。22年来,他已做手术7000多台。他的休息室柜子里全是《病历日记》详细记录着他的病人病情病历。2015年,王先生因心肌梗塞再度入院,他翻出以前病历日记参考评估,让王先生的病第一时间得到治疗。32年来,他治疗患者20多万人次,带教学生3000多人,他的"病历日记"还被年轻医生当成教材借阅研究。因为长期与辐射、放射元素接触,他担心成家影响家人和后人,55岁的他至今未婚,但他从未后悔。"医院就是我的家,病人就是我的亲人。"2019年被评为第五届张家界市敬业奉献道德模范。

【谭小周】 男,1969年8月出生,中共党员,桑植县洪家关白族乡农技专干、政府禁毒办主任。曾被评为"湖南省禁毒工作先进个人",受到省委书记杜家毫、省长许达哲等省领导的接见。2016年,他把学校、农村、集镇作为禁毒宣传的主战场,走村入户进课堂宣讲禁毒知识上百次,发放禁毒资料2.1万多份,受教育人数达5万人次以上。抓好对吸毒人员帮扶工作,筹集帮扶资金4万多元,挽救即将破碎的家庭4户。在他帮助下已有19人解除社区戒毒康复协议。2018年,所在单位成为全国社区戒毒康复工作示范单位。坚持下村与农技推广相结合,谭小周坚持下村走访与矛盾调解相结合。2018年推广发展优质稻26.667多公顷,2019年推广优质稻133.333多公顷,为洪家关乡全面脱贫打下坚实的基础。三年来,他深入农村,调解矛盾10余起,无一例赴省进京上访。2018年当选"桑植县首届道德模范"。2019年被评为第五届张家界市敬业奉献道德模范。

【吴愈满】 女,1934年4月出生,慈利县高峰乡干洞河村村民。曾获"中国好人"称号。1953年的一天,家里突然来一对先天性眼盲腿瘫姐弟,其父过世,母亲再婚后失踪,继父家中失火,不得已过来寄住。然8天后他们的继父意外身故,姐弟无处可去。得到家人支持,吴愈满承担起照顾姐弟的责任,这一住就是65年。弟弟文际林生活不能自理,每天吃饭都是吴愈满送到他手中,还经常为他添置新衣,理发等。2002年,文际林不慎摔倒,卧床修养大半年,吴愈满为他治疗花费1万多元。吴愈满不光自己照顾文际林,家里四子三女对文际林比亲叔还要亲。1984年,文际林走失山中,吴愈满全家寻找,16岁的三儿子把他从山上背回家。2009年,文际林烤火睡着烧伤,全家为他四处寻医找药,晚辈轮流照顾。2019年被评为第五届张家界市孝老爱亲道德模范。

【文年友】 女,1968年11月出生,永定茅岩河镇水帘洞村村民。1997年,她丈夫与他弟弟在煤洞意外去世,她的婆婆深受打击,一病不起。失去家庭主心骨的文年友虽然无比悲痛,却没有一蹶不振。她毅然撑起整个家庭,代替丈夫成为家庭"顶梁柱"。她一边照顾在家的孩子,一边照顾生病的婆婆。务工时什么脏活累活都干,从没想过放弃这个家庭。每月工资第一时间寄回家。认识现在的丈夫,准备结婚时,她要求把婆婆接到一起照顾,丈夫欣然答应。她用自己的身体力行给孩子们做表率,教育孩子们孝老敬老。2018年10月初,她婆婆医治无效去世,她们夫妇按照当地习俗尽心料理老人后事。她用自己的实际行动,诠释中华儿女孝老爱亲的传统美德。2019年被评为第五届张家界市孝老爱亲道德模范。

(本栏撰稿 周岐锋)

其他新闻人物

【王波】 男,1972年11月出生于张家界永定区,中共党员,1990年12月入伍,2016年11月退伍,同年12月任市法院驻桑植县走马坪白族乡前村坪村帮扶工作队副队长,兼任驻村第一任书记。

自从事扶贫工作两年多以来,王波始终以饱满的精神状态、务实的工作作风、一心为民的奉献精神,不断发挥基层党组织战斗堡垒作用,带领扶贫工作队和村支两委,精准施策,因地制宜,加快基础设施建设和产业发展,改善农村基础教育条件,扶贫成绩显著,使前村坪村成为远近闻名的"样版村"。

履行第一书记职责,建好班子队伍。深入走访党员群众,积极听取意见建议,在原金丰界、前村坪村、小汉峪村合并为新前村坪村后换届选举中选优配强村支两委班子。不断提高农村党员的责任感和使命感,增强党组织的凝聚力、战斗力、公信力,基层党组织面貌焕然一新。

加强基础设施建设,打好脱贫根基。多方筹措资金,新修道路30余千米,切实解决百姓出行难问题;整修村级小学教室,修建6间教师宿舍,建起学生图书室、媒体教室、实验室,极大改善村小的办学条件,稳定教师队伍,协调张家界耀宇置业有限工资董事长周耀成捐资130多万元,新建一所高标准的村幼儿园,解决周边4个村子女就学难的问题。新修建占地 0.333 公顷、建筑面积 600 多平米的新村部，便民服务中心、多功能会议室、村卫生室等功能设施逐步完善。争取 220 余万元新建村民安全饮水工程，彻底解决村民饮水难的问题。全村电视网络覆盖率达到 100%。

精准施策发展产业，探索脱贫新路。走家串户，深入了解贫困户家庭情况，对 111 户 389 人进行建档立卡户实行产业全覆盖。根据贫困户家庭情况，制订产业发展计划，开展技能培训，提供资金帮扶。积极探索产业发展新路，招纳社会人士周永盛等人投资成立张家界百岁康健合作社基地化种植雪莲果，覆盖建档立卡贫困户 23 户 130 余人，仅务工收入一项，贫困户最多的能达到 2 万元/年。在雪莲果产业带动下，2018 年有 11 户贫困户发展林下养殖生态鸡 10000 多只，山羊养殖 150 多只，湘西黄牛养殖 50 余头，生态猪养殖 2000 多头，烤烟种植 6.667 公顷，药用木瓜种植 23.333 余公顷，并先后推动成立金凰木瓜药材种植基地、百果园石蛙养殖基地、张功保生态猪专业养殖合作社等 11 家农村专业合作社。通过发展产业，农民收入大幅增加，生活水平不断改善，也涌现像陈克明、刘勇、谷发浓等一批脱贫致富能手。2019 年，被评为“湖南省模范退役军人”

【胡金平】 男，土家族，1963 年 10 月出生于张家界市慈利县，自 1986 年 12 月退伍后，于 1999 年 9 月创办张家界南方运输有限责任公司。20 年来，旗下先后共创办 14 家实体企业。安排 1680 人就业，含退伍军人 56 人。解决近 2 万人的生计问题。每年向国家缴纳的税费逾 3000 万元。

2012 年 3 月在张家界经济开发区创办张家界南方机动车驾驶员培训学校，先后为 1216 名退伍军人学习机动车驾驶技术优惠学费 146 万元。每年的“八一”建军节，他亲自主持召开企业所有退伍军人座谈会，给每位退伍军人发放 500 元的慰问金，鼓励他们继承和发扬我军的光荣传统，努力为祖国和企业建设做贡献。

2013 年创办张家界南方信息科技公司，对全市的营运车辆实行 24 小时监控及时纠正驾驶人员的违规行为。全市营运车辆的责任事故率下降 30%。企业现拥有营运客车 689 台，覆盖本市两区两县 60 多个乡镇，本省 11 市县，为张家界市 120 多万人民群众出行提供便利。

在公司及旗下所属企业自创办以来取得的可观的经济效益和社会效益的同时。他不忘初心，秉持退伍不褪色的理念，先后资助贫困学生上学，支援乡村建桥、修路、供水、慰问灾区捐款、救助公司贫困职工、优惠退伍军人等共回报社会 276.5 万元。

2005 年、2006 年获湖南省交通厅依法缴纳交通规费先进个人。2008~2018 年连续 11 年获湖南省道路客运质量信誉考核 AAA 单位。

2012 年、2015 年、2018 年分别获张家界市、湖南省、全国总工会三级模范职工之家称号。2019 年，被评为“湖南省模范退役军人”

【李高兴】 男，土家族，1982 年出生于张家界市武陵源区农村家庭，中共党员，2000 年参军入伍，于 2007 年 12 月退伍。2008 年，他正式接触快递行业，从基层做起，逐步熟悉业务流程，培养认真工作态度，提高工作能力。于 2012 年拿到张家界市的总代理权，成立自己的快递公司。

十几年的创业之路，他从一个农村出身的退伍军人，成为张家界天一快递有限公司的法人，并于 2017 年签订天猫业务在张家界的代理权。2019 年，被评为“湖南省模范退役军人”

【谷彩虹】 女，白族，1976 年 1 月 29 日出生于桑植县芙蓉桥。

自 2012 年进入澧源镇民政所负责退役军人事务以来，她已在在退役军人事务岗位上服务八年。

退役军人曾经为革命流血、戍边守疆、保家卫国，抢险救灾、流血流汗，她始终对退役军人保持一种独特的敬意，在工作中带着感情去履行自己的职责。

一是把习近平总书记以及党中央国务院对于退役军人的重要工作精神和关怀积极传达到退役军人心中，时刻让退役军人感受到党中央的关怀和关注。推动相关法律法规和政策措施在镇里落实，将上级部门的优抚安置政策落实到每一位退役军人，重点解决一批重难点问题。二是积极做好移交安置、军休管理服务、优抚双拥和烈士褒扬工作。加强退役军人思想政治引导，组织他们讲初心、讲使命、讲革命故事、讲退役不褪色的故事，增强他们的荣誉感，激发全社会的正能量。三是高度关注退役军人诉求，符合政策的及时解决，没有政策的想方设法给予帮助，最大限度让他们安心、满意。四是积极组织活动弘扬广大退役军人的优良传统，增强法治观念，依法理性表达诉求，树立退役军人的良好形象。2019 年，被评为“湖南省退役军人工作模范个人”

【金珍标】 男，土家族，1931 年 8 月出生于张家界市武陵源区中湖，初中文化。抗美援朝二级战斗英雄，立一等功。

1950 年 12 月至 1954 年 12 月参加抗美援朝战争，先后编入编入 47 军 141 师 423 团和 141 师 1 营 3 连；1955 年 1 月至 1962 年 8 月 先后在桂林步校任军事教官和在广西石龙县武宣农场劳动，1962 年 9 月目前居住家里，自主营生。

1950 年 12 月，金珍标参军后被编入 47 军 141 师 423 团，先是在桑植县城参加集训，1951 年农历正月十五离开家乡，正月二十八从浮桥上跨过鸭绿江。1951 年 9 月份所在部队起到朝鲜南洋里机场全力抢修机场，1951 年 10 月，被编入 141 师 1 营 3 连，经过 4 个月的集中训练，成一名优秀的机枪手。

参加的大小战斗十来次，参加过最重要的战役是老秃山攻坚战，也是我军军史上光辉的一页。1953 年 3 月，老秃山战役爆发后，他所在 3 连的任务是死守 597.7 米和 537.7 米无名高地，在双方猛烈的炮击之下，山上所有的树木都被摧毁，整个山头成为一片秃岭，于是得名老秃山。老秃山之战，当时敌人兵力达到 6 万人，他们对着两个高地投掷 5000 枚炸弹，集中火力进行两小时的进攻，两个山头的硬土都被炸下去一米多深。当时金珍标和另一位名叫董明竹的机枪手配合作战，看到对面的敌人就用机枪扫射。“哒哒哒”、“哒哒哒”，一批批美国士兵被我们歼灭,17个美军地堡被三连摧毁。在金珍标所在三连的掩护下,旗手张廷孝终于将红旗插上老秃山主峰。后来,金珍标又和营长郝中云背靠着背用机枪同敌人作战,"哒哒哒"、"哒哒哒",一口气打出200发子弹,打垮了敌人的顽抗,占领阵地。在战斗中,金珍标的右腿也连中三枪,等到他从战壕爬出来时,"组长、班长,还有红旗手、弹药手都已经牺牲了"。"轻伤不下火线,重伤不进医院。"看到一个个战友牺牲,金珍彪抱着血战到底的信念,咬紧牙关用力爬上5号阵地,结果发现美国佬的隐蔽火力点,捡起爆破筒,拉开导火索扔进去,一举清除这个火力点。刚喘口气,迎面就冲上来10多个敌人,金珍标赶紧举起机枪胡乱扫射。但美军燃烧弹也紧接着丢过来,阵地马上变成一片火海。金珍彪抱着机枪,就势滚下一道深沟,衣服烧没了,背部、臀部也都被烧伤。直到天黑,浑身烧伤、血口子淌着浊黄脓水的金珍标才被战友们发现,第三天转移到山下,抬进军用卡车送回后方战地医院。

据部队统计,金珍标一共打死165名敌人,据说是朝鲜战场上消灭敌人最多的志愿军战士,曾被评为"最坚强的机枪手"。志愿军总部授予一等功臣、二级战斗英雄称号,荣获金日成授予的国际勋章。解放军总政治部编辑出版的《红旗飘飘》刊登金珍标的事迹,少儿出版社发行连环画《让红旗飘扬在上甘岭的机枪手》

(本栏撰稿 张 民)

表26

2019年度"湖南省优秀少先队员"一览表

序号	姓 名	性别	出生年月	民族	学校名称	所在中队	担任少先队职务
1	吴昊	男	2007年11月	土家	江垭镇中心完小	六(2)中队	大队长
2	黄晨轩	女	2009年5月	土家	慈利县零溪镇中心完小	四年级三中队	少先队大队部成员,中队长
3	康程	男	2007年11月	土家	慈利县龙潭河镇中学	六年级120中队	大队长
4	彭子珺	女	2008年12月	土家	慈利县溪口完小	五年级205中队	大队长、中队长
5	陈宇轩	男	2007年11月	土家	慈利县零阳镇第一完小	六年级330中队	副大队长
6	金骤	女	2006年3月	土家	白石学校	六年级	大队长
7	田翊	女	2007年12月	土家	桑植县凉水口小学	5年级	少先队大队长
8	陈茜	女	2007年11月	土家	协合乡中心学校	五年级72中队	中队长
9	熊捷	女	2007年4月	土家	武陵源区第二中学	六年级	副大队长
10	覃雅芯	女	2010年3月	土家	张家界北门小学	三(1)中队	大队部宣传委员
11	胡云昭	女	2010年11月	土家	张家界崇实小学南校	二年级(3)班	中队长
12	杜炫桦	男	2007年10月	土家	崇文小学	五年级二中队	中队长

(本栏撰稿 覃基航)

表27

2019年度"湖南省优秀少先队辅导员"一览表

序号	姓 名	性别	出生年月	民族	政治面貌	学历	工作单位及职务	职称	任职年限
1	黎揽月	女	1976年12月	土家	群众	大专	金慈实验小学大队辅导员	一级教师	8年
2	代必鸿	女	1980年6月	土家	中共党员	本 科	慈利县零阳镇一完小少先大队辅导员	中学一级	3年
4	柴林霞	女	1989年9月	土家	中共党员	本科	张家界国家森林公园学校少先大队辅导员	二级教师	6年
5	楚新桂	男	1982年7月	土家	群众	中专	张家界市飞虎旅游实业有限公司		3年
6	张海燕	女	1981年7月	土家	中共党员	本科	张家界天门小学少先队辅导员	小学一级教师	12年

(本栏撰稿 覃基航)

表 28

2019 年度张家界市优秀共产党员和优秀党务工作者一览表

一、优秀共产党员（16 名）

姓名	性别	民族	单位及职务
陈　冲	男	土家族	张家界市公安局刑侦支队重案大队长
胡观成	男	汉族	张家界市人民医院神经外科主任
蒋训民	男	土家族	湖南新川律师事务所主任
刘　宏	男	白族	张家界市委统战部经济联络科科长、市工商联党组成员
李金凤	女	土家族	张家界市特殊教育学校教师
李景军	男	土家族	武陵源区中小企业商会党支部书记
彭汇芳	女	土家族	张家界市委办公室文电科科长
秦一群	女	苗族	桑植县市场监督管理局驻官庄村第一书记
覃宏洲	男	土家族	永定区罗塔坪乡宏岗村党支部书记
孙志新	男	汉族	张家界市环卫处工人
田东君	女	土家族	永定区崇文街道燕窝塔社区党总支书记
田奇华	男	土家族	张家界市诗词楹联协会党支部书记、副主席，永定区大庸桥中心学校教师
文露清	女	汉族	慈利县苗市镇党委委员（组织）
徐晓龙	男	汉族	慈利县苗市镇茶林河村党总支书记兼村主任
杨涛	男	土家族	桑植县洪家关白族乡水田坪村党支部书记
张健全	男	土家族	永定区纪委监委派驻财政局纪检监察组副组长，区纪委监委驻八家村第一书记

二、优秀党务工作者（11 名）

姓名	性别	民族	单位及职务
范正红	男	土家族	张家界市纪委监委副处级纪检员
胡　辉	男	土家族	桑植县洪家关白族乡党委书记
刘峰梅	女	汉族	张家界市人民检察院副处级检察员、机关党委书记
李　金	男	汉族	永定区委网信办主任，区委宣传部直属机关党委副书记，机关党支部书记
梁　猛	男	土家族	张家界市委基层党建办副主任
潘建纯	男	汉族	张家界经济发展融资担保有限公司党支部书记、总经理
秦　溢	女	白族	武陵源区锣鼓塔街道党工委副书记
向春莲	女	土家族	张家界市市直机关工委副调研员、组织部部长
熊湘玲	女	土家族	张家界航空职院党委委员、宣传统战部部长
张勇军	男	土家族	慈利县通津铺镇党委书记
朱大初	男	汉族	慈利县二坊坪镇二坊坪村党总支书记

（市委组织部供稿）

表29

2019年度张家界市劳动模范和先进工作者一览表

姓名	性别	民 族	籍 贯	政治面貌
田开锋	男	土家族	张家界市永定区	中共党员
詹化军	男	土家族	湖南桃江人	中共党员
李春萍	女	汉族	张家界市永定区	中共党员
许云勇	男	土家族	张家界市永定区	中共党员
郑明华	男	土家族	张家界市永定区	中共党员
毛美玉	女	土家族	张家界市武陵区	
郑霞兵	男	土家族	张家界市武陵区	
覃双喜	男	土家族	张家界市武陵区	中共党员
胡　敏	男	土家族	张家界市慈利县	中共党员
吴继楠	男	土家族	张家界市慈利县	
黎昌新	男	土家族	张家界市慈利县	
谭墩喜	男	土家族	张家界市慈利县	中共党员
杨　军	男	汉族	张家界市慈利县	中共党员
龙　芳	女	苗族	湖南花垣人	中共党员
吴国建	男	土家族	张家界市慈利县	
朱立文	男	土家族	张家界市慈利县	中共党员
王生龙	男	土家族	张家界市慈利县	中共党员
宋丕斌	男	土家族	张家界市桑植县	
刘海燕	女	土家族	张家界市桑植县	中共党员
蔡群兰	女	汉族	张家界市桑植县	中共党员
苏春华	女	土家族	张家界市桑植县	
覃月球	女	土家族	张家界市桑植县	中共党员
石万祥	男	土家族	张家界市桑植县	中共党员
涂典摸	男	土家族	张家界市桑植县	中共党员
杨光胜	男	土家族	张家界市永定区	
汪李丽	女	土家族	张家界市永定区	共青团员
童　欣	女	土家族	张家界市永定区	中共党员
李　超	男	土家族	张家界市永定区	
唐耿勇	男	土家族	张家界市慈利县	中共党员
邓绍云	女	土家族	江西萍乡	中共党员
秦　群	女	土家族	张家界市永定区	
潘　琴	女	土家族	张家界市武陵区	中共党员
唐　卫	男	土家族	张家界市慈利县	中共党员
郭先绪	男	土家族	张家界市武陵源	中共党员
张尚军	男	土家族	张家界市慈利县	
朱会云	男	土家族	张家界市慈利县	中共党员
唐　军	女	土家族	张家界市慈利县	中共党员
陈克绒	女	土家族	张家界市桑植县	中共党员
候碧云	女	土家族	湖南龙山人	中共党员
欧　平	女	汉族	张家界市永定区	
胡观成	男	汉族	衡阳市常宁市	中共党员
谢　勇	男	汉族	岳阳市汨罗市	中共党员
李春艳	女	土家族	张家界市永定区	
李中文	男	白族	张家界市永定区	中共党员
肖国翔	男	土家族	张家界市永定区	中共党员
邓珍辉	男	土家族	张家界市慈利县	中共党员
田开力	男	土家族	张家界市永定区	中共党员
胡圣文	男	土家族	张家界市慈利县	中共党员
蒋　山	男	汉族	湖南东安	中共党员

（本栏撰稿　张　烨）

附　录

张家界市2019年国民经济和社会发展统计公报

2019年，面对国内外风险挑战明显上升的复杂局面，在市委、市政府坚强领导下，全市上下坚持以习近平新时代中国特色社会主义思想为指导，认真贯彻落实党中央、国务院和省委、省政府各项决策部署，坚持稳中求进工作总基调，深入实施“对标提质，旅游强市”发展战略和“11567”总体思路，坚决打好三大攻坚战，继续推进产业项目建设，扎实做好“六稳”工作，全市经济运行保持总体平稳、稳中有进、稳中向好的良好势头，为全面建成小康社会和“十三五”规划圆满收官打下坚实基础。

一、综合

初步核算，全年地区生产总值552.1亿元，比上年增长7.6%。其中，第一产业增加值69.5亿元，增长3.4%；第二产业增加值81.4亿元，增长6.7%；第三产业增加值401.3亿元，增长8.5%。按常住人口计算，人均地区生产总值35767元，增长7.0%。

全市三次产业结构为12.6:14.7:72.7。第三产业增加值占地区生产总值的比重比上年提高0.6个百分点；工业增加值增长7.5%，占地区生产总值的比重为7.6%；非公有制经济增加值增长7.8%，占地区生产总值的比重为51.7%。第一、二、三产业对经济增长的贡献率分别为5.2%、13.9%和80.9%。其中，工业增加值对经济增长的贡献率为8.6%；生产性服务业对经济增长的贡献率为22.9%。

按区县分，永定区地区生产总值229.6亿元，比上年增长7.8%；武陵源区地区生产总值46.3亿元，增长7.6%；慈利县地区生产总值178.3亿元，增长7.4%；桑植县地区生产总值97.9亿元，增长7.4%。

二、农业

全年农林牧渔业实现增加值72.2亿元，比上年增长3.6%。其中，农业增加值47.5亿元，比上年增长3.7%；林业增加值7.5亿元，增长3.8%；牧业增加值12.1亿元，增长2%；渔业增加值2.4亿元，增长1.8%。

全年粮食种植面积126.4千公顷，比上年下降0.5%；棉花种植面积0.8千公顷，下降9.4%；糖料种植面积0.2千公顷，增长0.3%；油料种植面积45.1千公顷，下降0.3%；蔬菜种植面积37.7千公顷，增长2.0%；烟叶种植面积6.4千公顷，下降0.9%。

全市拥有国家级及省级农产品加工龙头企业24家，农产品加工企业实现销售收入102.4亿元，实现利税7.0亿元；农民专业合作社2040个，成员8.6万户；休闲农业经营主体762个，经营收入12.3亿元；家庭农场1364个，年末农业机械总动力118.0万千瓦，增长1.0%。

全市三品一标农产品认证有效数86个，其中绿色食品78个，有机食品5个，农产品地理标志3个。省级现代农业产业园区24个，市级现代农业产业园区32个。全年稻田综合种养0.053万公顷。土地托管面积3.32万公顷，增长6.2%。秸秆还田面积10.647万公顷，增长11.2%。名优特水产品养殖0.047万公顷，产量129吨。

全年出栏生猪71.8万头，比上年减少20.2%。出栏牛4.7万头，增长7.6%。出栏羊29.9万头，增长1.5%。年末存栏生猪45.4万头，比上年减少21.3%。

三、工业和建筑业

表30　2019年主要农产品产量及增长情况一览表

指标	绝对值　（万吨）	比上年(±%)
粮食	61.6	2.3
油料	7.9	−4.6
棉花	0.06	−9.1
烤烟	1.5	1.6
茶叶	0.4	8.66
蔬菜	101.5	3.3
猪肉	5.4	−19.3
水产品	1.3	−3.3
禽蛋	1.3	3.1

全市规模以上工业增加值增长8.0%。在规模以上工业中，非公有制经济增加值增长10.0%，省级及以上产业园区工业增加值增长9.5%，高技术制造业增加值增长14%，高加工度工业增加值下降12.6%。按地域分，永定区增长8.1%，武陵源增长7.7%，慈利县增长7.9%，桑植县增长7.9%。

规模以上工业中，按企业规模分，大中型企业工业增加值增长35.8%，小型企业增长7.7%，微型企业增长9.4%。按经济类型分，国有企业增长17.8%，股份制企业增长6.4%，外商及港澳台投资企业增长28.6%。按行业分，农副食品加工业增长31.4%，化学原料及化学制品制造业增长13.3%，非金属矿物制品业增长21.7%，有色金属冶炼和压延加工业增长49.0%，汽车制造业增长28.3%，医药制造业下降4.4%，计算机、通信和其他电子设备制造业下降11.6%，电力、热力生产和供应业下降9.1%。

全年规模以上工业主要产品产量增长面60.4%，比上年提高12.1个百分点。其中，大米4.7万吨，比上年增长12.8%；饲料7.0万吨，增长47.6%；精制食用植物油0.4万吨，增长3.1%；水泥590.4万吨，增长0.7%。

全年规模以上工业企业实现利润总额6.6亿元，增长6.1%。分经济类型看，国有企业0.02亿元，增长24.9%；股份制企业6.5亿元，增长6.9%；外商及中国港澳台地区投资企业0.1亿元，增长11.9%。分企业规模看，大中型企业亏损0.06亿元，下降353.7%；小型企业6.5亿元，增长10.4%；微型企业0.2亿元，下降38.0%。规模以上企业每百元主营业务收入中的成本为77.4%，比上年下降1.6个百分点。年末资产负债率为45.4%，企业亏损面为10.9%，产品销售率达98.0%。规模以上工业出口交货值2.6亿元，增长78.3%。

全年资质以上总承包和专业承包建筑业企业实现总产值39.5亿元，增长5.8%。房屋建筑施工面积549.5万平方米，增长28.1%。房屋建筑竣工面积19.5万平方米，下降45.8%。

四、固定资产投资

全年固定资产投资（不含农户）比上年增长7.8%。其中民间投资增长33.6%。分经济类型看，国有投资下降38.5%，非国有投资增长45.1%。分投资方向看，工业投资增长0.6%，民生投资增长360.7%，基础设施投资增长27.6%，工业技改投资增长6.4%，生态投资下降32.6%，高新技术产业投资下降33.0%。分地区看，永定区投资增长4.9%，武陵源区投资增长13.0%，慈利县投资增长12.9%，桑植县投资增长16.1%。

全年施工项目个数394个，比上年下降25.0%。其中，本年新开工项目185个，下降50.5%。本年投产项目个数231个，增长35.1%。项目投资本年国家预算资金下降62.6%，国内贷款下降2.0%，自筹资金增长40.9%。固定资产计划总投资增长27.1%。

全年房地产开发投资比上年增长22.7%。其中，商品住宅投资增长61.0%。商品房销售面积152.4万平方米，增长42.1%。商品房销售额97.0亿元，增长59.5%。其中，住宅销售额78.9亿元，增长70.0%。年末商品房屋待售面积8.5万平方米，下降11.7%，比上年末减少1.2万平方米。

表31　2019年固定资产投资增长速度一览表

指　标	比上年增长（%）
固定资产投资（不含农户）	7.8
第一产业	-42.3
第二产业	-10.8
其中：采矿业	60.4
制造业	26.6
电力、热力、燃气及水生产和供应业	-1.6
第三产业	10.7
其中：交通运输、仓储和邮政业	-28.2
信息传输、软件和信息技术服务业	59.1
批发和零售业	-70.4
住宿和餐饮业	25.2
房地产业	48.5
租赁和商务服务业	-36.3

续表31

指　标	比上年增长（%）
科学研究和技术服务业	250.3
水利、环境和公共设施管理	15.2
居民服务、修理和其他服务业	-73.6
教育	2.7
卫生和社会工作	-16.4
文化、体育和娱乐业	14.4
公共管理、社会保障和社会组织	135.5

五、国内贸易和物价

全市社会消费品零售总额253.6亿元，比上年增长10.2%。按经营地分，城镇消费品零售总额185.6亿元，增长10.5%；乡村消费品零售总额68.0亿元，增长9.5%。按行业分，批发业48.4亿元，增长10.0%；零售业145.5亿元，增长10.3%；住宿业23.2亿元，增长10.6%；餐饮业36.4亿元，增长9.8%。按地区分，永定区118.3亿元，增长10.4%；武陵源区18.5亿元，增长10.3%；慈利县73.5亿元，增长10.0%；桑植县43.3亿元，增长10.0%。

表32　2019年社会消费品零售总额及其增长速度一览表

指 标	零售额（亿元）	比上年（±%）
社会消费品零售总额	253.6	10.2
限额以上法人批发零售业商品零售额	54.9	11.4
其中粮油、食品类	8.8	11.5
饮料、烟酒类	2.6	14.6
服装、鞋帽、针纺织品类	1.9	12.3
化妆品类	0.2	1.1
金银珠宝类	0.4	-7.2
日用品类	1.3	24.4
五金、电料类	0.2	-5.3
体育、娱乐用品类	0.2	-4.3
书报杂志类	0.5	24.0
电子出版物及音像制品类	0.5	20.1
家用电器和音像器材类	2.4	6.5
中西药品类	0.3	2.6
文化办公用品类	0.8	-4.8
通信器材类	0.5	9.6
石油及制品类	23.1	11.2
汽车类	6.9	5.4

全体居民消费价格比上年涨3.2%。商品零售价格上涨2.3%,非食品价格上涨1.0%,服务项目价格上涨0.7%,消费品价格上涨4.6%。

表33　2019年居民消费价格比上年涨跌幅度一览表

指　　标	上年=100
居民消费价格	103.2
其中：食品烟酒	108.6
衣着	101.6
居住	101.0
生活用品及服务	101.1
交通和通信	99.9
教育文化及娱乐	100.9
医疗保健	100.5
其他用品和服务	101.7

六、对外经济

全年外贸进出口总额10.7亿元，比上年增长46.7%。其中,出口10.4亿元,增长52.1%。全年实际使用外商直接投资1.5亿美元,增长12.5%。对外承包工程和劳务合作实现营业额1837万美元,外派劳务1267人。实际到位境内市外资金81.4亿元,增长18.8%。

表34　2019年进出口总额及其增长速度一览表

指　　标	绝对数(万元)	比上年增长(%)
进出口总额	106784	46.7
出口额	103634	52.1
按贸易方式分		
其中：一般贸易	102976	54.0
加工贸易	641	44.0
按重点商品分		
其中：机电产品	45651	61.1
高新技术产品	2773	50.5
按商品类别分		
其中：钢材	1024	35.6
服装及衣着附件	16838	240.5
鞋类	2790	41.0
箱包及类似容器	4194	51.3
灯具、照明装置及零件	2483	-22.7
进口额	3150	-32.6
按贸易方式分		
其中：一般贸易	3038	-11.8
按重点商品分		
其中：机电产品	241	-68.6
高新技术产品	53	-56.5
农产品	2588	-27

七、交通、邮电和旅游

年末全市公路通车里程9057.4千米，其中高速公路通车里程162.7千米。铁路营业里程214千米，铁路电气化率100%。年末民用汽车保有量17.1万辆，比上年增长13.7%;私人汽车保有量15.8万辆,增长14.3%。

全市客货运输换算周转量50.1亿吨千米，比上年下降3.9%。公路货物周转量44.8亿吨千米,增长5.4%;水运货物周转量2.0亿吨千米，下降9.5%；公路旅客周转量32.8亿人千米,增长12.8%;水运旅客周转量0.03亿人千米,增长4.2%。

表35　2019年全市交通运输客、货运量情况一览表

指　标	单　位	绝对数	比上年(±%)
货运量			
铁路	万吨	0.6	-66.5
公路	万吨	2025.5	6.7
水运	万吨	69.3	4.1
民航	万吨	0.18	51.4
客运量			
铁路	万人	253.7	0.8
公路	万人	7346.9	18.0
水运	万人	194.8	4.4
民航	万人	287.1	29.9

全年电信业务总量(2015年不变价)115.7亿元,比上年增长77.7%,邮政业务总量(2010年不变价)2.9亿元,增长19.9%。年末固定电话用户10.1万户,增长3.7%;年末移动电话用户161.3万户,增长8.5%,其中本年净增12.7万户;年末互联网宽带用户51.7万户,增长14.8%。

全市旅游等级区(点)23家,其中4A级及以上12家。全市全年接待国内游客7912.3万人次，比上年增长15.2%;入境游客137.0万人次,增长178.7%。旅游总收入905.6亿元,增长23.6%。

八、财政、金融和保险

全年一般公共预算收入65.4亿元,比上年增长8.0%。其中,地方财政收入37.7亿元,增长8.8%;上划中央“两税”13.2亿元,增长5.8%;上划中央所得税9.4亿元,增长8.8%。地方财政收入中,税收收入25.6亿元,增长10.0%;非税收入12.1亿元,增长6.3%。一般公共预算支出188.0亿元,增长7.1%,其中民生支出146.0亿元,增长6.3%。

表 36　2019 年全市社会民生领域财政支出情况一览表

	绝对数（亿元）	比上年（±%）
一般公共服务	19.5	2.5
教育	26.2	12.0
科学技术	1.4	66.9
文化体育与传媒	4.6	94.4
社会保障和就业	24.4	12.8
医疗卫生与计划生育	16.2	8.6
节能环保	6.3	47.1
城乡社区	9.8	26.4
农林水	32.6	-11.0
住房保障	9.3	-0.6

年末全市金融机构本外币各项存款余额 869.6 亿元，同比增长 1.8%。其中，住户存款余额 544.3 亿元，增长 11.2%；非金融企业存款余额 147.0 亿元，下降 20.2%。本外币各项贷款余额 780.9 亿元，增长 17.9%。其中，住户贷款余额 315.1 亿元，增长 21.7%；非金融企业及机关团体贷款 465.7 亿元，增长 15.6%。从贷款对象看，个人住房消费贷款 145.7 亿元，增长 23.1%；中小微企业贷款 353.0 亿元，增长 10.1%。

表 37　2019 年末金融机构本外币存贷款余额及其新增额一览表

指　标	年末余额（亿元）	比上年增长（%）
各项存款	869.6	1.8
其中：境内存款	869.4	1.8
#住户存款	544.3	11.2
活期存款	230.2	7.8
定期及其他存款	314.1	13.8
非金融企业存款	147.0	-20.2
活期存款	121.2	-21.0
定期及其他存款	25.8	-16.4
非银行业金融机构存款	0.2	-85.5
境外存款	0.2	-12.5
各项贷款	780.9	17.9
其中：境内贷款	780.8	17.9
#住户贷款	315.1	21.7
短期贷款	99.2	22.6
中长期贷款	215.9	21.2
非金融企业及机关团体贷款	465.7	15.6
短期贷款	43.6	34.3
中长期贷款	416.5	12.5
境外贷款	0.06	25.9

全年保险机构原保险保费收入 28.2 亿元，比上年增长 12.2%。其中，财产险保费收入 9.8 亿元，增长 16.4%；人身险保费收入 18.4 亿元，增长 10.0%。原保险赔付支出 7.5 亿元，增长 2.6%%。其中，财产险赔付支出 4.7 亿元，增长 21.1%；人身险赔付支出 2.8 亿元，下降 18.1%。

九、教育和科学技术

全年普通高中毕业生 8222 人，中等职业教育毕业生 3719 人，初中学校毕业生 18271 人，普通小学毕业生 18477 人。在园幼儿 47959 人。小学适龄儿童入学率 99.9%，高中阶段教育毛入学率 94.8%。年末全市各类民办学校 695 所，民办学校在校学生 37437 人。发放普通高中国家助学金 1638.5 万元，落实义务教育保障资金 20732 万元。发放中职国家助学金 1717.2 万元，资助中职学生 17172 人次；落实中职免学费资金 3167.3 万元，资助中职学生 24502 人次。

表 38

2019 年全市各级学校招生、在校及毕业生情况一览表

单位：人

指　标	招生人数	在校（学）人数	毕业人数
中等职业教育	5258	13563	3719
普通高中	9829	27093	8222
初中学校	18611	55327	18271
普通小学	17865	113012	18477
特殊教育	183	579	2

全年登记科技成果 31 项，签订技术合同 52 项。技术合同成交金额 1.82 亿元，增长 190.7%。专利申请量 1055 件，比上年增长 12.6%。其中，发明专利 361 件，增长 18.8%。授权专利 444 件，增长 22.3%。其中，发明专利授权量 23 件。大专院校、工矿企业专利申请量分别为 65 件和 203 件，专利授权量分别为 6 件和 13 件。

年末全市检验检测机构 40 家，法定计量检定机构 3 家。特种设备 7059 台，比上年增加 15.0%。强制检定计量器具 5.0 万台件。全年重点工业产品质量监督抽查 612 批次，抽查合格率 96.0%。全年发放食品生产许可证 57 张。

十、文化、卫生和体育

年末全市艺术表演团体 2 个，群众艺术馆、文化馆 5 个，公共图书馆 4 个，博物馆、纪念馆 6 个。全年放映农村公益电影 18156 场。全市电视台 1 座，电视综合人口覆盖率 100%。有线电视用户 4.1 万户，比上年减少 12.8%。广播电台 1 座，广播综合人口覆盖率 70%。国家级非物质文化遗产保护目录 4 个，省级非物质文化遗产保护目录 16 个。年末全市有档案馆 5 个，已开放各类档案 10.1 万卷，比上年增加 7.1%。

年末全市共有卫生机构 1284 个。其中，医院 30 个，妇

幼保健院5个,社区卫生服务中心(站)24个,诊所、卫生所、医务室235个,村卫生室884个。卫生技术人员10299人,比上年增长11.9%。其中,执业医师和执业助理医师4213人,注册护士4235人。疾病预防控制中心5个,卫生技术人员227人。卫生监督所(中心)5个,卫生技术人员68人。医院拥有床位6693张,减少8.9%。乡镇卫生院74个,拥有床位2565张,卫生技术人员2025人。

年末全市拥有体育馆3座,游泳池28个,运动场143个,各种训练房73个。全年全市经常参加体育锻炼人数67.7万人,开展全民健身项目23项次。全市建成农民体育健身工程行政村862个。

十一、人口、人民生活和社会保障

年末全市常住人口154.9万人。其中,按城乡分,城镇人口78.2万人,占比50.5%;乡村人口76.7万人,占比49.5%。按性别分,男性78.9万人,女性76.0万人。全年出生人口1.6万人,出生率9.5‰,比上年下降1.0个千分点;全年死亡人口1.1万人,死亡率6.6‰;人口自然增长率2.9‰,比上年下降1.2个千分点。年末全市常住人口城镇化率50.5%,比上年提高1.3个百分点。

全年全市全体居民人均可支配收入18026元,比上年增长9.5%(名义增速)。其中,城镇居民人均可支配收入26811元,增长8.0%;农村居民人均可支配收入10480元,增长9.6%。全年全市城镇居民人均消费支出20289元,增长7.2%。农村居民人均消费支出11847元,增长9.3%。

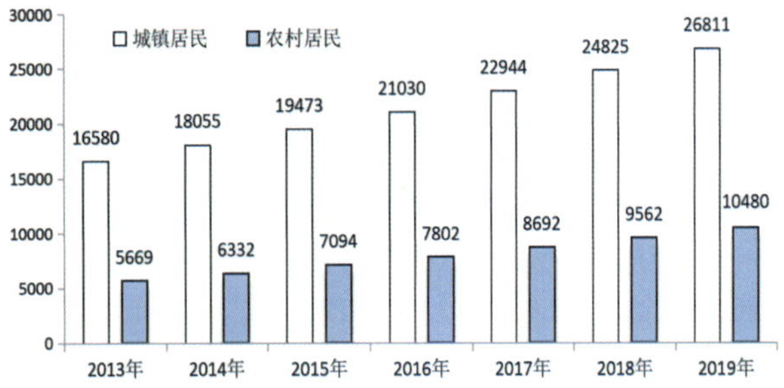

图1 2013–2019年城乡居民人均可支配收入

表39

2019年全市城乡居民人均可支配收入构成情况一览表

收入构成	金额（元）	收入构成	金额（元）
城镇居民人均可支配收入	26811	农村居民人均可支配收入	10480
其中：工资性收入	14286	其中：工资性收入	4556
经营净收入	3795	经营净收入	2934
转移净收入	5717	转移净收入	2857
财产净收入	3015	财产净收入	133

表40

2019年全市城乡居民人均消费支出构成情况一览表

支出构成	金额（元）	支出构成	金额（元）
城镇居民人均消费支出	20289	农村居民人均消费支出	11847
其中：食品烟酒	5577	其中：食品烟酒	3118
衣着	1537	衣着	635
居住	5258	居住	3096
生活用品及服务	1232	生活用品及服务	715
交通通信	1969	交通通信	1176
教育文化娱乐	3158	教育文化娱乐	1737
医疗保健	1183	医疗保健	1161

全市新增城镇就业10240人,其中下岗失业人员再就业2026人。年末城镇登记失业率2.9%,比上年增长0.8个百分点。年末参加基本医疗保险参保人数147.5万人。其中,城乡居民基本医疗保险参保人数133.7万人,城镇职工基本医疗保险参保人数13.8万人。参加城乡居民基本养老保险登记参保人数96.4万人。城镇基本养老保险职工人数21.9万人,其中参保职工16.8万人,参保离退休人员5.1万人。参加工伤保险职工人数15.5万人。参加生育保险职工人数10.2万人。参加失业保险职工人数10.7万人,年末领取失业保险金职工人数0.3万人。获得政府最低生活保障的城镇居民1.3万人,发放最低生活保障经费5640.4万元;获得政府最低生活保障的农村居民3.4万人,发放最低生活保障经费8811.0万元。年末各类收养性社会福利单位床位8321张,收养各类人员7048人。城镇建立各种社区服务设施618个,其中,综合性社区服务中心156个。全年销售社会福利彩票21994万元;筹集福彩公益金4186万元;直接接收社会捐赠1052万元。

十二、资源、环境和安全生产

年末全市耕地面积11.95万公顷。全市自然保护区8个,面积50356.9公顷。其中,国家级自然保护区2个,省级自然保护区3个。年末全市森林覆盖率71.0%,活立木蓄积量3011.6万立方米。全年完成造林面积5333.3公顷,年末实有封山育林面积9333.3公顷。全年天地图用户访问量71.9万次,提供地理空间数据成果3751幅。

全年全社会用电量28.4亿千瓦时,比上年增长6.2%。其中,工业用电量6.9亿千瓦时,下降4.5%;居民生活用电量10.9亿千瓦时,增长11.2%。初步核算,全市规模工业综合能源消费量26.0万吨标准煤,比上年下降4.3%。其中,六大高耗能行业综合能源消费量21.7万吨标准煤,下降5.4%。主要污染物排放量与上年相比,化学需氧量减少7.2%,二氧化硫减少8.8%,氨氮减少3.4%,氮氧化物减少

6.5%。年末设市城市污水处理率96.7%,比上年提升0.5个百分点。

全年发生各类生产经营性安全事故26起，死亡25人。全年发生道路交通事故（不含简易程序处理的事故）289起，下降11.4%；道路交通死亡率1.2人/万辆，下降36.2%。

注释：

[1]本公报数据为初步统计数,所有数据均来源于相关市直部门。

[2]地区生产总值、三次产业及相关行业增加值、人均地区生产总值绝对数按现价计算,增长速度按不变价格计算。根据第四次全国经济普查结果,对地区生产总值等相关指标的历史数据进行修订。

[3] 部分数据因四舍五入的原因，存在与分项合计不等情况。

（市统计局）

张家界市第七届人民代表大会常务委员会
公　告

(2019年第二号)

《张家界市爱国卫生条例》已于2019年2月28日经张家界市第七届人民代表大会常务委员会第十九次会议通过，2019年3月28日经湖南省第十三届人民代表大会常务委员会第十次会议批准。现予公布，自2019年5月1日起施行。

张家界市人民代表大会常务委员会

2019年4月8日

张家界市爱国卫生条例

(2019年2月28日张家界市第七届人民代表大会常务委员会第十九次会议通过　2019年3月27日湖南省第十三届人民代表大会常务委员会第十次会议批准)

第一章　总　则

第一条　为了加强爱国卫生工作，提高社会卫生水平，保障公民身体健康，根据国家和省有关法律法规规定，结合本市实际，制定本条例。

第二条　本市行政区域内的爱国卫生工作及其监督管理，适用本条例。

本条例所称爱国卫生工作，是指为改善卫生环境，倡导健康行为和生活方式，消除健康危害因素，预防和控制疾病，提高全民健康水平而开展的社会性、群众性卫生活动。

第三条　爱国卫生工作实行政府领导、部门负责、群众参与、科学治理、社会监督的原则。

第四条　市、县(区)人民政府统一领导本行政区域内的爱国卫生工作，设立爱国卫生运动委员会(以下简称爱卫会)，将爱国卫生工作纳入国民经济和社会发展规划，加强卫生基础设施和爱国卫生工作队伍建设，提高公共卫生服务和管理水平。

第五条　市、县(区)人民政府应当对在爱国卫生工作中做出显著成绩的单位和个人，给予表彰和奖励。

鼓励和支持社会力量从事下列活动:

(一)投资卫生基础设施、农村改水改厕、病媒生物预防控制、健康促进与教育等项目建设;

(二)开展爱国卫生科学研究，推广先进适用技术;

(三)组织志愿服务组织和志愿者参与爱国卫生工作。

第六条　每年四月为爱国卫生活动月，爱卫会应当集中宣传和普及爱国卫生知识，开展爱国卫生活动。

第七条　公民有享受良好公共环境卫生、免于健康危害的权利，有参加爱国卫生活动、自觉维护公共环境卫生的义务。

第二章　组织与职责

第八条　爱卫会的主要职责:

(一)贯彻实施爱国卫生相关法律、法规、规章和政策;

(二)统一规划、部署本行政区域内的爱国卫生工作;

(三)指导、协调、督促、检查和考核爱国卫生工作;

(四)开展爱国卫生工作培训、交流合作和科学研究;

(五)组织动员公众参加爱国卫生活动;

(六)完成同级人民政府交办的其他爱国卫生工作。

第九条　爱卫会由同级人民政府有关部门和相关单位组成，实行成员单位分工负责制。各成员单位应当按照各自的职责做好爱国卫生工作。

爱卫会办公室(以下简称爱卫办)是爱卫会的办事机构，设在同级卫生健康主管部门，负责爱卫会日常工作，组织成员单位开展爱国卫生工作。

第十条　乡镇人民政府、街道办事处负责本辖区爱国卫生工作。

村(居)民委员会协助乡镇人民政府、街道办事处开展爱国卫生工作，组织本区域的单位和个人参加爱国卫生活动。

第十一条　国家机关、社会组织、企业事业单位、村(居)民委员会等应当根据实际情况，设立爱国卫生工作组织，确定责任人员，实行庭院、门前清扫保洁、绿化美化环境和卫生秩序责任等制度，做好本单位、本区域的爱国卫生工作。

第十二条　爱卫会应当建立委员会会议、工作报告、重大事项协调、督查和社会监督等制度，健全爱国卫生工作机制，组织协调社会各方共同做好爱国卫生工作。

在发生传染病疫情、突发公共卫生事件和自然灾害时，爱卫会应当加强协调，动员公众参与爱国卫生工作，推动落实联防联控、群防群治的具体措施。

第三章 健康促进与教育

第十三条 市、县(区)人民政府应当制定和实施健康促进与教育规划,加强健康促进与教育的机构和人才队伍建设,建立健全健康促进与教育工作网络。

第十四条 国家机关、社会组织、企业事业单位、村(居)民委员会应当按照国家和省健康促进与教育工作要求,采取多种形式开展健康促进与教育工作。

卫生健康主管部门应当加强对健康促进与教育的技术指导、培训和监测评价。

医疗卫生机构应当加强对传染病、慢性非传染性疾病、意外伤害等的防治知识和技能的培训、宣传。

企业应当对管理和作业人员进行有针对性的健康培训,控制职业伤害、职业病及相关疾病的发生。

学校、学前教育机构应当按照国家和省有关要求开展健康教育活动,加强健康心理辅导,培养学生健康的生活方式和行为习惯,提高学生自我保健能力和健康水平。

第十五条 公民应当学习健康知识和技能,养成健康文明的生活方式,遵守卫生行为规范和公共环境卫生规定,不得有下列行为:

(一)随地吐痰、吐槟榔渣、吐口香糖、便溺;

(二)乱扔瓜果皮、纸屑、烟蒂、包装物等废弃物;

(三)不及时清除所饲养宠物的粪便;

(四)乱倒生活垃圾、污水、粪便;

(五)从建筑物、车内向外抛物;

(六)在城市道路、建筑物、构筑物以及设施上乱涂写、乱刻画、乱张贴;

(七)其他影响公共场所环境卫生的行为。

第十六条 报刊、广播、电视、网站等媒介应当积极开展卫生知识宣传和健康教育。在传染病流行或者突发公共卫生事件期间,开展卫生防疫的舆论引导和防病知识宣传活动,配合做好相关健康教育工作。

车站、机场、商场、广场、公园、酒店、影剧院、集贸市场等公共场所以及居民小区应当设置健康教育宣传栏,开展健康知识宣传。

第十七条 爱卫会应当组织开展多种形式的禁烟、控烟宣传教育工作,增强全社会营造无烟环境的意识。

禁止在公共交通工具、室内公共场所吸烟。

禁止吸烟场所所在单位,应当制定禁止吸烟的制度和措施,开展禁止吸烟的宣传教育工作,设置禁烟警语和标识,配备专(兼)职禁烟监督员。

任何人都有权制止吸烟者在禁止吸烟的场所吸烟。

第十八条 禁止向未成年人出售烟草制品。

烟草经营者应当在显著位置设置不得向未成年人出售烟草制品的标志。对难以判明是否已成年的,应当要求其出示身份证件。

第四章 环境卫生治理

第十九条 市、县(区)人民政府应当加强环境卫生综合整治和相关基础设施建设,建立健全环境卫生管理制度,组织开展环境卫生治理活动,提高城乡环境卫生整体水平。

制定和实施城乡规划、专项规划,应当充分考虑爱国卫生工作需求,统筹安排农村改水改厕、生活垃圾和污水处理、道路建设、绿化、病媒生物预防控制等项目。

第二十条 市、县(区)人民政府应当加强城乡生活垃圾的收集、运输、处置设施建设,逐步实行生活垃圾分类收集和无害化处理。

乡镇人民政府、街道办事处、村(居)民委员会应当组织做好农村生活垃圾收集处置设施建设和管理工作,推行农村生活垃圾户集、村收、乡镇转运、县(区)处理,落实专门保洁人员。村民委员会应当通过制定村规民约,组织动员村民参与庭院卫生整治和公益卫生活动,保持庭院和村庄卫生整洁。

医疗卫生、电子、放射性等需要特殊处理的垃圾,按照有关法律法规规章的规定处理。

第二十一条 生态环境、住房城乡建设等部门应当加强城乡生活污水处理设施建设,推进农村因地制宜建立污水处理系统,提高污水处理能力。

第二十二条 市、县(区)、乡镇人民政府和街道办事处应当加强城乡结合部、城中村、背街小巷、建筑工地、闲置空地、废品收购贮存点、公路铁路沿线等地段或者区域的环境卫生治理,保持环境卫生整洁有序。

第二十三条 市、县(区)人民政府应当制定和实施农村厕所改造规划和年度工作计划,明确相关部门职责,推进农村卫生厕所建设和改造。

农村卫生厕所应当达到无害化处理等规定标准和要求,合理选择地点和处理模式,避开水源及其他水体,与农村生活污水治理衔接,不得对水体造成污染,不得影响居民生活。

第二十四条 生态环境、农业农村等部门应当加强土壤和农业面源污染防治的监督管理,指导农业生产经营者规范施用肥料、农药;科学划定畜禽禁养、限养区域,依法限期关闭、搬迁禁养区域内的养殖场,监督动物养殖场、养殖小区的病死动物和动物排泄物的无害化处理。

第二十五条 市、县(区)人民政府应当建设餐厨垃圾收运、处理设施,对餐厨垃圾进行集中处置。

餐饮服务经营者和国家机关、企业事业单位食堂等餐厨垃圾产生单位应当对餐厨垃圾进行单独收集、存放。

鼓励和支持居民日常生活产生的餐厨垃圾与其他生活垃圾分开投放。

第二十六条 市、县(区)人民政府应当加强生活饮用水卫生设施建设和管理,推进城镇供水管网向农村延伸和农村生活饮用水工程建设。

集中式供水单位应当配备水质净化消毒设施及必要的水质检验仪器、设备和人员,并按照国家卫生标准规定的频次和项目进行水质检验。

二次供水设施管理单位应当建立水质管理制度和管理台帐,配备专(兼)职人员,加强水质管理,每半年进行不少于一次常规水质检测和储水设施清洗消毒。

第二十七条　集贸市场的开办者应当设置符合卫生要求的公厕、垃圾站和供排水等公共卫生设施，配备相适应的保洁人员，建立健全卫生、消毒、检验检疫、无害化处理制度。

在活禽经营区域应当配备与宰杀规模相适应的消毒、通风和无害化处理等设施、设备，规范活禽交易屠宰行为，逐步实现活禽集中宰杀、冷链配送、生鲜入市。

第二十八条　食品小作坊、小餐饮和食品摊贩从事生产经营活动，应当诚信自律，配备防蝇、防鼠、防虫、防尘、防腐设施，保证生产经营的食品卫生、无毒、无害。严禁出售病死、毒死或来源不明的畜禽肉品和水产品，以及腐乱、霉变和受污染的食品。

第二十九条　景区景点管理机构应当加强景区、景点的公共卫生设施的规划和建设，建立卫生管理制度，宣传旅游环境卫生知识，做好垃圾、粪便和污水的无害化处理，保持景区、景点环境卫生。

景区、景点内的单位、居民和游客应当遵守景区、景点卫生管理制度。

第五章　病媒生物预防与控制

第三十条　卫生健康主管部门应当根据老鼠、苍蝇、蚊子、蟑螂等病媒生物活动规律和预防控制工作的需要，采取综合防治措施，组织开展病媒生物预防控制工作。

农业农村、水行政、林业等部门按照各自职责负责农田、山塘、水库、河流、山林的病媒生物预防控制工作，交通运输、铁路、民航等部门负责公共交通工具和相关营运场所的病媒生物预防控制工作。

疾病预防控制机构应当加强病媒生物密度的监测，提供预防控制技术指导，并对预防控制效果进行评价。

第三十一条　病媒生物预防控制工作实行单位责任制。国家机关、社会组织、企业事业单位、村(居)民委员会等应当落实病媒生物预防控制措施，清除病媒生物孳生地，将病媒生物密度控制在国家规定的标准范围内。

居民应当做好住宅内的病媒生物预防控制。

第三十二条　医疗卫生机构、学校、宾馆、饭店、单位食堂等人员聚集场所，粮库、集贸市场、食品生产经营场所、建筑工地、管道井、公共厕所、废品收购贮存点、垃圾中转站、垃圾处理场等易孳生病媒生物的场所，其经营管理者或者开办者应当建立健全病媒生物预防控制制度，确定专人负责病媒生物预防控制工作，并设置病媒生物预防控制设施。

第三十三条　卫生健康主管部门应当对在本辖区从事病媒生物预防控制服务单位进行监督管理。

病媒生物预防控制服务单位所采取的防治技术措施以及使用的药品器械，应当符合国家规定的技术标准和操作规程，保障人身安全，避免和减少环境污染。

第六章 保障与监督

第三十四条　市、县(区)、乡镇人民政府应当建立和完善爱国卫生工作经费保障机制，将爱国卫生工作所需经费列入同级财政预算。爱国卫生工作经费应当统筹安排、合理使用，重点支持健康促进与教育、环境卫生治理、饮用水安全、病媒生物预防控制等工作。

第三十五条　鼓励公民、法人和其他组织对爱国卫生工作进行资助、捐赠。资助、捐赠的款项和物品应当专门用于爱国卫生工作，不得挪作他用。

第三十六条　市、县(区)人民政府应当按照国家和省有关要求，完善传染病防控体系建设，合理布局基层医疗卫生服务机构，营造健康环境，优化健康服务，促进卫生服务模式从疾病管理向健康管理转变，提高人民群众健康水平。

第三十七条　市、县(区)人民政府应当制定卫生创建规划，组织开展卫生城市、卫生镇街、卫生村居等创建工作。

第三十八条　爱卫会应当加强对爱国卫生工作的监督检查，向社会公布监督检查结果，对卫生创建单位实施动态管理。

爱卫会可以聘请爱国卫生义务监督员，组织开展爱国卫生监督，协助有关部门查处违法行为。爱国卫生义务监督员在进行协助监督检查时，应当出示证件。

第三十九条　任何单位和个人都有权利举报违反本条例规定的行为。

爱卫会应当建立举报制度，公开举报电话、信箱或者电子邮件地址。爱卫会及其成员单位对举报事项应当及时处理，处理结果应当在十五日内向举报单位或者举报人反馈。

第七章　法律责任

第四十条　违反本条例第十五条第一、二、三项规定的，由城市管理综合执法部门责令改正，可以处二十元罚款。

违反本条例第十五条第四、五项规定的，由城市管理综合执法部门责令改正，可以处五十元以上二百元以下罚款。

违反本条例第十五条第六项规定的，由城市管理综合执法部门责令改正，可以处二百元以上五百元以下罚款。

第四十一条　违反本条例第十七条第二款规定的，由城市管理综合执法部门或者其委托的具有管理公共事务职能的组织责令改正，对行为人处二十元以下罚款。

违反本条例第十八条第一款规定的，由城市管理综合执法部门责令改正，处一百元以上五百元以下罚款。

第四十二条　违反本条例第三十三条第二款规定的，由卫生健康主管部门责令改正，处一千元以上五千元以下的罚款。

第四十三条　爱卫会和相关行政主管部门工作人员在爱国卫生工作中滥用职权、玩忽职守、徇私舞弊的，依法给予行政处分；构成犯罪的，依法追究刑事责任。

第四十四条　违反本条例规定的其他行为，法律、法规已有法律责任规定的，从其规定。

第八章　附　则

第四十五条本条例自2019年5月1日起施行。

张家界市第七届人民代表大会常务委员会
公 告

（2019 年第十三号）

《张家界市文明行为促进条例》已于 2019 年 10 月 23 日经张家界市第七届人民代表大会常务委员会第二十三次会议通过，2019 年 11 月 28 日经湖南省第十三届人民代表大会常务委员会第十四次会议批准。现予公布，自 2020 年 3 月 1 日起施行。

张家界市人民代表大会常务委员会

2019 年 12 月 3 日

张家界市文明行为促进条例

（2019 年 10 月 23 日张家界市第七届人民代表大会常务委员会第二十三次会议通过 2019 年 11 月 28 日湖南省第十三届人民代表大会常务委员会第十四次会议批准）

第一章 总 则

第一条 为培育和践行社会主义核心价值观，传承和弘扬中华优秀传统文化，提升社会文明程度，推进张家界国内外知名旅游胜地建设，根据有关法律、法规，结合本市实际，制定本条例。

第二条 本条例适用于本市行政区域内的文明行为促进活动。

本条例所称文明行为，是指遵守宪法和法律、法规规定，符合社会道德、公序良俗和文明旅游的要求，引领社会风尚，推动社会文明进步的行为。

第三条 文明行为促进坚持党委领导、政府主导、社会协同的原则，发挥公民主体作用，形成共建、共治、共享的长效机制。

第四条 市和县(区)精神文明建设指导委员会统一领导本行政区域内的文明行为促进工作。

市和县(区)精神文明建设指导委员会办公室（以下简称文明办）具体负责本行政区域内的文明行为促进工作，履行下列职责：

(一)拟定文明行为促进工作相关制度和计划；

(二)指导、协调相关单位开展文明行为促进工作；

(三)督促、检查文明行为促进工作落实情况；

(四)督导相关单位受理并按照规定办理有关建议、投诉；

(五)定期评估和通报本条例的实施情况；

(六)其他有关文明行为促进工作。

第五条 市和县(区)人民政府相关职能部门、乡镇人民政府（街道办事处）应当明确责任、积极配合，在各自职责范围内做好文明行为促进工作。村（居）民委员会应当加强文明行为宣传和引导，积极开展文明行为促进工作。

第六条 文明行为促进工作是全社会的共同责任。

国家机关、社会团体、企业事业单位、基层群众性自治组织、其他组织和个人，应当结合自身实际积极参与文明行为促进工作。

国家工作人员、教育工作者、医疗工作者、社会公众人物等应当在文明行为促进工作中发挥表率和示范作用。

第二章 公民文明行为规范

第一节 基本文明行为规范

第七条 公民应当遵守宪法和法律，热爱祖国，拥护社会主义制度，维护国家统一、安全、荣誉和利益，爱护国旗、国徽，尊重国歌。

在英雄烈士纪念设施、爱国主义教育基地等场所内瞻仰、祭扫、参观时，应当遵守祭扫制度和礼仪规范，自觉维护庄严肃穆的氛围。

第八条 公民应当遵守的公共秩序文明行为规范：

(一)在公共场所衣着整洁，举止得体，语言文明，等候服务自觉排队，文明使用电梯、扶梯、楼梯；

（二）乘坐公共交通工具应当文明等候，做到先下后上，主动为老、弱、病、残、孕、幼和携带婴儿的乘客让座，不妨碍驾驶员安全驾驶，不抢占座位，不妨碍他人乘坐，不在公交车内喧哗、打闹；

(三)在医院、图书馆、纪念馆、博物馆、影剧院等公共场所内保持安静，自觉将手机置于静音状态，轻声接打电话。

第九条 公民应当遵守的公共环境文明行为规范：

(一)不随地吐痰、吐槟榔渣、吐口香糖、便溺,不乱扔果皮、纸屑、烟蒂、饮料瓶(罐)、包装物等废弃物,不乱倒垃圾、污水,及时清理宠物粪便;

(二)不在禁止的区域内露天烧烤或者露天焚烧秸秆、落叶、垃圾等产生烟尘污染的物质;

(三)爱护花草树木和绿化设施,不采摘花果、攀折树木、损坏绿地;

(四)使用公共卫生间后应当即时冲水,维护卫生清洁,不占用残障人士专用卫生间;

(五)开展野外徒步、宿营、垂钓等户外活动,自行清理垃圾、废弃物,不污染破坏环境。

第十条 公民应当遵守的公共交通文明行为规范:

(一)驾驶机动车按照规定车道行驶,不违规鸣笛和使用灯光,通过路口和积水路段减速行驶,经过人行横道礼让行人;

(二)机动车、非机动车、行人应当避让执行紧急任务的警车、救护车、消防车、工程抢险车等特种车辆;

(三)旅游客车、公交车和出租车驾驶人应当严格遵守交通规则和操作规程,礼貌行车、确保安全,不抽烟不吃槟榔,不拨打、接听手持电话,不观看电视,不甩客、欺客和拒载;

(四)行人通过机动车道或者路口,应当走人行横道或者过街设施,并按照交通信号和标识通行,不在道路上使用滑板、旱冰鞋等滑行工具以及骑行平板车、平衡车等;

(五)爱护共享单车、共享汽车等互联网租赁交通工具,使用后有序停放,不随意丢弃或者故意损坏。

第十一条 公民应当遵守的居民小区公共文明行为规范:

(一)邻里之间和睦相处、互帮互助,依法、文明处理矛盾纠纷;

(二)不践踏、占用、损坏绿地,不用树木晾晒衣物、被褥等物品,不在绿化范围内堆放物品;

(三)不在公共区域搭建建筑物或者构筑物,不高空抛物,不在公共楼道内堆放杂物,不私拉电线给电动车充电,不在公共设施上晾晒衣物等;

(四)不在消防通道、绿地、他人车位和车库门口停车,不妨碍物业管理区域内道路通行,不在小区内鸣笛;

(五)不在小区内开设歌厅、酒吧等娱乐场所。在室内进行装修装饰作业,使用电器、乐器或者进行其他娱乐、体育锻炼等活动的,应当避免干扰周边居民正常生活。

第十二条 公民应当遵守的生态文明行为规范:

(一)保护独特的张家界地貌以及森林、河流等生态系统;

(二)保护珍稀、濒危的野生动植物,不食用国家、省重点保护的野生动物及其制品;

(三)树立垃圾分类意识,自觉遵守生活垃圾分类投放的规定,形成垃圾分类投放的文明习惯。

第十三条 公民应当遵守的家庭文明行为规范:

(一)夫妻之间互相忠实、互相尊重、勤俭持家。家庭成员之间互相关爱、和睦相处,培育、传承和弘扬良好家风;

(二)成年子女应当履行对父母经济上供养、生活上照料和精神上慰藉的义务,不得忽视、冷落父母;

(三)父母应当履行对未成年子女的监护职责和抚养教育义务,教育其养成文明行为习惯;

(四)对家庭成员中的残疾人应当履行抚养义务,并鼓励和帮助残疾人增强自理能力。

第十四条 公民应当文明就医,尊重医务人员和医学规律,配合开展诊疗活动,通过合法途径处理医疗纠纷,不得侮辱、谩骂、威胁、殴打医务人员或者扰乱正常的诊疗秩序。

第十五条 公民应当文明使用互联网,不编造、散布虚假信息,不以发帖、跟帖评论等方式侮辱或者诽谤他人,不播发、转发淫秽、色情、赌博、迷信、恐怖、暴力或者伤害公民情感的文字、照片、视频,不允许未成年人进入互联网上网服务营业场所。

第二节 倡导和鼓励的文明行为

第十六条 倡导助人为乐。积极参与志愿服务和扶贫济困、敬老、助残、救孤、助学、助医、赈灾等公益活动。

鼓励和支持无偿献血,鼓励捐献造血干细胞、人体器官和遗体。

第十七条 倡导见义勇为。鼓励成年公民面对不法行为和重大险情时,勇于保护国家、集体利益和人民群众的生命财产安全。

第十八条 倡导敬业奉献。热爱劳动,尊重劳动,尊崇职业道德,弘扬工匠精神。

第十九条 倡导移风易俗。文明节俭操办婚庆事宜,不大操大办、不恶俗闹婚,不滥发请柬邀请宾客,推行集体婚礼、植树婚礼等有纪念意义的婚礼;文明节俭治丧和祭祀,简化仪式、控制规模,推行敬献鲜花、网上祭祀和家庭追思会等方式表达哀思。

第二十条 倡导低碳生活。购买和使用节能、节水和可循环利用的产品,减少使用塑料购物袋和一次性生活用品,优先选择公共交通、自行车、步行等绿色出行方式。

第三节 重点治理的不文明行为

第二十一条 重点治理的影响公共环境的不文明行为:

(一)在建筑物、构筑物的外墙、楼道、电梯以及道路、树木、户外设施上乱涂写、乱刻画、乱张贴;

(二)在公园、城区河堤、道路及其两侧等公共场所和居民小区焚烧冥纸、逝者遗物和其他丧葬祭奠物品;

(三)在禁止燃放的时间、区域擅自燃放烟花爆竹,或者以危害公共安全和人身、财产安全的方式燃放烟花爆竹;

(四)在公共交通工具、室内公共场所等法律、法规、规章规定的禁止吸烟区域和市、县(区)人民政府划定的禁止吸烟区域吸烟。

第二十二条 重点治理的影响公共交通的不文明行为:

(一)驾驶超过噪声分贝的机动车在道路通行;

(二)驾驶摩托车不在最右侧车道行驶,随意变更车道,穿插或者超越行驶;

(三)驾驶电动自行车、三轮车、残疾人机动轮椅车不在非机动车道上行驶,以及在没有非机动车道的道路上,不靠车行道的右侧行驶;

（四）机动车、非机动车不在规定地点、按标识有序停放，占用盲道、人行道；

（五）行人闯红灯，随意横穿道路或者横穿道路时低头看手机、嬉戏等，踩踏、跨越道路隔离绿化带及设施。

第二十三条 重点治理的影响公共秩序的不文明行为：

（一）在城市、县城建成区内饲养烈性犬，携带犬只（导盲犬除外）等宠物乘坐大、中型公共交通工具，进入室内公共场所和设有禁入标志的室外公共场所，携带犬只出户不用犬绳牵引；

（二）开展商业活动、集会和广场舞等娱乐活动时，不合理使用场地及设施设备，影响他人的生活、学习和工作。

第三章 旅游文明行为规范

第二十四条 旅游景区应当遵从的文明行为规范：

（一）保持景区环境卫生、整洁。实行垃圾分类，及时收集、清运垃圾；

（二）保护生态和文化资源。在项目开发建设中，注重自然与文化资源的保护和永续利用；

（三）崇尚文明、科学。景区应积极加强科普知识宣教工作和公序良俗的宣传引导；加强对不文明旅游行为的制止和劝导；

（四）建立和完善游客服务体系。提供最大承载量和实时承载量信息。建立和运行紧急救助、咨询指引、安全保障、法治救济和景区无障碍标识系统等游客服务机制。

第二十五条 旅游酒店（民宿）应当遵守的文明行为规范：

（一）旅游酒店（民宿）应当保持环境整洁卫生，空气清新，房间内外无异味，公共场地无垃圾；

（二）客用品完好、无灰尘、无污渍，摆放合理、方便使用，卧具、毛巾一客一换，公共用具、洗漱池、浴盆清洗消毒严格；

（三）不采购不合格的食材和一次性消耗用品，保持厨房整洁卫生，确保旅游者食品安全；

（四）建立宾客信息和投诉反馈系统，认真对待宾客的各种诉求，依法依规解决矛盾纠纷。

第二十六条 旅游购物场所应当遵守的文明行为规范：

（一）不采购、销售假冒伪劣商品，所有商品明码标价，做到标签与实物相符，价格与质量相符，努力打造旅游商品品牌和服务质量品牌；

（二）推进行业自律，履行行业公约，支持、推行科学、合理的旅游佣金收授机制；

（三）提供行李寄存、货物打包和托运等配套服务，配备相适应的停车场地，设置公共休憩区域并配置相应的休憩和便民服务设施。

第二十七条 旅行社应当遵守的文明行为规范：

（一）诚信经营，接待旅游者应签订旅游合同，不缩减或降低服务标准，不零负团费揽客，不虚假宣传；

（二）经营场所整洁卫生，标识明确规范，员工着装整洁大方，服务周到热情，不超范围经营；

（三）加强导游队伍管理，讲解词应科学准确、丰富生动，宣传先进文化和科学知识，杜绝封建迷信、格调低下的内容；

（四）旅游接待过程中要开展文明告知、文明提醒和规劝，引导游客文明旅游、安全旅游，积极协助游客解决现场困难。

第二十八条 旅游从业人员应当遵守的文明行为规范：

（一）爱岗敬业，友善豁达，尊重旅游者生活习俗和宗教信仰；

（二）恪守契约，服务热情，不擅自改变旅游合同内容，随意变更游览行程或擅自增加自费项目；

（三）举止文明，不卑不亢，不追客赶客，不误导、诱骗或者强迫旅游者消费，不占道经营或尾随游客兜售物品。

第二十九条 旅游者应当自觉遵守下列文明规范：

（一）尊重当地风俗习惯、历史文化传统和宗教信仰，不侮辱、诋毁历史文化名人；

（二）爱护旅游景区环境和设施，服从管理，不随意刻划、涂画、张贴，不损毁、破坏文物古迹；

（三）遵守野生动植物保护规定，不挑逗、追打动物，不随意向野生动物投放食品；

（四）遵守交通秩序和公共秩序，尊重他人，不无理取闹，理性对待个人诉求，不恶意投诉，不借机讹诈、闹事，不干扰他人旅游行程，不侵害其他旅游者合法权益，不做危害自身和他人安全的过激行为。

第四章 促进与保障

第一节 促进措施

第三十条 市、县（区）文明办应当会同有关部门采取多种方式和途径，开展社会主义核心价值观教育和文明旅游、法治教育等相关知识培训，规范法律、政策的宣传用语，提升公民文明道德素养。

第三十一条 市、县（区）人民政府及有关部门、文明办应当根据国家和省、市有关规定，开展文明城市、文明村镇、文明单位、文明校园、文明家庭、文明旅游景区、文明旅游酒店、文明旅行社等群众性精神文明创建活动。

第三十二条 市、县（区）人民政府应当建立健全道德模范、身边好人、优秀志愿者等先进人物的奖励制度，完善相关人员权益保障的政策、措施和条件。

鼓励公民根据自身能力向有需要的人，及时提供帮扶、救助。

第三十三条 市、县（区）人民政府应当对属于公共财政支出范围的文明行为促进工作，给予经费保障。

第三十四条 市、县（区）人民政府有关部门可以招募志愿者或者聘请文明行为义务劝导员、监督员，协助做好文明行为宣传、教育和不文明行为制止、劝阻等工作，并做到言行文明。

第三十五条 鼓励和支持公民参加志愿服务活动。

推动依法建立各类社会志愿者组织，拓宽志愿服务领域，创新志愿服务方式，推动全社会广泛参与志愿服务活动。

志愿服务组织和志愿者开展志愿服务活动，有关部门和单位应当提供必要的便利和保障。

志愿者组织、志愿者参加社会服务活动表现突出、成绩显著的,给予表彰和奖励。

第二节 保障措施

第三十六条 市、县(区)人民政府应当建立不文明行为举报、投诉、查处制度,设立投诉举报平台。

任何单位和个人有权对文明行为促进工作提出意见和建议,对相关部门、单位不履行工作职责情况予以投诉、反映。

第三十七条 机场、车站、商场、医疗机构、景区景点等人员密集的单位或者场所,应当按照相关标准配备母婴室,设置方便老人、儿童及行动不便者使用的厕位或者第三卫生间等无障碍设施。

第三十八条 行政执法部门应当加强文明行为促进法律法规的普法宣传教育,提高执法人员文明执法能力和水平,及时处理投诉、举报,制止不文明行为,依法查处违法行为。

第三十九条 教育行政主管部门和各类教育机构应当将文明行为纳入教育、教学内容,鼓励和表彰文明行为,组织开展学校与家庭、社会的文明共建活动。

第四十条 旅游行政主管部门应当健全文明旅游工作机制,加强旅游行业文明旅游教育培训,推进文明旅游宣传引导,提升旅游从业人员、旅游者的文明素质。

第四十一条 卫生健康行政主管部门、医疗卫生机构应当将文明行医、文明就医纳入医疗管理工作规范,促进医疗机构、医疗场所的文明行为。

第四十二条 工会、共青团、妇联等群团组织应当组织开展具有群体特色、地方特色的文明行为促进活动。

第四十三条 窗口服务行业和单位应当制定职业道德规范和优质服务标准,树立窗口文明形象;制定、公示本行业文明行为规范,设立优待、禁烟、噪声控制等文明宣传告示牌,引导健康、文明消费;保障现役军人、残疾军人、消防救援人员等特殊人群依法享有公共服务优先权。

第四十四条 广播电台、电视台、报刊出版单位、网络平台等大众传播媒介应当积极传播文明行为,宣传文明旅游公益广告,加强对不文明行为的舆论监督,曝光、批评、谴责不文明行为。

第四十五条 村(居)民委员会、业主委员会等公民自治组织应当通过民主方式制定村(居)民公约和业主公约,持续开展不文明行为突出问题治理,推动乡风文明建设。

第五章 法律责任

第四十六条 违反本条例第二十一条第二项规定的,由城市管理综合执法部门责令改正;拒不改正的,处一百元以上五百元以下罚款。

第四十七条 违反本条例第二十三条第一项规定的,由公安机关责令改正,处五十元以上二百元以下罚款;情节严重的,处五百元以上两千元以下罚款。

违反本条例第二十三条第二项规定的,由公安机关对组织者责令改正;拒不改正的,处二百元以上五百元以下罚款。

第四十八条 因违反本条例规定应当受到行政罚款处罚的,违法行为人自愿参加相关社会服务,有关行政执法部门可以安排其参加相应的社会服务,并根据违法行为人完成社会服务的情况,依法从轻、减轻或者免除对违法行为人的处罚。

第四十九条 行政执法部门滥用职权、玩忽职守、徇私舞弊的,对直接负责的主管人员和其他直接责任人员依法予以处分;构成犯罪的,依法追究刑事责任。

第五十条 违反本条例的其他行为,法律法规有处罚规定的,从其规定。

第六章 附 则

第五十一条 本条例自2020年3月1日起施行。

张家界市房地产开发项目配建公共服务设施规定

一、为满足居民日益提高的物质和精神文化需求,科学合理地配置房地产开发项目公共服务设施,有效使用城市土地资源,提升房地产开发项目公共设施配套及服务水平,依据《中华人民共和国城乡规划法》、《湖南省实施〈中华人民共和国城乡规划法〉办法》、《城市居住区规划设计标准》(GB50180-2018)、《湖南省中小学幼儿园规划建设条例》和其他有关规定,结合张家界市实际,制定本规定。

二、本规定所称房地产开发项目配建的公共服务设施,是指开发企业为小区全体业主生活所需而提供的公共服务设施,主要包括教育设施、停车位、公共文体设施、环卫设施、社区服务用房、物业管理用房、商业综合服务性用房等。

三、本规定适用于张家界市中心城市范围内自本规定实施之日起取得土地的房地产开发项目。

四、房地产开发项目公共服务设施配建标准及要求:

(一)教育设施

1.房地产开发项目住宅建筑面积3万平方米以上(含3万平方米)的,必须配建幼儿园;住宅建筑面积30万平方米以上(含30万平方米)的,除按标准配建幼儿园外,还应当配建小学;住宅建筑面积75万平方米以上(含75万平方米)的,除按标准配建幼儿园、小学外,还应当配建中学。房地产开发项目幼儿园、中小学校具体配建标准按照《张家界市人民政府关于印发〈张家界市城乡规划技术规定〉的通知》(张政发〔2018〕12号)执行。

2. 房地产开发项目应当全额缴纳城市基础设施配套费，原则上不得减免；出让地块达不到配建规模或者周边已配套建设中小学的项目，经市人民政府同意，可以不配套建设幼儿园、中小学但需缴纳相关费用；已按标准配建学校的项目，经验收合格后可返还该项目城市基础设施配套费用于教育设施建设的费用；以出让方式取得配建学校土地的学校用地可以参与开发项目指标平衡。

3. 教育部门应当参与房地产开发项目配建教育设施的规划、建设和验收。教育设施经验收合格后，开发企业应当将产权无偿移交给当地教育部门。

（二）停车位

1.新区（市中心城区永定组团外其他城市组团及武陵源城区）的房地产开发项目机动车停车位按照每100平方米建筑面积不少于1.2个设置，旧区（市中心城区永定组团）的房地产开发项目机动车停车位按照每100平方米建筑面积不少于1.0个设置，非机动车停车位按照每100平方米建筑面积0.2个设置。新建住宅配建停车位应当100%建设电动汽车充电基础设施或者预留建设安装条件。

2.配套商业的居住小区，其住宅、商业建筑的停车场须独立设置相应出入口。

（三）公共文体设施

1.公共文体设施按照室内人均建筑面积不低于0.1平方米和室外人均用地不低于0.3平方米标准配建。

2.改建、扩建、重建居民住宅小区应当坚持原有公共文体设施先建后拆或者同建同拆，且不得少于原有面积。

3.公共文体设施应当布局在方便、安全、对生活休息干扰小的地段，宜结合健身广场、文化活动中心设置，形成社区文体综合服务中心，鼓励在社区文体综合服务中心设置小型的图书室、阅览室、艺术馆、博物馆等，积极营造旅游文化的特色氛围；体育设施也可与绿地结合设置，其用地可以作为绿地率计算，但体育设施用地面积不得超过项目总绿地面积的20%；公共文体设施室内部分产权归开发企业所有，室外部分产权归业主共同所有，经验收合格后，统一无偿交由小区业主委员会管理。

（四）环卫设施

1.房地产开发项目建筑面积1.5万平方米以下（含1.5万平方米）的，至少应当设置一处公厕，每处建筑面积不少于40平方米；建筑面积1.5万平方米以上3万平方米以下（含3万平方米）的，除设置建筑面积不少于60平方米的公厕外，还至少应当设置一处建筑面积不少于10平方米的垃圾收集点；建筑面积3万平方米以上的，除设置建筑面积不少于60平方米的公厕外，还至少应当设置一处建筑面积不少于60平方米的垃圾收集站［垃圾收集站可以和公厕进行联建，每处联建建筑面积不得少于140平方米（含值守人员办公用房）］；建筑面积超过15万平方米（含15万平方米）的，根据实际需要，还应当增设垃圾收集站与公厕，具体位置数量在规划方案审查时予以确定。

2.垃圾收集站与公厕宜共同设置，应当在小区内独立用地且设置在交通便利、方便垃圾收运车辆出入的地段，并对外开放；垃圾收集站、公厕建成后，对外开放使用的，经验收合格后，开发企业应当无偿交由环卫部门管理，其它的应当无偿交由小区业主委员会管理。

3.城管部门应当参与居住小区配建垃圾收集点、垃圾收集站和公厕的竣工验收。

（五）社区服务用房

1. 社区服务用房包括社区办公用房（社区管理服务站）、文化活动室、养老服务站、卫生服务站等设施。

2.住宅开发项目建筑面积5万平方米以下（含5万平方米）的，应当配置不少于150平方米的社区服务用房；5万平方米以上10万平方米以下（含10万平方米）的，应当配置不少于300平方米的社区服务用房；10万平方米以上的，应当配置不少于500平方米的社区服务用房（未单独建设社区综合服务中心的社区，开发企业应当按照每10万平方米不少于500平方米的标准递增配建社区服务用房，但最多不超过2000平方米）。

3. 社区服务用房应当设置在建筑的1~2层或者独立设置，且设置在交通方便、环境安静地段，满足社区要求，方便居民办事，宜与养老、文化活动等设施统筹规划设置。

4.房地产开发企业配建的社区服务用房，由项目所在地街道办事处根据实际需求，除留足社区办公用房外，其余统筹安排作为社区文体、养老、医疗卫生等公共服务设施；配建的社区服务用房经验收合格后，开发企业将其产权无偿移交给街道办事处的，其社区服务用房建筑面积可不计容积率，不收取相关费用。

（六）物业管理用房

按照地上总建筑面积不少于千分之二的比例配置，且建筑面积最少不低于80平方米，物业管理用房经验收合格后，开发企业应当无偿移交给小区业主委员会。

（七）商业综合性服务用房

住宅类房地产开发项目应当按小区计容建筑面积百分之一的比例配建商业综合性服务用房（生活超市），建筑面积最低不得少于300平方米，为居民提供必要的生活服务，产权归开发企业所有。

房地产开发项目配建的公共服务设施，必须与项目同步规划、同步建设、同步验收并交付使用。对分期开发建设的项目，社区服务用房和教育设施应当按开发建设总量统一规划，须安排在首期建设，对于达到规模必须配建的其它公共服务设施，可以按项目建设分期开发的比例配置。房地产开发项目还应当按有关要求做好小区亮化工程和电子监控设施的建设。

五、自然资源和规划部门核定住宅开发项目宗地规划条件时，应当明确规定公共服务设施的种类、设置标准等要求，并在国有土地使用权出让合同中明确土地使用权竞得者应当承担的配建公共服务设施义务。土地出让后，在工程许可阶段核定配建公共服务设施的具体规模和位置，在规划核实阶段核查建设到位情况。开发企业应当按照规划条件规定的种类、规模等设置标准和核定位置建设公共服务设施，未经自然资源和规划部门批准，不得改变配建公共服务设施规模和位置。

六、住房城乡建设部门在项目初步设计审查、施工图审查及综合验收阶段,应当严格把关,确保公共服务设施按规划要求建设到位。

七、房地产开发项目未按规划要求配建公共服务设施的,自然资源和规划部门不予建设工程规划许可;未按标准建设的,自然资源和规划部门不予规划核实和办理不动产登记并依法查处,住房城乡建设部门不予综合竣工验收备案并将开发企业不良记录登记在案。

八、配套公共服务设施投入使用后,任何单位和个人不得以任何名义侵占,也不得改变使用性质或者挪作他用。违反上述规定的,由相关部门依法查处。

九、自然资源和规划、住房城乡建设、教育、城管等部门应当认真履行职责,依法加强房地产开发项目配建公共服务设施的监督和管理工作;对玩忽职守、滥用职权、徇私舞弊的,将依法依规严肃追究责任。

十、本规定自公布之日起施行,有效期为10年。慈利、桑植县可参照本规定执行。

张家界市民宿(客栈)、社会饭店管理办法(试行)

第一章 总 则

第一条 为规范民宿(客栈)、社会饭店经营行为,提升民宿(客栈)、社会饭店服务品质,加强民宿(客栈)、社会饭店管理,促进民宿(客栈)、社会饭店持续健康发展,根据《国务院办公厅关于促进全域旅游发展的指导意见》(国办发〔2018〕15号)、《旅游民宿基本要求与评价》(LB/T065—2019)、《张家界市全域旅游促进条例》和其他有关规定,结合张家界市实际,制定本办法。

第二条 本办法所称民宿(客栈),是指在本市行政区域内利用城乡居民自有住宅、集体用房或者其他闲置资源,结合当地人文、自然景观及农林牧渔生产活动,为游客观光、休闲度假、体验当地民俗文化提供住宿、体验、餐饮等旅游服务的处所。民宿(客栈)的经营用客房层高不超过3层,单体建筑面积不超过800平方米。

本办法所称社会饭店,是指建设在城镇范围内,经营用房超过民宿体量,未纳入星级酒店,只提供住宿、餐饮服务的处所。

第三条 民宿(客栈)、社会饭店发展要坚持统一规划、融合发展、生态优先、绿色环保的原则。

第四条 民宿(客栈)、社会饭店建设要注重发展集群化,供给品质化,治理规范化,经济效益、社会效益和生态效益最大化,管理智能化。

第五条 各级政府、各相关部门要大力支持民宿(客栈)发展,强化民宿(客栈)、社会饭店管理。

第二章 行业发展

第六条 民宿(客栈)、社会饭店发展要坚持全域旅游的发展理念,凝聚全域旅游发展新合力。按照张家界市规划布局和发展需要,分层次布局不同层级民宿(客栈)、社会饭店,形成多层级、便捷化的民宿(客栈)、社会饭店集群。

第七条 服务宜游宜居城市,建设具有张家界特色、国内领先的民宿(客栈)、社会饭店管理体系。优化调整发展规划和功能布局,支持鼓励帮助群众改建、有条件扩建、翻修、装饰装修,让人民群众有更多的幸福感、归属感。

第八条 塑造新时代民宿(客栈)、社会饭店风貌,坚持顺应自然、绿色环保、本土风情的原则,形成民族民俗特色、创新风尚的张家界式民宿(客栈)、社会饭店格局。细致严谨地做好单体建筑设计,追求建筑艺术化,强化对建筑体量、高度、立面、色调等要素的规划引导和控制,体现张家界的传统经典建筑元素,彰显地域文化特色。

第九条 营造优质绿色生态环境,实现经济效益、社会效益、生态效益相互促进良好局面。坚持保护优先、有序开发,加强民宿(客栈)、社会饭店周边生态环境治理和保护,严格按照相关标准建设污水和垃圾处理系统,推广低能耗绿色建筑,优化能源消费结构。

第十条 加强民宿(客栈)、社会饭店协会与各级各有关部门的信息共享,实现民宿(客栈)、社会饭店信息实时汇总和分析。民宿(客栈)、社会饭店经营者要如实申报经营状况,不得瞒报、谎报,做到诚信统计。利用机场、车站、码头等公共场所设置信息服务设施,通过多媒体信息服务设施等信息发布渠道,提供民宿(客栈)、社会饭店的分布、住宿等咨询服务。

第十一条 民宿(客栈)、社会饭店协会应当按照法律、法规和规章及其他有关规定,发挥民宿(客栈)、社会饭店行业自律和行业服务作用,接受主管部门的指导和监督,负责制定行业服务规范,为会员单位提供信息咨询、产品推广、培训交流、争议协调等行业服务。

第十二条 对民宿(客栈)实行星级标准化管理。由市文化旅游广电体育局组织民宿(客栈)星级评定委员会,制定星级评定标准,报市人民政府审核后由星级评定委员会组织实施。

(一)民宿(客栈)等级分为三个级别,由低到高分别为三星级、四星级和五星级。

(二)民宿(客栈)开业一年后可按照有关要求自愿申报星级评定,同一地点、同一投资经营主体只能以一个整体申报。

(三)民宿(客栈)经评定合格后可以使用星级标志,有效期为三年,三年期满后进行星级复核。

第十三条 对民宿(客栈)星级实行退出机制。经营过程中根据严重程度依次采取降低星级、取消星级,取消星级后满三年,可重新申请星级评定。

第三章 开设及经营要求

第十四条 开设民宿(客栈)应当符合以下自然资源和规划要求:

(一)现有的民宿(客栈)应当符合城乡规划,房屋产权清晰,有合法的土地和房屋使用证明。

(二)改扩建的建筑物应当符合城乡规划相关规定和有关工程建设强制性标准,依法设计与施工。

(三)使用存量建设用地新建民宿(客栈)的,应当向自然资源和规划部门申报;使用新增建设用地新建民宿(客栈)的,应当依法取得建设用地使用权,符合城乡规划要求,自觉接受自然资源和规划部门的监督。

(四)在法律法规明令禁止和地质灾害点、山洪灾害易发区、因切坡建房造成地质灾害隐患的区域,不得新建、改建、扩建民宿(客栈)、社会饭店。

第十五条 开设民宿(客栈)应当符合以下建筑要求:

(一)经营用客房面积符合本办法第二条规定。

(二)经营场所距离污水池、动物集养地等污染源至少50米,1000米范围内不得有规模养殖场。

(三)房屋建筑风貌应当与当地的人文民俗、村庄环境景观相协调,房屋结构符合有关房屋质量安全要求。

(四)新建民宿(客栈)应当按照相关要求配建一定数量的停车位。

第十六条 开设民宿(客栈)应当符合以下治安安全基本要求:

(一)配置必需的治安防范设施,按照公安机关管理要求安装旅馆业信息登记系统, 按要求登记住宿人员姓名、证件号码等信息;接待境外人员的,应当如实准确登记各项内容,并及时向公安机关报告。

(二)民宿(客栈)出入口、接待处和主要通道必须安装视频监控系统,监控设备安装要符合相关标准。每月开展1次物防、技防设施检查,及时发现和整改隐患,并书面记录。

(三)做好值班值守工作,并做好设备及人员保障。设立能控制所有客房情况的值班场所,并设有符合防盗要求的物品保险柜(箱),客房的门、窗必须符合防盗要求。确定治安责任人,设立治安保卫组织,并配备足够数量的保安人员。前台工作人员必须经过培训合格后,持证上岗。

(四) 建立重大情况报告制度, 发现违法犯罪嫌疑人员、行迹可疑人员、违禁物品以及发生刑事、治安案件和重大火灾隐患的,应当立即向公安机关报告。

(五)建立突发事件处理应急机制。制订应急预案,向公安机关告知性备案,并进行日常演练。主要从业人员经过治安、消防等安全知识培训,掌握使用安全设备的基本技能,并具有在紧急情况下疏散旅客、电话报警的知识和技能。

第十七条 开设民宿(客栈)应当符合以下卫生安全基本要求:

(一) 有有效的卫生许可证、真实的卫生检测结果报告、有效的从业人员健康合格证明和相关卫生管理制度、群众监督举报电话,并按统一模式在醒目位置公示。

(二) 经营者应当保持公共场所空气流通, 室内空气质量、采风照明、噪声应当符合国家卫生标准和要求。采用集中空调通风系统的,应当符合《公共场所卫生管理条例》要求。

(三) 经营者提供给顾客使用的生活饮用水应当符合国家生活饮用水卫生标准要求。

(四) 经营者提供给顾客使用的用品用具应当保证卫生安全。可以反复使用的用品用具应当一客一换,按照有关卫生标准和要求清洗、消毒、保洁。禁止重复使用一次性用品用具。

(五)经营者应当配备安全、有效的预防控制蚊、蝇、蟑螂、鼠和其他病媒生物的设施设备及废弃物存放专用设施设备,并保证相关设施设备的正常使用,及时清运废弃物。

(六) 经营者应当制定公共场所危害健康事故应急预案或者方案,定期检查各项卫生制度、措施的落实情况,及时消除危害公众健康的隐患。发生危害健康事故的,经营者应当立即处置,防止危害扩大,并及时向县级人民政府卫生健康行政部门报告。任何单位或者个人对危害健康事故不得瞒报、缓报、谎报或者授意他人瞒报、缓报、谎报。

第十八条 开设民宿(客栈)应当符合以下生态环境保护基本要求:

(一) 具有必要的污染治理和安全防护等基础配套设施,污水必须经有效处理后达标排放,排放应当符合《污水综合排放标准》(GB8978—1996)的规定。有条件区域应当统一纳入污水管网集中处理,不能实现集中处理的,要采用三级化粪池+一级简易湿地的处理模式处理生活污水。

(二)垃圾应当有固定和围闭的设施存放并及时清运,推行生活、餐厨垃圾分类处理。

(三)产生噪声、震动的设备应当选择合理位置安装。

第十九条 开设民宿(客栈)应当符合以下食品安全基本要求:

(一)取得食品经营许可证或小餐饮登记证,遵守食品安全法律法规,确保食品安全。

(二) 食品经营场所和食品贮存场所不得设在易受到污染的区域,应当距离粪坑、污水池、暴露垃圾场(站)、旱厕等污染源25米以上。

(三) 食品经营用水应当符合国家规定的生活饮用水卫生标准。

(四) 其他食品安全要求按照《食品生产通用卫生规范》(GB14881—2013)执行。

第二十条 民宿(客栈)的经营管理应当符合以下基本要求:

(一)有明确具体的收费标准、住客须知,并设立投诉电话。

(二)建立完善的内部管理制度和服务礼仪规范。

(三)为住宿客人购买相应保险。

(四)邻里关系和谐,自觉遵守法律法规和乡规民约,提供双语、多语种服务,无影响社会稳定因素存在。

第二十一条 开设民宿(客栈)应当符合以下消防安全基本要求:

(一) 主体建筑的耐火等级原则上不低于二级 [详见《建筑设计防火规范》(GB50016—2014)(2018年版)];耐火等级为四级时,楼层不超过2层,建筑可燃性构件应当涂刷防火涂料。

(二)原则上设置2部疏散楼梯,疏散楼梯应当采用不燃烧体,净宽不宜小于1.1米。当主体建筑耐火等级在三级以上(含三级),层数不超过3层,且每层最大建筑面积不超过200平方米,或者主体建筑耐火等级为四级时,楼层不超过2层,且每层最大建筑面积不超过200平方米,可设置1部楼梯。

(三)安全出口、疏散走道和楼梯口应当设置疏散指示标志,指示标志设在门的顶部、疏散走道和转角处距地面1米以下的墙面上,设在走道上的指示标志的间距不得大于20米;并设置火灾应急照明灯具,其供电时间不小于30分钟。窗户不应设置金属栅栏、防盗网、广告牌等遮挡物,确需设置防盗网时,防盗网和窗户应当从内部易于开启,并设有明确的标识。

(四)按每层面积配备手提式灭火器,每40平方米至少配备1具4公斤ABC型干粉灭火器,并放置在便于取用的位置,每个放置点不少于2具。

(五)每间客房应当配备应急手电筒、疏散逃生示意图、禁止卧床吸烟提示牌等,每个床位宜配备1具逃生面罩且每个房间不少于2具。每间客房、走道、楼梯间内应当设置独立式感烟火灾探测器。

(六)保证民宿(客栈)区域内的消防水源,且便于消防取水。民宿(客栈)集群,应当成立微型消防站,配备必要的消防器材。

(七)使用瓶装燃气的民宿(客栈)用户要按照瓶装燃气实名制销售管理的要求向合法的燃气经营企业购买燃气,并与其签订供用气合同。使用管道燃气的民宿(客栈)经营者使用的燃烧器具必须符合《管道燃气燃烧器具气源适配性目录》的规定,经营者不得私自拆卸、改装、占压、覆盖管道燃气设施。

(八)民宿(客栈)法定代表人或者经营者应当明确场所消防安全负责人、管理人,切实履行消防安全主体责任,开展日常防火巡查、消防安全宣传、培训、演练。

(九)其他消防安全要求按照《住房城乡建设部公安部国家旅游局关于印发农家乐(民宿)建筑防火导则(试行)的通知》(建村〔2017〕50号)执行。

第二十二条 开设社会饭店,应当符合本办法第十四条、第十五条、第十六条、第十七条、第十八条、第十九条、第二十条、第二十一条的有关要求。同时,还应当符合以下要求:

(一)设置2部疏散楼梯。

(二)已在乡村建立的社会饭店建筑要求应符合《农村防火规范》(GB50039—2010)、《旅馆建筑设计规范》(JGJ62—2014)、《建筑设计防火规范》(GB50016—2014)(2018年版)要求。第三层以上的建筑部分严禁开展经营活动。

(三)在城镇范围内新建的社会饭店在治安管理、自然资源和规划、建筑设计、环境保护、消防安全、食品安全、经营等方面的要求,按照公安、自然资源和规划、住房城乡建设、生态环境、消防、卫生健康、市场监管等部门的要求执行。

鼓励支持符合条件的社会饭店按照《旅游饭店星级的划分及评定》(GB/T14308—2010),申报创建星级酒店。

第四章 申办审批

第二十三条 按照"分级管理、分类指导,一窗受理、联合审核"的原则,民宿(客栈)、社会饭店申办者填报《张家界市_____区(县)民宿(客栈)、社会饭店申请表》经所在乡镇人民政府(街道办事处)签署意见后,由所在地区县文化旅游广电体育局受理。

第二十四条 区县文化旅游广电体育局收到申请之日起20个工作日内牵头组织公安、消防、卫生健康、生态环境、市场监管、自然资源和规划、住房城乡建设等部门进行查验,对符合开设条件的,依法办理相关证照;对不符合开设条件的,应当及时一次性告知,并要求整改。已经营的民宿(客栈)、社会饭店,应当自本办法公布之日起依照本办法在3个月内补办证照,达不到要求的限时整改,整改期间不得进行经营行为,限期整改仍达不到要求,由相关职能部门依法责令停止营业。证照办理齐全后,由区县文化旅游广电体育局颁发统一制作的"张家界市民宿(客栈)、社会饭店备案登记证明书"。

民宿(客栈)、社会饭店发生产权、经营权、经营范围变更或者决定停业的,民宿(客栈)、社会饭店经营者应当及时办理备案信息变更或者注销登记手续。

第二十五条 公安、消防、卫生健康、生态环境、市场监管、自然资源和规划、住房城乡建设等部门依法、高效、优质地为民宿(客栈)、社会饭店经营申请者进行指导办理相关证照,不得设置其他前置条件。

第二十六条 民宿(客栈)、社会饭店经营者在取得公安、卫生健康、市场监管等部门颁发的特种行业许可证、卫生许可证、食品安全许可证、营业执照等相关证照后方可营业。

第五章 监督管理

第二十七条 市人民政府建立民宿(客栈)、社会饭店发展和管理联席会议制度。联席会议由市人民政府协管文化旅游广电体育工作的副秘书长任召集人,市文化旅游广电体育局局长任副召集人,市文化旅游广电体育局、市商务局、市公安局、市卫生健康委、市生态环境局、市市场监管局、市自然资源和规划局、市住房城乡建设局、市消防支队等单位为成员单位,负责民宿(客栈)、社会饭店发展重大问题决策及协调处理,推动民宿(客栈)、社会饭店管理联合执法。联席会议办公室设在市文化旅游广电体育局,承担联席会议日常工作。联席会议成员单位按照各自职能职责负责民宿(客栈)、社会饭店发展过程中涉及专业性、政策性问题的处置,制定相关监督管理措施和服务政策,共同做好民宿(客栈)、社会饭店发展的监督管理和服务工作。

第二十八条 各区县人民政府统筹各相关部门负责本行政区域内民宿(客栈)、社会饭店的消防、卫生、生态环境、规划、统计、安全等管理和服务、指导、培训工作。乡镇人民政府(街道办事处)按照要求做好辖区内民宿(客栈)、社会饭店的日常管理工作。

第二十九条 组织、指导具有代表性的民宿(客栈)、社会饭店牵头成立民宿(客栈)、社会饭店协会,发挥民宿(客栈)、社会饭店行业自律和行业服务作用,提升民宿(客栈)、社会饭店服务品质。

第三十条 民宿(客栈)、社会饭店经营者有下列行为的,由有关部门按相关法律法规和规章规定处理:

(一)不按规定对入住旅客进行登记的;

(二)纠缠消费者或者强行向消费者销售商品、提供服务的;

(三)产品销售和服务不实行明码标价,违反价格相关法律的;

(四)经营不符合卫生标准,有害人体健康的食品的;

(五)经营国家保护的野生动物或者其制品的;

(六)经营国家明令禁止个人经营的物品的;

(七)污染环境、乱搭乱建、违法用地的;

(八)使用无行为能力人或者限制行为能力人的;

(九)使用与本市行政区域内其他民宿(客栈)、社会饭店相同名称的;

(十)从事其他违反法律法规和规章经营活动的。

第三十一条 对不符合本办法要求的民宿(客栈)、社会饭店设施,自然资源和规划、消防、市场监管、卫生健康、公安等有关部门依照《中华人民共和国城乡规划法》《中华人民共和国消防法》《中华人民共和国食品安全法》《旅馆业治安管理办法》等法律法规和规章进行查处,经限期整改仍不能消除的,有关部门依法依规吊销经营许可证和营业执照。

第六章 附 则

第三十二条 本办法自公布之日起施行。此前有关规定凡与本办法不一致的,以本办法为准。

张家界市城乡居民合作建房管理办法(试 行)

第一章 总 则

第一条 为顺利推进城乡居民合作建房改革试点工作,根据中共湖南省委农村改革专项小组关于同意《张家界市城乡居民合作建房改革试点实施方案》的批复(湘农改发〔2019〕1 号)及有关法律、法规,制定本办法。

第二条 本办法所称城乡居民合作建房,是指城镇居民和农村居民、集体经济组织在符合村庄规划的前提下,利用宅基地或者其他存量集体建设用地,联合新建、改建、扩建或者装修装饰房屋,用于居住或者发展休闲农业、康体养老、旅游开发、民宿客栈、创新创业、互联网+等产业,促进美丽乡村建设的行为。

第三条 城乡居民合作建房范围为永定区、武陵源区、慈利县和桑植县规划城镇建设用地规模边界以及有条件建设区范围以外的农村宅基地和存量集体建设用地。

第四条 城乡居民合作建房应当坚守“土地公有制性质不改变,耕地红线不突破,生态保护红线不侵占,农民利益不受损”四条底线,坚持总量控制、规划先行、合作共享、一户一宅、面积法定等原则。

第五条 全市范围内城乡居民合作建房的行政管理工作,由《中华人民共和国土地管理法》确定的主管部门负责,农业农村、自然资源和规划、发展改革、财政、住房城乡建设、文化旅游广电体育、交通运输、水利、生态环境、市场监督、税务等有关部门在各自职责范围内做好城乡居民合作建房管理相关服务工作;县级人民政府负责本行政区域内城乡居民合作建房的审批与监督管理工作;乡镇人民政府(街道办事处)负责本行政区域内城乡居民合作建房的具体实施工作。

第六条 各区县要打造 1~5 个城乡居民合作建房示范村,并报市人民政府作为示范工程。发展改革、财政、交通运输、水利、生态环境、住房城乡建设等部门应当在项目、资金安排上给予示范村适当倾斜。市人民政府对表现突出、取得显著成绩的单位和个人给予适当奖励。

第二章 规 划

第七条 开展城乡居民合作建房应当根据因地制宜、合理布局、节约集约的原则,在符合乡镇土地利用总体规划的基础上,按照“多规合一”的要求,积极编制村庄规划,统筹规划生产、生活、生态用地空间。村庄规划未经批准的行政村不得开展城乡居民合作建房。

第八条 村庄规划编制采取“刚性管控”与“弹性控制”相结合方式,本乡镇(街道)范围内,在保证建设用地规模总量平衡的基础上,实行用地指标在空间布局上的弹性控制。

第九条 实行城乡居民合作建房应当符合村庄规划,原则上在规划的农村集中居住点选址布局。严格实施规划,积极开展全域土地整治,通过规划引导优化集体建设用地空间布局,引导农村居民向集中居住点集聚。

第十条 鼓励通过拆旧建新、空心村整治、异地置换等方式推进宅基地和存量集体建设用地在乡镇(街道)范围内的跨村(居)集聚,改善乡村面貌,助力乡村振兴。

第十一条 城乡居民合作建房的建筑风格应当与当地农村自然、人文环境相协调,充分利用土地空间进行建设,突出生态文明、地域特征、民族特色、乡土风情、文化传承,体现乡村风貌。

第三章 申 请

第十二条 申请城乡居民合作建房的,必须征得村集体经济组织的同意,由合作方共同向乡镇人民政府(街道办事处)提出申请。

第十三条 个人利用宅基地合作建房的,申请人应当提交下列材料:

(一)合作建房申请表、由村(居)委会签署意见的《城乡居民合作建房协议》;

(二)合作双方的身份证、户口本;

(三)依法登记的不动产权证或者用地批准文件;

(四)房屋设计图纸和效果图(可从免费提供的图集中选择);

(五)宅基地资格权人提供的住房保障证明材料。

第十四条 村集体经济组织联合多户农户,利用宅基地合作建房的,申请人除提交本办法第十三条要求的材料外,还应当提交农户与村集体经济组织签署的《城乡居民合作建房宅基地资格权委托协议》,由村集体经济组织统一代为行使农户在合作建房中与宅基地资格权相关的权利与义务。在不动产登记时,对宅基地资格权备注委托村集体经济组织管理。

第十五条 村集体经济组织利用存量集体建设用地合作建房的,申请人除提交本办法第十三条第(一)至(四)款材料外,还应当提交经村(居)委会或者村民小组三分之二以上成员同意并公示无异议的证明材料。

第十六条 合作建房双方需共同签署统一式样的《城乡居民合作建房协议》,协议应该包含以下内容:

(一)合作方的相关信息,合作建房的位置、目的、用途、方式、合作期限和起止日期(最高期限不超过40年);

(二)土地所有权、资格权、使用权人,房屋所有权人,土地或者房屋的位置、坐落、面积、不动产权证或者用地批准文件;

(三)合作方的权利与义务,期限届满时房屋所有权的处理办法,土地被依法征收时征收补偿金额的分配办法;

(四)在合作期限内涉及转让、抵押、出租的,相关权利人的权利与义务的履行方式;

(五)违约责任和解决争议的方式。

第十七条 农户参与城乡居民合作建房后,不得再申请新的宅基地,符合分户条件的除外。

第四章 审 批

第十八条 实行城乡居民合作建房的,由乡镇人民政府(街道办事处)受理,并按照下列流程报批:

(一)现场踏勘。对提交资料齐全的,应当在不超过5个工作日时限内组织有关单位和人员现场踏勘,经实地审查建房条件、用地选址、房屋用途等符合相关规划要求后,由经办人员签署意见。

(二)公示公告。根据申报材料及现场踏勘结果,乡镇人民政府(街道办事处)作出预审批意见,并将预审批意见通知申请人及所属村(居)委会,村(居)委会应当在接到通知之日起2个工作日内,将预审批结果张榜公布,公布期限为5个工作日。

对于公示期满且无异议的,由乡镇人民政府(街道办事处)报县级相关部门颁发《城乡居民合作建房审批单》和《乡村建设规划许可证》。

第十九条 利用宅基地合作建房,有下列情形之一的,其建房申请不予批准:

(一)农户没有依法取得宅基地的;

(二)农户住房没有得到保障的;

(三)选址布局不符合村庄规划的;

(四)不动产权证或者用地批准文件与宅基地资格权人不符的;

(五)农户有多处宅基地,不符合"一户一宅"、"面积法定"等宅基地管理原则的;

(六)农户宅基地权属界线尚有争议和纠纷的;

(七)借机修建小产权房,进行房地产开发项目建设的。

第二十条 利用存量集体建设用地合作建房,有下列情形之一的,其建房申请不予批准:

(一)不属于依法取得的存量集体建设用地;

(二)选址不符合村庄规划的;

(三)不符合本办法规定的产业用途的。

第二十一条 利用宅基地合作建房的,不得突破《张家界市集镇和村庄村(居)民建房管理办法》(张政办发〔2017〕19号)中规定的宅基地面积、房屋层数、建筑总面积等标准。

第五章 建 设

第二十二条 城乡居民合作建房方式包括利用存量集体建设用地新建,利用宅基地移址新建或者原址改建、扩建,以及在不改变主体结构的前提下对原有房屋进行装修装饰等。

第二十三条 城乡居民合作建房应当按照《乡村建设规划许可证》的要求施工,不得擅自更改,并在建设现场竖立施工公示牌,接受监督。

第二十四条 合作建房在定点放线、正负零(基础)建设、封顶建设等重要环节,要及时向乡镇人民政府(街道办事处)申请到场监管。

第二十五条 在建房过程中,乡镇人民政府(街道办事处)应当做到"五到场",即批前实地踏勘、批后定点放线、开工验槽、跟踪监督、建后竣工验收到场。

第二十六条 房屋竣工后,建设方要及时向乡镇人民政府(街道办事处)申请竣工验收。乡镇人民政府(街道办事处)应当在不超过5个工作日时限内,邀请县级自然资源、住房城乡建设等相关职能部门进行综合验收,并出具竣工验收意见。

第二十七条 乡镇人民政府(街道办事处)在组织竣工验收时主要核实建房者是否严格按照批准的占地位置、占地面积、建筑层数、建筑总面积和建筑风貌建设,有无超占超建等情况。

第二十八条 对于按照批准的占地位置、面积和建筑层数建设的，验收建筑总面积与批准建筑总面积误差在3%范围内的不予处罚。

第六章 登 记

第二十九条 房屋竣工并验收合格后，合作方在所属县级不动产登记中心共同申请办理城乡居民合作建房《不动产权证书》登记。

第三十条 城乡居民合作建房《不动产权证书》按照"房地一体、三权分置"原则进行统一登记，合作方各执一份，并在《不动产权证书》的"权利人"一栏备注各自的权利类型。

第三十一条 利用宅基地合作建房的，宅基地所有权登记为村集体经济组织，宅基地资格权登记为农户，宅基地使用权和房屋所有权则根据合作建房协议约定予以登记。农户与村集体经济组织签署了《城乡居民合作建房宅基地资格权委托协议》的，宅基地资格权需备注委托村集体经济组织管理。

利用存量集体建设用地合作建房的，集体建设用地所有权登记为村集体经济组织，集体建设用地使用权和房屋所有权则根据合作建房协议，登记为村集体经济组织所有、城镇居民所有或者多方按份共有。

第三十二条 由于历史原因造成的超占房屋申请城乡居民合作建房不动产登记时，经村集体经济组织对超占部分土地收取土地有偿使用费后，可对其批准的合法面积依法登记，超占部分视为不合法面积，并在证书中予以备注说明。

第三十三条 申请城乡居民合作建房《不动产权证书》登记应当提交本办法第十三条(一)、(二)、(三)规定材料和"乡村建设规划许可证"、房屋竣工图、房屋竣工验收意见等材料。

第三十四条 鼓励商业银行等金融机构对已经取得城乡居民合作建房《不动产权证书》的农户和城镇居民依法开展土地使用权和房屋所有权抵押贷款业务。

土地所有权、宅基地资格权不得设定抵押权。

第七章 转 让

第三十五条 已取得城乡居民合作建房《不动产权证书》的土地使用权和房屋所有权，可以在征得原全部合作方书面同意的前提下，以转让、抵押、入股等方式流转给其他组织和个人。

第三十六条 土地使用权和房屋所有权转让的，应当签订书面合同，原合作建房双方的相关权利、义务随之转移，且受让方可以继续申请办理城乡居民合作建房《不动产权证书》登记。

第三十七条 土地使用权和房屋所有权出租的，原合作方的相关权利、义务不进行转移。出租方与承租方应当签订书面合同，就相关事项进行约定，且不得损害其他合作方的利益。

第三十八条 城乡居民合作建房约定年限到期后，农户宅基地资格权未发生变化的，其宅基地使用权可以由宅基地资格权人收回或者再次约定续期合作；农户宅基地资格权发生变化的，其宅基地使用权可以由集体经济组织收回或者由依法获得该宅基地使用权的资格权人收回，或者优先原合作方再次约定续期合作。

利用存量集体建设用地建房的，其集体建设用地使用权由集体经济组织收回或者优先原合作方再次约定续期合作。

城乡居民合作建房约定年限到期后，其所建房屋所有权按照合作建房协议处理。国家有另行规定的，从其规定。

第三十九条 市、县级人民政府制定本行政区域内城乡统一的集体建设用地基准地价，作为实行土地有偿使用、转让最低价保护制度，以及土地转让计税的依据。

第八章 监督管理

第四十条 乡镇人民政府(街道办事处)作为城乡居民合作建房监督管理的实施主体，应当加强对城乡居民合作建房及质量安全的巡查监管，落实巡查队伍，完善相关台账，做到违法违规建设及时发现、及时制止、及时上报、及时处理，确保建房规范有序。

第四十一条 有下列行为之一的，由县级人民政府有关职能部门依法处理：

(一)没有城乡居民合作建房协议或者审批手续的；

(二)未取得或者未按照《乡村建设规划许可证》进行建设的；

(三)买卖或者以其他形式非法转让土地的；

(四)采用欺骗手段进行超占建设的；

(五)其他违反法律、法规的情形。

第四十二条 对国家机关工作人员或者农村集体经济组织管理者在城乡居民合作建房过程中有玩忽职守、滥用职权、索贿受贿、徇私枉法、贪污行为的，依纪依法追究相关责任；构成犯罪的，移送司法机关处理。

第九章 附 则

第四十三条 县级人民政府可以根据《张家界市城乡居民合作建房改革试点实施方案》和本办法，结合本地实际，制定相应实施细则，并报市人民政府备案。

第四十四条 本办法自公布之日起施行。

索　引

说明：

一、本索引把年鉴专题性条目的内容用主题分析的方法，按汉语拼音字母顺序排列，第一字相同，按第二字音序排列，以此类推。数字开头的标目则按数字0~9顺序排列。

二、标引词后的阿拉伯数字标书内容所在页码，数字化的拉丁字母a、b、c分别表示从左至右第一、二、三栏。

三、本年鉴"特载""专题""大事记""附录"均未作索引。

数　字

13家新组建和调整优化机构　360a
14岁以下儿童实行免票　352b
"2·22"天门山救援　179a
2019"寻根之旅"夏令营　118c
2019年度"湖南省优秀少先队辅导员"　374
2019年度"湖南省优秀少先队员"　374
2019年度张家界市劳动模范和先进工作者　376
2019年度张家界市优秀共产党员和优秀党务工作者　375
2019年上半年全市经济形势分析会议　75c
2019年中国小篮球联赛　336b
2019中国最美县域榜单　352c
24小时自助图书馆　310c
30万吨　358b
5G建设及应用　241b
"8·11"桑植LNG罐车侧翻　179b

A

艾滋病防治　327b
爱情旅游胜地　352c
安全大检查　156a
安全监管　178a
安全监控机制　303b
安全生产　108a，178b
安全宣教培训　178a
安全预防教育　303b
安全执法　203c
安全专项治理　303c

B

"百日安全活动"　78a，156a
办公用房　123c
保密工作　90c
保密检查监督　91a
保险业　273a
报刊　315b
备案管理　243b
毕业生档案管理　304b
边检工作　186c
标准化监管　180c
表彰大会　157a
殡葬改革　119a
病原微生物实验室　330a
不动产登记　173c
"不忘初心、牢记使命"主题教育　348c，363c

C

财经绩效　87c
财政　261a
财政预算监督　97b
采矿权出让　173c
蔡振红　82b
参谋服务　110
参政议政　134a
餐饮监管　183a
残疾人　343c，344a
茶叶　192c
产业导向　281b
产业发展　196b
产业链　206a
长沙银行张家界分行　272a
畅想农业　207a
陈铭　371b
陈孟箫　370c
成人高校招生考试　307b
诚信体系　206a
城市功能完善　366b
城市管理　220b，350a
城市基层组织建设　80b
城市建设　214a
城市扬尘污染治理　227c
城乡规划　216a
城乡建设用地　173b
城乡建设与管理　213
城乡居民合作建房　173c
城乡居民消费　340a
城乡人口　52a
城乡一体化改革　327a
城镇非私营单位从业人员　53a
城镇化水平　53a
重温忠诚卫士誓词仪式　156c
抽检监测　184b
筹建湖南旅游技师学院　300a
出席重要活动　107b

出租汽车行业 235c
“传承红色基因、担当强军重任”主题教育 155c
传达学习全国两会精神 72a
创建省文明城市(城区、县城) 82a
创建省文明城市 57b
创卫工作 350a
创新应用 306a
创业带动就业 120b
垂直管理制度 224c
慈利采风 321c
“慈利杜仲” 362c
慈利县 355b
慈利县第八届运动会 362b
慈利县第一届文化和旅游协会 363a
慈利县工业集中区 208c
慈利县涉大鲵自然保护区 360c
慈利县卫片执法工作 361b
慈利县新殡仪馆 363c
慈利县新的社会阶层人士联合会 363b
慈利县新时代文明实践中心 363a
慈善救助 344a
慈善拍卖 324a
村级土地利用规划编制 358a
村镇建设 215c

D

打非治违 215b
大鲵 110b, 194b
大气环境管理 227a
大唐西市集团 110a
大中专毕业生就业 304b
代表工作 98a
代表建议 98c
代表联络机制 98a
代表履职 98b
代表主体作用 98a
待遇保障 333a
档案工作 311a
党的建设 61b
党的十九届四中全会精神宣讲报告会 84b
党风廉政建设工作会议 224b
党建 89a
党建引领 126a
党史研究 92a
党外代表人士暑期谈心活动 85c
党委一届二次全体(扩大)会议 157a
党校工作 91a
党校教学 91b
党校科研 91c
党组书记述职评议会 89a
道路旅客运输企业 235c
稻油水旱轮作 192b
地方志 311c
地理 50a
地理标志 287c
地名管理 119b
地形地貌 50a
地质灾害防治 110a, 174a
第三次国土调查 359c
第三届国际旅游诗歌节 322a
第四次全国经济普查 188b
第五届张家界市道德模范 371a
电力安全生产 204b
电力工业 203c
电商创业达人 359b
电商扶贫 240a
电信 240b
电影 318b
电子化平台 174c
电子商务 245a
电子信息产业 205c
电子信息制造业 205c
电子政务 111c
电子政务技术服务 112a
定点屠宰 195a
动物疫病防控 194c
督导整改 161c
杜炫桦 370c
队伍建设 89c,187b, 305b,311c
对口支援 172a
对台经济联络 87a
对台文化交流 87a
对外对外及对港澳台经济技术合作 254a
对外及对港澳台经济贸易 250b
对外开放 55c
“多测合一” 173c

E

儿童福利工作 342a
“儿童青少年预防近视科普妈妈行” 149c, 342a
二品一标认证 191b

F

法考工作 162c
法院 167b
法治 159
法治建设 165b
法治宣传 59c,162b
法治政府建设 162b
方志鹏 240a
方志事业 311c
防范化解重大风险 262c
防汛抗旱 197c,362b
防震减灾 289c
防震减灾科普馆 352b
防治出生缺陷 331c
房地产业 219b
房屋管理 214c
纺织工业 205c
非法社会组织 119a
非洲猪瘟防控 195a
分级诊疗制度建设 326c
风险防控 221c
《峰林叠翠》 323a
扶贫开发 125a, 126b
芙蓉学校项目 296a
服务发展 165a
服务改革 187a
服务经济发展 174b
服务优化 222b
服务张家界发展 186c
服务重点项目 173b
福安家木业 207b
福利彩票 344b, 344c
福利救济 343c
妇联 148a
妇女·儿童·老人 341a
妇女儿童发展规划 149b, 149c
妇幼保健 331c

G

改革创新 350c
改善办学条件 299c
改善人居环境 131c
干部人事制度 80a
港澳侨务工作 117b
港口和船舶污染物 238a

高档优质稻 192a
高等教育 301b
高等教育自学考试 307c
高速公路 ETC 应用 234a
高中教育 298b
歌咏大赛 83b
个体工商户 280c
个体私营经济 280b
各区县居民收入 340c
耕地占补 173b
工会 145a
工会改革创新 146b
工会组织建设 146b
工伤保险 121b
工商联 150c
工商银行张家界分行 268b
工业 201
工业废气污染防治 227b
工业集聚区水污染 228b
工业节能 203a
工业经济 202a
工业科技 284a
工业设计中心认定 205b
工业项目 202b
工作调研 261c
公安 163b
公安改革 164c
公共法律服务 169a
公共就业服务 121a
公共气象服务 288b
公共卫生和卫生应急 327a
公共资源交易 174b
公立医院综合改革 326c
公路交通 235a
公路治超 235a
公务会见 108b
公益支教 324b
公租房管理 219b
龚美慧 370a
共青团 146c
供给侧结构性改革 3,13, 60b, 60c
供销合作 246b
供销合作社综合改革 246b
谷彩虹 373b
固定资产投资 55b
固体废物、辐射安全 231b
关心下一代工作 90c
观光电车 185b
灌区续建 198c
广播·电视 316c
广电服务能力提升 318b
广福桥镇 362b
广告产业 180b
规范性文件 162c
规划编制 216c
规划财务工作 296a
规划管理 217a
规划建设项目 296b
规划审批 216c
规划宣传 216b
规划执法 217b
规模工业综合能源消费 55c
郭彩莲 371c
国防动员潜力统计调查 155b
国防教育 303a
国际妇女节 148c
国际旅游诗歌节 84c
国际森林保护节 197b,351a
国际生态休闲小镇 353a
国家电网 110a
国家及省级五一劳动奖章 368a
国家首批全域旅游示范区 354a
国家卫生城市创建 108b
国内贸易 244
国土绿化 196c
国网张家界供电公司 203c
国营农场 192a
国有企业改革 172a
国有资产监督管理 172a
国有资产体制改革 124a
国资布局 172b
国资监督管理 172c
虢正贵 236a

H

海关 186b
“翰墨礼赞、盛世中华” 322c
夯实基层基础 164b
夯实基础 226a
行业发展 217c
行业管理 205a
行业监管 332a
好地建筑安装 218c
昊天房地产 219c
河道管理 199b
贺晓英 369b
黑猪 194b
红色故事 79b,81b,292b,364a
红色旅游 256c
红色文化 84b,240b,258a
红十字会 344c
鸿燕新材料 284c
后勤服务保障 124a
胡金平 373a
湖南 IPTV 平台 240c
湖南红色旅游文化节 84b
湖南日报社张家界分社 316b
湖南省 2018 届省文明单位 137c
“湖南省文明城市” 84c
湖南省最美妇联人 369c
湖南张家界天门山景区 257a
虎牙直播 82c
“互联网+政务服务” 113c
“护苗”行动 183b
华融湘江银行张家界分行 271c
华新水泥 206c
化肥农药 226c
化解义务教育大班额 357b
化妆品 184b
“欢乐潇湘·美丽张家界” 310a
环境空气监测 229b
环境卫生 220b
环境影响评价 229c
环境质量监测 229a
环评工作 230a
环天门山国际自行车邀请赛 337a
黄兰香 85c
黄龙音乐季 83b,353b
黄石寨高空扁带对抗赛 337a
“回头看” 110a
婚姻·家庭 340a
婚姻登记 340a
混合废油泄露 231a
火灾防控 178c
货运情况 110a

J

机构编制工作 86a
机构改革 111b, 112c, 174b, 177c, 194a, 216a
机关党建 88c
机关事务管理 123c
基层党建专项检查 80b
基层服务能力 331c
基层团干部培训班 147b

基层卫生 331a
基层卫生健康人才培养 329b
基础设施建设 366b
基金管理 306c
吉首大学张家界校区 301b
吉首大学张家界学院 301c
吉首大学张家界学院附属医院 329c
吉祥人寿张家界中心支公司 273b
集体产权改革 195c
集体经济发展 195c
“集体调研集中解难”活动 358c
计划生育 330c
计划生育协会 330c
记者节 84a
“记者走基层·助力脱贫攻坚” 82c
纪检体制 61b
纪委· 监委 135
寄递渠道安全 238b
“家国情怀·最美家庭” 150b,341a
家庭教育问题 150b, 341a
家庭医生签约服务 331b
价费 176b
价格管理 175c
价格和招采 333b
监督监管机制建设 113c
监督检查 243b
监督职责 175b
监事会机构 247a
枧潭桥 226b
检察 165a
检察改革 166b
检验检疫 186b
减税降费 263b
简政放权 111b
蹇玉萍 369c
建材工业 206b
建设银行张家界市分行 270a
建制班比武竞赛 157b
建筑工地创卫 218b
建筑节能与科技 220a
建筑市场 214a
建筑业监管 218a
健康扶贫 132a,133a, 331a
健康中国湖南行 337a
健全机制 89c,162b
姜玉忠 368c
讲习员培训班 83a
交通“三大攻坚战” 233b
交通安全生产 233c
交通标志调整 235b
交通行业治理 233b
交通建设投资 233a
交通银行张家界分行 272b
教师队伍建设 295b
教师工作坊 304a
教师培训 304a
教师职务评审 304a
教温公路 235b
教育 294
教育督导 295b
教育发展 350b,366c
教育工作 108a
教育基金会 306b
教育技术装备和教育信息化 305b,306b
教育科学 304c
教育课题 304c
接待工作 92b
节能减排 286a
节约型机关 123c
结核病防治 327b
解困脱困 145c
金融概况 266a
金珍标 373c
锦华药业 185a
进出口贸易 56a
经济发展 109c
经济发展情况 54b
经济社会发展 53b
经济体制改革 54a
经济运行监督 97b
精神文明建设 56b
精神障碍社区康复 119b
精准扶贫 155a
精准扶贫微电影大赛 324b
竞技体育 336b
敬老月活动 342b
九三学社市委 143a
久瑞生物科技 285b
救助管理 120a
就业创业 123a
就业指导与帮扶 304c
就业咨询服务 304c
就医感受 330a
居家和社区养老 342c
居民收入 340a
居民消费价格 176c
卷烟经营 248b
决策气象服务 288a
军分区党委五届六次全体(扩大)会议 155a
军分区党委五届五次全体(扩大)会议 154c
军事 153
军事训练 156b,156c
军休服务 123b

K

开通杭州—张家界—丽江航线 237c
开通呼和浩特—张家界—长沙航线 237c
开通柬埔寨暹粒—张家界航线 237c
开通南宁—张家界—韩国务安航线 238a
开通青岛—扬州—张家界航线 237c
开通张家界—大阪 237c
开通张家界—大邱航线 237c
开通张家界—马尼拉航线 237c
开通张家界—清州航线 238a
开通张家界—首尔航线 238a
开通张家界—无锡航线 238a
开通张家界—务安航线 238a
开通长沙—张家界—毕节航线 238a
开通郑州—张家界—桂林 237c
开训动员会 158b
勘察设计 217c
康尔佳 184c
考试保障 243c
考试与高校录取 307a
科技服务 283a
科技合作交流 286a
科技活动 283b
科技监督管理 283b
科技普及推广 283b
科技强警 164b
科技体育运动会 305b
科技体制改革 283a
科技项目管理 283c
课后服务 298c
“课前到书” 312c
课堂教学 305a
口岸管控 187a
口岸开放 250a
快递跨业战略合作 241a
矿产资源 51a

矿业秩序 174a

L

劳动关系 122a
劳动竞赛 145a
劳模精神和工匠精神 145b
“牢记训词、践行使命” 157a
老干部工作 89c
老干部志愿服务 90c
老旧小区改造 214c
老年人优待 342b
雷明盛 370a
李殿勋 161a
李高兴 373b
李景军 371a
李军声 322c
李沛轩 370c
澧水源头 132b, 132c
立案信访 168a
立行立改 89b
联合整治 183c
联通 242a
梁英杰 368c
粮食产销 247b
粮食储备 247c
粮油产业 247c
粮油流通 247b
“两个确保” 248a
两供一治 214c
“两客”车辆智能监管平台 236a
两新组织妇建 150a, 342a
林业 196c
林业信息化 360b
林业资源管理 197a
临时救助 119b
刘革安 234a
刘少文 368a
刘晓平 322a
六城同创 12,35,56c,70b,136a,317a
龙芳 369a
罗潭村 357b
落实重点民生实事 332a
旅游产品供给 256c
旅游产业 255
旅游工作 109a
旅游行业管理 258a
旅游惠民卡 240b
旅游区(点)建设 256c
旅游商品 202c
旅游市场开发 257b
旅游项目建设 256c
旅游资源 51b
旅游综合改革 60c
律师工作 162c
“绿盾 2019” 225b
绿化美化亮化 221a
绿色发展 171b
绿色建筑 220a
绿色农业实用技术 193a
绿色生态经济发展 58c

M

茅岩河镇 351a
茅岩莓 285c
煤矿安全监察 203b
煤炭工业 203b
“美家美妇” 149a, 150a, 340b, 341a
美术书法摄影艺术作品双年展 84a
魅力文旅发展有限公司 257b
“魅力湘西” 354a
孟荔 369c
免疫规划 327b
民办教育 300c,301a
民办学校 301b
民兵骨干轮训 155c
民兵调整改革部署 155b
民间文艺·收藏 324a
民进市委 140b
民盟市委 139b
民商事审判 167c
民生保障 262b
民生保障监督 97c
民生事业 350b
民宿旅游主题年 258b
民营经济发展 133b
民营企业和中小企业服务 279a
民用航空 237a
民政工作 119a
民主党派 138
民主监督 132c
民族工作 113c
“名校+名城” 287a
“魔鬼周” 157a
母婴安全管理 331a

N

年龄结构 52b
聂贤丽 368a
农产品质量 191b
农村安全饮水 198c
农村改厕 191a
农村公路安防工程 235c
农村建房 216a
农村经营服务管理 195b
农村留守老年人关爱 342b
农村人居环境整治 191a
农村水电 200c
农村养老服务体系 343a
农发行张家界市分行 267c
农工党市委 141a
农行张家界分行 268c
农机安全生产 196a
农机购置补贴 196a
农机社会化服务 196a
农机推广培训 196a
农民工工资 218b
农民维权监管 195c
农民专业合作社 280c
农田灌溉水 198c
农田建设 191c
农业产业化 196b
农业行政综合执法 191b
农业机械化 196a
农业科技 285a
农业科技研究 193a
农业农村改革 60b
农业气象服务 288b
农业总类 190a
农用地分类管理 227a
农作物种质资源 194a
女性安康保险 149b
女性安康保险活动 341b
女性健康知识讲座 149c

P

潘基文 92c
棚户区改造 219a
频率监测 243b
频率占用费征收 243c
品牌创建 196c

品牌建设　287b
平安财险张家界中心支公司　275a
平安创建活动　161b
平安库区　128c
平安人寿张家界中心支公司　275c
评选模范与表彰先进　122c
普及普惠　297a
普通高中学业水平考试　307b

Q

七届纪律检查委员会第四次全体会议　70b
七十周年大庆安保　157a
其他新闻人物　372c
企业创新转型　202b
企业科协组织建设　287a
企业信息化　242b
企业信用监管　179c
气候　50a
气候影响评价　288c
气象服务　288a
“千吨万人”　228c
千古情景区　83a, 352c
“千企帮千村”　359c
黔张常高铁　234c, 241c,365b
强基固本　162a
侨情调查工作　85c
侨务工作　117c
青年抖音大赛　147c
青年宣讲故事汇　147b
青钱柳茶　193c
青少年科技教育活动　287a
轻工业　206b
庆祝新中国成立70周年歌咏大赛　353c
庆祝新中国成立70周年文艺汇演　151c
“庆祝中华人民共和国成立70周年”纪念章　114b
区县概况　346
全国U21青年男子篮球锦标赛　336c
全国第三次国土调查　173c
全国二青会激流回旋比赛　336b
“全国科技工作者日”活动　286c
全国科普日活动　286c
“全国民族团结进步模范集体”和“模范个人”　114b
全国摄影大赛　83c
全科医生配备　331b
全面深化改革　60a,87c
全面小康社会建设　60a
全民国防教育委员会　155b
全民健身挑战日　337c
全省党办接待系统　92c
全省河长制真抓实干先进县　356c
全省社会治安综合治理先进县市区　355a
全市机构改革　79c
全市寄递渠道安全管理工作交流会　238c
全市交通运输工作会议　234a
全市女性健康知识讲座和义诊活动　341c
全市侨联改革　118b
全市涉外工作会议　116b
全市外事工作座谈会　116b
全市邮政管理工作会议　238b
全市征兵工作　156a
全市政协系统首届职工运动会　130c
全域旅游　256b,348c, 355b,365c
阙冬梅　371c
群众体育　337a
群众性练兵比武　155c,157a

R

热线服务　111b
人保财险张家界市分公司　273c
人才队伍建设　121c
人才公寓　358b
人才行动计划　80c
人大监督　97b
人防知识竞赛　158c
人防专业队伍训练　158c
人工影响天气　288b
人行张家界中心支行　267a
人口·民族·宗教　52a
人口和计划生育数据及动态分析　330c
人口流动　52c
人口总量　52a
人力资源和社会保障　120b
人民防空　157c
“人民满意窗口”　125a
人民生活　340a
人民调解　168c
人社扶贫　122b
人物　367
融媒体中心建设　84b
瑞海置业　219c

S

“三八红旗手”志愿巡讲队　150a
三大攻坚战　180b
“三大体系”建设　246c
三农服务　312c
“三下乡”　81c
“三线一单”　230a
“三校合一”　91c
桑植民歌节　258a
桑植县　364c
桑植县工业园区　211a
扫黑除恶　110a,161a,161b, 163a
“扫黄打非”　315b
森林公安　197b
山岳救援队　179a
商品质量　181b
商事制度改革　179b
商业洽谈　109b
“上云上平台”　242b
社保降费　121b
社工专业服务　120b
社会保险经办　121c
社会大局　366c
社会发展科技　286a
社会工作职业水平考试　119b
社会救助兜底保障工作　119b
社会考试　307c
社会科学　291
社会生活　339
社会事业　366c
社会体育指导员　337a
社会体制改革　55a
社会团体　144
社会消费品　176c
社会综合治理　350c
社会组织　119b, 119c,120a
社科普及　292a
社科研究　292b
社区矫正　167a
社区趣味运动会　337b
社有资产管理　247a
摄影发现中国十大景观　323a
摄影活动　323a
摄影奖项　323b

申圣春 372a
深化机构改革动员大会 352a,359b
深挖打击 161c
深圳万顺叫车 242c
审计成果 175c
审计创新 175c
审计管理 175a
审计监督 175a
审判执行 168a
生态保护红线监管 225b
生态保护修复 225c
生态环境 365c
生态环境保护 223,230c
生态环境工作机制 58c
生态环境问题整改 59b
生态环境准入管理 229c
生态惠民 197a
生态文明建设 58a
生态文明体制改革 59a,60b
生物资源 51b
生育水平 52c
声环境监测 229c
省道德模范提名奖 368c
省级农民林业专业合作社示范 357c
省三八红旗手 368c
省委“1+5”文件 80a
省委第二巡视组 359a
省邮政公司优秀共产党员 370b
省政府特殊津贴获得者 370a
失业保险 121b
师资培训 303c
石油销售 245b
实兵演练暨誓师大会 157b
实体门店 312a
实训大楼 301c
食品安全 181c
食品工业 205c,206a
食品流通 182c
食品生产 182a
史志研究微信公众号 312a
世界自然遗产与风景名胜区管理 216a
世居少数民族 53a
市场监督管理 179b, 180b
市场体系 245a
市场主体总量 278a
市场专项整治 180a
市城区自助图书馆 310c
市道德模范 84c
市地情专家库 312a
市第六届运动会 336c
市第七次妇女代表大会 149a
市第四次归侨侨眷代表大会 118c
市儿童之家建设 149b, 341b
市妇女儿童发展规划 341c
市妇女儿童工作委员会 149b, 341b
市工商联六届四次执委会议 151c
市公安工作会议 75b
市公共交通发展有限公司 236b
市华侨投资服务中心 118c
市美术书法摄影艺术作品双年展 322c
市民族宗教机构改革 114b
市派驻村帮扶工作队 126c
市平安建设领导小组 161a
市七届人大常委会第二十次会议 95c
市七届人大常委会第二十二次会议 96b
市七届人大常委会第二十三次会议 96c
市七届人大常委会第二十四次会议 96c
市七届人大常委会第二十五次会议 97a
市七届人大常委会第二十一次会议 96a
市七届人大常委会第十八次会议 95b
市七届人大常委会第十九次会议 95c
市七届人大常委会第十七次会议 95a
市七届人大三次会议 94c
市汽车运输有限责任公司 236b
市钱币学会 293c
市侨联工作 118a
市人民医院 328a
市人民政府领导班子集体活动 110b
市少先队 147c
市深化机构改革动员大会 70a
市生态环境保护委员会 224a
市特殊教育学校 299a
市特校整体搬迁项目 299b
市委办公室 79a
市委财经委员会 72c
市委扶贫工作会议 73c
市委经济工作务虚会 77a
市委刊物编印 88a
市委理论学习中心组专题授课 115a
市委农村工作会议 71b
市委全面依法治市委员会 74a
市委人才工作领导小组 73a
市委审计委员会 74b
市委统一战线工作领导小组 75a
市委退役军人事务工作领导小组 76c
市委外事工作委员会 72b
市委议军会议 70b
市委政法工作会议 71a
市委重要会议、文件 70a
市委重要文件 77c
市文联 321a
市舆情应对和舆论引导培训班 82c
市政府常务会议 100a
市政府全体会议 100a
市政府文件 110b
市政府专题会议 102b
市政设施维护 221a
市政项目 109b,214b
市政协第七届常委会第十二次会议 131a
市政协第七届常委会第十六次会议 131b
市政协第七届常委会第十七次会议 131c
市政协第七届常委会第十三次会议 131a
市政协第七届常委会第十四次会议 131b
市政协第七届常委会第十五次会议 131b
市政协第七届委员会第三次会议 131a
市直单位公务用车改革 123c
市直学校 295a
市自媒体协会 82a
市宗教团体换届选举 115a
事业单位人事管理 121c
事中事后监管 281b
首届慈利全域旅游节活动 361c
首届民营女企业家发展论坛 149a
首届石缝柑橘采摘节 362c
首届世界旅游城市(张家界)桥牌公开赛 337b
首届世界遗产摄影大展 323a
书法·美术·摄影 322c

“书香进万家·家庭读好书” 150b,341a
“书香张家界” 310c
蔬菜 192b
“双 11”旺季安全保障 238c
双名工程 304a
双中村应急救援 362a
水果 192b
水环境管理 228a
水环境监测 229b
水利 197c
水利工程项目 198b
水利规划 197c
水利资源 51a
水路交通 238a
水上交通安全 238a
水土保持 199a
水文资源 51a
水政管理 200b
水资源管理 198c
税费服务 264b
税费收入 263b
税务 263a
税制改革 263c
司法行政 166c
司法监督 97c
司法体制 60c,168b
丝绸之路 116b, 258a
私营企业登记管理 280b
四大检察 165c
“四好农村路” 234b
“四会合一” 71c
松材线虫病防治工作 361c
宋爱华 345b
宋元时期出土文物 360b
送展进校园 310b

T

台湾工作 86c
谭小周 372a
谭新民 368b
淘汰落后产能 203b
特困人员救助供养 120a
特色茶资源 193c
特色旱粮 192b
特色小镇 215c
特殊教育 299a
特种设备 181a
提案督办 133c
提案工作 134b
体育 335
体育产业 336a
体育赛事 338b
体育设施 338b
“天门清风” 242a
天门山旅游 185c
天门山翼装飞行世锦赛 350c
“天门智慧”工程 264c
“条令条例学习月” 155a
调查研究 87b
调研协商 131c
铁路交通 234b
“铁腕治旅” 258b
统筹协调 111a
统计服务 187c
统计工作 187b
统一战线 85a, 86a
图书发行与销售 312a
图书馆 310c
土地经营权流转 195b
土地确权颁证 195b
土地资源 50c
土肥管理 191b
土壤生态管理 225c
推荐发展会员 321b
退役军人事务管理 122c
脱贫攻坚 107a, 126a
脱贫摘帽 349a, 361a, 365b

W

外交部湖南全球推介活动 116c
外事、侨务工作·港澳工作 115b
外事工作 115b, 116b
外事机构 116a
外资及港澳台资利用 254a
“万企帮万村” 151b
王波 372c
网络安全 305c
网络安全和信息化工作 88a
网络扶贫 306a
网络及服务质量优化 241c
网络舆论引导 88b
网络舆情管控 88c
网络综合治理 88b
危房存量“清零” 356b
危房改造 215c
为梦高歌 323b
违建别墅问题 110b
维护公共安全 164a
维护社会稳定 163c
维护政治安全 163c
维护职工合法权益 146a
卫计执法服务改革 332c
卫计执法项调研 332c
卫计专项整治 332b
卫生计生综合监督 332a
卫生监测 327c
卫生健康 325
卫生事业发展数据 326b
卫生艺术与国防教育 303a
卫生与健康 303a
位置面积 50a
“温暖微行动·彩虹行” 150c
文定国 372a
文稿服务 87b
文化工作概况 309a
文化旅游市场综合治理 258b
文化事业 308
文化体制改革 60c
文年友 372b
文物·考古 310a
文学·文艺评论 322a
文学激励 322a
文学精品 322b
文学艺术 320
文艺扶贫 321c
文艺平台 322c
稳就业工作 120b
问题楼盘办证 214b
问题楼盘处置 174a
“我行我宿” 82c
“我和我的祖国” 362a
“我和我的祖国”家国情怀故事汇 150a
《我和我的祖国》 83c
污染防治 349a
无偿献血 334a
无线电 243a, 243c
吴愈满 372b
“五馆一院一中心” 309c
五类书记清单 80a
五四运动 100 周年 147b
“武警春蕾计划” 157c
武警张家界支队 157c
《武陵源兵战地名故事》 353a

《武陵源年鉴(2018)》 354b
武陵源区 351a
舞协活动 323c
物价 176a,180a
物流产业 171c

X

习近平新时代中国特色社会主义思想 3,7,11,18
夏秋季士兵退役仪式 157b
先进女性典型 150c
现代服务业加快发展 366a
现代农业 349b, 366a
限价商品房管控 219b
线上平台 312b
乡村旅游与旅游扶贫 256b
乡村振兴 190c, 350a
乡村振兴战略 110b
乡镇(街道)社会工作服务站 120a
乡镇行政区划 51c
乡镇经济社会管理权限 363b
乡镇污水处理 215c
湘浙房地产 219b
向明松 371b
项目合作和建设 247a
项目建设 205c, 349c
项目建设专项巡察 89b
项目运作 306c
消除义务教育大班额 296a
消防工作 178b
消防基础建设 179a
消费促进 245a
消费维权服务站挂牌 358a
消费者权益保护 180a
小康工作 88a
小作坊 182b
校本课程 305a
校园公益捐赠 324b
校园文化 324c
协会换届 321b
心血管疾病诊治 328a
新纪元石化 185b
新年登高健身大会 337c,354c
新瑞生物饲料 207c
新时代湖南好少年 370c
新时代健康科普作品征集大赛 326b
新时代文明实践中心建设工作 57b,57c,83a,85a
新泰天然气 185c
新闻·出版 314c
新型工业 349b,366a
新型经营主体 195c
新中国成立 70 周年 90b
新中国成立 70 周年歌咏比赛 323b
"薪火传承中国健康跑" 337b
鑫成建设 218c
信访 124b
信息工作 111a
信息化建设 215b
信息化专项培训班 86c
信用建设 171c
信用社张家界办事处 271b
刑事审判 167b
行政复议和行政应诉 163a
行政区划 51c
行政审判 168a
行政审批 111b
性别结构 52b
许显辉 241a
畜牧水产业 194a
畜牧渔业 194b
畜禽水产品 195a
畜禽养殖禁养区 226b
宣传工作 80c
学会管理 293b
学会建设 293b
学前教育 296c
学生军训 156a
学生资助 296a
学术交流 292c
学术交流与科普活动 286b
学校安全工作 303b
学校体育 337c
"雪亮乡村"建设 240c, 241b
血站服务年 334c
血站工作 334a
血站管理 334b
巡察工作 89b
巡视整改 74c
亚洲捷兔慢跑 257c, 354c

Y

烟草专卖 248b
烟基建设 248b
烟叶产销 248b
烟叶高质量发展论坛 205a
烟叶生产管理 204c
研究生招生考试 307c
盐业 248c
央视 2019 春晚 352a
杨通公路 235b
杨仙娥 369a
杨宇坤 370c
养老保险 121b
养老服务 343b
养老院服务质量 343b
养殖业污染治理 195b
"姚基金希望小学篮球季" 336c
药品供应保障制度建设 326c
药品流通 184a
药品生产监管 183c
野生动植物管理 197a
业务指标 221c
一件事一次办 111c, 113a, 361b
"一年一鉴" 311c
"一票制"改革 264b
一森一世 84a
《伊甸园》 324a
医保扶贫 333b
医保改革 333b
医保工作 333a
医保管理服务 333c
医保基金监管 333c
医疗服务能力 327c
医疗服务质量管理 329c
医疗器械 184a
医疗卫生服务 350b
医疗卫生体制改革 326b
医疗质量督查巡查 330a
医药工业 206a, 206b
依法行政 174b
依法行政指导和监督 163a
依法统计 187c
依法治税 263c
移动 241b
移动源污染防治 228a
移交安置工作 123a
移民 127b, 127c
移民搬迁 2,12,95c,352a
移民资金 128b
义务教育均衡发展 298a
艺术教育 303a
意识形态工作 81c,89a
音乐·舞蹈 323b
音乐创作成果 323c

音乐之声　150c
银行监管工作　266b
银行业　266b
尹定峰　370b
饮用水水源　231a
营商环境招商引资　349c
影视·校园文联　324a
应急管理　177a
应急值守处突　290b
拥军优抚　123b
永定建安实业　218c
永定区　347a
用地保障　173a
优化电力服务　204b
优化经济发展环境　171a
优化营商环境　174c
优势特色作物　192c
邮储银行张家界市分行　271a
邮件处理中心　240b
邮政　238b
邮政业　239a
邮政业与电信　239a
邮政张家界市分公司　239a
幼儿教育研究　297b
幼师培训　297b
渔政管理　195b
语言文字　295c
预算国库管理　262a
元宵灯会　82a,309c
元宵节安保　157a
园本教研　297a
园区经济　207c
袁美南　137c
源头预防　226a

Z

在岗职工年平均工资　53a
债券 8 亿元　360a
债务化解　102c,103c,105a,106a,263a,365c
占生塑胶制品　207a
站台审批　243a
张娟　369c
“张家界·武陵源号”高铁　353c
张家界爱尔眼科医院　329b
张家界冰雪世界室内滑雪馆　363b
张家界春晚　82a
张家界大众医院　329c
张家界东线旅游开发有限公司　257a
张家界丰泽公用保税仓　186c
张家界高新区　208a
张家界光明国际旅行社有限公司　258c
张家界国际大酒店有限公司　258c
《张家界国家生态文明建设示范市规划(2018- 2025 年)》　58b
张家界航空工业职业技术学院　302b
张家界荷花机场　186c
张家界监狱　167a
张家界军分区　154a
张家界联通　242c
张家界路桥建设有限责任公司　237a
张家界茅岩河旅游开发股份有限公司　257a
张家界魅力湘西景区　354b
张家界南方运输有限责任公司　236c
张家界日报社　315c
张家界市白族文化研究会　293c
张家界市场监督管理学会　293c
张家界市崇山文化研究院　293a
张家界市档案学会　292c
张家界市高级技工学校　300a, 300b, 300c
张家界市工商业联合会　150c
张家界市广播电视台　317a
张家界市国学教育研究会　293c
张家界市家庭教育学会　292b
张家界市教育学会　293a
张家界市品轩文旅研究院　293c
张家界市人民代表大会　93
张家界市人民政府　99
张家界市税务局　266c
张家界市税务学会　292c
张家界市卫生健康委员会　326a
张家界市文化旅游广电体育局　256a
《张家界市文明行为促进条例》　57c
张家界市心理学会　293a
张家界市炎黄文化研究会　292c
张家界市云梦山鬼谷文化研究会　293a
张家界市中共党史学会　292c
张家界市组织机构及负责人名单　62
张家界天门狐仙文化旅游产业有限公司　257b
张家界天门山国际越野赛　337b
张家界武陵源风景名胜区　256c
张家界湘投阳光酒店有限公司　259a
张家界英烈谱　92b
张家界中国旅行社股份有限公司　258c
张盈富　83b
招商引资　55c
招生考试　307a
招投标管理　215a
争先创优　298b
征地拆迁　349c
征收管理　263c
政策调控　222a
政策研究　87b
政法委　160a
政府网站　111c
政府债务风险防控　365c
政区　51c
政务服务　113a, 113b
政务信息资源　112a
政治读物发行　312b
政治建警　186c
政治建设　164c
政治引领　161c
知识产权　287b
知识产权宣传　287c
知识抢答赛　83c
执法能力建设　230c
执勤战备　178c
职成教扶贫　300a
职业教育成果　299c
职业教育培训　299c
职业农民　191c
职业培训　121a
职业与成人教育　299b
职责融合　216b
植物检疫　191c
指挥员大比武　157b
质量安全监管　218a
质量强市　181a
致公党市委　142a
智慧城市　112b
“智慧党建”　80b, 241c
智慧法院　168b
智慧旅游　11,13,15
“智慧张家界”　82b
《中国共产党张家界历史(1921-1949)》　92b
中国共产党张家界市第七届委员会

第七次全体会议 76a
中国共产党张家界市委员会 69
中国人民武装警察部队张家界支队 156b
中国人民政治协商会议张家界市委员会 129
中国人寿张家界分公司 274c
中国石化湖南石油分公司 245c
中国石油湖南张家界销售分公司 245b
中国演出行业协会旅游演艺分会 310a
中国银行张家界分行 269b
中建信和置业 219c
中考改革 298b
中小学德育 297c
中小学教育 297c
中医药事业 330b
中医医疗资源 330b
钟佳君 361c
种植大户 193a
种植业 192a
仲裁 168c
重大风险化解 349a
重大交易活动 174c
重大外事接待 117a
重点工程 146b
重点领域改革 233b
重点群体就业 120c
重点项目 106c, 172b, 366b
重性精神病救治救助 327c
重要规章、文件 110b
重要会议 94c,100a, 106c, 131a
周海燕 371a
朱汉荣 238b
主动接受监督 168c
主题教育 22,26,30,34
主题邮局 240a
主要贸易伙伴 250c
苎麻试验示范 193b
住房保障 219a
住房公积金 221b
住院医师规范化 328a
专项整治 220c
转型升级 206c
装备工业 205a
装备制造企业 205b
装配式建筑 220a
“追梦火焰蓝” 179a
卓粤 361a
资源 50c
自然保护地管理 197b
自然生态保护 225a
自然灾害应对 193a
自然资源保护 173a
自然资源管理 173a
自我监督 166b
自助图书馆 82b
宗教工作 114c
宗教事务治理 132b
宗教团体开展慈善公益活动 115b
宗教信仰概况 53a
综合监督管理 170
综合监管 186b
综合实践课程 298c
综合调研工作 112c
走访慰问 107a
走红军走过的路 360c
组织工作 79a
最低生活保障 344b
作协活动 322b